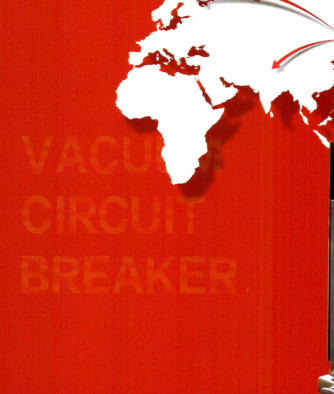

SINCE 1991

广州数控 中国南方数控产业基地
CHINA SOUTHERN CNC INDUSTRIAL BASE

广州数控设备有限公司(简称"广州数控")成立于1991年,拥有员工2700人,是国家高新技术企业、国家规划布局内重点软件企业、国家创新型试点企业、中国机床工具工业协会轮值理事长单位,两次荣获国家科学技术进步奖二等奖,拥有国家企业技术中心、博士后科研工作站,并与哈尔滨工业大学、南开大学、华南理工大学、上海交通大学、广东工业大学、天津大学、北京航空航天大学、西安交通大学8所高校成立了联合研究中心/实验室。

3年免费保修
GSK数控系统产品

企业官网
WWW.GSK.COM.CN

阿里巴巴旗舰店
GZGSK.1688.COM

服务号
@广州数控GSK

订阅号
@广州数控

视频号
@广州数控GSK

效率倍增的利剑

双主轴立式加工中心一体机

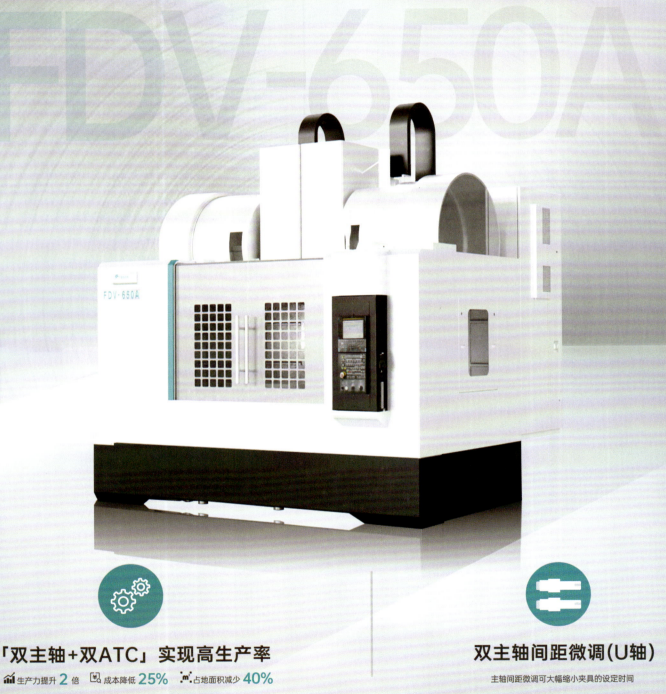

FDV-650A

「双主轴+双ATC」实现高生产率

生产力提升 **2** 倍　成本降低 **25%**　占地面积减少 **40%**

双主轴间距微调(U轴)

主轴间距微调可大幅缩小夹具的设定时间

友嘉国际数控机床有限公司
FFG Global CNC Machinery Holding Co.,Ltd.

地址：浙江省萧山经济技术开发区市心北路120号
电话：(0571)-8283-1393
网址：http://www.ffg-cn.com

友嘉国际数控机床有限公司(FFG)中国销售总部
地址:青岛市崂山区松岗路1号印象品1号网点
电话:(0532)-85797726

"扫码了解友嘉精彩"

大国工匠，新能源轻量化零件加工的完美成型

卧式加工中心机

NHX-800

「16000rpm」高速主轴

三轴「高加减速+高响应」

「圆盘式」刀库

上海机床厂有限公司
Shanghai Machine Tool Works Ltd.

上海机床厂有限公司创建于1946年，是我国最大的精密磨床制造企业，隶属于上海电气集团股份有限公司。在我国磨床领域，上海机床厂有限公司产品品种数量、销售收入、研发能力均处于领先地位。现为中国机床工具工业协会副理事长单位和中国机床工具工业协会磨床分会理事长单位。公司建有产品研发中心——技术中心（上海磨床研究所），2011年被评为国家认定企业技术中心，是全国金属切削机床标准化技术委员会磨床分会的秘书处单位，负责制修订我国磨床标准。

上海机床厂有限公司现具有恒温恒湿条件的磨削实验室面积540平方米，中试基地面积1700平方米。近年来，公司加大科研固定资产投入力度，通过采购高精度测量检验设备，从硬件上巩固企业科技研发的基础条件。现拥有国内外先进的试验装置和精密测量仪器百余套，其中包括美国Lion Precision主轴回转误差检测仪、德国Zeiss三坐标测量仪、瑞士Kistler旋转测力仪、美国Zygo激光干涉仪、西门子LMS振动噪声测试系统等，主要用于完善新产品关键核心技术及原型机的试制。

中国机床工具工业协会磨床分会秘书处及全国金属切削机床标准化技术委员会磨床分会技术委员会秘书处均挂靠在上海磨床研究所内，在技术进步、行业发展、标准制定等方面起到带头、引导作用。上海磨床研究所主编的《精密制造与自动化》杂志是我国磨床行业唯一的专业性刊物。

上海机床厂有限公司技术力量雄厚，曾产生三位院士，并与上海交通大学、上海大学、上海理工大学、东华大学、哈尔滨工业大学等国内知名高校合作，展开紧密合作与交流，开展高端磨床核心及基础技术的研发。

2009年起承担和参与国家"高档数控机床和基础制造装备"（04专项）项目和其他国家级重大专项20余项。同上海交通大学、上海大学、上海理工大学、上海第二工业大学等大学长期合作，为国内磨床制造企业获得课题总数第一的企业。2019年由上海市科学技术委员会牵头，上海机床厂有限公司与西门子（中国）有限公司合作项目"磨床若干关键技术的数字化仿真及设计优化方法和应用"，通过引入数字建模与数字仿真提高机床产品设计水平和进行数字化设计能力升级建设。该项目得到上海市科学技术委员会的大力支持，是上海市国有企业与国外跨国公司在智能制造领域开展技术研发合作并得到政府资助的首个示范项目。

上海机床厂有限公司产品连续多年荣获"中国国际机床展览CIMT春燕奖""中国数控机床展览CCMT春燕奖""中国国际工业博览会创新奖""中国国际工业博览会银奖"，连续被评为"国家认定企业技术中心""高新技术企业"，掌握的相关核心技术分别于2012年和2016年获得上海市科学技术奖一等奖。

2018年以来，公司把"国际一流的精密机床制造与服务型企业"作为愿景，不断推动企业改革、产品改革，提升管理质量和产品品质，打造新型产品研发体系和供应链管理体系，逐步完成了"传统制造"向"智能绿色制造"的转变，开发出SOMS智能运维服务平台，建立数字化售后服务作业体系平台，业务从单一的磨床转变到"产品+服务"。通过不断的创新与发展，公司更加聚焦于智能制造，加快数字化转型，加强对数字化管理、数字化设计、数字化产品、未来智能机床的研究，为未来的发展打下坚实基础，继续为国家装备制造业作出贡献。

H402-AZ 超精密大尺寸光学玻璃平面磨床

MK84300/18000-H超重型数控轧辊磨床

H376精密轴系零件加工用复合磨削中心

MK8220/SD双砂轮架数控曲轴磨床

数字化设计

数字化产品

数字化服务- SOMS智能运维服务平台

　　SOMS智能运维服务平台是融合互联网技术的全新一代服务管理平台，致力于售后维修服务过程的标准化、流程化、数字化、移动化、智能化，帮助企业建立售后服务作业体系，提高服务效率，降低运营成本，提升客户体验。系统除支持管理自有工程师团队的现场服务外，还支持经销商或第三方服务公司的集中管理(后台可见)，客户报修、现场作业、结算收款等业务流程均在系统内闭环处理，将客户、客服中心、经销商、工程师等角色纳入同一系统，进行统一管理。

　　可实时查看设备的区域分布信息、安装申请、维修申请、派工单执行等情况，智能化进行客户管理、设备管理及派工管理。

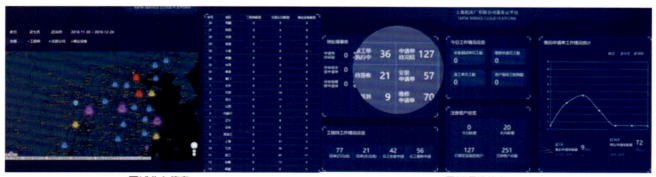

区域分布信息　　　　　　　　　　　　日常运维信息

上海机床厂有限公司

电话：021-55228502　　　　传真：021-65340757
网址：www.smtw.com　　　　邮箱：smtw-sales@smtw.com
地址：上海市杨浦区军工路1146号　　邮编：200093

上上品质

上上电缆

江苏上上电缆集团创建于1967年，拥有国家认定企业技术中心和博士后科研工作站，获得首届"中国线缆行业最具竞争力企业"第一名，全球绝缘线缆企业规模排名中国第一，全球第七。荣获中国工业界"奥斯卡"——"中国工业大奖"，连续三届荣获"中国质量奖提名奖"，董事长丁山华被中宣部、国家发改委联合评为全国"诚信之星"。

"上上"品牌当选为"建国70年中国工业影响力品牌"。上上电缆获评"装备中国功勋企业"、"中国质量诚信企业"、"中国出口质量安全示范企业"、"国家技术创新示范企业"、"中国工业榜样企业"、"全国守合同重信用企业"、"全国质量管理先进企业"、"全国卓越绩效模式先进企业"等称号。

上上专注于电线电缆产品的研发、制造和服务，产品涉及新能源、输配电、海工及船舶、建筑工程、矿用、工业制造、轨道交通、汽车、机场等领域。产品为天安门城楼及广场改造、北京奥运、北京大兴国际机场、港珠澳大桥、京沪高铁、核电工程、苏通GIL综合管廊工程等国家重点项目所选用，并出口全球80多个国家和地区。

企业现已具备从220伏直至50万伏全系列电力电缆及各类特种电缆的生产能力，年生产能力超300亿元。上上自主研发的核电站用电缆荣登"全国制造业单项冠军产品榜单"，其中三代核电壳内电缆填补了世界核级电缆领域空白，华龙一号壳内电缆达到国际领先技术水平。与此同时，新能源汽车用电缆、港口机械用卷筒电缆、柔性防火电缆、风能用耐扭电缆、光伏电缆、轨道交通用机车电缆等一大批新型特种电缆引领中国电缆技术进步。

近年来，上上的专注赢得了人民日报、新华社、央视新闻联播、焦点访谈、经济半小时等国家主流媒体的关注和争相报道，上上品牌影响力与日俱增。

50多年来，上上坚守主业、实业实干。今后，上上继续实施"精、专、特、外"发展战略，站在新起点，迈向新高度，坚持"改革、创新、争先"以"高质量、高效率、高效益"为目标，不断提高企业核心竞争力，向着全球电缆制造业的引领者不断迈进。

丁山华先后荣获全国"诚信之星"，"2015中国十大经济年度人物"、"中国工业十大影响力人物"、"全国质量管理先进个人"、"全国质量管理突出贡献者"、"全国机械工业明星企业家"、"中国优秀企业家"、"江苏省优秀党务工作者"、"江苏省省长质量奖提名奖"、"江苏省劳动模范"、"十大风云苏商"等称号。

诚信之星

江苏省优秀党务工作者

丁山华，江苏上上电缆集团董事长，高级经济师，1983年至今一直担任企业负责人。他以超前的思维、先进的管理理念把一个无名小厂发展成为中国电线电缆制造业的引领者，其敬业精神、为人品德赢得了社会的广泛赞誉。

近年来，在他的带领下，上上取得了令人瞩目的业绩。2020年，集团实现销售超230亿元，2021年有望突破300亿元，连续三届荣获中国质量奖提名奖，获评2021年"全国质量标杆"称号，上上自主研发的核电站用电缆荣登单项冠军产品榜单。

上海航天技术研究院

上海航天技术研究院，又称上海航天局、中国航天科技集团有限公司第八研究院，是中国航天科技集团有限公司三大总体院之一，创建于 1961 年 8 月。在党中央、国务院、中央军委的关怀下，在国家各部委、各军兵种的关心、帮助和支持下，在中国航天科技集团有限公司的直接领导下，60 年来已发展成为"弹箭星船器"多领域并举、军民协同式发展的国防科技工业骨干力量，是我国唯一具备航天综合优势的总体研究院。

上海航天技术研究院是国家高新技术企业，主要承担了防空导弹、运载火箭、应用卫星、空间科学探索与应用等领域产品研制生产任务。此外，通过坚持军民协同发展，形成了以航天技术应用产业和航天服务业为主的民用产业发展格局。上海航天技术研究院下属 3 家总体单位、3 家总装单位、6 家专业所和 8 家直属公司。其中包括我国第一家以航天命名的上市公司——上海航天汽车机电股份有限公司（股票代码：600151），并形成了汽车热系统全球化发展布局。

/// 企业战略

　　精准服务国家战略,全面履行富国强军首责,有力支撑航天强国建设和世界一流军队建设,积极投身国民经济建设主战场。坚持高质量发展主题,坚持以奋斗者为本,聚焦"高质量、高效率、高效益"发展目标,深化科研生产管理模式转型和产业发展模式转型"两个转型",推动实现领域融合发展、创新驱动发展、军民协同发展"三个发展",强化以人为本、用户至上、精细管理、成本制胜、依法治企"五大经营理念",在抓总实施国家重大工程任务、提升高质量保证成功能力、提升产业核心竞争力、提升技术创新能力、提升发展质量五大方面取得重大突破的战略目标,努力建设成为我国最具综合优势和创新活力的一流航天技术企业。

多型装备参加国庆70周年阅兵

长征系列运载火箭

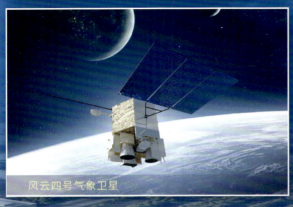

风云四号气象卫星

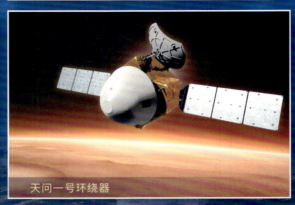

天问一号环绕器

徐矿集团

徐矿集团是江苏省政府直属的特大型能源集团，是中国历史上第二座煤矿、第一批股份制企业，至今已有140多年煤炭开采史，是中国民族工业启蒙、煤炭工业改革先锋，具有纯正红色基因，产业涉及煤炭、电力、煤化工以及矿业工程、煤矿机械、煤炭物流等关联领域，是中国大企业500强，全球能源企业综合竞争力500强，全球煤炭企业综合竞争力30强。1970年以前隶属于原国家煤炭部，后为保障江苏能源供应划归江苏省政府管理；1998年经江苏省政府批准改制为国有独资公司，是江苏省政府授权的国有资产投资主体，是集煤炭、电力、煤化工、矿业工程、煤矿装备、能源服务外包于一体的特大型能源企业，自有和服务外包煤炭产量5000万吨，电力权益装机1155万千瓦，拥有分公司16家、全资及控股各级子公司92家，在职职工4万人，总资产500亿元。

连续多年被评为"信用江苏诚信单位"、资信AA+等级企业，先后荣获国务院国资委全国国有重点企业管理标杆企业、中国煤炭工业协会科学技术奖特等奖和全国企业管理现代化创新成果一等奖、全国能源化学地质系统产业工人队伍建设改革示范单位、全国五一劳动奖状、全国精神文明建设工作先进单位、全国企业文化优秀奖、全国煤炭行业党建工作品牌"最佳案例"、江苏省创新型试点企业等奖项和荣誉称号。

徐矿集团采煤塌陷地生态修复样板——徐州贾汪区潘安湖国家湿地公园

中国煤炭工业首个第四代矿井、全国七家生态文明矿井之一——徐矿集团郭家河煤业公司

光伏新能源、淮海大数据、热电联产能源基地——徐矿集团华美热电公司

徐矿集团下属江苏华美热电有限公司

江苏永钢集团有限公司

绿色永钢

江苏永钢集团有限公司（简称"永钢集团"）坐落于江苏省张家港市南丰镇永联村，初创于1984年。

经过40年的发展，今日的永钢集团，形成了建筑、交通、机械、能源四类产品集群，是全国重要的建筑用钢、优钢线材、特钢棒材生产企业。产品覆盖全国30个省（自治区、直辖市），销往113个国家和地区，其中33个"一带一路"沿线国家和地区，被应用到港珠澳大桥等知名工程。

多年来，永钢集团聚焦钢铁行业关键核心技术研发，已建成国家级博士后科研工作站、省级企业技术中心、省级工程技术研究中心等研发平台。企业获评"中国工业大奖""国家高新技术企业""江苏省省长质量奖""江苏制造突出贡献奖"等荣誉。自主研发的高性能大规格直接切削贝氏体材料，马氏体耐热焊丝钢SA335 P91热轧盘条两项产品填补国内空白。

近年来，永钢集团加快推进智能化改造、数字化转型，通过互联网、大数据等新技术与生产制造的深度融合，构建实时互联、柔性制造、高效协同的"智能制造"体系。已建成2个江苏省智能制造示范工厂和7个江苏省智能制造示范车间，是江苏省"两化融合"示范企业。

数字孪生工厂

超低排放一体化管控平台

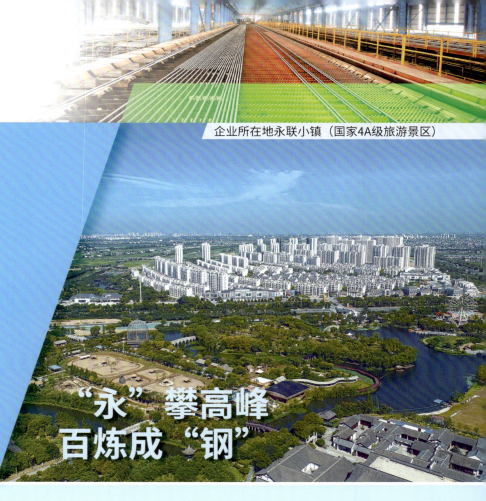

企业所在地永联小镇（国家4A级旅游景区）

党的十八大以来，永钢集团深入践行"绿水青山就是金山银山"的理念，累计投入超60亿元，从水、气、声、渣等方面加强环境综合治理，确保各类污染物排放均达到地区和钢铁行业最严格的排放标准要求，先后获评"国家级绿色工厂"和"绿色供应链管理示范企业"，被国家节能中心评为"推动绿色发展示范基地"。2022年7月，成为江苏省首家全面完成全流程超低排放改造并公示的钢铁企业。

在企业发展壮大的过程中，永钢集团始终坚持"强企富民"的初心和使命，积极履行社会责任，荣获"中华慈善奖""全国工人先锋号""全国五四红旗团委""全国模范职工之家""全国和谐劳动关系创建示范企业""江苏省文明单位"等荣誉。

"十四五"期间，永钢集团将继续深入推进绿色制造、智能制造、品牌制造，成为卓越的绿色钢铁材料服务商。

"永"攀高峰
百炼成"钢"

循环经济产业园

污水循环利用

慈善捐款

长江物流码头

清洁运输（电动重卡）

追求卓越品质
创造美好生活

建设世界电工钢示范工厂

首钢智新迁安电磁材料有限公司
Shougang Zhixin Qian`an Electromagnetic Material Co,LTD.

创新驱动
引领电工钢行业发展新格局

首钢智新迁安电磁材料有限公司是集首钢电工钢研发、制造、销售和服务于一体的专业化运营平台，坚持"高端高效、绿色环保"的产品定位，不断推进电工钢工艺技术研发及产品更新换代，为电力、电子及交通等领域提供解决方案，是全球第二大电工钢供应商及制造基地。2021年入选工业和信息化部第六批制造业电工钢单项冠军示范企业名单，获评国家高新技术企业、河北省战略性新兴产业领军百强企业、河北省知识产权优势企业、唐山市技术创新示范企业，被认定为河北省工业企业研发机构，获得河北省政府质量奖、第三届唐山市市长特别奖。

公司坚持以服务国家战略为出发点，依托首钢集团优势平台，坚持科技创新、自主创新，打破国外技术封锁，摘取钢铁工业"皇冠上的明珠"，把"大国重器"关键核心技术牢牢掌握在自己手中，实现5款产品全球首发，累计授权专利160余项，参与制定15余项国家和行业标准。公司无取向电工钢在高端节能家电领域领先优势明显，新能源汽车专用无取向电工钢达到国际领先水平，取向电工钢跻身变压器材料世界第一阵营，部分指标达到国际领先水平，在节能变频家电、新能源汽车、特高压变压器及配电变压器等领域实现批量应用，为绿色家电、绿色出行、绿色能源等各个领域输送绿色产品，提供了重要的基础原材料支撑，为国计民生、国家安全和国家战略贡献了重要力量。作为绿色高效能源材料生产企业，公司制造的电工钢产品已悄悄走进千家万户，服务社会发展，每年可减少二氧化碳排放348万吨，节约用电35亿度。

淮南–上海输电工程

白鹤滩–江苏±800千伏特高压直流工程

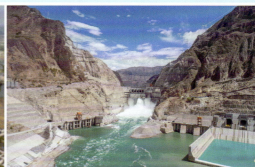
乌东德水电站

绿色家电

新能源汽车

无人机

首钢智新迁安电磁材料有限公司
Shougang Zhixin Qian`an Electromagnetic Material Co,LTD.

中国生物技术股份有限公司

中国生物技术股份有限公司（简称"中国生物"）始建于1919年，新中国成立后直属原卫生部领导，现为世界500强中国医药集团有限公司的重要成员企业，是中国历史悠久、产品全、规模大，集科研、生产、销售以及研究生培养于一体的综合性生物制药企业。下辖15个二级子公司和96家二级以下子公司，员工13000余人。

中国生物拥有丰富的产品线，覆盖人用疫苗、血液制品、医学美容、动物保健、抗体药物、医学诊断六大生物制品领域。生产供应全部国家免疫规划14种疫苗，提供超过80%的国家免疫规划用疫苗；拥有年血浆采集量超过2000吨的上市公司，在产血液制品11种；国内唯一获批生产肉毒毒素企业，医美产品得到市场高度认可；向社会提供动物疫苗及相关兽用生物制品的全方位、高质量服务；具备完整的抗体药物产业链条和特色鲜明的分子诊断大产业链。

中国生物具有雄厚的科技创新实力，拥有1800余人的研发团队和1200余人的质量管理团队，包括1名中国工程院院士、1名国家"863"计划疫苗项目首席科学家、13名国家药典委员会委员。拥有5个博士后工作站、1个博士学位授予点、5个硕士学位授予点，为中国生物制药行业的发展输送了大批高端人才。

中国生物秉承"关爱生命、呵护健康"的理念，在国家重大传染病和流行病应急防控以及重大抢险救灾中发挥了不可替代的专业支撑和稳定社会的作用。作为抗击新冠疫情的先锋队，在可诊、可治、可防三个方面，独立自主研发四款新冠病毒诊断试剂、四款新冠病毒特效治疗药物和技术，在三条技术路线上研发四款新冠疫苗。中国生物新冠疫苗已在全球119个国家、地区和国际组织获批注册上市或准入，接种人群覆盖196个国别，生产供应国内外超过35亿剂，为人类战胜新冠疫情贡献中国力量。

"十三五"以来，中国生物继续发挥行业领军作用，正在成为引领国内行业发展、具有国际竞争力、受社会尊重的创新型生物医药企业。

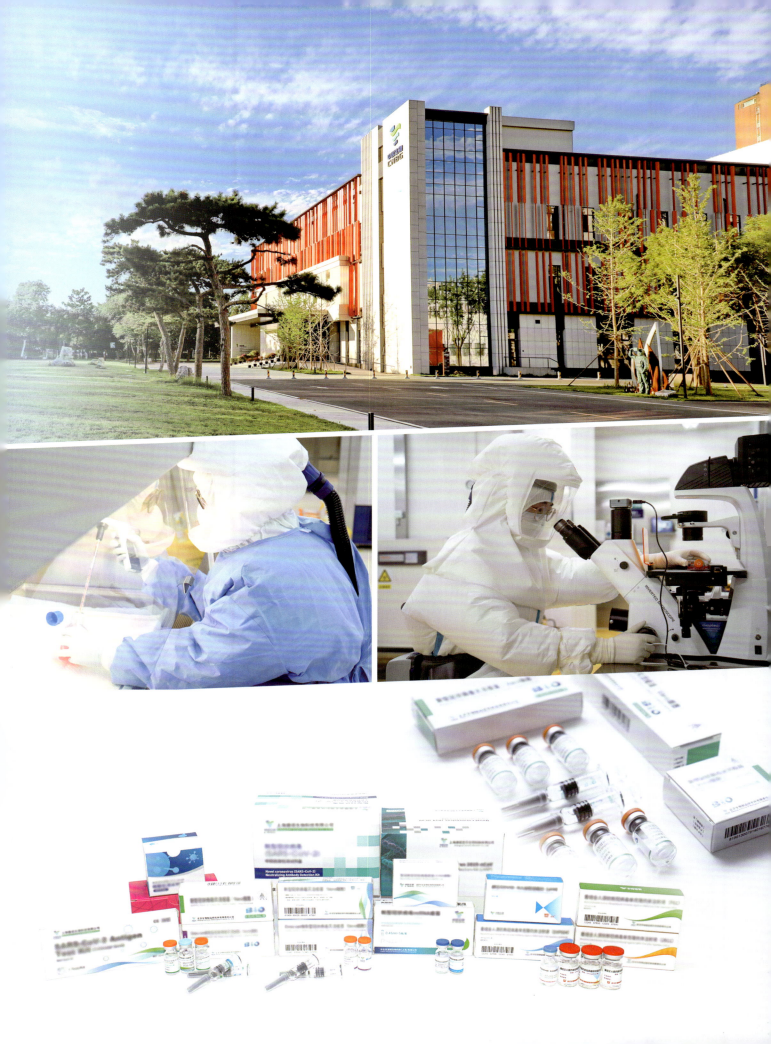

中煤科工集团重庆研究院有限公司

中煤科工集团重庆研究院有限公司(简称"重庆研究院")的前身是煤炭工业部煤炭科学研究院重庆研究所,始建于1965年。现隶属于中央企业中国煤炭科工集团有限公司(以下简称"中国煤科"),是在全国煤矿安全领域居于龙头地位的一流科技型企业。

几十年来,重庆研究院始终肩负"致力安全科技,提升生命保障"的历史使命,在瓦斯防治与利用、智能监控预警与通风、粉尘防治与职业健康、工业安全与民爆、新兴产业五大主导产业取得重大突破,安全工程、安全仪表、安全装备、矿用新材料和煤层气利用等主导产业得到迅速发展,开发出了数百种适应煤矿安全生产需求的仪器、仪表和装备,为我国煤矿安全形势的根本好转和煤炭工业安全事业的长足发展做出了积极贡献。

重庆研究院将继续秉承"人才为本、客户第一、家国情怀、止于至善"的核心价值观和"求实、创新、奋斗、超越"的企业精神,坚持煤矿安全主业发展方向,努力成长为"世界领先的煤矿安全科技型企业",为我国煤矿安全事业做出新的更大贡献!

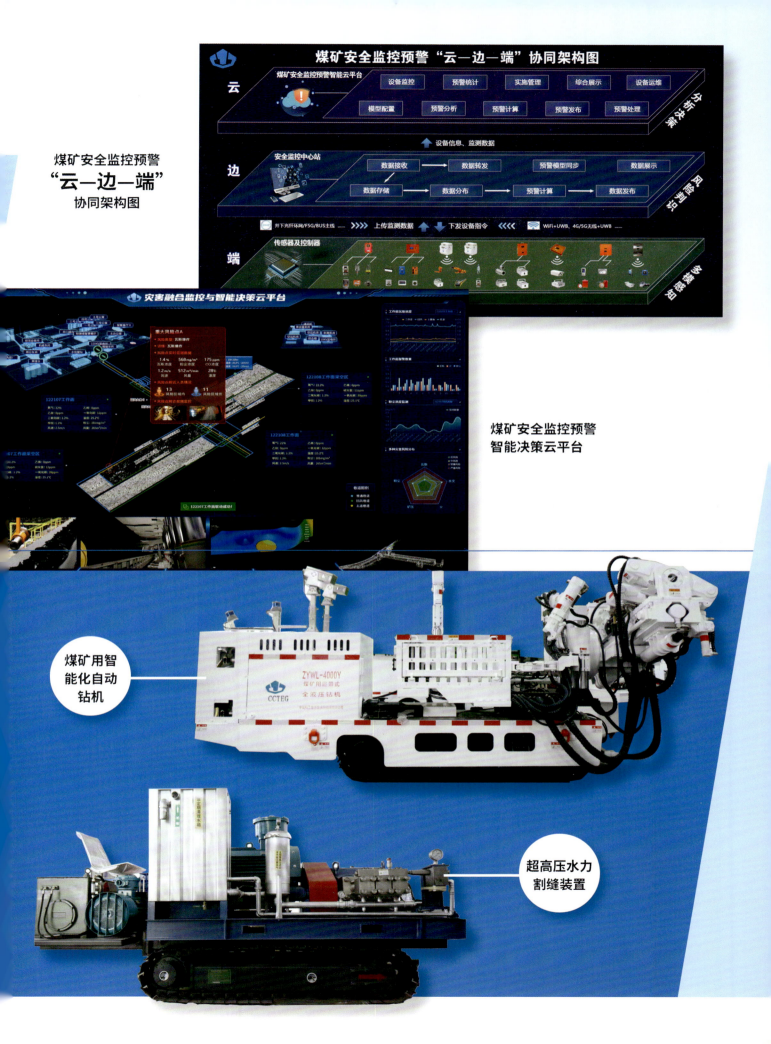

煤矿安全监控预警
"云—边—端"
协同架构图

煤矿安全监控预警
智能决策云平台

煤矿用智能化自动钻机

超高压水力割缝装置

中国航空工业集团公司
成都飞机设计研究所

中国航空工业集团公司成都飞机设计研究所（简称"611所"），成立于1970年，坐落在美丽的天府之国成都，始终坚持以为国家提供先进的航空武器装备为己任，致力于飞行器设计和航空航天多学科综合性研究，是我国先进歼击机、无人机设计研究重要的总体研发基地。

自1970年成立以来，611所先后承担了歼七系列战斗机、枭龙（JF-17）战斗机、歼10系列战斗机、歼20战斗机、各系列无人机等多个国家重点飞机型号研制和大量预研课题任务。611所重点技术突出、学科专业齐全，设有总体气动隐身、结构强度、振动、飞行控制、航空电子、机电综合、飞行传感器、光电子、先进材料、信息处理等数百个专业，研制流程覆盖飞机设计全过程。在先进气动布局、飞行控制、航空电子综合、隐身技术、虚拟仿真等航空航天高技术领域，研究水平处于国内国际领先地位。

611所设计手段先进、试验设施齐备，建立了满足先进飞行设计研发的完整专业体系，拥有功能强大的数字化协同设计平台以及各种先进的试验设施。先后荣获国家科学技术进步奖特等奖、全国国企管理创新成果一等奖、中国质量奖等奖项。是国家硕士、博士学位授予单位，拥有博士后科研工作站。

CHINA
INDUSTRY YEARBOOK

中国工业年鉴
2020—2023

中国工业年鉴编委会 编

中国财富出版社有限公司

图书在版编目（CIP）数据

中国工业年鉴. 2020—2023 / 中国工业年鉴编委会编. — 北京：中国财富出版社有限公司，2024.6
ISBN 978 - 7 - 5047 - 8172 - 7

Ⅰ. ①中…　Ⅱ. ①中…　Ⅲ. ①工业经济—中国—2020-2023—年鉴　Ⅳ. ①F42-54

中国国家版本馆 CIP 数据核字（2024）第 111801 号

策划编辑	王桂敏	责任编辑	郭逸亭	版权编辑	李　洋
责任印制	梁　凡	责任校对	张营营	责任发行	黄旭亮

出版发行　中国财富出版社有限公司
社　　址　北京市丰台区南四环西路 188 号 5 区 20 楼　　　　邮政编码　100070
电　　话　010 - 52227588 转 2098（发行部）　　　　010 - 52227588 转 321（总编室）
　　　　　010 - 52227566（24 小时读者服务）　　　　010 - 52227588 转 305（质检部）
网　　址　http：//www.cfpress.com.cn　　　　排　　版　宝蕾元
经　　销　新华书店　　　　印　　刷　宝蕾元仁浩（天津）印刷有限公司
书　　号　ISBN 978 - 7 - 5047 - 8172 - 7/F · 3728
开　　本　880mm×1230mm　1/16　　　　版　　次　2024 年 11 月第 1 版
印　　张　47.75　彩　插　1.5　　　　印　　次　2024 年 11 月第 1 次印刷
字　　数　1970 千字　　　　定　　价　680.00 元

《中国工业年鉴（2020—2023）》编委会

《中国工业年鉴（2020—2023）》编辑说明

　　《中国工业年鉴》是一部中国工业领域大型行业资料工具书，是政府向相关行业企业开放工业领域政务大数据的重要接口。《中国工业年鉴》从 2005 年开始出版，由中国工业年鉴编委会组织编撰，全面、真实、系统地记录每一年度我国工业经济发展基本情况，展示我国工业行业在党中央、国务院领导下取得的巨大成就，宣传我国工业企业在制造强国和网络强国建设中的先进经验、创新成果、工匠精神和文化风采，得到主管部门及广大读者的一致好评。《中国工业年鉴》曾先后在第四届全国年鉴编纂出版质量评比中获得中央级年鉴特等奖、中央级年鉴一等奖，以及优秀栏目一等奖等荣誉，被中国知网（CNKI）评为优秀工具书，在工业领域具有较大的影响力。

　　《中国工业年鉴》历年的编辑出版工作得到工业和信息化部等有关部门和中国工业经济联合会等有关行业协会的大力支持，所收集的材料主要来源于国家各级工业和信息化主管部门，以及国家统计局、中国经济景气监测中心等部门及全国性行业协会，在此一并表示感谢。

　　《中国工业年鉴（2020—2023）》（以下简称《年鉴》）对 2019—2020 年中国工业经济发展的新情况、新形势、新气象进行了全面梳理、记录，内容涵盖石油和化工、钢铁、有色金属、煤炭、机械、汽车、船舶、纺织、轻工、食品、医药、电子信息等多个行业，供相关行业读者和广大爱好者阅读。《年鉴》有较大的总结、统计意义和参考价值。同时，作为工业领域一部具有权威性和专业性的大型资料工具书，《年鉴》翔实记载我国各部门、各行业、各地区工业经济改革发展情况，有选择性地收录工业主管部门重要政策法规文件，提供客观的 2019—2022 年工业统计数据，通过让数据业务化、业务数据化，帮助各级政府部门、行业协会、企事业单位、社会各界把握中国工业发展脉搏，全面深入了解中国工业经济改革发展状况，进行科学决策和咨询研究。

　　《年鉴》按以下 12 个行业体系编排：石油和化学工业、钢铁工业、有色金属工业、煤炭工业、机械工业、船舶工业、汽车工业、纺织工业、轻工业、食品工业、医药工业、电子信息制造业；分为综合篇、统计篇、行业篇、地方篇、政策法规篇、专题篇 6 个篇章。稿件内容已经过有关部门、单位和专家审核，书中所采用的全国性数据以国家统计局的数据为准，各工业行业的分析、统计以各工业行业协会提供的数据为准。《年鉴》出版后，将赠送国务院国资委、工业和信息化部、商务部、各级工业和信息化部门等相关部门。国内各大图书馆、院校、工业研究设计院（所）以及国内外大中型企业等均有订阅。

　　为了高质量完成《年鉴》编撰工作，我们很荣幸地邀请到第十一届全国人大常委、财经委副主任，九三学社第十二届中央委员会副主席，国家统计局原副局长，著名统计教育家与经济计量学家，中国经济计量学开拓者贺铿；中国企业联合会、中国企业家协会党委书记、常务副会长兼秘书长朱宏任；中共中央对外联络部原副部长、中国留学人才发展基金会原理事长马文普；原国家对外经济贸易部副部长、中国进出口银行原董事长周可仁；国务院资深参事，第九届、第十届全国政协常委著名经济学家，全国教育咨询委员会委员任玉岭；国务院国资委原国有重点大型企业监事会主席韩修国；中国工业经济联合会执行副会长路耀华；中国工业经济联合会执行副会长兼秘书长熊梦担任编委会顾问。邀请到中国上市公司协会会长宋志平出任编委会主任。邀请到中国工业经济联合会党委副书记高家明担任编委会副主任。邀请到河北省工业和信息化厅党组成员、副厅长马越；湖北省经济和信息化厅党组书记、厅长刘海军；厦门市工业和信息化局党组书记、局长肖峰；著名经济学家，中国科学院中国发展战略学研究会常务理事，研究员、教授宋承敏；商务部国际贸易经济合作研究院研究员、博士、博士生导师徐德顺；国家发展和改革委员会城市和小城镇改革发展中心城市战略部总经济师通振远；中国民营科技实业家协会品牌强企工作委员会主任委员，首席金融风险控制专家，平安集团特殊资产智库顾问童秀生；中央财经大学科技与金融法律研究中心主任董新义；重庆市经济和信息化委员会党组书记、主任蓝庆华任担任编委会委员。邀请到首钢智新迁安电磁材料有限公司党委副书记、总经理、董事张叶成；江西蓝星星火有机硅有限公司工会主席、传讯总监兼经理办主任宋亮；中国医药集团有限公司首席科学家、总工程师，中国生物技术股份有限公司董事长杨晓明担任特约编委。在此表示深深的感谢！

　　《年鉴》编撰出版工作还得到了航空工业成都飞机设计研究所、上海航天技术研究院、中煤科工集团重庆研究院等院所，以及江苏上上电缆集团有限公司、江苏永钢集团有限公司等企业的大力支持。在此一并致谢！

　　受新冠疫情影响，《年鉴》为 4 年合卷，出版时间有所延后，为此深感抱歉。由于时间紧迫，书中难免有疏漏之处，敬请广大读者、业内专家批评指正并提出建议。自《年鉴》起，将对年鉴数据及内容进行数字化处理，方便广大读者阅读并查询数据，同时在注重权威性、资料性的基础上，《年鉴》更多关注科技创新、产业趋势及骨干企业。最后，恳请全国各级工业和信息化主管部门、行业协会、科研院所等相关单位一如既往地支持《中国工业年鉴》的编撰出版工作，尽快把相关材料发至邮箱：zggynjxbjb@163.com，望回复为盼。

中国工业年鉴编委会
二〇二四年七月

目　录

第一篇　综　合　篇

第二篇　统　计　篇

第三篇　行　业　篇

第四篇　地　方　篇

第五篇　政策法规篇

第六篇　企　业　篇

第一篇

综 合 篇

2019年中国工业经济运行概况①

2019年，面对国内外风险挑战明显加大的复杂局面，各地区、各部门以习近平新时代中国特色社会主义思想为指导，认真贯彻落实党中央、国务院决策部署，坚持稳中求进工作总基调，坚持新发展理念，坚持以供给侧结构性改革为主线，扎实做好"六稳"工作，努力克服中美经贸摩擦的不利影响，制造业高质量发展扎实推进，新动能加快成长，两化融合水平稳步提升，结构调整持续推进，全年工业经济运行稳中有进，主要指标总体处于合理区间。

（一）工业经济运行总体平稳，主要指标符合预期

工业增长保持在合理区间。宏观逆周期调节、大规模减税降费、促消费、金融支持实体经济发展以及优化营商环境等系列政策措施落实显效，2019年全国规模以上工业增加值同比增长5.7%，处于年度预期目标区间。分季度看，四个季度工业增速分别为6.5%、5.6%、5%和6%，呈现缓中趋稳、回升向好态势。**企业效益有所下降。**受市场需求不足、工业品价格下降、成本上升等因素影响，2019年全国规模以上工业企业实现利润同比下降3.3%，营业收入利润率为5.9%，同比下降0.4个百分点。**技术改造投资和高技术制造业投资保持较快增长。**2019年全年制造业投资同比增长3.1%，增速同比回落6.4个百分点。其中制造业技术改造、高技术制造业投资同比分别增长7.4%、17.7%，增速分别高于全部制造业投资增速的4.3个和14.6个百分点。**市场预期有所改善。**2019年11月、12月制造业采购经理指数（PMI）均为50.2%，连续两个月回升至荣枯线以上。一年多的中美经贸摩擦后，企业主体预期趋于理性平和，适应性逐步增强，市场信心不断回升。

（二）结构调整和转型升级扎实推进，制造业发展质量稳步提升

深入巩固去产能成果。一批落后产能依法依规退出，钢铁企业兼并重组稳妥推进，危化品企业搬迁、稀土行业秩序整顿等工作扎实开展。2019年原材料工业增加值同比增长7.1%，增速比2018年上升1.8个百分点。采矿业、原材料行业全年产能利用率分别为74.4%和76.9%，均升至近7年来最高点。**先进制造业加快培育壮大。**数字化推动传统产业转型升级步伐加快，新产业、新产品快速成长。2019年高技术制造业增加值同比增长8.8%，城市轨道车辆、太阳能电池产量同比分别增长32.6%、26.8%。**绿色发展加快推进。**稳步推进工业污染防治攻坚战，扎实推进绿色制造工程，加快发展资源综合利用产业。**质量和品牌影响力不断提升。**出台促进制造业产品和服务质量提升的实施意见，持续开展消费品工业"三品"专项行动以及质量提升工艺优化和共性质量问题攻关行动，推进质量品牌公共服务平台建设，制造业产品质量和品牌影响力持续提升，中高端消费品供给提质升级，在整体工业利润下降的情况下，2019年消费品工业实现利润同比增长4.2%。**制造业产业布局不断优化。**启动先进制造业集群培育工作，引导东北、中西部地区有序承接产业转移，区域产业结构调整呈现新格局。

（三）创新驱动深入实施，产业基础能力和产业链水平实现跃升

创新驱动取得显著成效。推进国家制造业创新中心建设，新建先进轨道交通装备、农机装备、智能网联汽车、先进功能材料4个国家制造业创新中心。加快实施重大短板装备等补短板工程，有序推进高端数控机床与基础制造装备、大飞机、"两机"等科技重大专项，嫦娥四号任务和长征五号遥三运载火箭发射飞行试验任务圆满完成，北斗三号全球系统核心星座部署完成，存储器、柔性显示屏量产实现新突破。**工业互联网发展深入推进。**实施工业互联网创新发展战略，启动"5G+工业互联网"512工程，支持长三角地区协同建设工业互联网一体化发展示范区，产业生态不断培育壮大。**探索创新工作机制，加快标准体系建设。**积极探索创新人工智能重点任务揭榜挂帅工作机制，加快标准体系建设，全年批准发布5G（第五代移动通信技术）、车联网、新材料、高端装备制造等领域行业标准1461项。

（四）改革开放持续深化，行业发展环境不断改善

推动落实更大规模减税降费。制造业等行业增值税税率从16%降至13%，一般工商业平均电价再降10%。**"放管服"改革持续深化。**工业生产许可证种类大幅度减少。**稳步推进中小企业支持政策落地实施。**认真贯彻落实《关于促进中小企业健康发展的指导意见》，强化各级中小企业工作领导小组机制，新培育一批单项冠军企业和专精特新"小巨人"企业，多措并举解决中小企业融资难、融资贵问题，中小企业发展活力不断释放。2019年规模以上中小企业和私营企业工业增加值同比分别增长6.8%和7.7%，均高于整体工业增速。**扎实开展清理拖欠民营企业账款工作。**清理拖欠民营企业中小企业账

---

① 除高技术制造业实际使用外资增速外，文中统计数据均来自国家统计局或根据国家统计局统计数据测算。

款超过 6600 亿元，实现清偿比例近 75%，超过原定年底前清偿一半以上的目标，有效提振了企业信心。**对外开放水平进一步提高。** 落实飞机、船舶、汽车等行业开放政策，配合开展 RCEP（《区域全面经济伙伴关系协定》）等自贸区谈判，在全球跨境投资大幅下滑的背景下，2019 年 1—11 月全国高技术制造业实际使用外资同比增长 5.7%。

与此同时，2019 年国际环境和国内条件都发生了深刻复杂的变化，工业发展面临不少困难和风险挑战。从国际看，世界经济仍处在国际金融危机后的深度调整期，世界大变局加速演变的特征更趋明显，全球动荡源和风险点显著增多。中美经贸摩擦影响持续显现，2019年我国对美国出口总额大幅下降。美国、欧洲、日本等主要经济体增速普遍回落，多国制造业采购经理指数回落至荣枯线以下，中国工业发展面临的外部环境总体趋紧。从国内看，中国正处在转变发展方式、优化经济结构、转换增长动力的攻关期，结构性、体制性、周期性问题相互交织，"三期叠加"影响持续深化。传统消费进入瓶颈期，高品质产品和服务供给不足，制造业投资增速低位徘徊。科技创新能力短板仍然突出，新旧动能转换存在较多制约。工业企业效益持续下滑，经营困难增加。

（数据来源：工业和信息化部运行监测协调局）

2020年中国工业经济运行概况

2020年，面对新冠疫情造成的严重冲击和复杂多变的国内外形势，全国工业和信息化系统认真贯彻落实党中央、国务院决策部署，统筹推进疫情防控和经济社会发展工作，强化"六稳"举措，落实"六保"任务，着力推动制造强国和网络强国建设，全力保障产业链供应链稳定，积极支持企业纾困发展，工业经济运行逐步恢复常态。但国际环境不确定、不稳定因素较多，国内有效需求尚未恢复至正常水平，地区、行业、企业间恢复不均衡，保持产业链供应链稳定安全仍面临较大挑战。要按照推动经济高质量发展和构建新发展格局要求，坚持稳中求进工作总基调，抓好各项政策措施落地见效，着力优化和提升产业体系和供给质量，积极释放内需潜力，大力激发市场主体活力，促进供需良性循环，持续巩固经济恢复向好态势。

一、2020年工业经济运行总体情况

（一）工业经济呈现持续稳定恢复态势

全力做好疫情防控和医疗物资保障供应工作，扎实推进产业链协同复工复产，着力打通产业链供应链堵点断点，加快释放内需活力，努力稳定外需，2020年规模以上工业增加值同比增长2.8%，其中一季度受疫情冲击大幅下降8.4%，随着统筹疫情防控和经济社会发展工作持续推进，工业生产迅速扭转了一季度大幅下滑的局面，二、三、四季度工业增加值分别增长4.4%、5.8%和7.1%。2020年全国工业产能利用率为74.5%，其中四季度达到78%，为2013年以来最高值。规模以上工业企业产销率已连续6个月保持在98%以上。在生产稳步恢复、市场预期向好、政策支持力度加大等因素带动下，企业效益持续好转。全年规模以上工业企业实现利润总额64516亿元，同比增长4.1%，月度利润增速已连续7个月保持在两位数以上；营业收入利润率为6.1%，同比提高0.2个百分点。市场需求回升和效益改善带动制造业投资稳步恢复，2020年工业投资与2019年同期基本持平，其中制造业投资降幅收窄至2.2%。主要经济体复工复产和订单转移效应带动工业品出口超预期增长，2020年工业产品出口交货值规模已接近2019年水平。

（二）制造业生产增速快于整体工业

2020年全年规模以上制造业增加值同比增长3.4%，增速高于整体工业0.6个百分点。在制造业31个大类中有20个行业增加值实现增长，占比达2/3。全年规模以上制造业企业实现利润55795.1亿元，同比增长7.6%，增速高于整体工业3.5个百分点。装备制造业生产效益同步回升，成为支撑工业稳步恢复的主要力量。全年完成增加值同比增长6.6%，增速高于整体工业3.8个百分点，拉动整体工业增长1.98个百分点，下半年各月增速保持在10.8%~13%。其中，汽车和电子工业增加值分别增长6.6%和7.7%。全年装备制造业实现利润同比增长10.8%，其中汽车和电子工业分别增长4.0%和17.2%。通用设备、专用设备、电气机械等行业增势良好。原材料制造业生产稳中有升，效益持续改善。全年增加值同比增长3.3%，增速高于整体工业0.6个百分点，拉动整体工业增长0.76个百分点。三季度以来，钢铁、化工、建材等行业均保持7%以上的较快增长，粗钢、乙烯、烧碱等基础产品平均产量增速超过10%。随着大宗商品价格持续攀升和下游需求回暖，原材料制造业利润状况有明显改善，全年实现利润同比增长4.5%，增速实现由负转正，其中有色和化工行业利润分别增长20.3%和20.9%，石油加工和钢铁行业累计利润降幅大幅收窄。消费品制造业生产稳步恢复，盈利状况良好，2020年全年增加值同比下降0.6%，当月增速自9月由负转正后连续4个月保持3%左右的小幅增长。在防疫物资需求拉动下，医药和部分纺织品生产形势较好。2020年全年消费品制造业实现利润同比增长5.1%，增速较前三季度加快0.7个百分点。

（三）新兴产业加快培育壮大

高技术制造业生产增势良好，投资持续加快。全年增加值同比增长7.1%，增速高于整体工业4.3个百分点，占规模以上工业增加值同比提高0.7个百分点，在疫情防控助推下，医药制造业、医疗仪器设备及仪器仪表制造业、电子及通信设备制造业均实现两位数增长。智能化新兴产品保持快速增长，全年工业机器人、集成电路产量分别增长19.1%和16.2%，智能手表、3D打印设备、半导体分立器件等新兴产品均保持30%以上的高速增长。在整体制造业投资下降的情况下，高技术制造业投资逆势增长，全年增速达到11.5%，其中医药制造业、计算机及办公设备制造业、电子及通信设备制造业投资分别增长28.4%、22.4%和8.2%。疫情冲击下以互联网经济为代表的新动能逆势成长。2020年全年软件和信息技术服务业实现收入同比增长13.3%。移动应用App在生活、社交、娱乐等方面的应用不断深化并加速向工业领域拓展，网上购物、直播带货等新业态持续火热，在线办公、远程问诊、在线教育等新兴需求快速扩张。5G、工业互联网等新型基础设施加速传统产业数字化转型和制造业智能化发展，截至12月底，企业数字化研发设计工具普及率、关键工序数控化率分别达到73%和52.1%；累计上线工业互联网标识解析二级节点85个，标识注册总量突破100亿，工业互联网平台接入设

备达 160 万台/套。国家工业基础融合发展持续推进，军民资源共建共享和协同创新能力不断加强。

（四）政策发力助力中小企业纾困发展

充分发挥促进中小企业发展工作领导小组协调机制作用，落实落细减税降费等规模性助企纾困政策，联合有关部门出台对中小微企业金融支持政策，着力清理拖欠民营和中小企业账款，推动出台保障中小企业款项支付条例。2020 年全年新增减税降费超 2.5 万亿元，其中免征中小企业三项社保费超过 1 万亿元；累计清偿拖欠民营和中小企业账款 1865 亿元。新增制造业贷款 2.2 万亿元，超过之前 4 年增量总和；普惠小微贷款余额 15.1 万亿元，同比增长 30.3%。根据电网企业数据，2—12 月全国阶段性减免工商业用户电费超过 1080 亿元，其中非高耗能行业工商业用户电费 95 折优惠政策减免工商业用电成本 934.8 亿元。随着各项惠企政策落地见效，企业生产经营状况不断改善，市场预期持续向好，制造业采购经理指数已连续 7 个月达 51% 以上。

二、工业发展面临的突出问题

疫情仍在全球蔓延，对世界经济和贸易的不利影响持续显现，国内疫情防控压力不减，经济仍处于恢复进程中，多数指标还低于正常增长水平，有效需求依然不足，产业链供应链高端环节断供风险上升，企业生产经营困难依然较多，经济增长回归正常轨道仍面临不少压力和挑战。

（一）世界经济复苏进程缓慢，外部环境复杂严峻

2020 年秋冬季美国、欧洲等地疫情出现二次反弹，印度、巴西等人口大国疫情加速扩散。虽然随着主要发达经济体大力出台刺激政策并"带疫"复工复产，世界经济出现边际改善，全球制造业 PMI 逐月回升，但受疫情反弹影响，恢复进度不及预期，国际货币基金组织（IMF）、世界银行等国际机构均预测 2020 年全球经济将萎缩 5% 左右。主要经济体量化宽松和财政刺激政策导致市场流动性泛滥、公共债务攀升，疫情下各国需求增长缺乏支撑，结构性矛盾凸显，经济增长动能不足。疫情冲击下民粹主义、保护主义和逆全球化不断升温。美国与中国在贸易、金融、科技、军事、意识形态等领域交锋博弈不断升级。这些因素通过外贸外资、金融市场、产业链供应链等多种渠道对中国工业经济运行造成严重冲击。

（二）需求恢复仍面临较大压力，工业持续回升动能不足

疫情导致居民实际收入增长放缓、收入预期下降，居民消费意愿和能力不足，一些聚集性、接触性消费仍受制约。2020 年社会消费品零售总额下降 3.9%，地方政府专项债和抗疫特别国债加快发行，但疫情导致部分地方政府财政收支压力加大，项目储备和要素保障不足问题仍待改善，基建投资总体回升缓慢，难以有效发挥稳增长作用。疫情走势不确定性和全球市场萎缩影响企业投资意愿，2020 年 31 个制造业大类中有 24 个行业投资同比下降，10 个行业降幅超过 10%，制造业技术改造投资大幅下降 14.6%。5G 发展尚处于导入期，网络建设运行投入成本相对较高，应用仍待进一步培育，新型基础设施持续投资压力较大。在主要经济体应急救助政策效应减退、国外产能逐步恢复、防疫物资需求趋稳的情况下，外贸超预期增长难以持续。

（三）企业生产经营困难尚未根本化解，应收账款和库存增长较快值得关注

尽管工业企业利润有所提高，但总的来看很大程度上得益于减税降费让利，大宗原材料价格上涨增加企业成本压力，企业利润率继续维持低位。企业资金紧张状况仍待缓解。在 2020 年规模以上工业企业营业收入同比增长 0.8% 的情况下，12 月底产成品存货同比增长 7.5%，应收账款增速高达 15.1%，中小微企业应收账款增幅又高于整体工业 6 个百分点，盈利水平偏低，叠加库存积压、回款延长，造成企业流动资金紧张。工业和信息化部对中小微企业融资情况开展的专项问卷调查显示，大多数企业续贷时需要还旧借新，仅有少数企业实现无还本续贷。由于抵押物不足、自身财务及经营状况难以满足银行要求等，规模越小的企业获得银行贷款的难度越大。此外，贷款延期还本付息等一批纾困惠企政策将于 2021 年一季度到期，企业担心政策到期后过快收紧而无接续过渡政策，将面临集中汇算清缴和贷款偿付压力，企业生产经营将陷入更加困难的境地。

三、2021 年工业经济形势展望

2021 年是开启全面建设社会主义现代化国家新征程、向第二个百年奋斗目标进军和实施"十四五"规划的开局之年，工业经济运行面临机遇和挑战并存的局面。

从积极因素看，当前和今后一个时期，中国发展仍处于重要战略机遇期，经济潜力足、韧性大、活力强、回旋空间大，工业经济长期向好的基本面没有改变。中国疫情防控和经济恢复走在世界前列，供给基本恢复，需求加速改善，2020 年工业经济稳步恢复为 2021 年回归常态化增长打下了坚实基础。疫苗研发生产顺利，实现了大规模接种，世界经济和贸易将逐步修复并产生共振效应，有望进入新一轮扩张周期，带动我国工业经济持续恢复。财政、金融等宏观对冲政策和减税降费等纾困惠企政策效应 2021 年还将继续显现，深化改革开放、改善营商环境等重大举措加速出台，断供断链风险倒逼补链强链，芯片、关键零部件等领域自主创新政策支持力度加大。疫情催生的在线办公、在线教育等新产业新业态新模式层出不穷，数字经济、医疗健康等新增长点增长极不断涌现。近期国际货币基金组织、世界银行分别预计 2021 年中国经济增速将回升至 8% 左右，在世界主要发达经济体和新兴经济体中位居首位。

从不利因素看，疫情变化仍是最大不确定因素，中国"外防输入"压力依然较大，国际货物人员往来持续受限，部分产业链供应链断点堵点问题仍将存在。世界经济复苏举步维艰，各国出台规模空前刺激政策的外溢效应相互交织，民粹主义、保护主义和逆全球化思潮不断升温，产业链供应链分工格局持续调整。国际货币基金组织、世界银行等均预测2021年世界经济增速将达到5%左右，但这是在2020年经济大幅下滑基础上的恢复性增长。美国政府对华政策存在不确定性，利用出口管制、安全审查、交流限制等手段对中国遏制打压恐有增无减，关键核心技术"卡脖子"风险上升。疫情对企业生产经营的不利影响仍在延续，中小企业压力依然较大。

从行业走势看，原材料工业有望实现稳定增长。随着下游行业复苏和产业结构调整持续推进，2021年原材料工业运行有望持续向好，但一些战略性矿产资源对外依存度高，供应与国际运输存在较大风险。装备制造业将延续增长势头。受国内经济复苏、重大工程项目加快实施等因素拉动，2021年机械工业将延续增长势头，但投资强拉动作用可能减弱，出口受国际疫情影响支撑作用有限，行业依然承受稳增长的压力。汽车工业受经济回暖的拉动，将继续保持恢复性增长态势。电子制造业在新型基础设施投资和5G技术广泛应用的带动下，有望保持较快增长，但发展面临核心技术和关键零部件断供的挑战，稳定发展存在不确定性。消费品工业将继续回暖。随着全球疫情逐步控制和国内消费潜力进一步释放，预计2021年消费品工业总体将延续回暖向好趋势。但受

居民收入预期不稳以及中美经贸摩擦等因素影响，回升力度有限。经济社会数字化转型为信息通信业带来新机遇。国内宏观经济持续向好，将为信息通信业、软件业发展营造良好环境。新一代信息通信技术创新发展和网络基础设施升级，有望推动信息通信行业进入新一轮发展繁荣期。

综合研判，随着疫苗上市和全球经济逐步恢复，前期受抑制的消费、制造业投资等内生动能将进一步释放，预计工业发展的国内外环境总体将有所改善，叠加宏观政策的滞后效应和低基数效应，全年规模以上工业增加值增速将明显回升，呈现前高后低态势。下一步，要深入贯彻落实党的十九届五中全会精神和中央经济工作会议精神，认真贯彻党中央、国务院各项决策部署，坚定不移贯彻新发展理念，坚持稳中求进工作总基调，以推动高质量发展为主题，以深化供给侧结构性改革为主线，立足于制造强国、网络强国和数字中国建设，扎实做好"六稳"工作、全面落实"六保"任务，加快关键核心技术攻关，夯实产业基础，持续推动产业转型升级，深入推进两化融合，着力提升产业链供应链水平，大力培育优质企业，努力巩固工业经济回升向好态势，为构建以国内大循环为主体、国内国际双循环相互促进的新发展格局提供有力支撑。

（数据来源：工业和信息化部运行监测协调局）

2021年中国工业经济运行概况

一、2021年工业经济运行总体情况

（一）工业经济持续恢复发展

工业生产稳定增长。 2021年规模以上工业增加值增长9.6%，增速比2020年提高6.8个百分点，两年平均增长6.1%，接近正常年份水平。工业产能利用率达到77.5%，为近年来最高水平。分季度看，在高基数和疫情汛情、芯片短缺、能源保障不足等因素影响下，同比增速前高后低，随着振作工业经济运行各项政策措施出台显效，四季度增速逐月回升。**制造业比重有所回升。** 全年规模以上制造业增加值增长9.8%，两年平均增长6.6%；制造业增加值占国内生产总值（GDP）比重达到27.4%，规模达到31.4万亿元，连续12年位居世界首位。**企业效益明显改善。** 在大宗原材料价格上涨、助企惠企政策显效等因素带动下，全年规模以上工业企业利润增长34.3%，两年平均增长18.2%，营业收入利润率达到6.81%，比2020年提高0.76个百分点。**工业出口保持较快增长。** 全球经济恢复、外贸订单回流等因素与中国产业链优势有效衔接，2021年规模以上工业出口交货值比2020年增长17.7%，两年平均增长8.3%。

（二）重点行业保持增长态势

2021年41个工业大类行业中39个行业增加值保持增长，15个行业增速超过两位数。装备制造业增加值比2020年增长12.9%，高于全部规模以上工业平均水平3.3个百分点，两年平均增长9.7%，对全部规模以上工业增长贡献率超过四成。全年汽车产销分别增长3.4%和3.8%，结束了连续3年的下降趋势。电子行业受"宅经济"产品和外需带动，工业增加值和出口交货值比2020年分别增15.7%和12.7%。

（三）产业结构进一步优化升级

制造业数字化转型步伐加快。 深入实施工业互联网创新发展工程，2021年建成工业互联网标识解析二级节点171个，培育大型工业互联网平台超过150家，重点领域规模以上工业企业关键工序数控化率、数字化研发设计工具普及率分别达到55.3%和74.7%，5G、大数据、云计算、人工智能等数字技术向各行业加速融合渗透。**工业绿色低碳发展取得积极成效。** 落实碳达峰碳中和"1+N"政策体系部署要求，制定工业领域及有色金属、建材等重点行业碳达峰实施方案。传统产业绿色化改造稳步推进，2021年全年压减粗钢产量超过2000万吨，规模以上工业单位增加值能耗比2020年下降5.6%。**新产业新产品发展迅猛。** 实施先进制造业集群发展专项行动，大力支持超高清视频、大数据、虚拟现实、智能光伏等新兴产业发展。2021年高技术制造业增加值比2020年增长18.2%，工业机器人、集成电路等新兴产品产量分别增长44.9%和33.3%，新能源汽车产销量超过350万辆，增加1.6倍，月度销量连创历史新高。

（四）中小企业韧性和活力显现

生产经营保持恢复态势。 推动出台一系列纾困帮扶惠企政策，建设一批线上线下服务平台，深入开展优化中小企业发展环境第三方评估，进一步激发企业活力。2021年规模以上工业中小企业增加值、营业收入、利润总额增速均高于疫情前2019年的水平。**专精特新发展步伐加快。** 出台培育发展制造业优质企业、提升中小企业竞争力等政策文件，专精特新企业、"小巨人"企业、制造业单项冠军企业分别达到4万多家、4762家和848家。调查的1183家专精特新"小巨人"企业2021年营业收入利润率为10.6%，明显高于规模以上中小企业水平。

二、面临的困难风险和2022年形势展望

国内疫情多地散发，消费投资需求持续萎缩，大宗原材料价格处于高位，"缺芯""缺工"和国际物流不畅等供给侧约束依然存在，地缘政治冲突等外部不确定因素明显增多，需求收缩、供给冲击、预期转弱的三重压力尚未根本性缓解，工业经济总体还处于企稳恢复期和政策消化期，面临的困难和挑战依然较多，实现平稳增长的目标仍需要付出艰苦努力。

（一）外部环境不稳定不确定因素增多

虽然主要国家经济逐步恢复，但疫情反复多变，奥密克戎变异毒株迅速蔓延，通胀高企、刺激政策效应递减等因素可能弱化全球经济复苏势头。年初世界银行《全球经济展望》将2022年全球经济增长预期由4.3%下调至4.1%。美联储加息在即，货币政策转向外溢风险上升。俄乌冲突导致国际能源和金融市场震荡，并可能通过能源资源、金融汇率、产业链供应链等渠道向中国传导。

（二）需求不振制约经济恢复内生动力

疫情散发持续影响居民消费意愿，接触性聚集性消费受到较大冲击，2021年社会消费品零售总额比2019年增长8%，两年平均仅增长3.9%，远低于疫情前8%左右的增长水平。成本上升、需求不振等影响企业投资意愿，2021年制造业投资两年平均仅增长4.8%。外贸出口虽较快增长，但主要由价格上涨支撑，缺柜、缺工和原材料成本上涨、人民币升值等问题加重外贸企业负担。随着主要经济体供应链恢复，订单转移效应可能减弱，出口增速恐将明显回落。

（三）供给侧仍面临一定制约

原材料价格上涨、供应链不畅交织叠加给工业经济

平稳运行带来新的冲击。2021年四季度工业生产者出厂价格指数（PPI）涨幅维持在10%以上，2022年1月涨幅虽回落至9.1%，但钢铁、有色、化工等主要大宗原材料价格仍处于历史高位，原油、铁矿石价格又有所走高，加重企业成本负担。芯片短缺矛盾虽有好转但尚未根本性缓解，制约着汽车、机械、电子等行业的生产。受国际疫情扩散蔓延等因素影响，部分原材料短缺、国际运输阻滞、人员交往受限等供应链不畅问题短期仍难以解决。

（四）企业生产经营仍然面临不少困难

疫情反复、成本高企、供给冲击等因素加剧中小企业生产经营困难，用工难、回款慢、国际物流成本高等问题仍较突出，上中下游行业、大中小企业发展分化态势依然延续。截至2022年2月，小企业制造业采购经理指数已连续10个月位于荣枯线以下，且2022年前两个月连续回落。虽然面临上述困难挑战，但保持工业经济平稳增长仍具备许多基础和条件。综合判断，中国工业经济长期向好的基本面不会改变，经济持续恢复态势不会改变，但面临的制约和不确定因素有所增多，下行压力依然较大，预计2022年将呈现前低后高走势。

（数据来源：工业和信息化部运行监测协调局）

2022年中国工业经济运行概况

一、2022年工业经济运行总体情况

（一）工业经济总体稳定恢复，主要指标保持在合理区间

加快落实稳经济政策措施。 出台系列政策文件，抓好"十四五"规划重大工程，支持制造业企业设备更新和技术改造，着力提振消费，推动工业产品出口，保障工业经济运行在合理区间。**工业生产总体稳定。** 2022年规模以上工业增加值比2021年增长3.6%，其中制造业增长3.0%。全部工业增加值首次超过40万亿元，工业对经济增长贡献率达到36%，为近年较高水平。**制造业投资保持较快增长。** 2022年制造业投资比2021年增长9.1%，增速比全部固定资产投资高4.0个百分点，其中高技术制造业投资增长22.2%。**企业营收保持增长。** 2022年规模以上工业企业实现营业收入137.9万亿元，比2021年增长5.9%。受多重因素影响，叠加2021年同期基数较高，企业实现利润下降4.0%。**工业出口高位回落。** 2022年规模以上工业企业出口交货值比2021年增长5.5%，主要经济体通胀高企、美联储加息等因素抑制海外需求，下半年增速有所放缓。

（二）主要行业运行平稳，装备制造业支撑作用明显

装备制造业实现较快增长。 2022年装备制造业增加值比2021年增长5.6%，其中电气机械、仪器仪表、专用设备等行业分别增长11.9%、4.6%和3.6%。据中国汽车工业产业链供应链全面恢复，促消费政策红利加快释放，据中国汽车工业协会统计，2022年汽车产销量比2021年分别增长3.4%和2.1%，其中新能源汽车产销量分别增长96.9%和93.4%。2022年电子制造业增加值增长7.6%，但受全球消费电子需求回落等因素影响，四季度增速有所下滑。**有色、石化行业生产总体平稳。** 受房地产市场下行等因素影响，粗钢产量比2021年下降1.7%，钢材价格走弱、利润大幅下降；建材主要产品产量明显下滑。**消费品制造业仍待恢复。** 食品、农副食品、酒饮料和精制茶等生活必需品行业保持增长，其他多数轻工纺织行业生产下降；医药行业生产受2021年基数偏高等因素影响持续下降。

（三）产业升级态势不断巩固，新动能持续壮大

新兴产业加快发展。 深入实施先进制造业集群发展专项行动，加快培育新型显示、大数据、智能光伏、车联网、机器人、增材制造等新兴产业。2022年高技术制造业增加值和投资比2021年分别增长7.4%和22.2%，增速明显高于整体工业。太阳能电池、移动通信基站设备等新产品产量分别增长46.8%和16.3%。**工业绿色低碳转型稳步推进。** 发布实施工业领域碳达峰方案，编制原材料重点行业低碳发展技术路线图，推进粗钢产量压减目标任务，加快原材料、重点装备制造行业碳达峰碳中和公共服务平台建设。**制造业数字化转型步伐加快。** 继续实施工业互联网创新发展工程，发布《5G全连接工厂建设指南》，较大型工业互联网平台超过240家，连接工业设备超过7900万台（套），部分领域智能制造水平居于世界领先。**重大创新成果不断涌现。** C919大型客机实现全球首架交付，国产体外膜肺氧合（ECMO）实现了整机及关键零部件的突破并获证上市，已投入使用。

（四）中小企业纾困帮扶力度加大，发展活力进一步增强

惠企政策红利持续释放。 充分发挥各级促进中小企业发展机制作用，推动纾困政策加快落地。2022年小微经营主体新增减税降费及退税、缓税、缓费超过1.7万亿元，普惠消费贷款余额增长23.8%。**助企服务力度进一步加大。** 组织开展中小企业服务月活动，深入开展"一起益企"中小企业服务行动，汇聚和带动各类优质服务资源进企业、进园区、进集群，2022年新培育国家中小企业公共示范平台274家。**专精特新发展再上台阶。** 建立优质中小企业梯度培育体系，累计培育专精特新"小巨人"企业8997家，带动各地培育省级专精特新中小企业7万多家。深入开展大中小企业融通创新等专项行动，促进优质中小企业高质量发展。

二、2023年工业和信息化发展环境展望

2023年，中国工业经济发展面临的形势依然复杂严峻，外部环境动荡不安，国内需求仍然不足，工业经济转型升级面临新的阻力，巩固回稳向好态势需要付出艰苦努力。

（一）供需两端仍存一定制约

从需求看，疫情发生三年以来居民收入增长放缓、储蓄意愿提高，消费能力和意愿仍有待恢复。民间投资较为低迷，房地产市场下行影响持续，对上游原材料行业和家具家电等相关行业的拉动作用减弱。从供给看，能源供需仍处于紧平衡，保持产业链供应链稳定仍面临一定挑战。

（二）工业品出口明显承压

受通胀高企、主要经济体收紧货币政策等因素影响，全球经济增长动能减弱，海外消费需求疲软，主要国际机构均下调了2023年全球经济增长预期。外需萎缩态势显现，一些企业反映外贸订单不及预期，预计2023年外贸形势较为严峻，出口拉动效应恐持续衰减。

（三）企业生产经营困难依然较大

2022年下半年以来，规模以上工业企业实现利润持续下降，特别是制造业利润全年大幅下降13.4%。随着全球大宗商品价格进入下行周期，预计2023年工业生产者出厂价格指数涨幅处于低位，工业企业利润下行压力仍然较大。部分经营主体资产负债表受损，避险倾向明显，市场预期转弱态势仍未出现根本性扭转。

（四）外部环境不稳定不确定因素增多

发达经济体加息边际力度减弱，但利率水平上升对全球金融和大宗商品市场的外溢效应持续显现。世界百年未有之大变局深入演进，地缘政治冲突走势不明，经济全球化遭遇逆流，主要发达国家纷纷实施"再工业化"战略、推行"友岸外包""近岸外包"，全球产业链调整本地化、区域化、多元化趋势明显。

与此同时，也要看到工业经济持续恢复具备更好支撑基础和更多有利条件。一是新时代十年，我国经济实力实现历史性跃升，完整产业体系、完善配套能力和强大国内市场优势更加凸显，新产业新动能加快培育壮大，产业链供应链韧性明显增强，中国工业经济长期向好的基本面依然稳固。二是党的二十大提出坚持把经济发展的着力点放在实体经济上，推进新型工业化，加快建设制造强国和网络强国，工业经济面临更好的政策环境。三是中央经济工作会议和政府工作报告部署的增量政策措施与已出台的存量稳经济各项政策叠加发力，经营主体活力、居民消费潜力加速释放，将有力推动工业经济稳步回升。

（数据来源：工业和信息化部运行监测协调局）

第二篇

统 计 篇

工业发展地区情况（2019—2022）

规模以上工业企业数量（2019—2022）　　　　　　　　　单位：个

地区	2022 年	2021 年	2020 年	2019 年
北京市	3141	3073	3028	3121
天津市	5812	5662	5120	4813
河北省	18077	16127	14239	13181
山西省	7688	6859	5480	4798
内蒙古自治区	3591	3291	2985	2965
辽宁省	8923	8499	7755	7610
吉林省	3216	3228	3043	3042
黑龙江省	4532	4355	3832	3531
上海市	9432	9309	8804	8776
江苏省	61504	56281	50168	46090
浙江省	56229	53730	47956	45695
安徽省	21484	19880	18447	17761
福建省	20691	20105	18845	18373
江西省	17614	15813	14341	13022
山东省	35322	33057	29628	27129
河南省	23805	21679	19803	19516
湖北省	18388	16792	15708	15521
湖南省	19885	19301	18239	16562
广东省	70702	66307	58483	55394
广西壮族自治区	8959	8065	7099	6185
海南省	665	563	493	412
重庆市	7616	7314	6938	6694
四川省	17523	16453	15280	14599
贵州省	5332	5090	4482	4686
云南省	4895	4569	4401	4366
西藏自治区	190	186	167	148
陕西省	7772	7569	7205	7037
甘肃省	2518	2262	1952	1825
青海省	646	633	580	585
宁夏回族自治区	1476	1383	1241	1196
新疆维吾尔自治区	4381	4082	3633	3182

数据来源：国家统计局。

国有控股工业企业数量（2019—2022）　　　　　　　　　　　单位：个

地区	2022 年	2021 年	2020 年	2019 年
北京市	664	673	650	656
天津市	502	490	459	476
河北省	1098	938	899	788
山西省	1435	1359	1169	1104
内蒙古自治区	864	803	747	707
辽宁省	827	808	731	681
吉林省	408	400	338	330
黑龙江省	585	604	514	492
上海市	698	673	632	670
江苏省	1608	1497	1291	1210
浙江省	965	905	843	832
安徽省	1110	999	848	768
福建省	613	561	535	503
江西省	835	743	587	532
山东省	2081	1935	1614	1380
河南省	1115	990	838	776
湖北省	1036	939	798	774
湖南省	934	862	759	757
广东省	1550	1417	1229	1181
广西壮族自治区	770	713	657	589
海南省	99	85	68	56
重庆市	648	616	561	548
四川省	1555	1422	1239	1109
贵州省	786	743	595	553
云南省	753	738	666	643
西藏自治区	73	69	56	44
陕西省	1146	1075	943	886
甘肃省	691	624	539	490
青海省	211	200	174	164
宁夏回族自治区	262	241	201	175
新疆维吾尔自治区	1143	1058	892	809

数据来源：国家统计局。

私营工业企业数量（2019—2022）　　　　　　　　　　单位：个

地区	2022 年	2021 年	2020 年	2019 年
北京市	1143	1133	1030	1047
天津市	3464	3285	2780	2366
河北省	14433	12901	11184	10074
山西省	5128	4511	3538	2838
内蒙古自治区	1738	1610	1287	1179
辽宁省	5739	5379	4647	3942
吉林省	2100	2128	1835	1445
黑龙江省	2945	2814	2301	1746
上海市	5237	5032	4508	4394
江苏省	48248	43364	37139	31331
浙江省	47490	45446	40038	36792
安徽省	16390	15232	12914	11163
福建省	16757	16101	14704	13296
江西省	13694	12318	11092	8507
山东省	25451	23829	20995	17540
河南省	18966	17398	15706	11979
湖北省	13557	12320	11238	9806
湖南省	16833	16559	15659	12993
广东省	47503	44356	37305	30961
广西壮族自治区	6614	5952	5204	4013
海南省	243	173	117	81
重庆市	6122	5804	5443	4830
四川省	12607	12059	10981	9270
贵州省	3654	3573	3158	3126
云南省	3096	2757	2921	2349
西藏自治区	59	61	55	41
陕西省	5000	4974	4633	3333
甘肃省	1277	1104	845	663
青海省	260	262	230	233
宁夏回族自治区	999	967	891	810
新疆维吾尔自治区	2522	2350	2052	1492

数据来源：国家统计局。

外商及港澳台商投资工业企业数量（2019—2022）　　　　　　　　单位：个

地区	2022 年	2021 年	2020 年	2019 年
北京市	647	645	617	650
天津市	1121	1133	1100	1134
河北省	651	645	602	608
山西省	157	161	147	141
内蒙古自治区	131	134	124	122
辽宁省	1118	1149	1145	1170
吉林省	258	241	248	247
黑龙江省	152	154	146	154
上海市	2953	3040	3057	3217
江苏省	8812	8715	8584	8653
浙江省	4256	4314	4315	4433
安徽省	917	892	814	709
福建省	2763	2937	3134	3264
江西省	728	723	702	682
山东省	2719	2711	2610	2636
河南省	524	484	468	420
湖北省	844	814	780	741
湖南省	490	475	470	451
广东省	11736	11874	11817	12121
广西壮族自治区	457	447	418	381
海南省	67	66	60	64
重庆市	420	425	430	421
四川省	607	583	557	537
贵州省	118	105	105	94
云南省	155	143	150	147
西藏自治区	6	6	5	5
陕西省	250	250	242	211
甘肃省	48	44	42	39
青海省	19	17	19	20
宁夏回族自治区	49	45	39	41
新疆维吾尔自治区	87	83	79	75

数据来源：国家统计局。

大中型工业企业数量（2019—2022） 单位：个

地区	2022 年	2021 年	2020 年	2019 年
北京市	528	522	508	551
天津市	582	578	580	586
河北省	1345	1415	1409	1413
山西省	1232	1221	1197	1193
内蒙古自治区	633	620	592	614
辽宁省	1148	1167	1168	1140
吉林省	438	443	445	444
黑龙江省	393	407	420	427
上海市	1105	1117	1110	1169
江苏省	5458	5464	5279	5218
浙江省	4508	4599	4426	4328
安徽省	1525	1479	1405	1401
福建省	2346	2692	2723	2989
江西省	1244	1349	1309	1366
山东省	3363	3433	3434	3449
河南省	1808	2681	2970	3161
湖北省	1604	1648	1652	1807
湖南省	1559	1682	1728	1821
广东省	7865	8354	8195	8409
广西壮族自治区	831	829	844	887
海南省	81	85	78	84
重庆市	1010	1055	1070	1087
四川省	1738	1833	1784	1820
贵州省	473	479	442	453
云南省	460	490	499	531
西藏自治区	14	11	12	13
陕西省	792	795	800	869
甘肃省	247	250	250	252
青海省	86	82	86	88
宁夏回族自治区	202	192	181	181
新疆维吾尔自治区	443	455	449	433

数据来源：国家统计局。

工业生产者出厂价格指数（2019—2022）　　　　　　　　　　上年＝100

地区	2022 年	2021 年	2020 年	2019 年
北京市	102.3	101.1	99.1	99.6
天津市	105.8	110.9	97.1	99.3
河北省	100.5	116.4	98.5	100.2
山西省	111.4	130.2	96.7	99.7
内蒙古自治区	108.6	128.5	99.7	102.1
辽宁省	107.9	113.6	97.0	99.5
吉林省	101.9	105.1	98.6	98.9
黑龙江省	110.9	112.3	93.4	98.2
上海市	102.6	102.1	98.3	98.8
江苏省	103.2	106.3	97.8	98.9
浙江省	104.0	106.3	96.9	98.9
安徽省	103.2	107.7	99.1	100.3
福建省	102.9	104.9	98.4	100.6
江西省	103.5	110.5	98.3	98.9
山东省	105.1	110.3	98.1	99.7
河南省	105.0	107.8	99.2	100.2
湖北省	103.4	104.1	99.1	100.2
湖南省	102.0	105.9	99.0	99.6
广东省	103.0	103.4	99.0	100.2
广西壮族自治区	102.5	108.9	99.4	99.3
海南省	115.0	113.5	93.8	97.4
重庆市	102.3	103.2	99.1	99.8
四川省	102.8	105.9	98.8	100.4
贵州省	105.7	106.5	98.3	99.8
云南省	105.4	110.0	98.6	100.0
西藏自治区	104.1	101.5	99.4	98.9
陕西省	107.3	116.9	95.1	100.8
甘肃省	110.9	116.4	93.9	98.3
青海省	112.2	114.5	96.6	98.5
宁夏回族自治区	111.1	119.9	96.9	99.4
新疆维吾尔自治区	112.3	119.4	91.6	98.5

注：从 2011 年起工业品出厂价格指数改为工业生产者出厂价格指数。

数据来源：国家统计局。

粗钢产量（2019—2022）　　　　　　　　　　单位：万吨

地区	2022 年	2021 年	2020 年	2019 年
北京市	—	—	—	—
天津市	1738.30	1825.25	2171.82	2194.77
河北省	21194.55	22496.45	24976.95	24157.70
山西省	6423.20	6740.69	6637.78	6039.05
内蒙古自治区	2956.51	3117.89	3119.87	2653.69
辽宁省	7451.63	7502.41	7609.40	7361.91
吉林省	1357.03	1538.92	1525.61	1356.55
黑龙江省	960.51	960.59	986.55	896.12
上海市	1500.82	1577.06	1575.60	1640.25
江苏省	11905.02	11924.95	12108.20	12017.10
浙江省	1378.08	1455.56	1457.03	1350.68
安徽省	3709.17	3891.64	3696.69	3222.47
福建省	3197.30	2535.52	2466.50	2390.28
江西省	2689.93	2710.96	2682.07	2524.48
山东省	7600.30	7649.31	7993.51	6356.98
河南省	3187.24	3316.10	3530.16	3299.09
湖北省	3655.55	3656.09	3557.23	3594.73
湖南省	2612.68	2612.68	2612.90	2385.72
广东省	3571.77	3178.33	3382.34	3229.12
广西壮族自治区	3793.23	3660.88	3452.23	2662.71
海南省	—	—	—	—
重庆市	975.10	899.33	899.95	845.37
四川省	2787.34	2787.93	2792.63	2733.31
贵州省	461.92	461.93	461.94	442.34
云南省	2247.68	2361.04	2233.02	2154.68
西藏自治区	—	—	—	—
陕西省	1475.87	1520.81	1521.53	1430.75
甘肃省	1084.89	1059.00	1059.17	877.77
青海省	121.28	186.69	193.24	178.83
宁夏回族自治区	596.22	596.33	466.62	308.56
新疆维吾尔自治区	1162.78	1299.91	1306.13	1236.88

数据来源：国家统计局。

生铁产量（2019—2022）   单位：万吨

地区	2022 年	2021 年	2020 年	2019 年
北京市	—	—	—	—
天津市	1772.84	1818.40	2198.87	2073.06
河北省	19840.19	20202.98	22903.76	21774.37
山西省	5833.46	5988.42	6089.08	5557.06
内蒙古自治区	2188.83	2347.43	2380.83	2215.97
辽宁省	7101.35	7024.68	7235.20	6855.61
吉林省	1307.78	1366.05	1407.74	1257.07
黑龙江省	877.14	846.55	863.13	800.72
上海市	1390.02	1390.97	1411.33	1490.07
江苏省	9637.87	10023.93	10022.92	7347.59
浙江省	802.56	794.76	852.84	835.48
安徽省	2956.53	2911.60	2537.32	2530.01
福建省	1382.48	1145.19	1106.21	1038.08
江西省	2384.69	2315.59	2332.07	2217.98
山东省	7371.34	7524.42	7668.42	5770.10
河南省	2743.00	2746.75	2769.49	2573.76
湖北省	2832.27	2624.39	2727.44	2765.16
湖南省	2179.62	2177.35	2105.44	1973.87
广东省	2420.90	2053.64	2158.74	2086.15
广西壮族自治区	3013.35	3015.29	1457.14	1466.12
海南省	—	—	—	—
重庆市	723.00	674.46	637.84	611.03
四川省	2036.41	2091.96	2136.79	2131.34
贵州省	380.63	375.42	368.63	351.21
云南省	1583.34	1711.63	1873.25	1788.03
西藏自治区	—	—	—	—
陕西省	1188.26	1136.33	1232.21	1237.11
甘肃省	810.73	789.19	782.29	659.13
青海省	99.36	154.22	160.34	151.85
宁夏回族自治区	497.69	457.64	319.98	120.85
新疆维吾尔自治区	1027.14	1147.56	1158.32	1170.61

数据来源：国家统计局。

焦炭产量（2019—2022） 单位：万吨

地区	2022 年	2021 年	2020 年	2019 年
北京市	—	—	—	—
天津市	157.21	153.64	175.36	158.34
河北省	4133.77	4056.99	4825.52	4982.97
山西省	9799.70	9857.24	10493.70	9699.53
内蒙古自治区	4672.47	4657.93	4222.53	3677.23
辽宁省	2199.06	2293.81	2297.07	2281.42
吉林省	377.66	399.12	368.65	337.61
黑龙江省	1112.32	1234.92	1062.66	1075.89
上海市	514.69	540.86	540.58	549.28
江苏省	1536.51	1438.35	1312.87	1611.02
浙江省	209.24	216.47	213.23	208.88
安徽省	1297.96	1252.62	1228.35	1167.17
福建省	222.38	224.62	223.46	201.92
江西省	645.91	694.45	688.50	660.78
山东省	2910.97	3186.78	3162.55	4920.90
河南省	1999.35	1514.93	1847.84	2029.53
湖北省	939.43	882.43	801.18	834.12
湖南省	662.07	660.93	603.99	586.26
广东省	735.35	619.81	596.98	591.23
广西壮族自治区	1084.79	1071.81	811.82	729.32
海南省	—	—	—	—
重庆市	312.90	286.36	279.70	258.62
四川省	1038.83	1058.58	1074.23	1066.21
贵州省	331.31	417.91	428.43	391.69
云南省	1268.40	1282.44	1093.32	999.55
西藏自治区	—	—	—	—
陕西省	4735.94	4320.78	4896.51	4686.63
甘肃省	494.60	499.85	516.84	449.40
青海省	89.53	157.71	182.57	191.05
宁夏回族自治区	1225.37	964.73	920.81	790.75
新疆维吾尔自治区	2635.92	2499.71	2246.86	1988.86

数据来源：国家统计局。

乙烯产量（2018—2022）　　　　　　　　　　　　　单位：万吨

地区	2022 年	2021 年	2020 年	2019 年	2018 年
北京市	71.13	71.19	81.70	81.47	79.41
天津市	137.32	149.04	111.82	135.41	132.69
河北省	1.11	1.32	—	—	0.72
山西省	—	—	—	—	—
内蒙古自治区	—	—	3.97	4.58	—
辽宁省	399.53	440.11	183.87	187.03	176.18
吉林省	80.87	77.30	86.00	86.72	76.68
黑龙江省	128.01	135.90	131.10	128.83	105.81
上海市	163.13	194.87	206.09	211.12	172.88
江苏省	390.19	243.71	220.33	189.15	161.20
浙江省	237.60	142.83	204.20	150.90	119.97
安徽省	—	—	—	—	—
福建省	189.57	211.90	138.74	121.67	102.86
江西省	1.36	1.51	0.61	2.70	
山东省	207.32	261.50	119.88	121.89	122.38
河南省	25.19	29.03	24.86	28.41	0.90
湖北省	93.71	106.39	69.78	90.03	88.40
湖南省	1.22	0.40	0.64	—	5.40
广东省	391.15	417.75	365.68	348.23	299.28
广西壮族自治区	—	—	—	—	—
海南省	—	—	—	—	—
重庆市	—	—	—	—	—
四川省	—	—	—	—	—
贵州省	—	—	—	—	—
云南省	—	—	—	—	—
西藏自治区	—	—	—	—	—
陕西省	110.86	106.97	—	—	—
甘肃省	70.54	73.85	69.70	53.34	64.39
青海省	—	—	—	—	—
宁夏回族自治区	—	—	—	—	—
新疆维吾尔自治区	197.71	160.11	141.00	110.82	131.83

数据来源：国家统计局。

原盐产量（2019—2022） 单位：万吨

地区	2022 年	2021 年	2020 年	2019 年
北京市	—	—	—	—
天津市	173.00	181.75	195.61	188.31
河北省	237.62	256.32	291.17	311.02
山西省	—	—	—	—
内蒙古自治区	133.52	138.33	103.86	121.16
辽宁省	76.92	95.67	92.97	95.76
吉林省	—	—	—	—
黑龙江省	—	—	—	—
上海市	—	—	—	—
江苏省	599.92	573.40	581.93	1352.91
浙江省	—	—	—	—
安徽省	128.15	141.50	155.35	149.32
福建省	29.20	32.84	34.34	28.13
江西省	109.41	284.97	212.30	200.80
山东省	1063.23	1154.81	1295.75	1411.93
河南省	73.03	65.49	107.50	347.30
湖北省	581.46	560.61	426.58	427.35
湖南省	335.11	332.75	330.46	322.13
广东省	1.76	2.99	4.38	3.74
广西壮族自治区	—	—	3.85	—
海南省	3.74	4.41	5.62	3.09
重庆市	196.18	241.16	372.16	284.13
四川省	475.27	534.50	514.10	537.51
贵州省	—	—	—	—
云南省	165.41	164.17	160.30	154.93
西藏自治区	—	—	—	—
陕西省	76.99	—	—	15.41
甘肃省		12.15	15.14	6.31
青海省	442.32	400.52	465.33	293.73
宁夏回族自治区	108.09	96.14	90.89	92.37
新疆维吾尔自治区	349.58	432.01	393.08	354.10

数据来源：国家统计局。

原油产量（2019—2022）　　　　　　　　　　　　　　　　　单位：万吨

地区	2022 年	2021 年	2020 年	2019 年
北京市	—	—	—	—
天津市	3575. 30	3407. 02	3242. 22	3111. 89
河北省	547. 10	544. 55	543. 51	550. 00
山西省	—	—	—	—
内蒙古自治区	46. 30	42. 08	13. 60	11. 82
辽宁省	984. 10	1054. 17	1049. 37	1053. 26
吉林省	425. 60	414. 25	404. 41	385. 70
黑龙江省	2971. 00	2945. 49	3001. 03	3110. 02
上海市	53. 60	50. 94	52. 03	39. 10
江苏省	152. 90	151. 32	152. 05	151. 44
浙江省	—	—	—	—
安徽省	—	—	—	—
福建省	—	—	—	—
江西省	—	—	—	—
山东省	2200. 30	2210. 71	2219. 17	2237. 82
河南省	236. 20	234. 74	239. 91	251. 06
湖北省	53. 70	53. 24	53. 50	53. 62
湖南省	—	—	—	—
广东省	1884. 60	1744. 68	1613. 15	1475. 07
广西壮族自治区	65. 80	46. 82	48. 76	50. 26
海南省	56. 00	37. 34	30. 55	30. 50
重庆市	—	—	—	—
四川省	11. 90	9. 22	7. 86	8. 41
贵州省	—	—	—	—
云南省	—	—	—	—
西藏自治区	—	—	—	—
陕西省	2536. 60	2552. 76	2693. 72	3543. 23
甘肃省	1092. 20	1029. 05	968. 74	58. 11
青海省	235. 00	234. 00	228. 50	228. 00
宁夏回族自治区	130. 70	135. 33	—	—
新疆维吾尔自治区	3213. 30	2990. 39	2914. 75	2752. 08

注：原油包括天然原油和人造原油。

数据来源：国家统计局。

机制纸及纸板产量（2019—2022）　　　　　　　　　单位：万吨

地区	2022 年	2021 年	2020 年	2019 年
北京市	3.24	3.39	3.89	4.19
天津市	248.52	281.75	266.70	261.97
河北省	377.89	407.69	340.17	322.74
山西省	118.27	108.02	69.64	60.90
内蒙古自治区	10.61	9.58	7.37	7.90
辽宁省	171.74	201.82	186.28	134.17
吉林省	28.92	51.21	52.24	51.59
黑龙江省	34.07	30.02	31.86	34.38
上海市	27.51	40.59	42.33	50.40
江苏省	1442.00	1469.24	1411.25	1471.57
浙江省	1599.35	1481.12	1452.75	1768.40
安徽省	401.27	422.40	406.64	415.91
福建省	935.30	994.84	798.49	805.13
江西省	390.77	280.24	291.06	276.24
山东省	2414.96	2473.86	2297.70	2075.36
河南省	398.03	369.21	355.66	386.83
湖北省	543.10	570.53	467.54	415.83
湖南省	368.52	343.75	316.10	331.27
广东省	2374.14	2410.29	2435.96	2223.09
广西壮族自治区	558.05	336.22	313.38	323.84
海南省	191.04	181.98	174.95	178.78
重庆市	417.80	433.15	402.48	361.35
四川省	347.66	388.96	365.83	332.41
贵州省	78.28	73.33	32.79	23.76
云南省	88.57	97.01	74.29	85.26
西藏自治区	—	—	—	—
陕西省	68.12	70.26	58.34	66.97
甘肃省	4.67	5.01	5.54	5.53
青海省	—	—	—	—
宁夏回族自治区	23.69	26.65	23.27	21.89
新疆维吾尔自治区	25.29	21.75	16.13	17.65

数据来源：国家统计局。

水电发电量（2019—2022） 单位：亿千瓦小时

地区	2022 年	2021 年	2020 年	2019 年
北京市	9.43	13.66	11.46	10.19
天津市	0.14	0.21	0.10	0.12
河北省	37.21	24.00	15.17	16.44
山西省	36.39	38.54	46.76	49.07
内蒙古自治区	42.71	49.02	57.35	58.07
辽宁省	79.70	78.42	56.55	43.58
吉林省	118.00	104.86	93.84	66.76
黑龙江省	39.69	39.13	31.99	27.71
上海市	—	—	—	—
江苏省	31.28	31.44	32.17	30.76
浙江省	246.44	237.68	209.09	256.58
安徽省	72.12	80.72	66.21	51.09
福建省	386.95	274.28	291.77	442.35
江西省	162.04	135.55	144.89	167.74
山东省	28.08	12.36	8.66	5.23
河南省	122.49	116.29	140.21	145.06
湖北省	1219.96	1598.89	1647.22	1356.98
湖南省	505.98	537.59	573.66	543.97
广东省	344.41	224.41	285.42	391.01
广西壮族自治区	605.78	517.36	614.47	593.41
海南省	28.22	18.07	16.68	17.27
重庆市	203.11	282.78	281.00	242.27
四川省	3886.56	3724.46	3541.38	3316.01
贵州省	678.43	734.46	831.16	769.36
云南省	3282.91	3028.16	2959.99	2855.85
西藏自治区	105.57	93.22	70.24	68.49
陕西省	87.30	141.35	128.11	154.98
甘肃省	374.65	451.80	506.81	496.12
青海省	426.78	504.94	599.00	554.04
宁夏回族自治区	18.45	20.72	22.50	21.87
新疆维吾尔自治区	341.20	275.63	268.20	292.00

数据来源：国家统计局。

布产量（2019—2022）

单位：亿米

地区	2022 年	2021 年	2020 年	2019 年
北京市	—	—	—	—
天津市	0.24	0.40	0.39	3.74
河北省	9.68	10.50	11.67	12.62
山西省	0.14	0.21	0.17	0.21
内蒙古自治区	—	—	—	—
辽宁省	0.70	0.72	0.77	0.93
吉林省	0.28	0.31	0.25	0.33
黑龙江省	—	0.04	0.03	0.05
上海市	0.57	0.72	1.03	1.16
江苏省	73.72	83.55	87.25	111.13
浙江省	123.65	123.39	113.09	123.74
安徽省	5.60	8.38	7.41	8.62
福建省	74.07	83.23	77.81	104.67
江西省	7.61	9.65	7.81	9.65
山东省	45.34	46.62	42.06	53.58
河南省	16.82	19.33	14.53	14.26
湖北省	53.19	52.42	41.34	53.07
湖南省	0.92	1.38	1.65	2.13
广东省	21.17	27.17	20.71	22.75
广西壮族自治区	0.85	0.82	0.39	0.16
海南省	—	—	—	—
重庆市	3.02	2.84	1.70	2.05
四川省	12.16	13.93	14.92	16.37
贵州省	0.48	0.47	0.33	0.34
云南省	—	—	—	—
西藏自治区	—	—	—	—
陕西省	7.89	8.20	8.24	9.04
甘肃省	—	—	—	—
青海省	—	—	—	—
宁夏回族自治区	0.52	0.64	0.59	0.57
新疆维吾尔自治区	9.11	7.02	5.07	4.04

注：布包括棉布、棉混纺布、纯化纤布，不包括代用纤维布、手工织布。

数据来源：国家统计局。

初级形态的塑料产量（2019—2022）　　　　　　　　　　　　单位：万吨

地区	2022 年	2021 年	2020 年	2019 年
北京市	104.43	102.15	112.70	114.12
天津市	368.64	367.58	339.70	341.10
河北省	149.29	174.42	183.14	144.15
山西省	108.91	111.07	102.37	97.82
内蒙古自治区	903.95	878.37	860.16	763.67
辽宁省	612.13	610.12	542.72	401.30
吉林省	124.63	120.95	135.51	127.71
黑龙江省	256.11	308.36	247.07	236.29
上海市	305.32	381.48	421.62	431.41
江苏省	1130.42	1150.11	1135.60	1138.24
浙江省	1413.26	1278.35	1132.52	1155.87
安徽省	334.69	326.79	328.09	200.88
福建省	541.91	491.14	398.33	383.32
江西省	120.59	101.00	84.68	48.44
山东省	1009.59	885.85	945.98	839.22
河南省	206.23	219.29	215.50	232.52
湖北省	208.43	223.22	174.51	203.43
湖南省	60.99	65.91	60.20	58.96
广东省	813.35	839.81	713.44	661.75
广西壮族自治区	50.81	40.10	28.60	23.31
海南省	25.51	33.14	34.87	32.54
重庆市	59.52	54.92	48.08	46.45
四川省	241.86	268.84	284.79	281.87
贵州省	2.29	2.29	4.73	8.04
云南省	33.96	33.84	34.56	43.06
西藏自治区	—	—	—	—
陕西省	778.19	681.26	593.24	511.94
甘肃省	169.36	179.57	159.43	127.54
青海省	84.45	85.86	53.98	67.03
宁夏回族自治区	482.43	434.95	439.27	383.79
新疆维吾尔自治区	786.85	747.69	726.79	637.87

注：初级形态的塑料 2004 年及以前名称为塑料树脂及共聚物，简称塑料。

数据来源：国家统计局。

纯碱（碳酸钠）产量（2019—2022）　　　　　　　单位：万吨

地区	2022 年	2021 年	2020 年	2019 年
北京市	—	—	—	—
天津市	65.93	55.23	62.82	68.39
河北省	204.26	218.08	218.46	228.98
山西省	—	—	3.38	—
内蒙古自治区	39.65	41.33	4.23	12.11
辽宁省	—	—	—	—
吉林省	—	—	—	—
黑龙江省	—	—	15.09	16.48
上海市	—	—	—	—
江苏省	373.92	474.03	484.07	512.84
浙江省	32.47	27.56	29.59	31.74
安徽省	91.36	83.27	88.81	78.95
福建省	19.02	24.10	25.49	29.07
江西省	58.18	52.71	40.16	28.95
山东省	434.85	415.18	383.75	428.42
河南省	522.41	472.95	470.56	511.98
湖北省	174.26	174.47	173.29	164.08
湖南省	36.38	36.47	32.86	32.61
广东省	55.66	57.28	54.39	58.04
广西壮族自治区	—	—	—	—
海南省	—	—	—	—
重庆市	120.89	119.42	117.64	113.90
四川省	123.14	119.51	128.93	144.95
贵州省	—	—	—	—
云南省	—	2.24	9.54	15.78
西藏自治区	—	—	—	—
陕西省	33.12	27.04	25.60	26.61
甘肃省	14.25	7.69	—	—
青海省	481.35	462.06	413.79	453.23
宁夏回族自治区	39.11	42.62	29.91	29.36
新疆维吾尔自治区	—	—	—	—

数据来源：国家统计局。

成品糖产量（2019—2022）　　　　　　　　　　　　　　　　单位：万吨

地区	2022 年	2021 年	2020 年	2019 年
北京市	—	—	—	—
天津市	—	—	—	—
河北省	47.24	49.36	51.34	39.24
山西省	—	—	—	—
内蒙古自治区	60.87	67.75	81.51	52.59
辽宁省	—	—	—	—
吉林省	2.60	—	0.32	—
黑龙江省	15.35	22.96	20.88	13.17
上海市	—	—	—	—
江苏省	21.48	13.51	6.93	2.73
浙江省	3.63	1.69	0.64	0.55
安徽省	—	—	—	—
福建省	32.75	29.51	15.01	7.53
江西省	0.18	1.34	1.52	0.18
山东省	119.95	114.92	105.33	29.23
河南省	0.23	0.22	0.26	0.24
湖北省	0.20	0.17	—	0.05
湖南省	2.33	1.69	1.36	1.22
广东省	124.89	134.13	126.02	108.14
广西壮族自治区	735.83	702.74	677.03	800.80
海南省	9.79	8.88	11.43	15.63
重庆市	0.83	0.85	0.80	0.76
四川省	3.23	2.19	2.67	1.99
贵州省	1.35	0.74	3.58	3.67
云南省	259.54	247.35	257.18	239.14
西藏自治区	—	—	—	—
陕西省	—	—	—	—
甘肃省	4.34	4.46	6.27	4.69
青海省	—	—	—	—
宁夏回族自治区	—	—	0.28	—
新疆维吾尔自治区	40.13	45.27	60.93	67.84

注：成品糖1997年及以前名称为糖，产量包括土糖，1998—2004年名称为机制糖。

数据来源：国家统计局。

化学纤维产量（2019—2022）　　　　　　　　　单位：万吨

地区	2022 年	2021 年	2020 年	2019 年
北京市	0.37	0.34	0.26	0.25
天津市	0.54	8.56	7.49	9.35
河北省	93.99	90.04	96.50	99.75
山西省	1.80	1.04	—	0.16
内蒙古自治区	0.71	0.67	0.71	0.52
辽宁省	10.13	23.39	18.79	23.84
吉林省	52.12	44.77	40.28	32.18
黑龙江省	3.33	2.25	2.51	3.65
上海市	18.86	32.47	37.93	40.92
江苏省	1631.98	1625.34	1534.12	1526.81
浙江省	3220.97	3209.61	2964.24	2778.41
安徽省	51.06	59.97	51.46	37.09
福建省	1031.37	1029.66	856.36	834.40
江西省	125.00	107.66	86.90	60.40
山东省	80.46	77.12	74.75	90.78
河南省	79.81	79.19	75.33	55.77
湖北省	39.79	39.00	32.54	23.72
湖南省	6.53	4.65	6.95	8.91
广东省	75.51	84.71	67.15	65.17
广西壮族自治区	—	—	—	—
海南省	—	—	—	—
重庆市	23.39	20.83	17.96	13.91
四川省	69.70	77.37	79.01	81.43
贵州省	1.65	1.30	1.37	1.32
云南省	4.01	4.21	4.01	4.33
西藏自治区	—	—	—	—
陕西省	4.86	3.83	3.97	4.47
甘肃省	0.19	0.14	—	—
青海省	0.78	0.31	—	—
宁夏回族自治区	5.77	2.47	2.27	2.23
新疆维吾尔自治区	63.17	77.54	61.81	83.59

数据来源：国家统计局。

平板玻璃产量（2019—2022）　　　　　　　　　　　　　单位：万重量箱

地区	2022 年	2021 年	2020 年	2019 年
北京市	53.35	43.82	51.73	56.96
天津市	3453.06	3716.72	3152.11	3324.81
河北省	14200.46	13486.63	13728.37	16357.29
山西省	2265.78	2197.95	2252.16	1846.90
内蒙古自治区	1117.94	1065.60	1041.24	992.60
辽宁省	5311.14	5242.78	4682.69	5055.52
吉林省	1216.09	1152.00	1199.02	1176.23
黑龙江省	684.22	577.31	399.14	402.71
上海市	—	—	—	—
江苏省	2028.55	1533.15	1757.21	1830.87
浙江省	4530.45	4905.86	4270.37	4494.68
安徽省	4213.31	4637.02	4466.23	4227.81
福建省	5439.54	5513.46	5362.13	5113.00
江西省	470.14	539.57	488.37	470.87
山东省	8278.59	9036.30	7792.64	7096.10
河南省	1646.21	1990.79	1907.57	1912.59
湖北省	10701.47	10377.02	9566.46	10282.99
湖南省	5037.29	3986.38	4318.31	3303.90
广东省	10474.56	11119.85	10027.52	10092.24
广西壮族自治区	3556.42	3561.34	2650.24	1190.18
海南省	832.83	470.35	424.67	514.69
重庆市	2252.71	2283.10	1596.50	1278.01
四川省	6145.77	6024.90	5902.06	6011.56
贵州省	1784.92	1642.27	1648.07	1753.37
云南省	1689.18	2310.52	2459.27	1750.66
西藏自治区	—	—	—	—
陕西省	2160.75	2007.29	2222.51	2039.77
甘肃省	506.18	602.42	534.26	556.51
青海省	204.85	241.86	74.34	126.73
宁夏回族自治区	411.21	427.94	422.68	422.01
新疆维吾尔自治区	1001.65	1033.21	829.90	779.67

数据来源：国家统计局。

卷烟产量（2019—2022）　　　　　　　　　　　　　　单位：亿支

地区	2022 年	2021 年	2020 年	2019 年
北京市	163.99	161.38	161.82	165.17
天津市	217.00	216.50	210.62	211.68
河北省	792.36	792.15	773.54	758.35
山西省	153.00	152.50	151.10	153.00
内蒙古自治区	318.11	312.10	305.10	255.10
辽宁省	279.50	278.75	274.25	271.18
吉林省	556.04	548.02	528.23	528.65
黑龙江省	403.00	402.75	384.70	382.50
上海市	913.33	875.22	878.08	903.65
江苏省	1054.26	1049.62	1039.45	1044.71
浙江省	940.61	935.44	920.43	933.69
安徽省	1220.29	1218.15	1203.47	1174.44
福建省	899.87	895.60	886.45	879.13
江西省	642.04	642.05	630.71	637.95
山东省	1288.34	1280.35	1267.12	1240.95
河南省	1572.66	1569.19	1550.43	1541.07
湖北省	1360.58	1349.37	1330.46	1273.77
湖南省	1657.74	1644.13	1624.96	1651.46
广东省	1296.50	1291.50	1278.37	1287.86
广西壮族自治区	718.14	716.44	706.71	701.32
海南省	119.00	116.00	115.00	118.00
重庆市	569.55	569.52	557.50	539.50
四川省	911.58	910.79	895.22	870.25
贵州省	1177.59	1172.16	1160.07	1114.65
云南省	3545.28	3534.33	3515.88	3496.45
西藏自治区	—	—	—	—
陕西省	823.00	823.00	798.50	779.66
甘肃省	468.00	466.00	461.20	471.50
青海省	—	—	—	—
宁夏回族自治区	80.00	80.00	80.00	80.00
新疆维吾尔自治区	180.15	179.35	174.35	176.85

注：卷烟 2003 年及以前计量单位为万箱。

数据来源：国家统计局。

啤酒产量（2019—2022）　　　　　　　　　　　　　　　单位：万千升

地区	2022 年	2021 年	2020 年	2019 年
北京市	97.40	90.63	79.26	91.43
天津市	12.04	13.53	16.42	26.81
河北省	182.35	179.35	178.20	180.62
山西省	18.88	17.92	17.82	18.10
内蒙古自治区	63.84	59.07	58.52	64.32
辽宁省	158.54	171.30	171.39	206.96
吉林省	65.77	73.62	72.43	90.56
黑龙江省	129.96	127.74	128.53	201.63
上海市	22.39	27.89	28.88	44.21
江苏省	201.07	179.69	173.75	181.52
浙江省	270.33	246.76	259.64	226.81
安徽省	84.02	79.54	75.99	79.06
福建省	160.74	166.10	156.94	158.12
江西省	59.70	62.43	69.97	71.26
山东省	489.39	461.32	457.96	484.35
河南省	188.46	184.58	192.90	253.15
湖北省	107.40	105.22	97.54	128.24
湖南省	70.81	69.76	66.64	62.31
广东省	394.11	408.25	357.46	384.89
广西壮族自治区	113.75	116.50	111.84	117.78
海南省	2.94	4.17	3.38	2.14
重庆市	80.75	80.40	65.54	67.17
四川省	260.30	249.94	217.97	229.03
贵州省	67.89	109.60	100.50	111.14
云南省	76.34	80.67	69.65	81.57
西藏自治区	9.80	12.31	12.53	13.24
陕西省	71.15	65.92	67.08	70.83
甘肃省	40.80	41.93	34.90	41.94
青海省	1.57	1.70	1.30	2.03
宁夏回族自治区	17.85	21.01	19.96	21.08
新疆维吾尔自治区	48.31	53.58	46.20	52.97

注：啤酒 2003 年及以前计量单位为万吨。

数据来源：国家统计局。

彩色电视机产量（2019—2022）　　　　　　　　　　单位：万台

地区	2022 年	2021 年	2020 年	2019 年
北京市	391.90	410.18	279.41	417.85
天津市	—	—	49.29	78.66
河北省	0.35	—	—	—
山西省	—	—	—	—
内蒙古自治区	188.54	183.71	173.24	164.28
辽宁省	—	—	11.68	37.10
吉林省	—	—	—	—
黑龙江省	—	—	—	—
上海市	85.21	153.50	158.74	135.75
江苏省	737.39	753.55	796.37	1383.46
浙江省	—	—	1.11	193.43
安徽省	1026.31	1224.75	1611.76	1941.85
福建省	1075.90	1383.29	1330.02	790.85
江西省	3.89	5.57	84.24	22.68
山东省	2545.61	1986.73	1774.86	1580.57
河南省	36.24	34.19	24.72	5.03
湖北省	246.51	174.38	178.78	298.70
湖南省	6.51	—	—	—
广东省	10792.02	9810.91	11233.36	10422.30
广西壮族自治区	579.66	807.07	670.91	327.37
海南省	—	—	—	—
重庆市	—	—	—	—
四川省	1543.68	1286.57	970.10	964.75
贵州省	283.71	239.98	183.62	123.56
云南省	21.84	22.13	26.74	47.79
西藏自治区	—	—	—	—
陕西省	12.18	20.00	67.28	63.09
甘肃省	—	—	—	—
青海省	—	—	—	—
宁夏回族自治区	—	—	—	—
新疆维吾尔自治区	0.80	—	—	—

数据来源：国家统计局。

房间空调器产量（2019—2022）　　　　　　　　　　　　单位：万台

地区	2022 年	2021 年	2020 年	2019 年
北京市	—	—	—	0.04
天津市	176.64	172.75	158.75	219.26
河北省	1306.60	1193.37	1197.98	1311.26
山西省	1.30	1.30	—	—
内蒙古自治区	—	—	—	—
辽宁省	133.72	138.88	92.63	85.84
吉林省	—	—	—	—
黑龙江省	—	—	—	—
上海市	201.14	261.04	231.23	314.20
江苏省	537.47	596.11	401.51	499.97
浙江省	1792.81	1763.51	1583.33	1939.20
安徽省	2691.12	3385.52	3009.70	3366.45
福建省	224.44	181.03	141.63	130.06
江西省	309.82	352.02	486.56	631.66
山东省	1241.28	1207.85	1479.23	876.36
河南省	1126.52	1006.15	1248.03	1520.84
湖北省	1934.95	2003.82	1760.31	2110.93
湖南省	832.49	632.42	622.75	11.30
广东省	6637.70	6736.25	6714.61	6691.42
广西壮族自治区	767.56	121.08	—	—
海南省	—	—	—	—
重庆市	1916.06	1853.62	1696.19	1905.65
四川省	386.42	228.98	210.80	251.73
贵州省	—	—	—	—
云南省	—	—	—	—
西藏自治区	—	—	—	—
陕西省	29.29	—	—	—
甘肃省	—	—	—	—
青海省	—	—	—	—
宁夏回族自治区	—	—	—	—
新疆维吾尔自治区	—	—	—	—

数据来源：国家统计局。

集成电路产量（2019—2022）　　　　单位：万块

地区	2022 年	2021 年	2020 年	2019 年
北京市	2179100.00	2077500.00	1707053.09	1544892.99
天津市	271600.00	298400.00	189211.09	147439.10
河北省	3900.00	3300.00	4705.17	435.45
山西省	—	—	—	—
内蒙古自治区	—	—	—	—
辽宁省	81900.00	105600.00	73979.84	49554.32
吉林省	—	—	—	—
黑龙江省	30300.00	36600.00	26475.00	33925.00
上海市	2877000.00	3649500.00	2886702.74	2075941.16
江苏省	10044200.00	11861400.00	8364468.86	5162882.97
浙江省	1940600.00	2297400.00	1741019.72	1434530.83
安徽省	255600.00	126400.00	91790.70	597447.86
福建省	181300.00	278900.00	169472.67	95587.70
江西省	166700.00	16100.00	33073.02	26853.74
山东省	407700.00	379900.00	221626.73	212873.38
河南省	1300.00	—	332.86	127.66
湖北省	100.00	100.00	5693.09	237.06
湖南省	546800.00	294900.00	178476.53	62639.02
广东省	5168700.00	5393900.00	3735744.80	3632445.14
广西壮族自治区	107200.00	60000.00	2021.00	—
海南省	—	—	—	—
重庆市	514700.00	547800.00	454899.67	337143.42
四川省	1109100.00	1425300.00	1063658.97	772217.30
贵州省	38800.00	5900.00	6912.68	5843.23
云南省	11200.00	59300.00	51471.79	52696.80
西藏自治区	—	—	—	—
陕西省	576600.00	594800.00	560575.84	37850.98
甘肃省	5904000.00	6430400.00	4572888.00	3898581.00
青海省	—	—	—	—
宁夏回族自治区	100.00	200.00	—	—
新疆维吾尔自治区	—	—	—	—

数据来源：国家统计局。

家用电冰箱产量（2019—2022） 单位：万台

地区	2022 年	2021 年	2020 年	2019 年
北京市	—	—	—	—
天津市	—	15.02	22.15	44.59
河北省	—	—	—	—
山西省	—	—	—	—
内蒙古自治区	—	—	—	—
辽宁省	158.17	170.81	156.88	178.17
吉林省	—	—	—	—
黑龙江省	—	—	—	—
上海市	—	—	21.15	33.81
江苏省	1215.53	1372.11	1265.22	1068.08
浙江省	454.45	537.26	592.71	567.89
安徽省	2633.55	2381.40	2437.87	2505.89
福建省	—	—	—	—
江西省	70.76	72.31	78.14	93.26
山东省	832.13	888.81	832.37	732.50
河南省	173.92	278.88	216.11	251.63
湖北省	518.51	562.83	570.06	539.85
湖南省	—	—	—	—
广东省	1773.35	2091.56	2305.76	1631.42
广西壮族自治区	416.76	176.02	99.38	—
海南省	—	—	—	—
重庆市	134.40	156.21	148.70	—
四川省	115.21	124.18	111.13	99.52
贵州省	156.64	161.96	157.08	157.64
云南省	—	—	—	—
西藏自治区	—	—	—	—
陕西省	11.04	2.75	—	—
甘肃省	—	—	—	—
青海省	—	—	—	—
宁夏回族自治区	—	—	—	—
新疆维吾尔自治区	—	—	—	—

数据来源：国家统计局。

家用洗衣机产量（2019—2022） 单位：万台

地区	2022 年	2021 年	2020 年	2019 年
北京市	—	—	—	—
天津市	208.74	209.15	220.39	118.22
河北省	5.16	7.47	8.62	5.37
山西省	—	—	—	—
内蒙古自治区	—	—	—	—
辽宁省	—	—	—	—
吉林省	—	—	—	—
黑龙江省	—	—	—	—
上海市	104.88	129.88	133.96	147.75
江苏省	2587.03	2507.99	2238.61	2239.39
浙江省	931.26	860.57	907.21	1118.46
安徽省	2545.21	2627.40	2380.40	2328.32
福建省	—	—	—	—
江西省	0.88	11.63	20.45	15.80
山东省	778.17	734.77	662.19	513.71
河南省	13.22	30.05	49.20	57.71
湖北省	69.70	—	—	—
湖南省	—	—	—	—
广东省	686.72	757.57	741.57	672.56
广西壮族自治区	614.28	160.75	141.11	59.51
海南省	—	—	—	—
重庆市	530.54	560.49	523.40	—
四川省	22.66	17.80	14.76	156.19
贵州省	—	—	—	—
云南省	—	—	—	—
西藏自治区	—	—	—	—
陕西省	7.88	3.01	—	—
甘肃省	—	—	—	—
青海省	—	—	—	—
宁夏回族自治区	—	—	—	—
新疆维吾尔自治区	—	—	—	—

数据来源：国家统计局。

轿车产量（2019—2022）　　　　　　　　　　　　　　　单位：万辆

地区	2022 年	2021 年	2020 年	2019 年
北京市	46. 46	52. 20	65. 31	78. 04
天津市	33. 98	49. 91	53. 73	57. 11
河北省	7. 79	15. 47	14. 11	12. 47
山西省	—	3. 12	0. 46	0. 51
内蒙古自治区	5. 35	5. 45	2. 89	2. 74
辽宁省	36. 78	40. 20	37. 24	39. 74
吉林省	117. 78	122. 02	143. 97	158. 27
黑龙江省	8. 26	7. 20	7. 17	6. 60
上海市	151. 39	145. 16	145. 48	161. 96
江苏省	32. 91	34. 08	30. 14	39. 63
浙江省	46. 32	38. 84	52. 35	71. 93
安徽省	22. 74	16. 64	13. 24	13. 10
福建省	14. 48	14. 09	2. 64	0. 78
江西省	2. 75	0. 05	0. 73	5. 19
山东省	8. 16	6. 84	5. 92	12. 94
河南省	23. 18	24. 53	17. 84	20. 84
湖北省	83. 71	80. 61	84. 95	96. 27
湖南省	2. 24	4. 67	7. 83	12. 35
广东省	235. 02	190. 23	172. 70	184. 44
广西壮族自治区	61. 38	47. 41	23. 80	7. 15
海南省	—	—	—	0. 03
重庆市	54. 86	39. 57	28. 78	26. 52
四川省	15. 31	10. 82	2. 26	3. 74
贵州省	0. 07	0. 08	—	—
云南省	—	—	—	—
西藏自治区	—	—	—	—
陕西省	33. 50	20. 88	10. 11	14. 14
甘肃省	—	—	—	—
青海省	—	—	—	—
宁夏回族自治区	—	—	—	—
新疆维吾尔自治区	0. 52	0. 54	0. 32	2. 00

注：2008 年以前没有基本乘用车，只有轿车，2009 年后改为基本型乘用车（轿车）。

数据来源：国家统计局。

大中型拖拉机产量（2019—2022） 单位：万台

地区	2022 年	2021 年	2020 年	2019 年
北京市	—	—	—	—
天津市	0.29	0.59	0.41	0.53
河北省	0.06	0.02	—	—
山西省	—	—	—	—
内蒙古自治区	—	—	—	—
辽宁省	0.33	0.39	—	—
吉林省	—	—	—	—
黑龙江省	0.96	0.89	1.33	0.74
上海市	—	—	—	—
江苏省	7.84	8.40	7.74	4.71
浙江省	1.12	1.26	1.79	1.98
安徽省		0.36	0.09	0.07
福建省	—	—	—	—
江西省	0.02	0.02	0.02	0.02
山东省	19.85	19.38	15.87	11.83
河南省	8.52	8.24	6.46	4.67
湖北省	0.70	1.35	0.54	0.98
湖南省	—	—	—	—
广东省	—	—	—	—
广西壮族自治区	0.16	0.09	—	—
海南省	—	—	—	—
重庆市	—	—	—	—
四川省	0.05	0.05	0.01	0.01
贵州省	—	—	—	—
云南省	0.04	0.11	0.27	2.44
西藏自治区	—	—	—	—
陕西省	—	—	—	—
甘肃省	—	—	—	—
青海省	—	—	—	—
宁夏回族自治区	—	—	—	—
新疆维吾尔自治区	—	—	—	0.10

注：拖拉机是指 14.7 千瓦及以上的轮式和履带式拖拉机。用本厂自产的拖拉机装配的推土机，只计推土机产量，不计拖拉机产量。

数据来源：国家统计局。

金属切削机床产量（2019—2022）　　　　　　　　　　　单位：万台

地区	2022 年	2021 年	2020 年	2019 年
北京市	0.67	0.72	0.88	0.83
天津市	0.12	0.14	0.09	0.10
河北省	0.33	0.42	0.20	0.27
山西省	—	—	—	—
内蒙古自治区	—	—	—	—
辽宁省	3.37	3.81	2.77	2.57
吉林省	—	—	—	—
黑龙江省	0.23	0.11	0.04	0.04
上海市	0.30	0.46	0.41	0.44
江苏省	5.87	7.41	5.37	6.61
浙江省	18.40	17.08	11.04	8.97
安徽省	1.54	1.84	1.97	2.83
福建省	1.48	1.18	1.16	1.39
江西省	0.64	0.69	0.35	0.52
山东省	5.74	6.24	4.93	5.08
河南省	0.39	0.26	0.23	0.24
湖北省	0.98	0.84	0.83	1.05
湖南省	0.56	0.30	0.33	0.50
广东省	8.69	8.21	5.48	4.24
广西壮族自治区	0.13	0.14	0.11	0.12
海南省	—	—	—	—
重庆市	1.02	1.25	0.77	0.66
四川省	0.96	1.03	0.85	0.77
贵州省	0.07	0.09	0.19	0.10
云南省	3.47	4.91	3.49	2.77
西藏自治区	—	—	—	—
陕西省	1.97	2.62	2.07	1.60
甘肃省	0.15	0.15	0.13	0.22
青海省	0.01	0.01	0.01	0.01
宁夏回族自治区	0.26	0.27	0.19	0.16
新疆维吾尔自治区	—	—	—	—

注：金属切削机床不包括台钻、砂轮机、抛光机。

数据来源：国家统计局。

微型电子计算机产量（2019—2022） 单位：万台

地区	2022 年	2021 年	2020 年	2019 年
北京市	858.63	647.31	552.42	513.20
天津市	0.08	0.21	—	—
河北省	—	—	—	—
山西省	3.59	22.09	0.53	—
内蒙古自治区	—	0.02	—	—
辽宁省	49.44	72.12	46.26	2.98
吉林省	—	—	—	—
黑龙江省	—	—	—	—
上海市	2760.67	3093.27	1799.51	1121.69
江苏省	3330.47	5472.18	5029.46	6032.35
浙江省	129.62	190.69	139.21	277.72
安徽省	2950.25	3694.76	3097.13	2253.84
福建省	1185.26	1369.67	1493.63	2192.40
江西省	4946.60	1807.12	2188.45	—
山东省	0.74	1.90	0.26	0.93
河南省	97.19	5.78	1.48	—
湖北省	1336.21	2057.11	1720.01	1270.24
湖南省	208.21	300.95	184.51	128.78
广东省	6948.85	5935.41	4621.58	5784.73
广西壮族自治区	179.69	224.27	185.05	245.09
海南省	—	—	—	—
重庆市	8631.92	10730.36	9130.26	7614.25
四川省	9221.22	9751.37	7527.01	6584.24
贵州省	0.14	10.36	0.07	0.12
云南省	571.03	1305.04	82.57	140.63
西藏自治区	—	—	—	—
陕西省	8.36	—	—	—
甘肃省	—	—	—	—
青海省	—	—	—	—
宁夏回族自治区	—	—	—	—
新疆维吾尔自治区	—	—	1.00	—

数据来源：国家统计局。

移动通信手持机产量（2019—2022）　　　　　　　　单位：万台

地区	2022 年	2021 年	2020 年	2019 年
北京市	9429.53	11624.50	9928.54	8373.32
天津市	2.14	4.60	6.73	11.50
河北省	—	118.79	—	—
山西省	2741.74	2732.88	2261.35	1862.20
内蒙古自治区	—	—	—	—
辽宁省	19.37	15.92	15.95	46.07
吉林省	—	—	—	—
黑龙江省	—	—	36.84	259.50
上海市	3203.99	2892.24	3686.58	4173.16
江苏省	5455.42	4045.45	5527.48	5003.84
浙江省	2616.42	3214.45	3704.59	4652.58
安徽省	92.33	96.56	91.35	81.75
福建省	3168.85	2275.52	2382.81	1802.92
江西省	9341.87	12322.66	5649.09	4897.63
山东省	454.08	531.62	606.47	1177.22
河南省	15622.60	15944.65	13625.32	21744.06
湖北省	6250.82	5622.28	2667.01	3919.95
湖南省	4846.07	2352.00	2369.20	1262.86
广东省	62690.03	66965.36	61951.12	70502.84
广西壮族自治区	2644.60	2337.94	1504.90	594.70
海南省	—	—	—	—
重庆市	7448.51	11158.33	13450.47	17431.86
四川省	12630.97	13137.21	13319.83	14363.68
贵州省	1313.49	2123.04	1352.91	3239.60
云南省	2907.44	1483.86	574.74	2792.21
西藏自治区	—	—	—	—
陕西省	3113.92	4917.23	1707.75	1409.91
甘肃省	—	—	51.57	—
青海省	—	—	—	—
宁夏回族自治区	—	—	—	—
新疆维吾尔自治区	85.76	234.46	489.19	—

数据来源：国家统计局。

烧碱（折100%）产量（2019—2022）　　　　　　　　单位：万吨

地区	2022 年	2021 年	2020 年	2019 年
北京市	—	—	—	—
天津市	84.07	68.84	82.32	86.56
河北省	143.04	138.20	135.26	115.41
山西省	94.72	46.49	48.66	50.43
内蒙古自治区	357.76	350.76	332.19	305.55
辽宁省	75.25	77.57	76.47	76.67
吉林省	12.39	2.51	2.58	2.61
黑龙江省	24.36	24.01	22.67	22.50
上海市	74.63	76.37	70.70	74.42
江苏省	325.34	289.65	261.77	275.11
浙江省	240.09	223.08	208.35	200.77
安徽省	80.97	75.15	85.49	77.00
福建省	26.12	37.91	35.90	38.98
江西省	115.91	202.18	179.99	63.64
山东省	1081.64	1044.44	988.61	956.50
河南省	186.26	184.95	170.72	173.91
湖北省	95.77	107.47	85.69	80.01
湖南省	65.56	62.02	59.74	58.38
广东省	33.98	34.56	33.16	36.61
广西壮族自治区	90.28	86.56	82.37	61.72
海南省	—	—	—	—
重庆市	36.99	36.56	35.12	36.10
四川省	135.94	130.92	120.42	121.07
贵州省	—	—	—	—
云南省	23.34	21.58	22.87	26.07
西藏自治区	—	—	—	—
陕西省	112.58	112.08	113.51	107.99
甘肃省	47.10	47.72	36.39	32.22
青海省	33.74	33.05	19.61	42.28
宁夏回族自治区	80.06	76.35	73.09	65.90
新疆维吾尔自治区	302.65	300.31	290.23	269.50

数据来源：国家统计局。

水泥产量（2018—2022） 单位：万吨

地区	2022 年	2021 年	2020 年	2019 年	2018 年
北京市	203.44	258.07	286.90	318.77	396.98
天津市	529.46	632.03	551.50	687.74	619.42
河北省	10033.94	11354.63	11859.97	10527.39	9554.30
山西省	4844.62	5688.62	5616.66	5257.59	4415.57
内蒙古自治区	3597.06	3667.92	3610.88	3380.07	3052.33
辽宁省	3910.96	4938.91	5447.01	4677.41	4155.91
吉林省	1731.44	2125.29	2232.80	1815.06	1480.00
黑龙江省	1881.16	2181.59	2409.91	1989.61	1955.16
上海市	369.58	443.99	398.89	441.53	414.52
江苏省	14235.72	15402.11	15275.13	15767.36	14717.81
浙江省	12949.57	13637.96	13260.00	13399.26	12323.46
安徽省	14218.66	15001.00	14189.26	14113.02	13248.19
福建省	9692.89	10131.01	9718.36	9475.07	8831.93
江西省	8997.25	10403.74	10030.74	9691.28	8884.30
山东省	13522.52	16580.41	15970.42	14596.30	12619.03
河南省	11484.71	11402.20	11767.92	10459.06	11019.99
湖北省	11056.18	11861.88	9826.63	11396.85	10695.31
湖南省	9988.54	10466.58	11043.16	11195.62	10997.43
广东省	15226.37	17084.27	17165.52	16949.59	16082.16
广西壮族自治区	10419.98	11432.02	12129.05	12072.88	11827.06
海南省	1626.36	1937.52	1838.85	2019.04	2104.15
重庆市	5321.15	6238.18	6524.41	6757.65	6583.06
四川省	13070.02	14171.41	14517.47	14184.62	13752.78
贵州省	6428.08	9332.85	10820.86	11061.07	11121.78
云南省	9693.75	11511.51	13130.31	12907.45	12119.76
西藏自治区	792.74	991.59	1085.04	1080.95	913.03
陕西省	6529.86	6698.52	6809.85	6642.74	6286.61
甘肃省	4047.77	4478.20	4716.73	4450.09	3883.25
青海省	978.53	1107.09	1225.79	1348.81	1354.86
宁夏回族自治区	1667.42	1870.05	1979.94	1889.67	1767.91
新疆维吾尔自治区	3877.45	4693.35	4030.88	3877.06	3592.63

数据来源：国家统计局。

天然气产量（2019—2022）　　　　　　　　　　单位：亿立方米

地区	2022 年	2021 年	2020 年	2019 年
北京市	8.00	4.28	19.98	29.73
天津市	41.17	39.02	36.31	34.90
河北省	5.66	5.28	5.61	5.84
山西省	132.10	123.35	85.93	64.62
内蒙古自治区	307.22	289.75	25.55	22.07
辽宁省	8.74	7.91	7.37	6.18
吉林省	20.50	21.38	19.81	10.33
黑龙江省	55.75	50.50	46.78	45.66
上海市	19.47	17.24	15.11	12.47
江苏省	0.85	0.94	4.24	12.19
浙江省	—	—	—	0.01
安徽省	2.46	2.32	2.24	2.12
福建省	—	—	—	—
江西省	—	—	—	0.03
山东省	7.97	6.22	5.77	5.10
河南省	3.88	2.93	2.90	2.96
湖北省	1.38	1.29	1.01	4.89
湖南省	0.01	0.03	0.03	—
广东省	124.39	132.48	131.59	112.08
广西壮族自治区	0.23	0.22	0.22	0.25
海南省	31.54	8.03	1.04	1.03
重庆市	88.42	87.11	79.96	65.10
四川省	554.06	522.21	463.34	441.35
贵州省	7.92	5.22	5.04	3.23
云南省	—	—	—	—
西藏自治区	—	—	—	—
陕西省	307.11	294.13	527.38	473.42
甘肃省	5.44	4.18	3.90	0.12
青海省	60.00	62.00	64.01	64.00
宁夏回族自治区	0.16	0.21	—	—
新疆维吾尔自治区	406.68	387.59	369.83	342.03

数据来源：国家统计局。

发电量（2019—2022）   单位：亿千瓦时

地区	2022 年	2021 年	2020 年	2019 年
北京市	467.09	472.57	457.47	464.09
天津市	764.89	799.73	771.61	732.98
河北省	3792.87	3513.42	3425.07	3297.66
山西省	4298.79	3926.16	3503.54	3361.67
内蒙古自治区	6619.21	6119.93	5810.97	5495.08
辽宁省	2256.78	2257.58	2135.26	2072.94
吉林省	1056.89	1025.75	1018.83	946.38
黑龙江省	1217.59	1200.53	1137.84	1111.91
上海市	954.97	1003.06	861.74	822.13
江苏省	6077.31	5968.89	5217.54	5166.43
浙江省	4349.86	4222.50	3531.31	3537.65
安徽省	3298.77	3083.39	2808.98	2886.67
福建省	3088.80	2950.80	2651.05	2577.96
江西省	1725.05	1563.27	1444.71	1375.90
山东省	6203.58	6210.32	5806.43	5897.22
河南省	3429.77	3039.08	2906.12	2888.31
湖北省	3108.73	3292.37	3015.84	2957.50
湖南省	1768.11	1741.86	1554.43	1559.42
广东省	6365.70	6306.23	5225.91	5051.02
广西壮族自治区	2115.91	2081.93	1970.88	1846.27
海南省	405.71	391.23	345.53	345.68
重庆市	997.84	991.43	840.52	811.55
四川省	4846.17	4530.33	4182.28	3923.88
贵州省	2299.01	2368.40	2305.44	2206.55
云南省	4016.65	3770.23	3674.44	3465.63
西藏自治区	128.23	112.77	88.90	85.51
陕西省	2852.09	2739.75	2379.41	2193.20
甘肃省	1954.14	1896.82	1762.35	1630.50
青海省	998.05	995.71	951.95	886.14
宁夏回族自治区	2235.13	2082.89	1882.36	1765.97
新疆维吾尔自治区	4793.44	4683.55	4121.86	3670.49

数据来源：国家统计局。

钢材产量（2019—2022）

单位：万吨

地区	2022 年	2021 年	2020 年	2019 年
北京市	184.29	203.36	184.42	170.71
天津市	5543.70	5991.73	5724.05	5454.95
河北省	32169.16	29559.38	31320.12	28409.63
山西省	6354.63	6173.88	6181.45	5594.25
内蒙古自治区	3041.87	2957.55	2883.92	2565.03
辽宁省	7727.47	7759.09	7578.40	7254.43
吉林省	1531.97	1790.60	1661.62	1544.24
黑龙江省	999.68	951.38	878.96	781.99
上海市	1920.90	1941.43	1879.61	1819.69
江苏省	14882.23	15701.90	15004.86	14211.41
浙江省	2934.85	3451.83	3806.68	3468.25
安徽省	3963.02	3820.33	3607.46	3158.37
福建省	3505.54	3980.53	3861.65	3737.66
江西省	3457.01	3480.92	3093.92	2795.71
山东省	10529.13	10667.62	11269.32	9289.44
河南省	4158.02	4335.97	4233.36	3837.97
湖北省	3911.09	3852.07	3649.11	3769.26
湖南省	3038.30	2979.70	2729.73	2432.16
广东省	5627.44	5111.18	4866.19	4510.45
广西壮族自治区	4995.56	5282.09	4731.16	3346.74
海南省	—	—	—	—
重庆市	1690.59	1310.46	1309.95	1136.45
四川省	3583.01	3496.25	3437.18	3308.24
贵州省	607.33	811.16	741.09	707.74
云南省	2550.74	2646.44	2640.72	2323.31
西藏自治区	—	—	—	—
陕西省	2010.54	2097.41	2019.98	2037.51
甘肃省	1091.63	1080.59	1102.65	936.66
青海省	120.64	181.99	189.11	180.56
宁夏回族自治区	578.50	582.29	481.99	306.21
新疆维吾尔自治区	1324.65	1467.68	1420.52	1367.93

数据来源：国家统计局。

工业污染治理完成投资（2019—2022）　　　　　　　　　　单位：万元

地区	2022 年	2021 年	2020 年	2019 年
北京市	3144	6350	5122	7308
天津市	51454	10076	74511	125944
河北省	170349	95548	129336	373871
山西省	43484	76071	284910	426034
内蒙古自治区	110308	330854	154407	254401
辽宁省	46202	120759	98020	121547
吉林省	12582	39423	8063	67771
黑龙江省	39899	131055	40805	31850
上海市	274105	110942	90711	299377
江苏省	73382	98229	531335	599923
浙江省	277471	175538	505097	340650
安徽省	106926	165279	243546	270492
福建省	120137	120401	175766	127645
江西省	72560	87284	93009	201243
山东省	291917	376918	519487	954348
河南省	39216	75012	144548	424762
湖北省	252048	138490	198108	133861
湖南省	44320	105596	33508	54788
广东省	158869	380607	235470	317016
广西壮族自治区	22841	119600	35534	48620
海南省	7599	11091	476	6258
重庆市	55782	20657	40176	37461
四川省	42088	81009	244414	123260
贵州省	203864	97800	154911	89572
云南省	90229	71485	142339	119331
西藏自治区	—	10	2094	—
陕西省	18380	64414	194957	294610
甘肃省	107870	53787	33844	48765
青海省	1986	11826	2897	38903
宁夏回族自治区	41201	65360	60458	62335
新疆维吾尔自治区	76865	110892	64729	149567

数据来源：国家统计局。

化学农药原药产量（2019—2022）　　　　　　　　　　　单位：万吨

地区	2022 年	2021 年	2020 年	2019 年
北京市	—	—	—	—
天津市	—	—	—	—
河北省	5.53	5.27	3.59	4.15
山西省	0.19	0.62	0.06	0.04
内蒙古自治区	4.08	3.51	4.30	4.03
辽宁省	3.59	2.92	1.55	1.28
吉林省	2.14	1.85	1.82	2.08
黑龙江省	1.00	0.75	0.50	0.41
上海市	1.37	1.37	1.35	1.24
江苏省	59.48	54.92	58.20	75.64
浙江省	22.09	23.71	19.19	18.36
安徽省	19.29	22.42	16.07	9.83
福建省	—	—	—	—
江西省	5.97	8.59	1.36	3.63
山东省	37.86	29.16	28.54	17.10
河南省	5.56	10.06	8.22	4.90
湖北省	16.37	15.30	14.91	16.58
湖南省	17.79	16.85	13.02	3.44
广东省	3.10	2.28	1.98	3.54
广西壮族自治区	2.17	2.90	3.11	2.14
海南省	0.31	4.28	0.19	0.23
重庆市	0.09	0.17	0.21	0.23
四川省	28.69	30.80	27.61	36.57
贵州省	—	—	—	—
云南省	0.13	0.16	0.12	0.10
西藏自治区	—	—	—	—
陕西省	0.27	0.47	0.48	1.84
甘肃省	5.37	4.76	3.70	1.54
青海省	—	—	—	—
宁夏回族自治区	6.18	5.93	3.60	2.70
新疆维吾尔自治区	1.08	0.79	1.11	0.19

数据来源：国家统计局。

硫酸（折100%）产量（2019—2022）　　　　　　　　　单位：万吨

地区	2022 年	2021 年	2020 年	2019 年
北京市	—	—	—	—
天津市	20.70	21.51	21.59	19.23
河北省	160.47	184.94	181.07	185.37
山西省	59.24	52.99	44.43	49.45
内蒙古自治区	550.89	542.80	494.87	420.49
辽宁省	147.62	158.30	142.36	153.22
吉林省	83.31	75.96	79.91	86.00
黑龙江省	65.99	58.00	5.55	4.25
上海市	5.56	5.89	5.53	8.62
江苏省	283.66	331.29	252.91	318.24
浙江省	285.70	320.65	274.33	303.99
安徽省	703.82	697.85	673.87	625.16
福建省	356.62	332.19	343.73	342.65
江西省	342.36	290.95	287.52	288.73
山东省	555.14	590.69	541.09	544.20
河南省	528.38	510.92	435.60	418.57
湖北省	1094.06	1120.71	1330.48	983.87
湖南省	219.46	189.33	207.55	171.58
广东省	237.38	251.57	229.43	244.02
广西壮族自治区	463.43	432.84	444.10	383.34
海南省	—	—	—	—
重庆市	93.46	66.38	59.36	161.39
四川省	541.95	505.47	513.05	650.96
贵州省	566.37	496.08	597.80	704.08
云南省	1548.67	1596.68	1566.39	1460.21
西藏自治区	—	—	—	—
陕西省	134.07	124.52	119.24	114.91
甘肃省	293.96	259.16	248.32	327.88
青海省	14.22	13.75	13.72	7.81
宁夏回族自治区	62.89	68.21	63.22	58.61
新疆维吾尔自治区	85.22	83.08	61.16	82.43

数据来源：国家统计局。

农用氮、磷、钾化肥产量（2019—2022）　　　　　　　　　　单位：万吨

地区	2022 年	2021 年	2020 年	2019 年
北京市	—	—	—	—
天津市	47.77	55.95	14.78	16.44
河北省	193.38	201.61	212.82	186.68
山西省	364.93	383.26	400.21	400.58
内蒙古自治区	400.85	394.96	424.17	515.42
辽宁省	31.03	37.08	35.60	38.16
吉林省	22.78	28.84	21.88	29.01
黑龙江省	80.48	73.57	55.27	46.56
上海市	0.98	1.09	0.96	1.00
江苏省	161.79	178.64	200.77	200.54
浙江省	32.09	80.74	63.96	50.42
安徽省	230.26	210.24	268.00	271.27
福建省	48.16	66.69	86.25	90.27
江西省	111.69	98.62	23.43	29.75
山东省	430.28	403.69	352.64	425.54
河南省	396.40	358.97	489.20	416.52
湖北省	591.36	582.19	490.03	569.57
湖南省	82.10	65.97	65.09	59.49
广东省	6.42	7.77	11.30	15.84
广西壮族自治区	43.80	41.22	47.71	34.78
海南省	63.66	67.04	65.25	65.55
重庆市	166.16	162.11	167.20	83.64
四川省	381.85	342.98	359.13	451.89
贵州省	247.50	336.63	338.91	372.41
云南省	245.10	248.37	224.33	296.95
西藏自治区	—	—	—	—
陕西省	158.20	166.39	145.78	127.62
甘肃省	23.69	26.92	24.54	22.65
青海省	555.37	494.26	523.14	560.71
宁夏回族自治区	71.70	62.69	68.22	45.40
新疆维吾尔自治区	383.61	365.07	315.40	306.54

注：农用化肥按有效成分 100% 计算。

数据来源：国家统计局。

汽车产量（2019—2022）   单位：万辆

地区	2022 年	2021 年	2020 年	2019 年
北京市	87.11	135.47	166.01	164.02
天津市	60.32	74.04	94.57	104.15
河北省	90.55	110.01	97.53	105.08
山西省	16.50	11.90	4.89	6.58
内蒙古自治区	5.41	5.45	2.90	2.90
辽宁省	76.60	80.86	74.82	79.16
吉林省	215.58	228.90	265.64	289.12
黑龙江省	8.26	7.61	7.17	18.89
上海市	302.45	283.32	264.68	274.90
江苏省	94.36	77.57	75.21	83.82
浙江省	124.85	99.37	90.43	99.19
安徽省	174.69	148.90	116.07	77.62
福建省	33.89	31.98	18.04	16.16
江西省	41.41	42.84	45.20	53.56
山东省	101.92	106.65	115.82	77.70
河南省	55.31	52.79	54.54	61.86
湖北省	185.25	209.90	209.34	223.96
湖南省	26.35	27.89	39.13	57.91
广东省	415.37	338.46	313.29	311.97
广西壮族自治区	177.00	190.08	174.49	183.03
海南省	2.20	1.48	0.13	0.04
重庆市	203.77	199.80	158.00	137.46
四川省	72.48	69.87	71.34	64.23
贵州省	4.60	7.10	7.52	5.69
云南省	2.23	1.76	2.00	11.37
西藏自治区	—	—	—	—
陕西省	133.79	80.10	62.83	54.70
甘肃省	—	0.03	0.04	0.07
青海省	—	—	—	—
宁夏回族自治区	—	—	0.01	—
新疆维吾尔自治区	1.38	1.57	0.87	2.53

数据来源：国家统计局。

工业经济主要指标（2019—2022）

2019—2022 年各行业规模以上工业利润总额　　　　　　　　单位：亿元

指标	2022 年	2021 年	2020 年	2019 年
规模以上工业企业利润总额	84162.45	92933.03	68465.01	65799.04
煤炭开采和洗选业规模以上工业企业利润总额	10415.64	7168.33	2221.57	2837.49
石油和天然气开采业规模以上工业企业利润总额	3488.79	1627.02	262.04	1630.34
黑色金属矿采选业规模以上工业企业利润总额	555.24	833.04	372.92	235.19
有色金属矿采选业规模以上工业企业利润总额	749.8	536.28	386.83	320.56
非金属矿采选业规模以上工业企业利润总额	448.99	495.73	364.02	344.52
开采辅助活动规模以上工业企业利润总额	5.67	−45.3	16.42	10.93
其他采矿业规模以上工业企业利润总额	0.18	0.44	0.54	0.81
农副食品加工业规模以上工业企业利润总额	1824.08	2240.45	2244.09	2051.99
食品制造业规模以上工业企业利润总额	1651.91	1738.87	1709.97	1789.06
酒、饮料和精制茶制造业规模以上工业企业利润总额	3011.69	2771.18	2465.71	2286.72
烟草制品业规模以上工业企业利润总额	1342.59	1188.09	1143.35	933.14
纺织业规模以上工业企业利润总额	914.84	1346.34	1237.65	1132.47
纺织服装、服饰业规模以上工业企业利润总额	704.97	883.92	721.84	877.59
皮革、毛皮、羽毛及其制品和制鞋业规模以上工业企业利润总额	494.34	674.74	639.63	800.72
木材加工和木、竹、藤、棕、草制品业规模以上工业企业利润总额	424.78	482.51	395.48	427.12
家具制造业规模以上工业企业利润总额	420.8	460.25	467.5	488.42
造纸和纸制品业规模以上工业企业利润总额	576.68	958.12	876.79	732.28
印刷和记录媒介复制业规模以上工业企业利润总额	420.57	493.28	452.38	469.03
文教、工美、体育和娱乐用品制造业规模以上工业企业利润总额	691.99	852.44	691.74	760.23
石油加工、炼焦和核燃料加工业规模以上工业企业利润总额	424.51	2738.32	1034.91	1255.59
化学原料和化学制品制造业规模以上工业企业利润总额	7420.97	8222.42	4439.56	3797.48
医药制造业规模以上工业企业利润总额	4191.36	6430.68	3693.4	3184.24
化学纤维制造业规模以上工业企业利润总额	250.6	683.08	266.53	362.62
橡胶和塑料制品业规模以上工业企业利润总额	1602.62	1838.48	1786.37	1421.87
非金属矿物制品业规模以上工业企业利润总额	4574.1	6032.2	5054.68	4887.78
黑色金属冶炼和压延加工业规模以上工业企业利润总额	462.43	4567.01	2624.31	2852.43
有色金属冶炼和压延加工业规模以上工业企业利润总额	2922.78	3591.43	1903.69	1580.98
金属制品业规模以上工业企业利润总额	2046.47	2532.38	1881.71	1785.97
通用设备制造业规模以上工业企业利润总额	3218.73	3356.11	2963.26	2649.04
专用设备制造业规模以上工业企业利润总额	3012.51	3122.96	2999.24	2323.73
汽车制造业规模以上工业企业利润总额	5046.26	5646.29	5062.89	5099.89

续　表

指标	2022 年	2021 年	2020 年	2019 年
铁路、船舶、航空航天和其他运输设备规模以上工业企业利润总额	904.76	714.95	817.37	791.7
电气机械和器材制造业规模以上工业企业利润总额	5824.53	4756.5	4275.53	3943.44
计算机、通信和其他电子设备制造业规模以上工业企业利润总额	7851.56	9018.57	6252.94	5373.63
仪器仪表制造业规模以上工业企业利润总额	1051.64	1022.22	887.42	754.76
其他制造业规模以上工业企业利润总额	205.16	174.75	156.13	146.5
废弃资源综合利用业规模以上工业企业利润总额	384.3	408.11	255.5	270.28
金属制品、机械和设备修理业规模以上工业企业利润总额	147.86	73.62	68.23	83.77
电力、热力生产和供应业规模以上工业企业利润总额	3226.99	1935.95	4207.7	4096.27
燃气生产和供应业规模以上工业企业利润总额	845.07	908.88	745.95	669.17
水的生产和供应业规模以上工业企业利润总额	403.64	452.39	417.24	339.28

数据来源：国家统计局。

续　表

2019—2022 年工业产品产量

指标	2022 年	2021 年	2020 年	2019 年
原煤产量（亿吨）	45.59	41.26	39.02	38.46
原油产量（万吨）	20472.24	19888.11	19476.86	19162.83
天然气产量（亿立方米）	2201.10	2075.84	1924.95	1753.62
原盐产量（万吨）	5359.88	5706.51	5852.68	6701.44
精制食用植物油产量（万吨）	4881.87	4973.11	5476.22	5421.76
成品糖产量（万吨）	1486.75	1449.74	1431.30	1389.39
罐头产量（万吨）	889.73	912.48	939.21	1034.63
啤酒产量（万千升）	3568.67	3562.43	3411.11	3765.29
卷烟产量（亿支）	24321.50	24182.36	23863.73	23642.49
纱产量（万吨）	2720.25	2873.71	2618.28	2827.16
布产量（亿米）	467.74	501.95	459.19	555.19
机制纸及纸板产量（万吨）	13691.36	13583.87	12700.63	12515.30
汽油产量（万吨）	14634.55	15457.30	13171.69	14120.68
柴油产量（万吨）	19290.07	16337.02	15904.85	16638.27
焦炭产量（万吨）	47343.64	46445.78	47116.12	47126.16
硫酸（折100%）产量（万吨）	9504.58	9382.70	9238.18	9119.24
烧碱（折100%）产量（万吨）	3980.53	3891.31	3673.87	3457.89
纯碱（碳酸钠）产量（万吨）	2920.21	2913.25	2812.37	2986.46
乙烯产量（万吨）	2897.51	2825.67	2159.96	2052.29
合成氨产量（万吨）	5321.01	5189.38	5117.13	4735.03
农用氮、磷、钾化肥产量（万吨）	5573.38	5543.58	5495.97	5731.18
氮肥产量（万吨）	3821.29	3797.54	3702.48	3556.25
磷肥产量（万吨）	984.02	1039.04	1057.18	1308.40
化学农药原药产量（万吨）	249.71	249.85	214.80	211.81
初级形态的塑料产量（万吨）	11488.10	11198.41	10542.20	9743.65
合成橡胶产量（万吨）	836.21	820.79	751.32	743.96
合成洗涤剂产量（万吨）	1071.45	1077.61	1149.16	1048.56
化学药品原药产量（万吨）	370.78	316.88	291.90	276.85
中成药产量（万吨）	244.66	249.95	244.88	282.36
化学纤维产量（万吨）	6697.84	6708.47	6124.68	5883.37
橡胶轮胎外胎产量（万条）	85919.41	90246.15	80747.48	84445.28
水泥产量（万吨）	212927.16	237724.49	239470.83	234430.62
平板玻璃产量（万重量箱）	101668.65	101727.37	95227.79	94461.22

续　表

指标	2022 年	2021 年	2020 年	2019 年
生铁产量（万吨）	86382.78	86856.78	88897.61	80849.38
粗钢产量（万吨）	101795.90	103524.26	106476.68	99541.89
钢材产量（万吨）	134033.48	133666.83	132489.18	120456.94
重轨产量（万吨）	355.49	309.98	357.09	405.73
大型型钢产量（万吨）	2234.39	1981.41	1855.74	1586.87
中小型型钢产量（万吨）	5206.36	4684.41	5174.10	4889.77
棒材产量（万吨）	8692.32	9118.91	9338.57	8035.74
钢筋产量（万吨）	23762.81	25206.25	26754.23	24916.21
线材产量（万吨）	14136.79	15585.05	16655.60	15682.00
特厚板产量（万吨）	1138.68	978.78	1055.06	859.87
厚钢板产量（万吨）	3812.54	3645.77	3636.02	3202.64
中厚宽钢带产量（万吨）	18779.96	17932.67	17046.08	14938.25
热轧薄宽钢带产量（万吨）	10588.16	9756.89	8921.39	8361.98
冷轧薄宽钢带产量（万吨）	6890.68	7190.39	6061.19	5374.78
镀层板产量（万吨）	7299.77	6588.74	6138.42	5738.87
十种有色金属产量（万吨）	6789.82	6477.10	6188.42	5865.96
精炼铜产量（万吨）	1111.53	1048.67	1002.51	978.42
原铝（电解铝）产量（万吨）	4014.43	3850.32	3708.04	3512.96
氧化铝产量（万吨）	8186.18	7747.54	7313.19	7230.16
发动机产量（万千瓦）	226890.99	268206.48	262652.03	267228.95
金属切削机床产量（万台）	57.33	60.17	43.89	42.10
矿山专用设备产量（万吨）	725.66	688.43	653.60	673.11
炼油、化工生产专用设备产量（万吨）	152.69	149.72	118.52	127.09
大中型拖拉机产量（万台）	39.95	41.17	34.52	28.08
铁路客车产量（辆）	473.00	936.00	538.00	1641.00
铁路货车产量（辆）	41285.00	39800.00	41200.00	60330.00
汽车产量（万辆）	2713.63	2625.70	2532.49	2567.67
轿车产量（万辆）	1044.95	970.62	923.98	1028.49
客车产量（万辆）	40.65	50.79	44.07	46.63
载货汽车产量（万辆）	263.70	405.97	459.03	380.49
摩托车整车产量（万辆）	2640.24	2578.74	2180.25	1698.84
两轮脚踏自行车产量（万辆）	4351.22	5978.18	5541.65	4978.97
发电机组产量（万千瓦）	18371.09	15976.44	13384.46	9073.69

续　表

指标	2022 年	2021 年	2020 年	2019 年
家用电冰箱产量（万台）	8664.43	8992.11	9014.71	7904.25
房间空气调节器产量（万台）	22247.34	21835.70	21035.25	21866.16
家用电风扇产量（万台）	19780.71	24972.40	23630.83	21607.17
家用吸排油烟机产量（万台）	3970.66	4121.45	3535.88	3711.80
家用洗衣机产量（万台）	9106.32	8618.54	8041.87	7432.99
家用吸尘器产量（万台）	10585.09	14413.66	13382.89	11214.60
程控交换机产量（万线）	883.80	699.60	702.55	790.46
电话单机产量（万部）	—	—	5134.52	5710.16
传真机产量（万部）	—	—	—	60.69
移动通信手持机产量（万台）	156079.96	166151.58	146961.78	169603.36
微型计算机设备产量（万台）	43418.16	46691.98	37800.41	34163.22
笔记本计算机产量（万台）	22717.83	29501.36	23524.63	18533.22
显示器产量（万台）	18230.13	17368.60	17043.65	16982.95
集成电路产量（万块）	32418517.21	35943500.00	26142300.00	20182200.00
彩色电视机产量（万台）	19578.26	18496.53	19626.24	18999.06
组合音响产量（万台）	21915.16	22121.54	16428.79	16706.81
照相机产量（万台）	1012.27	1124.96	1028.22	1595.24
数码照相机产量（万台）	588.97	701.59	560.30	818.60
复印和胶版印制设备产量（万台）	255.18	390.80	311.20	487.79
发电量（亿千瓦时）	88487.12	85342.48	77790.60	75034.28
火电发电量（亿千瓦时）	58887.95	58058.68	53302.48	52201.48
水电发电量（亿千瓦时）	13521.95	13389.99	13552.09	13044.38

注：1. 原煤包括无烟煤、烟煤、褐煤，不包括石煤。

2. 2018 年数据根据全国第四次经济普查结果进行了修订。

3. 原油包括天然原油和人造原油。

4. 从 2011 年起，规模以上工业企业起点标准由原来的年主营业务收入 500 万元提高到年主营业务收入 2000 万元。

5. 成品糖 1997 年及以前名称为糖，产量包括土糖，1998—2004 年名称为机制糖。

6. 啤酒 2003 年及以前计量单位为万吨。

7. 卷烟 2003 年及以前计量单位为万箱。

8. 纱包括棉纱、棉混纺纱、纯化纤纱，不包括棉线、代用纤维纱和手工纺纱。

9. 布包括棉布、棉混纺布、纯化纤布，不包括代用纤维布、手工织布。

10. 农用化肥按有效成分 100% 计算。

11. 初级形态的塑料 2004 年及以前名称为塑料树脂及共聚物，简称塑料。

12. 橡胶轮胎外胎包括摩托车充气橡胶轮胎外胎。

13. 发动机 2008 年及以前名称为内燃机。发动机包括汽车用发动机。

14. 金属切削机床不包括台钻、砂轮机、抛光机。

15. 拖拉机是指 14.7 千瓦及以上的轮式和履带式拖拉机。用本厂自产的拖拉机装配的推土机，只计推土机产量，不计拖拉机产量。

16. 基本型乘用车（轿车）2008 年及以前名称为轿车。

17. 发电机组（发电设备）指 500 千瓦以上的水轮发电机组、汽轮发电机和燃气轮发电机等。

18. 复印和胶版印制设备 2008 年及以前名称为复印机械。

数据来源：国家统计局。

2019—2022 年工业生产者出厂价格指数（按照行业分） 上年＝100

指标	2022 年	2021 年	2020 年	2019 年
工业生产者出厂价格指数	104.1	108.1	98.2	99.7
煤炭开采和洗选业工业生产者出厂价格指数	117.0	145.1	94.6	100.8
石油和天然气开采业工业生产者出厂价格指数	135.9	138.7	72.6	96.4
黑色金属矿采选业工业生产者出厂价格指数	84.6	131.0	107.0	112.3
有色金属矿采选业工业生产者出厂价格指数	108.3	113.1	104.8	101.2
非金属矿采选业工业生产者出厂价格指数	105.9	103.1	101.5	104.8
开采辅助活动工业生产者出厂价格指数	99.0	98.4	99.1	101.4
农副食品加工业工业生产者出厂价格指数	104.7	103.9	104.8	103.0
食品制造业工业生产者出厂价格指数	103.7	101.8	100.6	101.3
酒、饮料和精制茶制造业工业生产者出厂价格指数	101.0	101.6	100.7	101.2
烟草制品业工业生产者出厂价格指数	100.6	100.6	101.4	102.3
纺织业工业生产者出厂价格指数	103.6	104.1	95.3	99.4
纺织服装、服饰业工业生产者出厂价格指数	101.3	99.9	98.8	100.6
皮革、毛皮、羽毛及其制品和制鞋业工业生产者出厂价格指数	101.8	99.7	99.3	101.4
木材加工和木、竹、藤、棕、草制品业工业生产者出厂价格指数	101.8	101.4	99.3	100.9
家具制造业工业生产者出厂价格指数	101.7	100.2	100	101.3
造纸和纸制品业工业生产者出厂价格指数	100.6	104.9	97.2	95.0
印刷和记录媒介复制业工业生产者出厂价格指数	101.0	100.5	98.7	100.2
文教、工美、体育和娱乐用品制造业工业生产者出厂价格指数	103.2	101.7	103.3	102.7
石油加工、炼焦和核燃料加工业工业生产者出厂价格指数	123.6	128.2	85.7	96.4
化学原料和化学制品制造业工业生产者出厂价格指数	107.7	119.1	94.1	96.1
医药制造业工业生产者出厂价格指数	100.3	99.6	100.6	101.7
化学纤维制造业工业生产者出厂价格指数	104.1	116.1	86.5	93.9
橡胶和塑料制品业工业生产者出厂价格指数	101.3	103.2	98.1	99.4
非金属矿物制品业工业生产者出厂价格指数	101.2	103.7	98.4	102.2
黑色金属冶炼和压延加工业工业生产者出厂价格指数	94.2	128.5	97.9	98.2
有色金属冶炼和压延加工业工业生产者出厂价格指数	105.4	122.7	100.8	99.3
金属制品业工业生产者出厂价格指数	102.2	106.7	99.9	100.9
通用设备制造业工业生产者出厂价格指数	101.1	101.4	99.7	100.8
专用设备制造业工业生产者出厂价格指数	100.7	100.4	100.0	100.4
汽车制造业工业生产者出厂价格指数	100.2	99.6	99.6	99.3
铁路、船舶、航空航天和其他运输设备制造业工业生产者出厂价格指数	101.5	100.6	100.4	100.3
电气机械和器材制造业工业生产者出厂价格指数	104.6	104.4	97.4	98.0
计算机、通信和其他电子设备制造业工业生产者出厂价格指数	100.7	99.9	98.5	99.1
仪器仪表制造业工业生产者出厂价格指数	101.5	99.7	100.2	100.8
其他制造业工业生产者出厂价格指数	102.2	100.6	100.3	101.2
废弃资源综合利用业工业生产者出厂价格指数	103.2	117.5	100.2	104.1
金属制品、机械和设备修理业工业生产者出厂价格指数	102.1	99.7	103.6	102.8
电力、热力生产和供应业工业生产者出厂价格指数	108.6	100.2	98.1	99.1
燃气生产和供应业工业生产者出厂价格指数	115.9	105.1	95.7	103.1
水的生产和供应业工业生产者出厂价格指数	101.3	101.1	100.1	102.1

数据来源：国家统计局。

2019—2022 年工业生产者购进价格指数

上年 = 100

指标	2022 年	2021 年	2020 年	2019 年
工业生产者购进价格指数	106.1	111.0	97.7	99.3
燃料、动力类工业生产者购进价格指数	120.9	120.5	91.6	98.2
黑色金属材料类工业生产者购进价格指数	96.4	120.3	100.5	102.3
有色金属材料类工业生产者购进价格指数	105.4	120.9	99.8	97.6
化工原料类工业生产者购进价格指数	106.5	115.1	92.7	94.8
木材及纸浆类工业生产者购进价格指数	104.5	105.6	98.1	97.5
建材类工业生产者购进价格指数	103.1	105.5	100.5	104.2
农副产品类工业生产者购进价格指数	105.1	104.4	105.4	102.8
纺织原料类工业生产者购进价格指数	105.0	105.0	96.8	99.3

注：国家统计局从 2011 年 1 月开始实施新的工业生产者价格统计调查制度方法。"工业品价格统计"改称为"工业生产者价格统计"，相应地，将"原材料、燃料、动力购进价格指数"改称为"工业生产者购进价格指数"。

数据来源：国家统计局。

2019—2022 年工业生产者出厂价格分类指数

上年＝100

指标	2022 年	2021 年	2020 年	2019 年
工业生产者出厂价格指数	104.1	108.1	98.2	99.7
生产资料工业生产者出厂价格指数	104.9	110.7	97.3	99.2
采掘工业工业生产者出厂价格指数	116.5	134.4	94.8	102.4
原材料工业工业生产者出厂价格指数	110.3	115.8	94.4	97.4
加工工业工业生产者出厂价格指数	101.5	106.6	98.7	99.7
生活资料工业生产者出厂价格指数	101.5	100.4	100.5	100.9
食品类工业生产者出厂价格指数	102.7	101.4	102.9	102.7
衣着类工业生产者出厂价格指数	101.8	99.8	99	101.1
一般日用品工业生产者出厂价格指数	101.6	100.5	99.7	100.4
耐用消费品工业生产者出厂价格指数	100.1	99.4	98.2	98.8

注：国家统计局从 2011 年 1 月开始实施新的工业生产者价格统计调查制度方法。"工业品价格统计"改称为"工业生产者价格统计"，相应地，将"工业品出厂价格指数"改称为"工业生产者出厂价格指数"。

数据来源：国家统计局。

2019—2022 年工业污染治理完成投资　　　　　　　　　　　单位：万元

指标	2022 年	2021 年	2020 年	2019 年
工业污染治理完成投资	2857077	3352364	4542586	6151513
治理废水项目完成投资	377220	361241	573852	699004
治理废气项目完成投资	1984251	2220982	2423725	3676995
治理固体废物项目完成投资	60275	36611	173064	170729
治理噪声项目完成投资	4213	5437	7405	14168
治理其他项目完成投资	431118	728094	1364540	1590616
工业污染治理本年竣工项目数（个）	—	—	—	—

数据来源：国家统计局。

第三篇

行　业　篇

原材料工业

2019 年石油和化学工业经济运行概况

中国石油和化学工业联合会

2019 年，全球市场剧烈动荡，宏观经济下行压力不断加大。面对各种风险挑战，石油和化工行业（以下简称"石化行业"）按照党中央、国务院战略部署，积极应对，迎难而上，取得了较好成绩。行业经济运行稳中有进，经济增长结构不断优化，增长动力进一步增强，增长质量继续提高。2020 年，不确定不稳定因素仍然很多，外部环境依然严峻，石油和化工行业要按照党中央要求，坚定信心，排除万难，坚决打好"十三五"收官之战。

一、主要经济指标完成情况

据统计，2019 年，石油和化工行业增加值同比增长 4.8%；实现营业收入 12.3 万亿元，同比增长 1.3%，实现利润总额 6683.7 亿元，同比下降 14.9%；进出口总额 7222.1 亿美元，同比下降 2.8%；全国原油和天然气总产量 3.5 亿吨（油当量），同比增长 4.7%；主要化学品总产量同比增长约 4.6%。

（一）石油和化工行业增加值增速回升，营业收入平稳

国家统计局数据显示，截至 2019 年 12 月末，石油和化工行业规模以上企业 26271 家，较 11 月末增加 68 家；全年增加值同比增长 4.8%，增速同比加快 0.2 个百分点，但仍低于同期全国规模工业增加值增幅 0.9 个百分点（见图 1）。其中，化工行业增加值同比增长 4.8%，

增速同比加快 1.2 个百分点；石油和天然气开采业同比增长 6.0%，增速同比加快 1.0 个百分点；炼油业同比增长 4.3%，增速同比减缓 2.1 个百分点。

2019 年 1—12 月，石油和化工行业实现营业收入 12.3 万亿元，同比增长 1.3%，增速较 1—11 月加快 0.2 个百分点，占全国规模工业营业收入的 11.6%（见图 2）。其中，化工行业实现营业收入 6.9 万亿元，同比下降 0.9%，降幅较前 11 个月增加 0.4 个百分点；炼油业实现营业收入 4.0 万亿元，同比增长 4.6%，增速同比加快 1.6 个百分点；石油和天然气开采业实现营业收入 1.1 万亿元，增速同比增长 2.4%，增速减缓 0.6 个百分点。

在化工行业中，专用化学品、涂（颜）料、农药制造等营业收入保持增长，年增速分别为 2.8%、1.4%、4.8%；基础化学原料和合成材料制造分别下降 2.6% 和 0.5%；肥料和煤化工产品制造分别下降 7.5% 和 1.4%；橡胶制品下降 0.2%。

（二）原油和天然气及主要化学品生产平稳较快增长

据统计，2019 年全国原油和天然气总产量 3.5 亿吨（油当量），同比增长 4.7%；主要化学品总产量增幅约 4.6%（见图 3）。

2018 年 12 月、2019 年 1—12 月原油和天然气及主要化工产品产量（部分）见表 1。

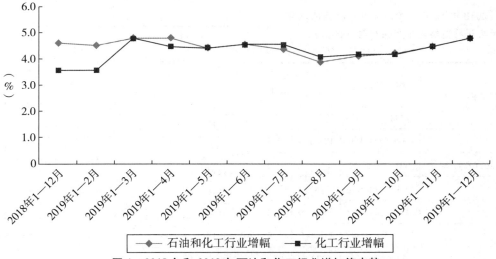

图 1 2018 年和 2019 年石油和化工行业增加值走势

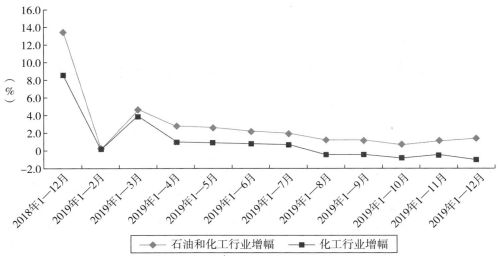

图2　2018年和2019年石油和化工行业营业收入走势

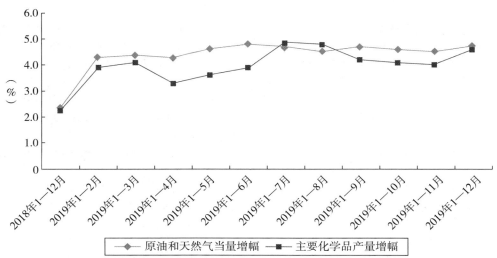

图3　2018年和2019年全国原油和天然气当量及主要化学品产量走势

表1　2018年12月、2019年1—12月原油和
天然气及主要化工产品产量（部分）

（单位：万吨、%）

项目名称	2018年12月		2019年1—12月累计	
	产量	同比	产量	同比
原油	1606.5	-1.9	19101.4	0.8
天然气（亿立方米）	160.2	7.5	1736.2	9.8
原油加工量	5850.9	13.6	65198.1	7.6
成品油	3139.3	2.5	36031.6	0.2
汽油	1222.3	2.8	14120.7	1.9
煤油	447.6	11.8	5272.6	10.6

续　表

项目名称	2018年12月		2019年1—12月累计	
	产量	同比	产量	同比
柴油	1469.4	-0.2	16638.3	-4.0
硫酸（折100%）	792.4	-5.6	8935.7	1.2
烧碱（折100%）	309.7	1.7	3464.4	0.5
纯碱	254.1	9.7	2887.7	7.6
乙烯	186.4	14.6	2052.3	9.4
纯苯	74.4	-2.3	861.8	-2.1
精甲醇	418.8	0.7	4936.3	0.4
合成树脂	883.3	12.2	9574.1	9.3

项目名称	2018 年 12 月		2019 年 1—12 月累计	
	产量	同比	产量	同比
合成橡胶	73.8	20.8	733.8	11.0
合成纤维单体	519.8	22.3	5515.1	10.4
合成纤维聚合物	163.0	6.8	1890.8	8.6
化肥总计（折纯）	465.8	0.9	5624.9	3.6
氮肥（折含 N 100%）	291.3	8.8	3577.3	5.3
磷肥（折含 P_2O_3 100%）	98.9	-17.0	1211.7	-6.9
钾肥（折含 K_2O 100%）	74.2	-0.5	762.2	11.7
轮胎外胎（万条）	7231.7	0.9	84226.2	1.9

1. 原油生产平稳，天然气产量持续较快增长

2019 年，全国原油产量约 1.9 亿吨，同比增长 0.8%；天然气产量 1736.2 亿立方米，同比增长 9.8%；液化天然气产量 1165.0 万吨，同比增长 15.6%。全年全国原油加工量约 6.5 亿吨，同比增长 7.6%；成品油产量（汽油、煤油、柴油合计，下同）约 3.6 亿吨，同比增长 0.2%。其中，汽油产量约 1.4 亿吨，同比增长 1.9%；煤油产量 5272.6 万吨，同比增长 10.6%；柴油产量约 1.7 亿吨，同比下降 4.0%。

2. 主要化学品增长总体平稳

2019 年，全国生产乙烯 2052.3 万吨，同比增长 9.4%；纯苯 861.8 万吨，同比下降 2.1%；精甲醇 4936.3 万吨，同比增长 0.4%；涂料 2438.8 万吨，同比增长 2.6%；化学试剂 2360.7 万吨，增幅 12.0%；硫酸 8935.7 万吨，同比增长 1.2%；烧碱（折 100%）3464.4 万吨，同比增长 0.5%；纯碱 2887.7 万吨，同比增长 7.6%；多晶硅 40.6 万吨，同比增长 31.8%；合成树脂 9574.1 万吨，增幅 9.3%；合成纤维单体及聚合物 7405.9 万吨，同比增长 9.9%。此外，生产轮胎外胎约 8.4 亿条，同比增长 1.9%。

3. 化肥农药总产量小幅回升

2019 年，全国化肥生产在连续三年下降后小幅回升，产量（折纯，下同）5624.9 万吨，同比增长 3.6%。其中，氮肥（折含 N 100%）产量 3577.3 万吨，同比增长 5.3%；磷肥（折含 P_2O_5 100%）产量 1211.7 万吨，同比下降 6.9%；钾肥（折含 K_2O 100%）产量 762.2 万吨，同比增长 11.7%。全年农药原药产量（折 100%）225.4 万吨，同比增长 1.4%，其中除草剂（原药）产量 93.5 万吨，同比增长 0.4%。此外，农用薄膜产量 85.2 万吨，同比下降 10.6%。

4. 产能利用率上升

2019 年，石油和天然气开采业产能利用率为 91.2%，

同比上升 2.9 个百分点；化学原料和化学制品制造业利用率为 75.2%，同比上升 1.0 个百分点。

（三）原油和天然气表观消费量同比增长

2019 年，我国原油和天然气表观消费总量 9.7 亿吨（油当量），同比增长 7.7%，增速同比回落 2.2 个百分点；主要化学品表观消费总量增长约 5.0%，增速同比加快 2.8 个百分点。

1. 原油消费保持较快增长，天然气消费减缓

2019 年，国内原油表观消费量 7.0 亿吨，同比增长 7.3%，增速较 2018 年加快 0.5 个百分点，对外依存度 72.6%；天然气表观消费量 3047.9 亿立方米，同比增长 8.7%，增速同比回落 8.5 个百分点，占原油和天然气表观消费总当量的 28.3%，对外依存度 43.0%。全年国内成品油表观消费量 3.1 亿吨，同比下降 2.7%。其中，柴油表观消费量 1.5 亿吨，同比下降 6.0%；汽油表观消费量 1.3 亿吨，同比下降 0.8%；煤油表观消费量 3878.0 万吨，同比增长 4.4%。

2. 基础化学原料消费增速缓中趋快，合成材料消费增速大幅加快

2019 年，基础化学原料表观消费总量增幅约 2.3%，较 2018 年提高 0.9 个百分点。其中，无机化学原料增速仅有 0.4%，有机化学原料增速为 5.9%。主要基础化学原料中，乙烯表观消费量 2302.1 万吨，同比增长 7.9%；纯苯表观消费量 1052.1 万吨，同比下降 7.2%；甲醇表观消费量 6008.8 万吨，同比增长 6.8%；硫酸表观消费量 8771.3 万吨，同比微降 0.2%；烧碱表观消费量 3556.7 万吨，同比增长 1.6%；纯碱表观消费量 2762.9 万吨，同比增长 7.3%。2019 年，合成材料表观消费总量同比增长约 9.6%，较 2018 年加快 4.4 个百分点。其中，合成树脂表观消费量 1.23 亿吨，同比增长 10.3%；合成纤维单体及聚合物表观消费总量 8251.7 万吨，同比增长 9.2%。

3. 化肥消费反弹

2019 年，全国化肥表观消费量（折纯，下同）5103.9 万吨，同比增长 3.6%，化肥消费在连续 3 年下降后小幅回升。其中，氮肥表观消费量 3007.5 万吨，同比增长 2.2%；磷肥表观消费量 764.6 万吨，同比下降 6.6%；钾肥表观消费量 1258.0 万吨，同比增长 13.0%；磷酸二铵（实物量）表观消费量 823.6 万吨，同比增长 4.0%。

（四）化工行业投资增长放缓

国家统计局数据显示，2019 年 1—12 月，化学原料和化学制品制造业投资同比增长 4.2%，比 1—11 月回落 0.4 个百分点，为年内最低值（见图 4）。同期，全国工业投资增速为 4.3%，较 1—11 月加快 0.6 个百分点，年内首次超过化工行业投资增速。

（五）对外贸易小幅下降

2019 年，国际贸易环境异常严峻复杂，但中国石油和化工行业进出口贸易总体平稳，小幅下降，且降幅有收

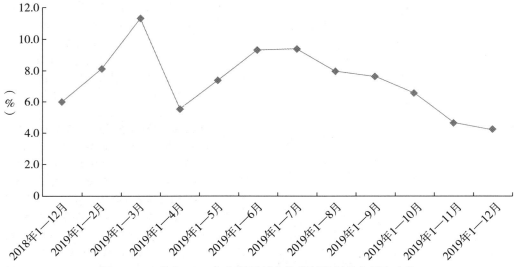

图4　2018年和2019年化学原料和化学制品制造业投资走势

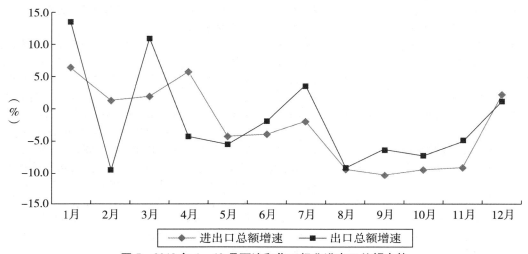

图5　2019年1—12月石油和化工行业进出口总额走势

窄趋势。海关数据显示，1—12月，石油和化工行业进出口总额7222.1亿美元，同比下降2.8%，降幅较1—11月收窄0.5个百分点，占全国进出口总额的15.8%（见图5）。其中，出口总额2269.5亿美元，同比下降1.8%；进口总额4952.6亿美元，同比下降3.3%；贸易逆差2683.1亿美元，同比缩小4.6%。

1.橡胶制品出口保持增长，成品油和化肥出口额增速放缓

2019年，橡胶制品出口总额482.5亿美元，同比微增0.3%，2018年增幅为3.3%；出口总量1021.1万吨，同比增长2.3%。成品油（汽油、煤油、柴油合计）出口总额328.8亿美元，同比增长9.4%，较2018年大幅回落；出口量5537.6万吨，同比增长20.2%。化肥出口总额73.4亿美元，同比增长2.9%，较2018年降低13.3个百分点；出口量2773.7万吨（实物量），同比增长11.7%。

2.原油进口继续平稳快速增长，天然气增幅回落

2019年，国内进口原油5.1亿吨，同比增长9.5%，增速同比回落0.5个百分点，连续3年维持在10%左右。进口天然气1348.0亿立方米，同比增长7.3%，2018年增速超30%。12月当月，进口原油4548.3万吨，同比增长3.9%；进口天然气132.2亿立方米，同比增长3.5%。

二、行业效益情况

总体来看，截至2019年年底全行业效益下滑趋缓。1—12月，石油和化工行业实现利润总额6683.7亿元，同比下降14.9%，降幅比1—11月收窄2.7个百分点，占同期全国规模工业利润总额的10.8%（见图6）。每100元营业收入成本82.7元，同比上升1.4元；资产总计13.4万亿元，同比增长7.7%，资产负债率55.9%，同比上升1.2个百分点；亏损企业亏损额1320.8亿元，同比扩大9.7%；行业亏损面为17.6%，较1—11月缩小1.4个百分点。2019年，全行业营业收入利润率为5.5%，

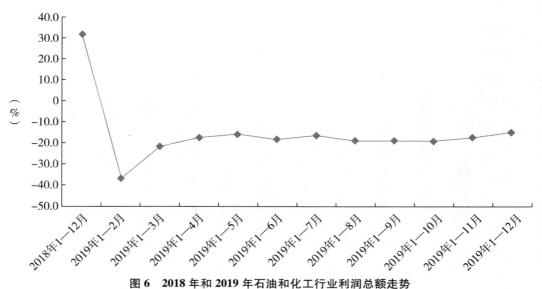

图 6　2018 年和 2019 年石油和化工行业利润总额走势

同比下降 1.0 个百分点；毛利率为 17.3%，同比回落 1.4 个百分点。产成品存货周转天数为 15.7 天；应收票据及账款平均回收期为 36.0 天。

（一）石油和天然气开采业效益保持向好态势

1. 利润增长加快

截至 2019 年年底，石油和天然气开采业规模以上企业 302 家，全年实现利润总额 1628.6 亿元，同比增长 6.1%，增速较 1—11 月加快 5.8 个百分点，占石油和化工行业利润总额的 24.4%（见图 7）。其中，石油开采利润总额 1174.4 亿元，同比增长 1.4%；天然气开采利润总额 431.8 亿元，同比增长 2.8%。

2. 单位成本上升趋快，行业亏损情况持续改善

1—12 月，石油和天然气开采业营业成本 7605.4 亿元，同比增长 4.7%；每 100 元营业收入成本 68.9 元，创两年来新高，较 1—11 月上升 1.1 元（见图 8）。其中，石油开采 100 元营业收入成本 63.5 元，同比上升 1.0 元；天然气开采 100 元营业收入成本 54.7 元，同比上升 3.1 元。1—12 月，石油和天然气开采业亏损面为 21.2%，较 1—11 月缩小 8.4 个百分点；亏损企业亏损额 252.0 亿元，同比下降 39.1%；资产总计 2.5 万亿元，同比增长 14.4%，资产负债率 47.2%，同比上升 3.4 个百分点；应收票据及账款 960.7 亿元，同比下降 4.3%；产成品资金 111.3 亿元，同比下降 2.5%。1—12 月石油和天然气开采业财务费用增速继续大幅加快，增幅达 73.5%，再创年内新高；管理费用则下降 11.1%。

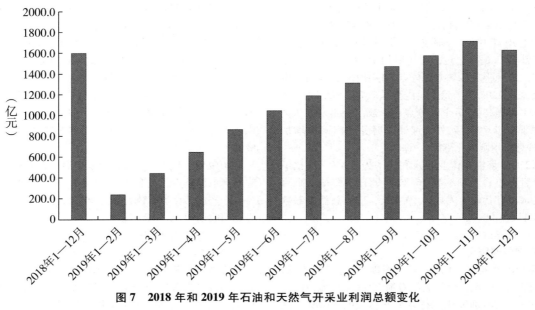

图 7　2018 年和 2019 年石油和天然气开采业利润总额变化

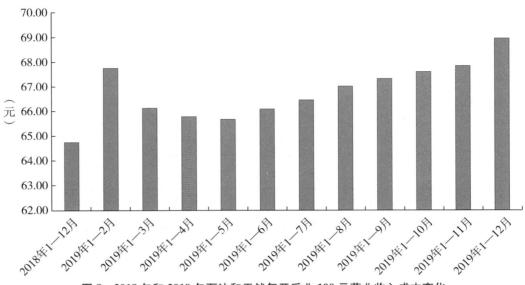

图8 2018年和2019年石油和天然气开采业100元营业收入成本变化

1—12月，石油和天然气开采业营业收入利润率为14.8%，同比上升0.5个百分点；毛利率为31.1%，同比下降1.5个百分点。产成品存货周转天数为5.4天，应收票据及账款平均回收期为29.6天。

（二）炼油业效益下滑趋稳

1. 利润降幅不断收窄

截至2019年年底，炼油业规模以上企业1124家，累计利润总额947.0亿元，同比下降42.1%，降幅较1—11月收窄7.1个百分点，占石油和化工行业利润总额的14.2%。

2. 单位成本创新高，亏损企业亏损情况有所好转

2019年，炼油业营业收入成本3.4万亿元，同比增加8.4%；每100元营业收入成本83.2元，同比上升2.9元，为5年来新高。1—12月，炼油业亏损面为26.1%，较1—11月缩小1.9个百分点；亏损企业亏损额199.9亿元，同比上升71.0%，升幅较1—11月缩小13.8个百分点；资产总计2.6万亿元，同比增加19.7%，资产负债率64.3%，同比上升4.5个百分点。1—12月，炼油业应收票据及账款2102.9亿元，同比大幅飙升至92.1%，增速较1—11月提高20.7个百分点；产成品资金968.7亿元，同比下降0.7%。此外，炼油业财务费用同比增加6.8%，管理费用则同比下降8.6%。

1—12月，炼油业营业收入利润率为2.4%，同比下降1.9个百分点；毛利率为16.8%，同比下降2.9个百分点。产成品存货周转天数为10.4天；应收票据及账款平均回收期为14.8天。

（三）化学工业效益低位运行

1. 利润降幅较大

截至2019年年底，化工行业规模以上企业23335家，较11月末增加61家，全年利润总额3978.4亿元，同比下降13.9%，占石油和化工行业利润总额的59.5%。进入21世纪以来，化工行业共计有3次利润下降，本次降幅最大。

从各主要板块看，专用化学品、涂（颜）料制造和橡胶制品等利润保持增长，增速分别为1.4%、8.1%和9.7%；农药制造利润持平。基础化学原料制造利润降幅仍较大，为30.5%，合成材料制造同比下降7.0%，肥料制造和化学矿采选同比分别下降38.0%和22.5%；煤化工产品制造降幅最大，达136.5%。

2. 单位成本回升，行业亏损情况总体稳定

2019年，化工行业营业成本5.8万亿元，同比下降0.1%；每100元营业收入成本84.6元，同比上升0.7元。其中，基础化学原料制造每100元营业收入成本为85.2元；合成材料制造87.2元；专用化学品制造83.1元；涂（颜）料制造78.7元；肥料制造86.1元；橡胶制品84.3元；煤化工产品制造为91.2元。1—12月，化工行业亏损面为17.1%，同比扩大0.9个百分点；亏损企业亏损额841.5亿元，同比增加37.0%；资产总计7.9万亿元，同比增长2.8%，资产负债率55.9%，同比下降0.4个百分点。1—12月，化工行业应收票据及账款9523.3亿元，同比增长2.1%；产成品资金3041.2亿元，同比下降0.5%。此外，财务费用和管理费用同比分别下降11.7%和1.8%。

2019年，化工行业营业收入利润率为5.8%，同比下降0.9个百分点；毛利率为15.4%，同比下降0.7个百分点。产成品存货周转天数为19.2天；应收票据及账款平均回收期为46.3天。

三、主要市场走势

2019年，石油和主要化学品市场大幅波动，总体疲软，价格总水平在连续两年上涨后再度下降。不过，年底市场价格出现明显反弹。国家统计局价格指数显示，12月，石油和天然气开采业出厂价格同比上涨5.8%，11

月下跌 11.2%，环比涨幅 3.8%；化学原料和化学品制造业同比跌幅为 5.4%，较 11 月收窄 1.0 个百分点，环比下跌 0.8%（见图 9）。2019 年，石油和天然气开采业平均出厂价格同比下跌 3.6%；化学原料和化学品制造业跌幅为 3.9%。

（一）国际油价继续回升

2019 年 12 月，国际油价继续回升，价格涨势加强。监测数据显示，当月 WTI 原油（普氏现货，下同）均价为 59.5 美元/桶，环比上涨 4.1%，同比涨幅 19.0%；布伦特原油均价 67.0 美元/桶，环比上涨 6.1%，同比涨幅 16.2%；迪拜原油均价 64.9 美元/桶，环比上涨 4.4%，同比涨幅 12.2%；胜利原油均价 69.2 美元/桶，环比上涨 4.8%，同比涨幅 37.3%。2019 年 1—12 月国际原油普氏现货价格走势见图 10。

总体来看，国际油价总体跌幅较大。2019 年 WTI 原油全年均价为 57.02 美元/桶，同比下跌 12.6%；布伦特原油均价 64.3 美元/桶，跌幅 9.9%；迪拜原油均价 63.5 美元/桶，下跌 8.8%；胜利原油均价 60.6 美元/桶，跌幅 4.8%。上述四地原油年均价格为 61.4 美元/桶，跌幅 9.1%。

期货市场保持上升趋势。纽约商品交易所 2020 年 1 月交货的轻质原油均价为每桶 59.7 美元，同比上涨 22.0%；2 月均价为 59.6 美元/桶，涨幅 16.1%。伦敦布伦特 1 月交货的原油均价为每桶 65.1 美元，同比涨幅 13.0%；2 月均价为 64.1 美元/桶，上涨 7.1%。上海交易中心 1 月交货的原油均价每桶人民币 469.6 元/桶，同比上涨 15.0%；2 月为 467.7 元/桶，涨幅 13.4%。

展望 2020 年，全球经济依然十分脆弱，在新冠疫情冲击下，不确定因素显著增加，世界石油消费将延续相对疲软的态势。根据中东等产油地区局势变化、国际原油市场价格走势，以及全球宏观经济形势和新能源发展等情况综合判断，2020 年一季度国际原油市场可能大幅震荡，价格走低，全年原油价格较 2019 年显著回落，估计 WTI 原油现货均价在 30 美元/桶左右，布伦特原油均价在 35 美元/桶。

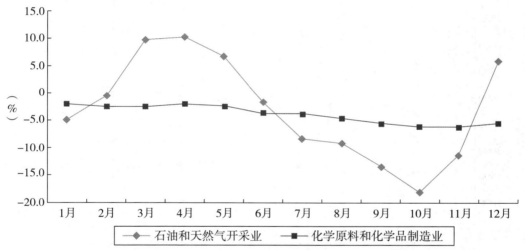

图 9　2019 年 1—12 月石油和天然气开采和化工行业生产者出厂价同比走势

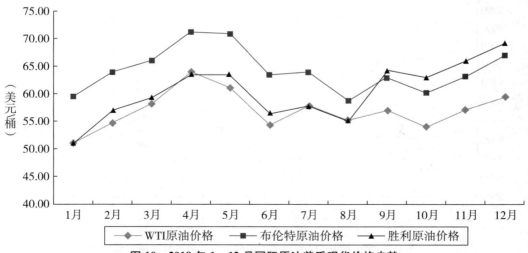

图 10　2019 年 1—12 月国际原油普氏现货价格走势

（二）基础化学原料市场继续震荡

2019年12月，基础化学原料市场继续低位震荡，价格总体降幅收窄，走势分化。其中，有机化学原料反弹势头相对明显。当月，在监测的39种主要无机化学原料中，市场均价同比上涨的有15种，较11月增加1种；环比上涨的有14种，与11月持平；全年均价上涨的有16种，占比41.0%。在监测的84种主要有机化学原料中，同比上涨的有20种，较11月增加6种；环比上涨35种，减少1种；全年均价上涨的有14种，占比16.7%。

1. 无机化学原料

2019年12月，硫酸（98%，净水）市场均价250元/吨，环比上涨8.7%，同比跌幅41.9%，年均价312元/吨，下跌22.6%；硝酸（≥98%）市场均价1610元/吨，环比下跌3.0%，同比跌幅10.6%，年均价1672元/吨，下跌0.8%；烧碱（片碱，≥96%）均价2770元/吨，环比下跌5.5%，同比跌幅31.6%，年均价3220元/吨，下跌24.1%；纯碱（重灰）均价1710元/吨，环比

下跌4.5%，同比跌幅13.6%，年均价1883元/吨，跌幅4.1%；电石均价2680元/吨，环比下跌1.5%，同比跌幅1.5%，年均价2799元/吨，下跌3.4%；硫黄均价570元/吨，环比下跌12.3%，同比跌幅57.8%，年均价881元/吨，跌幅28.3%。2019年1—12月硝酸、烧碱、电石市场价格走势见图11。

2. 有机化学原料

2019年12月，乙烯（东北亚）市场均价759.4美元/吨，环比下跌2.9%，同比跌幅19.1%，年均价894.3美元/吨，跌幅29.3%。国内市场上，丙烯市场均价6910元/吨，环比上涨1.5%，同比跌幅12.4%，年均价7278元/吨，跌幅15.6%；纯苯均价5330元/吨，环比下跌1.8%，同比涨幅21.4%，年均价4972元/吨，跌幅22.7%；甲醇均价2120元/吨，环比下跌1.9%，同比跌幅11.3%，年均价2178元/吨，跌幅25.4%；乙二醇（优等品）均价5050元/吨，环比上涨5.4%，同比跌幅18.7%，年均价4814元/吨，跌幅33.7%。2019年1—12月丙烯、纯苯、乙二醇市场价格走势见图12。

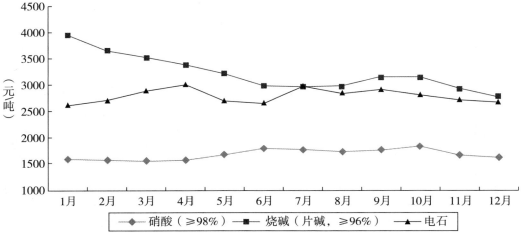

图11　2019年1—12月硝酸（≥98%）、烧碱（片碱，≥96%）、电石市场价格走势

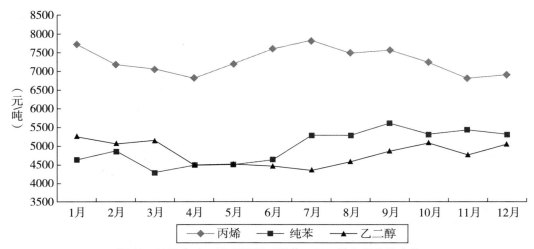

图12　2019年1—12月丙烯、纯苯、乙二醇市场价格走势

2019年，基础化学原料市场需求总体呈低速增长态势，明显分化。其中，有机化学原料消费增速相对较快；无机化学原料增速几乎为零。由于有机化学原料进口量持续高位，市场压力不断加大，竞争日趋激烈，价格长期疲软。2019年，进口有机化学原料超6000万吨，增长3.1%，增速呈加快趋势。国际原油、煤炭等大宗原材料商品市场总体保持震荡上升趋势，对石油和化工行业市场价格有一定支撑作用。分析认为，2020年基础化学原料市场需求整体上仍将延续低速增长趋势，价格走势继续分化，全年价格总水平较2019年应有小幅回升。

（三）合成材料市场小幅反弹

2019年12月，合成材料市场受油价回升影响，总体上有小幅反弹，价格波动较大，市场继续分化。其中，合成橡胶市场相对向好。2019年1—12月高密度聚乙烯、丁苯橡胶、丙烯腈市场价格走势见图13。

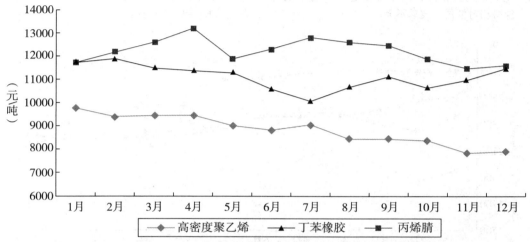

图13　2019年1—12月高密度聚乙烯、丁苯橡胶、丙烯腈市场价格走势

1. 合成树脂

2019年12月，聚氯乙烯（LS-100）市场均价7450元/吨，环比上涨2.6%，同比涨幅8.8%，年均价7128元/吨，涨幅1.8%；高密度聚乙烯（5000S）市场均价7920元/吨，环比上涨0.8%，同比跌幅21.6%，年均价8835元/吨，跌幅19.7%；聚丙烯（T30S）市场均价8120元/吨，环比下跌4.4%，同比跌幅14.1%，年均价8777元/吨，跌幅9.4%；PA66（101L）市场均价23070元/吨，环比下跌0.1%，同比跌幅36.8%，年均价27449元/吨，跌幅17.2%；POM（F20-03）市场均价11300元/吨，环比下跌4.2%，同比跌幅15.0%，年均价12633元/吨，跌幅16.6%；聚酯切片（长丝级半光）市场均价6210元/吨，环比上涨4.4%，同比跌幅23.5%，年均价7008元/吨，跌幅17.3%。

2. 合成橡胶

2019年12月，顺丁橡胶（一级）市场均价11280元/吨，环比上涨3.5%，同比跌幅2.8%，年均价11305元/吨，跌幅11.2%；丁苯橡胶（1502）市场均价11510元/吨，环比上涨5.0%，同比跌幅0.8%，年均价11134元/吨，跌幅10.2%；丁腈橡胶（26A）市场均价16210元/吨，环比上涨3.9%，同比跌幅19.4%，年均价17909元/吨，跌幅16.4%；氯丁橡胶（A-90）市场均价33400元/吨，环比微跌0.3%，同比涨幅22.3%，年均价31258元/吨，上涨11.5%。

3. 合成纤维原料

2019年12月，己内酰胺（≥99.9%）市场均价10950元/吨，环比上升1.4%，同比跌幅21.2%，年均价12298元/吨，跌幅21.2%；丙烯腈（≥99.9%）市场均价11600元/吨，环比上涨0.9%，同比下跌6.0%，年均价12233元/吨，跌幅18.1%；精对苯二甲酸市场均价4830元/吨，环比下跌0.8%，同比跌幅28.3%，年均价5782元/吨，跌幅11.5%。

2019年，国内合成材料市场消费增长较快，创近年来新高，特别是合成树脂消费持续较快增长，增幅超10%。但同时，合成材料进口量增长也很快，且量大，全年进口超5200万吨，增长8.4%。国内市场竞争压力颇大，价格低迷。综合目前市场情况和国际油价走势进行分析，2020年一季度，合成材料市场总体仍将相对疲软，价格低位震荡，但较2019年四季度会有一定上扬。

（四）化肥市场继续弱市

2019年12月，国内化肥市场延续疲软态势，主要品种价格涨跌互现，总体上低位徘徊。12月，尿素市场均价为1680元/吨，环比下跌3.4%，同比跌幅14.7%，年均价1892元/吨，跌幅5.2%；磷酸二铵市场均价2250元/吨，环比下跌2.6%，同比跌幅16.4%，年均价2549元/吨，跌幅4.4%；磷酸一铵市场均价1930元/吨，环比下跌2.0%，同比跌幅15.4%，年均价2138元/吨，跌幅6.1%；国产氯化钾市场均价2220元/吨，环比上涨1.8%，同比跌幅8.3%，年均价2322元/吨，涨幅1.8%；

45%硫基复合肥市场均价 2140 元/吨，环比下跌 2.7%，同比跌幅 10.1%，年均价 2267 元/吨，跌幅 6.8%。2019年 1—12 月国内化肥市场主要品种（部分）价格走势见图 14。

2019 年，国内化肥市场供需保持基本稳定，消费小幅回升；出口增速前高后低，产能过剩矛盾依然凸显，国内市场压力持续增大，成本高位运行，价格震荡走低，企业效益不断恶化。根据市场和价格走势判断，2020年一季度国内化肥市场价格总体弱市局面难有明显改变，供需平稳，价格相对低位，波动不大。

（五）轮胎市场回调

2019 年 12 月，国内轮胎市场出现波动，价格普遍较 11 月有所下跌。市场监测显示，12 月载重子午胎（12.00R20-18PR）市场均价 2226 元/条，环比下跌 1.2%，同比涨幅 3.8%，年均价 2243 元/条，涨幅 3.9%；轿车子午胎（215/55R16）市场均价为 618 元/条，环比下跌 1.1%，同比涨幅 6.7%，年均价 615 元/条，涨幅 7.5%；轻卡斜交胎（7.50-16-14PR）市场均价 673 元/条，环比下跌 1.2%，同比涨幅 2.7%，年均价 682 元/条，上涨 4.4%（见表 2）。

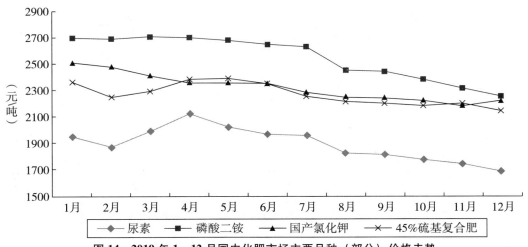

图 14 2019 年 1—12 月国内化肥市场主要品种（部分）价格走势

表 2   2019 年 7—12 月国内部分轮胎品种市场价格走势   单位：元/条

品名	7月	8月	9月	10月	11月	12月
载重子午胎（12.00R20-18PR）	2254	2256	2256	2253	2253	2226
轿车子午胎（215/55R16）	618	614	626	621	625	618
轻卡斜交胎（7.50-16-14PR）	689	687	685	683	681	673

2019 年，国内轮胎市场总体表现相对较好，价格普遍有不同程度上涨，出口保持基本平稳；市场供需有所改善，行业效益明显好转。但目前轮胎市场回升压力在加大，走势出现分化。预计 2020 年上半年国内轮胎市场仍将保持基本平稳态势，价格稳中有升，波动不大。

四、新情况、新问题及 2020 年主要经济指标增长预测

（一）经济运行中的新情况、新问题

一是欧美新冠疫情失控，外部经济环境十分严峻。虽然中国疫情已基本得到控制，但欧美疫情基本失控，大有燎原之势。现在评估疫情对全球经济具体的影响还为时尚早。不过，多数权威机构预测，全球经济增长有可能创 2010 年以来新低或出现衰退。总体来说，全球经济恢复情况与疫情发展情况相关联，中国国内经济形势将远好于全球经济基本面。本次经济衰退是由疫情导致需求骤减引发的，与上次金融危机有本质不同，因此，

只要疫情得到控制，需求即可恢复，全球经济当可快速反弹。

石油和化工行业主要是进口，出口量不大，出口目的地主要为东盟等亚洲地区。因此，石油和化工行业受外部宏观环境变化直接影响相对较小。国内市场是石油和化工行业经济恢复增长的主要动力。

二是石化市场疲软，价格持续低迷。2019 年，石油和主要化学品市场价格大幅波动，总体疲软，价格总水平在连续两年上涨后再度下降。国家统计局价格指数显示，2019 年，石油和天然气开采业出厂价格指数同比下跌 3.6%；化学原料和化学品制造业同比跌幅为 3.9%，尤其是一些主要基础化学原料和合成材料市场价格持续大幅下挫。例如，在监测的 84 种主要有机化学原料的市场价格中，年均价下跌的超 83%，跌幅达到 20% 或以上的占比达 35%。合成材料主要品种价格大部分全线下挫。市场疲软，导致化工行业效益在低位徘徊。

三是单位成本保持高位运行。2019年，全行业营业成本同比增长3.1%，高出营业收入增速1.8个百分点；每100元营业收入成本较1—11月上升0.1元，同比则上升1.4元。其中，化工行业每100元营业收入成本同比上升0.7元，炼油业则上升了2.9元。成本持续高位运行，严重制约行业经济效益的回升。

四是石化市场因进口压力继续增大。2019年，中国石油和化工产品进口持续较快增长。全年净进口有机化学原料4448.6万吨，同比增长2.4%，特别是下半年以来，增速不断加快。合成材料进口增长更甚，全年净进口4100.9万吨，增速达9.3%，为2010年以来最大增幅。合成树脂进口3366.8万吨，同比增速达12.4%，其中12月进口增速高达26.3%。由于进口量巨大，国内石化市场竞争十分剧烈，价格不振，很多企业举步维艰。

（二）主要经济指标增长预测

根据宏观经济运行趋势，行业生产、价格走势、结构调整变化以及新冠疫情等因素综合分析判断，2020年石油和化工行业经济运行将呈现前低后高、企稳回升态势。初步预计，全年全行业营业收入同比增长5%左右，其中化学工业营业收入增幅约为7%。预计2020年石油和化工行业利润总额同比增长8%左右；进出口总额同比增长约3%，其中出口增长约5%。预计2020年原油表观消费量同比增长约5.5%；天然气表观消费量增长7%左右；成品油表观消费量增长3%左右，其中柴油表观消费量基本与2019年持平；化肥表观消费量与2019年持平或略有下降；合成材料表观消费总量增长约7%；乙烯表观消费量增长约8%；烧碱表观消费量增幅约3%。

2020 年石油和化学工业经济运行概况

中国石油和化学工业联合会

2020 年是极不平凡的一年，年初新冠疫情突发，全球经济急剧恶化，产业链供应链遭受重挫。在党中央、国务院的坚强领导下，石油和化工行业经济运行迅速终止了下滑局面，呈现稳定恢复态势。经济结构明显改善，增长动力不断集聚，市场逐步回暖，主要经济指标企稳向好。展望 2021 年，全球疫情防控和经济复苏有望积极向好，国内经济大概率加速反弹，石化行业运行继续企稳向好，但仍面临诸多不确定性，存在不小的挑战、矛盾和风险。

一、2020 年石化行业经济运行情况

2020 年经济总量虽首次突破 100.0 万亿元，实现了新的跨越，但同比增速只有 2.3%，是自 1976 年以来最艰难的一年。在这样极其困难的宏观环境下，石油和化工行业众志成城、共克时艰，经济运行呈现稳定恢复态势，取得了疫情防控和复工复产的双胜利。

（一）石化行业经济运行有降有增有分化

国家统计局数据显示，2020 年，石油和化工行业规模以上企业工业增加值同比增长 2.2%；实现营业收入 11.1 万亿元，同比下降 8.7%；利润总额 5155.0 亿元，同比下降 13.5%。海关数据显示，2020 年全行业进出口总额 6297.7 亿美元，同比下降 12.8%。总体来看，全年经济运行的特点可以用"有降有增、分化明显"来概括。

一是主要经济指标下降。营业收入同比下降 8.7%，利润总额同比下降 13.5%，进出口总额同比下降 12.8%，这 3 个主要指标同步大幅下降是石化行业历史上极少有的。

二是产品市场价格下降。2020 年，石油和主要化学品市场波动剧烈，价格总水平跌幅较大；但下半年以来，降幅不断收窄，市场逐步回暖。国家统计局价格指数显示，全年石油和天然气开采业价格总水平同比下跌 27.4%，化学原料和化学品制造业下跌 5.9%（见图 1）。市场监测显示，2020 年，国际原油市场剧烈震荡，总体跌幅较大。全年布伦特原油均价 41.7 美元/桶，与 2019 年度的均价 64.3 美元/桶相比，下跌达 35.1%。这是在 2019 年度同比下降 9.9% 的基础上再次出现的大幅下降。国内基础化学原料市场总体疲软。监测的 39 种主要无机化工原料产品中年均价格同比下降的有 29 种，占比达 74%，降幅超过 10% 的有 11 种。监测的 88 种主要有机化工原料产品中年均价格同比下降的有 70 种，占比达 79.5%，降幅超过 30% 的有 7 种，降幅在 10%~30% 的有 42 种。产品价格的大幅下降是全行业效益大幅下滑的主要原因。

三是主要产品产量增加。据统计，2020 年全国原油和天然气总产量 3.3 亿吨（油当量），同比增长 5.0%；主要化学品总量增长约 3.7%，比前三季度加快 2.3 个百分点。全年原油产量 19476.9 万吨，同比增长 1.6%；天然气产量 1925.0 亿立方米，同比增长 9.8%，连续 4 年增量超过 100 亿立方米；原油加工量 67440.8 万吨，同比增长 3.0%；烧碱产量同比增长 6.2%，乙烯同比增长 5.2%，合成纤维同比增长 3.8%，轮胎同比增长 1.7%。

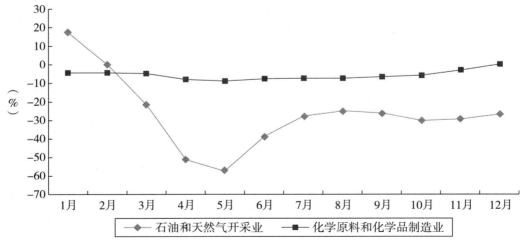

图 1　2020 年 1—12 月石油和天然气开采业、化学原料和化学品制造业生产者出厂价同比走势

四是主要产品消费增加。主要石化产品的市场消费虽然一季度大幅受挫，但是自二季度开始逐步回升。据测算，2020年中国原油和天然气表观消费总量10.3亿吨（油当量），同比增长6.2%，其中原油73553.9万吨，同比增长5.1%，天然气3290.1亿立方米，同比增长7.9%。主要化学品表观消费总量同比增长约4.6%，其中烧碱、乙烯、合成橡胶同比分别增长6.3%、2.0%和10.0%。

五是分化更加明显。从子行业看，基础化工原料全年营业收入、利润"双下降"，农药、专用化学品全年营业收入、利润"双增长"，合成材料、橡胶制品全年营业收入、利润"一降一升"。

（二）石化行业创新发展又有新突破

2020年石化行业经济运行受新冠疫情和低油价的严重冲击，遭遇了前所未有的挑战，经营情况不甚理想。但是，广大石化企业和干部职工在疫情面前不畏惧、在困难面前不退缩，一边防疫抗疫、一边复工复产，一边持续推进转型升级、一边加大力度创新驱动，无论是国有骨干大型企业，还是民营中小企业以及在华跨国公司，都取得了极其不易的成绩和许多新的突破。

一是防疫抗疫发挥了突出作用。面对突发的新冠疫情，广大石化企业和全系统干部职工，积极响应党中央的一系列决策部署，充分发扬"迎难而上、勇于拼搏、主动作为、甘于奉献"的新时代抗疫精神，加急研发消毒杀菌化学品及防护隔离化工材料等；抢建消杀产品和防护材料生产线，以满足市场急需。石化领域的众多医务工作者都踊跃报名、主动请缨，纷纷奔赴武汉防疫救治前线；中石油、中石化、中海油、中化等集团在湖北2650多座加油站，24小时不打烊，确保油品不断供、不涨价；中国化学工程第十六建设有限公司焊工突击队紧急驰援雷神山医院施工现场。

二是全力拼搏把疫情影响降到最低。受新冠疫情影响，1月、2月的生产经营受到严重冲击，原油加工量、主要产品产量等都降到了冰点。3月初开始逐步复工复产，但由于封城、封闭化管理、交通中断等问题的存在，市场消费、物流运输等严重受阻，营业收入、企业利润在3月、4月降到低点。全行业4月亏损9.2亿元。在严峻挑战和极其困难的情况面前，广大石化企业和干部职工积极行动起来奋战在生产创新一线，按照中国石油和化学工业联合会（以下简称"石化联合会"）党委"稳生产保春耕"的通知要求做好保农时、保春耕。5月开始生产经营逐步改善、回升向好，炼油板块到9月底实现扭亏为盈。9月全行业营业收入接近正常年份平均每月1万亿元水平，10月全行业利润总额恢复到较好年份平均每月700亿元以上水平。

三是科技创新取得新突破。2020年度石化联合会编制实施了《2020年度中国石油和化学工业联合会科技指导计划项目》，组织申报并实施一批国家重大技术装备和关键新材料等"卡脖子"技术攻关，以创新平台建设为重点不断完善行业创新体系，强化产业技术创新联盟和产学研协同创新能力建设，加大"技术创新示范企业"的培育和认定力度，并充分发挥好科技奖励的激励与示范作用。新认定5个创新平台和16家"技术创新示范企业"，评选出270位优秀科技工作者，向科技部"创新人才推进计划"推荐中青年科技创新领军人才候选人3名、科技创新创业人才候选人3名，243项创新突出、技术领先的科技成果分别获得石化行业技术发明奖和科技进步奖，评出青年科技突出贡献奖17人、创新团队奖3个、赵永镐科技创新奖2人，评出专利金奖9项、专利优秀奖44项。经推选，其中9项成果获国家科学技术进步奖和国家技术发明奖，3项获中国专利奖。

四是本质安全实现新提升。石化产品生产过程中一般存在高温高压以及危化品大多易燃易爆有毒有害等特点，"安全生产大于天"的意识一直得到高度重视，尤其是"十三五"实施绿色发展以来，石化全行业和广大石化企业更是把本质安全摆在了更加突出的位置。2020年按照中共中央办公厅、国务院办公厅《关于全面加强危险化学品安全生产工作的意见》，石油和化工联合会年初印发了《关于加强"抗疫"期间石油和化工行业安全管理工作的通知》，并利用微信公众号及时发布安全生产培训课件、典型做法、事故案例，通过行业安全专家远程指导企业有序复工复产。严格执行《危险化学品企业安全风险隐患排查治理导则》，强化责任落实和隐患排查，做好源头风险管控，不断提升风险监测预警能力和应急物资保障能力，深入推进《全国安全生产专项整治三年行动计划》，确保疫情时期和全年全行业生产稳定和本质安全。据中国化学品安全协会统计，2020年度全国化工行业未发生重特大事故，全年事故起数和死亡人数同比分别下降9.8%和34.3%。

五是骨干企业"压舱石"作用更趋明显。从1月13日召开的五大骨干公司经济运行分析会上获悉，中石油、中石化、中海油、中化、中国化工2020年克服了重重困难，完成了国务院国资委下达的效益考核指标。据五大公司和延长集团的快报数据，其营业收入总和、利润总额在全行业中的占比均高于50.0%，原油加工量和成品油产量占比均高于70.0%，乙烯和聚乙烯产量占全国总产量的近70.0%。骨干企业都在认真贯彻国家油气增储上产"七年行动计划"，确保原油和天然气产量连续两年实现正增长，为保障国家能源安全做出了重要贡献。由于国际油价大幅下跌，这几家公司的经营情况也遇到了前所未有的困难，但是与跨国公司相比，中石油、中石化、中海油等骨干企业2020年的经营业绩是相对较好的。华谊、巨化、中国化学等企业集团以及万华化学、鲁西、东岳、鲁北化工、利华益、京博等一批企业，2020年也都在创新发展以及管理与改革中取得了优异的业绩，为区域经济和石化行业实现稳中求进作出了重要贡献。2020年的经营业绩再次证明，骨干企业不仅在防疫抗疫过程中发挥了骨干作用、展现了担当，而且在石化行业经济运行和国民经济稳增长中发挥了"稳定器"和"压舱石"作用。

六是园区规范化又有新进展。 石化产业园区化、基地化和一体化对石化产业的产业链延伸和协同发展、对资源和能源的互供与共享、对物流运输高效与土地集约管理产生的效果显著。为适应法治化、规范化的新要求，石化行业组织加快标准化体系建设，完成《化工园区综合评价导则》《智慧化工园区建设指南》《化工园区公共管廊管理规程》3 项国家标准，制定并公布《绿色化工园区评价通则》《化工园区危险品运输车辆停车场建设标准》《化工园区事故应急设施（池）建设标准》等 4 项团体标准。同时，行业继续加大智慧化工园区和绿色化工园区创建与试点示范，已有 50 家园区被评为"智慧化工园区试点示范（创建）单位"，有 8 家园区被评为"绿色化工园区（创建单位）"；7 家园区签署《责任关怀全球宪章》。继山东、江苏、浙江、宁夏规范开展并完成本省区石化园区认定以后，全国 19 个省区市政府制定标准并完成 352 家石化园区认定工作。

在肯定成绩的同时，也应清醒看到中国石油和化工行业所面临的困难和问题。低端过剩、高端短缺的结构性矛盾依旧是行业主要矛盾，部分高端石化产品、化工新材料、专用化学产品尚无法满足需求，产品结构优化、落后产能淘汰、过剩产能压减的任务仍然艰巨；科研投入不足，自主创新能力薄弱，基础理论研究能力、原始创新能力和科研成果工程化能力差距明显，成为制约中国石化行业高质量发展的关键短板；企业多而散，盈利能力偏弱，国际化经营水平较低，市场配置资源的效率不高；企业布局不尽合理，化工园区发展水平参差不齐，园区建设仍有待规范提升；行业安全环保事故时有发生，"谈化色变"现象依然存在，绿色发展任务十分艰巨。

石化产业作为国民经济重要支柱产业的作用进一步凸显，地位进一步巩固，全行业的结构在优化，传统产业和企业的转型升级在加快，有的关键技术实现了突破，化工新材料和高端化学品的占比在提升，整体上全行业正在向着高质量发展的目标迈进。

二、2021 年行业运行趋势及主要经济指标预期

全球抗疫总体取得新进展，新冠疫苗多国开始应用，经济复苏信心有所回升，原油价格重拾上升势头。但世界经济和抗疫前景仍面临诸多不确定性，国际油价波动依然较大。在百年未有之大变局的时代背景下，石化行业迎来了难得的发展时期，伴随页岩气革命、金融危机后的经济复苏及后疫情时代的全球经济再平衡，石油市场的恢复将为石化行业带来新的稳定与平衡，产业链将进一步理顺平稳。由于疫情造成的卫生危机、经济危机、社会危机、政治危机等相互叠加，国际关系、地缘政治、全球治理等均面临严峻挑战，收入分配、全球发展，穷人与富人、穷国与富国之间矛盾空前恶化，未来几年全球产业链供应链、经济全球化、经济结构等都面临调整或重塑，产业链供应链的调整将是一个较长的周期。

展望 2021 年，伴随疫苗的上市，全球新冠疫情有望逐步得到遏制，经济有望延续复苏态势，但仍面临通胀和债务压力、美国大选后全球政治经济格局变动等多重挑战和巨大的不确定性。中国经济发展围绕以构建国内大循环为主体、国内国际双循环相互促进的新发展格局，推动高质量发展，深化供给侧结构性改革，新基建投资、消费和出口增速恢复，有助于国内经济进一步向好，推动国内市场和需求恢复与改善，特别是在市场差异化、高端化及替代进口产品等方面，石化产品将有很大的增长潜力和空间。

鉴于此，结合宏观经济运行趋势、行业生产情况、价格走势以及结构调整变化等因素进行分析判断，在经济复苏与基数效应的双重作用下，预期 2021 年石化行业经济指标持续修复，同比数据将全面改善，运行质量不断提升。初步预计 2021 年全行业工业增加值同比增长 6% 左右，营业收入同比增长 8% 上下，利润总额同比增长 10% 以上。

三、行业运行面临的风险与挑战及相关政策建议

（一）风险与挑战

一是国际油价不确定性有增无减。 原油价格始终是石化行业经济运行中的一个核心价格，也是影响石化行业经济效益的关键因素。特别是中国已经成为世界原油进口的第一大国，对国际原油价格势必更加关注。通常认为，影响国际油价的主要因素是供求关系，但大国博弈、局部动荡等因素都会对原油价格产生影响。2021 年国际油价走势仍然是一个充满博弈、充满变数的大问题。

二是资源保障风险。 2020 年中国炼油加工能力已近 9 亿吨，并将在今后一段时期继续保持增势，国内经济开采储量有限，开采难度和开采成本较高且不断攀升，导致原油对外依存度不断攀升，已经达到 74% 高位，在国际政治不稳定性因素增多的情况下，一旦国际原油贸易受阻，国内炼油加工和化工产品供应会受到较大影响。

三是经营利润目标面临严峻挑战。 低油价让上游重回寒冬期，利润和资产都面临缩水，成品油市场竞争进一步加剧，如果游资再度光临原油市场，国际原油的价格也将对石化行业造成巨大影响；近期人民币汇率的升值，使下游出口的潜在压力加大，同样对石化下游的价格传递产生阻碍；多年来化工行业的低端产能过剩，高端供应不足，产能过剩造成部分化工产品价格在低谷徘徊，盈利空间大幅缩窄。

四是行业进入高平台竞争期，对技术、运营、管理、服务等全方位提出挑战。 随着民营企业大幅增加炼油和 PX（对二甲苯）产能，份额迅速扩大，LNG（液化天然气）经营量、成品油产量、乙烯产能、PX 产能份额大幅增加，现有市场格局面临重新洗牌，到 2025 年，LNG 接收站运营主体增至 22 家，千万吨级民营炼油厂增至 5 家，竞争主体进一步增多，竞争日趋激烈。

五是国际化经营风险增加。 在激烈的大国博弈背景

下，国际化经营环境急剧恶化，主要表现为获取技术壁垒大幅增加，进入国际市场门槛提升，利用海外优质资源和收购优质区块难度增加，国际化合规经营的法律、金融风险增加，安保、运输、保险支出增加等方面。近几个月来，一方面全球疫情持续蔓延，形势恶化；另一方面美元大幅贬值，导致海外业务汇兑损失明显增加。石油企业海外部分在建重点工程进度滞后，部分项目面临汇兑损失风险，油服企业海外业务已有多个项目暂停招标或取消中标合同。

（二）相关政策建议

一是加大国内油气勘探开发的政策支持力度。第一，设立国家油气资源风险勘探基金，将企业风险勘探投入纳入国家基金，不作为企业投资考核指标，确保低油价时期勘探投资不降；第二，在确保加快油气勘探开发七年行动计划总体目标不变的情况下，适当增加年度产量和产能建设投入指标的考核弹性，对高成本产量给予单独考核政策；第三，调高石油特别收益金起征点，或取消该政策；第四，加大财税政策支持力度，给予致密油、页岩油税收优惠和财政补贴政策，给予高含水等尾矿开发和矿产资源权益金等支持政策。

二是规范炼化及销售市场秩序。首先，加强炼油规划和进口原油流向监管。从源头防止重复、低效、无效投资和产能进一步过剩，并将原油进口权放开与切实淘汰落后产能挂钩。根据市场条件稳妥有序逐步放开原油进口权，严禁转售倒卖，避免出现一方面争抢原油进口资源，拉高国际原油价格，另一方面低价出口成品油的现象。其次，完善油价调控风险准备金制度。在国际油价低于40.0美元/桶时，国内生产的原油按40.0美元/桶价格供应炼化企业。对低价进口原油，由海关先行征收低于"地板价"水平的风险准备金，再视情况适当补偿国内油气生产企业和加工企业。最后，加快燃油消费税改革。在低油价期间，免征消费税。完善消费税征管制度，加工国内原油可在原油销售环节预征。

三是大力培育一批具有竞争优势的新增长点。产业结构的转型升级是事关全行业大局的一个重要任务。加快培育一批符合市场新需求，具有技术制高点水平，具有成长后劲的技术、项目和产品。形成一批有水平、有规模、有效益、有后劲的新的经济增长点。第一，对高端、特种、专用化工新材料和化学品给予政策扶持和资金支持；第二，针对生产"工业味精""工业维生素"的中小化工企业给予一定的政策包容，避免"一刀切"关停。

四是加大对创新的政策支持力度。由国家相关部门牵头，列出国家鼓励创新、替代产品清单，加大对新产品和新技术研发企业等支持力度，制定研发资金支持、税费减免或替代后一次性奖励等激励政策，促进企业提升产品品质和性能，加速实现石化高端产品等进口替代。如大力支持信息产业配套用基础化学品产业化工程、生物及可降解材料产业化创新工程、新能源配套用基础化

学品产业化创新工程、高分子医用材料技术科技创新与产业化、磷资源高效利用与安全保障关键技术、钒钛资源高效清洁综合利用产业关键技术创新与集成。

五是推动国产化工业软件应用。加强工业软件（设计、操作、分析等）国产化开发应用工作，首先，完善"产、学、研、用"之间的数据、工艺等链条，为工艺软件的开发提供可靠依据；其次，重视工业软件人才培养工作，收集企业在职人员应用建议，提升国产化软件水平，加大对软件开发主体或个人工业软件开发的支持力度；最后，加速推进石化行业工业互联网工作，利用数字化、智能化手段提升石化行业整体发展水平。

四、石化行业"十四五"发展展望

"十四五"期间，石化行业将坚定不移贯彻创新、协调、绿色、开放、共享的新发展理念，坚持稳中求进工作总基调，落实"四个革命、一个合作"能源安全新战略，充分把握新一轮全球技术创新和产业革命大趋势，以推动行业高质量发展为主题，以绿色、低碳、数字化转型为重点，以加快构建以国内大循环为主体、国内国际双循环相互促进的新发展格局为方向，以提高行业企业核心竞争力为目标，深入实施创新驱动发展战略、绿色可持续发展战略、数字化智能化转型发展战略、人才强企战略，加快建设现代化石油和化学工业体系，建设一批具有国际竞争力的企业集团和产业集群，打造一批具有国际影响力的知名品牌，推动中国由石化大国向石化强国迈进。

到2025年，石化行业结构调整、科技创新、绿色发展成效显著，数字化转型加快推进，企业竞争能力、生产效率、经济效益持续提升，行业核心竞争力不断增强，对国民经济的保障能力和自身可持续发展能力大幅提高。

"十四五"是中国石油和化学工业高质量发展的关键时期，是产业结构由量变到质变提升的关键5年，是行业创新能力由起飞到领航的关键5年，是行业绿色发展发生根本转变的关键5年，更是石油化工行业由大国向强国跨越的最关键5年。行业发展的主要任务就是在高质量发展的引领下，全面提升企业的核心竞争力，着力实现五大新突破。

（一）产业结构的新突破

产业结构层次是一个国家产业竞争力的集中体现。中国石油和化学工业产业结构性矛盾已经成为向石油化工强国跨越的最大瓶颈。从总体上看，中国石油和化学工业的产业结构主要集中在原油、天然气和化学矿山开采业、基础原料加工业或一般制造业三个低端层次。而高端制造业和战略性新兴产业占比很低，不仅结构层次较低，而且同质化现象严重。所以"十四五"期间，中国一定要在高端制造业和战略性新兴产业的培育上下大功夫，努力使石油化工产业结构齐全，比例配套合理，实现产业结构升级优化，大幅度提高中国石油化工高端制造业和战略性新兴产业的水平和比重，使中国在化工新材料、高端精细化学品、现代煤化工、节能环保产业

和生物化工、生命科学产业等高端领域占据重要地位并保持领先水平。这是一项艰巨而又必须完成的紧迫任务。

（二）创新能力的新突破

产业结构层次的提升，关键取决于创新能力的高低。虽然"十三五"期间中国石油和化学工业取得了一系列高水平的创新成果，但从总体上看，中国石油和化学工业的创新能力还属于"跟跑型"创新，真正属于"领跑型"的原始创新还是少数。加快提升全行业的创新能力，特别是行业高端创新能力仍然是当务之急。中国石化行业每年存在接近3000亿美元的贸易逆差，这就是行业创新能力、高端供给能力不足的一个具体体现。"十四五"期间要集中有限目标，集中优势力量，努力开发国内急需的新能源、化工新材料、专用精细化学品，特别是紧紧围绕航天、大飞机、高铁、汽车轻量化、电子信息等重大工程需要，加快开发高端聚烯烃、专用树脂、特种工程塑料、高端膜材料等化工新材料，功能材料、医用化工材料、高端电子化学品、生活消费化学品等专用化学品，以及新催化剂、特种添加剂、新型助剂等特种化学品，用快速增长的创新能力，努力提升产业链高端的供给能力。

（三）绿色、数字化转型的新突破

安全、环保、绿色、低碳已经成为世界石化行业发展的新动能，绿色化学已经成为世界化学工业发展的一个新的制高点和新的增长点。当前，中国石油和化学工业的发展方式还是粗放型的，能源资源消耗高、废气废水废固排放量大、污染治理和循环利用水平低的问题十分突出，又叠加安全管理基础工作不牢固、不扎实的问题，绿色发展的任务十分紧迫。"十四五"期间要紧紧抓住全球温室气体治理从严、绿色发展加速的新形势，全面提升全行业绿色发展的质量和水平，扎扎实实从降低能源资源消耗、完善污染防治计划、加快绿色体制造体系建设、全面推进循环经济技术水平、深入实施责任关怀等重点工作入手，使中国石油化学工业的绿色发展迈上一个大的台阶。同时，还要把行业绿色发展转型同数字化转型结合起来，大力推动重点企业、化工园区的智能制造示范工程提速，推动全行业智能制造体系建设，使全行业的发展方式在绿色化转型和数字化转型中，开创高质量发展的全新局面。

（四）企业竞争力水平的新突破

企业活力是市场活力的基础，企业竞争力是行业竞争力的核心。改革开放以来，中国石油化工企业活力极大增加，发展速度也极其迅速。据美国《财富》杂志公布的2020年世界500强榜单，中国企业有133家，上榜企业数量位居第一，历史上首次超过美国（121家），实现了历史性跨越。2020年上榜的中国石油和化工企业有11家，其中中石化居第2位、中石油居第4位、中海油居第64位、恒力集团居第107位、中化集团居第109位、中国化工居第164位。但应该清楚地看到，世界500强企业是按销售收入排序的，上榜企业虽然大，但并不一定强，特别是石化企业，市场竞争力还不够。在《财富》杂志公布的世界500强净资产收益率（ROE）最高的50家公司排名中，中国石油和化工企业一家都没有。在中国企业500强名单中，净资产收益率排名前40家企业中，石化行业也只有恒力石化（第14位）和万华化学（第24位）两家。

在企业竞争力的指标中，较为重要的是销售收入利润率、总资产收益率、净资产收益率、人均销售收入、人均利润率和全员劳动生产率这6个，而6个重要指标中，净资产收益率和全员劳动生产率这两个指标尤为重要，而中国石化企业在这些重要指标上表现得还不够好。因此，"十四五"期间，要在全行业加快培育一批具有国际竞争力的"领头羊"企业，以高质量发展培育世界一流的中国石化企业，这是石化行业迈向强国的一个重要标志。

（五）经济效益和效率的新突破

行业和企业的发展质量最终都要体现在经济效益和经济效率上。在全行业开展的对标活动中，一条重要的指导思想就是要让每一个企业都能清楚地看到，中国石化企业同世界同行业最先进水平的差距，从而激发赶超的动力。"十四五"期间，石化行业一定要在推动全行业对标的活动中，细化同行业的对标工作，重点抓住全员劳动生产率、净资产收益率和经济增加值这些能够全面衡量企业真正盈利能力和创造能力的指标，从严、从细、从实加强资金和成本管理，在"做大做强"和"做好做远"上弥补和破解经济效益的短板和困局，全面开创全行业经济效益和经济效率提升的新局面。

2021年石油和化学工业经济运行概况

中国石油和化学工业联合会

2021年，中国石油和化工行业以习近平新时代中国特色社会主义思想为指导，运行总体平稳有序，主要经济指标较快增长。从走势看，呈现"前高后低"特征，上半年高位增长，为全年实现良好业绩和全面复苏打下坚实基础，下半年市场波动性和下行压力加大，需求增速放缓、原料成本上升、能效约束加强、阶段性供需失衡等矛盾和问题逐步显现，增速有所回落。

一、石化行业运行基本情况及特点

（一）行业增加值增速回升，效益创历史新高

2021年，全行业规模以上企业实现增加值比2020年增长5.3%，增速加快3.1个百分点；实现营业收入和利润总额分别比2020年增长30.0%和126.8%，双双创出历史新高，两年平均分别增长9.0%和40.1%。与规模以上工业比，全行业收入和利润增速分别高出10.7个和92.5个百分点，占规模以上工业的比重分别为11.3%和13.3%。盈利能力增强。2021年，全行业营收利润率为8.0%，为2010年以来最高水平，比2020年提高3.4个百分点，高出规模以上工业1.2个百分点；亏损企业亏损额比2020年下降39.3%；全行业亏损面比2020年缩小2.2个百分点。

（二）主要产品产量平稳增长

油气保持稳定增长。国家统计局数据显示，2021年原油产量2.0亿吨，比2020年增长2.1%，增速加快0.5个百分点；天然气产量2075.8亿立方米，同比增长7.8%，增速减缓2个百分点。

成品油产量恢复。2021年，原油加工量7.0亿吨，比2020年增长4.3%，增速加快1.3个百分点；成品油产量（汽油、煤油、柴油合计，下同）3.6亿吨，增长7.9%，2020年为下降8.1%。其中，柴油增长2.7%、汽油增长17.3%、煤油下降2.6%。

化工生产加快。2021年，我国主要化学品生产总量比2020年增长约5.7%，增速加快2.1个百分点；化工行业产能利用率为78.1%，比2020年上升3.6个百分点。

从主要品类看，2021年，基础化学品总量增长约6.7%，乙烯产量2825.7万吨，比2020年增长30.8%；化肥产量基本持平，总产量（折纯，下同）5543.6万吨，增长0.9%，2020年为下降4.1%；农药原药增长7.8%；轮胎外胎增长10.8%。

（三）价格上涨明显

2021年，在供需复苏错位、货币总量超发等因素推动下，全球能源和大宗商品价格大幅攀升，国内石油和化工产品价格上涨明显，一些主要大宗化学品价格创历史新高。国家统计局价格指数显示，全年油气开采业出厂价格比2020年上涨38.7%，化学原料和化学品制造业上涨19.1%；从走势看，一季度和三季度涨幅较大，二季度以稳为主，四季度冲高回落。石化联合会监测数据显示，2021年布伦特原油现货均价70.7美元/桶，比2020年上涨69.5%。

化工产品涨幅大、范围广。市场监测显示，在46种主要无机化学原料中，全年市场均价比2020年上涨的有39种，占比84.8%；在87种主要有机化学原料中，全年市场均价上涨的有80种，占比92.0%；在43种主要合成材料中，全年市场均价上涨的有41种，占比95.3%；尿素、液氨等氮肥价格创历史新高，磷肥、钾肥、复合肥等价格达到近十年来最高水平；轮胎价格同样受成本推动上涨，但全年来看涨势相对温和。

（四）外贸进出口全年保持强劲增长

2021年，中国石油和化工行业对外贸易持续高速增长，进出口总额创历史新高。海关数据显示，全行业进出口总额8600.8亿美元，占全国进出口总额的14.2%，比2020年增长38.7%。其中，出口总额2955.5亿美元，增长41.8%；进口总额5645.4亿美元，增长37.1%；贸易逆差2689.9亿美元，增长32.3%。2021年，国内进口原油5.1亿吨，比2020年下降5.3%，进口天然气1697.9亿立方米，比2020年增长20.7%。

成品油出口量连续两年下降，出口4033.2万吨，比2020年下降11.8%；全国化肥出口3289.9万吨，同比增长12.9%；橡胶制品出口额578.2亿美元，同比增长34.6%，仍为化工出口大户，占比19.6%，基本稳定。

有机化学品和合成材料进口量下降，出口量大增，净进口量下降明显。2021年，有机化学品进口量比2020年下降13.7%，出口量增长30.1%，净进口量4200.8万吨，下降26.4%；合成材料进口量下降18.0%，出口量增长68.1%，净进口量2820.9万吨，下降39.1%。

（五）投资恢复全面增长态势

2021年，石油和天然气开采业完成固定资产投资比2020年增长4.2%，2020年下降29.6%；化学原料和化学制品制造业完成投资增长15.7%，2020年下降1.2%；石油、煤炭及其他燃料加工业完成投资增长8.0%，增速较2020年回落1.4个百分点。

二、行业运行面临的主要问题

进入2021年四季度以来，石化行业经济运行遭遇需

求持续收缩、价格急剧波动的双重挤压，行业经济下行压力持续加大。

（一）需求持续疲软，下行压力加大

从产品消费量来看，尽管国内能源和主要化学品市场需求下滑趋势有所减缓，但疲软局面尚未根本扭转。数据显示，2021年原油表观消费量历史首次出现下降，油气总量消费增幅仅为1.4%，为历史最低，主要化学品消费增速也只有1.5%。能源和主要化学品消费持续疲软，表明宏观经济环境仍然复杂严峻。

2021年四季度行业库存较快上升，截至年底，全行业产成品资金增幅达到30.8%，创全年最高。存货资金增长26.5%，同样创全年最高，较三季度末上升8.4个百分点。9—12月，全行业工业增加值单月已连续四个月同比负增长。

（二）市场剧烈波动，价格起伏较大

2021年10月下旬以来，主要石化产品价格大幅波动，纷纷下挫。市场跟踪显示，在46种主要无机化学原料中，11月市场均价环比下降的有15种，较10月增加8种；在87种主要有机化学原料中，环比下降的有58种，较10月增加40种。硫酸、丙烯、聚氯乙烯等产品市场价格跌幅较大。市场大起大落，严重挫伤了市场信心和市场预期，干扰宏观经济平稳运行。

（三）中小化工企业生存压力依然较大

2021年全行业效益创历史新高，但增长出现分化。行业及产业链利润向资源型、头部大型企业集中，下游、中小型企业效益增长有限甚至出现下滑。尽管国家已经出台了纾困政策并向中小企业倾斜，但受市场环境剧烈变化影响，中小化工企业仍然面临较大经营压力。

（四）化工行业用工人数持续下滑

国家统计局数据显示，2021年化学原料和化学品制造业平均用工人数为325.5万人，比2020年下降1.0%；石油和天然气开采业平均用工人数为55.7万人，同比下降3.3%。究其原因：一方面随着"双碳"战略推进，石化行业加大产能退出，大力关停整改不达标生产企业；另一方面行业智能化、自动化水平提升，减少了用工需求，也不排除部分行业经营压力较大而导致用工需求缩减。

三、2022年行业发展面临新的挑战和重大机遇

在新冠疫情冲击下，百年未有之大变局加速演进，全球产业链供应链面临严重冲击，外部环境更趋严峻复杂。中国正处于转变发展方式、优化经济结构、转换增长动力的攻关阶段，发展不平衡不充分的矛盾依然突出，经济发展面临着需求收缩、供给冲击、预期转弱三重压力。但中国经济长期向好的基本面没有改变，经济韧性强，回旋余地大，随着新型城镇化、工业化、信息化和农业现代化的深入推进，社会消费能力和潜力将进一步得到释放，行业将获得新的发展空间。总体判断是：2022年国内外经济形势的不稳定、不确定性将进一步增多，工作的难度和要求将会进一步提高。

（一）新的挑战

一是新冠疫情影响持续。随着奥密克戎等新毒株的相继出现，本已缓和的疫情形势又有所抬头，国内疫情也呈多点散发的复杂形势，这些都预示着2022年全球经济仍将承受疫情蔓延带来的冲击。二是国际经济复苏乏力。全球产业链供应链受到冲击，制造业遭遇到原材料交货时间延长、关键材料持续短缺、商品价格上涨和产品运输不畅等困难。美国、欧洲、日本等主要经济体复苏乏力，印度、巴西、南非等发展中国家增长停滞。特别是国际油价走出了一条暴涨暴跌的曲线，全年布伦特原油价格涨幅超过60%，给行业发展带来了很大的不确定性。三是国内经济出现新的下行压力。居民消费受多点散发疫情扰动，企业综合成本明显上涨，中小企业生产经营面临困难，PMI处于荣枯线下，产业链供应链存在堵点卡点。全年社会消费品零售总额两年平均增长不到4%，固定资产投资增速低于2018年和2019年的增速，表明在疫情扰动下，消费依旧疲软，投资仍未恢复至疫情前水平。四是行业高质量发展面临结构性制约。突出表现在高附加值产品较少，行业碳排放量位居工业部门前列，"双碳"目标带来新挑战，在关键共性技术、低碳绿色发展新兴技术等方面，全行业必须下大气力加快提升创新能力。

（二）重大机遇

一是内需潜力进一步释放。中国脱贫攻坚已全面完成，近1亿农村贫困人口全部脱贫，新型城镇化步伐加快，城乡基础设施、交通、能源、网络信息、社会民生、生态环保等投资持续增长，将有力拉动石化产品的消费需求。二是外需市场持续增长。东盟连续两年成为中国第一大贸易伙伴，中国连续两年成为欧盟第一大贸易伙伴。RCEP正式生效，能源化工产品的进口关税基准税率大幅降低，在投资、服务、货物贸易、人员流动和货物通关等方面为区域内交流合作提供了保障。三是下游新兴产业创造新的需求。"十四五"时期，新能源、新材料、新一代信息技术、生物技术、高端装备、新能源汽车、绿色环保以及航空航天、海洋装备等战略性新兴产业进一步发展壮大，将有力拉动石油化工产业发展。四是数字化深入推进。据世界经济论坛估计，到2025年数字化可为石油和天然气等行业创造约1.6万亿美元的价值。中国已建成全球最大的光纤网络，覆盖所有城市、乡镇及98%以上的行政村，4G（第四代移动通信技术）基站规模占全球一半以上，5G商用全球领先。利用强大的网络和数据基础设施，大力建设行业数据平台、智慧园区、智能工厂，加快推动数字化转型，提升行业竞争力，是应当抓住并且可以大有作为的新机遇。

综合各方面因素，预计2022年石化行业总体将以稳为主，稳中提质的基本态势不会改变，但主要指标增速将放缓。上半年增速可能较低，下半年有所加快，全年呈现"前低后高"走势。预计全行业增加值增长约5%，营业收入增长8%左右，利润总额大致持平，进出口总额增长约10%。

四、2022年石化行业经济运行的重点工作

（一）继续加大国内市场的开拓力度

构建"双循环"的新格局，立足点必须要放在国内市场上。"双循环"新格局战略的提出，既着眼于当前国际国内经济形势的变化，又着眼于未来长远国际国内经济的稳定发展。石化产业是国民经济的支柱产业，不仅人们的衣食住行离不开化工材料和石化产品，而且汽车、家电、电子信息、轨道交通以及建筑等都需要大量的化工材料。"十四五"期间，伴随着中国加快推进技术改造和5G商用的重大举措，消费市场升级和消费环境的改善，整个石油和化学工业的发展将会迎来重大的发展机遇和巨大的市场潜力。

（二）继续加大面向未来的技术创新力度

在向强国跨越的进程中，石化行业的主要矛盾仍然是产业结构的矛盾：高端产品供给不足，低端产品供给过剩。造成这种矛盾的主要原因，就是技术创新能力不足。在未来的一年，石化行业要继续加大创新研发力度，加强战略新兴产业培育。

（三）继续加大和加快绿色低碳发展方式转变的力度和速度

进入"十四五"，石化产业绿色发展面临新的课题，即碳达峰碳中和战略的实施。作为碳排放量居工业领域前列的石化产业一定要高度重视党中央"双碳"战略的部署，不仅全行业和广大石化企业立足产业和产品结构的实际，采取切实可行的措施加快碳达峰目标的实现并向碳中和努力，还要充分发挥化学反应技术的独特优势，为碳达峰碳中和发挥其他行业无法替代的作用。稳妥有序推动重点领域、重点企业和重点产品率先开展节能降碳技术改造，确保政策实施稳妥有序，不断提升能源资源利用效率，确保产业链供应链安全和经济社会平稳运行，逐步实现物耗、能耗和排放达到世界先进水平。

（四）继续加强现代石化产业集群的培育

培育现代产业集群是党的十九大作出的战略部署，中国石化产业已形成一批大型石化基地和一批以新材料为主的专业化工园区，依托大型石化基地和化工园区培育现代石化产业集群已具备坚实的基础和良好的条件。新的一年按照《化工园区"十四五"规划指南及2035中长期发展展望》的思路和部署，继续加大绿色化工园区和智慧化工园区的创建与试点示范，强化国家新型工业化示范基地联盟的工作。按照工业和信息化部等六部委最新印发的《化工园区建设标准和认定管理办法（试行）》的要求和条件，在20多个省区市已开展园区认定的基础上，统一标准开展全国化工园区的统一认定。根据国家发展改革委办公厅和工业和信息化部办公厅《关于做好"十四五"园区循环化改造工作有关事项的通知》，按照"横向耦合、纵向延伸、循环链接"的原则，加大石化基地和化工园区的循环化改造，推动石化基地和化工园区尽快实现产业循环式组合、企业循环式生产，促进项目间、企业间、产业间物料闭路循环、物尽其用，通过合理延伸产业链，切实提高资源产出率。

五、相关政策建议

（一）加大对国内油气勘探开发的支持力度

2021年以来，国内煤炭价格飙升，油气价格在较高水平运行，对中国经济发展和能源安全造成较大影响，坚定了实现碳达峰碳中和目标的决心。应加快全社会能源转型步伐，有效运用市场化手段，发挥好煤电油气运保障机制作用，加大对国内油气勘探开发的政策支持力度，持续推进化石能源保供能力建设。

（二）进一步规范成品油市场监管

启动以原料、装置确定企业应税油品收率的监管措施。参照国内炼油行业平均水平核定每家生产企业汽油、柴油等应纳消费税产品的合理收率下限，掌控企业合理税负区间。加强对成品油流通环节的税收监管。探索建立从终端销售数据回溯炼厂的消费税追缴机制。

（三）保障化肥生产要素供应及市场有序稳定

支持参照电煤长协签订氮肥用煤长协全行业覆盖，确保化肥企业在春季备耕期间生产用电、煤炭与天然气的供应稳定。加强进出口协调释放化肥成本压力，在确保国内化肥供应的前提下，引导企业有序出口。提高法检效率，加快受理滞留港口货物的法检申请。

（四）进一步加大助企纾困政策的力度，尤其加大对专精特新等中小化工企业的支持力度

国家已经出台众多的财税、金融、社保、用工、房租等各项政策，要进一步落实落细，帮助化工企业特别是中小微化工企业稳定生产。应针对专精特新等有产品和技术优势的中小化工企业给予更多的定向性政策支持。

（五）科学实现行业"双碳"目标

严格控制高载能和高碳排放产品产能总量，完善产能准入和退出机制，加快落后产能淘汰和过剩产能出清。加大低碳技术的研发和推广应用力度，提高能源利用效率，降低单位产品碳排放量。科学规划区域能耗，按照地方实际情况科学制订"双碳"目标推进计划，以保障国家产业链供应链安全为目标，推动石油化工行业高质量发展。

2022 年石油和化学工业经济运行概况

中国石油和化学工业联合会

2022 年，中国石油和化工行业克服诸多挑战，取得了极其不易的经营业绩。行业生产基本稳定，营业收入和进出口总额增长较快，效益比 2021 年略有下降，但总额仍处高位。尤其是原油产量 6 年来重上 2 亿吨，天然气产量实现连续 6 年年增量百亿立方米以上，为保障能源安全做出了重要贡献。

一、石化行业运行基本情况及特点

（一）全行业生产小幅增长，营业收入保持较快增长，利润下降

国家统计局数据显示，2022 年，规模以上石油和化工行业增加值比 2021 年增长 1.2%；实现营业收入增长 14.4%，实现利润总额下降 2.8%；每百元营业收入成本为 83.26 元，全行业亏损面为 19.4%，亏损企业亏损额 2219.4 亿元，资产负债率 54.7%。分行业看，石油和天然气开采业效益大幅增长，全年实现利润总额大幅增长 109.8%；化学原料和化学品制造业效益增速由正转负，全年实现利润总额下降 8.7%。

（二）能源生产稳定，化工生产平稳

油气生产保持平稳增长。2022 年，全国原油产量 6 年来重上 2 亿吨，达 2.05 亿吨，比 2021 年增长 2.9%；天然气产量 2201.1 亿立方米，增长 6.0%。原油加工量 6.76 亿吨，下降 3.4%；成品油产量（汽油、煤油、柴油合计，下同）3.66 亿吨，增长 3.2%。其中，柴油产量 1.91 亿吨，增长 17.9%；汽油产量 1.45 亿吨，下降 5.1%；煤油产量 2949.1 万吨，下降 24.9%。

主要化学品生产平稳。2022 年，我国化工行业产能利用率为 76.7%，比 2021 年下降 1.4 个百分点。全年乙烯产量 2897.5 万吨，比 2021 年增长 2.5%；硫酸产量 9504.6 万吨，增长 1.3%；烧碱产量 3980.5 万吨，增长 2.3%；纯碱产量 2920.2 万吨，增长 0.3%；橡胶轮胎外胎产量 8.56 亿条，下降 5.0%。

化肥生产总体平稳，农药生产放缓。2022 年，全国化肥产量（折纯）5573.3 万吨，比 2021 年增长 0.5%；农药原药产量（折 100%）249.7 万吨，下降 1.3%。

（三）外贸进出口保持较快增长，结构继续优化

2022 年，中国石油和化工行业对外贸易持续较快增长，进出口总额创历史新高。海关数据显示，2022 年全行业进出口总额 1.05 万亿美元，比 2021 年增长 22.1%，增速回落 16.6 个百分点，占全国进出口总额的 16.6%。其中，出口总额 3564.8 亿美元，增长 20.6%；进口总额 6901.3 亿美元，增长 22.2%。贸易逆差 3336.5 亿美元，

扩大 24.0%。基础化学原料出口额 1201.0 亿美元，比 2021 年增长 29.6%；合成材料出口额 386.3 亿美元，增长 15.7%；橡胶制品出口额 611.9 亿美元，增长 5.8%。成品油全年出口量 3442.8 万吨，下降 14.6%，已连续 3 年下降；出口额 327.5 亿美元，增长 50.3%。化肥出口 2474.1 万吨，出口额 114.4 亿美元，分别下降 24.8%、1.7%。进口原油 5.08 亿吨，比 2021 年下降 1.0%；进口天然气 1520.7 亿立方米，下降 10.4%，这是多年来天然气进口量首次下降。

（四）成本支撑价格总体上涨，下游明显弱于上游

2022 年，石油和主要化学品市场受外部因素影响，价格先扬后抑，波动较大，全年累计看，价格水平总体上涨。

国家统计局数据显示，2022 年油气开采业出厂价格比 2021 年上涨 35.9%，化学原料和化学品制造业出厂价格上涨 7.7%。从走势看，上半年涨幅较大，三季度以高位震荡为主，四季度整体回落明显。

石化联合会监测数据显示，2022 年，布伦特原油现货均价 101.2 美元/桶，比 2021 年上涨 43.1%；WTI 原油现货均价 94.5 美元/桶，上涨 39.1%；胜利原油现货均价 100.1 美元/桶，上涨 41.7%。

受原料价格影响，化工品价格依然维持高位运行，但下游需求疲软，上涨动力不足，涨幅明显低于上游原料。市场监测显示，在 48 种主要无机化学原料中，2022 年市场均价上涨的有 41 种，占 85%；在 87 种主要有机化学原料中，市场均价上涨的有 50 种，占 57%；在 32 种主要合成材料中，市场均价上涨的有 17 种，占 53%；磷肥、钾肥、复合肥等价格依旧高位运行；轮胎价格同样受成本推动影响，均价上涨明显。

（五）投资呈现良性增长态势

国家统计局数据显示，2022 年，化学原料和化学品制造业固定资产比 2021 年增长 18.8%，增速较 2021 年加快 3.1 个百分点；石油和天然气开采业投资增长 15.5%，增速加快 11.3 个百分点；石油、煤炭及其他燃料加工业投资下降 10.7%，2021 年为增长 8.0%。2022 年，全国工业投资增长 10.3%，制造业投资增长 9.1%，油气开采业和化工投资增速明显超出全国工业和制造业平均水平。

（六）化工新材料技术方面有突破

在当前全球科技创新发展的大潮中，新材料与信息、能源一起，成为现代科技的三大支柱。其中，新材料是其他两个产业发展的基础和支撑。新材料的诞生，往往

会催生一种甚至多种新兴产业和技术领域。建设重大工程、增强国防保障能力、提升经济发展质量、构建国际竞争优势都离不开新材料的支撑。作为新材料的重要组成和生产其他新材料的重要原料，化工新材料近年来备受投资者的关注与青睐。

"十三五"以来，我国化工新材料在工艺技术和产业化方面取得了重要突破，氟硅材料、聚氨酯材料、工程塑料、高性能橡胶等行业的装置能力快速提升；氟硅树脂和橡胶、聚氨酯材料、储能材料领域生产能力快速提升；高性能分离膜材料、高性能纤维、工程塑料与特种工程塑料、高性能橡胶、新型特种涂料、新型特种胶黏剂等也有一定发展。

二、行业运行面临的主要问题

（一）全球经济衰退风险加剧

2022 年 11 月经济合作与发展组织发布经济展望报告，预计 2023 年全球经济增速将放缓至 2.2%，低于 2022 年 6 月预测的 2.8%；美国经济增速将放缓至 0.5%；欧洲正在承受能源危机所带来的高通胀压力，经济动能正进一步衰竭，资本和产业正在大幅流出欧洲，经济增速将放缓至 0.5%，有可能暴发全面经济金融危机。全球经济面临新一轮深度衰退。

（二）行业经济下行压力加大

2022 年下半年以来，受原油价格高位震荡和下游需求持续疲软的影响，石油和化工行业效益下滑。2022 年全行业利润比 2021 年下降 2.8%，化学工业利润下降 8.1%，下游合成材料、涂（颜）料、橡胶制品制造业利润均出现大幅下滑。国外需求不振，出口增速开始明显放缓，自 11 月开始，化工行业出口额同比由正转负，下降 12.6%，是 27 个月以来的首次负增长，12 月降幅扩大至 17.1%。未来一段时间内，全行业经济下行压力加大。

（三）技术成果转化效率较低

高校、科研院所的研发与企业的需求差距较大。在创新相关的市场上，信息流动不够活跃，高校与科研院所寻找企业合作的积极性比较高，但许多企业在这方面意识不强，也缺少很好的平台来牵引。有的产品技术含量高，但批量小，企业开发成本高、收益低，导致企业没有研发积极性。

三、2023 年行业健康发展建议

为做好 2023 年石化行业经济运行工作，要以习近平新时代中国特色社会主义思想为指导，全面贯彻落实党的二十大和中央经济工作会议精神，扎实推进中国式现代化，坚持稳字当头、稳中求进，全面贯彻新发展理念，紧扣高质量发展主题，持续实施创新驱动和绿色可持续发展战略，坚持油气能源安全与农化产品保供稳价并重，开拓市场与深化供给侧结构性改革并重，经济运行质的有效提升与量的合理增长并重，加大世界一流企业和现代石化产业集群的培育力度，努力争取在迈向石化强国的征途上再取得新突破。

（一）做好保供稳价工作

2023 年，石油和化工行业应继续将保供稳价作为首要任务，加大创新和勘探开采新技术的应用力度，确保原油年产量稳定在 2 亿吨以上、天然气产量力争突破 2300 亿立方米；化肥农药行业应在做好生产稳定、市场供应稳定的前提下，不断加大创新力度，满足高品质农产品和绿色低碳农业的新需求。

（二）提升企业核心竞争力

认真贯彻落实《关于加快建设世界一流企业的指导意见》，以创新能力和水平一流为关键要素，对标国际先进公司，找准差距、补齐短板，增强企业的核心竞争力和可持续发展能力，真正打造一批具有全球竞争力的世界一流企业，夯实石化产业高质量发展的基础，从根本上提升石化产业的发展质量和水平。

（三）扩大加深国际开放合作

加强面对面交流与合作，努力营造市场化、法治化、国际化的营商环境。进一步深化并加强与 RCEP 成员国、"一带一路"沿线国家，以及欧洲、日韩等国家和地区的合作，深化与国际组织的交流与合作，共同探讨可持续发展、绿色低碳等方面的合作重点和推进机制。

（四）加强人才培养和技术创新

进一步加强科技领军人才的培养。着力创新人才培养机制，促进学校、科研院所、企业三方在创新人才培养方面加强合作。在技术研发上，加强技术供需对接，提升科技成果转化效率。建立科技服务信息化平台，推动科技资源高质量开放共享，做好科技成果转化线上线下有机结合的工作。

四、2023 年趋势预测

全球经济疲软使石油需求增速放缓，但在化石能源投资长期不足、美欧对俄实施制裁等因素推动下，石油供应增长有限。预计 2023 年，布伦特原油均价为 80~90 美元/桶，虽低于 2022 年，但仍处于较高水平。

2023 年，成本端对化工品价格的影响将减弱，需求有望回暖，但供应仍处于产能投放周期，加之外部环境不乐观，供需矛盾仍较大。预计需求复苏不足以支撑价格持续上涨，但成本压力缓解，化工开工率和效益有望边际改善。

根据国内外形势，以及中国石油和化工行业经济运行趋势和特点，预计 2023 年全行业营业收入和进出口总额均将增长 5% 左右，全行业利润总额与 2022 年持平。

此外，从石化联合会和卓创资讯联合发布的中国石油和化工行业景气指数（PCPI）看，2022 年从四季度开始，价格和效益仍在下滑，但已呈趋稳回升态势，至 2023 年 1 月 PCPI 继续回升，从偏冷进入正常区间（99.34），显现出良好的回暖态势。考虑到 PCPI 的先行性，预期 2023 年行业将总体回升走稳。

2019 年钢铁工业经济运行概况

中国钢铁工业协会

2019 年，国内经济下行压力加大，世界经济和国际贸易增长都在放缓，国内外环境的不稳定、不确定因素增多。面对挑战，国家保持稳中求进的总基调，及时出台了一系列逆周期调节的政策，不断加大"稳增长"政策落实力度，顶住了经济下行压力，经济稳中向好、长期向好的发展趋势没有改变，为钢铁行业运行提供了较好的外部环境。钢铁行业继续深入推进供给侧结构性改革，运行总体平稳，但也面临产能释放较快、效益明显下滑和环保压力加大等困难。

（一）钢材需求有所增加，钢铁产量保持增长

2019 年，国家加大基础设施投资力度，房地产投资保持较快增长，拉动钢材需求增加，钢铁产量保持增长。国家统计局数据显示，2019 年全国粗钢产量为 99634 万吨，同比增长 8.3%；生铁产量为 80937 万吨，同比增长 5.3%；钢材产量（含重复材）为 120477 万吨，同比增长 9.8%，增幅均高于 2018 年同期。

（二）国际市场需求减弱，钢铁产品进出口均有所减少

2019 年，世界经济增长放缓，贸易摩擦和贸易保护增加，国际钢材需求相对低迷，中国钢铁产品进出口量均有所减少。海关总署数据显示，2019 年，中国累计进口钢材 1230.4 万吨，同比下降 6.5%；出口钢材 6429.3 万吨，同比下降 7.3%；累计进口铁矿石 10.69 亿吨，同比增长 0.5%。

（三）市场呈弱平衡态势，钢材价格整体下行

由于产量增长较快，2019 年，国内钢材市场总体呈现弱平衡态势，钢材价格小幅下降，整体水平低于 2018 年。据中国钢铁工业协会监测，2019 年中国钢材价格指数（CSPI）平均值为 107.98 点，同比下降 6.77 点，降幅为 5.90%，其中长材价格指数同比下降 5.36%，板材价格指数同比下降 6.51%，长材的表现好于板材。

（四）成本大幅上升，行业利润同比下降

2019 年，受进口铁矿石价格大幅上涨，煤炭、焦炭、废钢等原燃材料价格高位波动，以及环保成本增加等因素影响，钢铁企业成本大幅上升，效益呈下降态势。据中国钢铁工业协会统计，2019 年会员钢铁企业销售收入同比增长 10.9%，销售成本同比增长 16.7%，成本增幅比收入增幅高 5.79 个百分点；实现利润总额同比下降 32.3%；销售利润率同比下降 2.87 个百分点。

2020 年钢铁工业经济运行概况

中国钢铁工业协会

2020 年，中国统筹疫情防控和经济社会发展取得重大成果，经济运行持续稳定恢复。在需求拉动和多方努力下，钢铁行业稳健运行，钢材产销两旺，钢材价格及钢铁企业效益持续回升，呈现出"高需求、高产量、高成本、有效益"的运行态势，发展质量进一步提高。

（一）粗钢产量超十亿，占全球比重进一步上升

2020 年，全国粗钢产量比 2019 年增长 5.2%；生铁产量比 2019 年增长 4.3%；钢材产量比 2019 年增长 7.7%。

从全球看，2020 年世界粗钢产量约为 18.39 亿吨，同比下降 0.23%，产量排名居前的国家（地区）分别是中国内地、欧盟、日本、韩国、美国、俄罗斯，其中中国内地粗钢产量占世界粗钢产量的 57.25%。世界生铁产量约为 13.81 亿吨，同比下降 1.37%，中国内地生铁产量占世界生铁产量的 64.26%。

（二）坯材进口总量增加，钢材出口总量下降

2020 年，钢材进口 2023 万吨，同比增长 64.4%；钢坯进口 1800 万吨，同比增长 488.2%；钢材出口 5367 万吨，同比下降 16.5%。

（三）钢材库存冲高回落，近期呈增加趋势

受疫情期间钢材供求错配影响，2020 年 2 月钢材库存达历史峰值。随着下游复工复产推进，钢材库存逐步回落。

（四）钢材价格数月上涨，平均价格低于 2019 年

2020 年 1—12 月，CSPI 平均值为 105.57 点，同比下降 2.41 点，降幅为 2.23%。其中，长材价格指数平均 109.76 点，同比下降 4.21 点，降幅为 3.69%；板材价格指数平均 103.63 点，同比下降 0.61 点，降幅为 0.59%。

（五）进口铁矿石量价皆升，其他原燃料均价下降

2020 年，全国共生产铁矿石 8.67 亿吨，比 2019 年增长 3.7%；共进口铁矿石 116950.5 万吨，比 2019 年增长 9.5%。伴随进口量的增加，铁矿石价格一路走高，12 月进口铁矿石（海关）平均价格 121.37 美元/吨，比 5 月低点（87.44 美元/吨）上涨 33.93 美元/吨。全年进口均价为 101.65 美元/吨，同比提高 7.2%；进口额 1189 亿美元，比 2019 年增长 17.8%。

（六）经济效益环比增长，累计利润超过 2019 年

2020 年，重点统计钢铁企业销售收入同比增长 10.94%；实现利税同比增长 7.08%；利润总额同比增长 6.72%；销售利润率同比下降 0.17 个百分点。12 月末，钢铁企业资产负债率同比下降 0.19 个百分点。

（七）钢铁投资同比增长，铁矿投资同比下降

2020 年，黑色金属冶炼和压延加工业固定资产投资累计增长 26.5%，比 2019 年高 0.5 个百分点。其中，民间固定资产投资累计增长 27.5%，比 2019 年（13.4%）高一倍多。经初步调研，投资主要用于搬迁、环保和智能制造方面。

（八）绿色发展深入推进，节能减排绩效提升

2020 年，钢铁企业继续加大环保投入，实施大规模超低排放改造，推广应用先进节能减排技术，节能环保绩效进一步提升。重点统计企业吨钢综合能耗为 545.27 千克标准煤/吨，同比下降 1.18%；吨钢耗新水同比下降 4.34%；化学需氧量同比下降 10.11%；二氧化硫排放量同比下降 14.38%；钢渣利用率同比提高 0.98 个百分点；焦炉煤气利用率同比提高 0.08 个百分点。

2021 年钢铁工业经济运行概况

中国钢铁工业协会

2021 年，钢铁行业积极应对国内外需求形势变化，努力克服原燃材料价格高位运行、环保成本大幅上升等困难，行业总体运行态势良好，为满足下游行业用钢需求和保障国民经济持续恢复做出了突出贡献，行业总体运行符合政策导向与市场预期。

（一）供需基本均衡，实现了全年粗钢产量压减预期目标

2021 年，钢产量 103279 万吨，同比减少 3194 万吨、同比下降 3%，实现了全年钢产量压减预期目标；折合钢的表观消费量为 99252 万吨，同比减少 5580 万吨，同比下降 5.3%。

2021 年上半年，钢铁行业受 2020 年疫情过后经济快速恢复带来旺盛需求的影响，钢产量为 56333 万吨（同比增加 5946 万吨，同比增长 11.8%）、钢表观消费量为 53749 万吨（同比增加 5027 万吨，同比增长 10.3%），钢材市场产销两旺。

2021 年下半年，市场需求收缩，在产能产量"双控"政策、调整钢铁产品进出口政策和广大钢铁企业主动适应钢材市场需求变化的多重作用下，产量快速下降，钢产量为 46946 万吨（同比减少 9140 万吨，同比下降 16.3%）、钢表观消费量 45503 万吨（同比减少 10607 万吨，同比下降 18.9%），实现了供需动态均衡。

（二）钢材库存保持合理区间

2021 年年底，20 个城市 5 大品种钢材社会库存 788 万吨，比 2020 年年底增加 58 万吨，上升 7.9%；重点统计钢铁企业钢材库存量 1130 万吨，比 2020 年年底减少 32 万吨，下降 2.8%。

2021 年度重点统计钢铁企业钢材库存的月度平均值为 1421 万吨，高于 2019 年，低于 2020 年。

（三）调整钢铁产品进出口政策，钢铁产品进出口结构得到优化

2021 年，出口钢材 6689.5 万吨，同比增加 1322.5 万吨、同比增长 24.6%；进口钢材 1426.8 万吨，同比减少 596.2 万吨，下降 29.5%；钢铁产品进出口量与 2019 年基本相当。

国家于 2021 年 5 月 1 日、8 月 1 日，分别取消了 146 项、23 项钢材产品的出口退税，钢材产品出口退税政策已全部取消。基于钢铁产品进出口政策调整的导向作用，下半年钢材出口量呈逐月减少态势（尽管 12 月出口量有所反弹），且出口均价高于进口均价。

（四）国产铁矿石产量和废钢使用量增加，资源安全基础增强

2021 年，生铁产量 86857 万吨，同比减少 4284 万吨、同比下降 4.3%，超过钢产量的减幅；铁钢比为 0.84，低于 2020 年水平。进口铁矿石 112431.5 万吨，同比减少 4519.0 万吨、同比下降 3.9%；国产铁矿石原矿产量 98052.8 万吨，同比增加 8394 万吨、同比增长 9.36%。

重点统计企业转炉炼钢废钢铁消耗量为 158.75 千克/吨，同比增加 23.95 千克/吨、同比增长 17.77%；电炉炼钢废钢铁消耗量为 477.15 千克/吨，同比减少 30.11 千克/吨、同比下降 5.94%。结合 2021 年重点企业钢产量中 95% 为转炉钢的情况，据此估算 2021 年重点企业废钢铁消耗量约为 14572 万吨，同比增加 1780 万吨、同比增长 14.0%。

进口铁矿石减少，国产矿产量和废钢使用量增加，铁素来源结构得到优化，资源安全基础增强。

（五）兼并重组取得新进展，产业集中度上升

2021 年，鞍钢、本钢整合重组，成为全球第三大钢铁企业；宝武集团、建龙、普阳钢铁集团、冀南钢铁集团等持续推进并购进程，促进了钢铁产业集中度的提升。

2021 年，排名前 10 位的钢铁企业合计钢产量为 4.28 亿吨，占全国钢产量的 41.47%；排名前 20 位的钢铁企业合计钢产量 5.67 亿吨，占全国钢产量的 54.92%；CR10、CR20 分别比 2020 年提升 2.26 个和 1.97 个百分点。

（六）绿色发展持续推进

截至 2021 年年底，已有 94 家钢厂登上工业和信息化部绿色钢厂榜单，有 6 家钢厂成为国家 3A 级景区、2 家成为国家 4A 级景区；共 23 家钢铁企业约 1.45 亿吨炼钢产能完成全流程超低排放改造，并通过了评估监测，在中国钢铁工业协会网站公示；225 家企业约 5.36 亿吨炼钢产能正在实施超低排放改造。

（七）钢铁投资增速回归常态，高于制造业平均水平

2021 年，黑色金属冶炼和压延加工业固定资产投资累计增长 14.6%，领先全国固定资产投资 4.9% 的增速 9.7 个百分点，比制造业 13.5% 的增速快 1.1 个百分点（在 28 个制造业中，黑色金属冶炼和压延加工业固定资产投资增速列第 10 位）；黑色金属矿采选业投资累计同

比增长 26.9%。

（八）原燃料价格高位大幅波动，钢企成本及经营稳定性承压巨大

2021 年，进口铁矿石平均价格（海关）为 164.3 美元/吨，同比上涨 58.5 美元/吨，涨幅为 55.3%。进口铁矿石（粉矿）采购成本同比上涨 39.75%，炼焦煤采购成本同比上涨 53.45%，冶金焦采购成本同比上涨 52.13%，废钢采购成本同比上涨 33.84%。炼钢生铁、钢筋、热轧薄宽钢带的制造成本分别同比增加 983 元/吨、1028 元/吨和 1111 元/吨，同比上升 42.42%、34.85% 和 35.71%。

（九）钢材价格冲高回落，整体水平高于 2020 年

2021 年，CSPI 平均值为 142.03 点，是有指数编制以来的年度最高水平；CSPI 各月数值均高于 2020 年同月，5 月第二周指数升至 174.81 点，是有指数以来的月度最高水平（见表 1）。

表 1　　　　2021 年 CSPI 平均值变化情况

单位：点

项目	2021 年	2020 年	同比增长（%）	同比增长（%）
综合指数	142.03	105.57	36.46	34.54
长材	145.91	109.76	36.15	32.94
板材	141.40	103.63	37.77	36.45

受原燃料成本波动和阶段性钢材供需格局变化的双重影响，钢材价格跌宕起伏。1—4 月呈上行走势，5—10 月高位震荡，11—12 月价格下降且降幅较大。

（十）行业实现利润总额创历史新高

2021 年，中国钢铁工业协会会员钢铁企业营业收入同比增长 32.68%，为历史最高年份；营业成本同比增长 31.49%；实现利润总额同比增长 59.67%，创历史最高年份；销售利润率同比上升 0.85 个百分点，属历史较好年份。

2022 年钢铁工业经济运行概况

中国钢铁工业协会

2022 年，国际形势复杂严峻，国内疫情多点散发，国民经济运行承受了超预期下行压力，钢铁行业运行环境较为严峻，行业发展面临下游需求减弱、钢材价格下跌、原燃料成本上升等挑战，整体效益指标处于近年来较低水平。面对困难与挑战，钢铁行业坚决贯彻党中央、国务院"稳字当头、稳中求进"的决策部署，坚持防疫情和稳经营双线应对，积极采取提质降本增效措施，狠抓产销平衡，全面对标挖潜，2022 年行业运行总体保持相对平稳，钢铁市场和企业经营总体呈趋稳态势。

（一）粗钢产量略有下降，集中度持续上升

2022 年粗钢产量呈前高后低的变化趋势，前两季度尽管铁矿石与焦炭价格高企，但在钢价上扬的带动下，钢铁日产水平逐月环比上升，特别是 5 月生铁日产水平达到 260 万吨，创历史新高；6 月后，尽管原燃料价格有

所下降，但随着钢材价格快速下降及多地疫情封控，钢铁生产水平快速下降；进入四季度后由于下游行业需求增速放缓与重提限产目标，钢铁生产降至全年最低水平（见图 1）。

2022 年我国生铁、粗钢和钢材产量分别为 8.64 亿吨、10.13 亿吨和 13.40 亿吨，同比降幅分别为 0.5%、2.1% 和 0.8%。焦炭、铁矿石和铁合金产量分别为 4.73 亿吨、9.68 亿吨和 3410 万吨，同比分别增长 1.3%、−1.0% 和 −3.4%。

省份产量方面，前五省份粗钢产量均有所下降，减量合计超 2000 万吨，但总量占比依然达到 53.6%，其中河北省粗钢减产 1302 万吨。增产省份中，福建省粗钢增产达到 460 万吨，同比增长 18.1%；广东省增产 318 万吨，同比增长 12.4%（见图 2）。

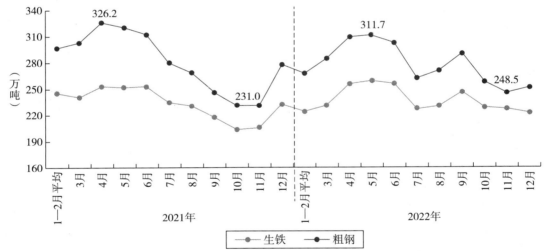

图 1　2022 年主要钢铁产品日产水平变化情况

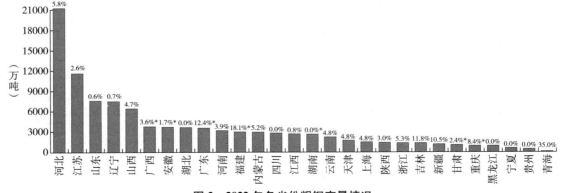

图 2　2022 年各省份粗钢产量情况

注：带"＊"表示同比上升，不带表示同比下降，下同。

企业产量方面，宝武粗钢产量 1.32 亿吨，同比增长 1.0%；鞍钢粗钢产量 5565 万吨，同比基本持平；沙钢粗钢产量 4145 万吨，同比下降 6.3%；河钢粗钢产量降至 4000 万吨以下，同比下降 1.5%（见图 3）。全年 22 家钢铁企业粗钢产量超千万吨，CR10 产业集中度 42.8%，比 2021 年增加 1.4 个百分点，创近十年最高水平（见图 4）。

（二）钢材出口基本持平，净出口显著增长

从 2022 年钢材贸易情况看，出口量呈先升后降的趋势，整体趋势同 2021 年相似，年均月度出口量均高于 550 万吨；月度进口量月度基本维持在 100 万吨以下的低位水平，造成净出口显著增长（见图 5）。2022 年，中国钢材出口量为进口量的 6.39 倍（2021 年为 4.73 倍）。

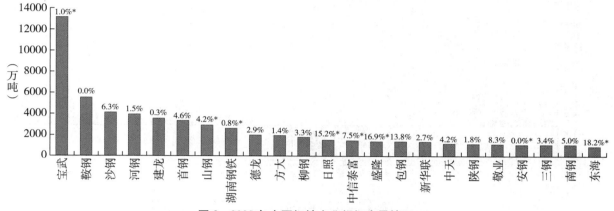

图 3　2022 年主要钢铁企业粗钢产量情况

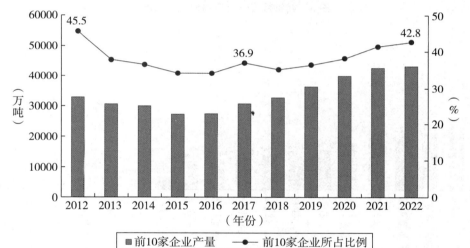

图 4　钢铁行业集中度变化

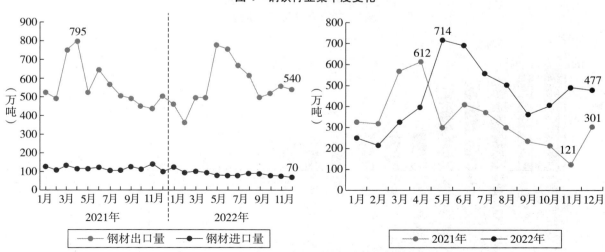

图 5　钢材月度进出口情况（左）与月度折粗钢净出口情况（右）

从价格情况看，2022年进口钢材的平均价格为1608美元/吨，出口平均价格为1423美元/吨，二者价差为185美元/吨，进口价格是出口价格的1.13倍，2021年该数值为1.03倍。从增长幅度看，2022年钢材进口平均价格上涨24.4%，出口平均价格上涨13.2%

（见图6）。

从品种情况看，钢材出口集中于板材产品，涂镀板出口有所下降，无缝管、电工钢板（带）等高附加值品种出口量有所上升（见图7）；钢材进口方面，同样集中于板材产品，大部分品种进口数量有所下降（见图8）。

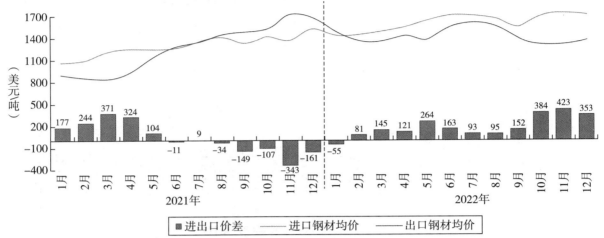

图6　钢材月度进出口均价变化情况

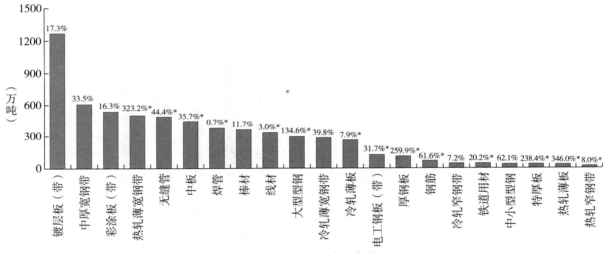

图7　2022年钢材出口走势

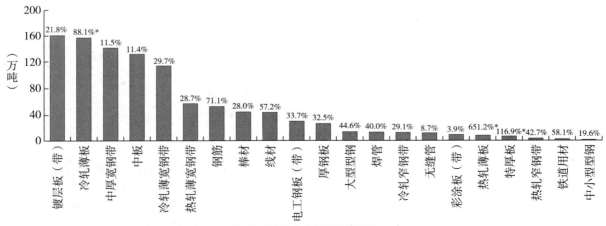

图8　2022年钢材进口走势

从国家及地区情况看，东盟 6 国、韩国、越南、欧盟 27 国是中国钢材出口主要目的地，同 2021 年相比，对欧盟 27 国、沙特阿拉伯出口占比有所上升，对巴西出口占比有所下降（见图 9、图 10）。

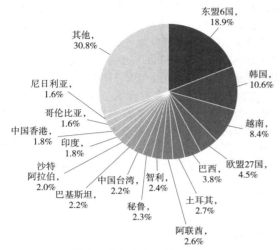

图 9 2021 年钢材出口情况

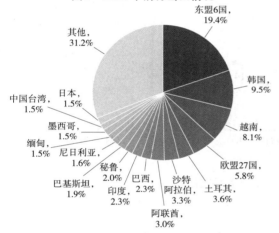

图 10 2022 年钢材出口情况

（三）钢材消费有所下降，减量集中于建筑领域

2022 年国际局势动荡，国内受疫情等扰动因素影响，经济增速放缓，特别是房地产周期加速下行，导致钢材需求出现明显下降。2022 年粗钢表观消费量 9.59 亿吨，同比下降 3123 万吨，降幅达 3.2%（见图 11）。

从行业情况看，建筑业钢材消费同比减少 3400 万吨，主要集中于房地产行业，基建投资成为稳经济增长的主要动力；制造业钢材消费基本维持 2021 年水平，增量主要集中于机械行业，由于 2021 年集装箱行业出现爆发式增长，2022 年钢材消费快速下降，降幅达 40%（见表 1）。

表 1　　2022 年各行业钢材消费情况

项目	2021 年	2022 年	增量（万吨）	同比增长（%）
建筑业	54500	51100	-3400	-6
制造业	42500	42600	100	0
机械	19200	19600	400	2
汽车	5400	5200	-200	-4
家电	1430	1450	20	1
船舶	1580	1610	30	2
集装箱	960	580	-380	-40
铁道	370	400	30	8
能源（油气输送）	400	460	60	15
电力（电工钢）	1360	1240	-120	-9
其他	11700	12100	400	3

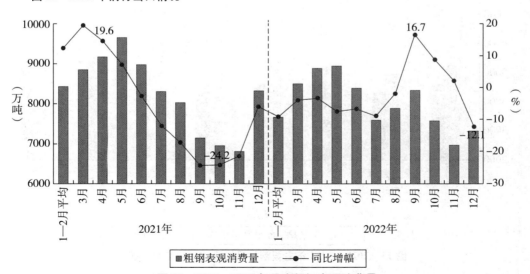

图 11 2021—2022 年月度粗钢表观消费量

（四）钢材价格先涨后降，年末触底反弹

2022年钢价波动主要分为四个阶段：第一阶段，3月在政府工作报告中提出经济增速目标5.5%，致稳增长预期增强，钢材价格偏强运行，同时期俄乌冲突爆发，供应短缺引发焦煤、热轧卷板等黑色品种价格大幅上涨。第二阶段，4月开始，上海、北京等地疫情暴发，引发市场对需求预期转弱，价格年度见顶后开始进入下跌趋势；6—7月，成材端供需矛盾突出，库存水平居高不下，吨钢利润全面亏损，倒逼钢厂市场化减产，同时期房地产烂尾楼事件发酵，加速钢价下跌；在此期间，高附加值产品如汽车用钢、电工钢、高端中厚板等需求具有一定刚性，因此销售价格也较为坚挺。第三阶段，7月中旬在产量快速下降的同时，库存加快去化，供需结构好转后钢价低位反弹，利润得到修复，但由于利润修复较快，

产量恢复速度也强于预期，价格反弹空间受到压制，国庆节后美联储控通胀加息引发的流动性风险致商品价格继续承压，螺纹钢价格在11月末创年内新低。第四阶段，11月末至12月，海外控通胀预期放缓，国内处于政策窗口期，房地产"第二支箭""第三支箭"先后出台，国内疫情感染过峰，宏观预期改善以及供需基本面的修复，共同推动钢价触底后反弹。

2021—2022年钢材价格综合指数变化情况见图12，主要钢材品种平均价格变化情况见图13。

（五）铁矿石价格前高后低，焦炭价格高企

铁矿石方面，上半年铁矿石价格波动较为剧烈，维持相对高位运行，二季度价格进入下行通道，进口铁矿石价格一度降至80美元/吨以下，随着年底钢铁供需基本面的修复，铁矿石价格持续反弹（见图14）。

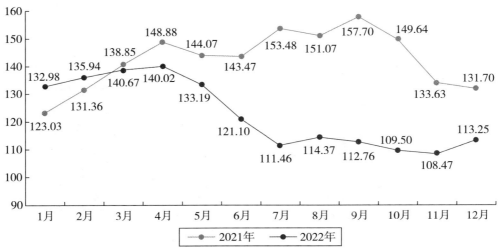

图12　2021—2022年钢材价格综合指数变化

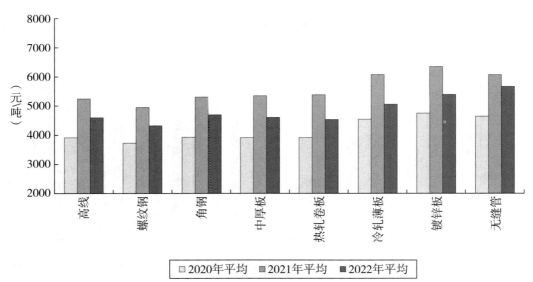

图13　2020—2022年主要钢材品种平均价格变化情况

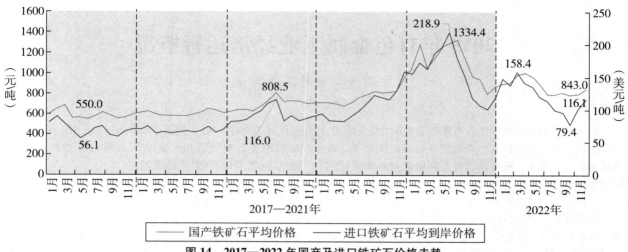

图 14　2017—2022 年国产及进口铁矿石价格走势

焦炭方面，2022 年焦炭市场价格呈现冲高回落态势。1—5 月下游需求逐步上升，叠加下游利润尚可，焦炭价格整体表现强势；5—8 月在疫情下，终端市场预期迟迟没有兑现，焦炭价格持续下跌，在此期间由于焦炭价格维持高位，铁矿石价格快速下降，一度导致碳元素成本占生铁成本的比重高于铁元素；8 月钢厂复产预期增多，钢厂集中补库带动焦炭价格企稳反弹；9—10 月焦炭维持紧平衡，价格相对平稳；10 月底至 11 月初受成材市场下跌

影响，焦炭价格承压下跌，年末价格有所反弹。2021—2022 年冶金焦及主焦煤价格情况见图 15。

（六）营业收入有所下降，盈利水平大幅下降

国家统计局数据显示，2022 年黑色金属冶炼和压延加工业利润同比下降 91.3%。

中国钢铁工业协会统计数据显示，2022 年协会会员企业实现工业总产值同比下降 8.2%；实现营业收入同比下降 6.4%；累计盈利同比大幅下降 72.3%；亏损面为 44.6%。

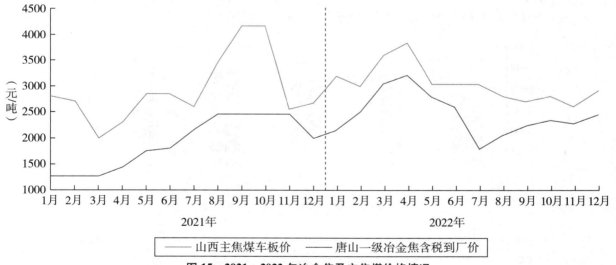

图 15　2021—2022 年冶金焦及主焦煤价格情况

2019 年有色金属工业经济运行概况

中国有色金属工业协会

2019 年，面对国内外风险挑战明显上升的复杂局面，有色金属行业认真贯彻党中央、国务院的决策部署，认真落实新发展理念，积极推动行业高质量发展和供给侧结构性改革。

十种有色金属产量同比增长 2.2%，完成固定资产总投资同比增长 2.1%；在铜现货年均价下跌 5.8%，铝现货年均价下跌 2.7% 的情况下，规模以上有色金属企业（不包括独立黄金企业）实现利润总额降幅比 2018 年收窄 2.5 个百分点；有色金属进口额同比下降 13.5%，出口额同比下降 6.7%。

一、有色金属工业经济运行状况

（一）生产及需求总体保持平稳

2019 年中国十种有色金属产量为 5866.0 万吨，同比增长 2.2%。其中，精炼铜产量 978.4 万吨，同比增长 5.5%；原铝产量 3504.4 万吨，同比下降 2.2%。六种精矿金属量 591.6 万吨，同比下降 1.2%，其中铜精矿金属量 162.8 万吨，同比增长 4.1%。氧化铝产量 7247.4 万吨，同比下降 1.0%。

2019 年，铜材产量 1767.0 万吨（已扣除企业间重复统计量约 250 万吨），同比增长 3.6%（见图 1）；铝材产量 4250.2 万吨（已扣除企业间重复统计量约 1000 万吨），同比增长 1.6%（见图 2）。

2019 年，中国精炼铜消费量为 1230 万吨，同比增长 3.8%；原铝消费量为 3590 万吨，同比下降 1.6%（见图 3、图 4）。

中国全铜人均年消费量 9.9 千克，同比增长 4.2%；全铝人均年消费量 27.4 千克，同比下降 0.4%（见图 5、图 6）。

（二）科技进步、节能降耗成效显著

科技进步成效显著。中国铝业集团有限公司加快高端材料的进口替代，不断提升关键铝合金材料自主可控能力，为嫦娥四号、长征五号、北斗导航等重点工程及新一代战机、国产首艘航母等重大装备提供材料保障，荣获探月工程嫦娥四号任务突出贡献奖；建设并运行国内第一条铝电解废阴极资源化技术产业化示范线。深圳市金洲精工科技股份有限公司和株洲硬质合金集团有限公司等参与完成的"高端印制电路板高效高可靠性微细加工技术与应用"项目获 2019 年度国家科学技术进步奖

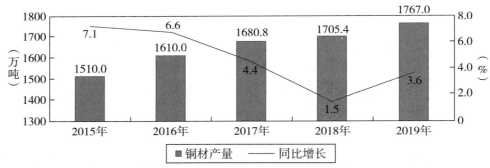

图 1　2015—2019 年铜材产量及增长速度

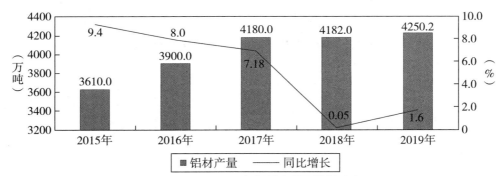

图 2　2015—2019 年铝材产量及增长速度

图3　2015—2019年精炼铜消费量及增长速度

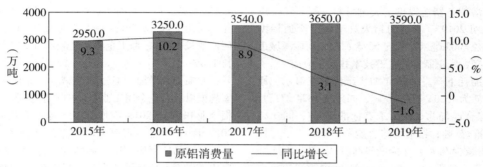

图4　2015—2019年原铝消费量及增长速度

图5　2015—2019年全铜人均消费量及增长速度

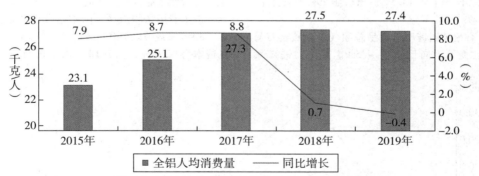

图6　2015—2019年全铝人均消费量及增长速度

二等奖。中国有色矿业集团有限公司高性能Cu-9Ni-6Sn合金带材研制等一批科技成果实现产业化。铜陵有色金属集团股份有限公司建成年产2吨金属铼粒的中试线，并试生产出合格产品。金川集团股份有限公司"镍阳极泥中铂钯铑铱绿色高效提取技术"项目获2019年度国家科学技术进步奖二等奖。浙江海亮股份有限公司铸轧法铜管生产技术进一步提升，单根铸坯突破32米，重量达1.6吨，单线产能达4万吨/年；连铸铜棒突破传统铸造技术，实现单炉超100流铸造、牵引及成卷。山东南山铝业股份有限公司航空、汽车用铝材认证范围继续扩大，通过了庞巴迪航空板材认证并批量供货；成功向赛峰集团交付波音737机轮锻件；重型燃机项目首批锻件产品交付；正式向中国商用飞机有限责任公司交付ARJ21机翼长桁挤压型材。丛林凯瓦铝合金船舶有限公司2019年为香港海关成功研制并交付4艘18.5米铝合金高速截击艇，该艇由丛林凯瓦铝合金船舶有限公司独立完成生产设计和建造，达到欧美同等船舶性能，打破了国外对于铝合金超高速船艇的技术和市场垄断。宝钛集团有限公司开展的"全海深载人潜水器用钛合金载人舱研制"项目取得里程碑式进展，万米级载人潜水器载人球舱于8月完工出厂，填补钛及钛合金领域多项国际技术空白，为中国载人深潜装备制造提供了关键材料支撑。辽宁忠旺集团有限公司2019年研制的超大规格轨道交通铝型材，外接圆直径1003毫米，长度62米，攻克新能源城市客车全铝化车身、底盘制备等关键技术并实现应用。

单位产品能耗下降。2019年初步统计数据显示，原铝综合交流电耗为13531千瓦时/吨，同比减少24千瓦时/吨；铜冶炼综合能耗为226.1千克标准煤/吨，同比减少4.7千克标准煤/吨；铅冶炼综合能耗为336.5千克标准煤/吨，同比减少9.1千克标准煤/吨；电解锌冶炼综合能耗为803.7千克标准煤/吨，同比减少52.9千克标准煤/吨。

（三）多数有色金属产品价格震荡下跌

2019年年底，伦敦金属交易所（LME）六种基本金属三月期货收盘价比2018年年底收盘价2涨4跌；上海有色金属交易中心六种基本金属三月期货收盘价比2018年年底收盘价3涨3跌。2019年，LME、上海有色金属交易中心六种基本金属三月期货年均价比2018年均价1涨5跌。2019年国内现货市场四种基本金属年均价下跌。

（四）有色金属进出口额下降

2019年，有色金属进出口贸易总额（含黄金贸易额）1738.8亿美元，同比下降12.4%。其中，进口额1440.4亿美元，同比下降13.5%；出口额298.4亿美元，同比下降6.7%。

2019年，有色金属进出口贸易总额（不含黄金贸易额）1293.4亿美元，同比下降4.5%。其中，进口额

1003.2亿美元，同比下降3.7%；出口额290.2亿美元，同比下降7.0%。贸易逆差为713.0亿美元，同比下降2.3%。

（五）实现利润降幅收窄

营业收入增长，实现利润降幅收窄。2019年，8437家规模以上有色金属工业企业（包括独立黄金企业）实现营业收入59645.1亿元，同比增长6.4%；实现利润1562.4亿元，同比下降6.4%（按可比口径计算，下同）。

2019年，8066家规模以上有色金属工业企业（不包括独立黄金企业，下同）实现营业收入55608.4亿元，同比增长6.0%；实现利润总额1426.3亿元，同比下降5.2%（见图7）。其中，独立矿山企业实现利润224.1亿元，同比下降33.7%；冶炼企业实现利润588.2亿元，同比增长4.4%；加工企业实现利润613.9亿元，同比增长1.8%。

亏损户数增加，但亏损额减少。2019年年底，8066家规模以上有色金属工业企业中亏损企业为1801家，亏损企业户数比2018年增加215家，亏损面为22.3%；2019年亏损企业亏损额433.9亿元，同比减亏12.5%。

产成品库存额下降，周转速度加快。2019年，8066家规模以上有色金属工业企业存货额为6245.4亿元，同比增长4.3%，其中产成品库存额为1659.0亿元，同比下降4.5%。2019年，规模以上有色金属工业企业库存周转天数为42.0天，比2018年加快5天。其中产成品库存周转天数为11.9天，比2018年加快2.1天。

应收账款增加，资金周转放缓。2019年，8066家规模以上有色金属工业企业应收账款为4028.4亿元，同比增长1.9%。规模以上有色金属工业企业应收账款周转天数24.3天，比2018年放缓0.1天。

负债增幅大于资产增幅，资产负债率略有回升。2019年年底，8066家规模以上有色金属工业企业负债额为29052.6亿元，同比增长3.5%。2019年年底，规模以上有色金属工业企业资产负债率为63.7%。

成本费用增幅放缓，降本增效任务依然艰巨。2019年，8066家规模以上有色金属工业企业每百元营业收入中的成本为92.9元，比2018年增加0.41元；每百元营业

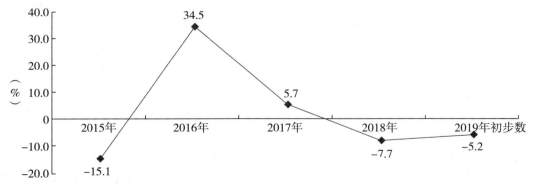

图7　2015—2019年规模以上有色金属企业（不包括独立黄金企业）实现利润增长速度

收入中的三项费用为 3.73 元，比 2018 年减少 0.29 元。即每百元营业收入中的成本费用为 96.63 元，比 2018 年增加 0.12 元，增加额低于 2018 年增加额 0.6 元（见图 8）。2019 年，8066 家规模以上有色金属工业企业营业总成本为 53734.7 亿元，同比增长 6.1%，增幅比营业收入高 0.1 个百分点。其中，营业成本 51662.3 亿元，同比增长 6.5%；三项费用小计 2072.4 亿元，同比下降 1.6%。

（六）固定资产投资额有所回升

2019 年，有色金属工业企业（包括独立黄金企业）完成固定资产总投资同比增长 2.1%，增幅比 2018 年扩大 0.9 个百分点（见图 9）。其中，矿山采选业完成固定资产投资同比增长 6.8%；冶炼和压延加工业完成固定资产投资同比增长 1.2%。

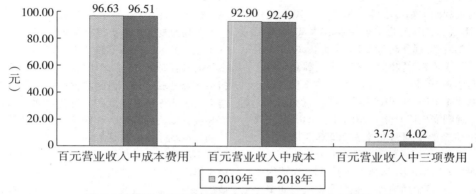

图 8　规模以上有色金属企业百元营业收入中成本费用对比

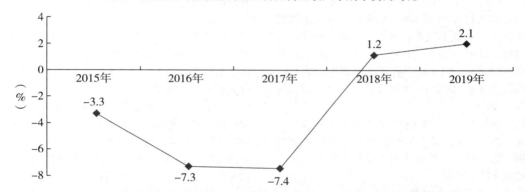

图 9　2015—2019 年有色金属工业企业（包括独立黄金企业）固定资产投资增长速度

二、有色金属工业经济主要运行特点及分析

（一）有色金属生产主要特点

常用有色金属冶炼产品产量平稳增长，矿山产品产量下降，国产矿供应比率回落，若考虑国内企业在海外投资获得的矿产资源，矿产资源供应基本稳定。2019 年，国产铜精矿金属量占国内铜精矿供应量的 22.8%，比 2015 年回落 8.1 个百分点；进口铜精矿金属量占国内铜精矿供应量的 77.2%。2019 年，国产铝土矿生产氧化铝占国内氧化铝供应量的 48.6%，比 2015 年回落 10.7 个百分点；进口铝土矿生产氧化铝约占国内氧化铝供应量的 51.4%。2019 年，国产铅精矿金属量占国内铅精矿供应量的 64.5%，比 2015 年回落 0.9 个百分点；进口铅精矿金属量占国内铅精矿供应量的 35.5%。2019 年，国产锌精矿金属量占国内锌精矿供应量的 70%，比 2015 年回落 4.6 个百分点；进口锌精矿金属量占国内锌精矿供应量的 30%。

国内再生资源供应量提升。2019 年，中国再生铜供应量为 330 万吨，比 2015 年增长 8.2%，占铜供应量的 23.3%，比 2015 年减少 1.4 个百分点。其中，国内回收再生铜约为 213.5 万吨，比 2015 年增长 20.6%，约占再生铜供应量的 67%，比 2015 年扩大 6.7 个百分点。2019 年，中国再生铝供应量为 725 万吨，比 2015 年增长 21.1%，占铝供应量的 17.1%，比 2015 年提高 1.7 个百分点。其中，国内再生铝资源为 600 万吨，比 2015 年增长 47.1%，占再生铝供应量的 82.8%，比 2015 年扩大 11.8 个百分点。2019 年，中国再生铅供应量为 237 万吨，比 2015 年增长 52.9%，占铅供应量的 44.9%，比 2015 年提高 9.5 个百分点。

高新深加工产品在有色金属产业中所占比重扩大，逐步成为行业发展的新动力。有色金属工业由低端向高端、由高速发展向高质量发展转型已成为必然选择，并已取得初步成效。如中国铝业集团有限公司加快高端材料的进口替代，不断提升关键铝合金材料自主可控能力，为嫦娥四号、长征五号、北斗导航等重点工程及新一代战机、国产首艘航母等重大装备提供材料保障。2019年，有色金属冶炼及加工业工业增加值增幅明显高于常用有色金属冶炼产品产量的增幅。

（二）有色金属工业企业运营趋势及特点

规模以上有色金属工业企业实现利润降幅总体呈收窄态势。一季度实现利润下降13.8%，全年实现利润下降5.2%，降幅比一季度收窄了8.6个百分点，比2018年收窄2.5个百分点。

矿山企业实现利润大幅度下降。2019年，1041家规模以上有色金属独立矿山企业实现营业收入2166.6亿元，同比下降8.2%；实现利润224.1亿元，由2018年增长0.6%转为下降33.7%。规模以上有色金属独立矿山企业营业收入利润率为10.4%，比2018年回落4.0个百分点；资产利润率为4.4%，比2018年回落2.0个百分点。

冶炼企业实现利润由降转增。2019年，1602家规模以上有色金属冶炼企业实现营业收入26205.8亿元，同比增长3.8%；

实现利润588.2亿元，由2018年下降11.2%转为增长4.4%。规模以上有色金属冶炼企业营业收入利润率为2.2%；资产利润率为2.4%。

加工企业实现利润由降转增。2019年，5423家规模以上有色金属加工企业实现营业收入27236.5亿元，同比增长9.7%；实现利润613.9亿元，由2018年下降8.0%转为增长1.8%。规模以上有色金属加工企业营业收入利润率为2.3%，比2018年回落0.2个百分点；资产利润率为3.7%。

铜、铝、镍钴工业企业实现利润比2018年增长；铅锌、锑、镁、银、钨钼、稀土工业企业实现利润比2018年下降。铜、铝、镍钴金属品种利润增长无法弥补其他金属品种利润下降的不足。

（三）有色金属进出口贸易的主要特点

一是贸易摩擦对有色金属进出口贸易影响突出，尤其是对美国进出口更加显著。2019年有色金属进出口贸易总额（含黄金贸易额）同比下降12.4%。2019年中国对美国进出口贸易总额下降59.2%，其中从美国进口额下降69.5%，对美国出口额下降26.4%。中美贸易总额占有色金属进出口贸易总额的比例由2018年5.4%下降至2.5%。二是铝材出口量值均降。2019年铝材出口量同比下降1.6%，出口额同比下降7.2%。其中，对美国铝材出口量下降33.7%，出口额下降32.9%。三是铜、铝废碎料进口下降。2019年进口铜废碎料实物量同比下降38.4%，其中从美国进口下降74.6%。2019年进口铝废碎料实物量同比下降10.9%，其中从美国进口下降25.4%。四是进口铜精矿、铅精矿、锌精矿、铝土矿、镍矿、钼矿增长，进口钴矿、钛矿、钨矿、锡矿、锑矿下降。2019年进口铜精矿、铅精矿、锌精矿、铝土矿、镍矿、钼矿同比分别增长11.6%、31.7%、7.1%、21.9%、19.5%和7.7%；进口钴矿、钛矿、钨矿、锡矿、锑矿同比分别下降33.3%、16.1%、57.3%、19.7%和29.8%。

（四）有色金属工业投资的特点

一是环保投资的力度加大；二是有色金属冶炼及常用加工项目产能过剩或已饱和；三是基础研究薄弱、高新技术项目储备不足；四是有色金属项目融资难、融资贵等问题尚未解决；五是部分冶炼加工产能投资向东南亚转移。

三、对2020年有色金属工业运行趋势判断及建议

（一）对2020年有色金属工业运行趋势判断

受新冠疫情影响，2020年春节后有色金属工业企业开工复产推迟，价格下跌，生产回落，以及市场对有色金属需求暂时下降。一季度有色金属产业主要生产经营指标下降已成定局。但随着国内疫情得到有效控制，下游消费企业逐步复工复产，有色金属需求好转，叠加国家为缓解疫情的影响，释放更多利好政策，需求进一步增加。在境外疫情蔓延近期能得到有效控制，国际经济环境不出现较大变化的前提下，初步预计二季度后期有色金属产业运行有望恢复企稳，下半年反映有色金属行业运行的产品产量及需求量、固定资产投资、市场价格及企业效益有望逐步恢复到正常水平。

（二）相关对策建议

一是落实《关于阶段性降低企业用电成本支持企业复工复产的通知》时精准施策，建议将铜、铝压延加工行业小类及铜冶炼等非高能耗行业小类纳入本次临时电价优惠政策实施范畴。

二是疫情期间有色金属企业销售周期延长，销售回款减少，资金紧张，应努力推进国家出台的税收减免、金融扶持、降准降息等政策，对受疫情冲击严重的企业提供优惠利率信贷，给予特殊时期还本付息企业延期支付等政策支持。

三是在疫情期间主要冶炼企业生产基本保持正常，但多数铜、铝材加工企业以及房地产、蓄电池、电镀、空调等下游消费领域企业均将延迟开工，导致对金属需求暂时下降，冶炼企业和社会有色金属库存增加，价格下跌，企业经营困难。对此建议启动收储，可有效缓解有色金属生产企业库存增加、价格下跌、企业经营等困难，并为下游对有色金属有需求的企业复工复产提供金属供应的储备。

四是由于硫酸胀库及原材料、燃料短缺等原因，已复工复产重金属冶炼企业出现部分产能停产、减产，为此，建议国家协调有关部门暂缓硫酸及生产硫酸的原料进口。

五是建议精简项目审批流程，积极开展线上审批。对因疫情影响而造成的工程项目进度滞后的情况，建议政府部门在办理项目备案、审批、办证等程序上，尽可能简化程序，开通网上办理，缩短审批进程；对有时间限制要求、需企业办理的事项，根据疫情影响实际情况，予以延期。

注：

［1］有色金属产量数据来自国家统计局，其中 2019 年十种有色金属合计及精炼铜、原铝产量为公报数，其余数据为快报数，上年增长速度按可比口径计算。

［2］经济效益数据来自国家统计局。

［3］固定资产投资数据来自国家统计局。

［4］进出口数据来自海关总署。

［5］市场价格来自期货交易所。

［6］主要生产技术指标来自中国有色金属工业协会。

［7］主营活动利润＝主营业务收入－主营业务成本－销售费用－管理费用－财务费用。

［8］营业总成本＝主营业务成本＋销售费用＋管理费用＋财务费用；三项费用＝销售费用＋管理费用＋财务费用。

2020 年有色金属工业经济运行概况

中国有色金属工业协会

2020 年，面对突如其来的新冠疫情，在以习近平同志为核心的党中央坚强领导下，有色金属行业坚决贯彻落实党中央、国务院统筹推进疫情防控和经济社会发展的决策部署，推进复工复产工作，有效推进控产能、促转型，加快高端产业发展，推动行业向高质量发展。2020 年，有色金属工业在一季度探底后，从二季度起走出恢复性向好的态势。2020 年有色金属工业生产、效益及铜、铝年均价格好于 2019 年水平，但固定资产投资及出口额低于 2019 年水平。"十三五"期间，有色金属生产、消费稳中有升，投资稳中趋降，2020 年规模以上有色金属工业企业效益明显回升。

一、有色金属工业经济运行情况

（一）有色金属生产、消费平稳增长

2020 年十种常用有色金属冶炼产品产量稳中有升，铜、铝材产量从 4 月起恢复正增长，六种精矿产量从 5 月起恢复正增长。根据国家统计局统计，2020 年中国十种有色金属产量首次超过 6000 万吨大关，达到 6188.4 万吨，同比增长 5.5%。其中，一季度同比增长 2.1%，上半年同比增长 2.9%，前三个季度同比增长 3.5%。其中，精炼铜产量 1002.5 万吨，同比增长 2.5%；原铝产量 3708.0 万吨，同比增长 5.6%；氧化铝产量 7313.2 万吨，同比增长 0.3%；铜材产量 2045.5 万吨（尚未扣除企业

间重复统计约 200 万吨），同比增长 0.9%；铝材产量 5779.3 万吨（尚未扣除企业间重复统计约 1300 万吨），同比增长 8.6%。2020 年 12 月十种有色金属日均产量达到 18.5 万吨，同比增长 8.6%。其中，原铝日均产量 10.5 万吨，同比增长 7.6%。

2020 年，中国精炼铜消费量为 1290 万吨，比 2019 年增长 4.9%；原铝消费量为 3780 吨，比 2019 年增长 5.3%（见图 1）。"十三五"期间，精炼铜年消费量增加约 300 万吨，年均增长 5.4%；原铝年消费量增加约 830 万吨，年均增长 5.1%。

2020 年，中国全铜人均年消费量 10.4 千克，比 2019 年增长 5.5%；全铝人均年消费量 29.1 千克，比 2019 年增长 6.3%（见图 2、图 3）。"十三五"期间，全铜人均年消费量增加 2.2 千克，年均增长 5.0%；全铝人均年消费量增加 6.0 千克，年均增长 4.7%。

（二）投资降幅逐步收窄

据国家统计局统计，2020 年有色金属工业（包括独立黄金企业）完成固定资产总投资额同比下降 1.0%。其中，一季度下降同比 11.4%，上半年同比下降 8.9%，前三个季度同比下降 7.0%。其中，矿山采选业完成固定资产投资同比下降 4.0%；冶炼和压延加工业完成固定资产投资同比下降 0.4%。

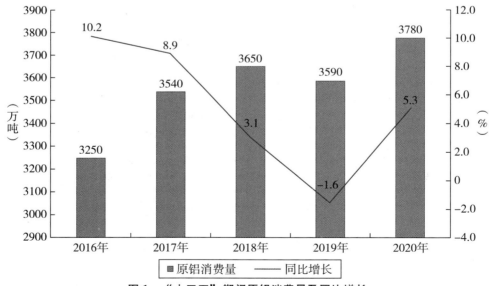

图 1　"十三五"期间原铝消费量及同比增长

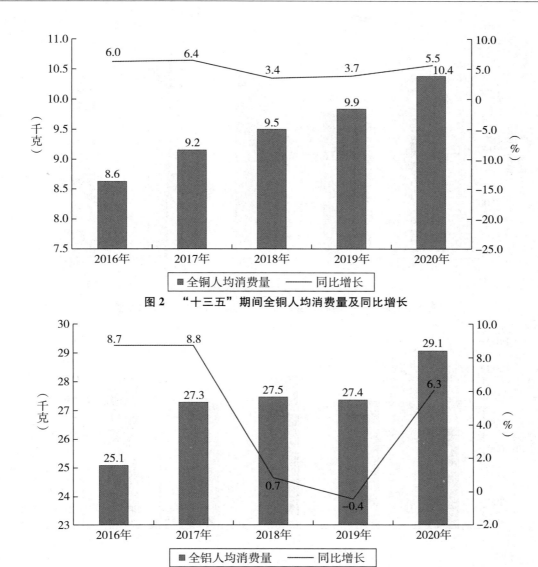

图 2 "十三五"期间全铜人均消费量及同比增长

图 3 "十三五"期间全铝人均消费量及同比增长

（三）有色金属矿产资源进口增加，铝材、稀土等出口回落

1. "十三五"期间有色金属进出口总额小幅增长

根据海关统计数据整理，2020 年有色金属进出口贸易总额（含黄金贸易额）1542.4 亿美元，同比下降 11.3%。其中，进口额 1250.5 亿美元，同比下降 13.2%；出口额 291.9 亿美元，同比下降 2.2%（见图 4）。"十三五"期间有色金属进出口总额（含黄金贸易额）年均增长 3.4%。

2020 年，有色金属进出口贸易总额（不含黄金贸易额）1329.8 亿美元，同比增长 7.7%。其中，进口额 1136.4 亿美元，同比增长 13.2%（见图 5）；出口额 256.5 亿美元，同比下降 11.6%（见图 6）。贸易逆差为 879.8 亿美元，同比增长 23.4%。"十三五"期间有色金属进出口总额（不含黄金贸易额）年均增长 3.3%。其中，进口额年均增长 5.5%，出口额年均下降 1.3%。

2. 未锻轧铜进口大幅增长，铜废碎料进口下降

2020 年，铜产品进口额为 823.2 亿美元，同比增长 18.9%，占有色金属产品进口额（不含黄金贸易额）的 72.4%；出口额为 54.9 亿美元，同比下降 9.3%；贸易逆差为 768.3 亿美元，占有色金属贸易逆差的 87.3%。2020 年，进口铜精矿实物量 2178.7 万吨，同比下降 0.9%；进口粗铜（阳极铜）103.0 万吨，同比增长 36.4%；进口未锻轧铜 501.6 万吨，同比增长 34.9%；进口铜材 61.6 万吨，同比增长 22.4%；进口铜废碎料实物量 94.4 万吨，同比下降 36.5%。2020 年，出口未锻轧铜 21.2 万吨，同比下降 32.9%；出口铜材 53.8 万吨，同比增长 2.7%。2020 年，净进口未锻轧铜 489.4 万吨，同比增长 43.8%。

"十三五"期间，中国铜精矿进口量年均增长 10.3%，未锻轧铜进口量年均增长 6.2%，铜废碎料进口实物量年均下降 23.7%。

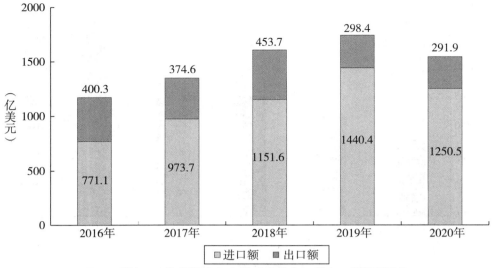

图4　"十三五"期间有色金属（含黄金）进出口额增减趋势

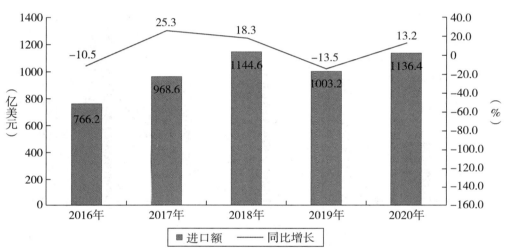

图5　"十三五"期间有色金属（不含黄金）进口额及同比增长

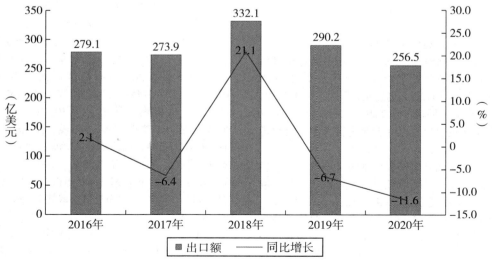

图6　"十三五"期间有色金属（不含黄金）出口额及同比增长

3. 进口铝土矿增加，出口铝材下降

2020 年，铝产品进口额为 136.6 亿美元，同比增长 28.2%；出口额为 135.1 亿美元，同比下降 13.6%，占有色金属产品出口额（不含黄金贸易额）的 52.4%。2020 年，进口铝土矿 11155.8 万吨，同比增长 10.8%；进口氧化铝 380.6 万吨，同比增长 131.3%；进口未锻轧铝 229.8 万吨，同比增长 6.9 倍；进口铝材 40.7 万吨，同比增长 14.7%；进口铝废料实物量 82.5 万吨，同比下降 40.8%。2020 年，出口氧化铝 15.5 万吨，同比下降 43.8%；出口未锻轧铝 23.4 万吨，同比下降 61.2%；出口铝材 462.6 万吨，同比下降 9.9%。2020 年，净出口铝材 422.9 万吨，同比下降 15.3%。

"十三五"期间，中国铝材出口量总体呈前增后降的态势，2018 年出口量达到 523.3 万吨后，2019 年、2020 年持续下降，但"十三五"期间仍年均增长 1.9%。中国铝土矿进口量年均增长 14.7%，铝废料进口实物量年均下降 16.9%。

4. 进口未锻轧铅、锌及铅精矿减少，进口锌精矿增加

2020 年，铅产品进口额 18.3 亿美元，同比下降 25.2%；出口额为 0.3 亿美元，同比下降 61.6%。2020 年，进口铅精矿实物量 133.5 万吨，同比下降 17.2%；进口未锻轧铅 6.5 万吨，同比下降 64.5%。

2020 年，锌产品进口额 44.2 亿美元，同比下降 3.8%；出口额为 1.5 亿美元，同比下降 35.3%。2020 年，进口未锻轧锌 61.5 万吨，同比下降 11.2%；进口锌精矿实物量 382.2 万吨，同比增长 20.4%。

5. 进口镍矿、钴矿均下降

2020 年，镍产品进口额为 56.2 亿美元，同比下降 27.3%；出口额为 5.4 亿美元，同比下降 38.2%。2020 年，进口镍矿实物量 3912.2 万吨，同比下降 30.3%；进口未锻轧镍 13.2 万吨，同比下降 32.2%。"十三五"期间，中国镍矿进口量 2019 年高达 5615.9 万吨，2020 年回落为 3912.2 万吨，但仍年均增长 2.2%（见图 7）。

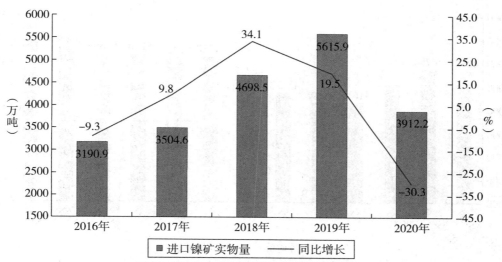

图 7　"十三五"期间进口镍矿及同比增长

2020 年，钴产品进口额为 2.3 亿美元，同比下降 23.9%；出口额为 1.8 亿美元，同比下降 18.0%。2020 年进口钴矿实物量为 5.3 万吨，同比下降 41.7%；进口钴及钴制品 488 吨，同比下降 21.1%。

6. 镁产品出口减少，钛矿进口增加

2020 年，镁产品出口额为 9.6 亿美元，同比下降 16.2%；出口未锻轧镁为 31.1 万吨，同比下降 12.0%；出口镁粒、镁粉 6.9 万吨，同比下降 18.0%；出口镁材及制品 7617 吨，同比下降 0.5%。

2020 年，钛产品进口额为 10.7 亿美元，同比增长 0.2%；进口钛矿实物量为 301.4 万吨，同比增长 15.3%；进口海绵钛 4723 吨，同比下降 33.8%。"十三五"期间，中国钛矿进口量年均增长 9.9%。

7. 进口钨锡锑矿下降、进口钼矿增长，多数钨钼锡锑冶炼加工产品出口下降

2020 年，钨产品进口额为 0.9 亿美元，同比下降 7.6%；出口额为 3.2 亿美元，同比下降 57.9%。进口钨矿实物量为 1954 吨，同比下降 31.3%；出口钨材及钨制品量为 4383 吨，同比下降 15.5%；出口钨酸盐为 2802 吨，同比下降 47.2%；出口氧化钨及氢氧化钨为 3968 吨，同比下降 49.4%。

2020 年，钼产品进口额为 5.2 亿美元，同比增长 59.0%；出口额为 4.4 亿美元，同比下降 3.6%。进口钼矿实物量为 40003 吨，同比增长 88.5%；出口钼矿实物量为 2356 吨，同比下降 39.1%。出口钼材及钼制品为 4241 吨，同比下降 21.5%；出口钼酸盐为 2080 吨，同比增长 20.5%；出口氧化钼及氢氧化钼为 2356 吨，同比下降 39.1%。"十三五"期间，中国钼矿进口量年均增长 23.4%。

2020 年，锡产品进口额为 9.6 亿美元，同比增长 17.6%；出口额为 1.3 亿美元，同比增长 13.2%。进口锡矿实物量为 15.8 万吨，同比下降 11.2%；出口未锻轧锡为 4484 吨，同比下降 26.9%。

2020年，锑产品进口额为1.3亿美元，同比下降19.8%；出口额为2.4亿美元，同比下降27.8%。进口锑矿实物量为4.3万吨，同比下降31.6%；出口未锻轧锑为8105吨，同比下降36.2%；出口氧化锑为37457吨，同比下降11.1%；出口硫化锑为244吨，同比下降77.2%。

8. 稀土出口额回落、进口额增加

2020年，稀土产品进口额为5.1亿美元，同比增长51.4%；出口额为3.4亿美元，同比下降21.9%。2020年出口稀土金属及氧化物35448吨，同比下降23.5%。"十三五"期间中国稀土出口呈前增后降的态势。

9. 黄金进口额下降、出口额增长，银产品进口额、出口额均增长

2020年，未锻轧银、银首饰及零件进口额为16.2亿美元，同比增长22.0%；出口额为31.3亿美元，同比增长65.2%。黄金进口额为114.2亿美元，同比下降73.9%；出口额为35.4亿美元，同比增长332.1%。

（四）主要金属品种价格筑底后反弹，铜、铝年均价高于2019年均价

1. 铜价筑底后率先反弹，年底收盘价创"十三五"期间年底收盘价的新高

2020年年底，LME及上海期货交易所（以下简称"上期所"）三月期铜收盘价分别为7766美元/吨和57870元/吨，比2019年年底收盘价分别上涨24.9%和17.2%。12月LME三月期铜均价为7771.5美元/吨，环比回升9.8%，同比上涨27.7%；12月上期所三月期铜均价为57960元/吨，环比回升9.0%，同比上涨18.6%；12月国内现货市场铜均价57932元/吨，环比回升9.1%，同比上涨19.3%（见图8）。

2020年年底，LME及上期所三月期铜收盘价分别为"十三五"期间年末收盘价的最高值。2020年国内现货市场铜年均价48752元/吨，同比上涨2.1%（见图9）。国内铜现货市场年均价为"十三五"期间第三高。

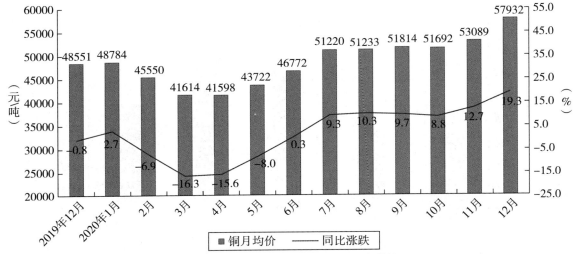

图8　国内市场铜现货月均价及同比增长

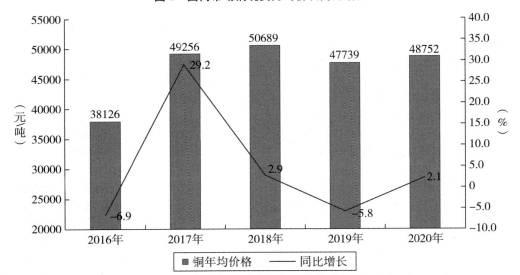

图9　"十三五"期间国内市场铜现货年均价及同比增长

2. 铝价筑底后反弹，且国内市场铝价好于国际市场

2020 年年底，LME 及上期所三月期铝收盘价分别为 1979.5 美元/吨和 15265 元/吨，分别比 2019 年年底收盘价下降 0.9%、上涨 8.9%。12 月 LME 三月期铝均价为 2028.9 美元/吨，环比回升 4.3%，同比上涨 14.0%；12 月上期所三月期铝均价为 15770.2 元/吨，环比回升 5.2%，同比上涨 13.1%；12 月国内现货市场铝均价 16480 元/吨，环比回升 5.4%，同比上涨 15.6%（见图 10）。

2020 年年底，LME 三月期铝收盘价仅次于 2017 年年底收盘价 2268 美元/吨，为"十三五"期间年底收盘价的次高值；上期所三月期铝收盘价为"十三五"期间年底收盘价的最高值。2020 年国内现货市场铝年均价 14193 元/吨，同比上涨 1.7%（见图 11）。

3. 国内外市场铅价筑底后反弹

2020 年年底，LME 及上期所三月期铅收盘价分别为 1994 美元/吨和 14740 元/吨，分别比 2019 年年底收盘价上涨 0.1%、下降 2.3%。12 月 LME 三月期铅均价为 2028.6 美元/吨，环比回升 5.1%，同比回升 5.9%；12 月上期所三月期铅均价为 14927.2 元/吨，环比回升 1.1%，同比下跌 0.8%；12 月国内现货市场铅均价 14805.4 元/吨，环比回落 0.1%，同比下跌 3.2%。2020 年国内现货市场铅年均价 14770 元/吨，同比下跌 11.3%，跌幅比 2019 年收窄 1.7 个百分点（见图 12）。

4. 三月期锌收盘价高于 2019 年年底收盘价

2020 年年底，LME 及上期所三月期锌收盘价分别为 2751.0 美元/吨和 20600 元/吨，分别比 2019 年年底收盘价上涨 19.3% 和 14.3%。12 月 LME 三月期锌均价为 2809.2 美元/吨，环比回升 4.7%，同比上涨 23.8%；12 月上期所三月期锌均价为 21392.8 元/吨，环比回升 4.3%，同比上涨 17.8%；12 月国内现货市场锌均价 21753.0 元/吨，环比回升 4.6%，同比上涨 17.1%（见图 13）。

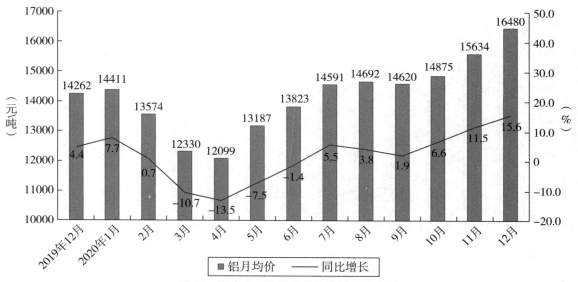

图 10　国内市场铝现货月均价及同比增长

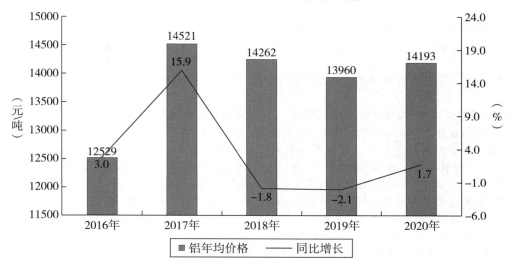

图 11　"十三五"期间国内市场铝现货年均价及同比增长

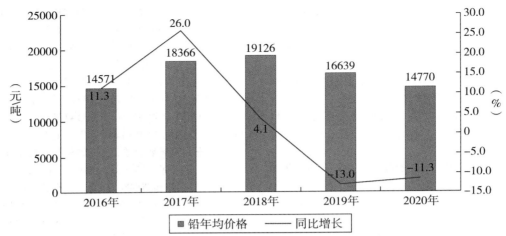

图 12　"十三五"期间国内市场铅现货年均价及同比增长

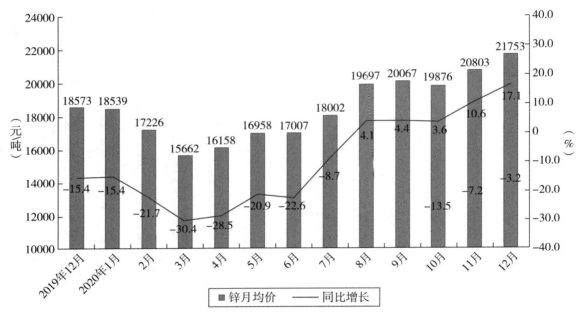

图 13　国内市场锌现货月均价及同比增长

2020 年，国内现货市场锌年均价 18496.0 元/吨，同比下跌 9.7%，跌幅比 2019 年收窄 3.8 个百分点（见图14）。

（五）规模以上有色金属企业实现利润明显好于 2019 年

1. 规模以上有色金属企业实现利润逐季度回升

根据国家统计局统计，2020 年 8607 家规模以上有色金属工业企业（包括独立黄金企业）实现营业收入 58266.5 亿元，同比增长 3.9%；实现利润总额 1833.2 亿元，同比增长 19.2%。其中，一季度实现利润 153.3 亿元，同比下降 31.4%；二季度实现利润 340.0 亿元，环比增长 121.8%，同比下降 23.0%，上半年实现利润下降 25.8%；三季度实现利润 607.4 亿元，环比增长 78.6%，同比增长 50.2%，前三个季度实现利润增长 2.9%；四季度实现利润 732.5 亿元，环比增长 20.6%，同比增长

56.2%（见图 15）。

"十三五"期间，规模以上有色金属企业（含黄金企业）实现利润 2016 年、2017 年增长，2018 年、2019 年下降，2020 年按可比口径计算明显回升（见图 16）。

2020 年，8263 家规模以上有色金属工业企业（不包括独立黄金企业，下同）实现营业收入 53706.9 亿元，同比增长 3.0%；实现利润总额 1611.5 亿元，同比增长 14.9%。其中，独立矿山企业实现利润 236.8 亿元，同比增长 2.4%。其中，一季度实现利润 116.3 亿元，同比下降 40.2%；二季度实现利润 281.6 亿元，环比增长 142.1%，同比下降 30.7%，上半年实现利润同比下降 34.0%；三季度实现利润 544.7 亿元，环比增长 93.4%，同比增长 47.2%，前三个季度实现利润同比下降 3.1%；四季度实现利润 668.9 亿元，环比增长 22.8%，同比增长 55.7%（见图 17）。

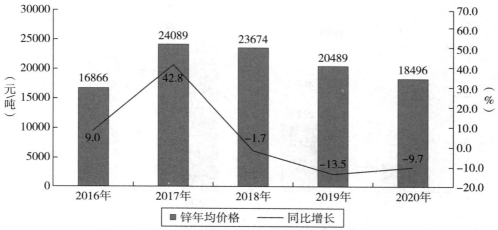

图14　"十三五"期间国内市场锌现货年均价及同比增长

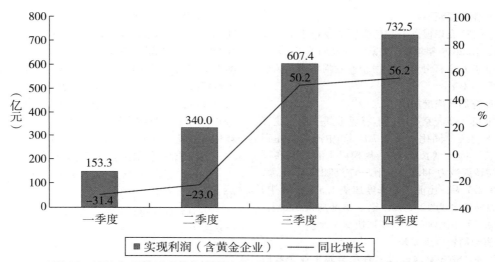

图15　2020年规模以上有色金属企业（含黄金企业）季度盈利及同比增长

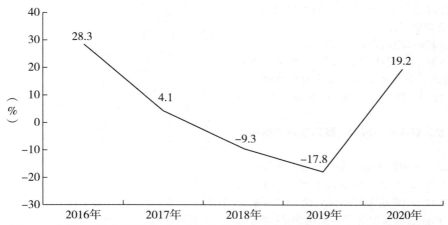

图16　"十三五"期间规模以上有色金属企业（含黄金企业）实现利润同比增长

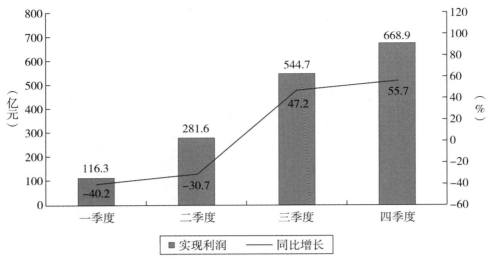

图 17　2020 年规模以上有色金属工业企业（不含黄金企业）季度盈利及同比增长

2. 亏损企业亏损额下降

2020 年，8263 家规模以上有色金属工业企业中亏损企业 1797 家，比 2019 年增加 53 家；亏损面为 21.7%，比 2019 年扩大 0.6 个百分点；亏损企业亏损额 377.8 亿元，同比减亏 13.0%。

3. 企业库存周转速度加快

2020 年年底，8263 家规模以上有色金属工业企业存货额为 6046.8 亿元，同比增长 2.7%，其中产成品库存额 1663.8 亿元，同比增长 5.8%。规模以上有色金属工业企业库存周转天数为 44.7 天，比一季度加快 12.1 天，比上半年加快 2.7 天，比前三个季度加快 1.5 天。其中，产成品库存周转天数为 12.2 天，比一季度加快 3.8 天，比上半年加快 1 天，比前三个季度加快 0.5 天。

4. 企业资金周转速度提升

2020 年年底，8263 家规模以上有色金属工业企业应收账款 3625.9 亿元，同比增长 18.4%。规模以上有色金属工业企业应收账款周转天数为 25.7 天，比一季度加快 6.7 天，比上半年加快 2.4 天，比前三个季度加快 1.1 天。

5. 资产负债率略有下降

2020 年年底，8263 家规模以上有色金属工业企业资产总额为 44863.6 亿元，同比增长 0.4%，负债总额为 27701.8 亿元，同比下降 1.6%。规模以上有色金属工业企业资产负债率为 61.75%，比 2019 年下降 1.28 个百分点。

6. 百元营业收入成本费用减少，降本增效取得初步成效

2020 年，8263 家规模以上有色金属工业企业每百元营业收入中的成本为 92.27 元，比 2019 年减少 0.32 元；每百元营业收入中的三项费用为 3.53 元，比 2019 年减少 0.38 元。即每百元营业收入中的成本费用为 95.80 元，比 2019 年减少 0.70 元。

（六）单位产品能耗下降

根据 2020 年初步统计数，原铝综合交流电耗为 13543 千瓦时/吨，同比增加 12 千瓦时/吨；铜冶炼综合能耗为 213.6 千克标准煤/吨，同比减少 12.5 千克标准煤/吨；铅冶炼综合能耗为 317.6 千克标准煤/吨，同比减少 18.6 千克标准煤/吨；电解锌冶炼综合能耗为 811.6 千克标准煤/吨，同比增加 7.9 千克标准煤/吨。按可比口径计算，"十三五"期间中国原铝综合交流电耗年均下降 0.1%，铜冶炼综合能耗年均下降 1.0%，铅冶炼综合能耗年均下降 4.6%，电解锌冶炼综合能耗年均下降 2.3%。

二、有色金属工业经济运行特点

（一）有色金属工业率先走出探底后恢复性向好态势

2020 年面对突如其来的新冠疫情，有色金属工业率先呈现出探底后恢复性向好的态势。十种常用有色金属冶炼产品产量稳中有升，铜、铝材产量从 4 月恢复正增长，六种精矿产量从 5 月恢复正增长。2020 年中国十种常用有色金属冶炼产品产量首次超过 6000 万吨，在全球主要有色金属中的比重稳定在 50% 以上，在全球有色金属总量规模领先优势十分突出，推动世界有色金属工业发展的作用进一步显现。

（二）有色金属价格跌入低谷后率先止跌回升

一是受疫情影响 3 月、4 月有色金属价格跌入低谷，从 5 月起开始明显回升，12 月主要金属品种价格已超过疫情前的价格水平；二是 2020 年国内现货市场铜、铝年均价相比 2019 年实现正增长；三是总体来看国内市场有色金属价格好于国际市场。

（三）规模以上有色金属工业企业效益高于 2019 年水平

一是规模以上有色金属工业企业实现利润逐季回升，全年实现利润明显高于 2019 年盈利水平；二是 34 个有色金属行业小类中，实现利润增长或减亏的行业小类达 25 个，占 73.5%；三是百元营业收入成本费用下降，降本增效的效果显现；四是企业库存及资金周转速度逐季加快；五是铝、黄金等金属品种对规模以上有色金属工业企业利润增长的拉动明显，其中铝拉动规模以上有色金属企业利润增长 14.2 个百分点，黄金拉动规模以上有色金属企业利润增长 5.5 个百分点。

三、促进产业高质量发展的保障措施及政策建议

（一）促进有色金属产业高质量发展的保障措施

"十四五"期间，中国有色金属工业将以确保供应链安全，加快产业链优化，促进价值链提升为重点。一是确保有色金属资源供给可控。要统筹国内外两种资源及原生、再生两种资源，在建设境外矿产资源基地的同时，加快建设再生资源基地，增强防范资源风险的能力。二是重点突破关键材料研发生产。以满足国家重大工程和高端装备等领域重大需求为导向，围绕"卡脖子"材料和技术开展技术攻关，争取全面突破。三是着力扩大有色金属应用范围，促进国内消费升级。四是坚持供给侧结构性改革，有效控制过剩产能非理性扩张。五是降低成本费用，增强盈利能力，有效提升产业资产利润率和营业收入利润率。

（二）政策建议

一是构建广义有色金属产业链间的交流协作机制，加大科技创新力度，拓展有色金属应用领域。二是加快构建以国内大循环为主体，国内国际双循环相互促进的有色金属产业发展格局，强化并规范企业在境外投资办矿活动。三是加快建设再生资源基地，科学充分利用国内的再生有色金属资源。四是重新审定"两高一资"概念和适用领域。五是充分发挥行业协会作用，提升行业协会在全球有色金属产业发展和市场供应链的影响力和话语权。

注：

［1］2016 年至 2019 年的数字为中国有色金属工业协会正式年报数。2020 年十种有色金属产量合计及精炼铜、原铝产量为国家统计局公报数，其余数据为国家统计局快报数。

［2］经济效益数据来自国家统计局。

［3］固定资产投资数据来自国家统计局。

［4］进出口数据来自海关总署，由中国有色金属工业协会整理。

［5］市场价格来自期货交易所。

［6］主要生产技术指标来自中国有色金属工业协会。

［7］营业总成本=营业成本+销售费用+管理费用+财务费用；三项费用=销售费用+管理费用+财务费用。

2021年有色金属工业经济运行概况

中国有色金属工业协会

2021年，面对复杂严峻的国际环境和国内疫情汛情等多重考验，有色金属工业、有色金属企业认真贯彻落实党中央、国务院的宏观政策及有关部委制定的产业政策，实现了"十四五"良好开局。2021年，中国有色金属生产保持平稳增长，固定资产投资恢复增长，规模以上有色金属企业实现利润创历史新高，保供稳价成效明显，国际竞争力有所提升。

一、有色金属工业实现"十四五"良好开局

（一）有色金属生产、消费平稳增长

根据国家统计局数据（其中，十种常用有色金属、精炼铜、原铝产量为统计公报数），2021年十种常用有色金属产量为6477.1万吨，比2020年增长4.7%，两年平均增长5.1%。其中，精炼铜产量1048.7万吨，同比增长4.6%，两年平均增长3.5%；原铝产量3850.3万吨，同比增长3.8%，两年平均增长4.7%。氧化铝产量7745.5万吨，比2020年增长5.0%。铜材产量2123.5万吨，比2020年下降0.9%；铝材产量6105.2万吨，比2020年增长7.4%。

2021年十种有色金属及原铝日均产量前高后低。2021年12月，十种有色金属日均产量17.7万吨，同比下降3.8%。其中，原铝日均产量10.0万吨，同比下降4.0%。

精炼铜、原铝消费保持增长。初步测算，2021年中国精炼铜消费量为1350万吨，比2020年增长4.7%；原铝消费量为3965万吨，比2020年增长4.9%。

（二）有色金属工业固定资产投资实现增长

根据国家统计局数据，有色金属工业企业（包括独立黄金企业）完成固定资产总投资经过几年下降后，2021年实现增长。其中，矿山采选业完成固定资产投资额比2020年增长1.9%，两年平均下降1.1%；冶炼和压延加工业完成固定资产投资额比2020年增长4.6%，两年平均增长2.1%。有色金属工业完成民间固定资产投资额增长较快。其中，矿山采选业完成民间投资额比2020年增长12.3%，冶炼和压延加工业完成民间投资额同比增长11.0%。

（三）有色金属产品进出口好于预期

1. 2021年有色金属进出口总额大幅增长

根据海关统计数据整理，2021年有色金属进出口贸易总额（含黄金贸易额）2616.2亿美元，比2020年增长67.8%。其中，进口额2151.8亿美元，同比增长71.0%；出口额464.5亿美元，同比增长54.6%。

2. 未锻轧铜进口下降，铜精矿进口增长

2021年，铜产品进口额为1215.5亿美元，比2020年增长47.7%，占有色金属产品进口额（不含黄金贸易额）的72.4%；出口额为93.6亿美元，比2020年增长70.5%。铜产品贸易逆差为1121.9亿美元，占有色金属贸易逆差的90.0%。

2021年，进口铜精矿实物量2340.4万吨，比2020年增长7.6%；进口未锻轧铜401.0万吨，比2020年下降20.1%；进口铜材56.5万吨，比2020年下降8.3%。2021年，出口未锻轧铜26.7万吨，比2020年增长25.6%；出口铜材66.6万吨，比2020年增长23.6%。2021年，净进口未锻轧铜374.3万吨，比2020年下降23.5%。

3. 进口铝土矿减少，出口铝材增加

2021年，铝产品进口额为181.4亿美元，比2020年增长32.8%；出口额为197.9亿美元，比2020年增长46.6%，占有色金属产品出口额（不含黄金贸易额）的45.7%。2021年，进口铝土矿10737万吨，比2020年下降3.8%；进口氧化铝332.6万吨，比2020年下降12.3%；进口未锻轧铝273.5万吨，比2020年增长19.0%；进口铝材55.5万吨，比2020年增长36.4%。2021年，出口氧化铝12.0万吨，比2020年下降22.4%；出口未锻轧铝15.8万吨，比2020年下降29.5%；出口铝材546.1万吨，比2020年增长17.8%。2021年，净出口铝材490.6万吨，比2020年增长16.0%。

4. 进口未锻轧铅、未锻轧锌及铅、锌精矿均减少

2021年，铅产品进口额19.6亿美元，比2020年增长7.2%；出口额为2.5亿美元，比2020年增长8.9倍。2021年，进口铅精矿实物量120.2万吨，比2020年下降8.2%；进口未锻轧铅5.2万吨，比2020年下降19.9%。2021年，出口未锻轧铅10.0万吨，比2020年增长近18倍。

2021年，锌产品进口额54.7亿美元，比2020年增长23.8%；出口额为1.0亿美元，比2020年下降47.0%。2021年，进口未锻轧锌52.0万吨，比2020年下降15.4%；进口锌精矿实物量364.1万吨，比2020年下降4.8%。

（四）主要有色金属价格高位震荡回调

1. 国内外市场铜价创历史新高

2021年年底，LME及上期所三月期铜收盘价分别为9720.5美元/吨和70520.0元/吨，比2020年年底收盘价分别上涨25.2%和21.9%，比11月末收盘价分别回升了

2.9% 和 1.8%。12 月 LME 三月期铜均价为 9523.3 美元/吨，环比回落 0.7%，同比上涨 22.5%；12 月上期所三月期铜均价为 69383.5 元/吨，环比回落 0.8%，同比上涨 19.7%；12 月国内现货市场铜均价 69683 元/吨，环比回落 2.1%，同比上涨 20.3%（见图 1）。2021 年第四季度国内现货市场铜均价 71093.1 元/吨，环比回升 2.2%，同比上涨 31.1%。2021 年国内现货市场铜年均价 68490.0 元/吨，比 2020 年均价上涨 40.5%，创历史新高。

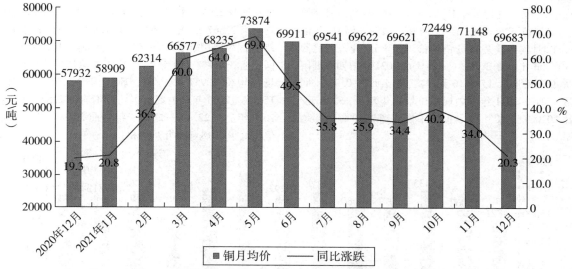

图 1　2020 年 12 月及 2021 年国内现货市场铜月均价及涨跌幅度

2. 国内外市场铝价大幅度上涨

2021 年年底，LME 及上期所三月期铝收盘价分别为 2807.5 美元/吨和 20415 元/吨，比 2020 年年底的收盘价分别上涨 41.8% 和 33.7%，比 11 月末收盘价分别回升 7.0% 和 7.5%。12 月 LME 三月期铝均价为 2693.4 美元/吨，环比回升 1.8%，同比上涨 32.8%；12 月上期所三月期铝均价为 19520.2 元/吨，环比回升 1.3%，同比上涨 23.8%；12 月国内现货市场铝均价 19357 元/吨，环比回升 1.1%，同比上涨 17.5%（见图 2）。2021 年第四季度国内现货市场铝均价 20312.5 元/吨，环比回落 1.5%，同比上涨 29.7%。2021 年国内现货市场铝年均价 18946 元/吨，比 2020 年均价上涨 33.5%，创近 13 年来的新高，但仍低于 2006 年、2007 年的年均价。

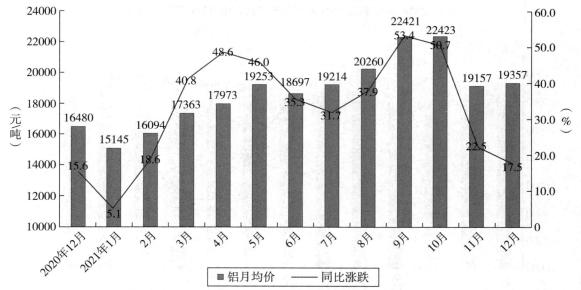

图 2　2020 年 12 月及 2021 年国内现货市场铝月均价及涨跌幅度

3. 国内外市场铅价呈恢复性上涨的态势

2021年年底，LME及上期所三月期铅收盘价分别为2304美元/吨和15390元/吨，比2020年年底的收盘价分别上涨15.5%和4.4%，比11月末收盘价分别回升1.3%和0.3%。12月LME三月期铅均价为2278.1美元/吨，环比回落1.7%，同比上涨12.3%；12月上期所三月期铅均价为15446.5元/吨，环比回落0.1%，同比上涨3.5%；12月国内现货市场铅均价15354元/吨，环比回升0.3%，同比上涨3.7%（见图3）。2021年第四季度国内现货市场铅均价15356.6元/吨，环比回升0.3%，同比上涨4.2%。2021年国内现货市场铅年均价15278元/吨，比2020年上涨3.4%，但仍未恢复到2019年的年均价水平。

4. 国内外市场锌价比上年上涨

2021年年底，LME及上期所三月期锌收盘价分别为3534美元/吨和24145元/吨，比2020年年底收盘价分别上涨28.5%和17.2%，比11月末收盘价分别回升10.4%和5.8%。12月LME三月期锌均价为3354.8美元/吨，环比回升2.9%，同比上涨19.4%；12月上期所三月期锌均价为23567元/吨，环比回升1.4%，同比上涨10.2%；12月国内现货市场锌均价23657元/吨，环比回升1.2%，同比上涨8.8%（见图4）。2021年第四季度国内现货市场锌均价23957.4元/吨，环比回升5.7%，同比上涨15.1%。2021年国内现货市场锌年均价22578元/吨，比2020年上涨22.1%，略高于疫情前2019年的年均价格，但仍低于2018年的年均价格。

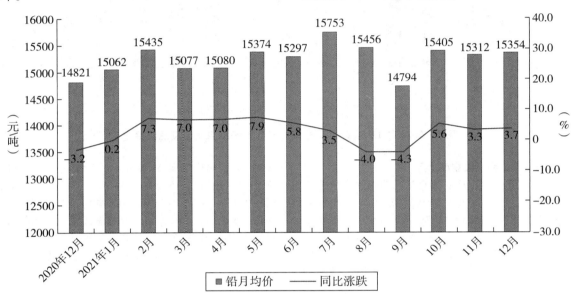

图3　2020年12月及2021年国内现货市场铅月均价及涨跌幅度

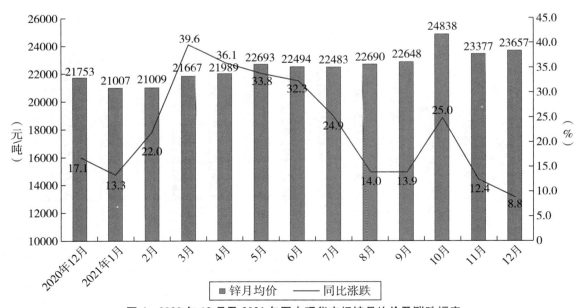

图4　2020年12月及2021年国内现货市场锌月均价及涨跌幅度

（五）规模以上有色金属工业企业实现利润创历史新高

1. 规模以上有色金属工业企业实现利润大幅增长

2021年，规模以上有色金属工业企业（不包括独立黄金企业，下同）实现营业收入比2020年增长34.4%；实现利润总额比2020年增长121.4%，两年平均增长58.2%。2021年，规模以上有色金属工业企业亏损面比2020年缩小3.4个百分点，亏损企业亏损额比2020年下降31.6%。

2. 企业库存周转加快

2021年，规模以上有色金属工业企业库存周转天数为36.8天，比2020年加快7.9天。其中，产成品库存周转天数为10.1天，比2020年加快2.1天。

3. 企业资金周转加快

2021年年底，规模以上有色金属工业企业应收账款占营业收入的6.3%，比2020年减少0.7个百分点。2021年，规模以上有色金属工业企业应收账款周转天数为20.7天，比2020年加快7天。

4. 负债增幅小于资产增幅，资产负债率下降

2021年年底，规模以上有色金属工业企业负债额比2020年增长7.3%，增幅比资产总额增幅低1.6个百分点。2021年年底，规模以上有色金属工业企业资产负债率为60.1%，比2020年下降0.9个百分点。

5. 百元营业收入中的成本费用下降

2021年，规模以上有色金属工业企业每百元营业收入中的成本为90.9元，比2020年减少1.3元；每百元营业收入中的费用为2.9元，比2020年减少0.6元。即每百元营业收入中的成本费用为93.8元，比2020年减少1.9元。

二、有色金属工业经济运行特点

（一）有色金属生产呈现前高后稳态势

2021年，受疫情、汛情、煤电短缺以及2020年基数等因素的影响，有色金属生产增幅呈现出前高后稳的态势。十种常用有色金属冶炼产品产量一季度增长11.7%，上半年增长11.0%，前三个季度增长7.9%，全年增长4.7%。其中，原铝产量一季度增长8.8%，上半年增长10.1%，前三个季度增长7.2%，全年增长3.8%。铜材产量一季度增长14.8%，上半年下降1.3%，前三个季度下降2.7%，全年下降0.9%；铝材产量一季度增长31.1%，上半年增长14.9%，前三个季度增长10.7%，全年增长7.4%。

（二）再生有色金属供应量增加

2021年，再生有色金属供应量增加，所占比重扩大。分金属品种看：再生铜供应量为370万吨（包括直接使用的再生铜），比2020年增长13.8%，两年平均增长5.8%，在铜供应量（包括矿产铜、再生铜、净进口未锻轧铜、储备铜）1539万吨中的比重为24.0%，比2020年增加了0.7个百分点。再生铝供应量为800万吨，比2020年增长10.3%，两年平均增长5.0%，在铝供应量

（包括原生铝、再生铝、净进口未锻轧铝、储备铝）4916万吨中的比重为16.4%，比2020年增加了0.6个百分点。再生铅供应量为270万吨，比2020年增长10.4%，两年平均增长6.4%，在铅供应量（包括矿产铅、再生铅、净进口未锻轧铅）575.3万吨中的比重为46.9%，比2020年增加了1.5个百分点。再生锌供应量90万吨，比2020年增长13.1%，两年平均增长12.4%，在锌供应量（包括矿产锌、再生锌、净进口未锻轧锌、储备锌）725.4万吨中的比重为12.4%，比2020年增加了0.8个百分点。

（三）有色金属消费恢复到疫情前水平

一是传统的建筑、电力、交通、包装、家电等行业对有色金属需求恢复到疫情前水平。二是与"双碳"相关的风电、光伏、新能源电池以及交通工具轻量化等对有色金属需求增加（如新能源电池对锂制品需求大幅度增加），成为拉动有色金属需求的新增长点。三是房地产投资和新开工面积增速放缓导致房地产对有色金属需求走弱。

（四）民间投资拉动有色金属产业投资实现正增长

2021年，有色金属工业完成固定资产投资总额比2020年增长4.1%，两年平均增长1.5%。尤其是民间有色金属固定资产投资额一季度增长22.1%，上半年增长19.8%，前三个季度增长13.2%，全年增长11.2%，两年平均增长5.6%，拉动有色金属投资实现正增长。

（五）有色金属保供稳价成效明显

一是国内外市场铜价创历史新高；铝价创近13年来的新高，但仍低于2006年、2007年的价格水平；铅价呈恢复性上涨的态势，但仍未恢复到疫情前2019年的价格水平；国内锌价比2020年明显上涨，但仍低于2018年的价格。二是有色金属价格在高位震荡回调。5月国内外市场铜价为年内高点，6月在高位回调，下半年总体呈高位震荡回落的态势；9月、10月国内外市场铝价为年内高点，然后在高位震荡回调；7月铅价为年内高点，然后呈震荡回调的态势；10月国内外市场锌价为年内高点，然后呈高位震荡回调的态势。

（六）有色金属企业管理水平进一步提升

2021年，有色金属企业的管理水平进一步提升。规模以上有色金属企业百元营业收入中成本费用比2020年减少了1.9元，应收账款在营业收入中的比重降低了0.7个百分点，存货在营业成本中的比重回落了1.4个百分点，资产负债率下降0.9个百分点，资产利润率提高4.1个百分点；规模以上有色金属企业营业收入利润率比2020年上升2.0个百分点。

三、促进产业高质量发展的保障措施及政策建议

（一）保障措施

一是要深刻认识碳达峰碳中和的重要性、紧迫性和复杂性，有效推进有色金属产业用能结构向绿色低碳转

型，切实推动智能制造、绿色低碳与有色金属产业发展的深度融合。二是要高度关注需求端对有色金属需求转型升级，积极推进有色金属材料供应的转型升级。三是以国际领先为标杆，加快高端产品与新材料研发，在满足国内需求的同时，促进有色金属产品进入国际市场。四是要努力构建技术先进、产品高端的有色金属产业链，打造节能低碳、生态环保的产业新格局，进一步提升有色金属产业的经济效益和社会效益。

（二）政策建议

一是构建广义有色金属产业链间的交流协作机制，加大产业智能制造力度，拓展有色金属产品的供应领域。二是政府有关部门研究把握有色金属产品价格顺周期、逆周期、跨周期调节的主动权，实现科学而精准的调控。三是密切关注国际主要经济体货币政策转向及其可能引发的有色金属价格大幅波动。四是针对全球能源危机蔓延，研究制定科学精准的应对预案，确保能源安全。五是政府部门规范市场舆论引导，发挥行业协会的作用，避免过度炒作供求及价格预期。

注：

[1] 2021 年十种有色金属及精炼铜、原铝产量为国家统计局公报数，2021 年其余产量数据均为国家统计局快报数，2021 年增长速度按可比口径计算。

[2] 经济效益数据来自国家统计局。

[3] 固定资产投资数据来自国家统计局。

[4] 进出口数据来自海关总署，由中国有色金属工业协会整理。

[5] 市场价格来自期货交易所。

[6] 主要生产技术指标来自中国有色金属工业协会。

[7] 营业总成本＝营业成本+销售费用+管理费用+财务费用；三项费用＝销售费用+管理费用+财务费用。

[8] 部分数据因四舍五入的原因，存在总计与分项合计不等的情况。

2022年有色金属工业经济运行概况

中国有色金属工业协会

2022年，面对复杂严峻的国内外形势，有色金属行业以习近平新时代中国特色社会主义思想为指导，坚决贯彻落实党中央、国务院有关决策部署，沉着应对风险挑战，奋力完成改革发展稳定任务，有色金属工业经济运行呈现出平稳向好态势。

一、有色金属工业经济运行概况

（一）有色金属生产、消费总体平稳

1. 有色金属工业生产稳中有升

国家统计局数据显示，2022年规模以上有色金属企业工业增加值比2021年增长5.2%，增速比全国规模以上工业增加值增速高1.6个百分点。

2022年，中国十种常用有色金属产量为6793.6万吨，按可比口径计算（下同）比2021年增长4.9%。其中，精炼铜产量为1106.3万吨，同比增长5.5%；原铝产量为4021.4万吨，同比增长4.4%。氧化铝产量8186.2万吨，同比增长5.6%；铜材产量2286.5万吨，同比增长5.7%；铝材产量6221.6万吨，同比下降1.4%。

2. 精炼铜、原铝消费保持增长，但原铝消费增幅放缓

据中国有色金属工业协会统计，2022年精炼铜消费量为1415万吨，比2021年增长4.8%；原铝消费量为3985万吨，同比增长0.5%，增速比2021年放缓4.4个百分点。

3. 全铜人均消费量保持增长、全铝人均消费量微幅回调

据中国有色金属工业协会统计，2022年全铜人均年消费量11.0千克，比2021年增长4.5%；全铝人均年消费量30.2千克，同比下降0.4%。

（二）固定资产投资增长较快

国家统计局数据显示，2022年有色金属矿采选业完成固定资产投资比2021年增长8.4%，增速比2021年加快6.5个百分点。有色金属冶炼和压延加工业完成固定资产投资比2021年增长15.7%，增速比2021年加快11.1个百分点，其中，民间投资增长19.5%，增速比2021年加快8.5个百分点。

（三）铜铝矿山原料进口及铝材出口创新高

根据海关统计数据整理，2022年有色金属进出口贸易总额3273.3亿美元，比2021年增长20.2%。其中，进口额2610.5亿美元，同比增长18.7%；出口额662.8亿美元，同比增长26.7%。贸易逆差为1947.7亿美元，比2021年增长16.2%。

1. 铜精矿、未锻轧铜、铜废碎料进口保持增长，铜材净出口成倍增加

2022年，铜产品进口额为1240.7亿美元，比2021年增长2.1%，占有色金属进口额的47.5%；出口额为95.7亿美元，同比增长2.3%。铜产品贸易逆差为1145.0亿美元，占有色金属贸易逆差的58.8%。2022年，进口铜精矿实物量2527.1万吨，比2021年增长8.0%（见图1）；进口粗铜（阳极铜）116.5万吨，同比增长24.3%；进口未锻轧铜423.7万吨，同比增长5.7%；进口铜材44.1万吨，同比下降21.9%；进口铜废碎料实物量177.1万吨，同比增长4.6%。2022年，出口未锻轧铜23.2万吨，比2021年下降12.9%；出口铜材68.4万吨，同比增长2.7%。2022年，净进口未锻轧铜400.5万吨，比2021年增长7.0%；净出口铜材24.3万吨，是2021年净出口量的2.4倍。

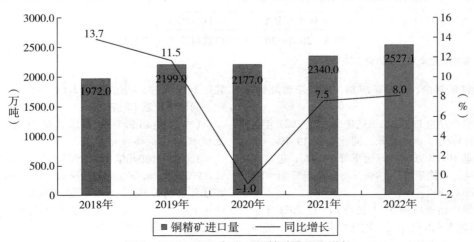

图1 2018—2022年进口铜精矿及同比增长

2. 进口铝土矿、出口铝材均创新高

2022年，铝产品进口额为192.6亿美元，比2021年增长6.2%，占有色金属进口额的7.4%；出口额为268.0亿美元，比2021年增加70.1亿美元，同比增长35.4%，占有色金属出口额的40.4%，拉动有色金属出口额增长13.4个百分点。2022年，进口铝土矿12547.1万吨，比2021年增长16.9%（见图2）；进口氧化铝199.0万吨，同比下降40.2%；进口未锻轧铝194.6万吨，同比下降28.8%；进口铝材44.5万吨，同比下降19.7%；进口铝废料实物量151.6万吨，同比增长47.4%。2022年，出口氧化铝4.7万吨，比2021年增长7.5%；出口未锻轧铝42.1万吨，同比增长166.9%；出口铝材618.2万吨，同比增长13.2%（见图3）。2022年，净出口铝材573.7万吨，比2021年增长16.9%。

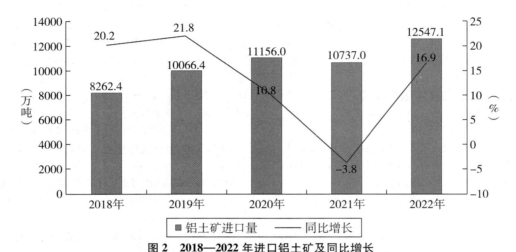

图2　2018—2022年进口铝土矿及同比增长

数据来源：中国有色金属工业协会、海关总署。

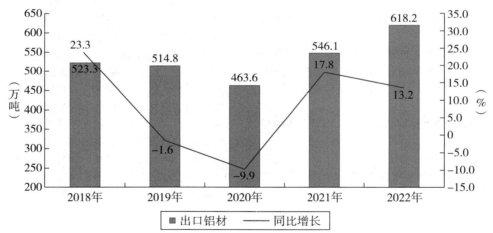

图3　2018—2022年出口铝材及同比增长

数据来源：中国有色金属工业协会、海关总署。

3. 进口铅精矿减少、锌精矿增加，出口未锻轧铅、未锻轧锌增加

2022年，铅产品进口额15.3亿美元，比2021年下降21.9%；出口额为3.0亿美元，同比增长19.7%。进口铅精矿实物量101.2万吨，同比下降15.7%；进口未锻轧铅4.1万吨，同比下降20.4%。出口未锻轧铅12.1万吨，同比增长21.8%。

2022年，锌产品进口额53.1亿美元，比2021年下降2.9%；出口额为4.0亿美元，同比增长近4倍。进口锌精矿实物量412.8万吨，同比增长13.4%；进口未锻轧锌14.2万吨，同比下降72.6%。出口未锻轧锌8.3万吨，同比增长近12倍。

（四）铜铝铅锌价格总体运行在合理区间，电池级碳酸锂价格成倍增长

1. 国内外市场铜价比2021年有所下跌

2022年，LME三月期铜均价为8800美元/吨，比2021年下跌5.3%；上期所三月期铜均价为66540元/吨，同比下跌2.7%；国内现货市场铜均价为67470元/吨，同比下跌1.5%（见图4）。

2. 受能源成本支撑，铝价比 2021 年上涨

2022 年，LME 三月期铝均价为 2716 美元/吨，比 2021 年上涨 9.3%；上期所三月期铝均价为 19912 元/吨，同比上涨 5.3%；国内现货市场铝均价为 20006 元/吨，同比上涨 5.6%（见图 5）。

3. 国内外市场铅价比 2021 年小幅下跌

2022 年，LME 三月期铅均价为 2149 美元/吨，比 2021 年下跌 1.9%；上期所三月期铅均价为 15319 元/吨，同比下跌 0.6%；国内现货市场铅均价为 15260 元/吨，同比下跌 0.1%（见图 6）。

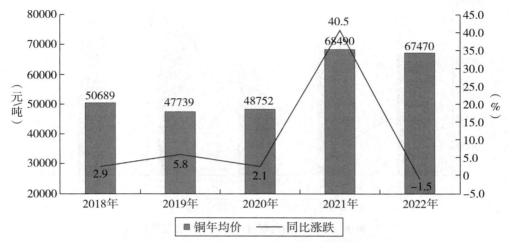

图 4　2018—2022 年国内现货市场铜年均价及涨跌幅度

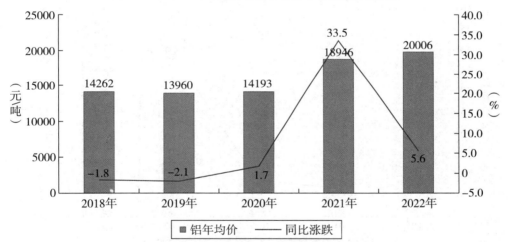

图 5　2018—2022 年国内现货市场铝年均价及涨跌幅度

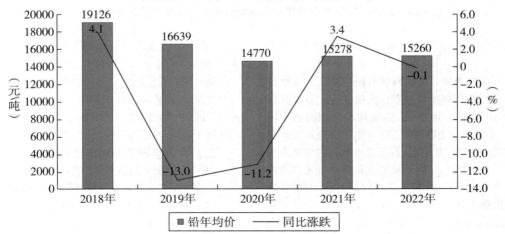

图 6　2018—2022 年国内现货市场铅年均价及涨跌幅度

4.国内外市场锌价比2021年上涨

2022年，LME三月期锌均价为3448美元/吨，比2021年上涨14.7%；上期所三月期锌均价为25081元/吨，同比上涨12.2%；国内现货市场锌均价为25154

元/吨，同比上涨11.4%（见图7）。

5.电池级碳酸锂价格比2021年成倍增加

2022年，国内现货市场电池级碳酸锂均价46.6万元/吨，比2021年上涨254.7%（见图8）。

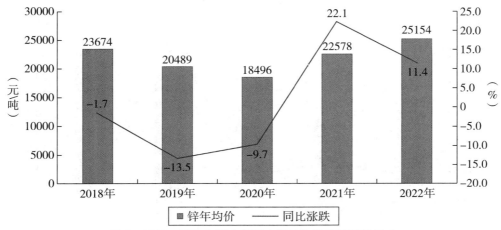

图7　2018—2022年国内现货市场锌年均价及涨跌幅度

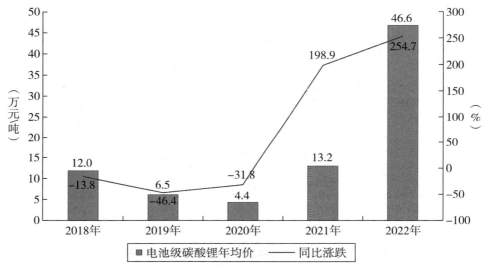

图8　2018—2022年国内现货市场电池级碳酸锂年均价及涨跌幅度

（五）规模以上有色金属工业企业经营压力加大

营业收入保持增长，实现利润有所下降。 国家统计局数据显示，2022年规模以上有色金属工业企业实现营业收入比2021年增长10.5%；实现利润总额同比下降8.0%；2022年年底，规模以上有色金属工业企业资产总额比2021年年底增长10.1%。**百元营业收入中的成本增加。** 2022年，规模以上有色金属工业企业每百元营业收入中的成本为92.2元，比2021年增加1.3元。**应收账款占营业收入比重上升。** 2022年，规模以上有色金属工业企业应收账款占营业收入的6.4%，比2021年上升0.4个百分点。

（六）铜、铝、铅冶炼综合能耗（电耗）进一步下降

据中国有色金属工业协会初步统计，2022年铜冶炼综合能耗比2021年下降4.6%；原铝（电解铝）综合交流电耗同比下降0.5%；铅冶炼综合能耗同比下降6.9%；电解锌冶炼综合能耗同比增长1.0%。

二、有色金属工业经济运行特点

（一）多数金属品种产量稳中有升

1.常用有色金属冶炼产品产量增速逐步回升

2022年，十种常用有色金属冶炼产品产量一季度同比增长0.9%，上半年增长1.0%，前三个季度增长2.8%，全年增长4.9%。其中，原铝产量占十种常用有色金属冶炼产品产量的60%，一季度同比下降0.4%，上半年增长0.7%，前三个季度增长2.8%，全年增长4.4%。氧化铝产量一季度同比下降3.5%，上半年增长2.3%，前三个季度增长4.4%，全年增长5.6%。

2. 铜材生产保持增长，铝材生产略有下降

2022年，铜材产量一季度同比增长5.7%，上半年增长2.4%，前三个季度增长6.3%，全年增长5.7%；铝材产量一季度同比下降0.5%，上半年下降2.8%，前三个季度下降0.9%，全年下降1.4%。2022年尽管新能源产业发展拉动铝板带箔材的消费，如汽车轻量化用铝型材、光伏用型材、电池用箔等产品保持供需两旺，但新能源产业的需求增量难以抵消房地产传统消费产业放缓带来的影响，致使铝材产销出现负增长。

（二）有色金属进出口贸易明显好于预期

1. 黄金、锂等金属品种进口拉动产业进口额增长，铝、硅、锂等金属品种出口拉动产业出口额增长

2022年有色金属进出口贸易额增长的主要特点：一是有色金属进出口贸易额大幅增长20.2%，增幅比全国商品进出口贸易总额的增幅高15.8个百分点，占全国商品进出口贸易总额的5.2%。二是有色金属进口贸易额占比较大的金属主要是铜和黄金等。2022年这两个金属品种进口额占有色金属进口贸易额的77%；拉动有色金属进口贸易额增长的主要金属品种是黄金和锂，这两个金属品种进口增加额拉动有色金属进口贸易额增长16.2个百分点，对有色金属进口贸易额增长的贡献率高达86.8%。三是有色金属出口贸易额占比大的主要金属是铝、铜、硅、锂等。这四个金属品种出口额占有色金属出口贸易额的75%；拉动有色金属出口贸易额增长的主要是铝、硅、锂，这三个金属品种拉动有色金属出口贸易额增长25.3个百分点，对有色金属出口贸易额增长的贡献率高达94.8%。

2. 铜精矿、铝土矿进口量，铜、铝材净出口量均创新高

2022年有色金属进出口贸易量变化的主要特点：一是国内短缺的常用有色金属矿山原料铜精矿、铝土矿进口量创历史新高。2022年进口铜精矿实物量达2527万吨、进口铝土矿达12547万吨。二是铝材出口量创新高。2022年铝材出口量达618.2万吨，且出口额增速大于出口量增速16.4个百分点。三是铜、铝材净出口量大幅度增加。2022年铝材净出口量达573.7万吨，比2021年增长16.9%；铜材净出口量达24.3万吨，是2021年铜材净出口量的2.4倍。四是未锻轧铝进口量减少，出口量大幅度增加；未锻轧铜进口量增加，出口量明显减少。

（三）铜铝铅锌价格呈高位下跌，电池级碳酸锂价格年底出现高位回调

1. 铜铝铅锌价格3月、4月上涨，5月、6月下跌，7月筑底后恢复性回升

2022年4月国内现货市场铜均价高达74282元/吨，7月均价回落至58256元/吨，比4月下跌21.6%；12月均价回升到66305元/吨，比7月回升13.8%，仍比4月低10.7%。

2022年2月国内现货市场铝均价达到22755元/吨，7月均价回落至18130元/吨，比2月下跌20.3%；12月均价回升到19006元/吨，比7月回升4.8%，仍比2月低16.5%。

2022年4月国内现货市场铅均价为15526元/吨，9月均价下跌到14965元/吨，比4月下跌3.6%；12月价回升到15661元/吨，比9月回升4.7%，且比4月上涨0.9%，为2022年月度最高均价。

2022年4月国内现货市场锌均价高达27823元/吨，7月均价回落至23159元/吨，比4月回落16.8%；12月均价24510元/吨，比7月回升5.8%，仍比4月均价低11.9%。

2. 电池级碳酸锂价格大幅上涨，但年底价格有所回调

2022年2月，国内现货市场电池级碳酸锂均价45.9万元/吨，同比上涨461.8%；11月，国内现货市场电池级碳酸锂均价涨到58.7万元/吨，比2月上涨28.0%，比2021年11月上涨189.1%；12月，国内现货市场电池级碳酸锂均价52.9万元/吨，环比回落9.9%，同比上涨88.1%。2022年第四季度，国内现货市场电池级碳酸锂均价56.5万元/吨，环比上涨13.3%，同比上涨151.9%。

（四）有色金属产业节能减排的效果初步显现

电解铝用电结构调整减排效果初步显现。近年来，电解铝企业积极落实"双碳"目标，主动把部分使用煤电的电解铝产能等量减量转移到水电较为丰富的云南等省份。并且转移到云南等省份的电解铝产能已逐步投产达产，对减少煤炭消耗和二氧化碳排放起到积极作用。

三、2023年有色金属工业经济运行环境及趋势分析

（一）2023年有色金属工业运行环境

从全球经济环境看，2023年美联储加息幅度放缓，但加息周期尚未结束，受世界流动性紧缩、需求放缓、地缘冲突、产业链重构等多重因素影响，全球经济下行压力加大，外需对中国经济的支撑减弱，尤其是对具有金融属性较强，且产业链供应链与国际市场密切相关的有色金属工业的影响不可低估。从国内经济环境看，2023年是全面贯彻落实党的二十大精神的开局之年，中央经济工作会议明确了2023年做好经济工作的思路和重点任务，国家出台的一系列稳增长政策在2023年将会逐步显效，支撑有色金属工业平稳运行。一是光伏、风电等可再生能源的发展进一步拉动铝、工业硅、稀土等金属需求；二是电动汽车、新能源电池及储能设备等产业的快速发展，也在不断扩大铜、铝、镍、钴、锂等金属的应用；三是铝材消费有望回稳，2023年房地产业下行的趋势有望缓解，建筑、家电等行业对铝材的需求，尤其是对建筑铝型材需求的收缩将有所改观，加上以新能源汽车、光伏为代表的新兴领域对铝材需求的增长，2023年中国铝材需求规模有望回稳。

（二）2023年有色金属工业运行趋势判断

2023年，预计有色金属工业生产总体保持平稳运行，十种常用有色金属产量增速在3.5%左右；有色金属行业固定资产投资有望保持较快增长，增速保持在5%～10%；有色金属产品进出口量保持增长，铜铝等矿山原料进口有望保持稳定或略有增加；有色金属价格或呈稳中有降的趋势，各金属品种间价格走势将会有所分化，部分金属品种受能源成本支撑价格将以宽幅震荡为主基调，部分金属价格或将出现高位回调。总体来看，2023年主要有色金属品种价格回调，能源等原材料成本上升，单位产品盈利能力收窄。

注：

［1］2022年有色金属行业经济效益、固定资产投资、进出口贸易额汇总数据均包括黄金（企业）数据。

［2］2022年十种有色金属产量初步统计数仍按原口径统计。

［3］有色金属年度生产、消费数据来自国家统计局、中国有色金属工业协会。

［4］经济效益数据、固定资产投资数据来自国家统计局。

［5］进出口数据来自海关总署，由中国有色金属工业协会整理。

［6］主要有色金属价格数据来自金属交易所。

［7］主要生产技术指标来自中国有色金属工业协会。

［8］营业总成本＝营业成本+销售费用+管理费用+财务费用；三项费用＝销售费用+管理费用+财务费用。

2019 年煤炭工业经济运行概况

中国煤炭工业协会

2019 年是中华人民共和国成立 70 周年，是习近平总书记作出"推动能源生产和消费革命"重要指示五周年。一年来，煤炭行业坚持以习近平新时代中国特色社会主义思想为指导，认真贯彻落实党中央、国务院决策部署，扎实推进煤炭供给侧结构性改革，稳步推动行业高质量发展，煤炭经济运行总体平稳，煤炭供应保障能力显著增强，产业转型升级取得新进展，现代化煤炭经济体系建设迈出新步伐。

一、2019 年煤炭行业改革发展回顾

（一）煤炭供给侧结构性改革取得显著成效

2019 年是推动煤炭供给侧结构性改革的第四年。四年来，在国家有关部门和主要产煤省区地方政府的领导推动下，持续推动化解过剩产能、淘汰落后产能、建设先进产能，全国煤炭供给质量显著提高。截至 2019 年年底，累计退出煤炭产能 9 亿吨/年以上，安置职工 100 万人左右，超额完成《国务院关于煤炭行业化解过剩产能实现脱困发展的意见》（国发〔2016〕7 号）提出的化解过剩产能奋斗目标。

（二）煤炭开发布局持续优化

煤炭生产重心加快向资源禀赋好、开采条件好的地区集中。2019 年，原煤产量 38.5 亿吨（见图 1）。其中，内蒙古、山西、陕西、新疆、贵州、山东、安徽、河南 8 个省（区）原煤产量 34.3 亿吨，占全国的 89.1%，同比提高 1.2 个百分点。其中，晋陕蒙新四省（区）原煤产量 29.6 亿吨，占全国的 76.9%，同比提高 1.7 个百分点。

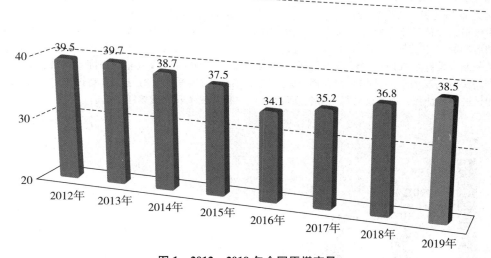

图 1　2012—2019 年全国原煤产量

（三）产业结构调整取得新进展

煤矿数量大幅减少，大型现代化煤矿已成为全国煤炭生产主体。2019 年年底，全国煤矿数量减少到约 5300 处，平均产能提高到 98 万吨/年。全国建成年产 120 万吨以上的大型现代化煤矿 1200 处以上，产量约占全国的 80%，其中建成年产千万吨级煤矿 44 处，产能 6.96 亿吨/年。排名前 8 家大型企业原煤产量 14.7 亿吨，占全国的 38.2%，同比提高 0.7 个百分点。人工智能、大数据、机器人等现代信息技术与煤炭开发利用深度融合，全国建成 200 多个智能化采煤工作面，基本实现了采煤工作面有人巡视、无人值守、减人提效。

煤炭上下游产业一体化发展成效明显。截至 2019 年年底，煤炭企业参股控股电厂权益装机容量达 3.2 亿千瓦，占全国燃煤电力装机的 29.4%；参股控股焦化规模占全国焦化总产能的 30% 以上。煤炭由单一的燃料向燃料和原料并重转变取得新进展。2019 年，煤制油、煤制烯烃、煤制气、煤制乙二醇产能分别达到 921 万吨/年、1362 万吨/年、51 亿立方米/年和 478 万吨/年。

新能源、新材料、科技环保、现代金融等产业快速发展。截至 2019 年年底，煤炭行业企业新增风电装机 300 万千瓦。优质水电资源、光伏资源开发项目有序推进。国内首座彩色铜铟镓硒光伏一体化示范项目

建成发电。河南平煤神马集团"中国尼龙城"项目上升为国家战略性新兴产业集群。煤制石墨烯、硅烷气等项目不断培育发展。先进制造、现代金融、绿色物流、医养健康等产业初具规模，推动了行业发展动能加快转换。

（四）煤炭科技创新能力显著增强

煤炭行业开放型创新体系日趋完善。截至 2019 年年底，全行业建成国家重点实验室、工程技术研究中心、工程研究中心、工程实验室、企业技术中心等国家级创新平台 67 家。2019 年，全行业共获国家科学技术进步奖、国家技术发明奖 4 项，中国专利奖 13 项；获得中国煤炭工业科学技术奖 304 项，其中特等奖 1 项、一等奖 37 项。山西阳煤集团与清华大学合作研制的"晋华炉"获得第 47 届日内瓦国际发明展金奖。

《中国制造 2025》战略下的"百万吨级烯烃智能制造"项目通过国家验收。国家科技创新 2030 重大项目——"煤炭清洁高效利用"项目顺利实施。超低挥发分碳基燃料清洁燃烧关键技术攻关取得突破。8.8 米超大采高智能化采煤机全部国产化并实现连续平稳运行。全国首个井下煤矿 5G 基站建成并组网应用，煤矿数字化智能化建设驶入快车道。煤矿井下定向钻进主孔深度达到 3353 米，创造新的世界纪录。

（五）煤炭市场化改革稳步推进

中国煤炭价格指数体系不断完善，煤炭上下游行业企业共同推动形成的"中长期合同"制度和"基础价+浮动价"定价机制，发挥了维护煤炭经济平稳运行的压舱石作用。合同执行与履约信用数据采集全面开展，行业诚信体系建设进一步加强，市场交易行为得到规范。

（六）矿区生态文明建设稳步推进

2019 年，全国原煤入选率达到 73.2%，同比提高 1.4 个百分点。矿井水综合利用率达到 75.8%，同比提高 3 个百分点。煤矸石综合利用处置率达到 71%，同比提高 1 个百分点。井下瓦斯抽采利用率达到 42.4%，同比提高 1.6 个百分点。大型煤矿原煤生产综合能耗、生产电耗分别为 10.92 千克标准煤/吨、20.8 千瓦时/吨。煤矸石及低热值煤综合利用发电装机达 4100 万千瓦。土地复垦率达到 52% 左右，同比提高 2.5 个百分点。全行业牢固树立"绿水青山就是金山银山"理念，持续推进矿区生态环境修复治理，促进矿区资源开发与生态环境协调发展，生态环境质量持续好转。

（七）煤矿安全生产形势持续稳定好转

全行业扎实推进煤矿安全生产治理体系和治理能力现代化，煤矿安全生产责任体系不断完善，安全投入长效机制不断健全，煤矿的机械化、信息化、自动化、智能化水平大幅提升。2019 年全国煤矿百万吨死亡率降至 0.083%（见图 2）。

回顾 2016 年以来煤炭供给侧结构性改革历程，成效显著，煤炭行业向高质量发展迈上了一个新的台阶。同时也要看到，煤炭行业改革发展还面临许多新的矛盾和问题：全国煤炭产能总体宽松与区域性、时段性供应不足的问题还较为突出，市场供需平衡的基础还比较脆弱，行业发展不平衡不充分，与世界主要产煤国家相比煤矿生产效率低的问题还很明显，体制机制创新与供给侧结构性改革协同效应有待提高，煤炭企业税费负担重，人才流失与采掘一线招工接替困难等问题仍然突出。煤炭行业改革发展依然任重道远。

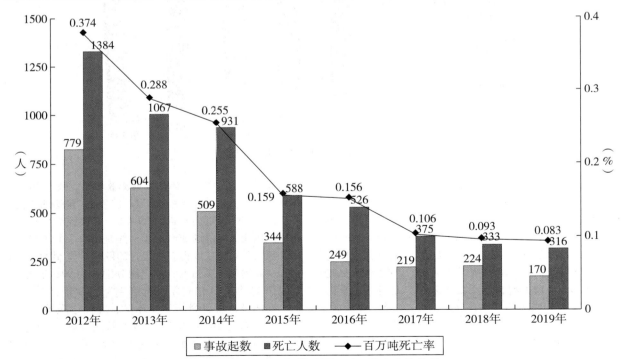

图 2 2012—2019 年煤矿百万吨死亡率变化趋势

二、2019年煤炭工业经济运行基本情况

（一）煤炭消费

据国家统计局数据，2019年全国煤炭消费量同比增长1%。从主要耗煤行业分析测算，电力行业全年耗煤22.9亿吨左右，钢铁行业耗煤6.5亿吨，建材行业耗煤3.8亿吨，化工行业耗煤3.0亿吨，其他行业耗煤减少约3500万吨。

（二）煤炭供应

一是国内产量增加。2019年全国原煤产量38.5亿吨，同比增长4.0%。二是进口量增加。2019年全国煤炭进口2.997亿吨，同比增长6.3%（见图3）；出口602.5万吨，同比增长22%；净进口2.94亿吨，同比增长6.3%。三是煤炭转运量保持稳定。2019年全国铁路累计煤炭运输量完成24.6亿吨，同比增长3.3%（见图4）。主要港口发运煤炭7.8亿吨，同比下降1.0%。

（三）煤炭库存

截至2019年年底，重点煤炭企业存煤5385万吨，比年初减少116万吨，下降2.1%；全国统调电厂存煤1.35亿吨，同比下降239万吨，可用20天。全国主要港口合计存煤5511万吨，较年初增加122万吨，同比增长2.2%。

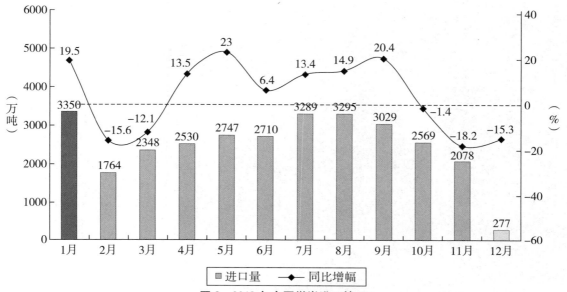

图3　2019年全国煤炭进口情况

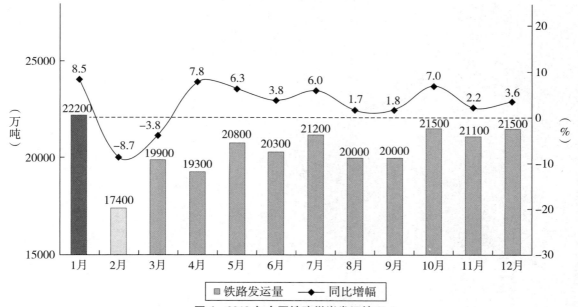

图4　2019年全国铁路煤炭发运情况

（四）煤炭价格

一是2019年下水动力煤中长期合同价格（5500大卡）始终稳定在绿色区间，全年均价555.3元/吨，比2018年下降3.2元/吨；年内最高价格561元/吨，最低价格546元/吨，波动幅度15元/吨。二是现货价格环比下降，秦皇岛5500大卡下水煤全年市场均价比2018年全年均价下降60.9元/吨。三是山西焦肥精煤综合售价全年平均1395元/吨，同比下降220元/吨。

（五）行业效益

2019年，全国规模以上煤炭企业主营业务收入2.48万亿元，同比增长3.2%；实现利润2830.3亿元，同比下降2.4%；应收票据和应收账款净额3510.5亿元，同比下降3.0%；资产负债率64.9%，其中大型煤炭企业为70.0%。中国煤炭工业协会统计的90家大型煤炭企业（含非煤）利润总额1653.9亿元，同比增长4.5%。

（六）固定资产投资

煤炭开采和洗选业固定资产投资自2018年以来连续两年增长，2019年投资同比增长29.6%，其中民间投资增长36.0%。

2020年煤炭工业经济运行概况

中国煤炭工业协会

一、煤炭行业改革发展成效显著

（一）煤炭去产能目标任务超额完成

"十三五"期间在国家有关部门和主要产煤省区地方政府的领导和推动下，持续推动化解过剩产能、淘汰落后产能、建设先进产能，全国煤炭供给质量显著提高。截至2020年年底，全国累计退出煤矿5500处左右、退出落后煤炭产能10亿吨/年以上，安置职工100万人左右，超额完成《国务院关于煤炭行业化解过剩产能实现脱困发展的意见》（国发〔2016〕7号）提出的化解过剩产能奋斗目标。

（二）煤炭资源开发布局持续优化

2020年，全国原煤产量39.0亿吨（见图1）。2020年西部地区煤炭产量23.3亿吨，占全国的59.7%，比2015年提高5个百分点；中部地区占全国的33.4%，下降1.4个百分点；东部地区下降2.3个百分点；东北地区下降1.3个百分点。

图1　2015—2020年全国原煤产量

从大型基地和区域煤炭产量变化看，2020年14个大型煤炭基地产量占全国总产量的96.6%，比2015年提高3.6个百分点。内蒙古、山西、陕西、新疆、贵州、山东、安徽、河南8个省（区）煤炭产量超亿吨，原煤产量共计35.0亿吨，占全国的89.7%，其中晋陕蒙三省（区）原煤产量27.9亿吨，占全国的71.5%。全国煤炭净调出省（区）减少到晋陕蒙新4个省（区），其中，晋陕蒙三省（区）调出煤炭17.3亿吨左右。

（三）现代产业体系建设取得新进展

煤炭供给体系质量显著提升。截至2020年年底，全国煤矿数量减少到4700处以下、平均单井（矿）产能提高到110万吨/年以上。大型现代化煤矿成为全国煤炭生产的主体。全国建成年产120万吨以上的大型现代化煤矿1200处以上，产量占全国的80%左右，其中建成年产千万吨级煤矿52处，产能8.2亿吨/年；年产30万吨以下的小煤矿数量、产能分别下降到1000处以下、1.1亿吨/年左右。

前8家大型企业原煤产量18.55亿吨，占全国的47.6%，比2015年提高11.6个百分点；亿吨级以上企业煤炭产量16.8亿吨，占全国的43%；千万吨级以上企业煤炭产量30.0亿吨，占全国的77%。2019—2020年全国规模以上企业煤炭日均产量见图2。

煤炭企业战略性重组步伐加快。神华集团与国电集团合并重组为国家能源投资集团，山东能源与兖矿集团联合重组成立新山东能源集团，中煤能源集团兼并重组国投、保利和中铁等企业的煤矿板块，山西省战略重组成立晋能控股集团和山西焦煤集团，甘肃省、贵州省、辽宁省分别重组成立甘肃能源化工投资集团、盘江煤电集团、辽宁省能源集团。战略性重组后，国家能源投资集团、晋能控股集团、山东能源集团、中煤能源集团4家企业煤炭产量超过2亿吨，陕西煤业化工集团、山西焦煤集团2家企业产量超过1亿吨，煤炭产业集中度大幅提升，培育打造了一批具有创建世界一流能源企业潜力的大型煤炭（能源）企业集团。

新兴产业和生产服务性产业加快发展。新能源、新材料、先进制造、科技环保、现代金融等产业不断培育发展，形成一批新兴产业增长新引擎。人工智能、大数据、机器人等现代信息技术与煤炭开发利用深度融合，

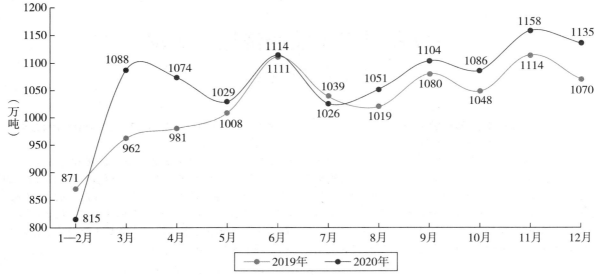

图 2　2019—2020 年全国规模以上企业煤炭日均产量

煤矿数字化智能化绿色化转型全面提速。截至 2020 年年底，建成 400 多个智能化采掘工作面，采煤、钻锚、巡检等 19 种煤矿机器人在井下实施应用，71 处煤矿列入国家首批智能化示范煤矿建设名单。

产业链供应链现代化水平明显提高。截至 2020 年年底，煤炭企业参股控股电厂权益装机容量达 3.3 亿千瓦，比 2015 年增加 1.8 亿千瓦，占全国燃煤电力装机的 26.5%；参股控股焦化规模占全国焦化总产能的 30% 以上；煤制油、煤制烯烃、煤制气、煤制乙二醇产能分别达到 931 万吨/年、1582 万吨/年、51 亿立方米/年和 489 万吨/年。

（四）煤炭清洁生产水平明显提升

煤炭清洁生产机制不断完善，充填开采、保水开采、煤与瓦斯共采、无煤柱开采等煤炭绿色开采技术得到推广，煤炭资源回收率显著提升。2020 年，原煤入洗率达到 74.1%，比 2015 年提高 8.2 个百分点。煤炭洗选加工技术快速发展，千万吨级湿法全重介选煤技术、大型复合干法和块煤干法分选技术、细粒级煤炭资源的高效分选技术、大型井下选煤排矸技术和新一代空气重介干法选煤技术成功应用。2020 年，矿井水综合利用率、煤矸石综合利用处置率、井下瓦斯抽采利用率分别达到 78.7%、72.2% 和 44.8%，比 2015 年分别提高 11.2 个、8.0 个和 9.5 个百分点；土地复垦率达到 57% 左右，比 2015 年提高 9 个百分点；大型煤矿原煤生产综合能耗 10.51 千克标准煤/吨，下降 11 个百分点；煤矸石及低热值煤综合利用发电装机达 4200 万千瓦，增加 900 万千瓦，年利用煤矸石达到 1.5 亿吨。

（五）煤炭清洁高效利用步伐加快

燃煤电厂超低排放改造持续推进。截至 2020 年年底，全国燃煤电厂完成超低排放和节能改造 9.5 亿千瓦，占全国燃煤电厂总装机的 76% 左右。具有自主知识产权

的高效煤粉型锅炉技术得到推广应用，锅炉燃料燃烬率达到 98%，比普通燃煤锅炉提高 28 个百分点，主要污染物排放指标达到天然气锅炉排放标准。散煤综合治理和煤炭减量替代成效显著，"十三五"期间散煤用量削减超过 2 亿吨。

（六）煤炭市场化改革取得实质性进展

以《国务院办公厅关于深化电煤市场化改革的指导意见》（国办发〔2012〕57 号）为标志，中国煤炭市场化改革进入快车道。全国煤炭交易市场体系不断完善，煤炭价格指数体系逐步健全，煤炭期货市场不断培育发展。市场运行机制、交易规则、监管体制不断建立和完善。特别是在政府有关部门的推动下，逐步建立了符合煤炭工业改革发展方向的产能置换、中长期合同制度和"基础价+浮动价"的定价机制、最高最低库存和政府行业企业共同抑制煤炭价格异常波动、行业诚信体系建设等一系列基础性制度。2021 年煤炭中长期合同签约量达到 21 亿吨，占全国煤炭产量的 50% 以上。中长期合同制度和"基础价+浮动价"定价机制，发挥了维护煤炭经济平稳运行的压舱石作用。

（七）矿区生态文明建设稳步推进

全行业牢固树立"绿水青山就是金山银山"理念，持续推进矿区生态环境修复治理，矿区大气、水、土壤、绿化等生态环境质量稳定向好，建成了以开滦南湖中央生态公园、徐州潘安湖湿地公园、神东国家级水土保持生态基地为代表的一批国家矿山公园、近代工业博览园和国家生态旅游示范区，矿区主要污染物排放总量持续减少，生态环境品质得到新提升，促进了矿区资源开发与生态环境协调发展。

（八）煤炭产业政策体系进一步健全完善

能源法律法规体系进一步健全，《中华人民共和国资源税法》颁布实施，《中华人民共和国安全生产法》《中

华人民共和国煤炭法》《中华人民共和国职业病防治法》等制修订工作有序推进。国家先后出台了工业企业结构调整专项奖补资金管理办法、去产能关闭煤矿职工安置办法、煤炭产运储销体系建设、自然资源资产产权制度改革的指导意见、推进煤炭企业兼并重组转型升级的意见、积极稳妥降低企业杠杆率的意见、国有企业"三供一业"分离移交、推进煤矿智能化发展的指导意见等一系列政策措施，充分激发煤炭企业的活力，为煤炭行业高质量发展提供制度保障。

（九）国际交流合作领域不断拓展

煤炭行业企业坚持共商共建共享原则，深入推进"一带一路"产能合作。国家能源集团、中煤能源集团、中煤科工集团、中煤地质总局、山东能源集团、徐州矿务集团、郑州煤矿机械集团等大型企业依托地质勘探、矿山建设、煤矿机械、技术装备、人才资源等方面的优势，深化务实合作，主动融入"一带一路"沿线国家和区域建设格局，全球配置资源能力不断增强，国际影响力显著提升。煤炭行业与世界能源机构、主要产煤国家政府、协会和企业的合作不断深化，搭建高层次国际合作交流平台，举办世界煤炭协会技术委员会会议、中国煤炭企业国际化研讨会、中国国际煤炭采矿技术交流及设备展览会等，开创了与"一带一路"沿线国家产业合作和互利共赢发展的新局面。

（十）安全生产形势持续稳定好转

煤矿安全法律法规标准体系不断完善，煤矿安全生产责任制度体系不断健全，安全科技装备水平大幅提升，安全生产投入大幅增加，煤矿职工安全培训不断强化，深入推进煤矿安全生产违法违规行为专项整治行动、煤矿安全生产专项整治三年行动等，促进了煤矿安全生产形势持续稳定好转。2020 年，全国煤矿百万吨死亡率降至 0.059，比 2015 年下降 63.6%。

二、2020 年煤炭工业经济运行和煤炭行业抗疫保供情况

（一）2020 年煤炭工业经济运行情况

2020 年是煤炭行业发展历程中极不平凡的一年，受新冠疫情冲击，煤炭经济运行形势复杂多变，供需阶段性错位失衡矛盾突出。随着疫情防控取得显著效果，宏观经济稳步恢复增长，加之气候因素、水电出力、进口煤月度不均衡等多种因素影响，煤炭供需关系出现了阶段性市场偏紧或宽松的现象，市场现货价格出现了较大幅度波动，但煤炭中长期合同价格始终稳定在合理区间。

1. 煤炭消费

据国家统计局数据，2020 年全国煤炭消费量同比增长 0.6%。从主要耗煤行业分析测算，电力行业、钢铁行业、建材行业、化工行业耗煤同比分别增长 0.8%、3.3%、0.2% 和 1.3%，其他行业耗煤同比下降 4.6%。

2. 煤炭供应

一是国内产量增加。2020 年全国煤炭产量 39.0 亿吨，同比增长 1.4%，其中规模以上煤炭企业原煤产量 38.4 亿吨，同比增长 2.6%。二是进口量增加。2020 年全国煤炭进口量 3.04 亿吨，同比增长 1.5%，创 2014 年以来新高；出口 319 万吨，同比下降 47.1%；净进口 3.0 亿吨，同比增长 2%。三是煤炭转运量保持稳定。2020 年全国铁路累计发运煤炭 23.6 亿吨，同比下降 3.9%；主要港口发运煤炭 7.47 亿吨，同比下降 3.3%。

3. 煤炭库存

截至 2020 年 12 月底，煤炭企业存煤 5300 万吨，环比减少 800 万吨，下降 13.0%；全国主要港口存煤 4987 万吨，环比减少 387 万吨，下降 7.2%；全国统调电厂存煤 1.3 亿吨，环比减少约 2200 万吨，下降 14.8%，存煤可用 17 天，库存水平基本合理。

4. 煤炭价格

一是煤炭中长期合同价格稳定在绿色区间。2020 年下水动力煤中长期合同（5500 大卡）全年均价为 543 元/吨，同比下降 12 元/吨，始终稳定在绿色区间，充分发挥了保供稳价的"压舱石"作用。二是煤炭市场现货价格出现较大波动。5 月上旬 5500 大卡动力煤价格最低 470 元/吨，从 9 月开始价格出现回升，经过短期波动后回落到 600 元/吨以下。三是炼焦煤价格同比下降。山西焦肥精煤综合售价全年平均 1309 元/吨，同比下降 187 元/吨。

5. 行业效益

2020 年，全国规模以上煤炭企业营业收入 20001.9 亿元，同比下降 8.4%；应收账款 2675.5 亿元，同比增长 16.3%；资产负债率为 66.1%；利润总额 2222.7 亿元，同比下降 21.1%，降幅高于全国规模以上企业 25.2 个百分点。中国煤炭工业协会统计的大型煤炭企业（含非煤）利润总额 1196.9 亿元，同比下降 25.2%。

6. 固定资产投资

煤炭开采和洗选业固定资产投资同比下降 0.7%，其中民间投资同比下降 15.4%。

（二）煤炭行业抗疫保供情况

2020 年，煤炭行业克服疫情不利影响，疫情初期复工复产保供，年中优化产业结构，寒冬旺季挖潜增产、释放优质产能，多措并举保障煤炭供应，为中国疫情防控阻击战取得重大战略成果、经济社会稳步发展提供了能源保障。

2020 年年初，突如其来的新冠疫情对中国经济社会发展造成严重冲击。煤炭行业讲政治、顾大局、讲奉献，积极应对疫情挑战，做好常态化疫情防控和安全生产工作，加快推进煤矿复工复产。2020 年 1 月 30 日，中国煤炭工业协会、中国煤炭运销协会联合向煤炭行业发出了《关于做好疫情防控工作的倡议书》，提出了在抗击疫情期间做好煤矿复工复产等各方面工作的意见。煤炭企业特别是大型煤炭企业充分发挥国家能源支柱企业的责任担当，尽快实现了复工复产，截至 3 月中旬，国家能源集团、中煤能源集团、陕西煤业化工集团、晋能控股集团、山西焦煤集团、山东能源集团等亿吨级煤炭企业煤矿复工复产率达到 100%；中国煤炭工业协会统计的 90

家大型煤炭企业（占全国煤炭产量的 68.7%）煤矿复工复产率超过 96%。同时，煤炭企业主动对接运力和下游企业，严格执行煤炭中长期合同制度及"基础价+浮动价"的定价机制，重点保障了湖北等重点疫区及东北、京津冀等地区的煤炭供应。

在抗击疫情阻击战中，煤炭行业企业积极主动向武汉等重点疫情地区捐款捐物。据中国煤炭工业协会不完全统计，会员单位累计捐款超过 5.6 亿元，还捐赠消毒液、大米、食用油、尿素等物资；冀中能源集团华北制药厂加班加点生产抗疫药品、针剂等支援抗疫一线；国家能源集团、中煤能源集团等紧急调整生产计划，生产口罩、防护服等医用防护品的原料——聚丙烯 S2040 高熔指纺丝材料。近 20 家煤炭企业按照所在省份部署，派出医护经验丰富、业务素质过硬的医护人员 230 余名，参加援鄂医疗队奔赴抗疫一线。

入冬以后，用电需求快速增长，国家电网用电负荷创历史新高，电煤需求增加，煤炭供需出现结构性偏紧，煤炭市场价格快速上涨。面对煤炭经济运行波动，行业协会与煤炭产运需企业一起，在保障疫情防控和安全生产的前提下，全力挖潜增产，保供应、稳价格、保民生。煤炭企业春节期间坚持正常生产，保障煤炭中长期合同履约，全力以赴打好保暖保供攻坚战，彰显了煤炭行业企业的责任担当。

三、2021 年煤炭市场走势分析

从煤炭需求看，2021 年是中国现代化建设进程中具有特殊重要性的一年，中央经济工作会议强调宏观政策要保持连续性、稳定性、可持续性，要继续实施积极的财政政策和稳健的货币政策，保持对经济恢复的必要支持力度；会议部署了一系列重点任务，将推动中国宏观经济稳定向好发展，将带动煤炭需求继续增长。同时，国家强化节能减排、大气环境治理，新能源和可再生能源对煤炭消费的替代作用进一步增强，将抑制煤炭消费的增速。预计 2021 年煤炭需求将略有增长。

从煤炭供应看，2021 年预计晋陕蒙新等煤炭主产区新增优质产能将继续释放，但与此同时，南方部分省份如湖南、江西、重庆等省（市）落后煤炭产能还将进一步退出。总体来看，2021 年全国煤炭产量将保持增长态势，增量进一步向晋陕蒙新集中。从煤炭进口看，2021 年我国煤炭进口市场多元化的趋势愈加明显，全年煤炭进口量仍将保持基本稳定。

综合判断，2021 年全国煤炭供给体系质量将稳步提升，煤炭中长期合同价格将稳定在合理区间，煤炭市场将保持基本平衡态势。受资源、环境的约束以及极端天气不确定性的影响，不排除局部区域、个别时段、部分煤种出现供应偏紧的情况。

2021年煤炭工业经济运行概况

中国煤炭工业协会

2021年，煤炭行业主要经济技术指标再创新成绩。全国原煤产量完成41.3亿吨，创历史新高；煤炭消费量在能源消费总量中的比重下降到56%；煤矿安全生产形势持续向好，百万吨死亡率降至0.044；全国规模以上煤炭企业实现营业收入3.3万亿元，实现利润总额7023.1亿元。煤炭经济运行质量效益持续提升，实现了"十四五"良好开局。

一、2021年煤炭行业改革发展回顾

（一）煤炭保供稳价工作取得显著成效

2021年，受国际能源供需关系失衡、国内用电需求快速增长、异常气候、自然灾害等多重因素影响，国内煤炭供需持续偏紧，煤炭市场高位震荡。煤炭行业认真贯彻党中央、国务院关于做好能源供应保障和大宗商品稳价工作的决策部署，坚持全国"一盘棋"、全行业"一张网"，加强煤炭供需形势分析，优化煤炭生产布局，在确保煤矿安全生产的前提下加快释放优质产能、挖潜增产，增签补签煤炭中长期合同，严格执行"基准价+浮动价"定价机制，加强产运需及时衔接、高效协同，全力以赴"稳市场、稳价格、稳预期"。2021年，全国批复核增产能煤矿200处左右，核增煤炭产能3亿吨/年左右，其中中央企业核增产能9400万吨/年左右。煤炭行业企业积极履行社会责任，高质量完成重要时段、重要节点、重点区域煤炭保供任务，引导煤炭市场价格回归合理区间。

（二）煤炭集约开发布局进一步优化

煤炭生产重心加快向晋陕蒙新地区集中、向优势企业集中。2021年，全国原煤产量41.3亿吨（见图1）。其中，山西、内蒙古、陕西、新疆、贵州、安徽6个省（区）原煤产量共计35.4亿吨，占全国的85.8%；晋陕蒙新四省（区）原煤产量33.0亿吨，占全国的79.9%，同比提高1.6个百分点；东部地区原煤产量在全国中的比重下降了0.8个百分点。前8家大型企业原煤产量20.26亿吨，占全国的49.1%，同比提高1.5个百分点。其中，亿吨级以上企业原煤产量18.4亿吨，占全国的44.6%，同比提高1.5个百分点。973处安全高效煤矿原煤产量占全国的60%以上。

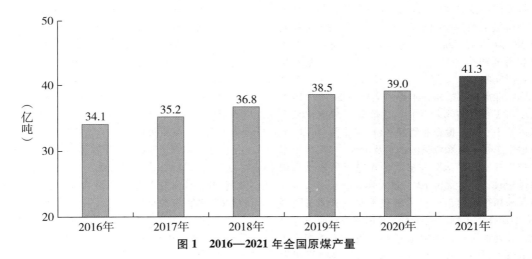

图1 2016—2021年全国原煤产量

（三）现代化煤炭产业体系建设取得积极进展

煤炭生产结构持续优化升级。截至2021年年底，全国煤矿数量减少至4500处以内，年产120万吨以上的大型煤矿产量占全国的85%左右。其中，建成年产千万吨级煤矿72处、产能11.24亿吨/年，在建千万吨级煤矿24处左右、设计产能3.0亿吨/年左右。年产30万吨以下小型煤矿产能在全国中的比重下降至2%左右。

煤炭企业战略性重组、专业化整合稳步推进。中央企业煤炭资产管理平台公司——国源时代煤炭资产管理有限公司管理权移交中煤能源集团，优化资源配置，着力推动专业煤企做强做优做大；黑龙江龙煤能源投资集团有限公司揭牌成立，致力打造黑龙江煤炭和新能源投资开发主体和投融资平台；湖南省煤炭科学研究院有限公司等四家企业股权划转至湘煤集团，推动湘煤集团主业板块由传统的煤炭生产经营企业向供应综合服务商转型。战略性重组、专业化整合促进煤炭企业聚焦主责主业，增强了产业链供应链支撑和带动能力。

煤矿数字化智能化建设纵深推进。全行业以煤矿智

能化建设为引领，深入推动大数据、人工智能、区块链、物联网等现代信息技术与煤炭产业深度融合，向煤炭生产经营各环节延伸。鸿蒙矿山操作系统实现商用，多种新型智能化采掘装备投入使用，企业智能决策体系、生产运营体系、服务保障体系加快构建，数据治理能力明显提高，企业管理模式深刻变革、管理效能得到整体提升。截至2021年年底，全行业建成一批智能化示范煤矿，建成800多个智能化采掘工作面，多种类型煤矿机器人在煤矿井下示范应用，推动了煤矿质量变革、效率变革、动力变革。

新兴产业不断培育壮大。一些煤炭企业坚持"腾笼换鸟、换道超车"，发挥自身优势，抢抓新一轮科技革命和产业变革机遇，加快布局电子信息、先进材料、高端装备、节能环保、现代物流、现代金融等新兴产业，推动煤炭与新能源优化组合。"光伏+飞轮+电池"混合储能示范项目、1兆瓦时钠离子电池储能系统成功投运，气凝胶新材料、纳米超纯碳、煤层气制备金刚石等创新技术取得新进展，一大批新产业、新项目落地见效，培育形成了一批战略性新兴产业领军企业和龙头企业，走出了一条传统能源与新能源深度融合、新动能牵引煤炭企业整体跃升的转型新路。截至2021年年底，煤炭企业参股控股电厂权益装机容量超过3.4亿千瓦，占全国燃煤电力装机的30.6%；部分煤炭企业新兴产业产值占比达到40%以上。

（四）科技创新引领能力持续提升

煤炭行业把科技自立自强作为战略支撑，科技创新支撑引领高质量发展的能力显著增强。煤炭产学研深度融合的技术创新体系不断完善，新增省部共建煤基能源清洁高效利用国家重点实验室，大型煤气化及煤基新材料国家工程研究中心等6家国家工程研究中心纳入新序列管理，国家能源充填采煤技术重点实验室等13个国家能源研发创新平台通过考核评估，建成煤炭智能化无人开采技术研发中心等一批企业研发平台；"东部草原区大型煤电基地生态修复与综合整治技术及示范""大规模水煤浆气化技术开发及示范"等多项国家重点研发计划项目顺利通过验收；世界首台10米超大采高液压支架、首套7米超大采高智能综放开采关键技术及成套装备研制成功；"大型矿井综合掘进机器人"等国家重点研发项目稳步推进；日处理煤4000吨级多喷嘴对置式水煤浆气化装置投入运营；煤液化沥青萃取技术、多级高效聚甲醛技术装备等煤基新材料研发取得突破。大型煤炭企业研发投入强度达2%左右，大型煤炭企业采煤机械化程度提高到98.95%。2021年，全行业获得2020年度国家科技奖励8项，其中"400万吨/年煤间接液化成套技术创新开发及产业化"项目荣获国家科学技术进步奖一等奖；获得中国专利奖共17项，其中"气化炉"荣获中国专利奖金奖；全行业评选出煤炭行业科技奖329项，其中，特等奖3项、一等奖42项、创新团队6个。行业标准体系建设稳步推进，37项国家标准、109项行业标准发布

实施，一大批发展急需的团体标准确立。能源装备智能化产业知识产权运用联盟获批建设。1人当选中国工程院院士。

（五）煤炭清洁高效利用步伐加快

全行业科学有序推进碳达峰碳中和，煤炭清洁高效利用不断取得新进展。燃煤电厂超低排放和节能改造持续推进，中国燃煤电厂烟气污染排放控制处于国际最好水平，燃煤锅炉混氨技术迈入世界领先列。中国自主研发的世界参数最高、容量最大的超临界二氧化碳循环发电试验机组顺利完成试运行，热电转换效率较蒸汽机组提升3~5个百分点。

现代煤化工向高端化、多元化、低碳化方向发展，产业化、园区化、基地化发展格局初步形成。碳基新材料研发取得突破，能源转化效率普遍提高，单位产品能耗继续下降，煤炭消费利用空间有力拓展，加速由单一燃料向燃料与原料并重转变。2021年，煤制油、煤（甲醇）制烯烃、煤制气、煤（合成气）制乙二醇产能分别达到931万吨/年、1672万吨/年、61.25亿立方米/年和675万吨/年。散煤综合治理和煤炭减量替代成效显著，清洁高效燃煤锅炉得到普遍推广应用。

（六）煤炭市场化改革稳步推进

全国煤炭市场体制机制不断健全，交易市场体系建设持续深化，煤炭价格指数体系不断完善，煤炭期货市场不断培育发展，煤炭价格市场化改革逐步深入。由政府和煤炭上下游行业企业共同推动形成的中长期合同制度和"基础价+浮动价"的定价机制成为共识，发挥了维护煤炭经济平稳运行的"压舱石"作用。行业信用体系建设进一步加强，市场交易行为得到规范，煤炭中长期合同签订履约信用数据采集全面开展，为全国煤炭市场保供稳价奠定了政策基础。燃煤发电上网电价市场化改革进一步深化，全部燃煤发电电量上网电价有序放开，市场交易电价上下浮动范围扩大，进一步推动了煤电联营和煤电一体化发展。

（七）矿区生态文明建设成效显著

充填开采、保水开采、煤与瓦斯共采、无煤柱开采等绿色开发技术在部分矿区得到推广应用。矿区循环经济稳步发展，资源综合利用水平和效率不断提升。2021年，全国原煤入洗率达到71.7%；矿井水综合利用率、煤矸石综合利用处置率、土地复垦率分别达到79%、73%和57.5%；大型煤炭企业原煤生产综合能耗、综合电耗分别为10.4千克标准煤/吨、20.7千瓦时/吨。废弃矿井资源综合开发利用取得积极进展，煤矸石及低热值煤综合利用发电装机达4300万千瓦。

全行业牢固树立"绿水青山就是金山银山"理念，以黄河流域生态保护和高质量发展为重点，推进矿区生态保护、生态修复、生态治理、生态重建，提升区域生态功能，构建煤炭开采与生态文明协调发展新模式，打造人与自然和谐共生的矿区环境。全国一大批采煤沉陷区和露天排土场环境治理工程逐渐显现出生态效应，实

现了经济效益、社会效益、环境效益的高度统一，改变了传统的矿区形象。

（八）煤矿安全生产形势持续稳定好转

煤矿安全法律法规标准体系进一步完善，企业安全生产主体责任和安全基础管理不断强化，安全生产投入长效机制逐步健全，对煤矿安全开采的规律性认识持续深化，安全生产标准化建设扎实推进，煤矿安全保障水平持续提升，深入开展煤矿安全生产专项整治三年行动等，促进煤矿安全生产形势稳定向好。2021年，全国煤矿百万吨死亡率降至0.044，同比下降24%。

二、2021年煤炭工业经济运行情况及2022年经济走势预测

（一）2021年煤炭工业经济运行情况

1. 煤炭消费

据国家统计局数据，2021年全国煤炭消费量同比增长4.6%。从主要耗煤行业分析，全国火电发电量同比增长8.9%，成为拉动煤炭消费增长的主要动力；钢铁行业、建材行业主要产品产量由年初的高增长逐步回落至负增长，煤炭需求出现下滑；化工行业原料用煤需求保持增长。

2. 煤炭供应

一是国内产量创历史新高。2021年全国原煤产量41.3亿吨，同比增长5.7%，其中规模以上煤炭企业原煤产量40.7亿吨，同比增长4.7%。二是煤炭进口量增加。全国煤炭进口量3.23亿吨，同比增长6.6%，创2013年以来新高；出口煤炭260万吨，同比下降18.4%；煤炭净进口3.2亿吨，同比增长6.8%。三是煤炭转运能力提高。全国铁路累计发运煤炭25.8亿吨以上，同比增长8.8%。环渤海七港口发运煤炭8亿吨以上，同比增长8.7%。

3. 煤炭库存

截至2021年12月底，全国煤炭企业存煤5800万吨，较年初增长5.6%；全国主要港口存煤5931万吨，较年初增长18.9%；全国统调电厂存煤1.68亿吨，较年初增长29.0%，创历史新高。

4. 煤炭价格

一是煤炭中长期合同制度彰显稳价作用。2021年下水动力煤中长期合同（5500大卡）全年均价为648元/吨，同比上涨105元/吨，保持相对稳定，发挥了保供稳价"压舱石"作用。二是煤炭市场现货价格出现大幅波动。2月末北方港口5500大卡动力煤价格为571元/吨，二季度以后价格呈现高位波动，年内价格峰谷差达到1900元/吨左右。随着增产增供稳价政策措施效果显现，年末市场供需形势持续好转，动力煤期货主力合约和秦皇岛港5500大卡动力煤现货平仓价回归合理区间。三是炼焦煤价格上涨。山西吕梁部分主焦煤长协合同全年均价1609元/吨，同比上涨273元/吨。山西焦肥精煤综合售价全年平均2326元/吨，同比上涨1017元/吨。四是国际煤炭市场价格大幅上涨。国际主流市场煤炭价格受能源整体供应紧张影响保持高位震荡，澳大利亚、俄罗斯、印度尼西亚煤炭年均离岸价格同比分别上涨133%、116%和138%。

5. 行业效益

2021年，全国规模以上煤炭企业营业收入32896.6亿元，同比增长58.3%；应收账款4313.7亿元，同比增长60.1%；资产负债率为64.9%；利润总额7023.1亿元，同比增长212.7%。前5家、前10家大型煤炭企业利润分别占规模以上煤炭企业利润总额的25.7%和30.2%，经济效益进一步向资源条件好的企业集中。初步分析，大型企业原煤产量占全国规模以上煤炭企业的70.4%，利润总额仅占全行业的37.6%。煤炭产业链各环节和煤矿生产区域利润分布不均衡的问题突出。

6. 固定资产投资

煤炭开采和洗选业固定资产投资累计同比增长11.1%，其中民间投资同比增长9.2%。

（二）2022年煤炭市场走势分析

从煤炭需求看，中央经济工作会议部署2022年经济工作时要求要"稳字当头、稳中求进"，要积极推出有利于经济稳定的政策，继续实施积极的财政政策和稳健的货币政策，着力稳定宏观经济大盘，保持经济运行在合理区间，立足以煤为主的基本国情，抓好煤炭清洁高效利用，将带动国内煤炭消费继续增长。同时，国家推动经济社会全面绿色转型，推动能耗"双控"向碳排放总量和强度"双控"转变，实施新能源和可再生能源替代，严格合理控制煤炭消费增长，主要耗煤产品产量增速或将回落。预计2022年煤炭需求将保持适度增加，增速回落。

从煤炭供应看，国务院常务会议要求继续做好大宗产品保供稳价工作，保障能源安全，增加煤炭供应，支持煤电企业多出力出满力，保障正常生产和民生用电。预计晋陕蒙新等煤炭主产区优质产能将继续释放，部分保供临时产能转为永久产能，大型智能化煤矿生产效率提高、生产弹性增强。同时，煤炭供给侧结构性改革稳步推进，生产结构持续优化，落后产能加快退出，全国煤炭供应保障能力增强。总体来看，2022年中国煤炭产量还将保持适度增加，增量进一步向晋陕蒙新地区集中。

综合判断，2022年全国煤炭供给体系质量提升、供给弹性增强，煤炭中长期合同覆盖范围扩大，中长期合同履约监管能力持续加强，市场总体预期稳定向好，煤炭运输保障能力持续提升，预计煤炭市场供需将保持基本平衡态势。但当前国际能源供需形势错综复杂，受安全环保约束、疫情反复、极端天气、水电和新能源出力情况等不确定因素影响，还可能出现区域性、时段性、品种性的煤炭供需偏紧或宽松的情况。

2022年煤炭工业经济运行概况

中国煤炭工业协会

一、2022年煤炭工业经济运行情况

（一）煤炭供应

一是国内产量再创历史新高。2022年全国原煤产量45.6亿吨，同比增长10.5%。二是煤炭进口量减少。全国煤炭进口量2.93亿吨，同比下降9.2%；出口煤炭400万吨，同比增长53.7%；煤炭净进口2.89亿吨，同比下降9.8%。三是煤炭转运能力提高。全国铁路累计发运煤炭26.8亿吨以上，同比增长3.9%；其中，电煤发运量21.8亿吨，同比增长8.7%。全国主要港口内贸煤发运量约7.3亿吨，同比下降1.8%。

（二）煤炭库存

截至2022年12月底，全国煤炭企业存煤6600万吨，同比增长26.6%；全国主要港口存煤5530万吨，同比下降6.8%，其中环渤海主要港口存煤2385万吨，同比增长7.5%；全国统调电厂存煤1.75亿吨，同比增长6.0%，6月以来存煤量持续保持在1.7亿吨以上的历史高位。

（三）煤炭价格

一是煤炭中长期合同制度彰显稳价作用。2022年下水动力煤中长期合同（5500大卡）全年均价为722元/吨，同比上涨73元/吨，年内峰谷差在9元/吨左右，发挥了煤炭市场的"稳定器"作用。二是煤炭市场现货价格向合理区间回归。受国际能源价格大涨等多重因素叠加影响，二季度以后价格呈现高位波动态势，年内价格峰谷差达到900元/吨左右；10月以后，随着我国动力煤供需形势逐步改善、煤炭进口快速恢复，动力煤市场价格持续下行，年底北方港口动力煤市场价格较年内高点下降500元/吨，并继续向合理区间回归。三是炼焦煤价格上涨。山西吕梁部分主焦煤长协合同全年均价2240元/吨，同比上涨600元/吨。山西焦肥精煤综合售价全年均价2664元/吨，同比上涨338元/吨。四是国际煤炭市场价格高位波动。国际主流市场煤炭价格受能源整体供应紧张影响保持高位震荡，澳大利亚、印度尼西亚煤炭年均离岸价格同比分别上涨110%和127%。

（四）行业效益

2022年，全国规模以上煤炭企业营业收入4.02万亿元，同比增长19.5%；利润总额1.02万亿元，同比增长44.3%；应收账款5320.1亿元，同比增长23.1%；资产负债率为60.7%。前5家、前10家大型煤炭企业利润分别占规模以上煤炭企业利润总额的25.9%和33.6%，经济效益进一步向资源条件好的企业集中。初步分析，大型企业原煤产量占全国规模以上煤炭企业的67.4%，利润总额仅占全行业的41.8%。行业发展不平衡，产业链各环节和煤矿生产区域利润分布不均衡的问题突出。

（五）固定资产投资

煤炭开采和洗选业固定资产投资累计同比增长24.4%，其中民间投资同比增长39.0%。

二、2023年煤炭市场走势分析

从煤炭需求看，中央经济工作会议部署2023年经济工作时要求坚持"稳字当头、稳中求进"，继续实施积极的财政政策和稳健的货币政策，加大宏观政策调控力度，推动经济运行整体好转，实现质的有效提升和量的合理增长，发挥煤炭主体能源作用，推进煤炭清洁高效利用，将带动国内煤炭消费保持增长。同时，国家推动发展方式绿色转型，加快规划建设新型能源体系，实施新能源和可再生能源替代，钢铁、建材等主要耗煤行业需求或有所减弱。预计2023年煤炭需求将保持适度增加。

从煤炭供应看，中央经济工作会议要求加强重要能源、矿产资源国内勘探开发和增储上产，积极扩大能源资源等产品进口。全国能源工作会议要求全力提升能源生产供应保障能力，发挥煤炭兜底保障作用，夯实电力供应保障基础。预计中国将继续释放煤炭先进产能，推进煤矿产能核增和分类处置，推动在产煤矿稳产增产、在建煤矿投产达产，晋陕蒙新黔等煤炭主产区产量继续增加，大型智能化煤矿生产效率提高、生产弹性增强。预计2023年中国煤炭产量将保持增长、增幅回落。煤炭进口形势逐步改善，进口煤进一步发挥调节补充国内煤炭市场的积极作用。

综合判断，2023年全国煤炭供给体系质量提升、供应保障能力增强，煤炭中长期合同覆盖范围扩大，中长期合同履约监管能力继续加强，市场总体预期稳定向好，煤炭运输保障能力持续提升，预计煤炭市场供需将保持基本平衡态势。但当前国际能源供需形势依然错综复杂，加之受地缘政治冲突、极端天气、水电和新能源出力情况、安全环保约束等不确定因素影响，区域性、时段性、品种性的煤炭供需矛盾依然存在。

装备工业

2019 年机械工业经济运行概况

中国机械工业联合会

2019 年，面对国内外风险挑战明显加大的复杂局面，机械工业全行业认真贯彻落实党中央、国务院的决策部署，克服困难，承压前行。尽管困扰行业发展的产业结构性矛盾尚未明显缓解，效益下降、投资低迷的状况也未扭转，但在多项稳增长措施和减税降费政策的带动下，机械工业全年经济运行逐步回稳。

一、2019 年机械工业经济运行情况

年初机械工业主要经济指标大幅下滑，3 月短暂回升，此后再度持续回落；进入三季度后，多项稳增长措施逐渐见效，减税降费政策利好显现，机械工业经济运行态势有所改善；全年产销逐渐回稳，营业收入小幅增长，出口基本稳定。

（一）增加值增速波动回稳

2019 年机械工业增加值波动较大，1—2 月同比仅增长 2%，1—3 月迅速回升至 6.3%；但 4 月至 7 月则持续放缓至 3.9% 左右；8 月以后回稳的趋势逐步显现。全年机械工业增加值增速回升至 5.1%，仍低于同期全国工业增加值增速平均水平（5.7%），也低于 2018 年机械工业 6.3% 的增速（见图 1）。

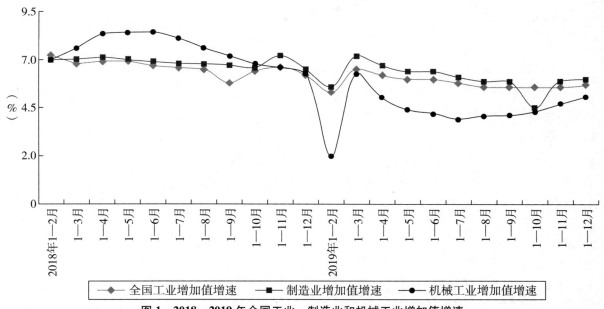

图 1　2018—2019 年全国工业、制造业和机械工业增加值增速

图例：
—◆— 全国工业增加值增速　—■— 制造业增加值增速　—●— 机械工业增加值增速

（二）产品产量逐渐回升

自 2018 年以来，机械工业产品生产逐步走弱，重点监测的主要产品中产量增长的种类持续减少，至 2019 年 8 月、9 月降至阶段性低点，产量增长品种数仅占 120 种重点产品的 35.8%。此后逐月趋稳回升，全年主要产品中产量同比增长的有 50 种，占比为 41.7%；产量同比下降的有 70 种，占比为 58.3%（见图 2）。

主要产品产量增减表现出以下特点：一是起重设备、石化装备、部分通用设备和基础件产品的生产保持稳定增长；二是工程机械、仪器仪表、环境保护产品经过高速增长后，增速普遍回落，但总体景气度仍较好；三是发电设备、输变电设备、机床工具产品、农机产品生产持续低迷；四是汽车产销明显下降，但下半年降幅逐渐收窄。

（三）经济效益指标下滑

2019 年，机械工业累计实现营业收入 21.8 万亿元，同比增长 2.5%，全年持续低速增长，增速较全国工业主营业务收入增速低 1.4 个百分点；实现利润总额 1.3 万亿元，同比下降 4.5%，全年持续负增长，增速较全国工业利润总额增速低 1.2 个百分点（见图 3、图 4）。

2019 年，机械工业营业收入利润率为 6.1%，同比下降 0.4 个百分点，高于全国工业 0.2 个百分点；每百元资产实现营业收入 88.8 元，同比减少 2.8 元。

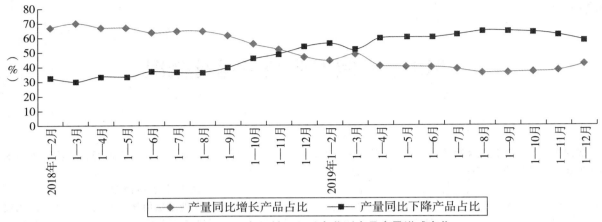

图2　2018—2019年机械工业重点监测产品产量增减变化

——◆——产量同比增长产品占比　　——■——产量同比下降产品占比

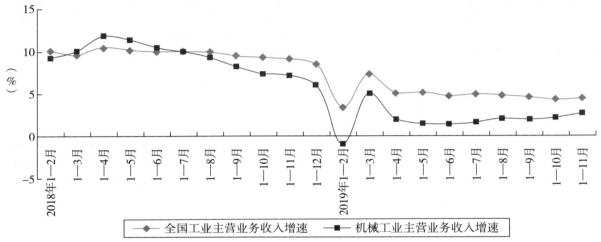

——◆——全国工业主营业务收入增速　　——■——机械工业主营业务收入增速

图3　2018—2019年全国工业和机械工业主营业务收入/营业收入增速

注：因统计指标调整，2018年为主营业务收入增速，2019年为营业收入增速。

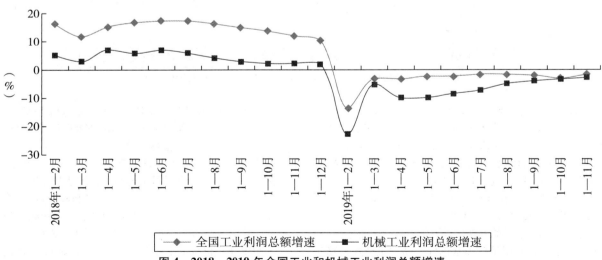

——◆——全国工业利润总额增速　　——■——机械工业利润总额增速

图4　2018—2019年全国工业和机械工业利润总额增速

（四）行业运行分化明显

2019年，汽车行业延续了2018年的下行走势，全年实现营业收入同比下降1.7%、实现利润总额同比下降15.3%，是机械工业主要经济指标回落的主要原因。机械工业中非汽车行业营业收入同比增长5.2%、利润总额同比增长4.1%，均高于同期全国工业及机械工业平均水平；其中工程机械、机器人与智能制造等行业营业收入实现两位数增长，文化办公设备、重型矿山设备、食品包装设备行业利润增速超过20%。

（五）固定资产投资低迷

2018年，机械工业固定资产投资出现恢复性增长，但2019年年底未能延续回升趋势，总体表现低迷。2019年机械工业主要涉及的5个国民经济行业大类中，通用设备制造业、专用设备制造业、汽车制造业、电气机械和器材制造业，以及仪器仪表制造业全年固定资产投资

增速分别为2.2%、9.7%、-1.5%、-7.5%和50.5%，除专用设备制造业和仪器仪表制造业外，均低于同期全社会（5.4%）投资增速。与2018年同期相比，仪器仪表制造业增速大幅提高43个百分点，通用设备制造业、专用设备制造业固定资产投资增速放缓6.4个和5.7个百分点，电气机械和器材制造业、汽车制造业固定资产投资增速降幅加深20.9个和5个百分点。

从趋势看，2019年全年机械工业所涉及主要行业大类中仪器仪表制造业投资增速前低后高；通用设备制造业和专用设备制造业在上半年逐月下降，下半年相对平稳；电气机械和器材制造业持续下降。结合2018年运行情况，2018年基数较高的专用设备制造业和通用设备制造业投资保持增长，但增速放缓；而2018年年底投资增速较低的仪器仪表业大幅加快，汽车制造业更是表现出负增长（见图5）。

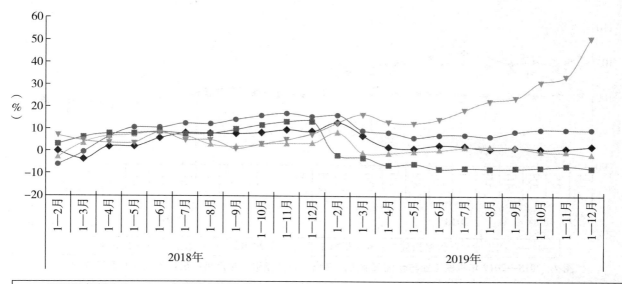

图5 2018—2019年机械工业主要行业大类固定资产投资同比增速

（六）对外贸易总体低迷

2019年，机械工业对外贸易总体低迷，中美经贸摩擦的影响持续显现，全年外贸出口处于同比微幅增长的状态；进口受国内经济增长放缓的影响，呈现疲软态势，全年进口同比持续负增长；贸易差额表现为衰退式的顺差增长。

据海关统计，2019年机械工业累计实现进出口总额7735亿美元，同比下降2.1%。其中进口3151亿美元，同比下降6.5%，14个分行业进口金额全部负增长；出口4584亿美元，同比增长1.2%，14个分行业中内燃机、文化办公设备、电工电器、机械基础件和汽车行业出口下降，其他9个分行业出口金额增长。全年机械工业累计实现贸易顺差1433亿美元，较2018年增加261.4亿美元（见图6）。

（七）价格水平持续低位

2019年，机械工业生产者出厂价格指数延续了多年来持续低位运行的趋势，总体波动幅度不大，波动幅度不超过1个百分点。2017年、2018年机械工业生产者出厂价格指数还呈现了小幅上升，但进入2019年呈现逐月小幅下降趋势。

与全国工业生产者出厂价格指数及原材料出厂价格指数比较：2019年机械工业各月生产者出厂价格指数均低于全国工业生产者出厂价格指数，并与全国工业生产者价格指数呈现同步下降趋势。至2019年12月，全国工业生产者出厂价格指数当月同比下降0.5%，生产资料出厂价格同比下降1.2%，其中原材料出厂价格下降2.6%，机械工业生产者出厂价格指数同比下降1.1%。总的来看，机械工业与全国工业生产者出厂价格指数和生产资料出厂价格指数同步下降（见图7）。

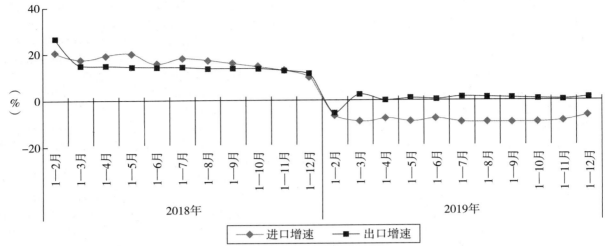

图6　2018—2019年机械工业进出口增速

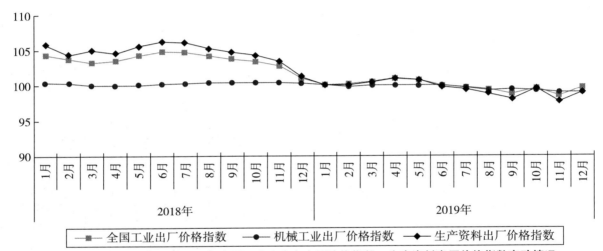

图7　2018—2019年机械工业与全国工业生产者出厂价格指数、生产资料出厂价格指数变动情况

（八）行业景气指数缓慢回升

机械工业景气指数的编制涵盖生产、投资、外贸、经效等多个维度，综合反映了机械工业的运行情况。上半年景气指数波动较大，5月之后缓慢回升的态势逐渐显现，进入四季度后景气指数持续处于临界值之上，反映出机械行业运行的景气度回升，12月机械工业景气指数为100.75（见图8）。

二、机械工业高质量发展亮点

（一）战略性新兴产业带动作用增强

2019年，机械工业中战略性新兴产业相关行业实现营业收入16.0万亿元，同比增长4.2%；实现利润总额9730.8亿元，同比增长0.9%。战略性新兴产业营业收入和利润总额同比增速均高于同期机械工业平均增速，分别向上拉动收入和利润增长3.0个和0.6个百分点，对全行业实现平稳增长发挥积极的带动作用。

机械工业战略性新兴产业相关行业的营业收入占全行业的73.7%，比2018年同期提高了1.2个百分点；利润总额占比73.6%，同比提高4.0个百分点。

（二）创新体系建设持续推进，成果有所显现

截至2019年年底，实际挂牌运行和在建的机械工业创新平台共241家，其中工程研究中心134家、重点实验室106家、创新中心1家。2019年当年新增创新平台14家，其中工程研究中心和重点实验室各7家。这些创新平台涵盖农业机械、内燃机、工程机械、仪器仪表与自动化、通用机械、重型与矿山机械、机床工具、电工电器、机械基础零部件、机械共性技术等11个机械工业主要技术领域。通过持续的发展，已在基础核心零部件制造、加工成形装备制造、风力发电设备、工业机器人检测等方面取得突破性进展。

（三）企业参与研发与创新的内生动力增强

2019年，机械工业固定资产投资虽总体仍处于低位，但企业对研发创新的投入并未减少。机械工业重点联系企业统计数据显示，超过70%的企业2019年研发费用同比增长。此外，近45%的机械工业创新平台以企业为依

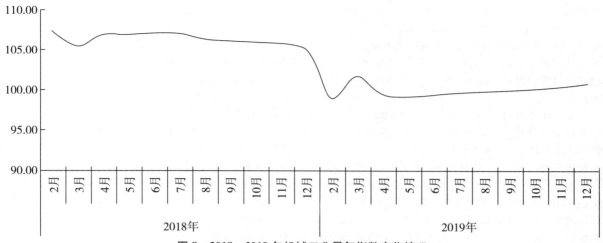

图8　2018—2019年机械工业景气指数变化情况

托建立。企业作为市场主体正越来越积极地投入研发与创新活动之中。

（四）网络化、智能化发展拓展企业服务领域

机械工业龙头企业积极在网络化、智能化发展中实践与创新，不断拓展服务领域。徐工集团电商公司打造国际站 Machmall 和国内站螳螂网两大平台，通过打造机电产业集群电子商务平台和生态系统，推进供需两端的对接，满足全球客户机电产品贸易、租赁等多样化需求，助推中国优质机电产品走向全球。振华重工自主研发港口无人机智能巡检系统，并在宁波北仑港成功应用，率先将无人机技术应用在港机维保工作中，较人工巡检效率提升 8 倍以上。上海电气搭建"星云智汇"工业互联网平台，将企业的线下优势搬到线上，在火电、风电、燃机、分布式能源等行业实现应用，并逐步提供工业 App、工业算法、大数据分析等增值服务。

（五）重大装备提升产业制造能力

在国家一系列产业政策的推动下，一批自主研制的重大装备投入使用，机械企业的设计水平和系统集成能力、核心部件研制水平逐步提升。徐工集团打破了传统旋挖钻机结构形式，成功研制全球最大吨位旋挖钻机 XR800E。该设备动力头最大输出扭矩达 793kN·m，为全球最大，最大钻孔深度达 150 米，最大钻孔直径达 4.6 米，已用于广东新地标恒大深圳湾超级总部项目的桩基础施工。中铁集团研发制造了刀盘直径 12.3 米、整机长度约 158 米、总重约 2840 吨的全球功能最全的盾构机。该装备具备精良的传感系统，具有可感知能力，可解决平衡掘进过程中的力量不均问题，并具有常压换刀功能，现已用于大连地铁 5 号线海底隧道的挖掘工程，为中国开展海底长大隧道工程项目积累了经验。特变电工成功研发国内首台套百万千瓦机组配套的 800kV 三相共体整体运输升压变压器，将用于甘肃酒泉至湖南±800kV 特高压直流输电工程的配套调峰火电项目，建成后将从根本上解决酒泉地区新能源弃风、弃光的问题。

（六）强基工程提升产业基础水平

在强基工程的引导和鼓励下，机械行业加大在高端基础零部件、先进基础工艺等"四基"方向的研发力度，并逐步取得成果。中车株洲电机有限公司历时两年半研制的时速 400 千米高速动车组用 TQ-800 永磁同步牵引电机成功下线，标志着中国高铁动力首次搭建起时速 400 千米速度等级的永磁牵引电机产品技术平台，为轨道交通牵引传动技术升级换代奠定了坚实基础。东方电气集团东方电机有限公司自主研制的国内首台 24MW 级 6000r/min 管线压缩机防爆无刷励磁同步电动机通过专家鉴定，主要指标达到国际同类产品先进水平，未来可在天然气长输管线等领域推广使用。珠海格力电器股份有限公司、哈尔滨工业大学和珠海凯邦电机制造有限公司共同研制了高性能直线伺服电机及驱动器，核心关键技术取得重大突破，实现了高推力密度和低推力波动有效结合，大幅提升了直线伺服电机系统的速度和定位精准度，将为高档数控机床、高精密检测仪器、高精度定位平台、高速高精自动化设备的发展提供积极支撑。

三、行业经济运行中的困难问题

（一）需求不足、订货回落

钢铁、煤炭、电力、石化等传统行业处于产能调整期，总体需求下降。自 2017 年以来固定资产投资中与机械设备购置直接相关的设备工器具购置投资呈现下滑趋势。2019 年虽然全国固定投资增速基本稳定在 5%~6% 水平，但其中设备工器具购置投资持续负增长，全年下降 0.9%，反映出机械产品需求市场总体疲软的态势。在此背景下，机械企业订货不足的问题越发突出。数据显示，2019 年重点联系企业累计订货持续下滑，年末降幅为 0.6%，降幅虽比年初有所收窄，但仍未扭转负增长状态。

（二）固定资产投资放缓

2019 年，机械工业主要行业固定资产投资增速总体回落。全年通用设备制造业投资同比增长 2.2%，增幅比 2018 年回落 6.4 个百分点；专用设备制造业投资同比增

长 9.7%，比 2018 年回落 5.7 个百分点；汽车制造业投资同比下降 1.5%，与 2018 年相比由正转负，回落 5 个百分点；电器机械和器材制造业投资同比下降 7.5%，比 2018 年大幅回落 20.9 个百分点；仅仪器仪表制造业投资保持高位增长，增速达到 50.5%，比 2018 年加快 43 个百分点。

（三）成本上升、价格下行、亏损增加

2019 年，机械工业原材料、用工等各项成本费用上升的压力依然较大，全年累计发生营业成本 1.8 万亿元，同比增长 2.4%；此外，销售费用同比增长 2.9%、财务费用同比增长 3.9%。而同期机械工业产品价格持续保持在低位。2019 年各月机械工业出厂价格指数始终处于同比下降的状态，且降幅不断加深。12 月机械工业出厂价格指数同比下降 1.1%，优质产品不能优价的问题非常突出。受此影响，机械工业亏损企业及亏损额显著增加。截至 2019 年年底，机械工业规模以上亏损企业 14474 家，亏损面达 16.2%，比 2018 年扩大 1.9 个百分点，亏损企业亏损额同比增长 26.0%。

（四）账款回收难、运行效率下降

应收票据及应收账款数额大、回收难是当前影响机械企业生产经营最为突出的问题。截至 2019 年年底，机械工业应收票据及应收账款总额已达到 5.7 万亿元，同比增长 2.3%，占全国工业的 1/3，此占比远高于机械工业营业收入在全国工业中的占比（20.6%）；应收票据及应收账款平均回收期为 95 天，比全国工业平均水平多 41.3 天；流动资产周转率仅为 1.5 次，运行效率明显下降。

（五）中美贸易摩擦的影响

美国三次加税清单（共计 5500 亿美元）涉及机械工业税号已占机械工业全部税号的 98%。受此影响，2019 年机械工业对美贸易显著下滑。全年累计自美进口 325 亿美元，同比下降 10.7%，降幅较机械工业平均水平低 4.2 个百分点；对美出口 698 亿美元，同比下降 16.6%，降幅较机械工业平均水平低 17.8 个百分点。显然，贸易摩擦对中美机械工业贸易已产生较大影响。

四、2020 年机械工业运行趋势展望

（一）新冠疫情对行业运行带来巨大冲击

自 2020 年 1 月下旬开始快速蔓延的疫情，已对中国社会运行与经济发展产生影响，需求和生产骤然放缓，消费低迷、投资不振、出口下行。机械工业作为国民经济的支柱产业，其生产运行也面临巨大挑战。影响主要表现在以下几方面：

第一，复工延迟、生产受阻。为防控疫情蔓延，许多地方政府出台了延期复工的通知，机械企业的复工复产时间普遍延迟，超过九成的企业由于延期复工，实际生产时间减少较多，一季度生产经营计划被迫调整。

第二，交通限制，物流运输困难。疫情发生后，物流运输尤其是省际的物流基本暂停，对生产活动造成明显影响。一方面表现在原材料、零配件、外协外购件运输不畅，生产难以保障上；另一方面表现在已销售的产品难以交付，设备调试安装人员难以到达现场上。

第三，产业链上下游复工衔接不畅，供应链难以保障。机械工业产业链较长，产业链上的企业多数分散在全国不同地区。由于各地疫情情况不同，停工复产期限不一致，上下游企业间生产供应的匹配难度明显加大，破坏了部分较脆弱的产业生态。

第四，企业承受多重压力，资金链紧张。受疫情影响，市场、生产长时间停滞，导致订单损失，资金回笼减少，但企业依然需支付职工工资、社保等费用，承担着较重的人工成本。同时，生产停滞导致的订单交付难、合同执行难，使企业承受着违约成本上升的压力。此外，信贷利息、固定费用等支出，也给企业带来了明显的资金压力。

第五，对外贸易出口的影响值得高度关注。世界卫生组织宣布新冠疫情已构成国际关注的突发公共卫生事件。受此影响，已有部分机械企业收到了延期提货的通知，同时还有部分企业收到取消订单的讯息。虽然此类事件尚不普遍，但后续走势需密切关注，特别是通过产业链传导产生的影响尚难以估计。

第六，基层员工返岗难。为了控制疫情蔓延，各地对外地返回人员基本要求在家自行隔离 14 天，部分地区社区、村委会甚至对外地返回人员进行强制隔离；此外，还通过采用发放出入证、登记出入等形式严格限制人员出入次数，正常居住人员进出也受到限制，导致基层员工返岗难。

第七，防疫物资供应有缺口。由于机械企业生产制造过程中协作性强、劳动力相对密集，每天要消耗大量的口罩、消毒液等防疫用品。而这些物资市场供应仍存在较大缺口，难以保证复工复产期间充足的供应。

（二）全行业积极投身疫情防控斗争

面对突如其来的疫情影响，中国机械工业联合会充分发挥行业组织的桥梁纽带作用，积极部署开展疫情防控工作。一是相继向系统单位印发了《关于加强当前新型冠状病毒疫情防控工作的通知》，向行业发出了《坚定信心，攻坚克难，打赢疫情防控人民战争》倡议书，向各专业协会、地方行业协会发出《关于共同做好疫情防控与企业有序复工复产服务工作的通知》；二是开展重点企业疫情影响专题调查，建立企业复工复产情况日报制度，积极了解企业在生产经营、复工复产中遇到的问题与困难；三是及时向政府有关部门上报有关疫情防控动态、疫情对机械企业影响，并提出相关的意见和建议；四是在国务院国资委支持推动下，中国机械工业联合会等国务院国资委 16 家直管协会，自愿组建了服务企业复工复产协作联盟，以更好地服务于抗击疫情、助力企业恢复正常生产经营秩序。

机械工业广大企业发挥自身优势，通过各种形式积极投入抗击疫情的战斗中。江铃福特、上汽大通、郑州宇通客车、北汽福田、珠海鹏宇、苏州金龙等汽车企业

加快节奏、开足马力紧急复工生产负压救护车；东风集团、吉利控股、比亚迪等企业组织出行服务车队，配合疫情防控用车调度，提供免费出行服务；工程机械行业中超过17家企业参与驰援全国各地"小汤山"式医院的建设；通用设备生产企业向火神山和雷神山医院、负压救护车生产企业等捐赠空调风机、新风净化机组、风阀、污水处理泵等通风系统、消毒系统类物资。此外，机械工业企业充分发挥自身研发、制造能力强的特点，快速转产疫情防控物资及装备。国机集团下属恒天嘉华转产医用口罩，上海通用五菱、比亚迪、广汽、长安等一些汽车生产企业相继宣布跨界改造生产口罩、消毒液等防疫物资；上海机床厂、济南一机床、宁江机床等机床企业，以及国机智能、沈阳新松、南京埃斯顿等机器人制造企业成功研发制造全自动口罩生产线并已投放市场。

（三）行业未来发展的有利因素和不利因素

有利因素：疫情发生以来，在党中央、国务院的部署下，有关部委和地方政府出台了众多支持疫情防控、促进复工复产、帮扶困难企业、保障职工就业的政策，通过减轻税费负担、增加财政金融支持、减缓社保压力、降低能源价格、简化审批流程等方面支持和帮助企业应对疫情影响，对稳定社会经济秩序发挥了积极作用。稳投资、稳消费、稳外贸等政策措施的集中颁布，有关项目的逐步落实，对稳定与保障机械产品市场需求、加快行业正常生产秩序的恢复具有积极意义。

不利因素：市场恢复尚需时间。全社会复工复产正在逐步推进，但社会经济与企业生产恢复正常秩序还需要一定的调整期，因此社会固定资产投资还存在较大变数。1—2月全国固定资产投资同比下降24.5%，其中设备工器具购置投资同比下降32.9%。投资不稳将对机械产品的市场需求产生负面影响。

同时，新冠疫情全球蔓延影响国际贸易。受疫情影响，3月初国际货币基金组织发布2020年全球经济增长率预期由1月发布的3.3%降至2.9%。此后疫情蔓延的范围持续扩大，3月12日世界卫生组织正式宣布，新冠疫情的暴发已经构成一次全球性"大流行"。意大利、西班牙、美国等多国为控制疫情传播宣布进入紧急状态。受此影响，全球金融市场开始剧烈震荡，国际主要股指大幅下跌，多国股市遭遇"熔断"。恐慌情绪和消费衰退将进一步拖累世界经济，导致国际贸易市场疲软。在此背景下，机械工业对外贸易出口总量较大的汽车零配件、低压电器、民用机械、文化办会设备等产品市场将面临严峻的国际市场形势。从贸易伙伴看，近期疫情快速升级的意大利、法国、德国、美国、英国等15个国家，均为机械工业重要的出口目的国，2019年出口金额合计占机械工业出口总额的1/3。此外，疫情也为中美之间的贸易带来更多不确定性，给来之不易的中美贸易第一阶段协议的积极成果带来负面影响。综上所述，机械工业对外贸易将承受巨大压力。

（四）行业未来走势预判

短期来看，由于疫情仍在延续，行业复工复产还面临员工紧缺、物流运输受阻、供应链配套尚未恢复、口罩消毒液等防疫用品短缺等具体问题，全面恢复到正常的生产经营状态还需要一定的时间，因此近一时期行业运行总体仍处于逐步恢复阶段。加之前期停工停产已造成的损失，预计2020年一季度机械工业主要经济指标将出现较大程度的回落，二季度将呈现逐步回稳向好的趋势。

中期来看，为解决疫情给企业生产经营带来的困难，国家和地方政府有关部门集中发布了多项扶持与救助政策，涉及市场保障、财税支持、金融支持、职工返岗等诸多方面，为提振市场信心发挥积极作用。

长期来看，中国经济的基本面是稳定的，疫情过后开展的恢复性建设与投资，可能为机械工业行业释放出潜在的市场，为机械工业结构调整、转型升级带来新的机遇。

综合分析，预计2020年机械工业经济运行将呈现前低后高、逐步回升的走势，如疫情能早日结束，全国工业增加值增速仍可达5%左右，营业收入、利润总额等指标将保持小幅增长。

2020 年机械工业经济运行概况

中国机械工业联合会

2020 年是"十三五"规划收官之年，也是极不平凡的一年。面对严峻复杂的国内外环境，特别是新冠疫情的严重冲击，机械工业认真贯彻落实党中央、国务院统筹推进疫情防控和经济社会发展工作的决策部署，主动作为、承压前行。积极投身疫情防控、快速推进复工复产，生产经营秩序在二季度得以基本恢复。在国家减税降费、助企扶企、稳定就业等政策支持下，全年机械工业生产回稳向好，收入与利润增速超过预期。

一、2020 年机械工业经济运行情况

受疫情影响，2020 年年初机械工业生产遭受巨大冲击，3 月开始生产经营秩序逐步恢复，二季度经济运行回稳的态势更加明朗，进入三季度后各项经济指标大幅回升，四季度延续了稳步向好的趋势。

（一）增加值增速稳步回升

2020 年机械工业增加值波动较大。国家统计局数据显示，1—2 月机械工业增加值同比大幅下降 28.3%，1—6 月迅速收窄至 -1.5%；7 月由负转正，此后逐月回升，趋势明显回稳。全年机械工业增加值增速回升至 6%，高于年初预期，比一季度、上半年和前三季度分别回升 25 个、7.5 个和 2.2 个百分点，且高于同期全国工业和制造业增加值增速 3.2 个和 2.6 个百分点（见图 1）。

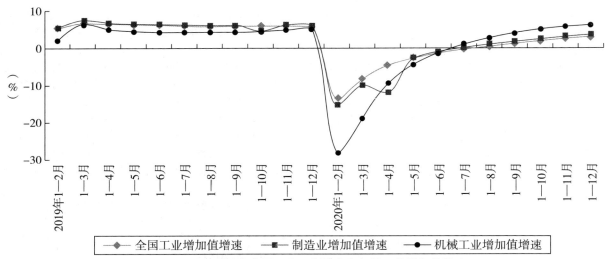

图 1　2019—2020 年全国工业、制造业和机械工业增加值增速

机械工业主要涉及的 5 个国民经济行业大类中，电气机械和器材制造业增长 8.9%、汽车制造业增长 6.6%、专用设备制造业增长 6.3%、通用设备制造业增长 5.1%、仪器仪表制造业增长 3.4%；主要涉及的 52 个行业中有 43 个行业增加值实现增长。

（二）产品生产逐步回稳

年初受疫情影响，机械工业重点监测的 120 种主要产品生产大幅下降，1—2 月仅 2 种产品产量实现增长。此后随着复工复产的推进与企业生产的恢复，产量实现增长的产品数量持续增加。全年 62 种产品产量增长，占比 51.7%，超过半数；产量下降的产品有 58 种，占比 48.3%（见图 2）。

主要产品产销增减呈现以下特点：投资类产品市场恢复速度快于消费类产品，当期已实现较为全面的恢复。

具体来看：一是得益于基建投资与能源项目的建设以及需求结构升级的带动，工程机械、发电和输变电设备产销保持快速增长，5 种重点监测的工程机械产品累计产量全部增长，挖掘机增长 36.7%，发电机组累计产量增长 38.3%。二是在利好政策的带动下主要农机产品生产持续回升，大、中型拖拉机分别增长 56.0% 和 17.7%。三是与物流、环保和智能制造相关的产品增速继续加快，工业机器人产量增长 20.7%。四是汽车产销微跌收官，据中国汽车工业协会统计，全年汽车产销累计同比分别下降 2.0% 和 1.9%，降幅比 2019 年分别收窄 5.5 个和 6.3 个百分点。其中乘用车产销分别完成 1999.4 万辆和 2017.8 万辆，同比分别下降 6.5% 和 6.0%，降幅比 2019 年分别收窄 2.7 个和 3.6 个百分点；商用车产销分别完成 523.1 万辆和 513.3 万辆，同比分别增长 20.0% 和 18.7%，

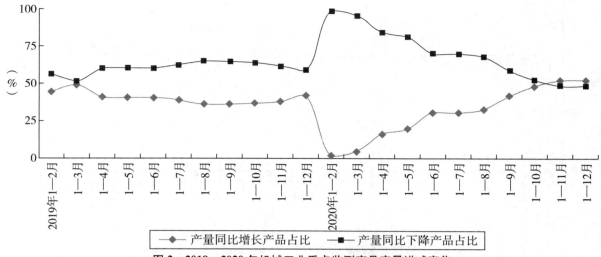

图2　2019—2020年机械工业重点监测产品产量增减变化

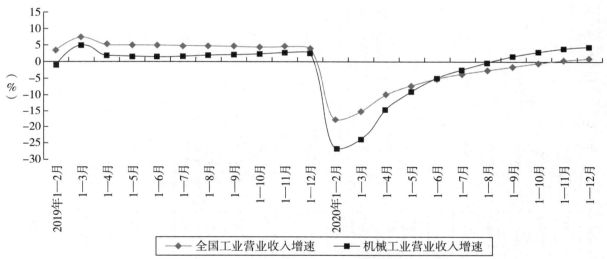

图3　2019—2020年全国工业和机械工业营业收入增速

创历史新高。新能源汽车累计销售136.7万辆，同比增长10.9%。五是量大面广的通用型产品产销出现恢复。

（三）效益指标回升超预期

2020年，机械工业营业收入至9月累计增速由负转正，全年实现营业收入22.6万亿元，同比增长4.5%，较全国工业营业收入增速高3.7个百分点；利润总额至7月累计增速由负转正，全年实现利润总额1.5万亿元，同比增长10.4%，高于年初预期，增速较全国工业利润总额增速高6.3个百分点（见图3）。

2020年机械工业营业收入利润率为6.41%，比2019年提升0.35个百分点，高于同期全国工业0.33个百分点（见图4）。

机械工业14个分行业中，12个分行业营业收入实现同比增长，其中工程机械和机器人与智能制造行业增速超过20%，农业机械、内燃机和电工电器行业增速在7%左右，仅文化办公设备和民用机械行业营业收入同比下降；11个分行业利润总额实现同比增长，其中工程机械和机器人与智能制造行业利润总额增速超过30%，内燃机、机床工具、重型矿山行业利润总额增速在20%左右，仅内燃机、文化办公设备和食品包装机械行业利润总额同比下降。

（四）行业投资持续低位

受疫情影响，2020年机械工业固定资产投资延续2019年的低迷态势，主要涉及的5个国民经济行业大类固定资产投资金额均持续下降，虽然三季度后降幅有所收窄，但截至年底仍全部同比下降。其中专用设备制造业下降2.3%，通用设备制造业下降6.6%，仪器仪表制造业下降7.1%，电气机械和器材制造业下降7.6%，汽车制造业下降12.4%，为两位数下降（见图5）。五大行业投资增速均低于同期全社会投资增速（2.9%）。同时机械工业民间投资复苏更为迟缓，比行业平均水平低1~3个百分点。

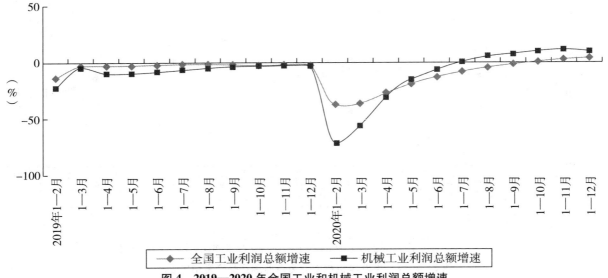

图4　2019—2020 年全国工业和机械工业利润总额增速

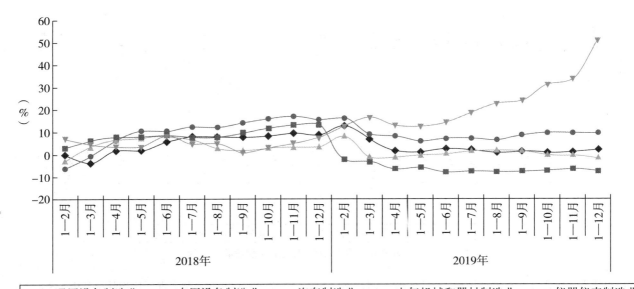

图5　2019—2020 年机械工业主要行业大类固定资产投资同比增速

（五）外贸进出口实现微增

在复杂的国际贸易环境下，机械工业对外贸易总额年底实现同比由负转正。2020 年机械工业累计实现进出口总额 7847 亿美元，同比增长 1.5%。其中进口 3177 亿美元，同比增长 0.9%；出口 4670 亿美元，同比增长 2%；全年机械工业累计实现贸易顺差 1493 亿美元，较 2019 年增加 61 亿美元（见图6）。

14 个分行业中，进口方面，农业机械、仪器仪表、文化办公设备、电工电器、机械基础件、食品包装机械和民用机械 7 个分行业进口金额同比增长；出口方面，农业机械、仪器仪表、石化通用、电工电器、食品包装机械、汽车和民用机械 7 个分行业出口金额同比增长。

（六）产品价格普遍走低

2020 年，机械工业生产者出厂价格指数延续了多年来持续低位运行的趋势，总体波动幅度不大，全年各月价格同比降幅始终在 1% 左右。至 12 月，机械工业生产者出厂价格同比下降 0.9%。其中通用设备制造业下降 0.7%、专用设备制造业下降 0.5%、汽车制造业下降 0.4%、电气机械和器材制造业下降 1.2%、仪器仪表制造业下降 0.2%。同期，全国工业生产者出厂价格同比下降 0.4%，生产资料出厂价格同比下降 0.5%，其中原材料出厂价格同比下降 1.6%（见图7）。总的来看，2020 年机械工业与全国工业生产者出厂价格和生产资料出厂价格变动趋势基本同步，但波动幅度较为平缓。

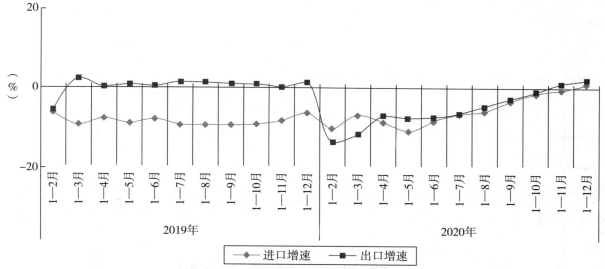

图 6　2019—2020 年机械工业进口、出口增速

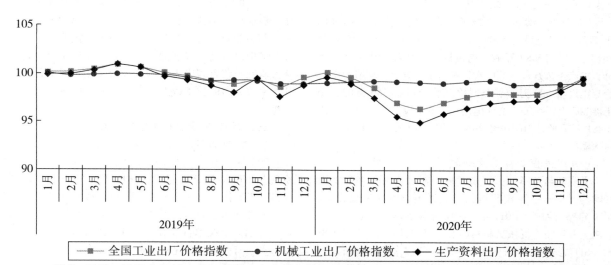

图 7　2019—2020 年机械工业与全国工业生产者出厂价格指数、生产资料出厂价格指数变动情况

从产品看，各类工程机械普遍降价，电动叉车价格由 2019 年的 80 万/辆，降至 2020 年的 60 万/辆水平；自主品牌多关节机器人价格降幅在 20%～30%，外资品牌多关节机器人价格降幅在 10% 左右。

（七）行业运行景气指数回升

机械工业景气指数的编制涵盖生产、投资、外贸、经效等多个维度，综合反映了机械工业的运行情况。受疫情冲击，2020 年 2 月机械工业景气指数下降至 70.36，此后持续回升，11 月重回临界值之上，12 月机械工业景气指数为 101.4，反映出年底机械工业行业运行已回升至景气指数区间之内（见图 8）。

二、"十三五"时期机械工业运行概况

"十三五"时期中国机械工业经济运行稳中有升，产业规模继续增长，创新发展不断推进，发展方式逐步转变，为完成中国制造强国战略目标打下了坚实基础。

（一）产业规模稳定增长

"十三五"期间，机械工业产业规模保持了稳定增长的走势。截至 2020 年年底，机械工业规模以上企业数量为 92288 家，较 2015 年年底增加 6833 家；资产总额由 2015 年年底的 19.27 万亿元，增至 2020 年年底的 26.52 万亿元，累计增长 37.66%，年均增长 6.6%。

（二）经济效益实现增长

"十三五"期间，机械工业主要生产指标和经济效益指标表现出稳中有升的态势。机械工业增加值年度平均增速为 7.5%。2016—2018 年可比口径下，机械工业主营业务收入年均增速为 7.6%；2019—2020 年可比口径下，机械工业营业收入年均增速为 3.5%；总量上始终超过 20 万亿元规模。机械工业利润总额年均增速为 4.7%，总量始终保持在 1 万亿元以上规模。

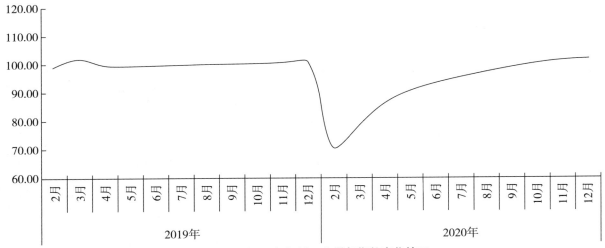

图 8　2019—2020 年机械工业景气指数变化情况

（三）产品生产能力显著增强

"十三五"期间，机械工业累计生产大中型拖拉机 193 万台、发电设备 59091 万千瓦、工业机器人 76 万台（套）、汽车 13589 万辆、挖掘机 124 万台、叉车 278 万台、机床 407 万台，其中数控机床 113 万台、环境污染防治专用设备 383 万台、金属冶炼轧制设备 556 万吨、变压器 205 万千伏安、交流电动机 13652 万千瓦、电力电缆 36881 万千米，为国民经济各行业提供了充足的设备供应与保障。

（四）进出口贸易波动起伏

受全球经济不振、贸易摩擦、新冠疫情等多方因素影响，"十三五"期间机械工业进出口贸易出现波动。2016 年略有回落，2017 年、2018 年显著增长，此后总体低迷。五年间，机械工业累计实现进口总额 1.55 万亿美元，出口总额 2.16 万亿美元，2017 年以来年度进出口贸易总额保持在 7000 亿美元以上；累计实现贸易顺差 6104 亿美元，其中除 2017 年外，其他四年的年度贸易顺差均超过 1000 亿美元。贸易顺差的增长在一定程度上反映出中国机械产品的国际市场竞争力有所提升。

（五）在全国工业中的比重稳中有升

"十三五"期间，机械工业产业规模在全国工业中的比重呈现上升趋势。截至 2020 年年底，机械工业规模以上企业数量占全国工业的 24.1%，资产总额占比 20.9%，较 2015 年年底分别提高 1.26 个和 1.76 个百分点。2020 年机械工业营业收入占全国工业营业收入的 21.5%，而 2015 年年底主营业务收入占比为 20.8%。但利润总额占比出现下降，2020 年机械工业利润总额占全国工业利润总额的 22.7%，较 2015 年年底下降 2.58 个百分点。

（六）需求和供给均呈现升级之势

"十三五"期间，国民经济各行各业都在追求高质量发展，无论是投资类产品还是消费类产品的需求都呈现持续升级的趋势，这在相当大的程度上缓解了传统需求

不足带来的压力。同时，机械工业全行业都在为适应需求升级而努力加快创新步伐，特别是在风力发电、光伏发电等新能源设备、新能源汽车和工业机器人等新兴产业领域取得了高速发展的业绩，而且在机械企业自身生产过程和经营管理中大力推进以数字化、网络化和智能化为主攻方向的技术改造，为今后的高质量发展积聚了后劲。

三、行业高质量发展中的亮点

（一）战略性新兴产业持续发展

2020 年，机械工业中战略性新兴产业相关行业合计实现营业收入 17.2 万亿元，同比增长 5.1%；实现利润总额 1.1 万亿元，同比增长 13.1%。战略性新兴产业营业收入和利润总额同比增速均高于同期机械工业平均增速，分别向上拉动行业收入和利润增长 3.8 和 9.8 个百分点，对全行业实现较快恢复发挥了积极的带动作用。机械工业战略性新兴产业相关行业在全行业中的占比持续提升，2020 年营业收入和利润占比分别为 75.1% 和 77.0%，比 2018 年（可比口径最早年份）分别提高 2.9 个和 7.5 个百分点。

（二）研发体系建设加速

中国机械工业坚持创新驱动发展战略，行业技术创新体系进一步完善。2016—2020 年，共分 3 批批准建设机械工业工程研究中心和重点实验室 48 家，其中工程研究中心 24 家、重点实验室 23 家、机械工业创新中心 1 家。截至 2020 年年底，已挂牌运行和正在筹建的创新平台 241 家，其中工程研究中心 129 家、重点实验室 111 家、创新中心 1 家。通过持续的发展，这些创新平台已在核心基础零部件制造、成形加工装备制造、工业机器人检测等方面取得了突破性进展。

（三）重大装备有新突破

在创新驱动战略推动下，一批具有较高技术含量的重大技术装备实现突破发展。自主设计建造的三代核电

"华龙一号"全球首堆——福清核电5号机组成功并网发电，核心零部件全部实现国产制造。装机总容量达1600万千瓦的白鹤滩水电站是世界上在建规模最大、单机容量最大的水电站，水电站的设备制造全部实现国产化。昌吉-古泉±1100kV特高压直流输电工程双极全压通电成功，张北可再生能源±500kV柔性直流电网的投运，标志着中国特高压直流输电成套设备和柔性直流电网居国际领先水平。中海油惠州石化120万吨/年乙烯装置一次试车成功，其关键设备乙烯三机（裂解气压缩机、丙烯压缩机、乙烯压缩机）全部由国内企业制造。工程机械实现了掘进机械整机系统集成技术的产业化应用，15米及以上超大直径泥水盾构和超小直径（≤4.5米）盾构实现了施工应用。

（四）智能制造发展迅速

企业智能化发展的内生动力增强，数字化制造已在机械各领域大范围推广应用。工程机械骨干企业相继构建了自身的数字化研发体系、管理体系和服务体系，推动了研发、管理与服务的升级。部分农机企业通过应用管材激光切割机、焊接机器人、环保涂装生产线等先进设备，提高了加工制造能力，保证了产品一致性。

（五）服务型制造快速发展

在用户的个性化需求、降本增效、提高盈利的驱动下，一批机械企业紧抓发展机遇，向"产品+服务"的方向发展，为用户提供越来越多的高附加值服务，工业设计、融资租赁、节能服务、信息技术服务等生产性服务业逐步壮大。工程机械重点企业大力推进由工程机械到"工程机械+"的转型，向主机、服务、配件、租赁、大修等全方位价值链经营转变。电工行业部分骨干企业凭借长期专注技术研发能力和齐全的产品链优势，整合设计、研发、制造等资源，提供一体化产品解决方案和工程服务，积极开展国内外的EPC（工程总承包）项目。

（六）绿色发展渐成共识

绿色发展理念逐渐深入人心，绿色制造在机械各行业积极推广。根据对中国机械工业联合会重点联系企业的统计，万元产值能耗由2015年的0.0299吨标准煤，下降到2019年的0.0196吨标准煤，下降比例达34.4%。一批风机、泵、压缩机等制造企业大力开发节能产品，面向建材、冶金、纺织等工业领域通用机械产品存量市场，采用租赁、合同能源管理等多种方式对在用高耗能产品进行节能改造，提供节能减排系统解决方案。内燃机整机再制造企业已形成具有特色的发展模式，尤其是部分试点示范企业持续投入，使再制造产业规模不断扩大，初步形成了高效的回收体系和运营模式。

四、行业运行中存在的问题

（一）需求疲软、产成品库存上升

2020年，虽然国内企业生产经营秩序持续改善，但市场需求尚未全面恢复。下半年全国固定资产投资增速由负转正，但其中与机械产品密切相关的设备工器具投资同比下降依然显著，截至年底降幅仍为7.1%。此外，

由于生产与销售恢复节奏不同，机械工业产成品库存持续上涨，9月后增速持续在两位数水平，截至年底增速达到11.5%。

（二）贷款回收难度增大

随着销售的回暖，进入下半年后机械工业应收账款增长明显。截至2020年年底，全行业应收账款总额已达5.4万亿元，占全国工业应收账款总额的近1/3，同比增长16%，增幅已连续七个月达到两位数。从分行业看，应收账款快速增长的情况较为普遍，其中农业机械、工程机械和机器人与智能制造3个分行业增速超过20%，由此导致资金流动性压力加大，年底机械工业流动资金周转率为1.46次，较2019年放慢0.05次，也低于全国工业0.32次。

（三）汇率波动影响出口企业效益

2020年人民币持续升值，年底人民币兑美元已较年初升值6%左右，由此影响出口企业的收入与利润。中国机械工业联合会重点联系企业数据显示，部分出口企业财务费用大幅增长，显著高于同期利息费用的增长，经调研主要由汇率变化导致的汇兑损失引起。

五、2021年行业发展走势预判

（一）全行业运行趋势预判

2021年是中国共产党建党一百周年，也是"十四五"规划开局之年。机械工业面临的国际环境错综复杂，国内改革发展稳定任务艰巨繁重。随着宏观经济政策效应继续逐步释放，机械工业需求市场继续恢复、运行环境不断改善，行业生产将延续2020年回稳向好的走势，企业信心进一步增强。

但由于全球疫情仍存在较大压力和不确定性，国际经济贸易形势严峻而复杂，同时账款回收难问题尤在、投资复苏乏力，原材料等大宗商品价格过快上涨也为行业平稳运行带来新的压力，机械工业应收账款经济运行依然存在诸多困难和下行风险。同时，2020年下半年机械工业应收账款两位数高增长的基数也给2021年下半年带来压力。

因此，预计2021年机械工业经济运行总体将呈现前高后平的走势，工业增加值、营业收入和实现利润增速在6%左右，外贸进出口保持基本平衡。

（二）主要分行业走势预判

汽车行业：从经济、政策、市场等多方面综合考虑，2020年是中国汽车市场的谷底年份，2021年将实现恢复增长，全年产销增长4%左右，其中乘用车增长7.5%左右、商用车下降10%左右。

电工电器行业：鉴于民生领域以及基础设施建设和智能制造相关市场带动交流电机、变压器、电线电缆等产品市场回暖，预计2021年电工电器行业整体仍将延续平稳发展的势头，营业收入增长5%左右、利润增长6%左右。

石化通用设备行业：基于国内外发展环境，预计2021年石化通用设备行业营业收入和利润的增幅在2%～

3%水平。

重型矿山设备行业：2020年下半年以来重型矿山设备行业在手合同与市场订单与2019年基本接近，其中冶金设备订货下降、矿山设备订货持平、起重设备订单增长，综合预计2021年运行将基本平稳，全年增速在4%以内。

机床工具行业：2020年四季度金属切削机床已有走出谷底的趋势，预计后期将进入新一轮的增长周期。2021年机床工具行业将呈现平稳恢复性的增长，主要经济指标增幅在5%左右。

农业机械行业：2021年国家仍将继续加大支持农业生产的力度，因此农业机械行业将保持2020年良好的发展势头，行业运行总体谨慎乐观。

工程机械行业：由于多年高速增长，预计2021年工程机械行业平稳发展的难度将进一步增大，市场变化存在多种可能性，不可期望过高，预计全年营业收入增长10%水平。

仪器仪表行业：市场需求情况良好，预计2021年运行总体平稳，全年增幅在5%左右。

2021 年机械工业经济运行概况

中国机械工业联合会

2021 年是"十四五"规划开局之年，也是中国迈向第二个百年奋斗目标的新起点。面对复杂多变的国内外经济形势，机械工业全行业认真贯彻落实党中央、国务院的决策部署，抢抓市场机遇、应对风险挑战、克服各种困难，经济运行稳定恢复，"十四五"开局迈出新的步伐。

一、2021 年机械工业经济运行特点

2021 年，机械工业经济运行虽受疫情散发、芯片短缺、原材料价格高涨、电力供应紧张等多种困难影响，但全行业经济运行总体平稳，产品生产基本稳定。全年经济运行态势"前高后低"，一季度高位运行，二季度逐月下滑，三季度下滑幅度加大，四季度趋向平稳，年底出现翘尾；年度主要经济指标增幅超出预期。

（一）工业增加值实现较快增长

国家统计局数据显示，2021 年机械工业增加值同比增长 10%，高于同期全国工业和制造业 0.4 个和 0.2 个百分点；两年平均增速为 8%，高于全国工业和制造业 1.9 个和 1.4 个百分点。

机械工业主要涉及的 5 个国民经济行业大类中，通用设备、专用设备、汽车、电气机械和器材及仪器仪表制造业增加值同比分别增长 12.4%、12.6%、5.5%、16.8% 和 12%，两年平均增速分别为 8.7%、9.4%、6%、12.8% 和 7.6%（见图 1）。主要涉及的 51 个行业分类中 45 个行业增加值实现增长。

（二）超七成产品产量实现增长

2021 年全年机械工业重点监测的 121 种主要产品中，产量累计同比增长的产品有 94 种，占比 77.7%；产量同比下降的产品有 27 种，占比 22.3%（见图 2）。

主要产品产销特点表现为：一是包装专用设备、金属集装箱等产品全年产量持续大幅增长；二是机床类产品呈现恢复性增长，全年金属切削机床产量增长 29.2%、工业机器人产量增长近 45%；三是农业机械、工程机械产品生产渐趋平稳，增速放缓，中型拖拉机、小型拖拉机、挖掘机产量增速已回落至个位数；四是汽车全年产销量在连续三年同比下降后实现增长，根据中国汽车工业协会统计，全年汽车产销量分别完成 2608 万辆和 2628 万辆，同比分别增长 3.4% 和 3.8%；其中新能源汽车产销量创历史新高，全年产销量分别为 354.5 万辆和 352.1 万辆，同比均增长 1.6 倍。

（三）效益指标实现两位数增长

国家统计局数据显示，2021 年机械工业累计实现营业收入 26 万亿元，同比增长 15.6%，比 2019 年增长 20.8%，两年平均增长 9.9%；实现利润总额 1.61 万亿元，同比增长 11.6%，比 2019 年增长 23.3%，两年平均增长 11%。与全国工业相比，2021 年机械工业营业收入和利润总额增速分别低于全国工业 3.8 个和 22.7 个百分点；两年平均增速、营业收入比全国工业高 0.2 个百分点，利润总额比全国工业低 7.2 个百分点。

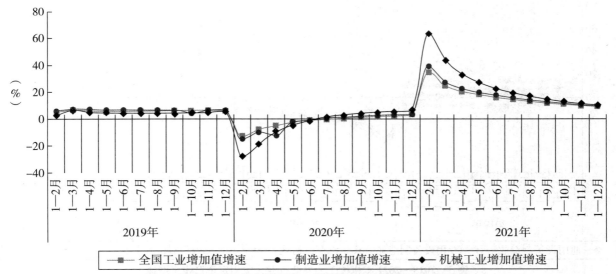

图 1 2019—2021 年全国工业、制造业和机械工业增加值增速

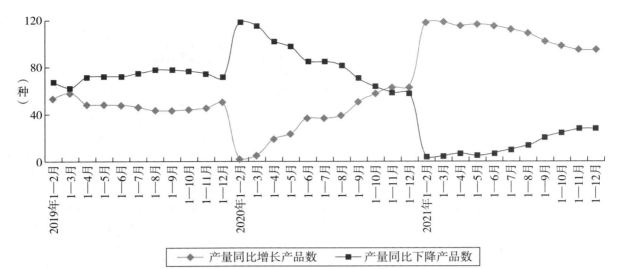

图2　2019—2021 年机械工业重点监测产品产量增减变化

2021 年机械工业 14 个分行业运行形势总体向好。全年 14 个分行业营业收入均实现同比增长，其中其他民用机械、机器人与智能制造、机床工具和电工电器行业增幅超过 25%。实现利润方面，工程机械行业在 2020 年高基数的基础上呈现同比下降；其他 13 个分行业实现利润均为同比增长，但其中出现分化，机床工具、其他民用机械行业利润增幅超过 60%，而石化通用、重型矿山、汽车、内燃机等行业利润增幅在 3% 以内。

（四）固定资产投资基本稳定

2021 年机械工业固定资产投资恢复，虽未及预期，但总体保持稳定。国家统计局数据显示，全年机械工业主要涉及的 5 个国民经济行业大类中，通用设备、专用设备、电气机械和器材、仪器仪表制造业固定资产投资同比分别增长 9.8%、24.3%、23.3% 和 12.0%，两年平均增速分别

为 1.3%、10.2%、6.7% 和 2.0%；而汽车制造业投资同比下降 3.7%，两年平均增速为下降 8.2%（见图3）。

（五）对外贸易创历史新高

得益于国内疫情的有效防控和生产秩序的快速恢复，机械企业主动作为、抢抓国际市场先机，2021 年机械工业对外贸易持续高速增长，全年累计实现进出口总额约 1.04 万亿美元，首次突破 1 万亿美元大关。其中出口总额 6765 亿美元，同比增长 33.7%，创历史新高；进口总额 3621 亿美元，同比增长 13.5%；实现贸易顺差 3144 亿美元，同比增长 168%，创历史新高（见图4）。

（六）产品价格小幅上涨

2021 年机械工业生产者出厂价格指数扭转了近年来持续低位运行的态势，年内虽有波动但总体呈小幅上涨态势，全年出厂价格同比上涨 2.7%。

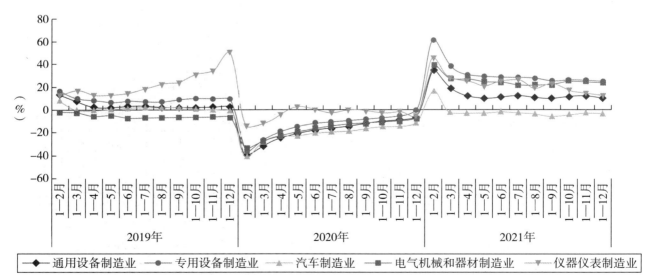

图3　2019—2021 年机械工业主要行业大类固定资产投资增速

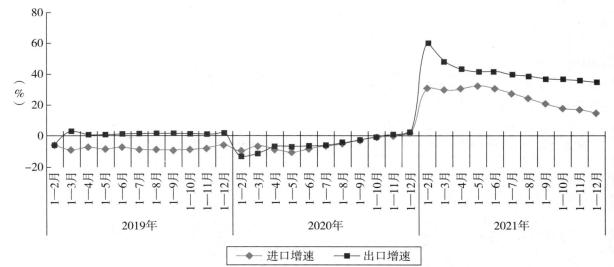

图 4　2019—2021 年机械工业进口、出口增速

与全国工业生产者价格指数及生产资料出厂价格指数相比，机械工业生产者出厂价格指数变动幅度较为平缓，且始终低于全国工业生产者出厂价格指数（见图 5）。至 2021 年 12 月，全国工业生产者出厂价格同比上涨 10.3%，生产资料出厂价格同比上涨 13.4%，其中原材料价格同比上涨 19.7%，而机械工业生产者出厂价格仅同比上涨 2.7%。

（七）行业运行处于景气指数区间

机械工业景气指数的编制涵盖生产、投资、外贸、经济效益等多个维度，综合反映了机械工业的运行情况。2021 年机械工业景气指数始终处于临界值之上，年初在 2020 年低基数的基础上景气指数一度冲高至 231.18，此后逐月回落。截至 12 月，机械工业景气指数为 112.57，虽为年内低点但仍显著高于临界值，处于景气指数区间（见图 6）。

二、行业高质量发展中的亮点

面对机遇与挑战，机械工业在经济运行总体平稳的

基础上，转型升级步伐加快，高质量发展迈出新步伐。

（一）对外贸易结构持续优化

2021 年机械工业外贸出口在金额创新高的同时，结构也持续优化。从产品看，汽车零配件、低压电气设备等机械工业传统优势产品出口显著增长。同时汽车整车、工程机械整机等产品出口表现突出。全年汽车整车出口量超过 200 万辆，同比增长 92.5%，对带动汽车产销量同比增长由负转正发挥了积极的作用。工程机械中挖掘机、装载机、推土机、电动叉车出口数量同比分别增长 141.0%、40.1%、72.6% 和 71.2%，有效对冲了内需市场的下滑。从贸易方式看，全年一般贸易出口金额同比增长 38.2%，高于机械工业平均水平 4.6 个百分点，在机械工业出口总额中的比重已升至近 70%，是带动出口总额创新高的主要力量。

（二）战略性新兴产业发展良好

2021 年机械工业中战略性新兴产业相关行业营业收入增速高于同期机械工业平均增速，向上拉动行业收入

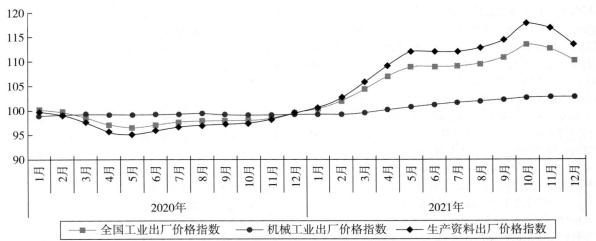

图 5　2020—2021 年机械工业与全国工业生产者价格指数、生产资料出厂价格指数变动情况

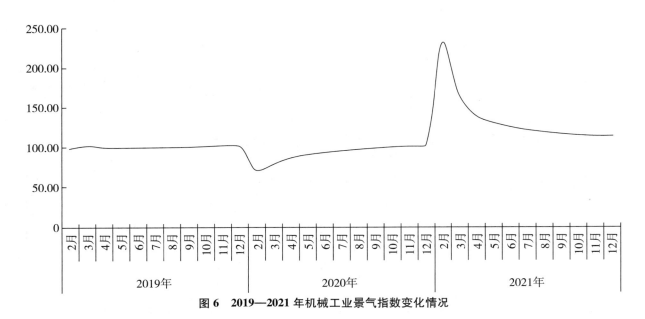

图6　2019—2021年机械工业景气指数变化情况

增长13.9个百分点，对全行业实现高速增长发挥了积极的带动作用。此外，机械工业战略性新兴产业相关行业在全行业营业收入中的比重持续提升，2021年占比已升至77.0%，比2020年提高1.9个百分点。作为代表产品之一，新能源汽车2021年销量超过350万辆，创历史新高，市场占有率提升至13.4%，高于2020年8个百分点，表明新能源汽车市场已从政策驱动型转为市场驱动型。同时新能源汽车出口呈现爆发式增长，全年出口31万辆，同比增长3倍。在新能源汽车的带动下，中国品牌汽车市场份额已超过44%，接近历史最好水平。

（三）绿色低碳发展创造新机遇

以碳达峰、碳中和为目标的绿色低碳发展战略为机械工业转型升级、实现高质量发展带来新机遇。2021年机械工业能源装备制造业营业收入与利润总额的增速均高于机械工业平均水平，在全行业中的比重也较2020年有所提高。其中能源输送与储存设备制造业营业收入增速接近30%、利润总额增速超过20%。代表性产品中，据统计，发电设备全年产量为13463.2万千瓦，其中清洁能源水电和风电机组合累计生产7617.8万千瓦，占比56.6%，比2020年提高1.82个百分点。相关企业创新开拓、抢抓市场先机，东方电气集团与中国华电签订首台自主G50燃机示范项目主机合同，助力中国能源领域重大技术装备自主化应用，推动能源革命；陕鼓动力与俄罗斯石油股份公司签署了《参与生产设施建设采购合作协议》，陕鼓动力将为俄罗斯用户持续提供节能环保产品和智慧绿色系统解决方案；北京鉴衡认证中心与丰诺（江苏）环保科技有限公司启动风电叶片绿色回收与应用示范项目，探索解决退役风电叶片下游应用、退役风电复合材料回收难的行业共性问题。

（四）创新能力建设助推重大装备国产化向纵深发展

近年来，机械工业行业创新体系建设有序推进、创新能力显著提升。截至2021年年底，挂牌运行和批准建设的机械工业重点实验室、工程研究中心和创新中心共计234家。其中重点实验室110家，包括挂牌运行97家、正在建设13家；工程研究中心123家，包括挂牌运行113家、正在建设10家；挂牌运行创新中心1家。

重大装备国产化及重大装备核心部件国产化方面取得显著进展。全球首座球床模块式高温气冷堆核电站——石岛湾高温气冷堆核电站示范工程首次并网发电，这是全球首个并网发电的第四代高温气冷堆核电项目，工程设备国产化率达93.4%，标志着中国成为世界少数几个掌握第四代核能技术的国家之一；中国首套"一键式"人机交互7000米自动化钻机在中国石油川庆钻探公司威204H62平台正式投入工业性试验，标志着中国成为极少数可以自主研制高端自动化钻机的国家；中国自主设计建造的全球首艘智能深水钻井平台"深蓝探索"，在南海珠江口盆地成功开钻，标志着中国智能化深水油气装备发展迈出实质性一步；中联重科成功研制全球最大上回转塔机，产品重达4000吨，额定起重力矩达12000吨米，是全球首台超万吨米级的上回转超大型塔机，最大起重重量达到450吨，最大起升高度400米；东方电气联合中国华能研制的7兆瓦等级海上抗风型风电机组顺利完成吊装，并首次在7兆瓦等级大功率海上风电机组上应用国产化主轴承、可编程逻辑控制器（PLC）、变流器IGBT等核心设备，标志着中国已全面掌握大容量海上风电机组关键部件研发、制造的核心技术；由沈鼓集团研制的国内首台套储气库用离心式压缩机在黄草峡储气库顺利投产，标志着国内首台储气库注气离心式压缩机组一次性投运成功,开创了国内离心式压缩机组用于储气库注气工艺的先例;由天津贝特尔流体控制阀门有限公司与国家石油天然气管网集团有限公司建设项目管理分公司联合研制的大口径轴流式调节阀完成鉴定,应用在国家石油天然气大流量计量检定站沈阳分站,该产品填补了国内空白,主要技术参数和性能指标达到国际同类产品先进水平。

(五)数字化改造助力行业制造能力提升

在产业政策的引导下,机械工业数字化、智能化、网络化转型升级步伐加快。特变电工国内首个输配电行业重点打造的 5G 智慧工厂,打造从产品设计、生产制造到营销服务一体化的集成管控与决策体系,为中国输变电装备制造与工业互联网的融合发展提供可推广、可借鉴的应用案例;一汽解放 J7 整车智能工厂落成,采用国际领先的制造装备,融合解放先进工艺技术和精益生产思想,致力实现智能化、柔性化生产,其中新松公司机器人的应用,实现了移动机器人技术对重卡总装线各环节工艺的全流程覆盖。

三、行业运行中存在的问题

(一)原材料采购价格上涨推升企业成本

2021 年钢材、有色金属等大宗商品价格持续大幅上涨。国家统计局数据显示,5—12 月工业生产者购进价格指数连续 8 个月增幅达到两位数,机械企业原材料采购成本上涨压力持续。2021 年机械工业全年营业成本21.89 万亿元,同比增长 16.5%,高于同期营业收入和利润总额的增速;每百元营业收入中的成本为 84.21 元,比 2020 年增加 0.64 元,高于同期全国工业 0.47 元。

(二)行业利润率下滑

原材料采购成本上升,机械产品销售价格上涨乏力,导致行业盈利能力下滑。国家统计局数据显示,机械工业生产者出厂价格指数二季度由负转正,至 2021 年年底增幅仅为 2.7%,远远低于原材料购进价格的增幅,由此影响了机械行业的利润。6—11 月连续 6 个月,机械工业单月利润总额同比下降,全年机械工业利润总额增速较同期全国工业低 20 余个百分点。全年机械工业营业收入利润率为 6.19%,低于全国工业 0.62 个百分点,低于2020 年同期 0.22 个百分点。

(三)货款回收难问题仍在延续

国家统计局数据显示,截至 2021 年年底,机械工业应收账款总额为 5.78 万亿元,同比增长 10.4%,占全国工业应收账款总额的 30%,显著高于机械工业营业收入、利润总额等指标在全国工业中的比重;应收账款平均回收期是全国工业的 1.5 倍。此外,专项调查中企业反映,2021年使用票据结算的客户增多,46% 的企业应收票据总额出现上涨,其中 12% 的企业涨幅超过 10%,导致资金周转压力加大。年底机械工业流动资产周转率仅为 1.5 次,较全国工业低 0.38 次。

(四)接续订单不足压力显现

中国机械工业联合会重点联系企业调查数据显示,机械企业订货走势趋缓,增速持续下滑,累计订货额同比增速已由 3 月底高点的 41.4%,回落至年底的 2.2%。调查结果显示,61% 的被调查企业在手订单同比增长,58% 的被调查企业在手订单仅可满足 2022 年一季度的生产。此外,海外市场订单增长趋缓明显,仅 28% 的企业在手海外市场订单增长,78% 的被调查企业在手海外订单仅可满足 2022 年一季度的生产。

四、2022 年行业发展走势的预判

展望 2022 年,虽然外部环境更趋复杂严峻,国内发展也有一定的压力,但全国经济将逐步回归常态运行,随着稳定宏观经济政策的逐步实施,"十四五"规划重大工程、重大项目的相继启动,机械工业运行环境将持续改善、市场需求将进一步回升,机械工业总体仍有望实现平稳发展。

(一)行业运行环境分析

从国际看,2022 年国际经济形势愈发错综复杂,新冠疫情的不确定性持续冲击世界经济。国际资本市场波动、大宗商品价格高位、国际商贸物流不畅、全球供应链局势仍然趋紧等因素使机械工业对外贸易环境趋于严峻。

从国内看,国内市场总需求收缩、市场预期不稳,消费和投资增长势头减弱,这些问题对实现行业稳定发展带来很大的挑战。但中央经济工作会议明确了"稳字当头、稳中求进"的总基调,有关政府部门已先后出台诸多稳定经济运行、扩大内需、促进消费、适度超前开展基础设施投资的政策措施,同时"十四五"各类规划中已明确的重大战略、重大项目和重大工程已相继开工,为机械工业提供了良好的宏观经济基础和稳定向好的市场需求。此外,2021 年影响行业经济运行的原材料价格高涨、煤炭电力供应紧张、芯片供应短缺等不利因素,在 2022 年都将得到缓解和改善,这些有利因素将促进机械工业行业实现稳定增长。随着稳定宏观经济政策的逐步实施,"十四五"规划重大工程、重大项目的相继启动,机械工业运行环境将持续改善,市场需求有望进一步回升。

综合分析,2022 年机械工业行业运行有望实现平稳发展,工业增加值、营业收入增速预期达到 5.5% 左右,实现利润总水平与 2021 年持平,进出口贸易总体保持稳定。

(二)主要分行业走势预判

2022 年,预计机械工业主要分行业运行总体将呈现平稳向好走势,不同分行业间存在一定差异。

汽车行业受芯片短缺的影响将减小,但市场需求收缩、预期转弱的影响依然存在,全年汽车产销量增幅预计在 6% 左右;新能源汽车仍将保持增长,增速高于传统内燃机汽车。

电工电器行业运行压力较大,电力行业电源结构将发生重大改变,发电设备供给结构也将相应调整,风电、光伏供给进一步加强,传统煤电设备进一步严控,但中

低压开关、电线电缆等量大面广的产品继续保持较高的增速，预期全年营业收入增速在5%左右、实现利润增速低于营业收入增速。

石化通用设备行业经济运行受国际油价变动影响较大，在国际原油价格总体高位的拉动下，将会稳定增长，2021年国际石油市场不确定性因素较多，但普遍认为原油平均价格高于2020年，预期石化通用设备行业2022年运行稳中向好，营业收入增速在6%左右。

农业机械行业在存量设备升级换代、年底国四排放切换等因素的带动下，2022年预计将保持较好的发展态势。

重型矿山设备行业在钢铁、煤炭等用户行业设备改造升级的拉动下，预计2022年将保持稳定运行，但增速不及2021年。

工程机械行业已连续多年上涨，对比基数高，存在较大的下行压力，但行业稳定向好的发展方向没有改变，预计2020年营业收入增幅在5%~8%。

2022年机械工业经济运行概况

中国机械工业联合会

2022年面对风高浪急的国际环境与复杂多变的外部形势，机械工业全行业认真贯彻落实党中央、国务院的决策部署，坚持稳中求进工作总基调，贯彻落实疫情要防住、经济要稳住、发展要安全的要求，行业运行保持稳定、产业结构持续优化、发展韧性不断增强，全年主要经济指标在合理区间，对稳定经济大盘、提振工业经济、提升外贸质量发挥积极作用。

一、2022年机械工业经济运行特点

2022年机械工业经济运行虽有所起伏，但态势总体向好。一季度开局良好；二季度受局地疫情及其引发的交通物流不畅影响，下行压力陡然增加，全行业迅速振作起来，主要指标在短时间实现由负转正；三季度稳中向好；四季度由于疫情反复与外需市场下滑，增速有所放缓。全年机械工业主要经济指标实现平稳增长。

（一）产业规模持续扩大

国家统计局数据显示，截至2022年年底，机械工业共有规模以上企业11.1万家，较2021年增加1.2万家，占全国工业规模以上企业数量的24.7%，较2021年提高0.5个百分点；资产总计32.5万亿元，同比增长13.1%，占全国工业资产总计的20.8%，较2021年提高0.9个百分点。

（二）增加值增速先抑后扬

2022年一季度机械工业增加值同比增长；二季度受局地疫情及其引发的交通物流不畅影响，增加值增速由正转负，但在短时间迅速由负转正，上半年机械工业增加值同比增长0.7%；三季度延续稳中向好趋势；四季度由于疫情反复与外需市场下滑，增加值增速再次小幅放缓，全年机械工业增加值增速为4%，高于全国工业增加值增速0.4个百分点，高于制造业增加值增速1个百分点（见图1）。

机械工业主要涉及的5个国民经济行业大类中，专用设备、汽车、电气机械和器材、仪器仪表制造业增加值同比分别增长3.6%、6.3%、11.9%和4.6%，通用设备制造业增加值同比下降1.2%。

（三）产品产销形势分化

机械工业重点监测的120种主要产品中，全年产量同比增长的产品有44种，占比为36.7%，比2021年减少50种；产量下降的产品有76种，占比为63.3%，比2021年增加49种，其中以两位数下降的产品有52种，占比为43.3%，比2021年增加43种（见图2）。年内主要产品产销形势分化，实现增长的产品数量在半数左右波动。

产品产销特点主要表现为：一是有效应对冲击，汽车产销实现增长，全年产销量分别完成2702.1万辆和2686.4万辆，同比增长3.4%和2.1%，产销量连续14年稳居全球第一；二是能源领域建设加速，带动发电设备、输变电设备和能源存储相关产品高速增长，发电机组产量增长17.3%、太阳能电池产量增长47.8%；三是服务于原材料行业的装备产量增速较2021年放缓，金属冶炼设备、水泥专用设备产量分别增长0.7%和6.7%；四是加工制造类装备产量下降，金属切削机床、金属成型机床产量分别下降13.1%和15.7%；五是前期产销高速增长的产品产量回落，金属集装箱、包装专用设备、挖掘机产量分别下降36.9%、17.0%和21.7%。

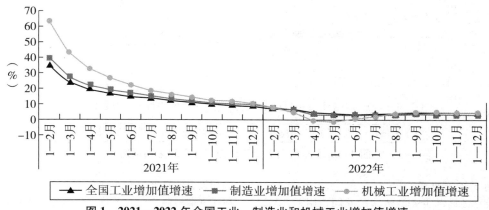

图1　2021—2022年全国工业、制造业和机械工业增加值增速

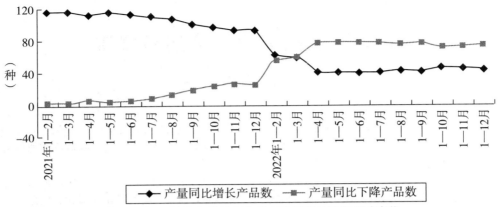

图2　2021—2022年机械工业重点监测产品产量增减变化

（四）效益指标增长稳定

技术进步与产品结构升级有效带动行业效益增长。国家统计局数据显示，2022年机械工业累计实现营业收入28.9万亿元，同比增长9.6%；实现利润总额1.8万亿元，同比增长12.1%。与全国工业相比，机械工业营业收入与利润总额的增速分别高于全国工业3.7个和16.1个百分点（见图3、图4）。在全国工业营业收入和利润总额中的比重分别为21.0%和21.6%；拉动全国工业营业收入增长1.9个百分点、拉动利润总额增长2.2个百分点。

2022年机械工业企业效益改善，利润率有所回升，营业收入利润率为6.3%，较2021年提高0.1个百分点。

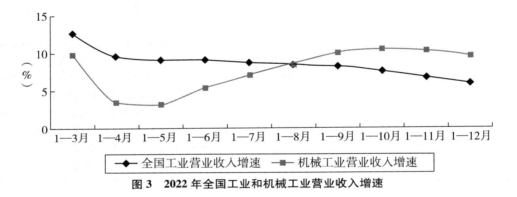

图3　2022年全国工业和机械工业营业收入增速

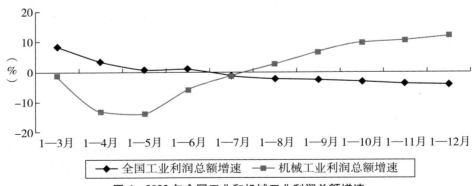

图4　2022年全国工业和机械工业利润总额增速

（五）固定资产投资向好

在投资意愿改善与低基数因素的共同作用下，2022年机械工业固定资产投资整体呈较快增长态势，总体保持稳定。机械工业主要涉及的5个国民经济行业大类中，通用设备制造业、专用设备制造业、汽车制造业、电气机械和器材制造业以及仪器仪表制造业固定资产投资同比分别增长14.8%、12.1%、12.6%、42.6%和37.8%，均高于同期全社会固定资产投资增速（5.1%）。与2021

年相比，通用设备制造业、电气机械和器材制造业、仪器仪表制造业固定资产投资分别加快 5.0 个、19.3 个和 25.8 个百分点；汽车制造业固定投资增速由负转正；专用设备制造业固定投资增速回落 12.2 个百分点（见图 5）。

（六）外贸再创历史新高

2022 年面对复杂严峻的国内外形势，中国机械工业对外贸易顶住多重超预期因素的冲击，展现出强劲的韧性，对外贸易稳步提升。据海关统计数据汇总，2022 年机械工业外贸进出口总额同比增长 3%，达 1.07 万亿美元，连续两年超过万亿美元，再创历史新高。其中，出口 7400 亿美元，再创历史新高，同比增长 9.4%，增速较 2021 年放缓 24.3 个百分点，但高于同期全国外贸出口平均水平（7.0%）2.4 个百分点；进口 3296.3 亿美元，同比下降 9%，增速由 2021 年正增长转为负增长；贸易

顺差 4103.6 亿美元，较 2021 年增加 959.4 亿美元，再创历史新高（见图 6）。机械工业出口稳定增长，是拉动行业外贸增长的主要因素，也是保障全行业经济平稳发展的重要因素。

（七）出厂价格涨幅回落

2022 年机械工业生产者出厂价格延续 2021 年同比上涨趋势，但涨幅呈逐月回落态势，2 月价格涨幅为全年高点，达 2.7%，至 12 月涨幅回落至 0.7%。机械工业生产者出厂价格变动趋势较为平缓，全年波动幅度在 2 个百分点以内，明显小于全国工业生产者出厂价格和生产资料包括主要原材料出厂价格波动幅度。与全国工业生产者出厂价格及生产资料出厂价格相比，机械工业生产者出厂价格涨幅前三季度低于全国工业生产者出厂价格和生产资料出厂价格涨幅，四季度高于全国工业生产者出厂价格和生产资料出厂价格涨幅（见图 7）。

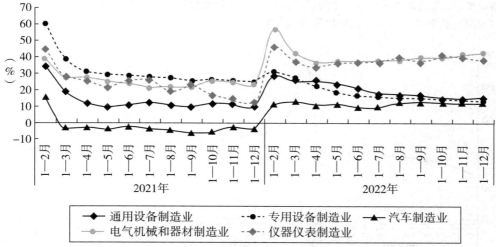

图 5　2021—2022 年机械工业主要行业大类固定资产投资增速

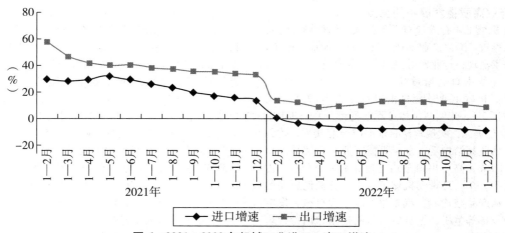

图 6　2021—2022 年机械工业进口、出口增速

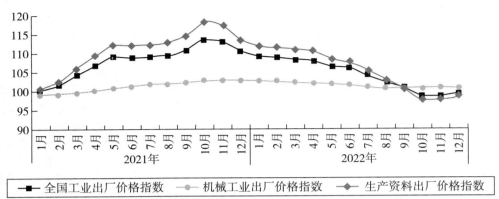

图7　2021—2022 年机械工业与全国工业生产者出厂价格指数、生产资料出厂价格指数变动情况

（八）运行处于景气区间

机械工业景气指数的编制涵盖生产、投资、外贸、经济效益等多个维度，综合反映了机械工业的运行情况。2022 年机械工业景气指数 2 月高开，在疫情等的综合影响下 5 月到达年内低点，此后逐步回升，11—12 月虽有所回落，但全年总体保持在景气区间，12 月机械工业景气指数为 105.98（见图 8）。

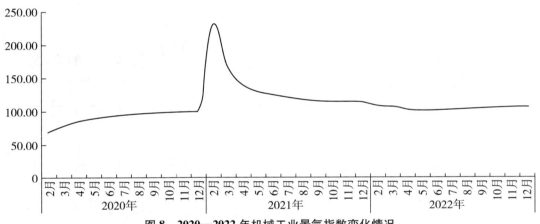

图8　2020—2022 年机械工业景气指数变化情况

二、行业高质量发展中的亮点

2022 年机械工业有效应对风险挑战，结构调整与转型升级深入推进，新兴产业加速发展，新动能加速凝聚，科技创新成果涌现，行业发展韧性进一步增强。

（一）外贸出口量增质升

2022 年，机械工业外贸进出口总额为 1.07 万亿美元，同比增长 3%，连续两年超过万亿美元大关。其中出口总额 7400 亿美元，实现贸易顺差 4103.6 亿美元，均创历史新高。从贸易结构看，全年机械工业一般贸易出口金额增长 12.5%，高于出口平均增速 3.1 个百分点，占出口总额的 71.4%，是带动机械工业出口总额创新高的主要力量。从产品结构看，汽车整车、工程机械、发电设备、矿山设备等整机、主机对出口的带动作用持续增强。全年汽车整车出口达 311 万辆，同比增长 54.4%，其中新能源汽车出口近 67.9 万辆，同比增长 1.2 倍；挖掘机、电动叉车、金属轧机、起重机等产品出口量分别增长 41.9%、33.7%、51.8% 和 20.1%。

（二）新兴产业发展提速，引领行业提质增效

2022 年，机械工业主要经济指标增速明显高于生产指标，其中新兴产业的带动引领作用不可小觑。全年机械工业战略性新兴产业相关行业合计实现营业收入 23.1 万亿元，同比增长 13%，拉动机械工业营业收入增长 10.1 个百分点；实现利润总额 1.4 万亿元，同比增长 15.5%，拉动机械工业利润总额增长 11.7 个百分点。特别是能源存储与光伏设备行业，两者合计对机械工业营业收入和利润总额增长的贡献率达 62.9% 和 55.1%。新能源汽车作为新兴产业的代表，2022 年产销量分别完成 705.8 万辆和 688.7 万辆，同比增长 96.9% 和 93.4%，产销量再创历史新高，连续 8 年保持全球第一。同时，新一代信息技术、人工智能、工业互联网、5G 等新技术与机械领域加速融合，推动行业转型升级。2022 年战略性新兴产业相关行业的营业收入在机械工业中的占比继续提升，达 79.85%，比 2021 年同期提高了 2.45 个百分点；利润总额占机械工业利润总额的 78.03%，同比提高 2.3

个百分点。

（三）践行绿色发展，推动传统产业转型升级

"双碳"目标引领下，机械工业全力助推传统产业转型升级。2022年机械工业能源装备制造业营业收入与利润总额同比分别增长20.4%和33.9%，拉动机械工业营业收入增长3.9个百分点、利润总额增长5.1个百分点。代表性产品风电机组的产量占全年发电设备总产量的比重超过50%。绿色低碳装备不断涌现，有力推动传统产业减碳发展。工程机械电动化发展提速，产品体系日趋完善，全年电动装载机销量已突破一千台，推动工程建设领域绿色发展。其中，特变电工新一代百万伏变压器试验成功，对提升中国清洁能源消纳、保障电网稳定运行具有重要作用。中国海油牵头研发的中国首套水下采油树在南海莺歌海顺利完成海底气井放喷测试作业并正式投入使用，标志着中国已具备深水水下采油树成套装备的设计建造和应用能力，对提高国内能源自给率提供重要装备保障。中国铁建为上海市静安区地下智慧车库项目打造中国自主研制的全球最大竖井掘进机"梦想号"，并创新提出利用装配式垂直掘进技术在城市零星土地建造地下立体智慧停车库的全系统解决方案，对优化城市地下空间、推进智慧城市建设具有积极意义。

（四）深化创新驱动重大装备取得新突破

机械工业行业创新体系建设加快推进，截至2022年年底，挂牌运行和批准建设的机械工业重点实验室、工程研究中心和创新中心共计253家。其中重点实验室121家，挂牌运行96家；工程研究中心131家，挂牌运行109家；挂牌运行创新中心1家。企业积极投入研发创新，重大装备自主创新亮点频现。东方电气集团自主研发的首台国产F级50兆瓦重型燃气轮机，在华电清远华侨工业园天然气分布式能源站点火成功，标志着中国在重型燃气轮机领域实现从无到有的突破。中国三峡集团与新疆金风科技联合研制的全球单机容量最大、叶轮直径最大、单位兆瓦重量最轻的16兆瓦海上风电机组下线，标志着中国海上风电大容量机组在高端装备制造能力上实现重要突破。一拖集团成功研发具有全部自主知识产权，喂入量15千克以上智能化高端收获机械——东方红YT6668大型高效谷物联合收割机，打破国外产品在该领域的垄断，以高质量农机装备护航粮食安全。

（五）强链补链有序开展，高端化智能化发展提速

有效应对超预期因素冲击，产业链供应链韧性增强。高端工业母机、精密仪器仪表、关键核心零部件的制造能力提升，超大规模电力装备、大型矿山和冶金装备、大型石化装备供给能力升级，为国家能源资源开发利用与生态文明建设提供保障。机械工业高端化、智能化发展提速。上海交大智邦科技联合普什宁江机床、华中数控等单位研制的国产装备轿车动力总成加工生产线在上海通用汽车投入使用，标志着国产化功能部件组成的高端加工中心已能完全满足高档汽车动力总成的加工需求。哈电集团成功制造国内首台增材制造轴流式水轮机真机转轮，对推动智能制造技术在发电设备制造领域的应用具有重要意义。太重集团设计研发的国内首台套"一键炼焦"智能化成套设备投入运行，填补国内焦化行业技术空白。

三、行业运行中的问题

（一）成本上升压力延续

2022年机械工业所需原材料价格虽有一定波动，但总体处于高位。国家统计局数据显示，全年原材料生产资料工业生产者出厂价格同比上涨10.3%。此外，部分产品制造领域的关键原材料价格上涨迅猛。如低压电气行业用磁性材料，变压器用取向硅钢片等价格大幅上涨；储能行业用电池级碳酸锂均价由2021年年底的28万元/吨升至2022年年底的52万元/吨，11月价格一度冲高至近60万元/吨。此外，用工成本延续上涨趋势，重点联系企业用工人员工资总额同比增长6.6%。全年机械工业发生营业成本共计24.5万亿元，同比增长10.1%，高于同期营业收入增幅；每百元营业收入中的成本为84.6元，比2021年增加0.4元（见图9）。

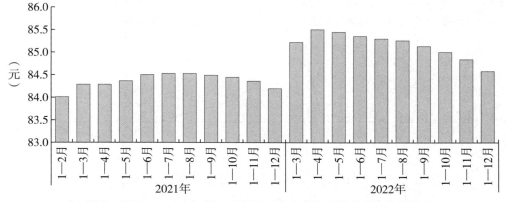

图9　2021—2022年机械工业每百元营业收入中的成本变化情况

（二）货款回收难度上升

机械工业应收账款总额于 2020 年 6 月首次超过 5 万亿元，2022 年 6 月首次超过 6 万亿元、11 月超过 7 万亿元，2022 年年底回落至 6.9 万亿元，同比增长 17.7%，占全国工业应收账款总额的 32%，比 2021 年提高 1.4 个百分点，超机械工业营业收入、利润总额等指标在全国

工业中的比重 10 余个百分点；机械工业应收账款平均回收期是全国工业的 1.5 倍（见图 10）。此外专项调查显示，2022 年 53% 的企业应收票据总额上涨，其中 16% 的企业涨幅达到两位数，企业资金周转压力较大。年底机械工业流动资产周转率仅为 1.36 次，低于全国工业平均水平 0.35 次。

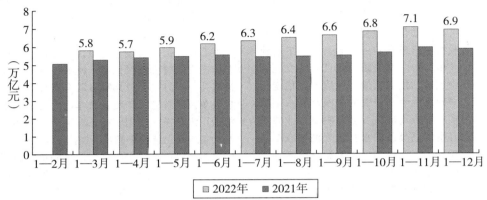

图 10　2021—2022 年机械工业应收账款规模变化情况

（三）市场需求总体偏弱

近年来，国内钢铁、煤炭、电力、石化等机械工业传统用户行业处于产能过剩调整和产业转型期，中国机械工业市场需求特别是中低端产品市场需求增长明显放缓。国家统计局数据显示，与机械产品市场需求密切相关的全国设备工器具投资 2022 年同比增幅为 3.5%，低于同期全国固定资产投资增速 1.6 个百分点，全社会设备采购投资偏弱。机械工业主要涉及的 5 个国民经济行业大类中，通用设备、专用设备、汽车、电气机械和器材制造业产能利用率分别为 79.2%、77.6%、72.7% 和 77.3%，较 2021 年下降 1.8 个至 3.7 个百分点。重点联系企业数据显示，全年机械企业累计订货金额持续处于负增长，下半年降幅有收窄趋势，年底同比仍下降 2%（见图 11）。专项调查显示，截至 2022 年年底，50% 的被调查企业在手订单同比增长，70% 的被调查企业在手订单仅满足 2023 年一季度的生产；外贸市场订单增长乏力、生产满足时间短的问题更为明显，在手订单短单居多。

（四）分行业发展不均衡

从生产端看，产品产销形势分化，多数产品产量同比下降。从外贸出口看，14 个分行业出口金额 12 增 2 降，出口增速高低不一。从财务效益看，机械工业所属 14 个分行业中，8 个分行业营业收入与利润总额同比增长，6 个分行业同比下降；其中电工电器行业在储能设备与光伏设备制造业带动下，营业收入与利润总额分别增长 26.4% 和 37.6%；机床工具行业在磨具磨料产品制造业带动下，营业收入与利润总额分别增长 15.2% 和 62.9%，是经济指标增长速度最快的 2 个分行业。工程机械行业和内燃机行业营业收入降幅超过 12%、利润降幅超过 35%，是效益指标下降最为显著的 2 个分行业（见图 12、图 13）。

四、2023 年机械工业走势预判

2023 年，机械工业运行面临的内外部环境依然复杂严峻，但机械工业发展韧性强、活力足、潜力大，全年有望延续平稳向好走势，实现量的增长与质的提升。

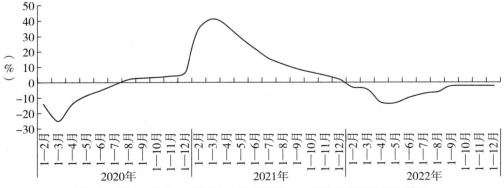

图 11　2020—2022 年机械工业重点联系企业累计订货增速变化情况

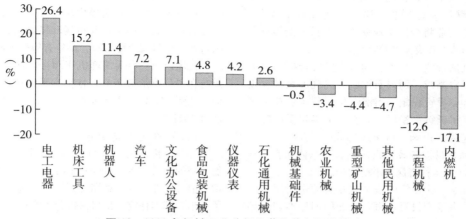

图12　2022年机械工业分行业营业收入同比增速

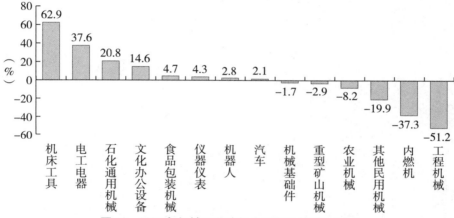

图13　2022年机械工业分行业利润总额同比增速

（一）行业运行环境分析

从国际看，国际形势跌宕起伏、错综复杂，世界经济衰退风险上升、通胀预期延续，地缘政治冲突升级威胁着全球贸易复苏，发达经济体对产业链安全诉求提升、大国间在关键领域的博弈加剧，机械工业外贸市场面临下行压力。从国内看，国内经济面临的需求收缩、供给冲击、预期转弱三重压力虽有所缓解，但复苏缓慢，依然存在内生动力不强、需求不振、经济转型不畅等多重问题，机械工业平稳运行、转型发展任务依然繁重。

但中国经济"稳"的基调更明确，"进"的要求更积极，各方面积极因素在不断集聚。一是中央经济工作会议明确了"坚持稳字当头、稳中求进"的总基调，实施了积极的财政政策、稳健的货币政策，宏观政策调控力度加大、各类政策协调配合能力提升，为机械工业的平稳发展提供了坚实支撑。二是政府工作报告明确了"扎实推进中国式现代化""促进传统产业改造升级，培育壮大战略性新兴产业，着力补强产业链薄弱环节""加快建设现代化产业体系"等重点工作以及全年发展预期目标，为机械工业高质量发展指明了方向与重点。三是

"十四五"规划中的重大项目、重点工程等进一步开工建设，基础设施建设提速，房地产或将逐步走出低谷，乡村振兴和新型城镇化、区域发展重大战略等政策举措进一步落地，高端化、智能化、绿色化转型步伐继续加快。存量政策与增量政策叠加发力，机械工业践行高质量发展的市场环境正在不断向好。这些有利因素将促进机械工业继续稳定发展。

（二）主要分行业走势预判

2023年，预计机械工业主要分行业运行总体将呈现平稳向好态势。

汽车行业，2022年二季度疫情导致生产供应受阻，车市一度断崖式下跌，同期基数相对较低，2023年在稳经济、促消费政策的作用下，市场需求有望延续回升走势，新能源汽车发展与汽车出口将延续良好势头，预计全年汽车产销量小幅增长。

电工电器行业，利好因素较多，风电、光伏、核电等清洁能源发电项目加快推进，煤电市场结构调整；为构建智能化、数字化、高端化的新型输配电体系电网投资加码；储能项目规模化落地。经调查，煤电、核电、

水电等装备企业在手订单饱满，风电、光伏、抽水蓄能等新能源领域继续高速增长；输变电行业稳健发展。2023年电工电器行业将全面实现恢复性增长，全年行业营业收入与利润的增速有望达到两位数。

石化通用机械行业，基于石油、天然气价格高位带来的油气行业投资需求，国内石油、天然气加大勘探投资，国际油气行业投资稳定，当前石化装备企业在手订单较好，上半年将延续平稳增长态势，下半年受国际环境和油价不确定因素影响，增速或将放缓；此外，"双碳"目标也带动存量设备改造需求增长。总体而言，石化通用行业2023年运行将保持平稳增长。

工程机械行业，受开年以来基建相关的中小项目开工率不及预期、房地产投资不振，叠加国四标准切换导致价格上升等因素影响，近期工程机械产销依然低迷，出口市场虽发挥重要支撑但增量空间有收窄趋势。下半年随着政策效力的发挥和市场环境好转，四季度工程机械行业有望呈现企稳态势，全年有望持平或小幅增长。

机床行业，金属切削机床和金属成型机床的新增订单与在手订单形势较好，特别是重型机床订货，出口有向好趋势。2023年上半年有望同比由负转正，全年增速超过2022年。

（三）全行业走势预判

综合分析，预计2023年机械工业经济运行将呈现平稳向好的态势，主要经济指标前低后高，预计全年工业增加值、营业收入、利润总额等指标增速在5%左右，外贸进出口基本稳定，出口保持合理增长。

2019 年船舶工业经济运行概况

中国船舶工业行业协会

2019 年，中国船舶工业以供给侧结构性改革为主线，不断推动行业向高质量发展转变。在全行业共同努力下，全国船舶工业稳中有进，船型结构升级优化，企业效益企稳回升，三大船舶央企重组稳步推进，修船行业盈利水平明显提高，海洋工程装备"去库存"取得进展，智能化转型加快推进。但受世界经济贸易增长放缓、地缘政治冲突不断增多、新船需求大幅下降的不利影响，用工难、融资难、接单难等深层次问题未能从根本上得到解决，船舶工业面临的形势依然严峻。

一、经济运行基本情况

（一）全国造船完工量增长，新接订单量下降

2019 年，全国造船完工 3672 万载重吨，同比增长 6.2%。承接新船订单 2907 万载重吨，同比下降 20.7%。截至 12 月底，手持船舶订单 8166 万载重吨，同比下降 8.6%。

全国完工出口船 3353 万载重吨，同比增长 6%；承接出口船订单 2695 万载重吨，同比下降 15.9%；12 月底，手持出口船订单 7521 万载重吨，同比下降 5.5%。出口船舶分别占全国造船完工量、新接订单量、手持订单量的 91.3%、92.7% 和 92.1%。

（二）船舶行业经济效益实现增长

2019 年，全国规模以上船舶工业企业 1054 家，实现营业收入 4149.5 亿元，同比增长 6.5%。其中，船舶制造企业实现营业收入 2969 亿元，同比增长 5%；船舶配套企业 513.6 亿元，同比增长 10.1%；船舶修理企业 251.2 亿元，同比增长 14.3%；船舶改装企业 46.3 亿元，同比增长 5.1%；船舶拆除企业 78 亿元，同比增长 54.7%；海工装备制造企业 284.9 亿元，同比增长 2.3%。

全国规模以上船舶工业企业实现利润总额 70.1 亿元，同比增长 23.9%。其中，船舶制造企业实现利润总额 62 亿元，同比增长 109.2%；船舶配套企业 26.3 亿元，同比下降 18.4%；船舶修理企业亏损 2.7 亿元，同比下降 152%；船舶改装企业 4.2 亿元，同比下降 18.3%；船舶拆除企业 2.6 亿元，同比增长 45.7%；海工装备制造企业亏损 22 亿元。（注：部分数据经中国船舶工业行业协会调整。）

（三）船舶出口金额同比下降

2019 年，中国船舶出口金额为 245 亿美元，同比下降 2.1%。出口船舶产品中，散货船、油船和集装箱船仍占主导地位，出口金额合计 119 亿美元，占出口总额的 48.6%。船舶产品出口到 212 个国家和地区，以亚洲为主。中国向亚洲出口船舶的金额为 137.7 亿美元，占出口总额的 56.2%；向欧洲出口船舶的金额为 36.9 亿美元，占 15.1%；向非洲出口船舶的金额为 28.5 亿美元，占 11.6%。

二、经济运行主要特点

（一）船型结构升级不断取得新突破

2019 年，中国骨干船企加大科研投入，船型结构持续优化。智能船舶研发生产取得新突破："一个平台+N 个智能应用"模式在三大主流船型上成功示范应用，中国造船业全面迈入"智能船舶 1.0"新时代。绿色环保船型建造取得新成果：17.4 万立方米双燃料动力液化天然气（LNG）船、7500 车位 LNG 动力汽车滚装船顺利交付，2.3 万标准箱 LNG 动力超大型集装箱船下水。豪华邮轮建造取得新进展：首艘极地探险邮轮成功交付并完成南极首航、国产大型邮轮全面进入实质性建造阶段。高端科考船建造取得新成效："海龙"号饱和潜水支持船交付，中国首艘自主建造的极地破冰科考船"雪龙 2"号与"雪龙"号一起展开"双龙探极"。

（二）船企效益企稳回升

2019 年，船企通过实施项目管理强化风险管控、利用机器人生产线推进智能化应用、深化预算制度加强成本管理等方式降本增效，同时，人民币兑美元汇率贬值和船板价格同比下降。三大船舶央企通过优化债务结构、开展股权融资、实施市场化"债转股"等途径有效降低企业债务水平，全行业资产负债率由 69.7% 下降至 68.1%，同比下降 1.6 个百分点。统计结果显示，2019 年，规模以上船舶工业企业营业费用、管理费用和财务费用同比分别下降 2.8%、7.5% 和 23.2%，利润总额为 70.1 亿元，同比增长 23.9%，船企效益企稳回升。

（三）三大船舶央企战略性重组稳步推进

2019 年，船舶行业央企集团积极稳妥推进战略性重组。原中国船舶工业集团有限公司与原中国船舶重工集团有限公司实施联合重组，新设中国船舶集团有限公司，并以此为契机壮大主业实业，强化科技创新，推进资源整合。中国船舶集团有限公司拥有中国最大的造修船基地和最完整的船舶及配套产品研发能力，在船舶建造、船舶配套及产融结合等方面具备更突出的综合优势。招商局集团有限公司旗下招商局工业集团有限公司整合南京金陵船厂、中航威海船厂和中航鼎衡造船有限公司，打造招商金陵特种船业务新品牌。中远海运重工有限公司大力推进集团内企业专业化整合，完成威海科技和上海川崎股权收购，大连迪施与南通迪施完成整合。船舶央企集团通过资产重组，更加注重做强做优主业实业，

不断推动资源向主业企业和优势企业集中。

（四）修船行业盈利水平明显提高

2019年，中国船舶修理行业充分利用国际海事组织（IMO）压载水管理公约和限硫令即将全面实施的契机，积极承接船舶压载水处理系统和脱硫塔安装业务。统计数据显示，中国主要修船企业承接加装脱硫塔业务945个，比2018年增长5.5%，修船产值同比增长60%，企业盈利水平明显提高。同时，船舶修理行业持续推进绿色修船技术创新，舟山万邦永跃船舶修造有限公司自主研发的超高压水除锈设备在多家修船企业得到广泛应用，《修船行业绿色船舶修理企业规范条件》发布实施，促进了修船行业高质量发展。

（五）海工装备"去库存"取得进展

2019年，中国骨干海工装备制造企业把握全球海工装备上游运营市场温和复苏的趋势，采用"租、转、售、联"等方式积极推动海工装备"去库存"。据不完全统计，中国船舶集团、招商局工业、中远海运重工有限公司等企业租售十余座钻井平台；福建省船舶工业集团有限公司、中远海运重工有限公司等企业交付各型海洋工程船60余艘。

（六）船舶工业向智能化转型加快推进

2019年，船舶企业深入开展信息化与工业化融合发展，将智能制造作为船舶工业强化管理、降本增效的主攻方向。两家船舶智能制造试点示范项目单位——南通中远海运川崎船舶工程有限公司和大连中远海运川崎船舶工程有限公司，使用"全面钢板印字机""钢板数控切割""焊接机器人"等智能自动化生产线作业，生产周期明显缩短，物料消耗明显降低，作业人员明显减少。武汉船用机械有限责任公司打造的船海工程机电设备数字化车间将船机产品的研发周期缩短30%以上，生产效率提高20%以上。烟台中集来福士海洋工程有限公司自主研发的智能化激光复合焊接生产线投入使用后减少30%的建造工时，生产效率提高40%。上海船舶工艺研究所研发制造的船舶智能制造流水线有效提高了产品质量，能源消耗降低30%，人工比例降低40%，生产效率提高50%，船舶工业向智能化转型成绩显著。

三、经济运行面临的主要问题

（一）船舶企业融资难问题仍未明显缓解

2019年，世界船舶工业仍然处于调整周期，中国船舶行业的深度调整加快了企业分化，船舶行业集中度进一步提高，骨干船企竞争优势明显，新承接船舶订单前20名企业占全国份额的90.8%，有6家企业进入世界新承接订单量前10强。但船舶行业融资难的局面未能改善，特别是部分经营状况良好、产品质量优、国际竞争能力较强的骨干船舶企业由于不能及时获取保函，接单和生产经营出现难题。部分金融机构对船舶企业融资仍然采取"一刀切"做法，缩减造船企业保函总量、不予开立船舶预付款保函或延长开立周期的现象时有发生。船舶行业产融结合工作仍有差距，未充分体现中央经济工作会议要求的落实有扶有控差异化信贷政策。

（二）船舶行业用工难问题越发严峻

2019年，船舶行业"招工难、留人难、用工贵"问题更加突出。新一代年轻人因船厂作业环境差、危险系数大、技能要求高等原因不愿进入船舶行业；由于船舶企业效益较国际金融危机前有明显下滑，大学毕业生和高级船舶专业人才及熟练技工流失现象严重；船企用工成本每年以5%～10%的速度刚性上涨，远远高于船企生产效率的提升速度，给本就处于薄利甚至亏损的船企带来巨大压力。当前，中国船舶工业已经进入深度调整期和优势重构攻坚期，用工难、用工贵的问题应引起各方部门高度重视。

（三）新船需求不足，手持船舶订单连续下降

2019年，受世界经济复苏放缓、国际贸易争端加剧、地缘政治频发等因素影响，全球新承接船舶订单量大幅下降，全球手持船舶订单下降至不足2亿载重吨，创全球金融危机以来新低。世界主要造船国家的企业深受影响，各国生产保障系数（手持船舶订单/近三年新船完工量均值）连续下降。截至2019年年底，韩国船企生产保障系数为1.94、日本船企生产保障系数为1.91，中国船企生产保障系数为2.1。

（四）新船需求结构发生改变

近年来，全球新船订单结构由传统三大主流船型向五大主流船型均衡发展，液化天然气（LNG）船和客船（含豪华邮轮）订单需求大幅增长。2019年，按修正总吨计，全球散货船、油船、集装箱船、LNG船和客船（含豪华邮轮）新船订单占全部订单的比重分别为20.7%、13.3%、20.1%、22.5%和16.5%。韩国船企凭借在LNG船领域较强的竞争优势承接了48艘LNG船订单；欧洲船企承接33艘豪华邮轮订单，共计287万修正总吨。当前，中国船舶工业仍以散货船、油船和集装箱船建造为主，以载重吨计，造船三大指标国际市场份额尚能保持领先；按修正总吨计，三大造船指标国际市场份额有差距扩大的趋势。

（五）全球造船业新竞争格局正在形成

2019年，全球船舶工业在经历了长达10多年的调整期后，在市场机制和产业发展周期的共同作用下，正在形成新的竞争格局。在中国，以央企集团战略性重组为背景的行业内整合在加速进行。韩国现代重工实质性启动大宇造船海洋并购方案，通过强强联合进一步提升韩国造船业在高附加值船型领域的竞争力。日本今治造船与日本联合造船实施业务联合，船企整合不断深化。意大利芬坎蒂尼集团和法国海军集团强强合作联手建立"NAVIRIS"合资公司，标志着欧洲造船业内部兼并重组取得巨大进展。全球造船企业正在加速整合，新竞争格局正在形成。

四、主要经济指标预测

展望2020年，世界经济仍处于底部，特别是全球新冠疫情的暴发，将会明显拖累世界经济复苏。国际货币

基金组织预计全球经济在 2020 年将陷入衰退，2021 年有望复苏。各国为防范疫情扩散采取的封闭措施将大幅减少对航运的需求，新造船市场也将面临严峻挑战。初步预计 2020 年全球新船成交量为 4000 万~5000 万载重吨；造船完工量在 0.8 亿~1 亿载重吨；2020 年年底手持订单量可望保持在 1.6 亿载重吨的水平。2020 年，预计中国造船完工量约为 3300 万载重吨，新接订单量同比有所下降，年底手持订单约为 8000 万载重吨。

五、相关建议

（一）落实差异化信贷政策，实现精准融资

建议金融机构贯彻落实差异化信贷政策，对一些经营状态良好、产品技术含量高的骨干船舶企业采取"一企一策"的审批方式，有针对性地对有保函需求的船企提供融资支持。同时，进一步加大金融机构和船舶企业的信息沟通力度，提升金融服务的精准度。

（二）改革现有用工模式，缓解用工压力

建议船舶企业探索改革现有用工模式，采取增加本工数量、提高工人待遇、改善工作环境、加强工人技能培训体系等措施留住工人。在现有条件下，扎实提升生产效率，稳步发展自动化工装、提升信息化水平和推进智能制造相关技术的应用，缓解当前紧张的用工形势。

（三）拓展船舶及海工装备新需求

建议船舶企业积极应对当前市场需求不足的实际情况。围绕国家建设海洋强国的战略，主动扩展蓝色经济空间，促进船舶和海工装备制造产业与旅游、渔业、风电等可再生能源、深海空间和矿物资源开发等领域的结合，拓展细分市场，主动创造需求，培育新的海洋经济增长点，加快船舶海工产业结构优化调整。

2020 年船舶工业经济运行概况

工业和信息化部装备工业二司

2020 年，中国船舶行业坚决贯彻党中央、国务院决策部署，科学统筹疫情防控和复工复产工作，造船三大指标国际市场份额保持领先，船舶产品转型升级成效明显，修理产业实现较大增长，新型海洋工程装备快速发展，主要生产经营指标完成好于预期。但受新冠疫情全球蔓延、世界经济复苏放缓、船海市场需求不足、生产成本迅速上升等影响，中国船舶工业保持平稳健康发展仍面临严峻挑战。

一、经济运行基本情况

（一）造船完工量实现增长

2020 年，全国造船完工 3852.6 万载重吨，同比增长 4.9%；新接订单 2893.0 万载重吨，同比下降 0.5%；截至 12 月底，手持订单 7111.2 万载重吨，同比下降 12.9%（见图 1）。全国完工出口船 3425.0 万载重吨，同比增长 2.1%；新接订单 2444.6 万载重吨，同比下降 9.3%；截至 12 月底，手持订单 6521.0 万载重吨，同比下降 13.3%（见图 2）。出口船舶分别占全国造船完工量、新接订单量、手持订单量的 88.9%、84.5% 和 91.7%。按散货船、油船、集装箱船等船型分类（以载重吨计），2020 年中国造船完工量、承接新船订单量、手持船舶订单量分别见图 3、图 4、图 5。

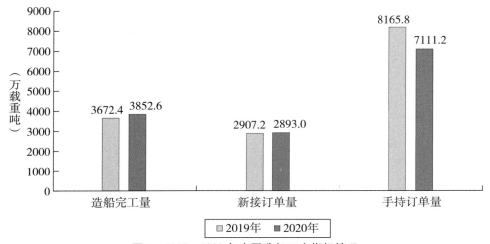

图 1　2019—2020 年中国造船三大指标情况

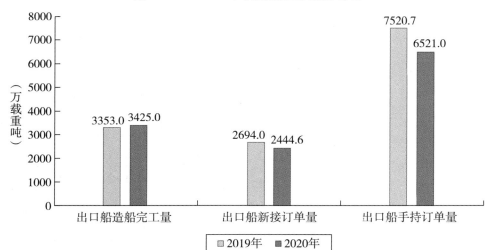

图 2　2019—2020 年中国造船出口三大指标情况

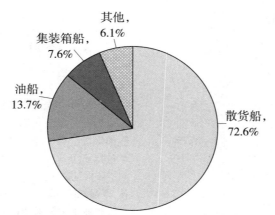

图 3 2020 年中国造船完工量（按船型分）（以载重吨计）

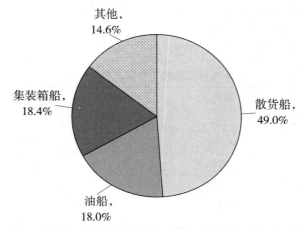

图 4 2020 年中国新接订单量（按船型分）（以载重吨计）

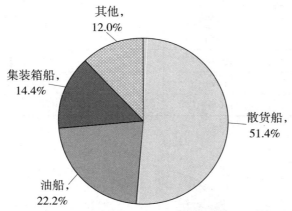

图 5 2020 年中国手持订单量（按船型分）（以载重吨计）

（二）船舶出口金额同比下降

2020 年，中国船舶出口金额 217.3 亿美元，同比下降 11.3%。出口船舶产品中，散货船、油船和集装箱船仍占主导地位，出口金额合计 99.8 亿美元，占出口总额的 45.9%。船舶产品出口到 184 个国家和地区，以亚洲地区为主（见图 6）。中国向亚洲、欧洲、拉丁美洲出口船舶的金额分别为 123.2 亿美元、33.6 亿美元和 25.8 亿美元。

二、经济运行主要特点

（一）统筹疫情防控和复工复产，生产经营好于预期

船舶行业统筹推进常态化疫情防控和复工复产工作，多措并举应对复工复产难点问题。2020 年 4 月底，国内疫情得到有效控制，中国船舶行业企业全面复工复产，

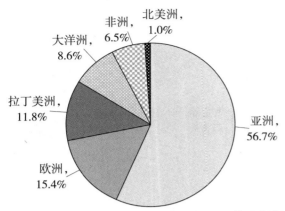

图 6　中国船舶出口金额（按地区分）（以载重吨计）

达产率 98.0%，生产秩序基本恢复正常。船舶企业利用信息技术手段和"5G+AR"等新技术，创新运用"云检验""云交付""云签约""云发布"等工作方式，保障

正常生产，保证既有订单生效，积极开拓新市场。面对严峻形势和巨大困难，全行业经受住了考验，全年主要生产经营指标完成情况好于预期。

（二）国际市场份额领先，产业集中度保持较高水平

2020 年，全球新船成交量同比大幅下降 30.0%，海工市场成交金额同比下降 25.0%。中国船海国际市场份额都保持世界领先，造船完工量、新接订单量、手持订单量以载重吨计分别占世界总量的 43.1%、48.8% 和 44.7%，见表 1、图 7、图 8、图 9；中国承接各类海工装备 25 艘/座，合 20.4 亿美元，占全球市场份额 35.5%。

产业集中度保持在较高水平，造船完工量前 10 家企业占全国 70.6%、新接船舶订单前 10 家企业占全国 74.2%、手持船舶订单前 10 家企业占全国 68.0%。龙头企业竞争能力进一步提升，进入世界造船完工量、新接订单量和手持订单量前 10 强的分别有 5 家、6 家和 6 家。

表 1　　　　　　　　　　　　　　　　**2020 年中国船舶工业国际市场份额**

指标	单位	世界	韩国	日本	中国
造船完工量	万载重吨	8944	2440	2258	3853
	占比	100.0%	27.3%	25.2%	43.1%
	万修正总吨	2993	883	631	1082
	占比	100.0%	29.5%	21.1%	36.2%
新接订单量	万载重吨	5933	2454	416	2893
	占比	100.0%	41.4%	7.0%	48.8%
	万修正总吨	2210	854	145	969
	占比	100.0%	38.6%	6.6%	43.9%
手持订单量	万载重吨	15891	5393	2744	7111
	占比	100.0%	33.9%	17.3%	44.7%
	万修正总吨	6993	2228	831	2502
	占比	100.0%	31.9%	11.9%	35.8%

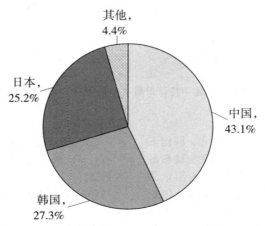

图 7　2020 年中国造船完工量国际市场份额（以载重吨计）

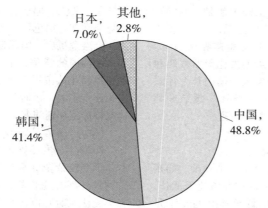

图 8　2020 年中国新接订单量国际市场份额（以载重吨计）

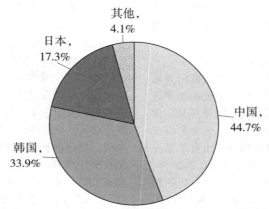

图 9　2020 年中国手持订单量国际市场份额（以载重吨计）

（三）船舶研发取得新进展，转型升级成效明显

2020 年，中国高技术船舶研发和建造取得新的突破。23000TEU 双燃料动力超大型集装箱船、节能环保 30 万吨超大型原油船（VLCC）、18600 立方米 LNG 加注船、大型豪华客滚船"中华复兴"号等顺利交付；承接了全球最大的 24000TEU 集装箱船、17.4 万立方米液化天然气船、19 万吨双燃料散货船、9.3 万立方米全冷式超大型液化石油气船（VLGC）等实现批量接单。国产首制 13.55 万总吨大型邮轮进入建造快车道，开始坞内连续搭载。全海深载人潜水器"奋斗者"号成功完成万米海试并胜利返航。

（四）海工企业经营状况转好，新型装备表现亮眼

2020 年，10 万吨级深水半潜式生产储油平台"深海一号"、中深水半潜式钻井平台"深蓝探索"成功交付，浮式生产储卸油船（FPSO）船体和上层模块建造项目稳步推进，"蓝鲸 2 号"半潜式钻井平台圆满完成南海可燃冰试采任务。海工装备制造企业抓住海上风电发展黄金期，积极承接风电安装船、海上风电场运维船、海上风电项目导管架、海上升压站建造等项目，同时积极推动海工装备"去库存"，经营状况有所好转。深远海渔业养殖装备快速发展，全球最大三文鱼船型养殖网箱、全球首制舷侧开孔式养殖工船、国内首座智能化海珍品养殖网箱等装备实现交付，10 万吨级智慧渔业大型养殖工船开工建造。

（五）产业链上下游协同，积极开拓国内市场

2020 年，中国船舶企业积极开拓国内市场，深化与国内金融船东、内贸运输船东合作，共同抢抓市场发展机遇，取得良好成效。先后与交银租赁、国银租赁、浦银租赁、工银租赁等共签订新船订单 725.1 万载重吨，约占中国新船订单总量的 25.1%。加强与国内内贸运输船东合作，抢抓国内大循环发展新机遇，南京两江海运股份有限公司、上海泛亚航运有限公司、上海中谷物流股份有限公司、浙江省海运集团股份有限公司、上海鼎衡航运科技有限公司等都在国内船企订造新船，推动船队升级换代，增加在内贸运输市场的竞争力。

（六）修船产业逆势上涨，重点企业全部实现盈利

2020 年，修船企业抓住国际绿色环保规则带来的机遇，脱硫塔加装和压载水处理设备改造业务饱满，给企业带来丰厚的利润。统计数据显示，尽管受到疫情影响，

重点监测 15 家修理企业全年共完工修理船舶 3380 艘，同比增长 7.2%，修船产值 198.9 亿元，同比增长 22.9%，全部实现盈利，超额完成年度生产经营目标。修船企业继续推动业务高端转型，大型液化天然气船和大型邮轮的修理改装业务取得新的突破，国内首个浮式液化天然气存储及再气化装置（LNG-FSRU）改装顺利交付，"太平洋世界号"豪华邮轮进厂修理。

三、面临的主要问题

（一）市场有效需求仍然不足

2020 年，因全球疫情影响叠加经济下滑预期，船东投资心理短期受到严重冲击，国际船海市场处于低位，市场需求严重不足。中国新接船舶订单连续两年不足 3000 万载重吨，手持订单量持续下降，创 2008 年金融危机以来新低。船舶企业生产保障系数（手持订单量/近三年完工量平均值）约为 1.9 年，仅有少数企业能满足 2 年以上的生产任务量，骨干企业普遍面临开工不足，部分企业存在生产断线风险。

（二）船企资金压力进一步增大

船舶企业盈利难、融资难问题长期存在，疫情导致资金压力加剧，甚至存在断裂风险。疫情造成船舶普遍延期交付，导致船企资金不能及时回笼，面临续贷、保函展期等困难。企业增加了疫情防控成本、人力资源成本、物流成本等额外成本，虽然国家和地方出台了系列优惠政策，但尚难以抵消全部成本增加。此外，2020 年，人民币兑美元汇率较 2019 年年底升值 6.9%，造船用 6mm 和 20mm 钢板价格分别比初上涨 16.6% 和 19.9%，船企劳动力成本平均增长约 15.0%。

四、2021 年展望

（一）面临的机遇

随着全球实现碳达峰、碳中和目标工作的开展以及国际海事组织绿色规范标准的出台，未来绿色智能船舶将有望成为市场热点。新型绿色船舶、脱硫设备、压载水处理设备等绿色装备需求明显增加。此外，截至 2020 年年底，各主要船型中船龄超过 15 年的比例已经超过 30%，未来以老旧船舶为主力的船队更新需求将成为市场竞争的焦点。船舶行业产业竞争从设计制造向全产业链竞争转变，绿色化、智能化成为重要发展方向。

金融危机后，国际造船格局逐步由中日韩竞争转变为中韩两国的竞争，市场竞争态势也更加激烈。日本、欧盟造船业从市场份额、船型产品等方面与中国、韩国差距逐步扩大，短时间内难有其他国家可以替代，世界造船格局正加速演变。

（二）面临的挑战

2020 年，虽然国内船企在较短时间内实现复工达产，但受疫情全球蔓延影响，部分进口设备延迟交付，特别是外籍人员来华受限，国际船东、船员、服务工程师等无法及时到位，对在建船舶项目设备安装调试、试航和交付造成严重影响。特别是入冬以来，国际疫情加速蔓延，国内疫情多点散发，部分进口设备按新规定也需进行隔离，疫情对船舶企业正常生产工作的影响仍将持续。

此外，本轮疫情不仅影响了船东投资信心，造成航运市场需求萎缩，同时也限制了正常的国际商务交流活动。2020 年，希腊国际海事展、德国汉堡国际海事展、美国国际海洋石油技术展等国际专业海事展会全部取消或推后，船舶企业与境外船东、船舶代理等面对面的交流活动几乎全面停止。2020 年，由于有前期商务洽谈的基础，部分企业通过视频方式实现了"云签约"，但此类存量订单 2020 年基本已消耗完毕。因此，2021 年的船舶市场开拓或将更加困难。

（三）2021 年预测

展望 2021 年，全球多国已开始接种疫苗，新冠疫情可能逐步得到控制，世界经济贸易有望慢慢恢复正常。如果国际航运业和油气产业复苏，船东投资信心得到提振，被压制的市场需求可能释放。综合专家研究预测结果，2021 年全球船海市场新订单可能出现补偿性反弹，新船成交量达到 8000 万载重吨，海工装备成交金额超过 100 亿美元。2021 年，预计中国造船完工量与 2020 年基本持平，新接订单量或有所增长，手持订单量将略有下降。

2021年船舶工业经济运行概况

工业和信息化部装备工业二司

2021年，世界经济不均衡复苏，国际航运市场呈现积极向上态势，全球新造船市场超预期回升。中国三大造船指标实现全面增长，国际市场份额保持领先，船舶绿色化转型发展加速，产业链供应链韧性得到提升，实现了"十四五"的开门红。但外部环境更趋复杂严峻和不确定，受原材料价格上涨、人民币汇率波动、劳动力资源不足、人员流动和物流受阻等影响，船舶工业保持平稳健康发展仍面临较大挑战。

一、经济运行基本情况

（一）三大造船指标实现全面增长

2021年，全国造船完工 3970 万载重吨，比 2020 年增长 3.0%；新接订单 6707 万载重吨，比 2020 年增长 131.8%；截至 12 月底，手持订单 9584 万载重吨，同比增长 34.8%（见图1）。

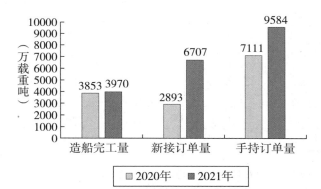

图1　2020—2021年中国造船三大指标情况

全国完工出口船 3593 万载重吨，比 2020 年增长 4.9%；新接订单 5936 万载重吨，比 2020 年增长 142.8%；截至 12 月底，手持订单 8453 万载重吨，同比增长 29.6%。出口船舶分别占全国造船完工量、新接订单量、手持订单量的 90.5%、88.5% 和 88.2%。

按船型分（以载重吨计），2021年中国造船完工量、新接订单量见图2、图3。

（二）船舶出口金额实现增长

2021年，中国船舶出口金额 247.1 亿美元，比 2020 年增长 13.7%。出口船舶产品中，散货船、油船和集装箱船仍占主导地位，出口金额合计 138.2 亿美元，占出口总额的 55.9%。船舶产品出口到 190 个国家和地区，向亚洲、欧洲、非洲出口船舶的金额分别为 129.9 亿美元、50.9 亿美元和 31.5 亿美元（见图4）。

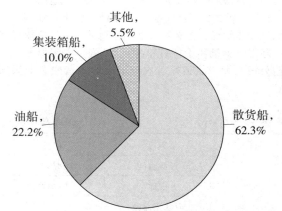

图2　2021年中国造船完工量（按船型分）（以载重吨计）

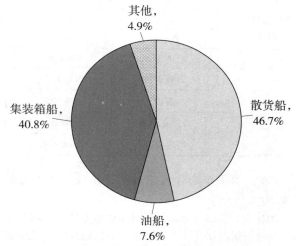

图3　2021年中国新接订单量（按船型分）（以载重吨计）

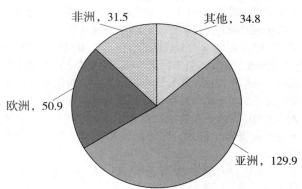

图4　2021年中国船舶出口金额（亿美元）（按地区分）

二、经济运行主要特点

（一）市场份额保持全球领先，企业国际竞争能力增强

2021年，中国三大造船指标保持全球领先，新接订单量增幅高于全球20个百分点以上。造船完工量、新接订单量、手持订单量以载重吨计分别占世界总量的47.2%、53.8%和47.6%，与2020年相比分别上升4.1个、5.0个和2.9个百分点（见表1）。骨干企业国际竞争力进一步增强，各有6家企业分别进入世界造船完工量、新接订单量和手持订单量前10强。中国船舶集团有限公司三大造船指标首次位居全球各造船企业集团之首。

（二）结构调整成效明显，细分船型占比持续提升

2021年，中国船企抓住市场回升机遇，巩固散货船优势地位，共承接散货船3219万载重吨，占全球总量的76.4%。集装箱船订单实现超越，共承接集装箱船2738万载重吨，占全球总量的60.9%，其中，15000标准箱及以上超大型集装箱船69艘，占全球份额的49.6%。在高端船型细分市场上持续发力，承接化学品船、汽车运输船、海工辅助船和多用途船订单按载重吨计分别占全球总量的72.7%、76.6%、64.7%和63.3%。全球18种主要船型分类中，中国有10种船型新接订单量位居世界第一。

表1　　　　　　　　　　　　　　　　2021年中国船舶工业国际市场份额

指标	单位	世界	韩国	日本	中国
造船完工量	万载重吨	8409	2466	1690	3970
	占比	100.0%	29.3%	20.1%	47.2%
	万修正总吨	3183	1053	530	1204
	占比	100.0%	33.1%	16.6%	37.8%
新接订单量	万载重吨	12461	4061	1283	6707
	占比	100.0%	32.6%	10.3%	53.8%
	万修正总吨	4804	1744	416	2402
	占比	100.0%	36.3%	8.7%	50.0%
手持订单量	万载重吨	20146	6706	3086	9584
	占比	100.0%	33.3%	15.3%	47.6%
	万修正总吨	7650	2940	932	3610
	占比	100.0%	38.4%	12.2%	47.2%

（三）船舶绿色化转型加速，持续推进绿色船厂建设

2021年，为顺应全球绿色低碳转型趋势，中国船企加快科技创新步伐，推出多种符合最新国际海事规则要求的绿色船型，全年新接订单中绿色动力船舶占比达到24.4%。23000TEU双燃料集装箱船、5000立方米双燃料全压式液化石油气（LPG）运输船、9.9万立方米超大型乙烷运输船顺利交付船东。21万吨液化天然气动力散货船、7000车双燃料汽车运输船、甲醇动力双燃料MR型（中等航程）油船等订单批量承接。船舶企业积极落实碳达峰、碳中和目标，践行绿色发展理念，持续推进绿色船厂建设。主要造船地区骨干船企陆续采用屋顶分布式光伏发电、大功率储能电站和节能设施等装置，节能减排工作取得明显成效，综合能耗年均降低5～10个百分点。

（四）LNG装备取得新突破，新船型研发再上新台阶

2021年，中国海上LNG产业链"族谱"再添重器，国内首艘17.4万立方米浮式液化天然气储存及再气化船和全球最大2.0万立方米LNG运输加注船顺利交付，全球最新一代"长恒系列"17.4万立方米LNG运输船获得四家国际船级社认证。新船型研发再上新台阶，氨燃料动力超大型油船、9.3万立方米超大型绿氨运输船、国内首套船用氨燃料供气系统等研发工作有序推进。国产大型邮轮工程研制取得积极进展，首艘大型邮轮顺利实现坞内起浮的里程碑节点。新一代高端长江游轮"长江叁号"正式交付使用。

（五）船配产品取得新进展，产业链供应链韧性提升

2021年，中国船舶配套产品研制取得新进展，部分项目实现批量装船。自主研制的CX40DF双燃料机（奥托循环）发动机、全球首台集成机载选择性催化还原系统（SCR）的CX52型船用低速柴油机分别实现装船应用。B型液货舱货物围护系统、超大型水下液压起锚机、R6级海洋系泊链实现产业化应用。在受新冠疫情影响部分国外配套产品无法按时到厂的情况下，国内总装企业

与配套企业加强配合，积极做好产品替代和安装调试工作，确保了产业链供应链稳定和造船生产的顺利进行。

（六）狠抓生产运行管理，提质增效取得新突破

2021 年，面对紧张繁忙的生产任务，国内船企努力克服疫情、高温、台风、限电限产等诸多不利因素，合理安排生产任务，加强工程计划管理，压缩建造关键周期，典型船舶建造效率明显提高，超大型原油船和 23000TEU 双燃料超大型集装箱船建造周期分别缩短 20.7% 和 21.8%。重点工程项目按时交付率达到 100%，50 家重点监测造船企业中超过 1/3 提前完成全年船舶生产任务。

三、面临的主要问题

（一）原材料涨价和人民币升值对船企利润造成普遍影响

2021 年，钢铁等原材料价格大幅上涨，船用钢板价格比 2020 年上涨约 1500 元/吨。船用电缆、油漆等物资分别比年初上涨 20% 和 50%。船用主机、曲轴、螺旋桨等关键船用配套设备普遍上涨 25% 左右。此外，中国建造的出口船舶约占造船总量的 90%，大多以美元计价，2021 年人民币兑美元汇率上升 2.3%，船企全年汇兑损失较大。受原材料价格上涨、人民币升值等因素影响，造船企业利润空间大幅缩小，增收不盈利现象较为普遍。

（二）劳动力资源不足与船企发展需求的矛盾仍然突出

2021 年，国内船企承接新船订单大幅度增长，生产任务饱满，加大了对熟练劳务工的需求，加剧了用工紧张问题，特别是电焊等关键工种的熟练工流动性大幅上升，增加了质量和安全生产的不稳定性。此外，随着船舶绿色化、智能化加快发展，船企设计部门和研究院所的高技术领军人才、研发设计人员以及专业技术人员储备明显不足。

（三）产业链供应链安全稳定仍面临较大挑战

2021 年，受国内外疫情影响，进口船用主机、关键配套设备物流成本大幅增加，运输时间平均要比疫情前增加 20~30 天。国内部分地区停电限电措施对有关配套设备企业影响较大，船用舾装件、大型铸锻件、活塞等关重件供应紧张，平均延期交付在 15 天以上，直接影响造船工程进度。此外，外籍船东、工程技术人员等入境困难，对船舶商务洽谈、设备安装调试、试航交付等均产生较大影响。

四、2022 年预测

展望 2022 年，新冠疫情给世界经济带来的不确定性影响依然存在，外部环境更趋复杂严峻，但航运和造船行业信心已经得到明显提振，加上国际海事环保新法规即将生效和去碳化需求带来的市场机会，全球新造船市场需求仍将保持较高水平，预计全年新船成交量在 9000 万载重吨左右。2022 年，预计中国造船完工量将超过 4000 万载重吨，新接订单量将有一定幅度下降，手持订单量基本保持稳定。

2022 年船舶工业经济运行概况

工业和信息化部装备工业二司

2022 年，中国船舶工业沉着应对百年未有之大变局和新冠疫情挑战，坚持以推动高质量发展为主题，深入推进"十四五"规划实施，船舶行业经济运行总体平稳向好。造船市场份额保持全球领先，高端装备取得新突破，产业链供应链韧性和安全水平提升，海洋工程装备去库存成效显著，经济运行质量明显提升，但短期问题与中长期问题叠加，未来发展形势依然严峻。

一、经济运行基本情况

（一）三大造船指标"一升两降"

2022 年，全国造船完工量 3786 万载重吨，比 2021 年下降 4.6%。新接订单量 4552 万载重吨，同比下降 32.1%。截至 12 月底，手持订单量 10557 万载重吨，同比增长 10.2%。

2022 年，全国完工出口船 3067 万载重吨，比 2021 年下降 14.6%；新接出口船订单 4056 万载重吨，同比下降 31.7%；截至 12 月底，手持出口船订单 9522 万载重吨，同比增长 12.6%。出口船舶分别占全国造船完工量、新接订单量、手持订单量的 81.0%、89.1% 和 90.2%。

（二）船舶出口金额保持增长

2022 年，中国船舶出口金额 264 亿美元，比 2021 年增长 6.8%。出口船舶产品中，散货船、油船和集装箱船仍占主导地位，出口金额合计 139.9 亿美元，占出口总金额的 53%。中国船舶产品出口到 191 个国家和地区，向亚洲、欧洲和非洲出口船舶金额分别为 138 亿美元、43.7 亿美元和 35 亿美元。

二、行业运行主要亮点

（一）国际市场份额继续领先，骨干企业竞争力增强

2022 年，中国造船国际市场份额已连续 13 年位居世界第一，造船大国地位进一步稳固。中国造船完工量、新接订单量、手持订单量以载重吨计分别占世界总量的 47.3%、55.2% 和 49.0%，较 2021 年分别提高 0.1 个、1.4 个和 1.4 个百分点，以修正总吨计分别占 43.5%、49.8% 和 42.8%，同样保持全球领先（见表 1）。中国骨干船企保持较强国际竞争力，分别有 6 家企业进入世界造船完工量、新接订单量和手持订单量的前 10 强。

（二）高端装备取得新突破，绿色动力船舶快速增长

2022 年，中国船企持续加大研发力度，在高技术船舶与海洋工程装备领域取得新的突破。24000TEU 集装箱船、17.4 万立方米大型 LNG 运输船等高端船型实现批量交船，国产首艘大型邮轮实现主发电机动车重大节点，第二艘大型邮轮顺利开工建造。10 万吨级智慧渔业大型养殖工船、第四代自升式风电安装船、圆筒型浮式生产

表 1　　2022 年中国船舶工业国际市场份额

指标	单位	世界	韩国	日本	中国
造船完工量	万载重吨	8011	2400	1572	3786
	占比	100.0%	30.0%	19.6%	47.3%
	万修正总吨	2979	782	492	1295
	占比	100.0%	26.3%	16.5%	43.5%
新接订单量	万载重吨	8241	2395	912	4552
	占比	100.0%	29.1%	11.1%	55.2%
	万修正总吨	4279	1559	328	2133
	占比	100.0%	36.4%	7.7%	49.8%
手持订单量	万载重吨	21565	6817	3061	10557
	占比	100.0%	31.6%	14.2%	49.0%
	万修正总吨	10590	3751	1004	4530
	占比	100.0%	35.4%	9.5%	42.8%

注：表中世界数据来源于英国克拉克松研究公司，并根据中国的统计数据进行了修正。

储卸油装置（FPSO）等海洋工程装备实现交付。30万吨级LNG双燃料动力超大型油船、20.9万吨纽卡斯尔型双燃料动力散货船、4.99万吨甲醇双燃料动力化学品/成品油船等绿色动力船舶完工交付。全年新接订单中绿色动力船舶占比达到49.1%，达到历史最高水平。

（三）国产配套产品应用加速，产业链安全水平提升

2022年，国产船用主机、船用锅炉、船用起重机、船用燃气供应系统（FGSS）等配套设备装船率持续提高，大连华锐第1000支船用曲轴下线交付，全球首台带智能控制废气再循环系统的双燃料主机完工交付。船用高端钢材研制能力不断提高，大型集装箱船用止裂板实现国产替代，国产高锰钢罐项目顺利开工，国产薄膜型LNG船罐专用不锈钢通过专利公司认证，国产LNG船波纹板全位置自动焊接装备研制成功。产业链供应链安全水平明显提升。

（四）海洋油气装备需求扩大，去库存成效明显

2022年，国际油价高位波动，布伦特国际原油现货价格一度攀升至139美元/桶，创金融危机以来新高，带动全球海洋油气装备市场需求扩大，国内海洋工程装备企业抓住机遇，去库存取得积极成效。其中，中国船舶集团有限公司交付了2座自升式钻井平台和6艘海洋工程辅助船；招商局工业集团有限公司交付了2座钻井平台、3座多功能服务平台和1艘其他装备；中远海运重工有限公司交付了2艘海洋工程辅助船；烟台中集来福士海洋工程有限公司1艘半潜式钻井平台和1艘自升式钻井平台获得租约。

（五）抓住市场有利时机，行业效益有所改善

2022年，船舶行业市场环境要素总体呈现有利变化。克拉克松新船价格综合指数为162点，全年上涨4.5%，其中，大型集装箱船、7000车位汽车运输船、17.4万立方米大型LNG船等新船价格平均涨幅超10%。船用6毫米和20毫米规格钢板较年初降价超1000元/吨；人民币对美元中间价贬值9.23%。同时，船企通过强化造船大节点计划管理、实施生产线智能化改造、加强成本管理等多种方式降本增效。

（六）结构调整成效明显，新船订单量持续增加

2022年，中国船企巩固优势船型市场领先地位，夯实了新船订单基础，在全球18种主要船型中国共有12种，新接订单量位列世界第一，其中散货船、集装箱船、汽车运输船和原油船新接订单量分别占全球总量的74.3%、56.8%、88.7%和66.1%。特别是在大型LNG船领域取得重大突破，全年新接大型LNG船订单国际市场份额首次超过30%。全年新接船舶订单结构优化提升，修载比（修正总吨/载重吨）达到0.468，为历史最好水平。

三、面临的主要问题

（一）生产任务饱满与劳动力不足矛盾突出

2022年，中国船舶手持订单量时隔6年再度突破1亿载重吨，船企平均生产保障系数（手持订单量/近三年完工量平均值）约2.7年，部分企业交船期已排至2026年。船企生产任务饱满，尤其是随着高技术船舶订单量快速增长，熟练劳务工的需求加大。近年来，受新冠疫情影响，船企外来劳务工流失较多，人员到岗率明显下降，加剧了用工紧张问题。船企业生产任务饱满与劳动力供给不足矛盾进一步激化，劳务工队伍稳定性问题也更加突出。

（二）船舶配套供应链稳定性不足

近两年，随着新船订单量的大幅增长，船舶配套设备需求明显提升，而船配企业产能短时间难以快速提升，产品价格上涨、供货延期现象较为普遍。部分进口配套设备供应更趋紧张，船舶通信、导航、自动控制系统、电子电气设备等平均到货周期比正常状态下延长1~3个月，船机芯片、曲轴、活塞环和控制系统等到货周期平均比正常状态下延长3~6个月。

（三）船舶市场调整风险逐步加大

2022年，全球经济进入高通胀低增长时期，经济增速比2021年放缓近一半，消费需求和海运贸易发展均受到冲击。最突出的是，2022年，集装箱运输市场出现明显调整，集装箱海运费价格连续8个月回落，到年底降至2.76万美元/天，较年内高点降幅达68.4%。自下半年开始，新船价格综合指数出现了"滞胀"，连续6个月维持在162点的水平，个别船型价格出现了小幅回落。宏观经济变化使国际航运和造船市场短期调整的风险逐步加大。

四、2023年预测

2023年，国际货币基金组织等机构预计，世界经济将面临更大的下行压力，经济增速将延续低增长态势，需求收缩必将对国际航运和造船市场产生不利影响。经综合分析，预计2023年全球造船完工量将保持在1亿载重吨的历史较高水平，新接订单量低于1亿载重吨，手持订单量保持在2亿载重吨以上；中国造船完工量将突破4200万载重吨，新接订单量将达4000万~5000万载重吨，手持订单量将保持在1亿载重吨左右。

2019 年汽车工业经济运行概况

中国汽车工业协会

　　2019 年，中国经济继续保持总体平稳、稳中有进的态势，但风险与挑战不断增多，特别是中美贸易摩擦导致中国经济下行压力有所上升，同时与自身发展所面临的不充分、不平衡矛盾相叠加，也使得稳增长、防风险的难度加大。此外，国内汽车市场国六标准提前实施，新能源补贴退坡，也在一定程度上抑制了需求。受诸多不利因素影响，汽车产销整体仍然处于低位运行状态。尽管 2019 年国家出台一系列鼓励汽车市场消费的政策措施，但有效落地的情况不理想，导致消费者观望情绪依然较大，消费动能明显不足。

一、2019 年汽车工业经济运行分析

（一）汽车产销降幅较大

1. 汽车产销降幅超过 7%，四季度产销形势略有好转

　　2019 年，汽车产销依然延续了 2018 年下降趋势且降幅有所扩大。产销分别达到 2572.1 万辆和 2576.9 万辆，同比下降 7.5% 和 8.2%，降幅比 2018 年扩大 3.3 个和 5.4 个百分点。

　　与 2018 年相比，2019 年行业整体运行面临较大的压力，产销量低于年初的预期，收入和利润等主要经济效益指标呈下降趋势。同时市场消费依然乏力，消费者信心不足，也给企业和经销商进一步增添了压力。从全年汽车产销月度同比增长变化情况来看，自 2019 年 7 月起同比呈连续下降走势，四季度产销形势虽略好于前三季度，但总体下降趋势未得到根本缓解（见图 1）。2010—2019 年汽车销量及同比增长变化情况见图 2。

　　四季度以来，国六产品供应状况基本好转，且在国家一系列稳就业、稳金融、稳外贸、稳外资、稳投资、稳预期等政策的作用下，汽车市场总体下降趋势略有减缓，但恢复速度仍低于预期，特别是市场消费动能和消费者信心未完全恢复，行业整体下行压力依然较大。

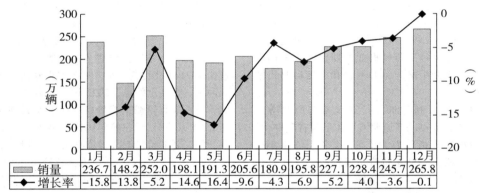

图 1　2019 年汽车月度销量及同比增长变化情况

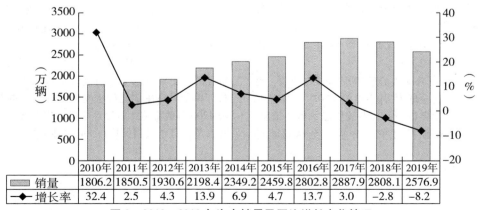

图 2　2010—2019 年汽车销量及同比增长变化情况

在产销下行压力下，生产企业普遍采取了放缓生产节奏的策略，因而库存水平特别是乘用车库存较往年有明显下降，包括终端库存水平，因此批发数据降幅明显高于终端市场销量。截至2019年年底，生产企业库存108.2万辆，同比下降6.6%。其中乘用车库存78.3万辆，同比下降14.4%；受四季度利好因素影响，商用车全年库存有所增加，达到29.9万辆，同比增长22.6%。

2. 行业主要经济效益指标呈现下滑态势

在产销下行的影响下，行业经济效益主要指标也呈一定下降趋势。国家统计局数据显示，2019年规模以上汽车工业企业完成营业收入80846.7亿元，同比下降1.8%；实现利润总额5086.8亿元，同比下降15.9%，降幅比2018年扩大11.2个百分点（见图3）；汽车制造业固定资产投资同比下降1.5%，表现同样低迷；汽车类零售总额累计完成39389亿元，同比下降0.8%，占全社会消费品零售总额的9.6%，低于2018年同期水平。

从细分各小行业经济指标运行情况来看，新能源汽车生产企业一些主要经济指标均明显高于行业降幅，全行业已处于亏损状态。

中国汽车工业协会17家汽车工业重点企业（集团）报送的主要经济指标快报显示，2019年17家汽车工业重点企业（集团）各主要经济指标呈一定下降走势，且降幅略高于同期规模以上汽车工业企业。其中：汽车工业重点企业（集团）累计实现利润3123亿元，同比下降18.7%，占规模以上汽车工业企业实现利润总额的61.4%（见图4）；完成营业收入40441.2亿元，同比下降3.1%，占规模以上汽车工业企业营业收入总额的50%。

2019年汽车制造业利润下滑明显大于其他指标，主要原因：一是2019年部分地区轻型车国六标准提前实施，消费者对于国五车残值、国五车未来在行驶方面可能存在的限制等问题存在担忧，造成消费观望，进而导致企业国六产品准备不足，国五库存压力陡增，企业为消化大量国五库存，不得不采取折价销售的方式，从而极大降低了企业利润，同时国六车型的平均成本要高于国五车型，受行业下行压力加大的影响，企业为保证市场份额，在国六提前实施后，有限地调整了产品价格，被迫承担了部分成本上升带来的利润损失；二是企业运营成本持续提升，主要表现在原材料、人力成本等各方面运行成本提升，中美贸易摩擦升级导致出口美国的零

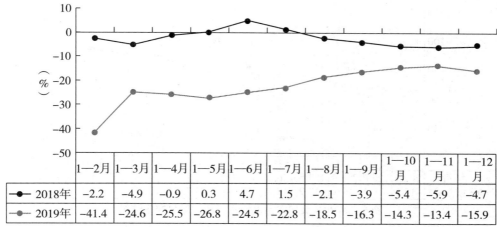

	1—2月	1—3月	1—4月	1—5月	1—6月	1—7月	1—8月	1—9月	1—10月	1—11月	1—12月
2018年	-2.2	-4.9	-0.9	0.3	4.7	1.5	-2.1	-3.9	-5.4	-5.9	-4.7
2019年	-41.4	-24.6	-25.5	-26.8	-24.5	-22.8	-18.5	-16.3	-14.3	-13.4	-15.9

图3　2018—2019年各月规模以上汽车工业企业实现利润累计增长对比

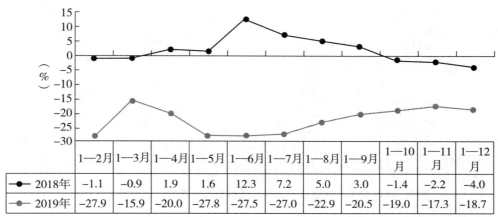

	1—2月	1—3月	1—4月	1—5月	1—6月	1—7月	1—8月	1—9月	1—10月	1—11月	1—12月
2018年	-1.1	-0.9	1.9	1.6	12.3	7.2	5.0	3.0	-1.4	-2.2	-4.0
2019年	-27.9	-15.9	-20.0	-27.8	-27.5	-27.0	-22.9	-20.5	-19.0	-17.3	-18.7

图4　2018—2019年各月汽车工业重点企业（集团）实现利润累计增长变化情况

部件关税成本提升，新能源补贴资金拖欠增加企业融资成本，部分企业未到补贴资金达几十亿元，这也对行业利润产生了负面影响。

（二）乘用车产销降幅超出预期，中高端品种带动产品升级

1. 四大类品种产销依然下降，中国品牌市场占有率降幅明显

2019年，乘用车产销分别完成2136万辆和2143.4万辆，同比下降9.2%和9.6%，降幅分别比2018年扩大4.0个和5.5个百分点（见图5）。乘用车产销降幅依然高于行业总体，成为造成行业产销下滑的主要因素。从四大类乘用车主要品种看，与2018年相比，交叉型乘用车产销降幅有所收窄，其他三大类品种均有所扩大，其中多功能乘用车（MPV）降幅较为明显。

从全年乘用车销量月度同比增长变化情况来看，各月销量同比均呈下降走势，下半年降幅总体有所收窄。乘用车下滑主要还是受宏观经济下行、居民消费预期不足的影响，观望情绪浓厚。从全国居民人均可支配收入同比增速来看，全国增速虽然变化不大，但是中低收入人群的收入水平确实是在下降，这一点也与2019年分线

城市销量增速所呈现的特点相符，即城市等级越低，销量降幅越大。由于中国品牌乘用车的目标市场主要集中在低线城市，在这一轮市场下滑中，中国品牌所受冲击也大于合资品牌。

尽管四季度乘用车市场略有好转，但部分地区国六标准提前切换等给市场带来的不利影响对全年销量的影响很难在短时间弥补上来，再加上9月后楼市有所回暖，更是侧面影响了汽车消费需求。虽然，企业和经销商在中秋和国庆期间进一步加大了激励力度，推出各类促销优惠活动以吸引消费者，但因市场消费信心仍处于恢复期，消费者热情依然不足，经销商也谨慎提车，对市场走势的判断更趋于理性，四季度乘用车市场虽有所恢复但仍低于预期。

2019年，1.6升及以下小排量乘用车品种共销售1443.4万辆，同比下降8.9%，占乘用车销售总量的67.3%，比2018年略有提升，主要还是1升以下乘用车品种保持快速增长，但1升<排量≤1.6升系列降幅较为明显（见图6）。此外，1.6升<排量≤2.0升和2.0升<排量≤2.5升两大系列品种销量也呈明显下降走势。值得一提的是，2.5升以上中高端品种在2019年表现较为突

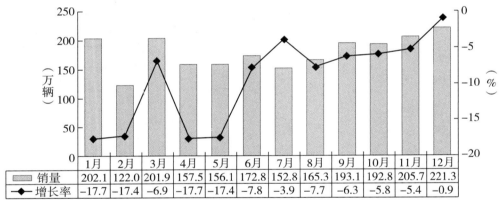

	1月	2月	3月	4月	5月	6月	7月	8月	9月	10月	11月	12月
销量	202.1	122.0	201.9	157.5	156.1	172.8	152.8	165.3	193.1	192.8	205.7	221.3
增长率	-17.7	-17.4	-6.9	-17.7	-17.4	-7.8	-3.9	-7.7	-6.3	-5.8	-5.4	-0.9

图5　2019年乘用车月度销量及同比增长变化情况

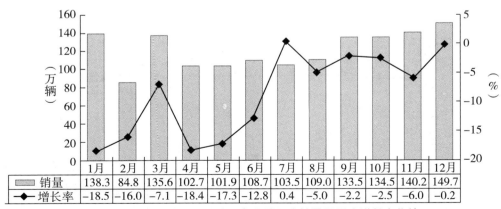

	1月	2月	3月	4月	5月	6月	7月	8月	9月	10月	11月	12月
销量	138.3	84.8	135.6	102.7	101.9	108.7	103.5	109.0	133.5	134.5	140.2	149.7
增长率	-18.5	-16.0	-7.1	-18.4	-17.3	-12.8	0.4	-5.0	-2.2	-2.5	-6.0	-0.2

图6　2019年1.6升及以下乘用车品种月度销量及同比增长变化情况

出，销量快速增长，共销售 13.1 万辆，同比增长 51.9%，结束了 2018 年快速下降势头（见图 7）。目前，乘用车市场已经进入存量市场竞争时代，以前靠低端产品、低价位赢得消费者的模式将不复存在。乘用车行业已率先进入高质量增长新阶段，产品品质升级、质量不断提升，充分满足消费者个性化需求将成为未来市场的发展主流，这也在很大程度上促进企业制订和完善品牌

向上发展战略，以带动自身产品全面升级。乘用车销量排名前十的生产企业分别是：一汽大众、上汽大众、上汽通用、吉利控股、东风有限（本部）、上汽通用五菱、长城汽车、长安汽车、东风本田和广汽本田。2019 年，上述十家企业共销售 1282.5 万辆，占乘用车销售总量的 59.8%。

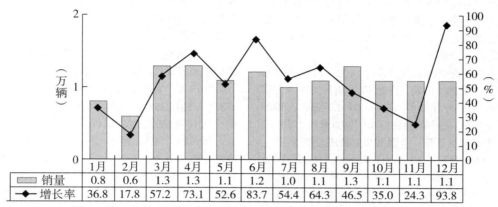

图 7　2019 年 2.5 升及以上乘用车品种月度销量及同比增长变化情况

	1月	2月	3月	4月	5月	6月	7月	8月	9月	10月	11月	12月
销量	0.8	0.6	1.3	1.3	1.1	1.2	1.0	1.1	1.3	1.1	1.1	1.1
增长率	36.8	17.8	57.2	73.1	52.6	83.7	54.4	64.3	46.5	35.0	24.3	93.8

中国品牌乘用车销量和市场占有率延续了 2018 年下降趋势，共销售 840.7 万辆，同比下降 15.8%，占乘用车销售总量的 39.2%，占有率比 2018 年下降 2.9 个百分点。

2019 年，中国品牌车企市场表现不尽相同，但总体下降趋势比较明显，主要还是受市场结构调整的影响。从统计数据来看，在乘用车市场中，12 万元以上的中高级市场总体变化不是太大，影响比较大的是 12 万元以下的汽车市场，尤其是 8 万元以下的市场，恰恰很多中国品牌汽车主要定位在这个市场，因此受到的影响比较大。最近几年中国品牌车企致力于向高端化发展，随着产品转型和改造的不断调整，未来在竞争中也会回归主流。

外国品牌乘用车共销售 1287.5 万辆，同比下降 5.1%，占乘用车销售总量的 60%。其中德系、日系、美系、韩系和法系乘用车分别销售 519.3 万辆、457.5 万辆、191 万辆、101.1 万辆和 13.3 万辆，分别占乘用车销售总量的 24.2%、21.3%、8.9%、4.7% 和 0.6%。与 2018 年相比，德系、日系品牌销量小幅增长，其他品牌均呈明显下降。

2. 基本型乘用车（轿车）产销降幅高于同期，中国品牌市场占有率再度下降

在市场需求低迷的影响下，基本型乘用车（轿车）产销也继续呈下降趋势，且降幅比 2018 年有所扩大。2019 年轿车产销分别达到 1023.3 万辆和 1030.8 万辆，同比下降 10.9% 和 10.7%，降幅比 2018 年扩大 6.9 个和 8.0 个百分点。

从轿车分排量细分品种销售情况来看，在合资品牌价格下探且继续推出涡轮增压产品刺激下，排量≤1 升系

列延续了 2018 年高速增长势头，共销售 43.9 万辆，同比增长 1.3 倍。1 升<排量≤1.6 升和 1.6 升<排量≤2.0 升系列呈明显下降，分别销售 717.2 万辆和 188.8 万辆，同比下降 12.9% 和 18.8%。2.0 升及以上系列销量呈较快增长，共销售 21.9 万辆，同比增长 15.7%。此外，纯电动轿车共销售 58.9 万辆，同比下降 1.7%；插电式混合动力轿车销售 11.7 万辆，同比下降 8.4%，表现均不如 2018 年。

随着消费者对产品品质需求的不断提升，自动挡轿车市场表现仍明显好于手动挡。2019 年，自动挡轿车虽结束 2018 年快速增长走势，呈一定下降趋势，但降幅明显低于汽车行业，共销售 737.8 万辆，同比下降 2.0%；手动挡轿车继续呈明显下降，共销售 192.3 万辆，同比下降 31.2%。

近些年，运动型多用途乘用车（SUV）市场占有率明显提升，在很大程度上挤占了两厢轿车市场，因而两厢轿车市场在 2019 年降幅依然明显，共销售 98.4 万辆，同比下降 33.2%。三厢轿车降幅明显低于行业且所占比重依然最大，共销售 931.4 万辆，同比下降 7.3%，占轿车销售总量的 90.4%，比 2018 年高出 3.2 个百分点。

中国品牌轿车表现也不如 2018 年，市场占有率再度下降，共销售 204.6 万辆，同比下降 15.2%，占轿车销售总量的 19.8%，占有率比 2018 年下降 1.2 个百分点。德系、日系、美系、韩系和法系轿车分别销售 350.5 万辆、279.7 万辆、119.3 万辆、62.2 万辆和 6.1 万辆，分别占轿车销售总量的 34.0%、27.1%、11.6%、6.0% 和 0.6%。与 2018 年相比，日系品牌轿车销量呈小幅增长，其他外国品牌均呈下降趋势，法系和美系降幅更明显。

轿车销量排名前十的生产企业依次为：一汽大众、上汽大众、上汽通用、东风有限（本部）、吉利控股、广汽丰田、一汽丰田、广汽本田、北京现代和北京奔驰。2019年，上述十家企业共销售758.7万辆，占轿车销售总量的73.6%。

2019年，销量超过10万辆的轿车品牌共有32个，比2018年减少了11个，累计销售636.2万辆，占轿车销售总量的61.7%。其中轿车销量排名前十的品牌依次为：朗逸、轩逸、卡罗拉、宝来、速腾、英朗、桑塔纳、思域、雅阁和雷凌。上述十个品牌共销售322.7万辆，占轿车销售总量的31.3%。

销量排名前十的中国品牌轿车依次为：帝豪、荣威i5、逸动、D50、缤瑞、远景、帝豪GL、启辰D60、艾瑞泽GX和MG6。上述十个品牌共销售104.2万辆，占轿车销售总量的10.1%，占中国品牌轿车销售总量的50.9%。

3. SUV产销依然下降，中国品牌受到严峻挑战

2019年，SUV延续了2018年下降趋势，产销分别为934.4万辆和935.3万辆，同比下降6.0%和6.3%，降幅比2018年扩大2.8个和3.8个百分点。在乘用车行业市场需求整体下降的形势下，SUV并未完全跑赢大市，也有一定的下降，但降幅仍明显低于全行业，同时市场占有率仍维持在40%以上，且比2018年还有所提升，达到43.6%，高于2018年1.4个百分点。

从SUV产销月度变化趋势来看，1—5月各月销量同比存在不同程度的下降，6月和7月需求有所恢复，同比小幅增长，8月后再度下降，但降幅比1—5月有所收窄，10月后同比回归小幅增长，总体来看，四季度表现好于前三季度。

目前，SUV市场格局也正在发生变化，SUV市场的增长已经从原来的10万元以下低端市场需求带动，转变为15万元以上中高端市场需求带动。中低端产品需求日益萎缩，因此中国品牌企业承受着较大的压力，与此同时合资品牌SUV因产品矩阵不断完善，在强品牌力、产品力、降价促销带动下，市场占有率得到较快的提升。

2019年，中国品牌SUV市场占有率虽然继续保持第一，但总体依然呈现下降趋势，共销售492万辆，同比下降15.0%，占SUV销售总量的52.6%，占有率比2018年下降5.4个百分点。日系、德系、美系、韩系和法系SUV分别销售168.2万辆、164.3万辆、51.5万辆、39万辆和7.2万辆，分别占SUV销售总量的18.0%、17.6%、5.5%、4.2%和0.8%，与2018年相比，德系品牌销量增速超过40%，表现最为突出，日系略有增长，其他外国品牌均呈明显下降趋势。

在销量排名前十的SUV品牌中，中国品牌受到严峻挑战，只有哈弗H6、博越、CS75和宝骏510入围，其他均为外国品牌。与2018年相比，CS75销量较快增长，其他三个品牌均有所下降，宝骏510降幅更为明显。在销量排名前十的外国品牌中，探岳和本田CRV表现较为出色，销量同比均明显增长。

此外，SUV行业骨干企业总体继续保持较高市场占有率，前十强企业销量保持在50%以上。2019年，销量排名前十的SUV生产企业依次为：长城汽车、吉利控股、上汽大众、一汽大众、长安汽车、东风有限（本部）、奇瑞汽车、东风本田、上汽股份和上汽通用。上述十家企业共销售548.3万辆，占SUV销售总量的58.6%。

近两年，SUV市场需求虽有一定下降，但降幅依然低于其他乘用车品种，与此同时，中高端产品逐渐成为市场主流，相信随着消费信心的逐步恢复，SUV市场还会继续增长。

4. 多功能乘用车（MPV）产销降幅依然明显，中国品牌市场占有率降幅略有收窄

2019年，MPV市场延续了低迷走势，产销分别达到138.1万辆和138.4万辆，同比下降18.1%和20.2%，降幅比2018年分别扩大0.2个和4.0个百分点。

从MPV月度销量同比增长变化情况来看，各月同比降幅均超过10%，且上半年降幅总体高于下半年，其中1月、2月和4月降幅超过25%。2018—2019年，SUV市场需求迅速上升，同时轿车产品也不断改造升级，受此影响，MPV产品需求日益萎缩，今后也很难出现增长的迹象，产品调整和改造变得更为紧迫。

在分排量MPV主要品种中，1.6升<排量≤2.0升系列销量呈较快增长，共销售28.6万辆，同比增长30%。其他系列品种均呈下降趋势，其中占比最大的1.6升及以下小排量MPV降幅比2018年有所扩大，共销售100.4万辆，同比下降22.9%，降幅比2018年扩大3.0个百分点；2升以上品种也呈快速下降趋势，共销售8.7万辆，同比下降56.2%。

中国品牌MPV占有率同样延续了下降趋势，但降幅比2018年有所收窄，共销售104.1万辆，同比下降21.6%，占MPV销售总量的75.2%，占有率比2018年下降1.4个百分点，降幅比2018年收窄5.6个百分点。在销售排名前十品牌中，中国品牌总体仍然保持了主导地位，共有七个品牌位居前十。与2018年相比，传祺GM6和吉利旗下的嘉际表现较为出色，而上汽通用五菱旗下的五菱宏光、宝骏730、宝骏360虽然继续位居前十，但销量同比均较快下降，表现不如2018年。在三个外国品牌中，别克GL8销量同比小幅增长，奥德赛略有下降，艾力绅降幅较为明显。

2019年，MPV销量排名前十的生产企业依次是：上汽通用五菱、上汽通用、东风公司、比亚迪股份、广汽乘用车、长安汽车、上汽大通、东风本田、广汽本田和江淮股份。上述十家企业共销售122.8万辆，占MPV销售总量的88.7%。

5. 交叉型乘用车产销降幅继续收窄，行业集中度维持较高水平

2019年，交叉型乘用车产销分别达到40.2万辆和40万辆，同比下降4.3%和11.7%，降幅比2018年收窄16.5个和5.5个百分点，已经连续两年呈收窄态势。

从交叉型乘用车全年月度销量同比增长变化情况来看，1—2月仍然维持了快速下降趋势，3月和4月受需求拉动，同比有所增长，5月后销量同比再次下降，四季度降幅有所收窄。在交叉型乘用车主要生产企业中，排名前五的企业共销售38.9万辆，占交叉型乘用车销售总量的97.3%。与2018年相比，只有金杯汽车销量保持较快增长，其他四家企业均有下降，其中奇瑞汽车降幅较明显，表现明显不如2018年。

2018—2019年，交叉型乘用车销量同比降幅虽有所收窄，但行业总体低迷态势并未得到实质性的缓解，未来在积极开拓农村市场的同时，也要提升产品性能和质量，这才是真正摆脱市场需求长期下降的"王道"。

（三）商用车产销形势总体保持平稳

1. 商用车销量稳中略降，四季度表现好于全年

2019年，宏观经济保持稳步增长，政策持续利好驱动供给，同时，在基建投资增速回升、国3汽车淘汰、新能源物流车快速发展等利好因素促进下，中国商用车行业发展总体平稳。与同期乘用车市场持续低迷相比，产销表现也好于乘用车。但随着宏观经济下行压力的增大，前期支撑商用车销量增长的政策因素减弱，基建、房地产投资增速有所回落，商用车市场也一度出现了负增长。9月后，国家一系列"六稳"政策激励逐步深入实施，特别是基建投资的稳步回升在很大程度上促进了商用车市场再度恢复增长。不过，总体来看，尽管产销表现好于乘用车，但商用车市场也面临调整的压力。

2019年，商用车产销分别达到436万辆和432.4万辆，产量同比增长1.9%，销量下降同比1.1%。从商用车月度销售情况来看，1月销量同比小幅下降，2—4月有一定增长，5月和6月同比降幅较明显，7月后降幅逐步收窄，9月后再度增长，总体来看，四季度市场表现好于全年。

从商用车按燃料类型细分品种销售情况来看，天然气车表现较为突出，结束2018年下降趋势开始快速增长，共销售8.8万辆，同比增长38.2%。占比最大的柴油汽车依然下降，共销售283.5万辆，同比下降5.4%，降幅比2018年有所扩大；汽油车继续保持增长但增速有所回落，共销售125.8万辆，同比增长12.2%，增速比2018年回落17.2个百分点。纯电动商用车表现不佳，结束了2018年增长势头，开始快速下降，共销售13.4万辆，同比下降25.6%。

2019年，商用车销量排名前十家企业依次为：东风公司、北汽福田、上汽通用五菱、中国一汽、中国重汽、江淮股份、江铃股份、长安汽车、陕汽集团和长城汽车。上述十家企业共销售321.2万辆，占商用车销售总量的74.3%。

近年来，在排放标准升级、管理法规趋严等因素影响下，商用车市场也逐步进入转型升级期，先进技术不断涌入，一些智能网联技术也陆续得到应用，驱动商用车技术快速迭代升级。当然，至关重要的是，这些先进技术能尽快在车辆运输中对终端用户真正发挥出实用性价值，为用户服务，这是商用车市场健康稳定发展的关键所在。

2. 货车销量略有下降，半挂牵引车表现依然出色

2019年，货车产销形势总体平稳，分别达到388.8万辆和385万辆，产量同比增长2.6%，销量同比下降0.9%。从月度货车销量情况来看，1月同比微降，2—4月均有一定增长，但自从5月21日央视曝光"大吨小标"问题以来，货车行业加快了产品治理和整顿，5月后销量同比呈下降趋势，9月后同比恢复增长。主要原因是"大吨小标"事件对自卸车、轻卡市场的影响逐渐退却；同时，在冬季取暖需求的带动下，煤炭、天然气运输量增加较快，牵引车增长势头迅猛，国三车置换对货车市场的影响依然在延续。此外"双11""双12"快递单量飞速增长，年底基建投资的回升等都在一定程度上带动了货车销量的增长。总体来看，四季度销售形势有所回暖。

在货车主要品种中，重型货车产销再超百万，分别达到119.3万辆和117.4万辆，同比分别增长7.3%和2.3%；中型货车较快下降，产销分别达到14.5万辆和13.9万辆，同比分别下降16.2%和21.4%；轻型和微型货车产销表现均不如2018年同期，产量增速明显减缓，销量结束增长，呈一定下降趋势。其中轻型货车产销分别达到190.2万辆和188.3万辆，产量同比增长1.3%，销量同比下降0.6%；微型货车产销分别为64.8万辆和65.3万辆，产量同比增长3.2%，销量同比下降1.8%。

受基建投资恢复刺激，半挂牵引车结束2018年下降趋势，出现增长，尽管增速在5月后有所回落，但全年保持了15%以上的较快增长势头。2019年，半挂牵引车产销分别为58.1万辆和56.5万辆，同比分别增长23.6%和16.9%，分别占货车产销总量的14.9%和14.7%，比2018年分别提高2.5个和2.3个百分点。

此外，货车非完整车辆（货车底盘）产销也有一定增长，表现好于整车。2019年，货车非完整车辆产销分别为58.2万辆和56.5万辆，同比分别增长10.7%和6.3%，与2018年相比，产量增速略有提升，销量有所回落。

总体来看，货车行业骨干企业依旧保持较高市场占有率。其中，重型货车、中型货车和微型货车销量排名前十企业占比均保持在90%以上。

2019年，销量排名前十的重型货车生产企业分别是：中国一汽、东风公司、中国重汽、陕汽集团、北汽福田、上汽依维柯红岩、江淮股份、成都大运、徐州徐工和安徽华菱。上述十家企业共销售113.9万辆，占重型货车销售总量的97.0%。

销量排名前十的中型货车生产企业分别是：北汽福田、成都大运、东风公司、庆铃汽车、唐骏欧铃、江淮股份、中国一汽、中国重汽、浙江飞碟和陕汽集团。上述十家企业共销售13.5万辆，占中型货车销售总量

的 7.1%。

销量排名前十的轻型货车生产企业分别是：北汽福田、东风公司、江淮股份、江铃股份、长安汽车、长城汽车、中国重汽、中国一汽、金杯汽车和保定长安。上述十家企业共销售 148.5 万辆，占轻型货车销售总量的 78.9%。

销量排名前十的微型货车生产企业分别是：上汽通用五菱、东风公司、长安汽车、奇瑞汽车、山东凯马、金杯汽车、北汽福田、江西昌河、唐骏欧铃和北汽银翔。上述十家企业共销售 65.1 万辆，占微型货车销售总量的 99.7%。

国家基建投资力度加大，以及车辆更新淘汰、治超等政策落地是货车销量增长的主要因素。因此，各地国三柴油车淘汰更新、国道短途超载重卡治理，叠加按轴收费新政带来产品结构变化，都将继续推动 2020 年重型货车销量的提升。此外，以治理"大吨小标"车型、平板自卸半挂车为契机，更多的违规车型将退出历史舞台，为货车销量增长腾出更多的市场空间。物流业的发展也将间接推动轻型货车的需求升级，特别是随着中国运输结构的调整，城配物流将获得较大发展空间。

在汽车行业"新四化"趋势和车市逐渐下行的趋势下，货车生产企业也开始重视产品性能的改进和技术开发。随着货车保有量的不断增加，车辆的安全性、经济性等方面越来越受到用户的重视，特别是在车辆燃油性、动力性与经济性等方面，货车产品将有较大的改进和提升空间，未来的货车产品性能也会在追求卓越上进一步做文章。

3. 客车产销降幅有所收窄

尽管面临较大的困难，客车行业产销形势总体未出现明显波动，且降幅比 2018 年有所收窄。2019 年，客车（含客车非完整车辆）产销分别为 47.2 万辆和 47.4 万辆，同比分别下降 3.5% 和 2.2%，降幅比 2018 年分别收窄 3.5 个和 5.8 个百分点。在客车主要品种中，与 2018 年相比，大型客车产销降幅均呈明显收窄趋势，分别达到 7.4 万辆和 7.5 万辆，同比分别下降 5.4% 和 2.8%，降幅分别比 2018 年收窄 10.8 个和 15.4 个百分点；轻型客车产销降幅均低于全行业，分别达到 33.2 万辆和 33.3 万辆，同比分别下降 1.3% 和 0.6%；中型客车产销降幅依然明显，分别达到 6.6 万辆和 6.7 万辆，同比分别下降 11.4% 和 9.1%。

从按燃料细分品种客车市场表现来看，汽油客车结束 2018 年下降，呈较快增长趋势，柴油和天然气客车下降；在新能源客车品种中，除燃料电池客车外，纯电动客车和插电式混合动力客车销量延续 2018 年下降趋势。此外，在统计的客车分米段细分市场中，9 米<车长≤10 米和车长>12 米两大系列品种销量呈增长趋势，其他系列品种都有不同程度下降，其中 6 米<车长≤7 米和 7 米<车长≤8 米两大系列降幅较明显。

从月度客车销量同比增长情况来看，2 月、3 月、11 月同比略有增长，7 月市场需求有所扩大，同比呈现快速增长势头，其他各月均有不同程度下降，其中 5 月降幅最为明显。

2019 年，大型客车销量排名前十的生产企业依次为：郑州宇通、苏州金龙、金龙联合、中通客车、中车时代、厦门金旅、比亚迪股份、北汽福田、扬州亚星和珠海广通。上述十家企业共销售 6.4 万辆，占大型客车销售总量的 85.3%。

中型客车销量排名前十的生产企业依次为：郑州宇通、东风公司、中通客车、苏州金龙、金龙联合、一汽丰田、厦门金旅、中车时代、比亚迪股份和江淮股份。上述十家企业共销售 5.5 万辆，占中型客车销售总量的 82.1%。

轻型客车销量排名前十的生产企业依次为：江铃股份、上汽大通、保定长安、北汽福田、南京依维柯、东风公司、金龙联合、长安汽车、金杯汽车和厦门金旅。上述十家企业共销售 29 万辆，占轻型客车销售总量的 87.1%。

近年来，高铁、私家车、共享出行等多元化交通方式的发展对客车的长期影响仍然在持续。预计短期内，客车市场仍难以明显回暖，客车企业要做好应对市场长期变化的准备。不过，城市公交车仍然是未来一段时间客车市场的主力军，在当前打赢蓝天保卫战的要求下，纯电动客车和清洁能源客车的市场份额将会呈现增长态势。

4. 皮卡车产销有所下降

中国汽车工业协会统计的皮卡车企业数据显示，2019 年，皮卡车产销分别完成 45.6 万辆和 45.2 万辆，同比分别下降 4.0% 和 4.7%。从月度皮卡车销量情况来看，1 月销量同比有所下降，2—4 月均有增长，5 月后各月销量同比再次呈下降趋势，但四季度降幅有所收窄。

分燃料类型情况看，汽油车同比呈现快速增长趋势，产销分别完成 12.9 万辆和 12.8 万辆，同比分别增长 21.6% 和 18.4%；柴油车产销分别完成 32.6 万辆和 32.4 万辆，均同比下降 11.7%。

2019 年，皮卡车销量排名前十的生产企业依次为：长城汽车、江铃股份、郑州日产、江西五十铃、上汽大通、江西大乘、河北中兴、江淮股份、丹东黄海和北汽福田。上述十家企业销量合计 41.8 万辆，占皮卡销售总量的 92.5%，行业集中度维持较高水平。

2018—2019 年，皮卡车市场虽然受到外部政策环境刺激，销量有一定增长，但 5 月后销量受国 6 汽车断档影响同比持续呈负增长态势，三季度累计销售 9.1 万辆，比一、二季度分别减少 2.3 万辆和 2.4 万辆。四季度随着国 6 新车的上市，市场形势略有好转，但仍低于 2018 年。

随着国内试点地区稳妥有序推进，同时作为一款宜商、宜家以及个性化较强的产品，皮卡车在城镇及农村地区仍具有独特的优势，相信只要相关利好政策还能继续推出，随着新车型的不断上市，皮卡车需求仍然有望回归正增长。

（四）新能源汽车产销结束高速增长势头，开始小幅下降

2019年，新能源补贴政策进一步退坡，补贴额度较2018年下降60%以上，同时补贴要求涉及的产品技术标准进一步提高。在有新能源产品生产比例硬性要求，以及市场需求不足的情况下，整车售价无法提高，企业效益大幅恶化，补贴力度无法弥补成本，甚至会出现卖车亏钱的现象。由于当前新能源市场尚处于培育期，价格的变化对于市场接受度的影响非常大，但同时由于新能源市场销量规模小，单车成本仍处在高水平区间，且降本空间有限，主要是三电成本降幅赶不上退坡幅度，无法消解退坡补贴带来的影响，因此这一轮补贴的下调在一定程度上打击了企业对于生产销售新能源产品的积极性。据中国汽车工业协会的不完全统计，多数企业针对新能源补贴的退坡调整了本企业新能源产品的销售策略，即在满足积分政策要求的前提下，通过推出高端产品或原有产品减配的方式来保证利润空间，但此举必将对市场原有的增长规模产生负面影响，同时还会降低产品的品牌溢价能力。

2019年，新能源汽车产销结束了前几年高速增长势头，呈一定下降趋势，分别达到124.2万辆和120.6万辆，同比分别下降2.3%和4.0%。其中纯电动汽车产销分别完成102万辆和97.2万辆，产量同比增长3.4%，销量同比下降1.2%；插电式混合动力汽车产销分别完成22万辆和23.2万辆，同比分别下降22.5%和14.5%，结束了2018年高速增长态势。

随着企业和地方政府投资力度的不断加大，以氢能源为主的燃料电池汽车在2019年总体呈现爆发增长态势。2019年，燃料电池汽车产销分别为2833辆和2737辆，同比分别增长85.5%和79.2%。

从新能源汽车月度销售情况来看，1—3月销量同比继续保持快速增长态势，4—5月增速明显回落，6月受补贴到期影响再度高速增长，但7月后开始同比下降，9月后降幅更为明显。总体来看，下半年表现明显不如上半年。

2019年新能源汽车产销下滑的更深层次原因还是在产品质量上，与传统燃油车相比，新能源汽车整车制造技术水平总体仍存在较大的差距，以前靠所谓政府"高额"补贴以及受地方限购影响，新能源汽车保持了高速增长势头，但在补贴大幅退坡的背景下，新能源汽车产品质量和技术水平没有得到实质性的提高，同时电池的安全性、稳定性和衰减等问题以及频发的安全事故让消费者对新能源汽车产品信心下降。

与新能源乘用车相比，新能源商用车下跌幅度有持续扩大的趋势，根据市场表现情况来看，新能源商用车在燃料成本节省方面并不明显，同时购置成本较高，与传统能源商用车相比没有显著优势，并且新能源商用车在使用过程中仍然面临着续驶里程短、充电不方便等难题，难以满足商用车高频次、高使用率的需求。因此，新能源商用车距离真正的大规模商用还有很长的路要走。

尽管在2019年新能源汽车产销下降，但这并不意味着新能源汽车产业会此跌入"低谷"。总体来看，新能源汽车作为国家战略性新兴产业的地位依旧会长期保持不变，尤其是12月初工业和信息化部对外发布了《新能源汽车产业发展规划（2021—2035年）》（征求意见稿），其中明确提出在2025年新能源汽车新车销量占比达到20%左右，这无疑对低迷的新能源汽车市场起到了一定提振作用。此外，虽然新能源汽车补贴退坡，但国家及各地方政府对新能源汽车的支持仍在继续，如新能源汽车购置税优惠及上路不限号等。更为重要的是，充电基础设施数量和保有量的不断增多，将逐步提升新能源汽车充电的便利性，为新能源汽车的进一步普及提供基础保障。与此同时，随着合资品牌新能源汽车研发的全面提速，未来可选择的新能源汽车车型也会不断增多，产品质量也将逐步提升。外资品牌、合资品牌新能源汽车的推出也将在一定程度上提升新能源汽车产品整体质量和品牌影响力，这或许也能给新能源汽车市场带来利好因素。当然，这也会进一步加剧市场竞争，新能源汽车市场格局也将产生较大的变化。产品品质提升，能给消费者带来更好的消费体验，消费者的消费意愿自然会增强，而提供相关产品的企业也一定能在竞争中胜出。过去依赖新能源汽车补贴生存的企业终将会被市场淘汰，因此一些自主品牌的新能源汽车企业将会面临更大的危机和生存压力。

2019年，造车新势力生产企业中有蔚来、威马、小鹏、零跑等12家实现了交付，但是仅有4家企业交付量过万，分别是蔚来、威马、小鹏和合众。在不能交付现车、资金紧缺、补贴退坡、信任危机等多重困难下，未来造车新势力或将出现大的变动，多数企业甚至可能会面临破产危机。

同时，特斯拉汽车国产下线，Model 3第一批已经正式交付，价格下探至30万元内，如果其计划的年终达到80%国产化率实现，成本将再一次下降，中国品牌新能源汽车将面临严峻的挑战。

（五）企业分化不断加剧，行业骨干企业依然保持较高市场占有率

2019年，在车市长期下行的态势下，汽车企业进一步加快了优胜劣汰的步伐，一些企业已经濒临破产。行业内骨干企业同样承受着较大的压力，多数企业也面临产销增速放缓、旗下主导企业利润大幅下滑的不利局面。为此，行业内骨干企业"凝神聚力"，通过供给侧结构性改革不断提升产品质量，以满足消费者多样化需求。在企业内部也加强了改革，一些企业已经引入了外部资金，实现了混改。与此同时，企业之间也打破壁垒，采取了全新的合作方式，以抱团取暖，共度寒冬。除此之外，骨干企业还进一步加深了与跨国公司、造车新势力企业

以及智能网联、出行服务等行业内外企业的交流与合作。通过一系列有益的举措不断增强自身实力，拓展服务边界，在很大程度上继续成为行业"奠基石"和"定盘星"，生产集中度和市场占有率也继续保持了较高水平。

2019年，汽车销量排名前十的生产企业依次为：上汽、东风、一汽、北汽、广汽、长安、吉利、长城、华晨和奇瑞。上述十家企业共销售2329.4万辆，占汽车销售总量的90.4%。

中国品牌汽车销量排名前十的企业依次是：上汽、吉利、长安、东风、长城、北汽、奇瑞、一汽、比亚迪和江淮。上述十家企业共销售1056.1万辆，占中国品牌汽车销售总量的84.1%。

（六）汽车出口再超百万辆，四季度同比明显增长

2019年，与2018年相比，全球经济处于同步放缓状态，贸易壁垒的增加和地缘政治紧张局势的加剧，继续削弱了经济增长。此外，一些新兴市场经济体的特定因素，以及发达经济体中出现的诸如生产率增长低下、人口老龄化等结构性问题，也不同程度拖累了经济增长。从中国出口情况来看，除受上述因素影响外，中美贸易摩擦时断时续，以及以美国为首的西方国家对于伊朗、叙利亚、委内瑞拉等国家的经济制裁也在很大程度上抑制了对上述国家的出口。

为规避危机，党和政府继续大力推动人类命运共同体建设，与"一带一路"沿线国家经贸合作也逐渐向纵深发展，对外开放的深度和广度较2018年进一步增加，这些积极因素帮助中国出口企业稳定了出口形势。因此，2019年虽然汽车出口经历了诸多危机，但总体出口形势保持稳定，出口量继2018年后再度超过百万辆。

据对行业内整车企业报送的出口数据统计，2019年汽车企业共出口102.4万辆，同比下降1.6%。从全年汽车企业出口情况来看，1—3月出口量同比小幅增长，4—8月有一定下降，9月出口量同比再次增长，10月后受同期基数较低影响，出口量同比增长较明显。总体来看，四季度出口表现较好，从而保证了全年出口再次稳定在百万辆的规模。

尽管新能源汽车国内需求有所减缓，但出口呈高速增长势头。2019年，新能源汽车共出口3.7万辆，同比增长3.0倍。其中纯电动汽车出口2.3万辆，同比增长3.5倍；插电式混合动力汽车出口1.4万辆，同比增长2.5倍。

2019年，乘用车出口结束了2018年的快速增长，呈小幅下降态势，共出口72.5万辆，同比下降4.3%。在四大类乘用车出口品种中，与2018年相比，多功能乘用车出口增速最快，运动型多用途乘用车出口增速略低，基本型乘用车（轿车）和交叉型乘用车出口有所下降。乘用车出口累计下降的主要原因是目标国伊朗市场不稳定。由于美国对伊朗实施经济制裁，对伊朗出口的汽车产品不能享受信用担保，且伊朗市场占中国乘用车出口

份额较大，因此这一部分市场的波动明显影响了整体出口的运行态势。如果剔除这部分原因，中国汽车出口实际仍呈增长态势。

商用车出口增速同比有所减缓，共出口29.9万辆，同比增长5.7%，增速同比回落6.8个百分点。在商用车主要出口品种中，货车（含货车非完整车辆、半挂牵引车）增速同比有所减缓；客车（含非完整车辆）增速同比有一定提升。出口量位居前十的企业依次为：上汽、奇瑞、东风、北汽、长安、长城、吉利、江淮、大庆沃尔沃和重汽。上述十家企业共出口86.7万辆，占汽车企业出口总量的84.6%。海关总署提供的汽车商品进出口数据显示，2019年汽车整车进口金额同比结束增长，出现一定下降，市场表现明显不如2018年。汽车商品进口金额843.9亿美元，同比下降7.9%。其中：汽车整车共进口105.3万辆，同比下降7.5%；进口金额487.2亿美元，同比下降4.3%。此外，汽车商品出口金额885.2亿美元，同比下降2.9%。其中，汽车整车共出口124.7万辆，同比增长6.8%；出口金额161.8亿美元，同比增长4.6%。

二、2019年汽车市场主要影响因素分析

（一）宏观经济环境方面

2019年，中国GDP增速为6.1%，低于同期。从GDP增速与汽车销量增速的历史走势来看，汽车销量受GDP增速影响较大。2018年以来，私营企业利润总额累计值持续处于负增长，2019年国有企业利润总额同样处于负增长水平，影响居民收入增长。人均收入及支出增速下滑，居民收入和消费预期下降，汽车消费作为大宗消费，在居民消费中占比较大，收入增速的降低对汽车消费冲击明显。受收入下滑影响，汽车消费自2018年起出现明显下滑态势。

从采购经理指数来看，自进入2019年起，中国PMI多数处于荣枯线之下，整体经济处于收缩状态。虽然11月、12月连续在荣枯线之上，但是未来经济增长动力依然略显不足，仍会限制制造业发展。

此外，汽车市场内部动力不足也影响了消费信心，这主要包括首购车的动力和再购车的动力。其中，首购动力不足的原因：中小企业工作的群体占中国工作群体总数的80%左右，新增就业人员占90%左右。中国经济结构变化，民营经济下行压力较大，导致低收入群体收入降低、购车欲望大幅下滑。再购动力不足的原因：整体经济有下行的压力，对整体情况造成负面影响，使换车周期延长。调查研究发现，在置换购车群体中，部分人开始换车延期，这与居民收入预期存在一定关系。

2019年，GDP增速稳中有降，收入增速放缓、企业家信心不足、就业压力等影响了消费信心，进而影响了汽车需求，造成中国汽车市场总体表现较弱。汽车市场与经济发展强正相关，经济下行压力较大，汽车市场进入低速增长平台期。2015年中央开始推进供给侧结构性改革，经济进入调整期，2018—2019年的车市下滑的主

要原因是经济结构分化影响了新购主体购买力及消费信心。

（二）政策环境方面

快速推进的改革政策对汽车行业造成显著冲击。2019年上半年至少有三大政策冲击汽车行业：一是国五燃油标准向国六燃油标准切换，带来市场的剧烈震动，引发了消费者观望情绪，对汽车厂家生产、经销商进货、库存处理造成影响，去库存促销影响企业盈利及市场价格秩序；同时透支消费需求，汽车市场短期承压。二是新能源汽车补贴快速退坡，造成新能源汽车生产成本升高、销量降低。2018年以来汽车行业下滑，主要车企均出现了现金流紧张的状况，2019年6月新能源汽车补贴大幅退坡，更加剧了这一状况，致使各车企原有的部分畅销车型，由于盈利能力不足，不得不退出市场，既给企业带来了损失，也导致整个行业的销量受到冲击。补贴退坡后，新能源汽车发展也进一步承压。三是"大吨小标"治理冲击货车销售。中国轻货领域普遍存在"大吨小标"现象，受"大吨小标"治理冲击，轻货行业承受较大压力。

（三）消费能力方面

受去产能及蓝天保卫战的影响，中小企业被迫关停整改，相关从业人员收入降低或失业，限制了其购车能力，且在重新找到收入稳定的工作后也会在数年内难以恢复购买力；中美贸易摩擦的持续，直接或间接地影响了相关从业人员的收入，随着摩擦升级发酵，短期影响加剧；同时，城市生活成本逐渐升高，部分城市打工人员选择返乡创业谋生，短期内收入受损；P2P爆雷事件也在一定范围内影响了新车消费潜在用户的需求，他们在短期内难以恢复消费能力。

根据国家统计局公布的五档收入群体的收入增速，中低层收入者收入增速从2014年开始持续下滑，2015年开始低于全国人均可支配收入增速，2018年中低层收入者收入增速更是只有4%，这必然会对汽车销售增速造成不利影响。

（四）产业格局将调整

随着新增市场规模逐渐趋于稳定，汽车市场进入深度调整期，产业格局发生重大改变，呈现多方竞合的复杂态势，市场集中度不断提升，新的平衡正在加速重构。无论是中国品牌还是合资品牌内部，头部企业优势都在愈发明显，体现为优势企业仍呈现逆势增长态势，且回旋余地大；弱势品牌市场份额不断下降，且未来提升空间有限，或将濒临淘汰。在行业完成淘汰后，优秀企业将获得更多的市场资源，进一步做大做强。

（五）二手车消费意识逐渐兴起，推动存量市场结构优化

根据中国汽车流通协会提供的统计数据，2019年全国二手车累计交易量为1492.3万辆，同比增长8.0%，增速比2018年有所回落。预计截至2019年年底，二手车保有量有望达到2.5亿辆。二手车市场的发展虽然短期将部分替代新车，但长期将为新车市场培育用户，因为二手车客户在换购车辆时更倾向于选择新车，故二手车的交易也有利于盘活新车消费。伴随消费者价值观越发现代化和成熟，叠加各行业二手车平台的涌现，二手车越来越受到年轻消费群体的青睐，二手车消费意识逐渐萌芽。

（六）中国乘用车区域市场发展不均衡，需要因城施策，挖掘各级市场消费潜力

2019年，汽车市场延续了"城市级别越高增长越好，城市级别越低增长越差"的特征，省会等核心一二线城市是当前乘用车市场增长的重点区域，三线城市受经济下行压力影响，增长较为乏力，且伴随二手车市场的发展，低线市场成为二手车市场净流入的主要区域，也在一定程度上影响了低线市场的新车销售。因城施策，继续放宽限购，挖掘高级别市场消费潜力，激活低线城市潜在需求，盘活农村市场，将成为拉动汽车市场增长的关键。

（七）新能源汽车发展迎来挑战，亟须激发和推进新能源市场化进程

2019年，新能源市场由原来的超高速增长转变为连续数月的负增长，主要原因为补贴大幅退坡，这表明过去的超高速增长主要是政策推动带来的，离开强有力的政策支持，新能源市场短期面临较大的困难。新能源市场内部结构也在发生着变化，从面向的主要市场看，新能源销售市场中的非限购城市比重不断提高；从车型结构看，新能源乘用车中的A级车占比扩大，高端化趋势明显；从品牌结构看，伴随补贴退坡和合资品牌的逐渐布局，中国品牌新能源领跑的形势将面临挑战。

后补贴时代，我国新能源汽车市场即将重新洗牌，为更好地促进市场发展，有必要通过强产品力的车型驱动新能源市场转型，同时国家应给予新能源汽车牌照等路权优惠政策，加以在特定领域指定推广。且从长期看，为更好地发挥新能源汽车的市场主导作用，落实《新能源汽车产业发展规划（2021—2035年）》，应不断推动新能源汽车与电网能量互动及可再生能源与智慧出行服务，以及绿色物流交通与信息通信的融合发展。

（八）国六标准的提前实施可能会带来一系列后续问题

企业在应对国六排放标准实施时，涉及产品研发、试验验证、产品认证、生产准备等多个环节，提前实施增加了技术升级试验和验证的压力（任何一款车上市前通常要进行两冬两夏的道路标定试验，考虑气温因素，一般夏季试验会在每年的7月或8月进行。对于轻型车而言，2019年7月1日提前实施国六，会因为缺少第二轮夏季标定试验而导致国六车型性能验证不充分），带来开发周期缩短的风险，加剧了企业违规的风险。此外，柴油车国六排放标准发布更晚，企业准备时间更短，大范围提前实施会带来更大的市场、产业波动风险。

三、汽车市场预测

（一）2020年全年汽车市场预测

2020年是"十三五"收官之年，经济总体"稳"字当头，如果没有疫情影响，降幅可能会比2019年有所减缓，但新冠疫情的影响明显加大了预测的不确定性。一季度受疫情影响，预计降幅将会达到45%左右，上半年可能会有所减缓，但也可能在25%左右，全年能否实现降幅收窄，目前还很不确定，主要还是看疫情结束之后国家发布的鼓励消费政策能否尽快落地并起到实质性刺激作用。但总体而言，2020年全年产销形势不容乐观。

（二）新冠疫情对行业的影响

新冠疫情的快速蔓延，给中国的经济和人民的生活带来巨大的影响。汽车行业依赖于宏观经济发展，面临更大的挑战。而此次疫情导致的供应链问题、市场问题、零部件中小企业资金压力问题等，给本来就下行压力较大的汽车行业带来更大压力，无疑是雪上加霜。

疫情严重的湖北地区，年度汽车产量占全国的8%~9%，比较严重的广东、浙江也是中国汽车工业大省。除直接影响当地整车企业的产销量以外，以上三个地区的零部件配套企业众多，即使其他地区具备开工条件，但由于整车厂全国配套、产业链长，一个部件供应不上就会影响整个工厂生产进程，因此短期内零部件供应将会影响整车的生产节奏。

新冠疫情发生后，中国汽车工业协会第一时间在行业开展了疫情影响调研，在对受访的300多家整车和零部件企业反馈的信息进行综合分析后，发现疫情对中国经济的短期影响大于2003年的非典，对于本来处于调整期的汽车行业影响更大。但行业企业相信，疫情带来的是短期冲击，不会改变长期稳定发展的态势，中国经济增长的基本面还将保持，这对汽车行业发展极其重要。

疫情对产业的具体影响，主要体现在以下几个方面：

1. 购车需求和消费能力短期内明显下降

疫情的暴发极大减少了消费者短期内的购车行为，严重影响了汽车的销售，且这一影响将持续到疫情解除一级响应之后的一段时间；同时，疫情对部分行业的运行影响较大，如交通运输、餐饮、旅游、影视等行业，将直接影响这些行业企业尤其是小微企业的运行，降低相关从业人员的收入，从而影响一二三线城市的汽车换购需求，以及四线以下城市和乡镇等的首购车需求。另外，自2018年以来，中低收入人群受到了多重冲击，在底层消费能力未恢复的情况下又遭遇疫情，使该群体收入情况恶化，消费能力进一步削弱，短期内汽车总体消费需求进一步降低。

2. 企业生产进度受阻

受疫情影响，全国各地均出台了延迟复工的通知。中国汽车工业协会对超过300家整车和零部件企业的调查统计表明，延迟复工导致企业较往年平均少开工7~11天（湖北地区更久），多数地区还要求人员返回工作地后居家观察，造成企业生产力不足，影响产品制造。各整车企业外地员工返工隔离，造成一定比例的一线人员缺口，开工率不足将增加产业各级生产环节供应不足的风险。同时，人员防护物资不足也难以支撑企业生产复工。很多省市区域及乡镇道路相继出台限行严检、实施高速严查等措施，影响整车、零部件运输，进一步加剧了企业生产问题，特别对于负责加急生产负压救护车的企业而言，任何环节的阻碍都将影响整车生产，进而造成订单交付的延迟。同时，复工以及运输问题，影响了国内乃至全球产业链的生产运营，还将使国外汽车企业为规避区域突发事件造成的供应链风险而调整生产布局。

3. 企业出口困难增加

世界卫生组织已经宣布新冠疫情构成国际关注的突发公共卫生事件，基于此，一些国家和企业已经以防止疫情扩散为由，拒绝接受已经订购的货物，对原有的订单也进行撤销。

据不完全统计，已有超过60个国家发布了对中国的入境管制措施，这也造成中国汽车企业开拓海外市场受阻，汽车及零部件出口的难度增加。同时，不能及时复工导致的供应链紧张，造成出口订单延迟交付，对企业后续订单的签订造成了负面影响。

4. 中小企业资金链断裂隐患加大

受复工延迟的影响，汽车企业的生产和营业停摆，收入和现金流中断，但是房租、工资、利息等费用仍需支付，极大考验企业的资金实力。根据中国汽车工业协会对行业企业的调查，零部件企业受的影响更大。同时，经营中断可能导致订单合同违约，加剧资金周转困难，部分体量较小、抗风险能力较弱的中小企业（主要以零部件企业为主）面临破产倒闭的风险。

5. 企业应对标准法规的难度大幅提升

此前，生态环境部发布的国六排放标准要求2020年7月1日轻型汽车实施更为严格的颗粒物数量（PN）限值，并在全国范围实施国六标准A阶段；交通运输部发布的《营运货车安全技术条件第1部分：载货汽车》（JT/T 1178.1—2018）标准中第三阶段要求将于2020年5月1日实施，《营运货车安全技术条件第2部分：牵引车辆与挂车》（JT/T 1178.2—2019）标准预计于2020年5月1日实施。受疫情影响，企业难以在相关标准实施之日前消化现有库存（产品、零部件）。同时，检测机构、试验场复工时间一再延后，也延长了企业产品认证周期，进而延缓产品上市时间，结合企业开工效率不高，最终可能导致部分企业在标准实施后无法按计划销售新产品。

（三）新冠疫情过后汽车市场发展形势

1. 短期影响较大，长期影响有限

当前汽车零售量大幅下滑，并非代表需求大幅降低，而是一部分消费者因疫情防控减少或延后到店购车，导致需求转化受抑制。疫情得到有效控制后，市场大概率会小幅度回暖，而后迎来较大幅度反弹。

疫情期间经销商整体复工率还不高，门店客流下滑也使其难以达成新车或售后交易，导致现金流、库存、月度考核等方面均面临危机。一方面，在较大的经营和库存压力下，经销商主动减少订车；另一方面，多数车企也为减轻渠道压力，取消月度考核。此外，车企复工延后及零部件供应短缺也使得车企产能受限，从而影响部分产品供给。因此，短期内车企销量也将继续低迷。中国汽车工业协会预测，2020年2月，乘用车产销低于30万辆，同比降幅超过80%；1—2月，乘用车累计产销同比分别将下降45%左右；3月后受终端消费回暖驱动，车企销量也将逐渐回升。

但是，整体购车需求主要与宏观经济发展态势相关，疫情导致的经济波动将影响一部分人的收入，从而在一定程度上降低这一部分消费者的消费需求。长期来看，宏观经济会恢复到正常的运行轨道上来，因此汽车需求在经历短期波动后也会逐步进入正常状态，中国汽车总体需求空间仍然很大。疫情结束后，抑制的消费需求会在短期内得到释放，汽车市场将有望迎来一波短暂的消费高峰，但总体会回归平稳。

随着整个汽车产业链蝴蝶效应的逐渐发酵，疫情带来的负面影响还将持续一段时间。从需求面来看，用户的购车需求短期内会受到一定程度的抑制，但零售低迷情况会随着疫情的有效控制逐步好转，用户被抑制的需求也会逐步释放出来。在短期的阵痛与压力中，想要站稳市场，需注重资源协同，强化数字化及线上营销能力，实现降本增效。

2. 各项措施保障，促进复工复产，预计下半年汽车市场有望较快增长

面对新冠疫情带来的恐慌，许多企业纷纷对汽车安全防护性能进行改进，推出了"N95"型环保汽车，同时也加强了针对车主的安全保障，这将有利于乘用车需求的增长。

从长期发展来看，新冠疫情的出现可能加速产业格局的优化调整，优势企业或将获得更多的市场资源，进而对优势企业做大做强起到一定的促进作用。同时，疫情也引起居民对于公共出行方式不安全性的担忧，这也可能促进释放个人首次购车需求。

3. 各地区汽车市场发展不均衡情况仍较为明显，经济发达、消费潜力大的省份需求韧性更强

由于受疫情影响程度不同及各地消费水平存在差异，各省份用户购车需求也存在一定的差异。需求规模大的同时波动小，是当前企业在营销投入与销售促进方面，需要首位去推进的地区。其中，广东、北京、上海等经济较为发达的省份，人口具备较大规模，居民收入水平高，叠加限购政策影响，需求更加平稳，因此这些省份需求延缓的程度好于市场整体水平。而四川及湖南等省份，市场份额增长明显，汽车消费潜力大，需求受抑制的程度同样较轻。辽宁、吉林受疫情影响程度较轻，市场需求微增。此外，福建、天津等省份需求波动也较小。而湖北地区因为疫情严重，正常的生活与经营节奏被打乱，需求恢复的时间会晚于其他省份。

企业应根据各省份的具体情况制定营销与销售促进策略。比如，对于需求规模大、下滑幅度小的地区，应加大力度去促进终端销售，避免在需求转化期间的用户流失。一方面引导用户线上看车，并通过线上或电话沟通的方式尽可能摸清用户需求，详尽介绍产品卖点，或提供有竞争力的附加服务或套餐服务，增强用户购买意愿；另一方面做好门店防疫工作，消除用户到店安全隐忧，如果用户不愿到店试驾，可通过上门试驾、上门服务的形式来促进销售。

对于需求规模大、下滑幅度大的地区，应加大线上营销力度，因消费者外出行为减少，线上营销的重要性更加凸显。一方面，可以通过数字化工具，根据用户特征进行精准营销，提升营销的转化效果；另一方面，结合当前疫情现状及用户心理，制定更适宜的促销策略，如针对当前收入受损的消费者提供更优惠的金融产品或更具性价比的终端价格。

一线城市人口密度高且流动性大，存在相对更高的疫情防控风险，进一步激发私家车的消费动力，因此一线城市购车需求受影响的程度较小，企业可重点关注限购城市中，基于家庭安全出行需求目的的增换购用户，以及非限购城市的首购用户，提升这些用户的需求转化。

4. 全面提升产品和服务品质将是疫情之后企业的主攻方向

优质产品永远是汽车市场的稀缺品，而良好的服务也是购车过程中消费者考虑的重要因素。调研发现，疫情属于弱影响因子，性价比高的产品始终是消费者的首选。81%的消费者认为产品足够优秀、满足用户需求是影响选购的主要因素，排在第二的是服务完善细致、为客户考虑周到。汽车消费作为大宗消费，即使在疫情背景下，消费者依旧充满理性，企业更需要在产品力和服务力上多下功夫。

（四）中期汽车市场预测

国内市场首次购车的比重已经低于增换购，需求已没有快速增长的基础。存量市场方面，发达城市的限购，以及共享出行的发展，在一定程度上也抑制了新车的需求。从车辆使用周期看，目前国内车辆报废和置换的周期在8~10年，按每年2500万~2800万新车产销量来分析，与保有量之间也基本达到相对平衡。基于上述分析，中国汽车市场进入新的阶段，规模和结构的调整将持续一段时间，新车规模会保持在2500万~2800万辆。

四、有关政策建议

（一）排放标准稳步有序推进

排放标准的升级牵扯面广，问题错综复杂，因此建议这类标准在制定、提前实施时应充分论证，在考虑包括管理方式、技术、市场等一系列问题带来的影响，充分征求行业意见，做好经济效益评估后，再行确定；鉴于之前国六提前实施对产业带来的巨大影响，建议后续其他车型、其他地区严格按照国六排放标准规定时间执行升级，不应再有任何形式的提前实施行为；此外，建议统一国家和地方相关管理标准（实施时间、实施阶段、实施方式等），为企业减负；为侧面推动环保标准的升级，推动环境质量的改善，建议通过财政支持的方式鼓励消费者购买减排水平高的产品，淘汰老旧产品。具体建议如下：

①未实施车型、未实施区域严格按照标准要求时间实施。

②针对重型车国六排放标准实施，地方远程监控平台与国家平台应采取统一标准，统一要求。

③取消地方环保目录。

④优化车辆抽查体制机制，避免车辆重复抽查，为企业减负。

⑤在车辆进行污染物排放测量环节统一执法标准及检测设备。

⑥政府部门明确国五车型与国六车型享受统一政策。

⑦受新冠疫情影响，轻型汽车国六排放标准实施存在较大难度，应给予产业适当的过渡期，并利用财税优惠等措施减轻企业负担。

⑧对非提前实施国六地区，给予2020年7月1日前生产的轻型国五车辆6个月注册登记过渡期，2021年1月1日前允许注册登记。

⑨将国六排放标准中I型试验的PN限值切换实施期限延缓6个月至2021年1月1日，并以企业产品合格证时间为准，对在2021年1月1日以前生产的符合PN过渡期限值的车型给予6个月的销售过渡期，2021年7月1日前允许注册登记。

（二）激发汽车市场消费潜力

1. 激发汽车市场消费潜力

中央政府部门敦促地方政府加快落实《关于印发〈推动重点消费品更新升级 畅通资源循环利用实施方案（2019—2020年）〉的通知》，制定执行细则，包括巩固产业升级势头，提升消费支撑能力，畅通资源循环利用等。当前亟须从破除乘用车消费障碍入手，增强市场消费活力，必要时，由中央财政对相关促进消费的政策条款给予补贴。具体建议如下：

①已实施汽车限购的城市加快放宽汽车限购指标，继广州、深圳和贵阳外，北京、上海、天津、杭州、贵阳、石家庄等地积极跟进释放限购指标额度。限购城市的地方政府应合理引导私家车使用，通过优化交管和建设城市智能交通网络，降低小汽车的使用强度，实现汽车产业和城市交通的平衡发展。

②大力推动新能源汽车消费使用，针对北京新能源指标多年未增长、排队申领人数激增和排队时间长等现实情况，北京应适当放松新能源汽车指标限制，取消对无车家庭购置新能源汽车的限制；上海应放开新能源汽车牌照的申领限制。

③调整车辆购置税率，对小排量（1.6L及以下）永久实施更低税率。对报废更新国四以下排放标准乘用车购买1.6升以下排量（一年后减半补贴，两年后停止补

贴），减半征收购置税。实施国三排放标准车辆置换购置税减免补贴。

④加大四五线城市及乡镇汽车市场鼓励政策力度。结合近期发布的汽车下乡政策，制定细化方案，对四五线城市、乡镇等汽车市场，促进农用车转购轻型乘用车，以现金补贴、减免车辆购置税、纳入个税抵扣、降低汽车使用成本等多种形式，促进汽车市场消费增长。四五线城市、广大乡镇农村是汽车消费升级重要的潜在市场，积极鼓励对购买潜力较大地区的乡镇、农村居民报废三轮汽车，购买3.5吨及以下货车，或者1.6升及以下排量乘用车，给予适当补贴优惠。伴随中国乡镇农村居民人均可支配收入的不断增加，越来越多的乡镇农村居民进入"农用车消费升级为汽车"的发展阶段，从而成为潜在的新车消费群体。因此，推动这部分消费者购买汽车或换车，将会对中国新车市场发展和市场稳定起到重要作用。

⑤各地方加快取消皮卡进城限制，充分发挥皮卡的客货两用功能，促进皮卡车市场的消费。已有6个省市解禁皮卡车进城，且效果良好。具体建议如下：全面解禁皮卡进城限制，积极鼓励皮卡车消费，科学推动皮卡车发展。2016年国家开始在河南、河北、云南、辽宁、湖北、新疆6省区试行"放宽皮卡进城"试点工作，并取得良好的效果，2017—2018年度销售增长率在10%以上，同时皮卡车的规模由34万辆增长到接近50万辆。皮卡车作为未来市场的新增长点，具有相当的市场增长潜力。据悉，2019—2020年，重庆、青岛、吉林、济南、南昌、宁波、秦皇岛等大中城市先后发布放宽皮卡进城的通知。近期，受疫情影响，为了保证生活物资的稳定供应以及复工复产的顺利推进，兰州、深圳、成都等多个城市也放宽了货运车辆（含皮卡）的进城限制。希望后续能有更多的城市效仿，为皮卡车市场潜力的挖掘提供更好的支持。

⑥加快智能路网和充电桩等基础设施的建设，在通行优待、停车及充电费用减免等方面出台更多优惠政策和措施。

⑦金融行业加大对汽车个人消费信贷的专项资金支持力度，在首付比例下调、100%贴息支持、还款期限延长等方面对汽车消费者进行全方位的支持，促进汽车消费潜力的释放。

⑧积极培育旅居车（房车）市场，促进房车休闲消费。积极创造条件，培育旅居车（房车）市场发展，推动房车消费。伴随消费需求的多元化发展，具备某种特殊功能型的汽车产品越来越受到消费者的青睐，因此，鼓励相关特色车型的发展，将为中国新车市场培育新的增长点。

⑨将个人购车支出纳入个人所得税专项附加扣除。尤其是对个人购买节能环保或新能源汽车，允许其将购车支出分年度扣除，促进汽车消费。

⑩实施国三及以下排放标准车辆置换购置税减免补

贴。用 3 年时间，将国三排放标准阶段以前的车辆（截至 2018 年中国国二及以下排放标准车辆的保有量约 1700 万辆）全部置换，预计每年可新增 500 万辆市场；目前国三排放标准车辆保有量约 4300 万辆。淘汰旧车可考虑对海外出口支持，鼓励二手车出口，提高出口退税，既解决环保担忧，又实现消费升级，拉动内需。

2. 加大汽车金融支持

2020 年 3—12 月，金融行业加大对汽车个人消费信贷的专项资金支持力度，在首付比例下调、100% 贴息支持、还款期限延长等方面对汽车消费者进行全方位的支持，促进汽车消费潜力的释放。解决中小企业员工购车收入下降的问题。国家逐步探索汽车领域的长效机制，探索控制汽车使用的相关政策，优化汽车产业税费制度。如参照欧美国家优化汽车产业税费制度，按照"轻购置、重使用"的原则进行征税等。

3. 建立车辆信息相关制度，促进车辆流通和二手车消费

建立车辆大数据平台，对车辆牌照、维修和保养记录等信息脱敏处理后可进行信息公开查询，买方可以充分掌握所购车辆的车况信息，促进二手车行业健康发展。同时，积极破除流通障碍，进一步放开二手车限迁，并最终全面取消二手车限迁，允许所有二手车在全国范围内流通。

4. 提高整车出口增值税退税税率，促进整车出口

加大对海外投资信贷和免息支持力度，鼓励整车和零部件企业协同加大海外投资，拓展海外市场。

（三）建立鼓励新能源汽车产业健康发展的有利机制

从新能源汽车发展过程中面临的补贴退坡、积分政策考核等政策角度出发，建议政府合理引导，营造更加市场化的新能源市场发展环境。具体建议如下：

①优化并延续新能源补贴政策以促进新能源汽车市场健康发展。优化、推进并尽早明确 2020 年后续的补贴政策，如取消补贴标准中续驶里程、电池比能量、能耗等与需求密切相关的技术指标要求，放宽或取消 2 年 2 万千米的要求，在新能源汽车使用端继续给予补贴，并加大新能源汽车补贴力度；加快新能源补贴拨付速度，简化流程，为企业减轻资金压力。

②新能源产业政策环境要与市场发展相匹配，新能源积分政策要起到合理引导产业及市场发展、产品技术升级的作用，政府主管部门在有关新能源政策的制定和修订过程中，要充分听取行业企业的意见，进行充分研究论证，不断推动新能源市场化发展。适当调低 2020 年企业双积分考核要求，完善政策可操作性。

③政府主管部门评估并研究各种新能源技术路径对市场发展的贡献，鼓励多种新能源技术路径发展，实现节能降耗的目的；激发企业创造更有效的商业运营模式和更广的市场空间，最终实现产业的多元化和市场化。

④按照国务院《打赢蓝天保卫战三年行动计划》提出的要求，实现 2020 年新能源汽车产销量达到 200 万辆左右和加快老旧车淘汰的目标，加快城市公交、出租车、网约车等公共车辆的新能源化，对党政机关和事业单位在推广应用本地企业新能源汽车方面出台具体的政策，制定相应的采购比例要求和实施计划，以此作为发展新能源市场的重要增长点，各地方政府研究并落实蓝天保卫战分年度目标和计划。

⑤加大对新能源汽车市场端及使用端的政策支持。培育新能源汽车消费市场走向成熟，给予新能源汽车牌照、路权方面的优惠政策；继续加大新能源基础设施建设力度，加强新能源推广使用及宣传等。及时拨付中央财政充电基础设施建设运营奖补资金；出台疫情期间专项运营补贴政策指导意见；引导银行等金融机构提供贴息信贷支持充电基础设施企业；加大居民区充电基础设施配建推进力度，打通个人充电设施安装管理障碍；明确充电运营企业同等享受 5% 电价优惠政策。

⑥加大电动物流车推广力度，加强电动快递三轮车的淘汰管理。

（四）进一步释放市场主体活力，为企业减负

①2019 年 8 月 31 日，财政部、税务总局发布了《关于明确部分先进制造业增值税期末留抵退税政策的公告》（财政部 税务总局公告 2019 年第 84 号），应将此政策普惠或将汽车整车制造业并入该政策范围。

②对新能源汽车业务形成的历史留抵给予退税，释放企业资金占用。

③打通汽车金融行业抵扣链条，允许借款利息支出抵扣增值税。

④针对新冠疫情对行业的不利影响，继续在金融支持、援企稳岗、加大投资、稳定居民消费、加快释放新兴消费潜力等方面制定相关鼓励性政策。允许疫情重点区域生产能力临时转移。制定用工保障支持政策，协助企业人员返岗及招聘，并给予一定招工补贴。

⑤在确保物流畅通的前提下，对汽车物流企业提供相应的运费补贴支持。

（五）道路运输车辆达标车型标准实施适当延期

具体建议如下：

①针对《营运货车安全技术条件 第 1 部分：载货汽车》（JT/T1178.1—2018）第三阶段及《营运货车安全技术条件 第 2 部分：牵引车辆与挂车》（JT/T1178.2—2019）第一、第二阶段条款实施，延期至 2020 年 9 月 1 日实施，或允许企业已发布车型 2020 年 9 月 1 日前保持有效（如果疫情持续时间加长，根据实际情况再做进一步调整）。

②针对疫情较重的区域（湖北、广东、浙江、河南等地），在疫情期间豁免营运货车达标车型核查要求，便于物资调运。

③疫情期间认可企业的试验场资源，在企业试验场地进行的试验项目，允许检测机构采取线上指导的方式进行。

2020 年汽车工业经济运行概况

中国汽车工业协会

2020 年，面对错综复杂的国际形势、艰巨繁重的国内改革发展稳定任务，特别是面对新冠疫情的严重冲击，以习近平同志为核心的党中央保持战略定力，准确判断形势，精心谋划部署，果断采取行动，在取得抗击疫情重大战略成果的同时，也迅速恢复了经济活力和动能。汽车行业也经受住了严峻考验，展现出巨大的发展韧性和强大的发展潜力，国家和地方政府一系列鼓励消费政策的相继落地，使市场需求得到快速恢复。二季度之后产销累计降幅不断收窄，全年表现明显好于预期。总体而言，2020 年，汽车工业发展大致呈现以下特点。

一、2020 年汽车工业经济运行情况

（一）汽车产销降幅同比略有下降，市场表现好于预期

1. 汽车产销保持在 2500 万辆以上，降幅低于 2019 年

2020 年年初受新冠疫情影响，汽车市场发展停滞，但是第二季度随着疫情形势得到有效扼制，汽车市场逐步复苏，下半年需求增长更为明显，全年产销增速稳中略降，汽车行业总体表现出了强大的发展韧性和内生动力。

2020 年，汽车销量达到 2531.1 万辆，同比下降 1.9%，降幅比 2019 年收窄 6.3 个百分点。从全年汽车销量月度同比增长变化情况来看，一季度受疫情影响，市场需求明显下降，但 4 月后快速恢复，且同比结束下降，开始稳定增长，其中 5—11 月各月销量同比增长均超过 10%。

值得指出的是，在全球汽车市场低迷、产销呈两位数大幅下降的背景下，中国汽车产业呈现持续向好、稳中有进的发展态势，实属不易。取得如此良好的成绩，一方面得益于国家和地方政府政策扶持和消费激励手段精准有效；另一方面汽车行业作为国民经济中的重要支柱产业，拥有强大的发展动力和抗风险能力。

"十三五"期间，中国汽车工业总体结束了数量型快速增长趋势，向高质量增长方式转换，尽管 2018 年以来增速呈一定下降趋势，但总量依旧保持在 2500 万辆以上规模。与此同时，在电动化、智能化和网联化带动下的新发展格局开始加快形成，行业间跨界融合也不断推进。中国汽车工业不但继续成为引领国内工业发展的主导力量，也正在成为全球汽车工业健康、稳定发展的"压舱石"和"领航者"。

2. 行业主要经济效益指标稳中有升

2020 年，在产销形势不断好转的带动下，行业经济效益主要指标也结束下降趋势，明显回暖。国家统计局公布的数据显示，2020 年，汽车制造业工业增加值同比增长 6.6%，增速比 2019 年同期提升 4.8 个百分点；累计实现营业收入 81557.7 亿元，同比增长 3.4%，比 2019 年净增 711 亿元；实现利润 5093.6 亿元，同比增长 4.0%，结束了 2019 年快速下降趋势。2020 年，汽车类零售总额累计完成 39414 亿元，同比下降 1.8%，占社会消费品零售总额的 10.1%，高于 2019 年 0.6 个百分点。2019—2020 年各月汽车制造业实现利润累计增长趋势见图 1。

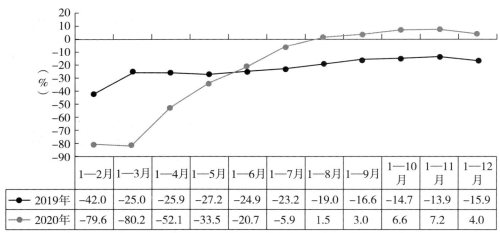

	1—2月	1—3月	1—4月	1—5月	1—6月	1—7月	1—8月	1—9月	1—10月	1—11月	1—12月
2019年	-42.0	-25.0	-25.9	-27.2	-24.9	-23.2	-19.0	-16.6	-14.7	-13.9	-15.9
2020年	-79.6	-80.2	-52.1	-33.5	-20.7	-5.9	1.5	3.0	6.6	7.2	4.0

图 1　2019—2020 年各月汽车制造业实现利润累计增长趋势

（二）乘用车产销降幅略高于行业总体，中高端品种表现突出

1. 销量保持 2000 万辆以上规模，豪华品牌以及纯电动乘用车市场表现更为突出

2020 年，乘用车市场总体表现好于预期，主要原因包括：在国家和地方一系列刺激消费政策激励下，市场需求总体保持不断回暖态势；疫情促进私家车需求增长；高收入人群及家庭受疫情冲击影响有限，在换购需求升级的带动下，中高端尤其是豪华车增长明显，成为引领市场复苏的主要动力。同时，乘用车产品以及企业也在与时俱进，随着"90 后"新一线消费者崛起，强烈的个性化需求及自我表达促进了"国潮跨界"及智能化、网联化乘用车市场的普及；企业换标也在很大程度上提升了品牌形象和整体性能，多数企业积极制定一些适应政策变化的新营销策略和商业模式，并进一步加大了对于区域市场和政策的研究，在努力开发更多适销对路产品的基础上，不断提升营销网络能力，完善体系建设，加快布局建设实施。

2020 年，乘用车销售 2017.8 万辆，同比下降 6.0%，降幅比 2019 年收窄 3.6 个百分点。从全年乘用车销量月度同比增长变化情况来看，一季度各月销量同比明显下降，4 月降幅大幅收窄，5 月以后各月同比均呈增长趋势（见图 2）。

2020 年，1.6 升及以下小排量乘用车品种共销售 1282.4 万辆，同比下降 11.2%，占乘用车销售总量的 63.6%，占比低于 2019 年 3.6 个百分点。1.6 升<排量≤ 2.0 升市场表现较为出色，共销售 582.9 万辆，同比增长 3.7%，占乘用车销售总量的 28.9%，比 2019 年提升 2.7 个百分点。2020 年乘用车分排量细分品种月度销量同比增长变化情况见图 3。

近年来，乘用车市场需求总体有所下降，但从细分品种来看，豪华车表现总体好于大市。尤其是在 2020 年疫情冲击和政策刺激市场需求的情况下，一定程度上加快了乘用车产品升级步伐，因而豪华品牌乘用车增长十分明显。2020 年，豪华品牌乘用车共销售 284.9 万辆，同比增长 18.5%，占乘用车销售总量的 14.1%，高于 2019 年 2.9 个百分点。

此外，纯电动乘用车市场表现也较为突出，尤其是

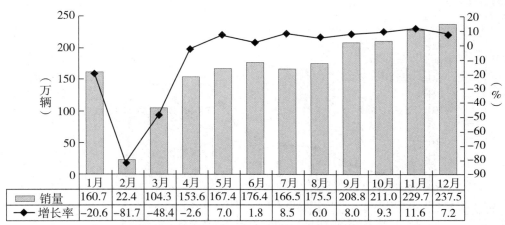

	1月	2月	3月	4月	5月	6月	7月	8月	9月	10月	11月	12月
销量	160.7	22.4	104.3	153.6	167.4	176.4	166.5	175.5	208.8	211.0	229.7	237.5
增长率	-20.6	-81.7	-48.4	-2.6	7.0	1.8	8.5	6.0	8.0	9.3	11.6	7.2

图 2　2020 年乘用车月度销量及同比增长变化情况

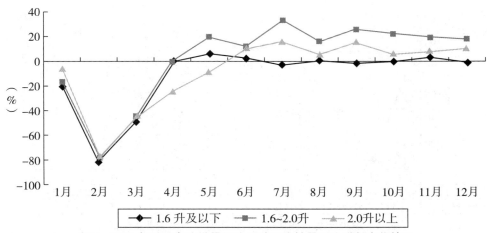

— 1.6 升及以下　— 1.6~2.0 升　— 2.0 升以上

图 3　2020 年乘用车分排量细分品种月度销量同比增长变化情况

下半年，纯电动乘用车更是集中发力，月度销量结束了上半年下降趋势，开始快速增长，其中9月后月度同比增长更是超过70%，市场呈"井喷"式增长（见图4）。2020年，纯电动乘用车销量接近100万辆，同比增长16.1%，占乘用车销售总量的5.0%，高于2019年1.0个百分点。

从乘用车市场发展趋势来看，未来乘用车依然会占据汽车市场需求主导地位。在电动化、智能化以及网联化技术加快升级驱动下，市场对企业研发以及生产制造能力都提出了更新和更高的要求。因而品牌分化现象将更加明显，强势品牌会凭借多年口碑和技术实力继续挤压弱势品牌。未来产品转型升级或许不再简单地以技术升级来驱动，更重要的是要不断洞察客户的需求变化，增强客户的参与感，所以企业最重要的还是全面提升自身品牌价值和内涵，才有可能成为乘用车市场的"王者"。

2. 四大类乘用车品种市场表现不一，SUV和交叉型乘用车市场表现较为出色

2020年，基本型乘用车（轿车）共销售927.5万辆，同比下降9.9%。2020年基本型乘用车月度销量及同比增长变化情况见图5。

运动型多用途乘用车市场表现总体好于其他乘用车品种，不仅增长率先结束下降，且总量也超过轿车，共销售946.1万辆，同比增长0.7%。从SUV月度销量同比增长变化趋势来看，前3个月销量均同比较快下降，4月后同比开始增长，其中5—7月以及9—12月各月增长均超过10%，增速明显高于轿车（见图6）。

2020年，SUV市场竞争十分激烈。受消费升级拉动，15万元以上中高端市场需求增长较为明显。据统计，2.0升及以下各系列SUV品种销量同比略有增长，而2.0~3.0升各系列品种则呈快速增长势头。其中2.0升<排量≤2.5升系列共销售17.0万辆，同比增长15.8%；2.5升<排量≤3.0升系列共销售8.4万辆，同比增长37.4%；2.0升及以下品种依然占据最大比重，共销售896.4万辆，同比增长0.8%。

2020年，多功能乘用车市场依然延续了低迷走势，共销售105.4万辆，同比下降23.8%，降幅高于乘用车行业17.8个百分点，高于2019年3.6个百分点。从MPV月度销量同比增长变化情况来看，只有8月和11月销量同比小幅增长，其他各月均呈下降趋势（见图7）。

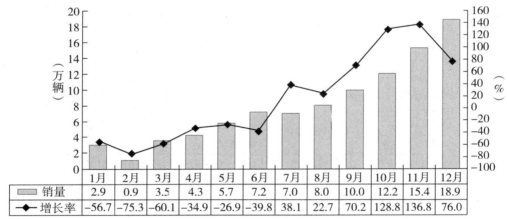

	1月	2月	3月	4月	5月	6月	7月	8月	9月	10月	11月	12月
销量	2.9	0.9	3.5	4.3	5.7	7.2	7.0	8.0	10.0	12.2	15.4	18.9
增长率	-56.7	-75.3	-60.1	-34.9	-26.9	-39.8	38.1	22.7	70.2	128.8	136.8	76.0

图4　2020年纯电动乘用车月度销量及同比增长变化情况

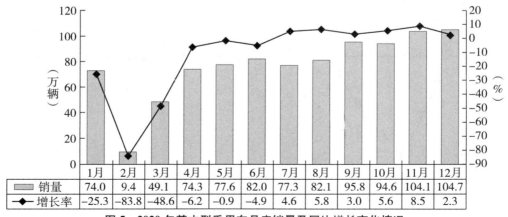

	1月	2月	3月	4月	5月	6月	7月	8月	9月	10月	11月	12月
销量	74.0	9.4	49.1	74.3	77.6	82.0	77.3	82.1	95.8	94.6	104.1	104.7
增长率	-25.3	-83.8	-48.6	-6.2	-0.9	-4.9	4.6	5.8	3.0	5.6	8.5	2.3

图5　2020年基本型乘用车月度销量及同比增长变化情况

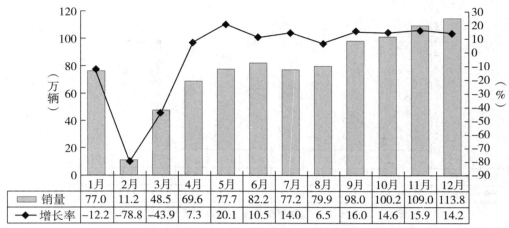

	1月	2月	3月	4月	5月	6月	7月	8月	9月	10月	11月	12月
销量	77.0	11.2	48.5	69.6	77.7	82.2	77.2	79.9	98.0	100.2	109.0	113.8
增长率	-12.2	-78.8	-43.9	7.3	20.1	10.5	14.0	6.5	16.0	14.6	15.9	14.2

图6　2020年运动型多用途乘用车月度销量及同比增长变化情况

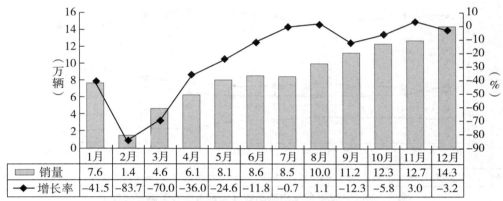

	1月	2月	3月	4月	5月	6月	7月	8月	9月	10月	11月	12月
销量	7.6	1.4	4.6	6.1	8.1	8.6	8.5	10.0	11.2	12.3	12.7	14.3
增长率	-41.5	-83.7	-70.0	-36.0	-24.6	-11.8	-0.7	1.1	-12.3	-5.8	3.0	-3.2

图7　2020年多功能乘用车月度销量及同比增长变化情况

MPV作为乘用车的"小众市场"，近年来，市场表现并不尽如人意，最主要的原因是SUV市场需求迅速上升，以及轿车产品不断改善升级，对于MPV市场造成了很大的冲击；另一个主要原因是MPV产品自身具有局限性，无论是产品定位还是市场格局，多年来都没有取得实质性的突破，这就造成MPV市场需求日益萎缩，并日益"边缘化"。未来企业除在品牌影响力上加大投入之外，更重要的是根据市场的变化及时调整产品策略，创新并有所创造，推出跨界新产品。

2020年，交叉型乘用车共销售38.8万辆，同比下降2.9%，降幅比2019年收窄8.8个百分点，已经连续三年呈收窄态势。从交叉型乘用车全年月度销量同比增长变化来看，一季度受疫情影响下降明显，4月降幅开始明显收窄，5月后市场开始快速恢复，除7月增速略低、12月略有下降外，其他各月销量同比均呈两位数较快增长，在乘用车市场中表现突出（见图8）。多年来，交叉型乘用车市场主要还是面向农村。当前，汽车产品在农村尚未全面普及，仍有较大消费潜力，因而应努力打造好适合农村的汽车产品，扩大农村消费，提升农村汽车普及率。

3. 中国品牌乘用车市场份额有所下降

近些年，消费主力年轻化和消费升级的碰撞，为品牌重塑提供了方向。其中合资品牌价格下探，在挤压中国品牌市场份额的同时，也促进了中国品牌企业产品的全面升级。尤其是进入后疫情时代，中国品牌面临更大的压力，其中一些弱势企业已经面临生存危机。总体来看，尽管中国品牌乘用车市场份额比2019年有所下降，但头部企业以及品牌竞争力较强的产品依然得到了消费者的认可和追捧。

2020年，中国品牌乘用车共销售774.9万辆，同比下降8.1%，降幅比2019年收窄7.7个百分点，占乘用车销售总量的38.4%，占有率比2019年下降0.9个百分点。外国品牌乘用车共销售1242.9万辆，同比下降4.7%，占乘用车销售总量的61.6%。其中：德系、日系、美系、韩系和法系品牌乘用车分别销售483.1万辆、465.9万辆、194.3万辆、69.9万辆和5.2万辆，分别占乘用车销售总量的23.9%、23.1%、9.6%、3.5%和0.3%。与2019年相比，日系和美系品牌销量小幅增长，德系降幅略低，其他品牌均出现明显下降（见图9）。

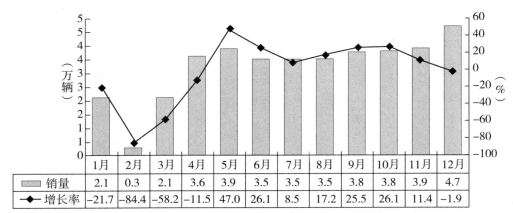

	1月	2月	3月	4月	5月	6月	7月	8月	9月	10月	11月	12月
销量	2.1	0.3	2.1	3.6	3.9	3.5	3.5	3.5	3.8	3.8	3.9	4.7
增长率	-21.7	-84.4	-58.2	-11.5	47.0	26.1	8.5	17.2	25.5	26.1	11.4	-1.9

图8 2020年交叉型乘用车月度销量及同比增长变化情况

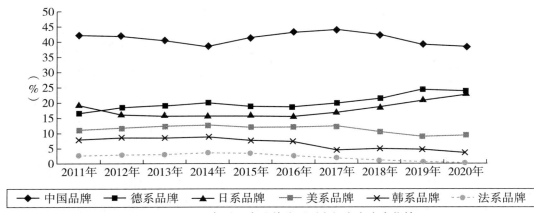

图9 2011—2020年乘用车品牌分国别市场占有率变化情况

（三）商用车同比增长明显，货车表现最为突出

1. 商用车销量超过500万辆，为历年最高

在宏观经济回暖，特别是"两新一重"投资加快影响下，货车市场供需两旺，带动商用车产销快速增长。2020年，商用车产销均首次超过500万辆，达到历史新高，其中销量累计513.3万辆，同比增长18.7%。从商用车月度销售情况来看，一季度销量同比有所下降，4—11月各月同比均呈两位数较快增长，带动全年产销快速增长。

从商用车按燃料类型细分品种销售情况来看，天然气车表现依然出色，共销售14.0万辆，同比增长59.6%，增速比2019年提升21.4个百分点。柴油汽车销量接近350万辆，共销售348.1万辆，同比增长22.8%，结束2019年下降趋势；汽油车总体保持较快增长，共销售139.9万辆，同比增长11.3%。相较而言，新能源商用车表现不佳，共销售12.1万辆，同比下降17.2%。其中，纯电动商用车共销售11.6万辆，同比下降16.3%，降幅比2019年有所减缓。

当前商用车市场细分程度越来越高，不同细分市场对车辆的不同需求使得"场景定制化"成为必然趋势。

未来商用车行业也将全面进入以精细化竞争为主的淘汰赛时代，企业需在更高层面、更多维度展开竞争。2020年已经全面取消商用车外资股比例限制，外资商用车品牌加速在中国高端市场布局，国内竞争呈现出明显的国际化趋势。开放的产业政策促进外资品牌加大对中国市场的投入，行业将加快整合，预计未来中外品牌同台竞争将更加激烈。

2. 货车产销创历史新高，重型货车增长贡献度最高

高速路收费标准的改变和老旧车淘汰政策所带来的需求红利以及治超常态化，为中重型货车销量增长带来了实质性的利好；此外，城市物流业的快速发展，以及电商、快递进农村，对于轻货和微货销量增长也有很强的带动作用。因而，2020年货车市场火热，销售达到468.5万辆，同比增长21.7%。从货车月度销量同比增长变化情况来看，一季度呈一定下降趋势，4月后全面恢复增长，除12月低于5%外，其他各月增速均超过20%，其中5—9月增速均超过40%。

在货车主要品种中，重型货车销量达到161.9万辆，同比增长37.9%，增速比2019年提升35.6个百分点。在重型货车中，半挂牵引车表现依然出色，销量达到83.5万辆，同比增长47.8%，增速比2019年提升30.9个百分点，占货车销售总量的 17.8%，比 2019 年提升 3.1 个百分点。中型货车结束 2019 年下降趋势，实现较快增长，销量达到 15.9 万辆，同比增长 14.2%。轻型和微型货车产销表现也好于 2019 年，其中轻型货车销量达到 219.9 万辆，同比增长 16.8%；微型货车共销售 70.8 万辆，同比增长 8.4%，两者增速均比 2019 年有所提升。

2020 年政策拉动对货车市场增长的促进作用十分明显，但随着政策刺激的减弱，货车增速在四季度已经有所放缓。预计未来政策走向将以促进产品升级、技术升级、排放升级、模式升级为主，同时随着国四排放标准限行以及治超治限等逐步形成常态化实施机制，对货车市场增长将会形成一定支撑。其中，环保法规升级加快，将促进企业产品技术升级和商品提前布局；货运组织效率提升，物流降本增效，对车辆也提出更高要求；大数据、智能网联、5G 等促进物流生态构建，更会促进货车市场应用潜力进一步释放，为市场发展提供新动能。

3. 客车产销呈小幅下降趋势

尽管面对较大的困难，客车行业产销与 2019 年相比未出现明显波动，总体继续保持小幅下降趋势。2020 年，客车（含客车非完整车辆）共销售 44.8 万辆，同比下降 5.6%，降幅比 2019 年略有扩大。在客车主要品种中，大型和中型客车产销降幅均比 2019 年明显扩大，轻型客车结束 2019 年下降趋势，开始小幅增长。从月度客车销量同比增长情况来看，9 月和 10 月销量同比增长较为明显，5 月增速略低，其他各月均呈下降趋势，表现明显不如货车。

2020 年，新能源客车市场总体表现不如传统燃料汽车，共销售 7.9 万辆，同比下降 18.9%。在补贴退坡之后，新能源客车市场表现一直较为低迷，新能源客车生产企业的生存也面临着巨大挑战。一方面补贴款推迟到账，给企业资金链带来了较大压力；另一方面技术和安全性能的提升，使新能源客车企业需要不断突破技术瓶颈，推出符合市场要求的车辆。双重压力的掣肘进一步加速了新能源客车行业的洗牌。

预计短期内，客车市场依旧不会明显回暖，而未来制约客车市场增长的主要因素也难以改变，诸如高铁、私家车、共享出行等多元化交通方式的发展对客车的长期影响仍然在持续。为此，客车企业还要做好应对市场长期变化的准备。但是，新能源客车仍有较大的发展潜力，其中氢燃料电池汽车或将成为新能源客车市场新的增长点。总体来看，新能源客车市场潜力仍将有进一步挖掘与开拓的可能，除在城市公交领域继续拓展外，从现有技术能力来看，还可以向乡村客运、接驳运输等领域延伸。如果国家和地方政府相关支持政策能够做深、做细、做到位，对新能源客车企业开拓农村市场将有明显的促进作用。

4. 皮卡车产销呈小幅增长趋势

中国汽车工业协会统计的皮卡车企业数据显示，2020 年，皮卡车共销售 49.1 万辆，同比增长 8.6%，结束了 2019 年下降趋势。从月度皮卡车销量同比增长变化情况来看，1—4 月销量同比有所下降，5 月后市场呈快速恢复态势，其中 6—9 月销量同比增长均超过 30%，10 月后增速有所放缓，但也保持在 10% 以上。

和货车市场走势大致相当，皮卡车在年初受新冠疫情影响，销量也呈明显下降趋势，但随着疫情得到有效控制，经济增长较快恢复，消费活力显著增强，皮卡车市场开始呈现产销两旺的势头。特别是在一些低线城市和农村地区，皮卡车优势更为明显。

分燃料类型情况看，柴油车表现更为出色，共销售 36.6 万辆，同比增长 13.0%，结束了 2019 年快速下降趋势。汽油车同比结束增长，呈小幅下降趋势，销量达到 12.3 万辆，同比下降 3.4%，市场表现总体不如柴油车品种。

预计随着国内试点地区的进一步有序推进，特别是低线城市和农村地区市场的持续恢复，皮卡车需求有望继续保持稳定增长趋势。但是也应该看到，环保法规的不断加严，给皮卡车未来市场带来比较严峻的挑战，因此，皮卡车生产企业应该密切关注环保法规的变化，及时调整产品策略，同时还要努力开发更为节能和环保的新产品，促进皮卡车市场更加健康和高质量发展。

（四）新能源汽车产销均有所增长，四季度市场表现更为突出

2020 年，在拉动汽车消费的救市行动中，国家和地方都把新能源汽车作为推动汽车消费复苏的重点，给予大力度的刺激。与此同时，新能源汽车生产企业适时推出更切合市场需求的新产品，也在很大程度上促进了需求增长。此外，7 月开始的"新能源汽车下乡"活动也起到了很好的市场拉动作用。受此影响，新能源汽车产销总体结束下降趋势，开始恢复性增长，累计销量达到 136.7 万辆，同比增长 10.9%，占汽车销售总量的 5.4%，与 2019 年相比，提升 0.6 个百分点（见图 10）。其中纯电动汽车销售 111.5 万辆，同比增长 11.6%；插电式混合动力汽车销售 25.1 万辆，同比增长 8.4%。

尽管企业和地方政府投资力度持续加大，以氢能源为主的燃料电池汽车市场表现却不如 2019 年。2020 年，燃料电池汽车销量仅为 1182 辆，同比下降 56.8%。

从新能源汽车月度销售情况来看（见图 11），上半年销量总体呈现下滑态势，但进入下半年，市场需求明显增长，尤其是 10 月和 11 月同比增长率均超过 100%，表现出明显的复苏势头，迅速带动了新能源汽车市场总体走出"阴霾"，相较传统燃料汽车市场，率先恢复增长。新能源汽车表现较好的原因主要有以下几点：一是多年来对新能源汽车整个产业链的培育，促使各个环节供应链逐步走向成熟；二是在政府部门相关政策可预期的情况下，消费者对新能源汽车接受度提高，整个新能源汽车市场在逐步成熟；三是行业内骨干企业通过创新研发和生产准备，能逐步提供丰富和多元化的新能源汽车产品来满足市场需求；四是新能源汽车的使用环境也

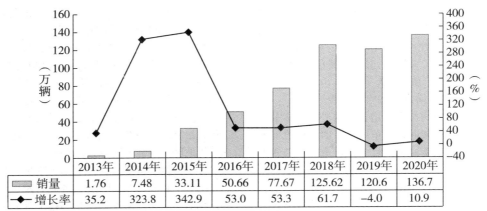

图 10　2013—2020 年新能源汽车销量及同比增长变化情况

	2013年	2014年	2015年	2016年	2017年	2018年	2019年	2020年
销量	1.76	7.48	33.11	50.66	77.67	125.62	120.6	136.7
增长率	35.2	323.8	342.9	53.0	53.3	61.7	-4.0	10.9

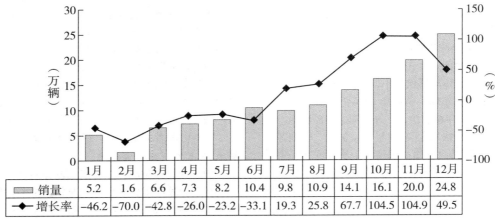

图 11　2020 年新能源汽车月度销量及同比增长变化情况

	1月	2月	3月	4月	5月	6月	7月	8月	9月	10月	11月	12月
销量	5.2	1.6	6.6	7.3	8.2	10.4	9.8	10.9	14.1	16.1	20.0	24.8
增长率	-46.2	-70.0	-42.8	-26.0	-23.2	-33.1	19.3	25.8	67.7	104.5	104.9	49.5

在逐步优化和改进。

"十三五"时期，中国新能源汽车产业快速发展，逐步成长为世界新能源汽车领域的创新高地。其中，新能源汽车产销自 2015 年以来一直位居全球第一，累计推广约 500 万辆，占全球的 50% 以上。除此之外，在"十三五"期间，中国新能源汽车企业在电池、电机、电控等核心技术创新方面也取得了可喜成果。动力电池技术水平处于全球领先行列，单体能量密度达 270 瓦时/千克、价格 1.0 元/瓦时，较 2012 年分别提高 2.2 倍、下降 80%。

新能源汽车产品供给质量持续提升，量产车型续驶里程在 500 千米以上。全国已累计建设充电站约 4.3 万座、换电站约 528 座，各类充电桩约 150 万个，并建成了"十纵十横两环"约 4.9 万千米的高速公路快充网络。

从供给端来看，中国新能源汽车车型分布较广，覆盖高中低端，能满足消费市场多元化需求。与此同时，新能源汽车产品质量也在快速提升，据中国质量协会发布的 2020 年新能源汽车用户满意度指数调查结果，新能源汽车连续五年用户满意度都在增长，2020 年评分达到 78 分，燃油车为 79 分，两者已经非常接近。

当然，中国新能源汽车产业仍有一些突出问题亟待解决。一是传统补贴模式退坡造成产业驱动断档，且购置成本较高、使用不便依然制约市场走向成熟；二是动力电池与整车全生命周期成本和价值不同步，亟须通过产融结合新模式，对动力电池的全生命周期成本和价值进行重构优化，从而真正激活动力电池产业链，在解决当前电池成本过高、消费市场疲软等关键难点的同时，也为加速动力电池产业闭环发展、迎接能源革命打下坚实基础。

（五）汽车出口稳中略降

从汽车企业出口表现来看，随着中国对外贸易回稳向好，贸易规模和国际市场份额提升，贸易结构持续优化，降幅也逐步减缓，全年表现明显好于预期。据中国汽车工业协会对行业内整车企业报送的出口数据统计，2020 年，汽车企业共出口 99.5 万辆，同比下降 2.9%。从全年汽车企业出口情况来看，1—8 月，除 3 月出口量同比略有增长外，其他各月降幅均较为明显。9 月后出口形势明显好转，同比也结束下降态势，开始较快增长，其中 10 月起各月出口量均超过 10 万辆，表现更为突出（见图 12）。

2020 年，乘用车出口结束 2019 年下降趋势，开始小幅增长，共出口 76 万辆，同比增长 4.8%。在四大类乘

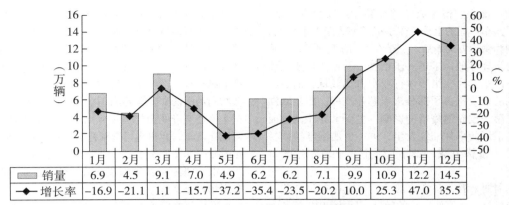

	1月	2月	3月	4月	5月	6月	7月	8月	9月	10月	11月	12月
销量	6.9	4.5	9.1	7.0	4.9	6.2	6.2	7.1	9.9	10.9	12.2	14.5
增长率	-16.9	-21.1	1.1	-15.7	-37.2	-35.4	-23.5	-20.2	10.0	25.3	47.0	35.5

图12　2020年汽车企业月度出口量及同比增长变化情况

用车出口品种中，与2019年相比，运动型多用途乘用车表现最为突出，累计出口超过50万辆，达到53.1万辆，同比增长29.7%，增速比2019年提升27.5个百分点。其他品种均呈下降趋势，其中基本型乘用车（轿车）和多功能乘用车降幅更为明显。与国内市场快速增长形成鲜明对比，商用车出口表现不如2019年，共出口23.5万辆，同比下降21.4%。此外，商用车各细分品种出口表现也较为低迷，五大类细分品种出口量同比均呈较快下降趋势，其中客车、客车非完整车辆以及货车非完整车辆降幅更为明显。在此，特别要值得一提的是，新能源汽车出口表现依然十分出色，延续了2019年高速增长势头。2020年，新能源汽车出口接近7万辆，同比增长89.4%，占汽车出口总量的7.0%，比2019年提升3.4个百分点。其中，纯电动汽车出口4.4万辆，同比增长94.3%；插电式混合动力汽车出口2.6万辆，同比增长81.8%。

海关总署提供的汽车商品进出口数据显示，汽车商品进口表现也明显好于预期，2020年，全国汽车商品累计进出口总额为1668.8亿美元，同比下降5.8%，降幅比2019年有所收窄。其中，进口金额827.4亿美元，同比下降2.0%；出口金额841.4亿美元，同比下降4.9%，降幅均比2019年收窄。

汽车整车共进口93.3万辆，同比下降11.4%，降幅比2019年扩大3.7个百分点；进口金额466.8亿美元，同比下降4.2%，降幅比2019年收窄0.3个百分点。在汽车主要进口品种中，与2019年同期相比，轿车、越野车和小型客车进口量均出现下降，小型客车降幅更快。汽车零部件进口金额353.5亿美元，同比增长0.1%。在汽车零部件主要品种中，与2019年相比，发动机进口金额下降较快，汽车摩托车轮胎略有下降，其他两大类零部件品种呈小幅增长趋势。

汽车整车出口结束2019年增长趋势，开始下降，累计出口108.0万辆，同比下降13.3%；出口金额157.3亿美元，同比下降2.8%。在汽车主要出口品种中，客车、轿车、纯电动机动车（9座及以下）和载货车出口量分列前四位，与2019年相比，客车出口量呈小幅增长趋

势，载货车降幅略低，其他品种均下降较快。汽车零部件出口金额625亿美元，同比下降6.0%。在汽车零部件主要出口品种中，与2019年相比，汽车零件、附件及车身出口金额降幅有所收窄，其他三大类汽车零部件品种依然呈较快下降趋势，且降幅均比2019年有所扩大。

据对"一带一路"沿线国家出口情况统计，2020年，中国出口到"一带一路"沿线国家汽车商品累计金额462.5亿美元，同比下降6.17%，占汽车商品出口总额的55%。其中，出口汽车整车81.1万辆，同比下降14.9%，占出口汽车整车总量的75.1%。

2020年汽车商品进口和出口表现总体好于预期，一方面得益于国家一系列稳外贸举措；另一方面，海外市场逐步恢复也是中国汽车出口反弹的重要因素，尤其东南亚市场的复苏，有力拉动了中国汽车出口的增长，企业对欧洲市场的开拓，中欧班列发车量的大幅增长，对于出口拉动也起到了积极的推动作用。

从近十年汽车企业出口数据来看，汽车企业出口形势总体保持稳定，其中在"十三五"期间，累计出口达到465.9万辆，年均出口超过90万辆，占汽车总销量比重维持在4%左右。与此同时，出口地区也呈现多样化，由非洲、东南亚和中东地区，逐步向欧洲、美国和日本等发达国家和地区拓展。预计随着汽车企业产品技术水平的不断提升，以及全球经济逐步企稳向好，汽车企业出口会继续呈现稳中向好势头。

二、汽车行业运行存在的主要

（一）受国外疫情蔓延影响，汽车芯片供应链出现供应短缺

据中国汽车工业协会调研，部分企业出现芯片供应短缺，主要原因归纳如下：一是近年来，全球半导体行业产能投资相对保守，供需不平衡问题在疫情前已经有所表现。疫情又加重了产能投资的谨慎程度，2020年上半年半导体行业对汽车市场预测偏于保守，下半年汽车市场恢复远超半导体行业预期。芯片生产制造及运输周期在3~6个月或者更长，全球汽车半导体产能提高还需要一定时间周期。二是汽车半导体芯片生产使用的原材料多为8英寸晶圆片，半导体行业的投资主要集中在更

先进制程的产能上，传统成熟的 8 英寸产线投资不足，由此抑制了汽车产能的上涨，需求成长率大于产能增速，造成需求侧和供给方的矛盾。三是在 5G 的推动下，消费电子领域对半导体的需求进一步增加，半导体行业整体产能不足。汽车芯片在半导体行业中占比较低，消费电子芯片市场的增长抢占了部分汽车芯片产能。四是欧洲和东南亚受第二波新冠疫情的影响，主要半导体供应商降低或关停工厂的事件陆续发生，进一步加剧半导体供应不足，芯片价格上涨，部分下游企业出现芯片断供风险。

从影响周期来看，自疫情暴发后一直存在包括芯片在内的上游材料、元器件短缺的问题。因为 2019 年各国疫情控制和经济恢复不同步，上半年中国疫情先得到控制，全球资源倾向国内，因此芯片短缺影响并不明显。到 2019 年年底，汽车、消费电子市场开始全球性恢复，短缺矛盾凸显。

（二）汽车企业生产经营压力依然较大

当前，虽然汽车行业恢复态势良好，但是企业生产经营的压力仍然比较大，主要困难包括两方面。一是生产成本提高，具体表现在生产原料方面。受疫情的影响，大宗材料价格上涨，进而引发企业生产成本上升。具体包括铝材、钢材、塑料、橡胶、贵金属等，其中钢板材料大幅上涨。汽车用钢材市场涨价重灾区主要体现在铸锻件上，包括：①铸铁件（主要原材料生铁）：球铁（轮毂、减速器壳体、桥壳、整车球铁支架），灰铁（变速箱壳体、变速箱端盖）；②锻件（主要原材料优钢）：轴头、半轴、前轴毛坯；③钢车轮（原材料车轮钢）。二是动力电池主要原材料价格上涨也较为明显。从需求来看，2020 年新能源汽车市场从下半年开始持续好于预期，从而带动了上游原材料企业的扩产。从供给来看，金属锂、钴的矿场主要分布在国外，且国内相关矿场开出的矿石（主要以锂矿为主）质量相对较差，经过后期提纯加工出来的成品也较难满足动力电池应用要求。但受 2020 年以来疫情的影响，国外矿场开工、运输均受阻，因此出现了供应短缺的问题。金属镍的矿场主要服务于不锈钢行业，因此对于车用镍的供应也相对不足。从行业发展趋势来看，伴随汽车产业转型升级，市场已经呈现"洗牌"的趋势，缺乏核心竞争力的整车企业加速优胜劣汰，部分整车企业倒闭，导致零部件供应商不能及时回笼其所欠的大量款项，一旦出现资金问题，零部件企业的产生将受到影响。

（三）新能源汽车补贴政策及市场推广等有关问题仍需改善

1. 受新冠疫情影响，运营车辆更加难以达到 2 年 2 万千米补贴要求

根据现行补贴政策及清算要求，从 2019 年开始，对有运营里程要求的新能源汽车，从注册登记日起 2 年内运行不满足 2 万千米的不予补助。但当前大批量对公领域车辆都难以达到 2 年 2 万千米的要求。2020 年，受新冠疫情影响，很多城市阶段性叫停出租车/网约车运营，未叫停运营的城市也加强防控，导致出租车/网约车运营等对公领域车辆运营效率极大下降；同时社会出行需求减少，以及人员流动限制带来的"司机荒"，导致全国范围的出租车、网约车运行效率大幅降低。部分出租车和多数网约车的非正常运营时长至少在半年以上，分时租赁车辆甚至可能会停运一年以上。整车企业在售车时不可能让购车大客户垫付全额补贴，所以客户原因造成的 2 年时限未达 2 万千米，一般全部都由整车企业承担损失。

2. 申报补贴实车抽查环节，整车企业难以协调在用车到场接受检查

在申报补贴现场实车抽查环节中，实车抽查比例较高且指定车架号，单一车型到场率直接影响因素较多，且企业面临以下几个问题：一是私人客户拒不配合；二是运营单位借此实车抽查环节索取高额的车辆租赁费用；三是私人车辆和运营车辆未在注册地行驶或运营，需物流运输回注册地进行实车抽查，这将产生高额物流运输费用，且耗费企业人力、财力；四是企业在寻找客户过程中，需要支付一定的客户关怀费用，导致成本再次增加；五是有些卖到监狱、警察局等对公执法车辆根本无法协调车辆到检测现场，有些车辆在工作时间及夜间均不允许离开政府大院，亦无法协调调集。

3. "车电分离"模式推广仍存在制度问题

纯电动车和燃油车动力系统成本差 3 万~5 万元甚至更高，这就导致市场对新能源汽车的接受度仍然较低，其中新能源汽车动力系统成本过高是新能源汽车成本高的重要原因。"车电分离"模式通过整车和电池的资产分离，降低消费者首次购置成本，有利于新能源汽车市场化发展。但非换电式车型整车和电池资产分开开具发票的问题，影响了"车电分离"模式的推广。

三、政策建议

（一）继续扩大内需，促进汽车消费

全面促进消费是"构建以国内大循环为主、国内国际双循环相互促进的新发展格局"的着力点，因此要加大力度扩大内需、促进汽车消费。

1. 解绑增量限制

因城施策，调整优化各地限购政策，通过中心郊区差异化、家庭个人差异化等具体措施，逐步解禁或增加城市小客车指标供给；促进农村车辆消费升级，通过鼓励三轮车报废、实施购买小排量乘用车资金补贴等措施，促进农村市场需求释放。

2. 畅通、加快存量循环

推动低排放标准，或近报废车辆以旧换新，对消费者换购国六排放标准汽车给予购置税优惠或资金补助；全面加快流通机制改革，完善市场、规范信息、优化流程，促进二手车行业健康发展。

3. 加大消费支持

强化汽车金融支持，加大对汽车个人消费信贷的专项资金支持力度，在首付比例、贴息支持、还款期限等

方面给予全方位支持；保持税收优惠政策，在免征新能源汽车购置税基础上，研究制定燃油车购置税减免优惠政策。

（二）推动汽车芯片行业健康发展

①短期内，政府、行业协会应当通过多方面渠道平抑芯片价格，组织半导体行业开展自律，稳定市场环境，杜绝囤货居奇、恶性竞价、抢夺资源等现象发生。

②部分新媒体基于商业利益，制造噱头，吸引受众眼球，发布一些不实言论，扰乱汽车芯片市场秩序，加剧市场恐慌。政府应积极引导社会舆论朝正确方向发展，消除误解。

③加强汽车、芯片行业间的沟通交流、信息互通，建立协同发展机制，联合攻关"卡脖子"技术，推动产业链自主可控。受一个相关行业影响，全球汽车市场出现波动，以前没有出现过，因此要重新认识产业间协同发展的重要性。

④车规级芯片认证主要依据由美国汽车电子协会提出的 AEC-Q 认证标准，其认证周期长、费用高昂，应当适时建立国内车规级芯片标准体系。

⑤大力支持汽车产业"去空芯化"。建议支持国内半导体行业布局自主车规级芯片（如电子控制单元、功率半导体等）设计、生产、封装、测试等环节，从政策、财税、保险方面鼓励自主车规级芯片的配套应用。

（三）推动动力电池原材料行业健康发展

①从国家层面积极关注原材料价格上涨的动向，并通过相应行政手段控制不合理涨价或借机"哄抬物价"等扰乱市场行为。

②政府行业企业统筹规划，提早布局，降低供应链风险。

③从国家层面积极促进相关金属矿石的进口。

④鼓励企业加大研发投入以提升电池材料性能，实现技术突破。加大低钴甚至无钴等材料的开发投入力度，从技术源头降低稀缺资源的消耗。

⑤重视资源循环再生，提高利用效率。建议起草并制定《动力电池生产者责任延伸制度实施方案》，推动动力电池回收利用责任向产业链前端延伸。

（四）保障钢材价格稳定

政府主管部门针对钢材等工业基础原材料，出台价格监管政策，特别是在国家层面对原材料价格加强监管，避免某些原材料价格在短期内暴涨，影响企业稳定运行。

（五）着力为企业减负

2020 年颁布的阶段性纾困惠企政策应继续延长并加大力度，尤其是社保费率应进一步下调，尤其对 2019 年受疫情影响较大的中小汽车企业和民营企业（主要是汽车零部件企业）应给予一定政策倾斜，保障稳定就业。具体建议如下：

①增加增值税留抵退税政策，将存量留抵额退税，以缓解企业资金压力；允许研发费用在企业所得税季度预缴环节加计扣除；适当放宽增值税留抵退税的要求，

如允许制造业企业贷款利息的增值税进项税额抵扣。

②实施财政社保减免、缓缴住房公积金、稳岗补贴（新招员工就业补助、在校学生顶岗实习补助）、技能提升补贴（线上职业培训补助）等优惠政策。

③出台量化宽松的货币政策，如继续实施疫情专项贷款（复工复产专项贷款以及中长期贷款）贴息等；进一步完善和加大供应链金融业务，通过对整车上下游中小企业与核心整车企业的资信捆绑来提供授信，降低企业金融成本，提升企业抗风险能力。

（六）推动新能源汽车产业高质量发展

①落实对公领域新能源化转型。包括在北京、上海等城市物流运输需求巨大的城市，率先推广使用新能源末端物流配送车辆，替代原有电动三轮车；以及在出租车、网约车等新能源适用场景，鼓励换电模式推广，促进新能源化替代。

②加大配套设施及使用端优惠支持力度。推进新型基础设施建设，加快对私、对公新能源充电桩车位配置及充换电站建设；通过放开城市通行路权、减免新能源汽车路桥通行费、停车费等措施，给予新能源汽车更大使用端便利。

③加快推进新能源汽车流通循环。通过健全新能源二手车价值评估标准体系、完善市场交易平台，推动新能源二手车交易发展；加快完善老旧电池退出、电池回收利用等相关法规标准，强化动力电池回收利用的规范化管理。

④加快换电模式新基建的推进步伐，强化新能源汽车消费引导支持。在换电技术与模式方面，从用地保障、换电建设审批、换电站入网等领域给予企业便利性支持；推动建立换电统一标准，鼓励汽车销售企业与金融机构共同研究推出"电池租赁"的购车金融方案，实现换电、保养、保险全流程保障。适当提高对"车电分离"充换电站基础建设补贴标准，对车电分离充换电站给予运营补贴。对达到一定规模、合规化运营"车电分离"新能源网约车的平台，按平台每辆车服务里程进行补贴等。

（七）推动智能网联汽车产业示范落地

智能网联汽车产业已经进入从培育到快速发展的关键过渡期，在产业侧、需求侧都具有巨大增长空间，需给予更大支持力度。

1. 加快智能网联新基建投入和建设

持续加大对智能网联新基建的投入和支持，部署智能路网试点改造工程，规划建设具备路网感知能力的联网设施，包括 C-V2X、路测单元等，推动智慧道路和智慧城市建设。

2. 扩大智能网联测试运营场景开放范围

依托现有高级别自动驾驶示范区及重点项目，给予运营车辆在示范区及周边范围更多路测牌照与行驶路权；同时，进一步增加开放道路测试区域和里程，通过实践和数据积累，推动智能网联汽车产业迭代发展。

（八）推进核心零部件的自主研发及国产化，不断完善产业链

一是大力引导整车企业为自主零部件企业提供同步开发与产品试错机会，营造争当扶持自主产业发展先锋的良好氛围等。二是制定中国零部件产业发展战略，补齐产业发展在材料、工艺、元器件、芯片、装备等领域短板。遴选当前和下一步应该重点攻克的关键零部件难题，确定技术路径并有计划地实现突破。三是构建"政产学研用"多主体共生的产业生态圈，开展跨领域跨行业的协同创新，打造产业链集群，形成相对完善的产业链小循环。四是主管部门协助企业收集信息，在危机中寻找附加值大、对补链强链能够起到关键作用的优质标的，探索通过收购或合资合作等方式，提升产业链竞争力。五是对国内零部件行业招商引资给予政策支持，吸引核心技术零部件巨头在华投资建厂，同时推进核心零部件的自主研发及国产化。

（九）统筹推进"走出去"

中国汽车产业"走出去"，将有力推动国内国际双循环格局的建立，《区域全面经济伙伴关系协定》等区域自由贸易协定的签署，也为中国汽车带来"走出去"红利。

①依托当前汽车出口的重点区域、重点产品（商用车等），给予针对性政策支持，包括强化政府间合作、提供专项融资支持、鼓励海外企业联合帮扶，使中国汽车企业当前的出口属地化能力得到进一步提升。

②进一步提升汽车产业出口重要性，在人民币跨境贸易结算、区域免税自由贸易、畅通贸易物流运输等方面，给予更全方位的支持，畅通出口通道，降低出口成本，提升中国汽车产业出口的整体竞争力。

（十）轻卡"大吨小标"问题必须要多层面系统解决

为了从根源上解决轻卡"大吨小标"问题，避免引起社会动荡，行业企业、主管部门应共同研讨解决方案。总体建议：城市物流货车进城标准由 4.5 吨调整至 7.5 吨。

1. 企业层面

企业加强自律，《推荐车型技术参数》制定后，应严格按照制定后参数生产，保证车辆生产一致性，国家市场监督管理局对不符合技术要求的车辆强制召回处理。

2. 政府层面

建议公安部、工业和信息化部等部委联合制定城市物流车进城管理规范性文件，推进 7.5 吨货车进城，并由国务院下发，各地方严格执行；建议交管等部门在车辆上牌、年检环节严格执法，切实做到执法一致性（不同执法人员、不同执法区域、不同车辆产品），同时严查用户使用过程中的超载行为，加大处罚力度；有条件地区应设立非现场执法设备，便于实时监控，对使用过程中的超载行为严格治理，加大处罚力度；工业和信息化部加强"双随机、一公开"检查，加大轻型货车生产一致性检查力度，加强对公告产品准入样车和试验过程的

检查；交通运输部对总质量≤7.5 吨的货车，仍按照一类货车（蓝牌货车）收费，减少用户的使用成本。

（十一）加强汽车强相关产业的统筹规划与支持

物流业与汽车制造业属于强相关产业，应该在发展高端制造产业时，从规划、建设、资金等多个维度，重点在交通、仓储等配套新基建规划、用地需求、物流税收优惠、物流供应链管理人才引进及发展资金等方面，将配套的物流业进行统一协同。

四、2021 年汽车行业市场发展趋势研判及"十四五"展望

（一）2021 年汽车市场发展趋势预测

2021 年，中国宏观经济政策将保持连续性、稳定性、可持续性，国民经济将迎来强劲复苏的大好局面。汽车市场需求也有望结束下降，企稳回升。一方面，中国汽车市场总体来看潜力依然巨大，尤其是低线城市及农村地区的消费潜力还没有充分释放，这方面的消费需求还有待挖掘。随着城乡居民收入差距显著减少，"十四五"开局之后国家会进一步推进共同富裕，进一步激活乡村消费市场需求，这也利好于自主品牌。另一方面，电动化、智能化、网联化、数字化加速推进汽车产业转型升级。其中新能源汽车市场也将从政策驱动向市场驱动转变，尤其是在《新能源汽车产业发展规划（2021—2035年）》的大力推动下，新能源汽车未来将有望迎来持续快速增长。

2020 年 11 月 18 日召开的国务院常务会议提出，鼓励各地调整优化限购措施，增加号牌指标投放；开展新一轮汽车下乡和以旧换新，鼓励有条件的地区对农村居民购买 3.5 吨及以下货车、1.6 升及以下排量乘用车，对居民淘汰国三及以下排放标准汽车并购买新车给予补贴；加强停车场、充电桩等设施建设。这些政策如能落地，将促进 2021 年中国汽车市场的良好发展。但也需要注意，由于 2020 年年底出现的芯片供应紧张问题也将在未来一段时间内对全球汽车生产造成一定影响，进而影响中国汽车产业运行的稳定性。

中国汽车工业协会预计，2021 年汽车市场将有望实现恢复性正增长。其中，汽车销量有望超过 2600 万辆，同比增长 4%；新能源汽车销量有望达到 180 万辆，同比增长 40%。

（二）"十四五"汽车工业发展趋势展望

汽车市场历经了多年的高速增长后，在"十三五"期间迎来了平台调整期，"十四五"期间汽车产业随着转型升级的不断深化，将全面进入高质量发展的新阶段。基于中国宏观经济稳中向好的发展态势和产业发展的客观规律综合判断：未来几年中国汽车产业将持续发展，市场稳定增长依然是长期不变的趋势。具体而言，在"十四五"期间汽车工业总体将呈现以下发展趋势：

1. 消费变革及技术革命重新定义汽车

主要表现在：①汽车产品将被重新定义；②产业生

态将被重新构建；③传统营销模式将发生改变；④汽车制造方式将进行拓展。

2. 中国品牌持续向上，机会大于挑战

主要表现在：①差异化发展将是中国品牌实现向上突破的重要途径；②新能源汽车快速发展为中国品牌向上提供机会；③全球化发展是企业做大做强的必经之路。

3. 新能源汽车进入发展新阶段，市场化程度不断提升

主要表现在：①政策法规体系逐步健全；②技术创新能力持续提升；③商业模式创新力度不断加大；④充换电基础设施体系逐步完善；⑤新能源汽车产业全面发展。

4. 智能网联汽车为中国汽车发展带来重要机遇

主要表现在：①智能网联汽车的发展将重塑汽车产业链；②信息化技术融合带来新的机会；③汽车由出行工具进化为移动智慧伙伴；④中国标准体系助推智能网联汽车形成发展优势。

5. 掌握核心技术依然是产业链安全可控的关键

主要表现在：①汽车产业链安全风险犹存；②汽车产业链将逐步实现安全可控。

6. 优势互补、跨界融合，成为产业发展新特征

主要表现在：①传统领域优势互补、合作共赢；②新兴领域跨界融合、相互赋能。

7. 产业发展与环保、能源、交通走向融合发展

主要表现在：①产业与环保、能源要求融合发展；②汽车产业与交通融合发展。

8. 治理体系日臻完善，产业政策更加科学

主要表现在：①产业政策调整更加切实；②行业管理改革不断优化。

9. 国家改革不断深化，产业发展走向高质量开放

主要表现在：①高水平开放与深化市场改革互促共进；②深化对外开放、促进产业提质增效。

2021年汽车工业经济运行概况

中国汽车工业协会

2021年，在"两个百年"历史交会期，以习近平同志为核心的党中央科学统筹疫情防控和经济社会发展，积极应对各种严峻挑战，国民经济持续恢复发展，主要宏观指标总体处于合理区间，质量效益稳步提升。汽车行业同样经历了严峻的考验，面对芯片短缺、原材料价格持续高涨等不利因素，全行业迎难而上，主动作为，全年汽车产销呈现稳中有增发展态势，展现出强大的发展韧性和发展动力。新能源汽车成为最大亮点，已经从以前的政策驱动全面进入市场化驱动新阶段，呈现出市场规模、发展质量"双提升"的良好发展局面，为"十四五"汽车产业高质量发展打下了坚实的基础。

一、2021年汽车工业经济运行分析

（一）汽车产销稳中略增

1. 汽车产销超过2600万辆，继续稳居全球第一

据中国汽车工业协会统计，2021年，汽车产销分别达到2608.2万辆和2627.5万辆，比2020年分别增长3.4%和3.8%，结束了自2018年以来的连续下降。从全年汽车销量变化情况来看，一季度汽车市场总体呈现迅猛增长势头，二季度以来在疫情后恢复期的高基数、芯片短缺以及商用车国六排放标准切换的影响下，汽车市场增势逐步减弱，下半年表现明显不如上半年，但四季度表现略好于三季度。

值得一提的是，中国汽车市场表现依然明显好于世界主要汽车生产大国，产销总量连续13年稳居全球第一，中国作为世界第一汽车市场大国的地位没有改变。

2. 行业经济效益主要指标运行稳定

2021年，与产销情况大致相当，汽车行业经济效益主要指标也呈现前高后低走势。影响因素主要包括：一是原材料价格持续高位运行，导致企业成本大幅提高；二是芯片短缺加快了芯片价格高涨；三是企业出口物流费用较高，也相应增加了企业运营成本。

国家统计局公布的数据显示，2021年，汽车制造业工业增加值比2020年增长5.5%；累计完成营业收入86706.2亿元，同比增长6.7%；实现利润5305.7亿元，同比增长1.9%。2021年，汽车类零售总额完成43787亿元，比2020年增长7.6%，占社会消费品零售总额的9.9%，略低于2020年。

（二）乘用车产销表现好于行业总体，中国品牌表现更为出色

1. 乘用车市场竞争越发激烈，消费提质升级趋势不断增强

2021年，中国经济稳定恢复，生产需求持续回升，经济发展总体呈稳中加固、稳中向好态势。年初政府工作报告指出要坚持扩大内需战略，强调形成强大国内市场，构建新发展格局，要把实施扩大内需战略同深化供给侧结构性改革有机结合起来，以创新驱动、高质量供给引领和创造新需求。此外，对于支持汽车消费，政府工作报告中同样给予明确的表述：稳定增加汽车、家电等大宗消费，取消对二手车交易不合理限制，增加停车场、充电桩、换电站等设施，加快建设动力电池回收利用体系。这对于全面畅通汽车产业内循环，促进汽车产业全生命周期的规范化管理，营造更加完善的消费环境都起到了良好的推动作用。特别是一系列国家和地方相关配套支持政策的落地，对汽车产业健康稳定发展尤其是促进乘用车市场需求稳定增长提供了强有力的保障。

与此同时，随着中国宏观经济系统性恢复、居民收入水平提高及汽车消费者对品牌、品质、服务等汽车附加属性关注程度加深，供需两端共同作用下消费升级趋势愈加明显。首购和换购人群购置高档车型比例不断增加，中国乘用车市场的消费结构越来越显著地体现出向高端化发展的特征。"Z世代""她经济""城市新中产""小镇青年"等新消费群体的不断壮大，加快了乘用车市场转型升级趋势。

2021年，乘用车产销分别为2140.8万辆和2148.2万辆，比2020年分别增长7.1%和6.5%，结束了自2018年以来连续三年下降的趋势。从全年乘用车销量月度同比增长变化情况来看，一季度各月销量同比快速增长，4月增速明显回落，5月以后各月同比均下降，10月起降幅有所收窄，其中12月当月同比结束下降，开始小幅增长。

尽管受芯片短缺影响，高端品牌乘用车下半年增势减缓，但总体表现依然好于大市，特别是10月后同比结束6月以来下降趋势，率先呈现恢复性增长势头。2021年，高端品牌乘用车销量比2020年增长20.7%，高于行业增速14.2个百分点，占乘用车销量比重比2020年提高1.9个百分点。

中国乘用车市场已经进入结构调整转型升级的关键时期，在新车增量市场、二手车交易存量市场、报废车市场以及汽车后市场方面都有较大的发展空间。此外，宏观经济对乘用车市场的支撑有望继续保持，但也要看到，芯片短缺危机在短时间内仍旧难以缓解，很多主流车企还将面临缺芯片的困难，而由此带来的新车交付周期长、库存紧张、优惠力度减少、减配等风险仍将持续

存在，为此更需要行业形成合力，共同打赢芯片保卫战。

2. 四大类乘用车品种产销表现总体稳定，SUV 和轿车继续稳居市场主导地位

2021 年，从乘用车细分市场表现情况来看，运动型多用途乘用车继 2020 年后产销总量再次超过基本型乘用车（轿车），保持了市场领先地位；基本型乘用车（轿车）在产品升级以及新能源品种旺销促进下呈现稳定增长趋势；多功能乘用车表现也好于 2020 年；交叉型乘用车产销稳中略增。

基本型乘用车（轿车）产销分别达到 990.8 万辆和993.4 万辆，比 2020 年分别增长 7.8% 和 7.1%。其中新能源轿车产销分别增长 1.5 倍和 1.4 倍，分别占轿车产销总量的 20.9% 和 20.7%。

运动型多用途乘用车产销分别达到 1003 万辆和1010.1 万辆，比 2020 年分别增长 6.7% 和 6.8%。其中新能源 SUV 产销增长均为 2.3 倍。从 SUV 月度销量同比增长变化趋势来看，1—4 月各月销量同比均呈快速增长趋势，5 月后同比均开始下降，10 月后同比降幅明显收窄。

多功能乘用车市场总体保持了小幅增长，产销分别达到 107.3 万辆和 105.5 万辆，比 2020 年分别增长 6.1% 和 0.1%。其中新能源 MPV 产销分别增长 1.5 倍和1.4 倍。

交叉型乘用车产销分别达到 39.7 万辆和 39.1 万辆，比 2020 年分别增长 0.6% 和 0.8%。其中新能源交叉型乘用车产销分别增长 81.8% 和 96.4%。从交叉型乘用车全年月度销量同比增长变化趋势来看，与其他三大类乘用车走势不同，波动更为明显。1 月销量同比逆势下降，2—4 月均呈增长趋势，但增速逐月回落，5 月和 6 月同比均呈下降趋势，7 月和 8 月恢复性增长，9 月再次明显下降，10 月后降幅有所收窄，但 12 月降幅有所扩大。

3. 中国品牌乘用车市场份额明显增长

进入 2021 年，中国品牌乘用车主导企业继续加大产品研发和推广力度，特别是在产业变革之际，中国品牌乘用车企业抢抓新发展机遇，加速缩小与国外优势汽车企业之间的差距。绝大多数中国品牌主流企业均建立了比较完整的技术研发体系，包括流程、标准、设计和验证手段。在传统燃油车技术领域，行业主流企业大部分开发了自主的发动机产品，其性能已经不亚于合资品牌产品；在新能源汽车领域，中国品牌更是成为绝对主力，同时中国已成为全球动力电池出货量最大的国家；在智能网联领域，基于人工智能、5G 等新技术在汽车领域的应用，中国品牌乘用车企业同样占据了部分先机。因此，当前中国品牌乘用车部分产品完全可以和合资品牌产品比肩，甚至在某些方面已经超越合资品牌产品。与此同时，凭借对中国汽车消费市场的精准把握，以及本土供应链优势，中国品牌也抢占了更多机会。

2021 年，中国品牌逆市上扬，市场表现明显好于大市。中国品牌乘用车共销售 954.3 万辆，比 2020 年增长23.1%，占乘用车销售总量的 44.4%，占有率比 2020 年提升 6 个百分点。其中中国品牌新能源乘用车共销售247.6 万辆，比 2020 年增长 1.7 倍，占乘用车销售总量的 11.5%。

在电动化、网联化、智能化科技革命的促进下，汽车工业发生了重大变革，在为中国汽车工业的发展带来挑战的同时也带来了发展机遇。当前，中国汽车工业正在迈向高质量发展新阶段，提升中国汽车品牌价值和影响力，扩大市场份额，实现品牌向上突破，是"十四五"时期中国汽车工业发展最为紧迫的任务。自 2009 年以来，中国已经连续 13 年成为全球最大市场，但中国品牌在全球汽车品牌榜上的排名和价值与世界汽车强国相比尚有较大差距，在品牌溢价和盈利能力等方面与合资品牌也依然有不小差距。因此，中国品牌汽车的竞争力还有待进一步提高。

（三）商用车产销有所下降，客车表现明显好于货车

1. 商用车产销呈前高后低趋势

2021 年一季度，商用车市场延续 2020 年的高增长态势，市场销量再创历史新高，增长原因除国三排放标准老旧车淘汰、"双超"治理、物流行业拉动等因素外，疫情缓解下国内经济恢复性增长带动基建大规模启动、国六排放标准实施引起国五排放标准车提前采购更是促使其快速增长的核心因素。4 月后，市场透支消费逐步趋弱，增速大幅回落，5 月后各月同比呈明显下降趋势，四季度降幅虽有所收窄，但依然超过 20%。因此，全年商用车产销结束 2020 年快速增长趋势，有一定下降，产销分别达到 467.4 万辆和 479.3 万辆，比 2020 年分别下降10.7% 和 6.6%。

从商用车按燃料类型细分品种销售情况来看，天然气车表现明显不如 2020 年，2021 年销量比 2020 年下降56.3%；柴油汽车销量下降 5.0%；汽油车也结束 2020 年的增长，下降 10.4%。相比较而言，新能源商用车表现明显好于 2020 年，同比增长 49.4%。

随着国家"双碳"战略的有序推进，特别是环保法规的监管力度不断加大，传统能源商用车市场将会继续呈现萎缩态势。但总体来看，未来新能源商用车有望实现较快增长，在技术发展和应用场景的持续探索中，商用车市场由政策支持阶段将逐步进入市场化发展阶段，这也为新能源商用车良好发展注入了"强心剂"。从技术路线来看，纯电动依然占据主导，但插电式混合动力以及氢燃料商用车未来也将有可预见的增长空间；从应用场景来看，公交市场新能源渗透率依然会保持较高水平，城市物流车也将进入快速增长阶段，并释放更大发展潜力。

2. 货车产销均呈下降趋势，重型货车降幅更为明显

受国六排放标准切换影响，货车消费需求在上半年明显透支，因而下半年需求较快下降。2021 年，货车产销分别达到 416.6 万辆和 428.8 万辆，比 2020 年分别下降 12.8% 和 8.5%。

在货车四大类细分品种，总体走势均呈现明显的前高后低态势。其中，重型货车市场表现与排放标准切换及货运市场终端需求乏力密切相关。在排放标准切换的节点上，厂家纷纷加大了促销力度，因而不少运输从业者选择了国五排放标准车型，导致重型货车市场需求被严重透支。当下半年的市场供给与用户需求匹配出现错位时，销量数据大幅下降。自4月以来，物流市场持续低迷，重型货车市场需求放缓。同时，在环保限产、运力过剩、基建工程开工不足等一系列因素的影响下，终端用户订单也不及预期。2021年，重型货车产销比2020年分别下降21.4%和13.8%。在重型货车中，半挂牵引车同样结束2020年快速增长趋势，产销同比分别下降24.1%和18.9%。受钢材等原材料价格上涨与排放标准升级影响，半挂牵引车整车购车成本较大幅度增长，再叠加整体经济发展预期转弱以及运价偏低、人工成本不断上升等不利因素影响，半挂牵引车市场需求受到抑制。

中型货车市场表现总体好于其他货车品种，2021年产量比2020年下降21.4%，销量同比增长12.3%。处于重型和轻型货车双重夹击下，中型货车龙头企业加快了产品研发和改进步伐，不断推出适应特殊场景及个性需求的产品，且产品性能和品质也明显提升。

轻型货车产销降幅略低，同比分别下降6.4%和4.0%。2021年，为进一步从源头治理轻型货车超载行为，国家主管部门着手编制新版轻型货车技术要求，其中较为严苛的标准是蓝牌轻型货车配装发动机的排量或将限制在2.5L。为此，轻型货车生产企业纷纷加速布局配装小排量发动机产品，预计今后轻型货车市场小排量化发展特征将更为显著。同时，也有可能会推动一些用户向中型货车转移。

微型货车产销降幅明显，同比分别下降14.2%和14.7%。

未来，货车市场发展也将出现更多新趋势和新变局。最为重要的变化就是市场细分程度越来越高，而不同细分市场对车辆的不同需求使得"场景定制化"成为必然趋势。特别是智能网联和新能源技术的不断进步，将不断催生新的应用场景，为货车市场增添发展新动能。与此同时，股比全面放开之后，外资企业加速在华高端市场布局，也相应推动了中国品牌货车企业产品向上发展。预计未来货车行业将全面进入以精细化竞争为主的淘汰赛时代，行业加快整合，将从规模速度型市场转变为质量内涵型市场，领先企业最终胜出，弱小企业因跟不上行业发展脚步而逐渐掉队。此外，未来整车制造销售的利润将向出行服务、维保、二手车等后市场转移，汽车后市场增长空间巨大。因此，车企围绕"产品+服务"进行业务转型同样至关重要。

3. 客车产销表现好于商用车行业，轻型客车表现更为突出

2021年，客车（含客车非完整车辆）产销分别为50.8万辆和50.5万辆，比2020年分别增长12.2%和12.6%。在客车主要品种中，大型客车产销下降较快，中型客车降幅略低，轻型客车较快增长。从月度客车销量同比增长情况来看，1—8月各月销量同比均保持增长，9月后虽有所下降，但降幅明显低于货车。

2021年，国内疫情多次反复，居民对线上购物的依赖度越来越高，这在短期内促进了电子商务、城市物流的发展，释放的民生物资、医疗物资配送需求，拉动轻客自备车、厢式VAN销量增长，加上医疗救护车销量持续保持高位，因此，轻型客车表现明显好于大市。此外，大中客车市场在上半年也曾出现一定回暖。主要原因是国内疫情的复发被控制在小范围之内，疫情期间被抑制的消费需求得以释放，居民对长途出行与旅游的热情增长。同时，企业单位运营生产回归正轨，加上国六排放标准升级的刺激，长途客车、旅游客车、团体通勤客车销量增长。然而，经过数年的调整，新能源客车进入"低补贴"时代，新能源公交市场销量下滑，减缓了整个大中客车市场的增势。

客车产销占商用车的比重仅在10%左右，占汽车产销总量也不超过2%，属于小众车型，但在行业内骨干企业多年来精耕细作下，产品质量及口碑不断提升，中国品牌客车在国际上也享有盛誉。尽管新能源客车市场增长不如大市，但也仅仅是市场爆发前的调整期，相信随着产品线不断丰富，制造成本持续下降，客车行业也终将走出"低补贴"时代的阴霾，在新能源汽车市场上有所作为。

4. 皮卡车产销逆势增长，增速明显快于2020年

中国汽车工业协会统计的皮卡车企业数据显示，2021年，皮卡车产销分别完成54.7万辆和55.4万辆，比2020年分别增长11.2%和12.9%，增速比2020年分别加快3.2个和4.3个百分点。从月度皮卡车销量同比增长变化情况来看，与2020年形成鲜明对照，1—4月销量同比快速增长，5月后增速大幅回落，6—11月各月销量同比均呈下降趋势，其中6月、8月降幅更为明显，12月结束下降，再次较快增长。

自2016年皮卡开启解禁序幕以来，国内陆续有90多座城市完全或部分对皮卡路权进行解禁，近两年皮卡以其自身独有的"乘商结合"成为消费的新热点，特别是主力车企推出的"爆款"产品也在很大程度上带动了皮卡车市场需求的增长。分燃料类型情况看，柴油车表现较为出色，2021年产销比2020年分别增长12.8%和15.4%，增速明显加快。汽油车小幅增长，产销比2020年分别增长5.8%和5.3%。

据中国汽车工业协会预测，在皮卡解禁稳步推进的前提下，到2030年，国内皮卡市场需求可达到100万辆以上，如果加上出口需求，皮卡总体销量可实现200万辆左右。可以预见，如果国内皮卡得以解禁，将进一步助力国产皮卡走向海外，有望形成国内国际良性互动的局面。皮卡也将成为继SUV、新能源汽车之后，我国汽车产业又一赶超世界领先品牌的重要赛道。

（四）新能源汽车产销爆发式增长，产品品质和市场认可度全面提升

2021年，新能源汽车产销表现出色，分别达到354.5万辆和352.1万辆，比2020年均增长1.6倍，分别占汽车产销总量的13.6%和13.4%，与2020年相比，分别提升8.2个和8.0个百分点。其中纯电动汽车产销比2020年分别增长1.7倍和1.6倍；插电式混合动力汽车产销同比分别增长1.3倍和1.4倍。

总体来看，2021年中国新能源汽车产业呈现市场规模、发展质量"双提升"的良好势头。不仅产销规模再创新高，中国品牌也实现蓬勃发展，占比超过70%，明显好于合资品牌。总体来看，中国新能源汽车产业能取得良好发展主要得益于四个方面：第一，随着全球新一轮科技革命和产业变革，汽车与能源、交通、信息通信等领域加速融合，新能源汽车已经成为全球汽车产业转型发展的主要方向；第二，中国作为全球最大的汽车生产国和消费国，深入实施发展新能源汽车国家战略，新能源汽车产业发展取得积极成效与政府部门在市场推广、基础设施建设等方面给予的大力支持密不可分；第三，行业企业尤其是中国品牌企业在新能源产业上发力较早，在关键零部件、上下游有效贯通等方面均有优势；第四，国内消费者对新能源汽车从试探消费已经转为放心消费，消费观念产生较大转变，且绿色消费的意愿也在逐步增强。

中国新能源汽车产业已经由初级向中高级发展迈进，开始从以前着重解决"三电"技术、提高安全性和破解续航短、充电难、买车贵、不安全等电动汽车自身的问题，转向以更多的精力关注与相关行业以及高科技变革的协同，充分挖掘未来汽车造福社会的潜能。与此同时，新能源汽车作为汽车产业转型升级的主要方向，也是中国实现二氧化碳减排目标和产业高质量发展的战略选择。中国新能源汽车产业将进入加速发展新阶段，既面临重大机遇，也面临技术、市场等诸多挑战。为此，一是要坚持创新驱动，充分发挥企业的创新主体作用，加快车用芯片、操作系统等关键技术研发和产业化；二是要坚持跨界融合，协同构建新型产业生态，推动网联化、智能化与电动化技术齐头并进，加快汽车产业与新一代信息通信、新材料、人工智能、大数据等新兴产业的深度融合；三是要坚持市场主导，完善产业管理和支持政策，加快基础设施建设，促进公共领域和私人领域新能源汽车消费，持续扩大新能源汽车应用规模；四是要坚持开放合作，充分利用多边和双边国际合作机制，深入推进政策协同、技术创新等合作，积极融入全球产业链和价值链体系。

（五）出口呈现快速增长，汽车企业出口量首次超过200万辆

根据对行业内整车企业报送的出口数据统计，2021年汽车生产企业共出口汽车201.5万辆，比2020年增长1.0倍，占汽车销售总量的比重为7.7%，比2020年提升3.7个百分点。从全年汽车企业出口情况来看，各月出口同比均快速增长，其中四季度月均出口量超过20万辆，表现更为突出。

2021年，乘用车出口达到161.4万辆，比2020年增长1.1倍；商用车出口40.2万辆，同比增长70.7%。其中新能源汽车出口也延续了迅猛增长势头，累计出口达到31万辆，同比增长3倍，占汽车出口总量的15.4%，比2020年提升8.4个百分点。

2021年，中国汽车出口快速增长主要受三个因素拉动：一是全球汽车市场回暖；二是新能源汽车出口带动作用明显；三是中国汽车企业国际竞争力持续提升，品牌国际影响力不断增强。此外，中国汽车行业产业体系完整，配套能力比较强，叠加科学统筹疫情防控和经济社会发展，国内生产秩序总体稳定，也在很大程度上推动了出口的快速增长。但是，也应该看到，未来海外产能的恢复将导致中国"出口替代"效应逐步减弱。疫情期间中国出口持续高增长，很大程度上是由于疫情引发短期全球生产"停摆"和部分商品需求激增，中国产能率先修复，国内部分产业供给全球，发挥了"补缺口"作用。随着国外疫苗普及率提高和管控措施不断放松，之前回流到中国的订单可能再度转移，中国出口替代效应趋弱，将带来一定下行压力。

二、当前汽车行业存在的主要问题

（一）汽车芯片供应不足

当前，汽车芯片供应不足的问题虽然逐月在缓解，但短缺依然存在。原有的汽车芯片供应链体系平衡已经被打破，企业为保证未来产品顺利生产，对芯片采购需求普遍提高，建立新的供应链体系还需要一定时间。2021年年初全球晶圆产能开始增加，产品在市场端投放需要1~2年周期。总体来看，在没有新的不确定因素发生的条件下，按照产业规律，预计最早到2022年下半年，汽车芯片供应紧张问题才能得到一定的缓解。

（二）企业成本压力不断加大

2021年以来上游原材料价格处于高位，特别是部分原材料如动力电池材料价格仍在上涨，给企业生产经营带来了巨大压力。燃动成本也明显上升，据企业反映，能源价格中蒸汽涨幅76%，天然气涨幅30%。人工成本、物流成本、包装成本、仓储成本也呈现上涨趋势。当前整车企业出口物流费用较高，运能不足。从2020年至今，国际市场运价飞涨，极大地增加了企业海外运营成本。此外，运能不足导致企业形成违约订单，给整车出口企业带来较大经营压力。

（三）动力电池供不应求

伴随新能源汽车的快速发展，其上游的电池产业出现了供不应求的情况。高端电池产能不足，低端产能过剩。车企电池需求规划具备超前性，头部企业优质产能投产仍需一定时间。上游材料短缺，下游市场增长速度超预期引起供需错配，关键材料供需紧张。

（四）产能利用率不均衡

随着新能源汽车产业快速发展，产能利用率不均衡

问题逐渐凸显，有些企业的产能利用率很低甚至为零，但又不能为其他企业代工，导致产能利用率高的企业扩充产能困难重重。

（五）市场需求不足风险加大

当前，宏观经济下行压力较大，消费者购买意愿受到一定影响，未来终端市场订单增长将越发乏力。

三、2022 年行业发展形势研判

2021 年召开的中央经济工作会议，对于做好 2022 年全年经济工作，提出要继续坚持稳中求进工作总基调，继续做好"六稳""六保"工作，持续改善民生，着力稳定宏观经济大盘，保持经济运行在合理区间，保持社会大局稳定。预计 2022 年随着供给端逐步改善，汽车市场需求有望得到较快恢复，因而产销表现将有望好于 2021 年。

具体到汽车工业来看，有利因素：一是宏观经济继续保持稳定发展，将继续支持汽车消费发展；二是国内共同富裕政策的实施，将进一步带动消费复苏，推动汽车消费；三是国内疫情防控总体保持平稳，生产正常，能够有力支撑市场发展；四是海外需求还会增长，新能源汽车出口继续快速增长；五是芯片供应将逐步回升。

不利因素：宏观经济仍存在下行压力，影响因素包括疫情的不确定性、大宗商品价格上涨、人口老龄化、房地产市场债务风险，以及实现碳达峰目标的产业调整（能耗双控）等。同时，芯片短缺尚没有太大的改观，渠道库存基本已经清空，全球补货压力依然较大，补库存也给批发销量带来不确定因素；商用车高峰已过，未来是替代需求。

预计 2022 年全年汽车销量有望达到 2750 万辆，同比增长 5.4%。其中，乘用车销量有望达到 2300 万辆，同比增长 8%；商用车 450 万辆，同比下降 6%。新能源汽车有望继续保持快速增长，全年销量预计达到 500 万辆，同比增长 47%。

四、相关政策建议

（一）推动汽车芯片行业健康发展

加强车用芯片产业链布局，持续支持芯片行业发展。构筑中国自主的车规级半导体标准体系。维护芯片市场健康秩序，严格管控哄抬价格行为，严厉打击芯片造假行为，保证稳定的市场环境。

（二）稳定上游原材料行业运行

健全原材料供应端市场价格管理规范，对于恶意哄抬、炒作原材料价格的行为予以处罚。对原材料采购方给予短期政策支持，降低其经营和财务恶化的风险。加强宏观调控并适当通过国家战略储备投放的方式来平抑市场价格。

（三）着力为企业减负

税务部门可延长缴纳期以缓解经销商的经营压力。针对汽车企业出口物流给予支持。建议研究制定整车出口物流方面的扶持政策，以支持汽车出口企业可持续健康发展。

（四）建议优化"有序用电"管理

协调增产增供。进一步加大重点地区、重点煤企增产增供工作推进力度，提高长协合同兑现率。同时督促发电企业加快提升机组出力，做到应发尽发。对于产业链长、牵一发而动全身的行业，应在全国范围内建立协调机制，保障全产业链稳定运行。

（五）促进新能源产业健康发展

为新能源汽车继续创造良好环境，明确补贴、购置税政策预期，优化积分管理办法；优化产能统筹布局，实行一企一策，提供审批便利，并稳步淘汰落后产能；加快出台汽车下乡、取消新能源汽车限购、以旧换新等促进汽车消费的相关政策。

2022年汽车工业经济运行概况

中国汽车工业协会

2022年，适逢党的二十大胜利召开，开启全面建设社会主义现代化国家新征程。汽车行业在党中央、国务院领导下，在各级政府主管部门指导下，在全行业同人的共同努力下，克服了诸多困难，走出年中波动震荡，保持了恢复增长态势，全年汽车产销稳中有增，主要经济指标持续向好，展现出强大的发展韧性，为稳定工业经济增长起到重要作用。其中，中国品牌表现出色，市场占有率不断提升；新能源汽车持续爆发式增长，逐步进入全面市场化拓展期，迎来新的发展和增长阶段；汽车出口继续保持较高水平，屡创月度历史新高，有效拉动行业整体增长。

一、2022年汽车工业经济运行分析

（一）汽车产销稳中有增，经济指标持续向好

1. 汽车产销恢复增长，全年实现微增

中国汽车产销总量已经连续14年稳居全球第一，2022年，尽管受疫情散发频发、芯片结构性短缺、动力电池原材料价格高位运行、局部地缘政治冲突等诸多不利因素冲击，但在购置税减半等一系列稳增长、促消费政策的有效拉动下，中国汽车市场在逆境中整体复苏向好，实现正增长，展现出强大的发展韧性。2022年，汽车产销分别完成2702.1万辆和2686.4万辆，比2021年分别增长3.4%和2.1%，与2021年增速相比，产量增速持平，销量增速回落1.7个百分点。

从全年变化情况来看，1—2月开局良好，产销稳定增长；3—5月受吉林、上海等地疫情影响，汽车产业链供应链受到严重冲击，汽车产销出现断崖式下降；5月中下旬以来，中央和地方陆续出台一系列稳增长、促消费政策，极大激发市场活力；6—9月汽车市场持续走高，呈现恢复增长，是近三年同期最好水平；进入四季度，再度受疫情冲击，终端消费市场增长乏力，消费者购车需求释放受阻，汽车产销增速回落，与过去两年相比，产量和批发销量并未出现往年和预期政策结束应产生的年底翘尾现象。

2. 行业经济效益主要指标稳定运行

2022年，汽车行业经济效益主要指标与产销情况大致相当，全年呈现U形走势，开局相对良好，3月以来受疫情冲击，行业经营受阻，主要指标持续下行，下半年伴随行业形势逐渐好转，主要指标持续向好，保持稳定运行。这一年，动力电池原材料价格飞涨、部分芯片紧缺以及国际物流运输"舱少价贵"，极大增加了企业经营成本，不断压缩企业盈利空间。

国家统计局数据显示，2022年，规模以上汽车制造业工业增加值比2021年增长6.3%，高于同期制造业增加值增速3.3个百分点；完成营业收入92899.9亿元，同比增长6.8%，高于同期制造业增速2.3个百分点；实现利润总额5319.6亿元，同比增长0.6%。

2022年，汽车类零售总额累计完成45772亿元，比2021年增长0.7%，占社会消费品零售总额的10.4%，高于2021年。

（二）乘用车带动行业总体增长，中国品牌表现亮眼

1. 乘用车市场较快增长，消费升级趋势明显

2022年，乘用车产销分别完成2383.6万辆和2356.3万辆，比2021年增长11.2%和9.5%，增速高于行业总体。乘用车市场在购置税减半等促消费政策及新能源汽车高速增长的带动下，出口势头良好，自6月以来保持较快增长。尽管四季度增速有所放缓，全年销量增速仍接近两位数，为汽车销量的增长贡献重要力量。

伴随居民收入水平提高，汽车消费者愈加关注品牌、品质、服务等汽车附加属性。在供需两端共同作用下，汽车消费升级趋势显著增强。首购和换购人群购置高档车型比例不断增加，中国乘用车市场价格区间呈明显结构性向上趋势。新一代消费群体不断壮大，且乐于接受新鲜事物，很大程度上加速了乘用车市场电动化、智能化转型升级趋势。传统燃油乘用车中，尽管10万~15万元价格区间仍为主要销量贡献区段，但从增长速度来看，20万~25万元、30万~35万元市场表现相对较好，50万元以上市场涨幅最大，高端化趋势明显。新能源乘用车增长趋势也由以前的哑铃式结构逐步转向纺锤式，15万~20万元车型销量最高，且增速最为显著。2022年，高端品牌乘用车共销售388.6万辆，比2021年增长11.1%，高于乘用车增速1.6个百分点，占乘用车销售总量的16.5%，占比高于2021年0.7个百分点。

2. SUV和轿车继续占据乘用车市场主导地位

从乘用车细分市场情况来看，运动型多用途乘用车和基本型乘用车（轿车）产销量与2021年相比呈两位数增长，二者销量合计占乘用车总销量的80%以上，继续占据主导地位。多功能乘用车和交叉型乘用车表现欠佳，产销量呈两位数下降。

基本型乘用车（轿车）产销分别完成1118.7万辆和1111.6万辆，比2021年增长12.5%和11.5%。其中新能源轿车产销分别达到371.3万辆和365.9万辆，同比增长76.2%和74.6%，分别占轿车产销总量的33.2%和32.9%。

运动型多用途乘用车产销继续超越轿车保持领先，分别完成 1138.1 万辆和 1118.7 万辆，比 2021 年增长 13.5% 和 10.8%。其中新能源 SUV 产销分别达到 288 万辆和 276.9 万辆，同比增长 1.4 倍和 1.3 倍，分别占 SUV 产销总量的 25.3% 和 24.8%。

多功能乘用车产销分别完成 95.1 万辆和 93.7 万辆，比 2021 年下降 11.3% 和 11.2%。其中新能源 MPV 产销分别为 7.5 万辆和 7.2 万辆，同比增长 1 倍和 1.1 倍，分别占 MPV 产销总量的 7.9% 和 7.7%。

交叉型乘用车产销分别完成 31.7 万辆和 32.3 万辆，比 2021 年下降 20.3% 和 17.4%。其中新能源交叉型乘用车产销分别为 4.7 万辆和 4.9 万辆，同比分别增长 38.9% 和 39.1%，占交叉型乘用车产销总量的比重分别为 14.8% 和 15.2%。

3. 中国品牌乘用车市场份额不断提升

2022 年，中国品牌乘用车市场占有率继续提升，市场份额接近 50%，这得益于中国品牌近年来不断向上发展取得的成果，特别是中国品牌紧抓新能源、智能网联转型机遇，加速产品迭代，推陈出新，不断推出满足用户需求的新一代电动化、智能化产品，越来越受到消费者的青睐。与此同时，企业也越来越重视国际化发展，产品竞争力不断提升，品牌影响力持续攀升。

中国品牌乘用车共销售 1176.6 万辆，分别比 2021 年增长 22.8%，占乘用车销售总量的 49.9%，占有率比 2021 年提升 5.4 个百分点。其中中国品牌新能源乘用车共销售 523.3 万辆，同比增长 1.1 倍，占乘用车销售总量的 22.2%。

（三）商用车市场表现低迷，呈低位徘徊态势

1. 商用车产销两位数下降，前十企业继续保持较高市场占有率

2022 年，商用车产销分别完成 318.5 万辆和 330 万辆，分别比 2021 年下降 31.9% 和 31.2%，呈现两位数下滑态势。在商用车主要品种中，客车和货车产销均较快下降。上半年，基建启动较慢，建设速度不及预期，货车产销同比降幅较大。同时，疫情对旅游、客运和城市公交车的需求影响较大，客车市场也持续低迷。总体来看，商用车作为生产资料属性，市场恢复较慢，仍需各方面共同努力。

从商用车按燃料类型细分品种销售情况来看，与 2021 年相比，主要传统燃料类型产品均呈现明显下降趋势。其中天然气车 2022 年销量比 2021 年下降 25.5%，柴油汽车销量同比下降 41.8%，汽油车销量同比下降 18.8%。相较而言，新能源商用车延续快速同比增长势头，销量同比增长 81.7%，占商用车销售总量的 9.4%。

2. 货车产销均呈下降趋势，重型货车降幅更为明显

在经历 2020 年爆发式增长和 2021 年上半年高增长后，以重型车国六排放标准实施为转折点，载货车行业发展进入调整期。消费需求提前释放，加之基建等利好因素不及预期，货车市场延续 2021 年下半年的下行趋势，全年产销分别完成 277.8 万辆和 289.3 万辆，分别比 2021 年下降 33.4% 和 32.6%。

在货车主要品种中，四大类货车品种均有明显下降。2022 年，重型货车产销量分别比 2021 年下降 51.4% 和 51.8%，中型货车产销量同比分别下降 45.1% 和 46.5%，轻型货车产销量同比分别下降 25.4% 和 23.4%，微型货车产销量同比分别下降 19.3% 和 16.2%。

3. 客车产销均呈下降趋势，整体好于商用车

2022 年，客车产销分别完成 40.7 万辆和 40.8 万辆，分别比 2021 年下降 19.9% 和 19.2%。在客车主要品种中，大型客车产销小幅增长，中型客车和轻型客车产销呈两位数下降。其中，大型客车产销量分别比 2021 年增长 6.6% 和 7%；中型客车产销量同比分别下降 19.2% 和 19.5%；轻型客车产销量同比分别下降 23.1% 和 22.3%。

受疫情影响，长途、旅游等公路客车需求萎缩，且近几年伴随高铁、城市轨道交通等的高速发展，公路客车客源被不断抢占、压缩；蓝牌新规落地影响了轻客物流车的销量，导致轻型客车销量大幅下滑。种种不利因素叠加，致使客车市场较 2021 年出现明显下滑。

其中也不乏亮点，2022 年是享受新能源客车补贴政策的最后一年，加之国家一系列利好新能源汽车市场发展的政策落地以及"双碳"战略持续发力，利好新能源客车市场，助力城市客车增长。同时，中国客车在出口方面仍保持着稳定增长的态势。

为响应国家"双碳"战略等相关政策，各大客车企业也在积极转型，布局新能源产品，寻求新运营模式。未来，新能源客车市场将有较大发展空间，相信随着产品线不断丰富，制造成本持续下降，客车行业也将逐渐适应"后补贴"时代发展，在新能源市场上有更大作为。

4. 皮卡车产销小幅下降

中国汽车工业协会数据显示，2022 年皮卡车产销分别完成 52.6 万辆和 51.9 万辆，分别比 2021 年下降 3.9% 和 6.4%。

2022 年下半年以来，珠三角地区、长三角地区大规模掀起皮卡解禁风潮，解禁程度更彻底，解禁区域由点成片，解禁城市等级有所提高，其中不乏南京、西安等大中城市，以及像安徽这样的全面放开皮卡进城的省份。10 月末，国务院办公厅第三次发文提及皮卡进城，为政策落地实施再度加码，并让皮卡解禁向更多一二线城市推进，预计将进一步刺激皮卡消费市场，释放消费动能。此外，《多用途货车通用技术条件》于 5 月 1 日正式实施。作为中国首部定义皮卡技术标准的权威性文件，该技术条件在产品定义上更加精准，在技术要求上更加明确，在发展方向上也体现了皮卡乘用化的趋势，不仅对产品高标准、高品质发展起到良性互动作用，也有助于皮卡在产品、管理、需求上更加规范。无疑会对今后皮卡市场更加健康发展起到较好的促进作用。

分燃料类型情况看，柴油车、汽油车产销均有所下降。其中柴油车产销量分别比 2021 年下降 4.5% 和

7.2%；汽油车产销量同比分别下降 6.3% 和 7.8%。

（四）新能源汽车持续爆发式增长，产销再创历史新高

2022 年，新能源汽车继续保持高速增长，产销连创月度新高，分别完成 705.8 万辆和 688.7 万辆，分别比 2021 年增长 96.9% 和 93.4%，市场占有率达到 25.6%。其中纯电动汽车产销量分别增长 83.4% 和 81.6%；插电式混合动力汽车产销量分别增长 1.6 倍和 1.5 倍；燃料电池汽车产销量均增长 1.1 倍。

新能源汽车产销尽管也受疫情及动力电池原材料价格高位运行等不利因素影响，但党中央及各地政府对于新能源汽车发展高度重视，在税收、补贴等方面出台多项促新能源汽车消费的政策，同时企业也积极开发新能源汽车产品，所以供应链资源优先向新能源汽车集中，整体产销完成情况超出预期。

发展新能源汽车是推动绿色发展，实现产业转型升级，支撑国家碳中和、碳达峰目标的重要战略举措。近几年，在国家战略和发展规划引领下，通过各方面共同努力，中国新能源汽车产业蓬勃发展，已从政策驱动转向市场拉动，逐步进入全面市场化拓展期。

（五）重点企业集团总体表现稳定

2022 年，汽车销量排名前十的企业集团销量合计为 2314.8 万辆，比 2021 年增长 2.3%，占汽车销售总量的 86.2%。行业内骨干企业集团的稳定发展为汽车市场全年健康平稳运行提供了有力保障。

当前，行业转型处于关键窗口期，行业内骨干企业均已整装待发，紧密结合电动化、智能化、网联化、数字化发展方向，持续加强新能源、智能网联领域关键技术研发，不断夯实产业基础，支撑和引领中国汽车产业高质量发展。

（六）汽车出口快速增长，出口量突破 300 万辆

根据行业内整车企业报送的出口数据统计，2022 年汽车生产企业共出口 311.1 万辆，比 2021 年增长 54.4%，占汽车销售总量的 11.6%，比 2021 年提升 3.9 个百分点。从全年汽车企业出口情况来看，除 4 月受疫情冲击产销受阻而负增长外，其余各月出口均保持较快增长，其中 8 月以来月均出口量超过 30 万辆。分车型看，乘用车出口量同比增长 56.7%；商用车出口量同比增长 44.9%。其中新能源汽车出口延续迅猛增长势头，累计出口 67.9 万辆，同比增长 1.2 倍。

2022 年，中国汽车出口继续延续快速增长势头，屡次创造单月历史新高。中国汽车出口的快速发展为汽车产业畅通"双循环"新发展格局和"十四五"开好局、

起好步做出了积极贡献。中国汽车产业正迈入全球化发展新阶段。

二、当前汽车行业运行中存在的主要问题

（一）汽车消费市场增长乏力，商用车表现不及预期

2022 年 8 月以来，全国疫情呈现点多、面广、频发等特点，对消费市场冲击较大。与过去两年相比，汽车产销疲弱，产量及批发销量并未出现往年和预期政策结束应产生的年底翘尾现象。

（二）新能源汽车上下游产业发展不匹配

高速发展的新能源汽车给上游动力电池原材料带来极大的需求，上游资源开发跟不上下游发展速度，中国锂材料对外依存度高，叠加市场炒作，动力电池等大宗原材料价格持续高位运行，产业链成本压力向下游传导，主机厂和供应商利润空间不断被压缩。

（三）新能源存在结构性产能过剩矛盾

新能源、智能网联汽车行业发展潜力好、规模大、利润高，加之国家政策支持，市场前景乐观，吸引众多不同领域的企业和资本入局，导致新能源汽车行业存在资本过热问题。当前中国新能源汽车企业主要由传统车企、传统车企转向发展新能源汽车的企业、蔚来和小鹏等新势力车企，还有通过投资建厂、控股车企、切入供应链等方式进入新能源汽车行业的资本或技术势力组成。从目前的产能情况看，存在优势企业产能不足、劣势企业产能过剩的结构性矛盾。

（四）企业用工存在结构性缺口

伴随智能化加速推进，智能网联核心人才紧缺已成一大挑战。智能网联相关的 ADAS（先进驾驶辅助系统）技术人才、人工智能与算法人才紧缺程度居高不下。此外，环境感知、数据和芯片人才也处于紧缺状态。

三、2023 年汽车行业发展形势研判

党的二十大开启了以中国式现代化全面推进中华民族伟大复兴的新征程，各项工作都出现了新气象。2022 年中央经济工作会议明确了 2023 年经济工作总体目标，积极推动经济运行整体好转，实现质的有效提升和量的合理增长，提出大力提振市场信心，实施扩大内需战略，突出做好稳增长、稳就业、稳物价工作等。相关配套政策措施的实施，将会进一步激发经营主体和消费活力。

据中国汽车工业协会预测，2023 年中国汽车市场将呈现 3% 左右的增长，销量预计达到 2760 万辆。其中，乘用车预计 2380 万辆，比 2022 年增长 1.3%；商用车预计 380 万辆，同比增长 15%。新能源汽车将继续保持快速增长势头，有望超过 900 万辆。

消费品工业

2019 年纺织工业经济运行概况

2019 年，世界经济经历了前所未有的挑战，贸易摩擦、地缘政治紧张局势等带来的不确定性因素将全球经济拖入了同步放缓境地，不少经济指标甚至创下 2008 年全球金融危机以来新低，全球经济微弱复苏步伐更显沉重，全球贸易整体呈疲弱状态。在市场需求趋弱和贸易风险上升的背景下，中国纺织行业供需两端持续转弱，企业投资增长动力偏弱，行业整体效益水平下滑，主要经济运行指标总体呈现放缓态势。在国内宏观经济弱复苏的支撑下，行业指标在 2019 年年底有向好迹象。

一、2019 年纺织行业经济运行基本情况

2019 年，中国纺织行业发展面临的国内外风险挑战明显增多，全行业坚持深化供给侧结构性改革，持续加快推动转型升级。但在内外市场需求放缓、贸易环境更趋复杂、综合成本持续提升等多重压力下，企业投资增长动力偏弱，效益水平下滑，主要经济运行指标均呈现放缓态势。

（一）国内外市场压力较大

2019 年，中国纺织服装内销增速较 2018 年明显放缓。国家统计局数据显示，2019 年，全国限额以上服装、鞋帽、针纺织品类商品零售额为 13517 亿元，同比增长 2.9%（见图1），增速较 2018 年放缓 5.1 个百分点，低于同期限额以上单位商品零售增速 0.8 个百分点；全国居民衣着类商品消费支出 18733 亿元，同比增长 4.2%，增速较 2018 年放缓 0.4 个百分点，低于同期全国居民消费商品支出增速 4.8 个百分点；网上零售仍保持较好增长势头，但自 6 月之后也有逐月放缓迹象，全国网上穿着类商品零售额同比增长 15.4%，增速较 2018 年放缓 6.6 个百分点。

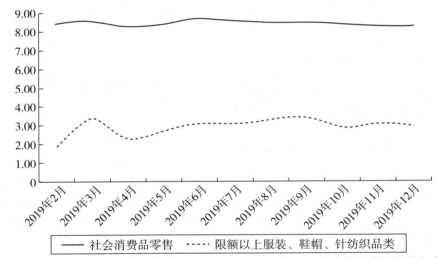

图 1　中国社会消费品零售及限额以上服装、鞋帽、针纺织品类内销累计同比增速对比

数据来源：中国纺织工业联合会产业经济研究院。

纺织品服装出口压力仍较明显，仅在年底出口增速的降幅较之前有所收窄。2019 年，受国际经济复苏减弱、贸易环境不确定性增多等因素影响，中国纺织行业出口压力较 2018 年有所增加，产品结构、市场结构加快调整。根据中国海关数据，2019 年纺织品服装累计出口 2807.1 亿美元，同比下降 1.5%，降幅较 1—11 月收窄 0.8 个百分点。其中，纺织品出口 1272.5 亿美元，同比增长 1.4%；服装出口 1534.5 亿美元，同比下降 4.0%。从出口市场来看，中国对传统发达国家市场出口规模下降，而对新兴市场出口较为积极。1—12 月，中国对美国、欧盟、日本出口纺织品服装同比分别下降 6.6%、4.4% 和 4.6%；对"一带一路"沿线国家纺织品服装出口总额同比增长 3.7%；对非洲纺织品服装出口额同比增长 8.4%。

（二）行业生产保持低速增长

2019 年，中国纺织行业工业增加值保持低速增长水平。根据国家统计局数据，2019 年中国规模以上纺织企业工业增加值同比增长 2.4%，增速同比放缓 0.5 个百分点。产业链各环节中，除化纤行业、长丝织造行业增加值保持较快增长外，其余均增势放缓。终端产品承压较大，产业用纺织品及服装行业增加值增长出现不同幅度放缓迹象，同比分别增长6.9%和0.9%，增速较2018年分别放缓1.7和3.5个百分点；家纺行业增加值甚至呈现负增长，同比下降1.2%，较2018年下降4.9个百分点，体现出国内外消费市场需求压力加大。

而前道化纤行业受生产增长较快等因素拉动，增加值增速有所加快，同比增长11.9%，增速高于2018年4.3个百分点。2019年，受订单下滑和纺织产业链投资周期性调整等因素影响，纺机行业增加值增速持续走低，同比减少7.5%，增速较2018年大幅放缓17个百分点。

从主要大类产品产量情况来看，规模以上企业纱、布产量增速分别为-1.9%和-6.0%，均较2018年同期有所放缓；服装产量同比下降3.3%，但降幅较2018年略收窄0.1个百分点；化纤、无纺布和印染布产量增长平稳，同比分别增长12.5%、9.9%和2.8%（见表1）。

表1　　2019年规模以上纺织企业主要大类产品产量及增速

产品名称	单位	产量	同比增长（%）	较2018年同期变化（百分点）
纱	万吨	2892.1	-1.9	1.7
布	亿米	456.9	-6.0	5.9
印染布	亿米	537.6	2.8	0.2
无纺布（非织造布）	万吨	503.0	9.9	17.9
服装	亿件	244.7	-3.3	0.1
化学纤维	万吨	5952.8	12.5	4.8

数据来源：国家统计局快报。

（三）行业投资表现低迷

2019年，受国内外需求不足、贸易环境风险上升、全球产业布局调整等因素影响，中国纺织行业国内投资意愿低迷，投资降幅自6月之后逐步加深，直到12月降幅略有收窄。根据国家统计局数据，2019年1—12月，纺织行业固定资产投资完成额同比下降5.8%，降幅较1—11月收窄1.5个百分点。其中，纺织业固定资产投资完成额同比下降8.9%；服装业固定资产投资完成额同比增长1.8%；化学纤维制造业固定资产投资完成额同比下降14.1%。

分地区来看，中国中部的河南省、安徽省、江西省、湖北省、湖南省分行业投资均呈现正增长的良好态势，是全行业投资增长的区域亮点，其余省份均有不同程度回落。

（四）运行质效压力加大

纺织企业盈利压力有所增加，运行质量提升难度加大。据国家统计局数据，2019年，全国3.5万户规模以上纺织企业实现营业收入49436.4亿元，同比下降1.5%，增速同比放缓4.4个百分点；实现利润总额2251.4亿元，同比下降11.7%，增速同比回落19.7个百分点；亏损企业亏损额达298.8亿元，同比增加45.3%。

从分行业来看，化纤行业前期投资增长快，产能提升明显，但受市场需求下滑影响，其利润总额大幅下降，也拉低了纺织行业利润总额的增长。根据国家统计局数据，2019年，化纤行业利润总额仅为311.0亿元，同比下降19.8%，对全行业利润负向拉动作用明显。

行业运行效率有波动。2019年，全国规模以上纺织企业营业收入利润率为4.6%，低于2018年同期0.5个百分点，企业盈利能力较2018年同期有所下降（见表2）；全国规模以上纺织企业产成品库存周转率为14.9次/年，同比下降1.8%，库存压力较2018年有所增加；总资产周转率为1.2次/年，与2018年同期基本持平；三费（销售费用、管理费用、财务费用）比例为6.9%，较2018年同期略有提升，企业管理压力也有所加大。

表2　　2019年纺织分行业营业收入利润率及资产负债率情况

项目	营业收入利润率（%）	资产负债率（%）
纺织行业	4.6	55.1
棉纺	3.7	57.8
化纤	3.6	58.8
毛纺	1.9	63.1
麻纺	4.8	50.3
丝绸	4.0	56.1
长丝	3.9	64.0
印染	5.7	58.6
针织	4.9	56.2
服装	5.5	49.1
家纺	5.1	51.5
产业用纺织品	5.0	48.4
纺机	7.2	56.6

数据来源：国家统计局。

二、当前纺织行业存在的主要问题

（一）国内行业投资压力较大

2019年，中国纺织投资规模有所下降，国内行业投资压力较大。从投资行业结构来看，主要与化纤行业投资受需求带动回落关联较大，致使纺织全行业呈现投资走低的态势。但综合全行业而言，整体市场需求放缓、投资谨慎度提升、贸易环境紧张、环保监管日趋严格等都是重要的影响因素。

中国环保监管要求更趋严格，不仅污染物排放标准不断提高，使得企业环保投入大幅增加，成本压力巨大，而且排污权管控严格，印染企业基本没有条件扩大生产能力。尤其是东部沿海地区一些印染产业集聚地甚至禁止印染项目环评，企业连装备升级改造都无法进行；中西部地区大部分也无法给予新建印染企业排污许可，产业转移无法有效推进。

2019年以来，中美贸易摩擦加大贸易环境风险，增加了企业对行业前景判断的不确定性，进而导致投资更趋谨慎。根据中国纺织工业联合会调研了解的情况，为规避贸易环境风险，纺织企业在海外投资的进度有所加快。特别是服装行业，由于对美国出口规模较大，一些国际品牌采购商已经开始提前布局，逐步减少在中国的纺织服装产品采购比例，纺织行业中一些有境外投资的企业也开始将出口订单更多转移到海外工厂进行加工出口。

（二）国际市场下行压力加剧

全球经济下行态势及前景恶化的判断更加明确，中美贸易摩擦加税清单覆盖全部纺织服装产品，行业出口压力明显加大。国际货币基金组织在2019年内4次调降全球经济增速，基于制造业势头严重减弱和贸易、地缘紧张局势，判断全球经济增长可能进一步大幅放缓；基于走弱的市场需求，世界银行已经下调全球大宗商品价格预期。超过30个经济体也先后宣布降息以应对经济下行压力，货币宽松潮在保持宽裕流动性的同时也将推高债务风险，新兴经济体金融脆弱性上升，货币贬值风险增加，企业财务状况及盈利预期均将下调，在总需求放缓的背景下，"一带一路"沿线国家纺织品服装产能及出口缺乏大幅增长基础，不利于中国产业链配套纺织品出口增长。虽然中美第十三轮高级别经贸磋商初步达成"第一阶段"协议，部分涤纶制品在加征关税排除产品清单中，但主要出口产品服装仍被加税，贸易风险依然存在，行业出口下降态势难有明显改善。

三、相关政策建议

为了实现平稳健康发展，纺织行业仍需持续推进供给侧结构性改革，增强发展动能，克服下行压力，积极激发内需市场活力，努力稳定国际市场份额，同时也需要国家政策适当给予扶持，以确保行业发展总体平稳。

（一）引导和支持企业加快转型升级

一是继续发挥好财政资金的示范带动作用。继续利用好国家现有财政专项资金，对纺织绿色制造、智能制造、纺织新材料等重点领域关键技术研发应用给予扶持，充分发挥行业示范与带动作用，着力补齐行业技术短板，有效突破绿色环保瓶颈。改变财政专项过于集中在高性能纤维材料及产业用制成品领域的现状，加大对差别化、功能性通用纤维，传统纺织优质、先进制造技术，高品质、环保染整技术等领域的重点支持与示范，带动量大面广的产业链环节加快改造升级。支持行业性、区域性公共服务平台升级，推动重点产业集群信息化服务体系建设。

二是加强税收激励。进一步提高研发费用、品牌宣传费用税前加计扣除比例，提升企业创新与技改投入积极性。简化企业办理相关优惠政策的手续，确保企业切实享受到政策支持。研究进一步扩大所得税税前抵免项目范围的可行性，如将技改投资、产品开发费用等纳入抵扣范围。

三是强化落实国家对实体经济的融资扶持政策。对于符合资信要求的纺织企业与投资项目给予充分信贷支持。推动产融合作对接，加强对纺织行业改造提升资金需求及融资现状的调查研究，协调金融、证券等管理机构资源，加强对制造企业和项目融资风险判断的指导，推动金融机构与重点制造企业对接融资需求等。

（二）持续完善企业发展环境

一是妥善应对贸易摩擦。引导地方政府对本地区受到美国加税影响较大的出口企业适当给予税收返还或优先支持技改升级等方面的扶持，缓解企业压力。如果涉税产品范围过大，对就业产生较大影响，建议研究措施允许相关企业缓交、减额缴纳社保，或出台税收返还等措施，对出口企业给予适当扶持，以稳定企业生产和就业。

二是开拓多元消费市场。深化与"一带一路"沿线国家的双、多边经济贸易合作，加快自由贸易区建设，畅通对外贸易通道，减少关税负担。扩大产业用纺织品内需应用。运用好政府采购措施，扶持结构增强、土工、建筑等领域的自主品牌纺织产品参与采购竞争。完善应急产品政府采购以及实物储备和产能储备机制，增加救灾帐篷、防洪抗汛土工膜袋等特殊纺织品需求。推动将一次性医用纺织品纳入医保项目。研究对生物质纺织农膜等生态环保农业用纺织品给予应用补贴，鼓励其在果蔬、花卉等高价值经济作物种植中的应用。

三是完善印染行业投资监管措施。对印染企业技术改造项目实施分类管理，企业在不增加产能的前提下进行自动化、智能化改造，应予以环评和备案。环保督查中实施精细化管理，对印染集控区内排放不达标的企业采取停产措施，不对符合排放要求的企业采取强制停产限产措施。

四是进一步优化棉花配额管理。2019年，国家对棉花进口配额管理制度做出重大改革，纺织企业可以公平、公开申领配额，对于优化纺织行业原料供给结构、稳定行业生产运行具有重要意义。但一些大型棉纺企业反映，由于过去企业使用较多加工贸易配额，在新制度下申领到的配额数量显著减少，造成出口规模缩减。现行棉花进口配额管理制度有利于建立行业公平竞争环境，制度改革造成部分企业配额减少也属正常情况。但如考虑"稳出口"的宏观目标，也可以适当增发加工贸易项下棉花进口配额，由企业按需申领，申领加工贸易配额的企业应当相应扣减一般贸易配额申领数量。

五是优化国内产业转移环境。 建议各级政府部门进一步完善中西部地区政策环境与投资环境，鼓励和引导先进、优质纺织制造产能优先选择国内产业转移，鼓励纺织企业通过产业区域转移加快技术装备更新升级，更好化解环境、成本压力。加强政策协调，针对中西部地区研究更为有力的税收、土地、财政支持以及排污指标倾斜等激励措施，增强企业投资积极性。加强政府服务功能，解决基础设施、人才短缺、投资政策不连续等制约产业转移的基础性问题，改善投资环境。支持相关行业性公共服务体系发展，搭建投资对接平台，开展咨询、培训等公共服务，推动纺织行业国内产业转移进程。

2020年纺织工业经济运行概况

中国纺织工业联合会

2020年，在新冠疫情影响下，全球多数经济体经济下滑，贸易保护主义抬头，地缘政治冲突、贸易矛盾加剧，经济全球化遭遇波折，世界正经历百年未有之大变局。国际货币基金组织2021年1月发布的《世界经济展望》，预计2020年全球经济萎缩3.5%。面对新冠疫情给全球贸易和世界经济带来的全新变局，中国经济凸显出强劲的韧性和巨大的潜力，成为全球唯一实现经济正增长的经济体。2020年，中国GDP总值突破100万亿元，相较2019年增长2.3%；社会消费品零售总额39.2万亿元，同比下降3.9%；全年货物贸易出口2.6万亿美元，同比增长3.6%。

作为中国国民经济与社会发展的支柱产业、解决民生与美化生活的基础产业、国际合作与融合发展的优势产业，2020年疫情暴发后纺织行业稳步推进企业复工复产，以完备的产业体系优势和强劲的先进制造能力，不仅在满足国民经济、社会战略需要及保障产业安全等方面发挥作用，还为保障全球防疫物资、维持全球纺织产业链顺畅运转方面做出贡献。2020年，面对前所未有的供需压力和系统性风险，中国纺织工业表现出强劲的发展韧性、快速的修复能力和高效的响应能力，行业企业在复工复产转产中表现突出，实现了产业链的安全稳定，行业景气度不断回升，主要经济指标降幅持续收窄，出口贸易在6月之后持续巩固正增长势头，并在年底交出了高于全国出口贸易增速6个百分点的优秀成绩单。但由于疫情冲击造成国内外消费市场波动、消费信心受损、市场风险提升等问题，纺织企业面临的生产经营压力仍较突出，行业投资和发展信心不足，主要经济指标负增长态势全年未能扭转。

一、2020年纺织行业经济运行特点

（一）纺织行业景气度持续回升

2020年，随着疫情防控和经济社会发展各项工作有序推进，纺织行业景气度持续回升，产能利用率也呈逐季提升势头。据中国纺织工业联合会调查数据，一季度纺织行业景气指数受疫情影响降至50临界点以下，自二季度起景气指数回升到50以上，四季度为61.3，比三季度景气指数略低0.2，为近年来的较好水平。从分项指数来看，呈现以下特点：

1. 纺织生产指数持续上升，新订单指数有所波动

2020年，全国疫情控制形势从一季度之后持续向好，国内市场需求逐步恢复，企业复工复产进度不断加快，纺织行业供给能力稳步修复，行业生产指数呈现持续上升势头，一季度低于50，二季度提升到53.5，三季度、四季度分别达69.4和69.5。

相较于供给的稳步回升，行业订单指数受市场需求波动、季节性变化等因素影响，也有所波动。行业新订单指数在二季度恢复到52.5，三季度、四季度生产指数分别为68.3和66.8。与国内订单相比，国际订单指数水平略低，二季度仅为37.2，三季度后才恢复至发展区间，三季度、四季度国际订单指数分别为52.2和56.9。

2. 产品销售价格和原材料购进价格同步上涨

2020年，国内需求在二季度后稳定恢复，棉花、化纤等纺织原料价格持续攀升，原材料价格上涨的同时，也推动了产品销售价格指数上行。

3. 原材料库存、产成品库存波动较大

受疫情影响，纺织企业供需关系调整压力较大，波动明显。一季度企业原料库存指数仅为46.8，但产成品库存上涨到63.3，企业产成品库存压力居近年来高位。二季度之后，国内疫情防控形势持续好转，企业原材料备货积极性有所提高，原材料库存指数提升到51.3，同期企业产成品库存指数略降到60.9。三季度，企业原料库存和产成品调整基本较为顺畅，原料库存指数为51.3，产成品库存指数为46.3。至四季度，随着产品销售的活跃，企业产品库存压力得到缓解，但未来不确定因素增加，企业对原材料备货又持谨慎态度，原材料库存指数下降至49.7，产成品库存指数降至39.6。

（二）行业增加值降幅持续收窄，纺织业、化纤业呈正增长

2020年，随着疫情常态化防控的稳步推进，纺织行业生产逐步恢复，降幅持续收窄。根据国家统计局数据，2020年，全国规模以上纺织行业工业增加值同比下降2.6%，降幅较上半年收窄4.1个百分点。其中，纺织业在产业用行业的带动下，增加值同比增长0.7%，降幅较上半年增加5.2个百分点；纺织服装、服饰业同比下降9.0%，降幅较上半年收窄3.2个百分点；化学纤维制造业保持低速增长，同比增长2.2%，较上半年增加3.4个百分点（见图1）。口罩、防护服等防疫物资需求量巨大，支撑中国产业用纺织品行业的高速增长。主要大类产品产量普遍有所下降，仅化纤等产品产量有所增加。据国家统计局数据，2020年，全社会化学纤维产量同比增长4.1%；纱产量同比下降7.4%；布产量同比下降17.1%（见表1）。

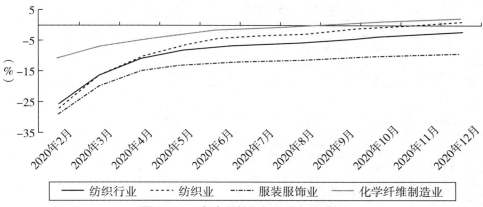

图 1　2020 年中国纺织行业增加值增速

数据来源：国家统计局。

表 1　2020 年中国纺织行业主要产品产量及增速

产品	单位	产量	同比增长（%）
纱	万吨	2618.3	−7.4
布	亿米	460.3	−17.1
化学纤维	万吨	6126.5	4.1

数据来源：国家统计局。

（三）内需市场持续复苏，新渠道拉动消费增长

纺织品服装内需市场在 2020 年二季度之后呈持续复苏趋势。根据国家统计局数据，2020 年全国限额以上服装、鞋帽、针纺织品类零售额为 12365.0 亿元，同比减少 6.6%，尽管增速仍低于 2019 年 9.5 个百分点，但较二季度大幅收窄了 13 个百分点（见图 2）。

疫情加速了线上消费普及，促进线上消费模式创新，直播带货、社交电商等新业态、新模式有力促进了消费回补，纺织品服装线上消费需求加快释放。2020 年，全国网上穿着类商品零售额同比增长 5.8%，增速较年初增加 23.9 个百分点。在"双 11"购物节中，服装品类销售额全网（包括天猫、京东等传统电商平台和短视频平台）排名第三，在抖音宠粉节直播间热销商品中排名第一。

国产服装和家纺品牌销售额快速提升，波司登、罗莱、李宁等均进入各自品类成交榜单前十。另据淘宝及天猫平台成交数据，男装、女装、童装及家纺类成交额均保持大幅增长（见表 2）。2020 年，淘宝及天猫平台女装、男装、童装及家纺成交额分别为 4066.9 亿元、1811.3 亿元、797.6 亿元和 440.5 亿元，同比分别增长 24.0%、16.4%、15.4% 和 26.9%。

（四）行业出口巩固正增长势头，防疫物资出口贡献突出

疫情之下，防疫物资需求持续增长。中国作为医疗物资的生产大国，面对防控需求，各类呼吸机、医用防护服、医用口罩等重点医疗物资生产能力快速恢复，满足国内外市场需求。在口罩、防护服等防疫物资出口高速增长的拉动下，中国纺织行业出口降幅逐步收窄，2020 年下半年开始转正，并呈现持续出口正增长势头。据中国海关快报数据，2020 年，中国纺织品服装出口金额为 2912.2 亿美元，同比增长 9.6%，增速较 2019 年同期提高 15.1 个百分点，出口规模接近历史最高水平。其中纺织品累计出口额为 1538.4 亿美元，同比增长 29.2%；服装累计出口额为 1373.8 亿美元，同比下降 6.4%（见图 3）。

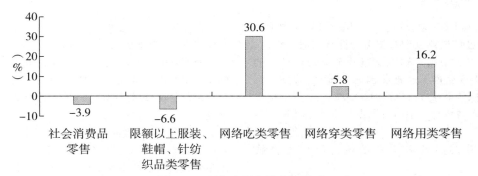

图 2　2020 年中国内销市场增速

数据来源：国家统计局。

表 2 　　　　　　　　　　　　　2020 年淘宝及天猫服装及家纺类成交额及增速情况

时间	女装（亿元）	同比增长（%）	男装（亿元）	同比增长（%）	童装（亿元）	同比增长（%）	家纺（亿元）	同比增长（%）
2 月	333.5	−20.6	146.3	−36.8	66.1	−25.0	30.6	−23.2
3 月	248.6	3.5	80.1	−27.9	42.3	−6.3	22.7	10.8
4 月	303.5	47.5	104.6	−7.0	51.7	4.6	31.0	34.4
5 月	311.7	51.7	144.9	31.3	66.2	21.4	41.3	55.5
6 月	356.3	55.2	143.0	31.3	53.9	24.0	41.3	39.1
7 月	263.6	38.1	86.1	24.6	30.9	19.5	29.0	39.2
8 月	288.3	43.8	98.2	45.6	45.6	26.8	29.9	21.9
9 月	348.5	36.7	138.0	44.5	82.1	37.8	39.6	53.1
10 月	368.0	32.5	185.3	35.1	84.3	32.2	42.1	34.2
11 月	718.2	16.7	421.5	37.3	162.2	18.6	79.2	24.3
12 月	526.8	19.8	263.3	27.9	112.3	27.0	53.9	30.8

数据来源：根据相关数据整理。

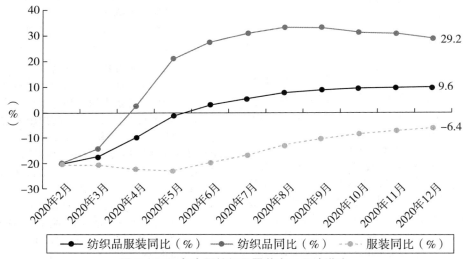

图 3　2020 年中国纺织品服装出口累计增速

数据来源：中国海关快报。

从出口重点市场来看，欧盟、美国、日本对中国口罩等防疫物资进口依赖度明显提升。据欧盟海关统计，2020 年 1—10 月，中国口罩占欧盟从全球进口口罩的 91.3%，达 188.3 亿欧元；据美国海关统计，2020 年，中国口罩占美国从全球进口口罩的 83.0%，达 71.0 亿美元；据日本财务省统计，中国口罩占日本从全球进口口罩的 89.9%。

（五）行业运行质效有所改善，但压力仍较明显

随着市场形势的逐步恢复，2020 年中国纺织行业效益降幅持续收窄，但经营压力依然存在。根据国家统计

局数据，2020 年，全国 3.4 万户规模以上纺织企业实现营业收入 45190.6 亿元，同比减少 8.8%，降幅较 2020 年前三季度收窄 3.3 个百分点；实现利润总额 2064.7 亿元，同比减少 6.4%，降幅较 2020 年前三季度收窄 2.7 个百分点；营业收入利润率为 4.6%，高于 2019 年 0.2 个百分点。

尽管全行业效益降幅在 2020 年内持续收窄，但纺织企业生产经营压力仍然较大。根据国家统计局数据，2020 年规模以上纺织企业亏损面达到 22.7%，亏损企业亏损额同比增长 26.8%，较 2020 年 2 月底分别下调 13.6 个和 2.7 个百分点。企业总资产周转率和产成品周转率

分别为 1.1 次/年和 13.2 次/年，同比分别放缓 11.6% 和 10.9%。三费比例为 7%，较 2019 年同期提高 0.2 个百分点。

（六）行业投资降幅有所收窄，服装业投资萎缩较快

2020 年市场消费缩减，企业效益大幅下滑，造成行业投资意愿不足，纺织行业投资规模整体下降。根据国家统计局数据，2020 年，全产业链投资规模均呈下滑态势，纺织业、化纤业投资额同比分别减少 6.9%、19.4%，尽管尚未扭转负增长态势，但较 2020 年上半年降幅分别收窄 20.4 个和 18.5 个百分点；服装业投资同比下降 31.9%，降幅较上半年继续加深 9.5 个百分点。

从纺织行业主要分布省份来看，除浙江服装业投资增长外，江苏、浙江、福建、山东、广东五省的纺织业及服装业固定资产投资额均有不同幅度下降；而在化纤固定投资方面，浙江及广东保持增长，其余三省均为下降。

（七）行业自主可控、高效稳定的产业链继续巩固

近年来，纺织行业自主可控、安全高效的产业链供应链继续巩固，稳定性持续提升。在纺织领域，纺织工业以服务化构建价值新空间，畅通生产、分配、流通和消费的新循环，推动产业在一二三产业间的融合。行业数字化、网络化、智能化转型走向纵深。国家工业信息安全发展研究中心报告资料显示，中国纺织行业从事服务型制造的企业比例已在 20% 以上；纺织工业个性化定制企业比率在 10% 以上，实现网络化协同企业比率近40%，数字化研发设计普及率近 68%。纺织工业的数字化、协同化生产程度不断提升，数据驱动的柔性供应链成为重要发展方向。

纺织行业原料和装备的保障能力不断提升。纺织产业链配套自给能力在全国工业体系中位居前列，化纤、面料自给率超过 95%，纱线自给率超过 90%，装备自给率超过 80%；高端装备关键基础件的国产化率在 50% 以上；化纤炼化一体化取得重要进展，主要原料自给率持续提升，对二甲苯、乙二醇等原料的进口依存度均在50% 以上。

二、2020 年纺织行业经济运行面临的主要问题

（一）外需持续低迷，国际市场需求不确定性增多

2020 年，新冠疫情防控形势严峻，对全球经济运行一度造成重大冲击，企业破产、裁员情况增多，各国疫情防控形势和经济重启时间不同步，对于全球供应链运转及经济运行都造成一定影响。新冠疫情大流行使得全球消费信心下降，尤其是海外市场的传统服装类产品消费需求低迷，使得中国纺织行业在国际市场面临较大发展压力。

尽管国际市场需求在 2020 年下半年随主要国家经济和消费重启逐渐改善，但 2020 年秋冬二次疫情暴发后美国、欧盟、日本等主要市场的就业、收入和消费增长有再次放缓迹象。美国纺织品服装零售额恢复程度再次下降，欧盟和日本的纺织品服装零售降幅再度扩大。若疫情得不到明显控制，仍存在经济和商业活动再度停滞的风险，将直接导致居民失业率增加、收入下滑、消费信心不足，逐渐回暖的消费需求将再度低迷，不利于服装消费继续复苏。

（二）贸易风险提升，美国涉疆制裁举措损害产业利益

2019 年之后，美国以"强迫劳动"为由恶意诋毁新疆地区人权状况，并于 2020 年 6 月签署通过《2020 年维吾尔人权政策法案》。美国先后采取发布"新疆供应链商业咨询公告"、实施海关"暂扣令"，以及将企业列入"实体清单"和"SDN 名单"等制裁手段，阻碍中国新疆棉及其制品进入国际纺织服装供应链。

（三）外部环境压力较大，行业投资信心低迷

近年贸易摩擦持续加大贸易环境风险，也增加了企业对行业前景判断的不确定性，进而导致投资更趋谨慎。而进入 2020 年，受疫情影响，国内外市场需求压力进一步提升，使纺织企业投资信心更趋低迷。

三、2021 年纺织行业趋势展望

2021 年，全球经济复苏基础仍不牢固，实际的经济和贸易表现仍将受疫情演变及各国政府应对措施的影响，行业发展环境依然复杂多变，市场压力和经营压力仍然较大。

（一）国际市场明显改善尚需时日，口罩等防疫物资或仍是出口重要支撑

由于 2020 年疫情持续时间较长，对全球经济的冲击程度远大于预期，大部分国家经济仍陷入衰退阶段。经济衰退将削弱企业盈利能力和居民收入水平，造成消费能力实质下降，也将进一步降低市场消费活力。总体来看，即使全球疫情防控形势出现好转迹象，中国纺织行业面临的国际市场环境短期内也难以彻底改善，出口形势依然严峻。

2020 年全球 60% 的口罩由中国提供。新冠病毒恐将长期与人类共存，口罩等防疫物资的消费需求仍将保持在一定规模，居家场景增多也将拉动家纺产品消费频率提高，中国纺织品出口或将保持良好态势。但由于 2020 年出口基数较高，预计增速将会出现小幅回调，服装出口规模增长空间较为有限。此外，纺织行业出口还面临非经济因素导致的产业链、贸易秩序和政治格局重塑等外部风险。

（二）国内市场需求将保持回暖态势，线上消费仍具备较强增长潜力

2021 年是中国实施"十四五"规划的开局之年，尽管疫情引发的外部不稳定、不确定因素显著增多，但国内疫情防控更加科学有效，支撑宏观经济回稳向好的有利因素不断积累，有望推动经济加快回归正常轨道，IMF 和世界银行分别预测 2021 年中国 GDP 增速可达到 7.5%

和7.9%。

2021年，中国经济将围绕修复经济、刺激经济和深化改革等领域集中发力，国内需求将进一步恢复，企业的修复弹性将有所提升。在宏观经济持续恢复和构建以国内大循环为主体的"双循环"新发展格局背景下，居民收入预期和消费信心将持续改善，消费存在持续回暖的基础，政府也将加快推动扩大内需、支持创新发展、改善营商环境，内需市场将为纺织行业持续复苏提供足量空间，消费升级向小康社会新阶段演进，网络技术革新、新消费将为行业完善内需体系提供创新源泉，国民经济相关领域现代化发展也将为纤维材料提供应用场景。纺织行业内销规模有望较2020年提升，基于健康消费的运动服饰、符合国潮消费的自主品牌、小而美的互联网品牌或将迎来发展机遇，也将为纺织行业企业营销渠道数字化升级提供市场机遇。

结合考虑2020年低基数等因素，预期纺织行业主营收入和利润将扭转当前负增长势头，呈低速增长态势；预期2021年中国纺织行业增加值增速或保持在3%左右；纺织品服装出口贸易增速或保持在5%左右。

四、相关政策建议

为了推进中国纺织行业高质量发展，提出如下政策建议：

（一）进一步激发内需市场潜力，扩大纺织产品应用范围

多方措施稳定就业与收入。建议上调个税起征点、鼓励中等收入群体扩大消费，有效提升居民消费能力。加强互联网金融消费平台建设，满足不同人群的消费需求。

引导企业加强品质提升、产品开发等，满足纺织品服装消费需求，提升产品与内需消费的适应性。结合当前居民消费升级特征，以及中西部地区及农村等下沉市场的发展特点，加快推动基础设施建设及补齐城乡配套设施等领域短板，推进中西部地区及农村电子商务建设，支持具有电商平台企业在低线城市布局，有效启动农村消费。

扩大产业用纺织品应用领域。加强跨部门协调沟通，完善医疗、基建、军队等系统的采购通道，扶持自主品牌纺织产品参与采购竞争。支持生态环保农业用纺织品在高价值经济作物种植中的试点应用。推动高性能安全防护用纺织品的应用。完善医用防护、防灾救灾等重点应急物资政府采购以及实物和产能储备机制，拉动产业用纺织品内需。

（二）激发企业发展活力，提升相关产业政策的引导作用

进一步减轻企业税费负担。研究进一步将技改投资按一定比例抵免所得税的政策措施，进一步扩大研发费用、品牌宣传费用税前加计扣除比例，提升企业创新与技改投入积极性。简化企业办理相关优惠政策手续，确保企业切实享受到优惠政策支持。将企业购买设计手稿等产品开发费用纳入所得税前加计扣除范围，鼓励企业加大设计投入。

改善企业融资环境。推动产融合作对接，加强对纺织行业改造提升资金需求及融资现状的调查研究，推动金融机构与重点制造企业对接融资需求等。引导建立纺织产业基金，鼓励优质社会资本支持行业发展。

整合现有国家财政专项资金，有重点地支持纺织行业共性、关键技术研发应用及行业性科技创新与应用推广平台建设。重点支持纺织绿色制造、智能制造、纺织新材料等重点领域关键技术研发应用。支持行业性、区域性公共服务平台升级，推动重点产业集群信息化服务体系建设，提高发展效率。

（三）进一步规范市场竞争秩序，完善企业营商环境

加强市场监督管理，增强产品质量、知识产权保护等方面的市场检查和执法能力，完善电子商务监管体系，减少网络零售渠道售假侵权问题，提高违法成本，规范市场竞争秩序。

进一步完善环保监管措施。合理推动生态环境保护标准的编制与修订，避免出现标准要求过度超前于行业技术条件与企业承受能力的情况。加强对印染投资项目的分类管理，对于先进技术新建及升级改造投资项目，为企业创造条件进行环评备案，对于不增加产能或可实现总量减排的智能化升级改造投资，优先予以环评和备案。实施精细化的环保监督管理，避免"一刀切"式停限产行为。

继续推进棉花管理体制改革。结合市场情况及企业需求，适当提高棉花进口配额总量，提升配额申领及使用灵活性。进一步完善棉花种植目标价格补贴政策和储备棉"轮换"措施，推动国内外棉花价格接轨。

（四）积极稳定国际贸易环境，提升企业外贸风险管理能力

依托"一带一路"倡议，深化双、多边经贸合作，加快中日韩、中国与南亚、中亚、非洲国家自由贸易区建设，为纺织行业对外贸易及对外投资创造有利条件。在全球政治经济形势更趋复杂的情况下，应增强服务功能，指导企业提高对外贸易风险识别和管理能力，帮助协调相关政策，防范运营风险。

加强应对突发因素对出口市场环境扰动的能力。强化出口信用保险的兜底功能，扩大出口信用险覆盖范围，降低保险费率。建议各级地方政府对出口企业给予转型升级专项资金倾斜、贴息贷款等支持措施，帮助出口企业加快转型升级。

建议保持人民币汇率走势相对平稳，避免大起大落，减少因汇率波动引起的议价频率增加及进出口结汇损失风险。

（五）加强产业投资的政策引导，优化国内区域布局，合理开展对外投资

结合西部开发、长江经济带、粤港澳大湾区等地域

发展政策导向，加强对纺织企业的投资区域指导。优化中西部地区投资环境，促进中西部地区纺织产业链发展，防范国内产业空心化。加强政府服务功能，解决基础设施、人才短缺、投资政策不连续等制约产业转移的基础性问题。支持行业性公共服务体系发展，搭建投资对接平台，开展咨询、培训等公共服务，推动纺织行业国内产业转移进程。

与"一带一路"沿线国家建立更加紧密的经贸合作关系，积极推动自由贸易区（FTA）谈判进程。鼓励纺织企业利用好"一带一路"倡议的政策支持，通过低息贷款、股权合作、援外等方式，在沿线亚洲、非洲重点国家打造国际产能合作的标志性项目。充分利用中国驻外使领馆的信息资源，为企业提供重点国别投资综合环境方面的指导。做好行业境外投资、境外运营的基础数据收集和分析工作，为纺织企业开展国际产能合作提供基础支持。

（六）扩大新疆棉及其制品国内消费，降低美国涉疆制裁对行业的损害风险

建议开展专项消费促销活动，扩大以新疆棉为原料制成的纺织品服装在国内零售市场的积极消费。积极组织并支持大型零售商、行业协会、电商平台及企业开展新疆棉制产品消费促进活动，通过发放电子消费券、折扣券等惠民补贴形式，激发消费者对优质新疆棉制品的购买活力，提高电商平台和众多商家主动推广新疆棉制品的热情。

鼓励和争取国际服装品牌在中国市场正常使用新疆棉原料。部分在华经营规模较大的国际服装品牌表示在其供应链中将不涉及任何新疆采购或生产的产品。建议相关部门积极与品牌沟通，打消其疑虑，鼓励其在中国市场销售的产品正常使用新疆棉及其制成的纱线、面料。

2021年纺织工业经济运行概况

中国纺织工业联合会

2021年，在疫苗接种及各国宽松货币政策等因素的助推下，全球经济实现底部复苏。但受到疫情持续演变及市场供需周期错位等因素影响，全球经济恢复呈现"一季度开局疲软、二季度强劲复苏、三季度冲高回落、四季度小幅回升"的波动特点。

虽然遭遇国内疫情散发及国际市场供需形势复杂等多重压力，中国宏观经济仍实现持续恢复发展，经济增速位居全球前列。根据国家统计局数据，2021年国内生产总值达114.4万亿元，比2020年增长8.1%，两年平均增长5.1%；全国社会消费品零售总额、出口总额（美元值）和固定资产投资完成额（不含农户）同比分别增长12.5%、29.9%和4.9%，两年平均分别增长3.9%、16.0%和3.9%。其中，社会消费品零售总额两年平均增速虽未恢复至疫情前水平，但最终消费支出对GDP增长的贡献率达到65.4%，居"三驾马车"之首，国内大循环的主体作用逐步增强。

在国际供应链运转不畅的情况下，中国制造业的体系化优势充分显现，货物贸易出口总额实现快速增长，净出口对GDP增长的贡献率达到20.9%，明显高于疫情前水平。2021年，规模以上工业企业增加值和利润总额比2020年分别增长9.6%和34.3%，两年平均分别增长6.1%和18.2%，表明工业企业生产经营情况均处于平稳改善状态。

面对百年变局与世纪疫情的艰难考验，中国纺织行业全面贯彻落实党中央、国务院决策部署，坚持稳中求进的工作总基调，持续深化转型升级，努力化解疫情散发、原料价格上涨、国际物流不畅等风险冲击，主要运行指标在2020年较低基数基础上实现反弹回升，出口规模创下历史最高水平。纺织行业面对错综复杂的外部形势展现出强大的发展韧性和活力，完整、优质现代产业体系的稳定运行优势得以巩固，基本实现"十四五"良好开局，为国民经济稳增长、保民生、促就业、防风险做出积极贡献。

一、2021年纺织行业经济运行情况

（一）行业景气度位于扩张区间

2021年，中国纺织行业景气度持续位于扩张区间。据中国纺织工业联合会景气调查数据测算，2021年四个季度，纺织行业景气指数始终居于50以上的扩张区间，最高值为二季度65.4，最低为一季度57.1，三季度为58.7，四季度为62.3。整体来看，2021年，随着国内疫情防控和产销形势稳定恢复，纺织企业的经营信心总体改善，行业经济恢复的基础得到进一步巩固。

从分项指数来看，生产指数、订单指数都有所提升，企业经营积极性较高，但原料价格指数在2021年内持续处于高位水平，成本压力较大。据测算，2021年四季度，我国纺织企业生产指数为69.1，比三季度上升6.9个点；新订单指数为66.8，比三季度加快5.3个点。可见，纺织企业产销安排均较为积极。但原料成本高涨，原材料购进价格指数在2021年内始终居于高位水平。据测算，2021年一、二、三、四季度我国纺织行业原材料购进价格指数分别为87.4、80.9、80.6和77.4。

（二）生产增速稳中加固

2021年，中国纺织行业产能利用率保持良好，生产增速稳中加固。根据国家统计局数据，2021年，纺织业、化纤业的产能利用率分别为79.5%和84.5%，较2020年分别提高6.4个和4.0个百分点。2021年，纺织行业规模以上工业企业增加值比2020年增长4.4%，增速较2020年加快9.0个百分点。纺织产业链绝大部分环节工业增加值实现增长，上游原料端得益于价格支撑，生产增长明显，如化纤行业增加值比2020年增长7.2%。从主要产品产量来看，2021年，大部分产品产量均有不同幅度的增长。其中，化学纤维、纱、布的产量比2020年分别增长9.5%、9.8%和9.3%。

（三）内需市场稳步回暖

2021年，国民经济持续恢复发展带动消费潜力稳定释放，纺织品服装内需市场克服疫情散发、极端天气等短期因素冲击，在国家保民生、促消费良好政策环境以及各类假日消费拉动下，呈现持续恢复态势，成为内销市场相对平稳的品类，为拉动内需增长做出积极贡献。根据国家统计局数据，2021年人均衣着消费支出为1419元，比2020年增长14.6%，占人均消费支出的5.9%。

实体零售渠道恢复态势较为明显。根据国家统计局数据，2021年，全国限额以上单位服装、鞋帽、针纺织品类零售额比2020年增长12.7%，增速较2020年加快19.3个百分点，两年平均增长2.6%，正在逐步接近疫情前的增长水平。网络渠道零售稳定增长，2021年网上穿类商品零售额比2020年增长8.3%，增速较2020年加快2.5个百分点，两年平均增长7%，但与疫情前相比，增长水平仍然偏低。

部分品类消费热度较高。抖音电商发布的春节消费数据显示，春节期间，抖音电商平台冰雪运动产品及相关周边商品总体销量同比增长924%，其中购买最多的品类包括防寒滑雪帽、儿童滑雪裤、速干衣；家居产品在社交零售平台上的热度也不断走高，抖音已有超3亿家

居兴趣用户，床上用品、家居布艺成为畅销品类。

（四）出口创下历史新高

疫情暴发以来，中国纺织行业完整产业体系优势得到充分发挥，在国际需求回暖和订单回流双重利好拉动下，出口金额创下历史新高。中国海关快报资料显示，2021年，全国纺织品服装出口3154.7亿美元（不含94章褥垫、睡袋及其他寝具），比2020年增长8.4%。

从出口产品结构看，2021年纺织品出口额为1452亿美元，比2020年减少5.6%，两年平均增长9.9%；其中口罩、防护服出口额共计减少76.1%，纱线和织物出口额分别实现41.5%和34.3%的较好增长。服装对行业出口增长的支撑作用突出，2021年出口额为1702.6亿美元，比2020年增长24%，两年平均增长6.1%，为2014年以来服装出口额的最高增速。

从出口市场看，受防疫物资需求下降影响，中国对发达经济体纺织品服装出口总体有所减少。2021年，中国对美国出口纺织原料及制品（中国海关第11大类的第50—63章产品）516.6亿美元，比2020年增长2.1%，其中对美服装出口额大幅增长37.1%；对欧盟、英国、日本出口纺织原料及制品金额比2020年分别减少12.0%、26.4%和7.2%，但服装出口额分别实现20.8%、3.1%、7.2%的增长。新兴经济体对中国纺织行业出口增长起到支撑作用，2021年对越南、印度出口纺织原料及制品的金额比2020年分别增长18.2%和63.9%。

（五）运行质效持续修复

纺织行业经济效益逐步恢复。根据国家统计局数据，2021年，全国规模以上纺织企业实现营业收入比2020年增长12.3%，增速较2020年提高21.2个百分点，两年平均增长1.2%。规模以上纺织企业实现利润总额同比增长25.4%，增速高于2020年31.8个百分点，两年平均增长8.4%。纺织产业链各环节盈利分化较为明显，受大宗商品价格上涨影响，产业链前端环节效益增长情况良好，化纤行业利润总额涨幅高达149.2%；终端行业利润增长乏力，服装行业利润增长14.4%。

纺织行业运行质量有所提升。2021年，全国规模以上纺织企业营业收入利润率为5.2%，比2020年提高0.5个百分点；总资产周转率为1.2次/年，比2020年加快5.5%；三费比例为6.6%，比2020年下降0.4个百分点。

（六）投资缺口仍待弥补

根据国家统计局数据，2021年，中国化纤业、纺织业和服装业固定资产投资完成额比2020年分别增长31.8%、11.9%和4.1%，从两年平均增速看，化纤业和纺织业投资总规模已恢复至疫情前水平，服装业投资额仍低于2019年。

二、纺织行业生产经营面临的主要困难

（一）中小微企业发展压力加大

中小微型企业是中国纺织行业中重要的市场主体，中小微型企业实现平稳健康发展，对于纺织行业落实好"六稳""六保"任务，有效推动高质量发展具有重要意

义。中国纺织工业联合会对58个重点纺织产业集群进行统计，集群内4.8万户企业中4.4万户为规模以下企业，户均年营业收入不足400万元。2021年1—10月集群地区规模以下企业营业收入同比减少2.1%，利润总额同比减少26.1%，利润率仅为3.5%。可见，中小微型纺织企业经营压力突出。

中国纺织工业联合会2022年年初组织的"纺织企业经营管理者调查"显示，与大型企业普遍认为原料价格上涨是首要影响因素不同，中小企业普遍认为订单不足是企业面临的首要经营问题，其次为原料价格上涨。此外，中小企业对于疫情散发影响生产开工、融资难融资贵、人民币汇率波动等问题的反馈也较大型企业更为强烈。

（二）市场需求整体偏弱

2021年尤其是下半年，企业普遍反映下游市场需求较弱，新订单不足问题突出，对后市预期普遍持谨慎态度。根据中国纺织工业联合会2021年四季度企业经营管理者调查数据，有41.4%的企业认为订单不足是内销遇到的第一问题，45.2%的企业认为国际订单不足是出口遇到的第一问题。

根据中国棉纺织行业协会调查了解的情况，2021年四季度，纯棉纱、色纺纱、黏胶纱、白坯布、色织布集群企业均反映市场交投氛围下降，订单整体不足，生产企业库存压力有所增加，年底前，很多集群地区的企业基本处于降价去库存、加速回笼资金的状态，对后市预期也普遍谨慎。

（三）成本压力依然较大

2021年，中国纺织原料、国际货运等价格持续高涨，造成纺织企业利润空间不断压缩。12月，国内标准级棉花价格同比上涨约52%，为2021年以来棉花价格的高点；在原油价格支撑及棉价拉动下，涤纶长丝价格同比涨幅也达到约50%。由于终端消费及应用市场支撑不足，原料成本向下游传导难度较大，同期坯布市场价格同比涨幅不到30%。而根据国家统计局数据，2021年，衣着类产品的出厂价格下降0.2%，表明产业链下游企业化解原料成本压力的难度较大，利润空间受到挤压。另据部分出口企业反馈，由于原料、运输、劳动力等成本持续上涨，盈利困难。

（四）结构性用工短缺

招工困难问题在纺织企业中十分普遍，年轻工人及高水平技术、管理人才缺失严重问题突出。由于高学历人才、年轻务工人员多数倾向于在城市发展，而纺织企业大部分位于县镇，专业人才短缺、一线工人老龄化等问题日益突出。中国棉纺织行业协会调研了解到，山东及江苏的苏锡常地区大型棉纺企业职工平均年龄在40～45岁，企业不断提高工资仍无法招到可持续工作的年轻工人，缺工问题已影响到企业正常运营。

三、2022年纺织行业走势预判

展望2022年，纺织行业具备稳增长的基础，但发展

压力有所加大。一方面，疫情趋于好转，全球经济和国内外市场需求逐渐恢复，中国宏观经济实现稳增长的决心以及一系列政策部署提前发力，将为行业健康平稳发展提供积极支撑。但另一方面，通胀压力加大、美欧等主要经济体刺激政策退出等因素，均将导致全球经济复苏前景不够明朗，市场环境不确定性明显上升。大宗商品价格中枢高位、居民消费能力下降、消费意愿不足、生产成本高涨也将导致产业链下游及中小企业利润空间缩减、竞争更趋激烈；此外，"双碳"目标下，行业企业加快推动转型升级任务仍然迫切，行业从恢复性增长过渡至平稳增长面临多方面压力。

（一）内销有望实现低速平稳增长

2022年，中国宏观经济发展基础将持续巩固，虽然出现疫情区域性反弹，但"110万亿元"以上的经济总量、超4亿中等收入群体为纺织行业内销市场实现平稳增长提供首要支撑。国家"六稳""六保""共同富裕"等工作的扎实推进和一系列保民生、促消费、扩内需的宏观政策组合也将为稳定居民消费信心带来利好。冬奥会带动"冰雪经济"保持活跃，冰雪服饰消费热度将明显提升，"国潮当道"的审美品味赋予了行业时尚变革新契机，体育运动服饰、国潮品牌服饰以及各类游戏、社交和演艺服装消费仍将保持赛道优势，国家应急体系规划发布也将促进相关产业用纺织品发展。此外，国家出台政策减轻中小企业负担，多数地方政府也加大助企纾困力度，"专精特新"企业发展环境更趋优化，有助于提高纺织企业发展信心。但是经济发展预期降低、收入预期不稳将导致居民储蓄动机增强，消费意愿相对不足，纺织品服装内销整体将保持低速平稳增长，网上零售增速有望向疫情前水平靠拢。

（二）出口增长的制约因素有所增多

2022年，随着疫苗接种普及率提升和特效药问世，全球经济有望保持在复苏轨道，国际市场需求存在增长空间，《区域全面经济伙伴关系协定》生效将支撑纺织行业出口实现平稳增长。但同时，纺织行业出口面临的不利因素较2021年有所增多，出口对行业发展的贡献作用恐将减弱。全球通货膨胀压力加大，主要经济体复苏周期错位与政策取向分化同时发生，均增加了全球经济复苏前景的不确定性。当前，美国和欧盟的通胀率已分别达到7%和5%以上，迫于通胀压力，主要发达经济体不得不在经济状况尚未完全改善的情况下收紧货币环境。流动性收紧会对经济复苏产生直接的抑制性影响，IMF在1月《世界经济展望》报告中将2022年全球经济增速下调至4.1%，将美国和中国经济增速分别下调1.2个和0.8个百分点。物价水平高位及货币流动性收缩必然对就业、收入、消费产生直接的负面影响，2022年的国际市场需求预计整体将处于复苏疲弱状态。与此同时，随着疫情好转，国际纺织生产供应链将逐步恢复，国际采购格局也将发生变化，出口订单向中国集中回流的情况将不可持续，纺织行业出口形势的不确定

性有所提升。在"弱需求、高基数"因素影响下，预计中国纺织品服装出口增速将逐渐回落。

总体来看，中国纺织产业体系具备稳定、高效、优质的制造优势，但仍需努力化解原料价格高位波动、用工结构性短缺、成本向终端传导难度大等问题。随着低基数效应的消退，2022年纺织行业将回归至经济增长低速运行、转型升级持续深入的常态化复苏轨道。

四、相关政策建议

（一）持续改善企业发展环境

深入落实助企纾困政策。研究适当延长减征小微企业所得税、降低部分社保费率等惠企政策执行期限。鼓励地方政府安排中小微企业纾困资金，出台地方性税收减免措施，针对经营基础良好但出现暂时性困难的企业，给予财政资金扶持，或允许暂缓缴纳部分税款；对于社保缴纳金额较高的企业，给予一定比例的税收返还或财政奖励支持，稳定中小微企业的就业吸纳功能。

合理推进"双控"行动落实。提高绿色低碳发展水平是纺织行业加快推进高质量发展的重要方面，但考虑疫情之下企业生产经营压力仍然较大，各地政府应结合企业生产及市场行情特点，合理调整优化并及时公布供电方案，避免对化纤、棉纺等连续性作业的生产线造成损伤，避免在大宗商品价格大幅上涨周期进一步减少供给。

加强市场监督管理。加大产品质量、知识产权保护等方面的市场检查和执法力度，完善电子商务监管体系，减少网络零售渠道售假侵权问题，提高违法成本，规范市场竞争秩序。

（二）支持企业高质量发展

加大财政支持力度。发挥好财政资金的示范带动作用，对纺织绿色制造、智能制造、纺织新材料等重点领域关键技术研发及推广应用给予扶持，着力补齐行业短板，有效破解绿色环保瓶颈。

强化税收激励措施。加强税收激励，进一步提高企业研发费用和品牌宣传费用税前加计扣除比例，研究将企业购买设计手稿等产品开发费用纳入所得税前加计扣除范围，提升企业技术创新、品牌建设与创意设计投入积极性。

（三）提升纺织行业社会影响力

加强对社会舆论的引导，充分总结并广泛宣传纺织行业在满足内需、科技创新、国际化发展、富民惠农等方面的成绩与贡献，宣传行业在就业环境、薪酬待遇及职业前景方面的积极改变，更新社会舆论对纺织行业的认知，帮助企业在投资、融资、环保、招工等方面获得公平环境。积极开展纺织企业在品质提升、产品开发、品牌建设方面的优秀经验总结与宣传推广，促进纺织行业成为"中国质量""中国创造""中国品牌"的主力代言。

（四）稳定国际贸易环境

完善出口环境。尽量保持人民币汇率走势相对稳定，

避免短时间过快升值或大起大落，减少结汇损失和频繁议价带来的交易负担。发挥好出口信用保险的兜底功能，扩大出口信用险覆盖范围，加大对汇率风险、客户延迟收货风险等情况的承保力度，降低保险费率。

深化双、多边经贸合作。加快中日韩及中国与南亚、中亚、非洲国家自由贸易区建设，为纺织行业对外贸易及对外投资创造有利条件。在全球政治经济形势更趋复杂的情况下，加强服务功能，指导企业提高对外贸易风险识别和管理能力，帮助协调相关政策，防范运营风险。

（五）支持国内品牌发展

支持国内服装、家纺等自主品牌发展，为国内品牌企业开发设计新产品、建立销售和售后服务体系、拓展国内外营销渠道等方面给予支持并提供便利。同时，在内销市场取消外资服装品牌的超国民待遇和不正当竞争条款。

（六）优化国内区域布局

结合西部大开发、长江经济带、粤港澳大湾区等区域发展政策导向，加强对纺织企业的投资区域指导。优化中西部地区投资环境，促进中西部地区纺织产业链发展。加强政府服务功能，解决基础设施、人才短缺、投资政策不连续等制约产业转移的基础性问题。支持行业性公共服务体系发展，搭建投资对接平台，开展咨询、培训等公共服务，推动纺织行业国内产业有序转移。

2022年纺织工业经济运行概况

中国纺织工业联合会

2022年，面对复杂严峻的发展环境，中国纺织行业运行缓慢，生产规模出现下降，内销市场承压明显，出口增速逐步放缓，企业盈利压力持续加大。

一、行业运行态势

2022年，受国内外市场需求持续低迷、国内疫情散发多发等因素影响，纺织行业经济运行承受压力，行业景气指数在收缩区间内波动。据中国纺织工业联合会调查数据，2022年一季度、二季度、三季度、四季度纺织行业景气指数分别为42.6、46.3、44.3和47.0，均在荣枯线以下。

纺织业及服装服饰业生产下降，化学纤维制造业生产增长。 据国家统计局数据，2022年规模以上纺织业、服装服饰业、化学纤维制造业增加值增速分别为-2.7%、-1.9%和1.1%。从当月增加值增速来看，4月，此三个行业增加值增速均落入负增长区间，生产规模下降；其后生产处于波动恢复，进入10月后，纺织业及服装服饰业增加值降幅加深，化学纤维制造业增幅回落。

行业产能利用率下降，主要产品产量减少。 据国家统计局数据，2022年纺织业及化学纤维制造业产能利用率分别为77.2%和82.3%，较2021年分别下降2.3个和2.2个百分点。主要产品纱、布、化学纤维、合成纤维产量分别为2719.1万吨、467.5亿米、6697.8万吨、6154.9万吨，比2021年分别下降5.4%、6.9%、0.2%和0.9%。

内销市场承压明显。 2022年，受收入增长放缓等因素影响，纺织服装产品消费意愿不高，衣着支出有所减少，纺织品服装内需市场压力大。据国家统计局数据，2022年全国限额以上单位服装、鞋帽、针纺织品类零售额为13003亿元，比2021年下降6.5%，网上穿类零售比2021年增长3.5%。

出口增速逐步放缓。 受出口价格支撑因素影响，中国纺织品服装出口保持一定增长。据中国海关数据，2022年中国纺织品服装出口额达3409.5亿美元，比2021年增长2.5%。其中，出口纺织品1568.4亿美元，同比增长1.4%，出口服装1841.1亿美元，同比增长3.4%。其中，对东盟出口纺织品服装582.0亿美元，比2021年增长14.8%，东盟市场对行业新增出口贡献高达90.3%；对美国纺织品服装出口下降5.4%。

盈利压力持续加大。 在"高成本、低需求"供需两端压力下，纺织业及服装服饰业营业收入减少，化学纤维制造业营业收入增长放缓。据国家统计局数据，2022年规模以上纺织业和服装服饰业实现营业收入分别为26157.6亿元和14538.9亿元，分别比2021年下降1.1%及4.6%；化学纤维制造业实现营业收入10900.7亿元，同比增长5.3%。利润总额均呈下降态势，化学纤维制造业下降明显。纺织业、服装服饰业、化学纤维制造业利润总额分别下降17.8%、6.3%和62.2%。营收利润率均有所下降。纺织业、服装服饰业、化学纤维制造业企业营收利润率分别为3.8%、5.3%和2.2%，分别低于2021年0.8个、0.1个和4.0个百分点。

投资仍未恢复至疫情前水平。 国家统计局数据显示，2022年中国纺织业、服装服饰业、化学纤维制造业固定资产投资增速分别为4.7%、25.3%和21.4%。纺织行业投资实现较快增长，一是得益于较为宽松的货币环境和一系列减税降负措施，纺织骨干企业智能化、绿色化改造以及产业布局优化需求得到释放，从而拉动行业投资增长。二是同期基数较低，以2019年为基期计算，服装服饰业三年间年均投资增速依然为负，投资规模尚未恢复至疫情前水平。

行业用工人数持续减少。 2022年，行业从业人员景气指数持续处于紧缩区间，且逐季回落。据中国纺织工业联合会调查数据，2022年一季度、二季度、三季度、四季度纺织行业从业人员景气指数分别为49.5、47.6、44.4和43.0。据国家统计局数据，2022年纺织业和服装服饰业平均用工人数下降，化学纤维制造业平均用工人数增加。纺织业、服装服饰业平均用工人数比2021年分别减少3.6%和7.4%；化学纤维制造业平均用工人数同比增加2.3%。

二、行业数字化建设转型持续推进

政府相关部门加快落实数字化转型的政策支持和示范引领，行业组织进行引导和服务。2022年12月，工业和信息化部公示2022年度智能制造试点示范榜单。其中，纺织行业的示范工厂有福建晋江华宇、新疆昌吉溢达等；优秀场景有华昊无纺布、福建聚纤、长源纺织、宏港纺织、凤竹纺织、裕大华纺织等，涉及智能在线监测、人机协同制造、精益生产管理、工艺动态优化等场景。2022年6月，中国纺织工业联合会发布了《纺织行业数字化转型三年行动计划（2022—2024年）》，以深化新一代信息技术与纺织工业融合发展为主线，以智能制造为主攻方向，以工业互联网创新应用为着力点，加快推动纺织行业数字化转型。中国纺织机械协会会同其他机构，建设围绕纺织行业的智能制造标准试验验证公共服务平台，其中包括纺织装备互联互通及运维，纺织智能工厂建设，纺织成熟度评价及供应链、物流、视觉检测等系列标准的制定,为纺织行业开展智能制造提供有力支撑。

智能制造是纺织行业数字化转型的主攻方向,前一阶段以化纤、纺纱等上游产业为主,近年来逐步向服装、家纺等下游终端产业延伸,取得了一系列进展。山东魏桥嘉嘉家纺有限公司与东华大学等单位合作,建设了床品高效短流程示范工厂,包括智能裁剪、缝制、打包等智能化生产线。大杨集团建设了多条由智能化生产设备组建的西装规模化柔性定制生产线,借助互联网与大数据系统,开发了量体标准和量体数据系统、千万级版型数据库、字典式编码统一物料管理系统。另外,在智能化装备方面,杰克公司研发了用于服装智能化生产的智能裁剪设备、智能吊挂协同、物联网模板机和自动化缝制单元等配套设备;青岛双清推出了采用创新技术的全智能筒纱输送与包装系统。

工业互联网的融合应用在一些行业龙头企业的推动下取得了一系列成果。桐昆集团投入应用的化纤行业工业互联网平台,覆盖五大业态和28家工厂的工业互联网平台,建立了"五横四纵"的数字化管理体系。通过大数据、人工智能、5G等技术综合应用,集成了研发设计、采购供应、生产制造、经营管理、仓储物流等多功能,实现了全链条、跨领域、跨区域的融合发展。红豆集团建设了纺织服装工业互联网平台,以产品个性化、设计协同化、供应敏捷化、制造柔性化、决策智能化为标准,建成了数字化生产、经营、管理的一体化平台,带动上下游纺织服装供应链企业数百家入驻平台,接入多种设备和纺织服装工业App,推进纺织企业"智改数转"。

三、行业发展推动力度加大

2022年,行业面临复杂严峻形势,政府部门制定发布指导行业发展的政策,行业协会担起责任,发挥桥梁作用,举办各类活动,发布行业趋势,稳定了行业运行发展的基本盘。

政府部门制定发布《关于化纤工业高质量发展的指导意见》《关于产业用纺织品行业高质量发展的指导意见》等政策文件,为推动行业高质量发展,形成具有更强创新力、更高附加值、更安全可靠的产业链供应链,巩固提升纺织工业竞争力,满足消费升级需求提出发展方向。

以内需体系构建为重点,推动消费潜力释放与市场复苏。行业内开展了2022纺织服装"优供给促升级"系列活动,有效提振了产业信心。深化产品开发服务,以优质供给创造有效需求。开展2022年度中国纺织工业联合会产品开发贡献奖评定工作,66家获奖企业在流行趋势研究、时尚创意设计、数字化转型、低碳绿色发展等方面发挥了带动引领作用。

提升设计与品牌引领能力。行业内研究发布色彩、纤维、纱线、面料、服装、家纺等流行趋势。举办中国国际时装周、各类设计大赛等活动,发掘和培育中国设计力量。举办首届中国时尚产业工业设计大会与首届中国时尚产业工业设计展,探索工业设计驱动产业升级的新可能。完成第三批中国纺织行业工业设计中心的评定以及第一批(2018年)和第二批(2020年)设计中心的复核工作。举办第六届中国纺织非物质文化遗产大会,推动纺织非遗创新转化与发展。持续深化品牌研究、竞争力评价、品牌培育和推广。建立区域品牌竞争力评价体系,组织开展评价提升工作。

提升数字与绿色引领能力。推进行业工业互联网平台、工业互联网示范基地、工业互联网重点实验室等平台的建设,发布《纺织行业数字化转型三年行动计划(2022—2024年)》。推动行业智能制造、智慧设计、智慧营销创新发展,行业绿色发展的理论、方法、工具不断丰富。

绿色纤维制品可信平台、纺织绿色产品全生命周期评价工具和数据库开发工作有序推进。开展减排路径研究,确定温室气体排放关键工序及减排技术。推动气候创新30·60碳中和加速计划。持续开展行业绿色工厂示范企业培育工作。

行业内完成对全国纺织产业集群试点地区的第五次复查工作。举办2022年全国纺织产业集群工作会议。2022年新加入试点共建的有9个产业集群地区,截至2022年12月8日,与中国纺织工业联合会建立试点共建关系的全国纺织服装产业集群地区共计202个,其中包括31个产业基地市、73个特色名城、98个特色名镇。

行业协会通过调研、项目合作、规划等形式,加强对区域产业发展的引导。强化优势,继续培育发展世界级纺织产业集群。以项目、会议、展会等活动为载体,引导中西部、东北部、边疆省份根据资源禀赋承接产业转移。举办第十五届全球纺织服装供应链大会、2022江西纺织服装周暨江西(赣州)纺织服装产业博览会等活动,推动相关地区产业的发展。特色鲜明、优势互补、协同发展的产业发展格局加快形成。

四、存在的困难及问题

市场需求压力未有缓解。订单不足是2022年纺织行业面临的首要问题。从中国纺织行业景气指数来看,2022年一至四季度的新订单指数持续位于荣枯线以下,表明市场需求不足。从国际需求看,品牌商库存处于高位,较难释放大量订单。如美国服装零售增速从2022年年初20%左右下降至6.7%,服饰类商品库存增速高达22%。从国内需求看,央行发布2022年第四季度城镇储户问卷调查报告显示,2022年四季度中国居民收入感受指数仅为43.8,短期消费贷款仅同比增长0.3%,远低于16.7%的存款增速,作为可选消费品的服装产品消费意愿相对更低,企业反馈内销市场订单不足问题未有改善。专业市场景气指数自8月后持续走低,12月纺织服装专业市场管理者景气指数和商户景气指数分别降至43.6和45.4,均为2022年最低值。

行业盈利承压较大。2022年,原油、棉花等原料成本明显上涨，需求低迷导致成本压力向下游传导不畅，行业产成品价格在下半年持续走低，利润空间明显收窄，尤其是上游原料加工环节盈利压力较为突出。

国际市场竞争加剧。 中国纺织服装产品在国际主销市场上的份额持续降低，1—11 月，美国、日本自中国进口纺织品服装分别占从全球进口的 24.9% 和 55.7%，分别低于 2021 年同期 2.9 个和 1.1 个百分点；美国时尚产业协会发布的 2022 年度报告显示，美国品牌商对中国依赖度不断下降，近 1/3 的受访企业 2022 年在中国的采购额未超过其采购总额的 10%，80% 的企业计划在未来两年继续减少从中国采购。1—10 月，欧盟从中国进口纺织品服装占从全球进口的 32.5%，低于 2021 年同期 0.7 个百分点。

五、相关政策建议

进一步减轻企业负担。 落实好制造业企业增值税留抵退税、小规模纳税人增值税阶段性免征、小微企业所得税减收及设备器具税前加速折旧等优惠政策。鼓励地方政府出台地方性税收减免措施，对经营基础良好但出现暂时性困难的企业给予扶持。

加强对企业创新发展的财税支持。 继续发挥好财政资金的示范带动作用，对纺织绿色制造、智能制造、纺织新材料、数字化改造等重点领域关键技术研发及推广应用给予扶持，着力补齐行业短板。

稳定出口环境。 加大对跨境电商出口的支持力度。完善人民币跨境结算相关服务。发挥好出口信用保险的兜底功能。

稳定能源及大宗原料价格。 积极采取措施统筹协调市场供需，稳定石油、棉花等大宗原料价格，避免价格大幅波动。适当扩大能源供给量，避免煤、电、天然气等能源价格过快上涨。

积极提振消费信心。 加强对国内经济、就业形势变化的宣传解读，促进纺织服装产品线上销售，激发消费活力。加大纺织行业自主品牌宣传与培育力度，增强自主品牌的内需市场消费力量。

六、2023 年趋势预测

展望 2023 年，纺织行业出口增长的制约因素增多，出口压力显著增加。一是美国、日本和欧洲等传统主销市场受收入增长趋缓、能源价格高企挤占消费支出等因素影响，需求增长动力不足。二是国际品牌商普遍面临库存高位等问题，下单策略将趋于谨慎。加之贸易环境有所恶化，行业出口规模或难超过 2022 年水平。从国内看，中国宏观经济基本面长期向好将为产业链供应链稳定运转和大容量内需市场升级发展提供积极支撑，国潮、大健康、可持续等消费热点与纺织行业的结合空间仍有发展潜力，稳增长、稳就业、稳物价的工作部署也将全力保障消费需求逐步回暖。但居民收入增长放缓、消费信心不足等制约因素短期内难以完全消除，行业内销增速快速提升仍面临一定压力。预计 2023 年行业内销或呈现前低后高的增长趋势。总体来看，行业主要运行指标将在国内消费需求引擎回暖等因素的支撑作用下较 2022 年有所改善。

2019 年轻工业经济运行概况

中国轻工业联合会

2019 年轻工业认真贯彻中央"六稳"总要求，在国家减税降费一系列扶持实体经济的政策支持下，坚持以市场为导向，通过强化科技创新、服务消费升级等举措，实现了势头稳、效益升的良好运行。2019 年，轻工业以占全国工业 14.0% 的资产总额，实现了全国工业 18.7% 的营业收入和 20.9% 的利润；出口方面，轻工业努力克服中美经贸摩擦的不利影响，2019 年出口 6752.8 亿美元，占全国出口总额的 27.0%，同比增长 5.4%（高于全国 4.9 个百分点）。轻工经济发展亮点多、韧性足，为国民经济稳定增长做出积极贡献。

（一）生产稳中有增，结构调整有序

2019 年，国家统计局统计的 92 种轻工产品中，有 56 种产品产量同比正增长，增长面为 60.9%。其中，具有较高技术含量和较高附加值的产品产量保持较快增长：太阳能电池产量增长 26.8%、家用洗衣机产量增长 9.8%、家用吸排油烟机产量增长 8.7%、家用电冰箱产量增长 8.1%、电动自行车产量增长 6.1%。产量下降较多的是被转型替代或市场需求萎缩的产品，其中荧光灯、新闻纸、白炽灯泡产量分别下降 23.4%、22.1% 和 17.0%。轻工主要产品的产量变化，体现了以市场为导向的消费升级趋势。

（二）利润快速增长，运行质量提升

2019 年规模以上轻工企业 10.9 万家，实现营业收入 19.8 万亿元，同比增长 2.8%，增速低于全国工业 1.0 个百分点；实现利润总额 12953.9 亿元，同比增长 7.1%，增速高于全国工业 10.4 个百分点。在轻工 20 个主要行业中，有 8 个行业利润增速超过 10%。轻工业营业收入利润率 6.5%，比 2018 年同期提高 0.3 个百分点，高于全国工业利润率 0.7 个百分点。

轻工业以占全国工业 14.0% 的资产总额，实现了全国工业 18.7% 的营业收入和 20.9% 的利润；轻工业运行质量进一步提升。社会对食品的刚性需求，强力支撑轻工业平稳发展。2019 年，大食品行业（包括农副食品加工业，食品制造业，酒、饮料和精制茶制造业）合计实现营业收入 8.1 万亿元，占轻工业总营业收入的 41.01%，同比增长 4.2%；实现利润 5774.5 亿元，占轻工业总营业收入的 44.6%，同比增长 7.8%。营业收入利润率达到 7.1%。大食品行业营业收入、利润增速、利润率均高于轻工行业平均水平。食品消费品工业较快增长对轻工业稳健发展起到压舱石作用。

家电、家具等大家居相关行业消费升级成效显著，产品更加智能、舒适和跨界融合，高端产品市场份额持续扩大，为行业利润增长注入新动力。2019 年，家具行业利润同比增长 10.8%，家电行业利润同比增长 10.9%，营收利润率达到 8.4%，明显高于其他轻工行业。

（三）出口稳健增长，结构更趋均衡

2019 年，轻工业出口额 6752.8 亿美元，占全国出口总额的 27.0%。轻工业出口同比增长 5.4%，高于全国出口增速 4.9 个百分点。其中造纸、轻工机械、日化、工美、文体、塑料制品等行业出口增长较快。

受中美贸易摩擦影响，2019 年轻工业对美出口同比下降 9.6%。但通过积极拓展东盟、欧盟、"一带一路"沿线国家市场，有效冲抵中美经贸摩擦不利影响。2019 年轻工业对东盟出口同比增长 23.57%，对欧盟出口同比增长 11.7%，对"一带一路"沿线国家出口同比增长 16.73%（见图1）。均衡的国际市场结构，有利于防范和降低出口风险。

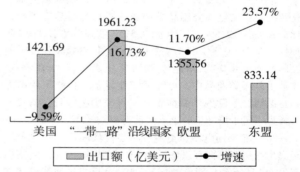

图 1　2019 年轻工业对主要经济体出口额及增速

对美出口方面，经贸摩擦影响总体可控，但部分行业对美出口下滑幅度较大。为直观反映中美经贸摩擦对轻工行业出口贸易的影响，中国轻工业联合会编制出口贸易指数：指数以 2017 年轻工对美出口额为基数 100，2019 年 1—12 月，轻工业中美出口贸易指数为 100.01，与经贸摩擦发生前基本持平，但轻工业总体出口贸易指数为 112.58，表明中美经贸摩擦对轻工业出口影响总体可控。但皮革、家具行业受影响较大，如皮革行业贸易指数低至 89.81；而塑料、家用电器行业则保持较高的出口额，如家电行业指数 108.73（见图2）。

（四）消费持续升级，生活质量提高

2019 年，轻工业相关 10 种消费品零售总额 60100 亿元，占社会消费品零售总额的 14.6%。其中：日用品、化妆品、饮料、粮油食品类零售保持较快增长，增速均超过 10%。快速消费品及日用品类商品增长稳中有升。

图2　2019年1—12月轻工家电行业出口贸易指数

2019年，限额以上单位快速消费品零售额同比增长9.7%，增速比2018年加快0.2个百分点。其中，粮油食品类商品同比增长10.2%，增速与2018年持平，继续保持两位数较快增长；饮料类商品同比增长10.4%，加快1.4个百分点。限额以上单位日用品类商品同比增长13.9%，加快0.2个百分点。

消费升级类商品增速加快。2019年，限额以上单位化妆品类、文化办公用品类和通信器材类商品零售额同比分别增长12.6%、3.3%和8.5%，增速分别比2018年加快3.0个、0.3个和1.4个百分点；体育娱乐用品类商品同比增长8.0%，增速比2018年提高10.7个百分点。在消费升级类商品中，可穿戴智能设备、智能家用电器和音像器材等发展享受型商品零售额快速增长，消费升级成为零售市场增长的重要推动力。

2019年家用电器和类消费品零售额同比增长5.6%，居民耐用消费品拥有量继续增加。2019年每百户空调拥有量为115.6台，同比增长5.8%；每百户排油烟机拥有量为59.3台，同比增长5.2%；每百户热水器拥有量为86.9台，同比增长2.3%。每百户助力车拥有量为63.9辆，同比增长8.0%。2019年，全国居民人均食品烟酒支出6084元，同比增长8.0%，比2018年加快3.2个百分点。全国居民恩格尔系数为28.2%，同比下降0.2个百分点。恩格尔系数继续下降，表明居民消费持续升级，居民生活质量稳步提高。

（五）骨干企业优势突出，引领行业健康发展

轻工龙头企业加大科技创新力度，强化品牌建设，取得了良好的经济效益，成为引领行业由大变强的中坚力量。2019年，轻工行业美的集团、格力电器、青岛海尔入选《财富》杂志世界500强榜单。根据中国轻工业联合会发布的年度百强报告，轻工业2018年度前100强企业的营业收入占到全行业的14%，而利润占到22%，表明行业利润向头部企业集中。这部分企业效益好、品牌优，发展前景好。

2020年轻工业经济运行概况

中国轻工业联合会

2020年，面对严峻复杂的国内外形势和新冠疫情的严重冲击，在以习近平同志为核心的党中央坚强领导下，我国统筹推进疫情防控工作，经济社会发展取得重大战略成果。轻工业生产持续稳步恢复，消费需求逐步回暖，出口形势好于预期、盈利水平进一步提升。但受国内外经济环境等多重因素影响，轻工业分化程度加剧、投资发展后劲不足、中小企业困难依然较大。目前轻工业经济运行总体仍属于恢复改善状态，主要经济指标仍处于负增长区间，轻工业增加值、营业收入、利润、出口交货值、投资等多项发展指标水平仍低于全国工业，轻工业经济稳定运行仍面临诸多风险和挑战。

一、经济运行概况

（一）生产稳步恢复

在工业增加值方面，12月轻工业增加值同比增长4.1%，月度增加值增速已连续六个月保持正增长。在轻工19个大类行业中，16个行业增加值为正增长，其中电池、家电、金属制品行业增加值增速较快。

从全年累计增速看，部分大类轻工行业，如自行车、电池、家用电器、金属制品、塑料制品、食品、造纸行业增加值为正，有力带动轻工业生产稳步恢复。

从轻工全行业看，2020年，轻工业增加值同比下降0.8%，降幅逐月收窄（见图1）。轻工业生产总体呈稳步恢复态势，但轻工业月度及累计增加值增速均低于全国

工业及制造业水平。

在产品产量方面，在国家统计局统计的92种轻工产品中，产量正增长的品种为56个，增长面为60.9%，其中有27个产品产量增速超过10%。具有较高技术含量和较高附加值的产品及市场需求旺盛的产品如家用电器类产品、自行车、电池、纸浆等产品继续保持快速增长。

从全年产量看，得益于疫情的有效控制和市场需求的逐步回暖，部分家用电器类产品、电池、自行车、酒精、纸浆产量增速较快。

（二）消费需求回暖

在国内市场方面，国内消费市场持续回暖，新型消费不断加快，网上零售保持较快增长，轻工消费品市场呈现明显复苏态势。12月，轻工业10类商品零售中基本生活类和消费升级类商品零售继续保持较快增长。饮料类零售额同比增长17.1%，粮油食品类零售额同比增长8.2%；金银珠宝类、化妆品类零售额同比分别增长11.6%、9.0%。文化办公用品类商品零售额同比增长9.6%。耐用消费品类中，家用电器类零售额同比增长11.2%，家具类零售恢复正增长，同比增长0.4%，增速较11月回升2.6个百分点。

2020年，轻工业10类商品零售总额59830亿元，占社会消费品零售总额的15.3%，同比增长2.3%，高于社会消费品零售总额增速6.2个百分点（见图2）。在实

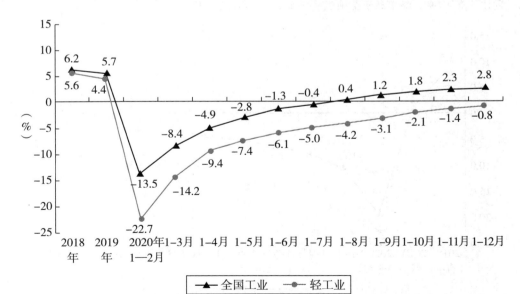

图1　轻工业增加值累计增速与全国工业对比

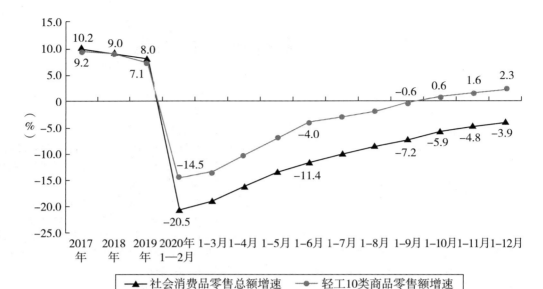

图2　轻工10类商品与社会消费品零售额累计增速对比

物商品网上零售额中，吃类和用类商品分别增长30.6%和16.2%。

全年轻工业10类商品中有6类商品零售恢复正增长，基本生活类、化妆品类和文化办公品类商品零售增速较快，其中饮料类增长14%、粮油食品类增长9.9%、化妆品类增长9.5%；有4类商品零售同比下降，其中家具、家电类商品零售额分别比2019年同期下降7.0%和3.8%。

在国际市场方面，轻工业规模以上企业出口形势继续好转，12月轻工业规模以上企业出口交货值同比增长2.6%，月度出口交货值增速已连续4个月保持正增长。2020年累计完成出口交货值24880.2亿元（占全国工业的20.3%），同比下降4.9%，降幅高于全国工业4.6个

百分点（见图3）。

随着国内疫情得到有效控制，下半年以来，复工复产持续推进，家电、塑料制品、家具、玩具等行业出口订单明显增加，外需市场有所恢复，轻工主要商品出口快速回升。据海关总署网站统计数据，2020年轻工业8类重点商品出口额3621亿美元（占全国出口总额的14.0%），同比增长7.0%（见图4）。其中，家用电器、塑料制品、灯具、家具类商品出口同比分别增长23.5%、19.6%、14.3%和11.8%。年初出口下降幅度较大的玩具类商品，全年出口同比增长7.5%。陶瓷产品出口与2019年持平，但箱包和鞋靴类商品出口降幅依旧较大，降幅均超过20%。

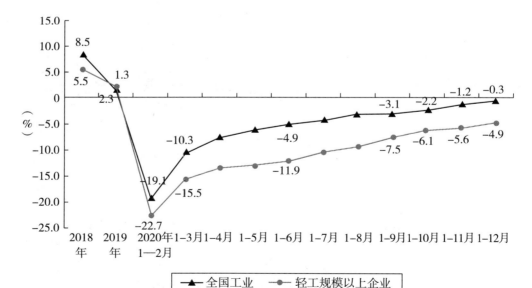

图3　轻工规模以上企业出口交货值累计增速与全国工业对比

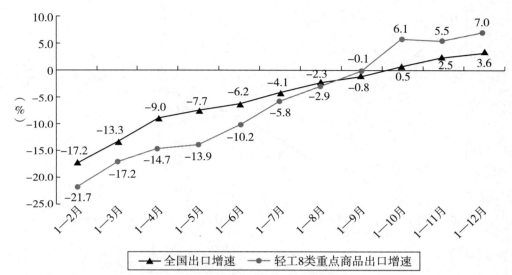

图4　2020年轻工8类重点商品出口增速与全国对比

（三）经营继续改善

2020年，轻工业规模以上企业共计10.9万家，累计实现营业收入19.5万亿元（占全国工业的18.3%），同比下降1.7%，降幅逐月收窄，经营状况继续改善（见图5）。

（四）盈利水平提升

2020年，轻工业规模以上企业实现利润13341.6亿元（占全国工业的20.7%），同比增长3.6%，盈利水平逐月回升（见图6）。

2020年，轻工业营业收入利润率6.9%，高于同期全国工业利润率0.8个百分点，目前轻工业利润率已高于往年水平（见图7）。

（五）行业分化加剧

2020年，较为严峻复杂的经济形势导致轻工业行业发展分化进一步加剧，以大食品为代表的刚需行业以及下半年以来市场需求旺盛的行业如自行车、助动车行业营收与利润均实现正增长。塑料、造纸、电池受近期市场价格上涨影响，利润实现较快增长。而受疫情影响较大的耐用消费品行业和出口型行业，如皮革、家具、照明、玩具等行业虽然近期产销逐步恢复，但由于前期缺口较大，全年行业营收及利润累计增速仍为负增长且降幅较大。

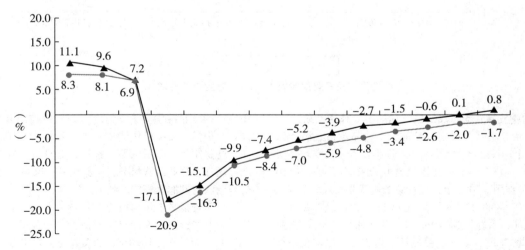

图5　轻工规模以上企业营业收入增速与全国工业对比

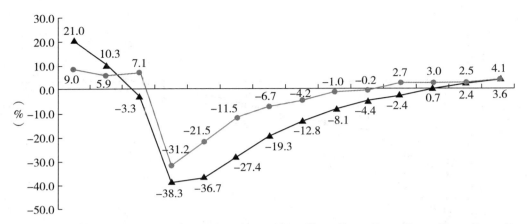

图 6　轻工规模以上企业利润增速与全国工业对比

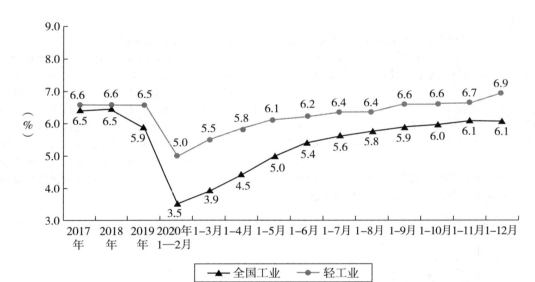

图 7　轻工业营业收入利润率与全国工业对比

1. 内需支撑，大食品工业"压舱石"作用凸显

大食品工业（含农副食品加工、食品制造、酒和饮料制造三个国民经济大类行业），营业收入、利润均已实现正增长，对轻工行业整体效益拉动作用显著，起到"压舱石"作用。2020 年，大食品工业营业收入 8.2 万亿元，占轻工业的 42.3%，同比增长 1.2%。实现利润 6206.6 亿元，占轻工业的 46.5%，同比增长 7.5%。营业收入利润率 7.3%。其中，受刚性消费支撑，农副食品加工业，食品制造业，酒、饮料和精制茶制造业利润同比分别增长 5.9%、6.4% 和 8.9%，均超过轻工业平均水平。

2. 外需增长，行业经营状况进一步改善

从全球需求角度来看，当前海外疫情形势仍然十分严峻，外国企业恢复生产经营秩序的难度较大，中国具备完整的产业链优势，疫情已得到有效控制并率先复工复产，中国产品出口优势仍将进一步扩大。2020 年自行车、塑料制品、家用电器、家具、灯具等行业出口订单明显增加，行业经营状况进一步改善，家用电器、家具、灯具营收与利润降幅持续收窄。

由于疫情影响了出行方式，自行车内外市场需求暴增，行业产销两旺，出口量价齐升，行业效益指标表现"亮眼"，自行车、助动车行业营收与利润均为正增长。

二、存在的主要问题

（一）轻工业复苏进程滞后

2020 年，轻工业多项发展指标水平低于全国工业且仍处于负增长区间，整体复苏进程滞后于全国工业。

2020 年轻工业增加值同比下降 0.8%，增速低于全国工业 3.6 个百分点；轻工业营业收入同比下降 1.7%，增

速低于全国工业 2.5 个百分点；轻工业利润同比增长
3.6%，增速低于全国工业 0.5 个百分点；轻工业出口交
货值同比下降 4.9%，增速低于全国工业 4.6 个百分点
（见图 8）。

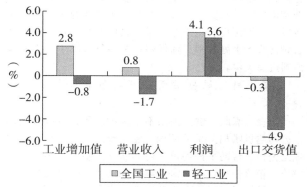

图 8　轻工业主要指标增速与全国工业对比

轻工业行业多属劳动密集型，中小企业占比超过
90%，抵御疫情冲击能力弱。轻工产品的消费品属性决
定了行业发展受内外市场需求影响巨大。虽然从下半年
开始轻工行业在生产、消费、出口等方面逐步恢复，但
由于上半年受疫情影响较大，到年底尚不能弥补年初的
巨大缺口。发展分化程度进一步加剧，经济稳定运行仍
面临诸多风险和挑战。

（二）投资发展后劲不足

近年来，受总体经济形势影响，行业投资明显放缓，
疫情叠加效应使投资意愿降低，2020 年主要轻工业投资
均为负增长，主要轻工业投资增速均低于全国投资增速。
其中，文体行业投资下降 26.5%，皮革、家具、木材加
工行业投资降幅均超过 10%。虽然近期轻工业投资总体
呈弱势回升态势，降幅有所收窄，但短期内难以恢复到
正常水平，影响发展后劲。

（三）市场尚未完全恢复

轻工部分行业面临最突出的困难是内外需市场并未
完全恢复至正常增长水平。2020 年，从内需市场看，社
会消费品零售总额仍为负增长，同比下降 3.9%。轻工业
相关 10 种商品零售额同比增长 2.3%，仍处于恢复改善
态势，与往年 9% 左右的增速仍有不小差距。外需市场受
海外疫情及中美经贸摩擦等因素影响，行业出口出现大
幅下滑。2020 年，轻工业出口交货值同比下降 4.9%；箱
包、鞋靴出口降幅仍超过 20%，相关企业经营困难。

（四）运费暴涨与货柜短缺严重影响企业出口

家电行业承接了大量海外订单，2020 年家电产品出
口额同比增长 23.5%。随着海外需求的陆续恢复，货柜
短缺现象比较明显，海运费用出现大幅上涨，对企业运
营造成冲击，造成出口产品积压仓库、企业不时被迫停
产，严重影响家电企业生产和出口。

（五）应收账款走高，企业资金流动性减弱

从 2011 年起，轻工全行业应收账款和产成品存货呈

逐年走高的趋势。截至 2020 年年底，轻工全行业应收票
据及应收账款 23245.6 亿元，同比增长 20.8%，占全国
工业的 14.2%。产成品存货 9990 亿元，同比增长 4.0%。
应收票据及应收账款大幅增长，导致企业资金链紧张，
影响行业的正常生产和运行。

三、运行走势研判

在疫情冲击下，轻工业经济运行总体保持复苏改善
态势，轻工业发展前景可期，主要有以下五点原因：一
是党中央、国务院扶持政策力度大、时间长、措施实，
政策至少延续至 2020 年年底，对企业恢复发展起到重要
支撑作用，企业普遍反映得到政策惠及。二是轻工产业
链体系完备，配套能力强，市场化程度高，自我恢复韧
性比较强。三是中国消费市场大，作为消费品工业，市
场刚性需求对行业发展支撑力度大，如食品工业成为带
动轻工行业发展的骨干力量，营业收入占轻工业的
42.7%，实现利润占轻工业的近 50%。四是轻工产品国
际竞争力较强，随着国外疫情得到控制，中国轻工商品
的出口将会逐渐复苏，带动轻工业进一步发展。五是新
的消费需求增长，如受疫情影响，洗涤用品、自行车、
小家电、健身器材、民族乐器等行业保持良好增长。综
合以上因素分析，轻工业将继续保持恢复向好态势。

2021 年，是"十四五"开局之年，在构建"双循
环"相互促进的新发展格局下，轻工业将继续以供给侧
结构性改革为主线，使轻工供给体系更好适应"两个市
场"的需求结构变化，以满足人民对美好生活的需要为
出发点，以新发展理念为统领，以科技创新、"三品"战
略、智能绿色、产业集群、国际合作、深化改革等手段，
加快形成"双循环"新发展格局，使国内市场和国际市
场更好地联通，构建具有一定竞争优势，拥有核心技术
和知识产权，产业链条完善的现代产业体系，推动轻工
行业实现高质量发展。

后疫情时代，"危"与"机"并存，但轻工业发展
长期向好的基本面没有变，轻工业韧性好、潜力足的基
本特征没有变。在复杂的国内外形势下，轻工行业必将
牢牢把握高质量发展主动权，发挥内需潜力，联通全球
市场，促进国内国际双循环良性互动，为构建新发展格
局做出更大的贡献。

2021 年，轻工行业经济将加快反弹，发展总体向好，
运行质量将进一步提升。初步预测如下：轻工业增加值
增长 3%，营业收入增长 3%，出口增长 3%，利润增
长 5%。

四、政策建议

（一）大力度实施制造业重点能力提升

保市场主体、稳就业岗位是当前的重中之重，轻工
业作为传统制造业，是国民经济生产体系的重要部分，
在满足消费需求、扩大出口创汇、增加劳动就业等方面
发挥着重要作用。在供给侧结构性改革中，应更加关注
轻工行业传统制造业的提质增效，推动增强其满足国内
外需求的能力，针对性设立轻工技改专项，通过政策支

持完善全产业链，助推传统制造业转型升级。

（二）多措并举强化内循环

持续加大刺激国内消费相关政策出台落实的力度，稳定市场价格，逐步加大国内消费对经济的牵引作用，建议加大轻工产品消费支持力度，如由政府牵头，联合全国主流房地产企业，开展家具、家电、五金厨卫等配套合作项目；通过政府采购，支持乐器、健身器材进校园、进社区；加强交通道路规划，为自行车、电动自行车提供更多路权，促进自行车行业发展等。

（三）重点支持优势行业扩大外循环

轻工行业出口占全国出口总量的1/4以上，建议加大对轻工等有较强竞争优势行业的重点支持，加大对企业进出口商务、重大项目等的协调解决支持力度，出台支持企业拓展海外业务的政策，助力企业开拓多元市场，促进经济发展双循环。

面对经济的逐步恢复，应增加全球物流资源；政府或协会牵头与全球主要海运公司沟通，增加海运运力和货柜供应，降低物流费用；出台对企业外销出口物流支持政策，补贴企业物流费用。

（四）持续优化营商环境

改进食品生产许可审批制度减少审批流程；阶段性减免或缓征废弃电器电子产品处理基金；尽快对进口旧钢琴（包括翻修钢琴）行业单独分列税号，目前该行业已占国内市场的40%以上，直接影响到中国钢琴生产企业和消费者的权益；扩大危废品处置豁免范围，对皮革等废弃物资源再利用的企业给予税收优惠；对饮料企业合理征收污水处理费；降低塑料高端复合膜生产设备及原料进口关税。

（五）针对近期运费暴涨与货柜短缺情况的建议

运费暴涨既有供需关系不平衡的原因，也有各大船运公司趁机哄抬运费的原因。建议政府出面，约谈主要船运公司，帮助平抑物价。协调欧美主要贸易港，优先解决空箱货柜长期滞留海外港口的问题，同时提高国内货柜的供给量。对核心出口企业，协调船运公司，实现优先仓位供给。对出口企业面临的成本大幅上涨、生产节奏被打乱等问题，建议适当给予政策性补贴，帮助企业渡过难关。

2021年轻工业经济运行概况

中国轻工业联合会

2021年，轻工业认真贯彻中央"六稳""六保"工作要求，努力克服国内外疫情等不利因素影响，行业经济呈现恢复性增长态势。主要表现在：国内市场需求旺盛，对外出口大幅提升，投资信心稳步恢复，生产经营稳中有增，为国民经济稳增长做出积极贡献，为"十四五"高质量发展打下良好基础。但受原材料价格上涨等因素影响，轻工业利润空间被严重挤压，轻工企业经营承受巨大压力，行业发展困难较大。作为重要的民生和劳动就业支柱产业，需高度重视当前困难状况，主动作为，多方合力营造良好发展环境，为稳增长、稳就业提供有力支撑。

一、经济运行概况

（一）经济总量稳步增长

2021年，规模以上轻工行业增加值较2020年增长11.1%。在轻工19个行业中，有18个行业增加值实现增长。从产品产量看，在国家统计局统计的92种轻工产品中，产量增长的有70种，增长面为76.1%，其中有29种产品产量增速超过10%。具有较高技术含量和较高附加值的产品及市场需求旺盛的产品，如家用电器类产品、电池等产品继续保持快速增长。

（二）消费需求旺盛

国内市场方面，国内消费市场持续回暖，新型消费不断加快，网上零售保持较快增长，轻工消费品市场呈现明显复苏态势。2021年，轻工10类商品零售中，基本生活类和消费升级类商品零售继续保持较快增长。其中，金银珠宝类零售额同比增长29.8%，烟酒类商品同比增长21.2%，饮料类商品同比增长20.4%，文化办公用品类商品同比增长18.8%；耐用消费品类中，家用电器零售额同比增长10%，家具类零售额同比增长14.5%。

2021年，轻工行业相关10种商品零售总额67817亿元，占社会消费品零售总额的15.4%，比2020年增长14%，高于社会消费品零售总额增速1.5个百分点。在实物商品网上零售额中，吃类和用类商品分别同比增长17.8%和12.5%。

在国际市场方面，规模以上轻工企业出口形势呈恢复性增长态势，2021年完成出口交货值比2020年增长15.2%，增速低于规模以上工业2.5个百分点。

2021年，轻工商品出口大幅提升。随着国内疫情得到有效控制，以及外需市场的恢复，家用电器、塑料制品、家具、玩具等行业出口订单明显增加，轻工主要商品出口快速回升。据海关总署统计，2021年轻工8种重点商品出口额4735亿美元（占全国出口总额的14.1%），比2020年增长28.6%。其中，灯具及照明装置、玩具、鞋靴、箱包及类似容器出口增速均超过30%，分别同比增长31.2%、37.7%、35.3%和35.1%，其他轻工商品的出口增速也均超过20%。

（三）经营效益稳中有升

2021年，规模以上轻工企业实现营业收入比2020年增长14.4%，增幅逐月放缓；实现利润同比增长7.4%。受上游原材料涨价影响，轻工业利润率低于往年水平。2021年，规模以上轻工业营业收入利润率为6.3%，低于同期全国工业利润率。

（四）投资信心稳步恢复

2021年主要轻工业投资稳步恢复，部分轻工业投资保持较快增长。10种主要轻工及相关行业中，食品类及造纸、木材加工、文教工美体育和娱乐用品行业投资增速同比超过10%，其中农副食品加工业投资同比增长18.8%，食品制造业投资同比增长10.4%，酒、饮料和精制茶制造业投资同比增长16.8%，造纸及纸制品业投资同比增长13.3%，均高于全国固定资产投资增速（4.9%）。

四季度，食品制造、木材加工、文教工美体育和娱乐用品制造行业投资增速逐月回升，家具、皮革和制鞋业投资降幅逐步收窄，全年投资恢复正增长。轻工业投资信心稳步恢复，固定资产投资稳中向好。

二、存在的主要问题

（一）突出问题

行业成本上升、效益下滑。受原材料价格上涨等因素影响，轻工企业成本压力增大，盈利空间缩小。2021年，规模以上轻工行业营业收入和利润增速低于全国工业增速，每百元营业收入中的成本较2020年增加0.6元。自2021年7月起，轻工业利润连续四个月负增长，11月起盈利状况有所改善，利润增速由负转正，但轻工业利润率从一季度开始低于全国工业。2021年轻工业利润率为6.3%，较2020年回落0.6个百分点，低于全国工业0.5个百分点。

（二）成因分析

1. 原材料大幅涨价挤压行业利润

2021年原材料出厂价格明显上涨，原料业生产资料出厂价格累计涨幅为15.8%，轻工消费品生产企业众多，市场竞争激烈，目前市场消费端难以承担原材料价格上涨压力，轻工相关消费品出厂价格仅小幅上涨甚至下降。2021年，食品类出厂价比2020年上涨1.4%，一般日用品类上涨0.5%，耐用消费品类出厂价下降0.6%。2021

年，全国规模以上工业利润比 2020 年增长 34.3%。在生产资料价格高位运行拉动下，有色金属行业利润同比增长 115.9%、化工行业利润同比增长 87.8%、钢铁行业利润同比增长 75.5%，而轻工业利润仅同比增长 7.4%，远低于规模以上工业及制造业平均水平。

2. 运费高企叠加人民币升值因素影响

受疫情影响，国际海运供应链恢复缓慢，海运运力持续紧张，运费高、货柜短缺的问题较为突出。2021 年 12 月 31 日，代表结算价格的中国出口集装箱运价指数（CCFI）为 3344.24 点，收于全年最高点，比 2020 年低点上涨 301%。波罗的海运价指数显示，过去一年，从亚洲到北美航线标准运费上涨 6 倍，其中上海到洛杉矶最高报价暴涨近 12 倍。运费高企叠加人民币升值因素，进一步压缩了出口企业的利润空间，部分中小企业处于增收不增利的境地。

3. 其他因素影响

2021 年，全球疫情影响仍在持续，国际政治经济环境更加复杂严峻，国内新增多地散发疫情对消费、生产等经济活动产生扰动，供应链稳定性有待巩固。同时，房地产市场调整对家电、家具、五金等家居类生活用品行业影响较大。轻工业面临企业分化加剧、结构性用工短缺等问题。

三、运行走势研判

中央经济工作会议指出中国经济发展面临"需求收缩、供给冲击、预期转弱"三重压力，会议要求 2022 年经济工作要稳字当头、稳中求进。轻工业采取一系列发展举措，推动行业高质量发展。预计 2022 年轻工业经济运行将实现平稳开局，稳健发展。

调控政策措施显效。随着能源、大宗商品保供稳价措施和助企纾困、减税降费、融资支持等政策落地显效，工业企业利润结构不断改善，近期上游部分原材料价格快速上涨势头得到初步遏制，下游行业成本压力有所缓解，轻工企业经营状况进一步改善。2021 年，全国新增减税降费超过 1 万亿元，切实减轻了企业负担、激发了市场主体活力。2022 年将实施更大规模的减税降费政策，预计 2022 年退税减税约 2.5 万亿元。

一系列扩大有效投资、稳定外贸发展、促进消费恢复等政策密集部署，如国家发展改革委、工业和信息化部等 12 部门发布的《促进工业经济平稳增长的若干政策》，针对性强，为 2022 年中国经济稳定发展、稳中求进夯实基础。一大批"十四五"规划项目实施，能够间接或直接促进消费，带动轻工行业发展。

轻工业具有韧性好、潜力足、空间大、发展稳的基本特征。中国经济长期向好的基本面没有变，轻工产业链体系完备，配套能力强，市场化程度高，自我恢复韧性比较足。中国消费市场大，作为消费品工业，市场刚性需求对行业平稳发展支撑作用大。

骨干企业自身提质增效，发展能力稳步提升。轻工业科技研发投入不断增加，科技创新能力不断提高，轻工业科技百强企业研发投入比重达到 2.8%，价值能力不断提高，能够有效应对各种复杂情况，实现高质量发展。

预计 2022 年轻工经济运行将实现平稳开局，稳健发展。受 2021 年基数影响，全年主要工业经济指标增速将呈现前低后高走势。初步预测 2022 年轻工业增加值同比增长 8% 左右，营业收入同比增长 10% 左右，利润同比增长 15% 左右；轻工商品出口突破 1 万亿美元，同比增长 8% 左右。

四、政策建议

一是充分重视消费对经济的拉动作用，切实落实好扩大内需战略。 中央经济工作会议要求，2022 年经济工作要稳字当头、稳中求进。会议强调，实施好扩大内需战略，促进消费持续恢复，积极扩大有效投资，增强发展内生动力。这就需要充分重视消费产业稳增长的基础性、支柱性作用。2021 年，中国成为全球第二大商品消费市场，货物贸易总额连续 5 年全球第一。2021 年全国社会消费品零售总额 44.1 万亿元，同比增长 12.5%。最终消费支出对经济增长贡献率达 65.4%，拉动 GDP 增长 5.3 个百分点，消费成为经济增长第一拉动力。作为重要的消费品制造行业，轻工业投资少见效快，应在年度经济活动安排中，针对轻工消费品行业给予专项资金扶持政策，以确定性投入支持轻工业发展。

二是鼓励消费升级，大力发展时尚消费品产业。 满足人民美好生活需要的时尚消费品，是当前支撑国内市场的重要力量。要多方合力、多措并举支持消费升级，当前北京、上海、天津、广州、重庆被列为国际消费中心城市培育名单，要通过商业消费带动产业发展，使需求侧与供给侧有效衔接。要从规划、科技、品牌、标准、营销多方面予以支持，营造良好产业环境。落实政府工作报告中提出的鼓励地方绿色智能家电下乡和以旧换新措施。

三是规范市场秩序，适时发布需求指南，稳定市场预期。

价格上涨因素较多，但市场信息不对称、经销商投机炒作也是主要成因之一。要进一步做好保供稳价工作，充分发挥上下游行业组织引导协调作用，建立上下游价格信息交流机制，支持上下游企业建立长期稳定合作关系，国家智库、国家级行业组织要发挥作用，做到预先指导、稳定预期。行政执法部门要打击市场垄断及不正当竞争，保护知识产权，对低劣假冒产品加大处罚力度，让优质产品优价销售。

四是充分发挥行业协会作用。 在政策制定、项目评审等方面，多征求行业协会意见，以共同推动行业高质量平稳发展，为经济增长做出积极贡献。

2022 年轻工业经济运行概况

中国轻工业联合会

2022 年，随着稳经济一揽子政策及接续措施进一步加力提效，轻工业经济总体延续复苏态势，主要表现在：一是产需总体保持平稳。规模以上轻工业增加值比 2021 年增长 2.4%，轻工 10 类商品零售额同比增长 0.4%。二是盈利水平继续改善。规模以上轻工企业实现营业收入比 2021 年同比增长 5.4%，实现利润同比增长 8.2%。三是轻工商品出口稳定增长。轻工商品出口额 9535.4 亿美元，比 2021 年同比增长 4.2%。四是投资规模持续扩大。主要轻工行业固定资产投资规模在 2021 年稳步恢复的基础上继续扩大。食品工业作为轻工业经济平稳运行的"压舱石"作用明显。

但受疫情等多重不利因素影响，轻工业经济恢复进程有所放缓，部分行业增加值、消费、出口仍为负增长，轻工企业生产经营继续承压。下阶段，要全面贯彻党的二十大精神和中央经济工作会议精神，坚持稳中求进工作总基调，把发挥政策效力和激发经营主体活力结合起来，大力提振市场信心，积极扩大国内有效需求，推动 2023 年经济运行整体好转。

一、经济运行概况

（一）经济总量稳步增长

2022 年，轻工业生产总体保持平稳，规模以上轻工业增加值比 2021 年同比增长 2.4%，增速低于规模以上工业 1.2 个百分点，低于制造业 0.6 个百分点。其中，食品工业增加值保持平稳增长，农副食品加工，食品制造，酒、饮料和精制茶制造业增加值同比分别增长 0.7%、2.3% 和 6.3%（见表 1）。

表 1　　　2022 年主要轻工业增加值增速

行业名称	12 月增速（%）	1—12 月增速（%）
全国规模以上工业	1.3	3.6
其中：制造业	0.2	3.0
轻工业总计	-2.0	2.4
酒、饮料和精制茶制造业	3.4	6.3
食品制造业	-0.1	2.3
农副食品加工业	-2.0	0.7
皮革、毛皮、羽毛（绒）及其制品业	-8.0	-0.4
造纸及纸制品业	-3.4	-0.6
文教、工美、体育、娱乐用品制造业	-13.6	-2.6
家具制造业	-13.5	-6.7

2022 年，太阳能电池、食品添加剂、燃气热水器、电动自行车、酒精、家用洗衣机等 24 种产品产量比 2021 年有所增长。其中，太阳能电池产量同比增长 46.8%。

（二）消费需求旺盛

在国内市场方面，轻工消费市场整体继续保持增长，轻工 10 类商品零售额比 2021 年同比增长 0.4%，高于社会商品零售总额增速 0.6 个百分点（见表 2）。

基本生活类和部分升级类商品消费增势较好。2022 年，粮油食品、饮料类商品零售额比 2021 年同比分别增长 8.7% 和 5.3%；文化办公用品同比增长 4.4%，增速均明显高于商品零售整体水平。

表 2　　2022 年轻工 10 类商品零售额及增速

项目	12 月同比增长（%）	1—12 月同比增长（%）
社会消费品零售总额	-1.8	-0.2
轻工 10 类商品零售额	-5.2	0.4
粮油、食品类	10.5	8.7
饮料类	5.5	5.3
烟酒类	-7.3	2.3
服装鞋帽针纺织品	-12.5	-6.5
化妆品类	-19.3	-4.5
金银珠宝类	-18.4	-1.1
日用品类	-9.2	-0.7
家用电器音像器材	-13.1	-3.9
文化办公用品类	-0.3	4.4
家具类	-5.8	-7.5

线上消费需求持续释放，保持较快增长。2022 年，在实物商品网上零售中，吃类、用类商品比 2021 年同比分别增长 16.1% 和 5.7%。

在国际市场方面，轻工规模以上企业出口形势呈恢复性增长，2022 年累计完成出口交货值比 2021 年增长 2.4%。

2022 年，轻工商品累计出口额 9535.4 亿美元，占全国出口总额的 26.5%，比 2021 年增长 4.2%。轻工商品出口在 2021 年高基数基础上保持了稳定增长。出口新动能快速成长，2022 年太阳能电池、锂电池等绿色低碳产品出口增速均超过 60%（人民币计价增幅）。

据海关总署网站公布的数据，2022年，轻工8种重点商品累计出口额4830.4亿美元，比2021年增长2.4%。其中，塑料制品出口1078.1亿美元，同比增长9.3%；家用电器出口855亿美元、家具及零件出口696.8亿美元；箱包及类似容器、鞋靴出口增速超过20%（见表3）。

表3　　2022年主要轻工商品出口额及增速

商品名称	出口额 （亿美元）	1—12月 增速（%）
全国出口总值	35936.0	7.0
轻工重点商品合计	4830.4	2.4
塑料制品	1078.1	9.3
家用电器	855.0	-13.3
家具及零件	696.8	-5.3
鞋靴	575.8	20.4
玩具	483.6	5.6
灯具、照明装置及零件	460.7	-6.1
箱包及类似容器	355.7	28.2
陶瓷产品	324.8	6.4

注：此表数据根据海关总署网站统计快讯整理。

（三）生产经营稳中有升

2022年年底，轻工业规模以上企业数为12.3万家，全年实现营业收入24.0万亿元，比2021年增长5.4%。

（四）盈利水平提升

随着促消费扩内需政策持续显效，市场需求有所回升，轻工业盈利水平持续改善，行业活力增强。2022年，规模以上轻工企业实现利润1.53万亿元，比2021年增长8.2%，营业收入利润率为6.4%，比2021年提高0.2个百分点。

（五）食品工业"压舱石"作用明显

2022年，大食品行业营业收入、利润占轻工业的比重均超过40%。食品工业产需持续恢复、投资及利润保持较快增长，市场发展预期继续改善，食品工业作为轻工业平稳运行的"压舱石"作用明显。

在生产上，食品工业生产增长平稳，生活必需品供应保障充足。规模以上农副食品加工，食品制造，酒、饮料和精制茶制造业增加值比2021年分别同比增长0.7%、2.3%和6.3%。

在消费上，基本生活消费稳定增长，限额以上单位粮油食品类、饮料类商品零售额比2021年分别同比增长8.7%和5.3%。

在投资上，酒、饮料和精制茶制造业投资比2021年增长27.2%，农副食品加工业、食品制造业投资分别同比增长15.5%和13.7%。

在利润上，酒、饮料和精制茶制造业利润比2021年增长17.6%、食品制造业利润同比增长7.6%，农副食品加工业利润同比增长0.2%（见表4）。

**表4　　2022年轻工主要行业营业收入与
利润增速、利润率**

行业	营业收入 增速（%）	利润 增速（%）	利润率 （%）
规模以上工业	5.9	-4.0	6.1
制造业	4.5	-13.4	5.4
轻工行业总计	5.4	8.2	6.4
酒、饮料和精制茶制造业	4.9	17.6	18.4
家具制造业	-8.1	7.9	6.2
食品制造业	4.0	7.6	8.0
皮革、毛皮、羽毛及其制品和制鞋业	-0.4	3.3	5.4
农副食品加工业	6.5	0.2	3.3
文教、工美、体育和娱乐用品制造业	-1.9	-2.2	5.3
造纸及纸制品业	0.4	-29.8	4.1

注：按轻工业利润增速降序排列。

（六）投资规模继续扩大

2022年，主要轻工行业固定资产投资规模在2021年稳步恢复的基础上继续扩大。除造纸行业外，轻工主要行业投资均保持两位数较快增长，且增速高于全国及制造业投资增速。酒、饮料和精制茶制造业，皮革、毛皮、羽毛及其制品和制鞋业投资增速超过20%（见表5）。

表5　2022年主要轻工行业固定资产投资增速

行业名称	1—12月 同比增长（%）
全国总计	5.1
其中：制造业合计	9.1
农副食品加工业	15.5
食品制造业	13.7
酒、饮料和精制茶制造业	27.2
皮革、毛皮、羽毛及其制品和制鞋业	24.1
木材加工及木竹藤棕草制品业	19.6
家具制造业	13.2
造纸及纸制品业	8.3
文教、工美、体育和娱乐用品制造业	17.3

数据来源：国家统计局网站。

二、面临的主要困难

（一）供给冲击，成本上升，部分轻工业利润下降

轻工企业以中小民营企业为主，消费品市场竞争激烈，受大宗商品、原材料价格高位震荡影响，2021 年原材料出厂价格涨幅为 15.8%，在此基础上，2022 年原材料出厂价格比 2021 年上涨 10.3%，中下游行业成本压力继续加大。2022 年轻工业营业成本比 2021 年增长 5.9%，部分行业营业成本涨幅较大。由于市场消费端难以消化成本的快速上涨，部分轻工行业利润下滑。轻工规模以上企业亏损面近 20%，主要轻工行业中，造纸、塑料制品、照明器具、轻工机械、玻璃陶瓷制品、日用化学产品制造等行业利润比 2021 年有所下降。

（二）房地产市场下行，轻工相关行业压力增大

近年来，受多重因素影响，房地产市场出现下行态势。2022 年，全国房地产开发投资比 2021 年下降 10%，其中住宅投资下降 9.5%。房地产新开工施工面积比 2021 年下降 39.4%，商品房销售面积下降 24.3%。房地产市场持续低迷，对轻工家具、家用电器、灯具、厨具、卫浴等家居类行业以及与房地产相关的塑料细分领域行业产生影响，需求收缩压力较大。以家具行业为例，2022 年家具行业商品零售、营业收入均为负增长，零售额比 2021 年下降 7.5%，营业收入下降 8.1%。

（三）产成品库存和应收票据及账款仍居高位

2022 年年底，轻工业规模以上企业产成品存货比 2021 年年底增长 8.3%，应收票据及账款同比增长 16.4%。轻工企业产成品存货、应收票据及账款仍处高位，挤占企业现金流，制约工业企业的发展。

（四）外需减弱，月度出口增速下滑

2022 年，虽然轻工商品累计出口额保持增长，但受国际市场需求收缩等因素影响，轻工商品出口逐月放缓。自 2022 年 9 月起，轻工商品月度出口额已连续 4 个月同比下降。轻工出口占比较大的商品，如家用电器、文教体育用品、家具、照明器具出口均为负增长。

三、走势预判

2022 年中央经济工作会议指出，要坚持稳字当头、稳中求进，要着力扩大国内需求，充分发挥消费的基础作用和投资的关键作用。要把恢复和扩大消费摆在优先位置。增强消费能力，改善消费条件，创新消费场景。

多渠道增加城乡居民收入，支持住房改善、新能源汽车、养老服务等消费。

中国轻工产业体系完备，配套能力强，市场化程度高。随着稳经济一揽子政策和接续措施持续发力，中国经济回稳向好基础将不断得到巩固，轻工业韧性好、发展稳、潜力大的优势将持续显现。预计 2023 年轻工行业经济运行延续恢复态势，主要经济指标增速高于 2022 年。

四、相关政策建议

（一）坚持稳字当头，促进行业平稳健康运行

贯彻新发展理念，构建新发展格局，深化供给侧结构性改革，加快产业转型升级，坚持绿色生态发展，坚持数字智能提升，用好用足国家政策，努力保持全年轻工业经济平稳运行。

（二）加强规划引领，推动轻工业高质量发展

落实国家"十四五"规划和 2035 年远景目标要求，从产业链、品牌竞争力、科技创新力等多个维度助力轻工业增品种、提品质、创品牌，推进产业数字化转型发展，推进产业基础高级化，推进产业链现代化，以高质量供给促进品质消费。

（三）加大创新支持力度，支持企业数字化转型技改

立足于加强政策支撑和措施保障，支持轻工重点行业建立全国性重点实验室，开展基础研究和原始技术创新，补齐轻工业发展短板弱项，构建具有更强创新力、更高附加值、更可持续发展的现代轻工产业体系。

（四）建立上下游价格协调机制

做好上游原料保供稳价，引导建立合理的价格传导机制，保护下游产业发展积极性。建立终端市场需求指数发布机制，通过信息公开，抑制投机炒作，促进行业平稳健康发展。

（五）营造良好产业发展环境

营造良好的政策环境、产业环境，稳定企业发展。支持东部地区因土地等因素发展受限的企业，有序向中西部地区转移，支持西部地区有效承接。用好 RCEP 政策，实现区域化协同发展。

2019 年食品工业经济运行概况

中国食品工业协会

2019 年，面对国内外风险挑战明显增多的复杂环境，食品工业全面深入贯彻落实党中央国务院各项决策部署，坚持新发展理念，推动高质量发展，扎实推进供给侧结构性改革，行业质量效益持续改善，在保障民生，拉动内需，促进社会和谐稳定等方面做出了巨大贡献。全年食品工业资产占全国工业的 6.2%，创造营业收入占全国的 8.7%，实现利润总额占全国的 10.8%。

（一）生产增速放缓

2019 年，全国 36881 家规模以上食品工业企业实现工业增加值同比增长 4.4%，增速同比放缓 1.9 个百分点，比全国工业 5.7% 的增速低了 1.3 个百分点。若不计烟草制品业，食品工业增加值同比增长 4.1%（见图 1）。

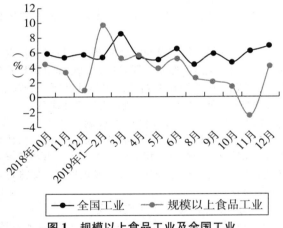

**图 1　规模以上食品工业及全国工业
增加值同比增速**

分大类行业看，农副食品加工业，食品制造业，酒、饮料和精制茶制造业增加值同比分别增长 1.9%、5.3% 和 6.2%，烟草制品业增长 5.2%，增速同比分别放缓 4.0 个、1.4 个、1.1 个和 0.8 个百分点。分中类行业看，21 个中类行业中 16 个实现正增长。

从月度数据看，生产增速大致呈由高到低态势。全年最高点是年初的 9.6%，最低点是 11 月的 -2.5%，12 月回升至 4.2%，全年累计增长 4.4%，是近 5 年来的较低值。

经测算，食品工业实现工业增加值占全国工业增加值的比重为 10.5%，对全国工业增长贡献率为 7.7%，拉动全国工业增长 0.4 个百分点。

（二）食品消费平稳增长，产销衔接稳定

2019 年，中国居民收入继续较快增长，恩格尔系数进一步降低至 28.2%，同比下降 0.2 个百分点，消费转型升级态势逐步扩大。社会消费品零售总额同比增长 8.0%，在限额以上单位商品零售额中，粮油、食品类零售额同比增长 10.2%，饮料类同比增长 10.4%，烟酒类同比增长 7.4%。

2019 年，食品工业产销率为 98.8%，同比微减 0.3 个百分点，产销平衡，衔接水平较高。分行业看，农副食品加工业产品销售率 98.5%，食品制造业销售率 97.8%，酒、饮料和精制茶制造业 96.9%，烟草制品业 105.3%。从全国 24 种主要食品产量来看，18 种食品产量增长，6 种食品产量下降。成品糖、酱油、包装饮用水产量保持两位数增长；葡萄酒、罐头、方便面、发酵酒精、白酒、速冻米面食品产量有不同程度的下降。

（三）工业企业利润保持增长

2019 年，全国规模以上食品工业企业实现利润总额 6697.1 亿元，同比增长 6.8%。与全国规模以上工业企业利润同比下降 3.3% 相比，食品工业表现出强大的发展韧性。

2019 年，规模以上食品工业企业实现营业收入 92279.2 亿元，同比增长 4.5%；发生营业成本 71055.3 亿元，同比增长 4.0%；百元营业收入中的成本为 77.0 元，同比减少 0.4 元；主营业务收入利润率为 7.3%，同比提高 0.2 个百分点。收入增速高于成本增速，利润增速又高于收入增速，食品工业企业经济效益持续改善。

从农副食品加工业，食品制造业，酒、饮料和精制茶制造业，烟草制品业 4 大行业来看，利润均保持增长，同比分别增长 3.9%、9.1%、10.2%、1.3%（见表 1）。

从 64 个小类行业来看，39 个行业利润总额同比增长，25 个行业下降。主要行业利润情况如下：稻谷加工利润同比下降 10.8%，食用植物油加工同比下降 4.4%，肉制品及副产品加工同比增长 19.7%，蔬菜加工同比下降 11.2%，糕点面包制造同比下降 0.2%，白酒制造同比增长 14.5%，液体乳制造同比增长 59.5%，乳粉制造业同比增长 76.3%，卷烟制造业同比增长 0.8%。

（四）食品价格涨幅扩大

2019 年，居民消费价格指数同比上涨 2.9%，符合年初预期目标，涨幅同比扩大 0.8 个百分点，延续了 2012 年以来的温和上涨态势。食品价格全年上涨 9.2%，涨幅比 2018 年扩大。其中，全年粮食价格同比上涨 0.5%，鲜菜价格同比上涨 4.1%，猪肉价格同比上涨 42.5%，蛋类价格同比上涨 5.1%，水产品价格同比上涨 0.3%，粮食价格同比上涨 0.5%，鲜果价格同比上涨 12.3%。

表 1　　　　　　　　　　　　**2019 年食品工业经济效益指标**　　　　　　　　　　单位：亿元

行业名称	营业收入	同比增长（%）	利润总额	同比增长（%）	企业单位数（个）
食品工业总计	92279.2	4.5	6697.1	6.8	36881
农副食品加工业	46810.0	4.0	1887.6	3.9	22401
食品制造业	19074.1	4.2	1670.4	9.1	8291
酒、饮料和精制茶制造业	15302.7	5.0	2216.6	10.2	6083
烟草制品业	11092.4	6.1	922.5	1.3	106

（五）固定资产投资缩减

2019 年，全国完成固定资产投资（不含农户）551478 亿元，同比增长 5.4%，制造业投资同比增长 3.1%。食品工业固定资产投资增速与 2018 年相比 1 增 3 降，处于较低水平，只有酒、饮料和精制茶制造业投资保持增长，增速为 6.3%。其他 3 个行业，农副食品加工业、食品制造业、烟草制造业同比分别下降 8.7%、3.7%、0.2%。

（六）工业产品出口增长放缓

受经济增长放缓、中美贸易摩擦等因素影响，全年规模以上食品工业实现出口交货值 3678.6 亿元，同比增长 3.3%，高于全部工业出口增速 2.0 个百分点，增速同比有所放缓（见表 2）。

食品进口增长较大。据海关总署统计，前三季度中国民生消费类产品进口较快增长，水果、水海产品进口分别大幅增长 42.3% 和 35.9%；全年猪肉、牛肉等进口量增幅较大，进口猪肉 132.6 万吨，同比增长 43.6%，进口牛肉 113.2 万吨，同比增长 53.4%；进口大豆 8851 万吨，同比增长 0.5%，进口植物油 953 万吨，同比增长 51.5%。

表 2　　　　**2019 年食品工业出口交货值及增速**

行业名称	出口交货值（亿元）	同比增长（%）
食品工业总计	3678.6	3.3
农副食品加工业	2305.9	2.4
食品制造业	1098	6.1
酒、饮料和精制茶制造业	228.5	−1
烟草制品业	46.3	3

2020 年食品工业经济运行概况

中国食品工业协会

2020 年，面对严峻复杂的国内外环境，在以习近平同志为核心的党中央坚强领导下，中国和经济社会发展取得重大战略成果。食品工业克服重重困难，积极响应国家保价格、保质量、保供应的号召，根据市场需求，加快恢复产能，保证产品质量，提高服务水平，为保障民生做出巨大贡献，发挥了中国经济发展的"压舱石"和"稳定器"的作用，充分体现了食品行业的责任与担当。全年食品工业（含农副食品加工业，食品制造业，酒、饮料和精制茶制造业，烟草制品业）以占全国工业 6.2% 的资产，创造了 8.8% 的营业收入，完成了 11.4% 的利润总额增长。

一、经济运行情况

（一）工业生产较快恢复，全年实现小幅增长

2020 年，全国 35347 家规模以上食品工业企业完成增加值同比实际增长 0.2%。分季度看，一季度下降 3.6%，上半年下降 0.6%，前三季度增加值同比增速为 0，全年增长 0.2%。食品工业月度增加值 3 月即由负转正，在疫情较严重时期，克服各项管控措施给生产带来的困难，率先恢复生产，为保供给、保市场、支援疫区和服务民生发挥了重要作用。

分大类行业看，农副食品加工业，食品制造业，酒、饮料和精制茶制造业全年工业增加值分别同比增长 -1.5%、1.5% 和 -2.7%，烟草制品业同比增长 3.2%。4 大行业中，2 增 2 降。全年食品工业完成工业增加值占全国工业增加值的比重为 10.8%。规模以上食品工业增加值同比增速见图 1。

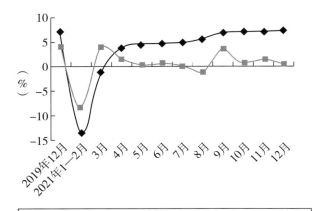

图 1　规模以上食品工业增加值增速

（二）食品价格全年涨幅较大，月度涨幅逐步回落

2020 年，居民消费价格指数比 2019 年上涨 2.5%，涨幅缩小 0.4 个百分点，较好实现了年初政府工作报告中设定的 3.5% 涨幅的物价调控目标。全年食品价格上涨 10.6%，涨幅比 2019 年扩大了 1.4 个百分点，食品价格上涨依然是造成居民消费价格指数上涨的主要因素。从月度同比涨幅看，大致呈现出前高后低的走势。年初猪肉价格涨幅超过 100%，带动食品价格上涨较大，食品价格 21.9% 的涨幅高点出现在 2 月。随着各地方、各部门、各市场采取多项措施，猪肉价格逐步回落。

从细分数据看，全年粮食价格同比上涨 1.2%，食用油价格同比上涨 5.3%，鲜菜价格同比上涨 7.1%，猪肉价格同比上涨 49.7%，水产品价格同比上涨 3.0%，酒类价格同比上涨 2.1%，蛋类价格同比下降 9.4%，鲜果价格同比下降 11.1%。

全年食品出厂价格同比上涨 2.9%，涨幅比 2019 年扩大 0.2 个百分点，分月看，同样大致呈前高后低的走势。

（三）消费市场继续扩大，新型消费模式加快发展

国家统计局数据显示，2020 年社会消费品零售总额比 2019 年下降 3.9%，其中，粮油、食品类零售额比 2019 年增长 9.9%，饮料类同比增长 14.0%，烟酒类同比增长 5.4%，充分体现出食品行业刚性需求的特点。2020 年食品工业主要产品产量见表 1。

表 1　2020 年食品工业主要产品产量及增速

产品名称	计量单位	产量	同比增长（%）
精制食用植物油	万吨	5476.2	2.5
成品糖	万吨	1431.3	3.0
鲜、冷藏肉	万吨	2554.1	-10.0
乳制品	万吨	2780.4	2.8
白酒（折 65 度，商品量）	万千升	740.7	-2.5
啤酒	万千升	3411.1	-7.0
葡萄酒	万千升	41.3	-6.1
饮料	万千升	16347.3	-7.7
卷烟	亿支	23863.7	0.9

（四）企业效益持续改善

2020年年初，新冠疫情对经济生活带来巨大影响，许多行业的生产陷入停滞状态，在全部工业中，食品工业属于较早恢复的行业。一季度，农副食品加工和烟草制品业的利润同比增速分别为11.2%和28.5%，是全部41个工业大类行业中仅有的2个利润增加的行业。食品工业整体的利润在4月由负转正，营业收入从6月由负转正，并随后呈现持续稳定恢复的态势。全年规模以上食品工业企业实现利润总额7362.9亿元，同比增长9.7%；实现营业收入9.4万亿元，同比增长1.4%。

4个大类行业中，利润全部实现正增长，利润总额在食品工业总体占比较重的行业，如白酒制造、食用植物油加工、卷烟制造、饲料加工等行业的利润保持增长，维护了食品工业整体效益的稳定。

盈利能力持续提高。2020年，规模以上食品工业企业营业收入利润率为7.9%，比2019年提高0.6个百分点；百元营业收入中的成本为76.6元，同比减少0.5元；每百元营业收入中的费用为8.2元，同比下降0.2元。企业效益持续改善。

（五）固定资产投资继续缩减

国家统计局数据显示，2020年，全国固定资产投资（不含农户）518907亿元，比2019年增长2.9%，制造业投资同比下降2.2%。食品工业固定资产投资仍处于较低水平。分行业看，农副食品加工业投资同比下降0.4%，食品制造业增速同比下降1.8%，酒、饮料和精制茶制造业同比下降7.8%，烟草制品业同比下降18.8%，四大行业投资增速全部为负。

（六）工业产品出口减少

中国食品工业市场主要在国内，出口比例较低。"十三五"期间，出口比例始终接近4%。国家统计局数据显示，全年规模以上食品工业实现出口交货值为3404.0亿元，同比下降10.1%，出口占比3.6%，是近5年中比例最低的（见表2）。

表2　　　　2020年食品工业出口交货值及增速

行业名称	出口交货值（亿元）	同比增长（%）
食品工业总计	3404.0	-10.1
农副食品加工业	2148.4	-10.0
食品制造业	1036.2	-7.8
酒、饮料和精制茶制造业	198.5	-12.9
烟草制品业	20.9	-55.2

二、产业地位和产业构成

（一）食品工业的产业地位

2020年，规模以上食品工业企业资产占全国规模以上工业企业的6.2%，营业收入占8.8%，利润总额占11.4%。经测算，2020年，食品工业完成工业增加值占全国工业增加值的比重达到10.8%，对全国工业增长贡献率为0.8%，拉动全国工业增长0.02个百分点。在全部工业中，食品工业利润占比最大，营业收入占比仅次于计算机、通信和其他电子设备制造业。食品工业是名副其实的国民经济支柱产业和永恒的朝阳产业，是我国经济增长的重要驱动力。

（二）食品工业的产业构成

从大类行业看，食品工业包含农副食品加工业，食品制造业，酒、饮料和精制茶制造业、烟草制品业4大行业类别。2020年，农副食品加工业的营业收入和利润分别占整个食品工业营业收入和利润的51.1%和27.2%，食品制造业分别占20.9%和24.3%，酒、饮料和精制茶制造业分别占15.8%和32.8%，烟草制品业分别占12.2%和15.7%。

与"十二五"期末的2015年比较，农副食品加工业的营业收入和利润在整个食品工业中的占比都有所降低，特别是利润占比下降较多。其他3大行业收入和利润占比均有所提高，酒、饮料和精制茶制造业的利润份额有较大提高。"十三五"期间，食品工业继续加快产业调整，提高产品加工深度，降低初加工比率，提高产品附加值，推动产业高质量发展。

三、加快自主创新，推动行业高质量发展

（一）加大科技研发投入，加快自主创新和科技进步

一批食品科技项目服务经济发展和民生急需，实现关键技术产业化的重大突破，获得国家科技奖励。"淀粉加工关键酶制剂的创制及工业化应用技术""特色食品加工多维智能感知技术及应用"等项目获国家技术发明奖二等奖；"玉米精深加工关键技术创新与应用""传统特色肉制品现代化加工关键技术及产业化""柑橘绿色加工与副产物高值利用产业化关键技术""功能性乳酸菌靶向筛选及产业化应用关键技术""肉品风味与凝胶品质控制关键技术研发及产业化应用""茶叶中农药残留和污染物管控技术体系创建及应用"等项目获国家科学技术进步奖二等奖。

（二）推广智能制造，推动行业高质量发展

食品工业积极贯彻习近平总书记在党的十九大报告中提出的关于建设现代化经济体系，把提高供给体系质量作为主攻方向，加快发展先进制造业，推动互联网、大数据、人工智能和实体经济深度融合，培育新增长点，形成新动能等要求，加快结构调整和转型升级，促进行业向中高端迈进，推动行业高质量发展。

食品企业利用互联网和物联网技术，打造基于全产业链的智能化系统。在乳制品制造业、白酒制造业、调味品制造业等领域开展智能制造试点示范，助推传统食品制造业向智能化转型。

有的乳品制造企业将互联网和大数据分析技术应用于养殖、研发、生产、流通等全产业链，全力打造乳制品全产业链可追溯体系。建立全程追溯管控平台，聚合

接入牧场管理追溯系统、生产管理追溯系统、流通管理追溯系统的产品追溯信息和订单系统的订单信息，实现乳品全程双向信息追溯，对产品质量和安全情况进行全面管控。在市场侧，用户通过扫码，即可查询整个产业链中各关键点的详细信息；在管理侧，管理部门通过手机、手持机扫描二维码，可记录各环节管理流程数据，操作便利高效，实现了数据采集的及时准确和规范。据相关企业测算，通过智能工厂项目，预期生产效率同比提高 20%以上，运营成本同比降低 20%以上，产品研制周期缩短 30%以上，产品不良品率降低 20%以上，能源利用率提高 10%以上。

白酒产业是中国特有的传统产业。近几年，机械化、自动化、信息化的应用促进了白酒产业技术升级和装备升级，智能技术的引用，以白酒酿造智能化实现高品质酿造，促进高质量发展。2019 年，行业许多领军企业开始进行数字化布局，通过借助数字技术实现采购、生产、库存、营销、财务、人力资源、渠道、终端、客户管理等板块的信息链接和共享，通过大数据分析，辅助企业决策。

有的白酒企业将人工智能技术及装备引入白酒操作工序中，开发出适合实施智能化的固态酿造生产工艺，实现传统酿酒技艺的科学传承。如运用传感技术和关键工艺数学模型，建立在线检测系统；将人工经验转化为机器智能，实现人机互学，形成智能化的"经验—知识"循环模式；开发智能发酵装备，提高白酒酿造过程的可控性；结合人工智能技术与先进控制技术、工业互联网技术、大数据技术、关键环节智能装备及中央管控一体化平台，实现生产、控制、巡检系统高度集成。

四、食品企业主动承担和履行抗击新冠疫情的社会责任

面对突如其来的新冠疫情，作为重要的民生产业，广大食品企业、行业组织在捐款捐物的同时，有序复产复工。积极响应国家保价格、保质量、保供应的号召，根据市场需求，加快恢复产能，保证产品质量，提高服务水平，畅通物流运输，确保安全防护，保持价格稳定，在危难时刻，提供重要物资保障，为保障民生做出巨大贡献。

作为乳品行业龙头企业，伊利集团秉承"平衡为主，责任为先"的法则，为打赢疫情防控阻击战担负起双重使命。为抗击疫情，伊利持续投入 2.8 亿元，为全球抗疫一线捐赠营养物资、防护用品，提供科研资金等；发挥龙头企业的带头作用，通过金融、技术等多方面的扶持，帮助产业链合作伙伴度过难关，稳定乳品生产，共同保障国民营养供应。

作为国内重要的粮油食品生产企业，在疫情初期，社会出现对粮食供应安全担忧的情况下，益海嘉里集团第一时间发布稳价保供协议，促进粮油市场价格稳定。集团一方面通过"金龙鱼慈善公益基金会"捐赠款项和物资，支持湖北省抗击新冠疫情。另一方面，全面落实防控措施，保障员工安全健康，提前复工复产，确保粮油行业和市场稳定。从疫情暴发到 3 月初，集团分布在全国的 100 余家粮油生产企业全面复工，复工率达 100%。

五、行业发展面临的主要困难和问题

（一）部分行业及产品对外依存度较高

近年来，国际食品贸易局势不稳定，具有长期性和复杂性，中国部分食品行业的产业结构不尽合理，在原料、关键配料、产成品进出口方面，对外依存度较高，亟须进行分析和调整，以增强风险防范能力，促进行业持续健康发展。原料方面，高油大豆、食糖等呈现结构性短缺，重点产品进口市场高度集中，中国企业缺乏定价权，受国际贸易和价格波动影响大。食品配料方面，中国在功能油脂、益生菌株、发酵剂、酶制剂等方面缺乏自主产权，主要产品进口率在 70%以上，影响下游产业较多，存在一定供给风险。中国乳清粉、乳铁蛋白、OPO 结构脂等婴配乳粉的生产原配料受国内产业结构、提纯制备技术及单体工厂产能影响，大多依赖进口。产品出口方面，中国食品工业出口产品和区域普遍中低端化，大部分产品无法进入高壁垒的发达国家，随着疫情发展，水产加工等主要产品出口普遍面临查验和管控加强、订单减少或取消、渠道受阻等问题，出口贸易不确定性风险加剧，产业抗风险能力需进一步加强。

（二）高品质产品供给相对不足

市场消费需求变化持续推动产业供给侧结构性改革，要求提供与之相适应的更加安全、健康、营养的高品质、多元化产品。中国人口老龄化进一步加剧，推动营养与功能食品、特殊医学用途配方食品及便捷化、专业化配餐市场发展；随着"二孩"政策全面实施，高品质的婴幼童食品需求保持刚性增长；由于膳食结构不合理导致的超重、肥胖、糖尿病等慢性综合征发病率逐年提高，减脂、减盐、减糖、高营养密度产品和功能性食品更加受到消费者青睐；城镇化进程持续推进、居民收入水平提高，消费升级拉动一二三产业融合发展，带动绿色食品、有机食品、嗜好食品、休闲食品消费，推动"食品+文化创意"、定制消费、全球直采、工业旅游等新业态蓬勃发展。从整体来看，中国食品工业高品质食品供给相对不足，品种丰富程度不能满足人民生活需要，同质化产品所占比例仍旧较高，导致部分商品存在一定程度的消费外流现象。在创造食品消费新需求、引领食品消费新潮流、培育新消费文化等方面，也有很多短板有待补强。

（三）中小企业仍面临较大生存压力

我国食品工业生产体系庞大，企业数量众多，小微企业占比在 80%以上。一方面，在环境、资源约束日益加剧的情况下，这些企业的装备水平普遍落后，能源消耗与环境污染较为严重，副产物综合利用水平不高，清洁生产发展滞后，生存压力加大。另一方面，企业的原料成本、用工成本、运输成本及经营成本呈持续上涨趋

势，由于市场竞争激烈及品牌劣势等因素，广大中小企业很难提高产品价格，获利艰难。中小企业普遍存在信用等级低、信贷困难、资金不足的问题。

六、有关政策建议

（一）优化产业创新环境，加快关键技术装备研发应用

加大财政在食品科技领域的投入力度，发挥政府资金对社会研发经费的引导和拉动作用；健全科技成果转化和知识产权转让的体制机制，加速科研机构成果转移转化；促进科技、产业、投资融合对接，缓解企业融资难、融资贵等问题，鼓励银行机构发挥开发性金融、政策性金融作用，构建有力的金融服务平台；支持食品企业参与国际化研发和技术合作，建设海外研发中心或原料基地，实现跨区域的生产要素合理配置。深入推进简政放权、放管结合、优化服务改革，加强知识产权保护，加大对商标、专利技术等侵权假冒违法行为的惩治力度，降低企业维权成本。

（二）推动产品创新开发，满足居民日益增长的消费需求

以居民消费需求变化为核心，以创新研发为抓手，充分挖掘市场需求，针对不同消费人群，开展产品开发工作。加快产品的创新投入，针对中式肉品工业化、米面制品工业化、特色果蔬加工等传统资源开发力度不足，以及老年食品、运动营养食品等新产品供给能力有限的问题，推动企业聚集智力、设备、技术等要素，树立行业"一盘棋"意识，鼓励行业组织或产业联盟完善信息交流共享机制，积极进行消费引导，推动重点产品的营养知识普及和消费习惯培育工作，促进产品结构持续优化。鼓励企业与国内外先进标准进行对标，主导或参与国家标准、行业标准制定，提升优质产品供给能力，结合"一带一路"倡议，支持企业在境外建立生产体系，把握沿线国家和全球其他地区的食品需求动态，开拓产业发展空间，鼓励企业实施"走出去"战略，在与国际品牌的竞争中提升产品竞争力。

（三）推进产业结构转型升级，补齐短板提升发展质量

加快淘汰技术装备、质量安全、生产能耗等不达标的产能，推进食品智能制造和绿色制造试点示范，加快对重点行业企业的技术推广力度，提升工厂智能化和绿色化发展水平，支持食品加工园区的绿色化改造。鼓励企业兼并重组和产能合作，提高行业集中度，发挥龙头

企业带动作用，推进原料基地、产品追溯体系建设工作，促进产业体系绿色化、标准化、集约化发展，推动建立健全生鲜乳等原料的质量标准及价格分级制度。针对源头污染、农兽药不合理使用等问题，加强各地方工业、农业、市场监管等有关部门在制度衔接、监管合作和信息共享等方面的沟通协作。完善食品质量追溯标准体系，加大对食品冷链物流体系扶持力度，降低公路通行成本，推动技术装备的电子信息化进程，完善行业监管机制。

（四）增强监管能力，提高安全水平

强化食品产业链全程监管。加强部门联动、协调配合，提高监管工作的系统性、协调性和一致性。提升食品安全监管和技术支撑能力。推动食品安全检验检测资源整合，构建科学高效的食品安全检测体系。健全食品安全风险交流制度，提升风险监测和风险评估水平。运用大数据、区块链、物联网等现代科技手段，创新监管机制，提升监管水平，改进评价机制。使政府部门监管与行业自律、企业自治、社会监督紧密结合、共同发力，全面保障食品质量安全。

（五）推动产业链现代化，引领食品工业向数字化转型

围绕食品产业发展需求，加快推进食品检测、网络营销等平台建设，培育原辅料供应、食品包装等配套企业，加快形成产业链龙头企业和配套企业集群发展的态势，推进"互联网+"与产业链融合发展，加快食品企业"上云上平台"，促进产业链向高端化、数字化发展。

（六）完善政策法规制修订，引导行业信息交流与品牌建设

结合科学研究最新成果、行业发展最新特点，加强对食品生产加工、流通相关的标准制修订工作，完善农兽药残留标准、食品安全国家标准、食品安全检测标准体系，对新食品原料、新技术、新工艺标准开展前瞻性研究。推进企业信用体系建设，加大对失信、违法行为的惩治力度，完善信用评级、动态预警和奖励机制，引导行业正向良性发展。针对消费者"主观食品安全"获得感不强的问题，构建高效的信息披露和风险交流体系，建立行业主管部门、行业协会、科研机构信息研判的权威发布渠道，鼓励和规范第三方民间风险交流平台建设，形成社会监督共治局面，让消费者在切实透明的信息中维护健康权益、增强消费信心。充分发挥行业组织在品牌宣传、推广、服务方面的积极作用，引导各类市场主体在品牌培育、市场开拓等方面开展合作。

2021年食品工业经济运行概况

中国食品工业协会

2021年，是"十四五"开局之年，面对复杂严峻的国际环境和国内疫情散发等多重考验，中国食品工业坚持稳中求进工作总基调，积极推进高质量发展，在新冠疫情常态化防控阶段，稳步前行，表现出强劲的发展韧性。全年食品工业（含农副食品加工业，食品制造业，酒、饮料和精制茶制造业，烟草制品业）以占全国工业5.9%的资产，创造了8.1%的营业收入，完成了8.5%的利润总额。但受国内外经济环境等多重因素影响，食品工业增加值、出口交货值、营业收入和利润等经济指标的增长率均低于全部工业水平，效益增幅逐步收窄，行业持续稳定发展面临诸多挑战。

一、经济运行情况

（一）生产总体稳定

2021年，全国规模以上食品工业企业完成增加值比2020年增长7.0%，增速较2020年加快6.8个百分点，比2019年增长7.2%，两年平均增长3.5%。从当月看，12月增加值同比增长3.4%，增速较11月回落1.8个百分点。若不计烟草制品业，全年食品工业增加值比2020年增长8.7%。

分大类行业看，2021年，农副食品加工业增加值比2020上年增长7.7%，食品制造业同比增长8.0%，酒、饮料和精制茶制造业同比增长10.6%，烟草制品业同比增长3.5%。分产品看，24种主要产品中有17种产品产量比2020年增长，7种产品产量下降。

（二）食品消费恢复态势延续

随着居民收入持续恢复性增长，居民消费需求逐步释放。国家统计局数据显示，2021年，全国居民人均可支配收入实际增长8.1%，与经济增长基本同步。人均食品烟酒支出两年平均增长8.6%，快于全部消费支出两年平均增速2.9个百分点，快于2019年增速0.6个百分点。

面对疫情散发和极端天气等不利因素，各地区各部门积极落实"保基本民生"等政策措施，保供稳价政策落实力度不断加大，包括食品在内的基本生活类消费较快增长，食品市场供应充足，居民食品消费量继续稳步增长。国家统计局数据显示，2021年，限额以上单位粮油食品类商品零售比2020年增长10.8%，饮料类同比增长20.4%，烟酒类同比增长21.2%。

从人均消费结构来看，2021年，全国居民人均食品烟酒消费支出7178元，占人均消费支出的比重为29.8%，在居民消费支出中占主导地位（见图1）。

疫情防控常态化进一步推动了新型消费模式的快速发展，线上线下加快融合，社区团购、网络购物、无接

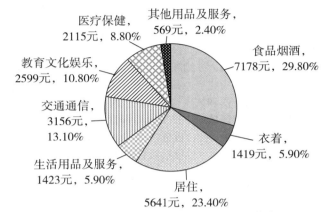

图1　2021年居民人均消费支出及构成

触配送、直播带货等新模式加快发展，生鲜电商迎来爆发增长。

（三）效益涨幅收窄

2021年，全国规模以上食品工业企业实现利润总额7369.5亿元，比2020年增长5.1%，比2019年增长15.3%，两年平均增长7.4%（见图2）。

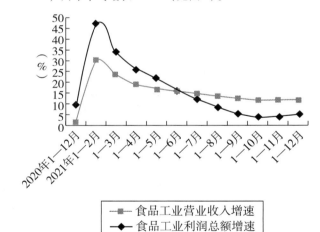

图2　2021年食品工业各月累计营业
收入和利润总额同比增速

4大行业中，利润总额有2个行业增长，2个行业下降。其中，农副食品加工业利润比2020年下降9.2%，食品制造业同比下降0.1%，酒、饮料和精制茶制造业同比增长24.1%，烟草制品业同比增长3.3%。在64个小类行业中，有37个行业利润增长，27个行业下降。

全年规模以上食品工业企业实现营业收入103541.2

亿元,比2020年增长11.4%;发生营业成本80706.5亿元,同比增长12.3%;营业收入利润率为7.1%,比2020年下降0.4个百分点。2021年下半年以来,食品工业利润的增幅小于收入的增幅,营业收入增幅小于营业成本的增幅,利润率逐步下滑。

（四）固定资产投资恢复性增长

国家统计局数据显示,2021年,全国固定资产投资（不含农户）544547亿元,比2020年增长4.9%,其中制造业投资增长13.5%。食品工业固定资产投资在2019年较低基数基础上恢复性增长。分行业看,农副食品加工业投资比2020年增长18.8%,食品制造业同比增长10.4%,酒、饮料和精制茶制造业同比增长16.8%,烟草制品业同比增长34.5%。

（五）食品价格指数回落

2021年,全国居民消费价格比2020年上涨0.9%,涨幅比2020年回落1.6个百分点,其中食品价格由2020年上涨10.6%转为下降1.4%,食品价格下降减缓全国居民消费价格上涨幅度。

食品中猪肉价格的下降又带动了食品价格下降。随着生猪产能不断扩大,猪肉价格由2020年上涨49.7%转为下降30.3%,带动全国居民消费价格下降约0.7个百分点。分月度看,受猪肉价格走势、特殊天气、大宗商品价格等叠加影响,食品价格涨幅大致呈两头高中间低的态势。

二、食品工业发展面临的短期挑战和中长期问题

（一）食品工业发展面临的短期挑战

受生产成本大幅上涨、新型渠道对传统渠道冲击,以及消费整体表现低迷等因素影响,食品工业特别是中小企业发展面临较大压力:一是原材料、人工、运输、能源价格上涨,电力供应紧张等造成食品工业生产经营成本增加,广大中小企业难以提高产品价格,导致利润下降甚至亏损。二是疫情局部区域反弹,给线下零售终端、餐饮终端销售、跨区域流通以及激发消费市场活力、提振消费信心带来了负面影响。三是渠道线上化造成企业转型困难,部分新型互联网营销渠道产品零售价格下降、营销成本上升,影响到食品工业原有的产供销价格体系。四是大豆、糖、牛肉等大宗原料进口依赖度高,新冠疫情、贸易冲突等因素,导致食品工业原材料价格上涨不确定性增加。

（二）食品工业发展面临的中长期问题

以满足人民对美好生活需要为目标,中国食品工业正在面临着从规模扩张转向高质量发展的中长期挑战。

1.产业抗风险能力仍要提升

部分大宗原料进口依存度过高。大豆等多种食品工业原料的全球供应链风险高、替代性差,某些关键食品添加剂国产化程度低,部分关键原辅材料受制于全球供应链。新冠疫情暴露了中国食品工业的短板,加之食品工业中绝大部分是小微企业,行业集中度低,集群式发展基础薄弱,抗风险能力有限。

2.产业链融合延伸不充分

食品工业在纵向产业一体化方面仍有很大的提升空间。与农业的产业连接方面,食用农产品原料基地建设仍要大力推进,食品工业与农业、农民的利益连接机制仍有待创新和巩固。与第三产业及商品流通环节的战略性融合仍然不足。全要素生产率有待提升。食品工业在横向产业融合方面仍有巨大发展空间。旅游产业中的食品工业旅游、餐饮产业中的食品预加工生产化等方面,跨界融合发展机遇仍须抓住抓好。

3.产业升级滞后

伴随国民经济和消费水平的持续提升,中国居民食品消费已从基本消费转向多样化消费。中国食品工业产品创新虽然取得了较大突破,但是仍然无法充分满足升级的、细分的、多元化的消费需求,对特殊人群、特殊用途食品产品的发展还远远不够,高品质食品有效供给滞后于市场需求。在创造食品消费新需求、引领食品消费新潮流、培育新消费文化等方面,更是有待提升。

三、相关政策建议

（一）针对短期挑战的应对建议

（1）针对短期内原材料价格上涨的问题,应加大金融供给,降低食品企业融资成本;开通绿色通道,简化大宗农产品清关手续,加大相关原料进口;建立产业链上中下游价格协调机制;引导企业加大创新力度,改善生产工艺,延伸产业链条,通过精深加工提升产品附加值。

（2）针对疫情因素造成的消费信心不振的问题,应适度采取刺激市场有效需求的方式。比如,春节前组织线上线下结合的消费采购节,中央政府和地方财政适当给予购物补贴;对于低收入人群,增加发放食品消费券;对于生育三胎的家庭给予适当的食品购物补贴。

（3）针对新型互联网渠道造成的零售价格下降问题,鼓励开展F2B类线下线上展会,加强生产销售渠道对接,加大创新产品的市场推广力度;支持食品企业"走出去",鼓励企业拓展国际市场;对社区拼团平台和直播带货平台进行价格监测,对通过资本补贴方式、销售价格明显低于公允价格的行为进行限制。

（二）食品工业持续高质量发展建议

1.统筹内外双循环

食品工业要积极融入双循环发展新格局。在强化内循环上发挥产业优势,积极打通"从田间到餐桌"的全过程产业链条,并发挥出拉动产业链循环转动的核心作用。全力以赴提升食品消费,通过激发消费热情放大社会需求,着力改进供给质量、推进产品迭代、满足食品消费新需求,从而促进全产业链良性循环、推动经济增长。

进一步消除行政壁垒和地方保护,积极推动共建、共治、共享、共赢合作模式。在优化产业布局、激活存量资源的同时,更加关注中西部地区和东北地区食品工业发展。做好产业转移和承接工作，鼓励异地联建各类产业基地、产业集群。积极推进先进帮后进的中国特色社会主义共同发展的道路实践。

在积极扩大外循环上，更好地利用好外部资源，更积极地加入全球食品产业链和供应链，鼓励食品企业采取多种方式"走出去"。加强对国际标准和相关法律与贸易规则的研究和服务，推动企业合规化经营，提升国际化抗风险能力。

2. 大力发展特色食品产业集群

从资源禀赋、区位优势、消费习惯及产业基础出发，大力发展规模效益显著、融合程度较深的优势特色食品产业集群。支持平台型、生态型、绿色型、融合型的新型产业集聚载体建设。支持食品工业强县市区、食品工业特色产业园区和食品产业特色小镇建设。以柳州螺蛳粉特色产业集群为例，广西立足资源禀赋优势，实施"六大工程"，以推动柳州螺蛳粉迈向高端化、绿色化、智能化。

3. 加速培育专精特新企业

加大食品行业"专精特新"扶持力度，加速培育"专业化、精细化、特色化、创新化"规模型食品企业，不断优化食品行业产品供给结构。一方面，着力促进精深加工食品企业发展，增加中高端品类，满足消费者对方便、美味、营养、安全、个性及多样化产品的新需求。另一方面，按照市场细分趋势，加快婴幼儿配方食品、功能食品、特膳食品、老年食品、休闲食品和方便食品等细分门类企业发展，加快地方特色小吃和中式菜肴工业化进程。

4. 强化科技创新引领作用

通过持续科技创新改变食品工业传统产业低附加值产业形象，不断提升食品产品的安全营养价值。一方面，鼓励企业加大研发投入，加大研发费用加计扣除等普惠税收政策落实力度，支持有条件的企业自建研发机构或与高校、科研院所合作建立技术研发中心。另一方面，通过政策引导，为食品工业技术升级创造有利环境，如加强基础、前沿应用学科研究，增强食品工业原始创新能力，加快科技成果转化利用，加快食品装备自主化进程等。

5. 坚持绿色化发展

食品行业要坚持绿色发展理念，发展方式向绿色转型，加快绿色制造体系建设。引导企业建设绿色工厂、绿色工业园、绿色供应链管理体系，大力发展绿色制造。提高清洁生产能力，推广先进节能节水技术、新型环保装备等绿色制造技术和装备应用，不断减少原料、包装材料、能源消耗等资源用量，不断减少"三废"排放。

提高食物原材料综合利用水平，减少浪费，鼓励企业加强副产物二次开发利用。严格落实国家"去产能"有关政策，依法加快淘汰污染严重、能耗水耗超标的落后产能。

6. 积极发挥行业协会的作用

支持行业组织发挥市场化行业服务与行业自律的主体作用。积极发挥其在政策研究、标准制（修）订、质量品牌建设、行业诚信自律和国际合作交流等方面的重要作用。积极发挥行业协会沟通政府与服务企业的桥梁纽带作用，及时反映企业和行业运行情况和诉求，保障食品行业高质量发展。

四、行业展望

2022年，随着中国全面建成小康社会、开启全面建设社会主义现代化国家新征程，国内外环境出现新特征、新变化、新趋势，当前中国经济面临需求收缩、供给冲击、预期转弱三重压力，食品工业发展机遇和挑战并存。

一方面，随着"一带一路"倡议的深入推进，以及各种国际贸易协定的签订，1月1日《区域全面经济伙伴关系协定》正式生效，对外投资环境不断改善，有利于中国食品企业加快实施"走出去"战略。同时，国内14亿人口的巨大消费市场，给食品工业发展提供强有力的支撑。消费市场随着社会经济的发展、行业技术的进步、居民收入的增加在不断提质升级扩容。食品工业发展模式将从量的扩张向质的提升转变。

另一方面，人力、土地、环境资源保护等综合成本不断上升，以小微型企业占大多数的食品工业企业经营压力仍然较大。新冠疫情带来的影响还未完全消退，全球粮食产业链、供应链不稳定性、不确定性增加。2022年，企业效益状况持续改善存在压力。

近期，国际农产品价格持续走高。2021年，虽然中国粮食总产量创下新高，但是粮食进口量也创下新高，小麦、玉米等谷物和谷物粉的进口金额均大幅上涨。预计2022年上半年，国际农产品价格保持较高水平，给中国未来的粮食进口和粮食安全带来一定风险和挑战。

经过改革开放40多年快速发展，中国食品工业正在迈向高质量发展新阶段。"十四五"时期是中国食品工业构建新发展格局的关键时期，将以满足人民日益增长的美好生活需要为根本目的，以高质量发展为主题，以深化供给侧结构性改革为主线，以"做实规模、做强集群、做长链条、做多品类、做优品质、做响品牌、做足价值、做大市场"为方向，着力破解发展不平衡不充分的矛盾和问题。食品工业持续发展，既需要国家政策引导，地方产业规划，更需要激活企业主体力量，紧抓新型消费市场机遇，开创高质量发展新局面。

2022 年食品工业经济运行概况

中国食品工业协会

2022 年，面对复杂严峻的国内外形势，中国食品工业坚持高效统筹疫情防控和积极推进高质量发展，表现出强劲的发展韧性。全年食品工业（含农副食品加工业，食品制造业，酒、饮料和精制茶制造业）以占全国工业 5.1% 的资产，创造了 7.1% 的营业收入，完成了 8.1% 的利润总额。在着力扩大国内需求，强化重要民生商品和能源保供稳价工作的宏观经济背景下，食品工业为稳经济、促民生、保就业做出了积极贡献。

一、经济运行情况

（一）生产探低回升

2022 年，全国规模以上食品工业企业（不含烟草），完成工业增加值比 2021 年增长 2.9%，增速比规模以上工业增加值增速低 0.7%。其中，12 月增加值同比增长 0.3%，增速较 11 月加快 2.3 个百分点（见图 1）。

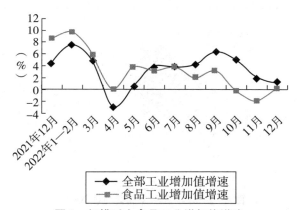

图 1　规模以上食品工业增加值增速

分大类行业看，2022 年农副食品加工业增加值比 2021 年增长 0.7%，食品制造业同比增长 2.3%，酒、饮料和精制茶制造业同比增长 6.3%。分中类行业看，18 个中类行业中有 9 个行业正增长，8 个行业负增长，1 个持平。

2022 年以来，在国际大宗商品价格高位运行、输入性通胀压力较大的背景下，保供稳价政策措施及时有效落实落地。食品工业是保民生的基础产业，为"六保"

"六稳"做出重要贡献，主要产品供应充足，基本满足消费需求，鲜冷藏肉、乳制品等产量比 2021 年分别增长 7.6%、2.0%。

（二）食品价格指数温和上涨

2022 年，全国居民消费价格比 2021 年上涨 2.0%，大幅低于欧洲、美国等发达经济体和印度等新兴经济体的物价涨幅，涨幅比 2021 年扩大 1.1 个百分点。其中食品价格全年上涨 2.8%，2021 年下降 1.4%。食品价格影响全国居民消费价格上涨约 0.5 个百分点。分月看，食品价格波动加大，各月同比变动幅度为 -3.9% ~ 8.8%，低点在 2 月，高点在 9 月。其中，猪肉价格自 3 月起触底回升，10 月同比上涨 51.8%，11 月和 12 月涨幅有所回落。全年看，猪肉价格比 2021 年下降 6.8%，蛋类价格上涨 7.2%，鲜果价格上涨 12.9%，水产品价格上涨 1.9%，粮食价格上涨 2.8%，鲜菜价格上涨 2.8%，食用油上涨 5.8%。

（三）食品市场消费稳步增长

国家统计局数据显示，2022 年社会消费品零售总额近 44 万亿元，比 2021 年略有下降，主要受第二和第四季度疫情影响。食品作为基本生活类消费品，在保民生、扩消费、保供稳价等政策大力支持下，市场供应充足，居民食品消费量继续稳步增长。限额以上单位粮油食品类商品零售比 2021 年增长 8.7%，饮料类增长 5.3%，烟酒类增长 2.3%。

新型消费发展态势较好，网上零售额占比进一步提升，吃类商品零售额比 2021 年增长 16.1%，网络购物作为消费市场增长动力源的态势持续巩固。

（四）企业利润较快增长

2022 年，全国规模以上食品工业企业（不含烟草）实现利润比 2021 年增长 9.6%，高出规模以上工业利润增速 13.6 个百分点。其中，农副食品加工业、食品制造业、酒、饮料和精制茶制造业利润分别同比增长 0.2%、7.6% 和 17.6%，在全国规模以上工业企业利润整体下降 4% 的情况下，食品工业 3 个行业利润总额均比 2021 年增长，其中酒、饮料和精制茶制造业保持了较快增长（见表 1）。

表 1	2022 年食品工业经济效益指标				单位：亿元
行业名称	营业收入	增长（%）	利润总额	增长（%）	企业单位数（个）
食品工业总计	97991.9	5.6	6815.3	9.6	38449
农副食品加工业	58503.0	6.5	1901.1	0.2	23593
食品制造业	22541.9	4.0	1797.9	7.6	9119
酒、饮料和精制茶制造业	16947.0	4.9	3116.3	17.6	5737

2022年，规模以上食品工业企业实现营业收入比2021年增长5.6%；发生营业成本同比增长5.9%；营业收入利润率为7.0%，比2021年提高0.3个百分点；资产负债率为52.8%。

（五）进出口情况

海关统计数据显示，2022年，中国进出口食品近1.9万亿元，比2021年增长10.3%。其中，出口5091.8亿元，同比增长10.0%；进口13872.7亿元，同比增长10.4%；逆差8780.9亿元，进出口增长水平接近。

就进出口产品种类看，食用水产品、蔬菜及食用菌和干鲜瓜果及坚果为主要出口食品；粮食、肉类（包括杂碎）、食用水产品主要进口食品（见表2）。

表2　　　　　　　　　　　　2022年食品主要进出口商品统计

出口				进口			
产品	价值（亿元）	增长（%）	占比（%）	产品	价值（亿元）	增长（%）	占比（%）
食用水产品	1502.1	7.9	29.5	粮食	5499.9	13.7	39.6
蔬菜及食用菌	829.0	4.4	16.3	肉类（包括杂碎）	2120.6	2	15.3
干鲜瓜果及坚果	354.7	-10	7.0	食用水产品	1297.9	39.7	9.4
罐头	288.4	38.7	5.7	干鲜瓜果及坚果	1037.4	5.1	7.5
酒类及饮料	215.3	25.1	4.2	乳品	926.8	3.6	6.7
茶叶	138.8	-6.5	2.7	食用植物油	606.3	-14.1	4.4
肉类（包括杂碎）	130.2	12.5	2.6	酒类及饮料	402.0	-6.3	2.9
粮食	124.9	9.5	2.5	食糖	172.6	17	1.2

（六）投资规模继续扩大

食品工业固定资产投资在2021年稳定恢复的基础上继续扩大。国家统计局数据显示，2022年，全国固定资产投资（不含农户）比2021年增长5.1%，制造业投资同比增长9.1%。分行业看，农副食品加工业投资同比增长15.5%，食品制造业同比增长13.7%，酒、饮料和精制茶制造业同比增长27.2%，均达到两位数增长水平，显著高于制造业平均水平。

（七）产业地位

2022年，规模以上食品工业（包含农副食品加工业，食品制造业，酒、饮料和精制茶制造业三大行业）企业数量占全国规模以上工业企业数量的8.5%，资产占5.1%，营业收入占7.1%，利润总额占8.1%，是中国经济增长的重要驱动力。

（八）基本构成

从大类行业看，2022年，农副食品加工业营业收入和利润分别占整个食品工业营业收入和利润的59.7%和27.9%。食品制造业分别占23.0%和26.4%，酒、饮料和精制茶制造业分别占整个食品工业的17.3%和45.7%（见图2、图3）。与2021年比较，营业收入占比变化不大，在利润占比上，酒、饮料和精制茶制造业占比扩大，农副食品加工业占比下降，食品制造业变化不大。

从发展速度层面看，2022年，规模以上农副食品加工业，食品制造业，酒、饮料和精制茶制造业营业收入分别比2021年增长6.5%、4.0%和4.9%；利润分别比2021年增长0.2%、7.6%和17.6%。

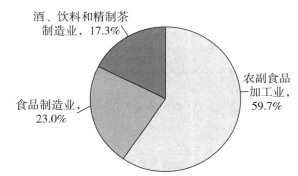

图2　2022年食品工业营业收入构成

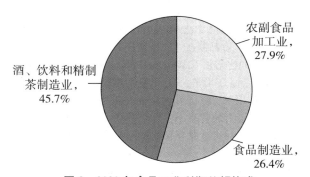

图3　2022年食品工业利润总额构成

二、科技创新与研发情况

近年来，随着创新驱动、健康中国、乡村振兴等系列国家战略陆续出台与实施，围绕满足人民美好生活需要，着力破解发展不平衡不充分的矛盾和问题，中国食品工业依靠科技进步与创新，进一步加快供给侧结构性改革，促进转型升级、提质增效和高质量发展。在国家相关产业政策、项目及资金的支持和引导下，中国规模以上食品企业在科研基础设施建设、科技人才培养、科研成果转化等方面，取得可喜进步与长足发展，企业自主创新能力不断增强，食品加工关键技术与装备制造业水平显著提升，食品物流损耗和能耗逐步降低，食品产业链质量安全检测、追溯技术取得新的突破，营养干预等健康食品科技保障体系逐渐完善，食品供给质量和效率也显著提高。

进入 2023 年，国内外经济发展形势依然严峻复杂，中央一号文件指出"提升净菜、中央厨房等产业标准化和规范化水平。培育发展预制菜产业"。预制菜产业一头连着种养殖业，另一头连着餐饮业和居民消费，是一二三产融合发展的食品产业，其快速发展是消费升级和食品工业不断做大做强的有效路径。

食品工业要按照党的二十大和中央经济工作会议精神，坚持稳中求进工作总基调，把扩大内需战略和深化供给侧结构性改革有机结合起来，利用好促消费扩内需政策，增强行业活力，促进行业持续健康发展。

2019 年医药工业经济运行概况

中国化学制药工业协会

一、行业整体运行情况

党中央、国务院把人民健康放在优先发展的战略地位，以一切为了人民健康、提高人民的健康素质、公平可及、群众受益为重点，加快推进健康中国建设，作为健康支柱产业的医药工业 2019 年总体经济运行平稳。

根据国家统计局数据，2019 年医药工业营业收入增幅高于全国工业平均值 4.1 个百分点，利润增幅高于全国工业平均值 10.3 个百分点。全年中药饮片加工工业和中成药工业利润出现负增长，化学原料药工业利润增幅低于行业平均值，其余 7 个子行业利润增幅高于医药行业工业平均值。

2019 年医药工业增加值同比增长 6.6%，增速比全国平均值高 1.1 个百分点，比 2018 年放缓 3.1 个百分点。营业收入 26147.4 亿元，同比增长 8.0%，增幅比全国平均值高 4.1 个百分点，比 2018 年放缓 4.7 个百分点；实现利润总额 3457.0 亿元，同比增长 7.0%，增速同比回落 3.9 个百分点；实现出口交货值 2116.9 亿元，同比增长 7.0%。

由于医药产品是特殊商品，医疗机构是医药产品最大的购买方，资金的回笼一直是困扰医药企业的大问题。2019 年，全行业平均应收账款回收期为 77.3 天，比全国平均值慢 18.1 天，比 2018 年增加 14.4 天。拖欠货款的情况加剧，化学制药工业应收账款周转天数为 67.6 天，比 2018 年增加 10.9 天，引发企业营业成本上升，制约行业健康发展。

二、化学制药行业经济效益

化学制药行业是由化学原料药和化学药品制剂两个子行业组成。化学原料药是化学药品制剂的上游产品，也是药品的主成分。虽然两个产业生产模式完全不同，但受市场驱使，越来越多的制药企业既生产原料药也生产药品制剂，因此在做宏观分析时会将数据合并进行分析。

化学制药行业是医药行业的支撑产业，生产临床治疗、防疫救灾的重要战备物资。其营业收入占医药行业的 47.3%，利润占到 46.9%。

根据国家统计局数据，2019 年医药行业营业收入 12379.8 亿元，同比增长 9.4%，比行业平均值高 1.5 个百分点；实现利润 1621.9 亿元，同比增长 11.5%，增幅比 2018 年加大了 1.1 个百分点；实现出口交货值 919.2 亿元，同比增长 4.6%，增幅比 2018 年回落 10.3 个百分点。

以原料药生产为主的企业，在环保整治的高压下，收入及利润增幅均低于行业平均值 2.9 个百分点。其营业收入 3803.7 亿元，同比增长 5.0%，增速同比回落 5.4 个百分点；实现利润总额 449.2 亿元，同比增长 4.1%，增速同比回落 11.3 个百分点；实现出口交货值 717.7 亿元，同比增长 4.6%，增速同比回落 5.2 个百分点；亏损企业个数比 2018 年减少 6 家，亏损额 43.6 亿元，同比上升 35.2%。由于环保严控，不少小企业停产，加之"三废"排放标准不断提高，化学原料药生产受到很大影响，原料药市场供应趋紧，从应收账款占营业收入之比得到印证，虽然整体应收账款同比增长 6.8%，增速同比回落 7.2 个百分点，但应收账款占营业收入之比为 16.2%，低于全国平均值 5.3 个百分点，低于以化学药品制剂生产为主的企业 3.8 个百分点。

以化学药品制剂生产为主的企业，2019 年实现营业收入 8576.1 亿元，同比增长 11.5%，增速同比回落 7.9 个百分点，实现利润 1172.7 亿元，同比增长 14.6%，增速同比提高 5.9 个百分点；亏损企业数比上年同期减少了 3 家，亏损额 32.0 亿元，同比下降 22.3%；制剂产品出口金额 201.5 亿元，同比增长 4.6%；应收账款同比增长 10.3%，增速同比回落 1.3 个百分点；应收账款占营业收入 20.0%，低于全国平均值 1.5 个百分点。

三、化学制药行业生产情况

根据中国化学制药工业协会统计信息专业委员会采集的化学药品原料药和化学药品制剂生产数据，按照 2019 年 3 季度各类产品的产量预测，全年化学药品原料完成 132.5 万吨，同比增长 0.5%。化学药品制剂中的主要五大类剂型中粉针剂完成 100.8 亿瓶，同比增长 1.2%；注射液完成 161.2 亿瓶，同比下降 2.9%；输液 156.8 亿瓶，同比增长 3.2%；片剂完成 2734.2 亿片，同比增长 1.4%；胶囊完成 831.6 亿粒，同比增长 1.6%。

化学原料药受环保因素影响产量有所下降，但分析各品种产量可以看到，拥有绿色生产技术的企业产品产量不仅没减少，还有较大幅度的增加。主要大类中，抗感染类药物产量同比上升 0.9%，供应出口同比增长 4.4%；解热镇痛药物产量同比增长 1.3%，出口同比上升 0.9%，与同期基本持平；维生素类产量同比增长 4.6%，出口同比下降 7.3%，供应出口同比增长 2.0%；葡萄糖（口服+注射）产量同比增长 9.1%。

化学药品制剂生产在国家医保政策不断完善、覆盖面不断扩大、水平不断提高的大环境下稳步提高。但随着卫生部门严格规范医疗行为、医保控费、药品带量采购等制度的落实推进，药品的使用更加规范，化学药品制剂生产的增幅也会稳定在一定的水平。

四、化学药品进出口情况

2019 年，在国内外风险挑战明显上升的情况下，全年外贸进出口实现了量的稳定增长和质的稳步提升。化学药品出口整体情况表现为，化学原料药和中间体出口金额下降，化学药品制剂出口金额增长。根据国家统计局数据，化学药品出口交货值同比增长 4.6%。海关数据显示，重点跟踪的 98 个化学药品出口金额同比下降 5.6%。其中：化学原料药及中间体整体出口量与 2018 年基本持平，出口金额同比下降 9.6%；化学药品制剂出口金额同比增长 7.4%，在化学药品总额的占比从 2018 年的 23.8% 提高到 27.0%，同比提高 3.2 个百分点。

2019 年重点关注的 49 个进口化学药品中，进口金额同比增长 4.4%。其中制剂品种 29 个，占进口金额的 96.7%。

从各大洲出口情况看，2019 年对大洋洲出口金额增幅最高，同比增长 22.7%，均价同比增长 74.6%，但是其出口额占比较小，仅为总金额的 2.0%；对非洲出口金额 6.4 亿美元，与 2018 年基本持平，均价同比下降 3.8%；对亚洲、欧洲出口金额减少较小，但两个区域均为中国药品出口的主要区域，合计出口金额占总金额的 72.0%；南美洲、北美洲出口金额均同比减少较多（见表 1）。

表 1　2019 年各主要区域化学药品出口情况

区域	金额 同比增长（%）	平均价格 同比增长（%）
亚洲	-3.2	-6.5
非洲	0.0	-3.8
欧洲	-1.6	-3.6
南美洲	-13.0	-12.6
北美洲	-15.4	0.7
大洋洲	22.7	74.6

2019 年，前 5 位出口贸易国是印度、美国、德国、荷兰和日本，较 2018 年度没有变化，但出口金额同比均呈现负增长，同比分别下降 0.1%、15.2%、18.6%、3.6%、14.5%（见表 2）。

在出口金额上亿元的贸易国中，表现突出的还有土耳其、埃及和尼日利亚，增长率为 6.0%~22.0%。

在供给侧结构性改革深入推进大背景下，2019 年化学药品国际市场继续向好。67 个出口原料药品种中，有 28 个品种出口量下降或持平，比 2018 年减少 9 个品种，有 18 个品种均价上浮，市场供给趋紧。化学药品出口结构调整初见成效。化学药品制剂出口金额同比增长 7.2%，占比 27.0%，同比提高 3.2 个百分点。充分说明有更多制药企业的管理、生产达到了国际水平。

五、化学制药产能利用

根据国家食品药品监督管理总局信息中心 2018 年数据，全国有 4441 家化学药品生产企业，其中制剂生产企业 3902 家，原料药生产企业 1430 家，且有 891 家企业既生产原料药也生产制剂产品，制药企业的科研能力、生产水平和规范程度差异巨大。近年来，国务院出台了一系列改革措施，推动制药行业淘汰落后产能，加快转型升级。

2019 年 12 月 1 日，新修订的《中华人民共和国药品管理法》进一步将药品审评审批改革提速，仿制药一致性评价持续推进。多省市药品招标采购对通过仿制药一致性评价品种给予优惠政策。"4+7"国家带量采购药品稳步推进并不断扩大试点范围和采购品种，2020 年注射剂一致性评价或将全面展开。

中国是制药大国，但并非制药强国。国家发布的一系列政策，将持续提高药用辅料、包材以及仿制药质量，同时有利于产品创新。药品审评审批制度的改革，以及监管措施的升级，有利于提高中国仿制药的竞争力、淘汰落后产能，全面提高制药水平。

六、化学药品的研发

与发达国家相比，中国在创新药物研发的投入能力、产出能力、发展能力等指标上表现不佳，甚至与同为发展中国家的印度相比，新药研发水平也存在一定差距。

在中国实施创新驱动发展战略以来，党和国家高度重视新药研发，不仅通过国家新药创制重大科技专项等形式给予大力支持，还在新药临床审评、上市审批和推广使用等关键环节锐意改革，极大激发了科研人员创新创业、研发新药的热情。

表 2　　　　　　　2019 年化学药品主要出口目的国

本期位序	同期位序	国别	出口量 同比增长（%）	出口金额 同比增长（%）	平均价格 同比增长（%）
1	1	印度	13.9	-0.1	-12.3
2	2	美国	-8.0	-15.2	-7.8
3	3	德国	-2.6	-18.6	-16.3
4	4	荷兰	4.9	-3.6	-8.1
5	5	日本	1.5	-14.5	-15.8

2019 年，国产 1 类新药（化药）注册申报临床试验品种大于 110 个（2018 年近于 100 个），创新品种开发形势整体处于增长趋势。共有 9 个国产 1 类新药上市或即将上市，其中 6 个已正式获批，3 个处于"在审批"状态。这 9 个新药涉及糖尿病、癌症、阿尔茨海默症、感染等多个领域。

七、中美贸易摩擦对行业影响

2019 年中美贸易摩擦不断升级，而中国化学原料药行业在多轮的关税对垒中得以幸存。但随着浙江华海药业缬沙坦安全事件不断发酵，美国也盯上了中国的制药企业，尤其是原料药企业。

中国是世界上最大的原料药供应国，为全球制药商提供化学原料药及中间体。但长达一年涉及数百万人的缬沙坦药物召回事件，已经促使美国国家安全官员质疑在美国医药供应链中扮演日益重要角色的中国制药企业，是否会对美国公民的健康构成威胁。

中国是全球范围内药物和药材的重要供应商，中美两国在医药领域过去一直保持合作。新冠疫情让国内医药行业生产受到了一定的影响，但两国之间在原材料供应和科技研发方面仍有很大合作空间。中美两国医药行业仍将保持相互依存、相互依赖、相互竞争的主旋律。

八、发展趋势预测

受新冠疫情影响，预防、诊疗过程中相关的医疗器械、药品、消毒防护用品需求急剧增加。医药行业克服困难，保证化学原料药和防疫物资的供应。在国内市场，制药企业要继续在提质降费上作足功课，加大新药研发的投入；化学原料药生产企业要在工艺创新上下功夫，做到在保证"绿水青山"的前提下，完成化学原料药的市场供给。此外，传统的制药行业要关注互联网为行业带来的变化。过去网上销售处方药一直较为谨慎，发展缓慢。但在新冠疫情期间，为减少出门，互联网医药行业得以快速发展。同时，随着"一票制"（厂家的药品直接到达医保定点医药机构、医院和药房，开一次发票，没有中间代理商家，厂家的货款直接同医保基金结算）的推进，企业如果不能及时转型，将非常有可能在政策环境的变化中出局。互联网模式将对医药行业的发展产生巨大影响。

2020 年医药工业经济运行概况

中国化学制药工业协会

一、整体运行情况

中国人口老龄化趋势明显，经济持续稳定发展，人民对健康的重视程度不断提高，对相关医药产品的需求逐步扩大，作为国民经济的重要组成部分，医药工业保持平稳的发展态势。

根据国家统计局数据，2020 年医药工业总体经济运行平稳，营业收入增幅高于全国工业平均值 6.3 个百分点，利润增幅高于全国工业平均值 15.2 个百分点。医药制造业 10 个子行业中，化学药品制剂制造工业、中药饮片加工工业利润出现负增长，中成药工业、药用辅料及包装材料工业利润增幅低于行业平均值，其余 6 个子行业利润增幅均高于医药工业平均值。

2020 年医药制造业增加值同比增长 5.9%，增速比全国平均值高 3.1 个百分点，比 2019 年放缓 0.7 个百分点；实现营业收入 27960.3 亿元，同比增长 7.0%，增幅比全国平均值高 6.3 个百分点，比 2019 年放缓 0.9 个百分点；实现利润 4122.9 亿元，同比增长 19.3%，增幅比 2019 年提高 12.3 个百分点；实现出口交货值 3019.5 亿元，同比增长 40.0%，增幅比 2019 年提高 33.0 个百分点。

由于医药产品是特殊商品，医疗机构是医药产品最大的购买方，货款回笼问题一直是医药企业的很大困扰。2020 年，全行业平均应收账款回收期为 69.0 天，比全国工业平均值慢 13.3 天，比 2019 年减少 8.3 天。各子行业应收账款周转天数均比 2019 年减少，在国家相关政策改革及行业引导下，货款拖延情况有所缓解，但与其他制造行业相比仍有一定差距。

二、化学制药行业经济效益

化学制药行业包括化学原料药和化学药品制剂两个子行业。化学原料药是化学药品制剂的上游产品，是进一步制成药物制剂的原材料，也是药品制剂中的有效成分。虽然两个产业生产模式完全不同，但随着市场经营的需要及产业模式的变革，更多的制药企业既生产化学原料药也生产化学药品制剂，因此在做宏观分析时会将数据合并进行分析。

化学制药行业是医药行业最重要的分支，关系着人民健康、经济发展和社会安定。化学原料药制造工业营业收入及利润总额增幅均好于化学药品制剂制造工业。

三、化学制药行业生产情况

根据中国化学制药工业协会统计信息专业委员会采集的化学药品原料药和化学药品制剂生产数据，按照 2020 年三季度各类产品的产量预测，全年化学药品原料药完成 136.7 万吨，同比增长 1.4%。化学药品制剂中的主要五大类剂型中，粉针剂完成 79.5 亿瓶，同比下降 10.2%；注射液完成 135.5 亿瓶，同比下降 4.1%；输液完成 135.7 亿瓶，同比下降 1.9%；片剂完成 2547.1 亿片，同比下降 3.3%；胶囊完成 748.9 亿粒，同比下降 8.9%。

在新冠疫情背景下，在相关政策的引导下，化学原料药的生产基本保持稳定。主要大类中，抗感染类药物产量同比增长 1.3%；解热镇痛药物产量同比基本持平；维生素类产量同比增长 3.4%；葡萄糖（口服+注射）产量同比增长 2.3%。

在新冠疫情、药品集中带量采购、医保政策改革等因素影响下，化学药品制剂生产产量同比下降。2020 年，化学药品制剂生产持续负增长，但截至年底，增速下滑已开始收窄。

四、化学药品进出口情况

2020 年，在新冠疫情席卷全球的情况下，在各种风险挑战下，全年外贸进出口保持了增长。根据海关数据，2020 年，中国货物贸易进出口总值 32.2 万亿元，比 2019 年增长 1.9%。

2020 年化学药品出口整体情况表现为化学原料药和化学药品制剂出口金额增长，中间体出口金额下降。根据国家统计局数据，化学药品出口交货值同比增长 19.1%。海关数据显示，重点跟踪的 104 个化学药品出口金额同比增长 15.0%。其中，化学原料药出口量同比增长 14.5%，出口金额同比增长 14.9%；化学药品制剂出口量同比增长 2.5%，出口金额同比增长 15.2%，在化学药品总额的占比从 2019 年的 27.0% 提升至 33.9%，上升 6.9 个百分点。

从各大洲出口情况看，2020 年对北美洲出口金额增幅最高，同比增长 28.8%，均价同比下降 13.8%，占总金额的 14.1%；对南美洲、欧洲、非洲、亚洲出口金额均为增长态势，同比分别增长 19.9%、19.5%、13.8% 和 8.4%，其中对亚洲出口均价同比下降 1.4 个百分点；对大洋洲出口金额 4.4 亿美元，同比下降 5.2%，均价同比下降 54.8%（见表 1）。

表 1　2020 年各主要区域化学药品出口情况

区域	金额同比增长（%）	平均价格同比增长（%）
亚洲	8.4	-1.4
非洲	13.8	6.3
欧洲	19.5	6.9

续　表

区域	金额同比增长（％）	平均价格同比增长（％）
南美洲	19.9	20.2
北美洲	28.8	-13.8
大洋洲	-5.2	-54.8

2020年，前5位出口贸易国是美国、印度、德国、韩国、日本，较2019年度没有变化，出口金额同比呈现增长态势，分别为29.2%、10.7%、16.1%、3.0%和7.4%，美国、韩国均价为同比下降，印度、德国出口量为同比下降（见表2）。

在习近平总书记提出的"健康中国"理念及各项政策的推动下，在医药行业供给侧结构性改革深入推进的

表2 **2020年化学药品主要出口目的国**

本期位序	同期位序	国别	出口量同比增长（％）	出口金额同比增长（％）	平均价格同比增长（％）
1	2	美国	13.94	29.2	-7.32
2	1	印度	-7.99	10.7	5.46
3	3	德国	-2.64	16.1	10.83
4	4	韩国	4.90	3.0	-7.54
5	5	日本	1.53	7.4	5.95

大背景下，2020年化学药品国际市场顶住了各种压力与挑战，保持继续向好的态势。化学药品制剂出口金额占总出口金额比重连续增长，化学药品出口结构调整取得成效，更多的国内制药企业的产品质量及安全性达到国际水平，受到国际市场认可。

2020年，在新冠疫情因素的影响下，出口超过预期增长，为国内经济回归常态做出显著贡献，也为全球抗击疫情和经济恢复做出巨大努力。随着新冠疫苗的普及，疫情逐步缓解，预计海外经济将会有所恢复。

五、化学制药产能利用

根据国家药品监督管理局2020年发布的统计年报数据，截至2019年年底全国共有原料药和制剂生产企业4529家。根据国家统计局数据，截至2020年年底规模以上化学原料药和制剂生产企业2393家，其中化学药品原料药生产企业1270家，化学药品制剂生产企业1123家。国内化学制药工业生产企业在药物研发创新、药物生产流程和管理规范程度上存在巨大差异。

近年来，国务院出台了一系列改革措施，推动制药行业供给侧结构性改革，淘汰落后产能，加快行业转型升级。

2020年，仿制药一致性评价进入密集收获期，全年共计367个品种通过一致性评价。5月14日，注射剂一致性评价政策正式落地后，共有118个注射剂一致性评价受理号通过。药品方面，有184个品规一致性评价通过企业数达到3家及以上，通过企业数最多的是5mg的苯磺酸氨氯地平片，通过企业数达到38个。

2020年，第二批、第三批国家集中采购落地，前三批国家药品集中采购涉及112个品种。预计随着第四批国家集中采购进入报量报价阶段、多省市出台招采政策鼓励过评、国务院印发《关于推动药品集中带量采购工作常态化制度化开展的意见》等一系列工作的推进和政策的出台，2021年通过一致性评价数量会超过2020年。

全球药品市场稳步增长。截至目前，中国已超越日本，成为全球第二大药品市场，但距离"制药强国"还有很大的距离。国家通过一系列政策的出台及监管措施的升级，提升药物供应保障能力，淘汰落后产能，加速产能整合，优化产业架构，促进化学制药行业健康发展。

六、化学药品的研发创新

与欧美日等发达经济体，甚至与同为发展中国家的印度相比，中国在药物研发创新的投入、产出等能力上仍有明显不足。但随着《药品医疗器械审评审批制度改革》《仿制药质量和疗效一致性评价》等一系列政策的出台，国内企业对药物研发创新的意识也在逐步增强，中国药物创新研发环境逐渐形成。

国家药品监督管理局药品审评中心受理的临床试验申请数量逐年增加，截至2020年，药物临床试验登记平台公示获得CTR号的临床试验总数为12269项。国内登记临床试验品种中，化学药物临床试验最多，达到1920个，占75.0%；生物制品临床试验573个，占22.4%。

2020年，国家药品监督管理局共批准49个新药，其中国产新药20种，进口新药29种。从药物类型上看，包括28种化药、16种生物药、3种中药、2种疫苗（见图1）。

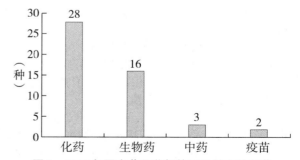

图1　2020年国家药品监督管理局批准的新药

从疾病领域来看，2020 年批准的新药仍以肿瘤药居多，占比 33%，其他占比较高的疾病领域包括感染性疾病、神经疾病（见图 2）。从药物剂型来看，2020 年批准的新药以注射剂最多，占比 47%，其次是片剂和胶囊剂（见图 3）。2020 年国家药品监督管理局批准新药见表 3。

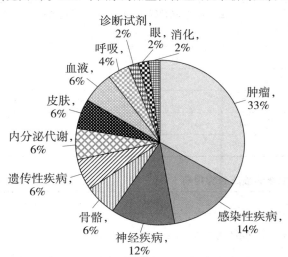

图 2 2020 年国家药品监督管理局
批准新药的疾病领域分布

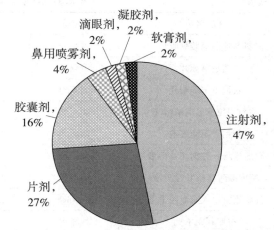

图 3 2020 年国家药品监督管理局批准新药的剂型分布

2020 年批准的 49 个新药中，有 31 个是以"优先审评"的方式获批，占 63%，化药、生物药、中药均有涉及；批准了 9 个罕见病药物（均为进口药）（见表 4），8 个临床急需用药（见表 5）。

七、新冠疫情对行业的影响

2020 年年初，新冠疫情影响着各行各业。医药工业作为与抗疫直接相关的行业，作为战略物资的重要支持

表 3　　　　　　　　　　　　2020 年国家药品监督管理局批准的国产新药

药品名称	公司	适应症
盐酸恩沙替尼胶囊	贝达药业	ALK 突变晚期 NSCLC
甲磺酸阿美替尼片	豪森药业	EGFRTKI 经治，T790M 突变阳性的局部晚期或转移性 NSCLC
泽布替尼	百济神州	MCL 和 CLL/SLL
索凡替尼胶囊	和记黄埔	神经内分泌瘤
氟唑帕利胶囊	恒瑞	卵巢癌、输卵管癌或原发性腹膜癌
阿巴西普注射液	先声药业/BMS	类风湿关节炎
苯环喹溴铵鼻用喷雾剂	银谷制药	变应性鼻炎
磷酸依米他韦胶囊	东阳光	丙肝
盐酸可洛派韦胶囊	凯因格领	丙肝
盐酸拉维他韦片	歌礼	丙肝（联合用药）
注射用头孢比罗酯钠	华润九新	获得性细菌性肺炎
鼻喷冻干流感减毒活疫苗	长春百克	流感病毒
COVID-19	中国生物	新冠灭活疫苗
桑枝总生物碱片（中药）	北京五和博澳	2 型糖尿病
莲花清咳片（中药）	以岭药业	急性气管-支气管炎
筋骨止痛凝胶（中药）	康缘药业	活血理气、祛风除湿、通络止痛
重组结核杆菌融合蛋白	智飞生物	结核病诊断、结核杆菌感染诊断
依达拉奉右莰醇注射用浓溶液	先声	脑卒中
环泊酚注射液	海思科	消化道内镜检查中的镇静
苯磺酸瑞马唑仑	人福医药	结肠镜检查镇静

表4　　　　　　　　　　　　　**2020年国家药品监督管理局批准的罕见病药物**

药品名称	商品名	公司	适应症
氯苯唑酸葡胺软胶囊	维达全	辉瑞	转甲状腺素蛋白淀粉样变性多发性神经病
西尼莫德片	万立能	诺华	复发型多发性硬化
氘代丁苯那嗪片	安泰坦	梯瓦	亨廷顿病有关的舞蹈病及成人迟发性运动障碍
注射用拉罗尼酶浓溶液	艾而赞	赛诺菲	黏多糖贮积症Ⅰ型
赛耐吉明滴眼液	欧适维	东沛制药	神经营养性角膜炎
阿加糖酶α注射用浓溶液	瑞普佳	武田	法布雷病
艾度硫酸酯酶β注射液	海芮思	北海康成	亨特综合征
注射用重组人凝血因子Ⅷ	Novoeight	诺和诺德	血友病A
拉那利尤单抗	达泽优	武田	遗传性血管水肿

表5　　　　　　　　　　　　　**2020年国家药品监督管理局批准的临床急需用药**

药品	商品名	公司	批准日期	适应症	罕见病
氯苯唑酸葡胺软胶囊	维达全	辉瑞	2020-02-05	转甲状腺素蛋白淀粉样变性多发性神经病	是
注射用维得利珠单抗	安吉优	武田	2020-03-12	溃疡性结肠炎和克罗恩病	
氘代丁苯那嗪片	安泰坦	梯瓦	2020-05-14	亨廷顿病有关的舞蹈病及成人迟发性运动障碍	是
注射用拉罗尼酶浓溶液	艾而赞	赛诺菲	2020-06-03	黏多糖贮积症Ⅰ型	是
布罗利尤单抗	立美芙	协和发酵麒麟	2020-06-17	银屑病	
度普利尤单抗	达必妥	赛诺菲	2020-06-19	中重度特应性皮炎	
克立硼罗软膏	舒坦明	辉瑞	2020-07-29	中度特应性皮炎	
赛耐吉明滴眼液	欧适维	东沛制药	2020-08-14	神经营养性角膜炎	是
阿加糖酶α注射用浓溶液	瑞普佳	武田	2020-08-28	法布雷病	是

领域，发挥了重要的作用，包括医用防护用品、检测试剂、疫苗的研发、生产等。同时，医药行业也经受住了巨大的考验，整体上在疫情最严重的一季度营业收入和利润均下滑明显，之后逐步复苏。全年，营业收入、利润总额及出口交货值总体保持增长态势。

各子行业分化较为明显，营业收入增长及利润贡献最大的是卫生材料及医药用品工业，营业收入增长第二位的是基因工程药物和疫苗制造工业，均为与疫情直接相关的领域。而与疫情相关度不高的中药工业及化学药品制剂工业，在医院日常诊疗受到疫情影响，不能正常开展的情况下，营业收入下滑明显，全年持续负增长。

2020年，医疗防疫用品成为出口的一个重要板块。中国作为全球第一大口罩生产国，掌握50%的国际市场。根据海关数据，2020年3—12月，中国累计出口口罩2242亿只，价值3400亿元。

八、推进行业高质量发展

2020年，在带量采购常态化进行的趋势下，国内仿制药行业加速整合，优秀的仿制药通过带量采购中标快速扩大市场份额，未通过一致性评价的仿制药将被逐步淘汰，仿制药市场集中度将会有一定程度的提升。随着仿制药价格的不断下降，仿制药将不再是中国医药行业的主要增长点。医药企业也将从单纯仿制转向高品质的仿制药，这在未来很长一段时间会是制药企业发展的主题。

近年来，随着政策、资本等的多重推动，中国药品创新研发的环境逐渐形成。国家多次发布政策，从多个维度鼓励和推动创新药研发。资金支持方面，除了国家重大科技专项和地方科技项目基金支持，部分地方政府也陆续推出相关政策，为创新药的研发提供资金支持。市场准入方面，多个省份为创新药的准入开辟了绿色通道。医保支付方面，国家医疗保障局推出"仿制药带量采购"政策，有效解决了创新药医保支付能力不足的问题。药品创新研发已成为行业未来发展的主旋律，越来越多的医药企业开始将更多精力放在药品研发创新上。

化学原料药处于医药行业产业链上游，是保障药品供应及满足用药需求的基础。但目前中国原料药工业存在产品同质化严重、产业集中度不高、生产技术相对落后、环境成本较高等问题。中国作为原料药生产和出口大国，将会把原料药工业绿色发展作为重中之重，提高原料药绿色制造水平，推广清洁生产技术的开发及应用，进一步推进原料药工业绿色升级，助力医药行业高质量发展。

九、行业存在主要问题及政策建议

"十三五"期间，规模以上化学制药工业增加值年均增长 8.5%，占整个医药工业的比重为 46%。虽然化学制药工业规模效益稳定增长、产量有新提高、产品品种日益丰富，但仍存在一些问题，主要包括：原始创新能力不强，基础研究和转化研究能力落弱，高质量创新成果少；在化学药医药中间体、药用辅料、化学原料药、化学制剂产业链中，药用辅料仍是较弱环节；产品结构仍不合理，低附加值的大宗原料药污染严重，产能过剩，高附加值的特色原料药品种数量少，满足不了需求；行业集中度偏低，产品同质化和重复建设突出；营销环节存在不规范行为，影响行业良性竞争发展。

针对化学制药行业突出的问题，有以下几点发展建议。

1. 积极培育新型增长点

加快推动具有较大临床价值药品的审批上市，疗效确切、临床必需的新产品不受医疗机构药占比等政策限制。积极发展医药产业新模式、新业态，推动行业转型升级和提质增效。巩固原料药出口优势，重点拓展发达国家和新兴医药市场，提高制剂出口规模和产品附加值。

2. 加快推进药品上市许可持有人制度

药品上市许可持有人（MAH）制度被纳入《中华人民共和国药品管理法》后，"十四五"是全面落实 MAH 制度的重要时期。建议国家进一步加快 MAH 制度落地进程，加快新药审评审批，建立基金及担保金等激励扶持政策细则，加大对 MAH 制度相关内容的宣贯和推广，使药品上市许可持有人、受委托的生产企业明确对药品质量应尽的责任和义务，促进医药产业高质量发展。

3. 加大财税金融支持

在整体降税减负政策导向下，协调相关部门落实医药产业更多税收优惠政策。推动提高药品制剂出口退税率。完善与银行的产融合作机制，拓宽中小化学制药企业融资渠道。

4. 协调完善药物使用政策

跟踪分析国家药品集中采购政策对行业发展的影响，协调相关部门不断完善优化，促进实现群众得到更多实惠、制药行业健康发展双赢。建立新药上市药物经济学评价体系。推动上市药品尽快纳入医疗机构诊疗指南和临床路径，促进新产品合理应用。推行患者凭医院处方到零售药店自助购买慢性常见病用药制度，并将其纳入医保报销范围，增强社会药房服务能力。

5. 推动建立多层次医疗保障体系

推动医保支付方式改革，建立统一的医保支付标准，促进通过一致性评价仿制药的优先使用。推动发展商业健康保险，支持商业保险产品创新，扩大商业健康保险所得税优惠幅度，引导提升公众保险意识和消费认知，满足不同层次人员的医疗需求，减轻基本医疗保险压力，逐步提高医疗保障水平。

6. 进一步营造更具活力的营商环境

良好的营商环境是企业长足发展的关键因素之一。未来五年，建议加大宣贯，整合和兑现现有的产业政策，吸引高端人才和前沿项目，从整体上营造更具活力的营商环境，提高创新能力，促进产业集聚，完善良好的生态环境，优化行政审批环境和进一步加大政策支持力度。建议有关部门制定政策性条款，为企业健康发展"硬核"护航，为"十四五"时期优化营商环境再"提速"。

十、2021 年趋势及"十四五"展望

2020 年，医药行业在面临国内外多重压力与挑战下，为"十三五"画上了圆满句号。2021 年是"十四五"规划的开局之年，也是医药行业推动改革转型、实现高质量发展的关键之年。

2021 年医药制造业工业增加值增长速度将继续高于全国平均值。在全球疫情持续笼罩、医疗卫生用品需求长期处于高位的情况下，化学药品制剂和化学原料药企业将会继续开足马力，为"战疫"做出贡献。同时，应更好的总结疫情防控和救治中形成的科技创新经验，进一步完善医药产业链、供应链，充分把握医药行业特点，推动医药行业创新发展、协同发展、高质量发展。

2021年医药工业经济运行概况

中国化学制药工业协会

一、整体运行情况

受到新冠疫情不同程度的影响，世界经济形势复杂严峻，对产业链供应链稳定、健全、完善的要求提高，给中国传统优势产品出口和向更高价值链延伸带来了挑战。

2021年是中国"十四五"发展规划的开局之年，也是深化医药卫生体制改革的重要一年。在《中华人民共和国国民经济和社会发展第十四个五年规划和2035年远景目标纲要》的指引下，全国各地区、各部门陆续出台了各自的"十四五"发展规划。"十四五"期间，医药工业发展的环境和条件将发生巨大变化。医药工业将进入创新驱动发展、产业链现代化变革、向国际化产业体系转变的高质量发展阶段。

2021年，新冠疫情的影响持续，人民对健康的重视程度不断提高，居民健康消费升级，对相关医药产品的需求逐步扩大，医药行业保持了平稳的发展态势。根据国家统计局数据，2021年医药制造业总体经济运行平稳，增加值比2020年增长24.8%，增速比规模以上工业高15.2个百分点（见图1），比2020年加快18.9个百分点；实现营业收入比2020年增长19.1%，比2019年增长26.4%；实现利润比2020年增长68.7%，比2019年增长102.7%；实现出口交货值比2020年增长46.6%，比2019年增长115.7%。

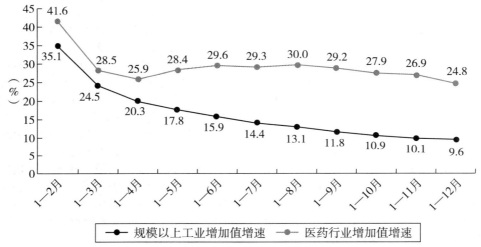

图1　2021年医药行业增加值增速

由于医药产品是特殊商品，医疗机构是医药产品最大的购买方，货款回笼问题一直困扰着医药企业。2021年，医药行业应收账款平均回收期为63.3天，比2020年减少2.3天，但仍比规模以上工业慢13.8天。在国家相关政策引导及行业运行模式变革下，货款拖延情况有所缓解，但与其他制造行业相比仍有一定差距。

二、化学制药工业运行情况

化学制药工业是医药制造业最重要的分支，在国家政策的引导以及市场的驱动下，虽然医药行业其他子行业近两年发展加快，但化学制药工业在中国医药市场中仍占主导地位。化学药品原料药制造与化学药品制剂制造在营业收入与利润总额上，分别约占化学制药工业的30.0%和70.0%。

根据中国化学制药工业协会统计信息专业委员会采集的化学药品原料药和化学药品制剂生产数据，2021年全年化学药品原料药产量比2020年增长6.2%。主要大类中，抗感染类药物产量比2020年减少4.5%，解热镇痛药物产量减少21.2%，维生素类产量增长8.3%，葡萄糖（口服+注射）产量增长11.1%。化学药品制剂中的主要五大类剂型中，粉针剂产量比2020年增长2.5%，注射液减少12.2%，输液增长4.5%，片剂增长1.5%，胶囊增长14.2%。

三、化学制药工业进出口情况

2021年，中国外贸进出口实现较快增长，规模再创新高，质量稳步提升。根据海关总署数据，2021年中国货物贸易进出口总值39.1万亿元，比2020年增长21.4%。根据国家统计局数据，全国工业出口交货值比2020年增长17.7%，在复杂的经济形势下交出了亮眼的成绩单。依靠基因工程药物和疫苗制造业、生物药品制造业出口量的大幅增长，医药工业出口交货值比 2020 年增长 46.6%。

从化学药品出口整体情况表现看，化学原料药、化学药品制剂、中间体出口金额比 2020 年均增长。根据海关总署数据，重点跟踪的 104 个化学药品实际出口 102 个品类，出口金额比 2020 年增长 22.0%。其中，化学原料药出口 70 个品类，出口数量同比增长 5.0%，出口金额同比增长 22.2%；化学药品制剂出口 32 个品类，出口金额同比增长 21.8%。化学原料药、化学药品制剂出口金额分别占化学药品出口金额的 66.1% 和 33.9%，与 2020 年持平。

从化学药品出口区域分布上看，亚洲和欧洲仍然是主要出口区域。对亚洲出口金额占总出口额的 38.2%，比 2020 年减少 0.8 个百分点；对欧洲出口金额占总出口额的 30.9%，比 2020 年增加 1.5 个百分点；对东盟国家出口金额占总出口额的 8.7%，比 2020 年增加 0.1 个百分点。

四、化学制药工业的产能利用

2021 年是国家正式启动仿制药质量和疗效一致性评价的第 6 年。全年共有 529 个品种 1937 个品规的仿制药通过一致性评价或视同通过一致性评价。通过/视同通过一致性评价的品种数超过 25 个的企业（按集团总公司计数）有 7 家。药品方面，有 163 个品种通过/视同通过企业数达到 3 家及以上，通过企业数超过 20 家的品种是盐酸氨溴索注射液和注射用奥美拉唑钠。截至 2021 年年底，发布参比制剂目录 49 批，共 4677 个品规 693 个品种通过一致性评价。

2021 年，第四批、第五批、第六批全国药品集中采购落地。第四批、第五批国家药品集中采购涉及 107 个品种，第六批为胰岛素专项药品集中采购，涉及 6 个种类 16 个胰岛素产品。截至目前，共进行了六批国家药品带量采购，共有 234 个品种中标，涉及 539 家企业的 742 个产品。

五、化学药品的研发创新

随着各项政策的落地执行，中国新药审评审批全面加速。2021 年，国家药品监督管理局（NMPA）共批准 83 个新药，其中国产药品 51 个，进口药品 32 个。从药物类别看，包括 38 个化学药、33 个生物药和 12 个中药。

共有 21 个国产 1 类化学新药获批上市，获批数量超过 2020 年，创下药品注册分类新标准实施后的历史新高。21 个化学创新药包括 8 个抗感染药、6 个抗肿瘤药、2 个血液系统药物、2 个消化系统药物、1 个神经系统药物、1 个心血管系统药物和 1 个生殖泌尿系统药物，其中有 16 个产品以“优先审评”的方式获批。

共有 12 个国产 1 类生物新药获批上市，其中包括抗肿瘤和免疫调节类药物 7 个，新冠疫苗及治疗药品 5 个。

改良型新药共有 14 个品种获批上市，其中包括神经系统药物和抗感染类药物各 4 个，抗肿瘤药物 3 个，呼吸系统药物、血液系统药物和消化系统药物各 1 个。

2021 年，随着中国药品审评审批制度改革纵深推进，医药行业研发热情持续高涨，创新成果丰硕。中国的新药从数量上已经开始逐步超过美国，甚至在一些细分领域中，与美国的差距也在进一步缩小。当前，药物的研发仍以热门靶点为主，同质化严重，竞争激烈，医药企业应关注全球药品在研情况，选择适合企业的研发方向，形成可持续发展的创新研发模式。

六、化学制药工业数字化转型

近年来，国家发布了《国务院深化制造业与互联网融合发展的指导意见》《“十四五”智能制造发展规划》等文件，着重强调了智能制造是中国制造业的主攻方向，是落实制造强国战略的重要举措，是中国制造业紧跟世界发展趋势、实现转型升级的关键所在。

医药行业是一个高科技、创新型行业，智能制造对医药工业企业的持续发展和竞争力的提升发挥着越来越重要的作用，数字化、智能化正成为发展先进医药工业的主攻方向。目前，医药制造业在数字化、智能化发展上已取得了“点”上的突破，但大部分企业在生产管理、生产加工的数字控制、产品的质量保证等方面，与数字化、智能化融合仍不够深入。

《“十四五”智能制造发展规划》《“十四五”医药工业发展规划》等文件的发布，明确提出以新一代信息技术赋能医药研发，推动信息技术与生产运营深度融合，强化药品全生命周期数字化管理，完善信息化追溯体系，积极发展新模式新业态，从而推动产业数字化转型和医药制造能力的系统升级。

七、化学制药工业绿色化发展情况

化学制药工业由于使用原料种类、数量繁多，原料利用率相对较低，产生的“三废”（废气、废液、废渣）量大且成分复杂，成为工业污染较为严重的行业，被列为国家环境保护重点治理的行业之一。

2021 年国家对原料药行业的环保政策不断收紧、持续加码，11 月 9 日国家发展改革委、工业和信息化部联合印发《关于推动原料药产业高质量发展的实施方案》，明确提出推动生产技术创新升级、推动产业绿色低碳转型、推动产业结构优化调整等主要任务。自 2016 年后，环保政策不断推进，各医药企业的环保意识不断加强，企业投入也逐年增大，但 2021 年仍有多家企业因环保违法受到处罚。

面对越来越大的环保压力，大部分制药企业从源头上着手，通过工业技术改进、原材料替代、生产线及生产设备改造、提高原辅料回收利用等方式降低环境风险。虽然环保治理投入巨大，从短期来看，企业在环保方面的投入未必会对收入与利润产生正向影响，但从长期来看，淘汰污染落后产能，持续绿色低碳生产，是顺应时代的发展。绿色环保的治理能够帮助企业走的更长远，提高企业在行业中的竞争力，有助于企业发展能力的提升。

《"十四五"全国清洁生产推行方案》《关于推动原料药产业高质量发展的实施方案》《"十四五"医药工业发展规划》等政策对医药工业绿色低碳发展提出了明确要求，设立了推动化学原料药等重点行业"一行一策"绿色转型升级，加快存量企业及园区实施节能、节水、节材、减污、降碳等系统性清洁生产改造，构建绿色产业体系，提高绿色制造水平等基本原则和主要目标。这一系列的政策对原料药产业转型升级和可持续发展具有重大意义，将进一步加快新形势下原料药产业高质量发展步伐，提升产业核心竞争力。

八、2022年及"十四五"化学制药工业发展趋势

随着中国人口老龄化加剧、医疗健康重视程度加深和居民收入水平提高，预计2022年中国医药制造业营业收入和利润规模将持续增长，医药制造业增加值增长速度将继续高于全国工业平均值。随着国内新冠疫情防控常态化，企业生产、经营情况逐步正常，药品刚性需求恢复，化学制药工业也将保持稳定发展。

"十四五"是中国开启全面建设社会主义现代化国家新征程、向第二个百年奋斗目标进军的第一个五年。中国进入新的发展阶段，发展基础更加坚实，发展条件深刻变化，进一步发展面临新的机遇和挑战。"十四五"也是医药工业向创新驱动转型、实现高质量发展的关键五年。随着《"十四五"医药工业发展规划》《"十四五"国家药品安全及促进高质量发展规划》等细分领域"十四五"规划的发布，医药工业处于重要的战略机遇期，机遇与挑战并存，在保障药品安全、促进药品高质量发展、医药产业高质量健康发展、保护和促进公众健康的同时，向国际化高端水平迈进，为全面建成健康中国提供坚实保障。

2022 年医药行业经济运行概况

中国化学制药工业协会

一、医药行业整体运行情况

根据国家统计局数据，2022 年规模以上医药行业增加值比 2021 年下降 3.4%，增速比 2021 年回落 28.2 个百分点；实现营业收入比 2021 年下降 1.6%，实现利润下降 31.8%，出口交货值下降 25.1%，应收账款增长 13.6%，亏损企业亏损额增加 18.6%。

二、化学制药行业生产情况

根据中国化学制药工业协会统计信息专业委员会采集的化学药品原料药和化学药品制剂生产数据，化学原料药的生产基本保持稳定，主要大类中，抗感染类药物产量比 2021 年增长 3%；解热镇痛药物产量增长 16.1%；维生素类产量增长 10.6%；葡萄糖（口服+注射）产量与 2021 年基本持平。

在新冠疫情、药品集中带量采购、医保政策改革等因素影响下，化学药品制剂中的主要五大类剂型中，粉针剂完成 1053003 万瓶，比 2021 年下降 11.5%；注射液完成 1756830 万支，下降 3%；输液完成 1282102 万瓶，增长 6.3%；片剂完成 37894450 万片，下降 5.4%；胶囊完成 10021317 万粒，下降 7.6%。

三、化学药品进出口情况

2022 年，中国统筹国内国际两个大局，统筹疫情防控和经济社会发展，外贸进出口顶住多重超预期因素的冲击，规模再上新台阶，质量稳步提升。根据海关总署数据，2022 年中国货物贸易进出口总值 42.1 万亿元，比 2021 年增长 7.7%。其中，出口 24.0 万亿元，同比增长 10.5%；进口 18.1 万亿元，同比增长 4.3%。

根据海关总署数据，重点跟踪的 104 个化学药品中有 103 个品类出口，出口金额比 2021 年增长 13.0%。其中，化学原料药出口 71 个品类，出口数量同比增长 10.5%，出口金额同比增长 15.7%，出口均价同比增长 4.7%；化学药品制剂出口 32 个品类，出口金额同比增长 7.7%。2022 年化学原料药、化学药品制剂出口金额分别占化学药品出口金额的 67.7% 和 32.3%。

化学药品对全球各大区域出口金额有增有减，按洲际分布可分为三个层次。第一层次是亚洲和欧洲，全年对亚洲和欧洲出口金额占比分别比 2021 年回落 1.0 个和 0.6 个百分点；第二层次是北美洲和南美洲，全年对北美洲出口金额占比回落 0.7 个百分点，对南美洲上升 2.2 个百分点；第三层次是非洲和大洋洲，全年对非洲出口金额占比上升 0.1 个百分点，对大洋洲出口占比与 2021 年持平。

从经济区域来看，2022 年对"一带一路"区域出口额仅低于对亚洲的出口额，高于对其他各洲的出口额；对《区域全面经济伙伴关系协定》区域出口额高于上述第二层次各洲出口额；对东盟区域出口额高于上述第三层次各洲出口额。

电子工业

2019 年电子信息制造业经济运行概况

国家统计局

2019 年，是新中国成立 70 周年，是全面建成小康社会、实现第一个百年奋斗目标的关键之年。面对国内外风险挑战明显上升的复杂局面，电子信息全行业坚持以习近平新时代中国特色社会主义思想为指导，深入落实党中央、国务院决策部署，迎难而上、奋发作为，整体运行呈现"缓中趋稳、稳中有进"的态势，产业规模持续扩大，核心技术加快突破，产业生态不断完善，质量效益进一步提高，在经济社会发展中发挥了重要的支撑引领作用。

一、行业运行情况

（一）产业规模继续扩大

2019 年 1—12 月，中国规模以上电子信息制造业实现营业收入 11.4 万亿元，同比增长 4.5%；软件和信息技术服务企业实现软件业务收入 7.2 万亿元，同比增长 15.4%；全行业收入规模合计 18.6 万亿元，同比增长 8.8%。从行业运行趋势来看，一季度、上半年、前三季度及 1—12 月，电子信息制造业增加值累计增速分别为 7.8%、9.6%、8.9%和 9.3%；软件业收入累计增速分别为 14.4%、15.0%、15.2%和 15.4%；行业运行的缓中趋稳态势明显。

（二）核心技术加快突破

2019 年，面对日益复杂的国际产业竞争环境，中国电子信息行业深入贯彻创新驱动战略。在集成电路方面，华为发布国产 5G 手机芯片，中芯国际的 14 纳米工艺实现量产，刻蚀机等高端装备和靶材等关键材料取得突破，为中国集成电路行业的长期健康发展奠定了基础。在新型显示方面，京东方、TCL 和维信诺的柔性 AMOLED 生产线先后量产出货，推动全球显示行业重构洗牌和产品技术迭代加速。在移动通信方面，2019 年，中国建成近 13 万个 5G 基站，打造了独立组网产业链。同时，5G 加速向智慧城市、教育、交通、医疗、农业、金融、媒体等垂直领域融合应用，预计 2020—2025 年，中国 5G 发展将直接带动经济总产出 10.6 万亿元，直接创造经济增加值 3.3 万亿元。

（三）行业投资稳步增长

2019 年，集成电路、新型显示等领域重大项目开工建设，带动电子信息行业投资稳步增长，1—12 月完成固定资产投资同比增长 16.8%。电子信息行业以 5G、智能制造、消费电子转型升级为导向，产业链整合和产融合作扎实推进，产业生态体系不断完善，新兴增长点加速成长。目前，中国人工智能领域企业数量占全球总量的

20%以上，市场规模超过 500 亿元；全国超过 30 个省市发布区块链相关政策指导文件，区块链企业数量超过 2 万家。虚拟现实技术进入稳步成长期，华为推出全球首款基于云的 CloudVR 连接服务；在产品和应用方面，VR 眼镜和 AR 一体机上市，"VR+5G"在广播电视、医疗、安防等领域创新应用落地，VR 直播、VR 远程手术、VR 医疗培训、VR 安防等典型案例不断涌现。

（四）外贸市场相对疲软

2019 年以来，受中美贸易摩擦等因素影响，中国电子信息产品对外贸易额持续负增长。1—12 月，中国高新技术产品出口 7308 亿美元，同比下降 2.1%；进口 6376 亿美元，同比下降 5.1%。面对复杂的形势和外部环境的冲击，电子信息企业加快转型升级步伐，更加注重培育以技术研发、品牌建设、服务保障为核心的外贸竞争新优势。华为、中兴、联想、TCL、小米等龙头企业通过多元化布局、优化产业链、降本增效等方式提高竞争能力。企业的经营策略更加完善，市场开拓能力不断增强，创新主体作用日益凸显，全球产业链布局的步伐明显加快，为推动电子信息行业的外贸高质量发展奠定了坚实基础。

（五）带动支撑作用突出

从经济贡献来看，2019 年，规模以上电子信息制造业实现利润总额 5013 亿元；软件业实现利润总额 9362 亿元；全行业利润总额超过 1.4 万亿元，解决就业人数超过 1500 万人。从技术支撑看，信息技术加速融合渗透，成为经济社会创新发展的重要驱动力量。在制造业领域，工业互联网平台建设迈上新台阶，全国具有一定区域和行业影响力的平台超过 70 个，重点平台平均工业设备连接数已达到 69 万台、工业 App 数量突破 2124 个，平台应用与创新走向深化，充满活力的产业生态体系加速形成。在消费领域，我国消费市场的数字化程度全球领先，围绕消费者衣食住行等，开发培育出各种新产品、新模式，电商、O2O、移动支付等在极大程度上提升了人们的消费体验。在民生领域，一体化在线政务服务不断向纵深推进，借助大数据、云计算、移动互联网和人工智能等新技术，政府的公共服务供给能力显著提升。

总体来看，2019 年中国电子信息行业发展可以概括为"缓中趋稳，稳中有进"。"缓"主要是指在复杂严峻的外部环境中，电子信息行业主要经济指标增速放缓。"稳"主要是指，从全年趋势来看，行业生产、投资、出口及效益等指标均在四季度有所改善。"进"主要是指，行业在国民经济中的支撑、引领、带动作用进一步增强，

对推动经济高质量发展做出了突出贡献。

二、疫情对行业的影响

2019年1月以来，新冠疫情在全国迅速蔓延，各省市春节复工普遍推迟，居民外出活动减少，对社会经济活动带来一定冲击。同时，世界卫生组织正式把新冠疫情列为国际公共突发卫生紧急事件，对中国工业生产和进出口带来进一步冲击。在此次疫情中，各行各业都不同程度地受到影响。电子信息行业覆盖面广、渗透性强，受到的影响也更为复杂，更为深远。

（一）短期总体影响

疫情得到有效控制可能需要3~5个月。疫情导致的区域封闭、人员禁行等，将带来劳动力供给不足、运输成本上升、生产要素流动受阻、企业盈利能力下降、债务违约率上升等后果。电子信息行业竞争激烈，外向度高，中小微企业众多，行业利润率偏低，承受冲击的能力不足，将有一定数量的中小企业和初创企业受影响而关停倒闭，电路板、整机组装等人力密集型领域也将受到显著影响据中国电子信息行业联合会对中国电子、中国电科、新华三、深圳共进、中软国际等20多家重点会员企业进行电话调研，80%以上的企业存在复工复产困难，制造类企业的一线工人被困家乡，软件类企业大多采取在家办公模式，全员到岗办公短期内难以实现；大部分行政类岗位采取了"值班式"到岗模式，到岗人数控制在30%左右。从电子制造业情况看，生产、投资和出口都将受到影响，三大指标增速（2019年电子信息制造业的增加值增速、投资增速和出口增速分别为9.3%、16.8%和-2.2%）与2019年持平的难度加大；从软件和信息技术服务业情况看，由于是人员密集型行业，且有很大一部分市场面向政府机构，在疫情面前，政府的工作重心转移，原定项目暂停或推迟，市场需求将在短期受到直接影响。

（二）重点领域影响

1. 光纤光缆领域

目前，武汉市形成了通信光电子、能量光电子、消费光电子三大产业链，光纤光缆生产规模全球第一，占国内市场的2/3、国际市场的1/4；光电器件、光传输设备国内市场占有率分别为60%和10%；长飞光纤、烽火通信的光缆单企产量分列全国第1位和第3位；烽火通信在全国光器件市场占有率达到60%。

2. 平板显示领域

武汉全市目前有包括京东方、华星和武汉天马在内的五条面板产线，是全国最大的中小尺寸显示面板研发生产基地。其中，京东方G10.5代线主要生产65和75寸以上TV面板。武汉天马G4.5已经量产，主要生产专业显示面板。华星光电T3，主要生产手机、车载和笔电用LTPS面板。华星光电T4和武汉天马G6则为AMOLED

产线。据集微网报道，武汉市各面板工厂运营正常，生产暂未受疫情影响。

3. 存储器领域

长江存储是国内存储器产业重要承担者，受疫情影响较小，生产正常。据《证券时报》采访信息，目前生产经营正常有序进行，驻守在厂区的长存及厂商员工无感染病例，并采用分区隔离管控措施，避免外界病毒的带入。对于原材料供应和物流方面，目前长江存储公司正在积极协调中，以保障生产线运转正常。

从目前了解到的情况看，武汉重点电子企业由于自动化程度较高，在短期内生产基本保持正常，但目前只是疫情的初发期，武汉作为疫情重灾区，企业的持续正常生产还面临较大的压力和挑战；尤其是光纤光缆和存储器领域，若受到影响，将直接影响中国电子信息行业的整体竞争实力，亟待引起重视。

（三）长期趋势影响

一是对部分新兴领域发展产生助推作用。疫情对一些领域的发展起到了推动作用，如5G手机、大数据应用/计算、人工智能、智能交通、智能医疗、智能监控等。长远而言，这些领域将为电子信息行业创造新的市场空间及竞争优势。

二是进一步影响国际产业转移和布局。当前，电子信息领域的国际产业转移活跃，疫情发生后，跨国公司会进一步评估其对中国供应链的依赖程度，部分领域转移将进一步加快。世界卫生组织发布的六次疫情，两次发生在中国，这对中国而言是非常不利的。跨国公司在中国制造业比重较大，叠加中美贸易摩擦，疫情又给跨国公司优化全球制造业布局增加一个新的考量因素。

三、相关政策建议

结合当前疫情及电子信息行业的自身特点，为保障行业平稳发展，建议如下：

从短期看：一是重点关注疫情重灾区的重点企业生产经营状况，如武汉的光纤光缆、面板和存储器企业等，保障企业的用工及原材料和产品运输，并建议给予适当的税收减免和财政贴息。二是加大财政投入，疫情属于突发偶然事件，在全力应对的同时，建议政府相关机构继续推进信息化工程，为电子信息行业提供市场需求支撑。三是降低企业负担，临时性降低养老、医疗等社保缴费率，为企业节省现金流。

从长期看：一是进一步提升电子信息行业的战略性地位。疫情中出现的很多信息不对称问题，在社会上造成了很大的负面影响。建议政府部门进一步提升对信息技术应用的重视程度，全面提高应急保障能力。二是进一步优化企业营商环境。在疫情影响广泛，产业转移加快的背景下，需要更加重视做好引企、留企工作，减轻疫情的后续影响。

2020 年电子信息制造业经济运行概况①

工业和信息化部 运行监测协调局

一、总体情况

2020 年，规模以上电子信息制造业增加值同比增长 7.7%，增速比 2019 年回落 1.6 个百分点。12 月，规模以上电子信息制造业增加值同比增长 11.4%，增速比 2019 年回落 0.2 个百分点（见图 1）。

2020 年，规模以上电子信息制造业出口交货值同比增长 6.4%，增速比 2019 年加快 4.7 个百分点。12 月，规模以上电子信息制造业出口交货值同比增长 17.3%，增速比 2019 年加快 15.4 个百分点。

2020 年，规模以上电子信息制造业实现营业收入同比增长 8.3%，增速同比提高 3.8 个百分点；利润总额同比增长 17.2%，增速同比提高 14.1 个百分点（见图 2）。营业收入利润率为 4.89%，营业成本同比增长 8.1%。12 月底，全行业应收票据及应收账款同比增长 11.8%。

2020 年，电子信息制造业生产者出厂价格指数同比下降 1.5%。12 月，电子信息制造业生产者出厂价格指数同比下降 2.0%（见图 3），降幅比 11 月扩大 0.1 个百分点。

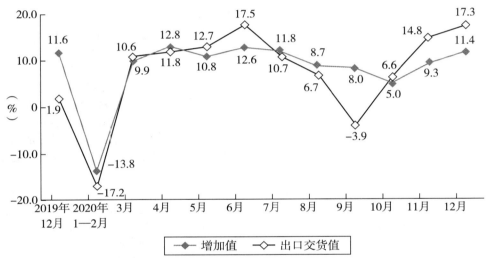

图 1　规模以上电子信息制造业增加值和出口交货值分月增速

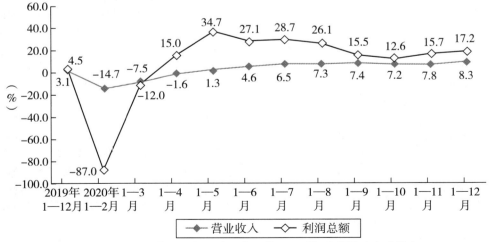

图 2　规模以上电子信息制造业营业收入、利润总额增速变动情况

---

① 文中统计数据除注明外，其余均为国家统计局数据或据此测算。

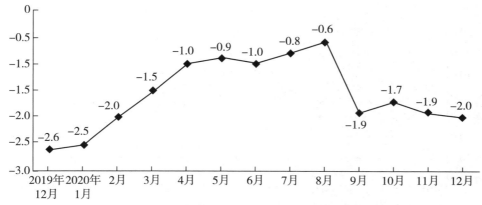

图 3　电子信息制造业生产者出厂价格指数分月增速

2020 年，电子信息制造业固定资产投资同比增长 12.5%，增速同比降低 4.3 个百分点，比上半年加快 3.1 个百分点（见图 4）。

二、主要分行业情况

（一）通信设备行业

12 月，通信设备行业出口交货值同比增长 13.7%（见图 5）。主要产品中，手机产量同比下降 2.6%，其中智能手机产量同比增长 6.2%。2020 年，通信设备制造业营业收入同比增长 4.7%，利润同比增长 1.0%。

（二）电子元件及电子专用材料行业

12 月，电子元件及电子专用材料行业出口交货值同比增长 22.8%（见图 6）。主要产品中，电子元件产量同比增长 37.1%。2020 年，电子元件及电子专用材料行业营业收入同比增长 11.3%，利润同比增长 5.9%。

（三）电子器件行业

12 月，电子器件行业出口交货值同比增长 14.1%（见图 7）。主要产品中，集成电路产量同比增长 20.8%。2020 年，电子器件行业营业收入同比增长 8.9%，利润同比增长 63.5%。

（四）计算机行业

12 月，计算机行业出口交货值同比增长 18.1%（见图 8）。主要产品中，微型计算机设备产量同比增长 42.3%；其中，笔记本电脑产量同比增长 68.6%。2020 年，计算机行业营业收入同比增长 10.1%，利润同比增长 22.0%。

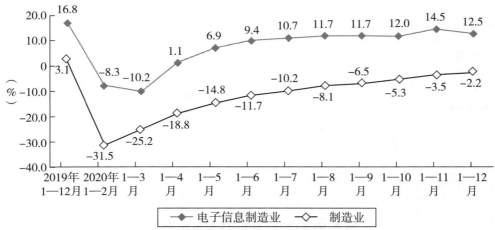

图 4　电子信息制造业固定资产投资增速变动情况

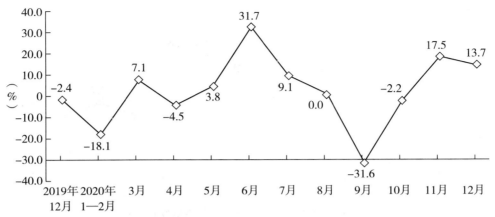

图 5　通信设备行业出口交货值分月增速

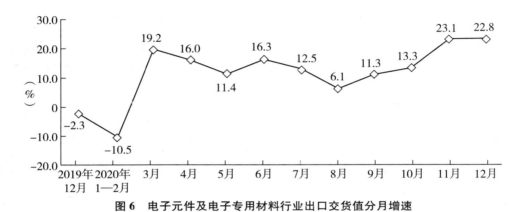

图 6　电子元件及电子专用材料行业出口交货值分月增速

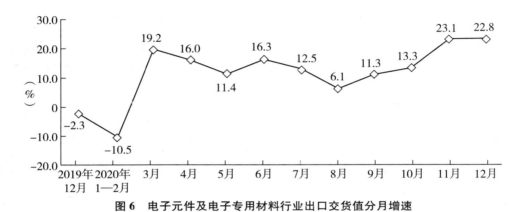

图 7　电子器件行业出口交货值分月增速

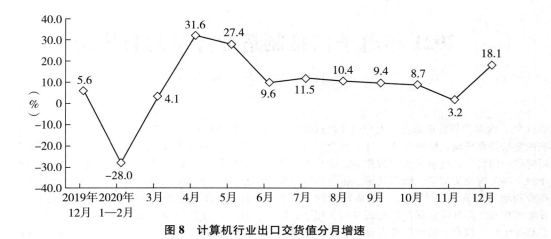

图 8　计算机行业出口交货值分月增速

2021 年电子信息制造业经济运行概况

中国电子信息行业联合会

2021 年，面对世界百年未有之大变局和新冠疫情交织影响的复杂外部环境，中国电子信息全行业坚持以习近平新时代中国特色社会主义思想为指导，认真贯彻落实党中央、国务院决策部署，砥砺攻坚、奋发作为，实现了行业的稳定发展和"十四五"的良好开局。上半年，在低基数和国内外需求逐步恢复的共同作用下，电子信息行业生产、投资、进出口等主要经济指标快速增长，运行态势良好；下半年，不确定因素增多，基数影响减弱，尤其是疫情多点散发、芯片及元器件短缺、原材料价格大幅上涨等问题，在一定程度上影响了行业的平稳发展，部分指标增速放缓，全年行业运行呈现前高后稳态势。

一、行业运行情况与特点

（一）行业规模持续扩大

2021 年，中国电子信息行业收入规模达到 236279.3 亿元，比 2020 年增长 16.6%。其中，规模以上电子信息制造业实现营业收入 141285.3 亿元，比 2020 年增长 14.7%；软件和信息技术服务业实现软件业务收入 94994.0 亿元，增长 17.7%。从各季度看，一季度，上半年，前三季度及全年，电子信息制造业增加值累计增速分别为 30.0%、19.8%、16.8% 和 15.7%；软件和信息技术服务业实现软件业务收入累计增速分别为 26.5%、23.2%、20.5% 和 17.7%。全行业整体运行呈现前高后稳态势。

（二）产业链上下游态势分化

2021 年，受原材料价格上涨和芯片短缺等因素影响，电子信息制造业中，处于产业链不同环节的主要细分领域发展呈现较为明显的分化态势。从主要产品产量来看，上游基础类产品产量增长较快，如集成电路产量同比增长 33.3%、光缆产量同比增长 11.6%。终端消费类产品和通信系统设备产量增势缓慢或下降，如手机产量比 2020 年小幅增长 7.0%，彩电产量下降 3.6%，程控交换机产量下降 2.0%，移动通信基站产量下降 39.4%。

（三）投资保持快速增长

2021 年，中国规模以上电子信息制造业完成固定资产投资额比 2020 年增长 22.3%，增速比 2020 年加快 9.8 个百分点。在全球集成电路制造产能持续紧张背景下，近两年中国集成电路相关领域投资活跃，实现半导体器件设备、电子元件及电子专用材料制造投资额的大幅增长，带动电子信息制造业固定资产投资两年平均增长 17.3%，远高于制造业两年平均 4.8% 的增速。

（四）外贸市场态势良好

中国电子信息制造业外贸进出口双双保持较快增长。从海关总署统计数据来看，2021 年，中国高新技术产品出口 9795.8 亿美元，比 2020 年增长 26.2%，增速比 2020 年加快 19.9 个百分点；进口 8373.3 亿美元，增长 22.8%，增速比 2020 年加快 15.8 个百分点。从主要产品看，出口电脑及零部件 2552.9 亿美元，比 2020 年增长 21.0%；出口手机 1463.2 亿美元，增长 16.6%；出口集成电路 1537.9 亿美元，增长 32.0%；出口液晶显示板 277.7 亿美元，增长 39.8%。

（五）科研创新加快突破

2021 年，中国电子信息行业的基础性、通用性技术研发取得重要进展。在人工智能领域，中国在自然语言处理、芯片技术、机器学习等 10 多个人工智能子领域的科研产出水平已位于世界前列。在新型显示领域，多条 8.6 代及以上高世代 TFT—LCD 产线满产满销。新技术加持不断提升显示性能，低温多晶硅、氧化物等产品量产能力不断提升，折叠屏、屏下指纹、动态背光等新技术的开发进一步提升了中国在 TFT—LCD 领域的优势地位。全柔性 AMOLED 面板生产线批量出货，8K 超高清、窄边框、全面屏、折叠屏、透明屏等多款创新产品全球首发。在 ICT 领域，阿里云分布式数据库 PolarDB 首次进入 Gartner 全球数据库领导者象限，市场份额位居全球云数据库第三。国家大数据综合试验区先行先试，有力推动了大数据产业集聚，行业集聚示范效应显著增强。

（六）支撑带动作用突出

2021 年，电子信息技术不断为其他产业"赋能"，已成为融合发展的"润滑剂""加速器"，在推动绿色制造、智能制造、现代农业、现代服务业发展方面发挥了重要作用。在绿色发展方面，新一代信息技术与工业正在加速深度融合，助力提高绿色转型发展的效率和效益，在电力、钢铁、石化等传统行业涌现出一批数字化技术改造带动能源资源效率系统化提升的典型应用。在智能制造方面，制造业重点领域关键工序数控化率、数字化研发设计工具普及率大幅提升，协同研发设计、无人智能巡检、数字工厂、智慧矿山等新场景、新模式、新业态蓬勃兴起。可以说，从田间到车间、从舌尖到指尖、从地下到天上，生产、生活的每一幕，都留下了信息技术为经济赋能的足迹。当前，社会经济正加速数字化转型，信息技术发展速度之快、辐射范围之广、影响程度之深前所未有，日益成为经济社会发展的重要驱动力。

二、热点和新兴领域发展情况

（一）集成电路

2021 年，尽管新冠疫情对产业链供应链的影响依然明显，但是面临全球集成电路产业的技术换挡期和产业链重组机遇期，发展空间进一步拓宽，中国集成电路产业依然取得了丰硕成果。在旺盛需求的驱动下，中国集成电路市场呈现稳定增长的态势。根据中国半导体行业协会预测，2021年中国集成电路产业销售收入同比增长18%左右。

（二）新型显示与超高清视频

2021年，中国新型显示产业发展态势良好，继续保持高速增长态势。中国已成为全球最大的显示面板生产基地，产业规模进一步增长，产业链供应链生态加速改善，国内上游企业逐渐壮大，部分核心装备实现零的突破，产业链协同效应显著提升。在5G、人工智能、物联网、云计算等技术的发展助力下，多种显示技术正拓展出更加广阔的应用空间，中国企业将获得更多发展机遇。

在超高清视频领域，由于产业链条长、涉及广、跨度大，是国际化、市场化发展极为充分的产业。中国高度重视超高清视频产业发展，自2019年工业和信息化部、国家广播电视总局、中央广播电视总台联合印发《超高清视频产业发展行动计划（2019—2022年）》以来，中国超高清视频产业发展迅速，已形成硬件产品不断突破、内容资源逐步丰富、标准体系初步建立、行业应用加快落地的良好态势。

（三）大数据

数字经济背景下，数据成为推动经济发展的重要生产要素。大数据技术对海量数据进行采集、加工、整合，与云计算、人工智能、区块链等新一代信息技术深入融合发展，共同推动中国社会全面数字化、智能化升级。《"十四五"大数据产业发展规划》指出，"十三五"时期，中国大数据产业快速起步，发展取得显著成效，逐渐成为支撑经济社会发展的优势产业。

（四）云计算

2021年，中国云计算产业发展走到了一个重要的分水岭。2021年前，云计算主要是承载不断激增的移动、媒体和社交数据的存储、管理和分析；2021年后，云计算将成为企业数字化优先战略的核心，深入企业的管理和业务层面，发挥其对企业业务效率提升和业务创新的价值。

（五）人工智能

2021年是中国"十四五"开局之年，同时也是AI产业化规模商用的元年，行业正步入新的拐点。随着人工智能技术的发展，中国人工智能应用的市场规模将进入高速增长阶段，市场迎来新的发展机遇。中国企业对人工智能的研发投入更是不遗余力，专利质量及技术质量都有长足的进步，未来将是一个可以预见的AI时代。2021年可谓是中国人工智能"井喷式"发展的一年，《2021年人工智能专利综合指数报告》的数据显示，2021年中国人工智能专利授权量达92728件。

（六）虚拟现实

经过几年的波浪式、螺旋式发展，中国虚拟现实产业日趋成熟理性。5G网络、人工智能、云计算、物联网等技术与虚拟现实技术加速融合，特别是元宇宙、数字孪生、NFT等新技术概念，给予虚拟现实产业更大想象空间，点燃了新一轮产业发展热情。虚拟现实产业发展将迎来下一个爆发期，新的市场机遇不断显现，新应用领域不断拓展，上万亿元的市场空间正在孕育。

三、值得关注的问题

2021年，虽然中国电子信息行业发展取得了突出的成绩，但面临的短期困难和长期结构性问题依然较多，影响也不容忽视，亟待引起关注。

（一）芯片短缺及原材料价格上涨带来压力

芯片短缺和原材料价格上涨在2021年给电子信息行业发展带来巨大冲击。在芯片供需层面，新冠疫情的全球蔓延对全球芯片厂的产能造成了抑制，而使用芯片的数量呈现爆发式增长，同时芯片制造技术门槛较高且投入产出周期很长，很难在短期实现扩产，因此供需不匹配情形仍将维持一段时间。在原材料价格方面，原材料上涨给手机、彩电等下游整机企业带来巨大压力。展望下一阶段，仍须做好应对芯片短缺和电子原材料价格波动的准备。

经过多年的发展，中国的要素禀赋优势逐步削弱，住房、医疗、教育成本的不断上涨使得劳动力成本水涨船高，人口老龄化使中国劳动力的供给逐步减少；依靠大量消耗土地、矿产、环境资源的粗放式发展模式难以为继。同时，叠加当前的原材料价格不断上涨，中国电子制造业企业的经营和研发面临巨大压力。对此，须紧密跟踪市场价格，保持对全球原材料和芯片的市场敏感度，加强产业链上下游对接功能，最大限度上保障关键产品的市场供给。

（二）产业国际竞争趋势进一步加剧

2021年3月，欧盟提出"数字罗盘"计划，计划投入1300亿欧元发展数字工业，聚焦芯片制造和人工智能等领域。欧盟还发布了《数字服务法案》《数字市场法案》，加大对数字经济反垄断的管理。5月，韩国公布"K半导体战略"，计划未来10年投资约4500亿美元，将韩国建设成全球最大的半导体制造基地。6月，日本发布半导体新战略，包括确保尖端半导体制造能力、加快数字投资和加强逻辑芯片设计与开发、促进绿色创新等方向，以期强振日本半导体产业。欧洲、日本、韩国等地区和国家纷纷出台国家战略及扶持政策，加大在半导体、人工智能、数字经济等信息技术相关领域布局。这必将给未来的全球信息技术创新与产业链合作带来巨大影响，同时可以预见的是，信息技术领域的国际竞争也将愈演愈烈。

（三）竞争秩序亟待改善，投资秩序有待规范

伴随制造产能的不断扩大，中国部分电子产品已经进入过剩阶段，尤其是中低端产品，在价格战中陷入恶性循环。很多中小企业已经习惯了以量补价，依靠大量消耗资源实现外延式增长，缺乏依靠企业内部的研发、

管理、行销等提高企业竞争力的能力和意愿。资本市场缺乏有效引导和规范。

四、相关措施及建议

2021年，中国电子信息行业延续稳定恢复态势，新动能加速形成，但受原材料价格上涨、芯片持续短缺以及基数较高等因素叠加影响，下半年以来主要运行指标增速放缓，发展面临的困难增多。下一阶段，要坚持创新驱动战略，采取有效措施提高产业链、供应链安全保障水平，夯实产业发展基础，加快培育新兴优势产业，以保障行业平稳运行。

（一）加大力度打造、完善、提升供应链体系

以畅通经济循环为重点，加大力度打造和完善供应链体系，补齐国内产业链循环中的短板，实现产业链循环畅通。基础研究是整个科学体系的源头，是科技创新的原动力，要着眼长远全面布局基础研究，增强科技发展后劲。

（二）拓展数字技术渗透

中国在数字技术领域已经积累了一定的技术实力，但数字技术并未均匀渗透进生产、制造和消费的各个环节，要提高数字技术供给能力和供给水平，加强数字技术在推动传统产业发展方式转变中的应用，通过创新升级进一步带动实体产业的协同发展，实现产品数字化、生产智能化、流程可视化、服务便捷化，促进跨界融合的供应链生态的形成。

（三）加快自主创新，夯实产业发展基础

加强基础创新研究、通用型基础设施和公共平台建设，为战略性新兴产业发展提供支撑；将促进战略性新兴产业发展作为国家"十四五"时期的重点工作，将战略性新兴产业集群建设与城市群、都市圈规划进行统筹布局，指导地方政府从当地资源禀赋、战略定位、比较优势出发推进新兴产业发展，尽可能地避免低水平重复建设和区域间的同质化竞争。

五、行业运行趋势

2021年中国经济发展实现了较高增长、较低通胀、较多就业的优化组合。从2022年的形势来看，面临的困难增多，挑战上升。从国内看，经济发展面临需求收缩、供给冲击、预期转弱三重压力；从国际看，疫情冲击下，百年变局加速演进，外部环境更趋复杂严峻和不确定。

中国整体经济发展也有很多有利条件：一是经济发展韧性强、潜力大、前景广阔、长期向好的特点没有变，完全有基础、有条件、有能力保持经济平稳可持续发展。2021年中国经济总量超过114万亿元，人均GDP突破1.2万美元，全年就业保持基本稳定，居民收入水平持续提高，疫情防控保持全球领先地位，为2022年宏观经济运行稳步前进打下了坚实基础。二是中国坚定实施的扩大内需战略，将为2022年的经济发展注入内生动力。一系列重大项目已在年初开工落地，而专项债资金的提前、提速下达保证了基建投资能尽早见效。县域乡村消费、新零售等新业态新模式为消费注入新的活力。5G、新能源汽车等新兴产业有望合力提振工业经济。另外，随着更大力度地保障和改善民生，并推动城乡区域协调发展，更多内需潜力还将逐步释放。三是中国充足的宏观政策空间，以及较多的政策工具将能够有力防范外部冲击，确保经济平稳运行。2022年，新一轮的减税降费政策将精准聚焦支持中小微企业、个体工商户纾困解难。稳健的货币政策也将加大对实体经济的支持力度。

从电子信息行业角度来看，近年来，国家积极推动新基建发展，把电子信息、智能制造列为重点方向，出台了大量的政策规划，为电子信息制造业以及下游应用行业提供了有利的政策支持和良好的发展机遇。预计2022年，电子信息制造业的生产和投资将保持两位数以上的增长，出口也将保持正增长。

2022 年电子信息制造业经济运行概况

中国电子信息行业联合会

2022 年以来，面对复杂严峻的国际环境和国内疫情散发等多重考验，中国电子信息行业坚持以习近平新时代中国特色社会主义思想为指导，认真贯彻落实党中央、国务院决策部署，坚持稳字当头、稳中求进，行业运行总体平稳，全年行业各项经济指标回归疫情前区间，持续发挥着对工业经济增长的重要支撑作用。

一、行业运行情况与特点

（一）收入规模持续扩大

2022 年，中国规模以上电子信息制造业实现营业收入 154487 亿元，比 2021 年增长 5.5%；软件和信息技术服务业实现软件业务收入 108126 亿元，增长 11.2%。分季度看，一季度，上半年，前三季度及全年，电子信息制造业增加值累计增速分别为 12.7%、10.2%、9.5% 和 7.6%，行业运行呈现前高后低态势；软件业收入累计增速分别为 11.6%、10.9%、9.8% 和 11.2%，行业运行总体平稳。

（二）生产增速保持领先

2022 年，规模以上电子信息制造业增加值比上年增长 7.6%，增速分别超出工业、高技术制造业 4.0 个和 0.2 个百分点。从主要产品产量看，微型计算机产量 4.3 亿台，同比下降 7.0%；手机产量 15.6 亿部，同比下降 6.1%；集成电路产量 3242 亿块，同比下降 9.8%。

（三）投资保持较快增长

2022 年，中国电子信息制造业完成固定资产投资额比 2021 年增长 18.8%。当前，为提升产业链供应链稳定性，产业上游基础领域，如集成电路、电子元件、电子材料等受关注度不断提升；同时，绿色低碳理念进一步深化，新型基础设施建设步伐加快等，也带动了行业相关领域的投资保持较快增长。

（四）对外贸易形势低迷

2022 年，中国高新技术产品出口 9513 亿美元，比 2021 年下降 2.8%，低于同期全国货物贸易出口增速 9.8 个百分点；进口 7635 亿美元，下降 8.8%，低于同期全国货物贸易进口增速 9.9 个百分点。从主要产品看，出口电脑及零部件 2360 亿美元，下降 7.5%；出口手机 1427 亿美元，下降 2.5%；出口集成电路 1539 亿美元，增长 0.3%；出口音视频设备 380 亿美元，下降 7.0%。

（五）科技创新不断突破

近年来，随着经济全球化进程不断深入，全球产业链供应链分工深度和复杂程度持续上升，在提高了整体生产效率的同时，也暴露出供应链的脆弱性。在外部环境更趋复杂严峻和不确定的背景下，中国电子信息制造业持续推进核心技术研发攻关，在提高关键产品自给率、不断完善电子信息产业链的同时，助力制造业数字化转型，提高制造业各环节协同能力，持续增强供应链韧性。从产品研发来看，中国电子信息制造业关键环节和核心技术不断突破，部分领域已达业界先进水平。

从平台建设来看，新型显示、集成电路等创新平台在核心技术攻关等方面发挥重要作用。目前，中国已建成了国家印刷及柔性显示创新中心、国家集成电路创新中心、国家智能传感器创新中心等电子信息制造业相关国家级制造业创新中心，以及国家新型显示技术创新中心、国家第三代半导体技术创新等国家级技术创新中心，凝聚起了产业重点环节及关键技术创新突破的"中国力量"。

（六）支撑带动作用突出

近两年，国家加大新型基础设施建设力度，截至 2022 年年底，中国 5G 基站累计建成 231.2 万个，总量占全球 60% 以上；工业互联网的应用已经覆盖 45 个国民经济大类，工业互联网高质量外网覆盖全国 300 多个城市。加快新型基础设施建设，是工业稳增长、发挥工业"压舱石"作用的重要抓手，能够打通经济社会发展的信息"大动脉"，推动制造、能源、交通、农业等各领域的数字化转型。

二、热点和新兴领域发展情况

（一）集成电路行业

2022 年，在全球半导体市场都陷入低迷后，国内的需求也相对不振，集成电路的产量更是大幅下降。国家统计局数据显示，全年中国集成电路产量 3242 亿块，比 2021 年下降 9.8%。对外贸易方面，2022 年中国集成电路进口总额 4156 亿美元，比 2021 年下降 3.9%；出口总额 1539 亿美元，增长 0.3%；贸易逆差 2616 亿美元，下降 6.1%。受疫情以及下游应用端市场需求量降低影响，消费电子、工业等下游应用市场的变化直接传导到集成电路产业。2022 年，中国集成电路进出口数量普遍下滑，同时单个集成电路的进出口价值有所增加，中国集成电路出口优势已经初步显现，产品价值有所提高，国产化有一定效果；但仍然存在集成电路进口产品价值大，出口产品价值小的现象，在价值链中仍处于弱势。

（二）新型显示行业

2022 年，中国新型显示产业稳中有进，继续引领全球新型显示产业发展。据中国光学光电子行业协会液晶分会数据，截至 2022 年年底，中国已经建成显示面板年产能达到 2 亿平方米。在行业快速发展的同时，中国也围绕新型显示形成了全球少有的超大规模内需市场，有力支撑了智能手机、电视和显示器等传统领域应用。中国新型显示产业投资结构明显改善，在材料上的投资首次超过器件投资，投资重点从 LCD 向 OLED、MicroLED 以及产业链上游延伸。

2022 年，众多外资企业继续加大对中国显示市场的投资。德国默克宣布在江苏张家港新建半导体一体化基地，在中国的首个 OLED 材料生产基地于上海浦东新区落成。康宁显示集团宣布将全球总部落户上海，并成立显示科技创新体验中心。日本电气硝子拟在厦门投资 5.7 亿元进行增资扩产，建设高世代液晶玻璃基板加工厂。OLED 装备企业科迪华首座中国工厂在浙江绍兴正式投入运营。一系列投资和项目落地，表明外资仍然看好中国显示市场发展前景，也彰显了中国市场对全球显示行业的吸引力。

（三）大数据

中国大数据产业经过多年高速发展，规模高速增长，创新能力不断增强，生态体系持续优化，市场前景广受认可，呈现良好发展态势。2022 年，中国在政策、人才、资金等方面持续加码，为大数据后续发展注入强劲动力。一是创新能力不断增强，2021 年中国发表大数据领域论文量占全球 31%，大数据相关专利受理总数占全球 50%，均位居第一；二是生态体系持续优化，2021 年中国大数据经营主体总量超 18 万家，一批大数据龙头产业快速崛起，初步形成了大企业引领、中小企业协同、创新企业不断涌现的发展格局；三是市场前景广受认可，中国大数据领域投融资金额多年来总体呈上升趋势。

（四）云计算

近年来，在国家政策支持和市场需求的刺激下，相关企业不断加速在云计算领域的布局，推动了中国云计算产业的发展。一方面，在整个数字经济的环境下，各行各业加快了数字化转型进程，加之疫情对企业的持续冲击，市场对云计算的需求不断增加。另一方面，在新基建、东数西算等利好政策的引导下，云计算发展得到了历史性的发展机会，中国云市场呈现快速发展态势。国家政策方面，国务院印发《"十四五"数字经济发展规划》中也重点提出，推行普惠性"上云用数赋智"服务，推动企业上云、上平台，降低技术和资金壁垒，加快企业数字化转型。此外，"双碳"目标也促使更多企业选择成本更低、更绿色的云计算代替传统 IT 基础设备，为云计算市场持续增长创造了条件。在市场和政策的双重作用下，中国云计算市场也取得了一定的成绩，据中国信息通信研究院统计，2022 年中国云计算市场增速约 45%，规模将达到 4682 亿元。

（五）人工智能

作为新一轮科技革命和产业变革的核心驱动力，人工智能已经深刻影响人民生活和社会的发展。工业和信息化部数据显示，截至 2022 年 6 月，中国人工智能核心产业规模超过 4000 亿元，企业数量超过 3000 家。并且，

中国人工智能产业在全球的影响力不断增强。2022 年中国人工智能创新发展指数显示，2017 年至 2021 年，中国人工智能产业规模增长了 2.6 倍，占全球比重提升到 16.8%。专利申请量占全球比重持续扩大，从 2012 年的 13% 增长到 2021 年的 70.9%。目前，人工智能已经深入千行百业，成为驱动产业转型升级、赋能数字经济发展的新动能，中国人工智能已进入与经济深度融合应用新阶段。

三、值得关注的问题

2022 年，虽然中国电子信息行业发展取得了突出的成绩，但行业发展面临的短期困难和长期结构性问题依然较多，影响也不容忽视，亟待引起关注。

（一）产业链安全稳定性亟待提升

虽然近年来中国电子信息行业发展取得了长足进步，但在产业链供应链上仍有很多短板和缺失。例如，在高端芯片、基础材料、电子装备等领域，中国仍明显落后于国际先进水平。

（二）产业竞争加剧

当前，世界主要国家对信息技术产业的关注度不断提升，投资力度持续加大，产业竞争不断加剧。2022 年，一些国家和地区围绕提升本土制造能力相继出台芯片政策。2 月，欧盟委员会公布《芯片法案》，拟动用超过 430 亿欧元支持芯片生产、试点项目和初创企业；7 月，韩国政府宣布将扩大对芯片产业的税收激励和支持措施；8 月，美国通过了《2022 芯片与科学法案》，将为美国半导体研发、制造以及劳动力发展提供 527 亿美元；11 月，日本政府称将大力支持新组建的半导体企业 Rapidus 推进先进芯片制造。同时，全球电子信息产业链分工和布局呈现出区域化、本地化的新特征。

（三）市场创新存在断层危机

市场创新存在断层危机，技术创新投资的边际回报率下降。2023 年，全球半导体行业将继续面临"需求创新困境"。基于 PC、手机、消费电子产品和其他市场的渐进式创新已进入衰退期，增量空间将显著缩小，能够支持半导体技术快速迭代升级的下一代现象级市场尚未成熟并充分爆发，市场方面的创新需求将存在"缺口"。目前的结构性技术变革仍主要在工程层面，尚未发生能够在短时间内扩大整体经济空间的重大基础技术革命。

四、相关措施及建议

2022 年以来，中国电子信息行业发展面临的困难增多。面对复杂的发展环境，必须要坚持创新驱动战略，采取有效措施提高产业链、供应链安全保障水平，夯实产业发展基础，加快培育新动能，以保障行业平稳运行。

（一）完善产业体系，夯实发展基础

以夯实产业基础能力为根本，聚焦核心基础零部件、关键基础材料、先进基础工艺、产业技术基础、基础软件等"五基"领域实施核心技术攻关行动，补齐国内产业链循环中的短板，实现产业链循环畅通。加大信息技术领域人才培养力度，依托产学研用各方建设实训基地，

创建一批特色化示范性新学科学院，搭建产教协同育人平台，破解人才结构性短缺瓶颈。

（二）加快融合渗透，拓展需求空间

加快新型基础设施投资建设，加大物联网、工业互联网、工业机器人、大数据、云计算、人工智能、区块链等新兴产业投资建设力度，大力推进智慧城市建设，带动电子信息制造业相关产品和服务的市场需求。加快释放新兴消费潜力，聚焦各行业各领域数字化发展需求，加大5G、大数据、人工智能等新技术应用力度，深入拓展数字化生产、生活和社会治理新应用。

（三）坚持对外开放，拓宽国际合作

坚定不移对外开放，不断开拓国际科技交流合作的新渠道。稳定行业外贸出口。推动加工贸易从组装向技术、品牌、服务和营销转变，提高外向型企业在国际产业链、供应链中的竞争力。积极拓展"一带一路"市场。

（四）规范市场秩序，激发市场活力

充分发挥优质企业在产业链供应链中的重要作用。培育一批具有全球竞争力的世界一流企业和一批具有生态主导力的产业链"链主"企业，在产业链重要节点形成一批"专精特新"小巨人企业和单项冠军企业，促进大中小企业融通发展。加快建设市场化、法治化、国际化、便利化的营商环境，增强外资企业在华投资运营的信心。

五、行业运行趋势

展望2023年，稳增长推动下的新基建需求叠加扩内需中复苏的信息化需求，将赋予行业更大发展机遇。预计，2023年电子信息制造业发展总体将呈现前低后高的恢复性增长态势。

第四篇

地　方　篇

2019 年北京市工业经济运行概况

2019 年，全市坚持稳中求进工作总基调，坚持新发展理念，坚持供给侧结构性改革，积极应对复杂环境与转型发展的双重考验，总体经济保持平稳运行，高质量发展扎实推进。

（一）经济运行平稳，主要领域走势符合预期

总体经济实现年度预期目标。初步核算，2019 年全市地区生产总值为 35371.3 亿元，按可比价格计算，比 2018 年增长 6.1%。就业形势稳定，全市城镇调查失业率保持在 4.5% 以内的较低水平，四季度为 4.0%；全年城镇新增就业 35.1 万人，超额完成目标任务。价格温和上涨，全市居民消费价格比 2018 年上涨 2.3%。居民收入增长快于 GDP，全市居民人均可支配收入实际增长 6.3%，快于 GDP 增速 0.2 个百分点。

从主要领域运行情况看，农业持续转型升级，工业生产走势稳定，服务业继续发挥"压舱石"作用，市场消费增势良好，投资结构继续优化，民生持续改善。

（二）固优势挖潜能，高质量发展扎实推进

2019 年，面对错综复杂的内外部环境，全市不断深化供给侧结构性改革，在持续优结构转方式巩固自身优势的同时，加强创新驱动和改革开放激发发展潜能，有力地稳定了经济运行，促进了发展质量提升。

1. 调结构转方式，夯实高质量发展基础

经济结构持续优化。产业发展聚焦"高精尖"。全年实现新经济增加值 12765.8 亿元，比 2018 年增长 7.5%（按现价计算），占全市 GDP 的 36.1%；规模以上工业中高技术制造业、战略性新兴产业增加值分别同比增长 9.3% 和 5.5%，对工业增长的贡献率分别为 74.7% 和 58.9%（二者有交叉）。1—11 月，规模以上现代服务业和高技术服务业法人单位收入分别同比增长 8.2% 和 10.0%，均高于服务业平均水平（5.3%）。

需求释放瞄准升级优化。服务性消费增速持续快于社会消费品零售总额，对总消费增长的贡献率保持在 7 成以上。全年限额以上批发零售业企业网上零售额占社会消费品零售总额的比重为 27.4%，比 2018 年提高 5 个百分点。升级类商品消费较快增长，其中可穿戴智能设备类、智能家电类商品零售额增速均达到 20% 以上。商务服务业、文体娱乐业、科技服务业等重点行业，以及卫生和社会工作等民生领域投资增势较好。

发展方式加快转变。瘦身健体谋发展。全年规模以上法人单位关停搬迁 381 家，其中制造业、批发零售业和住宿餐饮业合计占比近 6 成。同时，市市场监督管理局数据显示，新设科技服务业和文体娱乐业企业 8.6 万家，合计占全市新设企业的 46.4%。

提效降耗优质量。1—11 月，规模以上工业企业劳动生产率为 48.9 万元/人，同比提高 4 万元/人。规模以上服务业企业人均创收 221 万元，同比增长 13.1%。2019 年规模以上工业单位增加值能耗下降 2.8%。

科学布局拓空间。深入实施新版总体规划，"一主"区域"疏解整治促提升"专项行动持续推进，城六区关停搬迁规模以上法人单位 259 家，占全市的比重接近 7 成；"一副"区域加大交通和绿化建设力度，带动通州区基础设施投资增速超过 20%；"多点"区域现代服务业增势较好，金融业、科技服务业和商务服务业增加值占区域 GDP 的比重比 2018 年有所提高。

2. 促创新抓改革，增强高质量发展动力

科技创新保持活跃。加大创新投入带动发展。1—11 月，中关村示范区规模（限额）以上高新技术企业中开展研发活动的企业占比达到 8 成，同比提高 2.2 个百分点；企业研究开发费用增长 16.1%，高于总收入增速 2.3 个百分点。

创新驱动效果进一步显现。1—11 月，中关村示范区规模（限额）以上高新技术企业技术收入占总收入的比重为 18.1%，新产品销售收入占产品销售收入的比重为 33.5%，同比分别提高 0.9 个和 1.9 个百分点。

改革开放释放活力。重要政策措施效果显现。从减税降费看，1—11 月，规模以上工业企业应交增值税同比下降 5.1%；规模以上服务业企业流转税率为 2.0%，同比降低 0.1 个百分点。全年居民工资性收入在稳定就业及个税改革带动下，同比增长 9.4%，比 2018 年提高 2.4 个百分点。从促消费看，全市 23 家享受节能减排政策的批发零售业企业实现家用电器类商品零售额比 2018 年增长 24.1%，高于家电类零售额增速 2.6 个百分点。

服务业扩大开放稳步推进。1—11 月，服务业扩大开放七大领域规模以上法人单位实现收入 5.4 万亿元，同比增长 9.7%，高于规模以上服务业法人单位收入增速 4.4 个百分点；其中，互联网信息、医疗养老、金融领域收入较快增长。市商务局数据显示，1—11 月全市服务业新设外商投资企业 1417 家，同比增长 2.7%；信息服务业、科技服务业和金融业实际利用外资分别同比增长 18.8%、56.8% 和 77.2%。

总的来看，2019 年全市经济保持了平稳运行的发展态势，高质量发展提升了经济"含金量"。面对当前世界经济增长放缓，全球动荡源和风险点增多，国内结构性、体制性、周期性问题交织，经济下行压力依然较大的局面，要坚持以习近平新时代中国特色社会主义思想为指导，坚持以稳中求进工作总基调为指引，把扎实推动高质量发展作为根本要求，以创新和改革开放双轮驱动，确保首都高质量发展稳健前行。

2020 年北京市工业经济运行概况

2020 年，面对新冠疫情的严峻考验和复杂多变的内外部环境，市委、市政府主动作为，科学统筹常态化疫情防控和经济社会发展，全市上下团结一心战疫情、保民生、抓发展，经济持续恢复向好，一系列政策措施落地显效，新兴动能表现活跃。

一、工业经济运行特点

（一）主要领域持续恢复向好

全市地区生产总值达到 3.6 万亿元，增速在 1—3 季度由负转正后继续提高，全年增长 1.2%，比 1—3 季度提高 1.1 个百分点。生产、需求领域稳步恢复。

从生产领域看，全年服务业增加值同比增长 1.0%，比 1—3 季度提高 0.9 个百分点，信息、金融行业持续发挥主要支撑作用，科技服务业增速提高。规模以上工业增加值在 1—10 月由降转增后增长加快，全年增速为 2.3%，高于 1—3 季度 2.4 个百分点。

从需求领域看，在重点项目开复工带动下，全市固定资产投资 1—8 月由降转增，增势稳定，全年增长 2.2%，比 1—3 季度提高 0.4 个百分点。随着疫情防控形势向好和促消费政策发挥作用，下半年消费领域恢复加快，全年市场总消费额降幅比 1—3 季度收窄 3.4 个百分点，线上消费增速超过 30%。

（二）政策发力保企业保民生

企业盈利情况持续好转。规模以上工业企业利润在 7 月转正后保持增长，1—11 月增长 3%，重点行业中电子、汽车行业增势较好；规模以上服务业企业利润连续 5 个月降幅收窄，1—11 月下降 1.8%，比 1—3 季度收窄 3.9 个百分点，其中信息服务、金融、科技服务行业利润增长，其他行业利润降幅收窄或亏损额减少。

民生兜底保障力度加大。财政支出向民生领域倾斜，市财政局数据显示，全年一般公共预算支出中，社会保障和就业、卫生健康支出分别同比增长 8.5% 和 13.3%。就业形势基本平稳，四季度城镇调查失业率回落至 4.1%，各季度均控制在年度预期目标内。居民收入保持增长，全年居民人均可支配收入同比增长 2.5%，扣除价格因素，实际增长 0.8%，比 1—3 季度提高 0.6 个百分点；其中，占比超 2 成的转移净收入名义增长 9.3%。

市场信心不断增强。从企业看，市场主体活跃度提升，市市场监督管理局数据显示，全市新设企业数量自 8 月起逐月增长，科技型企业占比超过 4 成。从居民看，消费者信心调查显示，四季度消费者信心指数为 122.6，比三季度提高 1.1 点。

（三）新兴动能发展壮大

高端产业显现韧性。高技术产业和战略性新兴产业增加值占 GDP 的比重分别为 25.6% 和 24.8%（二者有交叉），均比 2019 年提高 1 个百分点以上。智能手机、工业机器人、集成电路等高技术领域产品产量分别同比增长 18.9%、13.4% 和 9.7%。高技术制造业投资在医药、电子行业项目带动下同比增长 87.7%，科技服务业投资同比增长 57.0%。

研发创新积蓄动力。1—11 月全市大中型重点企业研究开发费用同比增长 14.7%；其中，"三城一区"内企业研究开发费用同比增长 16.1%，占全市比重超过 7 成。中关村示范区企业技术收入占总收入的比重为 20%，同比提高 1.9 个百分点；PCT 专利申请量同比增长 38.9%，占全市的 73.5%。

"五新"落地释放活力。从新基建看，全市新基建投资额实现两位数增长。从新消费看，限额以上批发零售业、住宿餐饮业网上零售额同比增长 30.1%，比 1—3 季度提升 4.8 个百分点；开展电子商务活动的规模以上服务业企业中，在线教育、在线娱乐、在线游戏、在线体育 4 个领域企业营业收入同比增长超过 30%。从新开放看，1—11 月服务业扩大开放七大领域规模以上法人单位收入同比增长 2.6%，高于服务业整体水平 4.3 个百分点，其中，互联网信息、金融领域表现较好。2020 年，在市委、市政府坚强领导下，全市统筹推进疫情防控和经济社会发展，经济持续恢复向好，发展韧性和活力进一步增强。

二、重点工作开展情况

（一）全力投入疫情防控，帮扶企业复工复产，推动产业经济加快恢复

认真落实疫情防控、复工复产系列政策措施，先后编制发布八版企业防疫指引，深入企业开展六轮服务指导，为企业协调解决物资进出京、外籍人员入境、上下游复工等困难，稳定产业链供应链。着力解决防疫物资紧缺问题，推动本市防疫物资纳入中国工业和信息化部保障计划，迅速组织自产保供，实现了从严重短缺到充分供应。口罩最高日产能达到 1200 万只，医用防护服日产能达到 4 万件；累计生产 84 消毒液 8300 余吨，生产核酸检测试剂 1300 万人份、咽试子采样管 4700 万人份；新冠肺炎疫苗形成年产 2.5 亿剂次生产能力。服务全市科技抗疫重点产品出口，订单额近 16 亿美元。应用大数据开展精准防疫，开发"疫情跟踪数据报送系统"，支撑全市 7200 个社区防疫；上线"北京通" App 抗疫专栏；研发"北京健康宝"，全年提供 30 亿次健康状态查询服务。落实帮扶中小微企业政策措施，为 1292 家中小微企业减免房租接近 27 亿元，约 1.8 万家企业获得中小企业服务

券支持。全市规模以上工业、软件和信息服务业4月底开复工率达到100%，从4月开始实现月度正增长。

（二）大力发展数字经济，推进产业融合创新，塑造创新发展新优势

抓住"两区"建设重大机遇，进一步深化政策和制度创新。构建"1+3"政策体系，编制实施促进数字经济创新发展行动纲要，围绕数字基础设施、数字产业化、产业数字化、数字化治理、数据价值化和数字贸易发展，实施九项重点工程。开展新型基础设施建设行动，聚焦"新网络、新要素、新生态、新平台、新应用、新安全"，实施建设任务110项。统筹推动数据中心总量控制、增量优化、存量提质。新增5G基站1.5万个，实现五环内室外连续覆盖，五环外重点区域和典型应用场景精准覆盖。推进5G产业和应用场景建设，聚焦综测仪、云化小基站等梳理23个重点研发和产业化项目，推动5G+8K超高清产业创新发展。落实商业航天保险贴费等政策，服务星河动力实现500千米太阳同步轨道发射，银河航天首发星双向视频通话，国电高科、和德宇航等企业物联网星座实验运行。完成高级别自动驾驶示范区1.0阶段建设。加快信创园建设。北斗产业创新基地投入运营。国家网络安全产业园区入驻企业达到132家。发展智能制造、高端制造，实施小米无人工厂等智能制造示范项目，发布21家智能制造标杆企业，工业互联网标识注册量达到29亿。顺义区、海淀区、朝阳区、石景山区联合入选工业互联网领域国家新型工业化产业示范基地。

（三）瞄准高精尖发展方向，抓紧落地重点项目，产业发展后劲持续增强

围绕高精尖产业确定29个细分领域，明确市级牵头部门和重点承载区。申请中央专项资金支持项目411个，推荐列入国家再贷款及税收优惠名单企业304家。推动高精尖产业资金普惠易得，高精尖产业基金投资规模超过220亿元。强化重大产业项目统一管理调度，推动中芯国际集成电路创新中心等重点项目开工。软件和信息服务业超额完成255亿元固定资产投资目标。服务创新型产业集群与制造业高质量发展。推动中日创新合作示范区、中德国际合作产业园完善产业生态。筹划建设首都设计创新研究院。发布氢燃料电池汽车产业规划，推进国际氢能中心建设，落地燃料电池联合研发中心。新增126家市级企业技术中心、22家高精尖产业设计中心。支持产业绿色化提升，创建国家级绿色工厂27家、绿色供应链管理企业5家、绿色设计产品3种。组织各区退出一般制造和污染企业113家。促进保健品、家具、智能装备、汽车等产业在京津冀协同布局，助力对口支援合作地区产业发展、打赢脱贫攻坚战。

（四）营造良好营商环境，加大服务企业力度，创新创业活力持续增强

建立市区两级产业链龙头企业常态化服务工作机制，动态更新服务台账，分三批帮助企业协调解决困难问题140余项。探索"龙头企业+中小创新型企业+平台"的合作模式，服务央企在京发展。完成中小企业发展条例修订，推动数字化赋能中小企业发展。新认定国家级公共服务示范平台7家、市级58家，国家级创业创新示范基地4家、市级16家。完善"1+16+N"的中小企业服务平台网络体系，汇聚服务商331家，累计提供7000余款服务产品，全年服务中小企业100多万家次；"创客北京"大赛连续两年获得全国一等奖；改善融资环境，支持担保、租赁机构为中小企业提供融资服务，受惠中小企业8100多家，融资规模达到265亿元；持续推动担保降费，综合担保费率自2015年2.5%降至1.8%；建立企业梯队培养体系和专项服务机制，认定市级"专精特新"企业819家，市级"小巨人"企业105家，国家级专精特新"小巨人"企业85家。推广北京经开区大中小企业融通发展经验，中关村顺义园获评2020年大中小企业融通发展载体。发挥市减轻企业负担联席会议机制作用，整治涉企违规收费，推动惠企政策落实。提前完成无分歧欠款清欠任务。

（五）实施大数据行动计划，完善社会信用体系，智慧化治理能力持续提升

编制形成包括智慧城市发展行动纲要、感知体系建设指导意见以及重点领域行动方案的智慧城市顶层设计框架，发布大数据标准框架体系。政务云的格局基本成形，持续开展"上云""入链""汇数"，完成市级部门入云和系统"交钥匙"工作，市级大数据平台2.0版投入使用。依托目录区块链推动数据开放，初步建成金融公共数据专区，支撑各区开展城市大脑等应用。建立全市政府网站集约化统一技术平台，实现全市政府网站信息"一网通查"。建设涵盖数、云、网、端的纵深安全防护体系，保障政务信息系统安全稳定运行，支撑市政务数据共享开放。建立基于市级大数据平台的信用信息归集共享机制，归集数据超过25亿条。持续开展各区信用环境状况月度监测工作，完成"信易贷"平台北京站建设，试点开展"先诊疗后付费"等创新服务。京津冀联合发布守信激励试点建设方案，签署社会信用标准框架合作协议，共同开展守信联合激励试点。北京市在全国城市信用状况监测评价中连续3年保持全国第一。加强信用分级分类监管机制建设，推动构建以信用为基础的新型监管机制。政务诚信建设被世界银行发布为优化营商环境的"北京经验"。

2021年北京市工业经济运行概况

2021年，全局聚焦"一个开局、两件大事、三项任务"，深化"五子"联动，统筹推进疫情防控和经济社会发展，一批强基础、利长远的重大政策、重大项目落地实施，高精尖产业发展能级实现巨大跃升，数字经济标杆城市和智慧城市建设体系更加完善，企业服务水平显著提高，全面完成了全年目标任务，实现了"十四五"良好开局。

一、工业经济运行特点

（一）经济实力继续增强

全市经济总量跃上4万亿元新台阶，2021年地区生产总值达到40269.6亿元，按不变价格计算，比2020年增长8.5%。总的来看，在2007年地区生产总值迈过万亿元大关后，分别于2013年、2018年和2021年突破2万亿元、3万亿元和4万亿元，每迈上一个万亿元台阶分别用了6年、5年和3年，进程逐步加快，人均地区生产总值保持全国各省区市领先水平。

（二）主要领域稳中有进

生产领域中，工业发挥引领带动作用，全市规模以上工业增加值两年平均增速自4月以来保持在两位数以上，两年平均增长15.8%，其中医药行业在疫苗生产带动下、电子行业在集成电路需求旺盛带动下贡献突出。服务业总体稳定，增加值两年平均增长3.2%，信息服务业、金融业、批发零售业发挥重要支撑作用，对第三产业增长的贡献率合计达到68.4%；交通运输业、商务服务业恢复至疫情前的9成左右，住宿餐饮业恢复到8成以上。农业保障能力增强，粮食、蔬菜、生猪产量保持较快增长，都市农业逐步恢复，休闲农业与乡村旅游收入恢复至2019年的近9成。

需求领域中，投资规模继续扩大，全年固定资产投资（不含农户）两年平均增长3.5%，其中制造业投资在医药、电子行业带动下快速增长，全年增长68.3%；市场消费持续恢复，文化办公用品、通信器材、新能源汽车等升级类商品零售额实现两位数增长；出口表现活跃，在防疫、电子产品出口带动下，规模以上工业出口交货值2793.1亿元，两年平均增长46.5%。

（三）创新引领释放新动能

国际科技创新中心建设蓄力新优势。1—11月全市大中型重点企业研究开发费用同比增长31.4%，企业拥有有效发明专利16.6万件，同比增长28.1%，其中"三城一区"企业占比超6成；中关村示范区规模（限额）以上高新技术企业技术收入增长20.2%，占总收入的比重为19.6%。

数字经济快速发展注入新动力。全年数字经济实现增加值16251.9亿元，按现价计算，比2020年增长13.1%，占全市地区生产总值的比重达到40.4%，比2020年提高0.4个百分点；其中数字经济核心产业增加值8918.1亿元，同比增长16.4%，占地区生产总值的比重达到22.1%，提高0.8个百分点。5G、车联网、工业互联网等新型基础设施加速建设，新基建项目投资占全市固定资产投资的比重为9.1%，比2020年提高1.5个百分点。

高精尖产业引领新发展。全年高技术产业和战略性新兴产业分别实现增加值10866.9亿元和9961.6亿元，按现价计算，比2020年分别增长14.2%和14%，两年平均分别增长11.8%和8.6%（二者有交叉）。高技术产品产量不断提高，工业机器人、智能手机、集成电路产量两年平均分别增长33.0%、18.0%和15.6%。

（四）把握机遇培育新潜力

"两区"建设服务新格局。"两区"方案中涉及的251项任务全面落地实施，1—11月，服务业扩大开放重点领域规模以上企业收入两年平均增长10%，自贸试验区内规模以上工业和服务业企业收入两年平均增长11.4%，均高于规模以上企业平均水平。

国际消费中心城市建设带来新变化。实施"十大专项行动"，优化提升消费供给，全年共有901家首店（含旗舰店）落地北京，是2020年的近5倍。新消费模式快速发展，限额以上批发零售业、住宿餐饮业网上零售额占全市社会消费品零售总额的比重超过1/3，比2020年提高4.1个百分点；1—11月，在线游戏、在线娱乐、在线体育企业收入同比增速均在20%以上。

京津冀协同拓展新空间。京津冀三地跨区域要素流动加快，北京全年流向津冀技术合同成交额350.4亿元；1—11月天津吸引北京地区投资额1277亿元，占全部引进内资的比重接近4成；北京城市副中心与河北廊坊北三县一体化发展稳步推进，新推介签约项目39个、意向投资247亿元。

（五）政策措施激发新活力

纾困减负稳企业。1—11月，全市规模以上工业企业实现利润3312亿元，服务业企业实现利润25176.2亿元，同比分别增长1.2倍和16.4%，近2/3的行业盈利水平较2020年好转。规模以上工业、服务业企业收入利润率分别为13.2%和17.3%，分别高于2020年同期6个和0.2个百分点。

兜底保障惠民生。就业保持稳定，全年城镇新增就业26万人，各季度城镇调查失业率均控制在调控目标5%以内。居民收入保持增长，全市居民人均可支配收入

75002 元，比 2020 年增长 8.0%，其中农村居民收入增速快于城镇居民。

2021 年，面对疫情起伏反复和外部环境复杂严峻的双重考验，全市上下保持战略定力，主动作为，经济持续恢复，发展质量不断提升。2022 年是党的二十大召开之年，是北京冬奥之年，也是实施"十四五"规划承上启下的重要一年，要坚持以习近平新时代中国特色社会主义思想为指导，全面贯彻落实党的十九大和十九届历次全会精神，认真贯彻中央经济工作会和市委十二届十八次全会精神，坚持以首都发展为统领，坚持"五子"联动融入新发展格局，不断开拓首都发展新局面。

二、主要工作开展情况

（一）"2441"高精尖产业新体系加快构建

发布《北京市"十四五"时期高精尖产业发展规划》《北京市关于促进高精尖产业投资推进制造业高端智能绿色发展的若干措施》《关于促进高精尖制造业项目落地三年行动计划》《"新智造 100"工程实施方案》《北京市支持卫星网络产业发展的若干措施》《北京市高精尖产业发展资金管理办法（修订版）》等文件。完善高精尖产业标准，会同市统计局编制了《北京市制造业主要行业"高精尖"企业指数》。启动国家人工智能创新应用先导区建设，发布了国家人工智能创新应用先导区实施方案。中德、中日产业园获批成为国家级对外合作示范区，新落地项目 57 个。1—11 月，全市规模以上工业增加值同比增长 34.5%，软件和信息服务业营业收入同比增长 22.5%（1—10 月），完成工业重点产业固定资产投资 561 亿元。全年预计规模以上工业增加值同比增长 30%，软件和信息服务业营业收入同比增长 18%，超额完成年度目标任务。新基建完成固定资产投资 652.5 亿元，同比增长 24.4%，占全市投资比重 8.8%，成为拉动全市投资增长的新动力。建立国际氢能中心、北京开源芯片研究院、医疗机器人产业创新中心等新型产业创新平台。19 个数字化、智能化改造重点项目竣工验收。推动理想汽车生产基地、小米未来产业园等 61 个投资过亿项目实现开工，在库高精尖重大项目 510 余个，为"十四五"产业发展打下坚实基础。

（二）数字经济标杆城市建设加速启航

出台《北京市关于加快建设全球数字经济标杆城市的实施方案》，为全市数字经济发展描绘了蓝图，指明了方向。12 月中旬，《北京市数字经济促进条例》立项论证报告经市人大审议通过。组建国际大数据交易所，在全国率先实现新型交易模式，建成基于自主知识产权的数据交易平台。成立北京国际数据交易联盟，发布《数据交易服务指南（通则）》。印发《北京市数据中心统筹发展实施方案（2021—2023 年）》《北京市人工智能算力布局方案（2021—2023 年）》，编制了《北京市数据中心统筹发展实施细则（试行）》。探索数据分类分级保护，编制了《北京市数据分类分级指南（试行）》《"两区"试点企业数据保护能力评估测试办法（试行）》。

国家工业互联网大数据中心项目通过验收。工业互联网平台数量、接入资源量全国第一。区块链先进算力实验平台项目启动建设。新增 5G 网基站 1.2 万个，万人基站数全国第一。率先实现 5G+8K 全产业链技术应用贯通。千兆固网建成全城 1 毫秒时延圈。三一智造入选世界"灯塔工厂"，小米"黑灯工厂"成为行业标杆，国家级智能制造系统方案供应商数量全国第一。落实《北京市智能网联汽车政策先行区总体实施方案》，高级别自动驾驶示范区完成 1.0 阶段建设，创立引领全球的"车路协同"技术路线。

（三）京津冀产业协同发展再上台阶

将工业互联网、氢能等作为京津冀协同主攻产业，签署了《打造京津冀工业互联网协同发展示范区框架合作协议》，印发《北京市氢能产业发展实施方案（2021—2025 年）》。坚持京津冀发展"一盘棋"思想，联合编制了《京津冀区域产业协同发展规划》《京津冀工业互联网协同发展示范区建设方案（2021—2023 年）》，并报请工业和信息化部审定。北京市大兴区、天津市滨海新区、河北省唐山市和保定市等 12 个城市（区）组成城市群，获国家五部委联合批准成为国家首批燃料电池汽车示范城市群。印发《关于引导我市产业加强与"北三县"协同发展工作方案》，组织京津冀三地产业精准对接活动 20 余次。持续推动北京（曹妃甸）现代产业发展试验区、北京·沧州渤海新区生物医药园等园区建设，精雕科技、京车集团等项目发展顺利，进一步夯实"2+4+N"产业协同体系。大力宣传京津冀产业协同发展成果，录制《打造京津冀产业协同发展新格局》系列节目。

（四）坚持疏解提质绿色制造成效明显

全面完成"十三五"期间全部退出的 2154 家企业的复查工作，未出现反弹现象。建立起动态发现、及时入账、精准引导、有序出账的一般制造业疏解提质动态台账管理机制，完成疏解提质项目 108 个，其中退出类项目 52 个，提升类项目 56 个。落实中央环保督察整改要求，完成燕山石化停止燃用石油焦整治工作。完成《北京市工业污染行业生产工艺退出及设备淘汰目录》修订。大力发展绿色制造，北京和利时等 4 家企业获批第三批工业产品绿色设计示范企业，29 家绿色工厂、8 家绿色供应链企业、14 项绿色产品进入公示阶段。

（五）企业服务体系不断完善

落实《北京市营商环境条例》，推动营商环境 4.0 版各项任务顺利完成。依托市区两级"服务包"机制，走访"服务包"企业 1078 家次，帮助企业协调解决"急难愁盼"发展难题。严选数字化服务产品 112 款，通过集采降价和服务券补贴，惠及中小企业 3000 余家。持续推进清欠工作，无分歧欠款保持为零。发布《北京市保障中小企业款项支付条例投诉处理办法》。基于"共建、共享、共用"原则，推进中小企业数据库建设。高质量举办"创客北京 2021"创新创业大赛，吸引 4000 多项项目参赛。发布《应对疫情防控常态化促进中小企业健康发展若干措施》《北京市促进"专精特新"中小企业高质量发展的若干措施》等惠企强企政策。共培育认定2112家"专精特新"中小企业、国家级专精特新"小巨人"企业257家，制造业单项冠军企业24家。认定北京市第一批20家"隐形冠军"企业。

（六）城市智慧化治理能力不断提升

出台《"十四五"时期北京市智慧城市发展行动纲要》《北京新型智慧城市感知体系建设指导意见》《北京市"十四五"时期智慧城市建设控制性规划要求（试行）》和《北京市智慧城市规划和顶层设计管理办法》等文件。印发《北京市2021年智慧城市建设重点工作任务》，形成智慧城市建设"月报季评"指标体系，开展"月报季评"，推动各项任务落实。印发《北京城市码建设指导意见》和《北京城市码二维码编码规则（试行）》，基于"长安链"技术，完成城市码服务平台原型系统关于统一标识库系统和城市二维码系统的搭建。智慧城市2.0建设全面实施，"京通""京办""京智"作为智慧城市的统一服务入口服务支撑能力进一步提升。持续推进领导驾驶舱应用，目前已为48个部门145个用户开通服务。

（七）信用联合奖惩制度更加健全

印发《关于加强政务诚信建设的实施意见》《重点职业人群诚信记录建设指引》《关于进一步规范公共信用信息归集共享和应用制度的实施意见》《关于开展北京市政务诚信建设评价迎接2021年国家营商环境评价工作的通知》等文件。协调督促交通、文旅等29个市级部门出台了分级分类监管制度，建立信用承诺制度。完成《北京市社会信用条例》立法草案并提交市司法局。推动国家公共信用综合评价在京落地试点，为全市信用分级分

类监管工作奠定了基础。支持北京金控集团建设了国家"信易贷"平台北京站，推出"信用+地铁出行""信用+医疗"服务，信用体系的应用广度进一步扩大。

（八）法治政府建设深入推进

全市经信系统A岗人员参与执法率84.21%，违法行为纳入检查率96.39%。圆满完成法治政府建设专项任务和立法工作。答复行政复议案件490件，未发现依法行政重大问题。政务服务事项"全城通办"率100%，"全程网办"率92%。发布各类解读文件、图表等40余条，依法办理依申请公开1375项。1—7月市经济和信息化局"接诉即办"在市级部门综合评分名列前茅，响应率、解决率、满意率不断提升。坚持服务包与财源建设相结合，1—11月工业和软件信息服务业贡献财政收入1158.8亿元，同比增长25.9%，占全市比重达20.8%，为全市财源创收做出了重要贡献。做好预算评审，优化支出结构，剔除无效和低效成本，提升了财政资金的科学化、精细化管理水平。

（九）其他重要任务圆满完成

"北京健康宝"紧跟疫情防控政策变化，不断提升科技支撑水平。全力推动工业领域复工复产，编制10版企业疫情防控指引，妥善处置多起新冠疫情突发情况，确保疫情未在工业领域扩散蔓延。圆满完成中央巡视反馈事项整改、城市总体规划任务、民生实事项目、空气重污染应对、安全生产等专项任务。成功举办全球数字经济大会、世界5G大会、世界智能网联汽车大会、世界机器人大会、全球能源转型高层论坛等活动，为企业搭建高水平的交流合作平台。高标准完成建党百年庆祝活动、服贸会、中关村论坛、冬奥测试赛等重大活动通信和无线电保障，获得了工业和信息化部和市委市政府的高度肯定。

2022 年北京市工业经济运行概况

2022 年是党的二十大胜利召开之年，也是北京市稳步推进落实"十四五"规划的关键一年，全市经济和信息化系统在市委市政府的坚强领导下，坚持以首都发展为统领，以推动高质量发展为主题，"五子"联动融入新发展格局，圆满完成党的二十大、冬奥会服务保障工作，统筹推进疫情防控和产业经济发展，各项工作取得了显著成效。

（一）产业经济回稳向好

面对宏观经济下行、疫苗基数高企、新冠疫情冲击、俄乌战争影响等多重考验，全市经信系统高效统筹疫情防控和产业经济发展，坚持高点定位、高位调度、高标落实，超预期实现首季"开门红"，以"搏击二季度、冲刺三季度、决战四季度"的信心决心，配合制定本市稳定经济增长 45 条、中小企业 18 条，联合印发促进先进制造业平稳运行 15 条等一揽子政策措施，配套出台推动软件和信息服务业高质量发展若干政策措施等 20 余项接续措施及落实文件，狠抓政策落实，着力降低疫情损失，全力推动产业经济企稳恢复，实现工业增加值 5036.4 亿元，同比下降 14.6%，扣除疫苗因素后同比增长 2.5%，占 GDP 比重稳步提升，达到 12.1%；软件信息服务业增加值 7456.2 亿元，同比增长 9.8%，占 GDP 比重进一步提升至 17.9%；数字经济实现增加值 17330.2 亿元，同比增长 4.4%，占全市比重达到 41.6%，为稳定全市经济大盘提供了坚实保障。工业重点产业和软件信息服务业固定资产投资累计完成 1275 亿元（工业 748 亿元，软件 527 亿元），同比增长 25%。市场主体在京发展的积极性显著提升，全市先进制造业与软件信息服务业新设企业 5494 家，同比增长 27.15%。

（二）"2441"产业体系加快构建

印发"十四五"高精尖规划主要目标任务分工方案和各区重点产业集群指导方向，市区联动推动规划落地，八成以上任务目标按进度顺利推进。加强高精尖项目跟踪调度，年内推动小米智能工厂二期、丰田燃料电池等 83 个投资过亿制造业项目开工，加快长鑫集电、理想汽车北京绿色智能工厂等重大续建项目建设，实现北京奔驰整车技改、智飞绿竹疫苗新品种生产基地等一批重大项目竣工投产，"十四五"时期重大产业项目布局基本完成。中德、中日两个产业园新增落地项目 43 家。深入推进实施"新智造 100"工程，累计支持 96 个智能化改造升级项目，打造智能工厂、数字化车间共 83 个，5 家企业入选国家级智能制造示范工厂，9 家企业入选国家级智能制造优秀场景。高精尖资金聚焦高端智能绿色发展和产业平稳发展两方面，支持 900 余家企业资金达 17.5 亿元。推动北京高精尖产业发展基金调整，设立北京中移数字新经济产业基金、北京智造转型升级基金两只产业基金，增加基金规模 220 亿元。

（三）产业创新发展水平不断提升

全面落实国际科技创新中心建设任务，围绕创新产业集群和制造业高质量发展，引导"三城"科技成果向"一区"转化 152 项。启动高精尖产业"筑基工程"，鼓励"揭榜挂帅"，加快信息技术、智能制造等领域自主创新攻关。加快实施集成电路重大工程和创新项目，初步建成国内水平最高的集成电路综合攻关和验证平台，拥有 GPU、CPU、存储器等高端战略产品设计和 28/14 纳米成套工艺研发能力最强的创新团队，成为全国半导体领域最重要的科技创新和产业集聚区之一。出台生物医药全产业链开放实施方案，2 款新冠治疗特效药物在京实现产业化，新冠变异株疫苗率先进入临床阶段，形成国内最大的疫苗产业集群，获批创新医疗器械数量领跑全国，产业化落地一批一类新药，推动北京成为创新药研发策源地。推进固态电池、燃料电池、自动驾驶等技术迭代升级，形成了卤化物固态电解质、智能网联汽车计算基础平台等创新成果。创新推动新材料产业发展，持续发布重点新材料首批次应用示范奖励政策，支持高性能靶材、碳化硅单晶衬底等 34 个新材料产品实现首批次示范应用。"谷神星一号"实现民营火箭发射"五连胜"，多型火箭研制发射齐头并进。

（四）产业协同发展持续深化

有序推进一般制造业疏解提质，持续完善动态管理机制，会同各区提前完成 100 项一般制造业疏解提质年度计划任务，部分区超额完成计划外项目 66 项。制定"十四五"时期制造业绿色低碳发展行动方案，推进乘用车、商用车、数据中心等重点领域 10 余项绿色发展地方标准制修订，首次面向 179 家企业开展绿色诊断服务，向工信部推荐 30 个绿色制造示范单位，推动 3 家企业入选国家工业产品绿色设计示范企业名单，累计推动 92 家企业入选国家级绿色工厂、19 家企业入选国家级绿色供应链管理示范企业，逐步建立起以方案为统筹、以标准为准绳、以诊断为手段、以示范为引领的绿色制造工作体系。开展"强链补链"行动，支持北京奔驰、亿华通等 18 家龙头企业带动京津冀地区 36 家配套企业首次入链进体系。京津冀燃料电池汽车示范城市群第一年度燃料电池汽车上牌 1239 辆，超额完成年度推广任务。京津冀生命健康产业集群创建实现突破，11 家企业挂牌上市，引进产业创新人才 47 名，CDMO 平台投用增强了成果转化能力。三地经信部门签署《共建先进制造业集群，共推产业协同发展战略合作协议》。京津冀工业互联网协同发展示范区获工业和信息化部批复。京津冀晋信用主管部门共同发布全国首个信用区域标准《京津冀晋企业公共信用综合评价等级标准》和《京津冀晋公共信用信息共享目录（2022 年版）》。

（五）企业服务培育体系更加完善

加大领导小组统筹协调力度，开展"一件事"集成服务，实现"高精尖"资金申报、"专精特新"企业认定、社保缓缴申请等 10 余项政策的"一体化"集成和快捷办理。认定一批特色鲜明、功能完善的示范平台和基地，打造"创客北京"大赛品牌，线上线下开展"一起益企、中小企业服务月"等活动超 4000 场，累计服务企业超 200 万家次。建成全市中小企业基础数据库，累计汇聚数据超 19.2 亿条。搭建"专精特新融通发展"平台，提供大中小企业供需对接服务，400 多家专精特新企业、100 多家大型企业注册。推进营商环境优化改革，创新试点和 5.0 清单中牵头的 36 项任务全部完成。组织开展清欠专项行动，累计为 1300 多家中小企业化解欠款 9.33 亿元，化解进度 92%，排名居全国前列，6.78 亿元无分歧欠款 100% 化解完毕。加强企业梯队培育，新培育国家级制造业单项冠军企业（产品）18 家，市级专精特新中小企业 3248 家，国家级专精特新"小巨人"企业 333 家，国家级专精特新"小巨人"企业合计达到 588 家，居全国各城市首位。支持优质企业在北交所上市，开展"专精特新"企业上市、晋层、挂牌和储备"四大工程"，贡献全市新增上市企业数量占比近 6 成。中小基金累计投资 1330 家中小企业，出资 28.57 亿元，撬动社会资本 235.1 亿元。对确因疫情防控原因受到一般处罚的 25 家企业实施信用豁免，在全国率先实现破产重整企业信用修复协同机制。

（六）数字经济活力加快释放

强化规范引领，制定颁布纲领性法规《北京市数字经济促进条例》，印发实施《数字经济全产业链开放发展行动方案》。推动新一代信息技术和城市基础设施深度融合，全市新基建完成固定资产投资 935.3 亿元，同比增长 25.5%，占全市投资比重 11.1%。5G 万人基站数、算力规模指数均位列全国第一。数字产业规模不断壮大，国家网络安全产业园三个园区累计落地 362 家企业，形成基础硬件、基础软件、芯片、集成服务等全产业链生态体系。互联网 3.0 快速起步，发布国内首个数字人产业政策及两项数字人标准，朝阳数字人基地引入 80 余家企业。工业互联网核心产业规模超千亿元，顶级节点接入二级节点和主动标识数量均居全国第一。深入推进高级别自动驾驶示范区建设，率先发布整车无人等测试场景，329 个道路路口、双向 750 千米城市道路和 10 千米高速公路实现智能网联道路和智慧城市专网全覆盖，车路云一体化建设技术路线得到充分验证。国际大数据交易所建立数据登记、评估、交易和服务一体化流通体系，上架数据产品 1391 个，实现首个运营年度开门红。开展

全国首批数据资产评估试点，落地全国首笔 1000 万元数据资产质押融资贷款。16 区和经开区均已发布数字经济三年行动计划，"一区一品"新发展格局已初步形成。成立国内首家数字经济标准化技术委员会，高水平举办第二届全球数字经济大会，发起设立北京国际数字经济治理研究院。

（七）城市数治水平大幅提升

智慧城市 2.0 建设全面突出"实"的理念，落实四级规划管控体系，完成 46 个部门项目清单、189 个信息化项目的评审。夯实"三京""七通一平"城市数字底座，其中"京通"融合北京"健康宝"上线试运行，日活跃用户近 200 万，接入服务 430 余项；"京办"注册用户达 45 万，初步构建起包括 5 大核心能力、19 项基础能力、100 余项接入能力的协同办公产业生态；"京智"形成 14 个决策专题，接入 1471 项监测指标。"一张图"为全市 58 个部门 210 多个空间应用提供在线共享服务，城市码完成 18 类实体身份标识规则认定并启动楼宇码试点，大数据平台累计汇聚 383 亿条政务数据及 1750 余亿条社会数据。务实推进"三网"和领域应用，"一网通办"市、区两级 100% 政务服务事项实现"全程网办"，"一网统管"方案通过市政府、市委全面深化改革委员会专题审议，"一网慧治"开展交通、城管、疫情防控等领域决策平台建设。交通、卫健、执法公安、规划应急、人文环境等领域智慧城市建设持续发力走深走实，"16+1"区形成"智慧+生活""智慧+生态"等区域特色。

（八）疫情防控和复工复产保障有力

以信息化手段助力科学防疫，"健康宝"跟随疫情防控形势变化，快速响应，年内完成 10 次版本升级，实现健康状态、核酸、疫苗三合一查询等多种便民功能。依托"京办"接入防疫一体化平台等多个防疫系统，实现市、区、街、居四级联动，持续支撑病例流调、社区排查管控、风险人员转运、隔离点管理、疫情监测评估等多个业务应用。组织一体化皮基站系统平台搭建和测试验证，全球首次实现区域内所有运营商通信网络的共建共享和信息互联互通。以医用防疫物资生产保障为重点，稳定核酸和抗原试剂生产，新型鼻喷疫苗批量于本市紧急使用，解热镇痛药物产量短期提升 4 倍，呼吸机、监护仪等重症设备实现了本地保供，口罩、防护服等物资保障平稳有力。全面系统指导行业防疫工作，累计制定印发 13 版《北京市工业和软件信息服务业企业疫情防控指引》，围绕建立基础信息台账、加强食品冷链疫情防控、强化进口非冷链货品防疫管理等关键环节印发文件近 40 份，累计走访督导企业约 1000 家次，及时妥善处置 30 起工业和软件信息服务业领域涉疫事件。建立"跨省协调、部市协调、高位协调"三个机制，将 854 家企业纳入国家、市、区三级工业重点保供企业"白名单"，协调解决北京市重点企业产业链供应链 1000 余项复工复产问题，办理车证超 10 万辆次，数量居全市各行业首位。

（九）圆满完成冬奥服务保障

市经济和信息化系统 900 余名工作者精诚团结、全力以赴，克服疫情防控形势严峻复杂、保障时间周期长、临时紧急任务多等诸多困难挑战，圆满完成保障任务，3 个集体和 13 名个人获得省级表彰。赛会历史上首次实现宽窄带集群专网互联互通，跨地域异网指挥调度无障碍，网络呼叫次数、呼叫时长均创近年来重大活动保障新高。开创国内首例利用直升机完成重大国际赛事无线电安全保障工作的先例，实现了全方位、多手段、立体式的无线电监测全覆盖。北京市 16 家都市产业企业为冬奥服务保障做出重要贡献，涵盖肉制品、乳制品、矿泉水、饮料等食品保供及运动营养、工艺美术等。高质量完成"5G+8K"超高清视频示范、氢燃料电池汽车示范运营、自主知识产权高密合度防护口罩、石墨烯发热材料、冬奥 App 等科技冬奥项目。通过科技冬奥应用，本市率先建成全球最大规模城市级 8K 立体播放体系，率先验证了"5G+8K"的科技和产业能力，初步构建起氢源保障、储用运输等方面氢能多元化应用生态。

2022 年，经济和信息系统深入学习贯彻习近平新时代中国特色社会主义思想，全面加强机关党的建设，96 项年度重点任务全部落地见效。系统部署推动深入学习贯彻党的二十大和市第十三次党代会精神，迅速兴起热潮，形成良好态势。巩固拓展党史学习教育成果，创建模范机关、政治机关、首善机关，推进市委巡视整改、民主生活会整改、全面从严治党（党建）工作检查考核整改、审计检查整改，贯彻落实意识形态工作责任制。落实"第一议题"制度和党组理论学习中心组 13 个年度重点专题学习计划，持续深化党的创新理论武装。紧扣重大任务，促进党建和业务融合。完成 37 个党支部换届选举。定期专题研究机关党建工作，压实各级抓党建政治责任。加强经常性党章党规党纪教育，开展"以案为鉴、以案促改"警示教育，制定《规范政商交往的正负面清单》，进一步完善权力清单、责任清单、风险清单。按期完成各项安全生产和消防工作任务，民爆行业未发生生产安全事故，安全形势相对平稳。在党建引领下，不断锤炼工作作风、提升工作能力，更加有力地推动各项任务落实落细，为做好新时期首都发展的各项工作打下了良好基础。

2019 年天津市工业经济运行概况

工业生产稳中向好。2019 年，天津市工业增加值比 2018 年增长 3.6%，规模以上工业增加值增长 3.4%，比 2018 年加快 1.0 个百分点。在规模以上工业中，分门类看，采矿业增加值同比增长 3.0%，制造业同比增长 3.3%，电力、热力、燃气及水生产和供应业同比增长 6.0%；分行业看，39 个行业大类中 20 个行业增长，其中汽车制造业同比增长 13.7%，黑色金属冶炼和压延加工业同比增长 18.6%，医药制造业同比增长 8.8%，电气机械和器材制造业同比增长 10.9%，石油和天然气开采业同比增长 1.7%。规模以上工业在目录的 412 种产品中，221 种产量增长，占目录产品的 53.6%，增长面比 2018 年扩大 2.8 个百分点。规模以上工业企业营业收入同比增长 3.5%，营业收入利润率为 6.5%。2019 年天津市主要工业产品产量及增速见表 1。

表 1　　　2019 年天津市主要工业产品产量及增速

产品名称	单位	产量	同比增长（%）
天然原油	万吨	3111.89	0.9
精制食用植物油	万吨	295.12	0.5
天然气	亿立方米	34.90	2.8
汽油	万吨	291.18	0.9
铝材	万吨	65.32	37.1
钢材	万吨	5454.95	15.6
电梯	台	47301	7.4
房间空气调节器	万台	219.26	33.3
锂离子电池	亿只	6.56	4.6

数据来源：2019 年天津市国民经济和社会发展统计公报。

2020 年天津市工业经济运行概况

工业生产稳中向好。2020 年，天津市工业增加值 4188.13 亿元，比 2019 年增长 1.3%，规模以上工业增加值增长 1.6%。规模以上工业中，分门类看，采矿业增加值同比增长 2.8%，制造业同比增长 1.5%，电力、热力、燃气及水生产和供应业同比下降 1.0%。分企业规模看，大型企业增加值同比增长 1.5%，占规模以上工业的 51.2%；中小微企业增加值同比增长 1.8%，高于全市平均水平 0.2 个百分点，占比为 48.8%，比 2019 年提高 8.4 个百分点。分登记注册类型看，国有企业增加值同比下降 3.8%，占比为 27.9%；民营企业增加值同比增长 2.0%，占比为 26.5%；外商及港澳台商企业增加值同比增长 4.7%，占比为 45.6%。从重点行业看，汽车制造业增加值同比增长 5.7%，黑色金属冶炼和压延加工业同比增长 2.6%，医药制造业同比增长 3.5%，电气机械和器材制造业同比增长 22.9%，仪器仪表制造业同比增长 16.7%，铁路、船舶、航空航天和其他运输设备制造业同比增长 13.5%，石油和天然气开采业同比增长 6.3%。规模以上工业在目录的 407 种产品中，42.3% 的产品产量实现增长。2020 年天津市主要工业产品产量及增速见表 1。

表 1　　2020 年天津市主要工业产品产量及增速

产品名称	单位	产量	同比增长（%）
天然原油	万吨	3242.22	4.2
精制食用植物油	万吨	297.68	0.9
天然气	亿立方米	36.31	4.0
中成药	吨	15229.21	3.0
钢材	万吨	5724.05	3.1
医疗仪器设备及器械	万台	1020.65	120
新能源汽车	辆	16712	70.3
电梯	台	55448	17.2
集成电路	亿块	18.92	28.5
光电子器件	亿只	251.41	210
锂离子电池	亿只	7.31	11.7

数据来源：2020 年天津市国民经济和社会发展统计公报。

2021 年天津市工业经济运行概况

2021 年，天津市工业增加值 5224.57 亿元，比 2020 年增长 8.0%，制造业增加值占地区生产总值的 24.1%，规模以上工业增加值同比增长 8.2%。规模以上工业中，分门类看，采矿业增加值同比增长 3.3%，制造业同比增长 8.3%，电力、热力、燃气及水生产和供应业同比增长 17.9%。分经济类型看，国有企业增加值同比增长 12.0%，民营企业同比增长 7.3%，外商及港澳台商企业同比增长 6.5%。分企业规模看，大型企业增加值同比增长 6.3%；中小微型企业增加值同比增长 10.3%，高于规模以上工业 2.1 个百分点。分重点行业看，医药制造业增加值同比增长 18.9%，计算机、通信和其他电子设备制造业同比增长 13.1%，石油、煤炭及其他燃料加工业同比增长 22.5%。规模以上工业在目录的 403 种产品中，58.8% 的产品产量实现增长。生物医药、信息安全等先进制造业集群不断壮大，"细胞谷""北方声谷"等加快建设，认定"信创谷"等 10 个产业主题园区。

重点产业链加速提质。全面实施"链长制"，大力实施产业链高质量发展三年行动计划，集中攻坚信创、高端装备、集成电路等 12 条重点产业链，产业基础高级化、产业链现代化取得成效。12 条重点产业链工业增加值同比增长 9.6%，高于规模以上工业 1.4 个百分点；在链工业企业营业收入、利润总额分别同比增长 21.0%、57.8%，分别快于规模以上工业 2.1 个和 7.1 个百分点。2021 年天津市主要工业产品产量及增速见表 1。

表 1   2021 年天津市主要工业产品产量及增速

产品名称	单位	产量	同比增长（%）
天然原油	万吨	3407.02	5.1
天然气	亿立方米	39.02	7.5
发电量	亿千瓦时	775.20	1.9
中成药	吨	20171.90	32.3
钢材	万吨	5991.73	0.8
电梯	台	70811	23.6
新能源汽车	辆	25784	54.3
光纤	万千米	2198.17	11.8
光缆	万芯千米	508.93	28.4
集成电路	亿块	29.84	53.2
电子元件	亿只	9910.35	14.8
光电子器件	亿只	272.91	8.6
锂离子电池	亿只	9.21	26.1

数据来源：2021 年天津市国民经济和社会发展统计公报。

工业效益增长较快。全年规模以上工业营业收入比 2020 年增长 18.9%，利润总额比 2020 年增长 50.7%，营业收入利润率为 6.45%，比 2020 年提高 1.29 个百分点。减税降费扎实推进，年底规模以上工业企业资产负债率为 54.1%，比 2020 年年底降低 0.3 个百分点；全年规模以上工业企业百元营业收入成本 85.66 元，比 2020 年减少 0.14 元。

2022 年天津市工业经济运行概况

全年全市工业增加值 5402.74 亿元，比 2021 年下降 0.9%，规模以上工业增加值下降 1.0%。规模以上工业中，分门类看，采矿业增加值同比增长 4.7%，制造业同比下降 2.5%，电力、热力、燃气及水生产和供应业同比下降 4.6%。分经济类型看，国有企业增加值同比下降 0.5%，民营企业同比下降 1.6%，外商及港澳台商企业同比下降 0.9%。分企业规模看，大型企业增加值同比增长 0.4%，中小微型企业增加值同比下降 2.7%。从行业看，农副食品加工业增加值同比增长 16.6%，医药制造业同比增长 8.8%，电气机械和器材制造业同比增长 8.3%，专用设备制造业同比增长 7.3%。全年规模以上工业总产值达到千亿级行业 9 个。

重点产业链发展取得积极成效。12 条重点产业链带动作用持续显现，增加值合计占规模以上工业的 77.9%，比 2021 年提高 5.2 个百分点，其中航空航天、信创、生物医药、新能源产业链增加值分别同比增长 15.6%、9.2%、7.6% 和 7.2%。在链工业企业营业收入、利润总额分别同比增长 8.9% 和 15.5%，分别高于规模以上工业 5.9 个和 11.5 个百分点。2022 年天津市主要工业产品产量及增速见表 1。

表 1　　2022 年天津市主要工业产品产量及增速

产品名称	单位	产量	同比增长（%）
天然原油	万吨	3575.26	4.9
天然气	亿立方米	41.17	5.5
发电量	亿千瓦时	739.76	−5.9
钢材	万吨	5543.70	−8.4
铝材	万吨	77.24	32.7
城市轨道车辆	辆	240	53.8
房间空气调节器	万台	176.64	2.3
光纤	万千米	2259.44	2.8
锂离子电池	亿只	10.62	15.3

数据来源：2022 年天津市国民经济和社会发展统计公报。

工业效益稳定增长。全年规模以上工业企业营业收入比 2021 年增长 3.0%，利润总额比 2021 年增长 4.0%，营业收入利润率为 6.47%，比 2021 年提高 0.02 个百分点。减税降费持续推进，年底规模以上工业企业资产负债率为 53.3%，比 2021 年年底降低 0.8 个百分点；全年规模以上工业企业百元营业收入成本为 85.32 元，比 2021 年减少 0.35 元。

2019 年河北省工业经济运行概况

2019 年，河北省坚持贯彻新发展理念，着力深化供给侧结构性改革，扎实开展"三深化三提升"活动，强力推进工业转型升级系列三年行动计划，积极壮大数字经济、振兴县域特色产业，毫不动摇支持民营经济加快发展，工业和信息化高质量发展迈上新台阶。

（一）工业运行稳中有进

2019 年，河北省全部工业增加值 11503 亿元，占河北地区生产总值的 32.8%。全省规模以上工业增加值同比增长 5.6%，比 2018 年高 0.4 个百分点，为 6 年来最好水平，居全国第 17 位，比 2018 年前进 2 名。

（二）新兴产业培育实现新提升

深入实施创新驱动战略，积极布局未来产业，全省高新技术产业、战略性新兴产业增加值分别同比增长 9.9% 和 10.3%，比全省规模以上工业增加值增速分别高 4.3 个和 4.7 个百分点，高新技术产业占比达到 19.5%。高新装备制造业发展势头强劲，高端技术装备制造增加值同比增长 8.3%。医药行业增加值、利润分别同比增长 10.4% 和 21.7%，比全省平均水平分别高 4.8 个和 32.7 个百分点，营业收入利润率达 12%，位居省内重点行业

首位。京津冀国家大数据综合试验区建设进展顺利，电子信息产业完成主营业务收入 1720.2 亿元，同比增长 7.5%，比 2018 年高 6.5 个百分点。

（三）传统产业升级迈出新步伐

扎实推进供给侧结构性改革，钢铁行业积极开展技术改造，优势产能有效释放，行业增加值同比增长 7.1%。石化行业增加值同比增长 3.6%，实现了平稳运行。建材行业生产较快增长，增加值同比增长 10.5%，比 2018 年高 7.4 个百分点。实施绿色制造工程，全省规模以上工业能耗同比增长 -1%，规模以上工业单位增加值能耗同比增长 -6.3%。

（四）融合发展开创新局面

举办 2019 中国国际数字经济博览会，签约项目 150 个，金额超过 1500 亿元。数字经济、工业设计与制造业深度融合，培育工业互联网省级重点项目 185 个、省级数字化车间 101 个、智能制造标杆企业 6 家、智能制造示范（园）区 6 个，3000 多家企业实现上云，13 个市实现工业设计中心全覆盖。

2020年河北省工业经济运行概况

2020年，河北省工业和信息化系统坚持新发展理念，深化供给侧结构性改革，扎实做好"六稳""六保"工作，有力有效统筹防疫物资保障和工业经济发展，战疫情保供应，促复工畅循环，惠企业解难题，保运行稳增长，促转型增动能，工业经济高质量发展取得新成效，为全省国民经济"十三五"规划圆满收官提供有力支撑。

（一）工业经济加快恢复、稳中向好

强化统筹协调调度，快步推进有序复工复产，推出统筹疫情防控和复工复产"政策包"，开展万企帮扶"百日攻坚"行动。2020年全省规模以上工业增加值同比增长4.7%，高于全国平均水平（2.8%）1.9个百分点，位居全国第13，比2019年前进4位。全省全部工业增加值达11545.9亿元，占地区生产总值的31.9%，比全国平均水平高1.1个百分点，其中制造业增加值占比27.0%，比全国平均水平高0.8个百分点，为全省经济运行回稳向好提供了重要支撑。

（二）新兴产业发展跑出"加速度"

2020年全省工业战略性新兴产业、高新技术产业同比分别增长7.8%和6.6%，快于全省规模以上工业增加值增速3.1个和1.9个百分点，高新技术产业在规模以上工业中的比重由2015年的16%提高至19.4%，信息智能、生物医药健康、高端装备制造、新能源、新材料不断壮大，占全省规模以上工业的31.5%。医药制造业增加值同比增长14.1%，营业收入利润率为17.4%，发展速度和盈利水平居主要行业首位。信息智能行业蓬勃发展，电子信息产业实现主营业务收入1912.5亿元，太阳能电池、集成电路、液晶显示模组等新兴产品产量同比分别增长21.7%、6.6倍和12.1%。高端装备制造业稳中向好，2020年行业增加值同比增长3.9%。

（三）传统优势产业优化提升

深化供给侧结构性改革，加快工业转型升级，巩固化解过剩产能成果，深入推进"三品"专项行动，产品结构提档升级，精深加工产品占比提升，钢铁、石化、建材、食品等传统优势产业发展日益高端化、智能化、绿色化，为稳住全省经济发展"基本盘"起到重要支撑作用。2020年全省钢铁行业增加值同比增长9.6%，钢材产量持续稳居全国第一。加快推进石化工业数字化转型，积极开展化工园区认定，石化工业增加值同比增长1.9%。食品行业增加值同比增长2.5%，产品逐渐从初加工向精深加工、高附加值终端产品转型，乳制品和方便面产量分列全国第一位和第二位，辣椒、红色素、维生素B12等食品添加剂产销量位居世界第一。

（四）县域特色产业振兴壮大

建立省领导包联重点县域特色产业工作机制，培育特色产业名县名镇42个。2020年全省县域特色产业实现营业收入23485.9亿元，同比增长15%。重点产业集群亮点纷呈，邢台市清河县羊绒产业集群通过植入工业设计撬动提质升级，邢台市平乡、广宗，邯郸市曲周三县协同完善产业链条，强化工业设计引领，成为全国自行车产业第四大板块和大型童车制造基地。

（五）创新催生发展新动能

2020年，全省规模以上制造业企业建立研发机构比重达到39.4%，比2019年提高11个百分点。持续开展"工业设计+"行动，新培育企业工业设计中心95家。深入开展"万企上云""互联网+""机器人+"等专项行动，1万多家企业实现上云。新产品增长较快，带动战略新兴产业增加值增长7.8%，高于全省规模以上工业3.1个百分点。

（六）绿色转型步伐加快

全面推进绿色制造工程，国家级绿色工厂、绿色园区、绿色设计产品和绿色供应链管理示范企业分别达到95家、8家、20项、4家，其中钢铁行业国家级绿色工厂数量达到20家，位列全国第一。推广新能源汽车64230辆（标准车）。节能降耗稳步推进，规模以上工业单位增加值能耗逐年下降，2020年同比下降4.6%。

2021年河北省工业经济运行概况

2021年，河北省工业经济质效提升，全面实现"十四五"良好开局。

（一）工业经济稳中有进

2021年全省规模以上工业增加值同比增长4.9%，比2020年提高0.2个百分点，工业经济稳定恢复态势进一步巩固。全部工业增加值占GDP的34.9%，比全国平均水平（32.6%）、2020年同期（31.9%）分别高2.3个和3个百分点，其中制造业增加值在GDP中的比重为29.5%（排名全国第七），比全国平均水平（27.4%）、2020年同期（27.0%）高2.1个和2.5个百分点；规模以上工业经济总量跃上新台阶，营业收入达到5.2万亿元，同比增长21.3%，工业对国民经济托底稳盘作用进一步增强。

（二）结构调整持续优化

全省战略性新兴产业增加值同比增长12.1%，快于全省规模以上工业增加值增速7.2个百分点；装备制造业营业收入超万亿元大关，行业增加值同比增长8.8%，高于全省规模以上工业增加值增速3.9个百分点，对规模以上工业增长贡献率达36.1%，成为拉动全省工业增长的"第一引擎"。钢铁行业增加值同比增长2.1%，高端精品钢带动钢铁结构调整，高附加值产品热轧薄板、冷轧薄板、冷轧窄钢带产量同比分别增长89.3%、53.2%和32.8%。电子信息产业乘势快速稳定增长，全省电子信息产业实现主营业务收入2367.7亿元，同比增长22.4%。医药制造业增加值、利润总额同比分别增长14.0%和12.9%。全省工业效益较快增长，规模以上工业实现利润总额2294.3亿元，同比增长10.6%，比2019年同期（−1.4%）提高12个百分点；39个行业大类中有36个实现盈利，其中27个行业大类实现利润同比增长（或扭亏为盈），占比69.2%。

（三）绿色发展成效显著

落实国家碳达峰、碳中和治国方略，研究制定工业领域碳达峰实施方案。2021年全省规模以上工业能耗为20300.2万吨标准煤，同比下降5.8%，降幅位列全国第一；规模以上工业单位增加值能耗同比下降9.94%，降幅比2020年同期扩大6个百分点；万元工业增加值用水量为14.2立方米（约为全国平均用水量的40%），同比下降6.6%，排名位居全国前列。9项产品、26家企业、2个园区分别获得国家"能效之星"、国家级绿色工厂、国家级绿色工业园区称号。

（四）创新发展增比进位

大力实施创新驱动发展战略，2021年全省规模以上工业高新技术产业增加值同比增长12.0%，占规模以上工业增加值的21.5%，比2020年同期提高2.1个百分点。高新产品产量快速增长，新能源汽车、工业机器人、太阳能电池、液晶显示模组同比分别增长29%、36.7%、67.3%和5倍。石家庄诚志永华、衡水衡橡科技2家企业获评国家技术创新示范企业，全省有效期内的省级以上技术创新示范企业244家，其中国家级26家，排名全国第七。

（五）数字转型加快推进

促进数字技术与实体经济深度融合，传统产业加速向数字化、网络化、智能化方向延伸拓展。2021年全省电子信息产业实现主营业务收入2367.7亿元，同比增长22.4%；28家企业通过DCMM（数据管理能力成熟度评估），数量位列全国第一。沧州市获评国家智慧城市基础设施与智能网联汽车协同发展试点，廊坊市获评国家级信息消费示范城市。产业数字化深入实施，工业企业关键工序数控化率达到58.2%，居全国第三位，连续6年高于全国平均水平3个百分点以上。入选国家工业信息安全威胁指数评价实验验证省，上云企业1.2万家，工业设备上云率15.9%、工业云平台应用率增速10%，均排名全国第二。

2022年河北省工业经济运行概况

2022年，河北省全面完成工业和信息化主要目标任务，主要指标持续好于全国，位次大幅前移，高质量发展迈上新台阶。

（一）工业稳大盘作用凸显

2022年，全省工业和信息化系统坚决落实稳经济一揽子政策和接续措施，制发工业稳增长35条、稳工业5条、加力振作工业经济26条等系列政策措施。全省规模以上工业增加值同比增长5.5%，高于2021年0.6个百分点，高于全国（3.6%）1.9个百分点，全国排名第15，比2021年前进14位。全部工业增加值14675.3亿元，占全省GDP的34.6%，贡献率达35.5%，其中制造业占GDP的29%，高于全国（27.7%）1.3个百分点，有效发挥工业稳大盘的"压舱石"作用。

（二）有效投资持续发力

深入实施"项目攻坚年"行动，落实"实考保包促评"，全链条抓工业、全生命周期抓项目，建设工业投资项目管理平台，组织现场观摩、项目拉练、集中开工等活动。加大项目招引力度，线上举办2022中国国际大数据产业博览会和第四届中国—中东欧国家（沧州）中小企业合作论坛等重大展洽活动。2022年全省工业投资同比增长12.9%，高于全国2.6个百分点，拉动全省固定资产投资（7.9%）增长4.9个百分点，成为全省投资增长第一引擎；技术改造投资同比增长23.0%，高于全国13.9个百分点，排名全国第四，比2021年前进23位。投资结构持续优化，高新技术产业投资同比增长21.8%，占全省工业投资的37.4%。

（三）产业体系优化升级

围绕先进钢铁、绿色化工、新一代信息技术等九大主导产业，加快推进结构调整。优势产业加快转，制发钢铁、装备、石化、食品4个产业高质量发展若干措施，钢铁产品高端化发展扎实推进，无缝钢管、热轧薄宽钢带、冷轧薄宽钢带等高附加值产品产量快速增长，黑色金属冶炼和压延加工业对全省工业增长贡献率达39.6%。石化产业布局不断优化，行业增加值同比增长6.7%。新兴产业增速快，战略性新兴产业增加值同比增长8.5%，高于全省规模以上工业增加值增速3个百分点。在全国首创原料药集中生产基地建设，原研药、仿制药等制剂产销两旺，医药制造业增加值同比增长10.8%；实施新一代信息技术产业三年"倍增"计划，组建半导体、人工智能、信息技术应用创新等产业联盟，电子信息产业主营业务收入2938.7亿元，同比增长16.8%。特色产业活力足，实施"领跑者"企业培育六大行动，省级县域特色产业集群营业收入达3.5万亿元，同比增长11.8%。

（四）惠企服务激发活力

制发降本增收操作指引18条措施，包联专班定期下沉一线，帮扶解困，上线河北工业企业服务平台，线上线下累计解决企业问题超2万个。开展产业链供应链供需对接推进月活动，举办银企对接大会，推动产融、产需、产学研对接近百场次。工业利润结构有所改善，新能源、食品、医药等行业利润逆势增长，同比分别增长80.1%、5.5%和2%，医药制造业利润率达15.4%，比全国高0.7个百分点，装备制造业利润占规模以上工业的29.6%，比2021年提高13.2个百分点。

（五）创新驱动助力发展

开展工业企业研发机构提档升级行动，认定公布企业研发机构1612家，培育省级技术创新示范企业36家。认定创新型中小企业2566家，培育"专精特新"中小企业1803家，实现县域全覆盖；争创国家专精特新"小巨人"企业135家。建设"百校千企"产学研网上管理平台，发布科研成果588项，培育省级工业设计中心38家，新增上云企业超1.4万家，获评国家首批"数字领航"企业3家。全省规模以上工业高新技术产业增加值占规模以上工业的20.6%；电子元件、光伏电池、半导体分立器件等高新产品产量快速增长，同比分别增长54.5%、25.4%和95.9%。

（六）绿色转型不断深化

实施绿色制造工程，制定工业领域碳达峰实施方案，首创绿色工厂星级评价规范，实施绿色改造项目300个，新增环保绩效A级钢铁企业9家，培育省级绿色工厂106家，获评国家绿色数据中心5家、工业废水循环利用试点企业4家、水效领跑者企业7家，沧州临港经济开发区获评全国唯一用水过程循环模式试点园区。全省规模以上工业能耗为22246.5万吨标准煤，同比下降1.5%；规模以上工业单位增加值能耗同比下降6.6%。

2019 年山西省工业经济运行概况

2019 年，山西省工业经济保持总体平稳、稳中有进、好于预期的发展态势，主要指标处于合理区间，高质量转型发展取得新成效。

一、工业经济运行概况

（一）工业增速同比加快，排名大幅进位

2019 年，全省规模以上工业增加值增速整体呈现高开低走态势，一季度、上半年同比分别增长 8.2% 和 6.9%；下半年以来，受市场需求不足、环保压力加大等因素的影响，工业增速连续四个月回落，之后逐渐企稳回升，全年同比增长 5.3%，超过预期目标 0.3 个百分点，较 2018 年加快 1.2 个百分点（全国增长 5.7%，较 2018 年回落 0.5 个百分点），全国排名第 18，位次较 2018 年大幅提升 8 位。

五大行业全部正增长。2019 年，全省能源工业增加值同比增长 3.9%，材料与化学工业同比增长 5.3%，消费品工业同比增长 11.5%，装备制造业同比增长 7.2%，其他工业同比增长 44.5%。

（二）多数产品产量较快增长

2019 年，全省 15 种主要工业产品产量 10 增 5 降，其中：原煤、焦炭、水泥、生铁、粗钢、钢材、发电量、煤层气、新能源汽车和光伏电池分别同比增长 6.1%、2.8%、11.4%、9.3%、12.1%、14.2%、5.4%、13.7%、31.9% 和 41.2%；原铝、氧化铝、化学药品原药、手机和光缆同比下降。

（三）出厂价格指数持续下行

2019 年以来，全省工业生产者出厂价格指数涨幅持续低于购进价格指数涨幅，其中：出厂价格指数 7 月起连续六个月同比下降，全年平均下降 0.3%，较 2018 年回落 7 个百分点；购进价格指数 10 月起连续三个月同比下降，全年平均上涨 1.1%，较 2018 年回落 4.4 个百分点。

（四）重点企业生产降幅收窄

2019 年，重点企业全年完成产值 10155.4 亿，同比增长 2.9%，增速较 2018 年回落 9 个百分点，其中：煤炭和非煤企业同比分别增长 2.2% 和 3.2%，非煤企业中，钢铁、电力、装备制造、轻工、纺织、建材、医药企业产值增长，有色、焦化、化工企业产值下降。

（五）先行指标总体平稳

一是工业用电平稳增长。2019 年，全省发电量完成 3253.2 亿千瓦时，同比增长 5.4%，增速较 2018 年放缓 6.3 个百分点；全社会用电量 2261.9 亿千瓦时，同比增长 4.7%，放缓 3.8 个百分点，其中：工业用电量 1722.8 亿千瓦时，同比增长 3.3%，放缓 4.6 个百分点；外送电量 991.3 亿千瓦时，同比增长 6.9%，放缓 12.7 个百分点。

二是货物运输增势趋缓。2019 年，全省公路货物运输量完成 127961 万吨，同比增长 1.4%，增速较 2018 年回落 8.5 个百分点。全省铁路货物运输量完成 75441.7 万吨，同比增长 5.8%，增速较 2018 年回落 12.9 个百分点，其中：煤运量 65887.9 万吨，同比增长 5.8%；其他物资运量 9553.8 万吨，同比增长 5.5%。晋煤外运量完成 59918.3 万吨，同比增长 8.1%。

三是企业开工率好于同期。2019 年，全省工业企业开工情况较去年进一步好转。春节过后，企业加快复工复产，开工率逐月回升，3—9 月连续 7 个月在 90% 以上，四季度受市场不振、部分企业检修、环保安全停限产等因素影响，开工率有所回落，但仍高于去年同期水平。

（六）工业新动能加速成长

2019 年，全省装备制造业同比增长 7.2%，其中：新能源装备制造业同比增长 18.6%、汽车制造业同比增长 16.9%。高技术产业和战略性新兴产业增长较快。全省高技术产业（制造业）增加值同比增长 5.9%，战略性新兴产业增加值同比增长 7.4%。部分工业新产品产量高速增长。新能源汽车产量同比增长 31.9%，光伏电池同比增长 41.2%。

二、重点行业运行情况

（一）煤炭工业

原煤产销同步加快，营业收入较快增长，对全省工业增长的支撑作用继续显现。受供给持续增加、下游需求不足影响，市场供需宽松平衡，下半年以来多数煤种价格持续下行，行业增势逐渐趋缓。

全面启动实施能源革命综合改革试点，坚持走"减、优、绿"之路，持续深化煤炭行业供给侧结构性改革，推进煤炭智能绿色开采，全年退出煤炭产能 2745 万吨，提前一年完成国家"十三五"去产能目标任务，全省煤炭先进产能占比达到 68%。2019 年，全省煤炭工业增加值同比增长 4.1%，增速较 2018 年加快 3.8 个百分点。原煤产销同步加快，累计完成原煤产量 9.71 亿吨，同比增长 6.1%，加快 2.4 个百分点；商品煤销量 8.76 吨，同比增长 6%，加快 1.6 个百分点。企业库存小幅下降，截至 12 月底，全省煤矿企业库存 1706 万吨，比 2018 年底下降 56 万吨。

2019 年，煤炭价格走势前高后低，上半年总体平稳，以高位震荡为主，下半年受生产和进口快速增长、下游市场需求不足影响，市场趋于宽松运行，煤炭价格持续下跌。2019 年，全省煤炭综合售价平均为 449.59 元/吨，

同比下跌 11.45 元/吨，单月同比最大降幅达 13.2%（由 2018 年 10 月的 499.57 元/吨下跌至 2019 年 10 月 433.84 元/吨）。太原煤炭综合交易价格指数全年平均为 138.07 点，同比回落 4.7 点，其中：5500 大卡动力煤、5000 大卡动力煤、喷吹煤、化工煤全年平均价格为 542.8 元/吨、483.5 元/吨、934 元/吨和 947.5 元/吨，同比分别下跌 2.5 元/吨、30.9 元/吨、96.2 元/吨和 151.1 元/吨；主焦煤均价为 1331.5 元/吨，同比上涨 30.6 元/吨。

1—11 月，全省煤炭工业实现营业收入 7279.2 亿元，同比增长 6%；实现利润 665.5 亿元，同比下降 0.3%。1155 户规模以上煤炭企业中 427 户亏损，亏损面 37%，扩大 3.2 个百分点；亏损企业亏损额 126.8 亿元，同比下降 3.5%；全行业资产负债率 71.7%，下降 1.3 个百分点。

（二）冶金工业

内部分化明显，钢铁工业整体平稳增长，主要产品产量较快增长，价格低位波动，受铁矿石等原材料价格上涨影响，实现利润同比下降。有色工业受市场低迷、成本高企、环保限产及原料不足等因素影响，行业生产连续下降，实现利润由盈转亏。

优化产业布局，化解过剩产能，狠抓绿色转型，加快推进钢铁行业结构调整，圆满完成国家 175 万吨钢铁去产能任务，审核公告 6 家钢铁企业产能减量置换方案，晋南钢铁 2×1860 立方米高炉和 2×150 吨转炉、建龙实业 1×1680 立方米高炉等一批减量置换升级项目建成投产。全省 1200 立方米及以上高炉产能 2832 万吨，占炼铁总产能的 45.5%，同比提高 6.2 个百分点；100 吨以上转炉和 50 吨及以上合金钢电炉产能 2650 万吨，占炼钢总产能的 35.6%，同比提高 4.7 个百分点。2019 年，全省钢铁工业增加值同比增长 9.6%，增速较 2018 年加快 3.1 个百分点。产品产量较快增长，累计完成生铁、粗钢和钢材产量 5557.1 万吨、6039.1 万吨和 5594.2 万吨，同比分别增长 9.3%、12.1% 和 14.2%，但增速较 2018 年分别回落 5.5 个、7.8 个和 3.6 个百分点。钢材价格低位波动。2019 年，中钢协钢材综合价格指数平均为 108.22 点，同比回落 7.58 点。山西省线材全年平均价格分别为 3757 元/吨，同比分别下跌 158 元/吨。

严厉打击私挖滥采，加强铝土矿资源管控，深入推进"煤—电—铝（镁）—材一体化"改革试点，制定《山西省铝工业发展规划》，着力延伸高端材料产业链，打造电价洼地，吕梁中铝华润一期 43.2 万吨电解铝项目实现部分投产。受市场低迷、成本高企、环保限产及原料不足等因素影响，全省有色工业自 2018 年四季度起生产连续下降，2019 年全年增加值同比下降 7%，降幅较 2018 年扩大 2.5 个百分点。产品产量持续下降，累计完成氧化铝产量 1996.3 万吨，同比下降 1.3%，增速较 2018 年由正转负，回落 3.6 个百分点；完成原铝产量 78.9 万吨，同比下降 20%，降幅扩大 14.7 个百分点。产品价格波动下行，电解铝和氧化铝全年平均价格分别为

13999 元/吨和 2697 元/吨，同比分别回落 195 元/吨和 254 元/吨。

1—11 月，全省冶金工业实现营业收入 3535.7 亿元，同比增长 7.9%；实现利润 123.6 亿元，同比下降 45.7%，其中：钢铁工业实现利润 127 亿元，同比下降 39.1%；有色工业实现利润盈亏相抵净亏损 3.4 亿元（2018 年同期为盈利 19.1 亿元）。350 户规模以上冶金企业中 141 户亏损，亏损面 40.3%，扩大 0.8 个百分点；亏损企业亏损额 34.3 亿元，同比增长 78.6%；全行业资产负债率 67.1%，提高 1.8 个百分点。

（三）炼焦工业

上半年整体低速增长，下半年以来受市场需求不足及环保压力加大等因素影响，焦炭量价齐跌，生产明显下降，利润大幅下降。

为加快焦化行业绿色智能园区化发展，坚决压减过剩产能，建设现代化大机焦，全年退出焦化产能 2061 万吨，新石焦化 200 万吨/年 6.25 米捣固、立恒钢铁 170 万吨/年 7 米捣固等一批大型焦化及化产加工项目基本建成，全省先进焦炉产能达到 5000 万吨，占比达到 37%，较 2018 年年底提高 5 个百分点。2019 年，全省炼焦工业增加值同比增长 0.2%，增速较 2018 年回落 6.6 个百分点。焦炭产量小幅增长，累计完成产量 9699.5 万吨，同比增长 2.8%，增速较 2018 年回落 8.5 个百分点。焦炭价格持续下跌，省内一、二级冶金焦炭全年平均价格同比分别为 1942 元/吨和 1764 元/吨，同比分别下跌 208 元/吨和 227 元/吨。

1—11 月，全省炼焦工业实现营业收入 1789.8 亿元，同比增长 2.8%；实现利润 84.1 亿元，同比下降 46.3%。133 户规模以上炼焦企业中 36 户亏损，亏损面 27.1%，扩大 8.4 个百分点；亏损企业亏损额 18.6 亿元，同比增长 73.8%；全行业资产负债率 78.7%，同比下降 2.9 个百分点。

（四）化学工业

生产增速月度波动较大，一季度受春肥需求增加拉动增长较快，4—5 月受国际贸易形势趋紧、化工中间品需求萎缩影响出现负增长，6—7 月增速回升，8 月以后因环保约束力度加大、企业生产受限再次负增长，12 月受年底需求拉动又转为正增长。主要产品产量快速增长，但价格多数下跌，实现利润由盈转亏。

巩固提升传统煤化工，大力发展现代煤化工，延伸化工新材料产业链，加快升级示范重大项目建设，推进危化品生产企业搬迁改造，行业转型升级取得新进展。碳基全合成化学材料产业链逐渐完善，费托合成蜡产品品质比肩国际知名企业同型号产品，无芳环保溶剂油打破国外垄断，聚烯烃弹性体技术研发取得突破；聚酰胺、聚苯醚具备产业化生产能力，丁二酸类聚酯部分牌号实现量产，全省煤制油等各类油品加工能力在 180 万吨以上；煤制乙二醇产能达到 40 万吨，一批高端化工项目加快建设。2019 年，全省化学工业增加值同比增长 1.5%，

增速较 2018 年回落 12.9 个百分点。主要产品产量快速增长，累计完成化肥（折纯）、尿素（折含 N 100%）、聚氯乙烯树脂和精甲醇产量 398.5 万吨、334.8 万吨、95.6 万吨和 369 万吨，同比分别增长 6.4%、3.3%、8.8% 和 10.6%，增速与 2018 年相比，聚氯乙烯树脂回落 3.8 个百分点，其他三种产品分别加快 9.8 个、8 个和 6.2 个百分点。多数产品价格持续下跌，尿素、甲醇、聚氯乙烯和氯丁橡胶全年平均价格分别为 1742 元/吨、1953 元/吨、6568 元/吨和 31667 元/吨，同比分别下跌 159 元/吨、638 元/吨、2 元/吨和 1563 元/吨。

1—11 月，全省化学工业实现营业收入 779.2 亿元，同比增长 1.5%；5 月以来连续七个月亏损，实现利润盈亏相抵净亏损 7.6 亿元（2018 年同期为盈利 8.3 亿元）。319 户规模以上化工企业中 110 户亏损，亏损面 34.5%，扩大 4.6 个百分点；亏损企业亏损额 36.7 亿元，同比增长 40.1%；全行业资产负债率 81.8%，提高 1.3 个百分点。

（五）装备制造业

整体较快增长，对全省工业增长的拉动作用明显。但受市场持续低迷、新能源补贴退坡、机动车排放标准升级以及部分地市更换乙醇汽车等政策变化影响，汽车产量大幅下降，汽车制造业下半年起增速明显回落。同时受中美经贸摩擦持续、富士康订单减少影响，手机产量有所下降。

发挥山西省特色比较优势和龙头企业引领带动作用，着力打造轨道交通装备、煤机装备、新能源汽车等一批优势产业集群，加快实施智能制造工程，推进智能制造试点示范，拓展重大技术装备应用，装备制造业向集聚、智能、绿色、服务化发展。2019 年，全省装备制造业增加值同比增长 7.2%，增速较 2018 年回落 7.3 个百分点，

其中：通信设备制造业同比增长 6.7%，汽车制造业同比增长 16.9%，重型装备制造业同比增长 2.1%，新能源装备制造业同比增长 18.6%，其他装备制造业同比增长 4.3%。汽车产量持续下降，受市场低迷、新能源补贴退坡、机动车排放标准升级以及部分地市更换乙醇汽车等政策变化影响，全年累计完成汽车产量 65780 辆，同比下降 40.2%，增速较 2018 年由正转负，大幅回落 55.7 个百分点，其中：完成新能源汽车产量 57764 辆，同比增长 31.9%，增速回落 136 个百分点。手机产量小幅下降，累计完成手机产量 1862.2 万台，同比下降 5.9%，降幅较 2018 年扩大 2.6 个百分点。

1—11 月，全省装备制造业实现营业收入 2227.1 亿元，同比增长 5.1%；实现利润 68 亿元，同比下降 6.5%。752 户规模以上机电企业中 196 户亏损，亏损面 26.1%，同比缩小 7.4 个百分点；亏损企业亏损额 17.9 亿元，同比下降 33.5%；全行业资产负债率 70.2%，同比提高 0.5 个百分点。建立高质量发展体系，开展地区工业高质量发展评价工作。制定并呈报省政府印发《关于促进山西省工业高质量发展的指导意见》，针对职责分工，制定工作分工方案，分解高质量发展指标，研究制定细化工作任务推进网络图、路线图、时间表，确保各项工作落实到位、取得实效。坚持"123"工作推进思路，以产业结构调整为重心，以重点项目为支撑，突破一批重大关键和共性技术，推进一批重大新兴产业项目建设，形成半导体、大数据、信创、光电、光伏、煤基炭材料、生物基新材料、特种金属材料、轨道交通、智能煤机、智能网联新能源汽车、现代生物医药和大健康、通用航空、节能环保 14 大标志性、牵引性、引领性的特色产业集群，全力构建具有山西比较优势和特色的现代产业体系。

2020年山西省工业经济运行概况

2020年，山西省工业和信息化系统推动全省工业经济平稳快速增长，高质量转型发展迈上新的台阶。

一、工业经济运行概况

（一）工业增速快速回升

2020年，全省规模以上工业增加值增速呈先低后高、稳步回升、不断加快的良好态势。受疫情冲击影响，1—2月同比大幅下降11.7%。3月以来，随着复工复产扎实推进、统筹疫情防控和工业经济发展各项措施逐步落地显效，当月增速持续保持正增长，特别是8月以来连续五个月两位数快速增长，累计增速于7月扭负为正后加速回升，全年增长5.7%，增速快于争先进位目标0.2个百分点，快于全国平均水平2.9个百分点，全国排名第八，位次较2019年大幅前进10位。

（二）多数产品产量保持增长

2020年，全省完成原煤（8.2%）、焦炭（5.6%）、水泥（6.7%）、生铁（8.9%）、粗钢（9.9%）、钢材（10.6%）、发电量（2.1%）、煤层气（3.3%）、化学药品原药（38.8%）、手机（21.4%）和光伏电池（35.8%）产量同比增长；原铝（-3.5%）、氧化铝（-9.2%）、新能源汽车（-62.8%）和光缆（-9.9%）产量同比下降。

（三）主要产品价格逐步企稳

2020年，全省工业生产者出厂价格指数和购进价格指数同比分别下跌3.3%和2.8%。9月以来，随着疫情影响逐步减弱，市场需求不断恢复，当月出厂价格指数和购进价格指数降幅明显收窄，其中出厂价格指数于12月由负转正，上涨2.6%；购进价格指数降幅收窄至-0.5%。

12月，工业和信息化厅监测的16种主要产品中，从环比看：除不锈钢和氯丁橡胶小幅下跌、水泥持平外，其余产品价格均上涨，其中喷吹煤（13.3%）、甲醇（23.5%）、聚氯乙烯（10.8%）和平板玻璃（26.7%）两位数上涨。从同比看：焦炭、水泥和平板玻璃价格上涨，煤炭、冶金和化工产品价格增减分化，其中喷吹煤（15.9%）、二级冶金焦炭（17.5%）、线材（15.9%）、电解铝（13.6%）、甲醇（10.4%）、聚氯乙烯（20.5%）和平板玻璃（18.8%）两位数上涨；下跌产品跌幅均在7.5%以内。

（四）工业用电快速增长

据省电力公司调度，2020年，全省累计发电量3395.3亿千瓦时，同比增长4.4%，增速较2019年放缓1个百分点；全社会用电量2341.7亿千瓦时，同比增长3.5%，放缓1.2个百分点；工业用电量1780.6亿千瓦

时，同比增长3.4%，加快0.1个百分点；外送电量1053.6亿千瓦时，同比增长6.3%，放缓0.6个百分点。其中，12月全省发电量357亿千瓦时，同比增长8%，因同期基数升高，增速较11月回落3.2个百分点；全社会用电量239.7亿千瓦时，同比增长11%，加快2.3个百分点；工业用电量182.1亿千瓦时，同比增长10.2%，加快1.7个百分点；外送电量117.3亿千瓦时，同比增长2.4%，放缓15.4个百分点。

（五）铁路货运平稳增长

2020年，全省铁路货物运输量完成76181.7万吨，同比增长2.2%（煤运量66129.3万吨，同比增长1.5%，其他物资运量10052.4万吨，同比增长7%），增速较2019年回落3.6个百分点。其中，12月全省铁路货物运输量完成7201.5万吨，同比增长13.6%（煤运量6203.7万吨，同比增长12.8%，其他物资运量997.8万吨，同比增长18.7%），增速较11月加快6.4个百分点。

（六）重点企业生产加快

2020年，工业和信息化厅重点监测的企业合计完成产值10980亿元，同比增长1.2%，其中12月当月完成产值1077亿元，同比增长9.8%。

（七）营收利润降幅收窄

受疫情冲击影响，全省规模以上工业企业实现营业收入和利润总额同比下降，但降幅持续收窄。2020年，4805家规模以上工业企业实现营业收入20673.3亿元，同比下降1.7%，降幅较一季度、上半年和前三季度分别收窄13个、7.3个和5.2个百分点；实现利润总额963.8亿元，同比下降20.2%，分别收窄42.4个、28.3个和16.8个百分点。

二、重点行业运行情况

（一）能源工业

2020年，全省能源工业增加值同比增长6.8%，增速较2019年加快2.9个百分点。其中，煤炭工业同比增长8.4%，增速较2019年加快4.3个百分点；炼焦工业同比增长6.6%，增速较2019年加快6.4个百分点；电力工业同比下降2.3%，增速由正转负，回落6.7个百分点（新能源发电同比增长1.5%，增速回落1.7个百分点）；热力燃气工业同比增长6.4%，增速较2019年加快3.6个百分点。

12月，全省能源工业增加值同比增长16.6%，增速较11月加快3.5个百分点。其中，煤炭工业同比增长23.4%，增速较11月加快8个百分点；炼焦工业同比增长1.4%，增速较11月回落2.1个百分点；电力工业同比下降4.8%，增速由正转负，较11月回落12.8个百分

点（新能源发电同比下降 2.8%，降幅收窄 6.8 个百分点）；热力燃气工业同比增长 14.7%，增速较 11 月加快 4.2 个百分点。

2020 年，全省能源工业 1904 家规模以上企业完成营业收入 11240.6 亿元，同比下降 4.8%；实现利润总额 696.1 亿元，同比下降 22.4%，其中煤炭工业利润同比下降 34.7%，炼焦和电力工业利润同比分别增长 42.2% 和 15.3%。

（二）材料与化学工业

2020 年，全省材料与化学工业增加值同比增长 3.9%，增速较 2019 年回落 1.4 个百分点。其中，钢铁工业同比增长 8.3%，增速较 2019 年回落 1.3 个百分点；有色金属工业同比下降 11.3%，降幅较 2019 年扩大 4.3 个百分点；建材工业同比增长 4.5%，增速较 2019 年回落 2.8 个百分点；化学工业同比下降 0.7%，增速由正转负，较 2019 年回落 2.2 个百分点。

12 月，全省材料与化学工业增加值同比增长 5.4%，增速较 11 月回落 0.6 个百分点。其中，钢铁工业同比增长 6.1%，增速较 11 月回落 0.3 个百分点；有色金属工业同比增长 4.5%，增速较 11 月回落 2.2 个百分点；建材工业同比增长 6.4%，增速较 11 月回落 0.4 个百分点；化学工业同比增长 2.6%，增速较 11 月加快 0.1 个百分点。

2020 年，全省材料与化学工业 1381 家规模以上企业完成营业收入 5662.6 亿元，同比增长 1.7%；实现利润总额 125.2 亿元，同比下降 19.9%，其中钢铁和建材工业利润同比分别下降 22.6% 和 9.9%，有色金属和化学工业持续亏损。

（三）消费品工业

2020 年，全省消费品工业增加值同比下降 2.6%，增速由正转负，较 2019 年回落 14.1 个百分点。其中，纺织工业同比下降 6.5%，降幅较 2019 年扩大 2.6 个百分点；食品工业、医药工业和其他消费品工业同比分别下降 1.7%、2.1% 和 12.3%，增速均由正转负，较 2019 年分别回落 17.5 个、5.5 个和 20.5 个百分点。

12 月，全省消费品工业增加值同比下降 1.6%，降幅较 11 月份收窄 0.8 个百分点。其中，食品工业同比下降 4.9%，降幅较 11 月扩大 2.5 个百分点；医药工业同比增长 4.9%，增速较 11 月加快 4.1 个百分点；纺织工业同比下降 1.1%，降幅较 11 月收窄 10.3 个百分点；其他消费品工业同比增长 5.4%，增速扭负为正，较 11 月加快 18 个百分点。

2020 年，全省消费品工业 500 家规模以上企业完成营业收入 899.6 亿元，同比下降 2.7%；实现利润总额 54.5 亿元，同比下降 21.5%，其中食品和医药工业利润同比分别下降 10.9% 和 44.8%。

（四）装备制造业

2020 年，全省装备制造业增加值同比增长 5.7%，增速较 2019 年回落 1.5 个百分点。其中，通信设备制造业同比增长 11.5%，增速较 2019 年加快 4.8 个百分点；汽车制造业同比下降 14.1%，增速由正转负，较 2019 年大幅回落 31 个百分点；重型装备制造业同比增长 5.2%，增速较 2019 年加快 3.1 个百分点；新能源装备制造业同比增长 2.4%，增速较 2019 年回落 16.2 个百分点；其他装备制造业同比增长 10.6%，增速较 2019 年加快 6.3 个百分点。

12 月，全省装备制造业增加值同比增长 19.7%，增速较 11 月加快 8.8 个百分点。其中，通信设备制造业同比增长 33.4%，增速较 11 月加快 10.9 个百分点；汽车制造业同比下降 5.3%，降幅较 11 月收窄 19.9 个百分点；重型装备制造业同比增长 20.7%，增速较 11 月回落 6 个百分点；新能源装备制造业同比下降 1.9%，降幅较 11 月收窄 10.4 个百分点；其他装备制造业同比增长 25.6%，增速较 11 月加快 7.3 个百分点。

2020 年，全省装备制造业 944 家规模以上企业完成营业收入 2695.9 亿元，同比增长 5.2%；实现利润总额 96.4 亿元，同比增长 5.4%。其中，通信设备制造业和汽车制造业利润同比分别增长 9.1% 和 6.3%，重型装备制造业同比下降 1%。

2021年山西省工业经济运行概况

2021年，山西省大力实施工业和信息化"11221"振兴崛起工程，持续巩固拓展疫情防控和经济社会发展成果，促进全省工业和信息化高质量高速度发展，实现了"十四五"良好开局。

一、工业经济运行概况

（一）工业增速排名领先

2021年，全省工业经济运行稳定向好，增速总体呈前高后低态势。受同期疫情影响基数较低拉动，1—2月规模以上工业大幅增长36.1%。3月以来，随着同期基数升高，叠加粗钢产量压减、焦化产能压减、"两高"项目处置等因素影响，累计增速逐步回落，一季度、上半年、前三季度分别增长23.9%、15.9%和14%。全年规模以上工业增加值同比增长12.7%，增速超过目标任务（7%）5.7个百分点，快于全国平均水平（9.6%）3.1个百分点，全国排名第七，中部六省第二。

（二）多数产品产量保持增长

2021年，全省完成原煤（10.5%）、发电量（8.9%）、水泥（1.7%）、粗钢（1.6%）、原铝（32.7%）、氧化铝

（8.1%）、石墨及碳素制品（52.2%）、化学药品原药（31.9%）、手机（37.9%）、新能源汽车（146.3%）和光伏电池（6.1%）产量同比增长；焦炭（-5.9%）、生铁（-1.9%）、钢材（-0.9%）和精甲醇（-7.3%）产量下降（见表1）。

（三）产品价格高位回落

随着国内外经济快速复苏，市场需求大幅增加，国内部分能源原材料行业供给偏紧，山西省主要工业产品价格大幅上涨。2021年，全省工业生产者出厂价格指数上涨30.2%，购进价格指数上涨16.3%，其中12月分别上涨38.5%和26.0%。随着国家保供稳价政策逐步落地生效，11月以来产品价格涨幅逐步回落。

12月，工业和信息化厅监测的重点工业产品价格环比明显回落，但同比仍处于较高区间（见表2）。同比看：除水泥价格下降外，其他产品价格均实现上涨，其中优混动力煤上涨56.4%，氧化铝上涨41.5%，尿素上涨37.0%，氯丁橡胶上涨63.2%，焦炭、线材、不锈钢、电解铝、甲醇和平板玻璃价格上涨超过10%。环比看：除

表1　　　　　　　　　　　**全省主要产品产量及增速**

产品名称	单位	12月		1—12月	
		产量	增速（%）	产量	增速（%）
原煤	万吨	10309.0	5.1	119316.2	10.5
焦炭	万吨	713.3	-9.7	9857.2	-5.9
发电量	亿千瓦时	361.5	3.4	3734.4	8.9
水泥	万吨	275.0	-7.3	5537.3	1.7
生铁	万吨	457.0	-14.5	5988.4	-1.9
粗钢	万吨	528.7	-12.9	6740.7	1.6
钢材	万吨	474.8	-15.3	6173.9	-0.9
原铝	万吨	10.6	47.0	101.0	32.7
氧化铝	万吨	154.4	2.0	1959.5	8.1
石墨及碳素制品	万吨	17.0	38.2	196.8	52.2
化学药品原药	吨	4175.1	4.8	57661.8	31.9
手机	万台	152.4	-35.7	2732.9	37.9
新能源汽车	辆	10875.0	227.2	53121.0	146.3
光伏电池	万千瓦	61.4	-5.8	727.3	6.1
精甲醇	万吨	26.3	-10.5	363.0	-7.3

表 2　　　　　　　　　　　　　　　　重点工业产品价格变化

产品名称	单位	2021 年 12 月	2021 年 11 月	2021 年 1 月	2020 年 12 月
山西优混 5500 大卡	元/吨	1043	1209	850	667
准一级冶金焦炭	元/吨	2445	3247	2392	2073
线材	元/吨	4707	4733	4217	4160
304B 不锈钢	元/吨	17672	20448	15583	14596
电解铝	元/吨	19303	19095	15159	16470
氧化铝	元/吨	3269	4176	2378	2311
尿素	元/吨	2400	2300	1815	1752
甲醇	元/吨	2368	3145	1858	2063
聚氯乙烯	元/吨	8588	10283	7094	8318
氯丁橡胶	元/吨	49537	50303	29899	30356
水泥	元/吨	340	370	370	370
平板玻璃	元/重量箱	105	108	93	95

电解铝、尿素小幅上涨外，其他产品价格不同幅度下降，其中优混动力煤、焦炭和甲醇分别下降 13.7%、24.7% 和 24.7%。

（四）先行指标总体向好

一是工业用电平稳增长。据省电力公司调度，2021 年全省发电量完成 3842.6 亿千瓦时，同比增长 13.2%；全社会用电量 2607.9 亿千瓦时，同比增长 11.4%，其中：工业用电量 1975.4 亿千瓦时，同比增长 10.9%；外送电量 1234.7 亿千瓦时，同比增长 17.2%。

12 月，全省发电量完成 378.8 亿千瓦时，同比增长 6.1%；全社会用电量 251.7 亿千瓦时，同比增长 5.0%，其中：工业用电量 192 亿千瓦时，同比增长 5.4%（见图 1）；外送电量 127.1 亿千瓦时，同比增长 8.4%。

二是铁路货运保持增长。据太原铁路局调度，2021 年全路局铁路货物运输量完成 77652 万吨，同比增长 3.5%。其中，煤运量 65989.2 万吨，同比增长 5.7%，其

他物资运量 11662.8 万吨，同比下降 7.6%。

12 月，全省铁路货物运输量完成 7094 万吨，同比下降 4.4%（见图 2）。其中，煤运量 6195.9 万吨，下降 0.3%；其他物资运量 898.0 万吨，下降 25.2%。

（五）营收利润大幅增长

1—11 月，全省 5690 家规模以上工业企业实现营业收入 28784.9 亿元，同比增长 49.7%；实现利润 3055.8 亿元，同比增长 2.5 倍，亏损企业数同比下降 10.9%，亏损面收窄 3.4 个百分点。

二、主要行业运行情况

（一）能源工业

2021 年，全省能源工业增加值同比增长 9.4%，增速较 2020 年加快 2.6 个百分点。其中，煤炭工业同比增长 11.2%，炼焦工业同比下降 4.7%，电力工业同比增长 7.9%（新能源发电同比增长 13.8%），热力与燃气工业同比增长 6.7%。

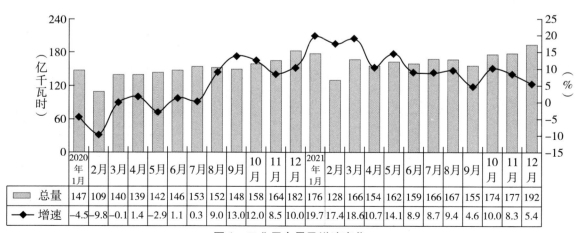

	2020年1月	2月	3月	4月	5月	6月	7月	8月	9月	10月	11月	12月	2021年1月	2月	3月	4月	5月	6月	7月	8月	9月	10月	11月	12月
总量	147	109	140	139	142	146	153	152	148	158	164	182	176	128	166	154	162	159	166	167	155	174	177	192
增速	-4.5	-9.8	-0.1	1.4	-2.9	1.1	0.3	9.0	13.0	12.0	8.5	10.0	19.7	17.4	18.6	10.7	14.1	8.9	8.7	9.4	4.6	10.0	8.3	5.4

图 1　工业用电量及增速变化

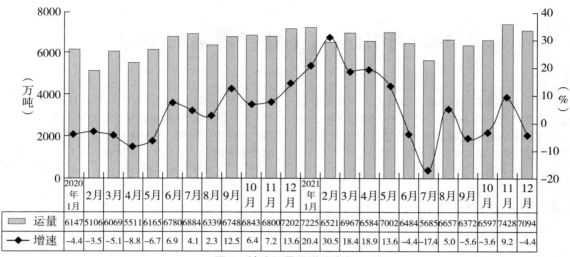

	2020年1月	2月	3月	4月	5月	6月	7月	8月	9月	10月	11月	12月	2021年1月	2月	3月	4月	5月	6月	7月	8月	9月	10月	11月	12月
运量	6147	5106	6069	5511	6165	6780	6884	6339	6748	6843	6800	7202	7225	6521	6967	6584	7002	6484	5685	6657	6372	6597	7428	7094
增速	-4.4	-3.5	-5.1	-8.8	-6.7	6.9	4.1	2.3	12.5	6.4	7.2	13.6	20.4	30.5	18.4	18.9	13.6	-4.4	-17.4	5.0	-5.6	-3.6	9.2	-4.4

图2　铁路运量及增速变化

12月，全省能源工业增加值同比增长8.0%，增速较11月加快0.3个百分点。其中，煤炭工业增长7.9%，炼焦工业下降16.9%，电力工业增长17.3%（新能源发电增长8.6%），热力与燃气工业增长8.4%。

（二）材料与化学工业

2021年，全省材料与化学工业增加值同比增长9.4%，增速较2020年加快5.5个百分点。其中，钢铁工业同比增长5.5%，有色金属工业同比增长16.0%，建材工业同比增长14.3%，化学工业同比增长12.6%。

12月，全省材料与化学工业增加值同比增长0.8%，增速较11月扭负为正，加快5.9个百分点。其中，钢铁工业下降2.5%，有色金属工业增长3.5%，建材工业增长9.2%，化学工业增长1.4%。

（三）消费品工业

2021年，全省消费品工业增加值同比增长25.5%，增速较2020年扭负为正，加快28.1个百分点。其中，食品工业同比增长26.2%，医药工业同比增长20.4%，纺织工业同比增长50.6%，其他消费品工业同比增长22.6%。

12月，全省消费品工业增加值同比增长21.7%，增速较11月回落4个百分点。其中，食品工业增长28.5%，医药工业增长3.6%，纺织工业增长50.9%，其他消费品工业增长5.3%。

（四）装备制造业

2021年，全省装备制造业增加值同比增长24.4%，增速较2020年加快18.7个百分点。其中，通信设备制造业同比增长17.3%，汽车制造业同比增长32.5%，重型装备制造业同比增长5.1%，新能源装备制造业同比下降4.8%，其他装备制造业同比增长45.5%。

12月，全省装备制造业增加值同比增长2.9%，增速较11月回落4.8个百分点。其中，通信设备制造业下降39.0%，汽车制造业增长32.3%，重型装备制造业增长9.2%，新能源装备制造业下降11.1%，其他装备制造业增长15.2%。

2022年山西省工业经济运行概况

2022年，山西省工业和信息化系统大力实施工业和信息化高质量发展"1+2+8"工作矩阵，锐意进取、攻坚克难，持续巩固拓展疫情防控和经济社会发展成果，推动全省工业和信息化高质量发展迈上新台阶。

（一）工业经济平稳增长

2022年，全省工业经济运行稳定向好，增速总体呈前高后低态势。一季度和上半年，全省规模以上工业增加值同比均增长11%，成功实现"开门红"和"双过半"（见图1）。下半年以来，受疫情冲击、粗钢产量压减，焦化产能压减、原材料价格上涨等因素影响，累计增速逐步回落，前三季度同比增长9.7%。四季度，疫情影响进一步扩大，全年增速降至8.0%，但仍超过目标任务（5.5%）2.5个百分点，快于全国平均水平（3.6%）4.4个百分点，全国排名第四，中部六省第一。

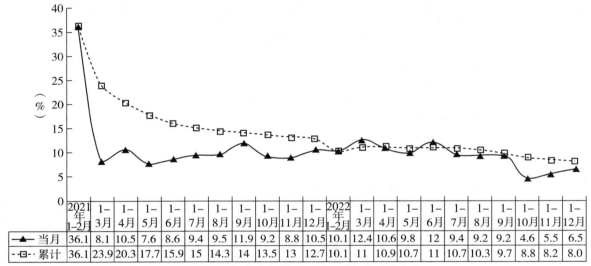

	2021年1-2月	1-3月	1-4月	1-5月	1-6月	1-7月	1-8月	1-9月	1-10月	1-11月	1-12月	2022年1-2月	1-3月	1-4月	1-5月	1-6月	1-7月	1-8月	1-9月	1-10月	1-11月	1-12月
▲ 当月	36.1	8.1	10.5	7.6	8.6	9.4	9.5	11.9	9.2	8.8	10.5	10.1	12.4	10.6	9.8	12	9.4	9.2	9.2	4.6	5.5	6.5
□ 累计	36.1	23.9	20.3	17.7	15.9	15	14.3	14	13.5	13	12.7	10.1	11	10.9	10.7	11	10.7	10.3	9.7	8.8	8.2	8.0

图1　2022年全省规模以上工业增加值增速变化

分主要行业看：2022年，煤炭工业增加值同比增长7.6%，炼焦工业下降6.4%，电力工业增长11.6%，热力与燃气工业增长7.7%，钢铁工业增长5.7%，有色金属工业增长2.4%，建材工业下降6.2%，化学工业增长3.6%，食品工业增长12.9%，医药工业下降1.0%，装备制造业增长8.3%。分煤与非煤看：2022年，煤炭工业增加值同比增长7.6%，非煤工业增长8.7%，非煤工业中，制造业增长8.7%（见图2）。

（二）主要产品产量增减互现

2022年，全省完成原煤（8.7%）、发电量（7.5%）、钢材（2.8%）、原铝（17.4%）、氧化铝（4.4%）、新能源汽车（147.1%）和光伏电池（10.2%）等7种产品产量同比增长；焦炭（-1.4%）、水泥（-15.5%）、生铁（-2.6%）、粗钢（-4.7%）、石墨及碳素制品（-6.5%）、化学药品原药（-0.7%）、手机（-0.4%）和精甲醇（-21.7%）等8种产品产量下降（见表1）。

12月，全省完成原煤（8.4%）、焦炭（2.2%）、发电量（9.3%）、石墨及碳素制品（4.0%）、化学药品原药（15.7%）、手机（16.2%）、新能源汽车（11.8%）和光伏电池（6.5%）等8种产品产量同比增长；钢材产量与去年同期持平；水泥（-26.4%）、生铁（-18.3%）、粗钢（-20.1%）、原铝（-3.4%）、氧化铝（-6.5%）和精甲醇（-11.4%）等6种产品产量下降。

（三）产品价格高位回落

2022年上半年受市场需求大幅增加、国内部分能源原材料行业供给偏紧等因素影响，山西省主要工业产品价格持续处于高位运行。进入下半年，随着保供稳价政策落地生效，叠加2021年高基数效应，产品价格开始高位回落。2022年，全省工业生产者出厂价格指数同比上涨11.4%，购进价格指数同比上涨9.7%，其中12月同比分别下降1.5%和0.3%（见图3）。2022年，全省重点工业产品价格变化见表2。

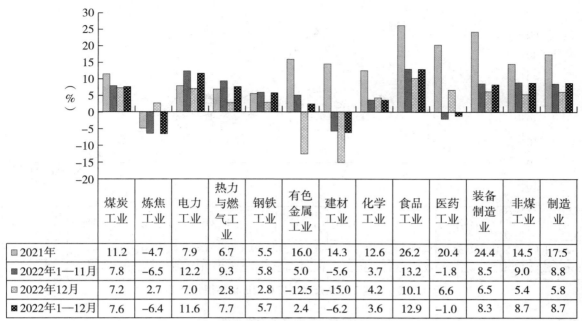

	煤炭工业	炼焦工业	电力工业	热力与燃气工业	钢铁工业	有色金属工业	建材工业	化学工业	食品工业	医药工业	装备制造业	非煤工业	制造业
☐ 2021年	11.2	-4.7	7.9	6.7	5.5	16.0	14.3	12.6	26.2	20.4	24.4	14.5	17.5
■ 2022年1—11月	7.8	-6.5	12.2	9.3	5.8	5.0	-5.6	3.7	13.2	-1.8	8.5	9.0	8.8
☐ 2022年12月	7.2	2.7	7.0	2.8	2.8	-12.5	-15.0	4.2	10.1	6.6	6.5	5.4	5.8
⊠ 2022年1—12月	7.6	-6.4	11.6	7.7	5.7	2.4	-6.2	3.6	12.9	-1.0	8.3	8.7	8.7

图 2　主要行业增加值增速

表 1　　　　　　　　　　　　　全省主要产品产量及增速

产品名称	计量单位	12月		1—12月	
		产量	增速（%）	产量	增速（%）
原煤	万吨	11323.3	8.4	130714.6	8.7
焦炭	万吨	739.3	2.2	9799.7	-1.4
发电量	亿千瓦时	412.2	9.3	4153.3	7.5
水泥	万吨	209.6	-26.4	4798.8	-15.5
生铁	万吨	373.4	-18.3	5833.5	-2.6
粗钢	万吨	422.4	-20.1	6423.2	-4.7
钢材	万吨	477.3	0	6354.6	2.8
原铝	万吨	10.2	-3.4	118.6	17.4
氧化铝	万吨	144.3	-6.5	2045.3	4.4
石墨及碳素制品	万吨	18.3	4.0	189.1	-6.5
化学药品原药	吨	4829.5	15.7	57286.8	-0.7
手机	万台	181.5	16.2	2742.0	-0.4
新能源汽车	辆	12156	11.8	131236.0	147.1
光伏电池	万千瓦	68.0	6.5	804.0	10.2
精甲醇	万吨	24.0	-11.4	288.3	-21.7

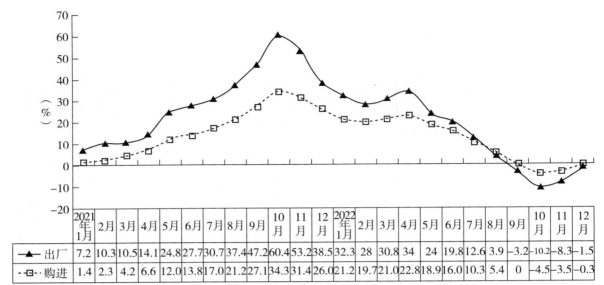

	2021年1月	2月	3月	4月	5月	6月	7月	8月	9月	10月	11月	12月	2022年1月	2月	3月	4月	5月	6月	7月	8月	9月	10月	11月	12月
—▲—出厂	7.2	10.3	10.5	14.1	24.8	27.7	30.7	37.4	47.2	60.4	53.2	38.5	32.3	28	30.8	34	24	19.8	12.6	3.9	-3.2	-10.2	-8.3	-1.5
--□--购进	1.4	2.3	4.2	6.6	12.0	13.8	17.0	21.2	27.1	34.3	31.4	26.0	21.2	19.7	21.0	22.8	18.9	16.0	10.3	5.4	0	-4.5	-3.5	-0.3

图3　全省工业生产者出厂和购进价格指数变化

表2　　　　　　　　　　　　　　全省重点工业产品价格变化

产品名称	单位	2022年12月	2022年11月	2021年12月	同比（%）	环比（%）
山西优混5500大卡	元/吨	1323	1453	1043	26.8	-9.0
准一级冶金焦炭	元/吨	2599	2325	2445	6.3	11.8
线材	元/吨	4213	3947	4707	-10.5	6.8
304B不锈钢	元/吨	17505	17455	17672	-0.9	0.3
电解铝	元/吨	19009	18725	19303	-1.5	1.5
氧化铝	元/吨	2550	2429	3269	-22.0	5.0
尿素	元/吨	2733	2750	2400	13.9	-0.6
甲醇	元/吨	2210	2200	2368	-6.7	0.5
聚氯乙烯	元/吨	6102	5869	8588	-28.9	4.0
氯丁橡胶	元/吨	37938	38159	49537	-23.4	-0.6
水泥	元/吨	390	380	340	14.7	2.6
平板玻璃	元/重量箱	67	73	105	-36.2	-7.6

（四）先行指标总体平稳

一是工业用电平稳增长。据省电力公司调度，2022年全省发电量完成4184.4亿度，同比增长8.9%；工业用电量2026.0亿度，同比增长2.6%。2021—2022年各月工业用电量及增速变化见图4。

二是铁路货运有所下降。2022年，全路局铁路货物运输量完成80583.7万吨，同比下降0.4%。其中，煤运量70464.8万吨，基本持平，其他物资运量10118.9万吨，同比下降2.4%。2021—2022年各月铁路运量及增速变化见图5。

（五）营收利润大幅增长

2022年，全省规模以上工业企业实现营业收入37961.2亿元，同比增长13.8%；实现利润3633.4亿元，同比增长22.8%。分主要行业看：2022年，煤炭工业实现营业收入15993.3亿元，同比增长18.1%，利润总额3186.8亿元，同比增长49.2%；炼焦工业实现营业收入3348.1亿元，同比增长16.3%，利润总额55.9亿元，同比下降78.4%；电力工业实现营业收入3161亿元，同比增长31.3%，利润总额39.7亿元，较2021年扭亏为盈；热力与燃气工业实现营业收入803.1亿元，同比增长16.2%，利润亏损5.2亿元，同比下降174.3%；钢铁工业实现营业收入4666.5亿元，同比下降7.8%，利润总额82.6亿元，同比下降76.8%；有色金属工业实现营业收入1264.6亿元，同比增长10.3%，利润总额21.6亿元，同比下降73.2%；建材工业实现营业收入1002.3亿元，同比增长2.4%，利润总额40.6亿元，与2021年持

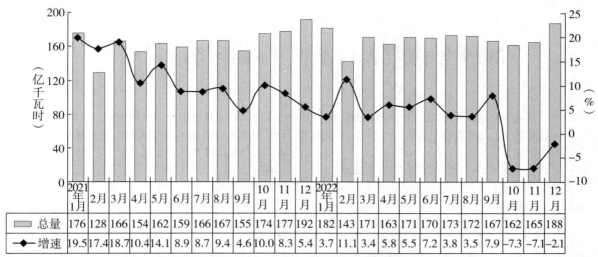

	2021年1月	2月	3月	4月	5月	6月	7月	8月	9月	10月	11月	12月	2022年1月	2月	3月	4月	5月	6月	7月	8月	9月	10月	11月	12月
总量	176	128	166	154	162	159	166	167	155	174	177	192	182	143	171	163	171	170	173	172	167	162	165	188
增速	19.5	17.4	18.7	10.4	14.1	8.9	8.7	9.4	4.6	10.0	8.3	5.4	3.7	11.1	3.4	5.8	5.5	7.2	3.8	3.5	7.9	-7.3	-7.1	-2.1

图4　2021—2022年各月工业用电量及增速变化

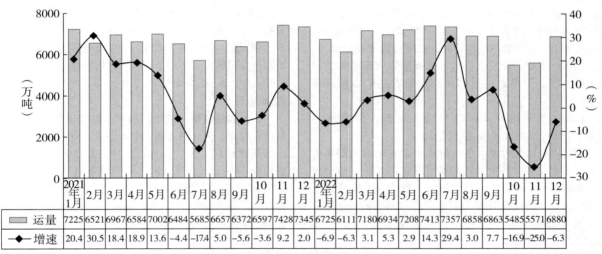

	2021年1月	2月	3月	4月	5月	6月	7月	8月	9月	10月	11月	12月	2022年1月	2月	3月	4月	5月	6月	7月	8月	9月	10月	11月	12月
运量	7225	6521	6967	6584	7002	6484	5685	6657	6372	6597	7428	7345	6725	6111	7180	6934	7208	7413	7357	6858	6863	5485	5571	6880
增速	20.4	30.5	18.4	18.9	13.6	-4.4	-17.4	5.0	-5.6	-3.6	9.2	2.0	-6.9	-6.3	3.1	5.3	2.9	14.3	29.4	3.0	7.7	-16.9	-25.0	-6.3

图5　2021—2022年各月铁路运量及增速变化

平；化学工业实现营业收入 1280.6 亿元，同比增长 8.7%，利润亏损 27.8 亿元，同比下降 300%；食品工业实现营业收入 796.6 亿元，同比增长 7.0%，利润总额 98.6 亿元，同比增长 38.1%；医药工业实现营业收入 275.7 亿元，同比增长 8.6%，利润总额 13.5 亿元，同比下降 75.5%；装备制造业实现营业收入 3907.1 亿元，同比增长 12.1%，利润总额 46.1 亿元，同比下降 39.0%。

2019 年内蒙古自治区工业经济运行概况

2019 年，内蒙古自治区工业运行总体保持稳定向好态势。全区规模以上工业增加值同比增长 6.1%，工业固定资产投资增长 9.5%。

（一）完善政策体系，促进工业高质量发展

产业发展上，继 2018 年出台《内蒙古自治区新兴产业高质量发展实施方案（2018—2020 年）》的基础上，2019 年又制定了《内蒙古自治区传统产业高质量发展实施方案》，基本上形成了促进全区工业高质量发展较为完整的政策体系。明确了六大新兴产业、四大传统产业的发展方向和重点任务，提出实施科技创新、绿色制造、园区振兴、"专精特新"、"两化融合"的五大工程，以及延链补链、质量提升、数字化改造、服务型制造、过境资源落地加工的五个专项行动和 40 条配套政策措施。园区发展上，突出效率效益指标，把单位面积投资强度、单位面积产出率、能耗、排放、水耗等作为重要考核评价指标，建立了促进工业园区高质量发展的考核评价体系。

（二）落实国家减税降费清欠政策，提高电力市场化水平，努力减轻企业负担

减税降费清欠方面，贯彻落实国家各项减税降费清欠政策措施，全年新增减税降费 550 亿元左右，清欠民营企业债务 667.4 亿元，清欠进度达 58.1%。降低用能成本方面，全部放开蒙东大工业用户市场准入，全年全区市场交易电量增长 29.5%，电力交易市场化率达 73.4%，降低企业用电成本 87.7 亿元。

（三）深化供给侧结构性改革，加大改造提升力度，促进制造业转型升级

严格行业准入标准。 提出钢铁、电解铝、铁合金、水泥、焦化、电石等行业新（改扩）建项目，必须达到国家鼓励类技术标准。**改造提升传统产业。** 安排 5.9 亿元资金，支持智能制造、绿色制造、创新平台、工业互联网等领域 320 个传统产业项目改造升级。内蒙古蒙牛乳业（集团）股份有限公司获得 2019 年智能制造标杆企业称号。**推动产业转移置换。** 向区外引进产能：焦炭 80 万吨、电解铝 26 万吨、PVC31 万吨、烧碱 7.5 万吨；向外省转出产能：水泥 227 万吨；区内优化重组产能：炼钢 135 万吨、电石 100.2 万吨、焦炭 50 万吨。全年制造业技术改造投资增长 33.5%，同比加快 26.3 个百分点；制造业增加值同比增长 8.7%，快于全区规模以上工业增加值增速 2.6 个百分点。

（四）落实生态优先绿色发展，推动创新能力建设，实现资源节约综合利用

建设绿色标准体系。 向工业和信息化部推荐 8 个绿色标准，其中鄂尔多斯羊绒纺织品、兰太实业股份有限公司工业氯酸钠和工业金属钠 3 项标准成为国家标准。**建立绿色制造体系。** 创建国家级绿色园区 4 个、绿色工厂 30 家、绿色设计产品 18 个、绿色供应链 1 个。**推动创新发展。** 组建内蒙古蒙中药、生物疫苗、石墨（烯）新材料创新中心，国家稀土功能材料创新中心标书及材料已上报国家。认定 53 个首台（套）、关键零部件及新材料首批次产品，并对部分项目给予保险补贴和产品质量风险支持。**实施节能技改。** 引导 4 个余热余压余气回收利用项目实施技术改造，节能量达 6.3 万吨标准煤；对 43 个工业固定资产投资项目进行节能审查，节能量达 140 万吨标准煤。**推动固废综合利用。** 推动托克托县、乌拉特前旗工业园区列入国家工业资源综合利用基地，形成工业固废年处理能力 2500 万吨。全年七大高耗能行业增加值在规模以上工业中的比重同比回落 7.6 个百分点。

（五）加大工业投资力度，狠抓重点项目建设，增强发展后劲

扩大项目储备。 围绕传统产业转型升级、战略性新兴产业发展，建立制造业、中小企业"专精特新"、工业园区基础建设三个项目库。其中，制造业项目 781 个、总投资 6737 亿元，工业园区基础设施项目 989 个、总投资 1063 亿元，"专精特新"中小企业 912 家。**推进产融合发展。** 筛选 1419 个有融资需求的项目推介给银行，已为 272 家企业贷款 38.4 亿元。**加强项目建设。** 全年已新开工亿元以上项目 334 个，投资总额为 1943 亿元。截至 12 月底，在建亿元以上工业项目 712 个，在建总规模 4065 亿元。

（六）推进 5G 网络建设应用，加强无线电安全保障，进一步提升两化深度融合水平

推动两化融合对标贯标，2019 年对标企业 1451 家，全区总数达到 3483 家；贯标企业 113 家，通过评定 26 家。加强网络建设与推广，年底前建成 5G 基站 2000 个。旗县以上网络覆盖率达 100%，乡镇覆盖率达 80% 以上。白云鄂博矿用车无人驾驶测试成功。加快推进网络建设，加强无线电安全保障，顺利完成全国两会、高考、亚洲文明对话大会、北部战区训练无线电安全保障任务，打击黑广播 27 起。全年全区固定数据及互联网业务收入 31.1 亿元，同比增长 4.0%。

（七）落实中小企业发展政策，实施"专精特新"培育工程，促进中小企业持续健康发展

一是出台了《内蒙古自治区中小企业促进条例》，2019 年 12 月 1 日施行。二是通过"助保贷"，2019 年为 161 家中小企业解决贷款 9.9 亿元，已累计发放贷款 109

亿元。全年全区规模以上中小企业工业增加值同比增长12.6%，快于全区规模以上工业增加值增速6.5个百分点，增加值占规模以上工业的56.2%。

（八）加强园区基础设施建设，推进环保督察任务整改，巡视督察各项工作有序落实

加强工业园区基础设施建设。 2018—2019年和今年累计安排资金12.8亿元，支持工业园区环保基础设施建设项目134个（污水处理项目49个、渣场60个、集中供热项目25个）。**推动中央环保督察整改。** 4项督察整改任务已完成3项，其中自治区级以上自然保护区内63家工业企业退出任务有序推进，已完成退出50家，剩余13家企业均已停产）；"回头看"整改中8项任务已完成5项，剩余3项正在有序推进（剩余的20个渣场中，在建13个、开展前期工作的7个；6个污水处理厂中，在建6个）。**扎实打好脱贫攻坚战。** 安排专项资金3.8亿元，支持39个贫困县的91个工业企业项目建设和24个贫困旗县35个工业园区基础设施建设；推动对口帮扶点阿尔本格勒镇嘎查"清零达标"，并通过自治区验收公示。

（九）建立服务企业制度，帮助解决实际问题，优化营商环境

建立"一对一"帮扶和"点对点"服务企业制度，全面掌握工业园区在政策落实、招商引资兑现、项目审批、融资贷款、就业需求等方面存在的问题，形成问题清单131项，已解决90项。其中，转盟市办理32项，办结12项；转自治区有关部门办理31项，办结16项；办理的68项，已办结62项。

2020 年内蒙古自治区工业经济运行概况

2020 年，面对严峻复杂的经济形势，特别是新冠疫情严重冲击，坚持做好"六稳"工作、落实""六保"任务，全力以赴稳定工业经济基本盘。

（一）经济运行方面

一是工业经济企稳回升态势进一步巩固。1—12 月，全区规模以上工业增加值增速 0.7%，降幅分别比上半年、前三季度收窄 2.8 个和 2.6 个百分点，年内实现正增长。12 月规模以上工业增加值增速 9.7%，环比 6 月、9 月分别提高 8.8 个、11.8 个百分点。二是多数行业同比实现增长。全区 38 个工业大类行业中，31 个行业增加值同比实现增长，增长面达 81.6%，较前三季度扩大 13.2 个百分点。三是企业效益状况逐步好转。1—12 月，六大优势特色产业实现利润 1308.4 亿元，同比下降 10.7%，比二、三季度分别收窄 24.1 个和 15.0 个百分点。其中，能源行业下降 13.9%，比二、三季度分别收窄 11.5 个和 12.5 个百分点；农畜产品加工业下降 22.9%，分别收窄 30.3 个和 10.4 个百分点；化工行业下降 29.5%，分别收窄 41.1 个和 28.7 个百分点。冶金、建材、装备三个行业实现正增长，分别增长 27.8%、95.9% 和 44.7%。四是工业品产销衔接良好。1—12 月，全区重点监测的 40 种主要工业产品中有 28 种实现增长，增长面达到 70%。全区规模以上工业产销率为 99.7%，较 2019 年提高 0.4 个百分点。

（二）产业结构调整方面

一是制造业成为工业经济增长的主要动力。1—12 月，全区规模以上制造业增加值同比增长 8.4%，高于全区规模以上工业增加值增速 7.7 个百分点，拉动全部规模以上工业增长 3.1 个百分点。其中，化学工业、冶金建材工业、装备制造工业、农畜产品加工业、高新技术业增加值同比分别增长 3.8%、10.6%、38.1%、8.6% 和 7.5%。二是产业转型步伐加快。能源工业受煤炭生产下行影响，增加值同比下降 3.4%。1—12 月，全区高技术产业投资增长 11.8%，高技术制造业投资增长 26.1%。规模以上工业中，战略性新兴产业增加值比 2019 年增长 7.2%。非煤产业增加值比 2019 年增长 6.6%，占比达到 63.6%，较 2019 年提升 1.0 个百分点。三是高新技术产品产量增势较好。单晶硅产量同比增长 93.3%，智能电视产量增长 5.5%，石墨及碳素制品产量增长 20.4%，稀土磁性材料产量增长 15.4%。

（三）企业帮扶方面

一是清理拖欠民营企业中小企业账款工作成效显著。在全国首创利用金融筹措资金置换债务的办法推进清欠工作。1—12 月清偿拖欠民营企业中小企业账款 392.3 亿元，清偿进度达 83.1%。11 月 27 日，全区无分歧账款 347.8 亿元全部清偿完毕。同时，为落实《保障中小企业款项支付条例》，研究制定《内蒙古自治区人民政府办公厅关于建立防止拖欠民营企业中小企业账款长效机制的实施意见》，建立拖延支付的预防机制、惩戒机制和及时支付的保障机制、督查督办机制、组织保障机制等五大机制，从制度上保证不发生新的拖欠。二是减轻企业负担持续发力。贯彻落实国家各项减税降费政策措施，1—12 月新增减税降费 310 亿元。1—12 月全区完成交易电量 1740 亿千瓦时，累计降低企业用电成本 92.6 亿元。三是多措并举支持企业稳定生产。出台《支持疫情防控物资生产企业的十条政策》，安排 5200 万元用于技术改造投资、贡献奖励、"助保贷"资金、用工、交通等方面补助奖励，对 54 家疫情防控重要医用物资生产企业给予支持。

（四）新基建建设方面

一是 5G 设施建设进一步加快。发布《内蒙古自治区人民政府关于加快推进 5G 网络建设的若干政策的通知》，截至 12 月底，全区累计建成 5G 基站 11085 个，实现盟市驻地城区 5G 网络全覆盖。二是 5G 应用逐步推广。启动"5G+智慧矿山燎原计划"，成立"5G+无人矿卡联合实验室"，挂牌"5G+智慧矿山示范基地"，推动实现鄂尔多斯准格尔麻地梁煤矿、黑岱沟煤矿和包头白云鄂博矿 5G 矿用车无人驾驶。三是数据中心项目进展顺利。华为北方云二期和阿里巴巴信息港项目投入运行，快手智能云大数据中心项目落户乌兰察布市。全区新增机架规模 60 万台，累计达到 120 万台。四是工业互联网建设取得新进展。呼和浩特骨干直联点开通运行，编制完成和林格尔新区国际互联网数据专用通道建设申报方案。建成一机万佳国家级工业互联网行业平台 1 个、蒙牛全产业链工业互联网大数据平台等 10 个自治区级工业互联网行业平台。

（五）工业园区承载能力进一步提升

一是整合优化园区。出台《内蒙古自治区人民政府关于促进工业园区高质量发展的若干意见》，工业园区由 112 个整合到 95 个。整合后，工业园区规划面积由 7140 平方千米减少至 5061 平方千米，减少了 2079 平方千米，降幅达 29.1%。亩均固定资产投资由 5.8 万元提高至 6 万元；亩均产值由 44 万元提高至 45.4 万元。二是推行目录公告。联合区发展改革委等六部门对调整后的工业园区名称名录、批准时间、核准面积、主导产业、划分区块、批准机关、批准文号等内容进行公告，明确园区名录、主导产业和空间规模。三是提升基础设施能力。累计投入资金 213 亿元（2020 年安排 97.2 亿元），支持建设 64 个渣场、57 个污水处理厂、28 个集中供热项目、27 个水热气管网、9 个标准厂房等 206 个工业园区基础设施项目。

2021年内蒙古自治区工业经济运行概况

2021年，内蒙古自治区工业和信息化厅扎实做好"六稳""六保"工作，严格落实"双控"目标，全力推动工业经济转型升级，各项工作稳步推进。

（一）工业经济平稳发展

1—12月，全区规模以上工业增加值同比增长6%，两年平均增长3.3%。全区能源行业同比增长2.3%（煤炭2.1%、电力0.2%）、冶金8.2%、化工8.7%、装备制造3.9%、建材57.2%、农畜产品加工4.3%、高新技术22.4%。市场主体进一步壮大，截至12月底全区规模以上工业企业达3085家，同比增长6.1%。自治区"专精特新"示范中小企业61家，国家级"小巨人"企业22家。

（二）企业效益大幅提高

1—12月，全区完成规模以上工业企业利润总额3380.8亿元，同比增长148.8%，高于全国平均114.5个百分点。其中，能源行业利润1986亿元，同比增长140.2%（其中煤炭行业利润1784亿元，同比增长217.8%）；冶金行业利润499.9亿元，同比增长2.7倍；化工行业利润415.9亿元，同比增长2倍；农畜产品加工行业利润240.1亿元，同比增长36.5%；建材行业利润157.4亿元，同比增长2.7倍。

（三）转型升级加快发展

一是高端化转型加快。制定5个先进制造业集群和8条重点产业链方案，完善相关支持政策，推动制造业向高端化发展。1—12月，全区规模以上制造业企业增加值利润增长11.3%，拉动规模以上工业增加值增长4.7个百分点，贡献率达78.1%。其中，医药制造业同比增长20%，计算机、通信和其他电子设备制造业同比增长21.3%，稀土产业同比增长26.5%。工业新产品中，单晶硅同比增长72.4%，化学药品原药同比增长30.2%，风力发电机组同比增长120.2%。二是绿色低碳转型加快。严控能耗总量，不再审批高耗能项目，加大限制类产能淘汰力度，全区规模以上工业能耗总量下降1.2%，强度下降8.3%。加大节能节水技术改造力度，支持伊利节能、呼伦贝尔金鑫化工节水等33个项目，完成510家工业企业节能节水诊断工作。开展绿色工厂和绿色园区创建工作，全年建设绿色工厂59家、绿色园区4个、绿色供应链2个，累计创建绿色工厂161家、绿色园区19个、绿色供应链6个。严格落实"双碳"行动方案，制定完成冶金、建材、化工3个行业碳达峰及降碳专项行动方案初稿。三是数字化转型加快。全区两化融合综合指数51（全国平均57.8，最高江苏64.8），在全国排名第18，其中核心指标关键工序数控化率56.4%、生产设备数字化率48.5%、工业互联网平台普及率32.3%、应用电子商务企业比例56.9%。加快新型基础设施建设，新建5G基站1万个，累计达到2万个；新建数据中心8个，累计建成34个；新增服务器装机30万台，承载能力达到150万台。推进5G推广应用，建成智能化采掘面50个，完成5G+无人驾驶矿卡114台。加快工业互联网建设，新建自治区级平台5个，累计建成自治区级平台15个、国家级平台1个，接入企业3万户。呼和浩特国家级互联网骨干直联点开通运行。内蒙古数信科技有限公司和包头一机集团2个工业互联网标识解析二级节点上线运行。

（四）工业投资稳定增长

1—12月，全区工业固定资产投资同比增长21.1%，其中制造业投资增长29.2%，2021年新开工项目222个，新开工能源行业19个、化工21个、冶金16个、建材16个、装备制造15个、农畜产品加工31个。全年竣工项目75个，其中能源行业10个，新增煤炭产能730万吨、发电装机容量260万千瓦；化工行业3个，新增产能260万吨；冶金行业8个，新增产能195万吨；建材行业9个，新增产能150万吨；农畜产品加工14个，新增产能28万吨；装备制造行业7个，新增产能7万台（套）；高新技术24个，新增产能85.5万吨。

（五）"两高"项目清理扎实推进

梳理全区"两高"项目1126个，对存量项目（656个）、已建成未投产项目（34个）、在建项目（164个）和拟建项目（272个），分类提出清理意见建议。对存量项目，能效水平要求达到国内同行业先进值；未达到先进值的，按照先进值标准整改。对已建成未投产项目，按照国家先进值要求开展节能审查；未达到先进值的不予节能批复。对在建项目，必须对标国家先进值建设；未达到先进值的按要求整改。对拟建项目，要在开工建设前按照能效标准取得节能批复，并不能突破相关行业的产能要求。

（六）工业园区承载能力进一步提升

一是工业园区布局整合优化。制定开发区优化调整实施方案，公布开发区审核公告目录，明确工业园区名称、园区级别、区块名称和主导产业。全区园区数量由112个调整至56个，亩均产值由52万元提高至55万元。二是基础设施显著改善。2021年全区支持工业园区基础设施建设项目总投资73亿元（2018年至今累计投资284.5亿元），其中自治区专项资金投入9.2亿元（2018年至今累计投入31.4亿元），支持工业园区基础设施项目120个，其中管网项目34个、标准厂房项目

17 个、污水处理项目 18 个、集中供热项目 8 个、智慧工业园区项目 42 个。三是管理制度不断健全完善。出台工业园区管理办法、工业园区综合发展水平考核评价办法，完善园区规划建设、职能职责、服务保障等方面规章制度，建立考核评价指标体系，引导园区集聚集约绿色发展。

（七）营商环境持续优化

一是"放管服"改革深入推进。除无线电管理事项涉密外，全厅 22 项行政许可事项全部进驻自治区政务服务大厅，实现"一窗受理"。化工、盐业、民爆行业简化审批材料 4 项，办理时限平均缩短 7 个工作日。二是清欠工作大力推进。把清理拖欠民营企业中小企业账款作为党史学习教育"我为群众办实事"实践活动之一，无分歧账款全部制订还款计划，有分歧账款加快审计，加强督查督办，全力推进清欠方案措施落实。全年累计清偿 82.4 亿元。三是区域评估扎实推进。明确开发区边界，确定园区面积。从节能评价、水资源论证、环境影响评价等 10 个方面列出评估事项 661 项，已完成 289 项，完成率 43.7%。四是以案促改工作有序推进。制定自治区开发区以案促改工作方案，召开动员部署会，围绕土地管理、资金管理、项目建设、管理体制、选人用人、营商环境 6 个方面开展以案促改。

2022年内蒙古自治区工业经济运行概况

2022年，内蒙古自治区工业和信息化厅按照"疫情要防住、经济要稳住、发展要安全"的要求，采取有力举措，全力以赴抗疫情、稳运行、促发展，全区工业和信息化发展取得积极成效。

一、工业经济运行概况

（一）工业经济保持平稳较快增长

2022年全区规模以上工业增加值同比增长8.1%，增速居全国第三位，连续8个月位居全国第一方阵，超额完成年初目标任务。一是制造业快速增长。落实制造强国战略，大力发展先进制造业，1—12月全区规模以上制造业增加同比值增长10.9%，高于全国平均水平7.9个百分点，制造业增加值在GDP中的比重预计达到17.5%左右，较2021年提高2个百分点。二是能源工业"压舱石"作用突出。2022年，全区煤炭产量11.7亿吨，同比增长10.1%，发电量6440.3亿千瓦时，同比增长7%，均居全国首位。三是市场主体进一步壮大。全年规模以上工业企业达到3367家，同比增长9.5%；累计培育创新型中小企业198家、"专精特新"中小企业219家、国家级"小巨人"企业26家。

（二）工业投资大幅增长

落实全区工业经济高质量发展大会精神，实施重点工业项目1040个，总投资1.26万亿元。1—12月，全区工业投资同比增长44.6%，居全国首位，工业投资占全区投资的53.3%，较2021年提高10个百分点。制造业投资同比增长42.6%。一是重大项目带动明显。全年实施10亿元以上重大项目218个，完成投资约占工业投资的74%。二是重点行业拉动明显。紧盯新能源和产业集群产业链项目建设，实施新能源开发项目149个、农畜产品加工项目102个、现代装备制造项目94个、新型化工项目90个、新材料项目148个、生物医药项目44个。1—12月能源开发投资同比增长49.6%、农畜产品加工投资同比增长5.4%、装备制造投资同比增长120.2%、化工投资同比增长20.3%、冶金建材投资同比增长51.4%、高新行业投资同比增长81.8%。三是新开工项目和新投产项目大幅增加。全年新开工重点项目590个，是2021年的2.7倍；新竣工项目340个，是2021年的4.5倍。新增新能源装机1300万千瓦、大宗化工产品450万吨、风电整机2000套、光伏组件200万千瓦、单（多）晶硅27.4万吨、稀土功能材料2.5万吨、铝后加工55万吨、鲜奶加工120万吨、疫苗2.4亿头份。

（三）工业园区高质量发展取得新成效

一是园区支撑作用进一步增强。新增千亿级园区2个，总数达到4个；新增500亿级园区2个，总数达到10个。入园规模以上工业企业1815家，占全区规模以上工业企业的54.6%。全年工业园区产值达到1.93万亿元，同比增长18.9%，占全部工业产值的75%左右，较2021年提高6个百分点。二是集聚集约化程度进一步提升。突出高质量发展导向，坚持"亩均论英雄"，以亩均效益、招商引资、科技创新、绿色发展等为核心指标考核评价园区，引导园区集聚集约发展。三是开发区大起底扎实推进。坚决落实自治区部署和要求，切实推进开发区大起底。截至2022年年底，待批项目127个，涉及手续350项，已办结项目127个，办理手续350项，完成率100%；沉淀资金1.638亿元，全部上缴；闲置土地168宗、918.5公顷，整改盘活153宗、864.4公顷，完成率94.1%；停产企业118家，盘活95家，完成率80.5%；僵尸企业72家，盘活48家，完成率66.7%；停建项目100个，盘活69个，完成率69%。四是基础设施进一步完善。年内园区基础设施投入43亿元，实施基础设施项目56个，新增污水处理能力6.5万吨/日、渣场库容0.18亿立方米、供热面积3.3万平方米、管网670.7千米、标准化厂房60.8万平方米。

（四）产业转型升级步伐加快

一是智能化水平不断提升。出台5G基站建设支持政策，目前建成5G基站2.1万座，累计达到4.1万座。推进大数据项目建设，新增服务器装机40万台，累计达到200万台。建成10个工业互联网平台，新接入用户8000户，累计达到6.8万户。建成4个工业互联网标识解析二级节点，已全部接入国家顶级节点。推进"5G+智慧矿山"，已建成井工矿智能化采掘面148个，完成无人驾驶重卡改造233台。推进"5G+智能制造"，建成智能工厂（数字化车间）27个，民爆行业、电石行业"机器换人"分别达到70%和60%。全面推进全区智慧园区建设，智慧园区建设实现全覆盖。全区规模以上工业企业生产设备数字化率达到49.5%、关键工序数控化率达到59%，同比分别提高1个和2.6个百分点。二是绿色化水平不断提升。大力实施节能节水技术改造，全年完成节能改造项目90个、节水改造项目36个，实现节能量150万吨标准煤、节水量2000万吨。开展绿色工厂和绿色园区创建，新创建绿色工厂76个、绿色产品15个、绿色园区2个、绿色供应链7个。推广冶金、化工、建材、通信等行业286项节能、113项节水、44项资源综合利用技术装备产品。三是创新能力不断提升。推动国家稀土功能材料创新中心实质性运行，推出新产品、新装备、新工艺24项，研发共性关键技术9项，获得专利授权17项。新创建自治区级企业技术中心27个、国家技术创新示范企业2家。实施细胞培养基、高性能稀土永磁关键技术等产业化成果转化项目15个。

（五）营商环境持续优化

一是"放管服"改革深入推进。出台《内蒙古自治区以更优营商环境服务市场主体行动方案》，40项行政事项全部入驻自治区本级政务服务大厅，实现"一窗受理"。二是以案促改基本完成。累计发现问题2208个，已整改销号2197个，销号率99.5%，收回违规占用土地1094公顷、闲置土地2767公顷、未供即用土地576公顷，追缴资金41.3亿元，兑现承诺资金14.4亿元，拨付补助资金9.5亿元。三是区域评估效果显现。完成节能评价、水资源论证、环境影响评价等10个方面646个评估事项，推动评估成果互认共享、免费使用，节省企业前期费约1.1亿元。四是清欠工作扎实推进。无分歧账款78.57亿元全部清偿完毕，实现无分歧账款动态清零。五是产融合作成效明显。先后六批次向金融机构推介项目，帮助560家企业落实贷款318.4亿元，积极争取国家制造业优惠贷款支持，21个项目获得国家开发银行优惠信贷授信金额61.6亿元。

二、工业经济平稳发展的原因及存在的问题

（一）平稳发展的原因

总体来看，2022年全区工业经济平稳较快发展，转型升级步伐加快，质量效益明显提高，为稳住全区经济大盘发挥了重要作用。这些成绩的取得主要得益于：安排部署早。自治区党委、政府高度重视工业经济高质量发展，年初召开全区工业经济高质量发展大会，出台"1+3+8"政策措施，定思路、定目标、定任务，对工业发展作出全面安排部署。推进举措实。围绕落实年初安排，自治区政府制定5个先进制造业集群和12条优势产业链实施方案，形成产业集群全景图、产业链"两图两表两库"，以省级领导为"链长"系统谋划、一体推进产业集群产业链建设。召开全区工业经济运行座谈会、工业园区高质量发展专题会、月度经济分析会、盟市工业经济运行调度会，采取省级领导包联园区、包联企业、包联清欠等措施，高位推动任务落实落地。支持力度大。围绕稳住经济大盘，推动产业高质量发展，先后出台130条、36条、制造业高端化智能化绿色化发展30条和奶业振兴9条等一系列支持政策，拿出真金白银支持工业发展。1—12月，规模以上工业企业每百元营业收入中的成本为76.6元，同比增加0.3元；资产负债率为55.3%，同比下降2.1个百分点。

（二）存在的问题

当前工业发展还存在一些突出困难和问题：一是产业集群和产业链还有短板和断点。新能源汽车产业链上的电机、电控系统和氢燃料电池，太阳能发电装备产业链上的电池片、逆变器和EVA（乙烯-醋酸乙烯共聚物）胶膜，风电装备制造产业链上的控制系统、轴承、变频器、减速机等，还没有项目储备。现代煤化工产业链短，仅延伸到聚乙烯、聚丙烯等环节，延伸加工率10%左右。有色金属产业链产能利用率低，电解铝就地转化率56%，铝后加工产能利用率41.3%，下游高端航空铝厚板、汽车铝板带等产品区内空白。农畜产品加工业与农牧业产值比为1.47∶1，与2025年2.8∶1的目标差距较大。生物医药全行业产值仅为云南白药集团的1/2，超10亿元的企业仅5家。二是行业发展分化趋势明显。能源原材料等上游行业增长快、效益好，消费品、建材下游行业增长放缓、亏损面扩大。1—12月工业利润总额4060亿元，同比增长18.3%，但工业利润的80%集中在能源原材料行业。尤其是6月以来，钢铁、铝、铜、硅铁、电石、PVC等重点工业品价格持续回落，行业利润下降，1—12月黑色金属行业利润下降102.9%、石油炼焦加工行业下降135.8%、有色金属下降24%。行业内一些企业生产经营困难，包钢股份累计亏损51亿元，乌兰察布多数铁合金企业吨产品亏损近百元，鄂尔多斯和乌兰察布的电石和PVC行业几乎全线亏损。三是部分企业生产经营困难。受疫情和产品价格下降影响，12月全区工业产品产销率98.6%，较9月（98.95%）和6月（99.34%）分别下降0.35个和0.74个百分点。1—12月企业亏损面扩大至28.6%，同比扩大3.8个百分点。12月因疫情停产企业13家，未复工复产企业65家。四是工业园区集约集聚发展程度还不够。全区112个工业片区中，亩均投资不到50万元的有14个，亩均产值不到30万元的有25个，亩均税收不到1万元的有22个。针对这些问题，全区工业和信息化系统将继续采取有力措施，全力推动产业集群产业链建设，扎实为企业纾困解难，全面促进工业园区集约发展，努力保持工业经济稳定增长。

2019年辽宁省工业经济运行概况

2019年，辽宁省工业经济在2018年高增速基础上，呈现逐渐趋缓、总体平稳态势。全年规模以上工业增加值同比增长6.7%，高于全国平均水平1个百分点，增速排名全国第12位。全年实现产品销售率98.81%，高于全国平均水平0.95个百分点。

一、工业经济运行概况

（一）效益水平有所下降

2019年，规模以上工业企业实现营业收入30365.5亿元，同比增长7.9%，高于全国平均水平4.1个百分点，总量排全国第14位；实现税金1663.3亿元，同比下降0.6%；实现利润1332亿元，同比下降26.6%。亏损面为28.35%，较年初下降13.46个百分点，基本与2018年发展态势相一致。

（二）工业经济总体平稳

规模以上工业增加值增速自7月起，已连续6个月稳定在6.5%左右。主要行业保持稳定，装备制造、石化、冶金等三大产业占全省规模以上工业的73.2%，增加值增速同比分别为7.2%、11.9%和5.1%。炼化、钢铁等行业继续保持高负荷生产。41个工业大类行业中有25个行业保持增长，增长面为61.0%。全省重点监测的68种工业产品中有40种产品产量同比增长，增长面为58.8%。

（三）重点企业、先行指标保持增势

2019年，全省拥有199家大型工业企业，占全省规模以上工业总数的59.0%，增加值同比增长8.5%，高于全省平均水平1.8个百分点。恒力炼化产能逐步释放，华晨宝马、英特尔、禾丰牧业、东北制药、东软集团、三一重装、中远海运重工等企业产值增速均在10%以上。全省工业用电量同比增长4.43%，货物运输量同比增长1.1%，其中铁路货运量同比增长7.6%。工业税收贡献率进一步提升，同比增长6.6%，高于全省税收增速4.2个百分点，占全省税收总量的52.1%，比2018年同期提升2个百分点。

（四）结构优化稳步推进

从2019年数据看，一是制造业占全省规模以上工业的82.8%，增加值同比增长7.6%，高于全省平均水平0.9个百分点。二是装备制造业占全省规模以上工业的29.7%，增加值同比增长7.2%，高于全省平均水平0.5个百分点。三是高技术行业占全省规模以上工业的10%左右，增加值同比增长18.7%，高于全省平均水平12个百分点。集成电路、服务器、新能源汽车、民用无人机、锂离子电池等高新技术产品产量快速增长。四是高耗能行业在规模以上工业中的比重有所下降。六大高耗能行业占全省规模以上工业的49.9%，低于2018年同期3.7个百分点。

（五）经济下行压力依然较大

一是产品价格低位徘徊。12月全省当月PPI为99.6，已连续6个月位于100以下。22种重点监测工业品中，有12种价格同比下降。受产品价格下降影响，规模以上工业企业利润同比下降28.4%。二是支撑增长的有效增量不足。2019年，全省工业投资同比下降2.7%，工业贷款余额11293.4亿元，较年初净减少233.5亿元，同比下降2.0%。新项目、大项目不多，直接影响新增长点的形成。三是产业基础能力和产业链水平有待提升。省内整机生产企业所需基础零部件、核心功能部件大多需从外省甚至国外采购，高档数控机床60%以上的功能部件依赖进口。产业链延伸不足，石化产业呈现"油头大、化身小、产业链短、附加值低"的结构状况。

二、重点行业发展情况

2019年，全省装备、石化、冶金三大支柱产业规模以上工业企业增加值总量占全省的73.2%，较2018年降低0.6个百分点。规模以上工业增加值均保持正增长，拉动全省工业经济持续稳定发展。

（一）装备制造业稳步增长

规模以上装备制造业增加值同比增长7.2%，用电量同比增长2.24%。9大子行业中，有7个行业保持增长。计算机、通信和其他电子设备制造业在英特尔和曙光信息等重点企业的拉动下，增加值同比增长25.3%。金属制品业受忠旺集团铝膜板企业影响，增速已从高位回落，但因上半年产量较高，增加值依然增长7.6%。铁路船舶等运输设备制造业相对平稳，增加值同比增长4.5%。大连机车订单情况良好，全省铁路机车产量同比增长30.5%。船舶行业相对稳定，民用钢质船舶产量同比微降1.8%。汽车制造业开始触底回升，增加值同比增长2.5%。高端车型及零部件保持增长，华晨宝马产值同比增长16.5%，一汽发动机、大众变速器产值同比分别增长7.8%和4.2%。低端车型继续低迷，上通北盛、华晨集团、三菱发动机等企业持续负增长。机器人行业相对低迷，新松机器人产值同比仅增长2.3%，工业机器人产量同比下降1.4%，但降幅仍低于全国4.7个百分点。专用设备制造业同比下降2.1%，石油钻井设备、水泥专用设备、金属冶炼设备、金属轧制设备等重型装备产量均不同程度下降。

（二）石化行业增速较快

受恒力炼化入统影响，石化行业累计增加值同比增长11.9%，用电量同比增长11.73%。辽河油田生产稳

定，原油产量保持增长。石油加工业快速增长，省内几大炼厂均保持正常生产，原油加工量同比增长20.7%，12月日均原油加工量30.1万吨，较2018年同期净提升7.2万吨。化工企业生产相对平稳，化学原料及化学制品制造业同比增长11.1%。乙烯、丙烯、PX、精甲醇、尿素、农药等产品产量均保持增长。但受PTA、PX等产品价格同比大幅下降影响，恒力石化、逸盛大化、福佳大化产值均有所下降。

（三）冶金行业生产平稳

规模以上工业增加值同比增长5.1%，用电量同比增长3.77%。全省生铁、粗钢、钢材累计产量同比分别增长3.4%、4.5%和4.3%。省内主要钢铁企业均保持满负荷生产，12月日均钢材产量20.9万吨，较2018年同期净提升1.4万吨。进口铁矿石价格虽较前期有较大幅度回落，但依然同比增长22.7%。鞍钢、本钢等重点企业产量虽保持增长，但受钢材价格下跌影响，产值均有所下降。有色行业受忠旺集团影响，前高后低，十种有色金属产量全年虽同比增长11.5%，但已连续5个月当月产量呈现负增长趋势。

（四）消费品行业低位运行

消费品行业14个子行业中，有9个行业同比负增长。其中，医药制造业累计增长9.1%，但当月增加值已连续4个月呈负增长。辉瑞制药在全国药品带量招标采购中无一中标，产值同比下降3.1%。轻工行业中农副产品加工业虽保持增长，但食品制造、酒饮料制造、家具制造等主要子行业均同比下降。纺织行业延续低迷态势，纺织、纺织服装2个子行业均呈负增长。重点企业中，禾丰牧业、东北制药、雪花啤酒、三生制药、红塔烟草、沈阳双汇、康师傅、千喜鹤等均保持增长。

三、重点工作和成就

（一）推动工业经济平稳增长

坚持以企业为中心，以项目为核心，强化企业服务，抓好配套对接服务，促进工业对外开放合作，推动全省工业产品、项目高质量发展。

深化企业精准服务。开展4次全系统调研，通过组成工作专班、组建银团等方式，实施"一对一"精准帮扶，为企业解决难题。举办两场重点钢铁企业与省内供应商配套协作交流会，500余家企业参会，签订合作协议54份，建立深化合作的长效机制，推动省内企业高效配套，降低采购成本。组织2019中国国际数字和软件服务交易会、2019华为·锦州云产业合作高峰论坛等活动，宣传推介辽宁重点产品，助力企业开拓市场。举办"苏企辽宁行"活动，全省14个市与江苏进行对接，谱写两省产业合作新篇章。

争取国家政策资金。围绕工业强基、首台（套）、智能制造、绿色制造等13个专项，争取国家计划安排资金11.1亿元，特别是强基工程资金占全国5.3%，首台（套）补助资金同比增长44.6%，占全国5.8%，智能制造、绿色制造后补助资金占全国5.4%。

推动工业高质量发展。确定重点支持高质量产品和项目，先后两批编制《辽宁省工业高质量发展推荐产品目录》，包括532个高质量产品；同时在加大力度支持110个高质量项目基础上，编制《辽宁省工业高质量发展重点项目手册（2020年版）》。2家企业中标"国家智能制造系统解决方案供应商项目"；12家企业入选国家绿色制造名单。

推进重大项目建设。开展项目专项拉练，强化跟踪服务，全力解决要素、技术、融资等难题，其中为盘锦宝来轻烃综合利用项目落实贷款108亿元，推动项目顺利实施。积极推动"三方联动"试点工作，协调9家银行实地推动项目70个，落实贷款148亿元，工业和信息化部在辽宁举办"部省行"三方联动现场推进会，推广"辽宁经验"。2019年，恒力石化2000万吨/年炼化一体化项目实现全面投产，北盛汽车下一代别克、恒力石化150万吨/年乙烯等一批重点项目已建成。宝马第三工厂、恒大新能源汽车、宝来巴赛尔合作项目等进展顺利。同时，组织实施企业技术创新重点项目773项，推进企业创新发展。

（二）加快制造强省建设

按照高质量发展要求，积极推进智能制造、绿色制造和服务型制造建设，不断完善技术创新体系。

深入实施智能制造。全力推进100个智能制造重点项目，总投资达286亿元，其中28个项目建设完成，东药集团项目实施后，生产运营成本降低25%，劳动生产率提高33%；大连冰山集团核心零部件实现柔性制造。组织智能制造专家为63家企业的77个项目，提供技术支持及诊断服务；组织省内智能制造供应商与100余家企业开展供需对接。

全面推进绿色制造。强化示范引领，促进绿色转型，12家企业入选国家绿色制造名单，禾丰牧业等108家企业新入选省级绿色制造体系建设示范名单。针对全省268家高耗能行业企业，开展国家重大工业专项节能监察，有11家企业获评省级能效"领跑者"企业。积极促进资源综合利用，鞍山、营口获评国家工业资源综合利用基地。

大力发展服务型制造。开展"服务型制造——服务进千企"活动，推动制造模式和业态创新。认定迈格纳磁等20家省级服务型制造示范企业、12个示范项目和21个示范平台。成立东北振兴创新设计产业联盟，3位中国科学院院士担任联席理事长，创建首家省级工业设计研究院。组织20家企业参加第三届中国工业设计展览会，东软医疗荣获优秀作品奖，辽宁荣获优秀搭建奖。

（三）壮大工业发展新动能

聚焦优势产业，积极培育高端装备、新材料、信息技术等新的经济增长点。

加快发展高端装备制造业。2019年，全省先进装备制造业占比达到58.2%，同比提高1.2个百分点。工业机器人、民用航空、燃气轮机、高端医疗装备等产业发展进程加快，工业机器人产品性能达到国际同类产品水平；辽宁通航研究院自主研制的四座电动飞机实现全国首飞；中航发燃气轮机公司总部落户沈阳；创建省高端医学影像装备创新中心，东软医疗PET/CT列为国家高端医疗装备示范应用项目。

加快发展新材料产业。建立全省新材料企业库和项目库，包括259家企业的133个项目，加快推动新材料产品和技术发展。中触媒特种分子筛及催化材料、营口忠旺铝合金板带箔、抚顺科诺碳纤维等新材料项目进展顺利，PBT工程塑料、高牌号聚酯等化工新材料，均已实现规模化生产；先进钢铁、高温合金等新材料领域达到国内先进水平，本钢集团研发的高速工具钢打破国外垄断。

（四）推进工业供给侧结构性改革

认真落实工业八大门类产业政策评估，着力推进补短板、去产能、降成本工作，不断优化产业结构，提高供给质量。

积极推进八大门类产业政策落实效果评估。按照省委十一次全会要求，圆满完成八大门类产业发展政策评估，并根据省委、省政府意见进行修改完善，提出产业基础能力提升、产业链发展、5G产业发展、工业高质量产品培育、中小企业"专精特新"、智能制造"六个工程"实施方案。

全力补齐产业发展短板。装备制造业重点推进首台（套）重大技术装备项目70个，是2018年的3.9倍。石化产业重点推动炼化一体化发展，全省PX产能690万吨、PTA产能1340万吨，均列全国第一位。84家企业完成危化品生产企业搬迁改造，超出年初预定目标。冶金建材行业加快推动骨干企业转型升级，加大新产品研发力度，东北特钢超薄高温合金薄带填补国内空白。消费品行业深入实施"三品"工程，109项创新产品新增经济效益122亿元。电子信息行业规模进一步扩大，与北京、上海构成中国集成电路装备产业发展三大重点地区。

加快推进产能退出。强化督导检查与自查整改并重，防止落后产能死灰复燃。积极化解过剩产能，全年公告退出平板玻璃年产能300万重量箱、水泥熟料生产线2条、年产能72万吨。实施冬季错峰生产，压减水泥熟料产能发挥2000万吨以上。继续对"地条钢"保持高压态势，查处"地条钢"企业4家。

积极降低企业用电成本。持续深化电力市场化改革，不断扩大交易用户范围和电力交易规模。年内新增电力用户488家、注册售电公司9家；开展省内交易12次、跨省交易5次，共交易电量866.7亿千瓦时，为企业节约用电成本9.2亿元。目前辽宁电力市场化水平已位居全国前列。

2020年辽宁省工业经济运行概况

2020年，辽宁省工业经济逐季改善，规模以上工业增加值在全省主要经济指标中率先转正，全年增长超出预期。全省共有规模以上工业企业7748家，较2019年净增478家。规模以上工业增加值同比增长1.8%，低于全国平均水平1个百分点，增速排名全国第21。实现营业收入29215.1亿元，同比下降4.3%，总量排名全国第14；实现利润总额1286.7亿元，同比下降4.2%。

一、工业经济运行概况

（一）工业经济总体保持企稳回升态势

全省工业经济受疫情冲击，一季度骤然下降。但随着疫情防控和复工复产工作的稳步推进，全省规模以上工业企业复工率4月就恢复到往年同期水平。全年规模以上工业增加值增速分别较一季度提升10.3个百分点、较上半年提升4.1个百分点、较三季度提升1.5个百分点。自4月以来，当月规模以上工业增加值连续9个月实现正增长。

（二）重点行业、重点企业拉动力较强

装备制造、石化、冶金等三大主要行业占全省规模以上工业增加值的71.1%，全部实现增长，增速同比分别为1.3%、3.9%和1.9%。41个大类行业中，超半数已实现增长，汽车制造、石油煤炭及其他燃料加工、黑色金属冶炼和压延加工等重点子行业增速已高于全省平均水平。进入下半年以来，汽车、金属切削机床、饲料等产品日均产量屡创新高，日均原油加工量、钢材产量也处于历史高位。华晨宝马产值同比增长11.0%，恒力炼化同比增长47.6%，恒力化工净增产值119.4亿元，三家企业拉动全省规模以上工业总产值增长2.2个百分点。

（三）部分高技术行业和新产品快速增长

2020年，全省规模以上信息化学品制造业增加值比2019年增长4.4倍，光纤、光缆制造及锂离子电池制造业增加值同比增长63.4%，电子元件及电子专用设备制造业增加值同比增长45.1%。工业新产品中，集成电路产量同比增长49.3%，城市轨道车辆产量同比增长23.6%，稀土磁性材料产量同比增长21.8%，光缆产量同比增长16.1%。高技术制造业投资同比增长33.4%，高于全省工业投资38.9个百分点，高于全国平均水平21.9个百分点。其中，电子及通信设备制造业投资同比增长96.1%、医疗仪器设备及仪器仪表制造业投资同比增长64.7%。

（四）工业税收回稳趋势明显

2020年，全省工业实现税收收入1929.6亿元，同比下降9.4%，占全部税收的50.5%。自6月以来，已连续7个月当月实现正增长，回稳趋势明显。汽车制造业实现税收收入362.2亿元，占全部税收的9.5%，在华晨宝马的拉动下，同比增长10.7%；石化行业实现税收收入546亿元，占全部税收的14.3%，受价格和产品堵库影响，同比下降17.1%；采矿业实现税收收入155.1亿元，占全部税收的4.1%，原油价格大幅下跌，石油开采业减收16.2亿元，下拉采矿业5.9个百分点；钢铁行业实现税收收入126.3亿元，占全部税收的3.3%，四季度以来受钢铁行业逐渐回暖及免抵调增加带动影响，税收收入增加，同比增长6.0%。

（五）部分指标尚有待提升

2020年，工业品价格仍处低位，PPI同比下降3.0%。工业用电量同比下降0.4%，全省工业投资下降5.5%，规模以上工业出口交货值同比下降18.5%。全省主要生产的68种工业产品中，有41种仍同比下降；重点监测的413家工业企业中，有216家企业产值同比负增长。规模以上工业企业利润同比下降4.2%，全省41个大类行业中，有21个行业利润总额较2019年同期下降。

（六）亏损情况高于2019年同期水平

全省7748家规模以上工业企业中，有2306家企业亏损，亏损面达29.8%，高于全国平均水平12.5个百分点，高于2019年同期1.4个百分点；亏损企业亏损额613.3亿元，同比增长36.6%，高于全国平均水平33.8个百分点，高于2019年同期12.8个百分点。黑色金属冶炼和压延加工业，石油、煤炭及其他燃料加工业，农副食品加工业，有色金属冶炼和压延加工业，非金属矿物制品业等17个行业亏损面高于全省平均水平。从亏损额上看，石油、煤炭及其他燃料加工业，汽车制造业，电力、热力生产和供应业，黑色金属冶炼和压延加工业，石油和天然气开采业以及化学原料和化学制品制造业等6个行业亏损企业亏损额在20亿元以上，占全省亏损企业亏损额的65.2%。大宗商品价格下跌是辽宁省亏损增大的主要原因，前十家亏损企业中，就有辽河油田、大连石化、辽阳石化、西太平洋石化、锦州石化、锦西石化6家石化企业。

二、重点工业发展情况

2020年，全省制造业增加值同比增长1.8%，增速与全省规模以上工业平均水平相同。31个子行业中有15个行业保持增长，16个行业同比下降。其中，石油煤炭及其他燃料加工、汽车制造、黑色金属冶炼和压延加工、化学原料及化学制品制造、农副食品加工等13个行业增速高于全省平均水平；文教、工美、体育和娱乐用品制造业，家具制造业，其他制造业，化学纤维制造业及酒、

饮料和精制茶制造业等 5 个行业降幅在 10% 以上。

（一）装备制造业

2020 年，装备制造业逐渐从底部回升，全年增加值同比增长 1.3%，增速较一季度提升 28.3 个百分点，较上半年提升 9.8 个百分点，较三季度提升 2.7 个百分点。自 4 月以来，已连续 9 个月当月实现正增长。全年累计用电量同比增长 3.0%。九大子行业中，专用设备制造业、电气机械和器材制造业、汽车制造业、机械设备修理、通用设备制造业等 5 个子行业累计实现增长，其余 4 个子行业仍为负增长。

汽车制造业稳定增长。受华晨宝马拉动影响，2020 年汽车制造业同比增长 3.6%。全年生产各类型汽车 74.8 万辆，同比下降 5.5%，占全国产量的 3.0%，总量排名全国第 14。华晨宝马生产形势良好，累计汽车产量 60.3 万辆，同比增长 12.4%，占全省产量的 80.6%；产值同比增长 11.0%。其他整车企业降幅依然较大，上通北盛产量同比下降 38.7%、华晨中华产量同比下降 74.8%、华晨雷诺产量同比下降 34.7%、丹东黄海产量同比下降 58.4%。

通用设备制造业、专用设备制造业、电气机械和器材制造业等行业保持增长。2020 年，三个行业增加值同比分别增长 3.2%、8.0% 和 4.6%。通用设备需求逐渐好转，金属切削机床产量同比增长 10.9%、工业锅炉产量同比增长 56.5%。沈阳机床产值同比增长 5.7%，瓦轴集团同比增长 21.2%。专用成套设备市场情况良好，三一重装宽体车市场需求较好、综采成套设备订单增加，企业产值同比增长 30.0%，其中大连华锐重工、大连一重加氢市场需求较好，产值同比分别增长 15.2% 和 11.5%。电气机械设备订单稳中有升，通用电气风电、特变电工、安川电机等企业产值同比分别增长 33.8%、14.6% 和 26.1%。

金属制品业，计算机、通信及其他电子设备制造业，铁路、船舶、航空航天和其他运输设备制造业等行业依然较为低迷。受忠旺系铝模板企业影响，金属制品业同比下降 6.6%。英特尔产值同比下降 6.7%；手机产量同比下降 61.7%、彩色电视机同比下降 66.9%、数字激光音视盘机同比下降 20.6%；受大连地区疫情影响，部分汽车电子类企业开工不足，计算机、通信及其他电子设备制造业同比下降 9.6%。国铁订单已恢复采购，大连机车、沈阳铁路信号等企业产值也已由负转正，但受上半年减产较大影响，全年铁路、船舶、航空航天和其他运输设备制造业依然下降 5.2%。

（二）原材料行业

2020 年，原材料行业呈"U 形"回升，增加值同比增长 2.5%。累计用电量同比下降 0.9%。上半年，恒力炼化强力拉动，疫情冲击部分炼厂堵库，钢铁、建材等行业相对低迷，行业增速逐渐下滑。下半年，恒力炼化拉动力逐渐减弱，但恒力化工、利安德巴塞尔相继入统，钢铁、建材等行业快速回暖，有力拉动行业经济回升。

石化行业增速回落。受恒力炼化基数提升、部分炼化企业堵库降低生产负荷影响，石化行业同比增长 3.9%，增速较一季度回落 9 个百分点，较上半年回落 4.6 个百分点，较三季度回落 0.7 个百分点。石化行业累计用电量同比增长 7.1%。五大子行业中，石油、煤炭及其他燃料加工业、化学原料及化学制品制造业、石油和天然气开采业保持增长，橡胶和塑料制品业、化纤制造业同比负增长。其中，石油和天然气开采业同比增长 0.6%。辽河油田稳定生产，原油产量超过 1000 万吨，受国际原油价格低位影响，累计产值同比下降 31.6%。石油、煤炭及其他燃料加工业同比增长 3.1%。完成原油加工 10276.3 万吨，同比增长 4.1%，占全国产量的 15.2%，总量排名全国第二。恒力炼化产值同比增长 47.6%，盘锦北燃同比增长 1.0%，宝来生物能源同比增长 10.1%；中石油七大国炼厂受价格大幅下降、产品堵库、停产检修等因素影响，产值均有较大降幅。化学原料及化学制品制造业同比增长 10.5%，恒力石化第 4 条、第 5 条 PTA 生产线年初相继投产，恒力化工、利安德巴塞尔下半年入统，为行业带来较大增量。橡胶和塑料制品业正在逐渐恢复，当月增加值已连续 6 个月增长，但前期降幅较大，累计同比仍下降 4.7%。米其林、浪马轮胎累计产值已实现增长。

冶金行业生产形势良好。2020 年，冶金行业增加值同比增长 1.9%，增速较一季度提升 8.2 个百分点，较上半年提升 5 个百分点，较三季度提升 1 个百分点，已连续 8 个月当月实现正增长。受营口忠旺部分电解槽停产影响，冶金行业累计用电量下降 5.5%。四大子行业中，黑色金属矿采选业、有色金属矿采选业、黑色金属冶炼和压延加工业同比增长，有色金属冶炼和压延加工业同比下降。其中，黑色金属冶炼和压延加工业同比增长 2.6%。粗钢产量 7609.4 万吨，同比增长 3.4%，占全国产量的 7.2%，总量排名全国第四。本钢集团产值同比增长 3.9%、五矿中板同比增长 2.8%、鞍钢鲅鱼圈同比增长 2.0%；鞍钢集团因年内部分高炉检修产值同比下降 3.1%。有色金属冶炼和压延加工业同比下降 5.9%，十种有色金属产量同比下降 2.3%，铝材产量同比下降 18.0%。铜压延企业涨势良好，宏跃北方铜业、高威铜业、博发铜业产值增速均在 10% 以上；忠旺系铝压延企业产值降幅较大，忠旺集团、营口忠旺产值降幅均超过 40%。

建材行业快速恢复。2020 年，建材行业增加值同比下降 3.0%，降幅较一季度收窄 19.3 个百分点，较上半年收窄 10.9 个百分点，较三季度收窄 6.8 个百分点，已连续 5 个月当月实现正增长。建材行业累计用电量增长 0.9%。非金属矿采选业同比增长 6.7%，非金属矿物制品业同比下降 3.6%。受基础设施建设发力影响，水泥产量同比增长 14.7%。菱镁行业整顿成效显著，菱镁产品价格已较年初平均上涨 30% 左右，耐火材料制品产量同比增长 23.0%，重点企业产值降幅均较年初有较大幅度收窄。石墨碳素行业触底回升，丹炭科技当月产值同比增长35.2%，但受前期降幅较大影响，累计产值仍下降48.0%。

（三）消费品行业

2020年，消费品行业稳步提升。14个子行业中，纺织、农副食品加工、食品制造、烟草制品、印刷、造纸等6个行业保持增长，其余8个行业同比下降。

轻工行业增势良好。11个子行业中，5个子行业累计增长。累计用电量同比增长6.4%。其中，农副食品加工业同比增长11.7%，饲料日均产量处于高位，累计产量同比增长41.0%；生猪出栏逐渐恢复，冷鲜肉产量同比增长10.6%；禾丰牧业、嘉里粮油、汇福荣兴油脂、双汇食品等重点企业产值增长较快。食品制造业同比增长3.5%。主要企业生产形势平稳，顶益食品产值同比增长13.3%、中粮可口可乐同比增长7.2%。烟草制品业同比增长3.3%，卷烟产量同比增长1.1%，红塔烟草产值同比增长4.3%。

医药制造业加速回升。2020年，医药制造业增加值同比下降2.6%。12月增长41.4%，已连续4个月实现当月增长。累计用电量同比增长11.1%。辉瑞制药继续保持回升态势，当月产值同比增长43.8%，累计产值降幅收窄至16.0%；成大生物狂犬疫苗供不应求，累计产值同比增长20.9%；三生制药生产平稳，累计产值同比增长3.5%。

纺织行业仍处低位。2个子行业中，纺织业增加值同比增长21.7%，纺织服装业同比下降9.0%。累计用电量同比下降4.2%。主要产品布、纱、印染布、服装等均同比下降。受防疫物资生产拉动，无纺布产量同比增长60%以上，瑞光非织造布产值同比增长111.6%。外需影响依然较重，纺织服装业出口交货值同比下降22.7%。

三、重点工作和成就

（一）统筹抓好疫情防控和企业复工复产

新冠疫情发生后，全省工业和信息化系统坚持疫情防控和工业发展"两手抓、两手硬"，全力保障防疫物资生产供应，统筹推动企业复工复产，促进全省经济平稳健康发展。

（二）"十四五"规划编制工作稳步推进

按照省委关于科学编制符合辽宁实际、富有时代感、体现创新精神的"十四五"规划要求，辽宁省工业和信息化厅成立规划编制工作领导小组，结合规划和课题研究的最新成果，与辽宁省发展改革委密切沟通合作，推进编制工作。以行业规划作为编制纲要的重要支撑，设计了"1+4+4"的全省制造业高质量发展"十四五"规划体系结构。其中，"1"是指全省制造业高质量发展规划；第一个"4"是指4个子行业（装备制造业、原材料工业、信息产业、消费品工业）发展规划；第二个"4"是指4个课题（"十四五"时期提升产业基础能力和产业链水平研究课题、推进重大成套装备高质量发展研究课题、新一代信息技术重点领域发展研究课题、石化行业高端化延伸发展研究课题）。

（三）工业经济稳运行取得良好成效

强化企业精准服务。制定《帮扶工业企业保市场主体工作方案》，聚焦纳税大户等6类企业精准帮扶。开展各类对接30余次，帮助亿丰蓝莓、紫竹集团等企业解决设备采购、生产要素保障、融资等问题150余个。帮助企业开拓市场，针对央企提出的工业自动化、航空航天等20余大类设备产品的采购需求，组织66家企业与央企开展洽谈合作，达成意向订单28个，金额5.45亿元。梳理80项惠企政策，向社会公布。通过电力市场化交易、省工业互联网专项资金补贴降低5G基站用电成本8798万元。优化审批服务，全力推进"一网通办"工作，5个依申请政务服务事项进驻省政务服务中心大厅和省政务服务一体化平台，辽宁省工业和信息化厅职称工作平台与省政务服务一体化平台完成对接。

加快重点项目建设。建立全省投资500万元以上工业项目库，每月调度项目实施进展情况。建立工业投资分析工作机制，围绕工业投资和项目总体情况、分行业投资、分县区投资、重大项目完成投资及进展等方面，按月对投资变动情况进行全面分析和预测。1730个500万元以上项目进展顺利，总投资8455亿元。大连恒力石化年产150万吨乙烯、宝马X3纯电动车等重大项目竣工投产。

争取国家政策资金。围绕国家首台（套）、智能制造、绿色制造等9个专项，争取资金5.67亿元。沈阳市入选2019年度工业稳增长和转型升级成效明显市（州）拟入选名单。29家企业（园区）、4种产品入选第五批绿色制造名单。11家企业入选制造业与互联网融合发展试点示范名单，4家企业入选国家大数据产业发展应用试点名单。

推进应急安全工作。印发《辽宁省公共卫生应急物资产品储备目录》，围绕公共卫生应急物资储备体系建设明确的公共卫生应急物资品种，收录医用防护用品、消杀器械及消杀药品、疾病诊断试剂设备及用品、疫苗、药品、医疗设备等六大类459种产品，提高应急状态下的要素高效协同配置能力。开展安全生产专项整治三年行动，开展检查75家次，督促整改安全隐患208项，确保生产安全。

（四）产业基础能力和产业链水平稳步提升

推动产业链发展。开展两轮系统大调研和重点地区专题调研，编制省工业重点产业链方案，明确推动产业基础再造，强化龙头企业引领作用，深化新一代信息技术与制造业融合应用，推动产业链间互动发展，推动全方位开放合作，提升专业化协作配套能力，发挥产业项目支撑作用，开展先进制造业集群等8项重点任务，并确定128个龙头企业，谋划562个重点项目、7个重点产业集群。围绕石化、汽车及零部件、生物医药、农产品加工等领域，先后赴江苏省和天津市开展产业链"互嵌式"发展对接。编制工业产业地图，近9000家企业上平台。

强化企业技术创新。推进省级制造业创新中心建设，辽宁省磁动力创新中心成功创建，辽宁省燃气轮机创新中心市场化和公司制进程稳步推进。推动企业技术中心建设，认定省级企业技术中心 74 家，开展省级企业技术中心年度评价工作，765 家企业技术中心通过。印发《辽宁省首台（套）重大技术装备推广应用指导目录（2020 年版）》，116 项首台（套）装备产品纳入首批首台套目录，68 个项目获得首台（套）保险补贴。推进产业链创新链协同发展，围绕 24 条工业重点产业链，确定237 个关键核心技术和 137 个关键核心断点，以科技创新支撑产业链水平提升。

加强产业链配套对接。组织开展清洁能源发电与装备制造企业、食品与包装行业、精细化工产业等对接活动。举办华为供应链需求对接会，大连达利凯普等企业成为华为供应商。辽宁省工业和信息化厅全面梳理关键基础材料、核心基础零部件、先进基础工艺、产业技术基础短板，并围绕短板，提出建链、强链、补链重点领域和方向，会同省商务厅建立产业链协同招商联动机制，共同制定《辽宁省重点产业链投资指南》，明确产业链协同招商工作重点，指导全省开展精准招商工作。

（五）工业供给侧结构性改革深入推进

补齐产业发展短板。围绕装备制造业，29 家企业列入装备制造领域关系国家安全重点企业名单，中航发AGT-110 重型燃机总装下线。围绕原材料行业，出台《辽宁省人民政府办公厅关于推进菱镁产业持续健康发展的意见》，建立定期调度主产线工作机制，综合施策，有效遏制超采乱象。印发《辽宁省化工园区认定暂行办法》，规范化工园区建设。支持中国科学院金属研究所等近 30 家单位发起成立辽宁省新材料产业联盟。围绕消费品行业，实施特色消费类产品发展工程和"三品"专项行动，推进沈阳富虹植物油多品种油脂精炼、大连非得海洋生物活性肽产品开发等重点项目建设。

淘汰落后和化解过剩产能。落实《辽宁省石化供给侧结构性改革方案》，关停每年 200 万吨以下炼油企业 40 家。印发《辽宁省 2020 年利用综合标准依法依规推动落后产能退出工作方案》，开展执法检查和摸底排查，淘汰退出 10 座 24 门及以上砖瓦轮窑。贯彻落实国家水泥熟料和平板玻璃产能置换办法，引导低效产能转型退出，公告退出平板玻璃生产线 5 条，年产能 664 万重量箱；公告退出水泥熟料生产线 4 条，年产能 125 万吨。

降低企业用电成本。全面放开经营性电力用户的市场准入，凡符合产业政策及环保要求的用户不受电量和电压等级限制，均可申请参加市场交易。年内新增电力市场化准入用户 718 家，全年交易电量 888.5 亿千瓦时，节约用电成本 12.6 亿元，电力市场化率 36.67%，居国家电网营业区省级供电区第六位。

圆满完成年度危化品生产企业搬迁改造工作。纳入全省搬迁改造实施方案的 188 家企业已累计完成 179 家，其中，2020 年年底前应完成的 174 家中小型企业已全部完成，是全国提前完成节点任务的 9 个省份之一，2025年年底前应完成的 14 家大型企业提前完成 5 家。

（六）工业发展新动能不断壮大

实施智能制造。推进中国科学院沈阳自动化研究所、北方华锦等国家智能制造项目建设。组织省内系统解决方案供应商和企业，开展智能制造与工业互联网协同应用对接合作。建设完成 27 个省级智能制造项目，投资66.8 亿元，通过智能化改造，企业生产效率平均提升21.2%，运营成本平均降低 15.6%，产品研制周期缩短28.3%，不良率降低 21.2%。

推进服务型制造。印发《辽宁省制造业设计能力提升专项行动计划（2020—2022 年）》，新认定省级工业设计中心 10 家、示范产品 31 个，省级服务型制造示范企业 24 家、示范项目 11 个、示范平台 25 个。编制《辽宁省服务型制造案例集（第二辑）》，在全省宣传推广先进经验。辽宁省进入全国服务型制造区域发展指数评估十强。

推动工业绿色发展。对 202 家企业开展国家重大工业专项节能监察，对 302 家企业开展公益性节能诊断服务，培育 83 家省级绿色企业（园区）和 5 种绿色产品，全省绿色工厂平均万元产值综合能耗 0.39 吨标准煤，同比下降 2.15%。

2021 年辽宁省工业经济运行概况

2021 年，辽宁省工业和信息化系统坚持稳中求进工作总基调，以高质量发展为主题，以供给侧结构性改革为主线，以做好结构调整"三篇大文章"为核心，加快建设数字辽宁、智造强省，全省工业和信息化发展取得明显成效。

全省工业经济运行总体平稳，全年规模以上工业增加值同比增长 4.6%，比 2020 年提升 2.8 个百分点。工业投资同比增长 5.4%，高于全省固定资产投资 2.8 个百分点。实现营业收入 35214.2 亿元，同比增长 17.7%。实现利润 1699.6 亿元，同比增长 30.3%。装备制造、石化、冶金三大主要行业增速同比分别为 8.1%、0.3% 和 0.6%。制造业增加值占地区生产总值的 27.5%，比 2020 年提升 2.1 个百分点。技术改造投资同比增长 37.2%，比全国提升 26.9 个百分点，居全国第二位。部分新产品产量增速较快，其中新能源汽车同比增长 124.0%、服务器同比增长 94.5%、集成电路同比增长 42.8%。

（一）结构调整"三篇大文章"

辽宁省人民政府成立智造强省建设领导小组，省市两级成立工作专班，印发《辽宁省做好结构调整"三篇大文章"专项行动计划（2021—2023 年）》。落实 20.8 亿元数字辽宁智造强省专项资金，支持技术改造、工业互联网等。谋划"三篇大文章"项目 1492 个，总投资 6768 亿元。"老字号"场景资源和数据资源优势得以发挥，装备制造业智能化水平有所提升。建成大连冰山等智能工厂和数字化车间，生产效率平均提升 21.2%。"原字号"促进产业精细化、规模化、高级化、绿色化发展，石化行业营业收入突破万亿元大关。"新字号"推进战略性新兴产业、高技术产业发展，高技术制造业增加值同比增长 12.9%，高于全省规模以上工业 8.3 个百分点。高技术制造业投资同比增长 71.2%，高于全国 49 个百分点。

（二）工业经济稳增长

抓好用电要素保障，采取电熔镁企业错峰生产等措施，完成迎峰度夏保电任务。面对 17 年来首次出现拉闸限电严峻局面，采取协调电煤保供、非计划检修机组清零等措施，推动电力供需基本平衡，10 月 23 日以来未发生有序用电。有效投资加快增长，出台《关于加强工业项目全生命周期服务和管理的指导意见》，谋划项目 3722 个，总投资 2.3 万亿元，重点推进 110 个高质量发展项目，基本建成 30 个项目。加大帮扶企业力度，聚焦保产业链供应链稳定，帮助华晨宝马等企业协调解决零部件供应、交通运输等困难，保证企业未受疫情影响连续生产。

（三）制造业数字化转型

全省 5G 基站突破 5 万个，工业互联网标识解析二级节点上线 17 个，居全国第六位，"星火·链网"超级节点在沈阳落地。培育鞍钢"精钢云"等 33 个省级工业互联网平台服务企业近 3 万家。推动近 9 万家企业上云，其中工业企业近 2 万家。建成恒力石化、沈阳海尔等一批智能工厂和数字化车间，生产效率平均提升 21.2%。培育国家服务型制造示范单位 13 家，累计 28 家，位居全国第四。20 个项目入选工业和信息化部制造业与互联网融合等领域试点示范。成功举办 2021 全球工业互联网大会。

（四）产业基础能力和产业链水平提升

产业基础能力不断提升，推进沈变特变核电系列主变压器设计等 263 个科技创新项目，谋划协同研发、核心配套等五大类 161 个重点项目。支持 159 个项目开展省级首台（套）重大技术装备应用，11 个项目获得国家支持。产业链水平稳步提升，制定工业重点产业链建设方案，确定 24 条省级、142 条市级工业重点产业链，形成重点企业、核心技术攻关等清单。组织机床与军工、钢铁与装备、企业与研究院所 20 次省内供需对接。强化技术创新，发布创新产品目录，推广 434 家省内企业的 629 项新产品。培育省级企业技术中心 117 家，总量达到 903 家。

（五）绿色低碳循环发展

开展高耗能行业节能分析，梳理黑色金属冶炼及压延加工业等六大高耗能行业能源消费情况，深挖节能空间。培育国家级绿色制造示范单位 33 家，累计 93 家；培育省级绿色制造示范单位 98 家，累计 334 家。制定《辽宁省变压器能效提升实施方案（2021 年—2023 年）》，推进淘汰低效变压器。推进本钢特钢电炉升级改造等 50 个节能技术改造项目，对 295 家企业提供诊断服务，对 236 家企业开展节能监察，企业单位产品能耗限额达标率 99.3%。2021 年规模以上工业综合能源消费 1.5933 亿吨标准煤，同比下降 2.2%，比全国低 5.7 个百分点。

（六）民营经济和中小企业

137 家企业获评国家专精特新"小巨人"企业，累计 211 家，居全国第十位。45 家企业和 13 个平台获评国家重点"小巨人"企业和示范平台。10 家企业获评国家制造业单项冠军。培育省级"专精特新"产品 386 个、中小企业 223 家、"小巨人"企业 135 家。开展"小升规、规升巨"培育行动，实现"小升规"1100 家、"规升巨"140 家。培育国家中小微企业创业创新示范基地 7 家，中小企业公共服务示范平台 9 家。落实国家减税降费政策，减免企业税费 99.4 亿元。全年新增民营经济市场主体 72.2 万家，其中规模以上中小工业企业 7743 家，占全部规模以上工业企业的 97.6%。

2022 年辽宁省工业经济运行概况

2022 年，辽宁省工业和信息化系统深入推进结构调整"三篇大文章"，加快建设数字辽宁、智造强省，保持工业经济运行在合理区间。虽然全年规模以上工业增加值同比下降 1.5%，低于 2021 年同期 6.1 个百分点，但较年中回升 1.5 个百分点，工业经济继续保持恢复态势。工业投资稳步恢复，全年保持正增长，同比增长 6.1%，增幅较 2021 年扩大 0.7 个百分点，高于全省固定资产投资 2.5 个百分点。工业技术改造投资同比增长 18.3%，高于全国 9.2 个百分点，居全国第七位。全年全省规模以上高技术制造业增加值同比增长 16.6%，高于规模以上工业增加值增速 18.1 个百分点，高技术制造业完成投资 268 亿元，同比增长 4.9%，占工业投资的 10.5%。

（一）工业经济稳增长

受疫情影响，全省超四成工业企业停工停产、物流受阻、员工返岗困难、产业链供应链出现堵链断链等，对此全省成立经济运行保障专班，发布重点企业"白名单"554 家，跨省协调解决辽宁头部企业供应商配套问题，采取闭环管理、绿色通道、城市联盟专班等举措，帮助企业解决原材料和配套零部件供应、物资运输和员工到岗等问题，全省 2187 家因疫情停产的规模以上工业企业恢复生产。谋划推进项目 4023 个，总投资 1.3 万亿元；推动省政府与通用技术、中石油、中国黄金等央企深化合作，形成一批重点项目；推进万亿级产业基地建设，236 个万亿级产业基地项目稳步实施，兵器集团精细化工及原料工程等项目开工建设，华晨宝马大东厂区产品升级等项目投产达效。在东北地区率先开展电力现货市场试运行，抓好迎峰度夏、迎峰度冬等电力保供工作，企业用电得到保障。做好医疗物资生产保供，推动企业增产扩产，群众用药需求基本满足。

（二）推进结构调整"三篇大文章"

印发实施三年行动方案，谋划 562 个重点项目。"三篇大文章"取得阶段性成效，高端装备、精细化工、冶金新材料营业收入占比分别比 2021 年提高 2 个、1.8 个和 1.5 个百分点。"老字号"加快改造升级，工业企业关键工序数控化率 59.7%，数字化研发设计工具普及率 77.2%，超过全国平均水平。高端装备占比达到 23.7%。"原字号"加快开发增值空间，乙烯、PX、PTA 产量产能全国领先，化工精细化率达到 44.1%，冶金新材料营业收入占比达到 25%。"新字号"加快做大做强，全省高技术制造业同比增长 16.6%。沈阳市获评 2021 年建设信息基础设施和推进产业数字化成效明显市（州），并获评工业稳增长和转型升级成效明显市（州），继深圳市成为全国第二个"双料冠军"。大连瓦房店，沈阳市大东区、

铁西区入围中国工业百强县（区）榜单。

（三）产业技术创新能力

产业基础能力建设稳步推进，14 个项目获国家首台（套）保险补贴，208 个项目获省级补贴 1 亿元，完成 31 个重点产业链关键节点项目。"整零共同体"示范成效明显，沈鼓 14 个关键配套件完成国产化协同攻关。企业创新更加活跃，新增省级企业技术中心 71 个，培育新型流体机械等 3 个省级制造业创新中心，576 家企业 666 项创新产品得到推广，21 个生物医药新药和高端医疗器械获批上市，11 个产品获十大类纺织创新产品，2 个轻工产品获评工业和信息化部升级和创新消费品。产业集群不断壮大，沈阳市机器人及智能制造集群跻身"国家队"。葫芦岛兴城市以泳装为优势获评消费品工业"三品"战略示范城市。

（四）制造业数字化转型

场景优势加快转化，建成应用场景 1235 个，18 个场景获评国家智能制造优秀场景。培育制造业数字化转型标杆企业 30 家，建设 152 家省级数字化车间、智能工厂。工业互联网标识解析体系实现全省覆盖，二级节点上线运行 32 个，跃居全国第二位，沈阳"星火·链网"超级节点上线运行，省级平台达到 65 个，工业互联网·辽宁沈阳中德装备园、和平区、沈北新区等入选国家新型工业化产业示范基地（第十批）名单，成功举办 2022 全球工业互联网大会。服务型制造加快实施，培育国家服务型制造示范单位 13 个，省级 50 个，省级工业设计中心 19 个。沈阳市入选第四批服务型制造示范名单。沈阳创新设计研究院成为国家工业设计研究院重点培育对象。

（五）绿色低碳循环发展

全省规模以上工业综合能源消费量 11583.2 万吨标准煤，同比下降 4.1%，比全国低 5.8 个百分点。绿色制造体系加快构建，新建省级绿色制造单位 102 家，累计 436 家。沈鼓入选国家工业产品绿色设计示范企业。认定辽宁省第二批化工园区（9 家）。恒力石化等 3 家企业入选 2022 年度重点用能行业能效"领跑者"企业名单。正式启动绿电绿证交易，华晨宝马生产用电全部绿色化。建成 6 个工业固废综合利用项目，新增固废消纳能力 1165 万吨。扩大再生资源产业数字化平台试点示范效果，完成废钢交易 30 余万吨。

（六）民营经济和中小企业

全省实有民营经济经营主体 451.6 万户，同比增长 6.3%，占经营主体总量的 95.8%，全年新设 63.2 万户。培育国家专精特新"小巨人"企业 76 家，累计 287 家，

其中14家获评国家重点"小巨人"企业；培育省级"专精特新"产品1105个、中小企业556家、"小巨人"企业310家。培育国家制造业单项冠军8家，认定首批省级单项冠军32家。制定减轻中小微企业生产经营负担22条措施，18.59亿元无分歧欠款化解动态"清零"。沈阳富创、拓荆科技成功上市。培育国家级中小企业公共服务示范平台4家、省级9家，国家级中小微企业创业创新示范基地5家、省级12家。开展"精益管理进千企"活动，组织2000余家企业线上培训。

2019 年吉林省工业经济运行概况

2019 年，吉林省全部工业增加值 3347.82 亿元，比 2018 年增长 3.1%。规模以上工业增加值同比增长 3.1%。在规模以上工业中，分经济类型看，国有及国有控股企业同比增长 6.0%，集体企业同比增长 8.0%，外商及港澳台商投资企业同比增长 0.3%。分门类看，采矿业增加值同比下降 2.6%，制造业同比增长 3.1%，电力、热力、燃气及水生产和供应业同比增长 8.9%。

全年规模以上工业中，重点产业增加值比 2018 年增长 3.7%，六大高耗能行业增加值同比增长 5.7%，高技术制造业增加值同比下降 1.9%，装备制造业增加值同比增长 1.9%。

全年全省规模以上工业企业利润比 2018 年下降 8.3%。分门类看，采矿业亏损有所增加，制造业利润同比下降 8.6%，电力、热力、燃气及水生产和供应业扭亏为盈。重点产业利润同比下降 6.2%。高技术制造业利润同比增长 9.1%，装备制造业利润同比下降 11.6%。2019 年主要工业产品产量及增速见表 1。

表 1　　　　　　　　　　　　　　　2019 年主要工业产品产量及增速

产品名称	单位	产量	同比增长（%）
原煤	万吨	1255.61	-22.5
原油	万吨	385.70	-0.4
饲料	万吨	563.14	-6.3
纸制品	万吨	36.15	-7.0
布	万米	3279.40	0.1
服装	亿件	0.5	-2.9
硫酸（折 100%）	万吨	86.0	7.8
乙烯	万吨	86.72	13.1
合成氨（无水氨）	万吨	46.96	1.7
农用氮、磷、钾化学肥料总计（折纯）	万吨	29.01	22.2
合成橡胶	万吨	16.48	24.8
化学药品原药	万吨	2.04	-1.5
中成药	万吨	8.19	-25.0
化学纤维	万吨	32.18	-13.8
水泥	万吨	1801.84	24.2
生铁	万吨	1257.07	8.2
粗钢	万吨	1356.55	12.6
钢材	万吨	1544.24	19.1
铁合金	万吨	1.99	-75.6
十种有色金属	万吨	13.07	3.8
黄金	万千克	0.41	-31.9
汽车	万辆	288.92	4.4
其中：基本型乘用车（轿车）	万辆	158.27	-12.7
动车组	辆	622	-23.8
城市轨道车辆	辆	2354	16.0
发电量	亿千瓦时	946.38	8.9

数据来源：吉林省 2019 年国民经济和社会发展统计公报。

2020 年吉林省工业经济运行概况

2020 年，吉林省全部工业增加值 3501.2 亿元，比 2019 年增长 5.9%（见图 1）。规模以上工业增加值同比增长 6.9%。在规模以上工业中，分经济类型看，国有及国有控股企业同比增长 8.6%，集体企业同比增长 2.8%，外商及港澳台商投资企业同比增长 7.8%。分门类看，采矿业增加值同比下降 1.7%，制造业同比增长 8.3%，电力、热力、燃气及水生产和供应业同比增长 3.3%。

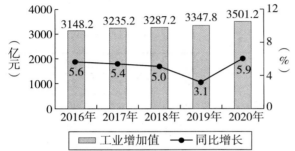

图 1　2016—2020 年全部工业增加值及增速

全年规模以上工业中，重点产业增加值比 2019 年增长 8.2%，六大高耗能行业增加值同比增长 4.9%，高技术制造业增加值同比增长 5.6%，装备制造业增加值同比增长 8.4%。

全年全省规模以上工业企业利润比 2019 年下降 10.5%。分门类看，采矿业亏损大幅增加，制造业利润同比增长 3.3%，电力、热力、燃气及水生产和供应业同比增长 23.2%。重点产业利润同比下降 9.9%。高技术制造业利润同比下降 5.5%，装备制造业利润同比增长 3.0%。

全年全省全社会建筑业增加值 843.6 亿元，比 2019 年增长 4.5%（见图 2）。2020 年主要工业产品产量及增速见表 1。

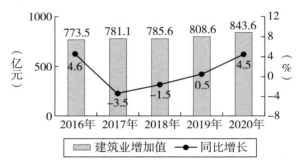

图 2　2016—2020 年建筑业增加值及增速

表 1　　2020 年主要工业产品产量及增速

产品名称	单位	产量	同比增长（%）
原油	万吨	404.41	0.6
饲料	万吨	550.79	13.4
纸制品	万吨	31.71	−11.6
布	万米	2461.10	−25.0
服装	亿件	0.60	−9.7
硫酸（折 100%）	万吨	79.91	−7.1
乙烯	万吨	86.00	−0.8
合成氨（无水氨）	万吨	51.96	5.2
农用氮、磷、钾化学肥料总计（折纯）	万吨	21.82	−15.6
合成橡胶	万吨	16.32	−1.0
化学药品原药	万吨	2.68	19.2
中成药	万吨	8.87	6.1
化学纤维	万吨	40.28	24.9
水泥	万吨	1991.14	7.0
生铁	万吨	1407.74	2.2

产品名称	单位	产量	同比增长（%）
粗钢	万吨	1525.61	1.8
钢材	万吨	1661.62	6.2
铁合金	万吨	0.45	-77.6
十种有色金属	万吨	12.60	-3.6
黄金	万千克	0.43	-0.7
汽车	万辆	265.46	5.6
其中：基本型乘用车（轿车）	万辆	143.97	-7.1
动车组	辆	640.00	2.9
城市轨道车辆	辆	3157.00	34.1
发电量	亿千瓦时	1018.83	7.7
其中：火力发电量	亿千瓦时	750.21	3.4
水力发电量	亿千瓦时	93.84	40.6
风力发电量	亿千瓦时	129.56	13.0
太阳能发电量	亿千瓦时	45.22	13.7

数据来源：吉林省 2020 年国民经济和社会发展统计公报。

2021 年吉林省工业经济运行概况

2021 年，吉林省全部工业增加值 3839.5 亿元，比 2020 年增长 4.6%（见图 1）。规模以上工业增加值同比增长 4.6%。在规模以上工业中，分经济类型看，国有及国有控股企业同比增长 2.0%，集体企业同比增长 9.0%，外商及港澳台商投资企业同比下降 2.3%。分门类看，采矿业增加值同比下降 0.7%，制造业同比增长 4.9%，电力、热力、燃气及水生产和供应业同比增长 5.2%。

同比增长 15.6%。

全年全省规模以上工业企业利润比 2020 年增长 30.6%。分门类看，采矿业亏损额大幅减少，制造业利润同比增长 16.8%，电力、热力、燃气及水生产和供应业由盈利转为亏损。重点产业利润同比增长 33.5%。高技术制造业利润同比增长 35.1%，装备制造业利润同比下降 5.6%。全年全省全社会建筑业增加值 959.9 亿元，比 2020 年增长 7.4%（见图 2）。

2021 年主要工业产品产量及增速见表 1。

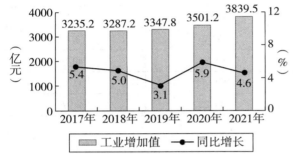

图 1　2017—2021 年全部工业增加值及增速

全年全省规模以上工业中，重点产业增加值比 2020 年增长 5.2%，六大高耗能行业增加值同比增长 5.3%，高技术产业增加值同比增长 21.6%，装备制造增加值

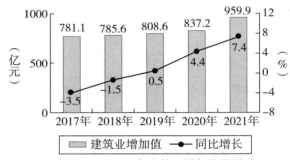

图 2　2017—2021 年建筑业增加值及增速

表 1　　　　　　　　　　　　　　2021 年主要工业产品产量及增速

产品名称	单位	产量	同比增长（%）
原油	万吨	414.25	2.4
饲料	万吨	590.45	6.1
纸制品	万吨	24.61	-25.6
布	万米	3068.6	24.7
服装	亿件	0.67	8.1
硫酸（折 100%）	万吨	75.96	-4.2
乙烯	万吨	77.30	-10.1
合成氨（无水氨）	万吨	63.77	22.7
农用氮、磷、钾化学肥料总计（折纯）	万吨	28.84	22.2
合成橡胶	万吨	16.98	4.1
化学药品原药	万吨	2.57	-3.9
中成药	万吨	9.43	8.7
化学纤维	万吨	44.77	11.3
水泥	万吨	2125.29	-6.3
生铁	万吨	1366.05	-3.0

续　表

产品名称	单位	产量	同比增长（%）
粗钢	万吨	1538.92	0.9
钢材	万吨	1790.60	6.3
铁合金	万吨	1.24	177.2
十种有色金属	万吨	10.44	−17.3
黄金	万千克	0.50	−1.9
汽车	万辆	242.41	−8.8
其中：基本型乘用车（轿车）	万辆	128.58	−11.1
动车组	辆	350.00	−45.3
城市轨道车辆	辆	2471.00	−21.7
发电量	亿千瓦时	1025.75	0.7
其中：火力	亿千瓦时	730.69	−2.6
水力	亿千瓦时	104.86	11.8
风力	亿千瓦时	137.94	6.5
太阳能	亿千瓦时	52.26	15.6

数据来源：吉林省 2021 年国民经济和社会发展统计公报。

2022 年吉林省工业经济运行概况

2022 年，吉林省全部工业增加值 3737.9 亿元，比 2021 年下降 5.6%（见图 1）。规模以上工业增加值同比下降 6.4%。在规模以上工业中，分经济类型看，国有及国有控股企业同比下降 6.8%，集体企业同比增长 62.7%，外商及港澳台商投资企业同比下降 4.4%。分门类看，采矿业增加值同比下降 1.1%，制造业同比下降 7.7%，电力、热力、燃气及水生产和供应业同比增长 3.0%。

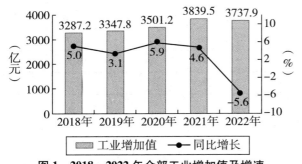

图 1　2018—2022 年全部工业增加值及增速

全年全省规模以上工业中，重点产业增加值比 2021

年下降 6.5%，六大高耗能行业增加值同比下降 0.4%，高技术制造业增加值同比增长 1.9%，装备制造业增加值同比下降 2.7%。

全年全省规模以上工业企业利润同比下降 15.4%。分门类看，采矿业扭亏为盈，制造业利润同比下降 16.0%，电力、热力、燃气及水生产和供应业增亏。重点产业利润同比下降 14.1%。高技术制造业利润同比下降 12.4%，装备制造业利润同比下降 8.5%。全年全省建筑业增加值 927.2 亿元，比 2021 年下降 2.3%（见图 2）。2022 年主要工业产品产量及增速见表 1。

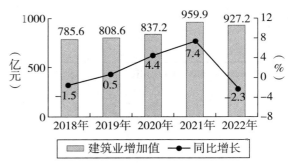

图 2　2018—2022 年建筑业增加值及增速

表 1　　　　　　　　　　　　　2022 年主要工业产品产量及增速

产品名称	单位	产量	同比增长（%）
原油	万吨	420.14	3.4
饲料	万吨	545.42	-9.0
纸制品	万吨	28.12	1.7
布	万米	2786.70	-9.2
服装	亿件	0.75	4.4
硫酸（折100%）	万吨	83.31	9.7
乙烯	万吨	80.87	4.6
合成氨（无水氨）	万吨	64.88	1.7
农用氮、磷、钾化学肥料总计（折纯）	万吨	22.78	-23.7
合成橡胶	万吨	16.13	-5.0
化学药品原药	万吨	3.02	17.6
中成药	万吨	8.86	-6.4
化学纤维	万吨	52.12	16.4
水泥	万吨	1717.51	-19.2
生铁	万吨	1307.78	-4.3

产品名称	单位	产量	同比增长（%）
粗钢	万吨	1357.03	-11.8
钢材	万吨	1531.97	-16.6
铁合金	万吨	0.57	-54.0
十种有色金属	万吨	13.56	28.1
黄金	万千克	0.44	-12.3
汽车	万辆	215.58	-11.4
其中：基本型乘用车（轿车）	万辆	117.78	-8.4
新能源汽车	万辆	16.82	57.6
动车组	辆	168.00	-52.0
城市轨道车辆	辆	2034.00	-17.7
发电量	亿千瓦时	992.92	2.0
其中：火力	亿千瓦时	678.61	-7.0
水力	亿千瓦时	95.63	16.1
风力	亿千瓦时	179.96	44.9
太阳能	亿千瓦时	38.72	4.6

数据来源：吉林省 2022 年国民经济和社会发展统计公报。

2019 年黑龙江省工业经济运行概况

2019 年，黑龙江省实现规模以上工业企业增加值同比增长 2.8%，比 2018 年回落 0.2 个百分点。

从地市看，全省 13 个地市规模以上工业增速均实现正增长。9 个地市增加值增速同比加快。其中，伊春、黑河、大兴安岭、齐齐哈尔、绥化实现两位数增长，同比分别增长 16.2%、22.0%、15.0%、15.1% 和 11.5%，分别加快 11.7 个、6.0 个、4.0 个、3.1 个和 1.4 个百分点；佳木斯、双鸭山、大庆、牡丹江同比分别增长 6.0%、6.5%、1.2% 和 3.9%，分别提高 2.5 个、1.7 个、0.7 个和 0.2 个百分点。4 个市增速同比放缓，鸡西、哈尔滨、鹤岗、七台河同比分别增长 7.0%、2.5%、3.3% 和 1.0%，分别放缓 0.4 个、3.3 个、4.0 个和 5.8 个百分点。

从行业看，全省 10 大行业中，有 8 个行业增加值实现正增长，建材、纺织、林木、装备行业同比分别增长 14.8%、9.0%、0.1% 和 11.0%，比 2018 年同期分别加快 22.2 个、12.9 个、7.5 个和 1.2 个百分点；医药、食品、冶金和以烟草为主的其他行业同比分别增长 6.5%、8.7%、25.7% 和 10.5%，比 2018 年同期分别放缓 3.9 个、4.1 个、11.6 个和 1.6 个百分点；能源、石化 2 个行业负增长，同比分别下降 0.4% 和 0.9%，降幅比 2018 年同期分别扩大 0.5 个和收窄 3.4 个百分点。

从产品产量看，60 种主要工业产品产量 36 涨 24 降。其中，新能源汽车、铜金属含量、化学药品原药、汽车用发动机、电工仪器仪表等 22 种产品产量同比增长 10% 以上，原煤、电站锅炉、机制纸及纸板、柴油、精制食用植物油等 11 种产品产量同比下降 10% 以上。产销率为 98.3%，同比下降 1.3 个百分点。

从工业效益情况看，全省规模以上工业企业营业收入同比增长 4.6%，增幅同比回落 4.5 个百分点，高于全国 0.8 个百分点。利润同比下降 21.8%，高于全国 18.5 个百分点。全省规模以上工业企业营业收入利润率为 3.9%，较 2018 年同期下降 1.3 个百分点，低于全国 2.0 个百分点。全省规模以上工业企业应收票据及应收账款 1611.6 亿元，与 2018 年同期持平；产成品资金占用 426.4 亿元，同比增长 2.0%。

2020 年黑龙江省工业经济运行概况

2020 年，黑龙江省实现规模以上工业企业增加值同比增长 3.3%，比 2019 年提高 0.5 个百分点。

从地市看，全省 10 个地市规模以上工业增速实现正增长，5 个地市增加值增速同比加快。其中，佳木斯、黑河、哈尔滨、鸡西、大庆同比分别增长 16.9%、25.9%、4.2%、7.4% 和 1.6%，分别加快 10.9 个、3.9 个、1.7 个、0.4 个和 0.4 个百分点；绥化、牡丹江同比分别增长 11.5% 和 3.9%，与 2019 年同期持平；大兴安岭、齐齐哈尔、双鸭山 3 个市同比分别增长 13.8%、13.5% 和 4.5%，分别回落 1.2 个、1.6 个和 2.0 个百分点；鹤岗、七台河、伊春 3 个市负增长，同比分别下降 1.1%、16.3% 和 15.2%，分别回落 4.4 个、17.3 个和 31.4 个百分点。

从行业看，全省 10 大行业中，有 7 个行业增加值实现正增长，纺织、石化、装备行业同比分别增长 25.0%、10.5% 和 13.5%，比 2019 年同期分别加快 16.0 个、11.4 个和 2.5 个百分点；建材、食品、冶金和以烟草为主的其他行业增加值同比分别增长 11.8%、2.0%、16.1% 和 2.1%，比 2019 年同期分别放缓 3.0 个、6.7 个、9.6 个

和 8.4 个百分点；能源行业增加值同比持平，比 2019 年同期加快 0.4 个百分点；林木、医药 2 个行业负增长，同比分别下降 4.7% 和 10.9%，降幅比 2019 年同期分别扩大 4.8 个和 17.4 个百分点。

从产品产量看，60 种主要工业产品产量 32 涨 28 降。其中，锂离子电池、化学药品原药、发电机组、发动机、汽车用发动机等 20 种产品产量同比增长 10% 以上，服务机器人、金属轧制设备、电工仪器仪表、工业机器人、钼精矿折合量（折纯钼 45%）等 16 种产品产量同比下降 10% 以上。产销率为 96.3%，同比下降 2.1 个百分点。

从工业效益情况看，全省规模以上工业企业营业收入同比下降 1.0%，增幅同比回落 5.6 个百分点，低于全国 1.8 个百分点。利润同比下降 21.9%，低于全国 26 个百分点。全省规模以上工业企业营业收入利润率为 2.8%，较 2019 年同期下降 0.8 个百分点，低于全国 3.3 个百分点。全省规模以上工业企业应收票据及应收账款 1605.3 亿元，同比增长 18.0%；产成品资金占用 441.0 亿元，同比增长 2.7%。

2021 年黑龙江省工业经济运行概况

2021 年，黑龙江省实现规模以上工业企业增加值同比增长 7.3%，比 2020 年提高 4 个百分点。

从地市看，全省 13 个地市均实现正增长。其中，6 个地市增加值增速同比加快，伊春、七台河、鹤岗、鸡西、双鸭山、大庆同比分别增长 12.4%、2.1%、12.0%、16.2%、9.5% 和 6.0%，分别加快 27.6 个、18.4 个、13.1 个、8.8 个、5.0 个和 4.4 个百分点；齐齐哈尔同比增长 13.5%，与 2020 年同期持平；哈尔滨、大兴安岭、牡丹江、佳木斯、绥化、黑河 6 个市同比分别增长 4.1%、12.5%、2.0%、14.8%、8.1% 和 14.0%，分别回落 0.1 个、1.3 个、1.9 个、2.1 个、3.4 个和 11.9 个百分点。

从行业看，全省 10 大行业中，有 9 个行业增加值实现正增长，医药、林木、能源、食品和以烟草为主的其他行业同比分别增长 5.8%、5.7%、6.3%、6.1% 和 7.1%，同比分别加快 16.7 个、10.4 个、6.3 个、4.1 个和 5.0 个百分点；装备、石化、冶金、纺织行业同比分别增长 13.3%、9.8%、11.0% 和 16.3%，同比分别放缓 0.2 个、0.7 个、5.1 个和 8.7 个百分点；建材行业负增长，同比下降 8.7%，同比回落 20.5 个百分点。

从产品产量看，60 种主要工业产品产量 42 涨 1 平 17 降。其中，金属轧制设备、新能源汽车、金属切削机床、钼精矿折合量（折纯钼 45%）、平板玻璃等 25 种产品产量同比增长 10% 以上；锂离子电池、电站用汽轮机、硅酸盐水泥熟料、中成药、石墨烯等 9 种产品产量同比下降 10% 以上。产销率为 96.4%，同比上升 0.1 个百分点。

从工业效益情况看，全省规模以上工业企业营业收入同比增长 17.3%，增幅同比提高 18.3 个百分点，低于全国 2.1 个百分点。利润同比增长 95%，高于全国 60.7 个百分点。全省规模以上工业企业营业收入利润率 4.6%，同比提高 1.8 个百分点，低于全国 2.2 个百分点。全省规模以上工业企业应收票据及应收账款 1618.2 亿元，同比增长 6.9%。

2022年黑龙江省工业经济运行概况

2022年，黑龙江省规模以上工业增加值同比增长0.8%，低于全国2.8个百分点。

从地市看，13个地市中有7个高于全国，增速分别为鹤岗9%、鸡西7.5%、七台河6.9%、黑河5.2%、双鸭山5.1%、大兴安岭5%、齐齐哈尔4.3%；有4个市高于全省，增速分别为绥化3.2%、佳木斯2.1%、牡丹江1.1%、哈尔滨1%；2个市低于全省，增速分别为伊春0.3%、大庆-2.6%。

从行业看，全省10大行业中，有5个行业增加值增速实现正增长。其中，能源、食品、装备、冶金和以烟草为主的其他行业同比分别增长2.2%、2.9%、5.5%、7.1%和7.2%；林木、医药、石化、纺织、建材5个行业呈负增长，同比分别下降4.2%、5.9%、7.3%、12.7%和12.7%。

从产品产量看，60种主要工业产品产量30涨30降。产量增长的产品中，工业机器人、石墨烯、金属切削机床3种产品产量同比涨幅超过100%，生物乙醇、饲料添加剂、铁路货车、铝材、原煤等14种产品产量同比涨幅超过10%；原油加工量、水泥、婴幼儿配方奶粉、硅酸盐水泥熟料、兽用疫苗等产品产量同比下降。

从工业效益情况看，全省规模以上工业企业营业收入同比增长8.4%，高于全国2.5个百分点。利润同比增长15%，高于全国19个百分点。全省规模以上工业企业营业收入利润率为4.9%，较2021年同期增长0.3个百分点。每百元营业收入中的成本为81.6元，较2021年同期减少1.5元，低于全国3.1元。全省规模以上工业应收账款2111.0亿元，同比增长27.2%。

2019年上海市工业经济运行概况

2019年，上海全年规模以上工业增加值比上年增长0.4%，完成"持平略增"目标。

一、生产上稳字当头、稳中有进

（一）各区和集团共同稳增长

2019年，工业增速季度冲高特征明显，主要区3增5降，主要集团12增5降。

（二）石化和医药行业支撑全市增长

规模以上工业总产值完成3.4万亿元，比2018年下降0.3%。石化行业同比增长10.1%，拉高全市工业增加值增速1.2个百分点，主要得益于价格指数下降对可比增速的放大效应；医药行业同比增长8.3%，拉高全市工业增加值增速0.2个百分点，主要得益于生物药品制品制造快速增长。

汽车行业同比下降4.4%，拉低全市工业增加值增速0.9个百分点；与汽车行业密切相关的钢铁、机械、电子和纺织等行业均同比下降，合计拉低全市工业增加值增速0.8个百分点。

（三）战略性新兴产业引领增长

战略性新兴产业制造业同比增长3.6%，增速快于全市工业3.6个百分点，占全市工业的31.5%。其中，高端装备、新材料和生物医药稳步增长，形成有力支撑。

新一代信息技术体量最大，同比下降0.1%，主要是昌硕占比高（1195亿元，占34%）、下降快（受苹果订单下滑影响，下降3%）。新材料产业增长同比17.7%，主要是因为政策性（推广分布式光伏发电）和周期性（智能电表更换），智能电网（占比46%）快速增长带动。

二、效益上短期波动、长期向好

（一）工业利税出现下滑

1—12月，规模以上工业利润完成2906.25亿元，比2018年下降13.7%，工业税收完成3549亿元，同比下降3%。主要原因：一是价格剪刀差，工业生产者出厂价格指数低于购进价格指数。二是成本费用上涨，1—12月，规模以上工业企业每100元营业收入中的成本为80.8元，同比增加0.3元；每100元营业收入中的费用为9.2元，同比持平。三是生产销售下降，利润总额减少。

（二）价格因素导致部分行业利润深跌

全市PPI同比下降1.2%，尤其是利润贡献大的重点行业产品价格下降幅度大。汽车行业受"国五"打折促销及消费低迷影响，汽车PPI同比下降2.8%，导致利润下降24%，拉低全市利润7.9个百分点。石化行业受调整周期影响（之前连涨30个月），化工原料和化学制品制造业PPI同比下降11%，导致利润下降32.4%，拉低全市利润5个百分点。钢铁行业受下游汽车和机械需求不振影响，黑色金属冶炼和压延PPI同比下降3.6%，导致利润下降35.3%，拉低全市利润1.5个百分点。

（三）利润降幅持续收窄

随着减税降费和扩大内需政策发力，从6月开始，工业生产者出厂价格指数出现回升，9月后高于购进价格指数。价格指数出现"反向差"且有扩大趋势，工业利润降幅随之收窄，1—12月比年初收窄15.1个百分点。

（四）工业利润率维持在较高水平

1—12月，全市规模以上工业企业实现营业收入利润率7.4%，高出全国1.5个百分点。

三、质量上后劲充足、融合发展

（一）工业投资创近10年新高

全市工业投资比2018年增长11.3%，连续21个月保持两位数增长，投资总额达1340亿元，创近10年新高，成为全社会固定资产投资平稳增长的有效支撑。投资对供给结构优化作用明显：一方面，以智能化改造为主的技改明显提速，1—12月，技改投资同比增长15.3%，技改投资占工业投资65%；另一方面，重大项目加快推进、未来可期，如特斯拉、大众MEB、华大积塔半导体以及和辉光电二期等拉动作用明显。

（二）从出口拉动向内需拉动转型

全市规模以上工业出口交货值完成7582.37亿元，比2018年下降1.9%。电子行业出口（占比54%）下降2.4%，下拉工业出口增速1.3个百分点。国产化替代和逆周期政策调节释放内需潜力，全年内需对工业经济增长贡献达62%，成为拉动经济增长的主要力量。

（三）工业和服务业深度融合

全市生产性服务业重点领域营业收入30819亿元，比2018年增长9%，其中，研发设计、金融、电子商务、专业中介服务等领域实现两位数增长。软件和信息服务业全年营业收入达到1万亿元，增加值实现1907亿元，占全市GDP的7.5%，占全市第三产业的10.4%，提前完成"十三五"规划目标（到2020年，上海软件和信息服务业经营收入超过1万亿元，增加值在全市生产总值中的比重达到7.5%左右）。

2020年上海市工业经济运行概况

2020年，上海市经济和信息化委员会一手抓疫情防控，一手抓复工复产，使工业经济保持稳定上升，工业生产实现稳定增长。

一、工业生产逐季回升，增加值规模保持全国城市第一

全年规模以上工业总产值完成34831亿元，可比增长1.9%，比一季度、上半年、前三季度分别回升19.3个、8.2个和3个百分点。全市实现工业增加值9657亿元，居全国主要城市首位。规模以上工业增加值增速位列全国第21，比2019年提高10位。

二、相关服务业快速增长，对全市服务业支撑作用增强

2020年，信息传输、软件和信息技术服务业完成增加值2761亿元，同比增长15.2%，高于全市第三产业增加值增速13.4个百分点；软件和信息技术服务业营业收入10913亿元，同比增长12.4%左右，增速逐季提高。在线新经济成为增长新引擎，美团、寻梦信息等龙头企业增长较快。生产性服务业重点领域企业实现营业收入30552亿元，同比增长6.2%，其中总集成总承包、研发设计服务同比分别增长5%和9.8%。文创产业实现增加值约5000亿元，同比增长1%，其中互联网和相关服务业、建筑设计业、工业设计业同比分别增长11.4%、7.1%、6%。

三、重点领域引领增长，产业高质量发展初显成效

2020年，战略性新兴产业制造业完成总产值13931亿元，同比增长8.9%，快于全市规模以上工业7个百分点，占全市规模以上工业比重的40%（见表1）。其中，新能源汽车增长170%，新材料增长10.8%，新能源增长8.5%，新一代信息技术增长6.2%。生物医药产值1417亿元，同比增长2.9%。集成电路产业销售收入2071亿元，同比增长21%。其中，设计业销售收入954亿元，同比增长33%；芯片制造业467亿元，同比增长20%；封装测试业430亿元，同比增长13%；装备材料业219亿元，同比增长0.1%。人工智能产业规模约2000亿元，同比增长35%。

表1   2020年战略性新兴产业制造业分领域情况

战略性新兴产业	总产值（亿元）	同比增长（%）
新一代信息技术	5584	6.2
新材料	2663	10.8

续　表

战略性新兴产业	总产值（亿元）	同比增长（%）
高端装备	2434	-0.9
生物医药	1417	2.9
节能环保	827	4.9
新能源汽车	664	170
新能源	482	8.5
数字创意	129	-1.2
合计	13931	8.9

四、制造业投资保持两位数增长，大项目拉动作用明显

全年全市工业投资同比增长15.9%，制造业投资同比增长20.6%，连续34个月两位数增长。主要领域中，电子信息、生物医药、汽车制造同比分别增长64.8%、27.3%、17.2%。大项目拉动作用明显，集成电路重大项目投资增长超过100%；新能源汽车重大项目投资增长超过30%。

五、工业能耗持续下降，绿色集约水平提高

全年全市规模以上工业用能总量同比下降1.2%，单位增加值能耗同比下降2.8%。"十三五"时期用能总量累计下降356万吨标准煤，单位增加值能耗累计下降17%，完成总量下降180万吨、强度下降15%的"十三五"节能目标。工业经济密度稳步提高，全年产业园区地均工业产值约76亿元/平方千米。

六、市场回暖叠加稳增长成效，工业经济发展强劲

从规模看，大中型企业产值2.5万亿元，同比增长3.3%；小型企业产值1万亿元，同比下降1.5%。从所有制看，外资企业产值同比增长20%；国有企业产值同比下降1.3%；民营企业产值同比增长1%。从产品看，95种重点产品中有34种产品产量实现增长，增长面达35.8%。其中，高新技术产品产量实现快速增长，新能源汽车、服务器和3D打印设备同比分别增长1.9倍、25.4%和23.2%。

七、主要行业增降各半，汽车行业引领增长

在政策刺激、市场需求复苏、新产能释放等多重因素影响下，全年汽车行业完成产值6735亿元，可比增长9.3%，拉高全市规模以上工业1.7个百分点。全年汽车产量265万辆，同比下降3.7%，其中新能源汽车24万辆，同比增长 1.9 倍。电子行业完成产值 5477 亿元，可比增长 5.4%，拉高全市工业增速 0.8 个百分点，主要是居家办公、在线教育、娱乐类消费电子产品需求增长。石化行业完成产值 3868 亿元，同比增长 3.9%，拉高全市工业 0.5 个百分点，主要是汽车尾气催化类专用化学品制造带动。医药行业完成产值 1000 亿元，同比增长 2.8%，主要是化学原料药生产旺盛。电力行业完成产值 1127 亿元，同比增长 1.6%，主要是高温及寒潮天气下用电负荷持续攀升，达到 3339 万千瓦历史高峰。

轻工、机械、钢铁、烟草、船舶 5 个行业出现下降。轻工行业完成产值 5117 亿元，可比下降 4.6%，拉低全市工业 0.7 个百分点。一方面，前期疫情造成的损失未能有效回补，如珠宝首饰销量大幅减少；另一方面，要素成本、环保和规划因素造成产能转移。钢铁行业完成产值 1120 亿元，同比下降 4.2%；烟草行业完成产值 1002 亿元，同比下降 2.9%；船舶行业完成产值 561 亿元，同比下降 1.9%；机械行业完成产值 6665 亿元，同比下降 0.1%（见表 2）。

表 2　　　　2020 年主要行业产值完成情况

行业	工业总产值（亿元）	同比增长（%）
汽车	6735	9.3
电子	5477	5.4
石化	3868	3.9
医药	1000	2.8
电力	1127	1.6
机械	6665	-0.1
船舶	561	-1.9
烟草	1002	-2.9
钢铁	1120	-4.2
轻工	5117	-4.6

2021年上海市工业经济运行概况

2021年，上海市工业系统全力以赴稳增长，叠加内外需求拉动、新动能发力及订单转移等多重积极因素作用，在"十四五"开局之年上海工业交出"三个好于、两个突破"的成绩，即规模以上工业增加值增速好于全市GDP、好于全国工业、好于疫情前水平；全口径工业增加值首次突破1万亿元，全口径工业总产值首次突破4万亿元，工业高质量发展成效持续显现。

一、工业生产规模和速度双跃升

从产值看，2021年规模以上工业总产值39499亿元，与2020年比较，可比增速达到10.3%，两年平均增长6%，好于疫情前水平；全口径工业总产值42014亿元，经历10年的低位波动，体量跃上4万亿元新台阶。从增加值看，上海规模以上工业增加值增长11%，高于全国（9.6%）1.4个百分点，为2011年以来最好水平；全口径工业增加值10738.8亿元，可比增长9.5%，拉动GDP（8.1%）2.4个百分点，占全市GDP的24.8%，比2020年提高0.1个百分点。从用电量看，全年工业用电量851亿千瓦时，占全社会用电量48.7%，同比增长10.7%，其中制造业用电量687亿千瓦时，同比增长10.4%，表明工业经济增长势头强劲。

二、三大重点行业支撑作用明显

2021年全市机械行业完成产值7885亿元，同比增长12%，拉动规模以上工业2.3个百分点，其中中集、太平货柜等集装箱制造实现产值149亿元，同比增长226.3%；ABB、发那科、库卡等工业机器人制造实现产值217亿元，同比增长21.3%；晶澳等光伏设备制造业实现产值73亿元，同比增长53.4%。汽车行业完成产值7586亿元，同比增长21.1%，拉动规模以上工业4个百分点，上海整车产量283万辆，占全国的11%，其中特斯拉产量增长3.1倍。轻工行业产值5905亿元，同比增长12.3%，拉动规模以上工业1.8个百分点，其中大众动力、恩捷新材料、比亚迪等电池制造实现产值187亿元，同比增长77.7%；老凤祥、金伯利等珠宝首饰制造实现产值385亿元，同比增长24.5%。以上3个行业合计拉动规模以上工业8.1个百分点，是工业经济稳增长的主要支撑。其他行业中，电力同比增长15.2%，船舶同比增长14.4%，医药同比增长7.1%，石化同比增长4.2%，电子同比增长1.4%，烟草同比增长0.1%，钢铁因压减产能同比下降1.4%（见表1）。

三、新动能新赛道引领工业增长

三大先导产业制造业产值同比增长18.3%。其中集成电路制造产值增长24.1%，中芯、华虹等龙头企业产

表1　2021年重点行业产值完成情况

行业	现价产值（亿元）	同比增长（%）	拉动作用（%）
机械行业	7885	12	2.3
汽车行业	7586	21.1	4.0
轻工行业	5905	12.3	1.8
电子行业	5351	1.4	0.2
石化行业	4678	4.2	0.5
钢铁行业	1488	-1.4	0
电力行业	1301	15.2	0.5
医药行业	1073	7.1	0.2
烟草行业	1007	0.1	0
船舶行业	603	14.4	0.2

能不断释放，艾为电子、复旦微电子等中小企业快速成长；生物医药制造产值增长14.7%，强生、和黄、合全等药品加快生产，联影医疗、东富龙科技等抗疫设备需求旺盛；人工智能制造产值增长31.4%，主要是环维电子、达闼机器人等智能产品企业带动。战略性新兴产业制造业产值16056亿元，可比增长14.6%，占规模以上工业的40.6%。绿色低碳赛道产业中，新能源汽车产值1773亿元，增长1.9倍；新能源582亿元，增长16.1%；节能环保940亿元，增长8.8%。培育市级"专精特新"企业3005家、专精特新"小巨人"企业262家、制造业单项冠军企业23家。

四、工业投资和出口结构出现分化

从工业投资看，经过3年两位数高速增长，2021年工业投资增速回落至8.2%，其中制造业投资同比增长7.8%。重点行业出现"四升二降"局面，规模占1/3的生物医药、成套设备、石油化工和精品钢材制造业4个行业，分别同比增长103.1%、57.7%、50.4%和39%，规模约占2/3的电子信息、汽车制造业，同比分别下降14.6%和3.6%。从工业出口看，全年规模以上工业出口交货值8223亿元，同比增长8.4%，重点行业"一降六增"，规模占49%的电子行业出口下降5.9%，但是汽车（108.9%）、船舶（10.4%）、石化（27.9%）、钢铁（63%）、机械（20.1%）、医药（20%）等行业出口大幅增长。

五、工业绿色集约发展水平提高

2021年，制造业用能总量4736万吨标准煤，同比增长0.4%，单位增加值能耗同比下降8.5%。工业经济密度稳步提高，全年产业园区地均工业产值82亿元/平方千米，同比提高7.9%；首批26个特色产业园区地均产出超过180亿元/平方千米，高于全市平均120%；打造1个千亿级园区（G60电子信息国际创新产业园）、7个百亿级园区（金桥5G产业生态园、汽车新能港、碳谷绿湾、北斗西虹桥基地等）。

2022 年上海市工业经济运行概况

2022 年，上海市工业系统全力以赴稳增长，有效应对年初疫情冲击，工业连续 5 个月两位数增长，全年工业增加值超 1 万亿元，信息传输、软件和信息技术服务业增加值比 2021 年增长 6.2%，工业投资增长 0.6%，全年实现量的合理增长和质的稳步提升，产业经济实力持续增强。

一、工业经济迈上新台阶

2022 年，全年规模以上工业总产值 40474 亿元，可比下降 1.1%；规模以上工业销售产值 40328 亿元，同比增长 1.2%；工业产销率 99.64%，产销衔接情况较好。全年工业呈 V 形复苏态势。规模以上工业增加值可比下降 0.6%。分季度看，一季度增长 3.9%，二季度下降 26%，三季度增长 14.6%，四季度增长 3.8%，走出"平稳开局、深度下探、快速恢复"V 形恢复曲线。出口对经济增长贡献较大。在消费电子、新能源汽车支撑下，规模以上工业出口交货值 8889 亿元，工业外向度达 22%；工业出口同比增长 7.8%，对工业销售产值增长贡献率达 135%，拉动规模以上销售产值 1.6 个百分点。

二、汽车行业是稳增长主驱动

在汽车促消费政策支持下，汽车行业企业积极克服疫情、缺芯、电贵等困难，供应链资源向高端车型、新能源汽车集中。全年实现产值 8080 亿元，同比增长 9.3%，拉动规模以上工业 1.7 个百分点，对全市工业稳增长贡献最大。全市汽车产量 302 万辆，占全国 11%，同比增长 6.8%，好于全国汽车行业水平。在政策、市场、企业的共同作用下，新能源汽车呈爆发式增长。全市新能源汽车产值 2888 亿元，可比增长 56.9%；产量 99 万辆，同比增长 56.5%。

三、其他重点行业"六升三降"

钢铁、烟草等 6 个行业正增长，合计拉动规模以上工业产值增长 1 个百分点。钢铁行业产值 1543 亿元，可比增长 7.6%，主要是取向硅钢、汽车板等市场相对较好。烟草行业产值 1080 亿元，可比增长 7.2%。船舶行业产值 645 亿元，可比增长 5.8%，主要是集装箱船加速完工交船，LNG 船新增订单较多。医药行业产值 1117 亿元，可比增长 4.6%，主要是防疫相关药品、器械产销两旺。电子行业产值 5746 亿元，可比增长 1.7%，主要是消费电子和集成电路生产较好。电力行业产值 1471 亿元，可比增长 1.7%，主要是夏季高温叠加居家办公等造成居民用电大幅增加（全社会用电 1746 亿千瓦时，同比下降 0.2%，其中城乡居民用电增长 15.5%，二产用电下降 4.7%，三产用电下降 1.2%）。轻工行业产值 5985 亿元，可比下降 3.9%，主要是疫情造成日化、农副食品加工、造纸印刷、家电等消费萎缩。机械行业产值 7695 亿元，可比下降 6%，主要是集装箱订单减少，以及房地产下行造成电梯、电线电缆等需求减少。石化行业产值 4658 亿元，可比下降 12%，主要是上海石化大火停产以及原油价格下跌、化工产品市场偏弱影响。

四、高端产业引领功能持续巩固

三大先导产业制造业产值 4122 亿元，可比增长 11.1%，高于面上工业 12.2 个百分点。集成电路产值 1748 亿元，可比增长 17%，其中晶圆制造、半导体设备分别增长 38.3% 和 33.9%。生物医药产值 1850 亿元，可比增长 5.7%，其中药品增长 4.1%、器械增长 5.7%、制药装备及原材料增长 17%。人工智能产值 651 亿元，可比增长 13.7%。六大重点产业产值 29772 亿元，占规模以上工业产值的 73.6%，可比增长 1%。分行业看，电子信息产值 9188 亿元，可比增长 6.6%；汽车产值 8564 亿元，可比增长 8.8%；生命健康产值 2011 亿元，可比增长 2.7%；高端装备产值 6127 亿元，可比下降 3%；先进材料产值 4710 亿元，可比下降 6.2%；时尚消费品产值 2680 亿元，可比下降 10.1%。战略性新兴产业好于面上工业，全年战略性新兴产业制造业产值 17407 亿元，可比增长 5.8%，高于面上工业 6.9 个百分点。光伏电池、发电设备、光纤、智能手机分别同比增长 1.2 倍、70.3%、19.2% 和 10.8%。

2019 年江苏省工业经济运行概况

2019 年，江苏省扎实推进制造强省和网络强省建设，全省工业经济运行总体平稳、稳中有进，信息化建设迈出新步伐。

一、工业经济运行概况

全省规模以上工业增加值同比增长 6.2%，增速较 2018 年同期回升 1.1 个百分点，高于全国 0.5 个百分点。从季度走势看，一季度、上半年、前三季度全省规模以上工业增加值增速分别为 5.3%、6.0% 和 5.8%，增速总体平稳。苏中、苏北地区发展较快，规模以上工业增加值同比分别增长 7.3% 和 6.9%，增幅高于全省平均水平。

全省规模以上工业完成营业收入 118768.3 亿元，同比增长 3.5%。建材、医药、冶金（有色）行业营业收入同比分别增长 15.1%、12.2% 和 10.7%，均高于全省平均水平；轻工（烟草）、机械、电子行业营业收入增速分别为 3.4%、3.3% 和 2.4%。从利润情况看，医药、建材行业利润增长较快，同比分别增长 18.5% 和 13.8%。全省战略性新兴产业、高新技术产业产值同比分别增长 7.6% 和 6.0%。

工业技术改造投资同比增长 8.6%，增速比工业投资高出 4.7 个百分点。高新技术产业投资同比增长 23.3%，增速比 2018 年加快 8.1 个百分点。工业用电有所增长，全年全省工业累计用电 4453.3 亿千瓦时，同比增长 1.3%。成品油供应充足，全年全省成品油表观消费量 2383 万吨，同比增长 0.3%。交通运输稳步增长，全年全省交通运输业完成货运量 25.9 亿吨，同比增长 4.6%。制造业贷款有所增加，12 月末全省制造业本外币贷款余额 16957.80 亿元，比年初增加 464.29 亿元。

虽然工业经济发展取得了一些成就，但也存在一些突出问题。一是外部环境变化带来更多风险挑战和不确定性。受发达国家推动制造业回流、经贸摩擦、新一轮科技革命和产业变革加速及区域综合成本变化等影响，全球产业链布局出现新的调整，国内产业链部分环节向外转移，将对产业链完整性产生一定影响。二是结构性问题进一步凸显。产业总体上仍处于中低端水平，缺少自主品牌、终端产品，企业话语权、主动权不够，产业结构偏重，企业创新能力不强。三是企业生产经营困难增多。工业企业整体利润持续走低，企业负担仍然较高，用工成本持续上升，安全环保约束不断加大，融资难融资贵问题依然突出。

二、重点工作和成就

（一）先进制造业集群培育取得新突破

一是集群培育政策体系进一步完善。省级累计出台车联网发展行动计划、大中小企业融通发展方案、工业互联网 App 培育计划等各类配套文件，初步形成"1+N"集群培育政策体系。二是集群高质量发展成效明显。13 个集群发展态势总体良好，主营业务收入在规模以上工业中的比重达到 32%。集群重点项目推进有力，建立总投资近 1.2 万亿元的 863 项集群培育重点项目库，全年完成投资超 3000 亿元。企业创新能力有效提升，以企业为主体建成 188 个新型创新载体，8 个集群布局省级以上制造业创新中心，先进功能纤维创新中心成功升级为全省首家国家制造业创新中心，重点企业承担的多项集群关键核心技术攻关进展顺利。品牌企业培育稳步推进，实施百企引航、千企升级三年行动计划，省市联动培育 105 家引航企业、1049 家专精特新"小巨人"和单项冠军企业，全年营业收入超百亿元工业企业 142 家、超千亿元 11 家，新增省级专精特新"小巨人"企业 250 家，国家专精特新"小巨人"企业 18 家、制造业单项冠军 18 家。三是国家先进制造业集群竞赛入围数量全国领先。遴选 12 家优势集群参加国家先进制造业集群竞赛，6 个集群初赛胜出，入围决赛总数占全国 1/4。

（二）创新驱动发展进入快车道

一是创新载体建设取得新进展。推动先进功能纤维中心升级，顺利完成先进封装中心专家论证。制定省级制造业创新中心建设工作指引，累计建设省级中心培育单位 28 家、试点单位 8 家，试点单位承担省级以上科技重大专项 31 项、突破 15 项行业关键技术。修订省级企业技术中心认定管理办法，全年新增 434 家、累计 2444 家。二是关键核心技术攻关持续发力。创新实施关键核心技术攻关工程，首次组织揭榜攻关 23 项；实施高端装备研制赶超 14 项、车联网 13 项、工控安全 3 项。全年完成 45 项重大技术（产品）突破，其中 15 项技术（产品）打破国外垄断、17 项关键基础材料和核心零部件实现重大突破、13 项高端装备短板得到有效弥补。三是质量品牌建设不断加强。开展消费品工业"三品"专项行动，大力宣传自主工业品牌五十强，实施标准领航质量提升工程，培育领航标准产品 100 余项，新增全国质量标杆 5 个、省质量标杆 16 个。

（三）产业结构调整进一步深化

一是新兴产业加快发展。分行业制定五大战略性新兴产业年度实施方案，高新技术产业、战略性新兴产业产值分别占规模以上工业的 44.5% 和 32.5%，软件和信息技术服务业、互联网和相关服务业业务收入分别增长 10%、20%。二是传统产业改造提升步伐加快。实施"三化一补两提升"大规模技术改造，省级建立 402 项重点工业投资项目库，跟踪服务 50 项标志性项目，安排 3.75

亿元分期支持 17 个重大项目建设，全年工业投资增长 5%、技术改造投资增长 9% 左右。三是生产性服务业支撑有力。制定工业设计高质量发展三年行动计划，新增国家级工业设计中心 6 家，国家纺织服装创意设计平台 2 家。大力推进服务型制造、共享制造，遴选 66 个服务型制造示范、51 个供应链管理优秀解决方案分行业推广。四是绿色转型升级加快。实施能效领跑行动和重点用能单位"百千万"行动，支持 149 项节能改造、合同能源管理和绿色化改造项目，新增绿色工厂 50 家、绿色园区 2 家、绿色供应链管理企业 3 家。五是去产能成果进一步巩固。充分利用综合标准，退出低端低效产能项目 59 项，压减水泥产能 333 万吨、平板玻璃产能 1410 万重量箱。六是化工整治工作取得实效。对 4022 家化工企业和 50 个化工园区"一企一策""一园一策"分类整治提升，全年关闭化工企业 735 家。推进城镇人口密集区危化品企业搬迁改造，累计完成 164 家。开展长江沿岸 1 千米化工企业专项治理，关闭 31 家。

（四）新动能新经济加速成长

一是车联网产业迈出重要步伐。江苏（无锡）车联网先导区获批全国首个国家级车联网先导区。建成国家级智能商用车质检中心、智能网联汽车封闭测试基地，构建一流测试服务体系。二是高端软件和信息技术产业发展提速。入围全国互联网百强企业 6 家、软件百强 8 家、电子信息百强 12 家，苏州被授予"中国软件特色名城"称号。推进信息消费"三品"行动，推广新型信息消费产品 81 个，入选国家试点示范 15 个，全省信息消费规模达 5600 亿元、增长 10% 以上。成功举办世界物联网博览会、中国（南京）国际软件产品和信息服务交易博览会，进一步打造展会品牌影响力。三是大数据产业蓬勃发展。以交通、健康领域为切入点，探索数据权属界定和交易机制，推进行业数据开放共享与应用。评选省级优秀大数据产品和解决方案 55 个，5 个入选国家优秀产品，建成省级大数据产业园 5 个，数字经济规模达 4 万亿元左右。四是 5G 网络加快部署。出台推进 5G 网络建设若干政策措施，组织南京、无锡、苏州制定试点应用方案，完成 5G 基站建设 16386 个，占全国 12%，初步形成重点区域连续覆盖。

（五）两化深度融合持续加快

信息化引领作用进一步彰显，全省企业两化融合发展水平指数达 60.7。一是智能制造深入推进。累计培育省级智能车间 1055 家、智能工厂 30 家、智能制造服务领军机构 68 家，11 个智能制造解决方案供应商项目获国家立项。举办世界智能制造大会，签约项目数和投资额创历届新高。二是工业互联网提速发展。全面推进工业互联网平台应用创新体验中心和国家顶级节点灾备中心建设，编制《长三角工业互联网一体化发展示范区建设规划》并获工业和信息化部批复。实施"一市一重点平台、一行业一重点平台"培育工程，建成并运营 3 个标识解析二级节点，徐工信息汉云工业互联网平台入选

2019 年跨行业跨领域工业互联网平台清单，17 个项目入选 2019 年工业互联网创新发展工程。三是智慧江苏建设统筹推进。实施智慧江苏建设三年行动计划，推进 57 项重点工程和 31 项行业示范工程，培育智慧江苏创新基地 40 家。完成信息基础设施投资 396 亿元，全省光网城市全面建成，"企企通"应用企业达 2.6 万家，IPv6 用户达 9400 万家，IPTV 用户超 1100 万家。

（六）服务企业发展更加扎实

一是持续优化营商环境。深化"放管服"改革，取消权力事项 9 项、委托下放 1 项，无线电、食盐、监控化学品三大类行政许可事项实施"不见面"审批。扎实推进降本减负，全年为实体经济降本 2600 亿元以上。二是扎实推进民营企业中小企业账款清欠工作。建立清欠工作台账，月月进行通报，及时跟进审计，督促各地各部门做好清偿工作，全省偿还拖欠账款 109.4 亿元、清偿率 90.9%，位居全国前列。三是不断加强运行监测协调。优化重点监测企业样本库，建立 955 家对美出口 1000 万美元以上企业样本库，精准把握运行态势，针对性做好服务引导。制定服务联络省领导挂钩项目管理办法，组建工作专班，协调推进 15 个重大项目尽快达产达效。跟踪推进 755 个新增长点项目，全年新增销售收入 2450 亿元。四是着力完善中小企业服务体系。出台促进中小企业健康发展实施意见。建立 1.5 万家"白名单"企业库，协调金融机构发放贷款 339.5 亿元。修订省级中小企业公共服务示范平台认定管理办法，认定省级示范平台 90 家，创建国家示范平台 10 家、国家小微企业双创示范基地 4 家，全省 320 家双创示范基地共吸纳 4 万多家中小微企业入驻，解决就业近 120 万人。五是加快推进资源集约利用综合评价。各设区市综合评价系统全部建成并投入使用，南京、无锡、苏州、扬州 4 市制定实施了差别化政策，分类配置要素资源，进一步推动企业质效提升。

三、2020 年工业形势展望

2020 年是全面建成小康社会和"十三五"规划收官之年，江苏要围绕建设现代化经济体系和推动高质量发展，突出先进制造业集群培育总抓手，推动制造强省和网络强省建设，聚力推进核心技术自主化、产业基础高级化、产业链现代化，加快推动大规模技术改造、数字化转型和新动能成长，加快推动自主品牌企业做强做优，统筹推进稳增长、强基础、调结构、促融合、优环境，努力实现工业经济平稳运行和制造业高质量发展，确保"十三五"规划圆满收官。一是努力确保工业经济运行在合理区间。坚持稳字当头，贯彻落实"六稳"部署，千方百计、多措并举顶住下行压力，保持工业平稳增长，稳住工业增加值占地区生产总值的比重。二是更好发挥先进制造业集群的支撑引领作用。以先进制造业集群培育为总抓手，持续抓好大规模技术改造、自主创新能力提升、自主品牌企业培育三大核心任务，努力提升产业基础能力和产业链现代化水平，推动构建集群网络生态

体系。三是积极推动工业化和信息化深度融合。坚持智能制造主攻方向，深化"智能+""工业互联网+""区块链+"创新应用，做深做细做实"两化融合"大文章，不断加快网络强省建设进程。四是扎实推进产业结构优化升级。在供给侧结构性改革上持续用力，进一步巩固去产能成果，推进传统产业改造提升，培育新产业新业态新模式，努力提升产业本质安全水平，加快推动产业链迈向中高端。五是切实改善民营企业中小企业发展环境。落实中央营造更好发展环境支持民营企业改革发展意见和中央经济工作会议精神，抓好既有政策举措落地见效，聚焦难点、痛点和堵点再研究提出一批操作性强的制度政策。

2020 年江苏省工业经济运行概况

2020 年，江苏省全面落实党中央、国务院决策部署，统筹推进疫情防控和工业经济发展，扎实做好"六稳"工作、落实"六保"任务，加快推进制造强省和网络强省建设，工业和信息化各项事业稳步推进、成效明显，工业经济回稳向好，制造业高质量发展迈出坚实步伐，"十三五"规划目标任务全面完成，为全省高水平全面建成小康社会提供了坚实支撑。

一、工业经济运行概况

2020 年全省规模以上工业增加值增长 6.1%，增速较 2019 年同期回落 0.1 个百分点，高于全国 3.3 个百分点，比一季度、上半年、前三季度分别回升 13.9 个、5.0 个和 2.5 个百分点。重点地区支撑稳定，全省 13 个设区市中有 9 个市规模以上工业增加值增速高于全省平均水平。全省规模以上工业企业完成营业收入 122206.8 亿元，同比增长 4.0%；实现利润总额 7365.3 亿元，同比增长 10.1%；销售利润率为 6.0%。

主要行业中，电子、医药、冶金（有色）、机械、建材、轻工（烟草）行业营业收入同比分别增长 10.9%、9.8%、6.9%、6.8%、6.2% 和 4.4%，均高于全省平均水平。从利润情况看，电子、医药、机械、轻工（烟草）、建材行业利润增长较快，同比分别增长 27.2%、15.3%、14.2%、13.7% 和 11.9%。

要素供应总体平稳。工业用电量持续回升，2020 年全省工业用电 4523.1 亿千瓦时，同比增长 1.6%，比一季度、上半年、前三季度分别回升 16.3 个、6.4 个和 2.6 个百分点。成品油供应充足，2020 年全省成品油表观消费量 2110.3 万吨，同比增长 -8.7%。交通运输稳步增长，2020 年全省交通运输业完成货运量 28.8 亿吨，同比增长 2.6%。制造业贷款有所增加，12 月末全省制造业本外币贷款余额 18699.7 亿元，比年初增加 1741.6 亿元。

虽然工业经济发展取得了一些成绩，但也存在一些突出问题。一是产业技术创新亟待突破。全省产业链价值链分工总体上仍处于中低端，制造业很多领域仍然受制于人，高端装备、关键零部件、基础材料、核心工艺、工业软件等对外依赖度高。二是自主品牌企业培育仍需加力。江苏制造业门类齐全，但企业总体实力水平处于国际同行业中低端，受国外疫情蔓延和市场环境收缩影响，企业利润率下滑、资金周转压力增大、投资信心不足。三是新兴产业培育存在不足。人工智能、区块链、生物技术等新兴产业和未来产业的抢位占位相对迟缓，整体发展滞后于国内先进地区。

二、重点工作和成就

（一）先进制造业集群培育优势不断巩固提升

一是健全完善协同培育机制。制定出台"百企引航""千企升级"计划、产才融合方案等政策，细化年度百项工作百个指标责任分工和集群决赛指引。二是持续推进大规模技术改造。447 项省重点工业投资项目、1053 项集群技术改造项目超额完成年度投资计划，5000 万元以上项目投资增长近 30%。全年支持 101 项重大技术改造项目，支持 1000 家企业实施技术改造。三是着力提升企业自主创新能力。推动创新要素向企业集聚，全省规模以上企业研发投入强度达到 2% 左右。持续抓好 66 项关键核心技术攻关项目组织推进，45 项取得积极进展。四是加快培育自主品牌本土企业。实施"百企引航""千企升级"行动计划，重点支持推进 7 个兼并重组项目和 57 个专精特新"小巨人"培育项目。全省营业收入超千亿元工业企业达 12 家、超百亿元 148 家；新增国家专精特新"小巨人"企业 95 家、制造业单项冠军 28 家。发布标准领航产品 88 项，新增全国质量标杆 5 家。五是部署推进产业强链行动。部署"一机制一竞赛四行动"，聚焦 30 条优势产业链，建立省领导挂钩联系制度，组建产业强链专班，形成具体工作方案，各专班工作有序推进。

（二）自主可控先进制造业体系加快构建

一是持续推进高水平创新载体建设。集成电路特色工艺及封装测试创新中心成功创建为国家级制造业创新中心，高性能膜材料、数字化设计与制造、智能网联汽车创新中心实现省级试点建设，2020 年已建成国家级中心 2 家，省级试点中心 9 家、培育中心 25 家，国家级、省级企业技术中心累计达 127 家和 2901 家。二是聚力突破关键核心技术短板。完成碳纤维、工控系统、集成电路等 10 条产业链技术评估。持续深化揭榜攻关机制，全年发布 71 项攻关方向，支持 43 项攻关任务。三是加速推进创新产品推广应用。发布新技术新产品、自主创新产品目录，加快首台套装备、首批次新材料、首版次软件推广应用。全年发布首版次软件 51 个、认定首台套装备 40 个，50 个项目获国家首台套保险政策支持。开展新能源汽车下乡十城巡展活动，全年推广新能源汽车 7.45 万辆。

（三）数字技术与先进制造业深度融合发展

一是加速布局新基建。全年完成信息基础设施投资 450 亿元。工业互联网国家顶级节点（南京灾备节点）上线，新建工业互联网标识解析二级节点 10 个、累计 13

个，标识注册量达 6.2 亿个，接入企业数超 2600 家。二是夯实信息技术产业支撑。重点推进国产软件应用、核心技术突破、龙头企业培育等 30 项工作，全年 9 家企业入选全国软件百强、6 家入选互联网百强，软件业务收入超 1 万亿元，全年信息消费规模超 6000 亿元。三是加快工业互联网建设应用。运用工业互联网平台支撑疫情防控和复工复产，开展工业互联网平台"强链拓市"专项行动，8 个抗疫复工解决方案进入国家推荐目录。6 个国家级工业互联网公共服务平台落地，累计上云企业超 30 万家。四是加速制造业智能化服务化转型。深入实施智能制造工程，获批国家智能制造系统解决方案供应商 13 家，累计 24 家，占全国 21%。获中国工业设计十大金奖 1 项，新增国家工业遗产项目 2 项。

（四）行业安全绿色转型发展全面加强

一是圆满完成重点行业安全生产专项整治"一年小灶"。认真组织实施化工行业百日攻坚行动，高质量完成"一园一策""一企一策"评估论证、企业安全风险辨识、企业风险隐患排查、提升企业本质安全环保水平建议等五个方面任务。全省化工园区集中区压减至 29 家。建成危化品全生命周期监管信息共享平台，接入 40 类 4200 万条数据。二是加速推进行业绿色发展。着力构建绿色制造体系，累计创建国家级绿色工厂 174 家、绿色园区 14 家、绿色供应链管理企业 14 家，认定首批省级绿色工厂 97 家，新型墙材、散装水泥等绿色建材产品全面应用。上线重点用能单位能耗在线监测系统省级平台，实施设区市能耗强度预警。三是持续巩固深化去产能工作。制定化工产业结构调整目录、铝加工（深井铸造）行业技术升级淘汰落后指导意见、铸造产能置换管理暂行办法等政策文件，着力推动低端低效产能退出。扎实抓好城镇人口密集区危化品生产企业搬迁改造和长江经济带化工污染治理工作，全年关闭退出化工企业 995 家。

三、2021 年工业形势展望

2021 年是推进"十四五"发展、构建新发展格局的开局之年，迎来建党 100 周年。江苏要以深化供给侧结构性改革为主线，强化科技创新支撑，突出先进制造业集群培育总抓手，更大力度推动制造强省和网络强省建设，扎实推进产业基础高级化、产业链现代化，增强产业链供应链自主可控能力，落实"六稳""六保"任务，支撑工业经济运行在合理区间，确保"十四五"良好开局。一是扎实推进产业强链三年行动计划。把产业强链作为深化集群培育的重要举措，切实提高产业链现代化水平和服务全国能力，促进集群发展质态全面提升。二是加速推动产业基础和关键领域创新突破。把握创新核心地位和科技自立自强重大要求，更大力度推动技术攻关，增强重点产业基础和关键领域自主可控能力。三是加快推进数字化赋能先进制造业。大力发展数字经济，推进制造业数字化网络化智能化，加快建设网络强省、智慧江苏。四是切实提高产业绿色发展和本质安全水平。牢固树立绿色发展、安全发展理念，深入推进重点行业转型发展，走生态优先、绿色发展、本质安全的新路子。五是更大力度支持中小企业发展。完善政策、优化环境、强化服务，帮助解决中小企业发展困难问题，提高创新活力、市场竞争力和抗风险能力。

2021年江苏省工业经济运行概况

2021年，江苏省扎实推进制造强省和网络强省建设，奋力完成全年目标任务，工业和信息化高质量发展成效明显，为全省"十四五"发展和现代化建设良好开局提供了坚实支撑。

一、工业经济运行概况

全省规模以上工业增加值同比增长12.8%，比2020年同期回升6.7个百分点，高于全国3.2个百分点。重点地区支撑稳定，2021年，全省13个设区市中有10个市规模以上工业增加值增速高于全省平均水平。

全省规模以上工业企业完成营业收入149920.7亿元，同比增长20.9%；实现利润总额9358.1亿元，同比增长25.7%；规模以上工业企业销售利润率为6.2%。全省规模以上工业企业亏损面16.7%，比去年同期缩小1.7个百分点。

全省工业累计用电4980.0亿千瓦时，同比增长10.1%。交通运输持续回升，2021年全省交通运输业完成货运量29.3亿吨，同比增长6.6%。制造业贷款总体平稳，12月末全省制造业本外币贷款余额21481.9亿元，比年初增加2782.2亿元。

主要行业增势总体平稳，其中冶金（有色）、石化行业增长较快，营业收入增幅超过全省平均水平，同比分别增长31.1%和29.9%，利润同比分别增长59.0%和106.4%。轻工（烟草）、电子、建材、机械、纺织行业保持较好发展势头，营业收入同比分别增长20.5%、19.9%、18.6%、18.2%和12.4%，利润同比分别增长15.2%、42.6%、11.7%、16.2%和35.6%。

虽然工业经济发展在复杂形势下取得了积极成绩，但是仍然存在一些突出问题。一是工业经济平稳运行压力较大。受国际环境不确定性增加和全球疫情影响，市场需求仍然乏力，保持工业经济在较高基数上平稳运行的压力持续加大。二是制造业结构性矛盾依然突出。产业结构总体上偏重、偏散、偏传统的问题依然明显，沿海与沿江、苏北与苏南差距拉大。三是数字经济领域布局亟待提速。全省数字经济发展战略引领和政策支撑明显不足，高端软件、人工智能、大数据、区块链等数字经济核心产业及数字化智能化服务领域缺乏有影响力的头部企业、重大平台。四是自主品牌企业培育仍需加力。大企业总体"大而不强"，创新引领力、品牌影响力、生态控制力和国际化水平等方面与世界一流水平存在差距，专精特新企业群体还需壮大。

二、重点工作和成就

（一）先进制造业集群培育成效明显

坚持以先进制造业集群培育为总抓手，全面推进产业强链三年行动计划，6个集群在国家先进制造业集群竞赛决赛中胜出。一是协同联动推进机制更加健全完善。全省形成了省委省政府高度重视、工业和信息化部充分认可、相关部门和设区市主动协作的大协同工作局面。编制发布《江苏省"十四五"制造业高质量发展规划》等12项重点规划，统筹谋划一批重点工程、重大项目，引导全省政策要素资源进一步向集群和产业链聚焦。二是重点集群建设实现新突破。大规模技术改造、企业创新能力提升、自主品牌企业培育等重点工作有序推进，集群发展质量稳步提升，重点集群规模在全省规模以上工业中的比重提高至6成以上。三是产业强链全面推进。编制30条优势产业链"五图六清单"，推动"强链十条"286项重点工作取得阶段性进展。特高压设备（智能电网）、晶硅光伏、风电装备、起重机、特钢材料、品牌服装、轨道交通装备等7条产业链基本达到中高端水平、国际竞争优势明显。四是产业链领军企业加快成长。深入推进"百企引航""千企升级"计划，全省超百亿元工业企业162家，较2020年增加14家，新增国家制造业单项冠军34家、国家专精特新"小巨人"企业172家。

（二）重点领域和关键环节创新取得突破

全面落实自主可控先进制造业体系建设任务，持续推进技术攻关和示范应用，产业核心竞争力加快提升。一是制造业创新中心建设不断深化。支持2家国家级创新中心完善载体建设、带动行业技术创新，先进功能纤维中心建成3个协同创新平台，集成电路特色工艺及封装测试中心揭牌，1个项目获国家科学技术进步奖一等奖。新增国家技术创新示范企业2家，累计48家。二是核心技术攻关取得突破。发布101个揭榜攻关方向，支持实施60个攻关项目，在一些基础领域打破国外垄断。三是创新产品应用加速推进。发布自主创新产品目录，在全国率先创建先进技术成果长三角转化中心，全年认定省级首台套重大装备43个，推广新技术新产品812个、首版次软件58个。

（三）数字技术赋能先进制造业不断深化

推动新一代信息技术加速向制造业各领域渗透应用，数字经济规模位居全国第一方阵。一是数字产业化步伐加快。全省软件和信息服务业收入达1.2万亿元，入选国家软件百强企业10家，无锡获批中国软件特色名城，苏州获批全国首个区块链发展先导区，3所高校获评国家特色化示范性软件学院，南京、苏州、无锡试点创建省级信创先导区。二是融合发展基础不断夯实。全年完成5G、工业互联网、数据中心等新型信息基础设施投资超

600亿元，新建5G基站6万座，累计13.1万座，新签约5G融合应用项目1050个，累计2150个；新建标识解析二级节点30个，累计44个，南京、无锡、常州、苏州4个市入选全国首批"千兆城市"。连云港获评国家信息消费示范城市，全省信息消费规模达6200亿元。三是工业互联网创新应用加速落地。推进实施工业互联网创新发展三年计划，国家级工业互联网平台创新体验中心、推广中心等载体建成运营，全年新增国家级特色专业型工业互联网平台12个。四是智能化服务化转型持续深化。成功举办世界智能制造大会、世界物联网博览会、2021云上中国（南京）国际软件产品和信息服务交易博览会，开展智能制造进集群进园区系列活动，新增国家级服务型制造示范企业（平台、项目）11个、工业设计中心11家、工业遗产项目2个，无锡市获批服务型制造示范城市。

（四）绿色低碳转型和安全发展稳步推进

坚决贯彻绿色安全发展理念，主动抢抓碳达峰、碳中和契机。一是编制《江苏省工业领域及重点行业碳达峰实施方案》《江苏省"十四五"全社会节能实施意见》，发布全省高耗能行业重点领域能效基准水平和标杆水平，组织对129家高耗能行业企业和323家年综合能耗5万吨标准煤以上重点用能企业进行专项节能监察，强化设区市能耗强度完成情况预警、通报和督查。二是梳理形成"两高"技术改造项目三张清单，对清单内541个项目逐一现场核查、分类处置，其中关停退出30个，有效遏制了"两高"技术改造项目盲目发展。三是绿色制造体系加快构建。全年新增国家绿色工厂25家、绿色园区3个、绿色供应链管理示范企业9家、绿色设计示范企业8家，认定省级绿色工厂186家。实施7个铸造项目产能置换。推广新能源汽车23.9万辆，同比增长233.7%，建成省级动力电池溯源管理平台，加快推进梯级利用和无害化处置。新型墙材、散装水泥等绿色建材产品全面应用。

三、2022年工业形势展望

2022年是党的二十大召开之年，江苏要以16个先进制造业集群培育和50条重点产业链建设为总抓手，更大力度推进创新驱动、数字赋能、绿色转型、质效提升，壮大优质企业和自主品牌群体，不断推进产业基础高级化、产业链现代化，努力保持全省工业经济平稳运行、制造业增加值占比基本稳定、制造业核心竞争力稳步提升，全力建设全国制造业高质量发展示范区，以优异成绩迎接党的二十大胜利召开。一是突出"稳"字当头，保持工业经济运行在合理区间。把稳增长摆在突出重要位置，充分估计困难，提前做好预判，用足用好各类惠企政策，谋划好全省稳增长的应对举措。二是对标国际一流，持续深化重点集群和产业链培育。进入"十四五"，全省先进制造业集群和产业链培育的内涵、任务、目标都有新的变化，要在"十三五"取得成效的基础上，对标世界级集群和卓越产业链标准，继续深化16个重点先进制造业集群培育和50条重点产业链建设，以制造业高质量发展示范区培育为引领，落实"十四五"规划重大工程、重点任务，推动重点集群和产业链核心竞争力迈上新台阶，16个集群规模以上营业收入占比超过65%。三是聚焦自主可控，构建以企业为主体的产业创新体系。进一步强化企业创新主体地位，推动企业自主创新提档升级，支持和引导有条件的企业集聚整合创新资源、提升创新能力、多出创新成果。四是推动"智改数转"，增强产业发展新优势新动能。落实《江苏省制造业智能化改造和数字化转型三年行动计划（2022—2024年）》，实施10大工程，每年集中安排12亿元专项资金，采取免费诊断、贷款贴息、绩效（设备）补助等方式给予支持，力争用三年时间实现全省规模以上工业企业"智改数转"全覆盖。五是重抓节能降碳，更大力度推动产业绿色低碳转型。准确把握碳达峰碳中和工作要求，以节能降碳为重点狠抓重点行业绿色化改造，全面推进绿色制造试点示范，深入推进重点行业专项整治，加快形成绿色低碳安全的制造业发展方式。六是强化分类施策，壮大优质企业和自主品牌群体。实施壮企强企工程，落实工业和信息化部等六部门出台的《关于加快培育发展制造业优质企业的指导意见》，制定江苏实施方案，进一步提升江苏制造企业的国际竞争力，推动优质企业和自主品牌群体不断壮大。

2022年江苏省工业经济运行概况

2022年，面对复杂严峻的国内外形势，江苏省坚持以习近平新时代中国特色社会主义思想为指导，深入贯彻落实习近平总书记系列重要讲话精神，全面贯彻新发展理念，高效统筹工业经济发展和企业疫情防控工作，扎实推进制造强省网络强省建设，积极组织实施"十四五"规划，全省工业经济克服各类不利因素影响，呈现稳定恢复良好态势。

一、工业经济运行概况

全省规模以上工业增加值同比增长5.1%，比全国高1.5个百分点。13个设区市规模以上工业增加值均实现正增长，其中10个设区市累计增速超过全省平均水平。

全省工业累计用电5063.2亿千瓦时，同比增长1.7%。全省交通运输业完成货运量27.8亿吨，同比下降5.3%。12月末全省制造业本外币贷款余额26273.6亿元，比年初增加4805.8亿元。

全省规模以上工业企业完成营业收入161506.0亿元，同比增长5.4%；实现利润总额9061.9亿元，同比下降4.2%；规模以上工业企业销售利润率为5.6%。全省规模以上工业企业亏损面19.6%，比上半年收窄8.5个百分点。

列统行业大类中34个行业产值实现正增长，增长面达85%，其中锂离子电池、新能源整车、光伏设备及元器件产值同比分别增长92.6%、67.9%和58.5%，汽车产量同比增长29%，结束长达5年连续下滑态势，汽车及零部件产业（含新能源汽车动力电池）营业收入规模首次突破万亿元。

八大主要行业中，营业收入"五增三降"，其中：电子、医药、机械、石化、轻工（烟草）行业营业收入同比分别增长18.8%、7.8%、4.1%、3.9%和0.8%，利润同比分别增长24.9%、16.1%、2.2%、-36.0%和6.3%；冶金（有色）、纺织、建材行业营业收入同比分别下降1.3%、2.1%和9.5%，利润同比分别下降35.8%、13.3%和27.5%。

虽然工业经济发展取得了一些成绩，但仍然存在一些问题。一是外部环境带来不利影响。全球疫情冲击持续，大国博弈风险加剧。外贸出口增速明显放缓，产业链供应链安全风险凸显。二是工业和技术改造投资下行压力。2022年下半年起，全省工业投资增速呈逐月下行态势。企业发展预期不稳，投资意愿不足，能耗、资金等要素保障压力大。三是企业运营困难。规模以上工业企业效益持续回落，市场总需求不足，企业订单减少，制造业采购经理指数连续7个月处于荣枯线以下。四是制造业发展不平衡不充分。全省制造业总体还处于价值链中低端，传统产业改造升级任务较重，沿海和苏北地区产业发展能级有待提升。

二、重点工作和成就

（一）工业经济持续趋稳回升向好

坚持稳字当头，全面落实稳经济、稳工业一揽子措施及接续政策，围绕运行调度、疫情防控、稳产业链供应链、助企纾困等下功夫，有力推动全省工业经济持续恢复向好。一是运行监测调度有力有序。建立部门协同、上下联动的工业经济运行监测月度分析机制，密切关注疫情冲击、俄乌冲突、原材料价格上涨等不利影响，疫情严重和高温用电紧张时每日调度工业运行情况，及时提出助企稳产工作措施。二是重大项目支撑明显。建立省重大工业项目跟踪调度平台，重点实施推进450项省重大工业项目，省市分级调度1081项先进制造业集群项目，超额完成年度投资计划10个百分点以上。在重大项目的有力带动下，全省工业投资同比增长9.0%，对全国工业投资增长贡献率达10.3%。三是惠企政策落地见效。编印助企纾困政策要点和简明手册，指导帮助企业用足用好"国发33条""苏政40条""苏政办22条"等惠企政策。全年偿还拖欠中小企业账款5.14亿元，新增减税降费和退税缓税缓费等超4500亿元。制定《智能化改造和数字化转型加计扣除政策指引》，全省6779家企业享受税收减免260亿元。

（二）先进制造业集群领先优势不断巩固深化

新增国家级集群4个、累计达10个，成为提升产业国际竞争力、维护产业链供应链韧性和安全的重要力量。一是政策规划体系更加完善。印发《高质量推进制造强省建设实施意见》，推动出台船舶海工规划及若干措施、集成电路产业发展规划及若干政策、沿海产业三年行动计划、新材料创新发展方案、纺织服装产业高质量发展若干政策措施等20余份政策文件，持续强化政策引导作用。二是集群培育标杆引领作用凸显。苏州生物医药及高端医疗器械、南通泰州扬州海工装备和高技术船舶、泰州连云港无锡生物医药、苏州无锡南通高端纺织4个集群在决赛中胜出，在全国率先成立先进制造业集群联盟，工业和信息化部在无锡召开国家先进制造业集群现场会、首届先进制造业集群发展大会，江苏集群培育工作的品牌影响力更加彰显。全省重点集群规模占规模以上工业70%左右。三是产业链竞争优势持续提升。组织实施产业强链237项工作项目，完成4条产业链和徐圩新区石化基地高端战略咨询，深入开展产业链检验检测服务、知识产权导航、产才融合、长三角产业链补链固链强链等行动，南通船舶和海工装备入围国家首批产业链供应链生态体系建设试点，特高压设备及智能电网、晶硅光伏、品牌服装等 7 条产业链部分技术和品牌国际竞争优势明显，关键环节掌控力强，基本达到中高端水平。四是示范区建设加快推进。围绕创建全国制造业高质量发展示范区，遴选首批 15 个省级制造业高质量发展示范区建设地区，探索"一地一经验"。新增国家新型工业化产业示范基地 3 家，累计 30 家。

（三）产业创新能力实现新跃升

强化企业创新主体地位，加快推进关键领域和基础能力创新突破，产业自主可控能力持续增强。一是制造业创新载体建设成效明显。2 个国家级中心创新引领作用开始凸显；集成电路特色工艺及封装测试创新中心成功开发晶圆级扇出型封装技术，填补国内空白；先进功能纤维创新中心突破阻燃纤维材料设计与制备、无锑聚酯纤维制备及应用等 5 项关键共性技术，达到国际先进水平。制定省级制造业创新中心建设工作指南，新建橡胶资源绿色循环利用、海洋信息技术与装备等 2 家省级创新中心，累计达 14 家。新增国家级企业技术中心 9 家，累计 138 家；省级企业技术中心 602 家，累计 3954 家。二是重大技术装备攻关持续突破。围绕工业母机、高端芯片、工业软件等国家重点突破方向，以及生物医药、智能制造装备等重点产业链短板技术，新安排重大技术装备攻关项目 78 项，4 年累计实施 199 项，51 项通过验收，电子级多晶硅材料等超过 80% 的攻关产品实现进口替代。

（四）产业数字化和数字产业化加速发展

加快推动数字经济发展，全面实施制造业智能化改造和数字化转型三年行动计划，数字技术赋能先进制造业成效明显。一是制造业"智改数转"全面推进。全年为 2.2 万家企业开展免费诊断，实施改造项目 2.7 万个，完成 1.3 万个。新增国家级智能制造示范工厂 3 家、智能制造标准应用试点项目 6 个。入围国家首批"数字领航"企业 3 家、工业互联网平台 10 家，获评中国优秀工业设计金奖 3 件。二是数字产业能级持续提升。深入实施数字经济核心产业加速专项行动，制定实施《关于加快推进车联网和智能网联汽车高质量发展的指导意见》《江苏省 5G 应用"领航"行动计划（2022—2024 年）》《江苏省北斗应用推广行动计划（2022—2025 年）》等，做优电子、软件等基础优势产业，壮大"数智云网链"等新兴数字产业，获批国家首批企业数据管理标准贯标试点，获评国家工业领域数据安全管理试点成效突出地区，南京成功创建国家人工智能创新应用先导区，南京、无锡入选国家优秀信息消费示范城市。三是数字基础底座不断夯实。完成信息基础设施投资 495 亿元，新建 5G 基站 5.6 万座，累计 18.7 万座；数据中心标准机架数达 48 万个。全省光网城市全面建成，10 个设区市达到千兆城市建设标准。国家顶级节点灾备项目正式上线运营，新增二级节点 10 个，累计 54 个。新建充电设施 25.6 万个，在全国率先实现乡镇公用充电设施全覆盖，信息化发展水平保持全国第一方阵。

（五）自主品牌本土企业加快成长

深入推进"百企引航""千企升级"行动计划，加强梯度培育、融通发展，企业竞争力和发展质效明显提升。一是领军企业快速发展。印发《"百企引航"企业高质量发展服务保障方案》，建立 107 家引航企业培育库，以"直通车"形式及时解决发展诉求 82 项，实施重大兼并重组项目 15 个。2022 年全省营业收入超百亿元的工业大企业（集团）达 191 家，净增 19 家，其中超千亿元企业 13 家。制定数字化助力消费品工业"三品"行动、原材料工业"三品"行动等方案，新增全国质量标杆 5 项，6 个城市入选国家"三品"战略示范城市、30 家自主品牌入选工业和信息化部百家重点培育纺织服装品牌名单。强化高水平领军人才队伍支撑，培训产业人才 1.2 万余人次。二是专精特新群体不断壮大。研究制定《江苏省专精特新企业培育三年行动计划（2023—2025 年）》，出台促进专精特新企业高质量发展、提升中小企业竞争力等政策措施。省级专精特新培育企业库扩至 3.6 万家，新入围国家专精特新"小巨人"企业 424 家、制造业单项冠军 48 家，累计分别达 709 家和 186 家；新增省级专精特新中小企业 3596 家，累计达 5594 家。公告创新型中小企业 2.4 万家，开展专精特新企业免费巡诊做法得到国家领导批示肯定。三是企业发展环境更加优化。开展"江苏制造突出贡献奖"表彰，营造重视制造业、关注企业家氛围。全面宣贯《江苏省中小企业促进条例》，开展"一起益企"、百家机构暖万企、"三走进"公益服务行等专题活动，服务中小企业超 433 万家次，新增国家中小企业公共服务平台 16 家、双创示范基地 6 家。

（六）产业绿色低碳转型和安全发展基础持续夯实

始终保持"时时放心不下"的责任感，更大力度统筹推动产业绿色安全发展。一是工业节能降碳持续深化。编制工业领域及重点行业碳达峰、数据中心和 5G 等新型基础设施绿色高质量发展实施方案，出台工业领域节能技术改造行动计划，严格"两高"技术改造项目常态化管理，规范开展节能审查，重点推进 155 家企业、204 项节能技术改造项目，新增国家工业产品绿色设计示范企业 10 家、省级绿色工厂 301 家。全省规模以上工业单位增加值能耗下降 3.8%，完成年度预期目标。二是落后产能有序退出。开展重点行业落后工艺装备排查和淘汰工作，铁合金、再生铅、制革、造纸、铅蓄电池等行业落后工艺装备基本出清。

三、2023 年工业形势展望

2023 年是全面贯彻落实党的二十大精神的开局之年，江苏要深入学习贯彻习近平总书记对江苏工作重要讲话精神，坚持以集群培育和产业强链为主要抓手，更大力度推进企业创新能力提升、大规模技术改造、自主品牌本土企业培育，推动制造业高端化、智能化、绿色化发展，加快数实深度融合，提升产业链供应链韧性和安全水平，建设现代化产业体系，努力推动全省工业经济率先整体好转，加快建设全国制造业高质量发展示范区和具有国际竞争力的先进制造业基地，为全面推进中国式现代化江苏新实践更好"扛起新使命、谱写新篇章"提供坚实物质技术基础，充分体现江苏制造业"走在前、挑大梁、多做贡献"的责任担当。一是全力推动工业经济率先整体好转。坚持稳字当头，采取有力措施稳运行、抓项目、强韧性，巩固工业经济回升向好趋势，更好发挥稳住经济大盘"压舱石"作用。二是深入推进集群培育和产业强链。在近年来取得显著成效的基础上，更大力度推进建设世界一流集群和卓越产业链，把集群和产业链打造得更加坚韧、更有竞争力。三是加快构建以企业为主体的制造业创新体系。坚持把技术创新作为第一动力，深入实施产业基础再造和重大技术装备攻关工程，加快产业技术研发和应用推广，增强产业自主可控能力。四是大力推动数字技术赋能制造业高质量发展。抢抓数字经济关键赛道，研究制定建设"数实融合"第一省实施意见，更大力度推进数字产业化、产业数字化，打造具有国际竞争力的数字产业集群。五是持续做强自主品牌本土企业。深入推进壮企强企工程，着力提升江苏企业核心竞争力和品牌影响力，努力培育一批世界一流企业和专精特新企业。六是切实保障产业绿色安全发展。实施传统产业焕新工程，更大力度统筹抓好产业绿色安全发展各项工作，确保工业和信息化领域安全形势总体平稳。

2019 年浙江省工业经济运行概况

2019 年是中华人民共和国成立 70 周年，也是高水平全面建成小康社会的关键之年，面对国内外风险挑战明显上升的复杂局面，浙江省经济和信息化系统坚决贯彻落实省委、省政府决策部署，突出稳企业防风险，统筹推进数字经济"一号工程"和制造业高质量发展，经济和信息化工作取得明显成效。

一、工业经济运行特点

工业运行好于全国。全省规模以上工业增加值 16157 亿元，位居全国第四；同比增长 6.6%，比年度目标高 0.1 个百分点，分别比全国和东部地区规模以上工业增加值增速高 0.9 个和 1.8 个百分点；利润同比增长 5.4%，比全国高 8.7 个百分点；全员劳动生产率为 24.7 万元/人·年，比 2018 年实际提高 9.6%。工业投资同比增长 9.7%，比全国高 5.4 个百分点。

数字经济增势强劲。数字经济核心产业增加值 6229 亿元，同比增长 14.5%，比 2018 年高 1.8 个百分点，占全省 GDP 的 10%，对全省 GDP 增长贡献率为 19.6%；实现利润 2413 亿元，同比增长 17.1%，比 2018 年高 13.5 个百分点。软件业务实现收入 6101.8 亿元，位居全国第四；同比增长 17.6%，位居全国前十、省市第二。

创新水平持续提升。规模以上工业企业研发费用支出增长 22.1%，占营业收入的 2.26%，比 2018 年高 0.34 个百分点；规模以上工业新产品产值率为 38.2%，比 2018 年高 2.4 个百分点。新创建省级制造业创新中心 5 家，累计达 15 家。新增国家企业技术中心 13 家，累计达 131 家，位居全国第二。新增首台套产品 127 项、"浙江制造精品" 269 项。

企业减负成效显著。全年为企业减负 2280 亿元，走在全国前列。规模以上工业企业每百元营业收入中的成本为 83.57 元，比 2018 年低 0.38 元，比全国低 0.51 元。偿还拖欠账款 94.13 亿元，清偿率位居全国第一。

质量效益全国领先。规模以上工业企业利润同比增长 5.4%，比全国高 8.7 个百分点；规模以上工业全员劳动生产率为 24.7 万元/人·年，比 2018 年实际提高 9.6%；规模以上工业企业亏损面低于全国。

二、重点工作和成效

（一）深化稳企业防风险工作

一是企业减负清欠目标超额完成。出台第五批企业减负降本政策 20 条，全年为企业减负 2280 亿元，比年初计划多减 780 亿元。开展清理拖欠民营企业中小企业账款专项行动，偿还拖欠账款 94.13 亿元，清偿率位居全国第一，率先实现无争议欠款 100% 偿还。二是切实抓好重大项目投资。扎实推进"百项万亿"重大制造业项目、5000 项智能化技术改造项目，全省工业投资同比增长 9.7%，比全国高 5.4 个百分点。宁波、嘉兴获得国务院促进工业稳增长和转型升级、实施技术改造成效明显地区督查激励表彰，湖州、金华、舟山在重大项目招引和推进上走在全省前列。三是开展浙江制造"百网万品"拓市场专项行动。11—12 月浙江制造网络销售额突破 3500 亿元，比 2018 年同期增长 20% 以上。湖州打造"老字号集合店"，温州推动电商平台入驻企业服务综合平台。四是积极应对中美经贸摩擦。出台增强企业出口竞争力政策，建立与杭州海关紧密合作机制，加强对美出口企业、产业链非正常转移、行业性风险监测。五是深入开展"三服务"活动。建立重点市县、重点项目、重要平台、重点企业"四联系"制度，开展制造业重点项目大走访活动，推动 475 个投产项目年度新增产值 1394 亿元，精准帮扶困难企业脱困出清，全力帮助受"利奇马"台风影响企业 10 天内实现复工复产。建成省企业服务综合平台，建立惠企政策落地机制，迭代发布惠企政策，实现政策查询、咨询、办理、建议等功能网上办理。省市县三级中小企业公共服务平台举办服务活动 1029 场，服务企业 10 万家次，发放服务券金额 4931.5 万元。2019 年春运工作受到国家通报表扬。

（二）突出传统制造业改造提升

一是传统制造业改造提升试点深入推进。高规格召开全省传统制造业改造提升现场推进会，深化第一、第二批 35 个县（市、区）分行业省级试点对标提升，启动第三批 13 个县（市、区）分行业省级试点。宁波狠抓智能化改造，温州实施传统制造业重塑计划，绍兴大力推进印染化工集聚提升，台州打造百个传统产业优化升级示范项目，丽水开展"一县一品"推进试点。全省 17 个传统制造业增加值增长对规模以上工业增长的贡献率为 58.8%。二是政策导向更加有力。编制浙江制造强省建设规划纲要，起草加快推进制造业高质量发展的实施意见。制订培育先进制造业集群行动计划，3 个集群入选 2019 年先进制造业集群中标候选人。依法依规淘汰落后、过剩的产能所涉及企业 1755 家，整治"低散乱"企业（作坊）26701 家。形成传统制造业改造提升"1+17"政策体系，杭州启动实施"新制造业计划"，宁波大力培育"246"产业集群。全省列入国家制造业高质量发展专项项目 62 项，获得中央财政专项补助资金，比 2018 年增长 24%。安排省级工业与信息化发展财政专项资金，开展绩效评价，推动财政资金提质增效。三是产业创新能力持续增强。实施精准靶向扶持，采用目录引导、"揭榜挂帅"方式，推动关键核心技术产品的产业化及应用，确定供给目录（第一批）90项，选定产业链协同创新项目60项，新增首台（套）产品127项、"浙江制造精品"269项。新创建省级制造业创新中心5家，新增国家企业技术中心13家、省级企业技术中心102家、国家技术创新示范企业3家，入围国家人工智能产业创新"揭榜挂帅"企业11家。四是行业管理水平不断提升。出台汽车产业高质量发展行动计划，强化整零协同。制定加快新材料产业发展行动计划，拟订新材料产品"四张清单"，推行首批次新材料应用示范和保险补偿政策。制定促进时尚产业改革发展行动方案，28家企业入围中国服装行业百强企业名单，巴贝集团全球首创的工厂化养蚕项目成功量产。通过仿制药一致性评价的品规数、入选国家药品集中采购的企业数、中标品种数和品规数均居全国第一。五是服务型制造和绿色制造加快推进。新创建省级服务型制造示范企业67家、示范平台22个，新增省级工业设计中心64家、国家级工业设计中心8家，培育省级工业设计研究院6家，18个省级特色工业设计示范基地实现设计服务收入34亿元，增长超10%。实施绿色制造工程，新增国家绿色园区4个、绿色企业57家，完成清洁生产审核企业996家，创建节水型企业490家。完成城镇人口密集区危险化学品企业搬迁改造42家。

（三）数字经济发展领跑全国

一是数字经济发展协同推进。深入实施数字经济五年倍增计划，出台加快数字经济发展若干政策意见，率先开展数字经济促进条例立法工作，组织制定专项行动计划，加快推进"三区三中心"和数字大湾区、城市大脑、移动支付之省等标志性项目建设。高标准办好第六届世界互联网大会、2019世界数字经济大会、2019中国（杭州）工业互联网大会等重大活动。杭州着力推进"三化融合"加快打造全国"数字经济第一城"；嘉兴抢抓举办世界互联网大会机遇全力建设"互联网经济强市"；衢州坚持"以应用换项目、以市场换产业"，着力打造四省边际数字经济发展高地。二是"五个100"任务全面完成。完成浙江出资150亿元参与国家集成电路投资基金二期工作，设立100亿元的省数字经济产业投资基金，组建5G、敏华未来汽车、长电科技等产业基金。培育省级"无人工厂""无人车间"114家、示范（试点）数字化园区101个。推进127个数字化重大项目建设。实施100个骨干数字企业扶持行动，14家企业入围2019年电子信息百强企业名单，上榜数位居全国第二。三是数字产业蓬勃发展。实施集成电路"强芯"行动，设计、制造、封装、测试一体化产业链日益完善，发布玄铁910、含光800等处理器，集成电路产业营业收入同比增长20%以上。深化软件名城和软件产业基地建设，全省实现软件业务收入6109.9亿元，产业规模位居全国第四，同比增长17.5%，高于全国平均1.1个百分点。人工智能、5G、区块链、超高清视频等数字产业化提升行动积极推进，杭州区块链领域全球专利数量位居全国第三。

四是产业数字化指数排名全国第一。大力发展工业互联网，阿里supET工业互联网平台入选2019年跨行业跨领域工业互联网平台清单，创建省级工业互联网平台65个，"1+N"工业互联网平台体系基本形成。企业主动上云、深度用云持续推进，累计上云企业超34万家。出台打造智能机器人高地行动计划，推广工业机器人应用，新增应用工业机器人1.8万台。五是信息基础设施建设不断完善。制定加快推进5G产业发展实施意见，在全国率先联合四大通信运营商发布5G+行动，加快推动5G联合创新中心建设，建成5G基站15770个。推进IPv6规模部署和应用，覆盖用户9269万户，渗透率81%。制定优化数据中心建设意见，首个国家新型互联网交换中心试点落户浙江，推动浙江根镜像服务器项目和国家域名服务节点项目建设应用，推动F根服务器浙江镜像节点上线发布。全力做好重点频率、重要节点无线电保障工作，浙江省经济和信息化厅无线电管理局被评为新中国成立70周年庆典无线电保障先进单位。

（四）市场主体持续升级

一是雄鹰雏鹰行动全面实施。确定首批"雄鹰行动"培育企业68家，制造业领域新增世界500强企业2家。开展"雏鹰行动"，新增隐形冠军企业54家，入选国家专精特新"小巨人"企业19家；新增国家制造业单项冠军企业（产品）28家（个），位居全国第一。实施新一轮"小升规"专项行动，超额完成"小升规"企业2500家年度任务。二是民营企业中小企业制度供给得到加强。率先开展民营企业地方立法，牵头开展民营经济高质量发展专项督查。顺利通过全国人大常委会《中华人民共和国中小企业促进法》执法检查，5项举措被列为好经验，列全国之首。牵头开展民营经济高质量发展专项督查。三是小微企业园规范提升。确定20个小微企业园建设提升重点县（市、区），开发小微企业园信息管理系统和电子地图，开展绩效评价和星级评定试点，新增小微企业园204个，获评国家小型微型企业创业创新示范基地6个、国家中小企业公共示范服务平台9个、国家大中小企业融通型特色载体1个。

（五）改革开放走深走实

一是经信领域"最多跑一次"改革持续深化。编制政务服务事项、机关内部"最多跑一次"事项等清单，实现省级经信领域140项公开政务服务事项100%"网上办""掌上办"、5项机关内部事项100%"网上办""跑零次"。推进"数字经信"建设，完成企业运行监测分析等10个数字化平台建设，省级经信领域政府数字化转型全部7项指标领跑全国，"互联网+"监管、"证照分离"改革深入推进。二是"亩均论英雄"改革成效明显。建成"亩均论英雄"大数据平台，推动电力、税务等20个部门、35大类数据交换共享。完成11万家工业企业亩均效益综合评价，发布制造业亩均效益领跑者100强，制定加快制造业企业资源要素优化配置改革意见，完成11453家低效企业改造提升或依法关停。规模以上工业亩均税收、亩均增加值分别增长 8.9% 和 16.5%。三是数字长三角建设积极推进。联合举办 2019 年长三角两化融合发展大会、工业互联网高端论坛等活动，启动长三角工业互联网一体化发展示范区建设，签署《长三角地区智能网联汽车一体化发展战略合作协议》，成立智能制造产业联盟。四是全球精准合作深入开展。开展"1+N"全球精准合作活动，深化省政府与华为、中国电科等企业战略合作，推进鲲鹏服务器、龙芯计算机、中芯（绍兴）等项目落地建设，招引投资 1 亿元以上合作项目 939 个。做好东西部扶贫、对口支援与山海协作工作。

2020年浙江省工业经济运行概况

2020年是"十三五"规划收官之年，浙江省经济和信息化系统深入贯彻习近平新时代中国特色社会主义思想，特别是习近平总书记考察浙江重要讲话精神，对标对表"重要窗口"新目标新定位，落实"六稳""六保"任务要求，连续打好"抗疫""化危""促稳""做强"四场大仗，经济和信息化工作取得明显成效。

一、工业经济运行特点

工业经济跃上新台阶。2020年，全省规模以上工业增加值16715亿元，累计同比增长5.4%，分别比全国和东部地区高2.6个和1.9个百分点；利润总额5545亿元，同比增长14.7%，分别比全国和东部地区高10.6个和10.4个百分点；主营业务收入利润率为7.1%；全员劳动生产率为25.0万元/人·年，比2019年实际提高5.9%；工业投资同比增长6.7%，比全国高6.6个百分点。

创新动力获得新增强。企业技术创新能力连续4年位居全国第三，规模以上工业研发费用占营业收入的2.6%，新产品产值率为39%，累计认定首台（套）装备、首版（次）软件1262项。

数字经济取得新发展。数字经济核心产业增加值达7020亿元，累计同比增长12.7%，占全省GDP的10.9%，"1+N"工业互联网平台连接工业设备产品超5000万台，开发集成各类工业App超3万款。

产业结构调整实现新突破。形成年产值超100亿元产业集群200多个、超1000亿元产业集群14个、万亿级产业集群3个，战略性新兴产业占规模以上工业的33.1%，比2015年提高7.6个百分点。

发展方式转变迈出新步伐。产业数字化指数位居全国第一，在役工业机器人11.1万台，累计创建国家绿色园区11个、绿色工厂164家。

市场主体培育增添新活力。3家制造业企业入围世界500强企业名单，96家企业入围中国民营企业500强名单，累计培育单项冠军114家、专精特新"小巨人"企业162家，新增"小升规"企业21782家，建设小微企业园1044个。

发展环境得到新优化。率先在省级层面为民营企业、数字经济发展促进行地方性立法，减少政务服务事项296个，保留事项实现100%"网上办""掌上办""零次跑""无纸化"，累计为企业减负1.1万亿元左右。

二、重点工作和成效

（一）统筹推进医疗应急物资保障和复工复产

坚决扛起疫情防控医疗应急物资保障的责任担当，率先建立定期例会、进口捐赠、生产组织、物资调拨、运输协调、交办督导等制度，构建量化细化、闭环管理的工作机制。探索形成"抗疫生产十法"，先后选派1300多名经信干部担任驻企服务员，帮助企业快速恢复生产、扩大产能，口罩日产量从15.5万只提升到最高1.6亿只，医用防护服日产量从0提升到最高12.8万件，上半年全省全自动和个体用红外测温设备产量分别占全国的2/3和1/5。在全国最早启动调拨令机制，配套实行调配令、配送令及结算制度，成立省市县三级口罩生产工作专班，全面完成"三保一防"和国际援助任务，特别是在2—3月，医疗物资供应最为紧张的时期，完成国家调拨各类口罩2603.55万只，调拨任务完成率100%。杭州、宁波、台州等地严格执行调拨令制度，医疗物资保障工作有力有序有效。健全医疗应急物资保障制度，构建省市县三级医药储备体系，做好新冠疫苗生产保障。出台《浙江省促进中小企业发展工作领导小组关于加快推进小微企业复工复产的指导意见》《关于做好小微企业园疫情防控和企业复工工作的指导意见》等文件，梳理归集八大类114条惠企政策，开通复工复产惠企政策直通平台、复工复产法律服务平台。建立"三机制"（省市县联动、省际联动、部省联动产业链协同机制）"四清单"（市内、省内、省外、境外产业链配套企业四清单），以大型企业为龙头，狠抓产业链协同复工复产，带动中小微企业复工复产，在全国率先实现规模以上工业全面复工。在工业和信息化部召开的6次复工复产视频会上，浙江5次作典型发言。

（二）着力稳企业拓市场扩投资

建立省市县三级工业专班，开展"争先创优"行动，实行"一图一指数"抓监测、"一链一清单"破难题、"一码一平台"强服务，形成全省大抓工业的浓厚氛围。大力推进企业减负降本，迭代出台三批支持小微企业渡过难关政策，切实抓好清欠工作，全年共为企业减负4855亿元，规模以上工业每百元营业收入成本82.9元，比全国低1.0元。会同中国人民银行杭州中心支行帮助1123家企业获得国家专项再贷款政策低息融资499.7亿元，融资规模位居全国第一。积极应对国内市场疲软、"出口转内销"等困难，实施浙江制造拓市场"百网万品""春雷计划""严选计划""商超计划"。实施"百项万亿"重大制造业项目、千亿数字经济项目、千亿高端装备项目和千亿技术改造投资工程，组织推进总投资5亿元以上的重大制造业项目408项和智能化技术改造项目5000项。全省工业投资增长6.7%。宁波、温州、湖州、舟山等地狠抓重大项目投资和技术改造，成效明显。至年底，全省重点项目完成投资2900亿元，比2019年增长6.7%，高于全国工业投资增速6.6个百分点。

（三）突出产业基础再造和产业链提升工程

召开浙江省制造业高质量发展大会，出台《关于以新发展理念引领制造业高质量发展的若干意见》《制造强省建设行动计划》，推动签订部省战略合作协议，全力打造全球先进制造业基地。构建"1+2+10+X"工作推进体系，系统摸排断链断供风险449项，推进产业链协同创新项目115项，实现关键核心技术备份提升34项，实施产业链全球精准合作专项行动，推进重点企业供应链保障工作。制定产业链提升发展"一链一方案"，绘制产业链"鱼骨图"，建立省政府领导挂帅的"链长制"，成立一链一企服务团，组建105家产业链上下游企业共同体，打造十大标志性产业链，在全国工信工作会议上作典型发言。杭州、嘉兴、金华等地构建工作体系，积极化解断链断供风险，推进重点产业链提升发展。推进22个制造业高质量发展示范县（市、区）创建，争创国家制造业高质量发展试验区，谋划制造业高质量发展示范园区建设。召开全省传统制造业改造提升现场推进会，全面启动传统制造业改造提升2.0版，5个集群入选工业和信息化部2020年先进制造业集群竞赛中标候选人，位居全国第一。淘汰落后和过剩产能涉及企业1253家，整治提升"低散乱"企业（作坊）1.5万家。首台（套）政策实现重大突破，新增首台（套）装备208项、首批（次）新材料17项、首版（次）软件55项、"浙江制造精品"263项。新增国家企业技术中心7家、省级制造业创新中心4家、省级企业技术中心101家。新创建省级服务型制造示范企业（平台）52家，全国首个服务型制造研究院揭牌，服务型制造区域发展指数位列全国第一。完成第二轮中央生态环境保护督察迎检工作，推进长江经济带生态环境警示片涉及问题整改，新增国家绿色园区4个、绿色工厂43家、绿色供应链管理企业15家。牵头开展工业园区等功能区安全专项整治三年行动，制定《浙江省化工园区评价认定管理办法》，评定合格园区49个、培育园区3个，全面完成56家城镇人口密集区危化品企业搬迁改造任务。

（四）深入实施数字经济"一号工程"

承担起草的《浙江省数字经济促进条例》于2020年12月24日通过省人大常委会审议。制定《关于深入实施数字经济"一号工程"若干意见》《浙江省国家数字经济创新发展试验区建设工作方案》等政策意见。成功举办第七届世界互联网大会、2020世界数字经济大会、第二届中国工业互联网大赛、2020第二十四届中国国际软件博览会等重要活动。推进重大项目建设，中芯国际宁波项目一期投产、二期开工，绍兴项目一阶段达产满产，清华同方（金华）、中国长城（温州）国产计算机项目第一批产品顺利下线，证券领域信创工作取得重大突破，中科曙光超算中心启动建设。绍兴、衢州、丽水等地依托产业平台，积极引进数字经济项目，培育壮大新动能。规模以上电子信息制造业新产品产值率连续62个月保持在50%以上。推进软件名城建设，全年实现软件业务收入7035.1亿元，比2019年增长15.4%。加快产业数字化转型，入围2020年跨行业跨领域工业互联网平台清单2个，创建省级工业互联网平台102个，培育省级工业信息工程服务机构103家，累计上云企业超41万家。推进智能制造，评定省级智能工厂（数字化车间）149家，培育"未来工厂"12家。启用全国首个国家新型互联网交换中心，累计建成5G基站超6万个。以杭州城市大脑标杆建设为引领，系统推进各设区市"一市一脑"建设。开展无线电管理系统"五大能力提升行动"，制定全国首个无线电领域行业信用评价体系。

（五）加强市场主体培育

在全国率先出台实施《浙江省民营企业发展促进条例》，组织开展宣贯实施工作，健全民营企业发展促进协调机制，温州、台州等地迅速掀起贯彻落实的热潮。深入实施"小升规""雏鹰行动"，新增"小升规"企业（第一批）1956家、省级隐形冠军84家；新增国家专精特新"小巨人"143家和单项冠军33家，均位居全国第一。制订"放水养鱼"行动计划，出台管理办法，首批培育企业2400多家。深化"雄鹰行动"，建立"重大事项直通车"，形成"一企一策"统筹培育支持体系，确定第二批培育企业34家。召开全省小微企业园现场推进会，完善政策体系，新认定小微企业园268个，新增国家小型微型创业创新示范基地5个、国家中小企业公共服务示范平台11个。

（六）全面深化改革

深化"最多跑一次"改革，建设推广企业码，依托省企业服务综合平台，上线码上政策、码上直兑、码上诉求等功能，建好地方特色专区，促进政企互动、银企互动、企业间互动，领码用码企业达263.5万家，9.43万件诉求"码"上解决，各地互联互通立"码"兑现政策资金150.9亿元。嘉兴、湖州、绍兴等地加强企业码推广应用，积极开展助企服务和政策兑现。推进产业链提升协同创新改革，全力抓好产业防风险、畅循环、促提升。推进5G基站建设"一件事"集成改革，审批环节、审批时间大大压缩。加快政府数字化转型，优化防范化解企业重大风险等平台，推进政务服务2.0建设，46项经信政务服务事项正式上线使用，全省办事事项、时间、环节、材料等实现"八统一"。深化"互联网+监管"改革，开展行政检查1.27万户次，掌上执法率超99%。实施资源要素优化配置政策，完成11.8万家企业亩均效益综合评价、7042家亩均税收低于1万元的低效企业改造提升、100家制造业企业亩均效益领跑。协同推进长三角工业互联网一体化发展示范区建设，加快长三角数字经济一体化发展，积极构建长三角协同复工复产、产业链供应链合作机制。

三、重点行业发展情况

（一）装备制造业

2020年，浙江省装备制造行业有规模以上企业2.06万家，占全省规模以上工业企业的4.2%。实现总产值

3.18万亿元，比2019年增长8.1%；销售产值3.11万亿元，同比增长8.8%；出口交货值6930亿元，同比增长8.1%，占销售总产值的2.3%。亏损企业3043家。规模以上装备制造业企业总产值占规模以上工业总产值的42.4%，比2019年提高2.63个百分点；实现利润2568亿元，同比增长20.7%，高于规模以上工业5.96个百分点。完成出口交货值6930亿元。

（二）电子信息产业

2020年，浙江省规模以上电子信息制造业实现总产值10657.9亿元、销售产值1042.1亿元、营业收入11284.5亿元，分别比2019年增长11.4%、11.9%和10.4%，分别高于全省规模以上工业10个、10.1个和8.4个百分点，行业发展的稳定性、协调性和可持续性明显增强。全年全省规模以上电子信息制造业完成增加值2429.6亿元，同比增长16.8%，高出规模以上工业和全国电子行业1.4个和9.1个百分点，占全省规模以上工业增加值的14.5%，对规模以上工业增长的贡献率达40.8%，拉动规模以上工业增长2.2个百分点。全年电子信息制造业增速分别比高端装备制造业、时尚产业、节能环保产业、健康产业和文化产业高8.9个、11.9个、8.1个、2.5个和9.0个百分点。

（三）医药产业

2020年，浙江省推进医药产业集聚发展，加强政策支持、平台载体支撑，建成杭州生物医药国家高技术产业基地、台州医药国家新型工业化产业示范基地、临海医化园区、杭州余杭生物医药高新园区等特色医药产业园区，促进全省医药产业快速发展。全年全省规模以上医药工业增加值比2019年增长13.6%，高出全省规模以上工业增加值增速8.2个百分点；实现总产值1810.9亿元，同比增长13.3%；主营业务收入1754.5亿元，同比增长15.3%；利润314.8亿元，同比增长24.7%；出口交货值412.7亿元，同比增长38.7%。全省规模以上医药工业全员劳动生产率为42.1万元/人·年，同比增长6.6%。销售利润率为17.9%，居工业大类第二位，高出全省规模以上工业利润增长率10.8个百分点。

（四）石化产业

2020年，浙江省石化产业有规模以上企业4679家，职工56.5万人。全年实现工业总产值1.04万亿元，比2019年下降30.5%；销售产值1.02万亿元，同比下降0.6%。石化工业总产值居全国第四位，总产值和销售产值分别占全省规模以上工业的13.0%和13.8%。主营业务收入1.04万亿元，同比下降1.2%；利税1351亿元，同比增长9.1%；利润909亿元，同比增长14.1%，石化工业利润居全国第二位。其中化学工业、橡塑制品业和石油加工业分别实现利润603亿元、187亿元和119亿元，在省内工业行业中分别居第一、第十一和第十四位。出口交货值1108亿元，同比下降6.9%。新产品产值3897亿元，同比增长18.6%；企业投入研发经费236亿元，同比增长17.2%，全年研发经费占生产总值的2.3%。

（五）冶金行业

2020年，浙江省有规模以上冶金行业企业1348家，其中黑色金属企业606家、有色金属企业742家。冶金工业总资产2849.48亿元，其中黑色金属工业1376.16亿元、有色金属工业1473.32亿元。冶金工业从业人员13.59万人，其中黑色金属工业6.24万人，有色金属工业7.35万人。全省炼钢产能1550.17万吨，炼铁产能850万吨，轧材产能4600万吨；10种有色金属冶炼产能115万吨，其中铜冶炼产能65万吨、再生铝冶炼产能40万吨；有色金属加工产能710万吨，其中铜加工产能390万吨、铝加工产能320万吨。铜加工规模居全国第三位，铝加工规模居全国第六位。

（六）建材行业

2020年，浙江省建材行业面对新冠疫情带来的影响，努力化解过剩产能，优化产业布局，严格控制水泥、平板玻璃新增产能，促进建材工业集群化发展，行业发展质量进一步提升。全省有规模以上建材生产企业2220家，其中，非金属矿制品制造企业2081家，非金属矿开采企业139家。全年实现工业总产值3804亿元，比2019年增长8.7%，占全省工业总产值的5.1%。其中，非金属矿开采企业总产值181亿元，同比增长12.7%；非金属矿制品制造企业总产值3623亿元，同比增长8.6%，产销率达98.7%。新产品产值860亿元，同比增长15.3%。实现增加值738亿元，同比增长30.5%；实现利润522亿元，同比增长16.0%。出口交货值117.2亿元，同比下降2.5%。亏损企业283家，同比增长7.2%。全省建材行业经济效益明显好于全省规模以上工业。

2021 年浙江省工业经济运行概况

2021 年是中国共产党成立 100 周年，是"十四五"开局之年，浙江省经济和信息化系统深入贯彻习近平新时代中国特色社会主义思想，践行"八八战略"，奋力打造"重要窗口"，加快建设全球先进制造业基地和全球数字变革高地，各项工作取得明显成效，向建党 100 周年交出了高分报表。

一、工业经济运行特点

工业经济跃上新台阶。2021 年，全省规模以上工业增加值突破 2 万亿元，累计同比增长 12.9%，分别比全国和东部地区高 3.3 个、2 个百分点；利润总额 6789 亿元，同比增长 21%；全员劳动生产率为 28.5 万元/人·年，比 2020 年实际提高 8.6%；工业投资同比增长 17.8%，比全国高 6.4 个百分点。

创新动力持续增强。规模以上工业研发费用占营业收入的 2.75%，新产品产值率 40.8%，新增省级企业技术中心 106 家，开展新产品（新技术）推广应用 365 项，组织实施首台（套）工程化攻关项目 93 项，新增省级首台（套）产品 362 项。

数字经济发展取得新突破。数字经济核心产业增加值突破 8000 亿元，累计同比增长 13.3%，占全省 GDP 的 11.4%。

市场主体培育全面提升。新增规模以上工业企业 6000 多家、隐形冠军企业 79 家、省级"专精特新"中小企业 2125 家、国家级专精特新"小巨人"企业 308 家、单项冠军企业（产品）35 家。

发展环境不断获得优化。推进绿色制造体系建设，新增国家绿色设计示范企业 19 家、绿色供应链管理示范企业 18 家、绿色工厂 50 家，位居全国第一。首创"一指减负"场景应用，为企业减负 2793 亿元。

二、重点工作和成效

（一）共同富裕示范区建设迈出坚实步伐

召开全省制造业高质量发展大会，加快推进部省合作共建先进制造业基地，发布《浙江省全球先进制造业基地建设"十四五"规划》，制定经信领域高质量发展建设共同富裕示范区实施方案，完善制造业高质量发展示范创建县（市、区）激励机制，全省制造业增加值在 GDP 中的比重略有提升，北仑、慈溪规模以上工业增加值首次突破千亿元，义乌等 10 个县（市、区）增速超过 20%。实施产业基础再造和产业链提升工程，落实产业链"链长制"，组织实施省级产业链协同创新项目 77 项，建成产业链上下游企业共同体 57 家。实施产业集群培育升级行动，累计 7 个集群列入国家先进制造业集群重点培育名单。狠抓制造业重大项目建设。工业投资增长

17.8%，绍兴、宁波、舟山、温州成效明显。组织推进"启明计划"，入选人数位居全国第一。举办首届浙江省中药产业发展大会，牵头制定 7 个县"一县一策"，指导山区 26 县发展特色优势产业，衢州、丽水规模以上工业增加值分别增长 13.8%、15%，高于全省平均水平。在全国率先建成"应急医疗物资直通车"重大应用设施，高效完成应急医疗物资保障、疫苗供给保障等任务。

（二）规范化推进数字经济系统建设体系化

初步建成数字经济系统构架，规范推进数据仓建设，省级产业数据仓上线试运行。加快"产业大脑+未来工厂"融合，启动 30 个行业产业大脑建设试点，上线试运行 14 个；开展 36 个产业集群新智造试点，累计建成智能工厂（数字化车间）423 家、未来工厂 32 家。聚焦"浙企""浙里"9 条跑道，建设重大应用 40 个，其中上线 26 个，产业链"一键通"、新智造公共服务"智造荟"等 8 个入选全省最佳应用，杭州、湖州、金华积极主动承接省级试点，特色应用成果丰富。形成优秀理论成果 22 项、制度成果 26 项，制定发布标准 21 项。在全国工信工作会议上，浙江以数字化改革撬动制造业数字化绿色化转型的做法，作典型发言。

（三）深入实施数字经济"一号工程"

广泛开展《浙江省数字经济促进条例》宣贯，"为深入推进数字经济'一号工程'提供有力法治保障"被评为"法治浙江建设十五周年"十大最佳实践。发布《浙江省数字经济发展"十四五"规划》，加快国家数字经济创新发展试验区建设，集成电路、数字安防、软件等产业发展和金融、教育、通信等领域信创试点工作取得显著进展，软件业务收入超 8300 亿元，增长 18%；集成电路产业收入超 1400 亿元，增长 40% 以上。制定推进新智造实施意见，新增工业机器人 2.3 万台，累计培育省级工业互联网平台 285 个、开发集成工业 App 超 6 万款，产业数字化指数持续位居全国第一。5G 基站建设"一件事"集成改革取得突破，累计建成启用 5G 基站 10.5 万个，开展 5G 融合应用项目 842 个，入选国家"5G+医疗健康"应用试点项目 98 个。圆满完成 2021 年世界互联网大会等承办任务。

（四）全面展开新一轮"腾笼换鸟、凤凰涅槃"攻坚行动

组织召开全省推进大会，全面部署新一轮制造业"腾笼换鸟、凤凰涅槃"攻坚行动，提取土地出让收入 0.5% 以上作为"腾笼换鸟"专项经费、新增 3000 亩工业用地指标等政策取得突破，5 项牵引性指标超额完成年度目标任务。获批建设首个国家传统制造业改造升级示

范区。深化"亩均论英雄"改革，减免 A、B 类企业城镇土地使用税 40.6 亿元，规模以上工业亩均增加值、亩均税收分别增长 15% 和 16.3%。整治提升高耗低效企业 5479 家，腾出用地 7.96 万亩、用能 216 万吨标准煤，嘉兴、台州行动有力、成效明显。启动未来产业先导区建设，培育首批省级"新星"产业群 12 个，杭州成功创建国家人工智能创新应用先导区。新增省级企业技术中心 106 家，开展新产品（新技术）推广应用 365 项。组织实施首台（套）工程化攻关项目 93 项，新增省级首台（套）产品 362 项。发展"制造+服务"新业态新模式，全国首个服务型制造研究院正式启用，新增国家级服务型制造示范项目 16 个、示范城市 2 个，均位居全国第一；新增国家级工业设计中心 13 家，创建全国唯一的中低压电气行业国家工业设计研究院。推进制造业招大引强，举办 2021《财富》世界 500 强峰会等活动，招引项目 532 个。

（五）企业培育和服务全方位提升

深入实施"小升规""放水养鱼""雏鹰""单项冠军"等行动，新增规模以上工业企业 6000 多家、隐形冠军企业 79 家、省级"专精特新"中小企业 2125 家、国家级专精特新"小巨人"企业 308 家、单项冠军企业（产品）35 家，培育"放水养鱼"企业 3083 家、雄鹰企业 102 家，宁波、温州培育政策实、力度大、效果好。落实《浙江省民营企业发展促进条例》，规模以上工业民营企业增加值增长 13.3%。实施企业管理现代化对标提升行动，认定标杆企业 20 家。建设提升小微企业园，累计认定 1301 个，提前一年超额完成目标任务。创建国家小型微型企业创业创新示范基地 9 个、中小企业公共服务示范平台 22 个，第六届"创客中国"中小企业创新创业大赛全国总决赛获奖项目和等次均位居第一。深化企业码应用，领码市场主体 267.9 万家，访问量超过 2.6 亿次，兑现政策资金 275 亿元，"码"上解决企业诉求 17.8 万件。首创"一指减负"场景应用，为企业减负 2793 亿元，得到中央党史学习教育领导小组办公室、国务院减负办等肯定推广。

（六）有序推进工业碳达峰行动

制定工业领域碳达峰总体方案和七大高耗能行业碳达峰行动方案，全省规模以上工业单位增加值能耗下降 6% 左右，成为全省能耗强度下降的重要支撑。联合有关部门坚决遏制"两高"项目盲目发展，严格实施水泥、钢铁、铸造等行业产能置换办法。推进企业节能降碳技术改造，组织实施重点技术改造项目 608 项，节能 130 万吨标准煤。建成工业碳效监测平台，完成 4.2 万家规模以上工业企业能耗、碳效核定。推进绿色制造体系建设，新增国家绿色设计示范企业 19 家、绿色供应链管理示范企业 18 家、绿色工厂 50 家，均位居全国第一；建成省级绿色低碳工业园区 10 个、工厂 100 家，节水型企业 419 家、清洁生产企业 1202 家。

2022年浙江省工业经济运行概况

2022年以来，面对复杂严峻的国内外环境和超预期因素冲击，浙江省经济和信息化系统突出"稳进提质、除险保安、塑造变革"，聚焦工业经济和数字经济"两条主跑道"，深耕产业、行业、企业"三业"，开展"为共同富裕增色　为重要窗口添彩"攻坚战，在高质量发展中奋力推进"两个先行"。

一、工业经济运行特点

一是工业"压舱石"筑牢经济"基本盘"。2022年，全省实现规模以上工业总产值101825.6亿元，首次突破10万亿元大关，同比增长7.3%，三年同期平均增长10%；规模以上工业增加值21900亿元，同比增长4.2%，分别较全国、东部地区高0.6个和1.2个百分点；全员劳动生产率为29.6万元/人·年，比2021年增长4.2%；应付职工薪酬同比增长5.0%。制造业投资同比增长17%，高于全国7.9个百分点。全省605（548+57）个投资总额超10亿元制造业重大项目完成投资1833.3亿元，实现年度投资计划的115.7%。

二是数字经济保持强劲增势。数字经济核心产业增加值8977亿元，同比增长6.3%，占全省GDP的11.6%，对全省地区生产总值增长贡献率达26.9%。全省规模以上数字经济核心产业营业收入3.28万亿元，同比增长9.9%。数字安防、云计算、大数据等行业影响力持续增强，数字经济支撑全省经济发展稳进前行。

三是创新水平持续逆势增长。规模以上工业企业研发费用同比增长14.5%，比营业收入增速高7.1个百分点，相当于营业收入的2.93%，比2021年同期提高0.18个百分点，研发费用相当于营业收入比重创13年以来同期新高。规模以上工业企业新产品产值同比增长12.3%，新产品产值率达42.2%，比2021年同期提高1.4个百分点，创13年以来同期新高。

四是产业结构加快优化。高技术产业、战略性新兴产业、装备制造业等产业增加值同比分别增长11.5%、10.0%和6.2%，增速分别比规模以上工业高5.8个、2个和1.7个百分点。"专精特新"企业实现逆势增长。

二、重点行业发展情况

（一）装备制造业

2022年，全省装备制造业有规模以上企业2.62万家，占全省规模以上工业企业的47.6%。全年实现总产值4.55万亿元，比2021年增长7.6%；销售产值4.43万亿元，同比增长6.7%；出口交货值1.01万亿元，同比增长10.4%，占全省规模以上工业的60.4%；利润4180亿元，同比增长3.9%。规模以上装备制造业总产值占规模以上工业总产值的44.5%，比2021年提高5.1个百分

点，对规模以上工业增长贡献率为63.8%。

（二）电子信息产业

2022年，全省规模以上电子信息制造业企业完成总产值1.77万亿元，比2021年增长15.6%；销售产值1.71万亿元，同比增长13.1%；营业收入1.96万亿元，同比增长18.5%；增加值3531.9亿元，同比增长10.7%；实现利润总额1216.1亿元，同比增长10.6%；营业收入利润率达6.2%，高于全省工业0.8个百分点；出口交货值4228.1亿元，同比增长23.7%。亏损企业1114家，比2021年减少283家。

（三）新材料产业

2022年，全省新材料产业规模以上企业实现工业总产值1.16万亿元，比2021年增长2.9%。浙江成为全国第四个新材料产值超过1万亿元的省份，产值规模占全省战略性新兴产业的34.9%；完成工业增加值2018亿元，同比增长4.8%，占全省工业增加值的9.2%；实现利润771亿元，同比下降16.8%；营业利润率为6.0%，高于全省规模以上工业0.6个百分点。磁性材料、氟硅新材料、新能源材料等细分领域产业规模位居全国前列，形成宁波、嘉兴、绍兴和衢州等各具特色的新材料产业基地。

（四）生物医药产业

2022年，浙江省委、省政府高度重视生物医药产业发展，明确将生物医药列入标志性产业链，要求打造全国生物医药产业制造中心，省政府办公厅印发《促进生物医药产业高质量发展行动方案（2022—2024年）》。生物医药企业克服疫情影响，抓住产业机遇，主要生产指标保持较快增长，运行态势居各工业大类前列，好于全国行业平均水平。全年全省生物医药产业实现工业总产值2959亿元，比2021年增长12.9%；工业增加值增长16.2%，增速居全省工业第五位，对全省工业增加值贡献率为8.1%。

（五）建材工业

2022年，浙江省有规模以上建筑材料生产企业2653家，从业人员23.1万人。其中，非金属矿物制品企业2499家，从业人员22.3万人。全省建材行业实现工业总产值4084.7亿元，比2021年下降8.2%，总产值占全省规模以上工业的4.0%。其中，非金属矿物制品业完成工业总产值3872.7亿元，同比下降8.5%。全省建材行业实现增加值911.2亿元，同比下降2.8%，增加值占全省规模以上工业的4.2%。

建材行业经营受下游房地产行业疲软影响，全年呈供需双弱状态。除光伏玻璃营业收入增长外，多数建材

企业普遍面临"高成本、低需求、低价格"的多重经营压力，行业整体营业收入和盈利能力明显下滑。2022年全省建材行业实现营业收入4148.9亿元，比2021年下降9%；实现利润307.7亿元，同比下降32.6%；营收利润率为7.4%。非金属制品制造业涵盖水泥、商品混凝土、水泥制品、平板玻璃、深加工玻璃、玻璃纤维、墙材、瓷砖、防水隔热材料等领域。其中，全年生产水泥熟料5965万吨，同比增长10%；水泥产量1.3亿吨，同比下降5.2%；平板玻璃产量4515万重量箱，同比增长0.4%；商品混凝土产量3亿立方米，同比下降10.9%；太阳能用超白玻璃产量22705万平方米，同比增长111.8%。

三、重点工作和成效

（一）深入实施稳进提质攻坚行动

深入开展稳企业强主体、畅循环稳工业两大攻坚行动，建立健全工业稳进提质提示函、工业经济调度等机制，开展工业经济形势周监测、月分析、季报告，全系统联动攻坚破难。全面落实"5+4"稳进提质政策、稳经济38条、稳经济接续政策，发布减负强企45条、减负纾困27条，建设"政策直达"（一指减负）应用场景，全年为企业减负4302亿元，兑付涉企政府性补助补贴资金1088亿元；持续推进"放水养鱼"优质企业培育，1305家企业获得财政激励资金1.16亿元。开展防范和化解拖欠中小企业账款专项行动，无分歧欠款清偿率100%。出台纺织、金属制品、非金属制品等行业纾困解难和汽车、化工、集成电路和软件、纺织等行业加快高质量发展政策措施，推动省政府与吉利签署战略合作协议，全省新能源汽车产量近60万辆，同比增长186%。

启动产业链治理现代化改革，建立健全产业链供应链应急协调机制、长三角产业链保供协调互助机制，迭代升级"产业一链通"应用平台，协调解决企业畅链诉求2954个，涉及重点企业1336家。开展"十链百场万企""万名干部助万企"活动，累计举办对接活动136场，参与企业超1.7万家，对接订单861.8亿元、融资2137.6亿元；选派3.08万余名助企服务员，点对点帮扶企业4.23万家，累计受理企业诉求8.76万件，答复办结8.62万件。

开展千个项目抓投产活动，富芯半导体、金瑞泓微电子、晶科太阳能、德沃康健康医疗等一批重大产业项目建成投产，605个重大项目完成投资1833.3亿元，完成年度计划的115.7%。牵头开展稳住经济大盘督导服务，对增速落后的工业大县开展稳增长调结构督导服务。

牵头扛起省医疗物资保障组职责，千方百计抓增产扩产、抓物资储备、抓精准调拨，推动三叶草重组疫苗12月纳入紧急使用，完成国家和浙江医疗物资保供任务。构建工业企业进口物品疫情防控和闭环生产工作体系，发现处置物检阳性157例，未发生因进口物品疫情传播导致工业企业停工情况；全面推进"无疫工厂"创建，在嘉善、义乌、北仑等地开展闭环生产试点，全省规模以上企业建成"无疫工厂"近4.4万家。成功举办浙江义乌国际智能装备博览会等活动。

（二）培育提升"415X"先进制造业集群

高规格召开全省制造业高质量发展大会、新一轮制造业"腾笼换鸟、凤凰涅槃"攻坚行动现场会暨"415X"产业集群推进会（"4"指重点发展新一代信息技术、高端装备、现代消费与健康、绿色石化与新材料4个万亿级先进产业集群；"15"指重点培育智能电气、生物医药与医疗器械、高端新材料等15个千亿级特色产业集群；"X"指重点聚焦三大科创高地和人工智能、基因工程、区块链等前沿领域，培育一批成长性高的百亿级"新星"产业群），出台《关于高质量发展建设全球先进制造业基地的指导意见》，设立"浙江制造天工鼎"，开展制造业高质量发展综合评价。探索构建"万亿级产业群—千亿级产业集群—百亿级'新星'产业群"的"百千万"培育路径，制定集成电路、高端软件、智能光伏、节能与新能源汽车及零部件、现代纺织与服装等产业集群方案，开展首批9个省级特色产业集群核心区、协同区创建遴选工作，认定25个省级"新星"产业群，浙江省杭州市数字安防集群、浙江省宁波市磁性材料集群、宁波市绿色石化集群、浙江省温州市乐清电气集群等4个集群入选国家先进制造业集群名单，宁波市鄞州区电梯关键配套件产业集群、宁波市北仑区压铸模具产业集群、浙江省东阳市磁性材料产业集群、浙江省永嘉县泵阀产业集群、浙江省湖州市吴兴区智能物流装备产业集群、浙江省绍兴市上虞区氟精细化工产业集群等6个集群入选2022年度中小企业特色产业集群名单。

持续深化"亩均论英雄"改革，实施亩均效益领跑者行动，亩均效益参评企业数量超15万家；大力推进"腾笼换鸟、凤凰涅槃"，全年共关停退出高耗低效企业4633家，改造提升高耗低效企业6486家，实现土地腾退7.2万亩、土地增效7.5万亩，腾出用能349.7万吨标准煤。会同省自然资源厅组织开展全省工业用地调查，基本摸清全省22万宗工业用地与地上企业对应关系。

持续抓好产业基础再造和产业链提升工程，组织实施产业链协同创新项目61项、首台（套）工程化攻关项目145项，新培育首台（套）产品392项、推广应用281项，杭州入选工业和信息化部首批产业链供应链生态体系建设试点名单。

推进工业节能降碳技术改造和绿色制造体系建设，累计创建国家级绿色设计产品350个、绿色工厂213家、绿色工业园区14个，建成省级绿色低碳工厂279家、绿色低碳工业园区20个。

加快发展服务型制造，高质量举办第五届中国服务型制造大会，温州、湖州获评国家级服务型制造示范城市，新增国家级服务型制造示范企业（平台、项目）20家（个）、省级80家（个），国家级示范数位居全国第一；入围第二批国家工业设计研究院培育对象2家，获中国优秀工业设计奖1金、2银、3铜，产品金奖实现零的突破。

不断完善技术创新体系，新增省级企业技术中心112家、国家企业技术中心6家，组建产业链上下游企业共同体20家，石墨烯制造业创新中心升级为国家制造业创新中心，取得零的突破；出台《关于浙江省未来产业先导区建设的指导意见》，率先布局8个未来产业先导区。组织实施国家"启明计划"，入选人数连续两年位居全国第一；推进省海外引才计划，入选人数创历史新高；在全国率先探索卓越工程师培养路径，深化工程师协同创新中心建设，在全国工业和信息化系统人才工作电视电话会议上作经验介绍。

（三）实施数字经济"一号工程"升级版

召开全省数字经济高质量发展大会，出台《关于打造数字经济"一号工程"升级版的实施意见》《关于推进新一代信息技术产业高质量发展的指导意见》，做优做强集成电路、数字安防和网络通信等特色产业集群，数字经济核心产业增加值增长6.3%、营业收入突破3万亿元。

签订共同推进制造业数字化转型部省合作备忘录，出台《以"产业大脑+未来工厂"为引领 加快推进制造业数字化转型行动方案（征求意见稿）》《推进细分行业中小企业数字化改造行动方案》，召开全省细分行业中小企业数字化改造推进会暨江山木门数字化改造现场会，遴选确定首批24个中小企业数字化改造创建试点县，加快推进产业数字化"三个全覆盖"；12个平台入选国家第一批财政支持中小企业数字化转型试点服务平台名单，数量居全国第一位；2022年"5G+工业互联网"现场工作会在宁波召开。

扎实推进数字基础设施建设，建成5G基站17.2万个，每万人拥有5G基站超26个，居各省区前列，实现行政村5G网络"村村通"，温州、嘉兴、湖州、台州获评全国"千兆城市"，宁波入选2022年度全国建设信息基础设施和推进产业数字化成效明显市；开展5G专用频段保护专项工作，营造5G发展安全有序电磁环境。圆满完成2022年世界互联网大会乌镇峰会·工业互联网论坛、"互联网之光"博览会、数字经济系统成果展、2022"直通乌镇"全球互联网大赛、数字经济产业合作大会等承办任务。

完成重大活动无线电安全保障任务，获评"北京2022年冬奥会和冬残奥会无线电安全保障工作先进集体"。全国第一个无线电产业基地落户衢州。金华入选国家IPv6试点城市。

（四）纵深推进数字经济系统建设

围绕建设现代化经济体系，持续迭代数字经济系统架构，打造了一批标志性成果。推动组建浙江省产业大数据有限公司，创新打造产业大脑能力中心，探索形成市场化运营模式，建设细分行业产业大脑96个，累计培育未来工厂52家、智能工厂（含数字化车间）601家，乐清智能电气、上虞电机、长兴动力电池等产业大脑及杭州紫光恒越、宁波博威合金、嘉兴"数智青莲"等未来工厂经验做法在《新闻联播》《人民日报》等央媒连续报道，产业数据价值化改革获评2022年度浙江省改革突破奖金奖。

着眼实战实效，省级打造数智经信、浙企智造在线、亩均论英雄、工业碳效码等一批重大应用，各地打造温州"科企通"、湖州"数智绿金"、绍兴纺织品"花样数治"等一批地方特色应用，全省经信干部数字化思维和能力明显提升。在2022年数字化改革"最系列"成果评选中，数字经济系统获"最佳应用"17项、"最优规则"5项、"最强大脑"1项，省经济和信息化厅牵头的"一指减负""产业一链通"获评"最佳应用"，"产业大脑"获评"最强大脑"，《浙江省数字经济促进条例》《产业大脑能力开放中心组件建设工作指南（试行）》获评"最优规则"。

（五）扎实开展优质企业梯度培育

完善《浙江省民营企业发展促进条例》配套政策，修订《浙江省促进中小微企业发展条例》，制定《关于大力培育促进"专精特新"中小企业高质量发展的若干意见》，出台《优质中小企业梯度培育管理暂行办法》，全年新增国家专精特新"小巨人"601家，总量1068家，均保持全国第一；新增重点"小巨人"59家，总数达201家，位居全国第一；新增单项冠军40家，总量189家，继续成为全国"冠军"，"专精特新"企业培育体系入选中国（浙江）自由贸易试验区最佳制度创新案例（2022年第一批）。

创新实施"链长+链主"协同机制，深化"雄鹰行动"，遴选"链主"企业21家，入围世界500强企业9家，民营企业500强107家，连续24年位居全国第一，制造业领航企业评定工作成功列入国家试点。

建设升级版小微企业园，新认定小微企业园124个，累计认定1354个，入驻企业8.2万家；迭代深化"浙里小微企业园"应用，评定四星级五星级小微企业园33个、数字化示范小微企业园30个，新增国家级小型微型企业创业创新示范基地8个、国家中小企业公共服务示范平台15个。规范化工园区平台建设，化工园区扩园3个。迭代升级企业码，访问量超4.4亿次，办理企业诉求29.8万件。争取国家小微企业融资担保降费奖补资金2.38亿元，位居全国第一。成功举办第七届"创客中国"中小企业创新创业大赛全国总决赛，浙江获奖项目数量和等次均居全国第一位。

（六）共同富裕示范区建设推进

签订工业和信息化领域高质量发展建设共同富裕示范区部省合作协议，建立一个专班、一张总图、一套架构、一项规则、一组清单"5个一"推进机制，落细落地"1+7+N"重点工作体系、"1+5+N"重大改革体系，在高质量发展建设共同富裕示范区重点工作推进例会、山区26县高质量发展暨山海协作工程推进会、"扩中""提低"改革专题会议上作典型发言，相关做法在《经济日报》《浙里共富》上刊发。

实施山区 26 县生态工业"攀登计划",制定《关于支持山区 26 县生态工业高质量发展的若干举措》《"设计+营销"赋能制造业高质量发展助力共同富裕示范区建设的行动计划(2022—2025 年)》《促进生物医药产业高质量发展行动方案(2022—2024 年)》《推动浙江省中药产业传承创新发展行动方案(2022—2024 年)》,落实"一县一策",培育"一县一业",泰顺、景宁、文成规模以上工业增加值相继迈上 5 亿元台阶,实现"山区 26 县全部超 5 亿元"目标。

深入开展产业链山海协作行动,探索形成龙头(链主)企业带动、项目招引推动、结对共建联动等八大模式,开展省级产业链山海协作先行试点,开展产业对接、合作招引活动 185 次,招引亿元以上制造业项目 46 个,推进山海协作项目 315 个、投资总额 417 亿元,"培育'专精特新'企业壮大共同富裕根基"获评高质量发展建设共同富裕示范区最佳实践,产业链山海协作获浙江省高质量发展建设共同富裕示范区领导小组办公室五星评价。

2019 年安徽省工业经济运行概况

2019，安徽省拥有规模以上工业企业 19367 家。全年规模以上工业增加值比 2018 年增长 7.3%，增速居全国第十位。分经济类型看，国有及国有控股企业增加值同比增长 7.6%，股份制企业同比增长 6.6%，外商及港澳台商投资企业同比增长 14.6%。分门类看，采矿业增加值同比增长 1.6%，制造业同比增长 7.7%，电力、热力、燃气及水生产和供应业同比增长 8%。

规模以上工业中，40 个工业大类行业中有 35 个行业增加值保持增长。其中，煤炭开采和洗选业同比增长 1.2%，黑色金属冶炼和压延加工业同比增长 6.4%，电力、热力生产和供应业同比增长 7.1%，非金属矿物制品业同比增长 7.8%，化学原料和化学制品制造业同比增长 10.4%，汽车制造业同比增长 2%，通用设备制造业同比增长 8.6%，电气机械和器材制造业同比增长 11.4%，计算机、通信和其他电子设备制造业同比增长 21.1%。工业新产品中，微型计算机设备、集成电路、移动通信手持机产量同比分别增长 11.5%、14.6% 和 16.7%（见表 1）。

表 1　　　　　　　　　　　　　2019 年全省规模以上工业主要产品产量及增速

产品名称	单位	绝对数	同比增长（%）
饮料酒	亿升	13.6	6.4
卷烟	亿支	1174.4	5.4
微型计算机设备	万台	2253.8	11.5
移动通信手持机	万台	81.7	16.7
集成电路	亿块	59.7	14.6
工业机器人	套	9521.2	-6.9
家用电冰箱	万台	2505.9	6.9
房间空调器	万台	3366.5	9.1
家用洗衣机	万台	2328.3	11.0
彩色电视机	万部	1941.9	-14.7
能源生产总量	万吨标准煤	7849.8	-2.5
原煤	万吨	10989.5	-2.5
发电量	亿千瓦时	2769.4	5.6
钢材	万吨	3158.4	5.5
十种有色金属	万吨	202.2	11.3
水泥	亿吨	1.4	10.3
平板玻璃	万重量箱	4244.5	26.7
化肥	万吨	269.4	15.2
合成洗涤剂	万吨	93.9	10.8
汽车	万辆	92.1	8.7
其中：新能源汽车	万辆	11.6	-0.9
电力电缆	百万米	1558.8	7.1

数据来源：安徽省 2019 年国民经济和社会发展统计公报。

2020 年安徽省工业经济运行概况

2020 年，安徽省拥有规模以上工业企业 18369 家。全年规模以上工业增加值比 2019 年增长 6%，居全国第六位。分经济类型看，国有及国有控股企业增加值同比增长 6.6%，股份制企业同比增长 5.8%，外商及港澳台商投资企业同比增长 9.8%。分门类看，采矿业增加值同比增长 6.1%，制造业同比增长 6.5%，电力、热力、燃气及水生产和供应业同比增长 0.1%。分行业看，40 个工业大类行业中有 26 个行业增加值保持增长。其中，计算机、通信和其他电子设备制造业同比增长 22.4%，汽车制造业同比增长 15.3%，石油、煤炭及其他燃料加工业同比增长 14.3%，化学原料和化学制品制造业同比增长 13.5%，煤炭开采和洗选业同比增长 8.1%。工业产品中，微型计算机设备、移动通信手持机、汽车产量同比分别增长 37.4%、4.7% 和 23.8%（见表 1）。

全年规模以上工业企业利润 2294.2 亿元，比 2019 年增长 5.1%。分经济类型看，国有控股企业利润 683.2 亿元，同比增长 8.2%；股份制企业利润 2009.8 亿元，同比增长 4.5%，外商及港澳台商投资企业利润 247.8 亿元，同比增长 11.6%；私营企业利润 680 亿元，同比下降 2.4%。全年规模以上工业企业每百元营业收入中的成本为 85.08 元，比 2019 年增加 0.04 元；营业收入利润率为 6.05%，比 2019 年提高 0.09 个百分点。

表 1　　　　2020 年全省规模以上工业主要产品产量及增速

产品名称	单位	绝对数	同比增长（%）
饮料酒	亿升	12.6	-1.9
卷烟	亿支	1203.5	2.5
微型计算机设备	万台	3097.1	37.4
移动通信手持机	万台	91.3	4.7
工业机器人	套	7185	-24.4
家用电冰箱	万台	2437.9	-3.3
房间空调器	万台	3009.7	-10.6
家用洗衣机	万台	2380.4	2.2
彩色电视机	万部	1611.8	-17.5
能源生产总量	万吨标准煤	8401.0	1.4
原煤	万吨	11084.4	0.9
发电量	亿千瓦时	2681.6	-3.8
钢材	万吨	3607.5	14.3
十种有色金属	万吨	224.6	10.4
水泥	亿吨	1.4	0.1
平板玻璃	万重量箱	4489.3	6.0
化肥	万吨	266.4	3.1
合成洗涤剂	万吨	101.6	8.4
汽车	万辆	116.1	23.8
其中：新能源汽车	万辆	10.5	-10.7
电力电缆	百万米	1838.3	17.6

数据来源：安徽省 2020 年国民经济和社会发展统计公报。

2021 年安徽省工业经济运行概况

2021 年，安徽省拥有规模以上工业企业 19553 家，比 2020 年增加 1184 家。全年规模以上工业增加值比 2020 年增长 8.9%。分经济类型看，国有及国有控股企业增加值同比增长 11.8%，股份制企业同比增长 8.5%，外商及港澳台商投资企业同比增长 12.3%。分门类看，采矿业增加值同比增长 3.6%，制造业同比增长 8.8%，电力、热力、燃气及水生产和供应业同比增长 15.5%。分行业看，41 个工业大类行业中有 28 个行业保持增长。其中，计算机、通信和其他电子设备制造业同比增长 33.2%，汽车制造业同比增长 17.4%，金属制品业同比增长 14.9%，电气机械和器材制造业同比增长 11.3%，黑色金属冶炼和压延加工业同比增长 9.2%。工业产品中，汽车、微型计算机设备、移动通信手持机产量同比分别增长 29.5%、19.1% 和 5.7%（见表 1）。

全年煤炭产能 12876 万吨，发电装机容量 8465.7 万千瓦，其中燃煤火电装机 5274.1 万千瓦，新能源和可再生能源发电装机 2964.6 万千瓦。

全年规模以上工业企业利润 2669.9 亿元，比 2020 年增长 13.6%。分经济类型看，国有控股企业利润 811.6 亿元，同比增长 12.2%；股份制企业利润 2273.2 亿元，同比增长 13.6%，外商及港澳台商投资企业利润 340.4 亿元，同比增长 15.6%；私营企业利润 846.3 亿元，同比增长 9.2%。分门类看，采矿业利润 259.4 亿元，同比增长 45.4%；制造业利润 2381.5 亿元，同比增长 18.4%；电力、热力、燃气及水生产和供应业利润 28.9 亿元，同比下降 81.8%。全年规模以上工业企业每百元营业收入中的成本为 85.29 元，比 2020 年增加 0.27 元；营业收入利润率为 5.96%，同比下降 0.16 个百分点。

表 1　　　　　　　　2021 年全省规模以上工业主要产品产量及增速

产品名称	单位	产量	同比增长（%）
饮料酒	亿升	11.9	-4.3
卷烟	亿支	1218.2	1.2
微型计算机设备	万台	3694.8	19.1
移动通信手持机	万台	96.6	5.7
工业机器人	套	12906	-4.0
家用电冰箱	万台	2381.4	-2.3
房间空气调节器	万台	3385.5	7.8
家用洗衣机	万台	2627.4	10.4
彩色电视机	万台	1224.8	0.03
能源生产总量	万吨标准煤	9089.8	4.5
原煤	万吨	11274.1	1.7
发电量	亿千瓦时	2911.8	7.9
十种有色金属	万吨	297.5	28.9
水泥	亿吨	1.5	4.0
平板玻璃	万重量箱	4637.0	3.3
化学肥料总计（折纯）	万吨	208.0	-9.0
合成洗涤剂	万吨	102.9	1.8
汽车	万辆	150.3	29.5
其中：新能源汽车	万辆	25.2	127.0
电力电缆	百万米	1834.9	-5.6

数据来源：安徽省 2021 年国民经济和社会发展统计公报。

2022 年安徽省工业经济运行概况

2022 年，安徽省拥有规模以上工业企业 20565 家，比 2021 年增加 1012 家。全年规模以上工业增加值比 2021 年增长 6.1%。分经济类型看，国有控股企业增加值同比增长 4.8%；股份制企业同比增长 6.3%，外商及港澳台商投资企业同比增长 1.8%；私营企业同比增长 3.9%。分门类看，采矿业增加值同比增长 4.2%，制造业同比增长 5.6%，电力、热力、燃气及水生产和供应业同比增长 14.4%。分行业看，41 个工业大类行业中有 24 个行业增加值保持增长。其中，汽车制造业同比增长 22%，电气机械和器材制造业同比增长 21.1%，电力、热力生产和供应业同比增长 17%，计算机、通信和其他电子设备制造业同比增长 8.7%。工业产品中，汽车、太阳能电池（光伏电池）、集成电路产量同比分别增长 17.4%、33.6% 和 100.5%（见表 1）。

全年煤炭产能 13016 万吨。发电装机容量 9219 万千瓦，其中燃煤火电装机容量 5377.7 万千瓦，新能源和可再生能源发电装机容量 3611.1 万千瓦。

全年规模以上工业企业利润 2449.7 亿元，比 2021 年下降 8.5%。分经济类型看，国有控股企业利润 643.1 亿元，同比下降 20.8%；股份制企业利润 2039.7 亿元，同比下降 8.5%，外商及港澳台商投资企业利润 339.8 亿元，同比下降 12.8%；私营企业利润 756.9 亿元，同比下降 5.7%。分门类看，采矿业利润 282.4 亿元，同比增长 4.8%；制造业利润 2048.4 亿元，同比下降 13.8%；电力、热力、燃气及水生产和供应业利润 118.9 亿元，同比增长 2.9 倍。全年规模以上工业企业每百元营业收入中的成本为 86.7 元，比 2021 年增加 1.4 元；营业收入利润率为 5%，同比下降 0.9 个百分点。

表 1　　　　　　　　　　　2022 年全省规模以上工业主要产品产量及增速

产品名称	单位	产量	同比增长（%）
饮料酒	亿升	12.2	6.5
卷烟	亿支	1220.3	0.2
微型计算机设备	万台	2950.2	-20.2
移动通信手持机	万台	92.3	-1.9
工业机器人	套	11450	8.7
家用电冰箱	万台	2633.6	10.6
房间空气调节器	万台	2691.1	-20.5
家用洗衣机	万台	2545.2	-3.1
彩色电视机	万台	1026.3	-16.2
原煤	万吨	11176.9	-0.9
发电量	亿千瓦时	3135.0	6.2
十种有色金属	万吨	320.4	7.7
水泥	万吨	14210.9	-5.4
平板玻璃	万重量箱	4213.3	-9.1
化学肥料总计（折纯）	万吨	228.6	9.9
合成洗涤剂	万吨	105.8	3.0
汽车	万辆	174.7	17.4
其中：新能源汽车	万辆	42.2	67.5
电力电缆	百万米	1679.7	-9.3

数据来源：安徽省 2022 年国民经济和社会发展统计公报。

2019 年福建省工业经济运行概况

一、工业经济运行概况

2019 年，福建省全部工业增加值 16170.45 亿元，比 2018 年增长 8.7%。规模以上工业增加值同比增长 8.8%，其中，国有控股企业同比增长 5.5%。2019 年规模以上工业增加值增长速度（月度同比）见图 1。在规模以上工业中，分经济类型看，国有企业增加值同比增长 8.9%，集体企业同比增长 4.2%，股份制企业同比增长 9.9%，外商及港澳台商投资企业同比增长 6.7%；私营企业同比增长 10.2%。分轻重工业看，轻工业同比增长 7.6%，重工业同比增长 10.2%。分工业门类看，采矿业增加值同比增长 2.3%，制造业同比增长 9.2%，电力、热力、燃气及水生产和供应业同比增长 3.5%。工业产品销售率为 97.15%，与 2018 年持平。

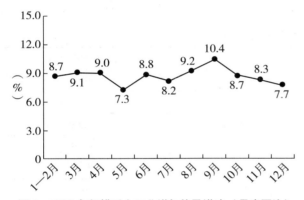

图 1　2019 年规模以上工业增加值及增速（月度同比）

规模以上工业的 38 个行业大类中有 12 个行业增加值增速实现两位数增长。其中，化学原料和化学制品制造业同比增长 22.4%，有色金属冶炼和压延加工业同比增长 21.0%，化学纤维制造业同比增长 16.4%，计算机、通信和其他电子设备制造业同比增长 12.0%，医药制造业同比增长 11.5%，电气机械和器材制造业同比增长 10.3%。规模以上工业中三大主导产业增加值同比增长 9.8%。其中，机械装备产业同比增长 5.7%；电子信息产业同比增长 12.0%；石油化工产业同比增长 13.5%。六大高耗能行业同比增长 13.4%，占规模以上工业增加值的 25.8%。工业战略性新兴产业同比增长 8.1%，占规模以上工业增加值的 23.8%。高技术制造业同比增长 12.3%，占规模以上工业增加值的 11.8%。装备制造业同比增长 7.9%，占规模以上工业增加值的 22.7%。2019 年规模以上工业企业主要工业产品产量及增速见表 1。

全年规模以上工业企业实现利润 3815.07 亿元，比 2018 年增长 7.4%。分经济类型看，国有企业实现利润 5.16 亿元，同比增长 33.7%；集体企业实现利润 4.38 亿元，同比下降 23.4%；股份制企业实现利润 2520.68 亿元，同比增长 8.6%；外商及港澳台商投资企业实现利润 1248.68 亿元，同比增长 5.1%；私营企业实现利润 1564.41 亿元，同比增长 11.3%。规模以上工业企业资产负债率为 50.8%，比 2018 年下降 0.5 个百分点；每百元主营业务收入中的成本为 86.34 元，营业收入利润率为 6.70%。

表 1　　　　　　　　　2019 年规模以上工业企业主要工业产品产量及增速

产品名称	单位	产量	同比增长（%）
纱	万吨	580.91	−0.2
布	亿米	102.75	−0.2
化学纤维	万吨	849.31	17.5
卷烟	亿支	879.13	2.8
彩色电视机	万台	790.85	−19.3
原煤	万吨	831.72	−10.2
发电量	亿千瓦时	2572.94	4.5
其中：火电	亿千瓦时	1406.13	0.1
水电	亿千瓦时	442.35	36.0
粗钢	万吨	2390.28	13.8
钢材	万吨	3737.66	22.4

产品名称	单位	产量	同比增长（%）
十种有色金属	万吨	73.41	49.0
其中：精炼铜（电解铜）	万吨	64.85	85.7
原铝（电解铝）	万吨	8.29	-41.0
水泥	万吨	9443.13	7.5
硫酸（折100%）	万吨	342.65	43.9
纯碱（碳酸钙）	万吨	29.07	16.5
烧碱	万吨	38.98	5.2
农用氮、磷、钾化学肥料（折纯）	万吨	90.27	10.4
发电设备	万千瓦	55.01	33.9
汽车	万辆	16.95	-29.7
其中：轿车	万辆	0.78	-11.8
集成电路	亿块	9.56	37.9
移动通信手持机	万台	1802.92	66.2
微型计算机设备	万台	2192.40	84.6

注：发电量为全社会口径。

数据来源：2019年福建省国民经济和社会发展统计公报。

二、工业经济运行特点

（一）生产运行总体平稳，重点行业贡献突出

受国内外宏观环境的影响，2019年，全省规模以上工业生产运行月度间有所起伏，增速在7.3%～10.4%波动，但从累计增速上看，保持在8.5%～8.9%，总体呈现平稳的运行态势。全年全省规模以上工业增加值同比增长8.8%，比全国平均水平高3.1个百分点，增速居全国第二位、东部地区第一位。

2019年，拉动规模以上工业经济增长贡献力主要来自化学原料和化学制品制造业、计算机通信和其他电子设备制造业、非金属矿物制品业、黑色金属冶炼和压延加工业、有色金属冶炼和压延加工业、电气机械和器材制造业等六大行业，这六个行业对规模以上工业增加值增长贡献率为50.8%，合计拉动规模以上工业经济增长4.5个百分点。

（二）传统产业发展提质，新兴行业增势良好

传统产业发展提质，产业精深加工度提升。2019年，全省工业行业、产品向产业链下游延伸趋势明显，产业精深加工度进一步提升。钢铁行业中，钢压延加工行业实现增加值占钢铁行业的88.8%；纺织行业中，棉印染精加工、化纤织物染整精加工增加值同比分别增长13.0%和12.9%，比纺织业高7.5个和7.4个百分点；冷轧薄板、机床数控装置、安全自动化监控设备等精深加工产品产量同比分别增长26.6%、44.3%和51.1%。

新兴行业增长快速，新动能加速聚集。2019年，高技术产业增加值同比增长12.3%，增速高于全省规模以上工业增加值增速3.5个百分点，占全省规模以上工业的11.8%，比2018年同期提高0.5个百分点。其中，锂离子电池制造、通信终端设备制造、半导体分立器件制造、集成电路制造等高端制造业增加值同比分别增长27.5%、25.1%、25.3%和18.5%。传感器、光电子器件、移动通信基站设备、卫星导航定位接收机等产品产量同比分别增长143.8%、24.9%、19.3%和16.3%。

（三）消费升级带动明显，工业绿色发展步伐加快

消费升级带动明显，智能化、健康、运动类制造业快速增长。以智能化、健康、运动为标志的消费品升级类制造业增势良好，成为全省工业增长的重要拉动力量。2019年，规模以上可穿戴智能设备制造、医疗诊断监护及治疗设备制造、专项运动器材及配件制造等行业增加值同比分别增长54.9%、27.9%和11.3%；平板电脑、智能手表、智能手机、运动类服装、营养品保健品等产品产量同比分别增长228.8%、133.8%、46.6%、21.2%和14.8%。

工业绿色发展步伐加快，部分绿色产业、产品增长较快。2019年，规模以上污水处理及其再生利用、环境监测专用仪器仪表制造、非金属废料和碎屑加工处理增加值增速分别高于规模以上工业30.7个、14.6个和7.6个百分点。环境监测专用仪器仪表、大气污染防治设备、房间空气调节器等产品产量同比分别增长98.9%、26.5%和31.2%。

（四）企业亏损面收窄，运营效率提升

一是企业亏损面收窄。2019年1—11月，规模以上

工业企业亏损面为 7.1%，较前三季度和上半年分别收窄 0.4 个和 1.3 个百分点。二是人均产出效率提高。1—11 月，规模以上工业企业人均营业收入 141.14 万元，同比增加 13.90 万元；每百元资产实现的营业收入为 153.94 元，同比增加 4.8 元。三是资金周转加快。11 月末，规模以上工业产成品存货周转天数为 12.3 天，同比减少 0.4 天；应收票据及应收账款平均回收期为 30.5 天，同比减少 1.2 天。四是杠杆率降低。11 月末，规模以上工业企业资产负债率为 51.4%，同比降低 0.6 个百分点。

2019 年全省工业经济高质量发展基础进一步夯实，但也要看到工业生产经营运行中仍存在工业品供需衔接不够平衡，全年工业品产销率为 97.2%，低于全国 97.9% 的平均水平，工业品出口交货值增长放缓，企业原材料、用工等经营成本居高不下，工业利润总额增速同比回落，工业生产者出厂价格指数从 2019 年 8 月以来一直在负增长通道中运行等，规模以上工业企业生产经营向好压力比较突出。

2020年福建省工业经济运行概况

2020年，福建省全部工业增加值15745.55亿元，比2019年增长1.7%。规模以上工业增加值同比增长2.0%，其中，国有控股企业增长9.4%。在规模以上工业中，分经济类型看，国有企业增加值同比下降6.1%，集体企业同比增长13.6%，股份制企业同比增长3.1%，外商及港澳台商投资企业同比下降0.4%；私营企业同比增长2.0%。分轻重工业看，轻工业同比下降0.2%，重工业同比增长4.3%。分工业门类看，采矿业同比增长1.2%，制造业同比增长1.9%，电力、热力、燃气及水生产和供应业同比增长3.8%。工业产品销售率为96.53%，比2019年下降0.62个百分点。

规模以上工业的38个行业大类中有21个行业增加值实现正增长。其中，医药制造业同比增长29.7%，化学纤维制造业同比增长23.7%，电气机械和器材制造业同比增长8.9%，化学原料和化学制品制造业同比增长7.4%，有色金属冶炼和压延加工业同比增长6.9%，计算机、通信和其他电子设备制造业同比增长6.6%。规模以上工业中三大主导产业增加值同比增长5.7%。其中，机械装备产业同比增长1.1%；电子信息产业同比增长6.6%；石油化工产业同比增长10.6%。六大高耗能行业增加值同比增长7.1%，占规模以上工业增加值的26.3%。工业战略性新兴产业增加值同比增长4.5%，占规模以上工业增加值的25.6%。高技术制造业增加值同比增长8.0%，占规模以上工业增加值的12.8%。装备制造业增加值同比增长3.3%，占规模以上工业增加值的23.4%。2020年规模以上工业企业主要工业产品产量及增速见表1。

表1　　　　　　　　　　2020年规模以上工业企业主要工业产品产量及增速

产品名称	单位	产量	同比增长（%）
纱	万吨	543.45	-7.4
布	亿米	74.49	-26.0
化学纤维	万吨	856.36	4.0
卷烟	亿支	886.45	0.8
彩色电视机	万台	1330.02	68.2
原煤	万吨	645.85	-23.1
发电量	亿千瓦时	2636.49	2.5
其中：火电	亿千瓦时	1550.52	10.3
水电	亿千瓦时	219.77	-34.0
粗钢	万吨	2466.50	3.2
钢材	万吨	3861.65	3.5
十种有色金属	万吨	73.97	0.7
其中：精炼铜（电解铜）	万吨	66.78	2.9
原铝（电解铝）	万吨	7.05	-15.1
水泥	万吨	9686.90	2.6
硫酸（折100%）	万吨	343.73	0.3
纯碱（碳酸钠）	万吨	25.49	-12.3
烧碱（折100%）	万吨	35.90	-7.9
农用氮、磷、钾化学肥料（折纯）	万吨	86.25	-4.5
发电设备	万千瓦	38.52	52.8

续　表

产品名称	单位	产量	同比增长（%）
汽车	万辆	18.04	11.4
其中：轿车	万辆	2.64	238.2
集成电路	亿块	16.95	37.5
移动通信手持机	万台	2382.81	32.2
微型计算机设备	万台	1493.63	-31.9

注：发电量为全社会口径。

数据来源：2020 年福建省国民经济和社会发展统计公报。

全年规模以上工业企业实现利润 3470.08 亿元，比 2019 年下降 9.7%。分经济类型看，国有企业由 2019 年同期盈利 1.94 亿元转为亏损 1.10 亿元；集体企业实现利润 6.04 亿元，同比增长 8.8%；股份制企业实现利润 2320.00 亿元，同比下降 6.3%；外商及港澳台商投资企业实现利润 1111.15 亿元，同比下降 16.1%；私营企业实现利润 1786.04 亿元，同比下降 7.6%。规模以上工业企业资产负债率为 50.4%，比 2019 年下降 0.4 个百分点；每百元营业收入中的成本为 86.51 元，营业收入利润率为 6.26%。

2021年福建省工业经济运行概况

一、工业经济运行概况

2021年，福建省全部工业增加值 17787.60 亿元，比 2020 年增长 9.0%（见图 1）。规模以上工业增加值同比增长 9.9%。分轻重工业看，轻工业同比增长 10.8%，重工业同比增长 9.0%；分工业门类看，采矿业增加值同比下降 8.8%，制造业同比增长 10.0%，电力、热力、燃气及水生产和供应业同比增长 13.4%。工业产品销售率为 96.47%。

图1　2017—2021 年全部工业增加值及增速

规模以上工业的 38 个行业大类中有 32 个行业增加值实现正增长。其中，汽车制造业同比增长 32.4%，电气机械和器材制造业同比增长 31.1%，计算机、通信和其他电子设备制造业同比增长 14.2%，电力、热力生产和供应业同比增长 13.4%。工业战略性新兴产业增加值同比增长 21.8%，占规模以上工业增加值的 22.0%。高技术制造业增加值同比增长 26.4%，占规模以上工业增加值的 15.3%。装备制造业增加值同比增长 17.8%，占规模以上工业增加值的 25.3%。2021 年规模以上工业企业主要工业产品产量及增速见表 1。

2021 年年底，发电装机容量 6983.32 万千瓦，比 2020 年年底增长 9.6%。其中，火电装机容量 3596.24 万千瓦，同比增长 3.4%；水电装机容量 1385.75 万千瓦，同比增长 4.1%；核电装机容量 986.20 万千瓦，同比增长 13.2%；并网风电装机容量 735.02 万千瓦，同比增长 51.2%；并网太阳能发电装机容量 277.01 万千瓦，同比增长 36.9%。

全年规模以上工业企业实现利润 4353.30 亿元，比 2020 年增长 24.7%。全年规模以上工业企业每百元营业收入中的成本为 86.21 元，比 2020 年减少 0.27 元；营业

表1　　　　　　　　　　　　2021 年规模以上工业企业主要工业产品产量及增速

产品名称	单位	产量	同比增长（%）
纱	万吨	556.94	2.2
布	亿米	79.42	3.1
化学纤维	万吨	1029.66	18.3
卷烟	亿支	895.60	1.0
彩色电视机	万台	1383.29	4.0
其中：液晶电视机	万台	1377.03	3.8
房间空气调节器	万台	181.03	27.8
原煤	万吨	540.68	-17.5
发电量	亿千瓦时	2931.21	11.2
其中：火电	亿千瓦时	1702.83	9.8
水电	亿千瓦时	274.28	-6.0
核电	亿千瓦时	777.20	19.1
粗钢	万吨	2535.52	2.8
钢材	万吨	3980.53	5.2
十种有色金属	万吨	89.55	21.0

续　表

产品名称	单位	产量	同比增长（%）
其中：精炼铜（电解铜）	万吨	82.15	22.9
原铝（电解铝）	万吨	7.23	2.6
水泥	万吨	10096.37	4.0
硫酸（折100%）	万吨	332.19	-0.2
纯碱（碳酸钠）	万吨	24.10	-5.5
烧碱（折100%）	万吨	37.91	5.6
乙烯	万吨	211.90	52.7
农用氮、磷、钾化学肥料（折纯）	万吨	66.69	-22.7
发电设备	万千瓦	16.16	-40.2
汽车	万辆	34.26	89.9
其中：基本型乘用车（轿车）	万辆	14.09	433.4
运动型多用途乘用车（SUV）	万辆	3.18	-8.7
新能源汽车	万辆	9.32	263.1
集成电路	亿块	27.89	32.2
移动通信手持机（手机）	万台	2275.52	-4.5
微型计算机设备	万台	1369.67	-8.3

注：发电量为全社会口径。

数据来源：2021年福建省国民经济和社会发展统计公报。

收入利润率为6.72%，比2020年提高0.48个百分点。年底规模以上工业企业资产负债率为51.7%，比2020年年底提高1.2个百分点。

二、工业经济运行特点

2021年，福建省工业经济运行整体呈"高开趋稳"态势。全年规模以上工业增加值同比增长9.9%，与1—11月持平，比全国高0.3个百分点。12月，全省规模以上工业增加值同比增长9.0%，比11月提升1.3个百分点，比全国高4.7个百分点。

超八成行业保持增长，超六成产品产量增加。据统计，全省38个在统的大类行业中，有32个行业增加值实现增长，增长面为84.2%。列入统计的429种重点工业产品中，268种产量实现增长，增长面为62.5%。其中，金属集装箱产量增长1.5倍，成品糖增长1倍，汽车增长89.9%，运动服类服装增长45.5%。

高技术制造业增长较快，引领作用进一步显现。全省规模以上高技术制造业增加值同比增长26.4%，增幅高于全省平均水平16.5个百分点，对规模以上工业增长贡献率为35.7%。其中，基因工程药物和疫苗制造增加值同比增长1.8倍、锂离子电池制造同比增长65.1%、集成电路制造同比增长46.1%、光电子器件制造同比增长34.3%。

出口保持两位数增长，拉动作用提升。2021年，全省规模以上工业出口交货值同比增长12.9%，延续年初以来的两位数增长态势。分行业看，医药制造业出口交货值同比增长1.4倍，化学纤维制造业、黑色金属冶炼和压延加工业、有色金属冶炼和压延加工业、电气机械和器材制造等行业均实现两位数较快增长。

民营工业贡献突出，支撑作用显著。2021年，全省规模以上民营工业增加值同比增长12.3%，增幅高于全省平均水平2.4个百分点，对全省规模以上工业增长贡献率达74.4%，创年内新高。实现出口交货值4193.25亿元，同比增长19.8%，高于规模以上工业6.9个百分点。产销率为97.21%，高于规模以上工业0.74个百分点。

2022 年福建省工业经济运行概况

2022 年，福建省工业保持平稳运行，全部工业增加值 19628.83 亿元，比 2021 年增长 4.9%（见图 1）。规模以上工业增加值增长 5.7%，高于全国平均 2.1 个百分点。分轻重工业看，轻工业同比增长 6.6%，重工业同比增长 4.9%；分工业门类看，采矿业增加值同比增长 3.9%，制造业同比增长 5.6%，电力、热力、燃气及水生产和供应业同比增长 9.3%。工业产品销售率为 95.59%。

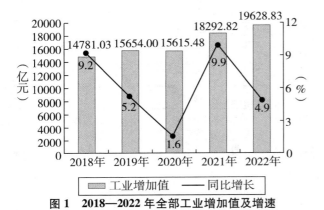

图 1　2018—2022 年全部工业增加值及增速

全省 38 个工业大类行业中有 24 个行业增加值实现增长，增长面达 63.2%，其中电气机械（40.6%）、化学原料（19.7%）、铁路船舶设备（16.7%）、服装服饰（10.9%）等 11 个行业实现两位数增长。高技术行业贡献率提升，全年规模以上高技术制造业增加值同比增长 17.1%，高于规模以上工业平均增速 11.4 个百分点，对全省规模以上工业增长贡献率达 46.2%；高技术制造业占规模以上工业增加值的 16.7%，比 2021 年提高 1.4 个百分点。地区工业全面增长，其中宁德、漳州全年规模以上工业增加值同比分别增长 23.6% 和 10.2%，高于全省平均水平。工业发展质量逐步提升，全年规模以上工业实现营业收入 70368 亿元，同比增长 7%，其中电气机械、化学原料、有色金属、化学纤维等重点行业同比分别增长 48.4%、19.8%、12.7% 和 9.8%。

规模以上工业的 38 个行业大类中有 25 个行业增加值实现正增长。其中，汽车制造业同比增长 5.4%，电气机械和器材制造业同比增长 40.6%，计算机、通信和其他电子设备制造业同比增长 7.8%，电力、热力生产和供应业同比增长 11.5%。高技术制造业增加值同比增长 17.1%，占规模以上工业增加值的 16.7%。装备制造业增加值同比增长 13.7%，占规模以上工业增加值的 26.4%。2022 年规模以上工业企业主要工业产品产量及增速见表 1。

2022 年年底发电装机容量 7531.0 万千瓦，比 2021 年年底增长 7.8%。其中，火电装机容量 3681.4 万千瓦，

表 1　　　　　　　　2022 年规模以上工业企业主要工业产品产量及增速

产品名称	单位	产量	同比增长（%）
纱	万吨	571.66	1.6
布	亿米	70.04	−11.2
化学纤维	万吨	1031.37	0.9
卷烟	亿支	899.87	0.5
彩色电视机	万台	1075.90	−22.2
其中：液晶电视机	万台	1071.32	−22.2
房间空气调节器	万台	224.44	24.0
原煤	万吨	443.17	−17.0
发电量	亿千瓦时	3073.96	4.9
其中：火电	亿千瓦时	1585.96	−6.9
水电	亿千瓦时	386.95	41.1
核电	亿千瓦时	831.94	7.0
十种有色金属	万吨	94.46	5.5

续 表

产品名称	单位	产量	同比增长（%）
其中：精炼铜（电解铜）	万吨	87.16	6.1
原铝（电解铝）	万吨	7.15	−1.1
水泥	万吨	9656.80	−4.4
硫酸（折100%）	万吨	356.62	7.4
纯碱（碳酸钠）	万吨	19.02	−21.1
烧碱（折100%）	万吨	26.12	−31.1
乙烯	万吨	189.57	−10.5
农用氮、磷、钾化学肥料（折纯）	万吨	48.16	−27.8
发电设备	万千瓦	62.40	286.1
汽车	万辆	33.89	6.7
其中：基本型乘用车（轿车）	万辆	14.48	2.7
运动型多用途乘用车（SUV）	万辆	6.37	100.6
新能源汽车	万辆	9.79	43.7
集成电路	亿块	18.13	−34.6
移动通信手持机（手机）	万台	3168.85	39.3
微型计算机设备	万台	1185.26	−13.5

注：发电量为全社会口径。

数据来源：2022年福建省国民经济和社会发展统计公报。

同比增长2.4%；水电装机容量1538.3万千瓦，同比增长11.0%；核电装机容量1101.2万千瓦，同比增长11.7%；并网风电装机容量742.0万千瓦，同比增长1.0%；并网太阳能发电装机容量464.9万千瓦，同比增长67.8%。

全年规模以上工业企业实现利润4071.32亿元，比2021年下降6.9%。全年规模以上工业企业每百元营业收入中的成本为87.18元，比2021年增加0.93元；营业收入利润率为5.79%，同比下降0.86个百分点。年底规模以上工业企业资产负债率为53.5%，比2021年年底提高1.3个百分点。

2019 年江西省工业经济运行概况

2019 年，江西省全部工业增加值 8965.8 亿元，比 2018 年增长 8.4%；规模以上工业增加值同比增长 8.5%（见图 1）。分轻重工业看，轻工业增加值同比增长 4.3%，重工业同比增长 10.6%。分经济类型看，国有企业增加值同比增长 18.8%，集体企业同比增长 13.8%，股份合作企业同比增长 2.7%，股份制企业同比增长 9.0%，外商及港澳台商投资企业同比增长 4.0%，其他经济类型企业同比增长 4.4%。

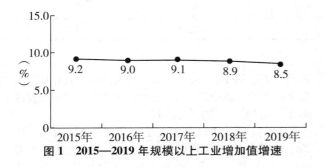

图 1　2015—2019 年规模以上工业增加值增速

高质量发展成效显著。全省 38 个工业大类行业中，26 个大类行业增加值实现增长，增长面为 68.4%，其中 11 个行业实现两位数增长。高新技术产业增加值同比增长 13.4%，高于全省平均 4.9 个百分点，占规模以上工业增加值的 36.1%，比 2018 年提高 2.3 个百分点。装备制造业增加值同比增长 18.2%，高于全省平均 9.7 个百分点，占比为 27.7%，比 2018 年提高 1.4 个百分点。战略性新兴产业增加值同比增长 11.4%，高于全省平均 2.9 个百分点，占比为 21.2%，比 2018 年提高 4.1 个百分点。高耗能行业增加值同比增长 6.0%，占比为 38.7%，比 2018 年下降 0.7 个百分点。非公工业贡献突出。非公有制工业增加值同比增长 9.8%，占规模以上工业增加值的 81.2%，对规模以上工业增长的贡献率为 92.7%。其中，私营企业同比增长 11.9%，占规模以上工业增加值的 44.0%，对规模以上工业增长的贡献率为 59.7%。

全省重点监测的 394 种主要工业产品中有 237 种产量同比实现增长，增长面达 60.2%。其中，化学原料药同比增长 20.0%，白酒同比增长 15.8%，铜材同比增长 15.0%，化学纤维同比增长 11.9%，瓷质砖同比增长 11.6%（见表 1）。

表 1　　　　　　　　　　**2019 年规模以上工业主要产品产量及增速**

产品名称	单位	产量	同比增长（%）
白酒（折 65 度，商品量）	万千升	13.1	15.8
啤酒	万千升	71.3	-1.8
精制茶	吨	69327.5	-3.8
卷烟	亿支	637.9	0
化学纤维	万吨	62.9	11.9
布	万米	103052.4	-14.6
服装	万件	122491.9	4.8
机制纸及纸板	万吨	276.2	11.5
饲料	万吨	1828.0	-7.4
硫酸（折 100%）	万吨	288.7	-8.1
农用氮、磷、钾化学肥料	万吨	29.2	-56.2
化学农药	吨	36828.7	-11.3
化学原料药	吨	77132.0	20.0
水泥	万吨	9625.1	4.3
瓷质砖	万平方米	102091.2	11.6
粗钢	万吨	2524.5	1.0

续　表

产品名称	单位	产量	同比增长（%）
钢材	万吨	2795.7	4.2
十种有色金属	万吨	186.6	7.9
其中：精炼铜（电解铜）	万吨	142.4	4.9
铜材	万吨	393.4	15.0
多晶硅	万千克	1185.0	-18.3
单一稀土金属	万千克	1484.6	9.2
中成药	万吨	17.3	10.2
汽车	万辆	49.1	-11.0
家用电冰箱	万台	93.3	3.2
太阳能电池	万千瓦	794.4	8.2
房间空气调节器	万台	631.7	8.4

数据来源：江西省 2019 年国民经济和社会发展统计公报。

全年全省规模以上工业企业实现主营业务收入 34590.6 亿元，比 2018 年增长 6.5%；实现利润总额 2158.8 亿元，同比下降 0.3%；每百元主营业务收入中的成本为 86.5 元，比 2018 年减少 0.13 元。年底规模以上工业资产负债率为 52.6%，比 2018 年年底提高 0.6 个百分点。

年底全省开发区投产工业企业 13014 家，比 2018 年年底增加 1323 家；实际开发面积 673.7 平方千米，完成基础设施投入 1505.5 亿元。全年开发区工业增加值同比增长 9.2%，增速高于规模以上工业 0.7 个百分点；实现出口交货值 1935.8 亿元，同比增长 11.8%。招商签约资金 8490.2 亿元，同比下降 0.8%；招商实际到位资金 5794.0 亿元，招商资金实际到位率为 68.2%。实现主营业务收入 28591.4 亿元，同比增长 7.9%；实现利润总额 1945.1 亿元，同比增长 3.0%。主营业务收入过百亿元的开发区 66 个。其中，主营业务收入超 200 亿元的开发区 48 个，超 500 亿元的开发区 17 个。

全年全省规模以上工业生产原煤 441.2 万吨，比 2018 年下降 4.5%；原煤库存量 13.5 万吨，同比上升 227.2%。原油加工量 786.6 万吨，同比增长 2.6%。其中，汽油产量 244.4 万吨，同比增长 2.6%；煤油产量 70.7 万吨，同比增长 5.3%；柴油产量 293.8 万吨，同比增长 1.5%。发电量 1241.9 亿千瓦时，同比增长 4.0%。其中，火力发电量 1095.0 亿千瓦时，同比增长 2.4%；水力发电量 80.5 亿千瓦时，同比上升 20.7%；风力、太阳能、垃圾焚烧等新能源发电量 77.0 亿千瓦时，同比增长 12.4%。

2020 年江西省工业经济运行概况

一、工业经济运行概况

2020 年，江西省全部工业增加值 8952.7 亿元，比 2019 年增长 4.0%；规模以上工业增加值同比增长 4.6%。分轻重工业看，轻工业增加值同比下降 1.8%，重工业同比增长 7.8%。分经济类型看，国有企业同比下降 15.4%，集体企业同比增长 19.2%，股份合作企业同比增长 7.3%，股份制企业同比增长 4.9%，私营企业同比增长 5.1%，外商及港澳台商投资企业同比增长 2.5%，其他经济类型企业同比下降 1.3%。

高质量发展向前迈进。全省 38 个工业大类行业中，21 个大类行业增加值实现增长，增长面为 55.3%，其中 7 个行业实现两位数增长。高新技术产业增加值同比增长 11.2%，高于全省平均 6.6 个百分点，占规模以上工业增加值的 38.2%，比 2019 年提高 2.1 个百分点。装备制造业增加值同比增长 9.4%，高于全省平均 4.8 个百分点，占比为 28.5%，比 2019 年提高 0.8 个百分点。战略性新兴产业增加值同比增长 6.6%，高于全省平均 2.0 个百分点，占比为 22.1%，比 2019 年提高 0.9 个百分点。高耗能行业增加值同比增长 5.4%，占比为 39.1%，比 2019 年提高 0.4 个百分点。非公工业贡献突出。非公有制工业增加值同比增长 5.3%，占规模以上工业增加值的 81.8%，对规模以上工业增长的贡献率为 90.5%。其中，私营企业同比增长 5.1%，占规模以上工业增加值的 45.3%，对规模以上工业增长的贡献率为 48.8%。

全省重点监测的 397 种主要工业产品中有 207 种产品产量同比实现增长，增长面达 52.1%。工业新产品中，智能手机同比增长 19.2%；集成电路同比增长 16.4%；太阳能电池同比增长 14.9%（见表1）。

表1　　2020 年规模以上工业主要产品产量及增速

产品名称	单位	产量	同比增长（%）
多晶硅	万千克	959.4	-19.0
单一稀土金属	万千克	1452.4	-6.2
中成药	万吨	11.7	-18.2
白酒（折65度，商品量）	万千升	8.3	-37.4
啤酒	万千升	70.0	-1.8
精制茶	吨	64574.9	-9.4
卷烟	亿支	630.7	-1.1
化学纤维	万吨	86.9	38.1
布	万米	77102.8	-20.1
服装	万件	90379.7	-24.6
机制纸及纸板	万吨	291.1	1.6
饲料	万吨	2098.7	11.6
硫酸（折100%）	万吨	287.5	-0.8
农用氮、磷、钾化学肥料	万吨	19.6	-4.1
化学原料药	吨	72207.5	-11.0
水泥	万吨	9769.7	1.3
瓷质砖	万平方米	108208.3	8.1
粗钢	万吨	2682.1	6.2
钢材	万吨	3093.9	10.5
十种有色金属	万吨	202.5	6.5
其中：精炼铜（电解铜）	万吨	150.7	3.7
铜材	万吨	384.8	4.7

产品名称	单位	产量	同比增长（%）
汽车	万辆	45.1	1.4
家用电冰箱	万台	78.1	-16.2
太阳能电池	万千瓦	940.9	14.9
房间空气调节器	万台	486.6	-23.0

数据来源：江西省2020年国民经济和社会发展统计公报。

全年全省规模以上工业企业实现营业收入37909.2亿元，比2019年增长7.9%；实现利润总额2438.1亿元，同比增长12.2%；每百元营业务收入中的成本为86.4元，比2019年减少0.09元。年底规模以上工业资产负债率为53.7%，比2019年年底提高1.1个百分点。

2020年年底全省开发区投产工业企业14257家，比2019年年底增加1243家；实际开发面积677.0平方千米，完成基础设施投入1909.9亿元。全年开发区工业增加值同比增长5.5%，增速高于规模以上工业0.9个百分点；实现出口交货值2098.1亿元，同比增长8.2%。招商签约资金12380.4亿元，同比增长47.2%；招商实际到位资金8443.7亿元，招商资金实际到位率为68.2%。实现营业收入32379.3亿元，同比增长10.1%，增速高于规模以上工业2.2个百分点；实现利润总额2265.4亿元，同比增长15.4%。营业收入超100亿元的开发区73个，较2019年增加7个；超200亿元的开发区55个，同比增加7个；超500亿元的开发区20个，同比增加3个；超1000亿元的开发区5个，分别是南昌高新技术产业开发区、南昌经济技术开发区、九江经济技术开发区、南昌小蓝经济技术开发区和上饶经济技术开发区。

全年全省规模以上工业生产原煤281.2万吨，比2019年下降33.7%；原煤消费库存量284.2万吨，同比下降11.9%。原油加工量701.9万吨，同比下降10.8%。其中，汽油产量211.6万吨，同比下降13.4%；煤油产量54.2万吨，同比下降23.3%；柴油产量236.7万吨，同比下降19.4%。发电量1320.6亿千瓦时，同比增长5.2%。其中，火力发电1160.8亿千瓦时，同比增长5.6%；风力发电51.8亿千瓦时，同比增长25.2%；太阳能发电34.3亿千瓦时，同比增长3.7%；水力发电73.7亿千瓦时，同比下降9.2%。

二、工业经济运行特点

2020年全省规模以上工业增加值增长4.6%，分别较一季度、上半年、前三季度提高10.7个、3.6个和1.9个百分点，高于全国平均水平1.8个百分点，全省工业经济生产稳步回升。

（一）行业增长提速扩面

从行业看，2020年全省规模以上工业38个大类行业中有21个行业同比实现增长，增长面达55.3%，较前三季度扩大7.9个百分点。其中，电子信息、化工、电气机械、钢铁、建材等主要行业增势良好，同比分别增长15.1%、14.2%、13.6%、6.8%和5.2%，均高于规模以上工业增加值增速。

（二）非公经济活力彰显

2020年，非公有制工业增加值占全省规模以上工业的81.8%，较前三季度提高1.8个百分点；非公有制工业增加值同比增长5.3%，较前三季度加快2.3个百分点，高于规模以上工业增加值增速0.7个百分点，贡献率达90.5%，拉动工业增长4.2个百分点。其中，民营经济同比增长6.0%，高于规模以上工业增加值增速1.4个百分点，贡献率达89.8%，拉动工业增长4.1个百分点。

（三）结构调整步伐加快

2020年，江西深入实施创新驱动发展战略，推动工业经济结构转型升级。2020年，全省战略性新兴产业增加值占全省规模以上工业的22.1%，较2019年同期提高0.9个百分点；同比增长6.6%，高于全省平均增速2.0个百分点。全省装备制造业增加值占全省规模以上工业的28.5%，较2019年同期提高0.8个百分点；同比增长9.4%，较前三季度提高2.8个百分点。

（四）营业收入增长稳定

1—11月，全省规模以上工业企业实现营业收入33323.3亿元，同比增长5.2%，较1—10月提高0.7个百分点。分企业类型看，大型企业实现营业收入11281.7亿元，同比增长8.6%；中型企业实现营业收入6650.2亿元，同比增长1.0%；小型企业实现营业收入14884.6亿元，同比增长5.5%。分经济类型看，国有控股企业实现营业收入7523.2亿元，同比增长6.5%；民营企业实现营业收入23133.9亿元，同比增长5.4%；股份制企业实现营业收入29998.0亿元，同比增长5.7%。

（五）利润总额增长面扩大

1—11月，全省规模以上工业企业实现利润总额2039.3亿元，同比增长7.4%，较1—10月提高1.2个百分点。全省38个行业大类中有21个行业利润实现增长，增长面达55.3%，较1—10月提高5.3个百分点。其中，农副食品加工业、汽车制造业、烟草制品业、电力热力生产和供应业、计算机通信和其他电子设备制造业、有色金属冶炼和压延加工业利润总额均保持两位数增长，同比分别增长76.2%、44.2%、29.1%、21.2%、20.5%和11.7%。

2021年江西省工业经济运行概况

一、工业经济运行概况

2021年，江西省工业增加值10773.4亿元，比2020年增长9.0%；规模以上工业增加值同比增长11.4%。分经济类型看，国有控股企业同比增长8.8%；股份制企业同比增长11.9%，外商及港澳台商投资企业同比增长8.9%；私营企业同比增长11.4%。高耗能行业增加值同比增长6.3%，占规模以上工业增加值的40.6%，比2020年提高1.5个百分点。非公工业贡献突出。非公有制工业增加值同比增长12.6%，占全省规模以上工业的81.7%，对规模以上工业增长的贡献率为86.9%。

全省重点监测的437种主要工业产品中有320种产品产量同比实现增长。工业机器人、稀土磁性材料、3D打印设备、新能源汽车等工业新产品产量同比分别增长139.8%、61.7%、32.7%和29.1%。

全年全省规模以上工业企业实现营业收入43976.7亿元，比2020年增长25.6%；实现利润总额3122.4亿元，同比增长28.5%；每百元营业收入中的成本为86.3元，比2020年增加0.3元。2021年年底规模以上工业资产负债率为53.5%，比2020年年底下降0.2个百分点。

2021年年底全省开发区投产工业企业15375家，比2020年年底增加1118家。全年开发区工业增加值同比增长11.9%，较全省规模以上工业增加值增速高0.5个百分点。实现出口交货值2283.0亿元，同比增长10.1%。招商签约资金17015.5亿元，同比增长34.3%；招商实际到位资金8837.8亿元，招商资金实际到位率为51.9%。实现营业收入40504.4亿元，同比增长27.5%，较2020年提高17.4个百分点；实现利润总额2887.7亿元，同比增长31.4%。营业收入超300亿元的开发区48个，同比增加12个；超500亿元的开发区28个，同比增加7个；超1000亿元的开发区8个，同比增加2个。

全年全省规模以上工业生产原煤213.4万吨，比2020年下降25.1%；原煤消费库存量387.6万吨，同比增长36.4%。原油加工量666.7万吨，同比下降5.0%。其中，汽油产量197.7万吨，同比下降6.6%；煤油产量45.7万吨，同比下降15.7%；柴油产量203.7万吨，同比下降14.0%。发电量1425.2亿千瓦时，同比增长6.1%。新型能源发电量167.0亿千瓦时，比2020年增长26.1%。其中，垃圾焚烧发电量22.9亿千瓦时，同比增长67.7%；风力发电量85.3亿千瓦时，同比增长31.7%；太阳能发电量41.4亿千瓦时，同比增长11.7%。

二、工业经济运行特点

2021年，江西省工业经济发展积极应对错综复杂的外部环境、局部地区突发疫情，以及部分行业、部分时段有序错峰用电等不利因素影响，总体保持了"高位开局、稳步恢复、质效双升"的发展态势。主要指标稳居全国第一方阵，实现了"十四五"良好开局，工业强省建设迈出了坚实的一步。

（一）工业生产高位恢复性增长

2021年，受疫情影响，基数偏低，规模以上工业增加值增速高位回归，全年增加值实现增长11.4%，两年平均增长7.9%，稳定恢复到正常年份水平；规模以上工业增加值增速高于全国平均增速1.8个百分点，居全国第八位；工业平稳快速增长，为稳定全省经济发展作出了重要贡献，发挥了国民经济的主体作用和实体经济的核心作用。

（二）非公经济支撑作用显著

2021年，非公有制工业增加值占全省规模以上工业的81.7%，同比增长12.3%，高于全省平均0.9个百分点，两年平均增长8.7%；拉动全省规模以上工业增长9.7个百分点，贡献率达86.9%。私营企业同比增长11.4%，与全省平均水平持平，两年平均增长8.2%，拉动全省规模以上工业增长6.1个百分点。

（三）产业优化升级稳步推进

2021年，全省规模以上工业38个大类行业中有34个行业增加值同比实现增长。其中，废弃资源、电子信息、电气机械等21个行业增加值保持两位数以上增长态势。装备制造业增加值同比增长17.8%，高于全省规模以上工业增加值增速6.4个百分点，占规模以上工业的28.0%，两年平均增长13.5%；战略性新兴产业同比增长20.3%，占规模以上工业的23.2%，同比提高1.1个百分点，两年平均增长13.2%。工业机器人、稀土磁性材料、3D打印设备、新能源汽车等工业新产品产量同比分别增长139.8%、61.7%、32.7%和29.1%。

（四）企业盈利状况不断改善

受有色、钢铁、水泥等大宗商品价格高企的拉动，工业企业营业收入及利润大幅增长。2021年1—11月，全省规模以上工业企业实现营业收入39012.2亿元，同比增长27.5%；实现利润总额2624.5亿元，同比增长33.1%，其中有色、电气机械、化工、电子信息、钢铁行业同比分别增长150.0%、77.3%、68.6%、68.2%和59.3%，累计拉动全省规模以上工业利润总额增长21.5个百分点。

（五）企业景气指数处于较好区间

2021年四季度规模以上工业企业生产经营景气状况专项调查结果显示，全省规模以上工业企业景气指数和企业家信心指数分别为 137.8% 和 139.8%，自 2020 年四季度开始，连续五个季度保持在较为景气和乐观区间，表明企业经营状况相对稳定，企业家对行业发展前景依然看好。

　　总体来看，2021 年江西省工业经济持续稳定增长，企业生产经营明显改善，工业发展韧性强、潜力大、动力足的特点进一步彰显。同时也要看到，海外疫情持续蔓延和国内疫情散点多发对经济稳定发展造成不利影响，产业链堵点卡点仍较明显，下游中小微企业生产经营困难依然较大。

2022年江西省工业经济运行概况

一、工业经济运行概况

2022年，江西省全部工业增加值11770.3亿元，比2021年增长5.5%。规模以上工业增加值同比增长7.1%（见图1）。在规模以上工业中，分经济类型看，国有控股企业同比增长8.3%；股份制企业同比增长7.3%，外商及港澳台商投资企业同比增长6.9%；私营企业同比增长2.4%。分门类看，采矿业增加值同比下降13.5%，制造业同比增长7.4%，电力、热力、燃气及水生产和供应业同比增长13.2%。

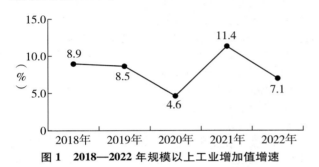

图1　2018—2022年规模以上工业增加值增速

全年规模以上工业中，化学原料和化学制品制造业比2021年增长17.2%，化学纤维制造业同比增长13.3%，黑色金属冶炼和压延加工业同比增长13.2%，专用设备制造业同比增长14.9%，电气机械和器材制造业同比增长17.1%，计算机、通信和其他电子设备制造业同比增长32.1%，电力、热力生产和供应业同比增长14.9%。战略性新兴产业、高新技术产业、装备制造业增加值同比分别增长20.6%、16.9%和17.3%，分别占规模以上工业的27.1%、40.5%和30.9%，分别比2021年提高3.9个、2.0个和2.9个百分点。2022年规模以上工业主要产品产量及增速见表1。

全年规模以上工业企业实现营业收入48295.5亿元，比2021年增长9.0%；实现利润总额3456.1亿元，同比增长11.6%；每百元营业收入中的成本为86.65元，比2021年增加0.22元。

全省开发区投产工业企业16817家，比2021年增加1442家。开发区工业增加值同比增长7.9%，实现营业收入44745.7亿元，同比增长11.8%；实现利润总额3212.0

表1　　　　　　　　　　2022年规模以上工业主要产品产量及增速

产品名称	单位	产量	同比增长（%）
多晶硅	万千克	304.0	36.1
单一稀土金属	万千克	1473.4	2.4
中成药	万吨	11.2	18.6
白酒（折65度，商品量）	万千升	4.2	−10.0
啤酒	万千升	59.7	−4.3
精制茶	吨	119251.8	19.0
卷烟	亿支	642.0	0
化学纤维	万吨	125.0	−1.6
布	万米	72013.1	−26.7
服装	万件	125384.8	−9.6
机制纸及纸板	万吨	390.8	31.1
饲料	万吨	1200.6	0.3
硫酸（折100%）	万吨	342.4	16.9
农用氮、磷、钾化学肥料	万吨	111.3	14.2
化学原料药	吨	344496.6	171.7
水泥	万吨	8768.6	−14.1

产品名称	单位	产量	同比增长（%）
瓷质砖	万平方米	122816.2	-5.3
粗钢	万吨	2689.9	-0.8
钢材	万吨	3457.0	-1.3
十种有色金属	万吨	248.3	-1.3
其中：精炼铜（电解铜）	万吨	187.5	7.7

数据来源：江西省2022年国民经济和社会发展统计公报。

亿元，同比增长14.9%。营业收入超千亿元的开发区10个，比2021年增加2个。

全年规模以上工业生产原煤194.6万吨，比2021年下降8.3%。原油加工量718.9万吨，同比增长7.8%。发电量1568.6亿千瓦时，同比增长8.6%。

二、工业经济运行特点

2022年，全省工业战线全面贯彻疫情防控和稳经济系列政策措施，坚定不移抓工业，全力以赴稳增长，工业平稳增长，稳中有进。"稳"主要体现在增速平稳，全省规模以上工业增加值增速总体保持在7.0%～8.0%，全年以高于全国3.5个百分点的7.1%收官，列全国第七位；"进"主要体现在传统产业持续转型升级，新兴产业不断壮大。

一是制造业贡献增强。2022年全年，全省制造业增加值同比增长7.4%，高于全省规模以上工业增加值增速0.3个百分点；占全省的91.9%；对全省工业贡献率为95.1%，比2021年提高3.5个百分点。31个制造业行业大类中有16个行业同比实现增长，增长面为51.6%。其中，计算机、通信和其他电子设备制造业同比增长32.1%，贡献率达50.2%；化学原料和化学制品制造业同比增长17.2%，贡献率为16.3%；电气机械和器材制造业同比增长17.1%，贡献率为16.1%。

二是产业结构不断优化。2022年，全省装备制造业同比增长17.3%，高于全省平均增速10.2个百分点；占规模以上工业的30.9%，比2021年提高2.9个百分点。战略性新兴产业同比增长20.6%，高于全省规模以上工业增加值增速13.5个百分点，占比为27.1%，比2021年提高3.9个百分点。高耗能行业同比增长7.0%，低于全省规模以上工业增加值增速0.1个百分点，占比为39.8%，比2021年下降0.8个百分点。

三是大型企业领跑全省。2022年，全省大型企业增加值同比增长12.1%，高于全省规模以上工业增加值增速5.0个百分点，分别比中型、小型企业高4.1个和7.7个百分点；占比为26.4%，比2021年提高0.8个百分点；贡献率为42.6%，比2021年提高19.5个百分点，分别比中型、小型企业高18.4个和9.4个百分点。总量排名前50位的企业合计增加值同比增长14.2%，高于全省平均增速7.1个百分点。

四是企业效益平稳增长。2022年，全省规模以上工业企业实现营业收入48295.5亿元，同比增长9.0%，保持平稳增长。其中，大型企业实现营业收入11901.2亿元，同比增长10.9%；中型企业实现营业收入10353.1亿元，同比增长9.5%；小型企业实现营业收入26041.2亿元，同比增长8.0%。2022年，全省规模以上工业企业实现利润总额3456.1亿元，同比增长11.6%，38个行业大类中19个行业实现增长，增长面为50.0%。

总体来看，2022年全省工业稳中有进的发展基础得到进一步夯实，但仍面临传统产业转型升级压力、小型企业生存经营困难、区域发展不均衡等问题。随着疫情防控政策的持续优化，生产、分配、流通、消费各环节更加畅通，全省工业迎来又一次发展机遇。

2019年山东省工业经济运行概况

2019年，山东省统筹推进"五位一体"总体布局，协调推进"四个全面"战略布局，坚持稳中求进工作总基调，坚持以供给侧结构性改革为主线，坚定践行新发展理念，扎实推动高质量发展，深入实施八大发展战略，经济社会持续健康发展，三大攻坚战成效突出，"六稳"工作有序推进，新旧动能转换成绩亮眼，高质量发展新优势加快塑造，人民群众获得感、幸福感、安全感不断提升，全面建成小康社会取得新进展。

（一）工业发展稳中求进

全部工业增加值22985.1亿元，比2018年增长2.1%。规模以上工业增加值同比增长1.2%，其中装备制造业增加值同比增长1.4%，高技术产业同比增长1.7%。规模以上工业营业收入同比下降0.1%，利润总额同比下降8.9%，营业收入利润率为4.3%。上榜中国企业500强的企业有50家，上榜中国制造业企业500强的工业企业有83家。入围中国工业百强县（市）、百强区的分别有19个县（市）和12个区。

（二）动能转换提质加速

"四减四增"深入推进，全年压减煤炭产能875万吨，生铁产能465万吨，粗钢产能923万吨，焦化产能777万吨。"四新"经济增势强劲，实现增加值占比达到28%，投资占比达到44.8%。实有市场主体1038.5万户。其中，新登记市场主体216.8万户，比2018年增长29.0%；新登记"四新"经济企业同比增长37.3%。新增高新技术企业2562家，总量1.1万家，同比增长28.8%；高新技术产业产值占规模以上工业的40.1%，比2018年提高3.2个百分点。十强产业中，新一代信息技术制造业、新能源新材料、高端装备等增加值同比分别增长5.5%、5.7%和9.3%，依次高于规模以上工业4.3个、4.5个和8.1个百分点。光伏电池、智能电视、服务器和光电子器件等新兴工业产品产量同比分别增长32.3%、25.5%、16.6%和13.4%。软件业务收入5505.9亿元，同比增长16.0%；软件业务出口15.2亿美元，同比增长12.5%。海洋强省加快建设。海洋经济发展质量趋优，海洋新兴产业快速发展，海洋生物医药、海水淡化与综合利用产业增加值居全国首位。新增国家级海洋牧场示范区12处，总数为44处，占全国的40%。新增省级海洋牧场示范创建项目22个。举办首届潍坊海洋动力装备博览会、2019东亚海洋合作平台青岛论坛和2019东亚海洋博览会等活动。设立"中国蓝色药库"开发基金50亿元，建成现代海洋药物、现代海洋中药等6个产品研发平台。新增海洋工程技术协同创新中心63家，"青岛海洋科学与技术试点国家实验室超算升级项目"获

国家立项。

（三）重点领域改革纵深推进

国企改革强力突破，省属国有企业混改三年行动计划启动实施，全年完成混改企业187家。山东省机场管理集团有限公司、山东省港口集团有限公司挂牌成立，山东重工集团有限公司与中国重型汽车集团有限公司完成战略重组。县级经营性国有资产集中统一监管全国率先完成，179个县市区（含各类功能区）共划转企业757家、资本额5250亿元。开发区体制机制改革顺利推进，54家开发区体制创新试点单位内设机构撤减64.9%，代管乡镇压减46.2%。"扩权强县"改革持续深化，在81个县（市）推进市县同权，省财政直管县由20个调整扩大到41个。农村改革扎实推进，稳步开展农村集体产权制度改革全省试点，基本完成农村集体资产清产核资，共清查资产5911.4亿元；82.2%的村（组）成立新的集体经济组织并登记赋码。电力体制改革取得成效，一般工商业用电连续两年降价10%，全年减少用电成本65亿元。

（四）营商环境加速优化

"一窗受理、一次办好"改革集中推进，市县乡"一窗受理"试点基本完成，帮办代办、吐槽找碴、窗口无权否决等机制全面推行。"证照分离"改革不断深化，对106项行政许可事项全面实施，在中国（山东）自由贸易试验区开展全覆盖试点，对中央、省级层面设定事项523项和12项分类推进。放管服改革与减税降费协同推进，省级新取消行政权力事项10项，承接下放管理层级行政权力事项9项。全年为各类市场主体减税降费1500亿元以上。清理拖欠民营企业中小企业账款364.7亿元。

（五）质量强省建设稳步推进

年底有效注册商标129.8万件，比2018年年底增长35.2%。其中，驰名商标789件，地理标志商标737件。马德里国际注册商标8146件，同比增长24.2%。地理标志保护产品79个，其中纳入首批"中欧10+10"地理标志互认互保产品10个。有效期内山东省优质产品基地35个。41个品牌入围2019年中国500最具价值品牌榜单。完成质量管理体系标准换版升级企业3.2万家。制造业高端品牌培育企业新增148家。20家企业的20个产品获得"泰山品质"认证。开展重点领域标准建设，发布实施地方标准3675项，分别建设开展国家级、省级标准化试点示范项目511个和1256个。

（六）创新驱动战略深入实施

知识产权加强创造，发明专利申请量7.0万件，发明专利授权量2.1万件。PCT国际专利申请量2329件，

比 2018 年增长 32.8%。累计有效发明专利拥有量 10.1 万件，同比增长 15.5%；每万人有效发明专利拥有量达到 10.08 件，比 2018 年增加 1.30 件。全年登记技术合同 35505 项，合同成交额 1152.2 亿元，同比增长 34.5%。平台建设提质增速，国际首个超算科技园开园启用，首批 4 家山东省实验室启动布局，建成省级"政产学研金服用"创新创业共同体 22 家。国家创新型产业集群试点 11 个。院士工作站 690 家，新增 246 家。创新创业活力迸发，获国家科学技术奖 32 项。国家企业技术中心 189 家，新增 8 家。国家科技型中小企业库企业 9521 家，同比增长 41.6%。科技企业孵化器 284 家，其中国家级 98 家，省级 186 家。众创空间 537 家，其中国家级 192 家，省级 345 家，服务初创企业和创业团队 3.2 万个。省级创业孵化示范基地和创业示范园区 162 家，省级示范创业大学 10 家。2019 年年底实有民营经济市场主体同比增长 15.0%。其中，私营企业同比增长 18.4%，个体工商户同比增长 14.0%。

2020 年山东省工业经济运行概况

2020 年，山东聚焦"走在前列、全面开创"目标定位，深入实施八大发展战略，强力推进九大改革攻坚，统筹推进疫情防控和经济社会发展，扎实做好"六稳"工作、全面落实"六保"任务，疫情防控取得重大战略成果，全省经济发展逆势上扬，经济质量稳步提升，主要经济指标好于预期，高于全国平均水平。工业生产持续发展，全年规模以上工业增加值同比增长 5.0%，其中 12 月增长 9.2%，连续 5 个月保持 9% 以上，行业增长面达到 78.4%。

（一）经济转型持续深化

工业加快向中高端迈进，全年装备制造业增加值同比增长 12.6%，占规模以上工业的 25.8%，比 2019 年提高 2.2 个百分点。投资结构持续优化，制造业投资加快回升，2020 年同比增长 7.6%；占全部投资的 25.8%，比 2019 年提高 1.0 个百分点。工业技术改造投资同比增长 17.6%，占全部投资的 20.2%，比 2019 年提高 2.4 个百分点。品质消费持续升温，限额以上能效等级 1 级和 2 级商品类零售额同比增长 80.8%，智能家用电器和音响器材同比增长 1.6 倍，新能源汽车同比增长 49.1%。外贸动力持续增强，一般贸易支撑带动能力增强，实现进出口占比为 68.5%，比 2019 年提高 1.3 个百分点；民营企业主力军作用凸显，实现进出口占比为 69.4%，比 2019 年提高 4.2 个百分点。

（二）经济动力日益增强

新动能发展壮大，新一代信息制造业、新能源新材料产业、高端装备产业、高端化工产业增加值同比分别增长 14.5%、19.6%、9.0% 和 9.5%，分别高于全省规模以上工业增加值增速 9.5 个、14.6 个、4.0 个和 4.5 个百分点。高技术制造业增加值同比增长 9.8%，高于全省规模以上工业增加值增速 4.8 个百分点。服务器、智能电视、半导体分立器件、集成电路圆片等高端智能产品产量同比分别增长 35.3%、15.6%、15.5% 和 38.3%。新经济投资持续加力，"四新"经济投资同比增长 18.7%，占全部投资的 51.3%，比 2019 年提高 6.5 个百分点；高技术产业投资同比增长 21.6%，增速高于全部投资 18.0 个百分点，其中高技术制造业和服务业投资同比分别增长 38.1% 和 8.4%。

（三）工业运行秩序加快恢复

在全国率先组织具备条件的工业企业复工复产，建立省市县三级企业联络员制度，搭建工业企业疫情防控复工复产服务平台，协调解决复工复产难题 7500 余项，努力推动工业生产恢复回升。规模以上工业增加值增速 3 月当月由负转正，营业收入和利润增速 10 月实现双转正。

（四）"三个坚决"推进力度加大

坚决淘汰落后动能。2020 年，持续推动 1716 万吨生铁产能、1936 万吨粗钢产能落实产能退出计划，整合转移和淘汰炼油产能 1176 万吨，压减焦化产能 579 万吨、合成氨产能 57 万吨，退出斜交胎轮胎产能 1500 万条，关停第二批化工生产企业 1029 家，裕龙岛炼化一体化、两大先进钢铁基地、世界铝谷等一批重大项目落地实施。**坚决改造提升传统动能。**狠抓工业技术改造，1—10 月，实施 500 万元以上技术改造项目 9558 个，技术改造投资同比增长 10.3%。大力推进绿色制造，163 个项目列入工业和信息化部绿色制造名单，总数达到 526 个，居全国第二位。**坚决培育壮大新动能。**1—11 月，规模以上高技术制造业增加值同比增长 8.4%，新一代信息技术制造业、高端装备产业、高端化工产业等"十强"产业同比分别增长 14.6%、8.7% 和 8.4%，均大幅高于面上工业增速。

（五）数字赋能水平持续提高

山东半岛工业互联网示范区成为工业和信息化部批复的全国第二个示范区。"个十百"工程培育省级工业互联网平台 115 个，建成 3 个标识解析二级节点，海尔卡奥斯、浪潮云洲成为全国标杆。深入开展"云行齐鲁"专题活动，在全国率先启动"设备上云"，带动上云用云企业 22.6 万家。遴选实施"现代优势产业集群+人工智能"试点示范项目 370 个。新开通 5G 基站 4 万多个，累计超 5.1 万个，16 市主城区实现全覆盖，136 个县（市、区）主城区实现连续覆盖。加快推动济南—青岛人工智能创新应用先导区建设，与华为共建全国首个人工智能省级人才培养基地。推动青岛成功创建国内第 13 座软件名城，山东成为北方地区唯一拥有两座软件名城的省份。

（六）企业创新能力显著提升

成功创建国家先进印染技术创新中心，新认定省级制造业创新中心 3 家、山东省工业企业"一企一技术"研发中心企业 89 家，新培育国家制造业单项冠军示范企业 38 家、国家技术创新示范企业 4 家、国家小型微型企业创业创新示范基地 3 家。推动实施省级以上技术创新项目近 3600 项，新培育认定首台（套）重大技术装备 154 个、首版次高端软件 134 个、首批次新材料 61 个。开展职业技能提升行动，重点建设 60 家公共实训基地和 12 家化工园区专业实训基地，全年实训 10 万人次。持续推进服务型制造，建设国家级工业设计研究院，举办 2020 世界工业设计大会、山东省第三届"省长杯"工业设计大赛，获中国优秀工业设计奖金奖 2 项，数量居全国首位。

（七）非公有制经济高质量发展

发挥非公经济发展协调推进机制作用，制定实施"三保十条"措施，在税费房租、社会保险、融资对接、创业服务等方面加大政策供给力度。建立省企业应急转贷服务体系，为4681家企业提供应急转贷655.8亿元。争取国家小微企业担保降费奖补1.13亿元，撬动银行贷款972亿元。举办2020中国产业·资本对接大会，组织140余家基金投资机构和3000余家企业对接融资需求。累计帮助5.6万余家民营中小企业追回账款376.32亿元，成为全国首个非涉诉类账款"清零"的省份，得到国务院通报表扬。截至11月底，民营经济市场主体达到1154.9万户，省级"专精特新"企业达到2534家、瞪羚企业709家、独角兽企业13家、新跨越民营企业20家。

2021年山东省工业经济运行概况

2021年，山东省规模以上工业增加值比2020年增长9.6%，两年平均增长7.3%。其中，12月同比增长7.5%，两年平均增长8.3%，分别较上月加快3.8个和1.5个百分点。41个行业大类中，有34个行业增加值实现增长，增长面达82.9%，比2020年扩大9.7个百分点。

（一）突出数智赋能增效，工业加速高端迈进

分三大门类看，采矿业增加值同比下降0.1%，制造业同比增长10.1%，电力、热力、燃气及水生产和供应业同比增长11.7%。高技术制造业增加值同比增长18.5%，两年平均增长14.1%。分经济类型看，国有控股企业增加值同比增长5.7%；股份制企业同比增长10.6%，外商及港澳台商投资企业同比增长5.2%；私营企业同比增长11.7%。企业盈利水平较高。1—11月规模以上工业企业实现利润总额5146.6亿元，同比增长36.3%，两年平均增长24.2%。

（二）锚定落实"三个坚决"，动能转换步伐持续加快

一是坚决淘汰落后动能。圆满完成国家下达的压减任务，建成全国首家省级智慧化工综合管理平台，率先发布化工行业和园区智能化水平评估团体标准，裕龙岛炼化一体化、两大先进钢铁基地等重大项目加快推进。二是坚决改造提升传统动能。规模以上企业智能化绿色化技术改造要素对接实现全覆盖，连续两年提前完成"万项技改、万企转型"，技术改造投资两年平均增长5.7%，比全国高8.5个百分点。深化"亩产效益"评价改革，规模以上企业参评面91.3%。加快推行绿色制造，构建工业领域碳达峰"1+N"政策体系，培育省级绿色工厂85家。三是坚决培育壮大新动能。编制实施4个"十强"产业突破行动计划，推动成立20余支配套基金。1—11月，新一代信息技术制造、新能源新材料、高端装备、高端化工产业增加值同比分别增长22.6%、10.2%、13.1%和14.0%，分别高于规上工业12.8个、0.4个、3.3个和4.2个百分点。

（三）建立"链长制"工作机制，产业链供应链韧性有效增强

一是建立健全工作机制。聚焦42条关键产业链全面实施"链长制"工作机制，配套建立4项工作机制，精准绘制"1张图谱+N张清单"，确定"链主"企业112家、核心配套企业709家，厘清重点产业链"四梁八柱"。二是谋划实施重点项目。省市一体策划重点项目460项，建立公共服务平台100个，服务企业4万家以上，组织产业链重大活动90场。举办世界工业设计大会、世界先进制造业大会。三是加强跨部门协调合作。

联合省教育厅、科技厅建立促进产学研深度融合工作机制，推送关键核心技术攻关需求269项、高端人才需求254人、高校高职毕业生需求16101人。

（四）坚持科技自立自强，企业发展创新力不断提升

一是优化创新平台。获批建设国家高端智能化家用电器创新中心，新认定省级制造业创新中心7家。新培育山东省工业企业"一企一技术"研发中心企业115家。二是实施标杆引领。新认定省级技术创新示范企业122家，累计培育国家技术创新示范企业63家；新增11项国家质量标杆，累计达到46项，均居全国首位。三是加强关键技术突破。实施省级企业技术创新项目2937项，突破关键核心技术（产品）105项。大力推动国产产品适配适用，开发首台（套）装备264项，推广应用首批次新材料231种，北京冬奥会雪蜡车，深海1号、时速600千米高速磁浮列车等一批"大国重器"填补国内空白。

（五）深入推进融合发展，数字赋能效应进一步显现

一是建强新型基础设施。成功创建济南、青岛两个国家级互联网骨干直连点和青岛国际通信业务出入口局，新开通5G基站5万个、累计超10万个，建设运营标识解析二级节点18个，推动建设全国首张5600千米确定性网络。海尔卡奥斯、浪潮云洲"双跨"平台持续做强，培育18个国家级特色专业型平台，数量居全国首位。二是实施软件（名城、名园、名企、名品）"四名工程"。加快推动济南齐鲁软件园、青岛国际创新园争创中国软件名园，5家企业在中国软件百强企业中进位前移，瀚高数据库等鲁版软件"名品"进入国产第一梯队，14个产品入选工业和信息化部工业互联网App优秀解决方案。三是深化数字赋能。打造"云行齐鲁"升级版，带动上云用云企业超过35万家，工业企业关键业务环节全面数字化率67.8%。打造行业典型应用场景120个，培育工业互联网园区11个。两化融合发展水平64.2，居全国第二位。四是布局前沿未来产业。山东未来网络研究院获批组建，济南算谷浪潮科技园、华为（烟台）人工智能创新中心、山东省北斗综合应用示范、天地一体化信息网络等项目加紧落地。

（六）全力以赴纾困解难，非公有制经济发展平稳健康

一是强化政策供给。推动《山东省民营经济发展促进条例》完成立法。深入实施民营经济高质量发展三年行动计划。万名数字专员对接服务中小企业超过10万家。新培育国家级中小企业公共服务平台28家、国家小

型微型企业创业创新示范基地 10 家。青岛市入选全国首批八个民营经济示范城市。二是梯度培育企业。新增国家级制造业单项冠军 39 家、服务型制造示范企业 17 家。累计培育国家专精特新"小巨人"企业 362 家，其中重点支持"小巨人"企业 157 家，均居全国前列。开展"泰山登顶"行动，37 家企业实现 A 股上市。三是精准高效服务。开展"山东制造·网行天下"专项行动，举办"山东超级工业城"云展会 6 场。在全国率先开展供应链金融工作，全年新增转贷服务企业 7604 家、转贷金额 1141.49 亿元。率先实施《山东省优秀企业家表彰奖励办法》，评选优秀企业家 72 名。扎实开展清欠工作，得到国务院减负办通报肯定。

2022 年山东省工业经济运行概况

2022 年，在省委、省政府坚强领导下，全省工业和信息化系统紧紧围绕迎接党的二十大、学习宣传贯彻党的二十大精神，锚定"走在前、开新局"，扎实做好"疫情要防住、经济要稳住、发展要安全"三件大事，聚力推进"三个十大"行动计划，谋划实施"11266"工作体系，有力推动党务、业务、队伍齐抓互保共提升，面对空前考验交出了合格答卷。在工业和信息化部各项可以量化的重点工作中，山东约有九成居前三位、超过四成排名第一。全年规模以上工业增加值同比增长 5.1%，增速在对标省份中实现近 5 年最好水平；16 市中有 12 个市增速高于全省平均水平，烟台、东营超过 10%。

（一）紧跟疫情形势变化，坚实做好物资生产保供

一是坚决做到快速反应。3 月初省内新一轮疫情暴发后，第一时间成立物资保障工作领导小组，常态实施 5 大类重点物资生产、三级政府物资储备、民营企业职工核酸检测 3 个"日调度、日报告"机制，有效确保核酸采样管、采样拭子以及防护服、口罩等重点防疫物资产能和储备充足。二是及时转换工作重点。年底防疫政策优化调整后，立即召开全省加大医疗物资生产供应动员会议，要求各级工业和信息化系统全力帮助重点药品生产企业稳产达产、增产扩能，派驻 10 支服务队深入 33 家重点企业现场解难，在较短时间内推动解热镇痛药、抗原检测试剂等产能提升 1 倍左右。三是全力落实调拨指令。截至 12 月底，累计完成国家及省内调拨布洛芬片 2.3 亿片、抗原 1130 万人份、对乙酰氨基酚片 960 万片；协调国家和省外援助阿兹夫定片 50 万盒、连花清瘟 164.4 万盒、辉瑞特效药 2.8 万盒、抗原检测试剂 1100 万人份。

（二）精准联系服务企业，全力稳住工业经济大盘

一是切实强化统筹协调。深化省工业运行指挥部牵头抓总作用，召开 11 次调度会议，及时发现生产异常，跟踪协调解决问题，有效形成"省直部门横向协同、省市县三级纵向联动"的工作合力。截至 11 月底，省级统筹重点企业产能、用电等主要生产事项 4000 余次，协调解决能源、土地、资金等重大问题 107 项。二是着力提升服务效能。表彰 72 名优秀企业家。省级工业和信息化部门对 136 个县（市、区）、各级工业和信息化部门对全省 33810 家规模以上工业企业，实现上门联系服务"两个全覆盖"。"一站式"惠企服务、企业账款清欠等 6 个专项工作被全国推广。截至 11 月底，帮助企业争取 43 类 1318 项国家级荣誉，在各省排名中 19 类位居第一、20

类位居前三。三是有效提振工业经济。一季度，在 2021 年高基数对冲、错峰停限产等影响下，全省规模以上工业增加值增长 5.9%，但比全国低 0.6 个百分点。1—4 月，克服疫情反弹等不利影响，工业增速反超全国 0.3 个百分点。1—11 月，工业增加值增速为 5.3%，分别高于全国和广东、浙江 1.5 个、3.1 个和 0.3 个百分点，与江苏持平。

（三）牢牢坚持创新引领，持续做强产业发展引擎

一是完善创新平台体系。成功创建国家虚拟现实创新中心（青岛），累计承建国家制造业创新中心 3 个，位居全国前列。新增国家技术创新示范企业 4 家、质量标杆 8 家、工业设计研究院培育对象 2 个，累计数量均居全国首位。二是加强关键技术攻关。发布两批近 200 项"揭榜挂帅"重点技术需求，55% 取得重要进展。实施省级企业技术创新项目 3059 项。新推广首台（套）技术装备 277 个、首批次新材料 244 种、首版次高端软件 473 个。北京冬奥会雪蜡车、高热效率柴油机、大型海上养殖工船等重大装备填补国内空白。三是加大人才引育力度。创新实施人才引领型企业培育工程，举办产业人才创新发展大会等一系列活动，整体性做强企业家、经营管理、技术创新、卓越工程师、高技能 5 支人才队伍。推选 96 人进入工业和信息化部人才工程，大幅增长 1.3 倍。深入实施泰山产业领军人才工程，聚焦企业创新、经营管理两个领域培育高层次人才 130 名。

（四）着力深化动能转换，加快推进制造强省建设

一是有力强化工作推进机制。省委、省政府高规格召开先进制造业强省建设工作会议，出台《先进制造业强省行动计划（2022—2025 年）》，举办 2022 世界先进制造业大会，研究确定"破三难、优四产、促五化"的"345"工作思路，制定实施"1+N"推进体系，形成大抓先进制造业浓厚氛围。前三季度，制造业增加值在全省 GDP 中的比重提高到 28.6%，同比提高 0.3 个百分点，进一步扭转了连续多年下降的局面。二是扎实开展化工专项行动。拆除 3 家地炼企业 740 万吨产能炼油装置，裕龙岛炼化一体化、万华化学乙烯二期、威联化学 PX 二期、天辰齐翔己二腈等重大项目均取得突破性进展，化工企业入园率提高到 40%，高端化工产值比重超过 45%。坚持钢焦一体化发展，退出生铁产能 1237 万吨、粗钢产能 1424 万吨，"日临""莱泰"两大基地 4 个项目投产，完成粗钢产量 7600.3 万吨、焦炭产量 3200 万吨左右年度控制目标。转移电解铝产能 40.7 万吨，氯碱行业膜极距

改造率达到100%，压减合成氨产能200万吨，圆满完成国家确定的化肥保供任务。三是加快提升产业发展能级。提前5个月完成"万项技改、万企转型"目标。列入工业和信息化部年度工业企业技术改造升级导向计划项目171个，占总数的11.4%。济南比亚迪新能源汽车、枣庄欣旺达动力电池、济宁宁德时代新能源电池等一批重大项目落地建设。1—11月，全省工业技术改造投资增长6.9%，高于全部投资0.5个百分点，新一代信息技术、高端装备、高端化工等"十强"产业均较快增长，高技术制造业增加值增长14.5%，高于规模以上工业9.2个百分点，高于全国同行业6.5个百分点。

（五）持续强化融合赋能，聚力培育数字经济优势

一是突破发展工业互联网。新培育国家跨行业跨领域工业互联网平台2个，总数达到4个，占全国1/7。工业和信息化部衡量工业互联网发展水平的14项主要指标中，13项位居前三、5项位居首位。二是建强数字基础设施。新建5G基站6万个，累计开通16.2万个。建成全球首张5600千米确定性网络。济南、青岛两个国家级互联网骨干直联点建成运行，山东成为全国首个"双枢纽"省份。三是突破数字核心产业。大力推动青岛芯恩晶圆制造、济南比亚迪功率半导体、德州有研大硅片、青岛京东方移动显示模组等重点项目建设，加快补齐"缺芯少屏"的短板弱项。1—11月，信息技术产业营业收入突破1.5万亿元，同比增长18.2%，其中软件业突破万亿元大关，增速居全国软件十强省市首位。四是深化数字赋能增效。制定实施制造业数字转型行动方案等3个重要文件，深入开展"工赋山东"专项行动，5G、工业互联网等创新应用案例数量均居全国前列，两化融合指数（115.9）居全国第二位，产业数字化指数（80.3）、智能制造试点示范工厂数量（19家）均居全国首位。

（六）激发民营经济活力，立稳经济发展重要支柱

一是强力提振发展信心。省委、省政府高规格召开民营经济高质量发展会议，率先出台实施《山东省民营经济发展促进条例》，开展民营经济高质量发展十大专项行动，积极打造更加普惠政策体系，有效发挥稳预期稳信心的强大作用。全年新增民营经济市场主体200多万户，总数达到1400万户，位居全国第二。二是全力助企纾困解难。扎实开展"一起益企"中小企业服务行动。省市两级举办政策宣贯活动107场，智能推送政策5000余万条，政策积极效应得到精准释放。汇集地方政府和企业诉求2.1万项，有效解决20650项，纾解率达到98%。实施网络营销"流量券"、创新发展"服务券"，引导支持中小企业拓展网络销售市场，提升创新创造活力。牵头举办山东省小微企业担保融资促进大会，推进政银企深入合作，为小微企业担保融资1020余亿元。三是梯度培育优质企业。率先实施"专精特新"中小企业

培育方案，新增专精特新"小巨人"企业401个、制造业单项冠军41个，累计达到756个和186个，分居全国第三位和第二位。培育民营经济高质量发展先进县（市、区）12家。50家山东企业上榜中国民营企业500强名单。

（七）切实用好"链长制"，聚力打造优良产业生态

一是"点"上强企。聚力做强93家标志性产业链"链主"企业，6家企业上榜《财富》世界500强企业名单，74家企业跻身中国制造业企业500强名单，46家企业入选中国500最具价值品牌名单。二是"线"上强链。实施标志性产业链突破工程，11位省领导挂帅担任"链长"，推动实施产业链重点项目343项，开展融链固链活动114场，承办全国首场"百场万企"大中小企业融通创新对接大会。承担国家强基项目45个，数量位居全国第二；3家企业入选全国首批重点产业链"链主"企业名单，数量占全国1/8。三是"面"上强群。潍坊市动力装备集群入选国家先进制造业集群名单，总数达到3个，位居全国前列。新培育国家新型工业化产业示范基地2家（累计30家）、首批国家级中小企业特色产业集群7家，数量均居全国首位。

（八）认真落实国家战略，全面构建绿色制造体系

一是认真落实黄河重大国家战略。配合完成省委专项巡视，扎实推进反馈问题整改。高标准制定落实黄河重大国家战略专项行动方案，发布《黄河流域制造业单项冠军发展白皮书》，全面铺开工业节水工作，逐一复核511个高耗能、高污染、高耗水项目中技术改造项目备案手续，配合制定沿黄重点地区工业园区梳理规范，深入实施"山东技改沿黄行"活动。二是深入落实"双碳"战略。认真研究制定工业领域碳达峰方案，加快推进工业绿色低碳转型，再生资源综合利用行业规范企业、重点用能行业能效"领跑者"企业数量均位居全国第一，国家级绿色工厂、环保装备制造行业规范条件企业、工业废水循环利用试点企业数量均位居全国第二。三是聚力建设绿色低碳高质量发展先行区。认真贯彻落实国发〔2022〕18号文件，对其中涉及工业和信息化领域的57项任务逐一明确到责任处室，建立工作台账，定期加强调度。积极加强沟通争取，推动财政部印发《关于贯彻落实〈国务院关于支持山东深化新旧动能转换推动绿色低碳高质量发展的意见〉的实施意见》。

（九）守住守好安全底线，着力防范化解重大风险

一是压实安全生产责任制。制定守好"一排底线"防范风险工作措施，细化11个方面36条具体举措。制定实施工业安全生产15条措施，扎实开展重点企业驻点监督，督促2850家企业排查整改隐患问题12.31万个。二是提升产业链供应链韧性和安全水平。加大稳链保供政策投入力度，指导提前做好足量储备，加快国产芯片

等关键器件的适配验证和替代应用。认真实施重点产业链供应链企业"白名单"制度，解决企业困难问题3200多个。获评全国工业领域数据安全管理试点成效突出地区。三是抓好特殊行业稳定发展。抓好无线电管理领域政务服务，严厉打击违法设台用频行为。扎实开展年度稀土行业秩序整顿，严厉打击稀土生产经营领域各类违法违规行为。扎实做好核事故应急准备工作，督促指导相关企业认真履行禁止化学武器公约。

（十）切实加强自身建设，聚力打造"六型"机关（忠诚于党的政治型机关、勤学善谋的研究型机关、开拓奋进的创新型机关、事争一流的有为型机关、企业为本的服务型机关、风清气正的廉洁型机关）

一是突出抓好理论武装。以迎接党的二十大召开和学习宣传贯彻党的二十大精神为主线，认真学习习近平新时代中国特色社会主义思想，特别是习近平总书记对山东工作重要指示要求，强化"五学""抓两头、带中间"机制，厅党组跟进学习65次、党组理论学习中心组集中学习15次。二是持续强化组织功能。压实主体责任和"一岗双责"，被省直机关工委列为首批"三级联动"建设模范机关试点，全厅276个党支部中过硬和先进党支部比例达到85.5%。厅机关组织4批次干部调整，年轻干部配备比例走在省直部门前列。认真开展"政治体检"和廉政风险点排查，扎实做好巡察工作。三是提升执行落实能力。定期举办工信大讲堂、化专讲坛，加强工业经济、产业政策、法规条例等知识学习，努力推动工作落地落实。厅直属和管理单位建设全面加强，山东省工业和信息化研究院加快建设一流高端智库，3所职业院校持续提升办学育人水平，山东省轻工集体企业联社积极当好联结政府与企业的纽带，山东省信息技术产业发展研究院、山东省无线电监测站、山东省核事故应急管理中心、山东省工信厅离退休干部服务中心努力抓好责任落实，讲政治、敢攻坚、精业务、能奉献、严作风的工信队伍更加坚强有力。

2019年河南省工业经济运行概况

2019年，河南省工业和信息化厅全系统坚持稳中求进工作总基调，坚持高端化、智能化、绿色化、服务化发展方向，纵深推进制造业供给侧结构性改革，工业经济保持总体平稳发展态势。1—11月，全省规模以上工业增加值同比增长7.9%，高于全国工业2.2个百分点，工业对支撑全省经济发展起到了顶梁柱、压舱石、定盘星的作用。

（一）保障工业平稳运行力度持续加大

面对经济下行压力和中美贸易摩擦的不利影响，坚持稳字当头，确保工业经济总体平稳、好于预期。持续推进智能化监测平台建设，建立200家重点监测企业月度快报分析制度，每季度针对1700余家工业企业开展问卷调查，工业经济运行监测水平进一步提升。1—11月，平顶山、商丘、驻马店、周口、济源等市工业增加值增速较高，为全省工业经济平稳运行提供了支撑。加快推进产融合作，争取国家资金1.7亿元对小微企业融资担保业务进行奖补；实施"育鹰计划"，探索建立"企业+银行+保险+政府"融资机制，为19个项目授信16.5亿元；对2018年各类省级以上试点、示范、标杆企业汇总形成"白名单"，向金融机构重点推介。持续深化企业服务，举办"百名中原领军型企业家"培训班、贫困县骨干企业家培训班等，培训骨干企业董事长、总经理300余人次。焦作、漯河、濮阳、三门峡、安阳、开封等地帮助企业解决实际困难，企业满意度进一步提升。全面清理拖欠民营企业中小企业款项，实现欠款"零报告""零清偿"市县双清零，济源、永城、巩义等市清偿进度较快，截至11月底全省清偿进度实现55.7%，完成清偿过半年度目标。开展《河南省安全生产条例》宣贯，组织"防风险除隐患保平安迎大庆"活动，对31家重点企业现场督导，企业安全生产意识进一步增强。

（二）"三大改造"重点任务加速推进

组织召开全省"三大改造"现场观摩暨转型发展攻坚工作推进会议，进一步凝聚共识，推动转型发展。智能化改造：抓好标杆示范，组织智能制造观摩活动，评选认定省级智能车间111个、智能工厂38个，选树省级标杆企业20家，编写智能制造标杆企业案例汇编，召开电气装备、纺织、化工等行业智能制造现场会，加快有效模式复制推广。建立省市县三级智能制造项目库，完成重点项目投资1102.8亿元。加强两化融合管理体系建设，截至11月底全省对标企业9138家、贯标企业1276家，319家企业通过贯标评定。开展"智能化改造诊断服务进千企"活动，为509家企业出具诊断报告。2019年全省两化融合发展水平指数52.3，居全国中部地区首

位。郑州、许昌、新乡、鹤壁等市高度重视、强力推进，智能化改造走在全省前列。绿色化改造：创建48家国家级绿色工厂、2个绿色园区，河南清水源科技股份有限公司、郑州机械研究所有限公司被确定为国家级绿色制造系统解决方案供应商。完成132家工业企业节能监察和133家工业企业节能诊断，组织全省57家水泥企业、11家焦化企业开展能效对标达标活动，4家企业获国家能效"领跑者"称号、3个"能效之星"产品、4项节能技术、9个型号节能装备进入国家公告名单。郑州、洛阳、安阳、焦作4市列入国家工业资源综合利用基地名单。稳步推进城镇人口密集区危险化学品生产企业和城市建成区重污染企业搬迁改造，分别完成28家、25家年度目标任务。焦作、新乡、平顶山等市绿色化改造力度较大，效果明显。1—11月，全省规模以上企业单位工业增加值能耗下降15.4%。企业技术改造：新认定省级制造业创新中心9家、新遴选创新中心培育单位2家，河南省智能农机创新中心成功创建为第12家国家级制造业创新中心。持续实施"十百千万"企业技改提升工程，运用省先进制造业发展专项资金5.8亿元、支持技改项目234个；争取国家重大技术改造专项、制造业高质量发展专项项目19个，资金5.8亿元；争取国家工业强基重点产品、工艺"一条龙"应用计划示范企业3家、项目3个。洛阳市以技术改造推动产业转型升级成效突出，获国务院表彰激励。1—11月，全省工业企业技术改造投资增长53.1%，高出全省工业投资增速43.8个百分点。

（三）产业结构调整步伐明显加快

全面落实重点产业三年行动计划，推动产业链加快向中高端延伸。做强做优重点攻坚产业。装备制造：落实首台（套）和"机器换人"奖补政策，认定中铁装备泥水平衡盾构机等22个产品为河南省首台（套）重大技术产品，65个项目入选第一批机器人"十百千"示范应用倍增工程示范项目名单。1—11月，装备制造业增加值同比增长18.2%，高于全省装备制造业10.3个百分点。新型材料：落实国家新材料首批次保险补偿政策，多氟多等4家企业获得保险补贴2346万元，驼人集团被确定为国家生物医用材料生产应用示范平台牵头建设单位。1—11月，新型材料产业增加值同比增长13.7%，高于全省工业5.8个百分点。电子信息：制定中国（郑州）智能传感谷产业发展规划，着力推动鲲鹏计算产业生态建设，黄河鲲鹏服务器和台式电脑生产项目一期建成投产。1—11月，电子信息产业增加值同比增长13.7%，高于全省工业5.8个百分点。白酒：开展扶持酒企政策宣讲培训活动，成立酒业人才交流中心，举办"豫酒中原行"

等系列宣传推介活动。前三季度，全省白酒生产企业缴纳税金同比增长 30.3%。改造提升传统产业。落实钢铁、铝加工、水泥、煤化工 4 个传统产业转型发展行动方案，着力推动行业骨干企业实施装备大型化、企业智能化、产品高端化升级改造项目。严防"地条钢"制售企业死灰复燃，开展钢铁规范条件、焦化准入条件企业动态调整。培育壮大新兴产业。聚焦重点突破，推动智能装备、智能传感器、尼龙新材料等产业发展壮大。连续两年召开两岸智能装备制造郑州论坛；举办世界传感器大会，推动"一谷两基地"建设；指导平顶山市加快尼龙城项目建设。

（四）数字经济和信息化建设扎实推进

加快发展工业互联网，认定培育工业互联网平台 10 个，佰利联网络化能耗管理平台入选国家工业互联网创新发展重大工程。实施"企业上云"行动，认定云平台服务商 8 家、云应用服务商 20 家，全省上云企业累计 3.5 万家。成立区块链技术研究会，向工业和信息化部推荐典型案例 10 个。积极推进信息消费，郑州市入选国家综合型信息消费示范城市，UU 跑腿等 4 个项目被确定为国家新型信息消费示范项目。推动新郑传化物流小镇 5G 智慧物流园区建设。落实软件企业所得税减免政策，为 47 家企业退税 5310 余万元。加强信息安全保障，做好省级电子政务外网信息安全系统三级等保测评，印发《河南省工业控制系统信息安全测评工作指南》，对 41 家企业、165 套工控系统进行核查，提升了工业企业工控安全防护能力。强化无线电管理，开展黑广播和伪基站打击专项行动，查处案件 168 起、排查干扰 164 起，荣获全国无线电监测能力提升技术演练团体二等奖，圆满完成中华人民共和国第十一届少数民族传统体育运动会、庆祝中华人民共和国成立 70 周年阅兵式、第七届世界军人运动会等重大活动无线电安全保障任务。河南省工业和信息化厅平顶山无线电管理局、河南省无线电监测站被国务院打击治理电信网络新型违法犯罪工作部际联席会议办公室通报表扬，河南省工业和信息化厅商丘无线电管理局被评为全国"七五"普法中期先进集体。

（五）品质品牌层次不断优化

深入实施"三品"战略，项城获评 2019 年消费品工业"三品"战略示范城市，郑州锦荣服装创意园、河南旗帜纺织服装创意设计平台成为全国试点。大力开展质量品牌提升行动，举办质量标杆进企业、质量标杆典型经验移植推广等系列活动，42 个典型经验被确定为省级

质量标杆，新创建全国质量标杆 5 个、位居全国第二。积极开展制造业单项冠军企业培育提升活动，郑州煤矿机械集团股份有限公司入选工业和信息化部制造业单项冠军示范企业，许继电气股份有限公司、神马实业股份有限公司、金冠电气股份有限公司 3 家企业产品入选第四批单项冠军产品名单。积极推动知识产权保护运用，83 家企业被工业和信息化部评定为知识产权运用试点，郑州大信家居有限公司工业设计中心、洛阳拖拉机研究所有限公司入选第四批国家级工业设计中心名单。

（六）开放合作优势和民营经济活力显著增强

强化开放合作，举办 2019 两岸智能装备制造郑州论坛，签约项目 25 个、总金额 29 亿元。举办 2019 中国（河南）—欧洲产业合作对接活动，扎实推动中古合作工业园区建设，积极有效拓展国际产能合作市场。组织开展产业转移项目落实年专项活动，郑州、商丘、信阳、许昌、南阳等市加大承接产业转移力度，一批重大项目相继开工建设。1—11 月，全省工业和信息化领域承接产业转移实际到位省外资金 1895.4 亿元，同比增长 17.6%。培育壮大民营经济，大力宣传贯彻《中华人民共和国中小企业促进法》，建立青年企业家库，举办中小企业专精特新专题企业家培训班、投融资专题企业家培训班。推荐许昌经济技术开发区等 3 个开发区成功申报国家双创载体项目，获得 1.5 亿元中央财政支持。5 家企业获国家级专精特新"小巨人"称号，4 家示范基地入选国家小型微型企业创业创新示范基地，5 家公共服务机构被授予"国家中小企业公共服务示范平台"称号，成功举办 2019 年"创客中国"河南省中小企业创新创业大赛。

（七）煤炭行业管理水平稳步提升

持续推进煤炭去产能工作，全省关闭退出矿井 6 处，核减产能矿井 10 处，共计退出（核减）产能 1064 万吨。持续提升煤矿安全生产标准化水平，全省正常生产煤矿达标率 100%，一级达标煤矿同比增长 13%，数量位居全国第四。大力推动煤矿智能化建设，印发《河南省煤矿智能化建设实施方案》，建成智能化采煤工作面 8 处。开展洁净型煤能力建设百日提升行动，抓好洁净型煤能力建设及生产供应保障。严格从业资质管理，举办安全培训机构从业人员培训 15 期，受众 1500 人次。强化安全监管，明确煤矿监管主体，开展安全"会诊""四大攻坚""防风险除隐患保平安迎大庆"等专项行动。全省原煤产量 1.05 亿吨，百万吨煤死亡率 0.049，首次降至 0.05 以下，煤炭行业生产形势稳定向好。

2020 年河南省工业经济运行概况

2020 年，河南省工业和信息化厅全力打好抗疫物资保障和工业复工复产"两场硬仗"，统筹推进传统产业升级和新兴产业培育"两大攻坚"，取得了不凡的成绩。

（一）坚决筑牢物资保供生命线

新冠疫情发生后，河南省工业和信息化厅全系统既认识到物资对抗疫斗争的极端重要性，又认识到河南在全国抗疫大局中应有的责任担当，迅速投入医疗物资的生产组织工作中。在生产最艰难的时刻，聚合全省资源，动员全省力量，实行超常规的大统筹、大调度，不到 40 天将防护服日产量从 1 万套提高到 17 万套、N95 口罩从 0 提高到 76 万只、普通口罩从 100 万只提高到 1600 万只，创造了生产奇迹。在疫情最吃紧的时期，讲政治、顾大局，不折不扣地执行国家调令，全力支援湖北抗疫物资。同时保障了国家机关、兄弟省份应急需要和本省的基本需求，并通过出口和捐赠抗疫物资支持国际抗疫斗争。在物资生产攻坚过程中，省物资保障组统筹生产调度，各级工信专班集中解决难题，驻厂工作人员贴身开展服务，政府与企业心气相融，干部与工人并肩奋战，用忠诚和担当、效率和奉献，为国人筑起医疗防护生命线。国务院联防联控机制、中央指导组先后发来感谢信；亚都荣获"全国抗击新冠肺炎疫情先进集体"，驼人集团总裁王国胜荣获"全国抗击新冠肺炎疫情先进个人"；洁利康、亿信医疗、宇通客车等 6 个集体和长垣市工业和信息化局郝道星、平顶山市工业和信息化局祁弘、新乡市工业和信息化局谢卫红等 10 名同志分别荣获全国工信系统抗疫先进集体、先进个人；工业和信息化部专门安排省工业和信息化厅在全国工业和信息化工作会议上作典型发言。

（二）推动经济回稳复苏

成立省市县复工复产专班，建立规模以上工业企业日调度机制，梳理重点产业链图谱和关联配套企业清单，加强跨省跨市协作，推动龙头企业率先复工复产，带动产业链上下游协同复工。实施"一联三帮"保企稳业专项行动，组织系统内 9915 名干部联系帮扶企业 14872 家，协调解决问题 7500 余个；为 1062 家企业协调授信 177.8 亿元；将 35 个 50 亿元以上工业投资项目纳入国家重大投资项目库；3 月初主要工业行业基本实现复工复产；4 月初实现应复尽复、应达尽达。加强重点企业运行监测和协调服务，打通发展堵点；制定出台《关于促进中小企业健康发展的实施意见》，全力帮助企业纾难解困，激发市场活力；成功举办 2020 中国（郑州）产业转移系列对接活动、2020 中国 500 强企业高峰论坛、2020 年"创客中国"中小企业创新创业大赛全国总决赛等活动，持续为制造业高质量发展注入活力动力。截至 2020 年 10 月，全省工业经济主要指标全部实现由负转正。

（三）深入推进转型升级攻坚战

传统优势产业是河南工业的宝贵财富，全系统始终把传统产业升级改造紧紧抓在手里，提升存量，不断增强企业创新力、产品竞争力、产业支撑力。深入实施"三大改造"，新增智能工厂 49 个、智能车间 100 个、服务型制造示范 45 个，平顶山铁福来装备等 29 家企业成功创建国家级绿色工厂，济源玉川、许昌长葛 2 个产业集聚区成功创建国家级绿色园区，豫光金铅等 7 家企业被评为国家级能效"领跑者"，河南天力电气设备有限公司等企业的 4 个产品被评为国家"能效之星"，郑州精益达汽车等 10 个重大技改项目获得中央财政支持，平顶山市中国尼龙城、安钢绿色改造等重大标志性项目顺利推进，传统产业通过改造焕发新生机。实施工业领域污染防治攻坚行动，规模以上工业单位增加值能耗下降 1.2%，各行业主要污染物排放达标率 99.5%。深入实施创新驱动，国家农机装备创新中心推出 4 项顶尖新产品新技术，中船重工七二五所等 4 家企业被认定为国家技术创新示范企业，洛铜芯片新材料、洛玻超薄电子玻璃打破国外垄断，中铁装备"春风号"盾构机获中国工业设计大赛金奖，郑煤机液压支架等 67 个产品被认定为首台（套）重大技术装备产品，郑州城市群燃料电池汽车示范应用以全国第一的成绩通过国家评审。深入实施"品质革命"，郑州凯雪冷链等 5 家企业的典型经验被确定为全国质量标杆，许昌远东传动轴股份有限公司入选第五批制造业单项冠军示范企业，无源光分路器等 5 个产品入选第五批制造业单项冠军产品，洛阳耐火材料厂、洛阳铜加工厂入选第四批国家级工业遗产名录，豫酒转型攻坚行动推动全省白酒产业连续 3 年保持 20% 以上速度增长。

（四）加快抢占产业发展制高点

制定实施《制造业高质量发展实施方案》，积极发展新技术、新业态、新模式，提速换挡培育新兴产业，加力加码推动数字赋能，持续培育壮大制造业高质量发展新动能。加快培育新产业，实施 10 个新兴产业链现代化提升行动，"一链一策"专班推进。中原鲲鹏生态创新中心在全国率先布局，新华三智慧计算终端全球总部基地、中国（郑州）智能传感谷启动区等重大项目开工建设，全省人工智能产业创新发展联盟组建成立，翔宇医疗等企业的 11 个产品和服务入围工业和信息化部智慧健康养老推广目录，优德医疗等 10 家单位拟入围智慧健康养老应用试点示范，宇通房车服务平台等 3 个项目被评为全国新型信息消费示范项目。加快布局新基建，制定实施

《河南省加快 5G 产业发展三年行动计划（2020—2022年）》，推动省政府与中国三大电信运营商和中国铁塔签订 5G 建设发展战略合作协议，组织召开全省 5G 建设发展大会，开展 5G 应用场景观摩，新开通 5G 基站 3.47 万个，启动 5G 应用场景项目 151 个。新乡成为全省首个"精品千兆城市"，焦作加快打造黄河流域区域性大数据中心和中原城市群数字枢纽城市。加快推进数字化，研究出台《河南省推进"5G+工业互联网"融合发展实施方案》，漯河利通等 8 个项目被确定为国家制造业与互联网融合试点示范，全省中小企业数字化服务商 73 家、"企业上云"服务商 24 家，新上云企业 6 万多家。联合省人才工作领导小组办公室等 6 部门成功主办 2020 年河南省新一代信息技术融合创新应用（智能制造）职业技能大赛。

（五）持续开创管理治理新局面

统筹党建与业务、管理与服务、安全与发展，提高管理治理能力，为制造业高质量发展提供保障、夯实基础。加强政治机关建设，以政治建设为统领，以学习贯彻习近平新时代中国特色社会主义思想为首要政治任务，增强"四个意识"、坚定"四个自信"、做到"两个维护"。扛牢压实主体责任，强化"以案促改"，一体推进"三不"机制建设，推动全面从严治党向纵深发展、向基层延伸。深入开展文明单位创建、平安综治建设、法治机关建设，党员干部的专业素养、精神风貌、办事效率显著提升。加强安全应急管理，推荐 288 个产品列入国家应急物资保障信息平台，指导长垣市建设国家安全应急产业示范基地，开展安全生产专项整治三年行动，工业安全生产总体平稳。强化工业控制系统安全检测，堵塞信息安全漏洞 1 万余个。严格履行《禁止化学武器公约》，维护负责任大国形象。加强无线电管理，建立 5G 基站与卫星地球站频率干扰协调机制，强化专用频率保护，搞好无线电安全保障，治理"黑广播""伪基站"，无线电管理工作服务和保障大局的能力持续增强。加强煤矿行业管理，3 个省级智能化煤矿和 21 个智能化采掘头面通过验收，全面完成 30 万吨以下小煤矿分类处置和淘汰落后产能工作任务，正常生产煤矿达标率 100%，一级达标煤矿、安全高效煤矿建设位居全国前列。扎实开展煤矿安全专项整治，全年生产原煤 1.04 亿吨，发生生产安全事故 3 起、死亡 3 人，百万吨死亡率 0.029，安全生产创历史最好水平。加强工业职业院校管理，厅属 6 所职业院校在校生规模达 6 万余人，成为培养大国工匠的新摇篮。郑州工业技师学院选手在第一届全国技能大赛上喜获银牌，为河南赢得了荣誉。

2020 年是"十三五"规划收官之年。经过五年奋斗，"十三五"规划确定的主要目标如期完成，全省工业和信息化发展取得新的历史性成就。工业实力持续跃升。2016—2019 年，全部工业增加值从 1.6 万亿元提高到近 2 万亿元，净增 3000 多亿元，年均增长 7.5%，高于全国 1.4 个百分点，工业总量稳居全国第五、中西部第一，工业产品产量位居全国前列。主营业务收入超百亿元工业企业 44 家，境内外上市企业 124 家，新三板上市企业 320 家。产业结构持续优化。主导产业比重从 44.3% 提高到 46.1%，战略性新兴产业比重从 11.9% 提高到 20% 以上。建成装备、食品 2 个近万亿级产业集群，形成 19 个千亿级特色优势产业集群，建设国家级新型工业化产业示范基地 13 个。中小企业数量从 43.44 万家增长到 54.05 万家，县域经济中非公经济占比超 95%。竞争能力持续提升。成功创建国家级农机装备创新中心，培育省级制造业创新中心 19 个，创建国家级技术创新示范企业 8 家、省级 97 家，创建全国质量标杆 15 个、省级 167 个，创建国家级制造业单项冠军 23 家、专精特新企业 92 家，建成国家级工业设计中心 4 个、省级 44 个。漯河食品产业"三链同构"、鹤壁市"五位一体"企业服务等典型经验被国务院办公厅通报表扬。先进模式持续涌现。建成智能工厂和智能车间 571 个，创建制造业与互联网融合发展、服务型制造、信息消费等国家级试点示范 62 个，建成工业互联网平台 25 个，推动企业上云 10 万余家，数字经济规模达 1.25 万亿元，两化融合指数达 52.3，郑州入选国家综合型信息消费示范城市。创建国家级绿色工厂 115 个、绿色园区 10 个，万元工业增加值能耗累计降低 42.16%。开放合作持续加强。深化区域合作、部省合作、产学研合作、产融合作，成功举办中国（郑州）产业转移系列对接活动、沪豫合作交流会暨项目签约仪式、两岸智能装备制造郑州论坛，建立了京津豫、豫闽、豫粤定向合作机制。先后承接亿元以上重点项目 3422 个，实际到位省外资金 1.2 万亿元。

2021年河南省工业经济运行概况

2021年，河南省工业和信息化厅加快推动制造业高质量发展，在多个领域实现重塑性变革和战略性突破。

（一）扎稳工业经济基本盘

把握工业平稳运行对全省经济的重要支撑作用，统筹推进存量挖潜和增量提升，全力在危机中育先机，于变局中开新局。牵头组织"万人助万企"活动，累计抽调干部4.2万余人、包联服务企业6.3万余家、解决企业诉求5.8万余个，有效纾解了痛点堵点，增强了企业信心，夯实了发展底盘，得到省委、省政府的肯定和社会各界的赞许。发挥投资对工业增长的关键拉动作用，全省工业投资同比增长11.7%，高于全国工业投资0.3个百分点，安钢周口钢铁基地、宝武铝合金精深加工、海康威视中原区域总部、超聚变服务器等一批重大项目顺利推进。组织举办两岸智能装备制造中原论坛、世界传感器大会、豫苏医药产业合作专题对接活动、河南省与韩国庆尚北道视频经贸对接会等活动，承接产业转移实际到位省外资金5679.9亿元。制定实施加快灾后重建和支持企业复工复产系列措施，推动3271家受灾规模以上工业企业两个月内复工复产。积极协调煤炭增产保供，完成原煤产量9335万吨，基本保证了全省特殊时期煤炭平稳供应和用电需求。深化产业和金融合作，发布工信"白名单"支持企业612家，实施"育鹰计划"支持企业229家。牵头制定中小企业纾困帮扶30条政策措施，新增减税降费255亿元。全省工业中小企业增加值同比增长7.1%，规模以上工业企业增加值同比增长6.3%。

（二）开辟制造强省新赛道

牵头实施换道领跑战略，重塑全省制造业规划体系和政策体系，开展传统产业提质发展、新兴产业重点培育、未来产业谋篇布局三大专项行动，加快产业链再造、价值链提升。编制重点产业链图谱，推行产业链链长和产业联盟会长"双长制"，聚力打造10大制造集群、30个重点产业链，制造业占省GDP的比重高出全国0.5个百分点，三门峡、南阳、郑州、濮阳4市规模以上工业增速超过10%。推动新兴产业快速崛起，使其成为工业增长新引擎，新一代信息技术产业增加值同比增长11.9%、高端装备同比增长8.8%、新材料同比增长8.7%、生物医药同比增长12.1%、节能环保同比增长30.2%，新能源汽车产量同比增长14.4%，郑州城市群获批国家燃料电池汽车应用示范。全省战略性新兴产业增加值同比增长14.2%，增速同比提高11.6个百分点，占规模以上工业增加值的24.0%，对规模以上工业增加值增长贡献率达51.1%；高技术产业增加值同比增长20.0%，增速同比提高11.1个百分点，占规模以上工业

增加值的12.0%。建立未来产业项目库，入库重点项目120个、总投资1148亿元，氢能与储能、量子信息、前沿新材料、类脑智能、未来网络、生命健康等领域蓄势突破。

（三）壮大转型发展新动能

牵头实施数字化转型战略，充分发挥数字化引领、撬动、赋能作用，主动融入新一轮科技革命和产业变革。深化新一代信息技术与制造业融合发展，新认定融合应用新模式项目100个、大数据产业发展试点示范45个。加快发展工业互联网，建设工业互联网标识解析二级节点5个，新认定工业互联网平台培育对象13个，初步建立"1+37"工业互联网平台体系。持续推动"企业上云"，新增上云企业5万家。编制细分行业数字化转型指南，新创建国家服务型制造示范企业/平台9个、智能制造示范工厂3个，新认定省级智能车间和工厂163个，发布数字化转型揭榜挂帅项目21个。组织开展5G应用观摩活动，新增5G应用场景示范项目71个，新开通5G基站3.4万个，5G网络实现县乡镇和农村热点区域全覆盖。制定首版软件产品和软件园区认定办法，郑州宇通客车股份有限公司的基于车路协同的5G智能网联微循环公交及解决方案智能等7个项目获评国家新型信息消费示范项目，濮阳市获评全国特色型信息消费示范城市。推进实施绿色低碳转型战略，新增国家级绿色工厂23家、绿色园区2个、绿色供应链管理企业4家、绿色设计产品30个，2项节能技术、10项节能装备、13项"能效之星"产品进入工业和信息化部推广目录。制定出台钢铁、电解铝、水泥、玻璃行业产能置换细则，实施工业领域污染防治攻坚行动，完成155家城市建成区重污染企业搬迁改造，全面淘汰8家企业112台落后设备，全省规模以上工业企业增加值能耗同比下降7.3%，万元工业增加值用水量同比下降21.5%左右。

（四）提升市场主体竞争力

加强优质企业梯次培育，深入实施制造业头雁企业培育行动、制造业单项冠军评选活动、专精特新企业培育工程、民营企业对标提升行动，确定头雁企业80家，新增制造业单项冠军8个，新增国家级专精特新"小巨人"企业115家、中小企业公共服务示范平台10个、小型微型企业双创示范基地6个，新培育上市企业13家，新认定省级专精特新中小企业928家、中小企业特色产业集群7个。组织举办中原领军型企业家高端培训班、专精特新中小企业高质量发展培训班等活动，累计培训企业家600余人次。修订首台（套）重大技术装备推广应用指导目录和认定办法，认定中铁装备硬岩掘进机等

省级首台（套）重大技术装备产品 17 个。深化制造业技术创新，挂牌组建首批 10 家省级产业研究院，新认定智能锅炉制造等省级制造业创新中心 4 家，新增省级技术创新示范企业 47 家、质量标杆 46 项、工业设计中心 48 个，河南羚锐制药股份有限公司、郑州磨料磨具磨削研究所有限公司被评为 2021 年国家技术创新示范企业，西继迅达电梯有限公司等 8 家企业的典型经验被评为全国质量标杆典型经验，宇通客车股份有限公司工业设计中心、河南卫华重型机械股份有限公司智能起重装备工业设计中心被评为国家级工业设计中心，焦作煤矿被评为国家工业遗产。

（五）激发行业治理高效能

深入推进党史学习教育，组织党员干部学史明理、学史增信、学史崇德、学史力行，开展"我为群众办实事" 271 项。强化"以案促改"，一体推进"三不"机制建设，推动全面从严治党向纵深发展、向基层延伸。深入推进行政审批改革、创新发展综合配套改革、县域经济放权赋能改革，全厅政务服务事项办理时限压缩 73.4%。深入推进党政机关重塑性改革试点工作，把主要职能向服务产业、服务企业转变，圆满完成省委改革部署。坚持依法行政，深入推进法治政府建设，始终在法治轨道上开展工作。加强应急管理，长垣高新技术产业开发区和鹤壁经济技术开发区入选国家安全应急产业示范基地单位名单，洛阳栾川钼业集团股份有限公司等 11 家企业入选国家安全应急物资保障平台系统。扎实开展工业企业安全生产月活动和禁化武宣传教育活动，工业安全生产总体平稳。夯实煤矿安全生产基础，建成省级智能采掘工作面 88 个、智能煤矿 11 个，2 家煤炭企业、64 处矿井分别获得国家煤炭工业安全高效集团和矿井称号，年产 30 万吨以下煤矿关闭退出 14 处、升级改造 21 处。举办 2021 年工业控制系统产业对接大会，认定省级工控安全技术支撑单位 12 家。强化专用频率保护和"黑广播""伪基站"治理，完成庆祝建党 100 周年等重大活动无线电安全保障工作。扎实开展平安创建活动，全省工信系统和工业企业总体上保持了大局稳定。

2022 年河南省工业经济运行概况

2022 年，河南省工业和信息化厅坚持以制造业高质量发展为主攻方向，加快推进新型工业化，大力建设制造强省，全省工业经济总体保持平稳健康发展态势。

工业在河南经济社会发展中占主导地位，门类齐全、体系完整，41 个行业大类中有 40 个，智能手机、输变电装备、矿山机械、农机、铝等工业品产量位居全国前列。超硬材料产量占全国 80% 以上，耐火材料产量占全国 50% 以上，速冻食品、火腿肠、方便面稳居全国第一，新能源客车市场保有量全国第一。宇通大中型客车、中铁装备盾构机、郑煤机矿用液压支架稳居全球第一，卫华工业起重机位居全国第一、世界第二。

一、重点产业发展良好

（一）装备制造业

2022 年行业增加值同比增长 2.9%，占比 12.1%。装备制造产业规模位居全国第五，在农业机械、矿山装备、盾构装备、电力装备、机械基础件等领域具有较好的产业基础，涌现出了中信重工、中铁装备、郑煤机、许继集团等一批国内行业排头兵企业，分别拥有全球最大最先进的自由锻造油压机、自磨机和球磨机，支护高度最大的矿用液压支架，第一套特高压开关和直流输电控制保护系统等一批重大标志性产品。

（二）食品制造业

2022 年行业增加值同比增长 5.0%，占比 13.4%。食品制造产业规模位居全国第二，营业收入占全国的 10%，双汇肉制品排名世界第一，面粉、方便面、挂面、米面速冻制品等产量均居全国第一，速冻食品占国内市场销售份额的 60%。全省销售收入超 100 亿元的企业 3 家、超 50 亿元的企业 8 家。重点骨干企业有双汇集团、思念食品、三全食品、牧原食品等。

（三）汽车制造业

2022 年行业增加值同比增长 -8.2%，占比 2.7%。全省现有整车企业 17 家，年产整车超 58 万辆。主要优势在客车领域，龙头企业包括宇通客车、上汽乘用车、东风日产、奇瑞汽车等，其中，宇通客车国内市场占有率达 35% 左右，全球市场占有率连续八年保持第一，新能源客车位居全国首位。全省主要汽车整车生产企业在郑州集聚发展，整车产量占全省 80% 以上。2022 年全省新能源汽车产量 9.6 万辆。宇通集团年产 5 万辆新能源商用车、安阳德力新能源商用车、郑州日产产能跨类生产轿车等项目已建成投产，海马新能源汽车跨类改造、森源汽车 5 万辆新能源乘用车、福田智蓝新能源商用车等正加快建设。

（四）冶金工业

2022 年行业增加值同比增长 9.9%，占比 11.8%。冶金工业产业规模 9600 亿元。其中，钢铁：产业规模 3000 亿元左右，2022 年全省生铁产量 2743 万吨、粗钢产量 3187.2 万吨、钢材产量 4158 万吨，拥有安钢、济钢、信钢等 9 家重点企业。有色：产业规模 6000 亿元左右，铝、铅、铜、钼等在国内外占有重要地位，铝、铅、铜、镁等 10 种有色金属产量位居全国第四；氧化铝产量位居全国第三，铝材产量位居全国第二，电解铝产量位居全国第七；铅产量位居全国第一。重点骨干企业有豫光金铅、万洋冶炼、金利金铅；拥有全国唯一的国家镁及镁合金产品质量监督检验中心、镁交易中心，综合加工能力约 30 万吨。

（五）化学工业

2022 年行业增加值同比增长 2.5%，占比 9.7%。主营业务收入连续 6 年位居全国第五，现有规模以上企业近 1300 家，氮肥、纯碱产能位居全国第二，甲醇、乙二醇产能位居全国前列。平煤神马尼龙 66 产能产量稳居亚洲第一、世界第二，龙蟒佰利联钛白粉产量位居世界第三，风神轮胎工程胎产量位居全国第一，中源化学、金山化工天然碱、联碱产量位居全国第一，心连心化肥产量、能耗指标全国领先。

〔六〕建材工业

2022 年行业增加值同比增长 -1.4%，占比 7.3%。水泥：全省规模以上企业水泥产能 1.1 亿吨，占全国 4.9%，居全国第 9 位。主要集中在豫北、豫西地区，全部采用了新型干法生产技术，天瑞、中联、同力等大型水泥集团装备技术全国领先。耐材：共有规模以上耐材企业 800 家以上，产量约占全国一半，其中郑州耐材产量占全省生产总量的 65% 以上，拥有濮耐、利尔、瑞泰、洛耐等企业。

（七）轻纺工业

2022 年行业增加值同比增长 1.9%，占比 6.6%。全省规模以上纺织企业总量位居全国第六，中部六省第一。全省轻纺工业主要以纺织服装为代表，形成了包括纺纱、织布、染整、服装、纺织机械制造等行业在内的较为完整的纺织工业产业链体系。现已形成郑州女裤、安阳婴幼儿针织服装、商丘针织服装、濮阳羽绒制品、光山羽绒制品、镇平毛衫 6 个服装加工生产基地。重点纺织服装企业有新野纺织、新乡白鹭化纤、领秀服饰等。

（八）能源工业

2022 年行业增加值同比增长 7.7%，占比 14.2%。全省发电量 2930.5 亿千瓦时，煤炭产量位居全国第八。河南省是全国重要的产煤省份和国家规划的 14 个大型煤炭基地之一，共有各类煤矿 231 处，产能 1.57 亿吨，现有河南能源、平煤神马、郑煤、神火等骨干煤炭企业。

（九）电子信息及新一代信息技术

2022年电子信息行业增加值同比增长16.7%，占比8.5%。形成了智能终端、光电子、电子材料、锂离子电池等多个特色产业园区。全省手机产量1.6亿部。智能终端整机制造带动郑州、鹤壁、新乡、商丘、信阳、济源等地配套产业集聚发展，骨干企业有郑州鸿富锦、济源富泰华、鹤壁富准精密电子、商丘金振源等。海康威视、释码大华、中科院计算所等一批人工智能领军企业入驻郑东新区龙子湖智慧岛，科大讯飞洛阳语音云创新研究院、北京嘉芸汇财务大数据（洛阳）处理中心等开发的项目取得了良好的效益。

（十）高端装备

2022年行业增加值同比增长3.0%，占比2.0%。产业规模2000万元左右，形成了智能终端、光电子、电子材料、锂离子电池等多个特色产业园区。近年来，随着智能化改造深入推进，智能装备产业发展较快。在数控机床领域，洛阳轴研科技有限公司、洛阳LYC轴承有限公司共同研制的数控机床轴承在国内具有领先水平，台湾友嘉集团（郑州）、安阳鑫盛、新乡日升等专业数控机床产品优势较为明显。在机器人产业方面，焊接机器人、码垛机器人、移动搬运机器人、消防机器人和管道检测机器人等产品实现了中小批量生产和应用，精密减速器、传感器已经实现小批量生产和应用。

（十一）节能环保

2022年行业增加值同比增长9.4%，占比2.7%。河南省初步形成了以高效节能装备和电器、工业余热余压利用、工业废气治理、污水处理，以及资源综合利用技术装备和产品为主的产业格局。郑州经济技术开发区、大周产业园、长葛市大周产业集聚区、商城县产业集聚区、济源虎岭高新技术产业开发区等的环保装备和服务产业集聚发展、初见成效。郑州宇通重工新能源环卫车辆市场占有率达25.7%；清水源参与制定了22项国家标准及43项行业标准，获授权专利60多项。

（十二）生物医药

2022年行业增加值同比增长6.1%，占比4.0%。河南省生物医药产业规模稳居全国前五位，形成了以体外诊断试剂、血液制品为特色，化药、现代中药和生物技术药协同并进的产业发展格局。安图生物体外诊断试剂和产品生产在国内行业的影响力排名前两位，华兰生物血液制品和疫苗生产处于行业领先地位，天源集团青蒿素（年产60吨）产量位居国内第一。

（十三）新材料

2022年行业增加值同比增长3.9%，占比8.6%。新材料产业规模5800万元左右。铝加工产业发展条件较好，板带规模全国第一，铝材产量全国第二；鹤壁镁粉（屑、粒）产量占全国产量50%以上，镁牺牲阳极产量占世界产量的40%以上；六氟磷酸锂生产技术国内领先、产值第一；单晶金刚石产量占全国产量的80%、全球的70%以上，郑州三磨所、黄河旋风、中南钻石等企业的技术达世界一流水平。

二、重点工作开展情况

（一）深化工业增长攻坚行动

把稳增长作为工业头等大事，统筹存量挖潜与增量提升，积极主动应对三重压力和疫情冲击，全力打通产业循环痛点堵点，着力实现工业增长"开门红""季季红""全年红"。深入开展提振工业运行行动。分季制定工业稳增长重点任务清单，强化工业运行日监测、月调度、季通报，建立"1+N"工业景气指数矩阵，上线运行智能监测预测平台和产业大脑。实施规模以上工业企业满负荷生产奖励制度，省财政直拨奖励资金5.76亿元，惠及工业企业4039家。加强产业链供应链保通保畅，省市县三级发布工业"四保"白名单企业1.7万家，实现规模以上工业企业愿入尽入。春耕化肥专项保供受到工业和信息化部来函表扬。深入推进"万人助万企"活动。滚动实施《已出台政策措施执行清单》《新出台政策措施推进清单》，持续推动惠企政策落地见效。分级组织产销、产融、用工、产学研对接活动，达成对接成果2万余项。完善包联服务机制，累计派驻干部7.6万名，包联企业13.5万家，在线培训10万余人次。坚持有诉即办、有诉必办，在响应企业诉求上打歼灭战，累计解决企业反映问题8.6万个。深入实施技术改造提升行动。以技改项目建设和新品推广、平台建设、试点示范为重点，加强政策扶持和纳统辅导，不断提升技术改造对工业投资的拉动力。率先在钢铁、焦化、水泥行业86家重点企业完成新一轮数字化改造。三门峡市强力实施技术改造项目905个，撬动工业投资700余亿元。漯河市大力实施"倍增工程"，持续保持工业投资高位增长。

（二）推进重大战略实施

把推进"十大战略"作为制造强省根本路径，在更深层次上深化制造业质量变革、效率变革、动力变革。牵头实施换道领跑战略。组织推进材料、重大技术装备、新能源汽车、集成电路、预制菜等一揽子行动，洛阳石化百万吨乙烯、漯河金大地联碱、比亚迪新能源汽车、宁德时代新能源电池等一批重大项目落地建设，洛阳高新区连续两年获评五星级国家新型工业化产业示范基地，压延铜箔在中国空间站"天和"核心舱成功应用，济源中联水泥碳捕集项目成为全国首个实现碳捕集工业应用示范项目。牵头实施数字化转型战略。新建智能工厂智能车间185个，明泰铝业、瑞泰耐火、信阳羚锐入选国家智能制造示范工厂揭榜单位名单，卫华集团大规模个性化定制等17个应用场景入选2022年度智能制造优秀场景名单。新开通5G基站5.4万个，新增省级数字化转型示范区7个、上云企业3.58万家，新培育省级工业互联网平台10个，天瑞集团入选国家"双跨"工业互联网平台，漯河双汇等3个案例入选全国工业互联网App优秀解决方案，省区块链产业园区、元宇宙科创产业园和郑州数据交易中心启动运营，郑州获批创建国家区块链发展先导区，洛阳推进产业数字化获得国务院办公厅督查激励。加快创新驱动发展。新建省级产业研究院15

个、制造业创新中心 2 家，洛轴等 3 家企业被评为国家技术创新示范企业，安钢等 10 项经验被评为全国质量标杆，平高电气自主研发国内首台±1100 千伏直流穿墙套管，焦作多氟多攻克超净高纯电子级氢氟酸技术，郑州三磨所半导体芯片精密划切用超薄砂轮批量化生产，濮阳发布全球首款氢动力人形机器人，平顶山真实生物阿兹夫定片成为首款获批上市的国产抗新冠病毒口服药。**加快绿色低碳转型。** 新认定省级绿色工厂 106 家、绿色工业园区 7 个、绿色供应链管理企业 21 个、绿色设计产品 21 个；新增国家级能效水效"领跑者"企业 9 家、再生资源综合利用规范管理企业 13 家，推动 11 家铸造企业置换产能 30.7 万吨，淘汰 8 家企业落后设备 74 台套。**加快设计河南建设中长期规划。** 制定实施设计河南建设中长期规划，发布省级重点支持设计学院和工业软件学院 21 个，新认定省级工业设计中心 69 家，中铁装备荣获中国优秀工业设计奖金奖，郑州锦荣服装创意园入选国家纺织服装创意设计示范园区；新增国家级工艺美术大师 5 人、省级工艺美术大师 104 人，虞城县获评 2022 年消费品工业"三品"战略示范城市称号。

（三）激发市场主体活力

把培育优质企业放在更加突出位置，坚持育企强企与助企纾困相结合，促进企业持续提升质量、规模、效益。**加强头雁企业培育。** 优化头雁企业认定体系和支持政策，增强龙头企业创新引领力、市场主导力、群链带动力，新认定制造业头雁企业 92 家，中铁装备盾构机、郑煤机液压支架、宇通大中型客车、平煤神马尼龙 66 工业丝市场占有率持续保持全球第一。**加强专精特新企业培育。** 建立专精特新"库"，推出专精特新"贷"，创设中原股权交易中心专精特新"板"，开通专精特新税费服务直通"车"，率先在全国开展低利率、长周期、无抵押的政策性科创金融业务，新培育省级专精特新中小企业 1183 家、国家专精特新"小巨人"企业 164 家、制造业单项冠军 8 个。**加强企业升规纳统。** 出台促进小微工业企业上规模专项措施，制定《准规上企业清单》《易退库企业清单》，强化退规预警和帮扶止退机制，"一企一策"跟踪辅导。**加强中小企业纾困帮扶。** 以金融信贷、减税降费、稳岗扩岗、账款支付等为重点，持续抓好中小企业纾困政策的完善和落地。

（四）坚守安全发展底线

把统筹发展与安全作为重大政治任务，以高度的政治担当着力为党的二十大召开营造安全稳定环境。**突出重点领域监管。** 统筹煤矿安全治本攻坚，深挖潜能推动煤炭增产保供，新建智能化煤矿 7 处、智能化采掘工作面 100 个，建成国家一级达标煤矿 44 处、国家安全高效矿井 67 处、煤炭工业安全高效集团 4 个；全省生产原煤 9835 万吨，同比增长 5.4%。规范化工园区管理，持续推进城镇人口密集区危化品生产企业搬迁改造，新乡市瑞丰新材料顺利通过国际禁化武组织核查。**落实双线嵌合机制。** 健全疫情防控常态常备和平急转换制度，强化白名单企业涉疫风险监测，督促工业企业履行主体责任，突出做好进厂物资、人员、车辆等登记管理。加强重点防疫物资生产供应、应急调度和集中储备，确保关键时刻拿得出、调得快、用得上。**加强无线电管理。** 发挥频率资源对经济社会发展和国防建设的服务保障功能，深入做好 5G 频率分配使用、5G 基站电子数据交互、无线宽带技术赋能数字化转型、频谱管控军地协调等工作。强化专用频率保护和"黑广播""伪基站"治理，做好党的二十大召开期间无线电安全保障。

2019 年湖北省工业经济运行概况

一、工业经济运行特点

2019 年，湖北省工业经济运行总体平稳。全省规模以上工业增加值累计增速 7.8%，高于全国工业 2.1 个百分点，增幅同比提升 0.7 个百分点，累计增速位居全国第七，增速及位次为近几年来最好水平；全省规模以上工业营业收入 45212.9 亿元，同比增长 4.8%，总量居全国第七位；全省工业利润同比增长 4%，高于全国工业利润 7.3 个百分点，增幅居全国第九位；营业收入利润率提高至 6.34%，位居全国第十一、中部地区第一；企业资产负债率低于全国 4.9 个百分点，百元营收成本低于全国 0.14 元。

（一）支柱产业转型升级加快

41 个工业大类行业中 37 个保持增长，增长面达 90.2%，同比扩大 4.9 个百分点。全省近 90% 的制造业增加值增长 7.9%，同比提升 1.2 个百分点。受益于转型升级提档加速，石油加工、建材、化工行业同比分别提升 15.1 个、2.7 个和 1.4 个百分点。重点支柱汽车产业增长 4.5%，同比提升 1.8 个百分点；烟草行业增长 1.2%，同比回落 3 个百分点。

（二）新兴产业势头强劲

全省高技术制造业增加值增长 14.4%，同比提升 1.2 个百分点；占工业比重达 9.5%，同比提升 0.6 个百分点，占比为近年来最高水平；对全省工业增长贡献率达 17%，同比提升 1 个百分点。其中，电子设备制造业增长 19.0%，同比提升 0.2 个百分点；仪器仪表制造业增长 32.5%，同比提升 23.8 个百分点。新兴产业逐渐由势强力弱向势大力强转变。

（三）工业及技术改造投资企稳回升

2019 年，全省工业及技术改造投资呈现高开低走、企稳微升、高于全国的态势。全年全省工业投资增长 8.1%。从工业三大门类看，呈现"一高两低"的特点：制造业投资增长 10.0%，采矿业投资仅增长 0.3%，电力、热力、燃气及水生产和供应业投资下降 7.3%。制造业成为拉动工业投资增长的主引擎。

高技术制造业投资持续领先于工业投资，增长 15.6%，其中电子及通信设备制造业、信息化学品制造业投资分别增长 27.2% 和 89.4%。新兴制造业发展势头良好，计算机通信和其他电子设备制造业投资增长 38.6%。传统产业持续发力，仪器仪表制造业、通用设备制造业投资分别增长 40.1% 和 14.9%；化学纤维制造业、黑色金属冶炼及压延加工业、化学原料及化学制品制造业投资分别增长 40.4%、18.6% 和 18.1%。绿色发展成效明显，废弃资源综合利用业投资增长达 55.5%。

民间投资态势有所改善，境外企业投资意愿较强。全年全省制造业民间投资增长 10.4%，比全省制造业投资增速高 0.4 个百分点。

（四）民营企业担当外贸稳增长主力

2019 年，湖北省进出口总值 3943.6 亿元，其中出口 2484.9 亿元，进口 1458.7 亿元。全省民营企业进出口 2112.6 亿元，同比增长 16.8%，占全省外贸总值的 53.6%，比 2018 年提高 1.7 个百分点，对全省外贸增长的贡献率达 66.2%，担当了外贸稳增长的主力。全年全省出口机电产品 1312.1 亿元，同比增长 7.5%，占全省出口总值的 52.8%；出口机械设备 328 亿元，同比增长 7.5%。出口纺织服装等七大类劳动密集型产品 436.6 亿元，同比增长 25.8%，占全省出口总值的 17.6%。出口农产品 135.4 亿元，同比增长 9.9%，其中茶叶出口额增长 53.6%，中药材及中式成药出口额同比增长 3 倍。全年全省进口机电产品 947.8 亿元，同比增长 25.5%，占全省进口总值的 65%。其中进口机械设备 447.9 亿元，同比增长 39.3%；进口电器及电子产品 306.4 亿元，同比增长 18%；进口仪器仪表 145.9 亿元，同比增长 20.1%。进口铜矿砂 93.5 亿元，同比增长 10.4%；进口原油 55.7 亿元，同比增长 1.3 倍；进口铁矿砂 65.3 亿元，同比下降 20.8%；进口农产品 35.9 亿元，同比增长 29.9%。进口日用消费品 32 亿元，同比增长 18.8%，其中肉类进口额同比增长 3.9 倍；水海产品同比增长 1.1 倍；化妆品同比增长 6.8 倍。

（五）企业成本切实降低

截至 2019 年，全省已连续四年出台降成本政策，新的降成本政策措施帮助企业再降成本 200 亿元以上。**规范完善电价政策**。2019 年，全年降低企业用电成本约 19 亿元。**降低企业物流成本**。全年对 ETC 客车用户减免 0.52 亿元；"绿色通道"车辆免费通行减免 11.85 亿元。重大节假日小客车减免 10.80 亿元。**降低企业用工成本**。继续执行阶段性降低失业保险和工伤保险费率政策，全年减负 104 亿元。**降低制度性交易成本**。持续简政放权，全年全省降成本达 1500 亿元。

（六）中小企业成长平稳

截至 2019 年年底，全省市场主体总户数约为 541.96 万户，比 2018 年增长 8.71%，位居中部地区第二、全国第八；企业类市场主体 135.51 万户，比 2018 年增长 10.43%；新增规模以上企业 1324 家，全省规模以上企业达 15589 家。规模以上工业企业主营业务收入 44338.35 亿元，同比增长 4.8%，其中规模以上中小微工业企业主营业务收入为 29977.91 亿元，同比增长 6.9%，高于全省装备创造业规模以上工业增加值 2.1 个百分点；全省规模以上工业企业利润总额 2867.82 亿元，同比增长 4.0%；规模以上中小微工业企业利润总额达 1699.74 亿元，占全部规模以上工业企业利润总额的 59.27%。2019 年，全省有 18 家民营企业入选中国民营企业 500 强，比 2018 年增加 3 家，位居全国第七、中部地区第一。全省有 12 家企业入选 2019 中国民营企业制造业 500 强，4 家企业入选民企服务业 100 强。

二、重点行业发展情况

（一）装备制造业实现增长

2019 年，全省装备制造业规模以上工业增加值增长 9.0%，高于全省工业 1.2 个百分点，占全省工业增加值的比重为 32%。装备制造业各子行业均实现增长。其中，仪器仪表制造业，计算机、通信和其他电子设备制造业，金属制品业，电气机械和器材制造业分别保持 32.5%、19.0%、12.4% 和 11.0% 的较快增长；受部分重点车企新推车型销售较好的影响，汽车制造业增长 4.5%，比 2018 年回升 1.8 个百分点。汽车产品产量下降 7.4%。全省装备制造业实现主营业务收入 16511.8 亿元，同比增长 4.9%。其中，仪器仪表制造业、通用设备制造业、金属制造业分别增长 17.9%、13.1% 和 10.2%；汽车制造业实现主营业务收入 6904.8 亿元，同比下降 0.3%。全省装备制造业实现利润总额 952.4 亿元，同比下降 3.8%。其中，汽车制造业实现利润总额 523.5 亿元，同比下降 9.9%。

（二）冶金工业转型升级持续推进

2019 年，全省冶金行业由规模效益向质量效益发展方式转变，粗钢产量由高速增长期进入峰值小幅波动期，钢材价格窄幅波动，经济效益有所下滑，全行业进入战略调整期。有色行业生产总体平稳，价格呈现持续震荡回落，转型升级持续推进。全年钢铁行业增加值小幅增长 0.1%，增加值占全省规模工业比重的 2.94%，同比增长 0.1 个百分点。全年有色行业增加值增长 8.7%，增加值占全省规模工业比重的 2.04%。

钢铁产品产量总体平稳。全年生产生铁 2765.2 万吨，同比减少 1.3%；粗钢 3611.5 万吨，同比增长 1.0%；钢材 3771.6 万吨，同比增长 2.3%；钢丝 17.04 万吨，同比下降 3.7%；铁合金 7.19 万吨，同比增长 3.0%。有色产品产量总体增长。2019 年 1—12 月精炼铜产量 53.31 万吨，同比增长 5.3%；铝产量 5.53 万吨，同比持平；铅产量 15.25 万吨，同比增长 39.1%；铜材产量 19.89 万吨，同比增长 10.8%。

钢铁行业效益下滑。全年完成工业总产值 1576.67 亿元，同比下降 0.3%；主营业务收入 1589.8 亿元，同比下降 1.3%；税收 29.08 亿元，同比下降 41.4%；利润总额 37.23 亿元，同比下降 52.3%。

有色行业有升有降。全年完成工业总产值 459.92 亿元，同比增长 5.2%；主营业务收入 386.47 亿元，同比增长 4.4%；税收 5.4 亿元，同比下降 14.5%；利润总额 4.81 亿元，同比增长 33.9%。

（三）纺织工业发展平稳

2019 年，全省规模以上纺织工业增加值增长 5.7%，其中纺织业、服装服饰业、化学纤维制造业分别完成增加值 5.4%、6.3% 和 11.9%。纱、布、化学纤维产量分别为 322.12 万吨、57.15 亿米和 26.52 万吨。全省纺织工业实现营业收入 3176.2 亿元；利润总额 135.2 亿元。其中，纺织业，服装服饰业，皮革、毛皮、羽毛及其制品和制鞋业，化学纤维制造业分别实现营业收入 2043.4 亿元、835.8 亿元、244.4 亿元和 52.7 亿元；纺织业，服装服饰业，皮革、毛皮、羽毛及其制品和制鞋业利润总额分别为 83.1 亿元、39.2 亿元和 12.1 亿元。

（四）电子信息产业实现较快增长

2019 年，全省电子信息产业总体呈现平稳较快增长的发展态势，实现主营业务收入 6807 亿元，同比增长 9.97%，比全省规模以上工业增加值高 2.17 个百分点。

电子信息制造业综合发展指数明显提升。电子信息制造业主营业务收入 4651 亿元，同比增长 5.7%，比全国同行业规模以上企业增幅高 1.2 个百分点。电子信息制造业工业增加 1303 亿元，同比增长 7.83%，比全省规模以上工业增加值高 0.03 个百分点。电子信息制造业实现利润总额 220 亿元，同比增长 10.2%，比全国同行业规模以上企业和全省规模以上工业增加值分别高出 7.1 个和 6.2 个百分点。全年电子信息制造业主营业务收入逐月同比增幅虽然基本保持平稳，但全年平均增幅相比 2018 年出现明显下滑。电子信息制造业主要产品产量快速增长，其中锂离子电池增长 35.5%，半导体发光二级管增长 25.5%，液晶显示器增长 24.3%。产业从业人员年平均人数达 39 万，同比增长 4.6%。电子信息制造业综合发展指数明显提升，特色鲜明的"芯屏端网"产业集群初具雏形，产业经济逐步进入高质量发展模式。

软件和信息技术服务业规模壮大。2019 年，全省不断优化软件和信息技术服务业发展环境，深化融合发展，壮大产业规模，加速推动全省软件和信息技术服务业提速进位。全省共有 2511 家软件企业，软件业务收入 2066 亿元，同比增长 15.30%，位居中部第一、全国第十。从业人员年平均人数达 50 万人。信息技术服务能力持续提升，截至 2019 年 12 月 31 日，累计通过信息技术服务标准（ITSS）符合性评估企业达 195 家，数量位居全国第五。

信息通信业增长迅速。2019 年，全省电信业务总量累计完成 3365.9 亿元，同比增长 65.4%。全省固定宽带用户 1708.3 万户，其中光纤用户渗透率 95%。移动电话用户 5688.0 万户，同比增长 2.1%。手机上网用户 4628.9 万户，其中 5G 用户 5.7 万户。光纤接入端口达到 2742 万个，占全省宽带接入端口的 89.5%。全省电话基站数达到 30.3 万个，同比增长 36.0%，其中 3G/4G 基站总数为 23.5 万个，占基站总数的 77.6%。全省 20 户以上村民小组光纤通达率达 92.7%，4G 覆盖率达 92.5%。

（五）石油化学工业运行稳中有进

2019 年，全省石油化学工业运行稳中有进，产业结构不断优化，增长动力进一步增强；生产稳步增长，项目建设加快，出口逆势增长，盈利能力增强，产业转型升级成效初显。全年全省石油化学工业实现增加值增长8.3%、主营业务收入增长3.7%、利润增长7.5%、出口贸易额增长49.9%。但行业运行下行压力加大，市场疲软，产品价格下降，企业生产经营较困难。

主营业务收入平稳增长。全年全省石油化学工业实现主营业务收入5322.5亿元，同比增长3.7%。其中，石油和天然气开采业实现主营业务收入78.9亿元，同比增长5.2%；石油加工业实现主营业务收入686.2亿元，同比增长13.5%；化学原料和化学制品制造业实现主营业务收入3550.7亿元，同比增长2.4%；橡胶和塑料制品业实现主营业务收入1006.7亿元，同比增长2.1%。

行业效益下滑趋缓。全年全省石油化学工业实现利润310.1亿元，同比增长7.5%。其中，石油和天然气开采业亏损6.5亿元，同比下降53.8%；石油加工业实现利润79.3亿元，同比增长655%；化学原料和化学制品制造业实现利润178.6亿元，同比下降24.0%；橡胶和塑料制品业实现利润58.7亿元，同比增长3.3%。

出口贸易逆势增长。全年全省石油化学工业完成出口贸易额44.1亿美元，同比增长49.9%。其中，无机化学品完成出口贸易额5.9亿美元，有机化学品完成出口贸易额16亿美元，专用化学品完成出口贸易额1.3亿美元，化肥完成出口贸易额9亿美元（其中磷酸二铵完成出口贸易额5.5亿美元，磷酸一铵完成出口贸易额1.8亿美元），农药完成出口贸易额1亿美元，合成树脂完成出口贸易额0.8亿美元，颜料完成出口贸易额1.8亿美元，染料完成出口贸易额0.6亿美元等。

（六）建材工业经济效益显著增长

2019年，全省建材工业（非金属矿物制品业）累计实现利润290.73亿元，增长率为18.0%，占全省规模以上工业的8%，增速位居全省列入统计范围的十二大行业第二，经济效益显著增长。2019年全省主要产品产量：水泥产量11622.84万吨，占全国水泥总产量的4.99%，同比上升6.03%。水泥熟料累计产量6378.94万吨，同比增长9.21%。商品混凝土累计产量10917.29万立方米，比2018年同期增长13.54%；水泥排水管累计产量5193.43千米，比2018年同期增长8.16%；水泥压力管总产量324.10千米，比2018年同期增长12.41%；水泥电杆总产量125.27万根，比2018年同期增长14.28%；水泥混凝土桩总产量1958.22万米，比2018年同期增长3.41%。平板玻璃累计总产量10299.44万重量箱，比2018年同期增长9.88%。规模以上企业钢化玻璃产量2912.85万平方米，比2018年同期下降4.82%；夹层玻璃产量490.57万平方米，比2018年同期增长2.10%；中空玻璃产量862.59万平方米，比2018年同期下降27.16%。大理石建筑板材累计产量2983.70万平方米，比2018年同期下降0.58%；天然花岗石建筑板材累计产量17995.84万平方米，同比增长4.41%；石膏板累计产量37550.98万平方米，同比增长0.31%。砖累计产量5584054.503万块，较2018年同期增长6.95%；瓦累计产量147564.00万片，同比下降39.74%；石灰石累计产量5509.89万吨，同比增长13.57%。卫生陶瓷累计产量1453.19万件，比2018年同期增长11.29%。玻璃纤维纱累计产量0.62吨，比2018年同期降低5.84%；沥青和改性沥青防水卷材产量呈持续上升趋势，累计产量15103.18万平方米，比2018年同期增长39.36%。

（七）医药工业效益稳步提升

2019年，全省医药产业发展速度和效益稳步提升。全年全省规模以上医药工业企业完成工业增加值同比增长8.6%，高于全省规模以上工业增加值0.8个百分点；实现主营业务收入1401亿元，同比增长11.3%；实现利润总额147亿元，同比增长24.1%。

医药产品规模不断壮大。2019年，化学原料药单产品销售收入过亿元的增至24个。医药制剂单产品销售收入过1亿元的增至60个，过2亿元的增至20个，过3亿元的增至9个，过5亿元的增至7个，过10亿元的增至4个。其中，过亿元单产品数量最多的李时珍医药集团增至15个；武汉生物制品研究所研发的国家一类新药肠道病毒71型灭活疫苗（Vero细胞）实现销售收入8.5亿元；东阳光药业生产的磷酸奥司他韦实现销售收入达60多亿元，稳居医药制剂单产品第一位。

骨干龙头企业发展较快。2019年，全省医药工业企业销售收入过亿元的有79家，过5亿元的有24家，过10亿元的有12家，过50亿元的有3家。其中，人福医药集团完成销售收入218亿元；东阳光长江药业完成销售收入214亿元。全行业排名前十的龙头企业销售收入占全省医药工业销售收入的32.5%，利润总额占全省医药工业利润总额的55.3%。全省有22家医药企业进入全国医药工业500强。

（八）食品工业稳中求进

2019年，全省食品工业稳中求进，行业保持平稳发展态势。**生产增速平稳。**全年全省规模以上食品工业企业完成工业增加值同比增长5.6%。从分子行业看，农副食品加工业同比增长7.1%，食品制造业同比增长3.6%；酒、饮料和精制茶制造业同比增长10.5%，烟草制造业同比增长1.2%。**效益稳步提升。**全行业实现主营业务收入6380亿元，同比增长4.5%；实现利润470亿元，同比增长7.2%。其中，农副食品加工业实现利润182亿元，同比增长1.8%；食品制造业实现利润68亿元，同比增长1.5%；酒、饮料和精制茶制造业实现利润112亿元，同比增长4.7%；烟草制造业实现利润108.3亿元，同比增长25.6%。**重点企业竞争力进一步增强。**2019年劲酒集团产值增长11.62%，上缴税金近30亿元，连续十五年位居全国保健酒第一；湖北白云边股份有限公司、湖北米婆婆生物科技股份有限公司、湖北香园食品有限公司等8家企业被评为省级细分领域隐形冠军示范企业，黄石珍珠果食品饮料有限公司、湖北香芝源绿色食品有限公司等10家企业被评为省级科技小巨人企业。

2020年湖北省工业经济运行概况

一、工业经济运行特点

2020年，湖北省规模以上工业实现营业收入40743.5亿元，同比下降9.1%，总量居全国第九位；实现利润总额2519亿元，同比下降8.3%；营业收入利润率6.18%，高于全国0.1个百分点，居全国第十三位；百元营业收入成本83.65元，低于全国0.24元。全省规模以上工业增加值自5月起连续8个月实现月度正增长，全年累计下降6.1%，工业经济秩序加快恢复，复苏势头持续巩固、好于预期。

（一）支柱产业复元加快

41个工业大类行业中有8个行业实现正增长。汽车行业增长势头向好，全年累计下降5.2%，生产汽车209.4万辆，居全国第四位；烟草行业稳定增长，增加值全年累计增长6.0%；电力、化工、纺织、钢铁行业加快恢复，增加值全年累计分别下降2.2%、4.4%、1.4%和5.7%，降幅均低于全省平均水平。

（二）新兴产业支撑明显

全省高技术制造业增加值累计增长4.1%，占工业比重达10.2%，首次突破10%以上，同比提升0.7个百分点，为近年来最高水平。其中，医药、电子设备、仪器仪表制造业分别增长1.1%、4.4%和14.6%；微型计算机设备、平板电脑、光电子器件产品产量分别增长35.4%、66.6%和10.3%。

（三）工业及技术改造投资稳步回升

2020年，湖北省工业投资总量稳步回升、内资占比提升、投资结构优化、全域协同改善、国内贷款增长，呈现积极向好态势。

总量稳步回升，恢复增长行业增多。 2020年全省工业投资同比下降23.9%。工业三大门类投资降幅全部收窄，其中制造业投资同比下降24.5%，降幅比前三季度收窄14.3个百分点。工业41个大类中恢复增长的行业增至5个，分别是烟草制品业投资增长263.3%；石油和天然气开采业投资增长33%；医药制造业投资增长20.4%；黑色金属冶炼及压延加工业投资增长10.6%；有色金属冶炼及压延加工业投资增长6.4%。

内资企业唱主角，私企撑起半边天。 2020年，内资企业投资同比下降23.4%，降幅比前三季度收窄15个百分点，其中私营企业投资同比下降15.5%，降幅比前三季度收窄18.6个百分点。内资企业相对境外企业投资额有所提升，占全省工业投资额的94.2%，同比提升0.7个百分点。私营企业投资占全省工业投资的53.3%，同比提升5.3个百分点，已成为湖北省工业经济的重要力量。

投资结构趋于优化，高新技术产业比重提升。 2020年，作为"光芯屏端网"代表的计算机、通信和其他电子设备制造业投资恢复至2019年同期的95%，总量位列全省工业大类第一，占全省工业投资的11.9%，同比提升2.4个百分点。高技术制造业投资同比下降9.4%，高于全省制造业14.5个百分点；高技术制造业投资占全省工业投资比重提升至20.5%，同比提升3.3个百分点，全省投资结构技术含量提升和新兴产业发展后劲增强。其中，医药制造业、信息化学品制造业、计算机及办公设备制造业在疫情期间因疾病治疗和居家办公等需求上升带动投资逆势上升，同比分别增长20.4%、24.6%和14.7%。

资金来源结构改善，国内贷款增长较快。 2020年，湖北省工业投资来源于本年资金7059.6亿元，同比下降17%，高于工业投资6.9个百分点。国内贷款665.2亿元，同比增长42.1%，占本年资金来源的9.4%，占比同比提升3.9个百分点，说明金融机构加大了对湖北省工业项目要素的保障力度。利用外资60.8亿元，同比增长21.4%，凸显外资对湖北省工业投资信心增强。

（四）工业产品出口创历史新高

2020年，湖北省进出口总值4294.1亿元，同比增长8.8%，创历史新高。民营企业扛起稳外贸大旗。2020年全省民营企业进出口2554.7亿元，同比增长20.9%，占全省外贸总值的59.5%，成为稳外贸的重要力量。2020年，全省出口机电产品1269.2亿元，占全省出口总值的47%，其中出口集成电路75.1亿元，同比增长30.8%。全省出口劳动密集型产品694.7亿元，占全省出口总值的25.7%，其中出口包括口罩在内的纺织制品290.9亿元，同比增长332.9%；出口包括防护服在内的服装227.5亿元，同比增长25.8%。此外，全省出口农产品152.1亿元，同比增长12.3%，其中罐头出口额同比增长114.4%。机电产品进口增长较快，消费品进口大幅增长。2020年，全省进口机电产品1082.7亿元，同比增长14.2%，占全省进口总值的68%，其中进口半导体制造设备264亿元，同比增长25.8%；进口集成电路229亿元，同比增长22%。全省进口消费品46.4亿元，同比增长45.3%，其中进口服装4.2亿元，同比增长616.9%。

（五）多举措推进产业发展

优化培育体系，打造细分行业隐形冠军。 认真组织推荐国家第五批制造业单项冠军企业申报工作，择优推荐15家企业重点冲击"国家队"，获批6家，总数达22

家；开展第四批省级隐形冠军认定和第一批复核工作，累计认定省级隐形冠军示范企业196家，科技小巨人企业353家；开展隐形冠军企业强链稳链补链专项培训活动，参加培训企业700余家，反响良好。

坚持依法依规，推动落后产能有序退出。出台《2020年度湖北省利用综合标准依法依规推动落后产能退出工作方案》，完善省级淘汰落后产能工作机制；扎实做好迎接国务院重点工业行业综合督查检查工作，督导组对湖北省淘汰落后产能工作给予肯定；组织开展京兰水泥集团等企业淘汰落后产能检查验收工作。

强化创新驱动，实现工业设计赋能。举办第五届"楚天杯"工业设计大赛，其间克服了高校停课、企业活动减少等困难；完成2020中国国际工业设计博览会组织工作；组织2020年省级工业设计中心申报和2018年复核工作，新认定21家，复核通过20家；持续推进工业设计研究院培育工作。

实施跨界融合，加速推进服务型制造。启动湖北省服务型制造发展实施方案编制工作，赴浙江等省份和省内部分市州开展专题调研；组织服务型制造示范企业（项目、平台）参与中国服务型制造大会、服务型制造专题讲座等活动。

加强区域协同，着力培育产业集群。开展县域产业集群发展调研，研究促进县域块状产业集群发展有关政策，针对集群类型、规模、方向开展分类指导，引导集群因地制宜，结合当地资源禀赋，促进相关产业集约集聚发展。

（六）工业政策规范保驾护航

2020年，出台五个规范性文件：《省人民政府办公厅关于印发应对新型冠状病毒肺炎疫情支持中小微企业共渡难关有关政策措施的通知》（鄂政办发〔2020〕5号），《关于做好疫情防控物资扩产、转产、新建"三个一批"工作实施方案》，《省人民政府办公厅关于印发支持中小微企业共渡难关稳定发展若干措施的通知》（鄂政办发〔2020〕24号），《省经济和信息化厅 省卫生健康委员会 省药品监督管理局关于印发〈湖北省中药配方颗粒研发、生产和临床使用试点的实施方案（修订版）〉的通知》（鄂经信医药〔2020〕59号），《省人民政府办公厅关于印发支持新一轮企业技术改造若干政策的通知》（鄂政办发〔2020〕61号）。

（七）工业节能和资源综合利用效率提高

2020年全省规模以上工业企业单位能耗增加值同比下降4.3%，"十三五"累计下降21.98%，提前一年完成"十三五"目标任务。对钢铁、铜冶炼、铁合金、硫酸等行业50家高耗能企业实施节能专项监察，主要工业产品单位产品能耗水平进一步提升。组织14家第三方节能诊断服务机构对全省99家企业实施节能诊断服务，搭建服务平台，鼓励和引导企业加快实施节能技术改造，提升全省工业能耗水平。推广应用先进节能技术，推荐2家企业申请2020年国家工业节能技术装备和"能效之星"产品，推荐3家企业申请申报2020年度全国重点用能行业能效"领跑者"，推广先进节能技术产品。组织开展"节能服务进企业"、节能宣传周等活动，将先进节能技术与绿色制造工艺引入工业企业。

引导工业企业开发绿色产品、创建绿色工厂、打造绿色供应链、建设绿色工业园区，构建工业绿色制造体系。按照工业和信息化部统一部署，2020年组织推荐国家第五批绿色制造体系申报工作。截至2020年年底，53家工厂、33个产品、6家供应链管理企业、2个工业园区被列入国家绿色制造名单。

（八）持续推动企业减负

2020年全国企业负担地区调查评估报告显示，湖北省企业负担指数0.985，位居全国第五。

全省涉企收费检查（含转供电）已检查单位6152家，发现涉嫌违规案件297件，涉嫌违规金额7227.29万元，共查处涉企收费违法案件235件，经济制裁总额8547.04万元。其中退还5537.22万元，罚款1166.72万元，没收1843.09万元。

2017年以来，湖北省已实现了省定涉企行政事业性收费"零收费"，截至2020年，湖北省共有涉企行政事业性收费项目27项，政府性基金20项，全部为中央批准设立。2020年，全省为企业累计新增减税降费948亿元。从税费看，新增减税420亿元，新增降费528亿元。

全省共清理拖欠民营企业中小企业账款14.51亿元，已清偿账款12.51亿元，清偿进度86.25%；无分歧欠款12.15亿元，已全部清零；共清理央企拖欠湖北省38家民营企业中小企业账款356笔，已清欠账款6.11亿元。受理企业投诉电话136个，及时核实处理各类问题线索、举报信息43条。

全面降低中小微企业融资成本。落实财政金融联动政策，支持新冠疫情防控重点企业降低融资成本。截至2020年11月底，湖北省金融机构累计为受疫情影响的小微企业33.31万笔贷款实施延期还本3423.1亿元，为45.3万笔贷款实施延期付息263.5亿元。全省国有企业对中小微企业共计减免租金10.74亿元。全省共减免高速公路通行费80亿元。降低制度性交易成本，小微企业贷款平均办理环节精简到5个，办理时间压缩至7.15天。

（九）中小企业与民营经济加快复苏

2020年，全省新登记市场主体73.10万户，其中，新登记私营企业22.62万户，新登记个体工商户49.13万户。截至2020年年底，全省共有市场主体571.35万户，比2019年增加29.39万户，增幅5.42%。其中，私营企业137.21万户，同比增加15.41万户，增幅12.66%；个体工商户415.34万户，同比增加18.93万户，增幅4.78%。2020年，湖北省共有19家民营企业入围中国民营企业500强，入围企业数量比2019年增加1家，位居全国第七、中部第一；13家企业入围制造业民营企业500强，比2019年增加1家，位居全国第九、中部第二；

4 家企业入选服务业民营企业 100 强，与 2019 年持平，位居全国第九、中部第一。

民营企业支撑作用明显。2020 年，全省民营经济增加值 22944.65 亿元，占 GDP 比重 52.8%。全省规模以上民营工业企业达 15047 家，占规模以上工业企业总数的 95.4%，实现增加值占规模以上工业增加值比重的 71.0%，实现营业收入占比 74.6%，实现利润总额占比 70.2%，是全省工业的主体和支撑力量。社会贡献突出。2020 年，全省民营企业税收收入 2560.22 亿元（含海关代征），占全省税收收入总额（4221.64 亿元）的 60.65%。全省全年城镇新增就业 75.18 万人，其中绝大部分在民营企业。

二、重点行业发展情况

（一）装备制造业发展呈回升态势

2020 年，全省装备制造业企业规模以上工业增加值增速呈回升态势，由一季度的 -57.2%、上半年的 -23.3% 回升到 2020 年的 -5.1%，高于全省规模以上工业增加值增速 1 个百分点，占全省工业比重的 33.1%。仪器仪表制造业，计算机、通信和其他电子设备制造业实现正增长，同比分别增长 14.6% 和 4.4%。汽车制造业表现突出，2020 年汽车产量 209.4 万辆，居全国第四位。

2020 年，全省装备制造业实现主营业务收入 15414.2 亿元，增速由一季度的 -52%、上半年的 -21.8% 回升到 2020 年的 -5.7%，高于全省规模以上工业增加值增速 0.4 个百分点。除计算机、通信和其他电子设备制造业外，装备制造业其余各子行业均为负增长。全省装备制造业实现利润总额 764.2 亿元，同比下降 18.3%。其中，铁路、船舶、航空航天和其他运输设备制造业同比增长 10%，仪器仪表制造业同比增长 8.9%。全省汽车制造业主营业务收入 6531.2 亿元，占全国 8%。

（二）冶金工业行业增加值同比下降

根据省统计局数据，冶金行业增加值增速同比上升 -1.1%，其中，钢铁行业同比上升 -5.7%，有色行业同比上升 5.9%。根据省冶金工业协会数据，2020 年全省钢铁行业中，生铁产量 2645.5 万吨，同比上升 -1.5%；粗钢产量 3522.4 万吨，同比上升 -1.3%；钢材产量 3437.9 万吨，同比上升 -1.8%。2020 年全省有色行业中，精炼铜产量 51 万吨，同比上升 -4.3%；铜材产量 20.7 万吨，同比上升 4%；电解铝产量 5.6 万吨，同比上升 0.5%；铅产量 12.3 万吨，同比上升 -19.3%。铁合金年产量为 5.9 万吨，同比上升 -16.1%。

2020 年，冶金行业主营业务收入 2754.5 亿元，同比上升 -12.5%；全行业实现利润 84.1 亿元，增长 3%。其中钢铁行业主营业务收入 1940.2 亿元，同比上升 -16.5%；实现利润 74.8 亿元，同比增长 6.5%。有色行业主营业务收入 814.4 亿元，同比上升 -1.2%；实现利润 9.3 亿元，同比增长 -19%。铁合金行业主营业务收入 10.4 亿元，同比上升 -14.4%；全行业亏损 2764.2 万元，同比下降 17.4%。

（三）纺织工业实现利润增长

2020 年，全省规模以上纺织工业企业营业收入实现 2783 亿元，同比下降 8%，较一季度大幅收窄 44.4 个百分点。在医护产品增长拉动下，全省纺织工业实现利润 179.6 亿元，同比增长 37%。其中，细分行业纺织业实现利润 139.1 亿元，同比增长 76.1%。全年纺织、服装出口合计 530.6 亿元，占全省出口总额的 19.6%，其中医疗防疫物资出口实现跨越式增长，为湖北省外贸逆势飘红、提升产业国际竞争力和支持全球抗疫发挥作用。

全行业持续开展"增品种、提品质、创品牌"活动，主要产品市场占有率稳步提升。2020 年，全省纱产量 269.8 万吨，位居全国第五；布产量 43.3 亿米，位居全国第四；非织造布产量 52.53 万吨，居全国第五位。

（四）电子信息产业稳步恢复

电子信息产业 2020 年实现主营业务收入 6549 亿元，恢复到 2019 年的 96.43%，其中电子信息制造业主营业务收入 4525 亿元，恢复到 2019 年的 96.4%。

电子信息制造业呈现出平稳恢复增长的态势。电子信息制造业实现工业增加值 1218 亿元，恢复到 2019 年的 96.2%；实现利润总额 212 亿元，恢复到 2019 年的 95.3%。受疫情冲击，电子信息制造业的主营业务收入同比增幅始终为负数，但逐月收窄趋势比较明显，整体呈现出平稳恢复增长态势。电子信息制造业主要产品微型计算机设备、平板电脑、光电子器件主营业务收入保持快速增长，增幅分别达到 35.4%、66.6% 和 10.3%。行业从业人员年平均人数 38.16 万人，同比下降 2.5%。

2020 年，全省电子信息制造业固定资产投资进一步加大，总投资 385 亿元的武汉华星光电技术有限公司（以下简称"华星光电"）T4 项目，主要生产 1.36~15.6 英寸高分辨率柔性 AMOLED（有源矩阵有机发光二级体或主动矩阵有机发光二极体）显示模组，是国内第一条主攻折叠屏的 6 代柔性 AMOLED 显示面板生产线；总投资 265 亿元的武汉天马微电子有限公司（以下简称"天马"）第 6 代 OLED（有机发光半导体）显示面板扩产项目，于 2020 年 9 月开始投产。

2020 年，电子信息制造业进出口贸易在全省各行业中继续保持领先地位，具有重要支撑作用，虽然行业出口受疫情影响出现明显下滑，但行业进口仍大幅增长。电子信息制造业进入全省进口、出口前 20 名企业的进口、出口总额占全省各行业进口、出口总额的比例分别在 43% 和 18% 以上，外贸总额占全省各行业外贸总额的 27.93%。11 家电子信息制造业企业位列全省进口前 20（其中有 7 家位居前 10），累计进口 100.77 亿美元，同比增长 11.82%，高出全省外贸进口总额同比增幅 3.02 个百分点，占全省外贸进口总额的 43.77%，比 2019 年同期高出 1.16 个百分点，其中华星光电、摩托罗拉、武汉光迅累计进口同比增幅分别是 617.1%、44% 和 37%。9 家电子信息制造业企业名列全省出口前 20（其中有 7 家位居前 7），累计出口 72.61 亿美元，同比增长 -18.68%，占全省外贸出口总额的 18.59%，出口总额同比及在全省占比分别下降了 15 个和 6.23 个百分点。

软件和信息技术服务业受影响严重。 2020 年，新冠疫情对全国软件和信息技术服务业发展造成严重影响。全省一季度软件业务收入同比下降 49.73%，后随着国家和省内疫后重振政策效果逐渐显现，降幅逐渐收窄，但全年仍未能恢复到 2019 年水平（2020 年全年软件业务收入，全国约 5 个省市同比下降，湖北省是其中之一）。2020 年湖北省纳入统计软件企业 1834 家，比 2019 年减少 678 家；软件行业从业人员 42.29 万人，同比减少 7.6 万人。2020 年全省软件业务收入 1927.76 亿元，同比下降 6.67%；利润总额 192 亿元，同比下降 15.01%；软件业务出口总额 3.59 亿美元，同比下降 2.70%。湖北省软件业务收入在全国位次由第 10 位退居第 12 位，但仍保持中部第一位。

全省软件企业大范围受损。 2019 年统计在册的 2512 家软件企业中，有 788 家在 2020 年退出软件业年报统计范围，包括注销、吊销企业，以及主营业务收入未达到 500 万元的企业、软件业务收入占比未达到 30% 的企业等；剩余 1724 家软件企业，有 1137 家在 2020 年软件业务收入为负增长，只有 587 家与 2019 年基本持平或实现正增长。2020 年新纳入统计范围的软件企业有 110 家，实现软件业务收入 52.38 亿元，仍无法弥补退出统计范围的软件企业所造成的损失（788 家，277.41 亿元）。虽然受损面广，但恢复发展仍有强大后劲。软件业务收入较 2019 年持平或正增长的 587 家软件企业，合计增收 427 亿元。有的增长还非常突出，其中 76 家企业增幅超过 100%，实现几倍甚至十几倍的增长。截至 2020 年 12 月 31 日，湖北省通过 ITSS 符合性评估的企业共 220 家，位居全国第六。

人工智能产业规模初步形成。 2020 年，全省拥有人工智能相关企业 295 家，人工智能核心产业规模达 160 亿元，相关产业规模超过 1000 亿元。全省人工智能人才 5700 人，累计申请专利 1736 件。

《湖北省新一代人工智能发展总体规划（2020—2030 年）》提出，到 2022 年，人工智能核心产业规模超过 200 亿元，带动相关产业规模达到 1500 亿元。初步形成人工智能服务和引领全省经济高质量发展格局；到 2025 年，人工智能核心产业规模超过 600 亿元，带动相关产业规模达到 6000 亿元；到 2030 年，人工智能核心产业规模达到 1800 亿元，带动相关产业规模达到 1.2 万亿元，形成 50 家以上国内有影响力的人工智能企业。湖北省设立人工智能基金 9 个以上，总金额达 600 亿元左右，支持科研机构与企业进行人工智能技术创新。

大数据产业初具规模。 2020 年湖北省已认定大数据企业 300 家，其中 165 家纳入软件业统计范围，数量占全省软件企业的 9.2%。2020 年软件业务收入 276.3 亿元，同比增长 7.5%。全省电信业务收入 453.2 亿元，其中数据中心业务、云计算、大数据等固定增值业务收入

47 亿元，同比增长 16.7%。湖北省在用数据中心超过 80 个，在用机架（以 2.5kW 为一个标准机架）10.8 万架，居中部六省之首。

（五）石油化学工业受冲击严重

2020 年，新冠疫情叠加低油价，石油化学工业遭遇的挑战和冲击前所未有。全省规模以上石油化学工业增加值同比增长-4.4%，高于当年全省规模以上工业增加值增速 1.7 个百分点。主营业务收入同比下降 12.9%，利润同比下降 6.8%；出口贸易逆势增长，完成出口贸易额 45.1 亿美元，同比增长 2.3%。

全省石油化学工业实现销售收入 4641 亿元，同比下降 12.9%，规模居全国第七位、中部第二位。其中，石油和天然气开采业实现主营业务收入 61.2 亿元，同比下降 22.5%；石油加工、炼焦和核燃料加工业实现主营业务收入 562.6 亿元，同比下降 17.8%；化学原料和化学制品制造业实现主营业务收入 3127.7 亿元，同比下降 12.2%；橡胶和塑料制品业实现主营业务收入 889.5 亿元，同比下降 11.5%。

全省石油化学工业实现利润 219.6 亿元，同比下降 6.8%，增速高于全省工业 1.5 个百分点，行业利润率 4.73%。其中，石油和天然气开采业亏损 12.1 亿元，同比增长 87.1%；石油加工、炼焦和核燃料加工业实现利润 2.1 亿元，同比下降 57%；化学原料和化学制品制造业实现利润 174.4 亿元，同比下降 2.6%；橡胶和塑料制品业实现利润 55.2 亿元，同比下降 4.8%。

（六）建材工业逐渐复苏

生产保持平稳。 2020 年，省内建材行业形势不断向好，全行业增加值增速同比上升-10.1%。其中，12 月增速为 8.2%，占规模以上工业比重 8.1%；自 6 月由负转正后持续提高。根据湖北省建筑材料联合会数据，疫情之下主要建材产品生产总体平稳，水泥熟料产量 5983.69 万吨，同比上升-6.1%；水泥产量 10108.69 万吨，同比上升-12.77%；平板玻璃产量 9584.53 万重量箱，同比基本持平。

价格总体企稳。 2020 年一季度受疫情影响，省内多数水泥、混凝土生产企业较长时间处于停产状态。二、三、四季度水泥均价为 430 元/吨，同比下跌 16 元/吨；混凝土 C30 均价为 445 元/立方米，同比下跌 14 元/立方米；部分品种砂石价格下跌后整体趋于平稳状态。

效益稳中有升。 2020 年湖北省建材工业虽受到较大冲击，但仍实现营业收入 3266.6 亿元，同比上升-15%；实现利润 245.21 亿元，同比上升 17.1%，降幅比一季度收窄 77 个百分点。

（七）医药工业呈现平稳发展态势

2020 年，受疫情影响，全省规模以上医药制造业实现营业收入 1132.4 亿元，同比下降 4.3%，下降幅度低于全省工业 4.8 个百分点；实现利润 133 亿元，同比增长 4%，高于全省工业 12.3 个百分点；医药制造业工业增加值由负转正，全年增长 1.1%，高于全省规模以上工

业增加值增速7.2个百分点。

销售收入过亿元重点产品增多。2020年，全省医药产业培育了一批知名品种，化学原料药销售收入过亿元单产品从24个增至33个。其中，过5亿元品种3个，过10亿元品种1个。药品制剂销售收入过1亿元单产品从60个增至82个。

重点企业发展加快。2020年，全省有17家医药企业进入全国医药工业500强，人福医药集团股份公司位列2020年中国医药工业百强企业榜单第29名。武汉远大弘元股份有限公司被评为2020年国家级专精特新"小巨人"企业。

重点项目建设提速。2020年医药制造业完成投资较2019年增长20.4%。

（八）食品工业受较大影响

2020年，受疫情影响，全省规模以上食品工业企业完成工业增加值同比下降6.9%。子行业中，仅烟草制造业同比增长6%。全省规模以上食品工业企业实现主营业务收入5657亿元，同比下降11.4%，下降幅度高于全省工业2.3个百分点；实现利润408.5亿元，同比下降12.9%。主营业务收入和利润分别占全省工业的13.88%和16.2%。其中，农副食品加工业，食品制造业，酒、饮料和精制茶制造业，烟草制品业分别完成主营业务收入3210亿元、860亿元、796亿元和792亿元。

2020年全省114个重点成长型产业集群中，食品产业集群达24个，占总数的21%。

2021 年湖北省工业经济运行概况

一、工业经济运行特点

2021 年，湖北省规模以上工业增加值同比增长 14.8%，较 2019 年增长 7.8%，两年平均增长 3.8%；全省规模以上工业企业实现营业收入 49215.7 亿元，总量位居全国第九，同比增长 19.3%，增速与全国基本持平；全省规模以上工业企业实现利润总额 3189.5 亿元，同比增长 27%，比 2019 年增长 16.5%，两年平均增长 7.9%；全省规模以上工业企业总量达 16269 家，同比新增 1697 家、净增 500 家，均为近年之最，彻底扭转了前几年"进不抵退"的局面；企业亏损面为 12.2%，同比下降 0.2 个百分点，低于全国 4.3 个百分点；企业每百元营业收入费用 8.48 元，较 2020 年减少 0.25 元，低于全国 0.11 元。

（一）制造业呈现全面恢复态势

湖北省工业门类齐全，拥有 41 个行业大类、206 个行业中类。2021 年全省规模以上工业增加值增长 14.8%，位居全国第二。全省规模以上工业营业收入达 49215.7 亿元，位居全国第九。以先进制造业为主的现代产业体系和"51020"现代产业集群加快构建，5 个万亿级支柱产业、10 个 5000 亿级优势产业、20 个千亿级特色产业发展势头强劲。

41 个工业大类行业中的 39 个行业实现正增长，增长面达 95.1%，呈现全面恢复、快速增长、质效提升、稳中向好的良好态势，工业经济发展率先重回"主赛道"，为全省 GDP 增长 12.9%、迈上 5 万亿元台阶发挥重要支撑作用。**传统产业底盘夯实**。汽车行业（占比 12.99%）克服芯片短缺不利影响，全年生产汽车 209.9 万辆，位居全国第四，增加值累计增长 8.7%，较 2019 年增长 3%；烟草行业（占比 5.89%）稳定增长，增加值累计增长 7%；电力（占比 7.81%）、化工（占比 7.3%）、建材（占比 8.59%）、钢铁（占比 3.07%）持续恢复，增加值全年累计分别增长 13.7%、16.1%、23.4% 和 9.9%。**新兴产业动能强劲**。全省高技术制造业增加值同比增长 30.2%，增速高于全省规模以上工业增加值增速 15.4 个百分点，较 2019 年增长 35.5%，两年平均增长 16.4%；占规模以上工业的 10.9%，较 2020 年（10.2%）提升 0.7 个百分点。其中，计算机、医药制造业分别增长 40.6% 和 23.9%；微型计算机设备、平板电脑、手机、光电子器件产品产量分别增长 19.5%、24.6%、76.2% 和 39.2%。**重点区域贡献突出**。2021 年，17 个市州中 16 个市州规模以上工业增加值实现正增长，11 个市州增速高于全省平均水平，14 个市州较 2019 年有所增长。"一主两副"等重点市州发挥支撑引领作用，其中：武汉市增加值增长 14.2%，较 2019 年增长 6.3%；襄阳、宜昌、孝感、黄冈增加值分别增长 20.3%、23.5%、18% 和 20.4%，分别较 2019 年增长 13%、17.3%、11.7% 和 13.3%，对全省工业稳增长贡献突出。

（二）产业结构不断优化，创新能力增强

2021 年，全省高新技术产业增加值突破万亿元大关，达到 10196.5 亿元；高技术制造业增加值增长 30.2%，快于全国 12 个百分点，占规模以上工业比重达 10.9%，比 2020 年提高 0.7 个百分点。全省百亿元工业企业由 2020 年的 26 家提升到 2021 年的 30 家，其中营业收入过千亿元的有 2 家，500 亿~1000 亿企业 5 家。支持"光芯屏端网"等先进制造业集群加速迈向万亿级、冲刺国家级，已形成"光芯屏端网"、新能源与智能网联汽车、生物医药、医用防护物资、航空航天、北斗导航六个省级重点产业集群；创建国家新型工业化产业示范基地 18 家，培育省级新型工业化产业示范基地 38 家。全省规模以上工业企业数量达到 1.63 万家，其中大中型企业 1638 家；培育国家级专精特新"小巨人"企业 172 家，认定省级专精特新"小巨人"企业 1316 家。

已建成国家制造业创新中心 2 家、国家产业创新中心 1 家、国家企业技术中心 35 家，工程研究中心 6 家，国家重点实验室 15 个，国家技术转移示范机构 20 家。成立 16 个省级新型产业技术研究院，省级企业技术中心 300 余家，共性技术研发推广中心 50 家。积极建设光谷科技创新大走廊和 9 个湖北实验室，认定 6 个省级制造业创新中心。

（三）数字经济发展稳居中部第一

全省数字经济规模超 2 万亿元，稳居中部第一。**加快数字基建布局**。制定出台《湖北省 5G+工业互联网融合发展行动计划（2021—2023 年）》，推动出台 5G 基站降成本等政策，兑现"数字经济 13 条"奖补资金。累计建成开通 5G 基站 7.42 万个，总量位居全国第八、中部第一。"星火·链网"超级节点（武汉）在全国率先建成上线，武汉人工智能计算中心、武钢大数据中心建成运营，三峡东岳庙数据中心、红莲湖大数据云计算产业园等加速建设。国家工业互联网武汉顶级节点标识注册量 60.94 亿个，平均日解析量 618 万次，位居全国第三，二级节点数量达到 23 个，部署企业节点 2093 个。**加快应用场景拓展**。108 家企业启动建设 5G 全连接工厂，5G 创新应用案例 207 个，建成行业级重点工业互联网平台 15 个。"宝钢股份武钢有限 5G+全连接工厂的创新应用与实践"获第四届"绽放杯"5G 应用征集大赛一等奖。**持续擦亮"云行荆楚"品牌**。全省上云工业企业 4 万家，

上云覆盖面达到38.5%，两化融合评估诊断企业3868家，通过贯标评定企业686家。**加快产业生态优化。** 2021中国5G+工业互联网大会、第十八届中国"光谷"国际光电子博览会如期举办，武汉市荣获全国首批"千兆城市"，武汉洪山区获批全省首个5G+工业互联网融合应用先导区。全省数字产业领域建成国家重点实验室5个、国家工程技术研究中心6个、省级技术研究院59个。

（四）积极推进绿色试点示范

培育国家级绿色工厂29家，与北京、广东并列全国第一；7个绿色产品、2家绿色供应链管理企业、1个园区入选2021年国家绿色制造公示名单。组织编制钢铁、有色、石化等行业"双碳"实施方案。荆州华鲁恒升有限公司、恩施华新水泥、大冶特钢、鄂州鸿泰等产能置换项目依法开展。推动省委、省政府制定出台磷石膏资源综合利用相关政策，累计完成沿江化工企业关改搬转439家。

（五）工业和技术改造投资总量基本恢复

2021年，全省工业投资同比增长19.7%，比2020年同期高43.6个百分点，比2019年同期高11.6个百分点，总量恢复至2019年同期的91.1%，增速高于全国平均水平8.3个百分点，位居全国第六、中部第一。其中，全省高技术制造业投资同比增长17.7%，占制造业投资比重的22.9%。全省工业技术改造投资同比增长37.9%，高于工业投资18.2个百分点，比2020年同期高66.2个百分点，比2019年同期高22.5个百分点，总量占工业投资的47.1%，总量恢复至2019年同期98.2%，增速高于全国27.4个百分点，位居全国第一。其中制造业技术改造投资同比增长40.2%，高于全省技术改造投资2.3个百分点，高于制造业投资21.3个百分点。

（六）工业产品进出口稳中有增

2021年，湖北省工业产品进出口总值达5374.4亿元，比2020年同期增长24.8%，比2019年同期增长36.2%。其中：出口3509.3亿元，同比增长29.9%，比2019年同期增长41.2%；进口1865.1亿元，同比增长16.3%，比2019年同期增长27.8%。

外贸内生动力持续增强，民营企业成为进出口主导力量。 2021年，湖北省民营企业进出口3255.1亿元，同比增长27.4%，占全省外贸总值的60.6%，占比较2020年提升1.3个百分点，是拉动湖北省外贸增长的主力军。

机电产品出口大幅增长，液晶显示板、新能源汽车、船舶为出口新亮点。 2021年，湖北省出口机电产品1832.4亿元，同比增长44.4%，占全省出口总值的52.2%。其中，手机、集成电路、光纤光缆等传统优势产品出口保持高速增长，同比分别增长48%、51%和43.5%。液晶显示板、新能源汽车、船舶出口均实现倍增，同比分别增长2.1倍、90.2倍和1.2倍。此外，湖北省出口医疗仪器及器械8.6亿元，同比增长35.3%。

机电产品进口稳中有增，消费品进口显著增长。 2021年，湖北省进口机电产品1133.2亿元，同比增长4.6%，占全省进口总值的60.8%。同时，消费市场持续回暖，带动消费品进口不断增长，全省进口消费品68.8亿元，同比增长48.3%。

（七）培育制造业优质企业

2021年获评制造业单项冠军企业（产品）8家。围绕全省16条重点产业链加强链主企业的培育，会同相关行业处室开展第五批省级隐形冠军认定和第二批复核工作，新认定支柱产业细分领域隐形冠军示范企业20家，科技小巨人企业70家，全省隐形冠军企业达到1600余家。获批6个国家级示范企业、平台、项目。获批5个国家级工业设计中心。认定重点成长型省级产业集群97个。

（八）工业政策进行赋能

2021年，湖北省发布《省人民政府办公厅关于印发支持中小微企业降成本若干措施的通知》，更新《湖北省涉企保证金目录清单》，将23项涉企保证金事项减少至12项。发布《省人民政府办公厅关于印发湖北省制造业产业链链长制实施方案（2021—2023年）的通知》《湖北省优化营商环境"清、减、降"专项行动实施方案》《湖北省5G+工业互联网融合发展行动计划（2021—2023年）》《湖北省原料药生产基地建设实施方案（2021—2025年）》《省经信厅关于印发全省制造业实施"技改提能 制造焕新"三年行动方案（2021—2023年）的通知》，为工业发展营造良好氛围。

（九）工业节能及绿色制造取得不错成绩

向工业和信息化部组织推荐22家第三方节能诊断服务机构，并对全省161家企业实施节能诊断服务。组织推荐节能环保先进技术装备，推荐9家企业申报2021年度国家工业和通信业节能技术装备产品；推荐6家企业申报2021年度环保装备制造业规范条件企业，4家企业入选工业和信息化部环保装备制造行业（大气治理、污水治理、环境监测仪器、固废处理装备）规范条件企业名单；推荐5家企业申报2021年重点用能行业能效"领跑者"。推荐12家企业申报2021年国家再生资源综合利用行业规范条件企业，有8家废钢铁加工企业、2家废塑料综合利用企业、1家废旧轮胎综合利用企业入选符合废钢铁、废塑料、废旧轮胎、新能源汽车废旧动力蓄电池综合利用行业规范企业名单。

引导工业企业开发绿色产品、创建绿色工厂、打造绿色供应链、建设绿色工业园区，构建工业绿色制造体系。按照工业和信息化部统一部署，2021年组织推荐国家第六批绿色制造体系名单申报工作，湖北省1个绿色工业园区、29家绿色工厂、2家绿色供应链管理企业、7个绿色设计产品入选2021年国家绿色制造名单。

2021年，全省行政事业性收费项目减少至55项，其中涉企收费项目由92项减少为27项，政府性基金项目由23项减少为19项。从1月1日起停止征收"港口建设费"；从4月1日起将民航发展基金航空公司征收标准降低 20%。

2021 年，全省新增减税降费 103.8 亿元，其中减税 79.2 亿元，降费 24.6 亿元。全年减征失业保险费 42.11 亿元，减轻用人单位负担 29.48 亿元。累计为 2900 余户中小微企业和个体工商户减免租金 9000 万元。

（十）中小企业与民营经济是工业稳增长的重要支撑力量

2021 年 1—12 月，全省新登记市场主体 112.46 万户，同比增长 53.85%，其中新登记企业类市场主体 31.09 万户，同比增长 34.35%。截至 2021 年 12 月底，全省共有市场主体 647.58 万户，同比增长 13.34%，其中企业类市场主体 164.51 万户，同比增长 13.03%。截至 2021 年年底，全省共有规模以上工业企业 16269 家，新增 1697 家，中小企业占比 97.8%。2021 年，经认定的省级专精特新"小巨人"企业 2357 家，国家级专精特新"小巨人"企业 172 家。截至 2021 年年底，全省规模以上民营工业企业 15251 家，实现营业收入 35986.4 亿元，同比增长 20.1%，占全省规模以上工业的 72.6%；实现利润总额 1810.3 亿元，同比增长 17.8%，占全省规模以上工业的 65.9%，民营企业是全省工业稳增长的主体和重要支撑力量。

二、重点行业发展情况

（一）装备制造业生产保持较快增长

2021 年，全省规模以上装备制造业工业增加值增长 16.6%，高于全省规模以上工业增加值增速 1.8 个百分点，占全省工业的比重为 32.4%。其中，计算机、通信和其他电子设备制造业，铁路、船舶、航空航天和其他运输设备制造业，电气机械和器材制造业分别保持 40.6%、29.9% 和 26.5% 的快速增长；汽车制造业同比增长 8.7%。工业机器人产量 12032 万套，同比增长 22.1%。汽车制造业克服芯片短缺不利影响，完成汽车产量 209.9 万辆，位居全国第四；完成新能源汽车产量 15 万辆，大幅增长 383.9%。

2021 年，全省装备制造业实现主营业务收入 18204.5 亿元，同比增长 17.17%，占全省工业比重的 37%，形成了以汽车制造、光电子制造、航空航天制造、船舶与海洋工程装备等为代表的产业集聚区，在"51020"现代产业集群中有着重要地位，是全省先进制造业发展的主力军。其中，计算机、通信和其他电子设备制造业，电气机械和器材制造业，金属制品业分别保持 34.8%、26.6% 和 20.9% 的快速增长。全省装备制造业实现利润总额 1055.5 亿元，同比增长 37.7%，高于全省工业 10.7 个百分点。其中，电子设备制造业利润同比增长 220%，专用设备制造业、电气机械和器材制造业、汽车制造业利润同比分别增长 47.9%、42.2% 和 30.1%。

（二）冶金工业韧性十足

2021 年，湖北省冶金产业增加值占工业增加值的比重为 5.44%，其中钢铁产业占比 3.07%，有色产业占比 2.37%。

2021 年全省粗钢产量 3656.1 万吨，同比增长 2.78%，位居全国第七，占全国总产量的 3.54%；行业增加值全年同比增长 9.9 个百分点。2021 年全省钢铁行业实现营业收入 2793.5 亿元，同比增长 42.7%，比全国钢铁行业高 10 个百分点；实现利润总额 122.9 亿元，同比增长 166%，比全国钢铁行业高 106.3 个百分点；每百元营业收入成本为 90.78 元，同比减少 2.4 元。2021 年全省有色金属行业实现营业收入 1182.5 亿元，同比增长 39.8%；实现利润总额 24.2 亿元，同比增长 161%；每百元营业收入成本为 95.98 元，同比减少 0.37 元。2021 年全省精炼铜产量 48 万吨，同比减少 6%。

（三）纺织工业经济持续稳定恢复

2021 年，面对风险挑战，湖北省纺织工业经济持续稳定恢复，增加值增长约 4.3%，较 2020 年加快 12.6 个百分点。纺织产业规模以上企业数量 1568 家，实现营业收入 3068.3 亿元，同比增长 5.9%，实现利润 149.6 亿元，受口罩、防护服等防疫产品价格下降，2020 年疫情期间防疫产品利润率大，利润总额基数较高等因素影响，同比有所下降，但较 2019 年增长 10.7%。全省纱产量 325.9 万吨、布产量 50.4 亿米、化学纤维产量 39 万吨。纱、布产量分别位居全国第五、第四。

产业基地发展势头足。襄阳市纺织工业完成总产值 547.19 亿元，同比增长 22.47%。其中，纺纱、织布行业增长 27.99%；化学纤维制造业增长 69.07%。荆州市产值同比增长 16.4%，吸纳就业 1.88 万余人。其中，服装服饰业营业收入增长 29.2%；龙头企业湖北金安纺织集团股份有限公司产值增长 52.5%；湖北德永盛纺织有限公司产值增长 58.7%；监利市浩宇制衣有限公司产值增长 66.6%。随州市纺织工业总产值增长 11.5%；主营业务收入增长 8.9%；利润总额增长 29.4%。黄石市形成了美尔雅、美岛等企业为龙头的服装产业集群，以远东麻业、浙联鞋服等企业为龙头的纺织鞋帽集群，以陈贵顺富、大冶立峰等企业为龙头的纺织产业集群；产业链条不断延伸，原料加工、牛仔、鞋帽、家纺等企业相继落户，产品涵盖西服、T恤等 20 多个服装品种，高档精梳纱、麻类系列面料等 8 大系列 180 多个棉纺织品种。荆门市棉纺用品企业年产能 55 万锭棉纱、6000 万米漂白染色布，年产值约 10 亿元；服装企业年产 1000 万件服装，产值约 8 亿元；运动鞋企业年产 1200 万双，年产值约 9 亿元；形成了以钟祥、京山、东宝、掇刀为主要基地的"纺纱织造"产业带。

（四）电子信息产业迎高质量发展

2021 年，湖北省电子信息产业集中力量建设集成电路、光通信等国家战略性新兴产业集群，推动电子信息制造业高质量发展。2021 年，全省电子信息产业实现主营业务收入 6927 亿元，同比增长 21.16%。

电子信息制造业整体呈现平稳恢复且较快增长的态势。电子信息制造业实现主营业务收入 5271 亿元，同比增长 24.6%；实现工业增加值 1486 亿元，同比增长

24.3%；实现利润总额 273 亿元，同比增长 23.6%。2021年全年电子信息制造业经受住疫后重振的历史性大考，整体呈现平稳恢复且较快增长的态势。电子信息制造业主要产品微型计算机设备、平板电脑、手机、光电子器件的产量同比分别增长 19.5%、24.6%、76.2% 和 39.2%。行业从业人员年平均人数 60.36 万人，同比增长 4.5%。

2021 年，电子信息制造业进出口贸易在全省各行业中继续保持领先地位。电子信息制造业进入全省进口、出口前 20 名企业的进口、出口总额占全省各行业进口、出口总额的比例分别在 30% 和 22% 以上，对外贸易总额占全省各行业对外贸易总额的 25.2%。9 家电子信息制造企业名列全省进口前 20，累计进口 87.74 亿美元，同比下降 12.93%，低于全省外贸进口总额同比增幅 37.33 个百分点，占全省外贸进口总额的 30.43%，进口总额同比及在全省占比与 2020 年同期相比分别下降 24.75 个和 13.34 个百分点；12 家电子信息制造业企业名列全省出口前 20 名（其中 7 家居前 7 位），累计出口 121.82 亿美元，同比增长 67.77%，高出全省外贸出口总额同比增幅 28.77 个百分点，占全省外贸出口总额的 22.43%，出口总额同比及在全省占比与 2020 年同期相比分别高出 86.45 个和 3.84 个百分点。全省各行业出口过亿美元的企业 59 家，其中电子信息制造业企业 17 家（其中 7 家居前 7 位）。

软件和信息技术服务业开始恢复发展。2021 年，全省软件业务收入达到 2135.08 亿元，同比增长 10.75%；利润总额 233.74 亿元，同比增长 21.74%；产业规模全国排名第 12，中部继续保持第一。

由于疫情影响，2020 年全省软件业务收入每月均为负增长，最严重时负增长近 50%；2021 年虽比 2020 年增长明显，最高增幅一度达到 25.27%，但与 2019 年相比，增长仍显乏力。2021 年前 4 个月一直未能恢复到 2019 年同期水平，5 月才开始与 2019 年同期持平，全年比 2020 年同期增长 10.75%，与 2019 年同期相比仅增长 3.36%。

全省 2021 年软件和信息技术服务业年报在册企业 1111 家，比 2020 年减少 723 家。虽然企业数量减少近 40%，但新入库企业软件业务收入足以弥补退库企业造成的损失。退出统计范围的 793 家企业，2020 年软件业务收入合计 203.22 亿元，占当年全省软件业务收入的 10.54%；新纳入统计范围的 70 家企业，2021 年软件业务收入 275.53 亿元，占全省软件业务收入的 12.9%。存量企业 1041 家，软件业务收入从 1724 亿元增长到 1859 亿元，平均增幅 7.83%；其中收入负增长企业 182 家，合计减收 238.82 亿元；收入正增长企业 859 家，合计增收 373.84 亿元。

与 2020 年相比，2021 年软件企业受损面已大大减小，恢复发展趋势明显。软件业务收入较 2020 年增长幅度超过 100% 的企业多达 97 家，其中武汉福禄网络科技有限公司业务收入从 1.66 亿元增长到 39.18 亿元，增长 22.6 倍。109 家企业软件业务收入增幅在 50%~100%，124 家增幅在 30%~50%，450 家增幅在 10%~30%，79 家增幅在 10% 以内。软件业务收入 10 亿元以上的企业由 22 家增加到 31 家，1 亿元以上的企业由 229 家增加到 260 家。

人工智能产业加速赋能实体经济。2021 年，湖北省人工智能产业围绕全省工业经济高质量发展进行工作部署，以人工智能产业链为抓手，积极拓展应用场景，加速赋能实体经济。2021 年湖北省人工智能产业规模约 389 亿元，同比增长 10.8%，综合发展水平处于国内第二方阵。

根据《湖北省制造业产业链链长制实施方案（2021—2023 年）》，围绕人工智能产业链，谋划 2021 年人工智能重点项目库，总投资规模 126.04 亿元。根据测算，2021 年湖北省大数据产业规模达 695 亿元，同比增长 36.2%。湖北省已认定大数据企业 331 家，在数据采集、传输、处理和应用等环节集聚了一批优质企业，形成了从硬件到软件、从产品到服务的全产业链覆盖，产业发展初具实力。

2021 年，湖北省经济和信息化厅发布《湖北省大数据产业"十四五"发展规划》，提出实施数据基础设施建设、数据要素市场培育、工业大数据应用示范、大数据产业高端化、大数据企业主体强化、大数据安全防护六大工程，旨在促进湖北省大数据产业实现跨越式发展。根据《湖北省制造业产业链链长制实施方案（2021—2023 年）》，启动实施大数据产业链链长制，加快推进大数据产业发展。

（五）石油化学工业继续恢复

2021 年，全省石油化学工业运行总体平稳有序，主要经济指标较快增长，实现营业收入 6134.5 亿元，同比增长 28.5%。其中，石油和天然气开采业实现主营业务收入 71.5 亿元，同比增长 16.8%；石油加工、炼焦和核燃料加工业实现主营业务收入 855.2 亿元，同比增长 26.6%；化学原料和化学制品制造业实现主营业务收入 4166.4 亿元，同比增长 32.4%；橡胶和塑料制品业实现主营业务收入 1041.5 亿元，同比增长 17%。

全省石油化学工业实现利润 407.7 亿元，同比增长 87%。其中，石油和天然气开采业亏损 25 亿元，同比增长 105.9%；石油加工、炼焦和核燃料加工业实现利润 14.9 亿元，同比增长 3080%；化学原料和化学制品制造业实现利润 359 亿元，同比增长 104.8%；橡胶和塑料制品业实现利润 58.8 亿元，同比增长 6.2%。

2021 年，化工行业亿元以上在建新开工项目创历史新高，投资保持稳定增长、产业结构不断优化。总投资 320 亿元的宁德时代邦普一体化新能源产业项目、投资 105 亿元的山东海科新能源电解液溶剂项目、投资 100 亿元的广州天赐高端新能源关键材料项目、投资 100 亿元的兴发年产 30 万吨电池关键材料项目、投资 60 亿元的年产 20 万吨东阳光低碳高端电池铝箔项目等相继落户，加速形成涵盖正负极材料、电解液、隔膜的新能源产业链条闭环，有力支撑产业赛道转换。

（六）建材工业整体形势向好

建材是湖北省重要基础性产业，是湖北省重点打造的"51020"现代产业集群中的五千亿级重产业集群。2021年全省建材工业（非金属矿物制品业）营业收入4091.3亿元，较2020年增长13.86%；实现利润358.0亿元，较2020年增长26.3%。全省建材工业增加值增速23.4%，超全省规模以上工业增加值8.6%，占规模以上工业比重8.6%，位居湖北省12大类行业第四，经济效益显著增长，整体形势向好。

生产保持增长。主要建材产品生产保持增长，其中水泥产量11870.75万吨，同比增长21.1%；平板玻璃产量10377.02万重量箱，同比增长8.3%，年产量排名继续保持中部第一、全国第三；大理石板材和花岗石板材等产品产量位居中部第一，砖、沥青和改性沥青防水卷材、石膏板、陶瓷砖和水泥混凝土桩等产品产量居中部前两位。

绿色发展良好。截至2021年年底，全省已有21家建材生产企业为国家级绿色工厂，10座水泥用矿山进入全国绿色矿山名录、4座矿山被列入全国绿色矿山名录遴选名单。水泥化解过剩产能持续推进，对环境改善做出积极贡献。

2021年，全省55条水泥熟料生产线全部实施错峰生产，共计划停窑3044天，实际停窑4158天，实际完成全年停窑计划的136.60%。减少熟料产量1377.15万吨，减少燃煤消耗148.73万吨，减少二氧化碳排放量1184.35万吨，减少氮氧化物排放量1.38万吨，减少二氧化硫排放量0.27万吨。

全省55条水泥熟料生产线，熟料产能6205万吨/年，其中产能4000吨/日及以上新型干法水泥熟料生产线34条，2500吨/日及以下干法水泥熟料生产线19条（规模排名前四的企业产能占全省产能的73%：华新水泥13个公司18条线占32%，葛洲坝8个公司12条线占26%，亚东水泥3个公司4条线占9%，京兰水泥1个公司3条线占6%，其他18条线占27%）；全省现有8家玻璃生产企业、20条生产线，玻璃产能为8560万重量箱/年（规模排名前四的企业产能约占全省产能的90%）；全省石材产业已经形成麻城、随县等六大石材产业聚集区、产业园区的布局，石材产业已投产及在建企业共491家，其中规模以上企业277家；全省各石材产区矿口共21座，石材荒料总量达到7.75亿立方米，荒料总产能2342万立方米/年、总产量为519万立方米/年；全省建筑陶瓷产量2.7亿平方米。

（七）医药工业经济取得较好成绩

2021年，全省医药工业恢复性增长，规模以上医药制造业企业469家，增加值同比增长28.2%，高于全省工业17.5个百分点；营业收入1283.3亿元，同比增长9.9%。子行业中，化学制药营业收入502.6亿元，同比增长23%，占医药制造业的39%。其中，化药原料药企业88家，营业收入223.2亿元，同比增长26.2%，占医药制造业的17%；化药制剂企业51家，营业收入279.4亿元，同比增长19.9%，占医药制造业的22%。中药工业营业收入375.2亿元，同比增长7%，占医药制造业的29%。其中，中药饮片加工企业72家，营业收入102.9亿元，同比增长30.3%，占医药制造业的8%；中成药生产企业90家，营业收入272.3亿元，同比增长0.1%，占医药制造业的21%。生物药品制品制造企业56家，营业收入111.9亿元，同比增长7.6%，占医药制造业的9%。卫生材料及医药用品制造企业87家，营业收入244.9亿元，同比下降2.6%，占医药制造业的19%。药用辅料及包装材料企业7家，营业收入10亿元，同比下降9.6%，占医药制造业的0.8%。另外，医疗仪器设备及器械制造业营业收入120.97亿元，同比增长47.4%。

2021年，医药制造业营业利润171.77亿元，同比增长30.1%。其中，化药制剂、生物药品制造、中药饮片加工、化药原料药、中成药生产营业利润同比分别增长100.9%、76.3%、28.5%、3.2%和2.4%；卫生材料及医药用品制造、药用辅料及包装材料营业利润分别下降35.7%和4%。

销售收入过亿元单产品数量增加。与2020年相比，2021年全省医药工业单产品年销售收入过亿元产品从91个增至124个，同比增长36%。其中，原料药产品从24个增至33个；药品制剂产品从60个增至81个；医疗器械产品从7个增至10个。

2021年，全省医药制造业完成投资较2020年增长31.7%，高于全省工业12个百分点。

（八）食品工业跃居中部第一

2021年，全省规模以上食品工业（含烟草）企业2286家，实现营业收入6229.1亿元，总量超越河南省，跃居全国第五、中部第一。

2021年食品行业在技术改造投资、市场回暖等因素刺激下，营业收入同比增长10%。其中，食品制造业同比增长11%；酒、饮料和精制茶制造业同比增长17.1%。全省白酒产量80万千升，居全国第六位；湖北中烟产销规模居全国第五位；黄鹤楼品牌价值国内同行业排名靠前。全国食品企业百强中，湖北6家本土企业入围，数量居全国第五位。安琪酵母、劲牌保健酒、潜江小龙虾等名优产品均为各自领域的全国第一。

积极促进资源型产业和上下游产业链相互衔接，推动食品加工业集中、集约、集群发展，形成一批特色鲜明、优势突出的产业集群。2021年全省95个重点成长型产业集群中，食品类有24个，占总数的25.3%。如咸宁市围绕"一瓶水"开展产业培育，形成生产、包装、印刷等上下游配套的完整产业集群，食品饮料年产值超200亿元。潜江市凭借"一只虾"做足文章，形成全产业链，"潜江龙虾"品牌价值达到251.8亿元，2021年虾-稻全产业链产值超过600亿元。

2022年湖北省工业经济运行概况

一、工业经济运行特点

2022年，湖北省工业经济稳中向好、进中提质，全省规模以上工业增加值同比增长7%，对全省经济增长贡献率超过45%，有效发挥稳住全省经济大盘"压舱石"作用。

（一）传统产业底盘稳定、转型加快

2022年，汽车行业克服芯片短缺、疫情冲击影响，全年生产汽车189.6万辆，增加值累计增长1.5%，其中新能源汽车产量29.3万辆，同比增长98%；烟草行业稳定增长，增加值累计增长4.2%；电力、化工、建材、钢铁、纺织业增速平稳，增加值累计分别增长4.4%、−0.1%、6.8%、5.7%和7.1%。

（二）新兴产业加力提速、引领增长

2022年，全省高技术制造业增加值同比增长21.7%，高于全省规模以上工业增加值增速14.7个百分点；占规模以上工业比重的12.1%，较2021年提高1.2个百分点，为近年来最高水平。其中，计算机通信、专用设备、医药制造业同比分别增长26.2%、11.1%和19.2%；显示器、电子元件、光缆产品产量同比分别增长35.8%、14.3%和10.3%。

（三）市场培育成效明显、活力迸发

2022年，全省规模以上工业企业实现营业收入53789.9亿元，同比增长8.4%，保持较快增长水平，总量居位中部第二位、全国第八；全省规模以上工业企业实现利润总额3139.6亿元，同比下降2.4%；全省规模以上工业企业总量达17526家，同比新增2368家、净增1257家。2022年，第四批国家级专精特新"小巨人"企业评定中，全省新增303家，超过前三批总和，居全国第六位、中西部第一位。全省国家级专精特新总数达473家，全国排名由第13位升至第8位。

（四）制造业规模与效益不断提升

湖北工业基础厚实，拥有41个行业大类、206个行业中类，成为全国8个拥有全部41个工业大类的省份之一。2022年，面对超预期因素影响，规模以上工业增加值增速始终位居全国10个工业大省第一，全年增长7%，高于全国平均水平3.4个百分点，对全省经济增长贡献率超过45%。41个工业大类行业中32个行业实现正增长，其中12个行业实现两位数增长。

2022年全省工业投资同比增长24.2%，高于全国平均水平13.9个百分点。工业技术改造投资同比增长13.9%，高于全国平均水平4.8个百分点，技术改造投资占工业投资的43%。高技术制造业投资同比增长22%，增加值同比增长21.7%，占规模以上工业的12.1%。5家示范工厂、20家企业（44个场景）分别入选2022年度国家智能制造示范工厂和优秀场景名单，居全国第一位。制造业创新能力加速提升。截至2022年年底，全省规模以上工业企业中有4531家建立了研发机构，比2021年增加1838家，增长68.3%；覆盖率从2021年的17.2%提升到2022年的27%，排名升至全国第八。

（五）工业产品进出口规模实现突破

2022年，湖北省进出口总值6170.8亿元，比2021年同期（下同）增长14.9%。其中，出口4209.3亿元，增长20%；进口1961.5亿元，增长5.4%。12月，湖北省进出口总值534.1亿元，增长3.9%。其中，出口376.6亿元，下降0.3%；进口157.5亿元，增长15.6%。2022年湖北省外贸呈现六方面的特点：进出口规模达到6170.8亿元，创历史新高；民营企业进出口3909.4亿元，增长20.1%，占全省进出口总值的63.4%，占比较2021年同期提升2.7个百分点；一般贸易方式进出口4687.4亿元，增长20.7%，占湖北省进出口总值的76%，较2021年同期提升3.7个百分点；外贸市场多元化发展；17个市州中有16个进出口保持增长；机电产品进出口3033.4亿元，增长2.3%，占湖北省进出口总值的49.2%，高于机电产品占全国进出口之比。同期，附加值更高的"两新一高"产品即新材料、新能源、高技术装备合计出口187.7亿元，增长59.2%，占湖北省出口总值的4.4%，占比较2021年提升1.0个百分点。

（六）高质量推进产业发展

梯度培育优质企业。 省直七部门联合发布《省经信厅 省科技厅 省财政厅 省商务厅 省国资委 省金融局 湖北证监局关于加快培育发展制造业优质企业的实施意见》（鄂经信产业〔2022〕13号），制定厅内任务分工方案，建立省直联席制度和厅内合作机制，做好组织领导和协调工作。**完成单项冠军并轨。** 省经济和信息化厅出台《湖北省制造业单项冠军企业（产品）培育管理认定办法（试行）》，将此前5年的隐形冠军培育工作并轨到制造业单项冠军。**冲击单项冠军"国家队"。** 湖北省获批国家级制造业单项冠军12家，含2家示范企业、10个单项产品，数量全国排名第七、中部第二。针对工业设计、制造业与服务业、推动产业集群发展、依法依规推动淘汰落后产能、统筹推进区（县）域工业发展、扶贫攻坚有效衔接乡村振兴、开展工业文化遗产保护等方面出台相应政策，并取得不错成绩。

（七）工业政策规范有序推进

提高站位抓普法，法治宣传广泛深入。 将普法纳入工业和信息化厅党组中心组理论学习内容，定期开展

《中华人民共和国民法典》《中华人民共和国统计法》《中华人民共和国行政处罚法》等法律法规专题培训。严格落实《国务院办公厅关于加强规范性文件制定和监督管理工作的通知》要求，对12件规范性文件进行合法性审查、公平竞争审查和廉洁性评估，出具法律意见书30余份，参与并全程代理厅机关及二级单位的法律诉讼8件，多次提供法律咨询和庭前准备等各项服务。**深化放管抓服务，政务质效全面提升。**制定《省经信厅优化营商环境若干举措工作方案》，健全工作机制，完善工作流程，牵头优化营商环境相关工作的督办，对政策进企、科技援企、金融助企、汽车产销服务、市场主体培育、中小企业清欠、无涉企保证金县市创建等重点工作定期跟踪协调。发布《湖北省创新产品应用示范推荐目录（2021年版）》等政策，对相关领域进行保驾护航。

（八）探寻工业低碳发展之路

围绕"双碳"目标，组织编制工业领域碳达峰专项行动方案，明确重点行业、主攻方向、达峰路径，召开湖北省工业碳达峰碳中和技术交流会，探寻工业低碳发展之路。开展工业节能监察专项行动：组织实施2022年国家重大节能专项监察计划，对钢铁、水泥、电解铝等领域的166家高耗能企业实施专项节能监察；推进节能诊断服务：组织20家节能诊断服务机构对全省257家企业实施节能诊断服务；推广应用先进节能环保技术：2家企业被工业和信息化部认定为2022年符合环保装备制造业规范条件企业；积极遴选能效领跑者：2022年度推荐7家企业申报2022年度国家重点用能行业能效"领跑者"，省4家公司分别入选水泥、玻璃、黄磷行业能效"领跑者"名单，1家企业进入国家绿色数据中心公示名单；组织一批企业申报国家"能效之星"产品和节能技术、装备和产品，以及申报和推广国家先进适用工艺技术设备目录。

2022年推荐11家废钢铁、3家废塑料、2家废纸、4家新能源汽车废动力电池共20家企业申报本年度再生资源综合利用行业规范条件企业，17家进入工业和信息化部公示名单，促进行业示范带动和规范发展。

2022年组织推荐国家第七批绿色制造体系申报工作，全省3个绿色工业园区、40家绿色工厂、2家绿色供应链管理企业、15个绿色设计产品被列入2022年度绿色制造名单。

（九）出台惠企政策，加大助企纾困力度

出台一系列"政策大礼包"，持续推进减税退税降费，激发市场活力，稳定经济增长。全省累计办理主要退税减税缓缴税费1192亿元，新增贷款投放7024亿元，有效降低企业经营成本。**市场主体扩量提质，**全年新登记144.43万家，比2021年增长27.4%。

开展专项行动，推进政策落地见效。专项行动期间，全省共查处水电气暖领域违规收费企业35个，涉及金额216.53万元；行业协会商会领域违规收费问题6起，涉及金额107.60万元；地方财经领域政府采购违规收取质量保证金项目140个，涉及金额786.67万元。

（十）中小企业与民营经济快速增长

2022年，省委、省政府先后出台《关于进一步促进民营经济发展的若干措施》《关于进一步支持中小企业和个体工商户纾困发展的若干措施》，从提升企业内生动力到优化营商环境，不断完善政策体系，大力促进民营经济和中小企业高质量发展。

一是市场主体快速增长。2022年1—12月，全省新登记市场主体144.43万户，同比增长27.37%，其中新登记企业类市场主体37.26万户，同比增长18.09%。截至2022年年底，全省共有市场主体736.41万户，同比增长13.94%，其中企业类市场主体188.13万户，同比增长13.92%。二是科技创新稳步提升。2022年，全省科技型中小企业评价入库数量达24005家，同比增长69.96%；全省科技型中小企业总体研发投入518.96亿元，同比增长102.74%；平均每家科技型中小企业研发投入216.9万元，同比增长19.29%；共建有省部级研发机构401个，同比增长51.89%。2022年，全省规模以上工业企业研发机构覆盖率从2021年的17.2%提升到27.0%，全国排名升至第八。三是民营工业支撑有力。2022年，全省第二产业民营经济增长7.9%，高于全部第二产业增速1.3个百分点，其中规模以上工业民营经济增长8.4%，高于全省规模以上工业增速1.4个百分点。民营经济尤其是民营工业逆势增长，为全省经济稳增长起到了"稳定器"作用。四是优质企业梯度培育体系初步形成。系统性重塑专精特新培育机制，建立专精特新企业培育库，出台《湖北省优质中小企业梯度培育管理实施细则》。截至2022年年底，全省共有创新型中小企业3862家、专精特新中小企业2357家，国家级专精特新"小巨人"企业473家。2022年全省新增国家级专精特新"小巨人"企业303家，位居全国第六、中西部第一；总数由全国第13位升至第8位。五是营商环境持续优化。全国工商联"万家民营企业评营商环境"评价结果显示，2022年湖北营商环境排名全国第11，较2021年上升3位，营商环境口碑排名进入全国前10，5个市（州）进入全国营商环境百强城市。工业和信息化部发布的《2022年度中小企业发展环境评估报告》显示，武汉市综合得分在36个典型城市中排名12，较2021年上升3位。

二、重点行业发展情况

（一）装备制造业运行态势良好

生产增速呈现分化。装备制造业是湖北省的重要支柱和优势产业，规模以上企业5331家。2022年全省装备制造业规模以上工业增加值增长4.3%，低于全省工业2.7个百分点。其中，仪器仪表制造业、专用设备制造业分别保持12%、11.1%的较快增长；汽车制造业同比增长1.5%；铁路、船舶、航空航天和其他运输设备制造业同比增长-6.9%。

行业效益保持增长。2022年，全省装备制造业实现

营业收入 15526 亿元，占全省工业比重的 28.9%，增长 5.2%。其中，汽车制造业实现营业收入 6923 亿元，占全省装备制造业的 44.6%。除汽车制造业增长 -0.6% 外，其余子行业营业收入均实现增长，其中电气机械和器材制造业增长 24.1%。全省装备制造业实现利润总额 983 亿元，同比增长 2.3%。

重点产品产量位居全国前列。2022 年，全省汽车产量 189.6 万辆，位居全国第五。其中，基本型乘用车（轿车）86.3 万辆，同比增长 7.1%；新能源汽车产量 29.3 万辆，同比增长 98%。

优质企业培育卓有成效。中船重工安谱（湖北）仪器有限公司、武汉重型机床集团有限公司入围 2022 年创建世界一流示范企业和专精特新示范企业名单。2022 年装备制造业领域新增国家级专精特新企业约 90 家。

支柱汽车产业发展亮点纷呈。产业转型方面，2022 年，全省新能源整车企业增至 19 家、新能源汽车产量 29.3 万辆，同比增长 98%，高于全国增幅 7.5 个百分点。已建成动力电池规模 91 吉瓦时，基本形成"电池基础原材料生产—关键部件制造—电芯制造、模组封装—废旧电池循环再利用"上下游贯通的全生命周期循环产业链。

智能化转型升级步伐加快。2022 年度智能制造示范工厂揭榜单位和优秀场景名单中，湖北 5 家示范工厂、20 家企业的 44 个优秀场景入围，上榜企业总数达 25 家，位居全国第一。

（二）冶金工业平稳向好

营业收入同比"两升两降"。2022 年冶金工业规模以上企业实现营业收入 4192.7 亿元，同比增长 0.2%。其中，黑色金属矿采选业实现主营业务收入 162 亿元，同比下降 12.5%；黑色金属冶炼和压延加工业实现主营业务收入 2568.6 亿元，同比下降 8%；有色金属矿采选业实现主营业务收入 49.6 亿元，同比增长 15.5%；有色金属冶炼和压延加工业实现主营业务收入 1412.5 亿元，同比增长 21.5%。

利润总额较 2021 年下滑明显。2022 年冶金工业规模以上企业实现利润 65.1 亿元，同比下降 56.8%。其中，黑色金属矿采选业实现利润 9.7 亿元，同比增长 238.6%；黑色金属冶炼和压延加工业实现利润 18.3 亿元，同比下降 85%；有色金属矿采选业实现利润 12.9 亿元，同比增长 5.9%；有色金属冶炼和压延加工业实现利润 24.2 亿元，同比增长 2.7%。

主要产品生产稳中有升。2022 年黑色金属冶炼和压延加工业增加值全年累计增长 5.7%，有色金属冶炼和压延加工业增加值全年累计增长 17.7%。生铁产量 2832.3 万吨，同比增长 7.9%；钢材产量 3911.1 万吨，同比增长 1.6%；十种有色金属产量 114.2 万吨，同比增长 9.7%；精炼铜产量 58.7 万吨，同比增长 5.6%。

（三）纺织工业经济运行平稳

2022 年，湖北省纺织工业规模进一步提升，规模以上企业数量 1651 家，实现营业收入 3358.6 亿元，同比增长 6.9%。其中，纺织业、服装服饰业、皮毛羽制品及制鞋业、化学纤维制造业分别实现营业收入 2263.3 亿元、767.6 亿元、273.1 亿元和 54.6 亿元，同比分别增长 7.5%、2.2%、16.5% 和 6.8%。全省纺织工业实现利润 166.2 亿元，同比增长 8%。其中，纺织业、服装服饰业、皮毛羽制品及制鞋业分别实现利润 107.1 亿元、41.6 亿元和 16.1 亿元，同比分别增长 5.8%、3.7%、53.1%。

全省纱产量 342.5 万吨，同比增长 5.09%，布产量 51.4 亿米，同比增长 1.98%。纱与布产量均位居全国第三。

全行业"增品种、提品质、创品牌"，取得了显著成效。工业和信息化部公布的 2022 年重点培育纺织服装 17 个区域品牌中，湖北仙桃无纺布、汉川缝纫线两个品牌上榜。

（四）电子信息产业面临多重考验

电子信息制造业呈现稳定发展态势。2022 年，全省电子信息产业实现主营业务收入 7655 亿元，同比增长 20.6%。电子信息制造业实现工业销售产值 5064 亿元，同比增长 25.2%；实现利润总额 284 亿元，同比增长 38.6%。全年电子信息制造业整体呈现稳定发展且较快增长的态势，电子信息制造业主要产品手机的产量同比增长 41.5%，显示面板的产量是 2021 年的近 4 倍，彩电的产量是 2021 年的近 2.5 倍。行业从业人员期末人数 51.1 万人，同比增长 7.8%。

2022 年，湖北省电子信息制造业进出口贸易在全省各行业中继续保持领先地位，对全省进出口贸易做出重要贡献，有 11 家电子信息制造业企业名列全省进口前 20 名，有 15 家电子信息制造业企业名列全省出口前 20 名，全省各行业出口过亿美元的企业达 15 家，其中电子信息制造业企业 12 家。

软件和信息技术服务业爬坡复元。2022 年，湖北省软件和信息技术服务业仍处于爬坡复元状态，全省软件业务收入达到 2560.99 亿元，同比增长 19.96%；利润总额 247.85 亿元，同比增长 6.03%。产业规模由前两年的全国排名第 12 前进到第 11，中部继续保持第一。

自 2020 年疫情发生以来，全省软件和信息技术服务业一直奋力赶超疫情前水平，近两年年终软件业务收入已超过 2019 年水平，尤其是 2022 年年底有较多软件企业收到项目回款，收入增长好于预期。但从软件业务收入逐月累计情况来看，近两年仍有多个月份收入低于疫情前同期水平，2022 年前 4 个月收入一直低于 2019 年同期，5 月以后才开始稳定超过疫情前同期收入。

虽然全省软件业务收入总量有明显增长，但具体企业情况差异较大。全省 2022 年软件和信息技术服务业年报在册企业 1162 家，比 2021 年净增 51 家。其中，2022 年新增符合条件纳入统计范围的软件企业 205 家，原 2021 年在库软件企业退库 154 家。新入库 205 家企业中，43 家是 2021 年之前退库企业。

截至 2022 年，全省持续在库的存量软件企业 957 家，软件业务收入从 2066.11 亿元增长到 2262.65 亿元,净增 196.54 亿元,同比增长 9.51%。其中,收入负增长企业 348 家,合计减收 221.27 亿元;持平或正增长企业 609 家,合计增收 417.80 亿元。154 家退库企业导致全省软件业务收入减少 68.78 亿元,205 家新入库软件企业使全省软件业务收入增加 298.34 亿元,分别拉动全省软件业务收入增长-3.22% 和 13.97%。

软件业务收入 10 亿元以上企业由 31 家减少到 30 家,1 亿元以上企业由 259 家增加到 320 家。亿元以上软件企业的数量占全部企业数量之比由 23.31% 提高到 27.54%,软件业务收入合计从 1780.98 亿元增长到 2199.08 亿元,占全部软件业务收入之比从 83.42% 提高到 85.87%。

人工智能产业规模加速扩大。 据统计,2022 年湖北省人工智能产业规模约 516 亿元,同比增长 32.6%,产业规模加快扩大。全省人工智能相关企业 520 余家,形成涵盖基础层、技术层和应用层的完整产业链,在智能制造、建筑、交通、教育、金融、医疗等领域涌现了一批优秀应用场景。

大数据产业发展水平位居中部第一。 据测算,2022 年湖北省大数据产业规模达 862 亿元,同比增长 24%。全省大数据相关企业超过 480 家,在数据采集、传输、处理和应用等环节集聚了一批优质企业和平台,形成了从硬件到软件、从产品到服务的全产业链覆盖。全省大数据产业发展水平位于国内第二方阵,根据《中国大数据区域发展水平评估报告（2022 年）》,湖北省大数据区域发展水平全国排名第九、中部第一。

省政府出台《湖北数字经济强省三年行动计划（2022—2024 年）》,提出强化算力基础设施硬支撑、加快构建数据基础制度体系、强化数据安全保障,实施数字生态活力构筑行动。实施大数据产业链链长制,带动链主企业、骨干企业、单项冠军企业做大做强做优。省财政新增设立 5 亿元数字经济高质量发展专项,支持数字经济高质量发展。

（五）石油化学工业总体平稳有序

2022 年,全省石油化学工业运行总体平稳有序,主要经济指标较快增长,实现营业收入 6863 亿元,同比增长 11.7%。其中,石油和天然气开采业实现主营业务收入 84.8 亿元,同比增长 18.7%;石油加工、炼焦和核燃料加工业实现主营业务收入 954.8 亿元,同比增长 11.2%;化学原料和化学制品制造业实现主营业务收入 4752.1 亿元,同比增长 14.2%;橡胶和塑料制品业实现主营业务收入 1071.3 亿元,同比增长 2%。

全省石油化学工业实现利润 424.4 亿元,同比增长 4.6%。其中,石油和天然气开采业亏损 1.7 亿元,同比下降 93.2%;石油加工、炼焦和核燃料加工业实现利润 0.9 亿元,同比下降 94%;化学原料和化学制品制造业实现利润 369.3 亿元,同比增长 2.5%;橡胶和塑料制品业实现利润 55.7 亿元,与 2021 年持平。

2022 年,全省石油化学工业完成投资 68.86 亿元,同比增长 24.6%,远高于同期全省工业和技术改造投资增幅。除续建项目投资进度完成较好外,2022 年化工行业亿元以上新开工项目势头强劲,产业结构不断优化。

长江大保护持续推进。 2022 年计划完成 10 家,实际完成 13 家,超计划完成 3 家。截至 2022 年,全省累计完成 452 家,剩余 26 家企业均按时序进度推进。2022 年 8 月 29 日,《破解"化工围江",呵护"一江清水东流"》专题片被列入中央生态环境保护督察整改正面典型案例。2022 年 9 月 17 日,中央电视台《新闻调查》节目播放江边化工厂关停之后,正面宣传报道湖北省沿江化工企业在关停之后如何妥善处理人员安置、实现转型升级、完成生态修复等系列问题。

（六）建材工业主要经济指标有所回落

2022 年,受原燃料成本高位运行、行业需求持续下降影响,建材产品价格回落、建材市场"量价齐跌",主要经济指标有所回落。

全省 21 家水泥企业共计 55 条水泥熟料生产线,熟料产能 6205 万吨/年,其中产能 4000 吨/日及以上新型干法水泥熟料生产线 34 条,2500 吨/日及以下干法水泥熟料生产线 19 条（规模排名前四的企业产能占全省产能的 73%）。

全省 6 家平板玻璃生产企业共 19 条生产线,设计产能 14600 吨/日,换算产能 8790 万重量箱/年（规模排名前四的企业产能约占全省产能的 90%）;全省现有在产光伏压延玻璃生产线 5 条。

全省石材产业已经形成麻城、随县等六大石材产业聚集区、产业园区的布局,石材产业已投产及在建企业共 491 家,其中规模以上企业 277 家;全省各石材产区矿口共 21 座,石材荒料总量达到 7.75 亿立方米,荒料总产能 2342 万立方米/年、总产量为 519 万立方米/年。

全省建筑、卫生、瓦业及艺术陶瓷生产规模以上企业 150 余家,其中 27 家获评省级以上专精特新企业,就业人员近 5 万人,实现工业总产值 210 多亿元,税收 10.2 亿元。

2022 年全省建材工业（非金属矿采选业和非金属矿物制品业）营业收入 4466.1 亿元,同比增长 6.1%,实现利润 343.9 亿元,同比增长-5.6%。经济效益明显下滑,整体形势处于低位运行。（非金属矿物制品业全年增加值增速 6.8%,增加值占规模以上工业的 8.1%。）其中,水泥全年总产量 11048.9 万吨,同比增长-4.8%,居全国第八位、中部第三位;水泥熟料全年总产量 6741.11 万吨,同比增长-2.05%。水泥行业实现营业收入 331.22 亿元,实现利润 15.26 亿元。平板玻璃全年产量 10705.1 万重量箱,同比增长 0.7%,居全国第二位、中部第一位。建陶产量 2.2 亿平方米,占全国总产量的 4.2%,比 2021 年同期下降 15.2%。卫陶瓷 1200 万件,占全国总产量的 8.1%。陶瓷瓦年产量突破 10 亿片。大理石板材和花岗石板材等产品产量稳居中部第一,砖、沥青和改性沥青防水卷材、石膏板、陶瓷砖和水泥混凝土桩等产品产量居中部前两位。

2022年，全省55条水泥熟料生产线全部实行错峰生产，共计划停窑3128天，实际停窑5018.51天，实际完成全年停窑计划的160.44%，所有水泥熟料生产线均完成了错峰生产任务。全年减产熟料1645.46万吨，减少氮氧化物排放量1.82万吨，减少二氧化硫排放量0.049万吨，减少二氧化碳排放量1415.10万吨，减少标煤消耗量177.71万吨。

（七）医药工业实现持续性增长

2022年，全省规模以上医药制造业增加值同比增长19.2%，高于全省规模以上工业增加值增速12.2个百分点；营业收入1557.2亿元，同比增长16%，高于全省工业7.6个百分点，营业收入居全国第九位、中部第二位；实现利润207.8亿元，同比增长8%，高于全省工业10.4个百分点。另外，医疗仪器设备及器械制造营业收入117亿元，同比增长19.2%。

分子行业看，化学制药营业收入649亿元，同比增长29.12%，占医药制造业的41.68%。其中，化药原料药企业营业收入285亿元，同比增长17.8%，占医药制造业的18.30%；化药制剂企业营业收入364亿元，同比增长19.2%，占医药制造业的23.38%。中药工业企业营业收入461亿元，同比增长22.86%，占医药制造业的29.60%。其中，中药饮片加工企业营业收入115亿元，同比增长9.7%，占医药制造业的7.39%；中成药生产企业营业收入346亿元，同比增长24.4%，占医药制造业的22.22%。生物药品制品制造企业营业收入125亿元，同比增长8.1%，占医药制造业的8.03%。卫生材料及医药用品制造企业营业收入271亿元，同比增长10.4%，占医药制造业的17.40%。药用辅料及包装材料企业营业收入14亿元，同比增长35.9%，占医药制造业的0.90%。医疗仪器设备及器械制造营业收入117亿元，同比增长19.2%。

分地区看，全省医药工业营业收入增幅30%以上的市州有十堰市、荆州市、宜昌市和黄冈市，总量排名前三的有武汉市、宜昌市和黄冈市，3个市营业收入占全省医药工业营业收入近70%，产业进一步集聚。

分企业看，全省营业收入过5亿元的企业20家。过百亿元企业3家，分别是人福医药集团股份公司、宜昌东阳光长江药业股份有限公司和武汉明德生物科技股份有限公司，较2021年新增1家明德生物；过50亿元企业1家，为远大医药（中国）有限公司；过15亿元企业8家。重点企业收入增幅较快，明德生物、国药集团中联药业有限公司、真奥金银花药业有限公司、武汉中帜生物科技股份有限公司、奥美医用品股份有限公司等企业营业收入增幅40%以上，其中，明德生物增长最快，增幅近300%。

分单产品销售看，全省医药工业单产品年销售收入过亿元产品106个，含过50亿元产品1个，过10亿元产品8个，过5亿元产品13个。其中，化药药品29个、原料药29个、生物药6个、中成药32个、医疗器械产品10个。

（八）食品工业生产增速平稳

2022年全省规模以上食品工业企业完成工业增加值同比增长2.3%。从分子行业看，农副食品加工业增长3.5%，食品制造业增长3.0%，烟草制造业增长4.2%，对全省规模以上工业增长的贡献率为3.95%。淡水产品产量位居全国第一，白酒产量居第二，油料和茶叶产量均居全国第三，饮料产量位居第四。

全省规模以上食品工业（含烟草）企业2424家，实现营业收入6727亿元，同比增长6.3%。实现利润445亿元，同比增长6.3%，其中，食品制造实现营业收入1025亿元，同比增长4.3%；饮料酒茶制造业实现营业收入997亿元，同比增长5.1%；农副食品加工业实现利润163亿元，同比增长11.1%；烟草制造业实现利润100.4亿元，同比增长11.3%。

2019 年湖南省工业经济运行概况

2019 年，湖南省工业经济运行总体平稳、稳中有进，新旧动能转换加快。全年全省工业增加值 11630.55 亿元，占地区生产总值的 29.3%，工业对经济的增长贡献率为 39.3%，生产性服务业对经济增长的贡献率为 23.8%，分别比 2018 年提高 5.5 个和 4.4 个百分点。

一、工业经济运行特点

（一）工业增速稳中有进

全省规模以上工业增加值同比增长 8.3%，高于全国平均水平 2.6 个百分点，快于 2018 年同期 0.9 个百分点，增速排名居全国第四位、中部第二位。其中长沙、衡阳、株洲、湘潭、怀化 5 市增速高于全省平均水平。电子、机械、电力、医药、纺织 5 个工业行业增加值增速高于全省平均水平。39 个大类行业中，33 个增加值实现同比增长，增长面为 84.6%，16 个增速超过两位数。

（二）产业结构不断优化

制造业增加值增长 8.6%，高加工度工业增加值增长 13.1%，高技术产业增加值增长 16.3%，分别占规模以上工业的 91.3%、37.8% 和 11.3%，较 2018 年同期分别提升 0.8 个、1.5 个和 0.7 个百分点；增速分别快于整体工业 0.3 个、4.8 个和 8 个百分点。装备制造业增加值增长 14.1%，对全省规模工业的增长贡献率为 50.9%。战略性新兴产业较为集中的计算机通信及电子设备、通用设备制造业、专用设备制造业及电气机械和器材制造业等产业增加值同比分别增长 19.9%、15.5%、12.8% 和 11.4%。20 个工业新兴优势产业链总体规模突破 1 万亿元。六大高耗能行业增加值同比增长 5.4%，占规模以上工业的 29.1%，较 2018 年同期下降 0.8 个百分点。

（三）企业效益持续向好

全省规模以上工业实现营业收入 37310.77 亿元，同比增长 6.1%；实现利润 1870.81 亿元，同比增长 6.6%，高于全国 9.9 个百分点，增速位居全国第六。39 个大类行业中，除汽车制造业外全部盈利，23 个行业利润保持增长。其中专用设备制造业、电气机械和器材制造业利润同比分别增长 44% 和 1.17 倍，分别拉动规模以上工业利润增长 5.1 个和 1.8 个百分点；规模以上工业企业资产负债率 50.8%，低于全国 5.8 个百分点。高加工度工业企业、高技术产业、非公有制工业企业利润同比分别增长 14.8%、6.6% 和 9%，分别占规模以上工业利润总额的 41.3%、12.3% 和 77%，较 2018 年同期分别提高 2.8 个、2.3 个和 2.1 个百分点。

（四）工业投资较快增长

工业固定资产投资同比增长 17.8%，高于全省固定资产投资 7.7 个百分点。其中，制造业投资同比增长 18.4%，专用设备制造业、计算机通信和其他电子设备制造业、通用设备制造业等高端装备行业投资分别增长 43.4%、28.6% 和 28.1%。工业技术改造投资同比增长 35.7%。高新技术产业投资同比增长 37.8%，增速比全部工业投资快 20 个百分点。14 个市州中，除湘西州外，13 个市工业投资实现增长，株洲、郴州、岳阳、永州、张家界、湘潭、娄底、常德 8 个市增速高于全省平均水平，株洲增速为 29.8%，位居全省第一。

二、重点行业发展情况

（一）装备制造业

2019 年，全省装备制造业有规模以上企业 4550 个，其中大型企业 67 个，中型企业 453 个，小型企业 3754 个，微型企业 276 个。规模企业资产合计 11951.1 亿元，比 2018 年增长 9.4%；完成主营业务收入 12193.8 亿元，比 2018 年增长 9.9%；实现利润 706.8 亿元，比 2018 年增长 14.4%。

总体实现平稳较快发展。 2019 年，装备制造业规模以上企业主营业务收入实现近 10% 的增长（9.9%），较全省规模以上工业增速高 3.8 个百分点；利润总额实现 14.4% 的增长，较全省规模以上工业平均增速高 7.8 个百分点。主营业务收入增速较全国机械工业（2.5%）高 7.4 个百分点，利润总额增速较全国机械工业（-4.5%）高 18.9 个百分点。2019 年，湖南装备制造业工业增加值增长 14.1%，拉动全省规模以上工业增长 4.2 个百分点，增长贡献率达 50.9%；主营业务收入和利润总额分别占全省规模以上工业的 32.6% 和 37.8%，为全省工业稳增长提供了强力支撑。

（二）电子信息制造业

产业规模保持快速增长。 全省电子信息制造业 2019 年实现增加值同比增长 18%，增速较全省规模以上工业增加值增速高 9.7 个百分点，较全国行业增速高 8.7 个百分点。全行业实现营业收入 2920 亿元，同比增长 13.7%，增速位居全国第五、中部第二。全行业实现利润总额 13 亿元，同比增长 9.8%，行业整体保持快速增长态势。

（三）石油化工

主要经济指标增速放缓。 2019 年全省石油化工规模以上企业 890 家，12.5 万从业人员，全行业完成工业增加值同比增长 2.0%；营业收入 2417.65 亿元，同比下降 1.2%；研发费用投入 47.77 亿元，同比增长 40.59%；利润总额 95 亿元，同比下降 16.3%；税金总额 182.3 亿元，同比下降 6.9%。全行业资产合计 1384.04 亿元，同比增长 12.5%。全行业实现利税总额 289.49 亿元，同比增长6.7%。

（四）有色金属

行业保持平稳运行。2019年，全省有色金属行业完成主营业务收入2326.07亿元，同比增长1.2%；实现利润49.37亿元，同比增长10.1%，行业可比价增加值增速为4.8%。全省十种有色金属产量193.9万吨，同比下降0.6%。其中镍、铜材、锌铅产量同比分别下降89.9%、48.5%和3.9%；精深加工产品如铝合金、硬质合金、铝材、精炼铜、黄金、锑品产量同比分别增长36%、26.7%、22.2%、13%、5%和6.6%。

（五）冶金

行业发展稳中向好。2019年，湖南冶金行业紧紧抓住国家深入推进供给侧结构性改革的有利条件，继续巩固钢铁去产能成果，严防"地条钢"死灰复燃，聚焦钢铁主业，充分发挥优势产能，湖南662家规模以上冶金企业工业增加值同比增长4.4%。全年生产生铁1973.87万吨、粗钢2385.72万吨、钢材2451.58万吨、铁合金112.49万吨，同比分别增长0.5%、3.4%、2.8%和-10.6%。实现主营业务收入2205.82亿元，同比增长4.1%；实现利润总额126.32亿元，同比下降17.9%；实现税金总额65.85亿元，同比下降12.9%。

（六）食品

行业运行保持增长。2019年，全省规模以上食品工业（不含烟草）增加值同比增长6.9%，增速有所放缓，较2018年和全省规模以上工业分别低0.2个和1.4个百分点。全省规模以上食品工业完成主营业务收入5189.4亿元，同比增长4.0%，增速较2018年和全省规模以上工业分别低3个和2.5个百分点；实现利润总额223.9亿元，同比增长1.7%，增速较2018年和全省规模以上工业分别低7.3个和4.9个百分点。全省规模以上食品企业2614家，较2018年增加39家。湖南省食品产业主营业务收入占全省规模以上工业的14.1%，总量位居全国第九、中部第三。

（七）医药

生产保持稳定增长。2019年，全省规模以上医药工业增加值同比增长8.8%，增速比全省工业平均水平高0.5个百分点。2019年，全省规模以上医药工业实现主营业务收入1073.5亿元，同比增长6.8%，增速高于全省工业平均水平0.7个百分点；实现利润总额71.0亿元，同比增长4.4%；主营业务收入利润率较2018年同期增长2.04个百分点。

（八）轻工

生产运行总体平稳。全省轻工行业规模以上工业增加值同比增长7.5%，高出2018年同期0.3个百分点，低于全省规模以上工业0.8个百分点。全省规模轻工企业实现主营业务收入5562.4亿元，同比增长6%，占全省规模以上工业的14.9%；实现利润265.4亿元，同比增长6.6%。

（九）纺织

生产增速平稳发展。2019年，全省规模以上纺织企业585家，工业增加值同比增长8.5%，高出全国纺织工业7.2个百分点。全省规模以上纺织工业完成主营业务收入1010.5亿元，同比增长4.5%；增速超过全省平均水平的市州有：永州、邵阳、怀化、张家界、岳阳和郴州，其增速分别是32.5%、25.9%、15.9%、12.2%、8.5%和5.1%。每百元主营业务收入中的成本为85.08元，同比减少1.92元；主营活动利润率为3.31%，同比增加0.77个百分点。

（十）软件和信息技术服务业

移动互联网及软件产业从高速增长向高质量发展转型。2019年湖南省软件和信息技术服务业预计营业收入达909.7亿元，同比增长21.1%，其中软件业务收入623.6亿元，同比增长21.9%，增速位居全国第四。据测算，2019年全省移动互联网产业营业收入达1326亿元，同比增长25.1%。2019年湖南快乐阳光互动娱乐传媒有限公司、湖南竞网智赢网络技术有限公司、湖南草花互动科技股份公司3家企业入围全国互联网百强榜单，其中芒果TV位居全国第二十，是中西部地区唯一进入前20强的互联网企业。全省共有98家软件及互联网企业营业收入过亿元，占全省营业收入总额的50%以上，其中过十亿元的达20家。**重点企业盈利水平进一步提升。**63家省移动互联网重点企业全年实现营业收入371.8亿元，同比增长13.1%，占全省总收入的28%；实现利润总额32.9亿元，同比增长137%，利润率达8.8%；吸纳就业人数28932人，同比增长5.2%。

三、重点工作及成就

（一）主要经济指标超额完成，为全省"六稳"做出重要贡献

前三季度，全省工业对经济增长的贡献率重回40%以上。1—11月，全省规模以上工业增加值同比增长8.3%，增速排名全国第四；工业投资、技改投资分别增长18.2%和27%，分别排名全国第四、第十一。

（二）"国字号"平台创建捷报频传，湖南制造吸引国内外目光关注

长沙工程机械、株洲轨道交通装备入围国家先进制造业集群竞赛初赛。长沙获批全国第二家国家网络安全产业园。株洲高新区获评国家安全产业示范园区创建单位。湖南航天天麓新材料检测有限责任公司获批国家新材料测试评价平台湖南区域中心，中国铁建重工集团股份有限公司工业设计中心获评国家级工业设计中心。2019年世界计算机大会、"中国航天日"主场活动、长沙国际工程机械展览会等重大活动在长沙举办，互联网岳麓峰会、网络安全·智能制造大会影响力持续扩大，成为聚人气、引产业的重大平台，吸引一批产业巨头投资湖南。

（三）"以产业比实力、以项目论英雄"，产业链和项目建设实现重大突破

25个项目进入国家"工业强基"工程，250个制造强省建设重点项目累计完工156个，发布制造强省建设重点项目207个，117个重大产品创新项目竣工投产63

个。三一智联重卡、道依茨发动机、中联智慧产业城等项目开工，工程机械产业链主要经济指标达到历史最高水平。中车株机获时速 250 千米动车组生产制造任务，全球首个轨道交通转向架智能制造车间投产运行，先进轨道交通装备产业链链条延伸。航空航天产业链一批产品进入产业化阶段，中国商飞首度牵手湖南民企成立合资公司，大飞机地面动力学联合实验室等一批创新平台落地，承担"两机"专项等国家重大战略能力提升。自主可控计算机及信息安全产业链形成以 CPU 和操作系统为核心的 PK、鲲鹏产业生态。IGBT 大功率器件产业链全面突破国际最先进的 IGBT 第六代产品，实现从"跟随"到与国际巨头"并行"的重大跨越。比亚迪动力电池生产基地等一批项目开工和建成投产，先进储能材料产业链影响力提升。

（四）抢占发展前沿、体现湖南担当，数字经济率先进入新赛道

6 个项目入围国家人工智能"揭榜挂帅"，8 个项目入围国家工业互联网创新工程，树根互联股份有限公司根云（Rootcloud）工业互联网平台成为 10 个跨行业跨领域的国家级工业互联网平台之一。超高清视频产业使湖南成为全国重点布局的八个省份之一。移动互联网营业收入突破 1300 亿元。发布 5G 应用场景 18 个，全国首辆运用 5G 技术控制的新能源公交车亮相，国家智能网联汽车（长沙）测试区占据无人驾驶和人工智能发展高地。智能制造形成的"湖南模式""长沙现象"引起国内广泛关注，7 个国家智能制造专项项目通过验收，楚天科技股份有限公司中标国家智能制造系统解决方案供应商。

（五）做强大企业、培育小巨人，市场主体发展活力持续迸发

华菱集团加快向全球 500 强冲刺，三一集团营业收入迈上千亿台阶，千亿工业企业达到 3 家。累计培育"小巨人"企业 760 家，10 家成为全国首批专精特新"小巨人"企业。新增国家级制造业单项冠军 4 个。

2020年湖南省工业经济运行概况

2020年，湖南省工业战线统筹疫情防控和经济发展，超前部署推动企业复工复产，狠抓各项纾困惠企政策落实，建链补链强链，加快推进工业新兴优势产业链建设，工业经济运行持续稳定恢复，发展质量效益不断提升。

一、工业经济运行特点

（一）工业生产企稳回升

全省规模以上工业年初经历短暂大幅下滑（1—2月下降7.4%），之后呈稳定回升态势。3月、4月分别增长6.1%和6.2%，1—4月累计增长0.2%，成为全国率先实现转正的5个省份之一。2020年，全省规模以上工业同比增长4.8%，较上半年回升2.9个百分点，高于全国平均水平2个百分点，在十个工业大省中排名第四。

（二）转型升级步伐加快

全年制造业同比增长5.4%，快于全省工业0.6个百分点；制造业增加值占规模以上工业的91.7%，较2019年提升0.4个百分点。其中，高技术制造业增长16.0%，在规模以上工业中的占比达11.7%；装备制造业增长10.4%，拉动工业增长3.2个百分点；六大高耗能行业仅增长2.7%，占比为28.5%，回落0.6个百分点。512种主要工业产品中，295种产品产量实现增长，增长面为57.6%。其中，钢材、十种有色金属、建筑工程用机械、混凝土机械、城市轨道车辆等基建相关产品分别增长8.9%、7.5%、35.5%、57.5%和33.4%；医疗仪器设备及器械、环境污染防治专用设备、工业机器人、锂离子电池、集成电路、智能手表等新兴产品增长较快，增速分别为52.5%、58.6%、46.0%、45.4%、180%和63.7%。

（三）市场形势回暖向好

随着市场需求逐步恢复、工业品价格回升，湖南工业生产者出厂价格自6月开始波动上行，12月较2019年同月上涨0.5%，是2019年7月以来首次出现同比增长。2020年，全省17552家规模以上工业企业实现营业收入38339.90亿元，同比增长4.6%，较上半年、前三季度分别加快5.2个和1.5个百分点，位居全国第六；盈亏相抵后实现利润总额2032.70亿元，同比增长8.7%，位居中部第二。企业亏损面8.0%，比1—11月降低0.6个百分点，高于全国（17.3%）9.3个百分点。营业收入利润率为5.3%，同比提高0.2个百分点。截至11月底，全省新增规模以上工业企业1204家，同比新增185家。

二、重点行业发展情况

（一）装备制造业

行业整体实现强劲复苏。 2020年，全省规模以上装备制造业企业5141家，比2019年增长13%，其中大型企业61家，中型企业443家，小型企业4637家。规模

以上企业资产合计13651.9亿元，比2019年增长16.2%；实现工业增加值比2019年增长10.4%；完成营业收入13381.5亿元，比2019年增长11.7%；实现利润850.6亿元，比2019年增长26.7%。湖南机械工业16个子行业中，营业收入除汽车（-17.1%）和重型矿山机械行业（-2.0%）外，其余14个子行业全部实现正增长。在细分行业中，3D打印和机器人行业增幅较大，分别比2019年增长452.1%和36.0%。

（二）电子信息制造业

产业规模稳步增长。 据省统计局数据，2020年全省电子信息制造业规模以上工业增加值增速16.4%，高于全省规模以上工业增加值增速11.6个百分点，对工业支撑作用日益凸显。全行业实现营业收入2904.4亿元，同比增长14.6%。分地区来看，长沙、株洲、岳阳、常德、永州、怀化、湘西土家族苗族自治州7个市州全年营业收入增速高于10%。分子行业来看，52个子行业中，44个子行业营业收入实现增长，占全行业的84.6%。产业整体呈现生产稳中有进、效益加快提升和新动能加速壮大的态势。

（三）石油化工

生产总体保持平稳。 2020年，全省石油化工行业规模以上企业939家，11.67万从业人员，资产总计1275.73亿元；完成营业收入2434.45亿元，同比下降10.4%，工业增加值同比增长1.8%；实现利润总额88.17亿元，同比下降7.1%；营业税金及附加127.61亿元，同比下降6.6%。

（四）有色金属

行业运行稳定有序。 全省有色金属完成主营业务收入2345.65亿元，同比增长5.3%；实现利润48.98亿元，同比增长3.2%。全省十种有色金属产量214.99万吨，同比增长7.5%，其中镍、铜、锌、铅产量同比分别增长11.1%、2.2%、4.6%和12.1%；精深加工产品如铝合金、锌合金、铜合金、锑品产量同比分别增长8.2%、129.8%、15%和1.1%。

（五）冶金

主要产品产量与销售收入同步增长。 全省714家规模以上钢铁企业工业增加值同比增长6.8%，高于全省规模以上工业增加值增速2个百分点。全省生产生铁2105.44万吨，同比增长6.6%；粗钢2612.90万吨，同比增长9.5%；钢材2729.73万吨，同比增长8.9%；铁合金123.72万吨，同比下降5.2%；钢结构337.10万吨，同比下降1.6%。实现营业收入2331.53亿元，同比增长1.9%；实现利润总额107.91亿元，同比下降15.3%。

（六）食品

行业运行保持增长。全省规模以上食品工业（不含烟草）增加值同比增长 2.7%，增速较 2019 年和全省规模以上工业分别低 4.2 个和 2.1 个百分点；完成营业收入 5274.1 亿元，同比增长 4.6%，增速较 2019 年高 0.6 个百分点，与全省规模以上工业持平；实现利润总额 211.6 亿元，同比下降 3.7%，增速较 2019 年和全省规模以上工业分别低 5.4 个和 12.4 个百分点；全省食品产业营业收入占全省规模以上工业营业收入的 13.8%。

（七）医药

生产保持稳定增长。全省规模以上医药工业增加值同比增长 6.4%，增速比全省规模以上工业平均水平高 1.6 个百分点。全省规模以上医药工业实现营业收入 1184.4 亿元，同比增长 10.5%，增速高于全省工业平均水平 5.9 个百分点；实现利润总额 113.9 亿元，同比增长 62.4%，增速居全省各工业行业首位，较全省工业平均水平高 53.7 个百分点；营业收入利润率比 2019 年同期增长 3.07 个百分点。

（八）轻工

生产能力逐步恢复。全省轻工业增加值同比增长 1.9%，高于 1—6 月累计增速 3.7 个百分点，高于全年累计增速 2.5 个百分点。从大类行业来看，皮革、毛皮、羽毛及其制品和制鞋业，木材加工和木、竹、藤、棕、草制品业，家具制造业，造纸和纸制品业，印刷和记录媒介复制业，文教、工美、体育和娱乐用品制造业，超过一半行业实现正增长，其中文教、工美、体育和娱乐用品制造业可比价增加值全年累计增速 8.7%，12 月同比增长 16.3%，实现两位数增长。

（九）纺织

工业生产动力充足。全省规模以上纺织行业企业 620 家，较 2019 年增加 35 家。全年纺织行业工业增加值同比增长 1.4%，累计实现正增长，各重点子行业中的增加值同比均实现正增长，其中化学纤维制造业、服装服饰业、纺织业增加值增速分别为 23.6%、2.1% 和 0.4%，行业发展动力充足。

（十）软件和信息技术服务业

移动互联网及软件产业保持高速增长。2020 年湖南省软件和信息技术服务业累计完成软件业务收入 710 亿元，同比增长 15.7%，高于全国增速 2.4 个百分点。全省移动互联网产业营业收入达 1618 亿元，同比增长 22%。株洲中车时代电气股份有限公司入围 2020 年中国软件业务收入前百家企业名单，排名第 23；湖南快乐阳光互动娱乐传媒有限公司安克创新科技股份有限公司入选 2020 年度软件和信息技术服务竞争力百强企业名单、湖南快乐阳光互动娱乐传媒有限公司入选 2020 年中国互联网综合实力前百家企业名单。截至 2020 年年底，全省共有 150 家软件及互联网企业营业收入过亿元，其中过十亿元的近 30 家，过百亿元企业 1 家，上市企业 17 家，独角兽企业 2 家，入选湖南省上市后备企业名单的有 103

家，占上市后备企业总数的 20% 以上，超过 50 家知名软件和互联网企业在湖南设立了全国总部或区域性总部。**重点企业盈利水平进一步提升。**86 家省移动互联网重点企业全年实现营业收入 491.2 亿元，同比增长 23.6%；实现利润总额 56.3 亿元，同比增长 17.7%；吸纳就业人数 65723 人，同比增长 42.3%。

三、重点工作及成就

（一）全力做好疫情防控医疗物资保障

发动省内骨干企业和各界人士全球采购捐赠紧缺物资打赢遭遇战，重点企业全力攻关重要物资快速形成量产，完善常态化阶段应急物资保障体系，医用防护服、N95 口罩从无到有，创造 10 天从申请到量产的湖南速度；口罩产量快速增长，不到 50 天日产量从 34 万只提升到 1000 万只，日产能最高峰近 1 亿只；核酸检测试剂盒、呼吸机、红外测温枪和消杀用品等快速扩产。

（二）先行一步抓复工复产和工业稳增长，有力支撑全省经济稳中有进

1 月 30 日在全国率先建立复工复产调度平台，突出领军企业带动、重大项目拉动、信息技术推动产业链协同复工复产。2 月 25 日全省规模以上工业企业复工率超过 90%，1—4 月累计增速由负转正，在全国率先企稳回升。中办国办复工复产调研工作组肯定湖南"见事早，行动快，措施有力"，湖南省六次在国家发展和改革委员会、工业和信息化部组织的会议上介绍典型做法。全年全省规模以上工业增加值增长 4.8%，高于全国 2 个百分点，增速位居全国第十二、中部第三。新增规模以上工业企业 2608 家，再创新高。

（三）持续推进工业新兴优势产业链建设，扩大优势产业集群影响力

出台产业链政策升级版，持续落实省领导联系产业链制度，分链协调服务 438 家产业链重点企业，提升 20 个工业新兴优势产业链发展水平。推进重点项目建设，14 个项目获国家重点专项支持，三安光电第三代半导体、中石化巴陵己内酰胺产业链搬迁、中联智慧产业城、三一云谷产业园等重大项目加快实施，全年工业投资增长 11.4%，高于全国 11.3 个百分点。工程机械、轨道交通装备、中小航空发动机三大产业集群服务国家战略参与全球竞争的成效做法，在全国工业和信息化工作会议上推介。长沙工程机械、株洲先进轨道交通装备全力冲刺 2020 年国家先进制造业集群决赛。确定首批 17 个省级先进制造业集群培育对象。引导园区产业高质量发展，创建国家新型工业化产业示范基地 1 个、省级基地 11 个。邵阳、娄底、怀化、张家界等地特色优势产业集群发展来势较好。

（四）落实创新引领开放崛起战略，增强制造业竞争力

2020 年，国家先进轨道交通装备创新中心正式揭牌，新增 10 家省级制造业创新中心，形成"1+10"创新中心发展格局。发布智能网联汽车等 3 个产业链技术创新路

线图。120 个重大产品创新项目竣工 62 个，突破关键技术 425 项。实施中小企业技术创新"破零倍增"行动，150 家企业实现"破零"，新增发明专利授权 266 项。5 家企业被认定为国家技术创新示范企业，居全国第二位。68 台（套）设备、27 个新材料项目获国家保险补偿。促进军民融合深度发展，大飞机地面动力学试验平台等一批项目落地，航空航天、网络空间、海洋等领域形成一批先进产品，北斗导航地面设备等关键领域技术达到国际先进水平。

（五）深化供给侧结构性改革，促进工业绿色转型

出台沿江化工企业搬迁改造实施方案，110 家企业全面启动搬迁改造，24 家完成拆除，42 家城镇人口密集区危化品企业搬迁改造年度任务提前完成。严防"地条钢"死灰复燃，"散乱污"企业整治任务全面完成。绿色制造体系建设步伐加快，获批国家级绿色园区 3 家、绿色工厂 27 家、绿色设计产品 28 个、绿色供应链管理示范企业 3 家，7 家单位中标 2020 年绿色制造系统解决方案供应商，国内首个动力电池回收服务网络平台上线运营。

（六）抓实平台载体和应用示范，加快数字化网络化智能化步伐

出台数字经济发展规划、移动互联网政策 3.0、全国首个区块链产业发展行动计划等政策文件。移动互联网产业营业收入突破 1600 亿元，增速超过 20%，兴盛优选、安克创新成长为独角兽企业。全国第二家国家网络安全产业园区揭牌，全国第三家车联网先导区获批，国家智能网联汽车（长沙）测试区建设并启用"两个 100 公里"项目，全国首条智慧公交示范线开通，无人驾驶出租车上线。发布"数字新基建"标志性项目 100 个、人工智能和"5G+制造业"应用场景 38 个，建设首个"5G+工业互联网"先导区、2 个省级区块链产业园。新增中小企业上云 101465 家、上平台 7384 家、标杆企业 40 家，入选全国企业上云典型案例 4 家，数量位居全国第一。智能制造新培育省级示范企业 7 个、示范车间 26 个，支持优秀系统解决方案 19 个。长沙推进信创"两芯一生态"建设和软件再出发；株洲推进 IGBT 二期和第三代半导体布局，提升行业话语权；益阳加快 5G 建设应用，推动特色优势产业集群数字化转型，各地数字经济新动能加快积蓄。

（七）做强大企业、培育"小巨人"，推动企业向专精特新发展

华菱集团营业收入突破 1500 亿元，三一集团、中联重科、中车株机、蓝思科技等企业行业影响力增强，圣湘生物等 10 家工业企业上市。新增国家制造业单项冠军 8 家、省级 20 家，全国专精特新"小巨人"企业 60 家、省级 267 家。2020 年，获评全国质量标杆 3 家，认定省级工业质量标杆 10 家、工业品牌培育示范企业 10 家、工业设计中心 20 家。望城经济技术开发区获评国家第三批"双创"升级特色载体，4 家单位获评国家小型微型企业创业创新示范基地。

（八）缓解企业融资难题，疫情期间帮助企业获专项再贷款

3 家企业获国家制造业转型升级基金支持，新增产融合作"白名单"企业 811 家，制造强省融资对接会为 1020 家企业获银行贷款 908 亿元，省中小企业融资服务平台为小微企业争取续贷 20.54 亿元，长沙、岳阳、株洲等地解决小微企业资金问题措施有力成效明显。《湖南省实施〈中华人民共和国中小企业促进法〉办法》于 2020 年 11 月湖南省第十三届人民代表大会常务委员会第二十一次会议修订通过。工业和信息化部调研组肯定湖南中小企业工作有特色，多项工作走在全国前列，形成了"湖南模式"。

2021年湖南省工业经济运行概况

2021年，湖南省坚持"稳进高新"工作方针，积极应对复杂严峻形势，工业经济运行延续稳定恢复、稳中向好、稳中提质态势，发展韧性持续显现。

一、工业经济运行特点

（一）工业生产企稳回升

2021年，全省规模以上工业同比增长8.4%，较2019年同期增长13.6%；两年平均增长6.6%，快于全国平均0.5个百分点，居全国第十四位、中部第四位、十个经济大省第五位。12月，全省规模以上工业增加值同比增长8.2%，快于全国平均3.9个百分点，居全国第8位、中部第3位。从行业看，39个大类行业中，29个同比增长，30个增速较2019年同期加快。从产品看，534种主要工业产品中332种产量实现增长，增长面达62.2%，43种增速超过70%。从市州看，14个市州均实现增长，其中4个实现两位数增长。湘西州增长18.1%、株洲增长11.7%、怀化增长10.6%，居全省前3位；14个市州连续两年均实现增长。

（二）企业经营稳中提质

2021，全省规模以上工业企业实现营业收入47263.29亿元，同比增长14.9%，较1—11月加快0.5个百分点，两年平均增长9.6%；实现利润总额2060.02亿元，同比增长10.7%，两年平均增长9.7%。12月底，全省规模以上工业企业亏损面为7.2%，较1—10月、1—11月分别收窄2.3个和1.3个百分点，低于全国9.3个百分点。原材料利润增长贡献突出。原材料制造业利润总额对规模以上工业利润总额增长贡献率达74.8%，拉动规模以上工业利润总额增长8.0个百分点。其中，有色金属冶炼和压延加工业、黑色金属冶炼和压延加工业、化学原料和化学制品制造业分别实现利润总额72.69亿元、105.00亿元和173.78亿元，同比分别增长1.72倍、48.6%和20.6%。

（三）结构升级稳步加快

2021年，省级及以上产业园区规模以上工业增加值增长10.1%，快于全省规模以上工业1.7个百分点；占全省规模以上工业的69.8%，同比提高0.7个百分点。全省规模以上制造业增加值同比增长8.6%，对全省规模以上工业增长的贡献率达92.7%。装备制造业增加值增长13.7%，对规模以上工业增长的贡献率49.7%。高技术制造业增加值增长21.0%，占全省规模以上工业的13.0%，同比提高1.3个百分点。2021年，新增2200多家规模以上工业企业，规模以上工业企业总数达18577家，位居全国第八、中部第三。新增国家级专精特新"小巨人"企业162家，累计232家，位居全国第七、中部第一。

（四）企业预期持续稳定

2021年，全省工业固定资产投资同比增长14.3%，高于全国平均2.9个百分点，位居全国第十一、中部第三；两年平均增长12.8%，位居全国第六、中部第一。工业技术改造投资同比增长17.5%，高于全国平均7.2个百分点；两年平均增长12.1%，居全国第四位、中部第二位（江西20.4%）。全省制造业投资同比增长17.5%，高于全国平均4.0个百分点；两年平均增长12.7%，高于全国平均7.9个百分点。

（五）关联指标平稳支撑

2021年，全年工业用电1106.94亿千瓦时，同比增长10.4%，较2019年同期增长15.3%，两年平均增长7.4%。全年累计实现工业税收1645.92亿元，同比增长9.6%，两年平均增长5.8%。2021年，全省实现出口4212.71亿元，同比增长27.5%，两年平均增长17.1%，高于全国4.8个百分点。

二、重点行业发展情况

（一）装备制造业

总体实现平稳发展。全省装备制造业虽遇疫情散发、芯片短缺、原材料价格高涨、国际物流不畅、电力供应紧张等多种困难，但全行业攻坚克难、奋力拼搏，仍实现总体平稳发展。5552家规模以上企业工业增加值比2020年增长13.7%；营业收入14291.7亿元，比2020年增长14.0%；利润690.7亿元，比2020年增长1.7%。工业增加值增速比全省规模以上工业高5.3个百分点，比全国规模以上工业高4.1个百分点，比全国装备制造业高0.8个百分点。规模以上企业营业收入和利润分别占全省规模以上工业的33.4%和33.5%，为全省工业稳增长提供了重要支撑。

各分行业均实现正增长。机械工业16个子行业营业收入全部实现正增长。按营业收入增幅由高到低依次是文化办公设备（79.6%）、内燃机（27.6%）、航空航天设备（25.3%）、其他民用机械（21.6%）、汽车（20.1%）、食品药品及包装机械（17.9%）、电工电器（17.5%）、船舶及船用设备（14.9%）、仪器仪表（14.7%）、重型矿山机械（10.7%）、机械基础件（4.5%）、工程机械（3.6%）、石化通用机械（3.3%）、机床工具（2.8%）、农业机械（2.0%）、轨道交通装备（0.6%）。装备制造业四大优势支柱行业结构发生较大变化，工程机械进入新一轮调整期，营业收入等经济指标的绝对值较2020年大幅减少。

国际化发展迈出新步伐。全省出口机电产品1838.2

亿元，较 2020 年增长 23.1%，占全省外贸总值的43.6%；2021 年全省装备制造业出口 734.3 亿元，较2020 年增长 19.9%。

（二）电子信息制造业

产业规模快速增长。 全省电子信息制造业规模以上工业企业营业收入达到 3592.4 亿元，同比增长 22.4%。规模以上工业增加值增速 23.2%，较全省规模以上工业增加值增速高 14.8 个百分点，居全省 14 个行业部门之首。蓝思科技、安克创新、中兴智能、湖南长城等骨干企业全年保持良好增长，新增 2 家百亿企业，总数达到7 家。

（三）石油化工

生产总体保持平稳。 随着中国采取的系列复工复产措施，全省石油化工行业市场需求逐渐转暖，主要经济指标稳步回升，行业利润大幅提升。全年完成营业收入2531.83 亿元，同比增长 14.9%；行业规模以上工业增加值增长-3.3%，增速较 1—11 月收窄 1.2 个百分点，12月当月增加值增长 6.1%，增速较 11 月提高 3.9 个百分点；全年实现利润总额 131.37 亿元，同比增长 46.3%。

（四）有色金属

行业效益大幅提升。 全省有色金属行业积极落实碳达峰碳中和等部署要求，持续深化供给侧结构性改革，加快推进转型升级，行业发展势头强劲。全省有色金属行业实现营业收入 2903.65 亿元，同比增长 38.6%，高于全国 7.8 个百分点；实现利润总额 86.18 亿元，同比增长 113.8%，高于全国 13.6 个百分点；工业增加值增速为 14.9%。

重点产品产量快速增长。 常用金属类：十种有色金属产量 233.22 万吨，同比增长 10.1%。其中，铅产量117.78 万吨，同比增长 18.1%；锌产量 84.38 万吨，同比增长 2.6%；锡产量 3.24 万吨，同比增长 36.5%。稀有金属类：黄金产量 83943 千克，同比增长 42.1%；白银产量 5635680 千克，同比增长 12.1%。加工产品类：铜材产量 53.99 万吨，同比增长 7.8%；铝材产量 92.17万吨，同比增长 4.5%；铜合金产量 1.26 万吨，同比增长 56.5%；铝合金产量 28.38 万吨，同比增长 69.3%；锌合金产量 33.64 万吨，同比增长 44.7%。

（五）冶金

营业收入和利润总额大幅增长。 在铁矿石和焦炭等原燃料大幅上涨、国家取消 169 种钢材出口退税、钢材出口大幅下滑、产能产量"双控"的情况下，全省钢铁行业干部职工团结一心、奋力拼搏，取得了营业收入和利润总额大幅增长的好成绩。全省 765 家规模以上钢铁企业工业增加值同比增长 2.6%；实现营业收入 3260.04亿元，同比增长 35.8%；实现利润总额 151.48 亿元，同比增长 35.5%。全省生产生铁 2177.35 万吨，同比增长3.4%；粗钢 2612.68 万吨，同比持平；钢材 2979.69 万吨，同比增长 8.3%；铁合金 142.10 万吨，同比增长35.8%；钢结构 298.30 万吨，同比下降 2.7%。2021 年

湖南省粗钢产量占全国粗钢产量的 2.5%，营业收入占全国营业收入的 2.8%。

（六）食品

行业运行保持稳定。 全省规模以上食品工业（不含烟草）增加值同比增长 12.7%，增速较 2020 年和全省规模以上工业分别高 10 个和 4.3 个百分点；完成营业收入5779.4 亿元，同比增长 11.3%，增速较 2020 年高 6.7 个百分点，较全省规模以上工业低 3.6 个百分点；实现利润总额 229.5 亿元，同比增长 8.3%，增速较 2020 年高12 个百分点，较全省规模以上工业低 2.4 个百分点。湖南省食品产业营业收入占全省规模以上工业的 13.5%。

（七）医药

生产效益增长放缓。 全省规模以上医药工业增加值同比增长 7.6%，分别低于全国医药工业和全省规模以上工业 17.2 个和 0.8 个百分点。全省医药规模以上工业完成营业收入 1251.62 亿元，同比增长 7.5%，分别低于全国医药工业和全省规模以上工业 11.2 个和 7.4 个百分点；实现利润总额 115.91 亿元，同比增长 1.1%，分别低于全国医药工业和全省规模以上工业 66.2 个和 9.6 个百分点。

（八）轻工

生产保持稳步增长。 全省规模以上轻工工业实现平稳增长，较 2020 年恢复性态势较好。2021 年湖南省规模以上轻工工业增加值同比增长 5%，增速高于 2020 年 3.1个百分点，两年平均增速 2.2%。7 个子行业工业增加值增速均实现正增长，分别是文教、工美、体育和娱乐用品制造业（9.8%）、橡胶和塑料制品业（8.9%）、家具制造业（5.4%）、皮革、毛皮、羽毛及其制品和制鞋业（3.6%）、造纸和纸制品业（3%）、印刷和记录媒介复制业（2.7%）、木材加工和木竹藤棕草制品业（1.4%）。其中文教、工美、体育和娱乐用品制造业、橡胶和塑料制品业增加值增速高于全省工业，分别为 9.8%和 8.9%。

（九）纺织

生产运行保持平稳。 全省规模以上纺织工业增加值累计增速同比下降 2.6%，与 2020 年基本持平。各重点子行业中的增加值增速出现分化，其中化学纤维制造业、服装服饰、纺织业增加值增速分别为-1.2%、16.7%和-10.7%。

（十）软件和信息技术服务业

产业规模和质量持续提升。 全省软件和信息技术服务业累计完成软件业务收入 1147 亿元，同比增长21.8%，高于全国增速 4.1 个百分点。全省移动互联网产业实现营业收入 2036 亿元，同比增长 25.8%。截至 2021年年底，全省约有 170 家软件及互联网企业营业收入过亿元。其中，过百亿元企业 4 家，入选湖南省上市后备企业名单 70 余家，国家级专精特新"小巨人"企业 34家，省级专精特新"小巨人"企业 89 家，超过 50 家知名软件和互联网企业在湖南设立了全国总部或区域性总部。**重点企业盈利水平进一步提升。** 省软件 50 强企业实

现软件业务收入 271 亿元，同比增长 12.4%，从业人员 45755 人，同比增长 10.7%。97 家省移动互联网重点企业全年实现营业收入 905 亿元，同比增长 30.4%；实现利润总额 49.3 亿元，同比增长 21.7%；吸纳就业人数 105550 人，同比增长 7.7%。

三、重点工作及成就

全力以赴稳增长，工业经济稳中向好。积极应对疫情、缺电、缺芯等困难，以及区域、产业恢复不均衡等挑战，加强运行监测和分析研判，及时向省委、省政府提出政策建议，有力支撑省委、省政府的决策。牵头开展"纾困增效"专项行动，协调推动"十大产业项目"、制造强省重点项目建设，持续推进规模以上工业企业培育，优化电力有序供应，有力促进工业稳增长。**发展速度稳中有进。**全省规模以上工业增加值同比增长 8.4%，两年平均增长 6.6%，高于全国平均 0.5 个百分点，居全国第十四位、中部第四位、十个经济大省第五位；制造业占 GDP 的比例提升至 27.7%；数字经济增长 17% 以上。**发展效益稳步提升。**全年工业税收增长 9.6%；规模以上工业企业利润增长 12%；企业亏损面为 8.5%，低于全国平均水平 10 个百分点。**发展后劲不断增强。**工业投资、技术改造投资分别增长 14.3% 和 17.5%；新增规模以上工业企业超过 2000 家；新增千亿企业 1 家、百亿企业 9 家，全省工业行业千亿、百亿企业分别达到 4 家和 38 家。

2022年湖南省工业经济运行概况

2022年，面对复杂严峻的发展环境，湖南省工业经济克服需求不足、疫情多发、高温干旱等多重困难，总体保持难中有进、稳中向好、好于全国的发展态势，对全省经济的支撑和贡献进一步提升。

一、工业经济运行特点

（一）工业增速争先进位

2022年，全省规模以上工业增加值同比增长7.2%，高于全国3.6个百分点，位居全国第六、中部第二、十个经济大省第一，较2021年分别前进16位、3位和8位。从月度看，全省工业高位开局、波动增长的特征较为明显。1—2月增长9.8%，好于预期；4月回落探底，仅增长5.1%；随后企稳回升，9月升至8.2%；四季度受疫情扰动，下行压力加大；12月全省规模以上工业增加值同比增长6.1%，高于全国4.8个百分点，总体保持回稳向好态势。从行业看，39个大类行业中，34个累计实现增长，增长面达87.2%，石油加工、运输设备、汽车制造、电气机械、电子设备、医药制造同比分别增长36.8%、24.8%、21.3%、15.9%、15.6%和13.1%。从市州看，8个市累计增速快于全省平均水平，其中郴州、长沙、株洲、岳阳、永州同比分别增长8.4%、8.3%、8.3%、8.3%和8.3%。

（二）企业效益稳步向好

各地各部门深入推进万名干部联万企行动，推动政策"红利"转化为企业内生动力。2022年，全省规模以上工业企业营业收入同比增长10.1%，高于全国4.2个百分点，位居全国第十、中部第二、十强省第一。汽车制造、电子设备、石油化工、电气机械、有色金属冶炼营业收入同比分别增长51.4%、22.8%、22.7%、22.1%和18.2%。规模以上工业企业利润增速8月以来由负转正、持续回升，全年同比增长11.5%，高于全国15.5个百分点，位居全国第十一、中部第三、十强省第一。截至2022年12月底，全省规模以上工业企业亏损面6.0%，较11月底收窄0.6个百分点，继续保持全国最低水平。

（三）产业结构持续优化

制造业占比稳中有升。2022年，全省规模以上制造业增加值同比增长7.5%，快于全省规模以上工业增加值增速0.3个百分点。制造业增加值占GDP的28.2%，较前三季度提高0.6个百分点，较2021年提高0.4个百分点；高于全国（27.7%）0.5个百分点。**先进制造业引领增长。**高技术制造业、装备制造业增加值同比增长18.0%和9.9%，分别快于规模以上工业11.8个和2.7个百分点。六大高耗能行业增加值同比增长6.6%，低于规模以上工业0.6个百分点。**新产品增势良好。**新能源汽车、服务机器人、集成电路、太阳能电池、工业机器人、锂离子电池等绿色智能产品同比分别增长198.8%、156.2%、72.7%、17.7%、17.1%和14.5%。

（四）新动能加速壮大

项目投资发力。2022年，全省工业投资同比增长14.5%，高于全国4.2个百分点；技术改造投资同比增长4.6%。衡阳、岳阳、张家界、益阳、怀化工业投资增速均超过20%。38个重点项目合计完成年度投资计划的105.4%，三安半导体二期项目完成年度投资的182.3%，配套设施基本建设完成；邵阳特种玻璃完成年度投资1141.8%；长沙惠科12条产线全部竣工点亮投产。**企业入规显效。**截至2022年，全省新增规模以上工业企业2013家，总数突破2万家，其中长沙、邵阳、岳阳、常德、株洲、郴州、永州分别新增398家、202家、180家、171家、148家、147家和145家。全省净增规模以上工业企业1577家，超过预期目标397家，长沙、常德、岳阳分别净增297家、148家和143家。**领航企业再上台阶。**工业行业百亿企业达50家，千亿企业4家（湖南钢铁、三一集团、国网湖南省电力、湖南中烟）。裕能新能源、长沙惠科光电、星朝汽车、长远锂科、泰金宝光电（岳阳）、金杯电工等一批新兴产业重点企业迈上百亿台阶。

（五）关联指标运行平稳

2022年，全省工业用电同比下降1.1%，主要受采矿业及水泥、铁合金、有色等高能耗行业用电减少影响，剔除这些因素，全年工业用电同比增长7%以上，制造业用电同比增长6%以上。汽车制造、医药制造、电子设备等新兴产业用电分别增长29.3%、11.6%和10.5%。全省工业完成税收1546.20亿元，占全省税收总数的39.5%，较2021年提高3.0个百分点。减税降费等惠企政策持续减轻企业负担，全省工业税收同比下降6.1%、制造业税收下降5.9%。2022年，全省累计办理增值税留抵退税685.25亿元，制造业退税占比28.3%。剔除留抵退税政策影响，全省实现工业税收1778.2亿元，同比增长5.8%；制造业税收1637.7亿元，同比增长4.5%。全省出口同比增长25.3%，高于全国14.8个百分点，位居全国第十、中部第二。

二、重点行业发展情况

（一）装备制造业

装备制造业总体实现稳定增长。2022年全省规模以上装备制造业增加值较2021年增长9.9%，高于全省规模以上工业增加值增速（7.2%）2.7个百分点，对全省工业增长支撑作用进一步凸显；高于全国规模以上装备制造业增加值增速（5.6%）4.3个百分点，好于全国装备制造业发展平均水平。从行业大类来看，除通用设备制造业增加值呈负增长（增速为-7.2%）外，其他大类行业均实现正增长。从效益数据来看，全行业实现营业收入16153.3亿元，占全省规模以上工业的33.9%，同比增长11.8%；实现利润807.4亿元，占全省规模以上工业的34.9%，同比增长16.6%。从地区发展来看，长沙（19.8%）、怀化（19.7%）、岳阳（18.1%）、邵阳（17.0%）、永州（15.3%）装备制造业营业收入增速高于全省平均水平。

（二）电子信息制造业

聚焦稳增长，产业承压前行、稳中向好、再上千亿台阶。全省规模以上电子信息制造业企业营业收入4314.08亿元，同比增长20.2%，高于全国14.7个百分点、全省规模以上工业10.1个百分点，连续两年迈上3000亿、4000亿元台阶，成为全省工业经济稳增长的重要力量。全省规模以上电子信息制造业增加值同比增长13.4%，高于全国5.8个百分点、全省规模以上工业增加值增速6.2个百分点。入选1个国家先进制造业集群和2个全国中小企业特色产业集群；新增4家百亿元企业，总数达10家；新增国家制造业单项冠军企业（产品）5个、专精特新"小巨人"企业69家，分别占全省总数（21个、174家）23.8%和39.7%。

（三）石油化工

生产总体保持平稳。2022年，受国际环境日趋复杂严峻和国内疫情冲击、国内外原材料价格高位震荡、进出口贸易受阻等因素影响，全省石油化工行业总体运行稳中趋缓，走势分化，需求持续收缩，消费疲软，价格高位震荡下行，重点产品产量平稳增长，重点企业运行良好。全行业实现营业收入2888.69亿元，同比增长13.6%；实现利润总额149.47亿元，同比增长12.5%；规模以上工业增加值增速为10.9%，高于全省规模以上工业增加值增速3.7个百分点。

（四）有色金属

行业效益大幅提升。全省有色金属行业持续深化供给侧结构性改革，加快推进转型升级，行业发展势头强劲。全行业实现营业收入3156.6亿元，同比增长18.3%，增速高于全国7.8个百分点；实现利润总额88.15亿元，同比增长21.5%，增速高于全国29.2个百分点；规模以上工业增加值增速为10.3%，高于全省规模以上工业增加值增速3.1个百分点。

（五）冶金

行业效益保持平稳。全省冶金行业克服原燃料价格持续高位、钢材产品需求转弱、价格下行等诸多困难，保持了平稳的发展态势。全行业实现营业收入3266.56亿元，同比增长1.1%，增速高于全国9个百分点；实现利润总额108.91亿元，增速高于全国51.1个百分点（全国-79.2%，湖南省-28.1%）；规模以上工业增加值

增速为9.4%，高于全省规模以上工业增加值增速2.2个百分点。

（六）食品

行业运行保持平稳。全省规模以上食品工业（不含烟草）增加值同比增长3.5%；完成营业收入6379.04亿元，同比增长9.3%；实现利润总额248.22亿元，同比增长6.6%。全省食品工业营业收入占规模以上工业的13.4%。

（七）医药

生产效益明显增长。全省规模以上医药企业工业增加值同比增长15%，分别高于全国医药工业和全省规模以上工业16.5个和7.8个百分点。全省医药规模以上工业完成营业收入1387.94亿元，同比增长11%，分别高于全国医药工业和全省规模以上工业10.5个和0.9个百分点；实现利润总额136.03亿元，同比增长17.7%，分别高于全国医药工业和全省规模以上工业44个和6.2个百分点。

（八）轻工

生产运行总体平稳。全省规模以上轻工行业工业增加值同比增长4.8%，低于全省规模以上工业增加值2.4个百分点，延续恢复态势。其中皮革、毛皮、羽毛及其制品和制鞋业，文教、工美、体育和娱乐用品制造业，家具制造业，造纸和纸制品业，印刷和记录媒介复制业保持增长。

（九）纺织

经济总量保持增长。全省规模以上纺织工业增加值同比增长4.8%，较2021年提升7.4个百分点，高于全国规模以上纺织工业6.7个百分点；完成营业收入1154.94亿元，同比增长6.7%；实现利润总额52.94亿元，同比增长32.5%，利润总额从中部六省第五位提升至第四位。

（十）软件和信息技术服务业

产业规模和质量持续提升。全省软件和信息技术服务业营业收入突破2000亿元，达2016亿元，同比增长13.9%；软件业务收入达1272亿元，同比增长13.5%。其中，软件产品收入329亿元、信息技术服务收入760亿元、信息安全收入14亿元、嵌入式系统软件收入169亿元，占比分别为25.9%、59.7%、1.1%和13.3%，软件产业向服务化发展趋势凸显。全省移动互联网产业实现营业收入2516亿元，同比增长23.6%。天河国云、和信安华、树根格致三家企业入选2022中国产业区块链企业100强排行榜。安克创新6款产品获2022红点奖，9款产品获IF奖，连续六年进入中国全球化品牌50强榜单。全省新增移动互联网及软件领域国家级专精特新"小巨人"企业34家，累计68家。

三、重点工作及成就

（一）强化运行、优化服务，圆满实现年度目标任务

扛牢"压舱石"责任，全年规模以上工业增加值增

长7.2%，增速高于全国工业1倍，居全国第六位、十强省第一位。**一是强化运行调度。**全面贯彻国家和省委、省政府稳住经济大盘的一系列政策措施，出台促进工业经济平稳增长政策26条，对9个负增长行业实行"周调度"，及时扭转下滑势头。提前谋划做好迎峰度夏、度冬电力保供工作，明确80家重点物流保畅白名单企业，有效保障供应畅通。**二是全力纾困解难。**牵头开展"纾困增效"和万名干部联万企"送政策、解难题、优服务"行动，全省4.7万名干部帮助18.4万家企业，解决问题7.3万个，相关做法得到国务院通报表扬和《人民日报》头版推介。及时清理拖欠民营企业中小企业账款，全省规模以上工业企业亏损面连续3年保持全国最低。**三是增强发展后劲。**大力实施产业发展"万千百"工程，强力推进十大产业项目，33个百亿级项目全面推进，中联智能装备、邵虹基板玻璃等22个项目投产或部分投产。

（二）大抓企业、抓大企业，企业梯度培育成效明显

一是做强做优做大领航企业，围绕重点领域筛选561家企业进行培育，全省百亿企业达到50家，湖南钢铁集团、三一集团分别跻身《财富》世界500强、福布斯企业500强。二是支持中小企业专精特新发展，实施中小企业品牌能力提升、"资汇潇湘"融资促进等专项行动，新增国家专精特新"小巨人"企业174家，累计399家；新增专精特新"小巨人"A股上市企业8家，累计33家；新增国家单项冠军企业（产品）21家（个），数量位居全国第五、中部第一，累计48家（个）。三是培育规模以上企业，围绕"稳存量、扩增量、提质量"，深入实施新增规模以上工业企业行动，全年新增规模以上企业2013家，净增1577家，总量突破2万家。

（三）补链强链、集群集聚，产业发展竞先迸发

全省先进制造业增加值同比增长8.4%，占制造业增加值的49.9%。**一是产业集群形成梯度。**4个集群跻身国家队，进入"世界级先进制造业集群培育池"，总数居全国第三位，3个集群成为国家中小企业特色产业集群；新培育省级先进制造业集群15个、中小企业特色产业集群7个，相关经验做法获中央办公厅专刊推介。扎实推进"五好"园区建设，宁乡高新技术产业园区升级为国家级高新技术产业开发区，常德高新技术产业开发区成功创建国家新型工业化产业示范基地。"老三样"产业国际竞争力持续增强，工程机械全球50强新增1家，总数达5家（全国12家），数量位居全国第一；自主研制的动车组成功进入欧盟高端市场；飞机起降系统、复合材料成型设备等装配国产C919大型客机、鲲龙AG600水陆两栖飞机。"新三样"产业发展来势看好，先进计算产业进入国家重点布局，新能源汽车年产量49.6万辆，同比增长2.5倍；60万吨己内酰胺、100万吨乙烯等现代石化重点项目进展顺利。**二是产业升级步伐加快。**获批国家智能制造示范工厂揭榜单位总数达11个，位居中部第一；18

家沿江化工企业完成搬迁改造，获评国家绿色工厂36家、绿色园区3家、绿色产品39个、绿色供应链管理示范企业8家、绿色设计示范企业11家，均位居全国前列；获评国家级服务型制造示范企业（平台、项目）11个，长沙成为国家级服务型制造示范城市，4件产品获2022年中国优秀工业设计奖。**三是产业合作持续深化。**组织13场产业对接活动，签约一批重大项目。其中，世界计算机大会签约8个项目，投资金额达489.4亿元，推动湖南加速融入全球计算产业格局；2020湖南（长沙）电池产业博览会签约8个电池项目，总投资超过340亿元。成功创建"一带一路"（长沙）中小企业合作区。

（四）突破短板、强化应用，创新能力明显提升

牢牢牵住技术创新这个"牛鼻子"，锻长板、补短板、建平台、强应用，持续提升产业链供应链韧性和安全水平。**一是关键核心技术取得新突破。**以"五五"工程为抓手，实施"产品创新强基"项目121个，突破关键技术507项，获得专利授权724项；聚焦"3+3+2"重点领域，采取"揭榜挂帅""赛马"等机制，支持省内25家单位在三年内攻关突破22项制造业重大关键产品，1847家中小企业实现发明专利"破零倍增"。**二是创新平台建设实现新进展。**国家先进轨道交通装备创新中心连续两年获评优秀，构建起"1个国家级+11个省级"创新中心发展格局。新增5家国家技术创新示范企业，省级企业技术中心数量突破1000家，认定61家省级产业技术基础公共服务平台。**三是产品创新应用激发新动能。**出台首版次高端软件、首轮次工程流片芯片、首套件基础电子元器件等财政支持政策，全省规模以上工业企业新产品销售收入达1.2万亿元，同比增长45%，占比达27.91%。**四是质量品牌建设树立新标杆。**新增国家质量标杆2家，认定省级质量标杆31家、知识产权运用标杆20家、制造品牌示范企业20家。积极开展质量管理数字化，获评5个国家典型场景。

（五）夯实基础、增强动能，数字经济蓬勃发展

顺势而为拥抱数字时代，推动新一代信息技术与实体经济深度融合，打造数字经济新引擎。2022年数字经济增长15%以上，连续五年保持两位数高速增长，总量达1.5万亿元。**一是夯实算力基础设施底座。**实施算力服务、算法创新等六大提升行动，发布"数字新基建"100个标志性项目，长沙国家级互联网骨干直联点建成开通，跨省网络性能提升至国内第一梯队，国家超级计算中心（长沙）完成改造升级，算力跃升全国第三，人工智能创新中心启动运营。全省新建5G基站3.2万个，建成和在建规模以上数据中心48个，标准机架总规模达16.3万架。**二是数字产业化形成生态优势。**电子信息制造业规模突破4000亿元，增速位居中部第一。软件、移动互联网等产业保持高速增长，信创、新型显示、智能终端等新动能加快成长形成支撑。**三是产业数字化拓展**

深度广度。获批国家工业互联网创新发展示范区、长沙国家人工智能创新应用先导区，全国首个智能网联汽车预期功能安全测试基地正式启用，中电工业互联网有限公司入选2022年国家跨行业跨领域工业互联网平台名单。发布54个数字湖南十大应用场景建设典型案例，43个5G典型应用场景，实施中小企业"两上三化"行动，主要工业互联网平台连接工业设备超480万台（套）。123家企业开展工业互联网网络安全分类分级管理。

2019 年广东省工业经济运行概况

2019 年，广东省规模以上工业增加值同比增长 4.7%。全省规模以上工业企业总数超过 5.5 万家，位居全国第一。全省有 13 家企业进入世界 500 强，其中制造业企业 6 家。

一、工业经济运行特点

（一）工业运行总体平稳

分所有制看，国有控股企业规模以上工业增加值同比增长 4.6%；民营企业规模以上工业增加值同比增长 7.6%；集体企业规模以上工业增加值同比下降 1.7%；股份合作企业规模以上工业增加值同比增长 2.6%；股份制企业规模以上工业增加值同比增长 7.5%；外商及港澳台商投资企业规模以上工业增加值同比下降 0.1%。分轻重工业看，轻工业规模以上工业增加值同比增长 2.4%；重工业规模以上工业增加值同比增长 5.9%。分企业规模看，大型企业规模以上工业增加值同比增长 5.7%；中型企业规模以上工业增加值同比增长 4.1%；小微型企业规模以上工业增加值同比增长 3.5%。

（二）企业效益稳中向好

2019 年，广东省规模以上工业企业利润总额比 2018 年增长 5.6%，增幅比 2018 年回升 5.7 个百分点，比全国（-3.3%）高 8.9 个百分点。全省规模以上工业企业亏损面为 16.3%，企业亏损面逐步收窄。2019 年，广东省规模以上工业企业经济效益综合指数为 264.7%。其中，全员劳动生产率 26.7 万元/人，同比增长 10.5%；资产贡献率 10.9%，成本费用利润率 6.5%，资产负债率 56.5%，资本保值增值率 108.4%，流动资产周转次数 1.86 次，产品销售率 97.3%。

（三）产业结构持续优化

2019 年，广东省先进制造业和高技术制造业发展较快。规模以上先进制造业增加值同比增长 5.1%，增加值占全省规模以上工业的 56.3%。其中，高端电子信息制造业同比增长 8.8%，生物医药及高性能医疗器械业同比增长 7.2%，先进装备制造业同比增长 4.9%，先进轻纺制造业同比增长 3.9%，新材料制造业同比增长 3.5%，石油化工业同比增长 0.1%。规模以上高技术制造业增加值同比增长 7.3%，增加值占全省规模以上工业的 32.0%。其中，航空、航天器及设备制造业同比增长 17.1%，医疗仪器设备及仪器仪表制造业同比增长 16.0%，电子及通信设备制造业同比增长 8.3%，医药制造业同比增长 0.5%，计算机及办公设备制造业同比下降 7.9%，信息化学品制造业同比下降 24.7%。

（四）制造业高质量发展加快推进

2019 年，广东省召开全省推动制造业高质量发展大会。省委、省政府出台《关于推动制造业高质量发展的意见》，全力推动广东制造业高质量发展，加快建设制造强省。高起点培育产业集群，形成新一代信息技术、绿色石化、智能家电 3 个产值超万亿元的产业集群。工业园区发展水平提升。2019 年，广东省产业转移工业园 93 个，园区规模以上工业增加值占粤东粤西粤北地区的 33.7%，比 2018 年提高 2.5 个百分点；园区新落地项目 848 个，新投产项目 580 个，珠三角和粤东粤西粤北地区对口共建产业园共有 300 个超亿元工业项目落地建设。试点推进制造业高质量发展综合评价，制定"6+1+X"评价指标体系，广州市黄埔区、深圳（河源）产业转移工业园率先完成评价工作。

（五）产业发展新动能加快形成

2019 年，广东省加快 4K、5G 产业发展，培育发展新动能。启动建设国内首个超高清视频产业发展试验区，广州、深圳、惠州 3 个世界级产业基地初具雏形。四大彩电企业（TCL、创维、康佳、广东长虹）4K 电视产量 2791.7 万台，比 2018 年增长 34.7%；4K 机顶盒用户数量累计 2150 万户，比 2018 年增加 650 万户；可提供 4K 节目量时长累计 15178 小时，比 2018 年增加 4146 小时。全省建成 5G 基站 36988 座，约占全国基站的 1/4，广州、深圳中心城区基本实现 5G 网络连续覆盖。珠江西岸先进装备制造产业带全年新引进、新开工、新投产投资亿元以上装备制造业项目分别为 290 个、276 个和 190 个。新产品产量保持快速增长，新能源汽车产量同比增长 17.5%；太阳能（光伏）电池产量同比增长 10.3%；3D 打印设备产量同比增长 215.2%。

（六）工业转型升级持续推进

2019 年，广东省推进工业企业技术改造，新修订工业企业技术改造三年行动计划，加大技术改造资金奖励力度，扩大政策普惠面和提高扶持比例，全年推进 8894 家企业开展技术改造，全省工业技术改造投资比 2018 年增长 12.9%，对工业投资增长的贡献率为 84.0%。工业绿色发展持续推进，创建国家级绿色工厂 57 家、绿色设计产品 62 种、绿色园区 2 家、绿色供应链 4 个，省级以上园区开展循环化改造比例 85%。高耗能行业增速低于规模以上工业。六大高耗能行业增加值同比增长 4.2%，比全省规模以上工业增加值增速低 0.5 个百分点。

（七）工业企业核心竞争力不断提升

2019 年，广东省推动制造业创新体系建设，国家印刷及柔性显示创新中心成为 2019 年全国唯一获得考核"优秀"的制造业创新中心。新增 5 家省级制造业创新中心，累计 20 家；累计新建设省级企业技术中心 1308 家；

4 家企业获评国家技术创新示范企业，累计 47 家。新增国家级工业设计中心 9 家，累计 24 家；培育省级工业设计中心 106 家，省级工业设计研究院 3 家。

二、重点工作及成就

2019 年，面对国内外风险挑战明显上升的复杂局面，广东省坚持稳中求进工作总基调，以供给侧结构性改革为主线，加快建设制造强省、网络强省、数字经济强省，全力推动全省工业和信息化高质量发展。

（一）强产业，谋划推动制造业高质量发展

加强顶层设计。成立由院士、专家、企业家组成的制造强省建设专家咨询委员会。试点推进制造业高质量发展综合评价，推动 6 个地区（园区）开展试点。**高起点培育产业集群。**形成新一代信息技术、绿色石化、智能家电 3 个产值超万亿的产业集群，5 个集群进入国家先进制造业集群竞赛初赛。聚焦产业集群核心产业链的关键环节，推动省产业发展基金累计完成签约投资 398.27 亿元。**开展稳链补链强链延链控链工作。**建立省重点产业集群和产业链稳链补链强链延链控链工作联动协调机制，梳理 14 个重点产业供应链，找准薄弱环节精准施策。**狠抓重大项目建设。**组建省制造业重大项目建设总指挥部，建立重大项目动态管理机制、省市县三级联动机制、厅级干部分片包干制、重大项目专员服务制"四项机制"，以及制定 10 亿元以上制造业重大项目、优质存量项目、拟建技改项目、标准厂房项目"四张清单"，对纳入省制造业重大项目库的 307 个重大项目进行跟踪服务。**提升工业园区发展水平。**制定推动工业园区高质量发展的政策措施，提升工业园区产业承载能力和质量效益，推进村镇工业集聚区升级改造。省产业转移工业园数量达到 93 个，全年新落地项目 848 个，新投产项目 580 个，珠三角和粤东粤西粤北地区对口共建产业园共有 300 个亿元以上工业项目落地建设。

（二）抢先机，培育产业发展新动能

加快发展 4K 产业。省政府出台《广东省超高清视频产业发展行动计划（2019—2022 年）》，举办 2019 世界超高清视频（4K/8K）产业发展大会，启动国内首个超高清视频产业发展试验区建设，建设 3 个世界级产业基地、5 个 4K 电视网络应用试点示范城市，广东省四大彩电企业 4K 电视产销量分别增长 34.7% 和 32.6%。**5G 产业领先发展。**省政府出台《广东省加快 5G 产业发展行动计划（2019—2022 年）》，建立联席会议制度，推进 5G基站与智慧杆建设；建设 5G+超高清视频、智慧医疗等 300 个应用示范，培育 3 个 5G 产业园。全年共建成 5G基站 3.6 万座。**大力发展数字经济。**举办 2019 中国工业互联网大会暨粤港澳大湾区数字经济大会，获批建设国家数字经济创新发展试验区。加快推进珠江三角洲国家大数据综合试验区，试点建设 6 个省级大数据综合试验区，新培育 16 个省级大数据应用示范项目、3 个省级人工智能产业园。**大力发展先进装备制造业。**深入实施珠西产业带聚焦攻坚行动计划，全省规模以上装备制造业增加值增长 5.9%，全年新引进、新开工、新投产投资亿元以上装备制造业项目分别达 290 个、276 个和 190 个。**深入发展智能制造。**培育 25 个国家级、290 个省级智能制造试点示范项目。大力推动机器人产业发展和应用，全年工业机器人产量 4.47 万台（套），占全国总产量的 24%。

（三）抓创新，持续提升企业自主创新能力

推动制造业创新体系建设。国家印刷及柔性显示创新中心成为 2019 年全国唯一获得考核"优秀"的制造业创新中心；新增 5 家省级制造业创新中心。培育企业创新平台，新建设省级企业技术中心 162 家；4 家企业获评国家技术创新示范企业，总数达 47 家，位居全国前列。**实施产业链协同创新计划。**以湛江市小家电产业集群为试点，引入龙头企业输出装备和技术、担保机构提供融资担保服务，省市县三级财政协同支持，推动小家电企业实施智能化升级，首批 18 个项目正加快建设。**推动信息技术应用创新发展。**建设省信息技术应用创新展示体验中心，支持企业开展操作系统、数据库等基础软件和 EDA（电子设计自动化）等工业软件开发和产业化，加快构建自主软件产业生态。加快首台（套）重大技术装备推广应用。**大力发展工业设计。**新增国家级工业设计中心 9 家，累计 24 家。培育省级工业设计中心 106 家、省级工业设计研究院 3 家。**推进企业创业创新。**建设 4 个国家级中小企业创新创业特色载体，培育 4 个国家级、20 个省级小型微型企业创业创新示范基地。举办第三届"创客广东"大赛，组织"双创"活动周。

（四）促转型，加快传统优势产业提质增效步伐

大力推进工业企业技术改造。新修订工业企业技术改造三年行动计划，进一步加大技术改造资金奖励力度，扩大政策普惠面和提高扶持比例，推动 8894 家工业企业开展技术改造，全省工业技术改造投资同比增长 12.9%，对工业投资增长贡献率达 84%。**加快发展工业互联网。**累计推动 6000 家工业企业运用工业互联网实现数字化转型、50 万家中小企业"上云用云"。华为、富士康、树根互联 3 家企业入选 2019 年跨行业跨领域工业互联网平台。开展第一批产业集群工业互联数字化转型试点，培育建设 8 个省级"5G+工业互联网"应用示范园区。**推动工业绿色发展。**深入推进绿色制造体系建设，创建国家级绿色工厂 57 家、绿色设计产品 62 种、绿色园区 2 家、绿色供应链 4 个。完成清洁生产审核企业超 2100 家，新认定"粤港清洁生产合作伙伴"标志企业 180 家。新增 13 家工业园区开展循环化改造，省级园区改造比例达 85%。污染防治攻坚战各项任务取得实效，潮南和普宁 2 个纺织印染环保综合处理中心已建成使用。**提升制造业和生产服务业融合发展水平。**举办 2019 年中国工业电子商务大会，培育 20 家珠三角地区服务型制造示范企业（平台），评审认定工业旅游精品线路 20 条，佛山市南风古灶被认定为第三批国家工业遗产，实现广东省零的突破。

（五）优环境，激发市场主体活力

加大对民营经济、中小企业发展的支持。修订出台《广东省促进中小企业发展条例》。实施专精特新中小企业梯队培育专项行动，新培育国家专精特新"小巨人"企业 22 家，数量位居全国前列；遴选扶持省高成长中小企业 440 家。全年推进 9000 多家工业企业"小升规"。多措并举缓解融资难融资贵问题，全年通过中小微企业信贷风险补偿、政府性融资担保（再担保）、小额票据贴现、应收账款融资、专精特新企业融资服务等途径帮助企业获得融资支持超 2000 亿元。**强化涉企服务。**建立企业与省长的直通车制度，搭建省级跨部门涉企政策"一站式"网上发布平台，新认定 14 个国家级、38 个省级中小企业公共服务示范平台。推广发放中小微企业服务券，实施新粤商培育工程，举办第十六届中国国际中小企业博览会。**落实降成本举措。**持续抓好"实体经济十条（修订版）""民营经济十条"贯彻落实工作，全年为企业新降成本 1373.4 亿元。狠抓清理拖欠民营企业中小企业账款工作，清偿进度为 93.6%，无分歧账款全部清偿，大幅超额完成国家要求的年底前清偿一半以上的目标任务，进度位居全国前列。**扎实推进"放管服"改革。**省级行政权力事项压减率为 83%，全部行政审批事项实现办理时限压减过半。统筹优化资金结构，盘活各类存量资金用于支持省重大项目和政策任务，推进项目资金管理全流程网上办理。

2020年广东省工业经济运行概况

2020年，广东省规模以上工业增加值同比增长1.5%。全省规模以上工业企业5.85万家，位居全国第一。全省有世界50强企业14家、中国50强企业58家，保持全国领先水平。

一、工业经济运行特点

（一）工业运行总体平稳

分所有制看，国有控股企业规模以上工业增加值同比增长5.4%；外商及港澳台商投资企业规模以上工业增加值同比下降0.4%；股份制企业规模以上工业增加值同比增长2.9%；股份合作企业规模以上工业增加值同比下降3.5%；集体企业规模以上工业增加值同比下降26.2%。分轻重工业看，轻工业规模以上工业增加值同比增长0.5%；重工业规模以上工业增加值同比增长1.9%。分企业规模看，大型企业规模以上工业增加值同比增长1.7%；中型企业规模以上工业增加值同比增长3.9%；小微型企业规模以上工业增加值同比下降0.8%。

（二）先进制造业支撑作用较强

2020年，广东省规模以上先进制造业增加值比2019年增长3.4%，比全省规模以上工业增加值增速高1.9个百分点；增加值占全省规模以上工业的56.1%，比2019年回落0.2个百分点。其中，高端电子信息制造业同比增长0.7%，生物医药及高性能医疗器械业同比增长14.4%，先进装备制造业同比下降19.5%，先进轻纺制造业同比增长2.3%，新材料制造业同比增长1.6%，石油化工业同比增长3.3%。2020年，广东省规模以上高技术制造业增加值同比增长1.1%，比全省规模以上工业增加值增速低0.4个百分点；增加值占全省规模以上工业的31.1%，比2019年回落0.9个百分点。其中，医药制造业同比增长12.0%，电子及通信设备制造业同比增长0.3%，计算机及办公设备制造业同比下降3.7%，航空、航天器及设备制造业同比下降34.0%，医疗仪器设备及仪器仪表制造业同比增长11.1%，信息化学品制造业同比下降35.0%。

（三）工业品出口稳步恢复

2020年，广东省规模以上工业完成出口交货值33551.22亿元，比2019年下降3.7%，降幅呈现逐月收窄的运行态势，工业品出口趋向正常化。分行业看，全省有出口的37个工业大类行业中，13个行业出口呈增长态势，部分行业工业品出口逆势增长。其中，医药制造业同比增长111.9%，拉动广东工业出口增长0.3个百分点；专用设备制造业同比增长13.7%，拉动广东工业出口增长0.3个百分点；电气机械和器材制造业同比增长5.2%，拉动广东工业品出口增长0.7个百分点。

（四）工业企业效益好转

2020年，广东省规模以上工业企业营业收入比2019年增长0.1%；利润总额比2019年增长3.2%。在有统计行业利润的39个工业大类行业中，25个行业实现利润增长。其中，计算机、通信和其他电子设备制造业，电气机械和器材制造业，电力、热力生产和供应业，汽车制造业利润总额排在前四，合计增长4.7%，上述四大行业利润总额占全省规模以上工业企业利润的49.6%。规模以上工业企业亏损面为19.2%。全年规模以上工业企业每百元营业收入中的成本为82.79元，同比减少0.44元；营业收入利润率为6.32%，同比上升0.19个百分点。

（五）工业企业复工复产

2020年，广东省稳住工业经济基本盘。建立百家制造业重点企业跟踪服务机制，"一企一策"解决企业缺员工、缺设备、缺原材料、缺防疫物资等难点堵点，以重点企业为牵引推动全链条复工，保投产、保续建、促新开、促落地、增固投，以"三个一批"（开发"一批战疫云产品"、试点"一批产业集群"、推出"一批加码政策"）助力工业企业加快畅通产业循环。修订广东省"民营经济十条"，出台《关于应对疫情影响加大对中小企业支持力度的若干政策措施》《关于应对疫情影响进一步促进信息服务和消费的若干政策措施》等惠企政策，从促生产、减负担、活融资、强服务等方面支持企业渡过难关。全省复工规模以上工业企业数和复工人数均位居全国第一，工业生产逐月逐季回升。

（六）工业新产业新业态加速涌现

2020年，广东省大力发展数字经济，加快工业互联网创新应用，率先培育发展4K、5G产业。制造业数字化、网络化、智能化不断加速。全省累计建成5G基站12.4万座，基本实现5G网络深圳全覆盖、广州主要城区连续覆盖、珠三角中心城区广覆盖，5G产业规模、用户数和基站数均位居全国第一。培育花果山超高清视频产业特色小镇，四大彩电企业（TCL、创维、康佳、广东长虹）4K电视产量3383.2万台，同比增长19.6%，全省4K电视产量约占全国一半；4K机顶盒用户数累计2347万户，比2019年增加197万户；可提供4K节目量时长29921小时，比2019年增加14744小时。具有较高技术含量和较高附加值的工业产品产量保持增长，工业机器人同比增长48.5%，服务机器人同比增长36.5%，电子元件同比增长33.9%，民用无人机同比增长111.1%。

二、重点工作及成就

2020年，广东省按照"1+1+9"工作部署，坚持稳中求进工作总基调，坚持新发展理念，坚持以供给侧结构性改革为主线，扎实做好"六稳"工作，全面落实"六保"任务，加快建设制造强省、网络强省、数字经济强省。

（一）全力以赴抓好疫情防控物资保障和工业企业复工复产

广东省防疫物资生产取得五个"零的突破"，八类物资生产和国家调运总量位居全国第一，为全国抗疫大局贡献广东力量，体现广东担当；出台实施一系列援企稳岗政策，建立百家制造业重点企业跟踪服务机制，以重点企业为牵引推动全链条复工，全省复工的规模以上工业企业和复工人员数量均位居全国第一。

（二）稳中求进培育战略性产业集群

出台《广东省人民政府关于培育发展战略性支柱产业集群和战略性新兴产业集群的意见》，立足于"稳"，重点培育壮大新一代电子信息、绿色石化、智能家电等十大战略性支柱产业集群；着眼于"进"，加快培育发展半导体与集成电路、高端装备制造、智能机器人等十大战略性新兴产业集群。20个战略性产业集群逐一制订培育行动计划，形成"1+20"政策文件。加强政银战略合作，推动5家金融机构在未来五年内为广东省战略性产业集群企业及上下游产业链提供1.95万亿元融资支持。

（三）加快制造业创新体系建设

全力支持深圳建设中国特色社会主义先行示范区，落户深圳的国家高性能医疗器械创新中心获批组建，成为广东省第二家国家制造业创新中心，与落户广州的国家印刷及柔性显示创新中心实现"双轮驱动"，引领全省制造业创新发展。新筹建8家省级制造业创新中心，累计28家。实施产业链协同创新计划，在湛江、中山组织开展产业链协同创新试点项目，助力特色产业集群中小企业加快智能化转型升级。大力发展工业设计，举办"省长杯"工业设计大赛及广东设计周活动，2020中国优秀工业设计奖十大金奖广东省斩获两项。

（四）加快重大项目建设和工业企业技术改造

充分发挥全省制造业重大项目建设总指挥部的作用，建立完善重大项目库，强化跟踪服务。为应对疫情影响，出台"支持新型冠状病毒感染肺炎防护用品（具）企业实施技术改造扩大生产的奖励政策"等措施，进一步加大技术改造资金奖励力度，扩大政策普惠面和提高扶持比例，支持传统产业转型升级，全年新推动8500家企业开展技术改造。广州、深圳获得国务院"工业稳增长和转型升级成效明显市（州）"督查激励。

（五）促进两化融合发展

出台《广东省加快5G产业发展行动计划（2019—2022年）》《广东省5G基站和数据中心总体布局规划（2021—2025年）》等政策措施。全省新增5G基站8.7万座，累计突破12.4万座，位居全国第一，基本实现深圳5G网络全覆盖、广州主要城区连续覆盖、珠三角中心城区广覆盖。大力发展工业互联网，开展特色产业集群数字化转型试点，培育工业互联网示范标杆，支持和带动累计1.5万家工业企业运用工业互联网实现数字化转型、50万家中小企业"上云上平台"。加快发展超高清视频产业，打造花果山超高清视频产业特色小镇，4K电视机产量位居全国第一。大力推动集成电路产业发展，举办第23届中国集成电路制造年会，首创中国IC30人圆桌会议，支持集成电路关键技术研发及产业化。大力发展数字产业，按照"双核九中心"总体布局推动数据中心建设，加快推进数字经济立法工作。

（六）推动工业园区高质量发展

印发实施《关于推动工业园区高质量发展的实施方案》《广东省村镇工业集聚区升级改造攻坚战三年行动方案（2021—2023年）》，促进珠三角核心区工业园区转型升级，提升沿海经济带东西两翼工业园区发展能级，推动北部生态发展区企业集中入园发展，提升工业园区产业承载能力和质量效益，加快建设一批产业特色突出、产业配套完备的高水平园区。

（七）营造良好发展环境

出台实施广东省"中小企业26条"，给予中小企业发展财政支持，2020年累计为企业减税降费超过3000亿元。修订广东省"民营经济十条"，围绕审批服务、降成本、活融资、促创新等十个方面提出75项政策措施。加大专精特新企业培育力度，举办省"专精特新"新品发布会。强化涉企服务，依托"粤商通"App建设企业诉求响应平台，开展"新粤商"培训工程，举办第四届"创客广东"大赛。继续细化落实清欠工作，无分歧拖欠账款已全部清偿，剩余有分歧账款均已进入司法程序。强化人才队伍建设，在全国率先出台关于强化制造业高质量发展人才支撑的政策文件，开展省制造业高端人才"千企智造·智汇行动"。积极发展工业旅游，发布首批20条工业旅游精品线路。

2021年广东省工业经济运行概况

2021年，广东省工业经济保持平稳增长，全年完成规模以上工业增加值同比增长9%。全省规模以上工业企业总数6.6万家，位居全国第一。

一、工业经济运行特点

（一）工业运行总体平稳

分所有制看，国有控股企业规模以上工业增加值同比增长13%；外商及港澳台商投资企业规模以上工业增加值同比增长9.2%；股份制企业规模以上工业增加值同比增长9.1%；股份合作企业规模以上工业增加值同比下降5.5%；集体企业规模以上工业增加值同比增长4.8%。分轻重工业看，轻工业规模以上工业增加值同比增长9.5%；重工业规模以上工业增加值同比增长8.8%。分企业规模看，大型企业规模以上工业增加值同比增长4.9%；中型企业规模以上工业增加值同比增长13.2%；小型企业规模以上工业增加值同比增长14.2%；微型企业规模以上工业增加值同比下降29.1%。

（二）先进制造业保持较快增长

2021年，广东省规模以上先进制造业增加值比2020年增长6.5%，增加值占全省规模以上工业的54.1%。其中，高端电子信息制造业同比增长1.3%，先进装备制造业同比增长11.1%，石油化工业同比增长8.0%，先进轻纺制造业同比增长7.8%，新材料制造业同比增长8.5%，生物医药及高性能医疗器械业同比增长15.3%。全年规模以上高技术制造业增加值同比增长6.9%，增加值占全省规模以上工业的29.9%。其中，医药制造业同比增长18.7%，航空、航天器及设备制造业同比增长12.6%，电子及通信设备制造业同比增长4.7%，计算机及办公设备制造业同比增长23.5%，医疗仪器设备及仪器仪表制造业同比增长10.1%，信息化学品制造业同比下降22.4%。

（三）工业企业效益好转

2021年，广东省规模以上工业企业营业收入比2020年增长13.6%；利润总额同比增长16.1%。在有统计行业利润的39个工业大类行业中，27个行业实现利润增长，12个行业下降。其中，利润总额超过500亿元的行业有计算机通信和其他电子设备制造业、电气机械和器材制造业、汽车制造业、化学原料和化学制品制造业，上述四大行业实现利润总额占全省规模以上工业企业利润的51.0%。规模以上工业企业亏损额1171.62亿元，同比增长18.0%；亏损面为17.9%，同比下降1.3个百分点。全年规模以上工业企业每百元营业收入中的成本为83.10元，同比增加0.31元；营业收入利润率为6.44%，提高0.12个百分点。

（四）产业链供应链自主可控能力增强

2021年，广东省推进"广东强芯"工程。构建广东省集成电路产业发展的"四梁八柱"，组织举办中国IC30人圆桌会、第24届中国集成电路制造年会暨供应链创新发展大会，推动成立投资规模均超百亿元的湾区半导体、广大融智、智能传感器三大产业集团，支持广州、深圳、珠海等打造集成电路产业发展集聚区。持续推进制造业创新能力建设，国家5G中高频器件创新中心获批组建，全省国家制造业创新中心累计3家，与北京并列全国第一（全国21家）；新增5家省级制造业创新中心，累计33家；累计培育56家国家技术创新示范企业。加快核心软件攻关与应用推广。培育壮大重点软件企业，18家入选2021年中国软件业务收入前百家企业名单。

（五）战略性产业集群培育

2021年，广东省建立战略性产业集群联动协调推进机制，省政府主要领导担任总链长。省委、省人大、省政府、省政协等10位省领导分别担任相关产业集群的链长，推动"1+20+21"产业集群专班工作机制有效运转，初步形成"省市上下联动、部门协同推进"的工作格局。20个战略性产业集群全年增加值比2020年增长8.3%，增幅高于全省生产总值增速0.3个百分点，增加值约占全省生产总值的40%。

二、重点工作及成就

2021年，全省工业和信息化系统坚持稳中求进工作总基调，贯彻新发展理念，实施制造业高质量发展"六大工程"，着力发展数字经济，做好"六稳""六保"相关工作，工业和信息化高质量发展取得新进展新成效，实现"十四五"良好开局。

（一）以重点企业重大项目为抓手，全力推动工业稳增长

省市县联动，奋战两百天打好工业稳增长攻坚战。**一是狠抓工业投资、技术改造投资。**省政府出台"制造业投资十条"等政策，2021年推动超9000家工业企业开展技术改造。**二是狠抓重大制造业项目建设。**充分发挥全省制造业重大项目建设总指挥部作用，省领导定期指挥调度，完善制造业重大项目"一库多群"，做好对计划总投资额超9000亿元的32个百亿元以上重大项目的跟踪服务。**三是强化运行要素保障。**加大对重点车企芯片协调保供力度，省市全力协调工业企业电力供应保障，将有序用电对工业生产的影响降到最低。各级政府优化国土空间布局，划定工业用地控制区。**四是大力推动"小升规"。**建立重点企业培育库，实现申报程序"零跑腿"，及时兑现奖励，全年推进超5000家小微工业企业

上规模，为全省工业经济增长做贡献。

（二）以产业基础高级化为焦点，增强产业链供应链自主可控能力

一是大力推进"广东强芯"工程。加快构建广东省集成电路产业发展"四梁八柱"，获得国家部委充分肯定和大力支持。推动成立三大产业集团和六大产业基金，支持广州、深圳、珠海等打造集成电路产业发展集聚区。**二是持续推进制造业创新能力建设。**国家5G中高频器件创新中心获批组建，广东省国家制造业创新中心达到3家，与北京并列全国第一；新增5家省级制造业创新中心，累计达到33家。**三是加快核心软件攻关与应用推广。**培育壮大重点软件企业，18家入选2021年中国软件业务收入前百家企业名单。持续扩大国家软件产业税收优惠政策宣传覆盖面，帮助软件企业减免税收。**四是加快谋划培育产业人才。**召开全省工业和信息化系统产业人才工作会议，深入开展省制造业高端人才"千企智造·智汇行动"，对接高端人才数量达5.4万人，精准定向引进企业急需紧缺人才1374名。大力推进产教深度融合，支持广深两地建设首批国家产教融合型试点城市。**五是提升工业设计和工艺发展水平。**广东省生态工业设计研究院被认定为首批国家工业设计研究院。加快发展服务型制造，深圳被评为国家工业设计示范城市。大力弘扬工业文化，制定实施《广东省工艺美术保护和发展条例》，在全国率先将"新兴工艺美术"纳入立法保护和发展范围。加强工业遗产保护利用，新增2个国家工业遗产，认定首批5个省级工业遗产。

（三）以培育战略性产业集群为核心，提升产业发展竞争力

一是建立健全20个战略性产业集群联动协调推进机制。由省政府主要领导担任总链长，省委、省人大、省政府、省政协等10位省领导分别担任相关产业集群的链长，建立完善"五个一"工作体系，一体谋划、一体部署、一体推进，推动"1+20+21"产业集群专班工作机制常态化有效运转，初步形成"省市上下联动、部门协同推进"的工作格局。**二是产业集群发展布局日趋优化。**省政府印发实施《广东省制造业高质量发展"十四五"规划》，明确了20个产业集群的重点区域布局和创新资源、重点企业和重点项目等情况，以优化集群发展布局持续推动构建"一核一带一区"制造业发展格局。**三是打造高水平产业发展平台载体。**规划建设7个大型产业集聚区，出台《广东省人民政府关于优化国土空间布局推动形成若干大型产业集聚区的实施意见》。培育首批19个特色产业园，建成95个省产业园。印发实施《广东省村镇工业集聚区升级改造攻坚战三年行动方案（2021—2023年）》，与佛山市共建高端装备产业基地。**四是推动工业绿色低碳发展。**深入挖掘"两高"行业节能潜力，分类确定重点行业节能技术改造目标，推动实施清单化管理。构建绿色制造体系，培育48家绿色工厂、327种绿色设计产品、1个绿色工业园区、14家绿色供应链企业。推动天然气大用户直供工作，全省共有83家大用户实现直供，降低企业用气成本。

（四）以制造业数字化转型为导向，加速数字经济和实体经济融合发展

一是加快制造业数字化转型。省政府印发实施制造业数字化转型实施方案及若干政策措施，启动建设4个制造业数字化转型示范城市，引进培育510家优秀工业互联网平台及数字化转型服务商，累计推动超2万家规模以上工业企业数字化转型，带动60万家中小企业"上云用云"。**二是推动数字产业化和产业数字化。**《广东省数字经济促进条例》于2021年9月1日起正式实施。**三是推动新型信息基础设施建设。**2021年全省新建5G基站4.67万座，累计建成17万座，实现全省所有县级行政区域主城区5G室外连续覆盖，80%以上乡镇行政区主要区域5G基本覆盖。全省光纤接入用户超4000万户，100M以上光纤用户占比近94%。**四是大力发展超高清视频显示产业。**成功举办2021世界超高清视频（4K/8K）产业发展大会，建设全国首个超高清视频产业发展试验区，推动超视堺10.5代TFT-LCD显示器件生产线、乐金8.5代OLED面板生产线等重大项目陆续达产。**五是推动人工智能和大数据产业发展。**广州成功入选第二批国家人工智能创新应用先导区，广东省成为全国拥有2个先导区（广州、深圳）的唯一省份。

（五）以落实政策和强化服务为着力点，促进中小企业民营经济保持健康发展

一是建立完善政策制度。出台《广东省关于健全支持中小企业发展制度的实施意见》，持续抓好"实体经济十条（修订版）""民营经济新十条"等政策贯彻落实工作，帮助企业减税降费。**二是持续优化涉企服务。**举办广东省民营企业家座谈会暨"十四五"期间民营制造业项目签约仪式，现场签约的32个项目投资总额达1400多亿元。**三是加强企业梯度培育。**培育壮大大型骨干企业，广东省年主营业务收入超百亿元大型骨干企业达311家，其中超千亿元企业35家，进入世界500强企业达17家。累计培育国家级制造业单项冠军85家、国家级专精特新"小巨人"企业429家、省级专精特新企业2704家。**四是强化融资支持。**推动6家金融机构为战略性产业集群企业（项目）新增9518亿元融资支持。落实《支持"专精特新"中小企业挂牌上市融资服务方案》，2021年推动26家专精特新企业上市。**五是搭建中小企业国际合作新平台。**成功举办第十七届中国国际中小企业博览会和首届中小企业国际合作高峰论坛，第十七届中国国际中小企业博览会上达成合同意向总金额超400亿元，比上一届增长30%。

2022年广东省工业经济运行概况

2022年，广东省工业保持平稳增长，全年完成规模以上工业增加值同比增长1.6%。全省规模以上工业企业总数超7万家，位居全国第一。

一、工业经济运行特点

（一）工业运行总体平稳

分所有制看，国有控股企业规模以上工业增加值同比增长4.7%；股份制企业规模以上工业增加值同比增长2.2%；外商及港澳台投资企业规模以上工业增加值同比增长0.9%；股份合作企业规模以上工业增加值同比下降3.5%；集体企业规模以上工业增加值同比下降41.8%。分轻重工业看，轻工业规模以上工业增加值同比下降0.1%，重工业规模以上工业增加值同比增长2.5%。分企业规模看，大型企业规模以上工业增加值同比增长4.6%；中型企业规模以上工业增加值同比增长1.6%；小型企业规模以上工业增加值同比下降1.6%；微型企业规模以上工业增加值同比下降14.9%。

（二）工业企业营业收入增长

2022年，广东省规模以上工业企业营业收入同比增长3.8%。40个工业大类行业中，22个行业实现营业收入正增长，17个行业下降，1个行业持平。其中，利润总额超过1万亿元的行业有计算机通信和其他电子设备制造业、电气机械和器材制造业、汽车制造业，上述三大行业营业收入占全省规模以上工业企业利润的44.4%。从主要经济效益指标看，2022年，广东省规模以上工业企业实现利润总额同比下降14%；规模以上工业企业亏损面为23.4%，较2021年上升5.5个百分点。

（三）先进制造业保持较快增长

2022年，全省高技术制造业增加值比2021年增长3.2%，占规模以上工业增加值的29.9%。其中，医药制造业同比增长15.1%，电子及通信设备制造业同比增长1.0%，计算机及办公设备制造业同比增长12.6%，航空、航天器及设备制造业同比增长7.1%，医疗仪器设备及仪器仪表制造业同比增长8.3%。全省先进制造业增加值比2021年同比增长2.5%，占规模以上工业增加值的55.1%。其中，高端电子信息制造业同比增长1.6%，生物医药及高性能医疗器械业同比增长12.5%，先进装备制造业同比增长9.6%，先进轻纺制造业同比下降2.5%，新材料制造业同比下降4.6%，石油化工业同比下降2.5%。

（四）战略性产业集群蓬勃发展

2022年，广东省十大战略性支柱产业集群稳固了经济社会发展的基本盘，实现增加值45462.75亿元，占GDP的35.2%，增速1.5%，成为全省经济社会发展的"压舱石"。2022年，广东省十大战略性新兴产业集群实现增加值6484.71亿元，同比增长6.6%，增幅高于全省GDP增速4.7个百分点，呈现蓬勃发展态势，成为新的经济增长点，对经济社会全局和长远发展具有引领带动作用。

（五）民营企业营商环境不断优化

2022年2月印发实施《广东省进一步支持中小企业和个体工商户纾困发展的若干政策措施》，全年退税减税缓税降费高达4656亿元，大力帮助企业纾困发展、渡过难关。加强组织领导，省促进中小企业（民营经济）发展工作领导小组先后召开3次会议研究部署有关工作，推动实现全省21个地级以上市和122个县（市、区）促进中小企业（民营经济）发展工作协调机制全覆盖。探索建立广东省中小企业运行分析机制，印发《广东省中小企业运行分析体系建设方案》。开展中小企业发展环境第三方评估工作，推动各地级以上市营造良好发展环境。大力清理拖欠中小企业账款，全年共处理2863件拖欠中小企业账款问题。

二、重点工作及成就

2022年，全省工信系统坚持以习近平新时代中国特色社会主义思想为指引，深入学习贯彻党的二十大精神，认真落实"疫情要防住、经济要稳住、发展要安全"重要要求，牢牢把握"推动高质量发展"这一主题，积极应对超预期国内外因素冲击，全力以赴高效统筹疫情防控和工业经济发展，勇挑工业稳增长重担。

（一）持续发力千方百计"稳增长""保企业"，进一步筑牢制造业高质量发展坚实基础

一是制定实施稳增长系列政策。制定实施"稳工业32条""助企25条""稳经济131条"等政策措施，切实减轻企业负担。广州、深圳、东莞等地市相应出台纾困解难、扩产增效等政策措施。**二是强化工业经济运行监测调度**。省委、省政府每月召开专题会议研究部署，每季度召开全省调度会督促指导。建立完善"2+6"省市会商机制，分批开展多地市稳增长督导服务，建立296家龙头工业企业省市联合服务机制，省市合力稳增长。**三是持续狠抓工业投资和技术改造投资**。1—11月，珠海、惠州、云浮、深圳工业投资同比分别增长62.7%、45.7%、33.8%和22.5%；阳江、湛江、珠海、深圳工业技术改造投资同比分别增长36.0%、17.1%、14.1%和12.2%。**四是狠抓制造业重大项目建设**。建立"省市联动、分级负责"机制，采取"清单管理、挂图作战"。揭阳广东石化炼化一体化等项目建成投产，湛江巴斯夫一体化基地项目、埃克森美孚广东惠州乙烯项目全面开工

建设。**五是推动大型产业集聚区建设和产业园区提质增效**。制定《关于支持高标准建设承接产业有序转移主平台的实施方案》，新认定 19 个特色产业园，省市合力加快推进 7 个大型产业集聚区建设。**六是认真做好企业梯度培育**。47 家企业入选国家第七批制造业单项冠军名单，447 家企业入选国家第四批专精特新"小巨人"企业名单。累计为 8373 家次专精特新企业新增融资 546.8 亿元。**七是保障中小企业民营经济健康发展**。建成广东省市场主体诉求响应平台，诉求办结满意率达 98% 以上。深入开展防范和化解拖欠中小企业账款专项行动，至 2022 年年底全部完成化解。组织第六届"创客广东"大赛，获"创客中国"中小企业创新创业大赛全国总决赛企业组第一名，实现企业组最高奖项零的突破。

（二）持续发力"新经济""新赛道"，进一步推动制造业高质量发展稳步前行

一是深入培育发展 20 个战略性产业集群。持续完善省市联动协调机制，评估及修订"战略性产业集群'1+20'政策文件"，组织开展"1+9"重点产业链供应链安全稳定调研并制订"1+N"专项政策包。累计为 8.11 万家次战略性产业集群企业（项目）新增融资 1.15 万亿元。实施汽车等产业集群行动方案，汽车产销量连续 6 年全国第一，汽车产业实现了超万亿元产值；工业机器人产量连续三年位居全国第一，占全国产量的 37.4%。**二是大力推动集成电路等产业发展**。加快构建集成电路产业"四梁八柱"，打造的中国集成电路第三极得到国家充分肯定。印发实施《广东省硅能源产业发展行动计划（2022—2025 年）》，大力招引硅能源龙头企业。**三是加快推动数字经济发展**。成立省数字经济发展工作领导小组，印发全国省级层面首个推动数字经济发展的指引性文件《广东省数字经济发展指引 1.0》。广州市和深圳市出台地方数字经济促进条例，积极建设国家人工智能创新应用先导区。2022 中国数字经济创新发展大会在汕头市召开。建设国家工业互联网示范区，推动规模以上工业企业数字化转型，带动中小企业"上云用云"。1—11 月，全省新建 5G 基站 5.87 万座，超额完成全年建设目标。**四是不断完善制造业协同创新体系**。推动超高清视频创新中心升级国家中心，新培育省级企业技术中心 76 家、国家技术创新示范企业 4 家，累计数量位居全国前列。2022 年，4 家企业获得"国家质量标杆"，33 家企业获得第七届广东省政府质量奖，建有国家产业技术基础公共服务平台 18 个。**五是大力发展工业设计**。组织评选 2021 年度广东省服务型制造示范，成功举办第十一届"省长杯"工业设计大赛，参赛作品数量质量双双提升。**六是稳妥推进工业绿色低碳发展**。大力推动绿色制造和清洁生产，印发《广东省碳达峰实施方案》，前三季度全省规模以上工业增加值能耗强度下降 7.1%。

（三）切实增强维护产业安全能力，进一步塑造制造业高质量发展保障格局

一是不断加强行业安全生产监管。组织 15 个重点地市开展安全生产大检查，认真落实民爆物品生产销售环节安全生产监管责任。韶关市、清远市全力做好百年一遇特大洪水汛期民爆物品生产保障。**二是无线电安全保障展现新作为**。省政府决定建立广东省无线电安全工作联席会议制度，开展反无人机设备等专项治理，圆满完成北京冬奥会等重大活动和 16 场重要考试无线电安全保障工作。广州、汕头、湛江、惠州、中山、东莞等市在保障企业用频需求和督查执法方面成效明显。**三是统筹推进企业信息安全工作**。联合组建企业安全组和技术保障组工作专班，圆满完成党的二十大安全保障任务。**四是有效解决汽车芯片"卡脖子"问题**。印发汽车芯片应用牵引工程实施方案，推动芯片战略储备中心与电子元器件国际交易中心获批建设。

（四）"三个坚定不移"抗击疫情，进一步创造制造业高质量发展良好条件

一是持续抓好疫情防控物资保障。推动广东成为全国拥有两款不同路线新冠病毒疫苗的两个省（市）之一。完成香港特别行政区政府累计提出的七批次医疗物资需求，得到党中央、工业和信息化部及香港特别行政区政府的肯定。国家"二十条""新十条"优化新冠疫情防控措施实行后，及时转变全力推动新冠抗原检测试剂等重点医疗物资扩能增产，省内抗原检测试剂获批企业增至 6 家。**二是全力保障产业链供应链安全稳定**。迅速建立省市县三级联动协同机制，协调解决企业 6600 多项问题，发放 6000 多张通行证，工作获得省部领导肯定。广州、深圳、佛山、珠海、中山、东莞等市主动对接企业，积极协调解决企业物流交通等困难。**三是全力指导工业企业和工业园区疫情防控**。第一时间会同有关部门组建工业企业和工业园区疫情防控专班，重点围绕工业企业和园区"预防机制建立"和"保供稳链"开展工作。

2019 年广西壮族自治区工业经济运行概况

2019 年，广西壮族自治区全部工业增加值比 2018 年增长 4.3%，规模以上工业增加值同比增长 4.5%。在规模以上工业中，分经济类型看，国有控股企业工业增加值同比增长 5.5%，股份制企业同比增长 6.5%，外商及港澳台商投资企业同比下降 0.2%，非公有制企业同比增长 3.6%。分门类看，采矿业同比下降 11.4%，制造业同比增长 3.8%，电力、热力、燃气及水生产和供应业同比增长 14.7%。

全年全区规模以上工业中，农副食品加工业增加值比 2018 年下降 1.7%，木材加工和木竹藤棕草制品业同比增长 25.5%，石油、煤炭及其他燃料加工业同比增长 2.0%，非金属矿物制品业同比增长 7.3%，黑色金属冶炼及压延加工业同比增长 10.8%，有色金属冶炼及压延加工业同比增长 19.7%，专用设备制造业同比增长 9.0%，汽车制造业同比下降 7.4%，电气机械及器材制造业同比增长 0.8%，计算机、通信和其他电子设备制造业同比增长 5.8%，电力、热力生产和供应业同比增长 15.2%。2019 年广西规模以上工业主要产品产量见表 1。

表 1　　2019 年广西规模以上工业主要产品产量及增速

产品名称	单位	产量	同比增长（%）
成品糖	万吨	791.98	21.8
发酵酒精	万千升	38.20	25.0
卷烟	万箱	140.26	0.2
机制纸及纸板	万吨	323.84	8.0
原煤	万吨	356.6	-23.3
原油	万吨	50.3	-3.1

续　表

产品名称	单位	产量	同比增长（%）
发电量	亿千瓦时	1781.2	12.0
其中：火电	亿千瓦时	1005.8	22.0
水电	亿千瓦时	541.2	-3.5
粗钢	万吨	2662.71	18.7
钢材	万吨	3346.74	20.7
十种有色金属	万吨	373.77	25.6
其中：电解铝	万吨	227.80	31.1
氧化铝	万吨	846.46	3.6
水泥	万吨	11919.76	5.4
显示器	万台	1205.44	-25.6
电子元件	亿只	283.92	11.9
化肥（折 100%）	万吨	27.21	-34.2
发动机	万千瓦	18162.94	-5.9
汽车	万辆	183.03	-14.9
铁合金	万吨	324.79	0.8

数据来源：广西壮族自治区 2019 年国民经济和社会发展统计公报。

全年全区规模以上工业企业利润比 2018 年下降 15.4%。分经济类型看，国有控股企业利润比 2018 年下降 28.9%，股份制企业同比下降 17.5%，外商及港澳台商投资企业同比下降 7.1%，非公有制企业同比下降 3.8%。分门类看，采矿业利润比 2018 年下降 30.2%，制造业同比下降 17.8%，电力、热力、燃气及水生产和供应业同比增长 14.1%。

2020 年广西壮族自治区工业经济运行概况

2020 年，广西壮族自治区全部工业增加值比 2019 年增长 1.2%；规模以上工业增加值同比增长 1.2%（见图 1）。在规模以上工业中，分经济类型看，国有控股企业工业增加值同比增长 2.2%，股份制企业同比增长 3.7%，外商及港澳台商投资企业同比下降 5.8%，非公有制企业同比增长 0.6%。分门类看，采矿业同比下降 6.4%，制造业同比增长 0.9%，电力、热力、燃气及水生产和供应业同比增长 5.5%。

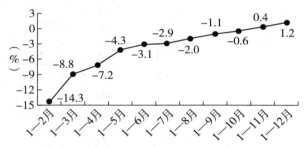

图 1　2020 年广西规模以上工业增加值及月度增长速度

2020 年全区规模以上工业中，农副食品加工业增加值比 2019 年下降 7.8%，木材加工和木竹藤棕草制品业同比增长 5.4%，石油、煤炭及其他燃料加工业同比下降 30.6%，非金属矿物制品业同比增长 10.6%，黑色金属冶炼及压延加工业同比增长 34.8%，有色金属冶炼及压延加工业同比增长 21.9%，专用设备制造业同比下降 5.7%，汽车制造业同比下降 13.5%，电气机械及器材制造业同比增长 7.7%，计算机、通信和其他电子设备制造业同比下降 10.7%，电力、热力生产和供应业同比增长 5.6%。2020 年广西规模以上工业主要产品产量及增速见表 1。

表 1　2020 年广西规模以上工业主要产品产量及增速

产品名称	单位	产量	同比增长（%）
成品糖	万吨	679.02	-15.3
发酵酒精	万千升	55.14	45.8

续　表

产品名称	单位	产量	同比增长（%）
卷烟	万箱	141.34	0.8
机制纸及纸板	万吨	313.38	-4.6
粗钢	万吨	3452.23	29.7
钢材	万吨	4731.16	24.4
十种有色金属	万吨	413.66	12.9
其中：电解铝	万吨	217.77	-0.8
氧化铝	万吨	941.06	11.3
水泥	万吨	12137.06	1.3
显示器	万台	580.44	-51.8
电子元件	亿只	337.12	10.9
化肥（折 100%）	万吨	33.94	39.2
发动机	万千瓦	19938.78	9.8
汽车	万辆	174.49	-4.7
铁合金	万吨	306.94	-12.8

数据来源：2020 年广西壮族自治区国民经济和社会发展统计公报。

2020 年全区规模以上工业企业利润 876 亿元，比 2019 年增长 13.6%。分经济类型看，国有控股企业利润比 2019 年增长 8.7%，股份制企业同比增长 19.3%，外商及港澳台商投资企业同比增长 3.8%，非公有制企业同比增长 17.1%。分门类看，采矿业利润比 2019 年下降 18.6%，制造业同比增长 14.4%，电力、热力、燃气及水生产和供应业同比增长 18.6%。全区规模以上工业企业营业收入利润率为 4.97%，比 2019 年提高 0.55 个百分点。

2021 年广西壮族自治区工业经济运行概况

2021 年，广西壮族自治全部工业增加值比 2020 年增长 8.1%；规模以上工业增加值同比增长 8.6%。在规模以上工业中，分经济类型看，国有控股企业工业增加值同比增长 9.0%，股份制企业同比增长 10.6%，外商及港澳台商投资企业同比增长 0.9%，非公有制企业同比增长 8.6%。分门类看，采矿业同比增长 7.7%，制造业同比增长 7.9%，电力、热力、燃气及水生产和供应业同比增长 13.8%。

2020 年全区规模以上工业中，农副食品加工业增加值比 2020 年增长 11.3%，木材加工和木竹藤棕草制品业同比增长 15.7%，石油、煤炭及其他燃料加工业同比增长 30.1%，非金属矿物制品业同比增长 0.8%，黑色金属冶炼及压延加工业同比增长 7.1%，有色金属冶炼及压延加工业同比增长 12.3%，专用设备制造业同比增长 2.1%，汽车制造业同比下降 3.8%，电气机械及器材制造业同比增长 12.0%，计算机、通信和其他电子设备制造业同比增长 3.6%，电力、热力生产和供应业同比增长 12.2%。2021 年广西规模以上工业主要产品产量及增速见表 1。

表 1　2021 年广西规模以上工业主要产品产量及增速

产品名称	单位	产量	同比增长（%）
成品糖	万吨	692.74	1.7
发酵酒精	万千升	49.50	−10.2
卷烟	万箱	143.29	1.4
机制纸及纸板	万吨	336.22	8.9
发电量	亿千瓦时	2019.2	5.7

续　表

产品名称	单位	产量	同比增长（%）
其中：火电	亿千瓦时	1191.9	11.7
水电	亿千瓦时	472.1	−15.4
粗钢	万吨	3660.88	6.0
钢材	万吨	5282.09	11.5
十种有色金属	万吨	427.68	3.4
其中：电解铝	万吨	230.44	5.8
氧化铝	万吨	1133.45	20.4
水泥	万吨	11426.90	−6.5
显示器	万台	369.62	−36.3
电子元件	亿只	330.82	−0.5
化肥（折 100%）	万吨	30.81	26.5
发动机	万千瓦	20576.96	−0.4
汽车	万辆	190.08	8.9
铁合金	万吨	286.34	−11.2

数据来源：2021 年广西壮族自治区国民经济和社会发展统计公报。

2021 年全区规模以上工业企业利润比 2020 年增长 28.1%。分经济类型看，国有控股企业利润比 2020 年增长 36.7%，股份制企业同比增长 42.4%，外商及港澳台商投资企业同比下降 7.2%，非公有制企业同比增长 22.7%。分门类看，采矿业利润比 2020 年增长 70.8%，制造业同比增长 35.7%，电力、热力、燃气及水生产和供应业同比下降 26.9%。

2022 年广西壮族自治区工业经济运行概况

2022 年，广西壮族自治区全部工业增加值比 2021 年增长 3.1%；规模以上工业增加值增长 4.2%。在规模以上工业中，分经济类型看，国有控股企业工业增加值同比下降 0.3%，股份制企业同比增长 5.2%，外商及港澳台商投资企业同比下降 0.5%，非公有制企业同比增长 7.2%。分门类看，采矿业同比增长 5.5%，制造业同比增长 4.0%，电力、热力、燃气及水生产和供应业同比增长 5.3%。

2022 年全区规模以上工业中，农副食品加工业增加值比 2021 年增长 4.1%，木材加工和木竹藤棕草制品业同比增长 8.8%，石油、煤炭及其他燃料加工业同比下降 1.1%，非金属矿物制品业同比下降 4.2%，黑色金属冶炼及压延加工业同比下降 0.6%，有色金属冶炼及压延加工业同比增长 1.9%，专用设备制造业同比下降 16.7%，汽车制造业同比增长 0.2%，电气机械及器材制造业同比增长 33.4%，计算机、通信和其他电子设备制造业同比增长 12.9%，电力、热力生产和供应业同比增长 5.3%。2022 年广西规模以上工业主要产品产量及增速见表 1。

表 1　　2022 年广西规模以上工业主要产品产量及增速

产品名称	单位	产量	同比增长（%）
成品糖	万吨	735.74	6.2
发酵酒精	万千升	37.08	-24.2
卷烟	万箱	143.63	0.2
机制纸及纸板	万吨	558.05	64.8
发电量	亿千瓦时	2022.82	-0.3
其中：火电	亿千瓦时	1087.14	-8.8
水电	亿千瓦时	547.97	14.9

续　表

产品名称	单位	产量	同比增长（%）
粗钢	万吨	3793.23	3.6
钢材	万吨	4995.56	-5.8
十种有色金属	万吨	398.95	-5.9
其中：电解铝	万吨	196.58	-14.7
氧化铝	万吨	1279.80	12.9
水泥	万吨	10422.80	-8.6
显示器	万台	451.15	22.1
电子元件	亿只	241.80	-26.9
化肥（折 100%）	万吨	34.09	-1.6
发动机	万千瓦	15026.82	-27.0
汽车	万辆	177.00	-6.9
铁合金	万吨	248.43	-13.5

数据来源：2022 年广西壮族自治区国民经济和社会发展统计公报。

2022 年全区规模以上工业企业利润比 2021 年下降 38.2%。分经济类型看，国有控股企业利润比 2021 年下降 51.2%，股份制企业同比下降 40.4%，外商及港澳台商投资企业同比下降 32.9%，非公有制企业同比下降 30.8%。分门类看，采矿业利润比 2021 年增长 26.1%，制造业同比下降 48.1%，电力、热力、燃气及水生产和供应业同比增长 39.7%。全区规模以上工业企业每百元营业收入中的成本为 89.78 元，比 2011 年增加 2.73 元；营业收入利润率为 3.02%，同比下降 2.13 个百分点。2022 年年底全区规模以上工业企业资产负债率为 64.4%，比 2021 年年底提高 0.7 个百分点。

2019年海南省工业经济运行概况

2019年，湖南省完成工业增加值588.72亿元，同比增长4.0%。全省规模以上工业完成增加值537.78亿元，同比增长4.2%；全省工业上缴税收247.9亿元，同比增长20.4%，占全省税收的20.9%。

一、重点行业运行特点

油气产业总体运行平稳。 油气产业实现产值930.57亿元，同比下降2.7%。其中，受原油价格和石化产品价格指数下跌影响，石油加工行业完成产值567.8亿元，同比下降3.1%；化工行业完成产值308.8亿元，同比下降3.9%。海南炼化百万吨乙烯项目二期于2019年9月底投产运营，成为中石化最大的芳烃生产基地。中海油海南区域总部实现实质性进驻，下游的中海油服和海油发展两大公司也完成注册。油气开发外资引进实现海南省历史上零的突破，新加坡莱佛士、澳大利亚洛克石油先后落户海南省，加拿大哈斯基完成了在琼布局的评估，并与中海油起草合作协议。中石化海南炼化百万吨乙烯项目已进入施工高峰期，补齐产业链关键一环。陵水17-2气田、湖南华盛26万吨/年聚碳酸酯等项目进展顺利。

医药产业持续增长，质量和效益不断提升。 医药制造业实现产值262.83亿元，同比增长10.69%。其中，规模以上医药制造业完成产值260亿元，同比增长9.3%。新获药号批准文号26个，新开拓国际市场品种13个，出口交货值1.10亿元，同比翻了一番。落实"一企一策"，与海南海药、葫芦娃药业、普利制药3家药企签订对赌协议。

低碳制造业增长回落，行业有所分化。 低碳制造业完成产值627亿元，同比增长0.8%。其中，农副食品加工业受非洲猪瘟、中美贸易摩擦影响，其中饲料、水产品加工等行业低位运行，实现产值149.7亿元，同比下降4.2%；食品制造业实现产值35亿元，同比增长10.6%；烟草制品业实现产值31.8亿元，同比增长6.6%；电气机械和器材制造业实现产值51.6亿元，同比下降3.4%；汽车制造业下滑明显，实现产值4.6亿元，同比下降80.3%。

其他主要行业运行平稳。 如浆纸和纸制品行业实现产值141.3亿元，同比增长3.0%；非金属矿物品制造业受全社会固定资产投资回升影响，实现产值186.7亿元，同比下降6.4%；电力行业实现产值283.3亿元，同比增长9.2%，全社会用电量完成354.58亿度，同比增长8.5%，其中工业用电完成135.4亿度，同比增长0.4%。

互联网产业继续保持高速增长态势。 互联网产业实现营业收入824.48亿元，同比增长36.9%。其中，网络技术服务业营业收入603.79亿元，同比增长58.3%；信息传输服务业营业收入129.4亿元，同比下降0.93%；终端设备制造业产值63.27亿元，同比下降0.4%；相关设备和产品批发零售业销售额为28.37亿元，同比增长6.5%。

二、工业投资概况

工业投资继续回升。 1—12月，全省工业投资完成357.8亿元，同比增长25.5%。其中，制造业完成投资98.4亿元，同比增长19.9%；电力、燃气及水生产和供应业完成投资213.9亿元，同比增长32.2%；采矿业完成投资45.5亿元，同比增长10.6%。信息传输、计算机服务和软件业全年完成投资68.96亿元，同比下降4.4%。

（一）确保工业经济平稳增长

一是抓好运行。 认真组织实施省委、省政府"两个确保"百日大行动，落实帮扶政策，促进企业生产经营。紧盯60户重点企业，精准施策，确保电力、天然气等要素供给，协调海南炼化满负荷生产，先声药业、普利制药、海灵药业等药企扩能增产，红塔、齐鲁等争取总部支持，为工业稳增长做贡献。**二是抓产业投资。** 抓住65个重点项目，利用"一企一策"帮助企业扩大投资，落实产业基金和中小企业股权资金6亿余元。组织一批企业申请国家的高质量发展、技改和工业强基等资金支持。与中国太平洋财产保险股份有限公司海南分公司签订产融合作协议。先声药业国际化生产基地、金盘数字工厂、赛诺膜力创新工厂等一批项目开工。协调解决40多个影响投资的难题。通过多措并举，工业投资从上半年下降转为下半年增长，成为全省固定资产投资的亮点。**三是抓好招商。** 把重点放在高新技术产业和外资外企方面，利用博鳌亚洲论坛2019年年会、2019世界新能源汽车大会等精准招商，举办新加坡经贸座谈会、外商投资座谈会、油气产业招商会、中国游戏产业年会、全球数字经济区域合作论坛、智能物联产业发展大会等，组织召开北京、上海、深圳、成都、重庆等互联网系列招商活动。全年签约84个高新技术产业项目，39个实质性落地。1—11月注册的外资制造业企业15家、外资互联网企业26家，同比分别增长36%和73%，实际利用外资1012万美元。

（二）发展壮大四大重点产业

突出高新技术，壮大产业规模，提高质量效益，2018年工信领域的高新技术企业数量占全省的90%；新设立3家工信产业省级重点实验室，总数达41家，占全省的70%。互联网产业营业收入稳定增长，向千亿产业迈出了关键一步，海口、澄迈、三亚成为互联网产业集聚区，生态软件园、复兴城互联网信息产业园营业收入和上缴税收同比增加，集聚效应明显。重点培育区块链、智能物联、国际离岸创新等新业态，生态软件园启动建设了全国首个区块链试验区，集聚了火币、百度、360、迅雷等 70 多家区块链企业；复兴城互联网信息产业园打造了智能物联产业基地和国际离岸创新创业基地，吸引PreShares（普瑞赛尔）中欧国际创新中心、美国斯坦福智慧健康产业加速中心、妙手医生、安顿科技等 50 多家国内外机构和企业入驻。

油气产业发展突飞猛进。百万吨 PX 正式投产，海南炼化成为中石化最大的芳烃生产基地；百万吨乙烯、华盛、逸盛等重点项目加快建设；中海油海南区域总部实质性入驻，启动了陵水 17-2 气田开采；新加坡莱佛士、澳大利亚洛克等外资企业在海南成立子公司，油气产业加速向国际化、高端化方向迈进。

医药产业产值继续保持增长。10 个品种、14 个药品通过一致性评价，齐鲁 2 个品种中标"4+7"集中采购，26 个新药号获批，13 个新品种进入国际市场，出口交货值是 2018 年的 2 倍。出台《海南省生物医药产业研发券管理暂行办法》，4 家企业获省政府"一企一策"支持，太极南药项目加快推进，普利制药国际高端生产线扩建、长安制药美安科技新城项目开工建设。谋划海洋制药产业，着手制定医药储备管理办法。

低碳制造业增长平稳，农产品加工业、烟草制品业完成产值同比增长。威特低碳制造产业园二期完成投资1.8 亿元，南天聚力机电加工项目竣工，金盘"数字化工厂"智能化改造获得中央领导的肯定。开工建设中船南海舰船深远海科研试验及综合服务保障基地。万宁、定安等市县围绕槟榔、肉食品加工等，新创造了一批特色制造业。

三、重点工作和成就

（一）壮大产业人才队伍

落实《百万人才进海南行动计划（2018—2025年）》，配合省委人才发展局召开互联网、油气产业人才现场会，新引进互联网人才 1.5 万人，油气产业现有人才 1.2 万余人（高级人才超过 40%）。采取突破性措施解决了中海油海南公司的人才落户问题，并在全省人才工作会议上介绍经验，配合制定《海南省优化总部企业团队引才服务保障办法（试行）》。

（二）加快光网和电网建设，提高信息化水平

自然村光网覆盖率进一步提高。加快实施《海南省信息基础设施水平巩固提升三年专项行动方案（2018—2020 年）》，做实"寻盲补弱"工作，缩小城乡数字鸿沟，加快脱贫攻坚步伐。海南电信、移动、联通、铁塔等运营商大局意识强，投入力度大，自然村 4G 网络覆盖率达到 99.7%，20 户以上自然村光纤宽带覆盖率达到97% 以上，基本实现全覆盖。推进 5G 网络部署及商业化应用，制定实施《海南省加快 5G 网络建设政策措施》，全省开通 5G 基站 1200 个，301 远程医疗、三沙"5a+智慧农行"、陵水"5G+海洋牧场"、南海博物馆 5a 创新应用、江东新区"5G+AI"等示范项目启动建设或建成使用。金盘科技的智能干式变压器行业制造信息物理系统应用项目入选 2019 年制造业与互联网融合发展试点示范项目名单。编制《海南智能电网 2019—2021 年建设方案》，开启"智能电网综合示范省"建设。围绕"国家重大战略服务保障区"目标，完成无线电边海工程试点，初步形成覆盖南海重点岛礁、重要航线、渔业油气作业区的监测网，成立解放军预备役电磁频谱管理部队海南综合训练基地，保障国产航母列装和长五发射等无线电安全。

（三）加快推广新能源汽车，做好节能、禁塑和安全工作

组织召开 2019 世界新能源汽车大会，习近平总书记发来贺信。制定和实施《海南省清洁能源汽车发展规划》《海南省清洁能源汽车推广 2019 年行动计划》等，新能源汽车全域应用示范区的创建获得工业和信息化部支持。制定落实充电桩建设政策，取消新能源汽车限购，实施差异化通行。2019 年推广新能源汽车 1.29 万辆，保有量2.44%（高于全国平均水平），个人用户超过 50%，提前一年完成"十三五"目标。博鳌亚洲论坛期间开展的"智能网联汽车及 5G 应用试点"项目，赢得与会代表好评。完成 2018 年度能耗总量和强度"双控"目标，中海石油建滔化工有限公司入选国家 2019 年重点用能行业能效"领跑者"企业名单。2019 年规模以上工业单位能耗下降 1.91%，前三年完成"十三五"目标任务的71.18%。制定新能源汽车动力蓄电池回收利用、工业固废资源综合利用等政策，完成《海南省全生物降解塑料产业发展规划（2020—2025 年）》的编制。春节后，及时抢修海底光缆，确保博鳌亚洲论坛等重大活动正常开展。抓好工业安全生产，层层落实责任制。抓好危化品专项整治，中海石油管道输气有限公司迁移人口密集区的管道 15 千米，排除和整治安全隐患 856 处。

2020年海南省工业经济运行概况

2020年，海南省工业增加值同比下降5.4%，其中规模以上工业增加值同比下降4.5%。全省工业上缴税收218.3亿元，同比下降11.9%，占全省20.8%。工业完成投资447亿元，同比增长25.0%。工业品出口交货值122.1亿元，同比下降37.4%。

一、工业经济运行情况

（一）重点行业运行情况

油气产业。实现产值718.2亿元，同比下降23.2%。石油加工业受国际油价下跌和低附加值船用燃料油产量增加影响，实现产值423.3亿元，同比下降25.5%，全行业原油加工量完成1134.1万吨，同比下降0.3%；化学原料和化学制品制造业受产品价格下跌影响，实现产值247.4亿元，同比下降20.3%。

医药产业。受国家医保体制改革影响，药品价格大幅下降，海南省部分药品调出医保目录，以及限制抗生素、限制输液执行力度加大等政策影响，医药产业实现产值246.9亿元，同比下降6.1%。

低碳制造业。实现产值619.7亿元，同比下降0.3%。其中，农副食品加工业，受2019年非洲猪瘟影响，基数较低，加上槟榔价格上涨带动，实现产值170.1亿元，同比增长11.8%，连续11个月保持增长。食品饮料行业实现产值61.6亿元，同比下降6.2%。烟草制品业实现产值33.3亿元，同比增长4.7%。电气机械和器材制造业实现产值47.8亿元，同比下降9.5%。汽车制造业实现产值9亿元，同比增长96.7%。

非金属矿物制品业。实现产值188.5亿元，同比下降4.6%。其中，在全省固定资产投资增长拉动下，5月恢复增长，5—12月实现产值145.8亿元，同比增长2.9%。

造纸和纸制品业。受产品价格下跌，特别是生活用纸价格大幅下跌影响，实现产值130.6亿元，同比下降7.6%。

电力、热力生产和供应业。受一般工商业执行95折电价政策影响，实现产值283.1亿元，同比下降0.6%。全社会用电量362.08亿度，同比增长2.12%。工业用电量136.2亿度，同比增长0.55%。

（二）工业企业效益情况

工业企业效益下滑，部分指标好于全国。全省规模以上工业企业实现营业收入2089.61亿元，同比下降9.7%（全国增长0.8%）；实现利润总额132.2亿元，同比下降23.6%（全国增长4.1%），较三季度收窄8.5个百分点；营业收入利润率6.33%（全国平均6.08%）。每百元营业收入的成本76.92元（全国83.89元），同比减

少0.74元。资产负债率52.7%（全国56.1%），同比下降0.7个百分点。应收账款322.6亿元，同比增长31.1%（全国增长15.1%）；应收账款平均回收期27.8天（全国平均51.2天）。产成品存货周转天数8.4天（全国平均17.9天），同比增加1.1天。

（三）工信领域投资情况

工信领域投资持续快速增长。全省工信领域投资534.9亿元，同比增长25.3%，拉动全省固定资产投资增长3.4个百分点，对全省固定资产投资增长贡献率为42%。其中，全省工业投资447.1亿元，同比增长25.0%，拉动全省固定资产投资增长2.8个百分点，对全省固定资产投资增长贡献率为34.7%。工业投资结构优化，制造业和采矿业分别完成投资147.3亿元和89.8亿元，同比分别增长49.7%和97.5%，为后续工业发展积蓄动力。大项目贡献明显，陵水17-2气田、海南炼化百万吨乙烯、海南华盛聚碳酸酯3个大项目完成投资127.3亿元，占工业投资的28.5%。自贸港政策发布后，工业投资力度明显加大，6—12月的月均投资为前5个月的2.3倍。

二、重点工作和成就

（一）统筹有效开展疫情防控和复工复产

统筹开展省疫情防控指挥部物资保障工作，发动企业加班加点生产、协调各方资源努力筹集物资、畅通物资转运及分拨渠道，全力确保防疫物资供应。支持康芝药业10天内建成全省第一条口罩生产线，海南海药、维力医疗、全星制药等10家企业积极生产，迅速实现口罩日生产能力从零到150万只的突破。加大食品生产企业检查频度，确保生活必需品供应。组建"复工复产"工作专班，想方设法帮助企业解决防疫物资紧张、原材料短缺及运输受阻、员工返岗、用工不足、产品销路不畅、出口产品转内销、资金紧张、融资贷款难等问题，1个月内推动60家重点工业企业基本全面复工，2个月内全省规模以上工业企业复工率达97%以上。

（二）重点推进工信领域项目建设

油气产业，积极推动中海油服、海油发展、海工装备在海南注册成立子公司，推动中石化、延长石油在海口江东新区注册区域总部，延长石油在海口注册国际贸易公司。持续推进海南炼化百万吨乙烯、陵水17-2气田、海南华盛聚碳酸酯项目超额完成投资计划。医药产业，推动新药研发和国际化发展，年内21家企业的37个项目获得首批研发券奖励；华氏医药新药转化平台等7个项目落户海口国家高新技术产业开发区，葫芦娃药业在主板上市，打破海南省4年无新公司主板上市局面；

中玉制药（海口）有限公司获得海南首张《药品生产许可证》（B. 委托生产的药品上市许可持有人）。装备制造业，三生万物、毕托巴等公司的 8 个项目开工；推动数字鹰、上海电气风电等 7 家企业与市县签约；金盘科技高端干式变压器海口数字化工厂获得中国首个德国 VDI 4499 标准认证的"数字化工厂"证书；电子信息产品制造有所突破，海南首台"天玥"国产计算机下线。禁塑产业，规划推进海口高新区、老城经济开发区等全生物降解材料产业载体建设，截至 2020 年，培育全生物降解塑料生产企业 15 家，其中 8 家投产、3 家在建。互联网产业，推动腾讯、百度数字经济总部基地建设，推动龙头互联企业结合海南自贸港政策加大业务布局，扩大存量。海南-香港国际海缆项目审批提速超过 14 个月，审批事项已进入最后环节。

（三）5G 光网建设及应用情况

全力加速 5G 网络建设，主要城区基本覆盖。2020 年共新建 5G 物理基站 6124 个，全省 5G 物理基站累计达到 7331 个，逻辑基站达到 10823 个，5G 网络建设规模进一步扩大，主要城区基本覆盖。推动 5G 创新应用成效显著，已推动实施 5G 应用项目 36 个，总体完成 2020 年省政府工作报告中提出的"开发 30 个左右 5G 应用场景"任务要求。"基于 5G 物联网的基层医疗机构能力提升工程"于 2020 年年底前完成部署；"海航技术 5G+AR 辅助机务维护项目"将 5G 技术首次用于飞机维修跨国远程协同；中国（海南）"南海博物馆 5G 创新应用项目"于 2020 年 6 月入选全国文化和旅游信息化发展典型案例，5G+VR 文物修复助手荣获第六届全国十佳文博技术产品及服务奖。组织 24 个 5G 应用案例参加"绽放杯"5G 应用征集大赛，荣获 2 个总决赛三等奖、3 个专题赛一等奖。

（四）新能源汽车推广成效明显

提前 4 个月完成新能源汽车推广 2020 年度任务，全年累计推广应用新能源汽车 3.1 万辆；新能源汽车保有量达 5.5 万辆，约占汽车保有量的 4%，高出全国平均水平约 2.2 个百分点。

2021年海南省工业经济运行概况

2021年，海南省规模以上工业增加值同比增长10.3%，自2015年以来首次实现两位数增长，全国排名从2020年第30名上升至2021年第11名。2021年全省工业实现增加值683.6亿元，同比增长9.6%；工业增加值占全省GDP的10.6%，同比提高0.87个百分点。其中，制造业实现增加值532.19亿元，占GDP的8.2%，同比提高0.8个百分点。工业和信息产业税收占全省税收超过1/4，共实现税收374亿元，占全部税收的25.8%。其中，工业实现税收269.5亿元（含海关代征），占全部税收的18.4%；信息传输、软件和信息技术服务业实现税收104.5亿元，占全部税收的7.4%。

一、重点行业运行情况

（一）分行业情况

八大重点行业增加值"五升三降"。2021年规模以上工业实现产值2521.6亿元，同比增长22.1%；产销率99.44%，同比提高0.7个百分点。八大重点行业增加值增长的有汽车制造业（121%），酒、饮料和精制茶制造业（29.8%）、电力、热力生产和供应业（13%）、非金属矿物制品业（7.5%）、化学原料和化学制品制造业（4.7%）；下降的有造纸和纸制品业（-3.4%）、医药制造业（-2%）、石油加工业（-0.7%）。此外，因"深海一号"投产，石油和天然气开采业同比增长385%，拉动全省规模以上工业增加值增长2.1个百分点。

（二）工业投资情况

工业投资首次突破500亿元，制造业投资增速名列全国第一。全年全省工业投资513亿元，同比增长14.8%，工业增速全国排名第十。其中制造业投资271.3亿元，同比增长84.2%，增速全国排名第一，拉动全省固定投资增长3.6个百分点。产业链关键项目百万吨乙烯年度投资达100亿元，为石化新材料的产业链延伸奠定基础。

二、重点工作和成就

（一）大力发展高新技术产业，超额完成全年任务目标

编制《海南省高新技术产业"十四五"发展规划》，明确"3+3"重点产业体系。完成石油化工产业链行动方案编制。省高新技术产业工作专班集中解决城市基础设施配套费标准调整等一批产业发展共性问题，以及19个省重点项目建设难点问题。

（二）积极推进互联网产业发展，信息基础设施提质升级

制定《海南省创建国家区块链试验区实施方案》。首条国际海缆全线贯通，区域性国际通信业务出入口局建成并开展实际业务，国际互联网数据专用通道在9个重点产业园区全面开通，东南亚方向网络平均时延缩短44%。信息传输、软件和信息技术服务业投资同比增长37.9%。5G网络规模进一步扩大，海口、三亚等主城区室外连续覆盖，全省2021年新开通物理基站5224个。

（三）推动大项目投产，装备制造实现重大突破，一批破局性、带动性强的项目落地

推动"深海一号"、澳斯卡国际粮油、汉地流体等重大项目投产，海南华盛聚碳酸酯项目竣工。其中，中国自营勘探开发的首个1500米超深水大气田"深海一号"于2021年8月投产，比计划提前一个月。东方明阳高端海上风电装备项目"拿地即开工"。申能风电机组整机设备生产制造项目开工建设。海南航芯半导体和通航飞机项目签订投资协议，实现项目落地。

（四）加大中小企业服务，持续优化发展环境

推动惠企政策服务模式改革，海南省惠企政策兑现服务系统（简称"海易兑"）上线试点运行。健全防范和化解拖欠中小企业账款长效机制，清理拖欠中小企业无分歧账款超1亿元。制定"雏鹰行动"和"小升规"成长行动方案，构建中小企业梯度成长培育体系。开展中小企业数字化赋能、经营管理培训等活动，服务企业超1.5万家次，联合海南股权交易中心设立"专精特新板"，强化专精特新企业融资及上市培育。认定97家企业为2021年海南省专精特新中小企业。

（五）超额完成新能源汽车推广任务

1—12月推广新能源汽车5.85万辆，超额完成全年推广2.5万辆任务，其中个人用户4.84万辆。全年新能源汽车累计保有量12.23万辆，占汽车保有量的7.2%。

2022年海南省工业经济运行概况

2022年，海南省工业实现增加值770.11亿元，同比下降0.5%，占GDP的11.3%，较2021年提升1个百分点；规模以上工业增加值同比下降0.4%。制造业实现增加值591.18亿元，同比下降6.8%；制造业占GDP的8.7%，较2021年提升0.5个百分点。出口交货值实现271.5亿元，同比增长59.2%。工业上缴税收217.6亿元，同比增长3.4%，占全省税收的18.3%。全省规模以上工业企业新增105家，达到628家。

一、工业经济运行情况

（一）重点行业运行情况

重大项目支撑石化新材料产业，生产规模达千亿能级。 海南炼化百万吨乙烯项目开展试生产。"超深水半潜式生产储卸油平台'深海一号'研制及应用"项目获2021年度海南省科学技术进步奖特等奖。气田产量大幅增长，全年产气30亿立方米，产值突破76.6亿元，同比增长3.5倍。陵水25-1气田加快建设，完成投资19.3亿元，是年度投资计划的2.4倍。中国海油南海油气能源院士工作站、深海深层能源工程重点实验室落户海南。油气规模以上工业企业全年实现产值1101.8亿元，同比增长11.8%，首次突破1100亿元，创历史新高。

生物医药产业迎来新发展，高质量转型见成效。 医药产业（含医疗器械）全年实现产值252.68亿元，同比增长2.14%。齐鲁制药、先声药业、普利制药等首批试点助力产业国际化转型，医药全年出口额完成3.89亿元，同比增长42.6%。先声药业和苏生生物实现"乐城研用+高新区产销"联动，全球首创抗癌新药曲拉西利被国家药品监督管理局受理。先声药业治疗新冠病毒感染的1类创新药先诺欣获国家药品监督管理局优先审批通过。

装备制造业快速成长，风电装备培育取得大突破。 推动东方明阳、申能与上海电气、大唐与东方电气等开展的项目"拿地即开工"。东方明阳高端装备制造基地顺利竣工，全球首台7MW级抗台风漂浮式风机和首台"海南造"10MW海上风电机组正式下线。推动空港一站式飞机维修基地等一批项目落地。

新能源汽车推广位居全国前列，汽车制造业生产增速位居全国第二。 全年全省推广新能源汽车7.6万辆，占新增车辆的42.1%，新能源汽车保有量年均增速稳居全国第一，保有量占比跃居全国第二。全省汽车制造业产值26亿元，同比增长34.6%；增加值同比增长35.9%，超过全国增速29.6个百分点；生产汽车2.2万辆，同比增长46.7%，增速位居全国第二。

高端食品等消费品工业质效提升，企业创新能力不断增强。 打造洋浦国际食品港，推动大庄园、尚岛食品、中熬汤业等项目建设。全生物降解材料生产企业达到18家，裕同科技实现出口业务突破。

非国有规模以上工业企业R&D（研究与试验发展）经费投入超额完成年度目标。 金盘科技的干式变压器智能制造示范工厂成功入选2021年度智能制造示范工厂揭榜单位名单。双成药业重要数据出境安全管理方案、基于金盘科技工业业务场景的数据出境安全评价及监测方案入选工业和信息化工业领域数据安全管理试点典型案例名单。

（二）工业投资情况

工业投资增速同比增长33%，首次突破600亿元。在乙烯、风电、丙烯腈、核电二期、陵水25-1气田等大项目投资带动下，全省完成工业投资683亿元，同比增长33%，增速位居全国第五。其中，制造业完成投资328.78亿元，同比增长21.1%，占工业投资的48%。

（三）数字经济情况

全省数字经济规模持续扩大，电子信息制造业实现重大突破。数字经济实现营业收入1297亿元。生态软件园、复兴城互联网信息产业园两个千亿级园区保持持续增长。航芯集成电路、百信信创整机生产等项目落地建设，电子信息制造业实现重大突破。

二、重点工作和成就

（一）坚持踔厉步稳，全力推进自贸港建设

积极推动自贸港核心政策落地见效。 齐鲁制药、维力医疗、天基隆等企业率先实施加工增值货物内销免关税政策扩区试点。稳步推进国际设计岛建设。遴选首批国际设计岛示范基地、工业设计中心，组建海南工业设计协会，举办首届国际设计师大赛，落地设计小镇项目，打造设计产业集聚区。"揭榜挂帅"发展车联网。完成博鳌东屿岛车联网项目建设，为建设国家级车联网先导区打造示范样板。推动海南热带汽车试验场获授国家智能网联汽车封闭测试基地。印发《海南省车联网先导区（项目）建设实施细则》《海南省低速功能型无人车道路测试和示范应用管理办法（试行）》。扎实开展封关运作压力测试。启动国际数据中心压力测试、游戏出海试点和公共服务平台建设。工业领域数据安全管理试点取得阶段性成果，探索形成工业领域数据出境安全管理规范，策划储备一批数据跨境试点项目。加快创建国家区块链试验区，"海口区块链综合试点""区块链+医疗健康""区块链+贸易金融"等项目入选国家区块链应用创新示范并取得初步成效，数字消费领域区块链创新应用进入商业化推广。

（二）统筹疫情防控和经济发展，以超常规举措稳住工业经济大盘

打好产业政策"组合拳"。 出台实施超常规稳住工业经济大盘行动方案、工信企业快速复工复产行动措施、促进经济高质量发展资金工信领域"8+2"实施细则，支持儋洋一体化、支持澄迈发展等八项政策措施，推动建立省领导牵头的促进工业经济平稳增长联席会议机制，全力稳住工业经济运行。抓好物资运输和生产供应"双保障"。坚持"一手打伞、一手干活"，帮助工业企业复工复产、稳产达产。聚焦疫情期间企业生产物资、防疫物资、生活物资运输问题。完善防疫物资生产供应体系，培育引进海孵医疗、诺恩生物、博维康等企业，形成医疗器械企业群，新增抗原检测试剂盒、病毒采样管等产品产能，省内生产品种覆盖六大类。当好助企纾困"服务员"。深入实施"万名干部下企业"服务行动，建立业务专项工作组、助企干部工作组紧密联动的工作机制，强化市县督导服务，分级分类推进解决困扰企业的问题308个。组织梳理优质产品清单，发动相关单位帮助企业产销对接去库存。加速兑现工业企业小升规、上规模、电费补贴等惠企政策，64家企业获得3220万元扶持。

（三）突出创新突破，促进数字经济规模持续扩大

出台数字经济发展实施方案，围绕特色数字产业集群、产业数字化转型、产业开放创新、信息基础设施等明确23项重点任务。数字产业化发展壮大。航芯集成电路、百信信创整机生产等项目落地建设，电子信息制造业实现重大破题。加快打造数字文创、数字贸易、区块链等特色产业集群，字节跳动、腾讯、百度等龙头企业加大布局力度，从业人员数量大幅增长。生态软件园、复兴城互联网信息产业园两个千亿级园区保持两位数增长。产业数字化加快推进。培育形成一批典型案例，基于数字孪生的港口三维沉浸态势研判系统平台开发及应用入选2021年物联网示范项目名单，基于5G+工业互联网的三化数字化管理创新应用入选2022年工业互联网平台创新领航应用案例名单，海南傲为智慧产业有限公司入选国家第一批财政支持中小企业数字化转型试点平台，澳斯卡粮油-数字工厂、富岛"5G+工业互联网"应用实践、数字化发货车间、燕窝岭矿山智慧矿山等8个项目获评2022年海南省工业互联网应用优秀案例。信息基础设施提质升级。互联网出省带宽比2018年年初扩大5倍，城域网带宽扩容完成年度计划的150%。平均每万人5G基站数达到18.6个，全国排名第13。5G网络实现各市县城区和镇区室外连续覆盖，产业园区、重点医疗机构、中高等院校和65%以上行政村热点覆盖。博鳌东屿岛车联网项目、"大三亚"5G智慧医疗服务提升项目获第五届"绽放杯"5G应用大赛全国总决赛三等奖。自贸港重点产业园区具备万兆光纤宽带接入能力，各市县城区、镇区和75%以上行政村具备千兆光纤宽带接入能力，三亚获评全国千兆城市。建设博鳌"精品网络"，保障博鳌亚洲论坛400多位嘉宾37场会议及媒体网络直播、高清影像传送需求，实现"零故障、零投诉"。

（四）紧贴中小企业发展需求，着力优化营商环境

加强优质市场主体培育。 开展专精特新中小企业"雏鹰行动"和"小升规"成长行动，形成滚动发展梯队培养格局，金盘科技成为海南省首家国家制造业单项冠军企业。创新建设"海易兑"。打造惠企政策兑现新模式，"一门一网"、主动推送、全网通办，实现政策红利便捷高效直通企业，获评全国数字政府"三十佳"优秀创新案例、全省优化营商环境示范案例，累计注册用户超80万，兑现金额近2.6亿元，有效提升惠企政策知晓度、兑现率和满意度。做深做实中小企业清欠工作。组织开展全省防范和化解拖欠中小企业账款排查工作，重点强化"拖欠信息披露和曝光惩戒"制度，无分歧账款清偿率100%，位居全国前列。

2019 年重庆市工业经济运行概况

2019 年，重庆市全口径工业实现增加值 6656.7 亿元，同比增长 6.4%，占 GDP 的 28.2%。其中，规模以上工业总产值 20936 亿元，同比增长 6.8%；规模以上工业增加值增长 6.2%，同比提升 5.7 个百分点。从三大门类看，采矿业增加值同比增长 2.6%，制造业同比增长 6.5%，电力、燃气及水生产和供应业同比增长 5.2%。

一、总体运行情况

相比 2018 年，2019 年全市电子产业增加值增长 14.3%，生产笔记本电脑 6422.3 万台，同比增长 12.1%；手机 1.74 亿台，其中智能机占比 56.7%。汽车产业增加值下降 4.1%，生产汽车 138.3 万辆，下降 19.9%。消费品、材料、装备、能源、化工、摩托车、医药行业增加值分别增长 6.1%、14.7%、6.8%、5.3%、3.1%、2.4% 和 7.1%。智能产业销售收入增长 14%，数字产业增加值增长 16.8%。高技术制造业和战略性新兴制造业增加值分别增长 12.6% 和 11.6%。集成电路增加值增长 5.2 倍，智能手表增加值增长 1.5 倍，3D 打印机设备增加值增长 67.7%，卫星导航定位接收机增加值增长 62.3%，液晶显示屏增加值增长 36.4%，电子元件增加值增长 20.6%，平板电脑增加值增长 14.9%。

全市规模以上工业利润总额 1102.8 亿元，同比下降 4.3%，营业收入利润率 5.31%。规模以上工业全员劳动生产率 35.9 万元/人，规模以上工业增加值率达到 25.4%。全市机电产品出口 3337.5 亿元，占全市出口的 89.9%，同比增长 11.5%。工业实际利用外资 51.1 亿元，占全市的 49.5%。完成工业投资 2725 亿元，同比增长 8.8%。

全社会用电 1160.2 亿千瓦时，同比增长 3.7%，统调电网最高负荷达 2138 万千瓦。其中，工业用电 677.4 亿千瓦时，同比增长 3%。主力电厂累计购进电煤 1792.6 万吨，同比下降 4.9%；耗煤 1767.1 万吨，同比下降 2.6%。12 月底全市主力电厂存煤 309.7 万吨，比 2018 年同期增加 15.3 万吨。全市天然气用量 103.5 亿立方米，同比增长 4%，其中工业用气 72.7 亿立方米，同比增长 1.7%。全市完成货运总量 13.3 亿吨，同比增长 3.6%。截至 12 月底，全市工业企业贷款余额为 4171.8 亿元，占全市人民币贷款余额的 11.5%，同比下降 1.2 个百分点；占境内企业贷款余额的 19.8%，同比下降 1.1 个百分点。

二、重点行业发展情况

（一）汽车产业

重庆市汽车产量 138 万辆，同比下降 19.9%，占全国产量的 5.4%，同比下降 2 个百分点。规模以上汽车制造业完成产值 3227 亿元，同比下降 5.5%。其中，汽车整车制造业完成产值 1301 亿元，同比下降 15%；汽车零部件制造业完成产值 1781 亿元，同比增长 1.7%。全市规模以上汽车制造业完成主营业务收入 3307.3 亿元，同比下降 4.6%。完成利税总额 128.2 亿元，同比下降 44.5%。其中，利润总额 17.3 亿元，同比下降 83.4%；税收总额 110.9 亿元，同比下降 12.5%。

（二）摩托车产业

重庆市有摩托车整车制造企业 39 家，规模以上零部件制造企业 371 家，已形成年产 1000 万辆整车和 2000 万台发动机的综合生产能力，具备发动机、离合器、车架、减震器、转向、轮毂、轮胎、仪表等各大总成完备的配套能力。全市生产摩托车 407 万辆，同比增长 2.5%，占全国摩托车生产总量的 23.4%。实现产值 818 亿元，同比增长 2.6%；实现主营业务收入 768.5 亿元，同比增长 3.2%；实现利润总额 62.2 亿元，同比增长 17.1%；实现利税总额 90 亿元，同比增长 9.5%，分别占全市工业的 3.9%、3.8%、5.6% 和 4.8%。

隆鑫、宗申、力帆、银翔 4 家企业进入全国摩托车销量前十，销量分别达到 114.1 万辆、104.3 万辆、99.97 万辆和 96 万辆。摩托车行业出口 344 万辆，同比下降 4.2%，占全国摩托车整车出口量的 48%，实现出口交货值 113 亿元。隆鑫、银翔、宗申、力帆、航天巴山 5 家企业进入全国摩托车出口量前十，分别出口 87.3 万辆、47.83 万辆、39.68 万辆、32.01 万辆和 25.35 万辆，分列第一、第三、第五、第七、第十位。

（三）电子产业

全行业全年实现产值 5700 亿元，同比增长 11.1%，高于全市规模以上工业总产值增速 4.3 个百分点；占全市规模以上工业产值的 27.2%，拉动全市工业增长 2.9 个百分点，对全市工业增长贡献率达 42.7%。其中，计算机及配套产值 2948.4 亿元，同比增长 8.7%；手机及配套产值 1081.4 亿元，同比增长 14.5%；其他电子实现产值 1670.1 亿元，同比增长 13.2%。

（四）智能终端产业

2019 年全市智能终端产量 3.6 亿台（件），同比增长 5.9%。其中，计算机产量 7614.3 万台，同比增长 8.9%；手机产量 1.7 亿部，同比下降 6.7%；苹果手表 1285.6 万只，同比增长 113%；苹果平板电脑 738.6 万台，同比增长 18.5%；显示器（富士康）1156.8 万台，打印机 1352.7 万台。全市智能终端完成产值 3945 亿元，同比增长 8.7%。电子配套企业实现产值 1408 亿元，同比增长 10.1%。全年产值配套率 50.9%，较 2018 年年底提高 2 个百分点。

（五）材料产业

2019年重庆市有材料制造业规模以上企业1070家，同比增长4.9%；实现产值3103.4亿元，同比增长16.9%，增加值增速14.7%；实现营业收入2997.7亿元，同比增长15.7%，营业利润率7.1%；利税总额324.1亿元，同比下降0.7%；完成出口交货值36.3亿元，同比增长6.6%。

冶金行业规模以上企业227家，同比增长7.6%；实现产值1511.1亿元，同比增长21.2%，增加值增速25%；实现营业收入1448亿元，同比增长18.4%，营业利润率2.5%；利税总额70.6亿元，同比下降23%；完成出口交货值23.6亿元，同比增长14.6%。建材行业规模以上企业843家，同比增长3.4%；实现产值1592.4亿元，同比增长13.1%，增加值增速7.3%；实现营业收入1549.7亿元，同比增长13.4%，营业利润率11.5%；利税总额253.5亿元，同比增长7.9%；完成出口交货值12.7亿元，同比下降5.7%。

（六）消费品产业

重庆市规模以上消费品工业（食品、纺织服装、轻工）企业完成产值3213.2亿元，同比增长6.4%；完成工业增加值同比增长6.1%，占全市的18.7%，对全市工业增长累计贡献率为17.3%。

分行业看，食品工业总产值同比增长10.2%，其中农副食品加工业、食品制造业、烟草制品业、酒、饮料、精制茶制造业分别增长7.8%、6.8%、23.7%和14.3%。轻工业产值同比增长8.1%，其中造纸及纸制品、家具制造业、塑料制品业、玻璃制品制造业同比分别增长9.6%、21.3%、13.6%和19.7%；纺织服装业产值同比下降18.8%。

（七）装备制造业

重庆市装备制造业规模以上企业共1031家，资产总计1921亿元，用工人数18.3万人，分别占全市规模以上企业的15.7%、9.7%和12.2%。2019年完成工业总产值1975亿元（净增产值161亿元），同比增长8.9%，高出全市规模以上工业总产值增速2.1个百分点；工业增加值同比增长6.8%，高出全市规模以上工业增加值增速0.6个百分点，其中高端装备制造产业增加值同比增长7.8%，产值同比增长7.5%。实现出口交货值99亿元，同比下降0.5%。

（八）化工产业

重庆市化工产业规模以上企业共有279家，完成工业总产值914.7亿元，同比增长0.1%；完成工业销售产值873.2亿元，同比增长0.1%；工业产品销售率95.5%，同比减少0.1个百分点；完成出口交货值43.2亿元，同比下降10.5%。实现主营业务收入843.1亿元，同比降低2.4%；完成利润60.8亿元，同比降低19.3%。

（九）医药产业

重庆市共有规模以上医药企业178家，实现工业产值636.37亿元，同比增长10.4%，增速同比持平。医药行业工业增加值增速为7.1%，同比下降2.2个百分点；营业收入和利润总额同比分别增长11.9%和14.4%；实现出口交货值69亿元，同比下降1.6个百分点。完成招商引资项目10个，协议投资117.4亿元。推进产业项目开工4个，建成投产项目5个。医药行业固定资产投资同比下降3.4%，增速同比下降25.1%。

三、重点工作和成就

深入贯彻中央大政方针和市委、市政府决策部署，坚持稳中求进工作总基调，坚持新发展理念，以供给侧结构性改革为主线，以高质量发展为根本要求，迎难而上、奋发作为，统筹推进稳增长、调结构、增动能、促创新、优服务，全市工业和信息化运行稳中向好、稳中有进。

（一）运行回暖的态势更加明显

面对复杂多变的内外部环境和不断加大的经济下行压力，工业经济成功止滑促增、逐季上行。规模以上工业增加值增长6.2%，同比提高5.7个百分点，高出全国0.5个百分点。工业投资同比增长8.8%，高于全国平均水平4.5个百分点。九大支柱产业实现"八增一降"，汽车产业降幅明显收窄。

（二）高质量发展的步伐更加坚定

高技术制造业和战略性新兴产业增加值分别增长12.6%和11.6%，分别占全市规模以上工业19.2%和25%。企业创新水平稳步提升，2135家企业建立研发准备金440亿元，同比增长16.7%。英特尔FPGA（现场可编程逻辑门阵列）等高端研究机构纷纷落户重庆，建成工业大数据和集成电路特色工艺及封装测试市级制造业创新中心2家，国内首个5G自动驾驶公共服务平台建成投用。国家级工业设计中心累计6家，数量位居中西部前列。国家级单项冠军产品累计4种。产业绿色化发展步伐加快，累计建成国家级和市级绿色工厂72家、绿色园区5个。

（三）智能化发展的战略更加深入

智能产业加速崛起，"芯屏器核网"补链成群，销售收入同比增长14%。智能制造深入推进，实施1280个智能改造项目，新增890条数字化生产线，认定115个数字化车间和25个智能工厂。六轴机器人、焊接机器人等相继量产，航天云网、中移物联网等建成投用，宗申忽米工业互联网服务平台汇集企业超9万家，"5G+智能制造"、远程运维等新模式应运而生。出台《重庆市加快推动5G发展行动计划（2019—2022年）》，建成5G基站1万余个。智慧园区公共服务平台上线，48个园区实现智慧园区建设全覆盖。

（四）区域发展特色更加凸显

"一区两群"产业差异化发展，一区营业收入同比增长6.8%；渝东北、渝东南同比分别增长12.3%和-17.5%。渝东北三峡库区城镇群形成农产品加工、轻工纺织等特色工业，渝东南武陵山区城镇群形成轻纺食品、生物制药、特色资源加工等特色工业，产业绿色化、绿色产业化步伐加快。

（五）中小企业发展更具活力

企业主体再创新高，新设立中小微企业11万家，累计85万家。新认定专精特新企业200家，"小巨人"企业20家，"隐形冠军"企业10家，累计分别达到459家、40家和20家，其中5家成功上榜全国首批专精特新"小巨人"名单。企业发展空间不断拓展，认定市级楼宇产业园8个，国家小型微型创新创业基地11个。中小企业公共服务平台加速建设，累计135家，入驻中小企业33270家，解决服务需求20万家次。成功举办2019年"创客中国"中小企业创新创业大赛重庆区域赛和"创客中国"产业互联网中小企业创新创业大赛，中小企业呈现蓬勃的生机。

（六）企业发展的环境更加优化

深入开展"三服务"专项行动，解决实际问题409项，服务对象满意度达99%以上。扎实推进企业减负和清欠工作，累计减轻企业负担超500亿元。创新开展中小企业商业价值信用贷款改革试点，放贷平均利率仅5%，累计授信27亿元。实施用气报装"六减"和企业办电"三零""三省"改革，"一中心"（工业大数据中心）"两平台"（渝企之家、渝企金服）上线运行，39项政务服务事项全部实现网上运行，实现"信息多跑路、企业少跑路"。

2020年重庆市工业经济运行概况

2020年，重庆市实现工业增加值6990.8亿元，同比增长5.3%；规模以上工业增加值增速比2019年增长5.8%。分经济类型看，国有控股企业增加值同比增长7.3%，股份制企业同比增长4.4%，外商及港澳台商投资企业同比增长13.9%，私营企业同比增长4.1%。分门类看，采矿业增加值同比下降0.6%，制造业同比增长6.4%，电力、热力、燃气及水生产和供应业同比增长2.1%。

一、总体运行情况

2020年，全市规模以上工业中，分产业看，汽车产业增加值同比增长10.1%，摩托车产业同比下降1.7%，电子产业同比增长13.9%，装备产业同比增长2.9%，医药产业同比增长4.5%，材料产业同比增长7.1%，消费品产业同比增长0.8%，能源工业同比增长0.9%。分行业看，农副食品加工业增加值比2019年下降10.1%，化学原料和化学制品制造业同比增长8.0%，非金属矿物制品业同比增长2.4%，黑色金属冶炼和压延加工业同比增长10.7%，有色金属冶炼和压延加工业同比增长12.7%，通用设备制造业同比下降0.4%，铁路、船舶、航空航天和其他运输设备制造业同比下降1.2%，电气机械和器材制造业同比增长7.6%，计算机、通信和其他电子设备制造业同比增长14.9%，电力、热力生产和供应业同比增长2.9%。

2020年，全市规模以上工业企业利润总额比2019年增长17.3%。分经济类型看，国有控股企业利润同比增长103.9%，集体企业同比下降116.1%，股份制企业同比增长8.1%，外商及港澳台商投资企业同比增长127.5%，私营企业同比下降0.4%。分门类看，采矿业利润比2019年下降24.1%，制造业同比增长21.3%，电力、热力、燃气及水生产和供应业同比下降9.4%。

2020年，规模以上工业企业资产负债率为56.4%，比2019年年底下降0.08个百分点。全年规模以上工业战略性新兴产业增加值比2019年增长13.5%；高技术制造业增加值同比增长13.3%，分别占全市规模以上工业增加值的28.0%和19.1%。新一代信息技术产业、生物产业、新材料产业、高端装备制造产业同比分别增长17.4%、4.7%、16.8%和9.0%。全年高技术产业投资比2019年增长26.6%，占固定资产投资的8.3%；工业技术改造投资同比下降19.0%，占工业投资的29.9%。新产品产量实现较快增长，其中新能源汽车同比增长16.8%，智能手机同比下降21.5%，液晶显示屏同比增长28.2%，工业机器人同比增长24.6%，风力发电机组同比增长37.5%，医疗仪器设备及器械同比增长54.3%。

二、重点行业发展情况

（一）汽车产业

重庆有汽车生产企业41家，其中整车生产企业21家，已形成年产400万辆汽车整车的综合生产能力。汽车制造业规模以上企业1015家，其中，汽车零部件企业942家，已具备发动机、变速器、制动系统、转向系统、车桥、内饰系统、空调等各大总成较完整的供应体系，汽车零部件本地配套化率达70%。

全市规模以上汽车制造业完成产值3672亿元，同比增长12%。生产汽车158万辆，同比增长13%，占全国汽车产量的6.3%。其中，新能源汽车产量为5万辆，同比增长2%，占全市汽车产量的3%；智能网联汽车产量为24万辆，同比增长26%，占全市汽车产量的15%。完成营业收入4010亿元，同比增长15%。亏损企业190家，同比减少8家，亏损面为19%；亏损总额为55亿元，同比下降59%。完成利润157亿元，同比增长774%；税收总额149亿元，同比增长32%。规模以上企业平均用工人数25.6万人，同比下降3.1%。

（二）摩托车产业

重庆市有摩托车整车制造企业39家，规模以上制造企业412家，已形成年产1000万辆整车和2000万台发动机的综合生产能力，具备发动机、离合器、车架、减震器、转向、轮毂、轮胎、仪表等各大总成完备的配套能力。

2020年全市生产摩托车489万辆，同比增长0.6%，占全国摩托车生产总量的28.7%；实现产值830.7亿元，同比增长0.2%；实现营业收入790.1亿元，同比增长0.9%；利润总额65亿元，同比增长9%；营业收入利润率8.2%；税金总额22亿元，同比下降20%。

（三）电子产业

重庆市电子信息制造业实现产值6441亿元，同比增长10.7%，高于全市4个百分点。其中，其他的电子实现产值2080.1亿元，同比增长13.5%，占电子信息制造业的32.3%，增长贡献率达22.4%，高于全行业增速2.8个百分点，高于全市增速6.8个百分点。

全市元器件板块实现产值1172亿元，同比增长17.7%。其中，集成电路实现产值250.6亿元，同比增长22.7%，生产集成电路45.4亿块，同比增长34.9%；新型显示实现产值465.4亿元，同比增长20.7%，生产液晶显示屏2.8亿片，同比增长28.2%。机电板块实现产值473.5亿元，同比增长22.6%。家电板块实现产值296.5亿元，同比下降8.4%。仪器仪表板块实现产值138.2亿元，同比增长8.5%。全市42家重点企业实现产值 1227.6 亿元（行业产值占比运 58.9%），同比增长 11.1%。SK 海力士实现产值 151.4 亿元，同比增长 24%，占全市集成电路总产值的 60.4%；京东方光电实现产值 243.5 亿元，同比增长 19.6%，占全市新型显示总产值的 52.3%；美的实现产值 118.1 亿元，同比增长 16.8%。

（四）智能终端产业

2020 年，全市计算机产量 9130.3 万台，同比增长 19.9%，其中笔电产量 7882.2 万台，同比增长 22.7%。全市手机产量 13450.5 万部，同比下降 22.8%，其中智能手机 7754.1 万部，同比下降 21.5%。智能终端产业完成产值 4360.8 亿元，同比增长 9.5%。其中，计算机及配套产值 3175.3 亿元，同比增长 8.7%；手机及配套产值 1185.5 亿元，同比增长 11.6%。智能终端产业产值占全市工业总产值近 1/5，拉动全市工业总产值增长 1.6 个百分点，对全市工业总产值增长贡献率为 19.3%。完成出口交货值 3176.3 亿元，同比增长 12.5%，占全市工业出口交货值的 73.1%，拉动全市工业出口交货值增长 8.3 个百分点，对全市工业出口交货值增长贡献率为 52.9%。实现营业利润 109.1 亿元，同比增长 26%。

2020 年，计算机产量首次突破 9000 万台；笔电产量首次突破 7000 万台，连续 7 年成为全球最大的笔电生产基地。全产业产值首次突破 4000 亿元；笔电产业产值首次突破 3000 亿元；配套产业产值首次突破 1000 亿元；达丰（重庆）电脑有限公司产值首次突破千亿元，成为全市第一家千亿级电子制造业企业。笔电出口量 6572 万台，同比增长 26.5%；出口值 1726 亿元，同比增长 16.1%，占同期全市出口总值的 41.2%，同比增加 1.2 个百分点。

（五）材料产业

2020 年，重庆市材料制造业克服新冠疫情不利影响，实现产值 3323.8 亿元，对全市增加值贡献率达 16.4%，展现出应对复杂严峻局面的强大韧性和活力。拥有 6 个国家级企业技术中心，获评国家制造业单项冠军（产品）企业 4 家，创建智能工厂和数字化车间的行业企业 33 家。产业集聚度不断提升，规模以上企业超过 1000 家，拥有百亿级企业 3 家，50 亿级企业 3 家，长寿、涪陵、九龙坡、綦江、万盛、江津 6 个地区材料制造业产值全市占比超过 50%。

全市规模以上材料制造业实现产值 3323.8 亿元，增速 5.7%；冶金工业实现产值 1680 亿元，增速 11.2%，增加值增速 11.5%；建材工业实现产值 1643.8 亿元，增速 0.5%，增加值增速 3.5%，合计对全市增加值贡献率达到 16.4%。新材料产业实现产值 925.2 亿元，增速 17.0%。

（六）消费品产业

重庆市规模以上消费品工业企业 1761 家，实现产值 3321 亿元，同比增长 2.1%；增加值增速 0.8%，对全市工业增加值增长贡献率为 5%；实现主营业务收入 3182.9 亿元，同比下降 0.8%；利润总额同比下降 6%，营业收

入利润率 7.61%。分行业看，食品行业产值同比增长 1%，其中农副食品加工业、食品制造业、烟草制品业、酒、饮料、精制茶制造业分别增长 -2.9%、9.3%、12% 和 -2.3%；轻工业产值增长 7.6%，其中造纸及纸制品、家具制造业同比分别增长 12.6% 和 15.1%；纺织服装业工业产值同比下降 23.8%。

（七）装备制造业

2020 年，重庆市装备制造业克服疫情影响逆势上扬、稳步增长，1094 家规模以上装备企业实现工业总产值 2101 亿元，同比增长 6%。实现出口交货值 111 亿元，同比增长 15.8%，全年工业增加值同比增长 2.9%。完成投资 297.1 亿元，招商引资涉及金额 585.66 亿元。

围绕装备重点企业，全面落实"企业 40 条"等系列政策措施，强化生产要素保障，快速复工复产，取得良好成效。1—2 月规模以上装备企业受疫情影响，增加值和产值同比下降 30%。通过强化调度，精准施策，3 月开始降幅收窄，8 月实现增幅转正并大幅提升。在系列"组合拳"效应下，装备企业克服疫情带来的各种不利影响，抢抓订单，迎难而上，全面完成全年目标，工业总产值首次突破 2000 亿元大关。

（八）化工产业

重庆市有规模以上化工企业 269 家，完成工业生产总值 896.0 亿元，同比增长 2.5%；实现营业收入 814.5 亿元，同比下降 3.1%；实现利润 62.7 亿元，同比增长 4.6%，利润率 7.7%。

重大项目建设有序推进，化工产业完成投资 114.1 亿元，同比增长 2.1%。4 个续建项目均完成年初制定的目标，其中年产 115 万吨己二酸扩建项目（五期）进入调试阶段，年产 10 万吨己二胺一期已提前进入试生产阶段。4 个新项目均已开工建设；PVC 热稳定剂生产项目平场施工完成 90%；中化涪陵年产 20 万吨精细磷酸盐及配套新型专用肥项目平场施工完成 50%；长风光气衍生物及芳胺类化学品项目主体工程第一标段已进场施工。集中力量引进重点项目，签约尼龙 66 一体化、水性涂料等 27 个化工项目，合计投资 256.9 亿元。

（九）医药产业

重庆市现有规模以上医药企业 191 家，其中年产值 10 亿元级的企业有 13 家，共有 11 家生物医药企业在沪深交易所上市，总市值超 3000 亿元，市值和数量在重庆所有行业中均排名第一。医药产业整体维持正增长态势，全年医药工业实现产值 672 亿元，同比增长 4.7%；实现利润 66.2 亿元，同比增长 12.7%；完成投资 142 亿元，同比增长 25.4%。

按照"促创新、强基础、补短板"的工作思路，扎实推动全市生物医药产业创新和高质量发展。产业集群初步成形，形成以两江新区、重庆高新区、重庆国际生物城为主体的产业布局体系。2019 年 9 月，巴南区生物医药产业集群被纳入首批 66 个国家级战略性新兴产业集群名单。智飞生物年销售收入超百亿元，企业市值超过

3000 亿元，位居国内上市医药企业市值前列。

三、重点工作和成就

面对新冠疫情带来的严峻考验和错综复杂的国内外经济形势，始终坚持稳中求进工作总基调，贯彻新发展理念，以供给侧结构性改革为主线，大力实施以大数据智能化为引领的创新驱动发展战略行动计划，认真落实习近平总书记一手抓疫情防控、一手抓经济社会发展的重要指示精神，牢牢抓住"战疫情""抓复工""稳增长""提质量"等关键工作，工业经济快速恢复并呈现向好趋势，高质量发展态势持续显现。

（一）工业经济运行总体稳定

2020 年，全市全口径工业增加值同比增长 5.3%，占地区 GDP 的 28.0%，对全市经济增长贡献率为 46.3%，拉动全市 GDP 增长 1.8 个百分点。全市规模以上工业利润和投资同比分别增长 17.3% 和 5.8%，分别高于全国平均水平 13.2 个和 5.7 个百分点。重点产业加速增长，电子产业增加值同比增长 13.9%，汽车产业增加值同比增长 10.1%，装备、医药、材料、消费品、能源等产业同比均实现正增长。

（二）新兴产业规模加速壮大

新兴产业发展步入快车道，全年战略性新兴制造业增加值同比增长 13.5%，高新技术产业增加值同比增长 13.3%。集成电路领域初步建成"IC 设计—晶圆制造—封装测试及原材料配套"的全流程体系，产值规模居全国第 13 位，IC 设计销售收入增幅位居全国第一。形成"玻璃基板—液晶面板—显示模组—整机"的全产业生态圈，产值规模居全国第五位。工业机器人初步形成"研发—整机制造—系统集成—零部件配套—应用服务"全产业体系，工业机器人产量同比增长 24.6%。物联网基本形成"硬件制造—系统集成—运营服务""三位一体"全产业生态。新能源汽车产量同比增长 16.8%，智能网联汽车产量同比增长 26%，生物医药、新材料、高端交通装备、节能环保等加快发展。

（三）企业智能制造成效显著

"芯屏器核网"智能产业架构日趋完善，集成电路、新能源及智能网联汽车、智能手机等一批重点项目相继实施，智能产业销售收入同比增长 12.8%。数字化车间和智能工厂建设加快推进，实施 1297 项智能化改造项目，认定 210 个市级示范性数字化车间和智能工厂。工业互联网国家顶级节点标识注册量超 1 亿次，解析量达 7280 万次，接入二级节点 16 个，"上云"企业超 7.1 万家。重庆忽米网络科技有限公司入选 2020 年跨行业跨领域工业互联网平台名单。获批创建国家级车联网先导区。累计建成 5G 基站 4.9 万个。全面推进智慧园区建设，建成上线园区管理服务平台 17 个。

（四）企业创新能力不断增强

企业研发投入规模持续增长，建立研发准备金制度

企业 2345 家。企业研发体系不断完善，新培育 19 家市级独立法人新型企业研发机构、113 家市级企业技术中心、13 家市级工业和信息化重点实验室，新培育先进清洁能源动力装备、干净空气新材料及装备、石墨烯、新能源汽车智能控制与检测 4 家市级制造业创新中心。工业设计先导作用加速显现，建成 6 家国家级工业设计中心和 71 家市级工业设计中心。创新成果加速转化，全市进入技术创新指导性目录的新产品数量达 2650 个，新认定市级重大新产品 402 个，一大批先进技术正在加速形成。

（五）市场主体活力加速迸发

中小微企业蓬勃发展，新增中小微企业 15.3 家，累计达 92.5 万家；新增专精特新培育库入库企业 1284 家，累计达 2886 家；新增专精特新企业 200 家，累计达 659 家。全市规模以上工业企业达 6839 家，较 2019 年净增 198 家。"双百企业"对全市工业经济发展的引领、带动作用突出，实现工业产值约占全市 49.3%，拉动全市工业产值增长 4.7 个百分点。

（六）绿色制造体系加快形成

创建国家级绿色工厂 13 家、绿色产品 31 种、绿色供应链 1 个，累计建成国家级绿色工厂 35 家。支持 61 个节能、节水、清洁化改造、资源综合利用项目，直接带动投资 3.62 亿元。实现规模以上单位工业增加值能耗下降 8%，用水量下降 5%；大宗工业固废综合利用率超 85%；全年节约标煤 5.4 万吨，节约水量 21 万吨，新增工业固废利用量 32 万吨；年减排 SO_2、NO_x、VOC_s 等污染物近 5000 吨。

（七）区域协同发展纵深推进

"一区两群"实现产业优化分工和联动发展，主城都市区规模以上工业营业收入和利润同比分别增长 7.1% 和 19.1%；渝东北片区营业收入同比增长 1.9%，利润同比增长 2.4%；渝东南片区营业收入同比下降 2.9%，利润同比增长 12.2%。成渝产业协同持续深化，搭建成渝地区双城经济圈汽车产业链供需信息线上对接平台，启动工业互联网一体化发展示范区建设，推动工业互联网标识解析国家顶级节点（重庆）与成都节点互联互通，推进重点行业二级节点建设和共享共用，启动首批 20 个产业合作示范园区创建工作，两地产业链供应链及创新链加速融合。

（八）企业发展环境持续优化

深入开展"三服务"专项行动，全年收集问题 495 个，办结率达 100%。提前完成全年清欠工作任务，5.89 亿元无分歧账款全部清零。商业价值信用贷款改革有序推进，全年为 2400 家企业新增授信 26 亿元，平均利率仅 4.56%。对标世界银行营商环境标准，推动企业用气报装"六减"和办电"三零""三省"改革，用电、用气条件极大改善。

2021 年重庆市工业经济运行概况

2021 年，重庆市规模以上工业总产值达 2.6 万亿元，创近六年新高。战略性新兴产业、高新技术产业增加值同比分别增长 18.2% 和 18.1%，分别占全市工业的 28.9% 和 19.1%。营业收入利润率达 6.92%，比 2020 年提高 1.07 个百分点，高于全国 0.12 个百分点；规模以上工业资产负债率 56.3%，比 2020 年下降 0.5 个百分点。

一、总体运行情况

从总量看，全市全口径工业增加值同比增长 9.6%，占 GDP 的 28.3%，同比提高 0.3 个百分点，对全市 GDP 增长贡献率为 32.6%，拉动 GDP 增长 2.7 个百分点。其中，规模以上工业总产值 2.63 万亿元，同比增长 15.8%；规模以上工业增加值同比增长 10.7%，两年平均增长 8.2%，高于全国 2.1 个百分点，居全国第七位。工业投资同比增长 9.1%。工业完成税收 809.9 亿元，同比增长 19.3%；对全市税收增长贡献率为 43.3%，占全市税收的 28%，居各行业首位。全市机电产品出口 4721.9 亿元，同比增长 23.1%，占全市出口的 91.4%；工业领域实际利用外资 44.6 亿美元，同比增长 17.9%。

从分项看，行业门类情况：制造业增加值同比增长 11.6%，采矿业增加值同比下降 15.7%，电力、热力、燃气及水生产和供应业增加值同比增长 12.8%。所有制情况：国有控股企业产值 5858.5 亿元，占比 22.3%，同比增长 18.4%；外商及港澳台商投资企业产值 6203.4 亿元，占比 23.6%，同比增长 13.3%；民营企业产值 14213.8 亿元，占比 54.1%，同比增长 15.9%。企业规模类型情况：158 家大型企业完成产值 11860.2 亿元，占比 43.7%，同比增长 22.4%；906 家中型企业完成产值 6175.4 亿元，占比 22.8%，同比增长 12.2%；6034 家小型企业完成产值 9083.3 亿元，占比 33.5%，同比增长 20.8%。

从质效看，规模以上工业企业营业收入 2.71 亿元，同比增长 19.4%，高于全国 3.7 个百分点；实现利润 1877.5 亿元，同比增长 40.8%，排名全国第 14，高于全国 6.5 个百分点（两年平均增长 28.5%，高于全国 10.3 个百分点）；每百元营业收入成本 84.52 元，同比下降 0.55 元，比全国高 0.78 元。规模以上工业全员劳动生产率 41.9 万元/人，初步测算规模以上工业增加值率 23.75%，较 2020 年提高 0.1 个百分点。规模以上工业从业人数 149 万人，同比下降 2%。

二、重点行业发展情况

（一）汽车产业

重庆市有汽车生产企业 53 家，其中整车生产企业 21 家，改装车生产企业 32 家，已形成年产 400 万辆的综合生产能力。汽车制造业规模以上企业 1051 家，其中汽车零部件企业 978 家，已具备发动机、变速器、制动系统、转向系统、车桥、内饰系统、空调等各大总成较完整的供应体系，汽车零部件本地配套率达 70%。重庆规模以上汽车制造业完成产值 4286.4 亿元，同比增长 14.9%；生产汽车 199.8 万辆，同比增长 26.1%，占全国 7.7%，同比提高 1.4 个百分点。

（二）摩托车产业

重庆市有摩托车整车制造企业 39 家，规模以上制造企业 410 家，已形成年产 1000 万辆整车和 2000 万台发动机的综合生产能力，具备发动机、离合器、车架、减震器、转向、轮毂、轮胎、仪表等各大总成完备的配套能力。2021 年，全市生产摩托车 438 万辆，同比下降 10.4%，占全国摩托车生产总量的 21.7%，实现产值 907.9 亿元，同比增长 11.2%；销售产值 891.5 亿元，同比增长 11.8%；出口交货值 209.9 亿元，同比增长 19.1%。

隆鑫、宗申、力帆、银翔 4 家企业进入全国摩托车销量排名前十，产量分别为 128 万辆、98 万辆、97 万辆、81 万辆。摩托车行业出口金额达 146.7 亿元，位居全国第一，同比增长 37.5%。隆鑫出口量达 113 万辆，位居全国第一。电动摩托车行业"三大龙头"爱玛、雅迪、台铃均在重庆布局建厂。爱玛西南制造基地项目签约落户铜梁，项目计划总投资 20 亿元，年产量约 300 万辆，达产后可实现年产值 100 亿元。台铃深耕中端市场，投资 20 亿元在大足高新区建设新能源电动车产业园，该项目全部达产后年产量 200 万辆，产值 110 亿元。

（三）电子产业（其他电子）

2021 年，重庆市其他电子板块在经营成本上涨 20.9% 的压力下，仍实现营业收入 2593.5 亿元，同比增长 26.5%，占全市电子信息制造业的 33.5%；利润总额达到 297.5 亿元，同比增长 104.5%，占全市电子信息制造业的 67.2%；税金总额达到 57.2 亿元，同比增长 43.5%，占全市电子信息制造业的 65.7%。

重庆首次入围国家集成电路重大生产力布局范围；华润 12 英寸功率半导体项目成为国家集成电路产业发展基金在西部地区首笔投资的项目；西南集成成为重庆市首家集成电路上市企业；四联集团建成国内首条自主可控的 MEMS（微机电系统）压力传感器后端腔体工艺生产线。投资 15 亿元的锐石创芯 6 英寸晶圆生产线落户两江新区；投资 7 亿元的奇芯光电 8 英寸硅光晶圆制造项目落户璧山区；投资 10 亿美元的国内第二座康宁玻璃基板前段熔炉工厂，以及投资 4 亿美元的康宁大猩猩盖板玻璃熔炉项目落户两江新区。重庆赛宝工业技术研究院在重庆市建设全国唯一的板卡集成电路和元器件适配验证中心。

（四）智能终端产业

重庆市有智能终端产业规模以上企业 282 家，占全市电子制造业规模以上企业总数的 38.4%，占全市规模以上企业总数的 4%；完成总产值 4782.4 亿元，同比增长 9.6%，拉动全市规模以上工业增长 1.8 个百分点，对全市工业增长贡献率为 11.7%。PC 产量 1.07 亿台，同比增长 17.5%，首次突破 1 亿台。5G 手机产量突破 4900 万部，同比增长 2 倍。显示器、智能门锁等终端产量也实现大幅增长，实现营业收入总额 5141.36 亿元，同比增长 18.6%，占全市电子制造业营业收入总额的 66.5%，占全市八大支柱产业营业收入总额的 19%；实现利润总额 144.78 亿元，占电子制造业利润总额的 32.7%，占全市制造业利润总额的 7.7%；实现主营业务利润 135.76 亿元，同比增长 35.6%。

（五）材料产业

重庆市材料制造业规模以上企业 1173 家，其中冶金行业企业 232 家，建材行业企业 941 家。从业人员 15.58 万人，其中冶金行业 4.68 万人，建材行业 10.9 万人。规模以上工业总产值达到 4114.35 亿元，同比增长 24.9%。其中冶金行业 2334.5 亿元，同比增长 43.2%；建材行业 1779.85 亿元，同比增长 6.9%。实现利润总额 257.78 亿元，同比增长 20.5%。规模以上增加值占全市工业支柱产业的 16.78%。

行业创新能力不断增强。中国铝业集团高端制造股份有限公司已成立重庆国创轻合金研究院有限公司，并筹备创建制造业创新中心；西南铝 2800 毫米高精度铝板生产线投产，具备飞机蒙皮板、汽车铝车身板生产能力；鑫景玻璃突破"卡脖子"技术，新建纳米微晶玻璃生产线，成为国内知名智能终端厂家供货商；金世利航材开发生产钛合金管材、锻件新产品，成为中国军工领域和商飞公司重要供应商；西北工业大学成立重庆两航金属材料有限公司，为航空航天供应钛合金精密铸造件。

（六）消费品产业

重庆市规模以上消费品工业企业 1804 家，完成工业产值 3741 亿元，同比增长 13.5%；食品、轻工、纺织服装均实现正增长；工业增加值同比增长 5.9%，累计贡献率 15.9%，占全市工业的 18.4%。全市消费品工业领域新签约招商项目 422 个，协议引资超 1517 亿元，其中十亿级项目 26 个；累计完成工业投资同比增长 14.1%，占全市工业投资的 18.2%。

全市消费品工业新创建智能工厂 6 个，数字化车间 43 个，智能制造标杆企业 1 家，市中小企业技术研究中心 26 家，市级工业设计中心 5 家，其中玛格家居、登康口腔成功创建国家级工业设计中心。16 个企业产品被认定为重庆市重大新产品。30 个产品入选首批"重庆好设计"产品入库名单。

（七）装备制造业

重庆市装备制造业规模以上企业 1150 家，完成工业总产值 2459 亿元，同比增长 15.9%，较 2019 年同期增长 24.5%，两年平均增长 11.6%；实现出口交货值 155 亿元，同比增长 20.6%；实现利润 199 亿元，同比增长 13.1%；实现营业收入 2566 亿元，同比增长 15.5%。

（八）化工产业

重庆市化工产业工业总产值 1123.7 亿元，同比增长 26.9%；完成工业销售产值 1094.3 亿元，同比增长 32.6%；完成出口交货值 50.8 亿元，同比增长 39.7%；实现营业收入 1099.7 亿元，同比增长 36.8%；完成利润 164.5 亿元，同比增长 1.7 倍，利润率达 15.0%。

（九）医药产业

全市实现医药工业总产值 765.9 亿元，同比增长 11.9%。其中，医疗器械行业增长迅速，实现工业总产值 108.6 亿元，同比增长 41.7%，占全市医药产业总产值的 14.2%。

三、重点工作和成就

认真贯彻落实习近平总书记对重庆提出的重要指示批示要求，坚持稳中求进工作总基调，准确把握新发展阶段，完整、准确、全面贯彻新发展理念，积极融入新发展格局，以供给侧结构性改革为主线，深入实施以大数据智能化为引领的创新驱动发展战略行动计划，加快推进产业基础高级化、产业链现代化，工业经济运行总体平稳，高质量发展态势进一步显现。

（一）工业经济整体实力不断增强

全市全年规模以上工业总产值 2.6 万亿元；规模以上工业增加值同比增长 10.7%，两年平均增长 8.2%，增速排名全国第七。工业投资稳健，全年完成投资 3145 亿元，同比增长 9.1%。市级重点项目完成年度投资计划的 116.2%，新投达产项目 266 个，净增产值 1368 亿元。企业效益稳增，规模以上工业企业实现利润总额 1887.5 亿元，两年平均增长 28.5%，高于全国 10.3 个百分点；营业收入利润率达 6.9%，高于全国平均水平。高技术制造业和战略性新兴产业增加值同比分别增长 18.1% 和 18.2%，分别占规模以上工业增加值的 19.1% 和 28.9%。

（二）产业创新能力持续提升

国家地方共建硅基混合集成创新中心（联合微电子中心有限责任公司）获批 2021 年国家制造业创新中心；累计建成康佳光电等市级制造业创新中心 9 家，市级独立法人新型企业研发机构 78 家；规模以上工业企业有研发机构和从事研发活动的占比分别达 30% 和 45%。累计建成国家级工业设计中心 10 个。成功入选全国首批工业设计特色类示范城市。规模以上工业企业研发强度 1.65% 左右，继续领跑西部地区。协同企业实施产学研合作项目 14 个，130 纳米硅光工艺 PDK、Micro LED 芯片微缩化等关键技术实现重大突破。

（三）产业发展呈现多点支撑格局

汽车、微型计算机和手机产量分别占全国的 7.7%、

22.1%和6.7%。建成全球最大己二酸生产企业和全球单体最大的氨纶生产基地。汽车产业"乘商并重""整零并举"，增加值同比增长12.6%。电子信息产业优势持续巩固，增加值同比增长17.3%，计算机年产量首次突破1亿台，5G智能手机产量突破4900万台，建成全球智能终端重要生产基地。医药产业集群逐步成形，增加值同比增长14.5%，博唯生物预防性重组蛋白疫苗等项目加快推进，重庆国际生物城建设提速。装备、材料、消费品产业培育成效显现，增加值同比分别增长16.8%、5.9%和8.9%，产业结构由汽摩、电子"双轮驱动"向"多元支撑"转变。

（四）数智赋能产业发展优势凸显

成功获批建设成渝地区工业互联网一体化发展示范区，12个国家工业互联网"双跨"平台在重庆市布局，重庆忽米网络科技有限公司入选福布斯2021年度中国十大工业互联网企业，工业互联网标识解析国家顶级节点（重庆）接入二级节点20个。累计实施4000余个智能化改造项目，建成智能工厂105个、数字化车间574个，示范企业生产效率平均提升59.8%。累计建成5G基站7.3万个，重点建设20个"5G+工业互联网"先导示范应用场景，上云企业达10.1万家。全国首个L4级自动驾驶示范项目率先实现商业化运营。

（五）区域产业协同发展成效明显

启动首批20个成渝地区双城经济圈产业合作示范园区共建，汽车、电子信息产业2个产业链供需对接平台上线运行，产业全域配套率超过80%。落实"一区两群"协同发展战略，主城新区工业化主战场作用进一步显现，"万开云"板块联动发展成效明显，渝东南地区特色优势产业加速发展。积极融入"双循环"新格局，机电产品进出口总值6787亿元，同比增长21.6%，工业领域实际利用外资52.6亿美元，占全市49.3%。

（六）市场主体活力加速迸发

"一企一策"支持领军企业、"链主"企业做优做强，长安汽车等70家大企业产值同比增长26.3%，对全市规模以上工业产值增长贡献率达45.5%。全市规模以上工业企业7098家，其中营业收入超50亿元的企业达49家，超100亿元的企业达25家。实施专精特新科技型中小企业培育行动，中小企业市场主体突破100万家，累计培育市级专精特新中小企业883家，国家级专精特新"小巨人"企业118家，国家重点"小巨人"企业33家。

（七）产业发展环境持续改善

取消和下放行政审批事项累计103项，简化9项涉企经营许可事项，所有行政许可事项实现"全程网办"。落实减税降费等惠企政策，为企业减负超600亿元，清理支付中小企业欠款1.05亿元。商业价值信用贷款试点助力中小企业发展被国务院通报表扬，全年为2466家企业授信。持续推进"三服务"专项行动，问题办结率达98.4%。精心做好要素保障，"一省一组""一厂一专班"协调陕晋疆黔电煤，实现超计划增供电煤730万吨。

2022年重庆市工业经济运行概况

2022年，重庆市全口径工业增加值8276亿元，同比增长2.9%，占GDP 28.4%，同比提高0.1个百分点，对全市GDP增长贡献率为32.3%。工业投资增长10.4%，其中技术改造投资同比增长12.6%，占工业投资的35.3%。战略性新兴制造业增加值同比增长6.2%，占规模以上工业的31.1%，同比提高2.2个百分点。

一、总体运行情况

2022年，从总量看，全市规模以上工业总产值2.75万亿元，同比增长4.7%；规模以上工业增加值6827亿元，同比增长3.2%，低于全国0.4个百分点，居全国第22位。全市工业投资增长10.4%。全市工业完成税收814.1亿元，同比增长12.1%，占全市税收的33.1%，列各行业首位。机电产品出口4497.8亿元，同比下降4.7%，占全市出口的85.7%；制造业领域实际利用外资4.8亿美元，占全市利用外资的24.8%。

2022年，从行业门类看，全市制造业增加值同比增长2.3%，采矿业增加值同比增长3.5%，电力、热力、燃气及水生产和供应业增加值同比增长12.4%。从所有制类型看，国有控股企业产值6517.0亿元，占比22.9%，同比增长8.2%；外商及港澳台商投资企业产值5578.7亿元，占比21.3%，同比下降0.3%；民营企业产值15398.0亿元，占比55.8%，同比增长5.2%。从企业规模看，164家大型企业完成产值11262.8亿元，占比41.0%，同比增长4.8%；884家中型企业完成产值6785.6亿元，占比24.7%，同比增长5.7%；6406家小微企业完成产值9445.3亿元，占比34.3%，同比增长3.8%。

2022年，从经济效益看，全市规模以上工业企业营业收入2.82万亿元，同比增长3.7%，低于全国2.2个百分点；实现利润1683.8亿元，同比下降9.1%，排名全国第20，低于全国5.1个百分点（两年平均增长13.1%，低于全国0.42个百分点）；营业收入利润率5.97%，同比下降0.8个百分点，低于全国0.13个百分点；每百元营业收入成本85.75元，同比提高1.08元，比全国高1.03元。规模以上工业全年全员劳动生产率45.8万元/人，工业从业人数149.1万人，同比下降2.3%，基本保持稳定。

二、重点行业发展情况

（一）汽车产业

2022年，重庆市汽车产业克服新冠疫情、芯片短缺、高温限电等众多不利因素影响，总体保持较高增速，有21家整车企业，有规模以上汽车零部件企业上千家，具备发动机、变速器、制动系统等各大总成完整供应体系，本地配套率达70%。全市智能网联新能源汽车在品牌打造、产业链培育、设施配套等方面取得长足进展，200余家产业链条企业集聚发展，形成西部地区较为完整的智能网联新能源汽车产业链。

2022年，全市汽车产量209.2万辆，同比增长4.1%，占全国汽车产量的7.7%。其中，新能源汽车产量36.5万辆，同比增长1.4倍，占全市汽车产量的17.4%。完成产值4514.6亿元，同比增长10.6%，占全市工业总产值的16.4%。汽车高端化发展节奏加快，售价30多万元的长安阿维塔11上市，创重庆市自主品牌乘用车售价新高，订单累计突破2万辆；售价超过25万元的赛力斯问界成为最快月销破万的造车新势力单一品牌，问界M5和M7累计产销量超过7.5万辆；长安深蓝SL03月产量稳定超过6000辆。

（二）摩托车产业

重庆市拥有摩托车整车制造企业39家，规模以上制造企业410家，已形成年产1000万辆整车和2000万台发动机的综合生产能力，具备发动机、离合器、车架、减震器、转向、轮毂、轮胎、仪表等各大总成完备的配套能力。2022年，全市生产摩托车444万辆，同比增长1.7%，占全国摩托车生产总量的20.9%；实现产值820亿元，同比下降3.4%。

隆鑫、宗申、力帆、德呈威4家摩托车整车骨干企业的装备水平、制造能力、生产规模继续保持国内一流水平，同时进入全国燃油摩托车产销及出口量排名前十。重庆摩托车出口量全国占比达47%（全国出口摩托车764万辆，重庆出口361万辆）。宗申、隆鑫2家本地转型企业及新引进的雅迪、台铃，共计4家企业进入全国电动摩托车销量排名前十。

（三）电子产业（其他电子）

2022年，在重庆市电子信息制造业产值同比下降0.4%的背景下，其他电子全年完成产值2383.5亿元，同比增长4.5%；占全市电子信息制造产值的32%。其他电子完成投资589亿元，同比增长20%，占电子产业投资总额的77%。

抢抓国内晶圆制造产能爆发"窗口期"，全年签约中国电科12英寸特色工艺线、达新电子6英寸IGBT功率半导体生产线、光域科技6英寸硅基光晶圆线等5条晶圆制造线，实际到位资金超200亿元，年度签约晶圆线数量创历史新高。先后成功落地达新电子6英寸IGBT功率半导体、奥松电子8英寸MEMS传感器芯片、光域科技6英寸硅基光电子、声光电8英寸特色工艺扩能、中国电科12英寸高端特色工艺线共5条晶圆制造产线，晶圆制造规模不断壮大。

（四）智能终端产业

2022年，重庆市智能终端产业产值4972.8亿元，同比下降2.5%，占全市规模以上工业总产值的18.1%。实现出口交货值3486.7亿元，同比下降8.7%，占全市规模以上工业出口交货总值的72.7%，同比提高0.9个百分点，持续发挥外贸"压舱石"作用。全行业研发费用同比增长10.3%。英业达（重庆）有限公司的远程控制和智能在线检测入选2021年度智能制造优秀场景；泓禧科技、紫建电子、瑜欣电子3家企业成功上市；美的制冷等12家企业获评国家专精特新"小巨人"企业。

全市计算机产量8631.9万台，同比下降19.6%，其中笔电产量7411.2万台，同比下降21%，笔电产量全球占比提高到近4成，连续9年成为全球最大的笔电生产基地。手机产量7448.4万台，同比下降33.2%，其中智能手机产量7032万台，同比下降18.7%。冰箱、空调、洗衣机产量分别为134.4万台、1840.4万台和530.5万台，同比分别下降13.4%、增长4.7%、下降5.3%。

（五）材料产业

重庆市材料工业主要包含冶金、建材行业，涉及3个大类（钢铁、有色、建材）14个重点中类，拥有规模以上企业1202家，其中冶金行业企业240家，建材行业企业962家。从业人员15.6万人，其中冶金行业4.9万人，建材行业10.7万人。

2022年，材料工业完成规模以上产值4426.8亿元，同比增长7.7%，连续5年高于全市工业产值总体增速，其增加值占全市工业增加值的16.8%，冶金、建材行业产值分别累计增长16.2%、下降3.3%；实现利润188.5亿元，同比下降25%，营业收入利润率4.3%；完成税收89.6亿元，同比下降17.6%。材料工业企业新增企业技术中心21个，新增市级制造业创新中心1个。建成国家铝产业计量测试中心，华峰铝业建成重庆市工业和信息化重点实验室。行业新增数字化车间21个，建成智能化工厂3个。昆仑电子玻璃、绝热隔音材料、宽幅铝板、复合铜箔、气凝胶绝热毡等一批具有行业竞争力的产品亮相市场。

（六）消费品产业

重庆市规模以上消费品工业企业实现产值同比增长1.5%，工业增加值同比增长2.1%，工业增加值占全市工业的17.9%，累计增长贡献率12.2%，行业总体保持平稳发展态势。招商引资和重点项目建设有序推进，全行业完成工业投资679亿元，同比增长19.8%；在建项目1591个，同比增长25%；新开工项目952个，同比增长28.5%，为持续发展提供后劲。全行业新增市级专精特新企业191家，数字化车间32个，智能化工厂6家，绿色工厂7家，行业智能化持续深入。

特色产业链培育成果叠出。重庆火锅食材产业研究院、重庆火锅食材产业检验检测中心相继揭牌；"重庆预制菜"发展框架初步形成。梁平区召开2022年中国预制菜产业发展峰会，围绕完善产业链、畅通供应链、提升价值链，携手明月山7区县构建预制菜产业生态，打造中国西部预制菜产业投资"首选地"，进一步扩大"中国西部预制菜之都"影响力。

（七）装备制造业

重庆市装备制造业共有规模以上企业1225家，完成工业总产值2510亿元，同比下降0.7%；工业增加值同比下降0.3%。其中，金属制造业产值692.1亿元，同比增长2.4%；通用设备制造业产值1002.1亿元，同比下降0.1%；专用设备制造业产值749.5，同比增长8.7%；铁路、船舶、航空航天和其他运输设备制造业产值924.2亿元，同比下降2.9%。装备制造业新签约项目179个，总投资947亿元，在全市八大支柱行业中排名第二；累计完成工业投资412亿元，同比增长7.3%，市级重大工业建设项目总投资116亿元，计划投资23.8亿元，实际完成投资25.2亿元。

组织编制《重庆市首台（套）重大技术装备推广应用目录（2022年版）》，共收录重大技术装备产品227个，其中2022年新增产品80个。重庆青山工业有限责任公司被工业和信息化部认定为2022年国家技术创新示范企业；鑫源农机牵头组建重庆市农机装备产业技术创新联盟，获评重庆市示范产业技术创新联盟；中国海装研制的"扶摇号"海上浮式风电机组成功下水，重庆中车长客双流制轨道车辆在市郊铁路江跳线成功上线运营，一批重大技术装备成果不断涌现。

（八）化工产业

重庆市化工产业工业增加值同比增长3.4%，占比6%，贡献率5.9%。全市拥有规模以上企业277家，2022年完成工业总产值1256.0亿元，同比增长11.6%；完成营业收入1235.2亿元，同比增长11.3%；实现利润143.1亿元，同比下降13.3%。重庆华峰化工有限公司、重庆万凯新材料科技有限公司产值均超过100亿元，填补重庆市百亿级化工企业空白。以聚酯、聚氨酯、聚酰胺、高端聚烯烃、聚甲基丙烯酸甲酯五大产业链为主的合成材料产业链完成产值528.2亿元，同比增长14.5%，占比提升至42%。

全市化工产业完成投资139.5亿元，同比增长24.6%；重大建设项目投资完成65.8亿元，占全市化工产业投资的47.2%。其中年产120万吨食品级PET高分子新材料二期项目、年产20万吨精细磷酸盐及配套新型专用肥项目（搬迁项目）均已顺利投产；涪陵年产115万吨己二酸扩建六期，年产30万吨尼龙66一体化项目，年产30万吨己二胺三期、四期按进度建设。全年新增企业技术中心7家。5万吨苯法工艺生产己二腈、EVOH中试核心技术和专有设备等工艺设备填补国内空白，"卡脖子"技术攻关取得成效。

（九）医药产业

重庆市共有规模以上医药企业229家，其中上市企业13家。医药产业增加值同比增长6.1%，完成产值

830.95 亿元，同比增长 7.3%，拉动全市工业增长 0.2 个百分点。利润同比增长 38.3%，工业投资同比增长 7.1%。共有 423 个医药产品获批上市，其中药品 10 个、三类医疗器械 43 个、二类医疗器械 370 个。25 个药品通过仿制药一致性评价。

医疗物资、药品保障有力。一是日常物资保障到位。共向各级医疗卫生机构、企事业单位累计调拨 165 批次，共计 1534.89 万个（台、双、套）应急医疗物资，为疫情防控提供充足物资保障。二是紧急采购到位。牵头组织市医疗物资保障组开展紧急采购，共采购 24 台日检能力达 2 万管的移动核酸检测方舱并按期交付相关区县投入使用，有效提升全市核酸检测能力。三是构建较为完善的产能储备体系。建立包含日产能 170 万只各类口罩、700 万人份核酸提取试剂、600 万人份核酸检测试剂、3.1 万套防护服、17.8 万件隔离衣在内的产能储备体系。四是加强对药品生产、采购、调拨、配送、终端销售全流程调度服务，累计供应保障解热镇痛药等急需药品 7585 万片、抗原检测试剂盒 4000 万人份、N95 口罩 106.53 万只、各类中成药 87.18 万盒（瓶）、抗病毒小分子药 19.4 万盒。

三、重点工作和成就

面对国际形势严峻复杂、国内疫情多点散发和电力供应紧张等多重因素，按照党中央落实疫情要防住、经济要稳住、发展要安全总体要求，紧扣国家重要先进制造业中心总体目标，坚持高端化、智能化、绿色化方向，全市工业经济总体平稳，高质量发展态势向好。全年规模以上工业增加值同比增长 3.2%，工业投资同比增长 10.4%。战略性制造业增加值同比增长 6.2%，占规模以上工业的 31.1%。

（一）全力稳住经济大盘，发展信心持续提振

统筹应对疫情防控和经济发展"双重"考验，谋划出台系统务实举措，推动稳经济政策落地见效。大规模疫情防控期间，科学组织 85% 以上的规模以上工业企业实施闭环生产，员工在岗率超 70%，4 月和 11 月工业增加值同比分别增长 2.9% 和下降 8.1%，总体可控、好于预期。扛牢医疗物资保障重责，调拨各类防疫医疗物资超 1540 万套（个、瓶、双、人份）。高效统筹保障电力、电煤、燃（油）气等能源要素，成功应对 2856 万千瓦历史最大电力负荷需求和 457 万千瓦历史最大电力负荷缺口，确保民生用气"一方不少"，工业用气"增供稳价"。

（二）优化提升产业能级，先进制造加速崛起

制定实施《重庆市建设世界级智能网联新能源汽车产业集群发展规划（2022—2030 年）》，形成"1+4"顶层设计体系，新能源汽车产量占全部汽车产量的 17.5%，汽车产业增加值同比增长 10.2%。入选国家首批新能源汽车换电模式应用试点，全国首个新能源汽车检测站投用。成渝地区电子信息先进制造集群入选"国家队"。高位推动软件和信息服务业"满天星"行动计划，统筹场

所、场景、企业、人才、生态"五大关键"，新增软件和信息服务业企业 3500 余家，新增从业人员 5 万人。"揭榜挂帅"实施 10 个重点关键软件项目。获批建设国家网络安全产业园区（成渝）。电子特气、硅耗材、抛光垫等关键材料实现国产替代。"扶摇号"深远海漂浮式风电机组成功下水，"重庆造"昆仑玻璃打破国外技术封锁。平台牵引打造"渝见美品"消费 IP。

（三）数智创新赋能转型升级，发展动能蓄势聚力

持续完善"芯屏端核网"数字产业集群，前瞻布局卫星互联网、硅基光电子等新赛道。创新开展"一链一网一平台"试点示范，新实施 1503 个智能化改造项目，累计 5578 个。新建 22 个智能工厂、160 个数字化车间，累计分别达 127 个和 734 个，示范项目生产效率平均提升 58.9%，实施智能化改造的规模以上工业企业对全市工业产值增长贡献率达 76.4%。建成 10 个"5G+工业互联网"示范场景。持续实施规模以上工业企业研发机构倍增计划，有研发机构和从事研发活动的规模以上企业占比分别达 30%、47%。制订实施制造业高质量绿色发展行动计划，累计建成国家绿色工厂 52 家、绿色园区 5 个，绿色产品累计 48 种。成功举办 2022 中国国际智能产业博览会。

（四）梯度培育中小企业，市场主体活力显现

全面实施"专精特新"企业高质量发展专项行动，聚焦选种、育苗、创新型中小企业、专精特新中小企业、国家"小巨人"企业、上市企业六个关键环节，创新构建"产业研究院+产业园区+产业基金"中小企业生态体系。新增国家级产业技术基础公共服务平台 6 家。新增市级专精特新中小企业 1579 家，累计 2484 家。新增国家专精特新"小巨人"企业 137 家，累计 255 家，全国占比 2.8%。其中，新增 25 家国家重点专精特新"小巨人"企业，累计 58 家。重组升级重庆高新技术产业研究院有限责任公司为市级平台，成功获评工业和信息化部第五批产业技术基础公共服务平台，孵化落地宽禁带半导体、大功率无线充电等 32 家"硬科技"企业。

（五）聚力深化协同合作，区域联动走深走实

深化川渝重点领域产业链对接，川渝汽车、电子全域配套率分别达 80% 和 50%。建成川渝间省际高速公路"电走廊"11 条、加氢站 15 座。首批 20 个成渝地区双城经济圈产业合作示范园区建设务实推进。深入推进"一区两群"协调发展，引导资源要素差异化集聚。主城都市区规模以上企业产值占比 90.8%，其中中心城区和主城新区占比分别为 43.6% 和 47.2%。积极融入"双循环"新格局，全年新签约引进工业和信息化项目 1362 个，协议投资 8851 亿元。笔电出口量值均保持全国首位，汽车出口额同比增长近 80%。

（六）综合服务提质增效，营商环境持续优化

创新实施"企业吹哨·部门报到"企业服务改革，

累计受理 5581 个"吹哨"事项，办结率达 99.2%。创新推出"商业价值保"，年化担保费率仅 0.8%。实施专项资金"五个转变"管理改革，落细落实惠企利企政策。全面推动降本增效，全年为企业减负超 1000 亿元。深入开展防范和化解拖欠中小企业账款专项行动，清偿金额 5.46 亿元，清偿率位居全国前列。帮助部分在重庆的央企化解近 15 年未解决的棚户区改造难题。构建形成"2+6+6+36"产业园区体系，产业承载能力和聚集效应增强。

2019年四川省工业经济运行概况

2019年，四川省经济和信息化系统坚持稳中求进工作总基调，牢固树立新发展理念，把制造强省作为战略性工程来抓，加快构建"5+1"现代产业体系，全年主要目标任务较好实现，全省工业经济运行总体平稳、稳中有进，工业经济加快转型升级，高质量发展迈出坚实步伐。

（一）工业增速连续12个月保持在8%

2019年，全省规模以上工业增加值累计同比增长8.0%，完成年初目标任务，连续12个月实现8%以上的中高速增长。全省规模以上工业增速连续4年在十大经济省中保持前三位的领先势头，比全国平均水平（5.7%）高2.3个百分点，高出全国的幅度比2018年（2.1个）增加0.2个百分点，好于全国态势更加明显。

（二）工业经济效益保持较快增长态势

利润增速保持两位数稳定增长；营业收入增速保持在10%以上；经营效率进一步改善。

（三）五大支柱产业和数字经济较快增长

落实省领导联系指导工作机制，推动五大重点任务落地落细，加快16个重点领域突破发展。数字经济发展取得新成效。实施推进数字经济发展的指导意见，获批国家数字经济创新发展试验区。举办世界工业互联网大会、中国信息通信大会，"云锦天府"数字化产业城等一批新型基础设施项目加快建设。推进产业数字化转型，部分领域牵头制定国家智能制造关键技术标准，两化融合发展水平列全国第一梯队。工业互联网平台加快培育，"企业上云"累计达5万余家。产业园区云平台建设取得积极进展，政务服务、健康养老、教育、医疗、交通、文旅等领域涌现一大批智慧应用形态。

（四）工业投资保持增长

2019年，全省工业投资同比增长7.6%，高出全国投资（4.3%）3.3个百分点；技术改造同比增长5.1%。6个重大产业项目、138个省政府重点工业项目、500个重点工业及技术改造项目均超额完成全年计划投资目标任务，累计投资额分别达到年度计划的110.2%、110.9%和104.7%。五大支柱产业投资同比增长8.8%，高于全省工业投资1.2个百分点，其中电子信息同比增长11.8%，制造业高技术产业同比增长14.3%，高于全省工业投资6.7个百分点。

（五）创新驱动发展水平持续提升

落实国家"振芯铸魂"、重大短板装备、关键新材料、工业互联网等关键领域补短板工程，实施信息安全及集成电路、航空与燃气轮机等重大专项。国内首台自主研发5万千瓦重型燃机成功点火。全转速汽轮机1450mm钛合金叶片填补国内空白。世界单机容量最大的白鹤滩左岸百万千瓦机组首台导水机完工交付。组建5G、智能终端、北斗卫星、燃气轮机等产业联盟30余个，省级以上企业技术中心1178家、省级以上技术创新示范企业61家，国家级达79家、27家，均位居西部地区第一。省级以上小微企业创新创业示范基地达136家。组建工业云制造、工业信息安全等6家省级制造业创新中心。

（六）供给侧结构性改革持续深化

抓好中央环保督察"回头看"意见整改，完成3.2万余家"散乱污"企业整治，完成率达99.5%；推进35家危化品企业搬迁改造，已完成25家。出台精准电价政策支持特色产业发展措施，开展水电消纳产业示范区试点，到户电价降低30%以上，减少企业用电支出85亿元。规模以上工业企业每百元营业收入中的成本同比下降0.4元左右。截至12月底，已清偿政府部门和国有企业拖欠民营企业中小企业账款181.1亿元，清偿完成进度为70.3%，顺利完成清偿一半以上的年度目标任务。

（七）企业主体发展活力不断增强

鼓励大企业大集团并购重组做大规模，出台促进大中小企业融通发展推进方案，制定大企业大集团上榜奖励办法。全省营业收入百亿元大企业大集团超过70家。制定促进中小企业健康发展实施意见，推动中小企业"育苗壮干"梯度培育，专精特新中小企业达2000家左右，全年新增规模以上企业1300余家，中小工业企业营业收入同比增长10%。举办APEC中小企业数字经济发展大会，组织2019年"创客中国"中小企业创新创业大赛总决赛，推进"互联网+"中小微企业创新创业公共服务平台建设，省级以上小微企业创新创业示范基地136家。

（八）区域发展格局持续优化

推进产业园区提档升级，新获批国家新型工业化产业示范基地3家，累计达23家，列中西部地区第一位、全国第三位。产业园区集中度达72%。全省有16个市（州）规模以上工业增加值增速在8%以上，其中成都市累计增长7.8%，甘孜、宜宾、南充、绵阳、泸州5个市（州）增速达10%以上。

2020 年四川省工业经济运行概况

2020 年，面对严峻复杂的国内外环境，特别是新冠疫情的严重冲击，全省经济和信息化系统统筹推进疫情防控和工业经济发展，加快完善"5+1"现代工业体系，全省工业经济稳步复苏。且稳定向好，制造强省建设迈出新的步伐。

（一）工业生产逐季加快

2020 年，全省规模以上工业增加值同比增长 4.5%，在 1—2 月增长-5.2% 的基础上保持逐季回升态势，分别较一季度、上半年、前三季度提升 5.4 个、2 个和 1.3 个百分点。

（二）工业效益持续改善

工业利润保持逐月回升，规模以上工业利润增速 7 月由负转正后，连续保持较快回升，全年利润增长 8% 左右。营业收入实现较快增长，企业生产经营持续改善。

（三）重点产业加快发展

"5+1"产业规模不断壮大。2020 年，全省五大支柱产业增加值同比增长 5.1%，较年初提升 9.6 个百分点，高于全省规模以上工业增加值增速 0.6 个百分点。全省规模以上高技术产业增加值同比增长 11.7%，高出全省规模以上工业增加值增速 7.2 个百分点。获批国家新一代人工智能创新发展试验区、国家数字服务出口基地，国内首条"5G+工业联网"生产线投产，5G 基站超过 4 万个、"企业上云"超过 20 万家，省级以上服务型制造示范企业（平台）144 家。

（四）重点项目加快建设

工业和技术改造投资保持"双十"增长，全省投资 500 万元以上新开工和竣工项目均超过 5000 个，全省工业投资同比增长 10.7%，高于全省固定资产投资 0.8 个百分点，高于 2019 年同期 3.1 个百分点；技术改造投资同比增长 12.1%，高于全省固定资产投资 2.2 个百分点，高于 2019 年同期 7.0 个百分点。全省 56 个重大产业项目、183 个省政府重点工业项目、522 个重点工业

及技术改造项目均超额完成全年计划投资目标任务，累计投资额分别达到年度计划的 106%、107% 和 107%。全省五大支柱产业投资同比增长 8.2%，连续两年保持在 8% 以上。

（五）区域发展格局持续优化

2020 年，全省五大经济区中，成都平原经济区、川南经济区、攀西经济区、川西北生态经济区规模以上工业增加值增速均超全省平均水平，分别达 4.6%、5.3%、4.8% 和 6.3%，"主干"成都市全年规模以上工业增加值同比增长 5.0%，"干优支强"格局加快构建。实施《汇集创新资源推动四川产业发展三年行动计划》，落实加强企业创新主体培育指导意见，持续推动重点企业研发全覆盖。省级制造业创新中心达 13 家，省级以上技术创新示范企业和企业技术中心分别达 78 家和 1299 家。制定《四川省"5+1"重点特色园区培育发展三年行动计划（2021—2023 年）》，新认定院士（专家）产业园 10 家，组织 137 家园区开展亩均效益综合评价，国家级新型工业化产业示范基地达 23 家、省级达 71 家，成都市软件和信息服务集群，成都市、德阳市高端能源装备集群入选国家先进制造业集群名单。产业园区集中度达 72% 以上。实施大企业大集团提升行动，开展中小企业"育苗壮干"梯度培育，营业收入超百亿元企业达 74 家，省级以上专精特新"小巨人"企业达 2128 家，全年小升规企业 1000 家以上。

（六）要素保障扎实有力

落实阶段性降电价政策，推进水电消纳产业示范区建设，市场交易电量超 1000 亿千瓦小时。开展产业金融对接和融资精准服务，截至 2020 年年底，全省制造业贷款余额为 4676.4 亿元，同比增长 14.9%，较 2019 年同期提高 13.3 个百分点。开展困难企业帮扶，加快"僵尸企业"处置，处置率达 98% 以上。清欠工作顺利完成，无分歧账款按期全面清零。

2021 年四川省工业经济运行概况

2021 年，全省经济和信息化系统抓好"强工业"十二大行动组织实施，稳定增长、招引促建、创新升级、数字引领、绿色低碳、帮扶企业等各项政策措施持续发力，全省工业经济运行稳中加固且稳定向好，实现了"十四五"良好开局。

（一）工业总量规模跨上新台阶

2021 年，全省全部工业增加值总量达 15428.2 亿元，突破 1.5 万亿元，跨上新的发展台阶。全省制造业增加值总量达 12414.8 亿元，同比增长 9.3%，高于全省 GDP 增速 1.1 个百分点。制造增加值占全省 GDP 的 23.1%，较 2020 年提高 1.0 个百分点。工业对全省 GDP 增长贡献率为 32.3%，有力支撑全省 GDP 总量历史性突破 5 万亿元大关。

（二）"3 个 8%"增长目标超额完成

2021 年，全省规模以上工业增加值同比增长 9.8%，工业投资、技术改造投资同比分别增长 9.7% 和 17.5%，顺利完成"3 个 8%"增长目标。41 个工业大类行业中有 31 个行业增加值同比增长，其中电气机械、计算机、电力及酒、饮料和精制茶等 11 个行业实现两位数增长。前 50 强企业有 47 家产值实现增长，比 2020 年增加 11 家。117 种主要工业产品中有 82 种实现增长，增长面为 70.1%，比 2020 年提高 9.4 个百分点。

（三）现代工业体系建设稳步推进

2021 年，全省五大支柱产业（含软件）营业收入总量达到 4.9 万亿元，同比增长 15.5%。其中，电子信息产业营业收入达到 1.46 万亿元，食品饮料产业营业收入达到 1.003 万亿元，全省已打造形成两大万亿级支柱产业格局。规模以上高技术产业增加值同比增长 19.4%，高于全省规模以上工业增加值增速 9.6 个百分点。计算机及办公设备制造业、航空航天器及设备制造业、电子及通信设备制造业增加值同比分别增长 44.1%、32.5% 和 17.9%。

（四）转型升级步伐加快

创新动能持续增强，发布 54 个"揭榜挂帅"重点建设领域，建成 13 家省级制造业创新中心，规模以上企业研发活动覆盖率较 2020 年提高 5.1 个百分点。全省数字化转型提速，新增"上云"企业 9 万家，累计超 29 万家，全省数字化研发设计工具普及率达 79.6%，两化融合贯标企业同比增长 87.6%。全省数字经济核心产业增加值达到 4012 亿元，同比增长 18%，高于 GDP 增速 9.8 个百分点。

（五）企业培育成效明显

2021 年，全省市场化交易电量同比增长 25.1%，全省降低社会用电成本 347 亿元，推动新增减税降费约 400 亿元，化解拖欠民营企业中小企业分歧欠款 7.7 亿元。世界 500 强本土企业实现零的突破，全省营业收入超千亿元大企业大集团 7 家、超百亿元 83 家，新增国家级专精特新"小巨人"企业 133 家、制造业单项冠军企业（产品）5 家。企业经济效益明显改善，全年全省规模以上工业企业实现利润总额同比增长 34.3%，平均营业收入利润率达 8.3%。

2022 年四川省工业经济运行概况

2022 年，四川省工业战线全力以赴拼经济、搞建设，全省工业经济发展在攻坚克难中取得了新进展新突破。

（一）工业生产回稳向好

2022 年，全省全部工业增加值总量达到 16412.2 亿元，同比增长 3.4%，占全省 GDP 的 28.9%，较 2021 年提升 0.3 个百分点。全省制造业增加值总量达到 13308.4 亿元，同比增长 3.1%。全省规模以上工业增加值同比增长 3.8%，比全国平均水平高 0.2 个百分点。

（二）工业效益持续改善

2022 年，全省规模以上工业企业实现利润总额 4836.3 亿元，同比增长 10.7%，位列全国第四，增速比全国平均水平高 14.7 个百分点。全省五大支柱产业（含软件）实现营业收入 52776.7 亿元，同比增长 6.8%，其中电子信息产业、能源化工产业营业收入均超过万亿元，分别达到 16242.5 亿元和 10315.1 亿元。

（三）重点行业支撑有力

2022 年，全省总量前十大行业中有 8 个行业增加值实现正增长，其中电气机械、计算机、电力等 5 个行业实现两位数增长。五大支柱产业、高技术制造业、绿色低碳产业增加值同比分别增长 6.5%、11.4% 和 19.8%，其中晶硅光伏产业、动力电池产业发展势头强劲，增加值同比分别增长 75.9% 和 131.9%。数字经济核心产业实现增加值 4324.1 亿元，同比增长 6.5%。

（四）工业投资稳步增长

2022 年，全省工业投资同比增长 10.7%，高于全社会固定资产投资增速 2.3 个百分点。技术改造投资同比增长 3.8%。高技术制造业投资同比增长 27.5%，高于工业投资增速 16.8 个百分点。石油加工、炼焦及核燃料加工业、黑色金属冶炼和压延加工业等高耗能产业同比分别下降 48.5% 和 20.2%。

（五）企业培育成效明显

实施"贡嘎培优"和"育苗壮干"行动，新增本土世界 500 强企业 2 家，新培育国家专精特新"小巨人"企业 138 家、制造业单项冠军企业（产品）8 家（个），遴选产业新赛道"赛手企业"24 家、省级新经济示范企业 30 家。全省规模以上工业企业总数达 1.67 万家，较 2021 年净增 1185 家。

（六）转型升级蹄疾步稳

新增国家新型工业化产业示范基地 3 个，累计 26 个，成渝地区电子信息先进制造业集群成功入选第三批国家级先进制造业集群名单。推动制造业数字赋能，累计打造省级工业互联网平台 40 个，"上云"企业 34 万家。新培育认定省级企业技术中心 181 家、省级技术创新示范企业 28 家、国家技术创新示范企业 1 家。成功获批国家超高清视频创新中心，实现全省国家级制造业创新中心零的突破。

2019 年贵州省工业经济运行概况

一、工业经济运行概况

2019 年，贵州省规模以上工业增加值同比增长9.6%，较 2018 年提高 0.6 个百分点，增速分别高于全国平均和西部地区 3.9 个和 3.4 个百分点，排名全国第一。全省工业增加值同比增长 9.5%。工业发展质量不断提升，新认定国家级技术创新示范企业 2 家、省级企业技术中心 26 家。新增国家级绿色园区 1 家、绿色工厂 4 个，省级绿色园区 2 家、绿色工厂 7 个。工业结构调整取得成效，全省制造业占规模以上工业的 72%，较 2018 年同期提高 1 个百分点。民营工业增加值同比增长 9% 以上，较 2018 年同期提高 0.8 个百分点。工业园区规模以上工业企业户数量占比达 75%，总产值占比达 80% 左右，较2018 年同期提高 1.5 个百分点。企业效益总体平稳运行，全省规模以上工业企业实现营业收入 9292 亿元，同比下降 1.5%；实现利润总额 867 亿元，同比增长 0.1%，高于全国增速 3.4 个百分点；实现营业收入利润率 9.6%，同比提高 0.2 个百分点。

全年全省规模以上工业增加值分经济类型看，国有控股企业增加值同比增长 9.9%，股份制企业增加值同比增长 9.5%，外商及港澳台商投资企业增加值同比增长6.9%，私营企业增加值同比增长 6.9%。分门类看，采矿业增加值同比增长 13.7%，制造业增加值同比增长8.5%，电力、热力、燃气及水生产和供应业增加值同比增长 11.0%。

全省 19 个重点监测行业中，12 个行业增加值保持增长。其中，黑色金属冶炼和压延加工业比 2018 年增长21.1%，有色金属冶炼和压延加工业同比增长 18.9%，煤炭开采和洗选业同比增长 18.2%，酒、饮料和精制茶制造业同比增长 14.9%，计算机、通信和其他电子设备制造业同比增长 12.9%，电力、热力生产和供应业同比增长 11.3%（见表 1）。

表 1   2019 年规模以上工业主要行业增加值增速

指标名称	同比增长（%）
规模以上工业增加值	9.6
煤炭开采和洗选业	18.2
非金属矿采选业	-15.2
农副食品加工业	-3.9
酒、饮料和精制茶制造业	14.9
烟草制品业	6.8

续 表

指标名称	同比增长（%）
化学原料和化学制品制造业	-3.5
医药制造业	-2.0
非金属矿物制品业	-1.9
黑色金属冶炼和压延加工业	21.1
有色金属冶炼和压延加工业	18.9
汽车制造业	-16.5
电气机械和器材制造业	-5.4
计算机、通信和其他电子设备制造业	12.9
电力、热力生产和供应业	11.3

数据来源：贵州省 2019 年国民经济和社会发展统计公报。

全年全省生产集成电路 5843.23 万块，同比增长53.1%；电子元件 71.35 亿只，同比增长 36.1%；钢材707.74 万吨，同比增长 24.3%；原铝（电解铝）127.80 万吨，同比增长 23.3%；饮料酒 140.67 万千升，同比增长6.9%（见表 2）。

表 2   2019 年规模以上工业主要产品产量及增速

指标名称（单位）	绝对数	同比增长（%）
发电量（亿千瓦时）	2106.28	8.1
磷矿石（折含五氧化二磷30%）（万吨）	2504.06	-21.6
饮料酒（万千升）	140.67	6.9
卷烟（亿支）	1114.65	3.6
中成药（万吨）	6.72	8.3
乳制品（万吨）	12.98	13.6
辣椒制品（万吨）	58.48	23.5
吉他（万把）	274.79	60.9
农业氮、磷、钾化学肥料（折纯）（万吨）	371.42	-24.0
橡胶轮胎外胎（万条）	609.42	6.8
水泥（万吨）	10991.07	-0.9

续　表

指标名称（单位）	绝对数	同比增长（%）
生铁（万吨）	351.21	2.7
钢材（万吨）	707.74	24.3
铁合金（万吨）	173.98	2.9
十种有色金属（万吨）	155.08	19.6
其中：原铝（原解铝）（万吨）	127.80	23.3
家用电冰箱（万台）	157.64	13.6
集成电路（万块）	5843.23	53.1
电子元件（亿只）	71.35	36.1
汽车（万辆）	5.69	-15.2
彩色电视机（万台）	123.56	-8.0
智能电视（万台）	123.56	-2.6

数据来源：贵州省2019年国民经济和社会发展统计公报。

全年全省规模以上工业企业利润总额886.58亿元，比2018年增长0.2%。规模以上工业企业资产负债率为61.0%，比2018年下降1.0个百分点；营业收入利润率为9.3%，同比提高0.2个百分点；每百元营业收入中的成本为75.15元，同比下降0.92元。

二、规模以上工业经济运行情况

2019年，贵州省推进十大千亿级工业产业振兴行动，推动工业经济高质量发展，巩固"三去一降一补"成果，落实更大规模的减税、更明显的降费政策及降成本措施，全省规模以上工业经济效益实现平稳发展。

（一）总体情况

2019年，全省规模以上工业企业5273家，资产总计16184.18亿元，较2018年增长4.3%；流动资产合计7300.63亿元，较2018年增长4.4%；所有者权益合计6312.73亿元，较2018年增长7.1%。

1. 利润总额保持增长

2019年，全省规模以上工业企业利润总额高开低走，全年保持正增长态势（见图1）。一季度是全年增速高点，较2018年增长13.9%；上半年在全年第一个低点后略有回升，较2018年增长7.9%；前三季度保持平稳增长，较2018年增长8.8%；截至12月底，较2018年增长0.2%，增速高于全国3.5个百分点。全省规模以上工业企业中2438家企业利润总额保持增长，占全省规模以上工业企业的46.2%。

2. 营业收入有所下滑

2019年，全省规模以上工业企业营业收入增速呈下滑趋势，一季度较2018年增长4.3%，上半年同比增长3.4%，前三季度同比增长1.1%；截至12月底，全省规模以上工业企业实现营业收入9570.75亿元，较2018年下降1.5%。

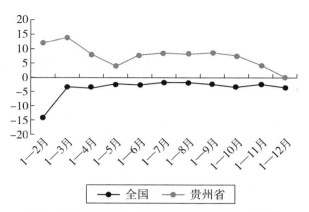

图1　2019年全国、全省规模以上工业企业利润总额增长情况

（二）主要特点

2019年，全省规模以上工业企业经济效益呈现盈利状况持续向好、降成本成效明显、减税降费效果显著等特点。

1. 盈利状况继续向好

2019年，全省规模以上工业企业实现利润总额886.58亿元，较2018年增长0.2%；截至12月底，营业收入利润率为9.3%，较2018年增加0.2个百分点。

（1）轻工业盈利水平高于重工业

分轻重工业看，2019年轻工业实现利润总额694亿元，较2018年增长3.3%；重工业实现利润总额192.58亿元，较2018年下降9.7%。轻工业营业收入利润率23.5%，较2018年提高0.1个百分点，高于重工业20.6个百分点。

（2）电力、热力、燃气及水生产和供应业扭亏为盈

分三大门类看，采矿业实现利润总额54.72亿元，较2018年增长1.2%，营业收入利润率较2018年提高0.2个百分点；制造业实现利润总额797.24亿元，较2018年下降7.4%，营业收入利润率为11.2%，高于全省平均水平2个百分点；电力、热力、燃气及水生产和供应业实现利润总额34.62亿元，营业收入利润率为2.5%，由同期亏损转为本年盈利。

（3）传统行业盈利情况较好

分行业看，41个大类行业中，20个行业利润总额较2018年有所增长。其中，酒行业实现利润总额603.66亿元，较2018年增长10.2%；煤行业实现利润总额46.45亿元，同比增长9.7%；电力行业由同期亏损转为本年盈利。

2. 降成本成效明显

基于税率调整力度的加大、国家对电价的下调，以及企业内部资源的优化，企业的生产成本随之减少，截至12月底，全省规模以上工业企业每百元营业收入中的成本为75.15元，较2018年减少0.9元。一是营业成本下降，企业营业成本为7192.83亿元，较2018年下降2.7%，较2018年回落6.8个百分点；二是用工人数减少，企业平

均用工人数 81.37 万人，较 2018 年下降 4.2%。

3. 减税降费效果显著

从国家深化增值税改革、小微企业普惠性减税，到下调增值税税率等一系列减税降费政策的落实，企业的税费负担明显减轻。2019 年，全省规模以上工业企业税金总额 1030.86 亿元，较 2018 年增长 5.3%，增速较 2018 年回落 12.1 个百分点。其中，应缴增值税 361.31 亿元，较 2018 年下降 10.0%，由 2018 年两位数增长转为本年负增长。

4. 国有控股企业贡献突出

国有控股企业效益情况良好，拉动了全省规模以上工业企业效益增长。2019 年，全省规模以上国有控股工业企业达 549 家，占全省规模以上工业企业数量的 10.4%，实现营业收入 4639.96 亿元，较 2018 年增长 2.1%，增速高于全省平均水平 3.6 个百分点；实现利润总额 696.66 亿元，较 2018 年增长 11.7%，占全省规模以上利润总额的 78.6%，拉动全省规模以上工业企业利润总额增长 10.2 个百分点。

5. 大中型企业效益较好

大中型企业降成本、去杠杆，各项效益指标情况较好。2019 年，全省规模以上大中型工业企业实现营业收入 5629.57 亿元，较 2018 年增长 2.8%，高于全省平均水平 4.3 个百分点；实现利润总额 718.51 亿元，同比增长 5.4%，拉动全省规模以上工业企业利润总额增长 5.2 个百分点。截至 12 月底，大中型企业营业收入利润率为 12.8%，较 2018 年提高 0.3 个百分点；每百元营业收入中的成本 68.25 元，较 2018 年减少 1 元；资产负债率较 2018 年下降 2.1 个百分点。

6. 消费品制造业效益突出

2019 年，全省规模以上消费品制造业实现营业收入 2581.8 亿元，较 2018 年增长 2.5%；实现利润总额 684.03 亿元，同比增长 4.0%。一是盈利能力强，营业收入利润率为 26.5%，较 2018 年提高 0.4 个百分点；二是成本继续控制，每百元营业收入中的成本为 44 元，较 2018 年减少 2.7 元；三是市场流动性较好，产成品存货周转天数较 2018 年减少 4.1 天；应收票据及应收账款平均回收期较 2018 年减少 1.7 天。

三、规模以下工业经济运行情况

2019 年，全省坚持稳中求进工作总基调，强力推进贵州省十大千亿级工业产业振兴行动，促进工业转型升级和提质增效，持续推动小微企业发展，规模以下工业经济呈现总体运行平稳、减税降负成效明显、民营企业表现良好的发展态势，但市场需求不足、生产经营成本上升过快等问题仍是影响企业发展的主要因素。

（一）主要经济指标增速保持稳定增长

2019 年，根据规模以下工业抽样调查数据推算，与 2018 年相比，全省规模以下工业企业工业增加值增长 8.5%，主营业务收入增长 12.2%，利润总额增长 4.9%，工业生产用电量增长 3.3%。

（二）主导行业支撑有力

2019 年，全省在统的 39 个工业大类行业中 34 个行业主营业务收入同比实现增长，其中非金属矿采选业、烟草制品业、金属制品业、农副食品加工业、橡胶和塑料制品业等 26 个行业增速在两位数以上。

全省规模以下工业主营业务收入增速贡献居前六位的非金属矿物制品业，金属制品业，木材加工和木、竹、藤、棕、草制品业，非金属矿采选业，农副食品加工业，化学原料和化学制品制造业主营业务收入合计同比增长 26%，增速比规模以下工业高 13.8 个百分点；主营业务收入占规模以下工业的 47.2%，对规模以下工业的贡献率为 52%，拉动全省规模以下工业增速 6.4 个百分点。

（三）企业减税降负成效明显

随着 2019 年个税专项附加扣除、下调增值税税率、降低社会保险费率、减免不动产登记费等一系列政策落地，企业减税降负成效明显。一是降幅大。2019 年全省规模以下工业税金总额为 6.66 亿元，比 2018 年下降 7.4%，增速比 2018 年降低 35.5 个百分点。二是覆盖面扩大。2019 年连续四个季度的规模以下企业问卷调查结果显示：各季度均有 65%以上的被调查企业享受税收优惠，其中四季度享受税收优惠的企业占比达 71.4%，税收优惠覆盖率较 2018 年同期提高 3.7 个百分点。

（四）民营企业发展良好

2019 年，全省规模以下工业企业中的民营企业表现为主要经济指标增速快，劳动生产率显著提高。一是增速快，主营业务收入比 2018 年增长 15.4%，增速比全省规模以下工业主营业务收入高 3.2 个百分点；利润总额同比增长 10.8%，增速比全省规模以下工业利润总额高 6 个百分点。二是劳动生产率显著提高，平均劳动生产率同比增长 31.1%，比全省规模以下工业劳动生产率提高 7.7 个百分点。

（五）融资难、融资贵问题的缓解工作持续推进

2019 年四季度规模以下工业问卷调查结果显示，资金紧张、融资难的企业占 16.9%，同比下降 3.4 个百分点。

（六）企业经营稳定、预期向好

2019 年四季度规模以下工业问卷调查结果显示：企业综合经营状况良好或一般的企业占被调查企业的 77.4%，产品订货量高于或处于正常水平的占 74.3%，生产能力（设备）利用率高于或处于正常水平的占 77%。

2020 年贵州省工业经济运行概况

一、工业经济运行概况

2020 年，贵州省规模以上工业增加值累计增长 5%，增速高于全国 2.2 个百分点，高于西部地区 1.8 个百分点，排名全国第九。规模以下工业增加值累计增长 2.5%。工业投资进展较好，工业投资同比增长 11.8%，高于全国工业投资增速 11.7 个百分点。全省实施 500 万元及以上工业项目 2237 个，其中亿元以上工业项目 962 个。企业效益企稳向好，规模以上工业企业实现营业收入 9135.6 亿元，同比下降 2.5%，降幅持续收窄；利润总额首次突破 1000 亿元，达到 1056.1 亿元，同比增长 19.6%。工业园区稳定发展，全省 95 个工业园区累计完成规模以上工业总产值 8659.3 亿元，同比增长 1.7%，占全省的 81.4%。

全年全省规模以上工业增加值分经济类型看，国有控股企业增加值同比增长 7.0%，股份制企业同比增长 5.4%，外商及港澳台商投资企业同比增长 5.0%，私营企业同比增长 2.6%。分门类看，采矿业同比增长 6.1%，制造业同比增长 5.1%，电力、热力、燃气及水生产和供应业同比增长 3.3%。

全省 19 个重点监测的行业中，18 个行业增加值保持增长。其中，黑色金属冶炼和压延加工业增加值比 2019 年增长 16.7%，有色金属冶炼和压延加工业同比增长 16.3%，汽车制造业同比增长 11.6%，电气机械和器材制造业同比增长 11.6%，酒、饮料和精制茶制造业同比增长 6.3%，煤炭开采和洗选业同比增长 5.5%，电力、热力生产和供应业同比增长 3.1%（见表 1）。

表 1　2020 年规模以上工业主要行业增加值增速

指标名称	同比增长（%）
规模以上工业增加值	5.0
煤炭开采和洗选业	5.5
非金属矿采选业	2.1
农副食品加工业	0.3
酒、饮料和精制茶制造业	6.3
烟草制品业	4.1
化学原料和化学制品制造业	6.1
医药制造业	1.6
非金属矿物制品业	0.1
黑色金属冶炼和压延加工业	16.7

续　表

指标名称	同比增长（%）
有色金属冶炼和压延加工业	16.3
汽车制造业	11.6
电气机械和器材制造业	11.6
计算机、通信和其他电子设备制造业	-18.5
电力、热力生产和供应业	3.1

数据来源：贵州省 2020 年国民经济和社会发展统计公报。

全年全省生产智能电视 183.62 万台，比 2019 年增长 48.6%；汽车 7.91 万辆，同比增长 38.9%；铁合金 207.09 万吨，同比增长 20.8%；电子元件 48.47 亿只，同比增长 12.4%；辣椒制品 45.58 万吨，同比增长 7.9%；原铝（电解铝）135.58 万吨，同比增长 6.1%（见表 2）。

表 2　2020 年规模以上工业主要产品产量及增速

指标名称（单位）	绝对数	同比增长（%）
发电量（亿千瓦时）	2174.34	3.8
磷矿石（折含五氧化二磷 30%）（万吨）	2132.89	2.4
饮料酒（万千升）	127.97	-8.4
卷烟（亿支）	1160.07	4.1
口罩（亿个/只）	17.58	—
中成药（万吨）	6.47	-2.9
乳制品（万吨）	17.04	25.6
辣椒制品（万吨）	45.58	7.9
吉他（万把）	262.58	-0.2
农用氮、磷、钾化学肥料（折纯）（万吨）	338.33	0.3
橡胶轮胎外胎（万条）	708.54	16.3
水泥（万吨）	10797.36	-1.4
生铁（万吨）	368.63	4.6
钢材（万吨）	741.09	4.4

续 表

指标名称（单位）	绝对数	同比增长（%）
铁合金（万吨）	207.09	20.8
十种有色金属（万吨）	163.38	5
其中：原铝（电解铝）（万吨）	135.58	6.1
家用电冰箱（万台）	157.08	-0.3
集成电路（万块）	6912.68	-8.7
电子元件（亿只）	48.47	12.4
汽车（万辆）	7.91	38.9
智能电视（万台）	183.62	48.6

数据来源：贵州省 2020 年国民经济和社会发展统计公报。

全年全省规模以上工业企业利润总额 1056.14 亿元，比 2019 年增长 19.6%。全年营业收入利润率为 11.6%，比 2019 年提高 2.1 个百分点；每百元营业收入中的成本为 72.65 元，同比下降 2.1 元。2020 年年底规模以上工业企业资产负债率为 60.2%，比 2019 年年底下降 0.4 个百分点。

二、工业经济运行特点

（一）稳基础保增长，传统行业支撑强

煤、电、烟、酒作为全省四大支柱行业，合力支撑确保全省工业经济"基本盘"稳健运行。2020 年，四大行业合计增加值同比增长 5.1%，对规模以上工业增长贡献率达 64.5%，拉动工业增长 3.2 个百分点，增加值占全省规模以上工业增加值的 64.0%，比 2019 年提高 2.5 个百分点。四大行业贡献了全省绝大部分利税，1—11 月合计完成利润总额 741.59 亿元，同比增长 12.7%，占规模以上工业利润总额的 77.8%；完成税金总额 628.64 亿元，同比增长 9.8%，占规模以上工业税金总额的 83.1%。

一是酒饮料行业继续领跑全省。全省以茅台为引领的酱香品牌建设持续巩固，习酒、董酒、珍酒、钓鱼台等第二梯队白酒企业快速发展壮大，产业优势日益凸显。2020 年，规模以上酒饮料行业增加值同比增长 6.3%，增速高于全省规模以上工业 1.3 个百分点，拉动全省规模以上工业增长 1.8 个百分点，增加值占规模以上工业的 30% 以上，高达 31.2%，比 2019 年提高 2.4 个百分点。

二是电力行业"水火并济"。2020 年，全省"黔电送粤"累计送电量首次突破 500 亿千瓦时，带动全省发供电创历史新高。2020 年，规模以上电力行业增加值同比增长 3.1%，拉动规模以上工业增长 0.4 个百分点，增加值占规模以上工业的 11.0%，比 2019 年提高 0.8 个百分点。从发电情况看，火力发电 1329 亿千瓦时，同比下降 0.8%；水力发电 710 亿千瓦时，同比增长 7.7%，水力发电量占比 32.7%，比 2019 年提高 0.7 个百分点。从

用电情况看，省内用电量 1586 亿千瓦时，同比增长 3.0%；省外用电量 742 亿千瓦时，同比增长 3.4%。

三是煤炭行业平稳运行。能源工业运行新机制促进煤炭行业实现平稳健康发展。2020 年，在下游电力行业的带动下，规模以上煤炭行业增加值同比增长 5.5%，拉动规模以上工业增长 0.7 个百分点，增加值占规模以上工业的 12.6%。

四是烟草行业持续优化。烟草行业进一步优化产品结构，巩固贵烟品牌建设，提升产品市场占有率。2020 年，规模以上烟草行业增加值同比增长 4.1%，拉动规模以上工业增长 0.3 个百分点，增加值占规模以上工业的 9.2%。

（二）助抗疫保民生，生活物资保障足

2020 年年初，全省相关工业企业快速反应，快速复产或迅速转产防疫物资，防疫产品大幅增长，生活物资稳定供应，全力保障疫情期间全省防疫工作和居民正常生活。一是防疫产品由年初的"从无到有"再到目前的平稳增长，规模以上口罩生产企业到年底增加至 12 家，口罩产量从 2 月的日均产量 45 万只，提升至日均产量 482 万只左右，全省累计生产口罩 17.58 亿只。二是生活必需品始终保持稳定供应，为"宅经济"发展提供基本保障。2020 年，方便面、冷冻蔬菜、熟肉制品、乳制品、速冻食品、面条、辣椒制品产量同比分别增长 107.7%、72%、36.6%、25.6%、17.7%、11.2% 和 7.9%。

（三）调结构促转型，装备制造回升快

2020 年，全省装备制造业增加值同比增长 1.3%，尤其是下半年以来增势迅猛，装备制造业增加值平均增速高达 11.2%，高于全省规模以上工业下半年平均增速 3.7 个百分点。其中，汽车制造业增加值同比增长 11.6%，下半年以来保持快速增长态势，增加值当月增速始终在 20% 以上，主要因为推出的新产品运动型多用途乘用车（SUV）市场销量较好，全年产量 3.81 万辆；金属制品、运输设备、电气机械行业全年增加值增速均在 11% 以上，金属切削机床、电梯、电动机、锂离子电池、钢丝、民用钢质船舶产量同比分别增长 94.8%、20.1%、18.8%、12.4%、10.3% 和 9.5%。

（四）促发展保就业，国有企业展担当

规模以上国有控股企业增加值占全省规模以上工业的六成以上，是全省工业的顶梁柱，疫情期间，国有控股企业带头复工复产，适时提供就业岗位，主动担起保就业重任。2020 年，规模以上国有控股企业工业增加值同比增长 7.0%，增速高于全省规模以上工业增加值增速 2.0 个百分点，对全省规模以上工业增长贡献率高达 79.3%，拉动工业增长 4.0 个百分点，是全省工业增长的重要引擎。1—11 月，国有控股企业平均用工人数 32.71 万人，同比增长 0.8%，而全省同比下降 2.3%。

（五）降税费惠企业，政策落地显成效

为克服疫情带来的不利影响，全省各地各部门通过减税降费、用能补贴、减免社保费用、降低房租等多项

政策措施切实减轻企业负担，解决企业困难。一是税收优惠明显，1—11月，规模以上工业税金总额756.64亿元，同比增长5.0%，增速低于利润增速7.6个百分点，其中应缴增值税305.88亿元，同比下降4.3%。二是费用成本有所下降，1—11月，四项费用合计858.97亿元，同比下降1.8%，其中财务费用184.04亿元，同比下降2.1%；每百元营业收入成本72.87元，同比减少2.02元。三是企业利润稳定增长，累计增速逐月攀升，1—11月，利润总额同比增长12.6%，为2020年以来最高增速。

2021年贵州省工业经济运行概况

2021年，贵州省规模以上工业增加值同比增长12.9%，增速位居全国第三，工业增加值占地区生产总值的27.3%，其中制造业占比提高到20.5%。全省工业投资同比增长19.7%，高于全省固定资产投资增速22.8个百分点，占比提高到22.2%。工业投资呈引领态势，2021年，全省工业投资完成3544亿元，工业投资增速达到19.7%，高于全省固定资产投资增速（-3.1%）22.8个百分点，在各领域投资增速中保持引领态势。工业企业效益持续改善，全省规模以上工业企业实现营业收入10063.6亿元，同比增长18.9%，实现利润总额1082.5亿元，同比增长42%，企业效益保持较快增长态势。工业市场主体健康发展，全省新增工业市场主体2.15万户，累计达21.31万户，其中制造业市场主体19.7万户。全年新增规模以上工业企业948家，达到近5年新高。创新能力水平持续提升，全省规模以上工业企业研究与试验发展经费投入强度达到1.13%，较2020年提高0.18个百分点。全年新增国家级技术创新示范企业1家，累计达到13家；新增国家级小型微型企业创业创新示范基地5个，累计达到11个。绿色发展取得积极成效，全年规模以上工业企业单位工业增加值能耗下降3%。全省2家企业入选第三批国家工业产品绿色设计示范企业名单，17家企业、3个园区、13种产品纳入国家绿色制造公示名单，建成了一批省级绿色制造示范单位。

全年全省规模以上工业增加值比2020年增长12.9%，两年平均增长8.9%。分经济类型看，股份制企业增加值同比增长14.8%，国有控股企业同比增长14.4%，私营企业同比增长4.0%，外商及港澳台商投资企业同比增长0.9%。分门类看，采矿业同比增长12.5%，制造业同比增长15.1%，电力、热力、燃气及水生产和供应业同比增长4.1%。

全省19个重点监测的工业行业中，12个行业增加值保持增长。其中，酒、饮料和精制茶制造业增加值比2020年增长40.7%，计算机、通信和其他电子设备制造业同比增长27.8%，化学原料和化学制品制造业同比增长25.9%，有色金属冶炼和压延加工业同比增长24.6%，煤炭开采和洗选业同比增长14.9%，烟草制品业同比增长7.5%，电力、热力生产和供应业同比增长2.7%（见表1）。

全年全省生产智能电视233.46万台，比2020年增长27.1%；电子元件69.88亿只，同比增长21.5%；吉他156.25万把，同比增长40.8%；辣椒制品52.49万吨，同比增长12.3%；饮料酒145.05万吨，同比增长11.3%（见表2）。

表1　2021年规模以上工业主要行业增加值增速

指标名单	同比增长（%）
规模以上工业增加值	12.9
煤炭开采和洗选业	14.9
非金属矿采选业	0.2
农副食品加工业	16.1
酒、饮料和精制茶制造业	40.7
烟草制品业	7.5
化学原料和化学制品制造业	25.9
医药制造业	-4.7
非金属矿物制品业	-11.2
黑色金属冶炼和压延加工业	4.7
有色金属冶炼和压延加工业	24.6
汽车制造业	-5.1
电气机械和器材制造业	-6.3
计算机、通信和其他电子设备制造业	27.8
电力、热力生产和供应业	2.7

数据来源：贵州省2021年国民经济和社会发展统计公报。

表2　2021年规模以上工业主要产品产量及增速

指标名称（单位）	绝对数	同比增长（%）
发电量（亿千瓦时）	2238.99	3.2
其中：风力发电	100.05	4.3
太阳能发电	68.89	65.4
生物质及垃圾发电	15.39	24.5
原煤（万吨）	13100.47	7.4
磷矿石（折含五氧化二磷30%）（万吨）	2415.36	14.9
饮料酒（万千升）	145.05	11.3
卷烟（亿支）	1172.16	1.0
口罩（亿个/只）	20.47	16.4

续　表

指标名称（单位）	绝对数	同比增长（%）
中成药（万吨）	6.48	-0.8
乳制品（万吨）	17.02	-0.1
辣椒制品（万吨）	52.49	12.3
吉他（万把）	156.25	40.8
农用氮、磷、钾化学肥料（折纯）（万吨）	336.17	0.7
橡胶轮胎外胎（万条）	715.75	1.0
水泥（万吨）	9328.35	-13.4
生铁（万吨）	375.42	1.8
钢材（万吨）	811.16	9.5
铁合金（万吨）	253.56	21.8
十种有色金属（万吨）	142.81	-12.4

续　表

指标名称（单位）	绝对数	同比增长（%）
其中：原铝（电解铝）（万吨）	132.93	-1.9
家用电冰箱（万台）	161.96	3.1
集成电路（万块）	5902.62	-14.6
电子元件（亿只）	69.88	21.5
汽车（万辆）	8.82	-0.9
智能电视（万台）	233.46	27.1

数据来源：贵州省 2021 年国民经济和社会发展统计公报。

2021 年年底，全省电力装机容量 7573.28 万千瓦，比 2020 年年底增长 1.3%。其中，火电装机容量 3572.49 万千瓦，同比增长 0.3%；水电装机容量 2283.33 万千瓦，同比增长 0.1%；并网太阳能发电装机容量 1137.00 万千瓦，同比增长 7.6%。

2022年贵州省工业经济运行概况

2022年，贵州省工业增加值在全省GDP中的占比提高到27.2%，其中制造业增加值占比提高到21.0%。高技术制造业发展步伐加快，增加值同比增长20.3%，高于全国平均水平12.9个百分点，占全省规模以上工业的8.3%，同比提高2.6个百分点。工业投资较快增长，工业投资同比增长9.1%，高于全省固定资产投资增速14.2个百分点，占全省固定资产投资的25.5%，同比提高3.3个百分点，是重点产业的有力支撑。白酒、烟草、电力产业分别同比增长36.1%、6.7%和2.8%，合计拉动全省规模以上工业增加值增长7.8个百分点。新能源电池及材料产业总产值实现倍增，增加值同比增长84.7%。电子信息制造业增加值同比增长45.9%，拉动全省工业增长1.1个百分点。工业经济效益持续向好，全省规模以上工业企业实现营业收入10649.5亿元，同比增长3.6%，实现利润总额1320.32亿元，同比增长21.5%，高于全国25.5个百分点。全省19个重点行业中有8个行业利润总额增速达到两位数。工业市场主体发展壮大，新增工业市场主体2.67万户，累计22.9万户，其中制造业市场主体21.22万户。全年新增规模以上工业企业682家，累计5287家，新增国家级专精特新"小巨人"企业17家，总数达66家。

全年全省全部工业增加值5493.13亿元，比2021年增长0.7%。规模以上工业增加值比2021年下降0.5%。在规模以上工业中，分经济类型看，国有控股企业增加值同比增长17.8%，股份制企业同比下降0.3%，外商及港澳台商投资企业同比增长3.8%，私营企业同比下降28.8%。分门类看，采矿业增加值同比下降18.4%，制造业同比增长4.1%，电力、热力、燃气及水生产和供应业同比增长2.6%。

全省19个重点监测的工业行业中，6个行业增加值保持增长。其中，计算机、通信和其他电子设备制造业增加值比2021年增长45.9%，酒、饮料和精制茶制造业同比增长32.6%，电气机械和器材制造业同比增长31.2%，电力、热力生产和供应业同比增长2.8%，烟草制品业同比增长6.7%（见表1）。

表1 2022年规模以上工业主要行业增加值增速

指标名称	同比增长（%）
规模以上工业增加值	-0.5
煤炭开采和洗选业	-17.6
非金属矿采选业	-27.8
农副食品加工业	-25.3

续 表

指标名称	同比增长（%）
酒、饮料和精制茶制造业	32.6
烟草制品业	6.7
化学原料和化学制品制造业	-14.4
医药制造业	-12.6
非金属矿物制品业	-40.2
黑色金属冶炼和压延加工业	-26.0
有色金属冶炼和压延加工业	-9.6
汽车制造业	-8.3
电气机械和器材制造业	31.2
计算机、通信和其他电子设备制造业	45.9
电力、热力生产和供应业	2.8

数据来源：贵州省2022年国民经济和社会发展统计公报。

全年全省生产智能电视271.04万台，比2021年增长16.1%；十种有色金属159.12万吨，增长10.7%；乳制品21.26万吨，增长20.4%（见表2）。

表2 2022年规模以上工业主要产品产量及增速

指标名称（单位）	绝对数	同比增长（%）
发电量（亿千瓦时）	2184.06	-2.6
其中：风力发电	105.33	3.0
太阳能发电	93.73	27.4
生物质及垃圾发电	21.14	16.7
原煤（万吨）	12813.63	-4.0
磷矿石（折含五氧化二磷30%）（万吨）	1902.15	-23.0
饮料酒（万千升）	97.28	-8.9
卷烟（亿支）	1177.59	0.5
中成药（万吨）	6.34	-8.0
乳制品（万吨）	21.26	20.4
辣椒制品（万吨）	32.54	-37.7
吉他（万把）	107.23	-31.4

続　表

指标名称（单位）	绝对数	同比增长（%）
农用氮、磷、钾化学肥料（折纯）（万吨）	247.37	-18.7
橡胶轮胎外胎（万条）	659.42	-7.9
水泥（万吨）	6428.02	-31.3
生铁（万吨）	380.63	-1.0
钢材（万吨）	607.33	-25.3
铁合金（万吨）	198.00	-23.4
十种有色金属（万吨）	159.12	10.7
其中：原铝（电解铝）（万吨）	140.61	5.7
家用电冰箱（万台）	156.64	-3.3
集成电路（万块）	38842.19	-21.5
电子元件（亿只）	68.14	-10.4

続　表

指标名称（单位）	绝对数	同比增长（%）
汽车（万辆）	6.57	-7.5
智能电视（万台）	271.04	16.1

数据来源：贵州省2022年国民经济和社会发展统计公报。

2022年年底全省发电装机容量8087.27万千瓦，比2021年年底增长6.8%。其中，火电装机容量3792.72万千瓦，同比增长6.2%；水电装机容量2282.32万千瓦，与2021年基本持平；并网风电装机容量591.96万千瓦，同比增长2.0%；并网太阳能发电装机容量1420.27万千瓦，同比增长24.9%。

全年全省规模以上工业企业实现营业收入10649.50亿元，比2021年增长3.6%。全年规模以上工业企业利润总额1320.32亿元，比2021年增长21.5%。全年营业收入利润率为12.4%，比2021年提高1.8个百分点；每百元营业收入中的成本为75.77元，同比下降2.14元。2022年年底规模以上工业企业资产负债率为61.0%，比2021年年底下降1.3个百分点。

2019年云南省工业经济运行概况

2019年，云南省扎实推进"六稳"工作，妥善应对各方面挑战，全省工业经济实现较快增长，工业和信息化高质量发展取得明显成绩。

一、工业经济运行特点

（一）工业生产较快增长

2019年，全省全部工业增加值突破5000亿元大关，完成5301.51亿元，同比增长8.1%。其中，规模以上工业增加值同比增长8.1%，比全国（5.7%）高2.4个百分点，增速居全国第五位。

三大门类中，采矿业增加值同比增长8.1%，制造业增加值同比增长6.5%，电力、燃气和水生产和供应业增加值同比增长12.8%。39个大类行业中有32个行业保持增长。重点行业中，烟草制品业增加值同比增长1.1%；电力行业增加值同比增长12.8%；有色金属冶炼和压延加工业增加值同比增长4.9%；黑色金属冶炼和压延加工业增加值同比增长18.1%；计算机、通信和其他电子设备制造业增加值同比增长67.0%。2019年高技术制造业增加值同比增长31.1%，比全省规模以上工业增加值增速高23个百分点。

（二）重点州市生产平稳

2019年，除昆明、玉溪、普洱、大理、德宏外，11个州市增速高于全省平均水平。重点州市中，与2018年相比，昆明增长4.8%，曲靖增长12.0%，玉溪增长6.0%，昭通增长8.5%，楚雄增长11.6%，红河增长10.8%。

（三）工业投资较快增长

2019年全省工业投资增长11.7%，排名全国第八，高于全国工业投资增速7.4个百分点，高于全省固定资产投资增加值增速3.2个百分点。三大门类中，采矿业投资同比增长12.3%，制造业投资同比增长11.9%，电力、热力、燃气及水生产和供应业投资同比增长11.0%。电力行业投资同比增长9.3%，扣除电力行业外的其他行业投资同比增长12.4%。

（四）主要工业产品产量稳定增长

2019年，全省100个主要工业产品中有57个产品实现正增长。重点产品中，省内卷烟产量699.29万箱，同比下降0.1%；发电量3251.90亿千瓦时，同比增长7.8%；钢材产量2323.31万吨，同比增长16.5%；十种有色金属产量405.08万吨，同比增长13.5%；氧化铝产量150.48万吨，同比增长8%；成品糖产量238.70万吨，同比增长1.4%；水泥产量12885万吨，同比增长8.8%；发动机3463.51万千瓦，同比增长7.7%；电力电缆产量50.43万千米，同比增长48.8%；单晶硅产量7279.91万千克，同比增长183.4%。

（五）企业效益有所下滑

2019年，全省规模以上工业企业实现营业收入14612.61亿元，同比增长4.1%；完成利润总额879.86亿元，同比下降6.8%；实现税金总额1716.30亿元，同比增长6.9%；每百元营业收入成本6.02元；资产负债率为57.67%，同比下降1.74个百分点；亏损企业亏损总额同比增长9.1%，产成品库存同比增长1.3%。

二、重点工作和成就

（一）推动八大产业培育、打造"三张牌"

围绕隆基二期、神火铝业、溢鑫、其亚、魏桥等水电铝材和水电硅材，绿色食品、中药饮片、新能源汽车等重点项目，协调服务在建项目尽快投产、投产项目尽快满产。隆基二期、曲靖阳光、曲靖晶龙、富宁神火、海鑫铝业、东风汽车、江铃汽车已竣工投产。

（二）深化供给侧结构性改革

全年共淘汰炼铁产能166万吨、炼钢60万吨、水泥熟料581万吨、焦炭129万吨。累计完成21家城镇人口密集区危险化学品生产企业搬迁改造，确定化工园区标准和中铜王家桥项目搬迁地址及时间。清偿拖欠民营企业中小企业账款358.18亿元，清偿进度达64.1%，超额完成年度任务。落实铁路运价下浮政策，为企业降低铁路运输成本7.45亿元。

（三）强化服务稳增长

分析研究工业经济运行中存在的困难、问题，强化协调调度，解决要素保障问题。实施厅班子成员挂钩联系州市、专业化分工服务、服务重点企业"三项制度"，由厅领导分别带队到挂钩州市和重点企业进行帮扶服务，协调解决州市、企业存在的困难和问题。促进重点产业平稳增长，配合省领导向国家争取卷烟生产指标，多方挖掘生产潜力。

（四）推动创新驱动发展

实施"千亿技改工程"，组织"3个100"、50个技术创新项目，创建省级制造业创新中心，认定省级企业技术中心36家，云南临沧鑫圆锗业股份有限公司被认定为2019年国家技术创新示范企业，昆明云内动力股份有限公司被认定为2019年全国质量标杆企业。

2020 年云南省工业经济运行概况

2020 年，云南省工业生产持续回升，工业投资稳步加快，工业经济效益明显改善，工业经济运行呈现稳定恢复良好态势。

（一）工业生产持续回升

2020 年，全省全部工业完成增加值 5457.96 亿元，同比增长 2.4%，与全国全部工业增加值增速持平。其中，规模以上工业增加值同比增长 2.4%，位列全国第十八。主要有以下特点。

一是工业生产逐季回升。从季度看，规模以上工业增加值一季度同比下降 3.0%，二季度同比增长 1.1%，三季度同比增长 4.1%，四季度同比增长 6.5%。

二是烟草制品业实现增长。2020 年，卷烟结构持续优化、品牌集中度进一步提升，"压舱石""稳定器"作用进一步凸显。省内卷烟产量同比增长 0.6%。卷烟平均商业单箱销售额达到 30093 万元，同比增长 1.75%，四大品牌商业销量占比提高 1.56 个百分点。全省烟草制品业增加值累计同比增长 0.8%，比 2019 年低 0.3 个百分点，拉动全省规模以上工业增速 0.2 个百分点。

三是能源行业低速增长。2020 年，全省能源行业增加值累计增长 1.9%，比 2019 年低 10.3 个百分点，拉动全省规模以上工业增速 0.5 个百分点。累计原煤产量 5265.60 万吨，煤炭开采和洗选业增加值同比下降 1.6%，比 2019 年低 16.4 个百分点；累计发电量 3451.20 亿千瓦时，其中火力发电 409.80 亿千瓦时、水力发电 2763.40 亿千瓦时，电力生产和供应业增加值同比增长 6.5%，比 2019 年低 6.3 个百分点；累计原油加工量 1026.10 万吨，石油及其他燃料加工业增加值同比下降 10.2%，比 2019 年低 18.5 个百分点，其中，12 月当月下降 73.5%；燃气生产和供应业增加值同比下降 1.8%，比 2019 年低 13 个百分点。

四是其他行业多数实现较快增长。2020 年，除烟和能源行业外的其他行业增加值累计同比增长 3.5%，比 2019 年低 6.1 个百分点，拉动全省规模以上工业增速 1.7 个百分点。其中：绿色硅带动电子信息制造业持续较快增长。2020 年，单晶硅产量 15115.02 万千克，同比增长 107.6%，手机产量 574.74 万台、微型计算机产量 82.57 万台，彩色电视产量 26.74 万台。2020 年，电子信息制造业增加值累计同比增长 43.1%，拉动全省规模以上工业增速 1.4 个百分点。有色和黑色金属行业平稳较快增长。2020 年，有色金属产量突破 500 万吨，产量前十种有色金属共生产 511.41 万吨，同比增长 26.2%。其中，电解铝产量 259.21 万吨，同比增长 72.1%，电解铜同比增长 4.9%，铅同比下降 6.4%，锌同比下降 2.3%。有色金属冶炼和压延加工业增加值同比增长 11.5%，比 2019 年提高 6.6 个百分点；钢材产量同比增长 13.7%，生铁产量同比增长 4.8%。黑色金属冶炼和压延加工业增加值同比增长 11.8%。非金属矿物制品业逐步恢复。2020 年，水泥产量 12984.71 万吨，同比增长 1.1%；平板玻璃产量 2449.25 万重量箱，同比增长 39.9%；商品混凝土产量 7746.75 万立方米，同比增长 13.3%。非金属矿物制品业增加值增长 3.0%，比 2019 年回落 7.9 个百分点。农副食品行业降幅收窄。受消费需求恢复缓慢以及出口交货值下降等因素影响，2020 年，农副食品加工业同比下降 5.8%，酒、饮料和精制茶制造业同比下降 10.0%，食品制造业增加值同比下降 6.0%，分别比 1—11 月收窄 1.6 个、2.4 个和 1.7 个百分点。医药行业低位运行。受药品带量采购常态化、多层级开展，企业面临较大降价压力，加之中药注射针剂主要品种医保适用性进一步受到限制，企业生产经营受到较大影响，2020 年，化学药品原药产量同比下降 72.2%，降幅比 2019 年扩大 34.3 个百分点；中成药产量同比增长 1.1%，增幅比 2019 年回落 9.2 个百分点。医药制造业增加值同比下降 4.3%。

（二）工业经济效益明显改善

一是利润总额突破千亿元水平。2020 年全省规模以上企业累计实现利润 1005.40 亿元，首次突破千亿元水平，同比增长 13.2%，位列全国第八。除烟草制品业以外的非烟行业实现利润 801.20 亿元，同比增长 12.8%。

二是营业收入降幅逐月收窄。2020 年，全省规模以上工业企业实现营业收入 14550.30 亿元，同比下降 0.1%，比 1—11 月降幅收窄 0.6 个百分点。

三是盈利水平稳步恢复并超过上年水平。规模以上企业每百元营业收入利润为 6.91 元，比 2019 年增加 0.81 元。

四是亏损企业亏损额明显下降。规模以上工业企业亏损面达 25.21%，比前三季度收窄 4.19 个百分点；亏损企业亏损总额 162.29 亿元，同比下降 4.7%。

2021年云南省工业经济运行概况

2021年，云南省全部工业增加值跃上新的千亿元台阶，达到 6555.76 亿元，同比增长 7.9%，占 GDP 24.1%，较 2020 年提高 1.8 个百分点。

（一）工业生产总体保持恢复态势

2021年，全省规模以上工业增加值同比增长 8.8%，增速比 2020 年提高 6.4 个百分点，两年平均增长 5.6%。从三大门类看，采矿业增加值同比增长 10.7%，制造业增加值同比增长 8.2%，电力、热力、燃气及水生产和供应业增加值同比增长 11.1%。全年工业生产呈现以下主要特点：一是工业生产稳中趋缓。一季度，全省规模以上工业增加值以同比增长 18.5% 实现良好开局，剔除基数影响，两年平均增长 7.2%，高于全国平均增速 0.4 个百分点。5 月以后受电力电量"双缺"影响，工业生产增速回落，上半年同比增长 14.2%，前三季度同比增长 10.7%，与全国两年平均增速差距拉大，上半年及前三季度分别低于全国两年平均增速 0.6 个和 0.7 个百分点，全年同比增长 8.8%，低于全国 0.5 个百分点。二是重点行业支撑作用明显。烟草制品业实现近年来较好增长水平。2021年，云产卷烟品牌规模保持行业领先，卷烟结构持续优化，品牌集中度进一步提升，"高增低减"推动单箱结构上移，省内生产卷烟 706.87 万箱，同比增长 0.5%；全省烟草制品业增加值同比增长 4.3%，高于全国行业增速 0.8 个百分点。能源工业实现较快增长。2021年，全省能源行业增加值同比增长 11.2%，两年平均增长 6.9%。原煤产量 5796 万吨，同比增长 8.5%；煤炭开采和洗选业增加值同比增长 22.7%。原油加工量 975.72 万吨，同比下降 4.9%，石油煤炭及其他燃料加工业增加值同比增长 1.6%。规模以上工业完成发电量 3434.25 亿千瓦时，同比增长 1.1%，两年平均增长 3.5%，电力行业增加值同比增长 12.1%，两年平均增长 9.3%。有色冶金行业平稳较快增长。全省十种有色金属产量 571.55 万吨，同比增长 11.9%。其中，绿色铝产量达 331.25 万吨，同比增长 27.8%；有色金属冶炼和压延加工业增加值同比增长 10.6%。成品钢材产量 2646.44 万吨，同比下降 2.8%；黑色金属冶炼和压延加工业增加值同比增长 6.3%。三是新动能支撑作用强劲，高技术制造业和装备制造业较快增长。高技术制造业增加值同比增长 34.9%，高于全省规模以上工业增速 26.1 个百分点，占规模以上工业增加值的 9.4%，占比较 2020 年提高 2.8 个百分点。装备制造业增加值同比增长 32.7%，高于全省规模以上工业增加值增速 23.9 个百分点，占规模以上工业增加值的 8.4%，占比较 2020 年提高 2.5 个百分点。绿色硅带动电子信息制造业保持高速增长，单

晶硅产量 16750.06 万千克，同比增长 10.8%；电子信息制造业增加值同比增长 45.3%。医药制造业增加值同比增长 17.7%。四是部分行业恢复不均衡。部分边境州市从境外运输的甘蔗数量下降，运输周转时间延长，食糖产量下降，全年糖产量 246.22 万吨，同比下降 4.4%；食品制造业增加值同比下降 0.8%。受房地产投资放缓等因素影响，全年水泥产量 11436.85 万吨，同比下降 12.8%；非金属矿物制品业增加值同比下降 4.8%。

（二）工业企业利润较快增长，盈利水平持续改善

2021年，随着工业经济持续稳定恢复，大宗工业品价格较好，工业企业利润实现较快增长，效益水平稳步提升。主要运行特点有：一是营业收入较快增长。全省规模以上工业企业实现营业收入 17359.46 亿元，同比增长 17.0%。二是企业利润保持较快增长。全省规模以上工业实现利润总额 1210.96 亿元，同比增长 19.6%。分门类看，采矿业实现利润总额同比增长 46.9%，制造业同比增长 17.8%，电力、热力、燃气及水生产和供应业同比增长 14.2%；分企业类型看，大中型工业企业实现利润 931.86 亿元，占规模以上工业企业利润的 77%，同比增长 25.5%，成为拉动规模以上工业利润增长的主要力量。三是企业盈利水平持续改善。全省规模以上工业营业收入利润率达到 6.96%，比 2020 年同期提高 0.05 个百分点。四是行业效益分化明显。制造业中，化学原料和化学制品制造业、有色金属冶炼和压延加工业利润总额同比分别增长 145.4% 和 75.6%，医药制造业、非金属矿物制品业利润总额同比分别下降 54.7% 和 50.5%。

（三）工业生产者出厂价格指数持续高位运行

2021年，全省工业生产者出厂价格累计上涨 10.0%，其中生产资料价格上涨 13.8%，分别比全国平均水平高 1.9 和 3.1 个百分点。主要有以下特点：一是 PPI 月度同比涨幅呈现冲高回落走势。受国际大宗商品价格走高叠加基数走低影响，前 8 个月 PPI 同比涨幅由 0.7% 扩大至 10.5%。9 月以后，受部分能源和原材料供应偏紧影响，PPI 涨幅迅速扩大，10 月达 18.8%。随着各项保供稳价政策措施不断落实，年底 PPI 涨幅高位回落，12 月回落至 13.4%，比全年最高点回落 5.4 个百分点。二是结构性上涨特征明显。生产资料价格由 2020 年下降 2.5% 转为上涨 13.8%，高于全年 PPI 平均涨幅 3.8 个百分点。其中，采掘工业价格上涨 10.4%，原材料工业价格上涨 16.0%，加工工业价格上涨 11.8%。生活资料价格下降 0.2%，降幅比 2020 年扩大 1.5 个百分点。三是大宗商品价格成为 PPI 上涨主要推手。受需求快速恢复

等因素影响，国际市场原油、有色金属、天然气等价格走高，推升国内相关行业出厂价格，带动PPI上涨。云南省相关行业PPI也呈现大幅上涨，石油煤炭及其他燃料加工业、化学原料和化学制品制造业、有色金属冶炼和压延加工业价格分别上涨23.7%、19.0%和25.3%。黑色金属冶炼和压延加工业价格上涨25.1%。

（四）工业投资稳定增长，结构优化明显

抓实重大工业项目建设，积极应对工业投资中遇到的各种新问题、新挑战，多措并举推动全省工业投资稳定增长。2021年，全省工业投资同比增长2.7%，两年平均增长4.0%。主要运行特点有：一是能源投资平稳增长。能源投资同比增长9.3%，其中电力、热力生产和供应业同比增长12.5%，煤炭开采和洗选业同比增长15.8%。石油和天然气开采业及石油加工、炼焦及核燃料加工业投资同比分别下降88.7%和42.9%。二是装备制造业投资实现快速增长。在隆基、晶澳、晶科、宇泽等绿色硅材及一批新能源电池等项目带动下，装备制造业投资同比增长35.2%，拉动工业投资增长3.2个百分点。其中，计算机、通信和其他电子设备制造业投资同比增长39.1%，金属制品业投资同比增长8.7%，电气机械及器材制造业投资同比增长56.5%。

（五）工业能耗水平明显下降

全省规模以上工业综合能源消费量6186.83万吨标准煤，同比增长0.3%。规模以上工业单位增加值能耗1.17吨标准煤/万元，同比下降7.8%。全部工业用电量1502.61亿千瓦时，同比增长4.7%，低于全社会用电量增速0.9个百分点；规模以上工业电力消费量1353.73亿千瓦时，同比增长4.2%。重点行业中，单晶硅生产行业用电量同比增长21.1%，电解铝生产行业用电量同比增长18.6%，有色金属冶炼和压延加工业用电量同比增长12.8%，石油、煤炭及其他燃料加工业用电量同比增长11.7%。

2022年云南省工业经济运行概况

2022年，云南省工业和信息化系统坚持发展第一要务，高效统筹疫情防控和工业经济发展，积极应对多重超预期因素冲击，切实抓好稳增长各项政策举措落实情况，工业经济顶压前行，结构优化，质效提升，为保持全省经济社会大局稳定提供了坚实保障。

一、工业运行总体向好

2022年，全省实现全部工业增加值7197.08亿元，增加值总量继2019年突破5000亿元、2021年突破6000亿元后，再上7000亿元新台阶。2022年，工业增加值占GDP之比由2021年的24.15%提升至24.86%，提升0.71个百分点。工业对全省经济增长贡献率达31.9%，发挥了全省经济"压舱石""主引擎"作用。

（一）工业生产总体向好

2022年，全省规模以上工业增加值同比增长7.7%，高于全国4.1个百分点，增速居全国第五位，总体保持平稳较快增长。与邻近省份相比，分别高于广西（4.2%）、四川（3.8%）、重庆（3.2%）、贵州（-0.5%）3.5个、3.9个、4.5个和8.2个百分点。三大门类中，采矿业增加值同比增长4.8%；制造业同比增长8.7%；电力、热力、燃气及水生产和供应业同比增长5.3%。

（二）工业占GDP之比重逐步提高

2022年，全部工业增加值占GDP的24.86%，比2021年提高0.71个百分点。全省16个州市中，13个州市GDP占比提升，GDP占比下降的州市仅有迪庆、怒江、红河，分别下降1.29个、0.68个和0.18个百分点。GDP占比提高的州市中，6个州市GDP占比提高快于全省平均水平，分别是文山、保山、楚雄、曲靖、玉溪和丽江，分别提高2.39个、1.64个、1.45个、1.34个、1.27个和1.05个百分点。10个州市GDP占比超过20%，其中5个州市GDP占比超过全省平均水平，分别是玉溪（38.92%）、曲靖（32.29%）、楚雄（27.33%）、红河（27.08%）和昭通（25.15%）。

（三）重点行业支撑作用明显

一是烟草"稳定器"作用充分发挥。2022年，全省生产卷烟709.06万箱，烟草制品业增加值增长5.8%，比2021年提高1.5个百分点，为2015年以来年度最高增速，对全省规模以上工业增速贡献率为19.4%，"稳定器"作用充分彰显。

二是能源工业平稳增长。2022年，全省能源工业增加值同比增长3.8%。累计原煤产量6659.40万吨，同比增长9.6%；煤炭开采和洗选业增加值同比增长0.2%；原油加工量1003.30万吨，同比增长2.8%；石油煤炭及其他燃料加工业增加值同比增长0.3%。发电量3747.90亿千瓦时，同比增长8.8%；电力行业增加值同比增长2.2%。

三是有色行业快速增长。2022年，有色金属冶炼和压延加工业增加值同比增长15.7%。全省十种有色金属产量697.11万吨，同比增长25.8%，其中绿色铝产量达415.52万吨，同比增长33.9%，继2021年突破300万吨后，再上400万吨新台阶，绿色铝产值同比增长36.6%。

（四）重点州市支撑有力

2022年，全省16个州市中，14个州市工业增加值实现正增长。其中，6个州市保持两位数增长，分别是文山增长24.3%，保山增长17.9%，曲靖增长16.1%，楚雄增长14.6%，丽江增长14.0%，临沧增长10.6%。州市工业发展呈现积极变化，曲靖、文山规模以上工业增加值在全省工业增加值中的占比分别为14.8%和3.5%，分别比2021年提高1.4个和0.5个百分点。

二、工业投资创下十年新高

2022年，全省工业投资同比增长48.8%，比2019年增长61.1%，三年平均增长17.2%，比全省全社会固定资产投资（7.5%）高41.3个百分点，比全国工业投资（10.3%）高38.5个百分点，全国排名第二位，比邻近省份贵州（9.1%）高39.7个百分点、广西（30.0%）高18.8个百分点。其中，能源以外工业投资同比增长36.1%，能源工业投资同比增长79.8%，制造业投资同比增长40.3%。

（一）投资保持高速增长

总体上看，全省工业投资一举扭转了近几年来低迷的态势，全年保持高速增长，增速逐月提高，连续9个月实现提升，屡创新高。一季度实现了开门红，同比增长33.8%；上半年突破40%的关口，同比增长41.0%；三季度再创新高，同比增长49.2%；1—11月增速突破50%关口，同比增长51.6%，到达峰值，创历史最高增速记录；1—12月小幅回落，全年圆满收官，为全省固定资产投资的稳定增长提供了有力支撑。

（二）支撑作用明显提升

从总量看，累计总量跃上新台阶，创10年新高，先后超过交通、房地产投资，首次成为全省固定资产投资总量第一的行业；从增速看，从年初开始高速增长，高开高走，实现连续9个月增速提升，屡次突破、屡创新高，增速创历史最高；从行业看，制造业投资高速增长，增速超40%，创10年最高，新能源行业拉动较大；从排名看，全国排名从2021年的第27位提升至第2位，在全省11个行业部门中居第2位；从占比看，全省全社会固定资产投资占比逐月提升，从2021年的15.3%提升至

21.2%，为近几年最好水平；从贡献率看，工业投资拉动全省全社会固定资产投资增长7.4个百分点，贡献率达98%，工业真正成为全省经济增长的"压舱石"。

（三）州市实现全面增长

2022年，全省16个州市工业投资全部实现两位数以上正增长，大理、玉溪、临沧、西双版纳4个州市增速较快，超过100%；怒江、德宏、丽江、楚雄、文山5个州市增速超过50%，高于全省平均水平；重点州市昆明、红河增速均超过40%；增速排名前五的是大理（167.5%）、玉溪（140.3%）、临沧（126.7%）、西双版纳（101.9%）、怒江（81.6%）。

三、产业转型升级步伐加快

（一）产业结构调整优化

2022年，工业三大板块结构从2021年的25.6：27.5：46.9转变为2022年的24.4：27.6：48.0，能源工业比重总体平稳，非烟非能占比提升，结构呈现积极变化。

（二）新兴产业成为工业增长"主动力"

2022年，以绿色硅和新能源电池为代表的电子行业产值达2009亿元，继2020年产值突破500亿元，2021年产值突破1000亿元后，产业规模跃上2000亿元新台阶，其中绿色硅产值同比增长130.9%，新能源电池产值同比增长4倍。2022年，全省计算机、通信和其他电子设备制造业增加值同比增长58.0%，对全省规模以上工业增速贡献率达44.7%，在40个大类工业行业中贡献率排名第一，成为全省工业增长的"主动力"。

（三）高技术制造业支撑强劲

2022年，全省高技术制造业增加值同比增长39.4%，高于全国32.0个百分点，累计增速保持两位数以上增长，持续领跑全省工业生产。高技术制造业对规模以上工业增速贡献率达45.0%，强劲支撑全省工业增长；占规模以上工业增加值的11.9%，比2021年提高2.5个百分点。

（四）支柱行业个数增加

2022年，化工行业增加值占比从2021年的4.2%提升到5.0%。全省烟草、电力、有色、电子、化工5个行业增加值占比达到5.0%以上（占比超5.0%即为支柱行业），改变多年来全省仅有4个支柱行业，多点支撑不明显的情况。

（五）制造业占比稳步提升

2022年，全省规模以上制造业增加值比2021年增长8.7%，高于规模以上工业1.0个百分点，在工业三大门类中排名第一，占全省规模以上工业之比由2021年的71.9%提升至2022年72.7%，提升0.8个百分点，动力不断增强。2022年，全部制造业增加值占GDP的19.2%，比2021年提高1.0个百分点。

四、工业质量效益明显改善

营业收入突破1.9万亿元。2022年，全省规模以上工业企业实现营业收入19682.72亿元，同比增长12.5%，增速比全国高6.6个百分点。企业利润保持较快增长。2022年，全省规模以上工业实现利润总额1330.50亿元，同比增长8.2%，增速比全国高12.2个百分点；营业收入利润率达到6.76%，比全国高0.67个百分点。

五、市场主体质量持续提升

截至2022年年底，全省中小企业达到94.67万家，净增15.54万家，超额完成年度增长目标。2022年全省规模以上工业企业达到4722家，净增216家，其中年内新建投产入库210家（2021年157家、2020年178家、2019年122家），为近年来最高。210家新建投产企业累计实现工业总产值584亿元，拉动规模以上工业总产值增长3.3个百分点，贡献率为27.8%，带动规模以上工业增长7.7%，增速排全国第五位。国家级专精特新"小巨人"企业67家，位居全国第二十一，西部第五；省级专精特新中小企业309家，创新型中小企业达1000家。国家级制造业单项冠军企业6家，排名全国第二十二，西部第6位。

六、工业生产者出厂价格指数高位回落

（一）PPI涨幅全年维持高位回落态势

2022年，全省PPI累计上涨5.4%，涨幅比2021年回落4.6个百分点。其中，一季度上涨12.2%，二季度上涨11.1%，三季度上涨8.3%，全年涨幅回落至5.4%，呈现逐季回落态势。分月度看，1—5月，国际大宗商品价格高位运行，输入性因素影响PPI持续上涨。6—9月，随着保供稳价政策效果持续显现，叠加国际大宗商品价格波动和国内部分行业市场需求偏弱等因素，PPI连续四个月环比下降，同比涨幅回落速度有所加快，8月涨幅回落到2.7%，9月PPI由涨转降，下降0.1%。10—12月，随着电力价格上涨，水泥、煤炭、有色金属等部分行业需求逐步回升，PPI各月环比小幅上涨，同比降幅逐步收窄，由10月的4.7%收窄至12月的0.9%。

（二）PPI涨幅结构性回落特征明显

2022年，全省工业生产者出厂价格中，生产资料价格由2021年的13.8%回落至6.8%，影响PPI上涨5.1个百分点。生产资料价格回落较多，在一定程度上缓解了中下游企业面临的成本压力。其中，采掘工业价格上涨3.1%，原材料工业价格上涨8.9%，加工工业价格上涨5.0%，涨幅分别较2021年回落7.3、7.1个和6.8个百分点。生活资料价格由2021年下降0.2%转为上涨1.2%，影响PPI上涨0.3个百分点，整体较为平稳。

七、规模以上工业单位增加值能耗保持平稳

2022年，全省规模以上工业综合能源消费量8918.92万吨标准煤，同比增长7.7%。规模以上工业单位增加值能耗1.5吨标准煤/万元，与2021年持平。全部工业用电量1728.55亿千瓦时，同比增长15.0%，高于全社会用电量增速3.2个百分点；规模以上工业用电量1607.75亿千瓦时，同比增长17.6%，高于全社会用电量增速5.8个百分点。重点行业中，有色金属冶炼和压延加工业用电量同比增长7.8%，石油、煤炭及其他燃料加工业用电量同比增长4.5%。

2019 年陕西省工业经济运行概况

（一）工业经济稳步回升

2019 年，陕西省工业运行面临严峻形势，加之年初煤矿事故影响，工业经济下行压力巨大。陕西省委、省政府围绕"稳增长"目标任务，坚决贯彻"一保一扩三补"的能源工业发展策略，强力推进《2019 年工业稳增长促投资推动高质量发展的若干措施》贯彻落实，破解重点难点问题，全省工业经济稳步回升。全年规模以上工业增加值较 2018 年增长 5.2%，分别较一季度、上半年和前三季度加快 2.4 个、1.9 个和 0.7 个百分点。

（二）能源工业加快释放产能

2019 年下半年，煤炭企业加快恢复生产，尤其是 9 月后，煤炭企业充分释放产能，保障冬季用煤，带动能源工业快速回升。全年能源工业增加值较 2018 年增长 5.9%，高于全省规模以上工业增加值增速 0.7 个百分点，分别较一季度、上半年和前三季度加快 7.3 个、4.7 个和 2.2 个百分点。其中，煤炭开采和洗选业增加值同比增长 8.0%，较前三季度加快 5.6 个百分点；电力、热力生产和供应业同比增长 8.3%，较前三季度加快 3.2 个百分点。

（三）非能源工业增速趋缓

2019 年，全省非能源工业增加值较 2018 年增长 4.7%，较前三季度回落 0.5 个百分点，增速持续减缓。制造业是非能源工业的主要构成部分，2019 年全省制造业增加值同比增长 4.7%，较前三季度回落 1.0 个百分点。其中，装备制造业增加值同比增长 8.9%，较前三季度回落 0.2 个百分点；原材料制造业同比增长 4.1%，较前三季度回落 0.1 个百分点；消费品制造业同比增长 3.6%，较前三季度回落 3 个百分点。

（四）工业新动能运行良好

2019 年，装备制造业和高技术产业增加值延续良好运行态势，同比分别增长 8.9% 和 11.1%，分别高于全省规模以上工业增加值增速 3.7 个和 5.9 个百分点。从主要行业看，计算机、通信和其他电子设备制造业增加值同比增长 18.0%，铁路、船舶、航空航天和其他运输设备制造业同比增长 16.2%，仪器仪表制造业同比增长 8.6%，电气机械和器材制造业同比增长 6.2%，汽车制造业同比增长 3.9%。

（五）主要工业产品保持增长

2019 年，全省规模以上工业重点监测主要产品中，半数以上保持增长。其中，发电量同比增长 14.1%，白酒产量同比增长 10.3%，焦炭产量同比增长 15.4%，水泥产量同比增长 5.6%，钢材产量同比增长 30.9%，十种有色金属产量同比增长 3.1%。部分代表工业发展新方向、技术附加值高、符合消费升级方向的产品生产形势良好，单晶硅产量同比增长 2.3 倍，工业机器人产量同比增长 21.6%，太阳能电池产量同比增长 22.1%，集成电路产量同比增长 15.3%，电子元件产量同比增长 12.8%。

（六）大中型企业贡献突出

2019 年，全省大中型工业企业产值较 2018 年增长 5.7%，高于全省规模以上工业总产值增速 0.3 个百分点，拉动全省规模以上工业总产值增长 3.6 个百分点。从全省重点监测的 50 家企业看，36 家企业的工业总产值较 2018 年同期增长，其中 18 家企业全年工业总产值保持两位数增长，合计拉动全省规模以上工业总产值增长 2.2 个百分点。

2020 年陕西省工业经济运行概况

2020 年陕西省工业和信息化系统，坚持统筹疫情防控和经济社会发展工作，加大宏观政策的对冲力度，扎实做好"六稳"工作，全面落实"六保"任务，科学精准实施宏观政策，全省工业生产企稳回升，发展质量不断提高，企业利润稳步回升。

（一）生产运行平稳，回升幅度趋缓

2020 年以来，在能源工业的有力支撑下，陕西省规模以上工业增加值增速从 5 月起率先于全国转正（见图 1）。规模以上工业增加值同比增长 1%，增速较一季度加快 4 个百分点，与上半年持平，较前三季度回落 0.2 个百分点，下半年受基数抬升影响，增速有所放缓。

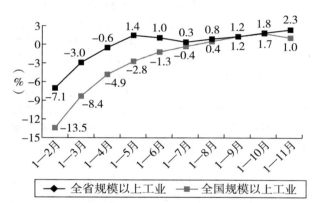

图 1　2020 年 1—11 月陕西省规模以上工业
增加值增速与全国对比

（二）能源工业奠定增长基础

2020 年，能源工业始终发挥经济"压舱石"作用，为全省规模以上工业平稳运行奠定基础，各月增速均高于全省增速。能源工业受疫情影响较小，全年主要能源产品生产稳定，产量基本保持增长趋势，为后期全面复工复产提供坚实的物质基础，但受 2019 年基数不断抬升的影响，增速逐季放缓。2020 年，全省能源工业增加值同比增长 2.3%，高于全省规模以上工业增加值增速 1.3 个百分点（见图 2），低于 2019 年同期 3.6 个百分点，分别较 2020 年一季度、上半年和前三季度回落 5.1 个、4.2 个和 1.9 个百分点，拉动全省规模以上工业增长 1.1 个百分点。

能源工业中的四个行业"两增两降"，煤炭开采和洗选业增加值同比增长 5.4%，较 2019 年回落 2.6 个百分点，拉动全省规模以上工业增长 1.3 个百分点；电力、热力生产和供应业同比增长 8.3%，与 2019 年持平，拉动全省规模以上工业增长 0.5 个百分点；石油和天然气

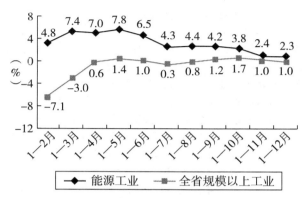

图 2　2020 年能源工业增加值增速
与全省规模以上工业对比

开采业同比下降 1.4%，较 2019 年回落 5.1 个百分点，下拉全省规模以上工业增长 0.2 个百分点；石油、煤炭及其他燃料加工业同比下降 2.9%，较 2019 年回落 5.1 个百分点，下拉全省规模以上工业 0.2 个百分点。

（三）非能源工业逐季度回升

2020 年，全省非能源工业增加值同比下降 0.2%，降幅分别较一季度、上半年和前三季度收窄 12.5 个、3.9 个和 1.3 个百分点（见图 3）。全省 36 个非能源工业行业中，9 个行业同比保持增长，较前三季度增加 2 个百分点，19 个行业与前三季度相比增速加快或降幅收窄，非能源工业回升势头从 1—5 月起放缓，增速逐步趋稳。

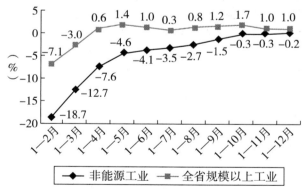

图 3　2020 年非能源工业增加值增速
与全省规模以上工业对比

从主要行业看，计算机、通信和其他电子设备制造业增加值同比增长 37.4%，较 2019 年加快 19.4 个百分点，拉动全省规模以上工业增长 2 个百分点；电气机械和器材制造业同比增长 16.5%，比 2019 年加快 10.3 个百

分点，拉动全省规模以上工业增长 0.4 个百分点；汽车制造业同比增长 7.4%，比 2019 年加快 3.5 个百分点，拉动全省规模以上工业增长 0.3 个百分点；金属制品业同比增长 18.7%，比 2019 年加快 11.1 个百分点，拉动全省规模以上工业增长 0.2 个百分点。以上 4 个行业合计拉动全省规模以上工业增速 2.9 个百分点。

（四）半数以上重点产品生产恢复

2020 年，全省 64 种重点工业产品中，半数以上产量增速同比保持增长。能源产品增势稳定，原煤及天然气产量再创新高，同比分别增长 6.3% 和 10.7%；非能源产品中，化肥、平板玻璃、十种有色金属、粗钢等原材料产品增长较快，同比分别增长 14%、8%、7.8% 和 6.3%；汽车和金属切削机床等高端装备制造业产品保持较快增长，同比分别增长 14.9% 和 18.1%。工业新产品增长动力强劲，碳纤维及其复合材料、太阳能电池、集成电路圆片等工业新产品高速增长，光纤、光缆、智能手机、智能电视等产品全年平均增速在 30% 以上。

（五）利润降幅持续收窄

随着统筹推进疫情防控和经济社会发展成效不断巩固，"六稳""六保"任务落实成效日益显现，企业生产经营状况好转，供需循环逐步改善，工业企业利润稳定增长。1—11 月，全省规模以上工业企业利润总额同比下降 10.2%，降幅较 1—10 月收窄 2.9 个百分点，11 月当月增长 15.6%，增速高于全国平均水平 0.1 个百分点。非能源工业利润同比增长 0.5%，为年内首次由负转正。其中，计算机、通信和其他电子设备制造业利润同比增长 111.9%，较 1—10 月加快 11.6 个百分点；汽车制造业同比增长 38.3%，较 1—10 月加快 4.9 个百分点。

11 月底，全省规模以上工业企业亏损面比 10 月底下降 1.4 个百分点，比 2 月底下降 15.5 个百分点，2020 年总体呈逐月下降趋势。

（六）发展质量不断提高

1. 高技术制造业增速加快

2020 年，在重点企业的带动下，全省高技术制造业增加值增速较快。2020 年，全省高技术制造业增加值同比增长 16.1%，高于 2019 年同期 5 个百分点，拉动全省规模以上工业增长 1.6 个百分点。其中，电子及通信设备制造业同比增长 28.2%，计算机及办公设备制造业同比增长 10 倍，是高技术产业发展较快的主要因素。2020 年，高技术制造业占全省规模以上工业的 11.9%，比 2019 年提高 1.1 个百分点，占比连续四年提升。

2. 装备制造业回升明显

2020 年，全省制造业呈现稳步恢复、逐季回升的态势，对全省工业经济恢复形成有力支撑。全年制造业增加值同比增长 0.2%，分别较一季度、上半年和前三季度加快 11 个、3.6 个和 0.8 个百分点。分季度看，一季度同比下降 10.8%，二季度同比增长 3.1%，三季度同比增长 8%，四季度同比增长 4.4%，增速回归正常生产水平。

装备制造业是制造业的核心，2020 年，除装备制造业外，其他几类制造业受疫情影响，增速均出现同比回落。2020 年，装备制造业增长加快，带动作用进一步增强。全年装备制造业增加值同比增长 14.7%，高于全省规模以上工业增加值增速 13.7 个百分点，高于制造业增加值增速 14.5 个百分点，拉动全省规模以上工业增长 2.3 个百分点。其中，计算机、通信和其他电子设备制造业成为拉动增长的主力，2020 年一直保持 30% 以上的平均增速。

2021年陕西省工业经济运行概况

2021年陕西省工业经济运行良好，全年规模以上工业增加值同比增长7.6%，较前三季度加快0.4个百分点，较2020年加快6.6个百分点，两年平均增长4.2%，呈现稳步恢复的发展态势。同时装备制造业、高技术制造业保持较高增速，全省高质量发展取得新成效，实现"十四五"良好开局。

（一）保供稳价能源工业稳定增长

2021年，受大宗商品价格上涨、疫情及国际形势影响，能源供需不平衡局势凸显。随着煤、电、油、气、运等多部门协同发力，四季度以来，能源供需紧张形势有效缓解，陕西省能源工业积极释放产能，原煤、原油产量稳中加快，天然气、发电量快速提升。全年全省能源工业增加值同比增长6.5%，较前三季度加快0.9个百分点，较2020年加快4.2个百分点。分行业看，能源行业中的四个行业均保持增长，煤炭开采和洗选业增加值同比增长5.2%，拉动全省规模以上工业增长1.2个百分点；石油和天然气开采业同比增长1.5%，拉动全省规模以上工业增长0.2个百分点；石油、煤炭及其他燃料加工业同比增长6.9%，拉动全省规模以上工业增长0.4个百分点；电力、热力生产和供应业同比增长18.1%，拉动全省规模以上工业增长1.1个百分点。

（二）提质增效非能源工业支撑有力

2021年，在碳达峰碳中和大背景下，陕西省委、省政府坚决淘汰落后产能，扶持绿色产业，释放优质产能，实现了工业稳增长和能耗可控"双目标"，力促工业经济持续健康发展。2021年，全省非能源工业增加值同比增长8.3%，高于全省规模以上工业增加值增速0.7个百分点，较2020年加快8.5个百分点。受12月突发疫情影响，非能源工业全年增速较前三季度略有回落，但总体依然保持较高增速。分行业看，全省非能源工业36个行业中，28个行业增加值同比增长，增长面达77.8%。重点行业中，计算机、通信和其他电子设备制造业增加值同比增长20.1%，拉动全省规模以上工业增长1.7个百分点；电气机械和器材制造业同比增长23.8%，拉动全省规模以上工业增长0.7个百分点；非金属矿物制品业同比增长7.4%，拉动全省规模以上工业增长0.4个百分点。

（三）高技术和装备制造业引领高质量发展

2021年，陕西省委、省政府始终坚持工业高质量发展，完善重点行业发展政策，强化政策扶持，新动能稳中加固，全省5G建设提速、消费电子及新能源产品产销两旺。全年全省高技术制造业和装备制造业增加值分别同比增长17.1%和12.8%，分别高于全省规模以上工业增加值增速9.5个和5.2个百分点，对工业增长的贡献率显著提升，带动作用进一步增强。高技术制造业中，航空、航天器及设备制造业同比增长19.9%，电子及通信设备制造业同比增长36.0%，医疗仪器设备及仪器仪表制造业同比增长8.1%。

（四）工业产品产销形势良好

全年全省工业产品产销率达95.0%，同比持平。在重点监测的64种工业产品中，38种产品产销率同比增长。能源产品中，煤炭、原油、原油加工量稳产，同比分别增长2.7%、0.9%和0.8%；天然气、发电量稳中加快，同比分别增长7.0%和12.5%。非能源产品中，消费类产品稳定增长，小麦粉同比增长6.1%，乳制品同比增长3.7%，白酒同比增长3.1%，饮料同比增长9.4%，服装同比增长46.6%；装备制造类及工业新产品增长较快，发动机同比增长17.2%，金属切削机床同比增长26.9%，智能手机同比增长37.6%，工业机器人同比增长1.9倍，新能源汽车同比增长3.6倍，太阳能电池同比增长1.8倍，电子元件同比增长4.4倍；多数原材料、化工类产品增速同比下降或低速增长，精甲醇同比下降12.9%，塑料制品同比下降3.9%，水泥同比下降5.0%，平板玻璃同比下降9.7%，十种有色金属同比下降4.2%，钢材同比增长3.8%。

（五）工业企业利润保持稳定增长

1—11月，全省规模以上工业企业经营状况不断改善，企业利润持续增长，实现利润总额3314.8亿元，同比增长95.9%，高于全国增速57.9个百分点；实现营业收入26509.3亿元，同比增长28.1%，高于全国增速7.8个百分点；实现营业成本20442.9亿元，同比增长22.1%；营业收入利润率达12.5%，同比提高4.3个百分点，年内呈逐月提高良好态势；工业企业每百元营业收入中的成本为77.12元，同比减少3.81元。

2022 年陕西省工业经济运行概况

2022 年陕西省规模以上工业运行总体呈现"高位开局、平稳运行、稳中有优"的良好态势。1—12 月，规模以上工业增加值同比增长 7.1%，较前三季度回落 1.6 个百分点，增速在全国排名第七位，与前三季度持平。

（一）三大门类悉数增长，共同发力

2022 年，工业三大门类增加值均保持增长，共同发力，支撑全省规模以上工业较快增长。1—12 月，采矿业增加值同比增长 8.1%，较前三季度回落 2.7 个百分点，拉动全省规模以上工业增长 3.9 个百分点；制造业同比增长 5.4%，较前三季度回落 1.1 个百分点，拉动全省规模以上工业增长 2.5 个百分点；电力、热力、燃气及水生产和供应业同比增长 12.1%，较前三季度提升 2.0 个百分点，拉动全省规模以上工业增长 0.7 个百分点。

（二）能源工业快速发展，拉动强劲

2022 年，受阶段性疫情防控、特殊高温天气、同期基数较高等不利因素影响，全省能源工业逆势发力、快速增长，是支撑全省工业经济较快增长的主要动力。1—12 月，规模以上能源工业增加值同比增长 8.2%，较前三季度回落 1.8 个百分点，比全省规模以上工业增加值增速快 1.1 个百分点，拉动全省规模以上工业增长 4.6 个百分点，较前三季度回落 0.7 个百分点。

分行业看，能源行业中的四个行业均保持增长，与前三季度对比，呈现"三快一慢"态势。1—12 月，煤炭开采和洗选业增加值同比增长 9.2%，较前三季度回落 3.9 个百分点；拉动全省规模以上工业增长 3.4 个百分点，较前三季度回落 1.0 个百分点。石油和天然气开采业同比增长 4.2%，较前三季度提升 0.5 个百分点；拉动全省规模以上工业增长 0.3 个百分点，与前三季度持平。石油、煤炭及其他燃料加工业同比增长 3.2%，较前三季度提升 0.1 个百分点；拉动全省规模以上工业增长 0.2 个百分点，与前三季度持平。电力、热力生产和供应业同比增长 11.9%，较前三季度提升 3.3 个百分点；拉动全省规模以上工业增长 0.6 个百分点，较前三季度提升 0.1 个百分点。

（三）非能源工业高位开局，运行趋缓

2022 年，全省非能源工业高位开局，受阶段性疫情防控、特殊高温天气、国际国内复杂局势等不利因素影响，运行速度逐月趋缓。1—12 月，全省规模以上非能源工业增加值同比增长 5.8%，较前三季度回落 1.3 个百分点；拉动全省规模以上工业增长 2.5 个百分点，较前三季度回落 0.8 个百分点。

分行业看，1—12 月，36 个非能源行业中有 23 个行业增加值保持增长，增长面为 63.9%。电气机械和器材制造业、开采辅助活动、汽车制造业、黑色金属矿采选业、燃气生产和供应业 5 个行业增加值增速合计超过 15%，同比分别增长 29.2%、21.3%、21.3%、17.0% 和 16.1%。从增加值占比排名前五的重点行业看，计算机、通信和其他电子设备制造业增加值同比增长 7.1%，较前三季度回落 1.8 个百分点；化学原料和化学制品制造业同比增长 5.3%，较前三季度回落 1.3 个百分点；非金属矿物制品业同比下降 2.0%，降幅较前三季度缩小 1.9 个百分点；汽车制造业同比增长 21.3%，较前三季度提升 5.8 个百分点；电气机械和器材制造业同比增长 29.2%，较前三季度回落 3.8 个百分点。

（四）装备制造业发展迅速，占比提升

2022 年，全省上下深入实施"链长制"，聚焦制造业 24 条重点产业链，坚定不移壮大实体经济，加快建设现代化产业体系，壮大装备制造业体系，取得明显效果。1—12 月，全省规模以上装备制造业增加值同比增长 12.7%，比非能源工业增加值增速快 6.9 个百分点，比全省规模以上工业增加值增速快 5.6 个百分点，拉动全省规模以上工业增长 2.0 个百分点，为非能源工业贡献 80% 的拉动力。

分行业看，装备制造业的 8 个行业中，有 7 个行业增加值保持增长，增长面为 87.5%，比非能源工业增长面高 23.6 个百分点，比全省规模以上工业增长面高 20 个百分点。从增加值占比看，1—12 月，装备制造业增加值占规模以上工业增加值的 15.7%，比前三季度提高 0.2 个百分点，比一季度提高 0.5 个百分点。

2019 年甘肃省工业经济运行概况

　　2019 年，甘肃省全部工业增加值 2319.7 亿元，比 2018 年增长 4.9%；规模以上工业增加值同比增长 5.2%。在规模以上工业中，分经济类型看，国有及国有控股企业增加值同比增长 4.8%；集体企业同比下降 16.1%，股份制企业同比增长 4.3%，外商及港澳台商投资企业同比增长 9.9%；私营企业同比增长 14.6%。分隶属关系看，中央企业增加值同比增长 4.2%，省属企业同比增长 5.2%，省以下地方企业同比增长 7.4%。分轻重工业看，轻工业增加值同比增长 1.9%，重工业同比增长 5.7%。分门类看，采矿业增加值同比增长 7.9%，制造业同比增长 3.9%，电力、热力、燃气及水生产和供应业同比增长 6.5%。2019 年甘肃省主要工业产品产量及增速见表 1。

表 1　　2019 年甘肃省主要工业产品产量及增速

产品名称 （单位）	产量	同比增长 （%）
卷烟（万箱）	94.3	0.0
原煤（万吨）	3663.1	1.3
原油（万吨）	903.5	5.1
天然气（亿立方米）	1.6	-30.4
原油加工量（万吨）	1465.6	1.8
发电量（亿千瓦时）	1479.6	2.2
火力发电量（亿千瓦时）	785.3	-2.0
水力发电量（亿千瓦时）	377.2	8.7
铁矿石原矿（万吨）	896.0	-0.1
电石（万吨）	80.2	-3.5

续　表

产品名称 （单位）	产量	同比增长 （%）
水泥（万吨）	4409.5	14.2
生铁（万吨）	659.1	5.4
粗钢（万吨）	877.8	9.4
钢材（万吨）	936.7	13.7
十种有色金属（万吨）	329.0	-1.9
铜（万吨）	58.0	7.7
铅（万吨）	2.8	-0.8
锌（万吨）	35.7	6.7
铝（万吨）	217.8	-5.9
集成电路（亿块）	389.9	22.7

数据来源：2019 年甘肃省国民经济和社会发展统计公报。

　　2019 年年底全省发电装机容量 5265.9 万千瓦，比 2018 年同期增长 3.0%。其中，火电装机容量 2104.1 万千瓦，同比增长 2.0%；水电装机容量 943.1 万千瓦，同比增长 1.7%；风电装机容量 1297.2 万千瓦，同比增长 1.2%；太阳能发电装机容量 921.5 万千瓦，同比增长 9.8%。

　　全年规模以上工业企业利润 251.8 亿元，比 2018 年下降 10.8%，其中国有及国有控股企业利润 183.5 亿元，同比增长 6.3%。规模以上工业企业每百元营业收入中的成本为 86.91 元。2019 年年底规模以上工业企业资产负债率为 62.7%，营业收入利润率为 2.75%。

2020 年甘肃省工业经济运行概况

2020 年，甘肃省全部工业增加值比 2019 年增长 6.2%；规模以上工业增加值同比增长 6.5%。在规模以上工业中，分经济类型看，国有控股企业增加值同比增长 5.9%；集体企业同比下降 14.8%，股份制企业同比增长 4.7%，外商及港澳台商投资企业同比增长 4.0%；私营企业同比增长 14.8%。分隶属关系看，中央企业增加值同比增长 5.2%，省属企业同比增长 6.2%，省以下地方企业同比增长 9.5%。分轻重工业看，轻工业增加值同比增长 3.1%，重工业同比增长 7.1%。分门类看，采矿业增加值同比增长 3.3%，制造业同比增长 6.0%，电力、热力、燃气及水生产和供应业同比增长 12.5%。2020 年甘肃省规模以上工业分行业增加值增速及占比见表 1，主要工业产品产量及增速见表 2。

表 1　　2020 年甘肃省规模以上工业分行业增加值增速及占比

行业	同比增长（%）	在规模以上工业增加值中的比重（%）
全省	6.5	100
煤炭工业	1.5	6.3
电力工业	11.7	17.7
冶金工业	8.6	7.8
有色工业	4.0	11.0
石化工业	5.0	26.4
机械工业	15.6	4.3
电子工业	34.0	2.2
食品工业	-0.5	10.8
建材工业	3.3	8.3
纺织工业	10.1	0.2
医药工业	14.9	3.3
其他工业	8.9	1.7

数据来源：2020 年甘肃省国民经济和社会发展统计公报。

表 2　　2020 年甘肃省主要工业产品产量及增速

产品名称	产量	同比增长（%）
原煤（万吨）	3859.0	4.7
原油（万吨）	968.7	7.2
天然气（亿立方米）	3.9	146.5
原油加工量（万吨）	1467.5	0.1
发电量（亿千瓦时）	1762.4	8.1
火力发电量（亿千瓦时）	876.0	11.2
水力发电量（亿千瓦时）	506.8	2.2
铁矿石原矿（万吨）	970.0	8.3
电石（万吨）	81.4	2.4
水泥（万吨）	4651.2	5.0
生铁（万吨）	782.3	18.7
粗钢（万吨）	1059.2	20.7
钢材（万吨）	1102.6	17.7
十种有色金属（万吨）	350.6	6.6
铜（万吨）	66.3	14.3
铅（万吨）	3.2	17.4
锌（万吨）	40.4	13.3
铝（万吨）	225.5	3.5

数据来源：2020 年甘肃省国民经济和社会发展统计公报。

2020 年年底全省发电装机容量 5620.5 万千瓦，比 2019 年同期增长 6.7%。其中，火电装机容量 2308.3 万千瓦，同比增长 9.7%；水电装机容量 957.4 万千瓦，同比增长 1.5%；风电装机容量 1373.2 万千瓦，同比增长 5.9%；太阳能发电装机容量 981.6 万千瓦，同比增长 6.5%。

全年规模以上工业企业利润 284.3 亿元，比 2019 年增长 12.9%，其中国有及国有控股企业实现利润 203.7 亿元，同比增长 11.0%。全年规模以上工业企业每百元营业收入中的成本为 84.17 元。2020 年年底规模以上工业企业资产负债率为 59.0%，营业收入利润率为 3.9%。

2021年甘肃省工业经济运行概况

2021年，甘肃省全部工业增加值2849.8亿元，比2020年增长7.8%；规模以上工业增加值同比增长8.9%。在规模以上工业中，分经济类型看，国有及国有控股企业增加值同比增长7.5%；集体企业同比下降7.2%，股份制企业同比增长9.0%，外商及港澳台商投资企业同比增长11.0%；私营企业同比增长16.2%。分隶属关系看，中央企业增加值同比增长6.0%，省属企业同比增长8.1%，省以下地方企业同比增长14.5%。分轻重工业看，轻工业增加值同比增长10.4%，重工业同比增长8.6%。分门类看，采矿业增加值同比增长9.3%，制造业同比增长7.5%，电力、热力、燃气及水生产和供应业同比增长12.7%。

2021年，甘肃省规模以上工业分行业增加值增速及占比见表1，主要工业产品产量及增速见表2。

表1　　2021年甘肃省规模以上工业分行业增加值增速及占比

行业	同比（%）	在规模以上工业增加值中的比重（%）
全省	8.9	100.0
煤炭工业	19.6	7.1
电力工业	11.3	15.7
冶金工业	-4.9	5.8
有色工业	12.3	13.0
石化工业	6.1	31.1
机械工业	9.0	4.1
电子工业	30.2	2.1
食品工业	3.4	9.1
建材工业	-1.3	6.5
纺织工业	11.3	0.3
医药工业	35.0	3.6
其他工业	15.6	1.7

数据来源：2021年甘肃省国民经济和社会发展统计公报。

表2　　2021年甘肃省主要工业产品产量及增速

产品名称	产量	同比（%）
原煤（万吨）	4406.8	13.8
原油（万吨）	1029.1	6.2
天然气（亿立方米）	4.2	7.2
原油加工量（万吨）	1469.9	0.2
发电量（亿千瓦时）	1896.8	7.6
火力发电量（亿千瓦时）	1006.8	14.8
水力发电量（亿千瓦时）	451.8	-10.9
铁矿石原矿（万吨）	1034.3	-0.8
电石（万吨）	98.2	20.6
水泥（万吨）	4450.0	-5.6
生铁（万吨）	789.2	0.9
粗钢（万吨）	1059.0	0.0
钢材（万吨）	1080.6	-2.2
十种有色金属（万吨）	358.4	2.7
铜（万吨）	67.4	1.6
铅（万吨）	1.9	28.8
锌（万吨）	42.2	4.4
铝（万吨）	231.6	2.7

数据来源：2021年甘肃省国民经济和社会发展统计公报。

2021年年底，全省发电装机容量6152.4万千瓦，比2020年同期增长9.5%。其中，火电装机容量2308.9万千瓦，同比增长0.03%；水电装机容量967.2万千瓦，同比增长1.0%；风电装机容量1724.6万千瓦，同比增长25.6%；太阳能发电装机容量1145.8万千瓦，同比增长16.7%。

全年规模以上工业企业利润516.52亿元，比2020年增长81.7%，其中国有及国有控股企业利润383.3亿元，同比增长88.2%。规模以上工业企业每百元营业收入中的成本为84.10元，营业收入利润率为5.38%。2021年年底规模以上工业企业资产负债率为57.9%。

2022 年甘肃省工业经济运行概况

2022 年，甘肃省全部工业增加值 3297.2 亿元；规模以上工业增加值同比增长 6.0%。在规模以上工业中，分经济类型看，国有及国有控股企业增加值同比增长 5.3%；集体企业同比增长 34.5%，股份制企业同比增长 5.8%，外商及港澳台商投资企业同比增长 2.2%；私营企业同比增长 12.9%。分隶属关系看，中央企业增加值同比增长 1.5%，省属企业同比增长 13.3%，省以下地方企业同比增长 8.4%。分轻重工业看，轻工业增加值同比下降 2.2%，重工业同比增长 7.4%。分门类看，采矿业增加值同比增长 8.9%，制造业同比增长 5.3%，电力、热力、燃气及水生产和供应业同比增长 4.3%。2022 年甘肃省规模以上工业分行业增加值增速及占比见表 1，主要工业产品产量及增速见表 2。

表 1　2022 年甘肃省规模以上工业分行业增加值增速及占比

行业	同比增长（%）	在规模以上工业增加值中的比重（%）
全省	6.0	100.0
煤炭行业	21.9	9.4
电力行业	3.2	10.4
冶金行业	5.6	4.2
有色行业	15.2	16.8
石化行业	3.3	35.1
机械行业	12.0	3.3
电子行业	2.5	2.2
食品行业	6.9	8.4
建材行业	-5.9	5.4
纺织行业	9.7	0.2
医药行业	-21.7	2.9
其他行业	11.0	1.6

数据来源：2022 年甘肃省国民经济和社会发展统计公报。

表 2　2022 年甘肃省主要工业产品产量及增速

产品名称（单位）	产量	同比增长（%）
原煤（万吨）	5414.4	23.9
原油（万吨）	1092.2	6.1

续　表

产品名称（单位）	产量	同比增长（%）
天然气（亿立方米）	5.4	30.1
原油加工量（万吨）	1454.3	-1.1
发电量（亿千瓦时）	1954.1	3.0
火力发电量（亿千瓦时）	1051.3	4.4
水力发电量（亿千瓦时）	374.6	-17.1
铁矿石原矿（万吨）	1178.1	12.1
电石（万吨）	98.8	0.6
水泥（万吨）	4008.2	-10.7
生铁（万吨）	810.7	2.7
粗钢（万吨）	1084.9	2.4
钢材（万吨）	1091.6	1.0
十种有色金属（万吨）	417.5	15.0
铜（万吨）	93.3	38.5
铅（万吨）	2.0	4.7
锌（万吨）	44.3	5.0
铝（万吨）	261.1	10.5

数据来源：2022 年甘肃省国民经济和社会发展统计公报。

2022 年年底，全省发电装机容量 6780.8 万千瓦，比 2021 年同期增长 10.2%。其中，火电装机容量 2312.6 万千瓦，同比增长 0.2%；水电装机容量 971.8 万千瓦，同比增长 0.5%；风电装机容量 2073.0 万千瓦，同比增长 20.2%；太阳能发电装机容量 1417.4 万千瓦，同比增长 23.7%。

全年规模以上工业企业利润 594.6 亿元，比 2021 年增长 15.1%，其中国有及国有控股企业利润 474.1 亿元，同比增长 24.2%。分门类看，采矿业利润 263.6 亿元，比 2021 年增长 1.1 倍；制造业利润 298.6 亿元，同比下降 21.9%；电力、热力、燃气及水生产和供应业利润 32.4 亿元，同比增长 2.7 倍。规模以上工业企业每百元营业收入中的成本为 85.2 元，比 2021 年增加 1.1 元；营业收入利润率为 5.4%，同比提高 0.02 个百分点。2022 年年底规模以上工业企业资产负债率为 58.1%，比 2021 年同期下降 0.2 个百分点。

2019年宁夏回族自治区工业经济运行概况

2019年，面对工业持续加大的下行压力，宁夏回族自治区工业和信息化系统认真贯彻落实中央和自治区决策部署，坚持稳中求进工作总基调，以供给侧结构性改革为主线，紧盯年度工业增长7%的目标任务，通过精准包抓，力促工业经济平稳运行；精准预警，关口前移协调解决问题；精准调控，努力夯实工业增长基础；精准降本，切实帮助企业增加效益，扎实推动工业经济平稳增长。但受2018年基数升高，国家能源集团宁夏煤业有限责任公司（以下简称"宁夏煤业"）、国网宁夏电力有限公司等大企业产值回落影响，1—10月，全区工业增加值增长6.3%，增速在西北排名第一，西部地区第五，全国第十二；1—10月工业技术改造投资同比增长23%，比1—9月高8.5个百分点。

一、工业生产情况

从轻重工业看，重工业支撑有力，轻工业负增长。1—10月重工业增加值同比增长7.7%，高于全区平均增速1.4个百分点。轻工业增加值同比下降3.9%，低于全区平均增速10.2个百分点。

从产业类型看，1—10月制造业增加值同比增长10.9%；电力、热力、燃气及水生产和供应业同比增长7.4%；采矿业负增长，同比下降11.6%。

从企业类型看，1—10月国有企业增加值同比增长6.2%，低于全区平均增速0.1个百分点；国有控股企业同比增长6.4%，高于全区平均增速0.1个百分点；私营企业同比增长14.6%，高于全区平均增速8.3个百分点；非公有制企业同比增长6.7%，高于全区平均增速0.4个百分点。

二、重点行业运行情况

总的来看，化工和机械行业快速增长，1—10月工业增加值同比分别增长20.9%和12.7%，对全区增速拉动作用明显。冶金、电力和建材行业增加值同比分别增长5.1%、5.7%和2.6%。医药、煤炭、轻纺和有色4个行业增加值呈现负增长，同比分别下降10.3%、11.7%、5.2%和0.9%（见表1）。

表1　　　　2018年及2019年1—10月全区重点行业增加值增速　　　　单位：%

行业名称	2018年1—2月	1—3月	1—4月	1—5月	1—6月	1—7月	1—8月	1—9月	1—10月	1—11月	1—12月	2019年1—2月	1—3月	1—4月	1—5月	1—6月	1—7月	1—8月	1—9月	1—10月
煤炭	20.9	15.4	14.2	11.7	8.4	6.9	7.1	7.8	8.2	-3.2	-0.6	-17.5	-14.2	-19.5	-15.7	-12.5	-10.9	-12.5	-9.9	-11.7
电力	18.2	19.4	21.3	18.1	8.3	7.7	6.9	12.1	11.6	15.6	17.2	8.8	5.8	2.5	3.5	4.8	11.2	11.3	7.1	5.7
化工	3.5	4.6	1.2	-0.7	2.2	4.1	8.5	9.4	12.0	19.5	18.1		12.2	14.8	18.3	19.9	20.2	20.1	21.9	20.9
冶金	14.2	21.7	19.8	18.7	20.1	23.4	17.7	18.0	21.3	20.5	19.6	44.6	22.7	18.6	17.3	10.7	6.2	7.9	8.6	5.1
有色	0.2	-0.7	-0.4	1.3	2.2	2.4	1.9	1.9	2.4	1.5	-0.2		-2.0	-3.9	-1.1	-1.2	-2.1	-0.1	-0.1	-0.9
轻纺	-2.1	-7.4	13.9	-11.9	-4.6	-3.1	-4.4	-5.6	-6.1	-10.1	-8.7	-2.8	-5.5	-6.4	-7.6	-5.8	-4.7	-3.8	-3.7	-5.2
机械	41.4	22.4	21.1	9.4	14.6	13.6	11	11.6	7.5	6.0	2.7	3.0	9.3	10.5	8.7	6.0	7.5	10.0	12.7	12.7
建材	-10.7	-13.5	-15.3	-12.7	-10.8		-11.8	-12.4	-12.8	-18.0	-15.8	8.7	-5.0		-4.6	-3.6		2.6	3.1	2.6
医药	-45.2	-45.2	-45.8	-47.2	-30.1	-31.2	-31.8	-32.2	-33.2	-44.0	-38.5	-5.4	-16.4	-20.2	-27	-22.9	-16.5	-13.1	-11.3	-10.3

煤炭行业： 受宁夏煤业自用煤增加、部分煤矿减产或关闭、煤质下降等因素影响，1—10月工业增加值同比下降11.7%，降幅较1—9月扩大1.8个百分点。1—10月累计生产原煤6067.2万吨，同比增长0.1%；累计销售原煤5689.8万吨，同比增长1.7%。

电力行业： 在外送电量增长和区内用电负荷增长拉动下，1—10月工业增加值同比增长5.7%，增速比1—9月下降1.4个百分点。1—10月工业用电量810.7亿千瓦时，同比增长2.2%；外送电量累计528.8亿千瓦时，同比增长22.1%。

化工行业： 1—10月工业增加值同比增长20.9%，连续保持两位数高速增长。主要产品聚氯乙烯、聚丙烯、聚乙烯等初级形态塑料累计生产308.3万吨，同比增长23.4%；农用化肥累计生产38.6万吨，同比增长10.3%。以上产品产量增长，主要基于宝瑞隆200万吨/年煤焦油及烷烃综合利用项目、国宁年产2万吨活性炭项目、新生焦化65万吨/年焦炉及干熄焦项目持续发挥效益；以及宝利新能源、瑞科化工和日盛高新产业提量增效。

冶金行业： 2019年，晟晏实业新增1台30000kVA矿热炉和2台7500度精炼炉；万顺冶金3×31500kVA矿热炉投产；宁钢集团、申银特钢2018年开工较晚或停产，基数较低；钢材价格同比下降13.1%，但产量增加。1—

10月工业增加值同比增长5.1%，增速较1—9月增幅下降3.5个百分点。主要产品钢材累计生产243.5万吨，同比增长10.1%；铁合金累计生产317.8万吨，同比增长9.3%。

有色行业：受太阳镁业硅铁停产，锦宁铝镁停槽101台，中色（宁夏）东方产品需求减少，昊源铝合金设备改造，电解铝和十种有色金属价格下跌等因素影响，1—10月工业增加值同比下降0.9%，降幅较1—9月扩大0.8个百分点。主要产品铝材累计生产40.1万吨，同比下降0.5%；十种有色金属累计生产110.2万吨，同比下降1.9%。

轻纺行业：2019年，粮油企业由于市场竞争压力较大，高端产品销售下降，行业整体处于下滑趋势；羊绒产业整体情况仍无好转，下拉纺织行业产值；轻工行业如皮革皮草、包装、造纸等受市场需求不足影响，产值下降。1—10月工业增加值同比下降5.2%，降幅较1—9月扩大1.5个百分点。主要产品服装累计生产192.1万件，同比下降18.6%；小麦粉累计生产15.5万吨，同比下降18.4%；味精（谷氨酸钠）累计生产24.2万吨，同比增长47.6%。

机械行业：2019年，在市场行情好转、国家高铁、电网等基础建设刚性需求拉动订单增加，矿山机械、铸造、电工电气和仪器仪表增速较好；天地奔牛、维尔铸造、卧龙电气、力成电气等重点企业产值较快增长等趋势下，1—10月工业增加值同比增长12.7%，增速与1—9月持平。主要产品变压器累计生产1141.9万千伏安，同比增长96.8%；电工仪器仪表累计生产393.8万台，同比增长2.8%。

建材行业：1—10月工业增加值增速同比增长2.6%，增速比1—9月回落0.5个百分点。主要产品水泥累计生产1675万吨，同比增长5.3%。

医药行业：受泰瑞制药、金维制药2018年同期基数为0，泰益欣制药1—9月产值增长加快影响，1—10月工业增加值同比下降10.3%，降幅较1—9月收窄1个百分点。主要产品化学药品原药累计生产3.1万吨，同比增长6.9%。

三、地区生产情况

全区除银川市和中卫市增加值增速低于全区平均增速外，其余3个地级市和宁东地区均高于全区平均增速。各县区中，增加值增速排在前三位的分别是原州区、同心县和隆德县，同比分别增长40.6%、31.8%和28.7%；排在后两位的为永宁县和海原县，同比分别下降20.7%和18.4%。其中：

银川市（含宁东）：1—10月工业增加值同比增长3.8%，低于全区平均增速2.5个百分点。其所辖的"三区两县一市"中贺兰县和兴庆区工业增加值实现两位数增长，同比分别增长27.6%和11.9%；永宁县工业增加值呈现负增长，同比下降20.7%。

宁东地区：1—10月工业增加值同比增长8.4%，高于全区平均增速2.1个百分点。

石嘴山市：1—10月工业增加值同比增长7.5%，高于全区平均增速1.2个百分点。其所辖"两区一县"中惠农区工业增加值实现两位数增长，同比增长11.7%；平罗县和大武口区工业增加值同比分别增长6.4%和5.2%。

吴忠市：1—10月工业增加值同比增长14.9%，高于全区平均增速8.6个百分点。其所辖的"两区两县一市"中，同心县、盐池县、利通区和青铜峡市工业增加值实现两位数增长，同比分别增长31.8%、18.6%、14.3%和14.2%；红寺堡区工业增加值同比增长8.8%。

固原市：1—10月工业增加值同比增长20.3%，高于全区平均增速14个百分点。其所辖的"一区四县"中，原州区、泾源县和隆德县工业增加值实现两位数增长，同比分别增长40.6%、24.5%和28.7%；彭阳县和西吉县工业增加值同比分别增长8.4%和5.2%。

中卫市：1—10月工业增加值同比增长3.5%，低于全区平均增速2.8个百分点。其所辖的"一区两县"中，中宁县工业增加值同比增长5.2%，沙坡头区同比增长5%，海原县同比下降18.4%。

四、投资及项目建设情况

工业投资结构持续优化。1—10月，全区制造业投资同比增长14%，高于全国平均水平11.4个百分点，比全区工业投资平均增速高19.9个百分点。工业技术改造投资同比增长23%，分别比一季度、二季度高19.2个和16.8个百分点，比2018年同期高9.6个百分点，其中制造业技术改造投资增速高达42.3%。全区"三个100"重点工业项目平均开工率93%，完成投资357亿元，较1—9月增加40亿元。

五、要素保障情况

（一）工业贷款情况

截至10月底，工业贷款余额（不含票据融资）2101.2亿元，同比下降1.3%。其中，大型、小微型工业企业贷款余额分别下降2.1%和16.6%。从投向结构和规模看，主要集中在大、中型工业企业，小微型工业企业得到的有效信贷支持较少。

（二）价格指数情况

10月，宁夏工业生产者出厂价格同比下降3.3%，降幅比9月扩大0.8个百分点，环比下降0.3%。工业生产者购进价格同比下降6.6%，环比下降0.1%。10月，全区制造业采购经理指数为46.5%，比9月回落2.5个百分点，重返紧缩区间，企业对市场预期持谨慎态度。2019年宁夏重点工业产品价格变化见表2。

表 2   **2019 年宁夏重点工业产品价格变化**

产品名称	10 月（元/吨）	9 月（元/吨）	环比涨跌（%）	2018 年同期（元/吨）	同比涨跌（%）
商品煤	380	380	0	380	0
动力煤（电煤）	340	340	0	340	0
聚氯乙烯（PVC）	6300	6600	−4.5	6400	−1.6
电石	2750	2900	−5.2	3100	−11.3
聚丙烯	8580	8866	−3.3	10058	−14.7
焦炭	1520	1570	−3.3	1580	−3.8
硅铁	6100	6100	0	6300	−3.2
钢材	3650	3730	−2.2	4200	−13.1
金属锰	11600	11700	−0.9	17200	−32.6
铝锭	13960	14200	−1.7	13810	1.1

（三）铁路货运量情况

在水泥、矿建、化工和煤炭运量增长因素拉动下，1—10 月，全区完成铁路货物发送量 6730.4 万吨，同比增长 15.1%。其中，地铁完成 4059.5 万吨，同比增长 9.46%；国铁完成 2670.9 万吨，同比增长 24.95%。

2020年宁夏回族自治区工业经济运行概况

2020年，宁夏回族自治区一季度工业在全国率先转正，上半年连续6个月增速位居全国前三，三、四季度顶住回落压力继续保持平稳运行，体现出韧劲十足、极具潜力的显著特征。1—12月全区规模以上工业增加值同比增长4.3%，较全国高1.5个百分点。

一、工业生产情况

从轻重工业看，轻工业增加值同比下降0.7%，重工业同比增长5.0%。

从产业类型看，采矿业增加值同比下降1.9%，制造业同比增长5.4%，电力、热力、燃气及水生产和供应业同比增长6.0%。

从企业类型看，国有控股企业增加值同比下降1.0%，股份制企业同比增长3.7%，非公有制企业同比增长10.1%，私营企业同比增长10.5%，大中型企业同比增长3.2%。

二、重点行业运行情况

全区十大工业行业中有7个行业增加值实现增长。其中，电力行业增加值同比增长4.6%，化工同比增长1.5%，冶金同比增长1.7%，机械同比增长29.4%，有色同比增长2.9%，医药同比增长5.1%，其他工业行业同比增长23.7%。3个行业增加值呈下降趋势，其中煤炭同比下降1.8%，建材同比下降0.9%，轻纺同比下降2.8%（见表1）。

表1　　　　　　　　　　　2020年全区重点行业增加值增速　　　　　　　　　　单位：%

行业名称	1—2月	1—3月	1—4月	1—5月	1—6月	1—7月	1—8月	1—9月	1—10月	1—11月	1—12月
煤炭	-34.1	-16.8	-10.0	-8.0	-2.9	-4.9	-2.7	-2.2	0.5	-0.4	-1.8
电力	0.7	3.9	5.1	6.0	5.2	1.4	3.4	4.2	4.7	6.3	4.6
化工	5.8	5.8	6.3	4.8	2.7	-1.3	-3.4	-1.8	-0.2	0.4	1.5
冶金	2.6	0.5	-0.5	-5.0	1.9	1.5	2.4	1.8	2.5	1.4	1.7
有色	-3.9	0.4	2.0	3.7	5.4	4.6	3.9	5.3	5.1	4.0	2.9
轻纺	-21.1	-15.6	-12.0	-10.7	-9.0	-7.6	-7.2	-6.3	-3.2	-3.4	-2.8
机械	13.0	15.9	20.7	22.5	29.4	28.2	30.2	30.1	33.2	31.6	29.4
建材	-14.9	-1.1	0.2	2.4	1.2	0.3	-1.3	-0.4	0.5	1.1	-0.9
医药	-25.2	-17.5	-6.8	-1.0	3.7	2.8	0.1	-0.7	1.3	2.1	5.1

煤炭行业：受庆达煤焦等重点煤炭加工洗选企业转产或停产影响，1—12月工业增加值同比下降1.8%。全区规模以上工业企业原煤产量8151.6万吨，同比增长9.1%。全区规模以上工业企业原煤销售量7635.1万吨，同比增长5.8%。

电力行业：在外送电量增加，拉动电力行业增长形势下，1—12月工业增加值同比增长4.6%。1—12月工业用电量919.9亿千瓦时，同比下降5.5%；外送电量793.6亿千瓦时，同比增长19.1%。

化工行业：因龙头企业检修完毕，产能恢复，产品价格回升较快。1—12月工业增加值同比增长1.5%。主要产品聚氯乙烯、聚丙烯、聚乙烯等初级形态塑料累计生产439.3万吨，同比增长14.5%；农用化肥累计生产67.9万吨，同比增长49.6%。

冶金行业：在申银特钢、兴华钢铁等重点企业技术改造、重组后达产达效助力作用下，1—12月工业增加值同比增长1.7%。主要产品钢材累计生产482万吨，同比增长57.4%；铁合金累计生产322.6万吨，同比下降16.4%。

有色行业：在电解铝价格快速上涨和铝材产品产量迅速增长支持下，1—12月工业增加值同比增长2.9%。主要产品铝材累计生产53.7万吨，同比增长9.8%；电解铝累计生产119.2万吨，同比下降4.9%；十种有色金属累计生产127.2万吨，同比下降4.6%。

轻纺行业：受粮油企业销量下降，行业整体处于下滑趋势，棉纺、羊绒、皮革皮草等行业市场需求不足影响，1—12月工业增加值同比下降2.8%。主要产品服装累计生产173.5万件，同比下降34.7%；小麦粉累计生产15.7万吨，同比下降11.3%；味精（谷氨酸钠）累计生产25.9万吨，同比下降11.9%。

机械行业：1—12月工业增加值同比增长29.4%。主要产品工业机器人累计生产215套，同比增长26.5%；数控机床累计生产1772台，同比增长36.7%；变压器累计生产1520.8万千伏安，同比增长8.2%；滚动轴承累计生产3372万套，同比增长36%。

建材行业：受部分企业停产或错峰生产影响，1—12月工业增加值增速同比下降0.9%。主要产品水泥累计生产1977.5万吨，同比增长4.8%。

医药行业：在龙头企业泰益欣检修完毕且产能恢复，以及化学原料药市场需求旺盛拉动下，1—12月工业增加值同比增长5.1%。主要产品化学药品原药累计生产3.9万吨，同比增长5.4%；化学农药原药累计生产3.6万吨，同比增长33.3%。

三、地区生产情况

全区六个地区中五个地区实现增加值正增长。各县区中，增速排在前三位的分别为泾源县、隆德县和金凤区，同比分别增长75.4%、24.5%和24.4%；排在后两位的分别为贺兰县和中宁县，同比分别下降13.4%和7.2%。其中：

银川市（含宁东）：1—12月工业增加值同比增长1.6%，增速低于全区平均水平2.7个百分点。其所辖"三区两县一市"中金凤区、西夏区、永宁县和灵武市同比分别增长24.4%、2.5%、3.1%和2.3%；兴庆区和贺兰县呈现负增长，同比分别下降2.3%和13.4%。

宁东地区：1—12月工业增加值同比增长2.2%，增速低于全区平均水平2.1个百分点。

石嘴山市：1—12月工业增加值同比增长8.8%，增速高于全区平均水平4.5个百分点。其所辖"两区一县"中的惠农区实现两位数增长，同比增长17.8%；大武口区同比增长8%，平罗县同比增长1.6%。

吴忠市：1—12月工业增加值同比增长11.6%，增速高于全区平均水平7.3个百分点。其所辖的"两区两县一市"均实现正增长，利通区、红寺堡区、盐池县、同心县和青铜峡市同比分别增长4.5%、19.2%、22.2%、16.4%和1.1%。

固原市：1—12月工业增加值同比增长8.3%，增速高于全区平均水平4.0个百分点。其所辖的"一区四县"中，原州区、隆德县、泾源县和彭阳县高于全区平均水平，同比分别增长10.4%、24.5%、75.4%和6.2%；西吉县同比增长2.1%。

中卫市：1—12月工业增加值同比下降0.5%，增速低于全区平均水平4.8个百分点。其所辖的"一区两县"中，沙坡头区和海原县高于全区平均增速，同比分别增长7.1%和10.5%；中宁县呈现负增长，同比下降7.2%。

四、投资及项目建设情况

1—12月全区工业技术改造投资同比增长18%。全区"三个100"项目累计完成投资401亿元。试生产或投产项目合计达142个，累计贡献产值近200亿元。与2019年同期相比，开工率提高4个百分点，试产投产项目数增加25个，新增产值数增加30亿元。重点技术改造项目进展顺利。1—12月累计完成投资241亿元。宁钢集团炼铁高炉升级改造等41个项目开始收尾或试生产。重点新开工项目加快推进。北京同仁堂宁夏生产基地、宁夏开德来科技年产30000吨磷材料等21个项目实现当年投资、当年试产或投产。重点拟投产项目陆续发挥效益。宁夏申银特钢Ⅰ期、Ⅱ期双高线改造等大项目产能持续释放，76个投产项目全年新增产值超百亿元。

五、要素保障情况

（一）工业贷款情况

截至12月底，全区工业贷款余额2324.2亿元，同比增长9.4%。从信贷投放企业类型看，工业贷款余额中的75.2%投放至大中型企业，小型微型企业贷款余额占比仅24.8%。从信贷投放企业门类看，采矿业企业占用12.5%的工业贷款余额，制造业企业贷款余额仅占42.5%。

（二）价格指数情况

12月，宁夏工业生产者出厂价格同比上涨1.9%，环比上涨2.4%。工业生产者购进价格同比下降1.5%，环比上涨1.8%。全年宁夏工业生产者出厂价格同比下降3.1%，工业生产者购进价格同比下降5.3%。12月，全区制造业采购经理指数为45.8%，重回紧缩区间，反映出企业对市场预期信心减弱。2020年宁夏重点工业产品价格变化见表2。

表2　　　　　　　　　　　2020年宁夏重点工业产品价格变化

产品名称	12月 （元/吨）	11月 （元/吨）	环比涨跌 （元/吨）	2019年同期 （元/吨）	同比涨跌 （元/吨）
动力煤（电煤）	340	340	0	340	0
聚氯乙烯（PVC）	7200	7800	−600	6580	620
电石	3800	3650	150	2650	1150
聚丙烯	8433	8716	−283	7867	566
焦炭	1549	1491	58	1570	−21

产品名称	12月 （元/吨）	11月 （元/吨）	环比涨跌 （元/吨）	2019年同期 （元/吨）	同比涨跌 （元/吨）
硅锰	6400	5900	500	6000	400
钢材	4495	4080	415	3700	795
金属锰	13200	10600	2600	11900	1300
铝锭	15600	16850	−1250	14470	1130

（三）铁路货运量情况

2020年1—12月，全区完成铁路货物发送量8633.4万吨，同比增长4.9%。其中，地铁完成5365.9万吨，同比增长9.4%；国铁完成3267.5万吨，同比增长0.7%。地方铁路货运量的增长主要受煤炭运量增长拉动。

2021年宁夏回族自治区工业经济运行概况

2021年，宁夏回族自治区规模以上工业增加值同比增长8.0%，比全国低1.6个百分点（见图1），比2020年加快3.7个百分点，比2019年增长12.6%，两年平均增长6.1%，继续保持平稳增长态势。

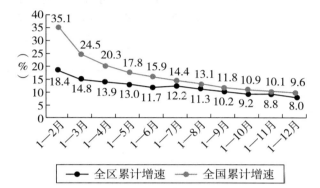

图1　2021年全区规模以上工业增加值月度累计增速与全国增速对比

一、工业生产情况

分门类看，1—12月采矿业增加值同比增长11.5%，制造业同比增长5.8%，电力、热力、燃气及水生产和供应业同比增长11.8%。

分轻重工业看，1—12月轻工业增加值同比增长12.8%，重工业同比增长7.6%。

分经济类型看，全区国有控股企业增加值同比增长6.5%，非公有制工业同比增长9.4%，私营企业同比增长10.3%，大中型企业同比增长6.4%，民营企业同比增长9.0%。

二、重点行业运行情况

全区规模以上工业十大行业增加值同比增速"九升一降"，煤炭同比增长15.1%，电力同比增长13.5%，化工同比增长0.6%，冶金同比增长5.3%，有色同比增长2.0%，轻纺同比增长11.9%，机械同比增长3.2%，医药同比增长26.5%，其他工业行业同比增长18.9%，建材同比下降4.8%（见表1）。

煤炭行业：受神华宁煤、王洼煤业等企业煤炭产量增加，自用量减少，价格同比涨幅较大因素拉动，1—12月工业增加值同比增长15.1%。全区规模以上工业企业原煤产量8632.9万吨，同比增长5.9%。全区规模以上工业企业原煤销量7670.1万吨，同比增长0.7%。截至12月底，全区原煤库存194.3万吨。

表1　　　　　　　　　　　　　2020—2021年全区重点行业增加值增速　　　　　　　　　　　　单位：%

行业名称	2020年1—12月	2021年1—2月	1—3月	1—4月	1—5月	1—6月	1—7月	1—8月	1—9月	1—10月	1—11月	1—12月
煤炭	-1.8	39.2	10.0	2.2	-1.0	-3.5	0.4	4.3	10.3	12.9	15.6	15.1
电力	4.6	5.5	5.6	15.5	15.3	16.3	15.3	13.1	10.9	11.7	12.7	13.5
化工	1.5	9.1	8.5	6.2	5.3	5.1	6.8	7.2	4.8	3.3	2.0	0.6
冶金	1.7	3.6	4.9	7.8	14.5	10.8	11.3	10.4	7.2	6.1	5.4	5.3
有色	2.9	8.4	8.6	4.1	4.4	1.0	1.0	0.7	-0.8	1.1	2.1	2.0
轻纺	-2.8	36.9	32.5	23.8	20.7	18.2	17.1	17.0	14.7	12.7	13.2	11.9
机械	29.4	34.7	25.5	14.8	12.8	9.2	10.8	6.2	8.5	5.1	3.0	3.2
建材	-0.9	36.5	26.7	18.5	12.2	9.2	4.1	3.0	-0.8	-3.7	-4.1	-4.8
医药	5.1	52.4	52.3	38.4	32.9	26.7	25.8	23.9	22.9	22.9	25.2	26.5

电力行业：受用电量和外送电量增加，火电企业应发尽发及工业企业电价上浮因素拉动，1—12月工业增加值同比增长13.5%。全区发电量1927.2亿千瓦时，同比增长12.7%；工业用电量1024.1亿千瓦时，同比增长11.3%；外送电量904.1亿千瓦时，同比增长13.9%。

化工行业：基于宝丰能源、中石化长城能化、宁夏煤业等龙头企业生产平稳有序，产品价格高企，1—12月工业增加值同比增长0.6%。主要产品精甲醇累计生产873.7万吨，同比增长10.8%；电石累计生产442.7万吨，同比增长7.8%；橡胶轮胎外胎累计生产122.6万吨，同比增长 20.4%。

冶金行业：受钢材、硅锰等产品价格高企，宁夏钢铁和建龙特钢技术改造项目投产拉动，1—12 月工业增加值同比增长 5.3%。主要产品钢材累计生产 582.3 万吨，同比增长 20.8%；铁合金累计生产 371.5 万吨，同比增长 10.9%。

有色行业：受电解金属锰价格和铝材价格同比涨幅较大拉动，1—12 月工业增加值同比增长 2.0%。主要产品铝材累计生产 50.3 万吨，同比下降 6.7%；电解铝累计生产 120.8 万吨，同比增长 1.3%；十种有色金属累计生产 131.3 万吨，同比增长 5.7%。

轻纺行业：受产品价格和订单充足拉动，如意科技、伊利乳业、蒙牛等龙头企业产值增长幅度较大，1—12 月工业增加值同比增长 11.9%。主要产品服装累计生产 117.3 万件，同比下降 28.2%；小麦粉累计生产 14.6 万吨，同比下降 9.3%；味精（谷氨酸钠）累计生产 23.9 万吨，同比下降 5.9%；乳制品累计生产 181.8 万吨，同比增长 23.7%。

机械行业：受小巨人机床、小牛自动化、威力传动、共享装备等企业产值大幅增长，数控机床、仪器仪表等产品市场需求旺盛拉动，1—12 月工业增加值同比增长 3.2%。主要产品数控机床累计生产 2404 台，同比增长 35.7%；变压器累计生产 961.4 万千伏安，同比下降 36.8%；滚动轴承累计生产 3636 万套，同比增长 38.3%。

建材行业：受水泥等建材产品错避峰时间比 2020 年同期有所延长的影响，1—12 月工业增加值同比下降 4.8%。主要产品水泥累计生产 1867.7 万吨，同比下降 6.1%。

医药行业：受维生素 C、四环素等重点产品价格上涨，维生素 B12 及其衍生物、红霉素、蛋氨酸、维生素 C 及其衍生物等出口量增大，金维药业甲钴胺、泰益欣等项目投产达效拉动，1—12 月工业增加值同比增长 26.5%。主要产品化学药品原药累计生产 4.7 万吨，同比增长 20.5%。

三、地区生产情况

全区各地市工业增加值全部实现正增长。各县区中，增速排在前三位的分别是海原县、沙坡头区和平罗县，同比分别增长 45.3%、18.5% 和 16.8%；排在后两位的为中宁县和西吉县，同比分别下降 14.4% 和 9.6%。

银川市（含宁东）：1—12 月工业增加值同比增长 8.6%，增速高于全区平均水平 0.6 个百分点。其所辖"三区两县一市"中，兴庆区、灵武市和贺兰县个位数增长，同比分别增长 3.4%、5.1% 和 8.5%；永宁县、金凤区、西夏区两位数高速增长，同比分别增长 11.9%、13.4% 和 15.0%。

宁东地区：1—12 月工业增加值同比增长 4.5%，增速低于全区平均水平 3.5 个百分点。

石嘴山市：1—12 月工业增加值同比增长 10.3%，增速高于全区平均水平 2.3 个百分点。其所辖大武口区、惠农区和平罗县同比分别增长 4.2%、7.4% 和 16.8%。

吴忠市：1—12 月工业增加值同比增长 7.1%，增速低于全区平均水平 0.9 个百分点。其所辖的"两区两县一市"中，利通区和同心县实现两位数增长，同比分别增长 15.4% 和 11.8%；青铜峡市和盐池县同比分别增长 3.9% 和 8.6%；红寺堡区由正转负，同比下降 1.4%。

固原市：1—12 月工业增加值同比增长 2.7%，增速低于全区平均水平 5.3 个百分点。其所辖的"一区四县"中，原州区、隆德县和彭阳县同比分别增长 0.5%、2.7% 和 6.8%；泾源县、西吉县同比分别下降 0.3% 和 9.6%。

中卫市：1—12 月工业增加值同比增长 3.7%，增速低于全区平均水平 4.3 个百分点。其所辖的"一区两县"中，沙坡头区和海原县实现两位数增长，同比分别增长 18.5% 和 45.3%；中宁县呈现负增长趋势，同比下降 14.4%。

四、投资及项目建设情况

1—12 月，全区工业投资同比下降 1.5%，工业技术改造投资同比增长 12.2%。全区"三个 100"重点项目累计完成投资 398.2 亿元，其中 100 个重点新开工项目累计完成投资 102 亿元，中环 50GW（G12）太阳能级单晶硅材料智慧化工厂项目变电站等配套设备开始安装，上能电气 10GW 逆变器生产线等 24 个项目已进入试产或投产。100 个重点技术改造项目累计完成投资 176 亿元，占"三个 100"重点项目累计完成投资总额的 44.2%。宁夏天合精细化工年产 12000 吨硫化异丁烯产品技术改造等 52 个项目完成年度投资任务 80% 以上，其中中欣晶圆 4、5、6 英寸半导体级单晶硅片扩建等 38 个项目投资额超过年度投资计划。100 个重点拟投产项目累计完成投资 111 亿元，1—12 月投产项目新增产值超过 400 亿元。

五、要素保障情况

（一）工业税收情况

1—12 月，全区完成工业税收 284 亿元，同比增长 33.6%。工业税收增速快于总体税收 7.3 个百分点，工业税收占税收收入的 51.1%，比 2020 年提高 3 个百分点。

（二）企业利润情况

1—12 月，全区规模以上工业企业实现利润总额 462.6 亿元，同比增长 1.1 倍，两年平均增长 39.8%；产品存货周期为 15 天，同比减少 3.5 天；每百元营业收入中的成本为 83.03 元，同比减少 0.93 元；每百元营业收入中的费用为 8.05 元，同比减少 1.67 元。

（三）工业贷款情况

截至 12 月底，全区工业贷款余额 2390.6 亿元，同比增长 2.9%。全区制造业贷款余额占工业贷款余额的 43.4%，采矿业贷款余额占工业贷款余额的 9.2%。电力、热力、燃气及水生产和供应业贷款余额占工业贷款余额的 47.4%。

（四）价格指数情况

1—12 月，全区工业生产者出厂价格同比累计上涨

19.9%，工业生产者购进价格同比累计上涨20.8%，购进价格涨幅超过出厂价格涨幅。12月，宁夏制造业采购经理指数为47.3%，比11月回升2.1个百分点，仍处于紧缩区间，制造业供需两端增长动力不足，原材料价格和出厂价格继续回落，制造业发展动力依然较弱。2021年宁夏重点工业产品价格变化见表2。

（五）铁路货运量情况

1—12月，全区完成铁路货运量同比增长9.2%。其中，地铁货运量同比增长13.8%，国铁同比下降2.2%。铁路运量增加主要受煤炭、钢铁运量增加和集装箱、石油等大宗商品运量增加等因素拉动。

表2　　　　　　　　　　　　　　2021年宁夏重点工业产品价格变化

产品名称	12月均价 （元/吨）	11月均价 （元/吨）	环比涨跌 （元/吨）	2020年同期 （元/吨）	同比涨跌 （元/吨）
动力煤（电煤）	750	1000	−250	525	225
聚氯乙烯（PVC）	8333	8800	−467	7800	533
电石	4800	4400	400	4033	767
聚丙烯	8130	8550	−420	8583	−453
焦炭	2233	3200	−967	1523	710
硅锰	7900	8500	−600	6067	1833
钢材	4793	4620	173	4408	385
金属锰	41333	43800	−2467	12767	28566
铝锭	19400	18510	890	16000	3400
单晶硅	245000	254000	−9000	105000	140000

2022 年宁夏回族自治区工业经济运行概况

2022 年，宁夏回族自治区实现工业增加值 2093.96 亿元，比 2021 年增长 6.4%；规模以上工业增加值同比增长 7.0%。在规模以上工业中，分轻重工业看，轻工业增加值同比增长 13.8%，重工业同比增长 6.4%。分经济类型看，国有控股企业增加值同比增长 3.0%；股份制企业同比增长 6.2%，外商及港澳台商投资企业同比增长 12.4%；非公有制工业同比增长 10.4%，其中私营企业同比增长 10.8%。分门类看，采矿业增加值同比增长 6.0%，制造业同比增长 9.0%，电力、热力、燃气及水生产和供应业同比增长 0.7%。

2022 年年底，全区发电装机容量 6474.5 万千瓦，比 2021 年同期增长 4.2%。其中，火电装机容量 3303.8 万千瓦，同比下降 0.9%；水电装机容量 42.6 万千瓦，与 2021 年持平；风电装机容量 1456.7 万千瓦，同比增长 0.1%；太阳能发电装机容量 1583.7 万千瓦，同比增长 14.4%。

全年全区规模以上工业企业利润 412.72 亿元，比 2021 年下降 10.9%。分经济类型看，国有控股企业利润 172.69 亿元，同比增长 71.3%；股份制企业 307.27 亿元，同比下降 9.0%；外商及港澳台商投资企业 57.46 亿元，同比下降 41.0%。分门类看，采矿业利润 112.94 亿元，同比增长 68.1%；制造业 268.33 亿元，同比下降 31.3%；电力、热力、燃气及水生产和供应业 31.45 亿元，同比增长 4.6 倍。

2022 年全区主要工业产品产量及增速见表 1。

表 1　　2022 年全区主要工业产品产量及增速

指标	单位	产量	同比增长（%）
原煤	万吨	9479.3	9.3
发电量	亿千瓦时	2235.1	7.3
焦炭	万吨	1225.4	18.0
原铝（电解铝）	万吨	125.2	3.6
农用化肥（折纯）	万吨	71.0	13.8
精甲醇	万吨	997.2	14.1
电石（碳化钙）	万吨	470.4	5.6
水泥	万吨	1667.4	-13.2
铁合金	万吨	383.8	3.4
乳制品	万吨	235.4	29.5
金属切削机床	台	2639.0	-0.7

数据来源：宁夏回族自治区 2022 年国民经济和社会发展统计公报。

2019 年青海省工业经济运行概况

2019 年，青海省全部工业增加值 817.49 亿元，按可比价格计算，比 2018 年增长 6.9%；规模以上工业增加值比 2018 年增长 7.0%。在规模以上工业中，按经济类型分，股份制企业增加值同比增长 7.6%，国有企业增加值同比下降 0.1%，外商及港澳台商投资企业增加值同比下降 1.2%。按门类分，制造业增加值同比增长 8.8%，采矿业增加值同比增长 3.1%，电力、热力、燃气及水生产和供应业增加值同比增长 6.0%。

全年全省规模以上工业 32 个行业中，18 个行业增加值比 2018 年有所增长。2019 年规模以上工业主要行业增加值增速、主要产品产量及增速分别见表 1、表 2。

表 1　2019 年规模以上工业主要行业增加值增速

指标名称	同比增长（%）
煤炭开采和洗选业	24.9
石油和天然气开采业	-2.0
黑色金属矿采选业	46.8
有色金属矿采选业	-2.6
非金属矿采选业	2.7
开采专业及辅助性活动	-9.9
农副食品加工业	6.0
食品制造业	-12.3
酒、饮料和精制茶制造业	14.8
纺织业	-61.2
纺织服装、服饰业	-29.2
文教、工美、体育和娱乐用品制造业	-30.6
石油、煤炭及其他燃料加工业	5.6
化学原料和化学制品制造业	9.9
医药制造业	12.5
橡胶和塑料制品业	-51.5
非金属矿物制品业	5.2
黑色金属冶炼和压延加工业	0.1
有色金属冶炼和压延加工业	4.1
金属制品业	11.8
通用设备制造业	-7.4

续　表

指标名称	同比增长（%）
专用设备制造业	70.3
电气机械和器材制造业	78.7
计算机、通信和其他电子设备制造业	-38.4
电力、热力生产和供应业	6.0
燃气生产和供应业	6.2
水的生产和供应业	3.7

数据来源：青海省 2019 年国民经济和社会发展统计公报。

表 2　2019 年规模以上工业主要产品产量及增速

指标名称	产量	同比增长（%）
原盐（万吨）	278.73	6.1
饮料酒（万千升）	4.14	14.2
乳制品（万吨）	9.05	10.2
单晶硅（吨）	3994.12	15.1
多晶硅（吨）	20593.41	24.8
中成药（吨）	2034.00	59.4
纯碱（碳酸钠）（万吨）	453.23	6.0
精甲醇（万吨）	65.38	-4.8
钾肥（实物量）（万吨）	804.32	12.3
商品混凝土（万立方米）	813.16	16.3
平板玻璃（万重量箱）	126.73	-63.1
水泥（万吨）	1339.78	-0.6
钢材（万吨）	180.56	23.7
铁合金（万吨）	132.27	-12.7
原铝（电解铝）（万吨）	222.62	-2.7
铝材（万吨）	108.06	10.1
光纤（万千米）	413.67	-0.9
锂离子电池［万只（自然只）］	1128.00	252.5
太阳能电池（万千瓦）	58.05	19.8
光电子器件［万只（片、套）］	17409.00	4.9
碳酸锂（万吨）	3.80	48.4

续　表

指标名称	产量	同比增长（%）
原煤（万吨）	1007.19	24.4
原油（万吨）	228.00	2.1
天然气（亿立方米）	64.00	-0.1
原油加工量（万吨）	154.04	10.0
焦炭（万吨）	191.05	10.8
发电量（亿千瓦时）	790.51	7.7
水力（亿千瓦时）	520.02	7.6
太阳能（亿千瓦时）	112.13	13.2

续　表

指标名称	产量	同比增长（%）
火力（亿千瓦时）	106.73	-13.3
风力（亿千瓦时）	51.63	79.6

数据来源：青海省 2019 年国民经济和社会发展统计公报。

规模以上工业中，新能源产业增加值比 2018 年增长 8.9%，新材料产业增加值同比增长 30.8%，有色金属产业增加值同比增长 4.1%，盐湖化工产业增加值同比增长 3.9%，生物产业增加值同比增长 9.3%，煤化工产业增加值同比增长 11.4%，装备制造业增加值同比增长 26.5%。高技术制造业增加值同比增长 32.2%。高耗能行业增加值同比增长 6.3%，在规模以上工业增加值中的比重比 2018 年下降 0.5 个百分点。

2020 年青海省工业经济运行概况

2020 年，青海省规模以上工业增加值比 2019 年下降 0.2%。在规模以上工业中，国有控股企业增加值同比增长 1.9%；股份制企业增加值同比下降 2.2%，国有企业增加值同比增长 26.8%，外商及港澳台商投资企业增加值同比下降 0.5%。2020 年规模以上工业主要行业增加值增速、主要产品产量及增速分别见表 1、表 2。

表 1　2020 年规模以上工业主要行业增加值增速

指标名称	同比增长（%）
煤炭开采和洗选业	4.5
石油和天然气开采业	1.5
黑色金属矿采选业	-2.4
有色金属矿采选业	10.1
非金属矿采选业	30.9
开采专业及辅助性活动	3.0
农副食品加工业	-28.3
食品制造业	-20.5
酒、饮料和精制茶制造业	-30.8
纺织业	42.7
纺织服装、服饰业	-62.7
文教、工美、体育和娱乐用品制造业	-46.9
石油、煤炭及其他燃料加工业	-8.5
化学原料和化学制品制造业	-14.0
医药制造业	-16.0
橡胶和塑料制品业	0.2
非金属矿物制品业	-11.6
黑色金属冶炼和压延加工业	-2.4
有色金属冶炼和压延加工业	14.1
金属制品业	16.9
通用设备制造业	2.8
专用设备制造业	-13.1
电气机械和器材制造业	-8.2
计算机、通信和其他电子设备制造业	0.7
电力、热力生产和供应业	11.1
燃气生产和供应业	3.4
水的生产和供应业	4.0

数据来源：青海省 2020 年国民经济和社会发展统计公报。

表 2　2020 年规模以上工业主要产品产量及增速

指标名称	产量	同比增长（%）
原盐（万吨）	453.32	19.4
饮料酒（万千升）	2.73	-34.0
鲜、冷藏肉（万吨）	2.83	-38.7
乳制品（万吨）	9.01	-0.4
单晶硅（吨）	3116.11	-22.0
多晶硅（吨）	23037.94	11.9
中成药（吨）	1115.00	-43.0
纯碱（碳酸钠）（万吨）	413.79	-8.7
精甲醇（万吨）	34.32	-47.5
口罩〔万个（只）〕	4987.00	—
发酵酒精（千升）	8.00	—
钾肥（实物量）（万吨）	741.77	-6.0
商品混凝土（万立方米）	813.82	-1.8
平板玻璃（万重量箱）	74.34	-41.3
水泥（万吨）	1216.29	-9.2
钢材（万吨）	189.11	4.7
铁合金（万吨）	124.03	-7.7
原铝（电解铝）（万吨）	239.01	7.4
铝材（万吨）	149.01	29.6
光纤（万千米）	305.94	-26.0
锂离子电池〔万只（自然只）〕	646.00	-41.7
太阳能电池（万千瓦）	63.06	8.6
碳酸锂（万吨）	4.53	19.2
原煤（万吨）	1092.06	-9.7
碳化硅（万吨）	4.45	17.6
原油（万吨）	228.50	0.2
天然气（亿立方米）	64.01	0
原油加工量（万吨）	150.01	-2.6
焦炭（万吨）	182.57	-4.4

续　表

指标名称	产量	同比增长（%）
发电量（亿千瓦时）	857.92	5.9
水力（亿千瓦时）	572.37	8.4
太阳能（亿千瓦时）	120.23	-1.0
火力（亿千瓦时）	103.57	-3.0
风力（亿千瓦时）	61.74	15.1

数据来源：青海省 2020 年国民经济和社会发展统计公报。

　　规模以上工业优势产业中，有色金属产业增加值同比增长 14.1%，煤化工产业增加值同比增长 3.1%，新能源产业增加值与 2019 年持平，钢铁产业增加值同比下降 2.4%，新材料产业增加值同比下降 9.8%，油气化工产业增加值同比下降 10.8%，盐湖化工产业增加值同比下降 12.0%，生物产业增加值同比下降 18.5%。装备制造业增加值同比下降 5.3%。高技术制造业增加值同比下降 8.5%。

　　全年全省规模以上工业企业利润总额 93.11 亿元，由 2019 年的亏损转为盈利。分经济类型看，国有控股企业利润 67.93 亿元；股份制企业利润 104.98 亿元，外商及港澳台商投资企业亏损 0.47 亿元；私营企业利润 12.33 亿元。分门类看，采矿业企业利润 24.32 亿元，制造业企业利润 22.21 亿元，电力、热力、燃气及水生产和供应业企业利润 46.57 亿元。全年规模以上工业企业每百元营业收入中的成本为 82.83 元，比 2019 年增加 1.13 元；营业收入利润率为 3.9%，比 2019 年提高 26.6 个百分点。

2021年青海省工业经济运行概况

2021年，青海省全部工业增加值953.08亿元，比2020年增长8.8%；规模以上工业增加值比2020年增长9.2%，两年平均增长4.4%。在规模以上工业中，分经济类型看，国有控股企业增加值同比增长7.1%，股份制企业同比增长8.5%，外商及港澳台商投资企业同比增长29.6%，私营企业同比增长22.6%。分门类看，采矿业增加值同比下降8.5%，制造业同比增长17.5%，电力、热力、燃气及水生产和供应业同比增长7.0%。2021年规模以上工业主要行业增加值增速、主要产品产量及增速分别见表1、表2。

表1　2021年规模以上工业主要行业增加值增速

指标名称	同比增长（%）
煤炭开采和洗选业	-27.7
石油和天然气开采业	-3.3
黑色金属矿采选业	8.1
有色金属矿采选业	-14.1
非金属矿采选业	-10.3
开采专业及辅助性活动	10.3
农副食品加工业	-4.9
食品制造业	-5.5
酒、饮料和精制茶制造业	16.4
石油、煤炭及其他燃料加工业	-15.2
化学原料和化学制品制造业	22.6
医药制造业	6.0
非金属矿物制品业	0.3
黑色金属冶炼和压延加工业	12.0
有色金属冶炼和压延加工业	14.8
金属制品业	7.8
通用设备制造业	-37.6
电气机械和器材制造业	29.4
计算机、通信和其他电子设备制造业	91.3
金属制品、机械和设备修理业	-16.0
电力、热力生产和供应业	6.9
燃气生产和供应业	8.3
水的生产和供应业	12.8

数据来源：青海省2021年国民经济和社会发展统计公报。

表2　2021年规模以上工业主要产品产量及增速

指标名称	产量	同比增长（%）
原煤（万吨）	1109.24	1.6
焦炭（万吨）	157.71	-13.6
天然气（亿立方米）	62.00	-3.1
原油（万吨）	234.00	2.4
原油加工量（万吨）	141.00	-6.0
原盐（万吨）	348.02	-23.2
乳制品（万吨）	10.32	14.6
饮料酒（千升）	33266.00	27.1
纯碱（碳酸钠）（万吨）	462.06	11.7
精甲醇（万吨）	36.80	7.2
钾肥（实物量）（万吨）	743.39	-5.3
单晶硅（吨）	12265.00	293.6
多晶硅（吨）	24032.00	4.3
中成药（吨）	1499.00	34.4
平板玻璃（万重量箱）	241.86	225.3
水泥（万吨）	1099.54	-9.6
钢材（万吨）	181.99	-3.8
铁合金（万吨）	151.63	22.2
精炼铜（电解铜）（万吨）	11.33	34.4
原铝（电解铝）（万吨）	266.31	11.4
铝材（万吨）	149.98	0.1
光纤（万千米）	584.25	91.0
碳酸锂（吨）	51227.00	25.4
铜箔（吨）	28377.00	75.4
发电量（亿千瓦时）	887.14	1.1
水力（亿千瓦时）	476.57	-16.7
太阳能（亿千瓦时）	163.85	23.3
火力（亿千瓦时）	149.94	43.6
风力（亿千瓦时）	96.78	41.8

数据来源：青海省2021年国民经济和社会发展统计公报。

规模以上工业优势产业中，新材料产业增加值比2020年增长55.3%，装备制造业增加值同比增长40.1%，盐湖化工产业增加值同比增长 37.0%，新能源产业增加值同比增长 31.9%，煤化工产业增加值同比增长 21.0%，有色金属产业增加值同比增长 14.8%，钢铁产业增加值同比增长 12.0%，油气化工产业增加值同比增长 11.1%，生物产业增加值同比增长 7.3%。高技术制造业增加值同比增长 43.3%，占规模以上工业增加值的 9.9%。

全年全省规模以上工业企业利润总额 301.62 亿元，比 2020 年增长 2.1 倍。分经济类型看，国有控股企业利润 197.75 亿元，同比增长 1.6 倍；股份制企业利润 301.58 亿元，同比增长 1.9 倍；外商及港澳台商投资企业利润 17.23 亿元，同比增长 3.1 倍。全年规模以上工业企业每百元营业收入成本为 78.85 元，比 2020 年下降 3.86 元；营业收入利润率为 9.5%，同比提高 5.5 个百分点。

2022 年青海省工业经济运行概况

2022 年，青海省全部工业增加值 1228.67 亿元，比 2021 年增长 14.3%；规模以上工业增加值同比增长 15.5%。在规模以上工业中，分经济类型看，国有控股企业增加值同比增长 0.2%；股份制企业同比增长 16.2%，外商及港澳台商投资企业同比增长 12.1%；非公有制企业增加值同比增长 49.5%。分门类看，采矿业增加值同比下降 13.7%，制造业同比增长 30.0%，电力、热力、燃气及水生产和供应业同比下降 4.7%。2022 年规模以上工业主要行业增加值增速、主要产品产量及增速分别见表 1、表 2。

表 1　2022 年规模以上工业主要行业增加值增速

指标名称	同比增长（%）
煤炭开采和洗选业	-24.0
石油和天然气开采业	-7.8
黑色金属矿采选业	-23.6
有色金属矿采选业	-7.0
非金属矿采选业	-4.9
开采专业及辅助性活动	374.9
农副食品加工业	-27.2
食品制造业	-8.9
酒、饮料和精制茶制造业	-38.0
石油、煤炭及其他燃料加工业	1.3
化学原料和化学制品制造业	28.2
医药制造业	-23.1
非金属矿物制品业	-20.6
黑色金属冶炼和压延加工业	-17.7
有色金属冶炼和压延加工业	-5.4
金属制品业	-26.2
电气机械和器材制造业	71.4
计算机、通信和其他电子设备制造业	257.4
金属制品、机械和设备修理业	-8.7
电力、热力生产和供应业	-2.0
燃气生产和供应业	-16.6
水的生产和供应业	-7.1

数据来源：青海省 2022 年国民经济和社会发展统计公报。

表 2　2022 年规模以上工业主要产品产量及增速

指标名称	产量	同比增长（%）
原煤（万吨）	936.50	-15.6
焦炭（万吨）	89.53	-43.2
天然气（亿立方米）	60.00	-3.2
原油（万吨）	235.00	0.4
原油加工量（万吨）	150.00	6.4
原盐（万吨）	432.70	24.3
乳制品（万吨）	11.72	12.4
饮料酒（千升）	27282.00	-18.0
纯碱（碳酸钠）（万吨）	481.35	4.2
精甲醇（万吨）	30.47	-17.2
钾肥（折氧化钾 100%）（万吨）	492.28	10.9
单晶硅（吨）	86250.00	603.2
多晶硅（吨）	62544.00	160.3
中成药（吨）	1647.00	0.5
水泥（万吨）	975.33	-11.3
钢材（万吨）	120.64	-33.7
铁合金（万吨）	144.25	-4.9
精炼铜（电解铜）（万吨）	10.53	-6.7
原铝（电解铝）（万吨）	268.41	0.8
铝材（万吨）	156.45	4.5
光纤（万千米）	1195.47	104.6
太阳能电池（光伏电池）（万千瓦）	26.53	119.9
碳酸锂（吨）	73203.00	24.5
铜箔（吨）	31965.00	12.6
碳纤维（吨）	7783.00	147.2
发电量（亿千瓦时）	859.61	-4.2
水力（亿千瓦时）	403.06	-15.4
太阳能（亿千瓦时）	184.28	9.4
火力（亿千瓦时）	159.47	6.4
风力（亿千瓦时）	112.80	10.2

数据来源：青海省 2022 年国民经济和社会发展统计公报。

规模以上工业优势产业中,新能源产业增加值比2021年增长2.0倍,装备制造业同比增长1.6倍,新材料产业同比增长1.5倍,盐湖化工产业同比增长31.3%,油气化工产业同比增长0.5%。高技术制造业增加值同比增长1.1倍,占规模以上工业增加值的23.2%,较2021年提高13.3个百分点。

全年规模以上工业企业利润总额828.87亿元,比2021年增长1.7倍。分经济类型看,国有控股企业利润489.13亿元,同比增长1.3倍;股份制企业利润792.78亿元,同比增长1.7倍;外商及港澳台商投资企业利润35.73亿元,同比增长97.3%。分门类看,采矿业企业利润83.92亿元,同比增长77.5%;制造业企业利润692.32亿元,同比增长2.3倍;电力、热力、燃气及水生产和供应业企业利润52.63亿元,同比下降2.9%。规模以上工业企业每百元营业收入中的成本为75.30元,比2021年减少3.41元;每百元营业收入中的费用为6.47元,同比减少2.45元;营业收入利润率为18.2%,同比提高8.7个百分点;产成品存货周转天数为15.1天,同比减少2.1天。

2019 年西藏自治区工业经济运行概况

2019 年，西藏自治区规模以上工业实现增加值比 2018 年增长 3.0%，比全国平均水平低 2.7 个百分点。

工业经济运行主要有以下特点。

一是从三大门类看，电力、热力、燃气及水生产和供应业，制造业平稳增长。2019 年，电力、热力、燃气及水生产和供应业增加值比 2018 年增长 26.0%，比上半年加快 11.4 个百分点；制造业增加值同比增长 5.0%，比上半年加快 3.6 个百分点；采矿业增加值同比下降 11.4%，比上半年回落 17.1 个百分点。

二是从经济类型看，国有企业增加值比 2018 年增长 10.8%；外商及港澳台商投资企业同比增长 9.7%；股份制企业同比增长 1.6%。

三是从行业看，主要行业分化明显。2019 年，黑色金属矿采选业工业增加值比 2018 年增长 34.3%；电力、热力生产和供应业工业增加值同比增长 26.6%；水的生产和供应业工业增加值同比增长 15.5%；非金属矿物制品业（建筑建材业）工业增加值同比增长 12.9%；食品制造业工业增加值同比增长 4.6%，比上半年加快 72.6 个百分点；医药制造业工业增加值同比下降 2.6%，降幅比上半年收窄 1.6 个百分点；有色金属矿采选业工业增加值同比下降 13.1%，增速比上半年回落 13.8 个百分点；农副食品加工业工业增加值同比下降 14.6%，降幅比上半年收窄 23.8 个百分点；酒、饮料和精制茶制造业工业增加值同比下降 18.8%，降幅比上半年收窄 6.3 个百分点。

四是从产品看，主要产品产量增长面扩大。2019 年，水泥产量比 2018 年增长 19.0%；铬矿石产量同比增长 19.0%；中成药产量同比增长 17.3%；发电量同比增长 16.5%；自来水产量同比增长 14.5%；铜金属含量产量同比下降 0.4%；啤酒产量同比下降 0.7%；锌金属含量产量同比下降 7.8%；包装饮用水产量同比下降 13.5%；铅金属含量产量同比下降 23.5%。

五是从产销率看，工业品产销衔接较好。2019 年，工业销售产值比 2018 年增长 2.4%；工业品产销率为 100.9%。

六是从地（市）看，地（市）工业增加值"六增一降"。2019 年，昌都规模以上工业增加值比 2018 年增长 13.9%；山南工业增加值同比增长 13.8%；日喀则工业增加值同比增长 13.5%；林芝工业增加值同比增长 13.2%；阿里工业增加值同比增长 12.8%；拉萨工业增加值同比增长 0.1%；那曲工业增加值同比下降 0.4%。

七是从工业投资看，工业固定资产投资持续下降。2019 年，全区工业固定资产投资比 2018 年增长 10.4%，比上半年加快 64.3 个百分点。工业固定资产投资占全社会固定资产投资的 17.4%。在工业固定资产投资中，采矿业投资比 2018 年增长 94.9%，比上半年加快 81.3 个百分点；制造业投资同比增长 13.5%，比上半年加快 75.4 个百分点；电力、热力、燃气及水生产和供应业投资同比增长 1.3%，比上半年加快 59.1 个百分点。工业固定资产投资中技术改造投资比 2018 年增长 201.6%。

2020年西藏自治区工业经济运行概况

2020年是极不平凡的一年。面对新冠疫情的巨大冲击和经济下行压力加大的严峻形势，西藏自治区经济和信息化系统坚决贯彻落实党中央、国务院决策部署和区党委政府、工业和信息化部工作要求，统筹疫情防控及工业和信息化发展，战疫情、保增长、提动能、优服务、强党建，做好"六稳"工作、落实"六保"任务，各项工作取得了新的进展。

一、工业经济运行特点

经济增长逆势向好。 规模以上工业增加值在6月由负转正，自9月起连续4个月增速位居全国第一，全年增速9.6%，居全国首位。规模以上工业总产值274亿元，同比增长12.5%。行业发展形势总体良好，采矿业总产值77.73亿元，同比增长34.4%；建材业总产值86.47亿元，同比增长3.4%；消费品工业总产值49.72亿元，同比增长13.6%。主要工业产品产量大幅提升，铜产量11万吨，同比增长24.8%；铅产量14万吨，同比增长97.7%；水泥产量1085万吨，同比增长0.4%；中成药产量3586吨，同比增长25.9%。产业集聚效应持续显现，各产业园区工业总产值68.47亿元。数字经济规模突破330亿元，同比增长20%。信息消费规模60亿元，同比增长10%。

发展后劲不断增强。 总投资431亿元的45个绿色工业重点项目加快推进，玉龙铜矿（二期）、拉萨城投祁连山等11个项目建成投产，新增产值53亿元。统筹推进工业企业升规入统工作，帮助24家工业企业升规入库，带动规模以上工业总产值增长超13亿元。快速布局新基建，与全国同步推进5G网络建设，建成开通5G基站3669个，5G信号覆盖七市（地）所在地。

带动就业成效显著。 成立农牧民转移就业工作专班，印发《工业和高新数字企业稳岗就业及吸纳农牧民转移就业实施方案》，成立8个岗位开发组。优化完善自治区中小企业公共服务平台就业服务功能，持续开展中小企业网上百日招聘活动，帮助高校毕业生就业。全区工业和高新数字企业实现直接就业57387人，其中农牧民18143人、高校毕业生6873人；间接带动就业27370人。

补链延链扎实推进。 针对全区产业链短而不全的问题，推进西藏福地天然饮品包装有限责任公司、西藏福利印刷厂配套项目建设，延长天然饮用水瓶坯瓶盖、包材产业链。引进区外企业建设石膏板材项目，填补装饰建材工业空白。建成林芝粉磨站、城投纳龙商混站，延长水泥产业链。"高原红"系列长城牌电脑整机生产线建成，填补了西藏电子信息制造业的空白。瞄准全产业链，组织北京、广州专场招商推介会，签约项目19个，签约

资金20亿元，吸引一批消费品、建材产业等方面的补链延链强链项目。

企业服务更加深入。 发挥减轻企业负担工作联席会议办公室职责，有力推进清理拖欠民营企业中小企业账款工作，在2019年清偿64.50亿元基础上，继续清偿22.84亿元，提前完成国务院确定的目标任务。推动设立每年3亿元的自治区中小企业发展专项资金，出台相关管理办法及实施细则，落实第一、第二批专项资金项目52个、扶持资金4000万元。推动落实小微企业融资担保降费奖补资金113万元。中小企业公共服务平台建成运行，已注册企业500余家、服务机构35家。针对企业综合成本高的问题，出台《关于降低西藏特色工业产品出藏物流成本的工作方案》《推动高新数字产业用电保障措施的工作方案》，共降低用能成本1.4亿元。

示范培育引领有力。 西藏玉龙铜业股份有限公司、西藏日喀则高新雪莲水泥有限公司获评第五批绿色工厂。华新水泥（西藏）有限公司、西藏日喀则高新雪莲水泥有限公司获评2020年重点用能行业能效"领跑者"。宁算科技集团一体化产业项目—数据中心（一期）获评2020年度国家绿色数据中心。西藏高驰科技信息产业集团有限责任公司获评西藏自治区2020年第一批拟认定高新技术企业。西藏自治区昌都市昌都经济开发区入选国家第三批大众创业万众创新示范基地名单。闽昌众创空间获评2020年度国家小型微型企业创业创新示范基地。西藏高原天然水有限公司、西藏高原之宝牦牛乳业股份有限公司2家企业产品纳入"三品"战略成果展。纳金电站、夺底电站列入第四批国家工业遗产名单。

二、工作成就

全区经济和信息化系统不懈努力，"十三五"规划确定的目标任务基本完成，工业和信息化发展取得突破性成就。

产业规模迅速扩大。 规模以上工业增加值年均增速10.3%，四年位居全国第一，高于全区GDP增速。工业在GDP中的比重由2015年的6.8%提升至2020年的8%，对全区经济增长和总量的贡献不断提升。全区拥有规模以上工业企业152家，比"十二五"末增长46.2%。农畜产品加工业总产值57亿元，比"十二五"末翻一番。

产业发展水平不断提升。 "十二五"末至"十三五"末，全区天然饮用水设计产能由330万吨扩大到500万吨，销量年均增长10%以上，行业整体生产技术及工艺标准达到国内先进水平；水泥年产量由468万吨增加到1085万吨，基础建材保障基本形成以区内为主、区内外

相互循环格局；藏药产品进入国家医保目录数量由 26 个增加到 50 个，藏医药技术创新和产品研发步伐加快，藏药企业全部通过新版 GMP 认证。

信息化基础设施不断夯实。2016—2020 年落实中央预算内信息化基础设施投资 31.3 亿元，同比增长 2 倍多。建制村通光纤率、4G 通信覆盖率均达 99%。"一网一云一中心"信息化架构体系基本建成。4798 家单位实现电子政务外网"一张网"。5G 信号登顶珠峰并向全球直播珠峰景象。

数字经济起步加速。信息化指数从"十二五"末的 63.3 增长到 75.8，年均增速居全国前列。信息技术与实体经济深度融合，两化融合指数为 42.8，较"十二五"时期提升 41%。产业数字化和数字产业化进程加快推进，信息化和工业化融合发展水平不断提升。

2021年西藏自治区工业经济运行概况

2021年，西藏自治区经济和信息化系统坚持"三个赋予一个有利于"要求，围绕"四件大事""四个确保""四个创建""四个走在前列"，按照自治区党委经济工作会、自治区"两会"和工业和信息化部安排部署，以推动高质量发展为主题，以深化供给侧结构性改革为主线，以满足人民日益增长的美好生活需要为根本目标，持续巩固拓展工业和信息化发展成果，自治区党委、政府对工业和信息化提出的年度主要目标任务全部完成，实现"十四五"良好开局。

（一）工业经济持续加快发展

全区规模以上工业增加值同比增长12.9%；两年平均增长11.2%，居全国前列。企业经济效益大幅提升，1—11月规模以上工业企业实现营业收入同比增长22.2%、利润总额同比增长232.8%。绿色工业固定资产投资完成103.3亿元，超额完成年度目标任务3.3%。园区工业总产值90.3亿元，同比增长29%，产业集聚效应凸显。

（二）特色工业产业发展质量进一步提升

一是规划引领作用凸显。颁布实施《西藏自治区"十四五"工业高质量发展规划》《西藏边境地区特色产业"十四五"发展规划》《西藏自治区促进中小企业发展规划（2021—2025）》，做到高水平规划引领高质量发展。二是特色产业优化提升。绿色矿业规模扩大，玉龙铜矿二期、巨龙铜业驱龙铜矿一期建成；通过云计算、5G等新一代信息技术推进绿色矿山数字化转型，提升采选智能化、信息化水平，建成智慧矿山2个，采矿业总产值76.57亿元，同比增长101.6%。绿色建材支撑保障能力增强，以满足区内市场为主，促进绿色建材上下游产业融合，培育装配式建筑建材新产业，提升产品附加值，增强核心竞争力。全区建成水泥产能1450万吨，供给能力持续提升，以水泥为主的绿色建材区内市场占有率达70%以上，基本满足区内市场。天然饮用水产业壮大，积极对接引进区外龙头企业带动产销量，扩大区内区外、线上线下销售市场，进一步提升市场占有率，全区天然饮用水产销量58.6万吨，同比增长22%。民族手工业专业化程度加深，制定实施西藏自治区工艺美术系列高、中、初级职称评价标准和评审办法（试行），民族手工业总产值15亿元，同比增长10%。农畜产品加工业稳步发展，制定印发《西藏自治区关于促进农畜产品加工业发展的实施意见》，森布日皮革、毛纺项目建成投产，规模以上农畜产品加工业总产值47亿元，同比增长21.4%。藏药业竞争力提高，奇正藏药实施智能制造，提高智能化、精细化管理水平，并收购藏药集团，强化

资源整合。全区规模以上藏药业总产值26.2亿元，同比增长36%，完成年度农牧民碘盐配送任务1.48万吨。三是实体经济不断壮大。企业规模壮大，实施分类指导，一对一加强升规入库培育，新升规入库企业21家，规模以上工业企业共187家。创新发展动力增强，出台《西藏自治区技术创新示范企业认定管理办法（试行）》《西藏自治区中小企业公共服务示范平台认定管理办法》《西藏自治区小型微型企业创业创新示范基地建设管理办法》，鼓励企业创新发展，打造示范标杆。成功培育2家国家级专精特新"小巨人"企业、1家国家级中小企业公共服务示范平台，1家国家级工业设计中心，填补全区空白。培育1家国家级小型微型企业创业创新示范基地，1家国家技术创新示范企业。认定自治区级小微企业创业创新示范基地9家、中小企业公共服务示范平台4家、自治区"专精特新"中小企业20家。四是绿色发展推进有力。出台《西藏自治区工业绿色发展专家委员会管理暂行办法》，成立自治区工业绿色发展专家库。对23家行业重点企业开展工业专项节能监察，对28家工业企业开展工业节能诊断。认定国家级绿色工厂5家、国家级绿色设计产品1个，填补全区空白。认定自治区级绿色工厂9家、绿色设计产品1个、绿色供应链1家。

（三）高新数字产业快速发展

数字经济规模不断壮大，全年数字经济规模达400亿元，同比增长20%；高新数字产业增加值达175亿元，同比增长14%。建立"报告+台账"月跟踪监测服务机制，将201个信息化重点项目纳入月度跟踪监测范围，信息化完成投资超54亿元。

（四）数字经济发展基础不断夯实

一是产业规划政策体系更加完善。组织编制《西藏自治区"十四五"时期信息化发展规划》，研究起草《西藏自治区数字经济发展行动方案（2021—2025年）》《西藏自治区"十四五"推进新型基础设施建设行动方案（2022—2025）》《加快西藏数字经济发展的若干措施》。二是重大信息化项目加快建设。公安大数据智能化（一期）项目、"雪亮工程"、自治区医疗保障信息平台、数字校园、"数字拉萨"城市大脑一期工程等一批安全维稳、民生保障、城市管理等领域具有代表性的重点信息化项目建设进展顺利、成效明显。电子政务外网运行安全有序，共接入点位6889个，保通率达98%以上，完成IPv6（互联网协议第6版）升级改造。三是新基建大力推进。全区累计建成5G基站6660个。宁算行业大数据应用平台获评2021年大数据产业发展试点示范项目，一期（二阶段）项目建设完成，装机容量达7000个机架；

中国移动（拉萨）数据中心项目主体完成建设，装机容量达 3000 个机架，初步形成面向国内和南亚的数据存储、灾备及相应计算能力；中国联通拉萨区域性国际通信业务出入口局完成全部投资，初步具备业务加载能力。四是产业数字化转型加速。推进 23 个产业数字化示范项目建设，其中森布日皮革厂数字化转型、毛纺厂数字化转型、奇正藏药"智能制造"、玉龙铜业"智慧矿山"系统、中材祁连山水泥厂智能化生产、华钰矿业"数字矿山"等 14 个项目建成。西藏电子商务工程（一期）竣工验收，国有企业要素交易数字化服务平台被工业和信息化部评为 2021 年新型信息消费示范项目。两化融合指数达 44，两化融合 2.0 标准贯标企业数量由全国末位上升至 24 位，排名提升 7 位。五是数字产业化快速提升。全区软件和信息技术服务业营业收入达 25.5 亿元，规模以上软件和信息技术服务业企业达到 14 家。在医疗、教育、金融、物流、矿山、直播等领域开展 15 项 5G 试点应用，其中 5G+智慧应急救治项目（西藏自治区人民医院）、5G+高原应急救治项目（林芝市人民医院）、"组团式"援藏支持下 5G+远程诊断在高原地区分级诊疗医疗体系中的应用（拉萨市人民医院）被评为 5G+医疗健康应用试点项目。西藏北斗综合应用示范工程落地实施，自治区遥感应用中心已实现部分功能。拉萨高新区数字经济产业园入驻 16 家企业，营业收入 3.12 亿元，以柳梧新区为核心的拉萨数字经济集聚区初步形成。六是无线电安全保障强边固防作用显著。完成庆祝中国共产党成立 100 周年、习近平总书记视察西藏工作、西藏和平解放 70 周年及"三大节日"等重大活动无线电安全保障工作。在边境口岸、重要边境出入口、军事管理区域等地建成 69 座超短波监测站，实现边境核心要害区域监测覆盖 100%，完成青藏铁路 27 座专用无线电监测站建设，进一步增强全区电磁空间安全管控能力。

（五）服务企业能力创新提升

完善强化厅领导定点联系地（市）、经济运行与企业服务工作专班、重点工业企业与重点工业项目服务专员等服务企业工作机制，帮助企业解决重大困难问题 77 个。全力做好防范和化解拖欠中小企业账款工作，推动清偿欠款近 1.8 亿元。修订优化自治区中小企业发展专项资金项目申报实施细则，2021 年先后对 4 批次 151 个项目奖励资金超 1.3 亿元。与金融机构"一对一"对接，不断深化拓展产融合作，帮助 12 家企业融资超 7 亿元。中小企业公共服务平台运行良好，初选平台服务商 8 家，服务产品 73 种，入库专家 30 余人。

（六）常态化疫情防控任务全面完成

一是多措并举抓物资储备。制定《西藏自治区应对新型冠状病毒感染的肺炎工作领导小组物资保障组关于应对新型冠状病毒疫情防控常态化物资储备方案》，建立自治区、地（市）、县三级储备体系，按照紧急情况下 1 个月防控物资供应需求储备物资，并科学开展轮储。二是合理分配资源。按照节约为先、精准使用的原则，优先保障铁路、民航、海关、交通、公安、边境等防疫一线物资。三是全力以赴协调疫苗。积极协调工业和信息化部对接新冠病毒疫苗供应，以满足全区接种需求。四是支持开展国际援助。向自治区统战部提供 20 万只医用口罩用于支持尼泊尔侨胞，调配 20 万剂新冠病毒疫苗援助尼泊尔。五是推进信息化技术支撑。高标准完成自治区疫情防控管理平台建设，实现与国家平台联动，顺利通过国务院联防联控机制督导组考核并获得肯定。优化推广使用"藏易通"健康码，使用次数达 8673 万余次。

（七）统筹发展和安全纵深推进

深化工业行业、民爆行业安全生产专项整治三年行动，修订并宣贯《西藏自治区民用爆炸物品行业发展规划（2018—2025 年）》，开展民爆企业安全生产许可、销售许可年检、安全生产专项督查，督促企业进行安全风险隐患排查、安全生产标准化自查自评，推进中金新联现场混装炸药地面站扩能项目、保利久联乳化炸药生产线项目建设。

2022年西藏自治区工业经济运行概况

2022年，西藏自治区经济和信息化系统以提质增效为总目标，以项目推进为总抓手，以绿色安全为总底线，致力推动工业经济、数字经济和信息化建设平稳健康发展，为稳定全区经济大盘作出积极贡献。

一、工业经济运行特点

（一）经济发展整体实现新增长

工业增加值保持两位数快速增长，全区规模以上工业增加值185.41亿元，同比增长13%，超出年度目标3个百分点，位居全国第二，两年平均增长12.9%。数字经济增加值突破200亿元，超额完成年度目标，两年平均增长16%，有望提前完成"十四五"目标。工业经济和数字经济占GDP的19%。园区工业总产值90亿元，同比增长25%。

（二）高原特色产业实现新突破

西藏尚厨炊具科技有限公司年产100万只高原炊具项目建成投产。农夫山泉落地林芝建设年设计产能50万吨包装饮用水项目加快推进。中粮年产3万吨"香雪"牌青稞挂面项目落地日喀则。米林现代农业藏药材产业园加快建设。筛选七十味珍珠丸等10个名优地产藏药品种推荐纳入《国家基本药物目录》，46个藏药产品列入《国家基本医疗保险药品目录》。

（三）重点项目建设实现新进展

绿色工业固定资产投资完成109.17亿元，信息化领域完成投资50亿元以上，均完成年度目标任务。扎布耶年产1.2万吨碳酸锂项目完成投资15.08亿元，巨龙铜矿15万吨/日采选工程项目完成投资14.5亿元。政务信息化平台建设项目推进成效明显。

（四）信息融通应用实现新局面

建立健全信息系统互联互通机制，打破"信息孤岛"。西藏自治区大数据中心挂牌运行，填补西藏无省级大数据中心的空白。

（五）疫情服务保障实现新作为

充分发挥自治区应对新型冠状病毒感染的肺炎工作领导小组物资保障组办公室、信息化建设和保障组办公室职责，全力服务支撑保障全区疫情防控工作。抓防疫物资保障守护民生安全方面：强统筹，强化区、市、县三级联动物资储备管理机制，建立每日一调度、一盘点、一测算、一研判"四个一"工作推进机制，指导调度全区物资保供。强储备，内挖潜力、外拓渠道、动员捐赠、协调各方等多渠道筹措物资。强调配，坚持保重点、保关键、保基层科学精准分配物资，累计向各地（市）和区（中）直部门调拨2.84亿元防疫物资。抓信息化支撑服务助提防控效能方面：建系统，优化升级旧版"藏易通"健康码系统90余次，研发上线新版"藏易通"健康码系统，安全设计能力达到全国领先水平，业务处理量达12万/秒，超过国家要求10余倍，形成新旧"藏易通"系统主备"双活双控"格局。建平台，优化升级核酸检测平台，研发防输入防外溢线上审批系统，建强疫情防控管理指挥平台，实现"藏易通"健康码、核酸检测、入藏报备、出藏管理系统互联互通。优化后的核酸检测平台具备540万人/小时采样处理能力，超过国家要求24倍。

二、2022年主要工作成绩

（一）聚焦统筹调度，加速发展根基之变

加强规划政策实施，制定颁布自治区促进中小企业发展条例，编制发布"十四五"石材产业发展规划、盐湖锂资源开发及综合利用产业发展规划，制定出台采矿、建材、农畜产品加工、高新技术制造、数字经济等20余个产业政策文件，政策体系更加健全完善。加强运行监测调度，积极应对疫情影响，强化要素保障，建立完善自治区、地（市）两级产业链供应链"白名单"制度，打通企业和项目关键原辅料、物资运输、保供电等"堵点""断点"，梯次有序推进企业、项目复工复产，强化固定资产投资调度，加强重点项目跟踪服务，全力保障经济平稳运行。

（二）聚焦提质增效，加速发展路径之变

采矿业进一步扩能发展，推进铜、锂等战略性矿产资源开发，推动巨龙一期、玉龙二期、扎布耶一期等在产矿山稳产达产，铜金属产量近33万吨。建材业进一步转型发展，出台《西藏自治区绿色建材生产骨干企业培育认定管理暂行办法》，10家企业入库培育，推动华新水泥窑协同处置污染土壤项目落地，开展数字化转型试点。农畜产品加工业进一步规模发展，华润雪花啤酒（西藏）有限公司研发的青稞啤酒新品面向市场销售，协调行业协会、龙头企业开展全区皮革毛纺产业深度研究，洋河股份朗热酒村青稞白酒项目开工建设。天然饮用水产业进一步壮大发展，招引农夫山泉、华润怡宝等龙头企业，深化西藏冰川矿泉水有限公司与青岛啤酒集团产销合作。藏医药产业进一步创新发展，神猴药业与中国原子能科学研究院合作的辐照灭菌技术在高原藏药中首次应用项目开工建设，填补藏医药产业链空白。该项目入选国家原子能机构评选的"核技术应用领域十件大事"。林芝尔亚干藏药产业园一期建成投产。民族手工业进一步传承发展，2022年获评国家级工艺美术大师1名，评选自治区级工艺美术大师15名、"工巧奖"10名。高新技术制造业进一步扩大发展，年产2万台飞腾8

核迭代更新"长城牌"信创电脑产品投放市场，开展氢氧产业试点研究。

（三）聚焦提速壮大，加速新旧动能之变

基础设施建设进一步完善，累计建成5G基站8099座，基本实现县区及以上全覆盖，开展15个5G试用试点，电子政务外网保通率持续保持在99%以上。建成宁算科技集团一体化产业项目—数据中心（一期）、中国移动（拉萨）数据中心（一期），全区机架容量突破1.5万架。西藏电信"千兆光网打造西藏教育发展新引擎"项目荣获首届"光华杯"千兆光网应用创新大赛一等奖。产业数字化转型进一步加快，两化融合贯标企业18家，出台《西藏自治区数字化转型骨干企业认定管理办法》并启动首批认定工作，自治区工业互联网公共服务平台完成初步设计。培育30个产业数字化转型项目，全区上云上平台企业超300家，中国联合网络通信有限公司西藏自治区分公司、西藏华泰龙矿业开发有限公司与中讯邮电咨询设计院有限公司联合打造的"中国联通5G打造西藏华泰龙智慧矿山"项目荣获第五届"绽放杯"5G应用征集大赛三等奖。数字产业化培育进一步推进，实施西藏北斗综合应用示范工程项目。建成运行拉萨区域性国际通信业务出入口局。拉萨数字经济产业园入驻企业19家。软件和信息技术服务业营业收入22亿元，规模以上软件和信息技术服务业企业15家。多语种社会治理舆情监控大数据平台（网智天元科技集团股份有限公司）获评2022年大数据产业发展试点示范项目。数字化治理能力进一步提升，聚焦民生服务、经济发展、生态环保、兴边富民等10大应用专题，打造大数据典型应用场景，开展政府典型数据资源梳理。首次开展全区"企业数据管理能力成熟度评估模型（DCMM）"国家标准宣贯培训，加快提升企业数据治理和数据安全能力。开展100余项新建、运维信息化项目前期技术把关和符合性论证。无线电监管效能进一步增强，新建及升级28座超短波监测站，建成44座青藏铁路、拉林铁路专用监测站，完成16座卫星地球站国际申报和国际协调工作，有效提升无线电频谱资源监管能力。圆满完成重大活动、重要节点、重大考试等无线电安全保障工作。

（四）聚焦持续发展，加速产业格局之变

推进创新发展，推动高原地区多功能系列烹饪炊具研发，仅用3个月研发产品7大类30余种、申请国家专利18项、颁布《高原地区多功能锅具》行业标准，出台《支持高原地区多功能系列烹饪炊具产业发展指导意见（暂行）》；培育认定国家级专精特新"小巨人"企业1家、自治区级"专精特新"中小企业13家，举办西藏首届"创客中国"中小企业创新创业大赛，1个项目进入全国50强。推进绿色发展，编制工业领域、水泥行业碳达峰实施方案，对27家企业开展专项节能监察，对24家企业开展节能诊断，认定11家自治区级绿色工厂；全面推进第二轮中央生态环境保护督察通报的昌都市水泥项目批小建大、扎布耶（一期）生态破坏等问题整改；参与拉萨南北山绿化工程，完成4152.4亩年度造林包保任务。推进集聚发展，出台《关于规范管理全区产业园区化工项目的指导意见》，推动园区循环化改造，首次开展自治区产业园区高质量发展评价，资源综合利用·西藏藏青工业园区被认定为国家新型工业化产业示范基地（第十批）。重点园区基础设施建设完成投资20亿元。推进开放发展，组织企业参加第十一届APEC中小企业技术交流暨展览会；举办自治区高新数字、绿色工业招商引资湖南长沙专场推介会，签订合作协议7个，合作金额达10亿元。推动中国移动（拉萨）数据中心与腾讯、百度、阿里巴巴、中国移动云能力中心等9家单位签订IDC（互联网数据中心）服务合同，投资1.7亿元。推进安全发展，印发自治区工业和信息化行业安全生产"十五条硬措施"实施方案，组织开展安全生产隐患排查工作，持续推进工业领域三年行动专项整治和民爆行业安全生产标准化达标工作；强化工业控制系统网络安全评估，加强数据安全管理。

（五）聚焦纾困助企，加速增长活力之变

强化政策支撑，贯彻落实《自治区促进工业经济平稳增长行动方案》《西藏自治区促进中小企业高质量发展若干措施》《保障中小企业款项支付条例》《关于稳经济若干临时性措施》等政策措施。强化纾困减负，落实中小企业发展专项资金1.43亿元。清理拖欠中小企业账款2.87亿元，总清偿进度达96.4%，其中109条无分ális账款化解率达到100%。强化要素保障，协调解决企业电力、运输受阻等困难问题140余条。核发全国统一式样的重点物资运输车辆电子通行证近3万张，占全区核发量的19.6%。强化服务提升，进一步明确17项行政许可事项要素，再次梳理权责事项64项，加快推进"一网通办"。

2019 年新疆维吾尔自治区工业经济运行概况

2019 年，新疆全部工业增加值比 2018 年增长 4.5%，规模以上工业增加值同比增长 4.7%。在规模以上工业中，分经济类型看，国有控股企业增加值同比增长 4.0%，股份制企业同比增长 3.5%，外商及港澳台商投资企业同比增长 5.5%，私营企业同比增长 3.0%。分工业门类看，采矿业增加值同比增长 8.0%，制造业同比增长 1.2%，电力、热力、燃气及水生产和供应业同比增长 10.7%。分轻重工业看，轻工业增加值同比增长 1.1%，重工业同比增长 5.1%。

2019 年全区规模以上工业企业主要产品产量及增速见表 1。

表 1　2019 年全区规模以上工业企业主要产品产量及增速

产品名称	产量	同比增长（%）
原油（万吨）	2752.08	4.0
原煤（万吨）	23773.34	14.2
天然气（亿立方米）	339.87	5.8
原油加工量（万吨）	2321.76	-1.2
发电量（亿千瓦时）	3564.22	9.6
成品糖（万吨）	67.46	15.0
卷烟（亿支）	176.85	0
罐头（万吨）	49.64	-3.6
番茄酱（万吨）	35.59	5.6
纱（万吨）	181.62	0.9
布（万米）	36939.02	26.1
服装（万件）	4050.44	1.1
轻革（万平方米）	15.65	-67.5
机制纸及纸板（万吨）	17.65	13.3
化肥（万吨）	300.13	7.8
十种有色金属（万吨）	619.57	-5.2

续　表

产品名称	产量	同比增长（%）
电解铝（万吨）	598.37	-5.6
粗钢（万吨）	1236.88	5.5
钢材（万吨）	1367.93	5.4
生铁（万吨）	1170.61	4.4
水泥（万吨）	3836.76	6.5
变压器（万千伏安）	5741.78	-11.5
化学纤维（万吨）	83.59	7.7

数据来源：新疆维吾尔自治区 2019 年国民经济和社会发展统计公报。

全年十个主要行业中，石油和天然气开采业增加值比 2018 年增长 5.0%；电力、热力生产和供应业同比增长 10.8%；石油、煤炭及其他燃料加工业同比增长 0.4%；化学原料和化学制品制造业同比下降 0.7%；煤炭开采和洗选业同比增长 13.2%；有色金属冶炼和压延加工业同比下降 7.1%；非金属矿物制品业同比增长 6.0%；开采专业及辅助性活动同比增长 40.0%；黑色金属冶炼和压延加工业同比增长 8.4%；纺织业同比增长 1.7%。

全年规模以上工业企业利润 623.36 亿元，比 2018 年下降 19.9%。分经济类型看，国有控股企业实现利润 358.34 亿元，比 2018 年下降 24.2%；股份制企业实现利润 573.47 亿元，同比下降 21.4%；外商及港澳台商投资企业实现利润 19.84 亿元，比 2018 年下降 19.3%。分工业门类看，采矿业实现利润 268.38 亿元，同比下降 16.2%；制造业实现利润 253.86 亿元，同比下降 37.4%；电力、热力、燃气及水生产和供应业实现利润 101.12 亿元，同比增长 93.9%。全年规模以上工业企业每百元营业收入中的成本为 80.99 元，比 2018 年增加 1.77 元；营业收入利润率为 5.5%，同比下降 1.7 个百分点。

全年规模以上工业企业产品销售率为 98.9%；完成工业品出口交货值 135.32 亿元，同比增长 27.2%。

2020 年新疆维吾尔自治区工业经济运行概况

2020 年，新疆全部工业增加值比 2019 年增长 5.8%，规模以上工业增加值同比增长 6.9%。在规模以上工业中，分经济类型看，国有控股企业增加值同比增长 5.5%，股份制企业同比增长 5.8%，外商及港澳台商投资企业同比增长 5.9%，私营企业同比增长 8.9%。分工业门类看，采矿业增加值同比增长 6.4%，制造业同比增长 4.4%，电力、热力、燃气及水生产和供应业同比增长 16.7%。分轻重工业看，轻工业增加值同比增长 3.8%，重工业同比增长 7.2%。

2020 年主要工业产品产量及增速见表 1。

表 1　2020 年主要工业产品产量及增速

产品名称	产量	同比增长（%）
原油（万吨）	2914.75	4.5
原煤（万吨）	26965.69	11.6
天然气（亿立方米）	369.83	8.4
原油加工量（亿吨）	2427.19	4.5
发电量（亿千瓦时）	4121.86	12.3
成品糖（万吨）	60.93	-10.2
卷烟（亿支）	174.35	-1.4
罐头（万吨）	78.79	31.1
纱（万吨）	194.97	5.3
布（万米）	56336.06	31.0
服装（万件）	10008.31	14.3
机制纸及纸板（万吨）	17.39	-4.9
化肥（万吨）	318.32	3.9
十种有色金属（万吨）	613.84	-2.1
电解铝（万吨）	594.51	-2.1
粗钢（万吨）	1306.13	3.7

续　表

产品名称	产量	同比增长（%）
钢材（万吨）	1420.63	3.5
生铁（万吨）	1158.34	-1.1
水泥（万吨）	4025.05	3.4
变压器（万千伏安）	5572.94	-3.1
化学纤维（万吨）	61.91	-27.7

数据来源：新疆维吾尔自治区 2020 年国民经济和社会发展统计公报。

全年规模以上十个主要行业中，石油和天然气开采业增加值比 2019 年增长 7.2%，电力、热力生产和供应业同比增长 17.2%，石油、煤炭及其他燃料加工业同比下降 3.5%，化学原料和化学制品制造业同比增长 6.7%，煤炭开采和洗选业同比增长 17.6%，有色金属冶炼和压延加工业同比增长 1.2%，非金属矿物制品业同比增长 9.0%，开采专业及辅助性活动同比下降 19.8%，黑色金属冶炼和压延加工业同比下降 0.9%，纺织业同比增长 3.6%。

全年规模以上工业企业利润 629.09 亿元，比 2019 年下降 2.9%。分经济类型看，国有控股企业实现利润 282.28 亿元，同比下降 21.2%；股份制企业实现利润 574.33 亿元，同比下降 3.8%；外商及港澳台商投资企业实现利润 23.33 亿元，同比增长 27.5%。分工业门类看，采矿业实现利润 163.66 亿元，同比下降 41.9%；制造业实现利润 314.85 亿元，同比下降 20.3%；电力、热力、燃气及水生产和供应业实现利润 150.59 亿元，同比增长 44.7%。全年规模以上工业企业每百元营业收入中的成本为 81.60 元，比 2019 年增加 0.61 元；营业收入利润率为 5.5%，资产负债率为 60.2%。

全年规模以上工业企业产品销售率为 98.3%；完成工业品出口交货值 112.35 亿元，比 2019 年下降 18.5%。

2021 年新疆维吾尔自治区工业经济运行概况

2020 年，新疆全部工业增加值比 2020 年增长 7.2%，规模以上工业增加值同比增长 8.8%。在规模以上工业中，分经济类型看，国有控股企业增加值同比增长 12.2%，股份制企业同比增长 8.4%，外商及港澳台商投资企业同比增长 20.6%，私营企业同比增长 10.4%。分规模看，大型企业增加值同比增长 5.4%，中型企业同比增长 16.5%，小微型企业同比增长 23.5%。分工业门类看，采矿业增加值同比增长 8.6%，制造业同比增长 7.9%，电力、热力、燃气及水生产和供应业同比增长 11.4%。分轻重工业看，轻工业增加值同比增长 6.0%，重工业同比增长 9.2%。

高技术制造业增加值比 2020 年增长 7.1%，占规模以上工业增加值的 2.0%，其中石油化工业增加值同比增长 1.5%。全年高技术产业投资 316.43 亿元，比 2020 年增长 23.4%。

全年规模以上十个主要行业中，石油和天然气开采业增加值比 2020 年增长 1.7%，电力、热力生产和供应业同比增长 12.7%，石油、煤炭及其他燃料加工业同比增长 5.1%，化学原料和化学制品制造业同比增长 13.7%，煤炭开采和洗选业同比增长 31.3%，有色金属冶炼和压延加工业同比增长 10.8%，非金属矿物制品业同比增长 17.4%，开采专业及辅助性活动同比增长 13.3%，黑色金属冶炼和压延加工业同比增长 2.0%，纺织业同比增长 19.4%。其中，非金属矿物制品业，电力、热力生产和供应业，黑色金属冶炼及压延加工业，化学原料和化学制品制造业，有色金属冶炼及压延加工业，石油、煤炭及其他燃料加工业六大高耗能行业增加值合计增长 11.3%，占规模以上工业增加值的 53.8%。

在统计的 375 种工业产品中，253 种产品的产量实现增长，增长面为 68.4%。通过管道输送到疆外的天然气为 644.85 亿立方米，其中新疆本地生产的天然气送往疆外的天然气为 249.11 亿立方米；外送电量 1223.44 亿千瓦时，同比增长 16.0%。2021 年主要工业产品产量及增速见表 1。

表 1　2021 年主要工业产品产量及增速

产品名称	产量	同比增长（%）
原油（万吨）	2990.39	2.6
原煤（万吨）	32148.25	19.2
天然气（亿立方米）	387.59	4.8

续　表

产品名称	产量	同比增长（%）
原油加工量（万吨）	2489.91	2.6
发电量（亿千瓦时）	4683.55	13.6
水电（亿千瓦时）	275.63	2.8
风电（亿千瓦时）	547.75	26.3
太阳能（亿千瓦时）	184.26	17.3
成品糖（万吨）	42.25	-30.4
卷烟（亿支）	179.35	2.9
罐头（万吨）	69.17	-12.2
纱（万吨）	223.60	16.0
布（万米）	67098.16	35.8
服装（万件）	4682.41	-4.0
机制纸及纸板（万吨）	21.75	27.4
化肥（万吨）	360.49	14.6
十种有色金属（万吨）	640.13	3.6
电解铝（万吨）	605.86	1.9
粗钢（万吨）	1299.91	-0.5
钢材（万吨）	1467.68	2.0
生铁（万吨）	1147.56	-0.9
水泥（万吨）	4648.07	15.0
变压器（万千伏安）	5842.85	4.0
化学纤维（万吨）	77.54	25.5

数据来源：新疆维吾尔自治区 2021 年国民经济和社会发展统计公报。

全年规模以上工业企业利润 1916.11 亿元，比 2020 年增长 196.3%（见表 2）。分经济类型看，国有控股企业利润 832.65 亿元，同比增长 199.0%；股份制企业 1735.53 亿元，同比增长 194.7%；外商及港澳台商投资企业 131.06 亿元，同比增长 416.4%。分门类看，采矿业利润 476.93 亿元，同比增长 195.7%；制造业利润 1213.82 亿元，同比增长 271.7%；电力、热力、燃气及水生产和供应业利润 225.36 亿元，同比增长 41.9%。全年规模以上工业企业每百元营业收入中的成本为 75.94 元，比 2020 年减少 5.65 元；营业收入利润率为 12.4%，比 2020 年提高 6.9 个百分点。2021 年年底规模以上工业企业资产负债为 56.9%，比 2020 年同期下降 3.6 个百分点。

表 2　2021 年规模以上工业不同类别企业、行业利润总额及增速

指标	利润总额（亿元）	同比增长（%）
规模以上工业	1916.11	196.3
其中：国有控股企业	832.65	199.0
集体企业	0.02	0
股份制企业	1735.53	194.7
外商及港澳台商投资企业	131.06	416.4
其中：采矿业	476.93	195.7
制造业	1213.82	271.7
电力、热力、燃气及水生产和供应业	225.36	41.9
其中：煤炭开采和洗选业	183.50	215.1
石油天然气开采业	208.17	312.1
有色金属矿采选业	43.16	123.6
农副食品加工业	18.19	-3.4
纺织业	21.02	635.0
石油、煤炭及其他燃料加工业	128.49	483.5
化学原料和化学制品制造业	222.69	830.2
非金属矿物制品业	280.72	271.0
黑色金属冶炼和压延加工业	51.75	1076.1
有色金属冶炼和压延加工业	315.65	279.9

续　表

指标	利润总额（亿元）	同比增长（%）
电力、热力生产和供应业	189.43	24.4
燃气生产和供应业	31.94	641.1

数据来源：新疆维吾尔自治区 2021 年国民经济和社会发展统计公报。

工业生产者出厂价格比 2020 年上涨 19.4%。从用途看，生产资料价格上涨 20.6%，生活资料价格上涨 4.2%；从轻重工业看，轻工业价格上涨 7.3%，重工业价格上涨 21.3%；从产品的使用去向看，初级产品上涨 23.1%，中间产品上涨 18.9%，最终产品上涨 12.9%；从行业看，31 个行业大类中，24 个行业价格上涨。石油相关行业上涨 25.6%，有色相关行业上涨 24.0%，钢铁相关行业上涨 30.5%，煤炭相关行业上涨 30.4%。2021 年工业生产者出厂价格月度涨跌幅度见图 1。

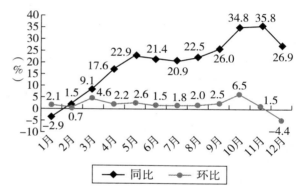

图 1　2021 年工业生产者出厂价格月度涨跌幅度

工业生产者购进价格比 2020 年上涨 15.0%。九大类原材料购进价格全面同比上涨，其中燃料、动力类价格上涨 18.6%，黑色金属材料类上涨 18.4%，有色金属材料及电线类上涨 15.7%，化工原料类上涨 14.9%，纺织原料类上涨 12.7%，建筑材料及非金属类上涨 11.7%，木材及纸浆类上涨 7.4%，其他工业原材料及半成品类上涨 7.3%，农副产品类上涨 6.8%。

2022 年新疆维吾尔自治区工业经济运行概况

2022 年，新疆全部工业增加值比 2021 年增长 6.2%，规模以上工业增加值同比增长 7.1%。在规模以上工业中，分经济类型看，国有控股企业增加值同比增长 5.6%，股份制企业同比增长 5.8%，外商及港澳台商投资企业同比增长 31.8%，私营企业同比增长 7.5%。分规模看，大型企业增加值同比增长 5.8%，中型企业同比增长 9.8%，小微型企业同比增长 7.7%。分门类看，采矿业增加值同比增长 12.7%，制造业同比增长 2.9%，电力、热力、燃气及水生产和供应业同比增长 9.9%。

全年规模以上十个主要行业 "8 升 2 降"，石油和天然气开采业增加值比 2021 年增长 5.8%，电力、热力生产和供应业同比增长 8.7%，石油、煤炭及其他燃料加工业同比增长 6.8%，化学原料和化学制品制造业同比增长 3.1%，煤炭开采和洗选业同比增长 30.9%，有色金属冶炼和压延加工业同比增长 7.8%，非金属矿物制品业同比增长 11.1%，开采专业及辅助性活动同比增长 1.0%，黑色金属冶炼和压延加工业同比下降 8.8%，纺织业同比下降 15.1%。

在统计的 380 种工业产品中，171 种产品产量实现增长，增长面为 45.0%。通过管道输送到疆外的天然气为 651.01 亿立方米。外送电量比 2021 年增长 4.9%。2022 年主要工业产品产量及增速见表 1。

表 1　　2022 年主要工业产品产量及增速

产品名称	产量	同比增长（%）
原油（万吨）	3213.34	7.5
原煤（万吨）	41305.14	28.5
天然气（亿立方米）	406.68	4.9
原油加工量（万吨）	2483.32	-0.3
发电量（亿千瓦时）	4793.44	2.3
水电（亿千瓦时）	341.20	23.8
风电（亿千瓦时）	587.68	7.3
太阳能（亿千瓦时）	196.75	6.8
成品糖（万吨）	40.07	-12.0
卷烟（亿支）	180.15	0.4
罐头（万吨）	76.90	-0.2
纱（万吨）	188.93	-16.1
布（万米）	84698.10	37.3

续　表

产品名称	产量	同比增长（%）
服装（万件）	4521.30	-10.0
机制纸及纸板（万吨）	25.29	11.2
化肥（万吨）	369.43	1.3
十种有色金属（万吨）	635.02	2.0
电解铝（万吨）	599.31	2.1
粗钢（万吨）	1162.78	-10.5
钢材（万吨）	1324.65	-10.2
生铁（万吨）	1027.14	-10.6
水泥（万吨）	3845.40	-17.5
变压器（万千伏安）	7447.22	27.5
化学纤维（万吨）	63.17	-18.6

数据来源：新疆维吾尔自治区 2022 年国民经济和社会发展统计公报。

全年规模以上工业企业利润 2462.30 亿元，比 2021 年增长 31.3%（见表 2）。分经济类型看，国有控股企业利润 1182.00 亿元，同比增长 39.7%；股份制企业 2115.86 亿元，同比增长 23.9%；外商及港澳台商投资企业 310.55 亿元，同比增长 128.6%。分门类看，采矿业利润 1009.36 亿元，同比增长 111.1%；制造业 1202.17 亿元，同比增长 0.8%；电力、热力、燃气及水生产和供应业 250.77 亿元，同比增长 22.8%。全年规模以上工业企业每百元营业收入中的成本为 75.13 元，比 2021 年减少 1.09 元；营业收入利润率为 14.0%，比 2021 年提高 1.6 个百分点。2022 年年底规模以上工业企业资产负债率为 55.4%，比 2021 年同期下降 1.9 个百分点。

表 2　　2022 年规模以上工业企业利润总额及增速

指标	利润总额（亿元）	同比增长（%）
规模以上工业企业	2462.30	31.3
其中：国有控股企业	1182.00	39.7
股份制企业	2115.86	23.9
外商及港澳台投资企业	310.55	128.6

续　表

指标	利润总额 （亿元）	同比增长 （%）
其中：采矿业	1009.36	111.1
制造业	1202.17	0.8
电力、热力、燃气及水生产 和供应业	250.77	22.8

数据来源：新疆维吾尔自治区2022年国民经济和社会发展统计公报。

工业生产者出厂价格比2021年上涨12.3%。从用途看，生产资料价格上涨12.7%，生活资料价格上涨6.0%；从轻重工业看，轻工业价格上涨6.6%，重工业价格上涨13.1%；从产品的使用去向看，初级产品上涨22.6%、中间产品上涨9.9%，最终产品上涨13.4%；从行业看，石油相关行业上涨28.5%，煤炭相关行业上涨27.5%，有色相关行业上涨3.9%，钢铁相关行业下降11.6%。2022年工业生产者出厂价格月度涨跌幅度见图1。

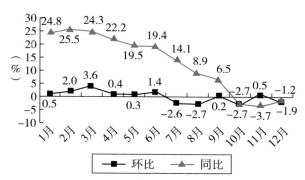

图1　2022年工业生产者出厂价格月度涨跌幅度

工业生产者购进价格比2021年上涨14.6%。九大类原材料购进价格"8升1降"，其中燃料、动力类上涨24.4%，有色金属材料及电线类上涨7.0%，化工原料类上涨14.6%，纺织原料类上涨14.1%，建筑材料及非金属类上涨8.0%，木材及纸浆类上涨1.8%，其他工业原材料及半成品类上涨3.8%，农副产品类上涨12.9%，黑色金属材料类下降9.2%。

2019年新疆生产建设兵团工业经济运行概况

2019年，新疆生产建设兵团全部工业增加值670.73亿元，比2018年增长5.8%；规模以上工业增加值同比增长4.6%。在规模以上工业中，分经济类型看，国有控股企业增加值同比增长5.4%；股份制企业同比增长3.4%，外商及港澳台商投资企业同比增长22.9%；私营企业同比增长4.4%。分门类看，采矿业增加值同比下降3.1%，制造业同比增长4.5%，电力、热力、燃气及水生产和供应同比增长5.7%。分轻重工业看，轻工业增加值同比增长4.9%，重工业同比增长4.4%。

全年规模以上工业中，煤炭开采和洗选业增加值比2018年下降4.8%，农副食品加工业同比下降4.3%，食品制造业同比增长8.7%，酒、饮料和精制茶制造业同比增长1.1%，纺织业同比增长16.4%，石油、煤炭及其他燃料加工业同比增长27.4%，化学原料及化学制品制造业同比增长5.6%，非金属矿物制品业同比增长12.9%，黑色金属冶炼和压延加工业同比增长15.6%，有色金属冶炼和压延加工业同比下降11.1%，电力、热力生产和供应业同比增长6.5%。六大高耗能行业增加值比2018年增长4.5%，占规模以上工业增加值的63.4%。

2019年年底兵团规模以上工业发电装机容量1883万千瓦，比2018年同期增长5.7%。其中，火电装机容量1504万千瓦，同比增长6.7%；水电装机容量38万千瓦，与2018年持平；并网风电装机容量144万千瓦，同比增长16.0%。

全年规模以上工业企业产品销售率为96.2%；完成工业品出口交货值31.38亿元，比2018年增长19.1%。

2019年年底兵团共有各类开发区31个，其中国家级经济技术开发区3个，国家级高新技术产业开发区1个，国家级经济开发区兵团分区2个，兵团级工业园区25个。

2020 年新疆生产建设兵团工业经济运行概况

2020 年新疆生产建设兵团规模以上工业增加值比 2019 年增长 7.7%，增速为近 4 年最高。分经济类型看，国有控股企业增加值同比增长 6.1%；股份制企业同比增长 5.6%，外商及港澳台商投资企业同比增长 75.5%；私营企业同比增长 6.6%。分三大门类看，采矿业增加值同比下降 2.1%；制造业同比增长 6.9%；电力、热力、燃气及水生产和供应业同比增长 11.6%。分轻重工业看，轻工业增加值同比增长 4.8%；重工业同比增长 8.9%。

全年规模以上工业战略性新兴产业增加值比 2019 年增长 24.1%，快于兵团规模以上工业增加值增速 16.4 个百分点，占规模以上工业增加值的 8.6%。

全年规模以上工业企业发电量 902.42 亿千瓦时，比 2019 年增长 7.5%；用电量 760.61 亿千瓦时，同比增长 1.5%。

2021年新疆生产建设兵团工业经济运行概况

2021年，新疆生产建设兵团工业增加值919.38亿元，比2020年增长9.3%，规模以上工业增加值比2020年增长11.3%。在规模以上工业企业中，分经济类型看，国有控股企业增加值同比增长11.8%；股份制企业同比增长10.7%，外商及港澳台商投资企业同比增长18.5%；私营企业同比增长11.5%。分门类看，采矿业增加值同比增长32.4%，制造业同比增长8.5%，电力、热力、燃气及水生产和供应业同比增长18.4%。分轻重工业看，轻工业同比增长1.7%，重工业同比增长14.9%。

全年规模以上工业中，煤炭开采和洗选业增加值比2020年增长48.8%，农副食品加工业同比增长8.8%，食品制造业同比下降2.3%，酒、饮料和精制茶制造业同比下降15.7%，纺织业同比增长12.8%，石油、煤炭及其他燃料加工业同比增长6.0%，化学原料及化学制品制造业同比增长19.2%，非金属矿物制品业同比增长7.7%，黑色金属冶炼和压延加工业同比增长3.5%，有色金属冶炼和压延加工业同比增长16.6%，电力、热力生产和供应业同比增长19.8%。六大高耗能行业增加值比2020年增长15.0%，占规模以上工业增加值的70.5%。2021年主要工业产品产量及增速见表1。

表1　　2021年主要工业产品产量及增速

产品名称	产量	同比增长（%）
原煤（万吨）	836.23	13.0
发电量（亿千瓦时）	1059.12	15.8
火电（亿千瓦时）	933.70	14.8
水电（亿千瓦时）	15.46	-3.4
太阳能（亿千瓦时）	49.38	20.7
风电（亿千瓦时）	60.57	35.6
精制食用植物油（万吨）	52.70	26.4
乳制品（万吨）	34.13	24.0
罐头（万吨）	43.31	1.6
饮料酒（万千升）	7.87	-31.2
软饮料（万吨）	26.87	3.4

产品名称	产量	同比增长（%）
纱（万吨）	75.13	9.9
布（亿米）	2.00	16.0
机制纸及纸板（万吨）	17.62	46.9
农用氮、磷、钾化学肥料（折纯）（万吨）	33.21	-11.9
初级形态的塑料（万吨）	149.46	1.4
塑料制品（万吨）	103.57	49.8
硅酸盐水泥熟料（万吨）	811.04	-1.1
水泥（万吨）	1155.39	10.4
钢材（万吨）	200.95	3.5
原铝（电解铝）（万吨）	286.39	7.9
铝材（万吨）	170.65	15.5

2021年年底，兵团规模以上工业企业发电装机容量2235万千瓦，比2020年同期增长4.5%。其中，火电装机容量1633万千瓦，水电装机容量43万千瓦，均与2020年持平；并网风电装机容量243万千瓦，比2020年增长25.7%。

全年规模以上工业企业利润383.18亿元，比2020年增长近1.8倍。分经济类型看，国有控股企业利润63.96亿元，同比增长6.4倍；股份制企业利润310.48亿元，同比增长1.5倍，外商及港澳台商投资企业利润68.81亿元，同比增长3.6倍；私营企业利润189.90亿元，同比增长1.1倍。分门类看，采矿业利润6.08亿元，与2020年相比由亏转盈；制造业利润352.09亿元，同比增长近两倍；电力、热力、燃气及水生产和供应业利润25.01亿元，同比增长8.6%。全年规模以上工业企业产品销售率为95.3%；完成工业品出口交货值27.04亿元，比2020年下降0.1%。全年规模以上工业企业每百元营业收入中的成本为78.90元，比2020年减少5.98元；营业收入利润率为13.66%，比2020年提高7.25个百分点。2021年年底兵团规模以上工业企业资产负债率为62.3%，比2020年同期下降1.6个百分点。

2022 年新疆生产建设兵团工业经济运行概况

2022 年，新疆生产建设兵团工业增加值比 2021 年增长 2.9%，规模以上工业增加值比 2020 年增长 4.2%。在规模以上工业企业中，分经济类型看，国有控股企业增加值同比下降 8.0%；股份制企业同比下降 2.1%，外商及港澳台商投资企业同比增长 68.5%；私营企业同比增长 1.6%。分门类看，采矿业增加值同比下降 29.7%，制造业同比增长 6.0%，电力、热力、燃气及水生产和供应业同比增长 1.2%。分轻重工业看，轻工业增加值同比下降 15.9%，重工业同比增长 8.8%。

全年规模以上工业中，高技术制造业增加值比 2021 年下降 9.5%，占规模以上工业增加值的 2.4%；装备制造业增加值同比增长 1.7%，占规模以上工业增加值的 2.8%；战略性新兴产业增加值同比下降 11.3%，占规模以上工业增加值的 2.9%。

全年规模以上工业十个主要行业中，农副食品加工业增加值同比下降 18.3%，食品制造业同比增长 15.2%，酒、饮料和精制茶制造业同比下降 32.9%，纺织业同比下降 24.5%，石油、煤炭及其他燃料加工业同比下降 1.5%，化学原料及化学制品制造业同比增长 2.7%，非金属矿物制品业同比增长 33.5%，黑色金属冶炼和压延加工业同比增长 2.8%，有色金属冶炼和压延加工业同比增长 3.8%，电力、热力生产和供应业同比增长 1.5%。六大高耗能行业增加值比 2021 年增长 10.4%，占规模以上工业增加值的 80.1%。2022 年主要工业产品产量及增速见表 1。

表 1　　2022 年主要工业产品产量及增速

产品名称	产量	同比增长（%）
原煤（万吨）	517.29	−38.1
发电量（亿千瓦时）	1063.61	0.4
火电	924.80	−1.0
水电	16.13	4.3
太阳能	57.99	17.4
风电	64.69	6.8
精制食用植物油（万吨）	22.12	−58.0

续　表

产品名称	产量	同比增长（%）
乳制品（万吨）	37.43	9.7
罐头（万吨）	47.07	8.7
饮料酒（万千升）	5.63	−28.4
软饮料（万吨）	24.96	−7.1
纱（万吨）	53.77	−28.4
布（万吨）	2.11	5.6
农用氮、磷、钾化学肥料（折纯）（万吨）	45.39	36.7
初级形态的塑料（万吨）	140.95	−5.7
塑料制品（万吨）	47.50	−53.8
硅酸盐水泥熟料（万吨）	800.85	−1.3
水泥（万吨）	1021.62	−11.6
工业硅（万吨）	58.47	2.6
多晶硅（万吨）	13.38	54.5
钢材（万吨）	206.97	2.4
原铝（电解铝）（万吨）	284.97	−0.5
铝材（万吨）	169.28	−1.0

全年规模以上工业企业利润 443.47 亿元，比 2021 年增长 15.7%。分经济类型看，国有控股企业利润 37.49 亿元，同比下降 41.4%；股份制企业 212.40 亿元，同比下降 31.6%；外商及港澳台商投资企业 227.10 亿元，同比增长 2.3 倍；私营企业 150.50 亿元，同比下降 20.7%。分门类看，采矿业利润 3.13 亿元，比 2021 年下降 48.5%；制造业利润 414.62 亿元，同比增长 17.8%；电力、热力、燃气及水生产和供应业利润 25.71 亿元，同比下降 2.8%。全年规模以上工业企业每百元营业收入中的成本为 78.67 元，比 2021 年减少 0.23 元；营业收入利润率为 14.37%，比 2021 年提高 0.71 个百分点。2022 年年底规模以上工业企业资产负债率为 59.5%，比 2021 年同期下降 2.8 个百分点。

2019 年青岛市工业经济运行概况

2019 年，青岛市完成全部工业增加值 3159.9 亿元，比 2018 年（下同）增长 2.8%；全部工业增加值占地区生产总值的 26.9%，下降 2.1 个百分点。规模以上工业企业达 3406 家，工业增加值增长 0.6%。工业用电量增长 2.9%，其中制造业用电量增长 5.6%。规模以上工业企业实现营业收入 10389.5 亿元，增长 1.5%；实现利润 558.1 亿元，下降 0.6%；营业收入利润率为 5.4%，与 2018 年持平。从行业情况看，行业集中度相对较高，居前 10 位的行业实现增加值占规模以上工业企业的 69.5%，铁路、船舶、航空航天和其他运输设备制造业、电气机械和器材制造业等 5 个行业保持增长。从区（市）情况看，"三区三市"（青岛西海岸新区、城阳区、即墨区、胶州市、莱西市、平度市）工业增加值总量占规模以上工业企业的 80% 以上，胶州、城阳等 4 个区（市）保持增长。从出口情况看，全年规模以上工业企业出口交货值增长 5.4%，下降 2.6 个百分点。

一、工业经济运行概况

（一）新旧动能转换积极推进

2019 年，青岛市工业投资增长 20.2%，其中工业技术改造投资增长 29.7%。全年 114 个新建项目开工，173 个制造业技术改造项目投产，签约山西美锦能源股份有限公司氢能源、惠科股份有限公司半导体、泰泽集团蛋白药等 30 余个项目。新动能投资拉动明显，装备制造业投资增长 16.8%，高技术制造业投资增长 26.8%。产业结构趋于优化，高技术制造业增加值增长 1.7%，占地区生产总值的 2.1%；工业战略性新兴产业增加值增长 4.6%，占地区生产总值的 5.8%。新产品产量增速较快，城市轨道车辆 1770 辆，增长 15.8%；智能电视 1441.9 万台，增长 25.5%。

（二）创新转型迈出坚实步伐

2019 年，青岛市实施企业技术创新工程，搭建产业创新平台和载体，推进 1700 余项企业技术创新重点项目，8 家企业创新成果入选"山东制造·硬科技 TOP50 品牌榜"，25 项产品被认定为山东省首台（套）技术装备，5 个企业和产品获全国第四批制造业单项冠军。举办第五届"市长杯"青岛工业设计大赛和工业设计周活动，高端智能家电等 3 家省级制造业创新中心通过验收，新创建 1 个国家技术创新示范企业和 2 个国家工业设计中心。实施新一轮"青岛金花"培育行动，开展"品牌之都·工匠之城"主题宣传推广活动，支持企业创品牌拓市场。

（三）两化融合取得突破进展

2019 年，青岛获批国家人工智能创新应用先导区，成为全国第二个人工智能创新应用先导区。作为全国第五个"中国软件特色名城"，青岛提前一年进行创建。中国工业互联网研究院山东分院、国家工业互联网平台体验中心落户青岛市，海尔 COSMOPlat（卡奥斯工业互联网平台）居全国十大"双跨"工业互联网平台首位。举办 2019 世界工业互联网产业大会、2019 青岛国际软件融合创新博览会、第五届中国人工智能大会、2019 人工智能产业共同体青岛会议等高端展会，成立人工智能产业共同体，吸引华为、科大讯飞、商汤、腾讯等头部企业到青岛市布局发展。制定 5G、人工智能、虚拟现实、超高清视频等高技术产业设计规划和攻坚指南。推进工业互联网"555"示范行动，推广智能制造标准化与新模式应用，首批扶持 63 个"机器换人"项目，新认定 100 个工业互联网示范项目，54 个企业项目入选省级以上试点示范名单。青岛 5G 产业园启动建设，中国青岛 5G 城市名片暨 5G 智慧城市体验馆建成运营，全市建设 5G 基站 6900 余处，开通 5G 基站总数占山东省的 66.67%。以东园西谷北城、芯谷芯园链湾为载体，集聚工业软件、系统集成、集成电路、大数据、云计算、区块链等软件和信息技术服务企业 1800 余家，4 家企业入选 2019 软件和信息技术服务业综合竞争力百强企业，全市软件业务收入增长 15.6%。推动化工产业转型升级，开展"亩产效益"评价改革试点工作，加快产业集聚区建设，提升产业集聚度。

二、重点行业发展情况

（一）轨道交通装备

2019 年，青岛市有规模以上轨道交通装备制造企业 86 家，其中整车企业 3 家、零部件配套企业 83 家、规模以下配套企业 255 家。规模以上轨道交通装备制造业企业全年实现工业产值比 2018 年（下同）增长 6.9%，占规模以上工业企业总产值的 7.2%；全年生产动车组 1064 列，下降 18.9%；生产城轨车辆 1770 辆，增长 15.8%。

重点项目推进情况。2019 年，青岛市首批 5 个重点项目有 3 个基本竣工。总投资额 200 亿元的中车四方智汇港项目正式签约，旨在打造以"一总部四中心"（中车四方所新总部基地和世界一流的基础技术研发中心、产业孵化中心、高端智能制造中心、行业检测认证中心）为主体的轨道交通装备产业项目。由苏州苏试试验集团股份有限公司投资 3 亿元的苏试试验北方检测中心项目，建设苏试北方检测中心综合工业楼宇，服务山东省以及华北、东北等地区，主要从事试验仪器装备（疲劳振动试验机）研发制造及环境模拟试验、试验技术应用、试验技术基础研究、疲劳及静强度测试等试验服务。青岛地铁轨道交通智能维保项目由中车青岛四方机车车辆股份有限公司、中车青岛四方车辆研究所有限公司、青岛地铁集团有限公司共同筹建，青岛地铁轨道交通智能维保有限公司承担青岛地铁运维、保障业务，项目总投资额4亿元，占地面积200万平方米，项目建成后可实现城轨地铁大部件检修500辆/年、城轨地铁车辆新造500辆/年。

引进重点项目。2019年，青岛市加强与中国中车集团合作，支持中国中车集团在青岛的产业板块发展。推进中车四方机车老厂区盘活利用和"中车智汇港项目"建设进度，在"中车四方智汇港"项目建设中给予控规优化、配套设施、工业遗产更新利用等方面的支持。青岛轨道交通产业示范区管理委员会与SGS通标标准技术服务有限公司就引进华铁西屋在青岛建设生产基地签约。

成立行业组织。2019年10月，由中车青岛四方机车车辆股份有限公司牵头成立青岛市轨道交通装备产业协会，整合轨道交通产业资源，抱团发展，拓展省内外城轨市场，汇集全市轨道交通装备制造企业，助推青岛市轨道交通装备产业发展。

轨道交通新产品样车下线。2019年5月23日，由中国中车集团组织、中车青岛四方机车车辆股份有限公司牵头研发的时速600千米的高速磁悬浮试验样车下线，高速磁悬浮列车填补了航空与高铁客运之间的旅行速度空白。

（二）汽车制造

2019年，青岛市汽车产业有规模以上工业企业200家。新增国家公告内汽车生产企业1家，总数达30家，其中整车企业5家、改装车企业25家。全年生产整车114.63万辆。其中，乘用车27.96万辆，商用车19.8万辆，微型客车63.9万辆，新能源汽车2.97万辆。实现产值超过1000亿元。全年生产改装车1.91万辆。

重点项目建成投产。2019年，青岛国轩电池有限公司二期投资20亿元年产能3吉瓦时磷酸铁锂电池项目建成投产；上汽通用五菱汽车股份有限公司青岛分公司技改项目投资10亿元年产能10万辆宝骏E200纯电动乘用车项目建成投产；北京新能源汽车股份有限公司青岛分公司二期投资23.5亿元年产能25万辆项目进展顺利，第一阶段年产能15万辆项目建成投产；力神（青岛）新能源有限公司一期投资15.7亿元年产能2吉瓦时磷酸铁锂电池项目投产。

引进重点龙头项目。2019年6月26日，青岛西海岸新区、山西美锦能源股份有限公司、青岛市工业和信息化局等三方签署建设美锦氢能生态科技园项目合作框架协议。该项目由山西美锦能源股份有限公司、广东国驰新能源汽车有限公司、广东鸿运高新技术投资有限公司、广东飞驰汽车有限公司等共同投资115亿元，建设新能源商用车整车生产项目、燃料电池动力系统生产线、燃料电池高性能电堆自动化生产线、加氢站运营平台、氢能产学研用科创中心、鸿基创能膜电极生产线等。2019

年11月28日，青岛中德"国际客厅"招商推介会暨中德生态园重点德资项目签约仪式在青岛西海岸新区中德生态园举行。德国博马科技有限公司项目和其他9个德资项目一起完成签约，德国博马科技涡轮增压器制造及研发中心项目落户青岛西海岸新区中德生态园，总投资额9.2亿欧元，其中涡轮增压器总成项目投资额3.6亿欧元，达产后可实现产能1000万套、年销售收入约120亿元，可为当地提供就业岗位1300个。

出台新能源汽车产业扶持政策。2019年，青岛市发布《青岛市加快新能源汽车产业高质量发展的若干政策措施》，提出推动青岛市新能源汽车产业发展、构建产业链完善和技术先进的新能源汽车产业体系等12条利好政策。政策体现个性化、精准化的产业政策特点，从整车、零部件、科技创新、产业集群、推广应用、产业生态6个纵向维度和引进与培育2个横向维度进行立体覆盖，提出对燃料电池和智能网联等热点领域提供政策支持。

举办2019青岛氢能产业高峰论坛。2019年9月23日，青岛市政府、山东省工业和信息化厅共同主办2019青岛氢能产业高峰论坛。论坛以"世界氢城、活力青岛"为主题，旨在汇集全球氢能行业精英共话合作，搭建行业交流平台，展示最新研发成果，促进理论领域智慧碰撞和行业之间交流合作。

（三）机械装备

2019年，青岛市机械装备行业完成工业产值比2018年（下同）增长5.6%，占全市工业产值的10.8%。其中，仪器仪表制造业完成产值增长21.8%，电气机械及器材制造业增长8.3%，专用设备制造业增长7.7%，通用设备制造业增长2.8%，金属制品业略有下降。

重点骨干企业继续保持国内行业竞争优势。2019年，青岛市一批机械企业和集团成为国内外竞争优势企业，软控股份有限公司入选工业和信息化部智能制造系统解决方案供应商、2019年度第二批山东省智能制造标杆企业，实施全球首个轮胎智能制造工厂"交钥匙"工程，橡胶机械产品销售收入连续多年居全球同行业前三位、全国第一位。海克斯康测量技术（青岛）有限公司是全球最大的三坐标测量仪器制造商；青岛汉缆股份有限公司的超高压电缆综合指标居全国首位；青岛捷能汽轮机集团股份有限公司是国内中小型汽轮机的设计制造商和电站成套设备供应商；青岛汉缆股份有限公司、青岛捷能汽轮机集团股份有限公司入选2019年中国机械工业百强企业。青岛海纳特钢有限公司是中国铸造行业清洁生产、绿色铸造的样板工厂。智能装备、纺织机械、橡胶机械、箱式变电设备、钢结构产业成为全国、全省重要生产制造基地。

企业技术创新体系建设步伐加快。2019年，青岛市以青岛科捷机器人有限公司、青岛三迪时空增材制造有限公司为牵头单位，组建机器人、增材制造（3D打印）两个新型行业的创新中心，以青岛两家企业牵头组建的机器人创新中心和增材制造（3D打印）创新中心已列入省级制造业创新中心试点。选择机械装备中重点行业，培育制造业创新体系。青岛德盛机械制造有限公司制订创意发展方案，产品出口30余个国家和地区，与国内外80余家世界著名企业建立全面战略合作关系。青岛武晓集团股份有限公司开展产学研合作，研发智能自行式高空作业设备，采用蓄电池动力，开发先进的智能化交流驱动技术，无污染、零排放、无噪声，居国内领先水平。青岛雷沃工程机械有限公司工程实施全流程智能施工（ICT）项目，实现半自动施工、远程遥控、AI技术等技术突破，开发的智能化挖掘机产品实现产业化。

高端装备新产品不断涌现。2019年，青岛市新增省级智能制造标杆企业4家、首台（套）技术装备认定25个，23件产品被评为2019年山东省精品装备。青岛罗博飞海洋技术有限公司研制的飞鱼号微型水下机器人（LBF-150）投入使用，由青岛海洋科学与技术试点国家实验室与天津大学联合研制的"海燕"万米级水下滑翔机在全球首次突破水下8000米持续观测。青岛汉缆股份有限公司承担的"3000米以下深海采油装备配套"山东省科技重大专项通过验收，建成国内首条年产300千米的海洋工程动态电缆生产线。青岛新松机器人自动化有限公司研发的第二代港口无轨导航重载移动机器人中标世界最大集装箱中转枢纽港——新加坡港。

装备产业集聚布局规划初步完成。2019年，青岛市落实工业园区发展规划，根据区位优势和行业优势，做好细分行业发展布局，培育高新技术产业开发区智能装备产业集聚区，加快建设华通高新装备产业园（绿色铸造产业园）。推进青岛西海岸新区、胶州市、即墨区、平度市等机械装备制造产业园区建设，引导本地企业和项目、技术、资金、人才等资源向园区集中，促进产业集聚和规模发展，形成不同特色各有专长的重要研发制造基地。机器人制造企业集聚地获国家级"机器人高新技术产业化基地"称号。

（四）家电电子

青岛市是国内传统的三大家电生产基地之一，是全国首批"家电及电子信息"国家新型工业化产业示范基地，连续两年获国家级示范基地发展质量五星级评价。2019年，青岛市规模以上家电电子企业累计完成工业产值同比（下同）增长3.1%，占全市规模以上工业总产值的20.1%；完成出口交货值增长22.8%。主要产品中，生产电冰箱731.8万台、电冰柜687.7万台、空调874.4万台、洗衣机513.7万台、电视机1580.4万台，同比分别增长0.6%、增长13.2%、下降17.4%、下降7.9%、增长20.8%。

"龙头企业"影响力显著增强。2019年，海尔集团公司、海信集团有限公司、青岛澳柯玛控股集团有限公司、青岛乐金浪潮数字通信有限公司分别完成产值1081.4亿元、492.9亿元、29.8亿元和31.8亿元，同比分别增长4.7%、增长0.3%、增长15.9%、下降38.1%。海尔集团公司、海信集团有限公司分列2019年中国电子信息百强企业第三和第八位。海尔集团公司连续11年蝉联全球大型家用电器第一品牌。海信集团连续16年居国内市场电视出货量第一位。

产业开放创新体系趋于完善。2019年，海尔高端智能家电制造业创新中心获省级制造业创新中心认定，海信超高清视频制造业创新中心列入省级制造业创新中心培育。依托海尔集团公司、海信集团有限公司、青岛澳柯玛控股集团有限公司等"龙头企业"，推动智能家电研发协同创新平台建设，拥有数字化家电国家重点实验室等26个国家级创新平台，集聚北京航空航天大学、西安交通大学、中国电子科技集团有限公司等20余家高校和科研机构，形成以大企业为主导的产业开放创新体系。

产业链补短板实现突破。2019年，惠科6英寸晶圆和半导体功率器件等一批集成电路项目签约落地，青岛市首个先进封测项目泰睿思封装项目一期和首个第三代半导体材料项目聚能晶源氮化镓外延片项目一期建成投产，芯恩公司集成电路项目一期厂房封顶。引进宏祐图像（上海）科技有限公司、青岛合启立智能科技有限公司、大唐半导体设计有限公司等企业与海尔集团公司、海信集团有限公司等本地企业合作。全年全市集成电路企业118家，其中设计企业80家。

超高清视频产业率先发展。2019年，青岛市出台《青岛市超高清视频产业发展行动计划（2019—2022年）》，成为全国首批8个发布超高清视频产业发展行动计划的省市之一。编制《青岛市超高清视频产业攻坚行动指南（2020—2022年）》并在国内率先发布。推进海信超高清视频制造业创新中心等一批关键项目、载体规划建设，对接引进华为技术有限公司、4K花园等头部企业。

智能家电产业集群效应不断增强。2019年，海尔集团公司年产50万台高端特大冰箱、海信集团新增200万台洗衣机产线回迁等项目竣工投产，海信超高清电视芯片研发及产业化、瑞智（青岛）精密机械有限公司新增300万台压缩机产能等项目开工建设。初步形成以黄岛国家家用电子产品产业园为主，以崂山、城阳、胶州、平度、即墨家电电子产业集聚区为辅的产业集群布局。全市产值超过100亿元的智能家电制造业集聚区达6个，其中黄岛家电电子产业集聚区产值超过1000亿元。

（五）化工

2019年，青岛市化工行业拥有规模以上工业企业275家，实现工业总产值同比（下同）下降10.2%，占规模以上工业总产值的13.39%。其中，原油加工及石油制品制造企业9家，工业总产值下降18.4%；化学原料和化学制品制造业企业161家，工业总产值增长0.3%；橡胶制品业企业105家，工业总产值下降7.4%。全年原油加工量1199.7万吨，年产汽油368.8万吨、柴油297.5万吨、纯苯19.1万吨、对二甲苯（PX）74.2万吨、化学试剂14.7万吨、轮胎4388万条（其中子午线轮胎3914万条）。

投资项目管理。2019 年，青岛市严把项目准入关，化工投资项目原则上在省政府认定的化工园区、专业化工园区和重点监控点内实施，并符合国土空间规划、产业发展规划等相关规划，及时办理立项、安评、环评、能评等审批事项。严禁化工领域"两低三高"（附加值低、技术水平低、能耗高、污染物排放高、安全生产风险高，下同）招商引资项目进入，对化工领域新建扩建化工招商投资项目展开排查，确认青岛市不存在"两低三高"问题。

园区扩容升级和重点监控点认定。青岛董家口和平度新河 2 个化工园区于 2018 年通过省政府认定，起步面积分别为 13.78 平方千米和 6.75 平方千米。2019 年 4 月，平度市政府向青岛市政府申请平度新河化工产业园扩大面积 2.84 平方千米，市化工专项行动办组织市发展和改革委员会等 7 个部门对拟扩大面积区域进行严格审核，2019 年 8 月市政府批复，新河化工产业园由原 6.75 平方千米扩大至 9.59 平方千米。2019 年，山东省政府办公厅先后公布 2 批化工重点监控点名单，其中青岛市中远佐敦船舶涂料（青岛）有限公司、索尔维精细化工添加剂（青岛）有限公司、青岛森麒麟轮胎股份有限公司、青岛瀚生生物科技股份有限公司、青岛奥迪斯生物科技有限公司 5 家企业获山东省重点监控点认定。

转型升级和扶持政策。2019 年，青岛市制定《青岛市支持化工产业安全生产转型升级政策实施细则》，设立专项资金，支持企业进行安全环保节能改造，购买安全环保方面的公众责任保险，经过区（市）初审、专家评审、现场核查、发票查验、项目查重、专题会议研究及社会公示等程序，确定拟奖补项目 45 个并列入 2020 年度财政预算。

投资项目建设。2019 年，青岛市两个省级化工园区在建化工项目 18 个，总投资额 346.6 亿元，全年完成投资 70 亿元。截至 2019 年年底，金能科技新材料与氢能源综合利用项目进入大型设备安装阶段，累计完成投资 37 亿元；青岛海湾化学股份有限公司 40 万吨/年聚氯乙烯项目土建完成 75%，累计完成投资 4.2 亿元。青岛海湾化学股份有限公司 24 万吨/年高端聚碳酸酯用双酚 A 项目、青岛伊克斯达再生资源有限公司废旧橡胶绿色生态循环利用智能化工厂项目、青岛南洋聚合新材料科技有限公司聚丙烯透明成核剂生产项目等一批项目于年内开工建设。

（六）纺织服装

2019 年，青岛市纺织服装产业主要包括纺织、服装服饰及鞋帽等行业，纺织服装业出口占比较大，产品销往美国、日本、韩国、欧盟、中东、东南亚等国家和地区，其中针织内衣居日本市场首位，主要产品为针织服装、梭织服装、男女西服、男女时装、婴童装及服装服饰配套等产品。青岛市纺织服装业建立起规模庞大、品类齐全的服装加工体系，在即墨区、胶州市形成市区以国际贸易为中心、郊区以制造和装备为两翼的产业格局，培育了即墨中国针织名城、中国制帽之乡等国家级特色产业基地。

产业体系层次持续提升。2019 年，青岛市作为国内传统的纺织产业基地，形成了针织、棉纺、印染、服装、鞋帽、化纤、纺机等较为齐全的产业体系。纺织服装推出恩玛秀丹、不裁、凤栖梧等一批知名女装品牌，贝多利、棉来啦等童装品牌，以及双星名人、天宇龙威等户外运动装。截至 2019 年年底，拥有中国名牌 6 个、中国驰名商标 11 件、山东省名牌 52 个、青岛市名牌 62 个，国家级企业技术中心 6 个、省级 5 个、市级 22 个。15 家企业被工业和信息化部和中国纺织工业联合会确定为重点跟踪培育服装、家纺自主品牌企业。即发集团有限公司、青岛酷特智能股份有限公司等企业列入国家级制造业单项冠军示范企业名单。青岛前丰国际帽艺股份有限公司被工业和信息化部评为第四批制造业单项冠军企业（产品）。全市帽子产量占全国产量的 35% 以上，蜡染面料占国际市场的 30% 以上，梳棉机、新型织机分别占全国销量的 75% 和 50%。

智能化产业链不断延伸。2019 年，青岛纺织服装业产业链与互联网、大数据、人工智能深度融合。青岛服装工业园企业发展有限公司通过引入大数据、物联网等技术，构建起大规模个性化定制生产模式，解决了用户个性化需求与工业大生产之间的矛盾。青岛酷特智能股份有限公司作为全球首家实现服装大规模个性化定制的企业，将其制造模式固化为解决方案，向其他企业输出，改造服装、鞋帽、机械、家居、化妆品等数十个行业的近 100 家企业。海尔集团公司的卡奥斯工业互联网平台（COSMOPlat）是行业内首个具有自主知识产权的中国版工业互联网平台，被确定为首家国家级工业互联网示范平台，复制到 20 余个国家、12 个行业，平台注册企业 390 余万家，服务全球 4 万余家企业。

创意转型全面提速。2019 年，面对传统产业发展遇到的成本上涨、环境约束和外需不振等问题，青岛市助推一批时尚创意园区借力转型。纺织谷、东方时尚中心、时裳汇、北服时尚产业园、中纺服装城、国际服装产业城在国内外业界的影响力和竞争力持续增强，集聚了 3000 余家各类中小微企业、研发机构、时装品牌，线上线下汇聚了 6000 余名国内外设计师及大量的专业买手。其中，由青岛国棉五厂原址改造的纺织谷、位于青岛古镇口军民融合创新示范区核心位置的东方时尚中心被工业和信息化部分别认定为第一、第二批纺织服装创意设计试点园区。投资 20 亿元的青岛时尚创意产业园 3 年内建成运营，20 余家国内外知名时尚企业签订入驻协议。

重点企业优势突出。2019 年，即发集团有限公司作为国内规模最大的针织品出口企业，拥有全国针织行业第一个国家级企业技术中心，万锭纱用人降到 30 人以下。青岛酷特智能股份有限公司在国内创建智能个性化规模定制模式，青岛环球服装股份有限公司、恒尼智造（青岛）科技有限公司、青岛雪达集团有限公司、青岛浩尔服饰有限公司等企业基本完成个性化智能升级改造。青岛前丰国际帽艺股份有限公司的再生纤维多功能帽、遇水显现三维立体图像帽和光伏太阳能帽各项技术指标达到国内领先水平。青岛凤凰东翔印染有限公司的主导产品彩色蜡纹印花布在国际市场占有率提升至35%；青岛海丽雅集团有限公司研发的"蛟龙"动力绳通过欧盟CE认证，产品质量达到国际水平。

产业集聚成效明显。近年来，青岛市培育了中国针织名城、中国童装名城、即墨蓝村中国制鞋基地、黄岛王台中国纺机名镇、胶州李哥庄中国制帽之乡等一批"国字号"特色产业基地。即墨区纺织服装2019年实现产值近200亿元，即墨纺织服装产业集聚区被认定为国家新型工业化产业示范基地。即墨区、青岛西海岸新区分别获评全国消费品工业"三品"战略示范城市，即墨纺织服装产业被工业和信息化部认定为第三批产业集群区域品牌建设试点。

时装周影响日益扩大。2019年，第19届中国（青岛）国际时装周举行，来自法国、意大利、日本、韩国等30余个国家和地区及国内的2000余名设计师到场发布作品，推出服装新品牌600余个，培育3名"中国十佳服装设计师"和一大批优秀设计人才，成功打造东方时尚中心、奥帆基地、纺织谷、即墨中纺服装城有机融合的青岛时尚产业带。连续获"中国会展经济突出贡献奖""中国会展之星"大奖等奖项。

（七）食品饮料

2019年，青岛市食品饮料产业有规模以上企业436家，主要包括农副产品加工业，食品制造业，酒、饮料和精制茶制造业。其中，农副食品加工业主要分布在青岛西海岸新区、即墨区、胶州市、平度市和莱西市，有规模以上企业306家；食品制造业主要分布在市北区、崂山区、青岛西海岸新区、即墨区、胶州市、平度市和莱西市，有规模以上企业116家；酒、饮料和精制茶制造业主要分布在市北区、崂山区、青岛西海岸新区、即墨区、胶州市、平度市和莱西市，有规模以上企业14家。2019年，食品饮料规模以上企业实现总产值增长1.9%，占全市工业总产值的11.5%；受国内外经济形势影响，出口交货值下降3.5%。其中，农副食品加工业的工业总产值增长3.3%（占全市工业总产值的7.14%），出口交货值下降0.9%；食品制造业的工业总产值下降8.2%（占全市工业总产值的2.44%），出口交货值下降12.4%；酒、饮料精制茶制造业的工业总产值增长11.9%（占全市工业总产值的1.92%），出口交货值增长6.7%。

产业政策促进产业集聚。2019年，青岛市出台《关于加快推进农业"新六产"发展的实施意见》和《关于加快培育发展农业产业化联合体的实施方案》，推动农产品加工业转型升级，促进产业融合发展。食品饮料产业发挥区域资源优势，立足原料产地建设园区，食品饮料加工业呈现集中、集聚、集群发展态势，初步形成平度莱西粮油加工区、即墨平度莱西畜产品加工区、胶州食品加工区、黄岛城阳海产品加工区等产业聚集区。胶州市胶东街道是中国最大的辣椒制品加工基地，莱西市被授予全国首家中国花生产业基地。

质量体系和创新体系逐步完善。2019年，青岛市食品饮料规模以上企业均建立质量安全体系和品牌管理体系，拥有国家级企业技术中心7家、省级企业技术中心9家、市级企业技术中心50家，拥有国家农产品加工示范基地2个、农业产业化国家重点龙头企业9家、省级重点龙头企业59家、市级重点龙头企业221家。青岛明月海藻集团有限公司"农业部海藻类肥料重点实验室"、青岛蔚蓝生物股份有限公司"农业农村部动物保健品工程技术重点实验室"获批，全市食品饮料重点实验室和研发中心达到46个，其中国家级4个、部级18个。

产业体系比较完善。2019年，青岛市食品饮料产业初步形成粮食、花生、蔬菜、果品、畜禽、乳品、饲料、水产品、焙烤食品、糖果及巧克力、方便食品、液体乳及乳制品、罐头制品、调味品及发酵制品等行业体系。青岛啤酒、崂山矿泉水、圣元乳粉、九联和六和的禽肉、康大兔肉、琅琊台白酒名扬海内外，青食饼干、灯塔酱油和米醋、鸡牌味精等传统"中华老字号"在业内享有盛誉。直接从事加工出口的企业1400余家，占食品饮料加工企业总数的43%，水产品、蔬菜、花生、鲜干水果及肉等出口量占出口总量的51.8%。

品牌价值不断提升。2019年，青岛啤酒在"中国500最具价值品牌"排行榜中以1637.72亿元的品牌价值列第22位，连续15年蝉联中国啤酒行业首位，成为国内第二大、世界第五大啤酒供应商，青岛啤酒股份有限公司旗下的崂山啤酒品牌价值327.09亿元（第178位）、青岛啤酒博物馆品牌价值150.65亿元（第337位）。圣元营养食品有限公司以76.43亿元列第452位。

供给侧结构性改革步伐加快。2019年，青岛市出台《2019年消费品工业"三品"专项行动计划》，在食品饮料产业开展产品品质和产品标准国际对标活动，青岛正大有限公司、山东即墨黄酒厂有限公司、青岛沃林蓝莓果业有限公司等18家企业获青岛市消费品工业"三品"（增品种、提品质、创品牌，下同）示范企业称号。组织召开全市消费品工业"三品"战略推进工作现场会。青岛玫瑰圣地农业综合开发有限公司等10家企业被评为山东省农业"新六产"（第一产的一份收入，经过第二产加工增值为两份收入，再通过第三产的营销服务形成三倍收益，综合起来是六份收入，产生乘数效应）示范主体。中国建材凯盛浩丰（莱西）智慧农业小镇、青岛西海岸新区中荷智慧农业产业园、山东小满循环农业、中国农机青岛研究院等项目签约落地。

（八）集成电路

2019年，青岛市发挥整机（系统）应用优势，以模拟集成电路、半导体功率器件、光通信芯片和模组、MEMS传感器为重点发展方向，初步形成了集成电路设计、制造、封装、装备、材料全产业链发展格局。截至2019年年底，全市有集成电路企业118家，其中设计类企业80家。

产业区域布局。以崂山区、即墨区、青岛西海岸新区为主要区域，初步形成了集成电路产业沿海带状空间布局。崂山区着力打造"青岛芯谷"，聚集以设计为主的集成电路企业40余家，建成中国科学院青岛EDA中心、先进封装技术创新平台、人才实训/培训平台等一批公共服务平台。即墨区以模拟集成电路为主要发展方向，规划建设青岛芯园半导体产业基地。青岛西海岸新区形成了以青岛海信宽带多媒体技术有限公司为主的半导体激光器芯片和光通信模块生产基地，布局发展集成电路制造、封测、材料全产业链生态，引进芯恩（青岛）集成电路制造等项目。青岛高新技术产业开发区集聚了青岛汉源微电子有限公司等10余家集成电路封测、半导体装备企业。莱西市规划打造第三代半导体产业化基地。

（九）人工智能

2019年，青岛市有人工智能骨干企业近100家，主要集中在与制造业的融合发展方面，在智能家居、智能交通、智能医疗、智能机器人、智能车间和智能硬件6个应用领域。在2019年新一代人工智能产业创新重点任务入围揭榜单位名单中，青岛海尔科技有限公司、歌尔智能科技有限公司、华夏天信智能物联股份有限公司、青岛中科曙光科技服务有限公司4家揭榜单位及中车青岛四方车辆研究所有限公司、青岛海尔工业智能研究院有限公司2家潜力单位入围，入围单位总数分别约占全国的3%和43%。

人工智能创新应用先导区建设。2019年，工业和信息化部批复支持山东省创建济南—青岛人工智能创新应用先导区，青岛市通过深化改革、制度创新和融通发展，加快推动人工智能技术突破，加速新技术、新产品的应用推广和产业化。联合华为技术有限公司、海尔集团公司、海信集团有限公司等首批15家人工智能"头部企业"，建设人工智能共同体，创建人工智能产业发展的"青岛模式"，在全国人工智能应用发展中进行引领性、创造性探索。

（十）医药制造

2019年，青岛市有规模以上医药、医疗器械企业47家，实现工业产值同比增长14.8%。

产品研发。2019年，青岛市出台《青岛市人民政府关于支持"蓝色药库"开发计划的实施意见》，鼓励企业与海洋药物研发机构开展研产合作，青岛海洋生物医药研究院与正大制药（青岛）有限公司、青岛黄海制药有限责任公司，自然资源部第一海洋研究所与青岛蓝谷药业有限公司合作开发海洋药物。

项目建设。2019年，山东省海洋药物制造业创新中心在青岛市成立。青岛中皓生物工程有限公司的脱细胞角膜植片、青岛九远医疗科技有限公司的不可吸收带线锚钉、青岛海信医疗设备股份有限公司的超声诊断仪获

批注册证书。阜丰集团生物制品基地、韩国U&I高端医疗器械、韩创生物中韩合资CRO、泰泽惠康生物医药有限责任公司蛋白质药物等项目落户青岛市。总投资额60亿元的山大中美科技产业园、25亿元的修正（青岛）海洋科技谷、2亿美元的青岛汉普森医疗手术机器人设备研发制造、15亿元的青岛黄海制药有限责任公司三期项目综合生产厂房等项目开工建设。

生产企业。2019年，青岛黄海制药有限责任公司等7家企业、32个品种全部进入药学研究或等效性评价阶段，1个品种过评。青岛百洋制药有限公司的渗透泵型二甲双胍缓释片出口美国，杰华生物技术（青岛）有限公司的抗病毒药物、青岛双鲸药业股份有限公司的系列维生素、青岛东海药业有限公司的微生态药物、青岛易邦生物工程有限公司的动物疫苗等产品实现增长20%以上。

（十一）新能源汽车

2019年，青岛市新能源汽车产业链初步形成。有整车生产企业4家、关键零部件生产企业7家，总产能48万辆，产品涵盖纯电动乘用车和商用车，包括纯电动轿车年产能8万辆、纯电动微型乘用车年产能10万辆、纯电动经济型乘用车年产能25万辆和纯电动卡车年产能5万辆，未来规划产能58万辆。受国家新能源汽车财政补贴政策退坡影响，2019年生产纯电动汽车2.97万辆，同比下降68%。

新能源汽车重点项目建成投产。2019年，青岛国轩电池有限公司二期投资20亿元年产能3吉瓦时磷酸铁锂电池项目建成投产。上汽通用五菱汽车股份有限公司青岛分公司技改项目投资10亿元年产能10万辆宝骏E200纯电动乘用车项目建成投产。北京新能源汽车股份有限公司青岛分公司二期投资23.5亿元年产能25万辆项目进展顺利，第一阶段年产能15万辆项目建成投产。力神（青岛）新能源有限公司一期投资15.7亿元年产能2吉瓦时磷酸铁锂电池项目正式投产。

引进重点龙头项目。2019年6月26日，青岛西海岸新区、山西美锦能源股份有限公司、青岛市工业和信息化局等三方签署建设美锦氢能生态科技园项目合作框架协议。该项目由山西美锦能源股份有限公司、广东国驰新能源汽车公司、广东鸿运高新技术投资有限公司等投资115亿元，建设新能源商用车整车生产项目、燃料电池动力系统生产线、燃料电池高性能电堆自动化生产线、加氢站运营平台、氢能产学研用科创中心、鸿基创能膜电极生产线等。

出台产业扶持政策。2019年9月，在2019青岛氢能产业高峰论坛上，青岛市政府发布《青岛市加快新能源汽车产业发展的若干政策措施》，提出推动青岛市新能源汽车产业发展、构建产业链完善和技术先进的新能源汽车产业体系的12条利好政策。政策体现个性化、精准化的产业政策特点，从整车、零部件、科技创新、产业集群、推广应用、产业生态6个纵向维度和引进与培育2个横向维度进行立体覆盖，并前瞻性提出燃料电

池和智能网联等热点领域政策支持。

（十二）机器人产业

2019年，青岛市制定支持机器人产业加快发展的政策措施，完善机器人产业发展环境，机器人产业初具规模，全市有机器人企业50余家，全年实现营业收入近40亿元。

机器人产业链较为完整。2019年，青岛市机器人产业链各类别均有涉猎。上有青岛盈可润传动科技有限公司、青岛德盛智能装备股份有限公司等机器人核心零部件和系统供应商，中有青岛科捷机器人有限公司、青岛宝佳自动化设备有限公司、青岛诺力达智能科技有限公司、青岛星华智能装备有限公司、青岛新松机器人自动化有限公司等本体制造商和系统集成商，下有青岛红树林科技有限公司等教育培训企业，产品涉及机器人本体、软件开发、系统集成、解决方案、关键部件等产业链各个环节，链上企业阶梯式分布，呈现有利竞争和引领格局。

科技创新能力较强。2019年，青岛市拥有以青岛宝佳自动化设备有限公司为依托的"国家级企业技术中心""智能装备工程研究中心"和"搬运机器人工程实验室"，青岛科捷机器人有限公司牵头组建的山东省机器人制造业创新中心加速推进，逐步完善法人治理结构，加快攻克一批共性关键技术。

"双招双引"不断突破。2019年，达阀科技有限公司、深圳市越疆科技股份有限公司、北京先行者先进教育科技有限公司等一批机器人新锐企业落户青岛。国际工业机器人"四大家族"ABB、发那科（FANUC）、安川、库卡均在青岛设立公司或代表处。

产业集聚发展。2019年，在青岛高新技术产业开发区设立的青岛国际机器人产业园集聚机器人企业20余家，青岛西海岸新区成为青岛机器人产业新的承载地。

（十三）绿色制造体系建设

绿色制造体系稳步构建。2019年，青岛市对标绿色制造体系建设评价标准，鼓励开发绿色设计产品，推动创建绿色工厂，加速构建绿色制造体系。青岛智动精工电子有限公司、青岛森麒麟轮胎股份有限公司和青岛琅琊台集团股份有限公司3家企业创建成为国家级绿色工厂；青岛海尔股份有限公司、青岛海信通信有限公司、青岛双星轮胎工业有限公司等7家企业的33个产品申报成为国家级绿色设计产品，入选国家第四批绿色制造名单。截至2019年年底，全市共有11家绿色工厂和109个绿色设计产品进入国家绿色制造名单，数量居全国同类城市首位。

重点示范项目建设有序推进。2019年，青岛市6个国家绿色制造系统集成项目建设进展顺利。其中，青岛海尔电冰箱有限公司的家电业绿色供应链系统构建项目和青岛特锐德电气股份有限公司的面向新能源汽车的电能替代绿色关键技术研究及应用项目验收评价结果获国家认可，分别获中央财政后补助资金；青岛海信电器股份有限公司的液晶电视绿色关键工艺创新集成及示范应用项目和青岛琅琊台集团股份有限公司的二十二碳六烯酸生产绿色关键工艺开发与系统集成项目按期完成项目建设内容，进入项目验收阶段；青岛海信通信有限公司的5G移动终端全产业链接绿色设计平台项目、青岛即发集团股份有限公司的无水染色工艺技术与装备绿色集成产业化示范项目建设推进顺利，中期评估结果良好。

资源综合利用工作取得新进展。2019年，青岛兆岭钢铁有限公司年加工150万吨废旧钢铁项目完成项目建设，正式投产运行，并顺利通过工业和信息化部对第七批废钢铁加工企业开展的现场核查；青岛伊克斯达智能装备有限公司成功研发出"热解炭黑深加工成套装备"，生产的裂解炭黑产品通过欧盟标准认证；青岛伊克斯达再生资源有限公司的废旧轮胎循环利用智能化工厂项目正式立项并启动；华电青岛发电有限公司、双星集团有限责任公司、青岛北苑环保建材有限公司、山东山水水泥集团有限公司青岛分公司、青岛兆岭钢铁有限公司5家企业获评山东省资源综合利用先进单位。

（十四）软件与信息技术服务业

产业发展。2019年，青岛市落实"高端制造业+人工智能"攻势，推进软件与信息技术服务业创新发展，助力新旧动能转换和制造业高质量发展，青岛获批全国第五个"中国软件特色名城"称号，青岛软件园获评五星级国家新型工业化产业示范基地。新培育市级领军、高成长性软件企业34家，新通过信息技术服务标准（ITSS）、软件能力成熟度模型集成（CMMI）评估企业349家。海尔集团公司、海信集团有限公司、中车青岛四方车辆研究所有限公司、青岛东软载波科技股份有限公司4家企业入选全国2019软件和信息技术服务业综合竞争力百强企业。青岛鼎信通讯股份有限公司、青岛东软载波科技股份有限公司、青岛海尔科技有限公司等企业多次入选国家规划布局内重点软件企业。开展信息消费试点示范工作，一凌网智慧医养服务平台、VR/AR未来生活体验中心2个项目入选国家2019年新型信息消费示范项目；海信HiCON交通信号控制系统等28个软件产品获评"2019年度中国优秀软件产品"。

载体建设。2019年，青岛市推进园区载体建设，引导产业集聚发展，国家（青岛）通信产业园、青岛信息谷、青岛软件科技城等"千万平米"软件产业园区新竣工33万平方米。创新举办2019年青岛国际软件融合创新博览会，以"ICT助力产业发展"为主题，紧扣国家战略和产业热点，展示面积达2万平方米，亚马逊公司、华为技术有限公司、海尔集团公司、海信集团有限公司、浪潮集团有限公司等315家中外企业参展，累计吸引专业观众达3万人次，达成意向金额7.5亿元。

（十五）5G基站

谋划5G产业发展。2018年12月13日，青岛市成立5G网络建设和应用推进工作领导小组，统筹全市5G网络建设和应用推进工作。2019年10月23日，青岛市政府发布实施《青岛市5G产业发展行动方案（2019—2022年）》，提出打造5G精品网络，以5G产业赋能为主攻方向，推进5G在青岛市各领域的深度整合和创新发展。建立通信设施建设工作联席会议制度，统筹协调通信设施建设与保护的重大事项，定期通报相关情况，抓好相关工作落实。

加快5G基站建设。2019年，青岛市各基础电信运营企业和基站铁塔建设企业持续加大投入，加快推进5G网络建设，截至2019年年底，全市5G建设累计投资23.6亿元。其中，铁塔公司投资6.1亿元用于基站铁塔建设，各基础电信运营企业投资17.5亿元用于5G基站建设。全市建设完成5G基站6900余处，实现青岛主城区、沿海风景区、各区（市）城区及部分重要功能区的连续覆盖，占全省5G基站的50%以上，5G基站开通数量列全国第七位。

推进5G试点示范和场景应用。2019年，青岛市组织企业申报山东省试点示范项目。2019年12月，山东省工业和信息化厅印发《山东省推进5G产业发展实施方案》，青岛市"5G基站测试仪产业化应用""5G超高清视频智能大数据平台""基于5G技术的橡胶轮胎行业工业互联网试点示范"等15个项目获批山东省首批5G产业试点企业及项目，项目总投资额达4.93亿元。

（十六）工业互联网

2019年，青岛市工业互联网工作贯彻落实《国务院关于深化制造业与互联网融合发展的指导意见》《国务院关于深化"互联网+先进制造业"发展工业互联网的指导意见》，注重顶层设计、完善政策体系、建立推进机制、选树标杆示范、培育产业生态，推进《青岛市互联网工业发展行动方案》《关于促进先进制造业加快发展的若干政策》等文件实施，以企业为主体、市场为导向，形成智能互联工厂、服装大规模个性化定制等工业互联网融合创新模式，培育软控股份有限公司、青岛元启智能机器人科技有限公司等工业互联网解决方案提供商，打造"卡奥斯COSMOPlat""酷特智能"等一批工业互联网平台，卡奥斯工业互联网平台（COSMOPlat）入选全国2019年跨行业跨领域工业互联网平台。

推进项目建设。2019年，青岛市引导服务商为重点企业做好个性化服务，开展2019年互联网工业"555"（培育5个全国领先、行业主导的互联网工业平台，打造50个智能工厂或互联工厂，建设500个自动化生产线或数字化车间。下同）项目认定工作。动态调整"555"项目库，入库企业项目493个，经区（市）工信主管部门审核推荐、第三方完整性审核，企业申报项目270余个，经专家评审等相关程序，100个项目符合互联网工业"555"认定条件。其中，智能（互联）工厂14个，数字化车间16个，自动化生产线70条。工业互联网成为青岛市产业转型升级的新途径、推动经济增长的新引擎、提升城市竞争力的新名片。

2020 年青岛市工业经济运行概况

2020 年，青岛市完成全部工业增加值 3268.4 亿元，占全市地区生产总值的 26.4%，全国、全省全部工业增加值占比分别为 1.0% 和 14.1%；增速为 2.8%，高于全国（2.4%）平均水平。2020 年年初，受新冠疫情影响，规模以上工业先是大幅下降，前 2 个月降幅达 19.3%。由于工业企业复工复产较快，此后工业增速逐月回升，7 月累计实现正增长，全年规模以上工业增加值增长 5.5%，高于全国（2.8%）、全省（5.0%）平均水平，居全国 15 个副省级城市第六位、山东省内城市第八位，比 2019 年提高 4.9 个百分点。

一、工业经济运行概况

（一）工业效益明显改善

2020 年，青岛市规模以上工业实现营业收入 9589.3 亿元，比 2019 年增长 4.2%，增幅高于全国（0.8%）、全省（2.4%）平均水平；实现利润 531.6 亿元，同比增长 12.4%，增幅高于全国（4.1%）平均水平；营业收入利润率为 5.54%。

（二）多数行业实现增长

2020 年，青岛市 35 个工业大类行业中，24 个行业实现增长，行业增长面达 68.6%；行业集中度相对较高，居前十位的行业实现增加值占规模以上工业的 70.1%，增速达 7.3%，拉动规模以上工业增长 5.1 个百分点。汽车制造业逆势增长 19.4%，对工业增长贡献率高达 40%；家电产业对工业增长贡献率超过 25%。营业收入超过 1000 亿元的行业有 2 个，分别是汽车制造业（1286.7 亿元）、电气机械和器材制造业（1022.9 亿元），超过 100 亿元的行业有 20 个（含超过 1000 亿元行业）。推进"高端制造业+人工智能"攻势，规模以上"7+N"（新一代信息技术、新能源汽车、生物医药、智能家电、轨道交通装备、智能制造装备、船舶海工装备 7 个新兴产业和纺织服装、食品饮料、高端化工等 N 个传统支柱产业）产业增加值增长 5.9%，占规模以上工业的 78.6%，贡献率达 85%。

（三）主要产品产量全国占比较高

2020 年，青岛市动车组产量 996 辆，占全国 48.4%；集装箱产量 1379.1 万立方米，占全国 14.0%；电冰箱产量 822 万台，占全国 9.1%；彩色电视机产量 1774.9 万台，占全国 9.0%；空调器产量 1478.3 万台，占全国 7.0%；轮胎产量 4563.3 万套，占全国 5.6%；汽车产量 120.02 万辆，占全国 4.9%，其中新能源汽车产量 12.9 万辆，占全国 8.9%。新产品产量增速较快，工业机器人产量增长 45%，工业仪表产量增长 25.4%，节能电冰箱产量增长 23%，智能电视产量增长 15.6%。

（四）相关指标持续增长

2020 年，青岛市规模以上工业出口交货值增长 1.2%，出口交货值占销售产值的 15.7%。工业用电量增长 3.6%，其中制造业用电量增长 5.4%。重点企业竞争力提升，有"世界 500 强"企业 1 家（青岛海尔股份有限公司），"中国 500 强"企业 2 家（海尔集团公司、海信集团有限公司），"中国制造业 500 强"企业 7 家。

（五）新旧动能转换积极推进

2020 年，青岛市工业投资增长 1.7%。其中，工业技术改造投资增长 13.7%，占工业投资的 40.6%。滚动推进 733 个重点技术改造项目，264 个竣工投产，制造业技术改造投资增长 15%。SEMI（国际半导体产业协会）、东华鲲鹏产业生态基地、一汽解放二期等一批项目签约落地，惠科 6 英寸晶圆半导体功率器件及第三代半导体项目、青岛歌尔科技产业项目、美锦氢能科技生态园、一汽解放新能源轻卡基地等一批项目加快建设或竣工投产。产业结构持续优化，规模以上战略性新兴制造业增加值增长 4.2%，占规模以上工业的 27.7%，对规模以上工业增长的贡献率达 21.3%。

（六）创新转型迈出坚实步伐

2020 年，青岛市出台工业互联网、机器人等产业政策，实施新一轮"青岛金花"企业培育行动和企业技术创新工程。新增国家技术创新示范企业 5 家（累计 15 家，居山东省首位）；新增省级工业设计中心 9 家（累计 17 家），省级制造业创新中心 5 家（占全省 1/3）。新增国家制造业单项冠军示范企业 2 家（累计 17 家），新增省级认定首台（套）技术装备 29 项（累计 149 项）。启用青岛企业家学院，获评国家技能大师工作站 1 个，累计入选山东省泰山产业领军人才 19 人。智能家电、轨道交通装备产业集群入选国家先进制造业集群培育对象，青岛家电及电子信息示范基地连续 3 年获评五星级国家新型工业化产业示范基地。

（七）"两化融合"成效明显

2020 年，青岛市再度获批工业互联网国家示范区。举办世界工业互联网产业大会、中国机器人产业发展大会，成立"中国工业互联网百人会"，发布"工业赋能"和"未来城市"场景 1500 个，累计建成 5G 基站 1.5 万个，移动 5GNSA 网络测评居全国首位。全市两化融合（信息化和工业化的高层次的深度结合）发展指数达到 83。海尔卡奥斯工业互联网平台（GoSMOPlat）链接企业 70 万家，居全国十大"双跨"平台首位、"中国工业大奖"项目类首位。新认定智能工厂、数字化车间和自动化生产线项目 101 个（累计 351 个）。通过工业互联网改造，企业创新活力增强，效益提升。

二、主要行业运行情况

（一）轨道交通装备

2020年，青岛市轨道交通装备规模以上企业达到87家，实现工业增加值占全市规模以上工业企业增加值的7.6%，比2019年下降6.5%。全年生产动车组996列，同比下降9.3%；生产城轨车辆1836辆，同比增长3.7%。由于国家高铁发展战略宏观调控，高铁市场需求逐步趋向饱和，城轨市场随着城市的发展需求量不断扩大，成为拉动产业增长的主要因素。整车企业产值和利润呈下滑态势；配套企业发展稳步增长，在巩固既有市场的基础上，新产品逐步打开市场，实现牵引、制动等核心配套产品在城轨市场占有规模的进一步增加。

产业规模国内领先。2020年，青岛市轨道交通产业形成产业规模较大、技术创新能力国际领先、产业集聚效应明显、在全国乃至全世界具有明显优势的产业体系。全市规模以上整车企业达3家，规模以上零部件配套企业达84家，规模以下配套企业255家。产品种类以乘用车为主，兼顾工程、维修车辆。截至2020年年底，青岛高速动车组整车约占全国50%的份额，城轨地铁车辆占全国20%的份额。

产业园区建设进一步完善。2020年，青岛市轨道交通产业集群重点布局青岛轨道交通产业示范区、青岛（即墨）轨道交通产业园2个园区。轨道交通产业示范区集聚中车青岛四方机车车辆股份有限公司、中车四方车辆有限公司、青岛四方阿尔斯通铁路运输设备有限公司3家主机企业及配套企业200余家，产业集聚度达70%以上，轨道交通全产业链产值（城阳区范围）突破1000亿元。青岛（即墨）轨道交通产业园是青岛市车辆制动系统、牵引系统和下游车辆运维等产业板块的承接区域，可以缓解轨道交通产业示范区的承载压力，为产业发展预留发展空间。

产业智能制造水平国内领先。2020年，中车青岛四方机车车辆股份有限公司成为国家智能制造试点示范企业，基于大数据云平台的轨道交通装备远程运维服务新模式应用等10个项目获国家智能制造专项资金支持。中车青岛四方机车车辆股份有限公司、中车青岛四方车辆研究所有限公司获评山东省智能制造标杆企业。

科技创新体系较为完善。2020年，青岛市建成包括工程技术研究中心、工程实验室、国家级技术中心、博士后科研工作站、院士工作站等在内的各类创新平台。建成中国首个国家技术创新中心——国家高速列车技术创新中心，国家级研发平台13个，其中国家高速列车技术创新中心1个、国家级企业技术中心3个、高速列车系统集成国家工程实验室1个、国家高速列车总成工程技术研究中心1个、国家级工业设计中心4个、国家级轨道车辆技术中心2个、国家级车辆检验站1个。

产业集聚国内优势明显。2020年，青岛市发挥本地产业集群优势，推动产业进一步集聚。产业集群先后入

围山东省先进制造业"雁阵型"集群和山东省特色优势产业集群。支持青岛市轨道交通装备产业协会牵头组织青岛轨道交通装备产业内企业组群参加国家先进制造业集群竞赛，2021年1月16日完成决赛答辩。

省内轨道交通装备产业市场开拓。2020年，青岛市开拓轨道交通装备产业省内市场，针对省内各市规划报建的轨道交通发展情况，帮助中车青岛四方机车车辆股份有限公司的跨座式单轨，中车青岛四方车辆研究所有限公司的牵引、制动、网络控制及信号系统等新产品拓展市场，打造山东省内"地产地用"新模式。

（二）汽车制造

2020年，青岛市汽车产业拥有规模以上企业201家，其中整车企业4家、改装车企业28家。汽车整车总产能125万辆（含新能源汽车产能48万辆），其中轿车55万辆、交叉型乘用车和运动型多用途汽车55万辆、轻中重型载货车15万辆。全年全市共生产整车120.02万辆，比2019年增长4.7%；实现整车产值1017.74亿元，同比增长10.66%。其中，新能源汽车整车12.9万辆，创历史最高纪录，实现整车产值约45.57亿元。

重点项目建设。2020年，青岛市推进美锦氢能科技产业园项目建设。氢燃料电池整车项目先期租用原上汽清洁客车厂区进行设备改造；后期在泊里镇自建40万平方米整车项目用地，于2020年8月开工建设。青特集团有限公司投资2.3亿元的新能源商用车动力总成技术开发产业化项目完成通用设备部分安装调试，试验设备准备签署采购合同。北京汽车制造厂（青岛）有限公司整车制造总部基地项目一期总投资额120亿元，占地面积73万平方米，厂区内规划建设冲压车间、焊装车间、涂装车间、总装车间、改装车间、研发试验中心、动力中心等，总建筑面积36.4万平方米；设计年产20万辆乘用车、货车、客车、改装车（含传统车和新能源车）等；2020年6月开工建设，计划2021年8月竣工。北京汽车制造厂（青岛）有限公司年产70万套发动机项目投资额5亿元，建设内容有1.6L/1.8L/2.0L/1.5T/2.0T发动机产线，增程式0.6L/1.6L/1.8L发动机产线，新能源电机、电控产线，发动机热试产线，环保系统、MES信息化系统等；项目于2020年7月开工建设，计划2021年10月竣工。一汽解放新能源轻卡基地项目总投资额32亿元，主要从事新能源及燃油轻型卡车生产，规划占地面积53万平方米，2020年10月16日开工建设，计划2021年年底竣工。

引进重点项目。2020年，一汽解放新能源轻卡基地项目于2020年6月2日签约，规划占地面积53万平方米，主要从事新能源及燃油轻型卡车生产，总投资额32亿元，达产后年产量可达10万台，实现产值超过100亿元。北京汽车制造厂（青岛）有限公司整车制造总部基地项目于2020年6月签约，计划总投资额150亿元，包含研发试验、发动机制造、冲压、焊装、涂装、总装的汽车制造全产业链。

开展新能源汽车下乡活动。2020年7月24日，由工业和信息化部、农业农村部、商务部联合举办，中国汽车工业协会主办的新能源汽车下乡活动全国启动仪式在青岛西海岸新区举行。启动仪式当天，12家车企、1家充电运营企业参与活动，展出下乡车型超过40款，接待现场参观咨询1.2万余人次，现场成交104台，达成购车意向530余台。启动仪式后，青岛市持续开展系列新能源汽车下乡下沉活动。联合各区（市）开展"援企助销—政企联动新能源汽车推广展销"活动，2020年7—9月，19家新能源车企80余款车型参与，先后在各区（市）举办9场产品展示、推广介绍、试乘试驾活动，接待参观咨询4万余人次，现场成交600余台，达成购车意向3300余台。

（三）船舶产业与海工装备

高技术船舶制造。2020年，青岛市船舶制造及配套设备生产规模以上企业达30家，交付各类大型船舶12艘（32.5万吨矿砂船7艘、6.4万吨木屑船1艘、8.6万吨散货船3艘、2200车位内贸滚装船1艘）。青岛北海船舶重工有限责任公司生产的超大型矿砂船和大型散货船在业内具有较强的竞争优势，40万吨矿砂船、18万吨和21万吨散货船成为品牌产品，超大型矿砂船业绩稳居全球第一位。中国船舶重工集团柴油机有限公司（现用名：中船发动机有限公司）的产品质量和公司品牌获得市场的好评与认可，2020年度生产任务达240万马力（1马力=735.499瓦），占船舶低速柴油机市场份额达35%。青岛双瑞海洋环境工程股份有限公司入选山东省2020年"十强"产业高质量发展企业榜单，其生产的船舶压载水管理系统市场占有率居世界前列，自主研发的船用LNG供气系统取得突破。青岛造船厂推进产品结构调整，2020年5月开工建造中国首艘具有智能航行能力的集装箱运输商船，11月获得中型集装箱商船建造批量订单。中国船舶重工集团柴油机有限公司开发的双燃料柴油机、脱硫脱硝一体化减排装置等环保产品，新一代绿色环保船用低速智能柴油机市场前景良好。

海工装备。2020年，青岛市把"双招双引"、项目建设作为贯彻落实海洋强省决策部署的重要抓手，打好"海洋攻势"和"高端制造业+人工智能"攻势，全市海洋工程装备产业总体生产呈稳定运行态势。海洋石油工程（青岛）有限公司推进海工制造总承包能力建设，交付中国最大作业水深浮式生产储卸油装置（FPSO）"海洋石油119"、全球首座10万吨级深水半潜式生产储油平台陵水17-2项目；青岛北海船舶重工有限责任公司承建的全球首艘10万吨级智慧渔业大型养殖工船开工建造；中国石油集团海洋工程（青岛）有限公司承接建造协鑫如东和烟台南4号等多个海上风电项目；青岛武船麦克德莫特海洋工程有限公司交付重量达3.2万吨的世界最大乙二醇模块化项目，在场建设俄罗斯北极2液化天然气模块项目；中国石油大学（华东）牵头建设的海洋物探与勘探设备国家工程实验室通过验收；由中国海洋大学牵头申报的海工装备基础科学中心获批实施；由62家国字号科研机构、中央企业、上市公司和行业领军企业组成的青岛海洋能源融合发展产业联盟成立，打造现代化"海上风电+"融合产业集群。

（四）机械装备

2020年，青岛市机械装备行业拥有规模以上企业1098家；实现营业收入2483亿元，比2019年增长8.2%。其中，金属制品业287家，营业收入425亿元，同比增长11.26%；通用设备制造业321家，营业收入542亿元，同比增长10.75%；专用设备制造业255家，营业收入380亿元，同比增长6.39%；电气机械及器材制造业175家，营业收入1023亿元，同比增长6.63%；仪器仪表制造业60家，营业收入113亿元，同比增长6.68%。

重点行业企业竞争力增强。2020年，青岛市一批机械企业成为国内外竞争优势企业。青岛汉缆股份有限公司、青岛特锐德电气股份有限公司入选山东省"十强"产业集群领军企业库。电力装备产业链有青岛汉缆股份有限公司、青岛特锐德电气股份有限公司、青岛东方铁塔股份有限公司、青岛益和电气集团股份有限公司等上市公司，尼得科电机（青岛）有限公司、青岛东软载波科技股份有限公司、青岛乾程科技股份有限公司等细分领域知名企业及青岛德铸特钢有限公司、青岛捷能汽轮机集团股份有限公司、青岛青力环保设备有限公司等行业重点企业支撑，集群高压超高压电力电缆、高压矿用电缆、海底电缆、充电终端、交流小功率同步电动机、电力线载波通信设施等多款产品销量居国内市场首位，全年集群产业实现营业收入621亿元，同比增长7.9%，吸纳就业人口数10万人，同比增长7.5%。软控股份有限公司橡胶机械产品销售收入连续多年居全球同行业前三位、全国第一位，入选国家智能制造系统解决方案供应商、山东省智能制造标杆企业，实施全球首个轮胎智能制造工厂"交钥匙"工程。海克斯康测量技术（青岛）有限公司是全球最大三坐标测量仪器制造商，提供完善的几何计量专业产品和技术，主要在研发设计、模具装备、过程控制、在线测量及工程测量等领域发挥作用。青岛海纳特钢有限公司是中国铸造行业清洁生产、绿色铸造的样板工厂，旨在打造信息化技术应用的示范工程。

企业创新创意发展步伐加快。2020年，青岛市推动企业技术中心、工程技术实验室等创新研发平台建设，以青岛科捷机器人有限公司和青岛三迪时空有限公司为牵头单位，组建的机器人、增材制造（3D打印）2个省级制造业创新中心加快关键共性技术攻关。支持机械装备重点行业龙头企业实施创新创意发展。青岛德盛机械制造有限公司制订创意发展方案，打造世界级高精密轴类产品供应商，产品出口到世界30余个国家和地区，与国内外80余家企业建立全面战略合作关系。青岛武晓集团股份有限公司开展产学研合作，研发智能自行式高空作业设备，采用蓄电池动力，开发先进的智能化交流驱动技术，无污染、零排放、无噪音，居国内领先水平。青岛雷沃工程机械有限公司工程实施全流程智能施工（ICT）项目，围绕"施工"环节智能化，综合运用人工智能、大数据、云计算、5G等技术，实现半自动施工、远程遥控、人工智能（AI）技术等技术的突破，开发智能化挖掘机产品，实现产业化。青岛科捷机器人有限公司为橡胶轮胎、3C（电脑、通信、消费电子）行业、木工、汽车等领域打造智能工厂，加快向远程运维等智能制造新模式转化；青岛三利集团有限公司加快高档次智能无负压分质给水设备研发，加强企业技术创新能力。

高端装备新产品不断涌现。2020年，青岛市依托首台（套）重大技术装备保险补偿和奖励政策，支持成套重大技术装备研发。新增山东省智能制造标杆企业2家，新增首台（套）技术装备29个，39件装备产品入选"2020年山东创新工业产品目录"。飞马滨（青岛）智能科技有限公司自主研发的水下智能清洗机器人在青岛港正式投入商用，具有高效、安全、节能、环保、可视的五大优势，清洗效率是人工清理效率的40倍。青岛九合重工机械有限公司国内首发的四桥62米混凝土输送泵车属于中小型臂架泵车，在泵送管理系统、IFM电控系统、臂架及支腿液压系统方面实施产品创新。青岛汉缆股份有限公司承担的"3000米以下深海采油装备配套"省科技重大专项通过验收，为北京冬季奥运会提供的220千伏、110千伏及35千伏电缆实现交付。青岛华仕达机器股份有限公司转产熔喷布生产线，为防疫物资生产提供新型技术装备。青岛罗元机械有限公司研发生产医用防护服压条机110台，完成生产调拨任务。

产业集聚布局规划初步完成。2020年，青岛市培育打造青岛国家高新技术产业开发区、智能装备产业集聚区，加快建设莱西市华通高新装备产业园。做大做强在青岛西海岸新区、胶州市、即墨区、平度市等的机械装备制造产业园区，引导本地企业和项目、技术、资金、人才等资源向园区集中，促进产业集聚和规模发展，形成不同特色、各有专长的重要研发制造基地。在青岛高新技术产业开发区打造国家机器人高新技术产业化基地，集聚30余家机器人产业链企业，成为中国北方重要的机器人产业区域。

（五）家电电子

2020年，青岛市聚力发起"高端制造业+人工智能"攻势，推动传统家电制造业向高端化、智能化、集群化转型。家电制造业逆势增长，累计完成工业增加值比2019年增长17.2%，高于全市规模以上工业增加值11.7个百分点。全市家电电子主要产品产量全部增长，共生产电冰箱822万台、电冰柜725.1万台、空调1478.3万台、洗衣机575.4万台、电视机1774.9万台、光电子器件4799.5万只、电子元件262.4亿只，同比分别增长23%、8.9%、10%、54.9%、15.3%、20.5%和11.3%，呈现稳中有进的良好发展态势。

品牌持续占据市场主导地位。2020年，海尔集团公司连续12年居全球大型家用电器品牌零售量首位，海尔品牌冰箱、洗衣机、酒柜、冷柜零售量分别连续13年、12年、11年和10年居全球首位，全球影响力不断提升；海信电视连续17年居行业国内市场份额首位；澳柯玛冷柜产品连续多年居国内同类产品产销量首位；海尔集团公司、海信集团有限公司分别居2020年度电子信息竞争力百强企业第三位和第八位。

产业链补链强链取得突破。2020年，青岛市突破引进家电电子产业龙头制造项目，青岛惠科微电子有限公司六英寸晶圆半导体功率器件项目竣工投产，标志着分立器件芯片制造在省内实现零的突破；歌尔股份有限公司集成式智能传感器、富士康科技集团高端封测、青岛瀚海半导体有限公司第三代半导体材料等一批项目开工建设。征集发布首批33家芯片企业能力清单和14家应用企业的需求清单，推动产业链上下游精准对接。截至2020年年底，全市集成电路企业发展到125家，比2016年增长6倍多。

先进智造模式探索走在前列。2020年，青岛市依托海尔卡奥斯工业互联网平台，搭建家电等领域工业互联网平台。海尔中德智慧园区获全球唯一德国工业4.0奖，中央空调互联工厂等3家工厂通过智能制造能力成熟度4级认证，中央空调互联工厂获评国家智能制造标杆企业，成为国家智能制造标杆唯一入选两家工厂的企业。

智慧家居生态持续拓展升级。2020年，海尔集团公司推出全场景定制化智慧成套方案，海尔智家UhomeOS 3.0服务家庭1.83亿户，在线网器数2715万台，包括智慧厨房、智慧阳台等12个空间场景，衣联网、食联网、空气网、水联网等生态品牌的生态方达1万余家；海信聚好联平台推出2.0版，接入120余个品类数十个品牌的人工智能物联网（AIoT）设备，累计接入设备近1000万台；澳柯玛ICM智慧冷链平台接入终端制冷设备近50万台。

资源集聚协同创新成果凸显。2020年，青岛市推动智能家电研发协同创新平台建设，海尔高端智能家电、歌尔虚拟现实2个省级制造业创新中心申报国家级制造业创新中心；海信超高清视频制造业创新中心入选山东省制造业创新中心培育名单。实施智能家电先进制造业集群培育计划，智能家电集群入选首批山东省"十强"产业"雁阵形"集群库培育名单，通过国家先进制造业集群竞赛初赛，居新型显示和智能家电分组第一名。

（六）化工

2020年，青岛市化工行业拥有规模以上企业451家；实现主营业务收入1365亿元，比2019年下降6%，占全市的14.2%；完成原油加工量1340.1万吨，同比增长11.7%；生产轮胎4563.3万套，同比增长4.3%。出台《青岛市高端化工产业发展专项规划（2018—2022年）》，明确青岛市高端化工产业发展的主要方向是提升发展石油化工产业、高起点发展化工新材料产业、优化发展橡胶轮胎产业、择优发展精细化学品产业、培育发展新能源化工产业。

推动产业集聚发展。2020年，青岛市通过支持化工企业向化工园区搬迁，关闭退出化工园区外不符合安全、环保要求的企业等措施，全市保留化工企业374家，入园企业224家，进入2个化工园区和重点监控点企业53家，化工企业入园率为23.7%。

优化产业布局。2020年，青岛市形成以青岛董家口、平度市新河2个化工园区为核心，平度市明村和莱西市姜山2个橡胶产业集聚区及青岛森麒麟轮胎股份有限公司、青岛瀚生生物科技股份有限公司、中远佐敦船舶涂料（青岛）有限公司、索尔维精细化工添加剂（青岛）有限公司、青岛奥迪斯生物科技股份有限公司5个重点监控点为扩展的"2+2+5"产业格局，形成高端化工产业集群效应。

加强土地集约利用。2020年，青岛董家口化工园区盘活化工园区闲置土地，优化存量空间。引导青岛惠城环保科技集团股份有限公司回购阳煤集团青岛恒源化工有限公司8.3万平方米用地，建设4万吨/年FCC催化剂项目；引进德聚橡胶、黄海环保项目；引进密封件项目，盘活23.8万平方米闲置土地，新增项目投资额10.56亿元。

加快投资项目建设。2020年，青岛市调度在建化工重点项目25个，总投资额370亿元。全年完成投资额100亿元，竣工项目4个。加大"双招双引"力度，促成德国赢创集团大中华区负责人到青岛与2家化工园区深入对接。组织化工园区参加数场高规格会议，结合优势资源制作个性化宣传推介材料。

加强重点产业链规划。2020年，青岛市规划橡胶轮胎产业和轻烃深加工产业两条产业链。橡胶轮胎产业重点在青岛西海岸新区、即墨区、平度市、莱西市布局，重点发展高性能工程子午线轮胎、无内胎载重子午线轮胎、高性能轿车子午线轮胎、扁平化大轮毂及航空轮胎等高端轮胎，打造"橡链云"工业互联网平台，以及国内重要的高端轮胎生产基地；轻烃深加工产业重点在青岛董家口化工产业园布局，加快化工新材料技术研发与产业化，加大乙烯、丙烯等原料供给，打造国内一流的高端化工产业集群。

推动产业转型升级。2020年，青岛市对全市852家化工企业，实施"三个一批"（淘汰一批、优化一批、扶持一批）分类处置，其中发展壮大企业67家、改造升级307家、关闭退出478家。严格执行《山东省化工投资项目管理规定》，确保须入园项目全部落户化工园区。制订印发《青岛市化肥轮胎氯碱行业高质量发展推进方案》，组织斜交胎产能退出，完成21家企业退出斜交胎产能405.9万标准胎，保留13家斜交胎生产企业年产能900万标准胎。

加强政策引导。2020年，青岛市作为山东省第一个出台财政政策支持化工产业转型升级的城市，按照《青岛市支持化工产业安全生产转型升级政策实施细则》，拨付上一年度确定奖补45家企业的奖补资金2540万元，支持企业在安全、环保、节能等方面的投入。

（七）纺织服装

2020年，青岛市纺织服装产业主要包括纺织、服装服饰及鞋帽等行业。纺织服装业出口占比较大，产品远销美国、日本、韩国、欧盟、中东、东南亚等国家和地区，其中针织内衣稳居日本市场首位，主要产品为针织服装、梭织服装、男女西服、男女时装、婴童装及服装服饰配套等。青岛市纺织服装业建立起规模庞大、品类齐全的服装加工体系，在即墨区、胶州市形成市区以国际贸易为中心、郊区以制造和装备为两翼的产业格局，培育了即墨中国针织名城、胶州李哥庄中国制帽之乡等国家级特色产业基地。

产业体系层次持续提升。2020年，青岛市形成针织、棉纺、印染、服装、鞋帽、化纤、纺机等品类较为齐全的产业体系。纺织服装推出恩玛秀丹、不裁、凤栖梧等一批知名女装品牌，贝多利、棉来啦等童装品牌，以及双星名人、天宇龙威等户外运动装。18家企业被工业和信息化部和中国纺织工业联合会确定为重点跟踪培育服装、家纺自主品牌企业。即发集团有限公司、青岛酷特智能股份有限公司等企业列入国家制造业单项冠军示范企业。青岛前丰国际帽艺股份有限公司被评为第四批制造业单项冠军企业。全市帽子产量占全国的35%以上，蜡染面料占国际市场的30%以上，梳棉机、新型织机分别占全国销量的75%和50%。

智能化产业链不断延伸。2020年，青岛纺织服装业以智能制造为主攻方向，产业链与互联网、大数据、人工智能深度融合。青岛纺织服装企业通过引入大数据、物联网等技术，构建起大规模个性化定制生产模式，解决用户个性化需求与工业大生产之间的矛盾。青岛酷特智能股份有限公司作为全球首家实现服装大规模个性化定制的企业，将其制造模式固化为解决方案，向其他企业输出，已改造服装、鞋帽、机械、家居、化妆品等数十个行业的100余家企业。海尔集团公司的卡奥斯工业互联网平台是行业内首个具有自主知识产权的中国版工业互联网平台，被确定为全国首家国家级工业互联网示范平台，服务赋能300余家纺织服装企业。

创意转型全面提速。2020年，青岛市加大对纺织服装产业转型时尚创意的扶持力度。纺织谷、东方时尚中心、时裳汇、北服时尚产业园、中纺服装城、国际服装产业城等在国内外业界的影响力和竞争力持续增强，集聚3000余家各类中小微企业、研发机构、时装品牌，线上线下汇聚1万余名设计师。纺织谷、东方时尚中心被工业和信息化部评为国家纺织服装创意设计试点园区。投资额20亿元的青岛时尚创意产业园加快建设，20余家国内外知名时尚企业签订入驻协议。

重点企业优势突出。2020年，即发集团有限公司作为国内规模最大的针织品出口企业，有全国针织行业第一个国家级企业技术中心，万锭纱用人降到30人以下；青岛酷特智能股份有限公司主板上市，在国内率先创建智能个性化规模定制模式；青岛环球服装股份有限公司、恒尼智造（青岛）科技有限公司、青岛雪达集团有限公司、青岛浩尔服饰有限公司等企业基本完成个性化智能升级改造；青岛前丰国际帽艺有限公司的再生纤维多功能帽、遇水显现三维立体图像帽和光伏太阳能帽等各项技术指标达到国内领先水平；青岛凤凰东翔印染有限公司的主导产品彩色蜡纹印花布在国际市场占有率提升至35%；青岛海丽雅集团有限公司研发的"蛟龙"动力绳通过欧盟CE认证，产品质量达到国际水平。

产业集聚成效明显。2020年，青岛市依托纺织服装、纺机、鞋帽三大特色产业，培育中国针织名城、中国童装名城、即墨蓝村中国制鞋基地、青岛西海岸新区王台中国纺机名镇、胶州李哥庄中国制帽之乡等一批国字号特色产业基地。即墨区纺织服装业实现产值超过200亿元，即墨纺织服装产业集聚区被认定为国家新型工业化产业示范基地。即墨区、青岛西海岸新区、莱西市分别获评全国消费品工业"三品"战略示范城市，即墨纺织服装业被工业和信息化部认定为产业集群区域品牌建设试点。

时装周影响日益扩大。2020年，青岛市举办第20届中国（青岛）国际时装周，来自法国、意大利、日本、韩国等60余个国家和地区及国内的3000余名设计师到青岛发布作品，推出服装新品牌600余个，培育3名"中国十佳服装设计师"和一大批优秀设计人才，打造东方时尚中心、纺织谷、即墨中纺服装城有机融合的青岛时尚产业带。中国（青岛）国际时装周连续获"中国会展经济突出贡献奖""中国会展之星"大奖等奖项。

（八）食品饮料

2020年，青岛市食品饮料产业有规模以上企业440家，实现营业收入1311.87亿元、利润总额36.46亿元，工业增加值比2019年增长3.5%，占全市规模以上工业增加值的9.4%。其中，农副食品加工业拥有规模以上企业304家；营业收入829.01亿元，同比增长9.1%；利润总额9.28亿元，同比下降8.9%；工业增加值累计同比增长2.3%，占全市规模以上工业增加值的4.45%。食品制造业有规模以上企业123家；营业收入236.79亿元，同比增长6.8%；利润总额13.78亿元，同比增长1.7%；工业增加值累计增长3.2%，占全市规模以上工业增加值的2.28%。酒、饮料和精制茶制造业有规模以上企业13家；营业收入246.07亿元，同比下降1.5%；利润总额13.4亿元，同比增长9.1%；工业增加值累计同比增长4.7%，占全市规模以上工业增加值的2.35%。

营造良好环境。2020年，青岛市印发《关于推动传统产业高质量发展的意见》（青政发〔2020〕12号），从推动全产业链工业互联网赋能、强化企业创新研发能力、提升企业市场营销能力、提升产业集聚发展水平、高效配置要素资源5个方面，推动包括食品制造在内的7个传统产业做强做大、提质增效。召开《关于推动传统产业高质量发展的意见》新闻发布会，调度各区（市）落实进展情况。

鼓励技术创新。2020年，青岛市通过落实奖补政策鼓励支持企业创建各级各类创新平台、加大技术创新体系建设。全市食品工业规模以上企业均建立质量安全体系和品牌管理体系，有国家级企业技术中心5家、省级企业技术中心17家、市级企业技术中心61家，有国家农产品加工示范基地2个、农业产业化国家重点龙头企业9家、省级重点龙头企业59家、市级重点龙头企业221家。全市食品饮料重点实验室和研发中心达到46个，其中国家级4个、部级18个。

完善产业布局。2020年，青岛市发挥区域资源优势，精准定位产业集聚区，推动生产要素集中供给，促进产业融合发展，食品饮料加工业呈集中、集聚、集群发展态势，初步形成平度莱西粮油加工区、即墨平度莱西畜产品加工区、胶州食品加工区、黄岛城阳海产品加工区等产业聚集区。推动莱西沽河食品产业集聚区定好发展方向、加强招商引资，实现规范化发展。

优化品牌价值。2020年，青岛市鼓励企业融合发展，提升品牌价值。"青岛啤酒"在"中国500最具价值品牌"排行榜中以1792.85亿元的品牌价值名列第22位，连续16年蝉联中国啤酒行业首位，青岛啤酒股份有限公司旗下的"崂山啤酒"品牌价值402.18亿元（第175位），"崂山矿泉水"品牌价值353.75亿元（第182位）、"青岛啤酒博物馆"品牌价值201.75亿元（316位）、"华东葡萄酒"品牌价值85.52亿元（457位）、"王子"品牌价值38.62亿元（493位）。

推动市场开拓。2020年，青岛市开展"援企助销"活动，在青岛新闻网进行"援企助销"直播带货推介本地优质产品。举办第十七届中国（青岛）国际食品博览会。青岛市工业和信息化局加强食品生产企业诚信体系建设，组织50家食品工业企业开展诚信管理体系培训，指导企业加强安全生产和冷链食品新冠疫情防控意识，确保食品加工产业链安全、稳定生产。

（九）新一代信息技术

2020年，青岛市推进制造业和互联网融合创新发展，支持海尔集团公司、海信集团有限公司等企业搭建工业互联网平台，融合工业软件、工业机理和资源，形成涵盖系统解决方案、集成电路设计与制造、新一代网络设备、工业软件、工控系统与传感器、安全设备与产品等领域的完整产业链。

产业发展。2020年，青岛市半导体尤其是集成电路产业呈高端突破、集聚发展态势，集成电路制造在省内实现零的突破。青岛市获评全国第5个中国软件特色名城，发布3批新冠疫情防控软件产品及解决方案参考目录。全市完成软件业务收入2388.2亿元，比2019年增长12.3%。出台世界工业互联网之都规划方案、三年攻坚方案和产业政策，发布"工业赋能"场景和"未来城市"场景 1500 个，征集工业互联网改造需求项目 3380 个。编制完成《青岛市 5G 移动基站设施专项规划（2020—2035 年）》，发布实施 2020 年 5G 基础设施规划建设实施方案，累计建成 5G 基站配套设施超过 1.5 万处。入选 2020 年大数据产业发展试点示范项目数量居全省首位。举办第五届世界工业互联网产业大会、中国智能传感器产业大会暨第三届先进材料前沿学术会议，推动华为技术有限公司、科大讯飞股份有限公司等头部企业成立人工智能产业共同体。

（十）新能源汽车

截至 2020 年年底，青岛市有新能源整车生产企业 4 家、关键零部件生产企业 7 家，总产能达到 48 万辆，产品涵盖纯电动乘用车和商用车，包括纯电动轿车年产能 8 万辆、纯电动微型乘用车年产能 10 万辆、纯电动经济型乘用车年产能 25 万辆和纯电动卡车年产能 5 万辆，未来规划产能 58 万辆。2020 年，青岛市生产新能源汽车整车 12.9 万辆，实现整车产值 45.57 亿元。

援企助销。2020 年，青岛市创新品牌推广模式，采取争取国家推广平台支持、线上直播带货、车企面对面广播推广、增加新闻曝光率等举措，帮助青岛市企业树品牌、拓市场。举办新能源汽车下乡启动仪式。组织网约车平台企业及行业协会与一汽-大众汽车有限公司、北京新能源汽车股份有限公司举办产品推介会。开展"援企助销"系列活动，推广清洁能源渣土车、环卫车等新能源车型。

（十一）生物医药

2020 年，青岛市生物医药产业增加值比 2019 年增长 10.2%，医疗器械产业增加值同比增长 27.7%，继续保持平稳发展态势。成立市生物医药产业推进专班，统筹推进产业发展重大问题，出台支持生物医药产业高质量发展的若干政策，构建国内领先的全产业链政策支持体系。

产品研发。2020 年，青岛市加快产品研发与创新。青岛易邦生物工程有限公司禽类疫苗放量上市，青岛百洋制药有限公司二甲双胍缓释片首仿药、青岛海信医疗设备股份有限公司超声诊断仪投放市场，产业新动能加速释放。蛋白质药物、细胞药物、海洋生物医疗器械等 20 余个品类进入临床研究阶段。山东恒业生物技术有限公司一类新药乙脑疫苗进入新药证书申请阶段，康立泰生物医药（青岛）有限公司基因重组人白介素-12 进入临床二期试验，青岛国奥源生物医疗有限公司、青岛奥克生物开发有限公司等干细胞药物、单克隆抗体相继进入临床三期和临床一期。全市医用口罩企业总数达到 30 家，日产量超过 2900 万只。医用防护服企业达到 10 家，日产量 8.4 万套。海氏海诺集团有限公司销售口罩 20 亿只，青岛威达生物科技有限公司自主研发的"一体式防护服"上市，医疗防护物资生产供应能力提升。

项目建设。2020 年，青岛市引进威高国际医疗产业园、瑞利国际医药生物产业园、科智星腹腔手术机器人等一批重大项目。推动青岛高新区、即墨区生物医药产业园区建设，推进青岛蓝谷药业海洋科技谷、青岛汉普森智能科技有限公司手术机器人等 40 个重点项目建设，开发生物制药、高端医疗设备、海洋功能健康食品等领域，形成批量产出的产业发展新格局。

（十二）高端智能家电

2020 年，青岛市开启从传统家电到智能家电、从被动智能到主动智能、从智能产品到智能生态的转型升级之路。依托品牌领先优势，抢占高端市场。海尔集团公司卡萨帝品牌冰箱、洗衣机、空调等品类在高端市场零售额份额排名第一，实现净收入 87 亿元，比 2019 年增长 17%。海信电视 65 英寸（1 英寸 = 2.54 厘米，下同）及以上、75 英寸及以上高端大屏产品零售额居第一位，激光电视成为 2020 年彩电市场唯一正增长品类，突破 4K 监视器模组关键技术等多项关键难题，研制 30 英寸级 4K 技术基准监视器及 55 英寸 4K 导播专用监视器产品，打破日韩品牌垄断，进入央视顶端显示产品市场。海尔集团公司推出全新场景品牌"三翼鸟"，提供阳台、厨房、客厅、浴室、卧室等智慧家庭全场景解决方案，建成三翼鸟 001 号店 325 家，实现核心城市全覆盖，套系产品销量增长 41%。海信云平台服务与显示生态能力提升，聚好看云平台全年累计点播增长 53.4%，教育板块日活跃用户数量增长 156%。推出全场景智慧平板、电竞显示器等高端产品。推动海尔集团公司、海信集团有限公司等企业聚合优质资源，打造高端智能家电制造业创新中心。加快海信超高清视频省级制造业创新中心认定，推动歌尔虚拟现实制造业创新中心向国家级迈进，深化高端技术引领，建设全球领先的高端智能家电研发制造基地。

（十三）智能制造装备

2020 年，青岛市有智能制造装备企业 667 家；实现工业增加值占规模以上企业的 14.3%，比 2019 年增长 10.1%。智能制造装备有一批具有国内外竞争优势的企业，海克斯康测量技术（青岛）有限公司是全球最大三坐标测量仪器制造商，青岛佳明测控科技股份有限公司是国内首家拥有自主知识产权的环境连续监测系统生产企业，中电科仪器仪表有限公司是以光电通信设备为特色的国内具有影响力的研究生产企业，青岛永基重型机床有限公司的机床产品销售到法国、德国、韩国等 16 个国家和地区，青岛青锻锻压机械有限公司研发的"万吨数控电动螺旋压力机"填补国内空白。智能装备成套化水平不断提升，软控股份有限公司研发的橡胶智能制造成套设备连续多年居全球同行业前三位、全国第一位。青岛市机器人产业初具规模，产业特色初步彰显；举办 2020 年中国机器人产业发展大会；青岛国家机器人高新技术产业化基地集聚科捷智能科技股份有限公司、青岛新松机器人自动化股份有限公司等 30 余家企业，形成较为完整的产业链。

（十四）绿色制造体系建设

2020 年，青岛市坚持绿色制造标准引领，围绕生产方式绿色化、能源利用低碳化、原料投入清洁化、产品回收无害化，激发企业绿色制造内生动力，青岛啤酒股份有限公司青岛啤酒二厂、海洋石油工程（青岛）有限公司和中车青岛四方机车车辆股份有限公司等13家企业创建成为国家绿色工厂。青岛海信激光显示有限公司、海尔智家股份有限公司、青岛海湾化学股份有限公司等10家企业的91款产品获评国家绿色设计产品，青岛双星轮胎工业有限公司、青岛北海船舶重工有限责任公司2家企业入选国家绿色供应链管理企业。

项目建设。2020年，青岛市国家绿色制造系统集成项目建设进展顺利，青岛海信电器股份有限公司的液晶电视绿色关键工艺创新集成及示范应用项目和青岛琅琊台集团股份有限公司的二十二碳六烯酸生产绿色关键工艺开发与系统集成项目通过国家验收。完成青岛海信通信有限公司的5G移动终端全产业链绿色设计平台项目建设，推进即发集团股份有限公司的无水染色工艺技术与装备绿色集成产业化示范项目建设。

（十五）软件与信息技术服务业

2020年，青岛市推进新旧动能转换和"高端制造业+人工智能"攻势，高水平建设"中国软件特色名城"。海尔集团公司、海信集团有限公司、中车青岛四方车辆研究所有限公司入选2020年度软件和信息技术服务竞争力百强企业；青岛海尔科技有限公司、青岛东软载波科技股份有限公司入选国家规划布局内重点软件企业。"链湾"入选首批山东省软件产业（区块链）特色园区。发布三批《青岛市疫情防控软件产品及系统解决方案推荐参考目录》，包括411个软件产品及系统解决方案；市软件行业协会发布工业、大数据、智慧城市等领域软件产品352个；发布三批青岛市"未来城市"场景清单，涵盖城市运行、行业管理、公共服务、市民服务、企业服务、产业发展、信息基础、5G示范8个类别200个项目，推动"百企"（软件企业）和"百景"（应用场景）的精准配对和推送对接。

（十六）5G产业

2020年，青岛市落实国家5G发展战略部署，推进5G赋能应用和产业发展。国网山东省电力公司青岛供电公司"5G赋能智能电网，构建5G行业专网先行示范区"获全国第三届"绽放杯"5G应用征集大赛三等奖，"青岛银行5G智慧银行项目""青岛港5G智慧港口应用项目"获优秀奖。在工业和信息化部编印的第三届"绽放杯"5G应用征集大赛优秀案例汇编中，山东黄金矿业（莱西）有限公司"金矿井下全流程智能化，下井人员减半"、海尔集团公司的"自动化精细化的家电产品质量管理"2个项目选录为优秀案例。

5G基站建设。截至2020年年底，青岛市累计建成5G基站设施1.5万个，开通5G基站10824个，全市基站总数达到68167个，5G基站占比为15.9%。青岛市举行第1万座5G基站启用仪式，全市5G网络已实现主城区全面覆盖、区县城区连续覆盖。

5G试点示范和场景应用。2020年，青岛市在5G建设与应用推进方面明确提出，面向智能软硬件投资500万元以上的5G应用场景，开展年度"十佳场景示范"，对入选十佳场景的项目按照智能软硬件投资额的10%给予项目申报主体一次性奖励，最高不超过200万元。在青岛市工业和信息化局《关于公布2020年青岛市工业互联网高质量发展认定项目的通知》中，山东港口青岛港自动化码头水平运输系统、5G+边缘计算创新应用、海克斯康5G智慧园区智能工厂、5G智慧银行、5G无人开采创新应用、5G+超高清智能数字文创平台、5G智慧农业示范、5G智能网联汽车产业示范、5G+AR全景演播系统、5G+人工智能示范社区项目获评2020年青岛市5G"十佳场景示范"项目。青岛市有29个项目入围山东省第二批5G试点示范项目。

（十七）高端软件产业

2020年，青岛市发展特色高端软件，培育一批国家和省、市级优秀软件产品。"海智造设备全周期精益化管理App应用解决方案"等3个项目入选2019年国家工业互联网App优秀解决方案，"青岛市综合支付云平台（便捷青岛App）""海尔衣联网一号店智慧体验中心"2个项目入选2020年国家新型信息消费示范项目；"鹏海智能电机物联网终端故障诊断系统软件V1.0"等19个项目入选第四批山东省首版次高端软件产品，"工业区块链Bass平台"等3个项目入选山东省优秀区块链解决方案，"基于区块链技术的海关监管货物贸易融资服务平台""海企通平台"2个项目入选山东省"链+"试点项目。16个软件产品入选中国优秀软件产品，97个软件产品获评2019年度国家和省、市优秀软件产品。

（十八）工业互联网

2020年，青岛市抢抓工业互联网发展机遇，立足青岛工业门类齐全、应用场景丰富优势，提出打造"世界工业互联网之都"愿景，依托海尔卡奥斯等工业互联网平台和人工智能产业共同体等应用服务平台，推动工业互联网领域产业、资本、技术、人才等要素在青岛集聚，打造工业互联网全产业生态。发起"高端制造业+人工智能"攻势，抢抓工业互联网发展风口，编制《青岛市工业互联网三年攻坚实施方案（2020—2022年）》等9个政策文件，成立市工业互联网专项工作组。全年新培育认定工业互联网安全应急处置平台1个、工业互联网平台3个、智能工厂8个、数字化车间30个、自动化生产线63个、5G"十佳场景示范"项目10个、人工智能"十佳场景示范"项目10个，在家电、橡胶、轨道交通装备、服装、电力设备等重点行业累计建成或改造智能工厂41家、数字化车间111家、自动化生产线299个。

2021年青岛市工业经济运行概况

一、工业经济运行概况

（一）工业发展水平持续提高

工业经济增速较快。2021年，青岛市完成全部工业增加值3884.1亿元，占全市生产总值的27.5%，全国、全省全部工业增加值占比分别为1.0%和14.3%；增速为8.8%，比2020年提高6个百分点。制造业增加值占生产总值的25.9%，同比提高0.9个百分点。规模以上工业增加值增长8.1%，同比提高2.6个百分点，居全国15个副省级城市第九位、省内城市第14位；两年平均增长6.8%，比2020年高于全国（6.1%）、低于全省（7.3%）平均增速。工业效益平稳增长。2021年，青岛市规模以上工业实现营业收入11384.5亿元，全国、全省规模以上工业营业收入占比分别为0.9%和11.1%，增速为14.9%；实现利润576.1亿元，同比增长2.8%；营业收入利润率5.1%。多数行业实现增长。2021年，青岛市的35个工业大类行业中，31个行业实现增长，行业增长面达88.6%；行业集中度相对较高，居前十位的行业实现增加值占规模以上工业的68.4%，拉动规模以上工业增长4.8个百分点。营业收入超过100亿元行业23个。其中，超过1000亿元行业2个，分别是汽车制造业（1249.7亿元）和电气机械和器材制造业（1161.9亿元）。

（二）产业结构持续优化

工业投资快速增长。2021年，青岛市工业投资增长25.5%，其中工业技术改造投资增长29.6%。滚动推进重点项目835个，竣工257个；重点推进总投资额758.2亿元的662个技术改造项目，竣工207个。歌尔微电子产业园项目、美锦氢能科技生态园等项目加快建设，青岛芯恩8英寸（1英寸等于2.54厘米）及12英寸芯片制造线、青岛惠科6英寸晶圆半导体芯片制造线、富士康半导体高端封测项目投产，奇瑞汽车青岛基地、京东方青岛基地等项目实现当年签约、当年开工。新兴产业发展壮大。2021年，青岛市规模以上工业中，高技术制造业增加值增长17.1%，占规模以上工业的10.2%；战略性新兴产业增加值占规模以上工业的24.5%；装备制造业增加值占规模以上工业的50.3%。智能家电、轨道交通装备2个产业集群入选国家先进制造业集群（全国共25个，山东省的2个均在青岛市）。家电及电子信息、船舶与海洋工程装备2个产业基地入选五星级国家新型工业化产业示范基地。青岛市获评"中国啤酒之都·青岛"称号。

（三）创新转型取得积极进展

2021年，青岛市立项实施企业技术创新重点项目3016项，创近年新高。世界首套时速600千米高速磁浮交通系统成功下线，青岛惠科6英寸晶圆半导体项目填补省内芯片制造空白。拥有1个国家级制造业创新中心（国家高端智能化家用电器创新中心）和5个省级制造业创新中心。新增4家国家级工业设计中心（累计8家），省级工业设计中心达22家；新增8家省级技术创新示范企业（累计24家），国家级技术创新示范企业达15家。新增9家国家级制造业单项冠军（累计26家）、12家省级制造业单项冠军（累计43家）；新增45个省首台（套）技术装备及关键核心零部件（累计194个）。启动全市首条氢能公交示范运行线，首批50台氢燃料城市公交车（青岛美锦新能源汽车公司制造）投入运营，山东（青岛—临沂）城际氢干线成功首发。重点培育31家制造业"新金花"企业，2家企业入选"世界品牌500强"，18个品牌上榜"中国500最具价值品牌"，10家企业入选全国工业品牌培育示范企业。发布《青岛市创新产品推荐目录（2021年度第一、二批）》，遴选235个创新产品，支持入驻政府采购网上商城，32款产品入选山东省创新产品目录。

（四）两化融合成效明显

2021年，青岛市推动1300余家企业实施网络化智能化改造，建成智能工厂52家、数字化车间和自动化生产线496个，上云用云企业达3万家，13家企业入选国家级智能制造试点示范名单，14家企业入选省级智能制造标杆企业。数字化研发设计工具普及率达87.4%，生产设备数字化率达57.5%，两化融合（信息化和工业化的深度结合）发展指数达93.4。天津海尔洗衣机互联工厂、青岛啤酒股份有限公司入选全球"灯塔工厂"，卡奥斯工业互联网平台获评"工赋强国奖"。获批引领创建国家（济南—青岛）人工智能创新应用先导区、国家（山东半岛）工业互联网发展示范区。成立青岛市服务型制造联盟，新增国家级服务型制造示范企业6家（累计16家）、省级服务型制造示范企业10家（累计11家），青岛市入选国家综合类服务型制造示范城市。2021年，青岛市新建开通5G基站10018个，总数达20207个，居全省首位。启动建设国家工业互联网大数据中心山东分中心，启用Handle全球根节点（青岛）。入选国家大数据产业发展试点示范项目3个（累计11个），新增省级数字经济园区3家（累计8家），工业大数据平台数量达到8个。27个绿色工厂和绿色供应链管理企业及172个绿色设计产品入选国家绿色制造名单。完成8505家工业企业"亩（1亩等于0.067公顷）产效益"评价，规模以上参评企业亩均税收（19.7万元/亩）居全省首位。5家软件企业入选 2021 年度软件和信息技术服务业综合竞争力百强企业，青岛市获评全国第五个中国软件特色名城。

二、重点行业发展

（一）家电电子

青岛市是国内重要的家电产品研发和制造基地，家电及电子信息新型工业化产业示范基地是全国首批且唯一连续 3 年获五星级评价的示范基地。2021 年，青岛市智能家电产业集群入选国家先进制造业集群，获批组建全国唯一的国家高端智能化家用电器创新中心，推动家电产业加速向高端化、智能化、低碳化、生态化迈进，形成"先进制造实力+世界级品牌+创新研发能力"的发展新优势。

产业规模不断壮大。2021 年，青岛市家电及电子信息制造业呈突破发展态势，家用电力器具制造业累计完成工业增加值比 2020 年增长 19.1%，高于全市 11 个百分点；非专业视听设备制造业累计完成工业增加值同比增长 21%，高于全市 12.9 个百分点；电子信息制造业累计完成工业增加值同比增长 19.7%，高于全国增速 4 个百分点，高于全市增速 11.6 个百分点。

品牌领跑产业高端。2021 年，青岛市深化新一代"青岛金花"培育行动，开展"717 青岛品牌日"等线上、线下品牌推广活动。海尔集团公司连续 13 年蝉联全球大型家用电器品牌零售量首位，海尔品牌冰箱、洗衣机、酒柜、冷柜零售量分别连续 14 年、13 年、12 年和 11 年居全球首位；海信电视全渠道整体销售额占有率居全国首位；青岛澳柯玛控股集团有限公司获评冷柜、冷藏展示柜品牌口碑榜冠军；海尔集团公司、海信集团有限公司分别居 2021 年中国电子信息百强企业第三位和第六位。

技术创新优势突出。2021 年，青岛市以海尔集团公司、海信集团有限公司等龙头企业为主导，建立全球协同研发体系，整合全球研发平台资源，协调产品合作开发，支撑品牌全面领跑。建立产品质量标准体系，实现专利质量、国际标准引领产业发展，龙头企业主导和参与国际标准制定，全面覆盖五大国际标准组织，海尔集团公司、海信集团有限公司分别居 2021 年全球智慧家庭发明专利排行榜首位和第七位。在国内集聚高端研发平台、机构，拥有国家技术标准创新基地（家用电器）等 41 家国家级技术创新载体，工业和信息化部批复由海尔集团公司牵头组建家电领域唯一的国家级制造业创新中心，海信视像科技股份有限公司牵头组建的山东省超高清视频制造业创新中心获山东省工业和信息化厅认定。

项目建设取得突破。2021 年，青岛市推进"项目落地年"活动，梳理智能家电产业链图谱，编制精准招商地图，明确阶段性目标任务和重点工作，三菱重工海尔空调机（二期）、海尔净水互联工厂等项目竣工投产，澳柯玛智慧冷链智能化制造项目、青岛光谷电磁科技项目等加快建设，海尔中央空调（胶州）智能制造基地等项目开工。上游电子信息制造业补链强链项目加快推进，

芯恩（青岛）集成电路制造、青岛惠科微电子有限公司 6 英寸（1 英寸等于 2.54 厘米）晶圆半导体、富士康半导体高端封装等一批集成电路制造、封测项目竣工投产，歌尔微电子智能传感器生产基地等一批智能传感项目加快建设，京东方工厂、融合光电青岛光电显示新材料产业园、中南高科青岛光电产业园、上达电子半导体光电显示高端材料等一批新型显示项目实现"当年签约、当年开工"。

智造模式走在前列。2021 年，青岛市拓展深化 5G、人工智能、数字孪生等新一代信息技术与制造技术融合应用，依托卡奥斯工业互联网平台搭建家电等领域垂直工业互联网平台。海尔 5G+MEC 智慧全连接工厂项目——海尔中德滚筒互联工厂获评 2021 年度亚洲通信大奖。海尔中德中央空调工厂等 2 家工厂通过 WEF 智能制造成熟度指数（SIRI）评估并作为行业唯一代表入选 WEF 智能工业指数认证白皮书《制造业转型洞察报告》。青岛海尔中央空调有限公司入选国家 2021 年度智能制造示范工厂揭榜单位名单。海信视像科技股份有限公司等 3 家家电领域企业的 8 个典型场景入选国家 2021 年度智能制造优秀场景名单。

资源集聚不断提升。2021 年，青岛市编制《推进全市智能家电产业集群发展工作方案》，实施科技引领、品牌升级、软件定义、数字赋能、绿色发展、场景驱动六条发展路径，突破制冷保鲜电器、软件操作系统等八大细分领域，打造"1468"智能家电产业发展体系，加快形成"双核牵引、两翼展开"的产业集群发展布局。出台《青岛市加快先进制造业高质量发展的若干政策措施》，在省内创新实施支持智能家电国家先进制造业集群政策，立足延链、补链，通过资金支持，重点引进产业链关键零部件项目。

（二）轨道交通装备

2021 年，青岛市轨道交通装备产业受新冠疫情、国铁集团建设放缓、国际贸易摩擦等多重因素影响，新造动车订单减少，检修业务总量下降，但产业生态更加完善，规模以上企业数量持续增加，产业总体规模居国内领先地位。产业链企业超过 260 家，其中规模以上工业企业 92 家（比 2020 年增加 7 家），实现营业收入 562 亿元。生产动车组 503 辆，生产城轨车辆 1587 辆。

产业园区建设。2021 年，青岛市初步形成以青岛轨道交通产业示范区为核心，中车四方智汇港智能制造科技创新产业园、青岛（即墨）轨道交通产业园协同发展的"一核两园"空间布局架构，产业集群式发展态势明显。

重点项目建设。2021 年，国家高速列车技术创新中心（以下简称"国创中心"）、中车四方智汇港、中兴通青岛轨道交通产业园、青岛轨道交通关键装备产业园等项目加快建设，其中国创中心项目完成，轨道交通车辆系统集成国家工程实验室、高速磁浮实验中心、高速磁浮试制中心项目投入使用，中车大数据中心项目在施

工建设中。中车四方智汇港项目一期城市客厅地块、机车公园建设完成，项目二期开展开工前相关工作，其他项目按计划推进。

科技创新成果。2021年，青岛市开展协同创新，推进重点项目、重点课题研发公关。中车青岛四方机车车辆股份有限公司参加时速600千米高速磁浮交通系统、时速400千米新一代复兴号动车组、时速120千米中国标准地铁B型车辆等车辆研制，完成时速600千米高速磁浮列车轻量化车体技术、高速列车转向架用轴承核心关键技术、川藏动车组关键技术等核心技术研究。青岛地铁集团有限公司联合中车青岛四方机车车辆股份有限公司、中车青岛四方车辆研究所有限公司完成国家发展和改革委员会批复的轨道交通装备重点领域国家级示范工程——列车自主运行系统（TACS）课题，在青岛地铁6号线示范应用。中车青岛四方机车车辆股份有限公司"高速轨道车辆转向架"和"轨道车辆车头"两项专利分获第二十二届"中国专利奖金奖""中国外观设计金奖"，连续3届获"中国专利奖金奖"；中车青岛四方车辆研究所有限公司"钩缓装置"产品获国家级"单项冠军"称号；中车青岛四方车辆研究所有限公司自主研发、国内首创的国家重点研发计划"先进轨道交通"重点专项——400千米/时高速动车组采用的UC8-F型随动式可变轨距制动夹钳单元、变轨距转向架地面变轨距装置填补国内智能变轨距技术空白。

市场拓展。2021年，青岛市持续拓展轨道交通装备产业市场，获取湖北武汉光谷旅游专线、郑州地铁7号线和12号线、深圳地铁13号线等订单，城轨产品市场占有率持续提高。

（三）汽车制造

2021年，青岛市汽车产业拥有规模以上企业278家，其中获得资质的整车生产企业7家、改装车生产企业28家；备案在建整车项目3个。整车建成产能110.2万辆，在建产能24万辆。受商用车行业下行、芯片短缺等因素影响，全年生产整车105.8万辆。其中，新能源汽车17.3万辆，创历史新高。工业增加值占比11.06%，持续居全市工业产业首位。车辆品种方面形成集传统燃油车、LNG清洁能源车和纯电动及氢能源汽车在内的完整生产体系，车型涵盖轿车、SUV、交叉乘用车、轻中重卡、客车、特种（专用）车辆等高中低配全系列。

产业集聚区情况。2021年，青岛市通过鼓励引导区（市）和企业集约化发展，汽车产业基本形成即墨区、莱西市和青岛西海岸新区3个主要集聚区，产业"雁阵型"和集群化发展态势明显。青岛（即墨）汽车产业新城初步形成以一汽解放青岛汽车有限公司、一汽-大众汽车有限公司青岛分公司两大整车企业为"头雁"，以青岛显新汽车零部件有限公司、青岛一汽富晟汽车部件有限公司、青岛海通车桥有限公司、青岛海隆机械集团有限公司等100余家零部件生产企业为"雁阵"的"雁阵型"集群；以生产轻卡、中卡、重卡、轿车车型为主，整车年产量

超过50万辆，整车产值超过800亿元，区域内汽车产业产值超过1000亿元。莱西新能源汽车生产基地集聚北京汽车制造厂（青岛）有限公司、青岛国轩电池有限公司等50余家新能源汽车产业链企业；北京汽车制造厂（青岛）有限公司总部及整车生产基地项目落地，带动柳州五菱柳机动力有限公司与北京汽车制造厂（青岛）有限公司合作的70万套增程式发动机项目及相关零部件配套等项目形成新的产业增长点。青岛西海岸新区汽车及零部件产业集聚区形成以上汽通用五菱汽车股份有限公司青岛分公司为"头雁"，以青岛五菱专用汽车有限公司、柳州五菱汽车工业有限公司山东分公司、青岛华瑞汽车零部件股份有限公司等企业为"雁阵"的"雁阵型"集群，整车产量达70万辆，整车产值超过200亿元，区域内汽车产业产值超过300亿元。随着青岛美锦新能源汽车制造有限公司正式投产，青岛国鸿氢能科技有限公司、青岛鸿基创能科技有限公司等企业落地，氢燃料电池汽车产业得到迅速发展。城阳区以青特集团有限公司、中国重汽集团青岛重工有限公司等为代表的特种车辆及零部件生产基地，胶州市以青岛索尔汽车有限公司、青岛中集冷藏运输设备有限公司等为代表的专用汽车，平度市以青岛立博汽车零部件精密铸造有限公司等为代表的汽车零部件也形成一定的产业特色优势。

重点项目建设。2021年2月26日，总投资额230亿元的汽车整车生产制造基地——奇瑞汽车青岛基地项目开工建设，包括乘用车项目、新能源商用车项目、出口KD（散件组装）项目及相关配套零部件、物流项目，计划2022年年底建成投产。3月，位于美锦氢能科技生态园的年产能5000辆的美锦新能源商用车整车制造中心项目建成并通过工业和信息化部验收，首批50辆氢燃料电池汽车下线并在青岛西海岸新区投入运营；美锦氢燃料电池商用车零部件生产制造项目仍在建设中。2021年年底，总投资额120亿元的北京汽车制造厂（青岛）有限公司整车制造总部基地项目一期建成并试生产，占地面积73万平方米，厂区内规划建设冲压车间、焊装车间、涂装车间、总装车间、改装车间、研发试验中心、动力中心等，总建筑面积36.4万平方米，设计年产20万辆乘用车、货车、客车、改装车（含传统车和新能源车）等。总投资额32亿元的一汽解放汽车有限公司新能源轻卡基地项目按期竣工，12月17日投产；规划占地面积53万平方米，建设驾驶室涂装车间、总装车间、检测线及配套辅助设施，从事新能源及燃油轻型卡车生产。

（四）化工

2021年，青岛市化工行业产品主要有汽油、柴油、煤油、液化石油气、润滑油等石油加工产品，聚氯乙烯、对二甲苯、烧碱、硅胶、合成染料、涂料、功能性高分子材料、农药等化学原料及制品，轮胎、合成橡胶、橡胶板、管、带等橡胶制品。全市有规模以上化工企业524家，占全市工业企业的13%，比2020年增加73家；实现营业收入1906.8亿元，占全市工业企业的16.7%，同

比增长 38.7%，高于全市 23.8 个百分点；完成增加值占全市工业企业的 19.9%，同比增长 17.3%，高于全市 9.2 个百分点；实现利润 133.8 亿元，占全市工业企业的 23.2%，同比增长 183%。形成以青岛董家口化工产业园、平度新河化工产业园为核心，以青岛瀚生生物科技股份有限公司、青岛森麒麟轮胎股份有限公司、中远佐敦船舶涂料（青岛）有限公司、索尔维精细化工添加剂（青岛）有限公司、青岛奥迪斯生物科技有限公司 5 个重点监控点为扩展的"2+5"高端化工空间布局。

谋划发展石油加工产业。2021 年，青岛市成立由市长任组长的青岛市高端化工项目专班，统筹全市高端化工产业链大项目谋划布局，加强项目招引、落地、建设等关键环节的统筹、协调和服务。加强与中国石油化工集团有限公司、恒力石化股份有限公司等企业战略合作，在青岛董家口化工园区谋划布局单体原油加工能力 3000 万~4000 万吨的大型炼化一体项目。

集聚发展化工新材料产业。2021 年，青岛市瞄准新一代信息技术、新能源汽车、轨道交通等领域的需求，推动石化下游产品向终端细分功能市场转化，依托中国石油化工集团有限公司、青岛海湾集团有限公司、金能化学（青岛）有限公司等链主企业，抢占进口或炼化一体基地的烯烃资源进行深加工，打造全国一流的化工新材料生产基地。

领先发展橡胶轮胎产业。2021 年，青岛市依托国家橡胶与轮胎工程技术研究中心"液体黄金"橡胶新材料技术，占领全球橡胶材料、轮胎产业技术制高点。依托赛轮集团股份有限公司、双星集团有限责任公司、青岛森麒麟轮胎股份有限公司等链主企业，扩大高性能子午线轮胎产业规模，打造全国一流的高性能轮胎和橡胶新材料示范基地。

择优发展精细化学品产业。2021 年，青岛市依托青岛海湾精细化工有限公司，保持染料产品国内优势地位。依托海利尔药业集团股份有限公司、青岛瀚生生物科技股份有限公司等骨干企业，做大做强安全和环境友好的高效低毒农用化学品。依托中远佐敦船舶涂料（青岛）有限公司、中国中钢集团有限公司、海洋化工研究院有限公司等企业，提高水性涂料、粉末涂料、高固体份涂料、辐射固化涂料等环保型产品比例。支持发展个人护理添加剂和食品添加剂等产品，拓展产品应用领域。

完善推进机制。2021 年，青岛市编制三年行动方案，细化产业链全景图、招商目标清单，实施总投资额 1900 亿元的 14 个重点项目，重点突破石油加工、化工新材料、橡胶轮胎、精细化学品 4 个领域。完善高端化工产业链组织架构，形成高端化工科研、生产、使用等环节全产业链推进机制。

抓实化工项目。2021 年，青岛市加快推进金能化学（青岛）有限公司 2×45 万吨/年高性能聚丙烯等在建项目建设，推动国橡中心功能性新材料产业园等 10 个前期工作项目建设提速增效。落实推进中国石化青岛石油化工

有限责任公司转型发展合作框架协议，确定青岛董家口新材料项目方案并开工建设。

推进园区扩容。2021 年，青岛市加快化工项目用地"两规"（项目选址不符合现行土地利用规划和城乡规划）一致性处理，启动青岛董家口化工园区扩容报批工作。推动董家口化工产业园、平度新河化工产业园建设工业互联网示范园区建设，提高化工园区数字化智能化管理水平，争创山东省智能化改造标杆园区和国家智慧化工园区试点示范单位。

推动转型升级。2021 年，青岛市通过政府购买服务，委托第三方机构，对全市化工园区外 155 家化工企业开展智能改造诊断，综合利用技术改造、工业互联网、智能制造等政策，鼓励企业实施智能化改造。发挥先进制造业高质量发展专项政策引导作用，全年支持 3~5 家化工企业搬迁，加快推动企业搬迁入园。

（五）船舶产业与海洋装备

船舶制造产业是青岛市重点打造的优势特色产业之一，2021 年重点骨干企业保持行业优势。中国船舶集团青岛北海造船有限公司升级为中国船舶集团直接管理的二级单位，其大型散货船业绩居全球前列，超大型矿砂船业绩稳居全球首位；中国船舶重工集团柴油机有限公司交付全球首台 WinGD 7X82DF 型双燃料主机，国内船舶低速柴油机市场份额保持领先；青岛双瑞海洋环境工程股份有限公司入选青岛市"制造业企业 100 强"、新一代"青岛金花"培育企业，其生产的船舶压载水管理系统市场占有率居世界前列。

产品结构优化升级。2021 年，中国船舶集团青岛北海造船有限公司首次批量承接集装箱船订单，实现产品结构重大突破，开工建造全球首艘 10 万吨级智慧渔业大型养殖工船；青岛造船厂顺利交付国内首艘自主航行 300TEU（标准箱）集装箱船；中国船舶重工集团柴油机有限公司交付全球首台集超大功率、智能控制、绿色环保于一体的新型双燃料主机；青岛双瑞海洋环境工程股份有限公司获评 2021 年度山东省科技领军企业，自主开发的船用高压 LNG（液化天然气）供气系统获英国劳氏船级社、挪威船级社 AIP（原则性获批）认可，实现 FGSS 船用 LNG 供气系统产品全球首发。

2021 年，青岛市深入贯彻落实海洋强省决策部署，坚持龙头带动、高端引领，加快推进海洋装备产业高质量发展，全市海洋装备产业总体生产呈稳定运行态势。海洋石油工程（青岛）有限公司不断提高海洋工程装备制造总承包能力，完工交付加拿大 LNG 项目首个工艺模块——A5EA 模块，项目在全球首次实现核心工艺模块加管廊模块一体化联合建造，开创性完成多项新工艺新技术应用，标志着中国 LNG 高端模块化工厂建造能力达到国际行业先进水平；中国船舶集团青岛北海造船有限公司加快建造承建的全球首艘 10 万吨级智慧渔业大型养殖工船，为中国实施"深蓝渔业"战略提供装备支撑与产业示范；青岛海西重机有限责任公司交付中国首艘浅水

坐底打捞工程船"德浮1200",填补中国浅水打捞工程船的空白;山东省科学院海洋仪器仪表研究所研究员王军成当选中国工程院院士,王军成从事海洋监测技术与装备研究40余年,主要致力海洋环境监测技术研究与仪器装备研制,主持国家"863"计划项目和省部级项目20余项,研究突破海洋监测浮标系列关键技术,构建发展海洋资料浮标设计理论与技术体系,实现中国海洋浮标的系列化、产品化,为国家海洋环境浮标监测网建设提供技术支撑。

（六）机械装备

2021年,青岛市机械装备行业拥有规模以上企业1164家;实现营业收入2230亿元,比2020年增长22.4%。其中,金属制品业355家,实现营业收入628亿元,同比增长35.2%;通用设备制造业334家,实现营业收入639亿元,同比增长16.4%;专用设备制造业273家,实现营业收入455亿元,同比增长11.2%;电气机械及器材制造业134家,实现营业收入375亿元,同比增长27.4%;仪器仪表制造业68家,实现营业收入131亿元,同比增长25.8%。

智能制造装备产业持续壮大。2021年,青岛市智能制造装备产业实现营业收入突破1000亿元,青岛市成为国内重要的智能制造装备生产供应基地。软控股份有限公司橡胶智能成套设备居全球行业之首;全球最大三坐标智能测量仪制造商海克斯康测量技术（青岛）有限公司,其产品国内市场占有率超过45%;青岛高测科技股份有限公司的光伏硅材料切割装备居国内市场首位;青岛宏达锻压机械有限公司研发生产的国内首台万吨级重型数控电动螺旋压力机交付使用。青岛环球集团股份有限公司、青岛宏大纺织机械有限责任公司以智能成套装备引领纺机行业发展,青岛宝佳智能装备股份有限公司、青岛科捷机器人有限公司、青岛诺力达智能科技有限公司3家企业入选国家工业机器人行业规范条件名录,青岛慧拓智能机器有限公司入选2021年度中国工程及矿山机械产业互联网应用案例。青岛海泰科模塑科技股份有限公司、青岛达能环保设备股份有限公司分别在国内科创板、深圳交易所创业板上市,青岛建邦汽车科技股份有限公司和青岛丰光精密机械股份有限公司作为存量精选层公司上市。

科技创新转化投产成果丰硕。2021年,青岛市依托首台（套）技术装备及关键核心零部件奖励政策,鼓励和支持企业加大最新科技成果运用,持续推进重点产业高质量发展。新增智能全钢胎一次法成型机等45件省级首台（套）装备产品,数量创历年新高,居山东省首位,青岛市首台（套）技术装备累计达194项。深化智能制造推广应用,推进场景创新、工厂示范,中车青岛四方机车车辆股份有限公司、青岛特殊钢铁有限公司等4家企业入选2021年度国家智能制造示范工厂揭榜单位,软控股份有限公司、青岛酷特智能股份有限公司等9家企业的14个典型场景入选2021年度国家智能制造优秀场

景名单。青岛森麒麟轮胎股份有限公司、青岛海尔特种制冷电器有限公司2家企业获评山东省智能工厂类标杆企业,青岛海尔工业智能研究院有限公司、青岛科捷机器人有限公司等4家企业获评山东省智能制造系统解决方案供应商类标杆企业。青岛宝佳自动化设备有限公司的LP180高速高精度多用途搬运机器人等37件装备产品入选山东精品装备目录。

产业园区发展稳步推进。2021年,青岛市落实工业园区发展规划,根据区位优势和行业优势,做好细分行业发展布局,做大做强青岛西海岸新区、胶州市、即墨区、平度市等机械装备制造产业园区,引导本地企业和项目、技术、资金、人才等资源向园区集中,促进产业集聚和规模发展,形成不同特色各有专长的重要研发制造基地。青岛国家级"机器人高新技术产业化基地"集聚30余家机器人产业链企业,逐步成为中国北方重要的机器人产业高地。青岛西海岸新区王台纺织机械小镇连续五届蝉联"中国纺机名镇"称号,是全国最大的无梭织机、喷水织机生产基地。青岛国家高新技术产业开发区、青岛西海岸新区、胶州市成为青岛市智能制造装备产业主要承载地。青岛软控机电工程有限公司、青岛宏达锻压机械有限公司、青岛大牧人机械股份有限公司、台励福机器设备（青岛）有限公司等集聚于胶州市。青岛环球集团有限公司、青岛雷沃工程机械销售有限公司、青岛华夏天信电气技术开发有限公司、青岛海佳机械有限公司等集聚于青岛西海岸新区。

重点投资促进项目顶格推动。2021年,青岛市重点推进总投资额1000亿元的60个高端装备产业项目,新开工23个项目,在建58个项目,开工在建率达96.7%。其中,光电环保仪器仪表产业园、征和自动化传动部件等10个项目主体竣工投产。6月,尼得科全球电器产业园项目在中国—上海合作组织地方经贸合作示范区签约落地,建设世界级电机研发生产基地;7月,山东机器人产业园一期项目交付,20余家企业投产落地,整体产业效应开始显现;12月,海尔中央空调（胶州）智能制造基地奠基,该项目将落成海尔中央空调第2家互联工厂,项目规划占地面积约35万平方米,总投资额30亿元,全面投产后年产值超过100亿元。借助跨国公司领导人青岛峰会、"一带一路"能源部长会议、对话山东—德国·山东产业合作交流会等高端平台,以"线上+线下"、登门访问等方式开展招商,倍世集团与海尔集团公司合资净水设备项目、惠乐喜乐高端装备制造基地项目等6个中德合作项目进展顺利,安德烈斯蒂尔动力工具（青岛）有限公司三期项目建成投产。

（七）食品饮料

2021年,青岛市食品饮料产业有规模以上工业企业468家,实现营业收入1490.77亿元、利润总额53.28亿元,均居全省首位。其中,农副食品加工业规模以上工业企业305家,实现营业收入933.27亿元、利润总额9.71亿元,占全市规模以上工业增加值增速的6.3%,占

全市工业的 4.17%；食品制造业规模以上工业企业 149
家，实现营业收入 284.44 亿元、利润总额 19.42 亿元，
占全市规模以上工业增加值增速的 5.3%，占全市工业的
2.52%；酒、饮料和精制茶制造业规模以上工业企业 14
家，实现营业收入 273.06 亿元、利润总额 24.15 亿元，
占全市规模以上工业增加值增速的 20.0%，占全市工业
的 2.8%。

营造良好环境。2021 年，青岛市根据《青岛市人民政
府关于推动传统产业高质量发展的意见》（青政发
〔2020〕12 号），制定印发《青岛市对各区（市）发展传
统产业工作的评估方案》，通过对传统产业发展指标前六
位的区（市）进行奖励。青岛食品股份有限公司挂牌上
市；青岛琅琊台集团股份有限公司申报的中国海洋生态
白酒工艺获国家发明专利；青岛啤酒厂入选全球"灯塔
工厂"，成为全世界啤酒饮料行业首家灯塔工厂。

推进项目落地落实。2021 年，青岛市全面贯彻落实
"项目落地年"工作要求，协调解决项目落地过程中遇到
的各种问题，专门成立青啤倍增计划工作专班，推动青
岛啤酒集团 2021—2023 年计划总投资额 110 亿元的 11 个
重点项目建设。青岛啤酒智慧产业园、青岛海湾集团高
端化工研发创新基地项目开工建设，益海嘉里（青岛）
食品工业园、宜品乳业羊奶粉项目、利和味道（青岛）
食品产业股份有限公司等转型升级重点项目稳步推进。

注重品牌培育。2021 年，青岛市实施食品工业企业
"三品"（无公害农产品、绿色食品、有机食品，下同）
战略，鼓励企业通过技术升级和科技创新，增品种、提
品质、创品牌，提升品牌价值。即墨老酒"清逸美"、琅
琊台超高度浓香型白酒及青岛明月海藻集团"清幽乐岩
藻多糖复合液""九联鸡爪""喜满年海鲜香辣酱""有
点馋果蔬脆片" 6 个产品获评全国食品工业"三品"专
项行动典型成果。开展"工赋青岛"活动，讲好"青岛
故事""青岛食品工业的故事"，赋予产品文化内容和文
化内涵；注重品牌营销，通过认定"新金花"产品等措
施，培育新品牌。"青岛啤酒 1903"等 7 种产品入选山东
省特色优质食品目录；"青岛啤酒"品牌价值达到
1985.66 亿元，入选"世界品牌 500 强"；"崂山矿泉水"
和"华东葡萄酒"品牌总价值达到 440 亿元，均入选
"中国品牌 500 强"；"崂山矿泉水"入围"亚洲 500 最具
价值品牌"榜单。

加快产业集聚发展。2021 年，青岛市贯彻落实《山
东省特色优势食品产业集聚区培育实施方案》，优化食品
产业布局，引导企业技术创新，加强质量安全管理，实
施品牌发展战略，提升食品产业发展质效。申报的"中
国啤酒之都·青岛"成功获批，城阳区特色食品产业集
群获评省特色优势食品产业集群，莱西市获评省休闲食
品特色优势食品产业强市，胶州市获评省辣椒制品特色
优势食品产业强市，莱西市沽河街道获评省乳制品特色
优势食品产业强镇。

助力企业高质量发展。2021 年，青岛市开展"做企

业贴心人"活动。组织部分区（市）、行业协会和 14 家
食品饮料重点企业赴重庆市、成都市考察，学习先进企
业在产品生产、品牌建设、经营管理等方面的成功经验。
举办《食品工业企业诚信管理体系》（GB/T 33300—
2016）宣传贯彻培训，57 家食品工业企业负责人和品控
负责人参加培训。加强食品工业互联网改造升级，推动
食品企业与互联网平台企业的互动，加强本地食品工业
互联网建设。推进"世界 500 强"达能特殊营养品（青
岛）有限公司开工投产。

（八）纺织服装

2021 年，青岛市纺织服装产业加速推进产业科技创
新和业态演进，持续增强全产业链的市场竞争力。即发
集团有限公司超临界二氧化碳无水染色产业化关键技术
全球首发，青岛酷特智能股份有限公司酷特智能服装大
规模个性化定制模式成为青岛市首个全球性智能服装新
物种孵化平台，青岛雪达集团有限公司 D2M 全球化批量
定制平台等模式逐步成熟推广。即发集团有限公司、青
岛雪达集团有限公司、青岛酷特智能股份有限公司、恒
尼智造（青岛）科技有限公司、青岛凤凰印染有限公司、
青岛前丰国际帽艺股份有限公司、青岛海丽雅集团有限
公司等企业重点产品和关键技术指标达到国内领先水平。
卡奥斯海织云纺织服装工业互联网平台深度赋能产业链
转型升级，成功赋能改造一批重点纺织服装、鞋帽企业，
一大批以女装、童装、休闲装为特色的纺织服装自主品
牌加速成长，国内市场开拓稳步推进、国内国外双循环
相互促进的发展格局加快形成。截至 2021 年年底，全市
规模以上纺织业完成工业增加值占全市的 1.1%，拉动全
市工业增加值增长 0.04%，比 2020 年增长 3.1%；全市
规模以上服装服饰业完成工业增加值占全市的 1.63%，
拉动全市工业增加值增长 0.13%，同比增长 7.2%。

品牌建设。2021 年，青岛市推进纺织服装产业集群
区域品牌建设，开展新一轮"青岛金花"培育行动，开
展 2021 年纺织服装行业品牌建设调查与典型案例征集等
工作。在工业和信息化部发布的重点跟踪培育纺织服装
品牌企业名单中，青岛雪达集团有限公司入选终端消费
品牌企业，即发集团有限公司入选加工制造品牌企业。
青岛雪达集团有限公司"贝可莱"品牌、青岛吉美誉服
饰有限公司"禾雀"品牌获评"2021 年中国服装成长型
品牌"。

企业扶持。2021 年，青岛市出台《关于推动传统产
业高质量发展的意见》等政策文件，从品牌建设、技术
创新、市场营销等方面扶持纺织服装企业发展。即发集
团有限公司聚酯纤维筒子纱超临界二氧化碳无水染色技
术获山东省科学技术奖一等奖，恒尼智造（青岛）科技
有限公司海藻纤维功能性内衣获山东省技术发明奖一等
奖，青岛莫特斯家居用品有限公司 3D 多色家纺获山东省
科学技术奖三等奖，青岛凤凰东翔印染有限公司入选拟
公告的符合《印染行业规范条件（2017 版）》企业名单
（第四批）。

市场开拓。2021年，青岛市推进青烟威时尚纺织服装先进制造业集群竞标申报工作，举办2021中国服装大会（青岛）、"青云计划"百家服装企业加入标识解析二级节点平台宣讲会、全纺织服装行业GRS/RCS/OCS（全球回收标准/加收含量声明标准/有机含量声明标准）研讨会等节会和展会，组织青岛市企业参加山东省轻工纺织行业综合能力提升培训班等。

企业宣传。2021年，青岛市选取即发集团有限公司、青岛酷特智能股份有限公司等23家重点纺织服装品牌企业，在青岛市广播电视台黄金时段集中宣传；打造青岛"网红"直播基地，启动青岛市纺织服装行业直播电商基地暨青岛市大学生创新创业基地，推进线上线下融合；培育发展即发集团有限公司织染缝一体柔性化制造、青岛酷特智能股份有限公司C2M个性化定制、恒尼智造（青岛）科技有限公司双创驱动协同设计等一批智能制造典范。

第二十一届青岛时装周举行。2021年12月9—11日，东方时尚季·2021青岛时装周（以下简称"时装周"）在青岛东方时尚中心等8个会场举行。时装周聚焦"新锐力量"主题，突出线上举办特色，打造"即秀即展即卖"模式，成立产业买手联盟，举办专业买手论坛，通过云平台聚集并整合国内外专业的市场资源和优质纺织服装企业和产品，强化原创交易和拉动消费，使线上展示促销与线下走秀紧密结合，推动产业供需有效对接，实现产品销售和市场订单突破5亿元。时装周集聚青岛纺织谷、青岛东方时尚中心、青岛时裳汇服装设计开发有限公司、北服青岛时尚产业园、即墨中纺服装城、青岛国际服装产业城等6000余家各类中小微企业、研发机构、时装品牌，线上线下汇聚1万余名国内外设计师及专业买手。纺织谷、东方时尚中心分别被工业和信息化部认定为全国纺织服装创意设计示范园区、纺织服装创意设计试点园区。

（九）集成电路产业

2021年，青岛市加快打造中国北方集成电路产业发展高地。坚持龙头带动与整体联动相结合，顶格推进引领性大项目招引建设，投资额超过100亿元的芯恩集成电路项目顺利投片，是国内首个协同式集成电路制造项目。青岛惠科芯片项目竣工投产，填补省内芯片制造空白。全市集聚青岛新核芯科技有限公司、青岛泰睿思微电子有限公司、宸芯科技股份有限公司等一批产业链骨干企业，企业数量超过120家，形成以崂山区、青岛西海岸新区、即墨区为核心，带动城阳区、莱西市等区（市）协同发展的集成电路产业布局。坚持自主攻关与开放协作相结合，支持海信集团有限公司、歌尔微电子股份有限公司、宸芯科技股份有限公司、致真精密仪器（青岛）有限公司等一批企业在各自细分领域开展产学研协同创新，单项产品技术能力居全国前列。集聚北京航空航天大学青岛研究院、中国科学院青岛EDA中心等一批高端创新服务平台，建成并运营磁传感芯片公共研发平台、先进封装技术创新中心等一批公共服务平台。坚持市场应用与产业配套相结合，推动集成电路企业能力与应用企业需求相匹配，征集发布首批33家集成电路企业能力清单和14家应用企业的需求清单，举办供需双方对接会，推动产业链上下游围绕通信芯片、家电主控芯片、功率芯片和传感器等方向开展对接合作。

（十）新型显示技术

2021年，青岛市新型显示产业坚持龙头项目落地牵引、龙头整机企业带动，以高质量项目带动高质量发展。总投资额81.7亿元的京东方青岛基地项目签约并开工建设，带动青岛光电显示新材料产业园融合光电、中南高科青岛光电产业园、上达半导体光电显示高端材料等一批配套项目实现"当年签约、当年开工"。非专业视听设备制造累计完成工业增加值比2020年增长21%，高于全市12.9个百分点；生产电视机1986.7万台，同比增长11.9%，占全国总产量的10.7%。海信集团有限公司在8K（电视机的分辨率，下同）传输、解码、显示等方面发挥自主研发优势，打造8K专业影像显示解决方案，具备8K全链路解决方案能力；推出具有自主知识产权的超高清基准监视器，成为国内首家掌握基准级监视器核心技术的显示企业；在终端显示上，海信集团有限公司推出85U7G-MAX、75U9G-PRO等多款ULED8K电视产品；在8K芯片研发领域，海信视像科技股份有限公司旗下的信芯微公司屏端驱动芯片（TCON）产品覆盖从高清到8K超高清全系列，为主流液晶面板生产商和显示产品厂商提供有竞争力的4K和8K技术解决方案，年出货量居全球领先地位，成功发布国内首颗全自研8K超高清画质芯片；海信集团有限公司研发的激光电视产品在国内市场销售量增长40%，在海外市场销售量增长279%。

（十一）虚拟现实技术

2021年，青岛市虚拟现实产业在智能硬件研发、平台服务、内容制作、应用场景等多个环节发力，集聚虚拟现实全产业链企业及相关机构100余家，形成以崂山区为核心，青岛西海岸新区、市南区、即墨区为三极，其他区（市）联动发展的"一核三极多点"产业发展布局。

企业集聚发展。2021年，青岛市以青岛歌尔电子有限公司为龙头，引进青岛小鸟看看科技有限公司、青岛量子云信息科技有限公司、青岛宇科软件有限公司、青岛金东数字科技有限公司等近100家虚拟现实优质企业，涉及"硬件—软件—内容—应用"产业链条各环节。其中，青岛小鸟看看科技有限公司生产的VR（虚拟现实技术）产品居全球第三位、全国首位，占国内VR市场的30%。搭建虚拟现实技术与系统国家重点实验室青岛分室，北京师范大学、北京大学、中国信息通信研究院、虚拟现实内容制作中心等高校及科研院所在青岛市设立虚拟现实高端研发机构超过10家。歌尔全球研发总部落户并启用。

高端产业和生态体系发展。2021年，青岛市举办

2021 国际虚拟现实创新大会，发布《基于 5G 通信的虚拟现实产业发展趋势白皮书》。举办 2021 "星鲨杯"全球虚拟现实内容大赛颁奖典礼，发布虚拟仿真协同创新实训平台。培育虚拟现实内容和行业应用产业，聚焦教育、制造、医疗、智慧城市等重点领域，山东金东数字创意股份有限公司的"沉浸式文旅科技"、青岛虚拟现实研究院有限公司的"VR 承文书院"传统文化教育等 12 个典型案例入选山东省首批虚拟现实领域优秀解决方案，占全省总数的 40%，数量居全省首位。

（十二）生物医药及医疗器械制造

2021 年，青岛市规模以上生物医药企业工业增加值比 2020 年增长 13.9%，高于全市规模以上工业增加值 5.8 个百分点；利润总额增长 12.7%，高于全市规模以上工业增加值 9.9 个百分点；新增营业收入超过 1 亿元企业 5 家，其中超过 10 亿元企业 1 家，新上市企业 1 家。完成 22 次临床试验备案，两个品种通过一致性评价，3 个三类医疗器械产品获批上市。青岛易邦生物工程有限公司获批全省规模最大的生物安全三级实验室，青岛瑞斯凯尔生物科技有限公司获全球独家 12 项细胞因子校准品二类医疗器械注册证，青岛海泰新光科技股份有限公司拥有的 LED 冷光源和内窥镜摄像系统取得二类医疗器械注册证、生产许可证，青岛华赛伯曼医学细胞生物有限公司自主研发的医学 TIL 细胞药物启动临床研究。

项目建设与产品研发。2021 年，青岛市新建市临床医学研究中心（第一批）13 家，实现痛风、骨科、神经、肿瘤等主要疾病领域全覆盖。获批国家临床医学研究分中心 4 家，省级临床医学研究中心 3 家，实现零的突破。青岛琛蓝生物股份有限公司等 9 家企业的 12 个产品入选青岛市首批创新产品目录。在崂山区建设的青岛生物医药协同创新中心是全国第四个国家级药物安全评价中心，填补全省空白；总投资 10 亿元的中关村医学工程转化中心项目启动，旨在打造国家级检测申报平台。"蓝色药库"开发计划候选新药成果 30 余项，大健康类项目通过自主研发上市及企业委托开发产品 40 余项。

（十三）先进高分子及金属材料制造

2021 年，青岛市新材料产业有规模以上企业 115 家；实现营业收入 550 亿元，比 2020 年增长 28%。先进高分子及金属材料是新材料产业的重要组成部分，广泛应用于电子信息及智能家电、汽车及轨道交通、生物医用、纺织服装、海洋及航空航天等制造业领域，市场潜力大。青岛市将先进高分子及金属材料确定为十大新兴产业链之一。

产业发展。2021 年，青岛市在高端聚烯烃、高性能橡胶、改性塑料及纤维复合材料等先进高分子领域拥有青岛海湾化学股份有限公司、赛轮集团股份有限公司、青岛国恩科技股份有限公司等一批上游生产企业，集下游应用、研发于一体的中车青岛四方机车车辆股份有限公司等龙头企业，中国科学院青岛生物能源与过程研究所、青岛科技大学等开展科技成果转化的科研机构。在

精品特钢、非晶合金、高温合金及铝合金等先进金属材料领域拥有青岛特殊钢铁有限公司（中信集团四级子公司）、中国钢研青岛研究院（中国钢研集团下属企业）等中央企业，青岛云路先进材料技术股份有限公司、青岛新力通工业有限责任公司等一批成长性良好的本土重点企业。

（十四）绿色制造体系建设

截至 2021 年年底，青岛市有绿色制造示范企业 37 家，其中国家绿色工厂 30 家、绿色供应链管理企业 3 家、省级绿色工厂 4 家，涵盖家电电子、食品饮料、轨道交通、石化化工和橡胶轮胎等多个行业和领域。开发生产国家级绿色设计产品（系列）181 款，绿色冰箱、空调、洗衣机等家用电器占比超过 88%。国家绿色工业园区实现零的突破，青岛城阳工业园区入选 2021 年度绿色工业园区。

绿色制造示范创建。2021 年，青岛市加强绿色低碳政策引导，首次将"绿色低碳发展"政策纳入全市制造业高质量发展政策体系，鼓励企业加快用地集约化、原料无害化、生产清洁化、废物资源化、能源低碳化改造升级，推动绿色制造和智能制造融合发展。新增青岛海尔特种制冷电器有限公司、青岛昌隆文具有限公司、青岛啤酒股份有限公司青岛啤酒三厂、博世动力总成有限公司青岛分公司等 6 家国家级绿色工厂。在山东省首批绿色工厂创建中，中粮可口可乐饮料（山东）有限公司、青岛海信日立空调系统有限公司、海信（山东）空调有限公司、青岛海湾化学股份有限公司 4 家企业获评省级绿色工厂。

工业产品绿色设计。2021 年，青岛市加强工业产品全生命周期管理，推广轻量化、模块化、集成化、智能化等绿色设计共性技术，增强产品绿色低碳属性，绿色设计成为企业基本共识。海尔智家股份有限公司、青岛云路先进材料技术有限公司、双星集团有限责任公司、赛轮集团股份有限公司 4 家企业获评国家第四批绿色设计示范企业。海信空调有限公司生产的 S700X-26 挂机、EF20A1-33 挂机、X700H-35 挂机、A500-50 柜机、A500-72 柜机，青岛双星轮胎工业有限公司研发的 DSR188 系列载重汽车子午线轮胎、DW06 系列雪地轻卡轮胎、欧盟标签等级"AAA"级轿车子午线轮胎和赛轮集团载重型汽车绿色子午线轮胎 9 款产品获评国家绿色设计产品。

工业领域资源节约。2021 年，青岛市加快行业资源节约和综合利用标杆培育，打造行业能效、水效"领跑者"，青岛新希望琴牌乳业有限公司、青岛啤酒股份有限公司青岛啤酒二厂等 5 家企业获评山东省节水标杆企业，青岛海湾化学有限公司、中国石化青岛炼油化工有限责任公司 2 家企业入选国家烧碱行业和原油加工行业能效"领跑者"。扩大工业节能技术产品供给，智慧能源管控系统技术等 2 项工业节能技术入选《国家工业节能技术推荐目录（2021）》，电冰箱、洗碗机等 48 款终端消费

类产品获评"能效之星"产品。

行业规范企业培育。2021 年,青岛市加大投入,促使环保装备制造和再生资源利用行业规范条件提升,引导企业对标国家规范条件,加快管理体系完善、生产设备升级、产品结构优化,夯实绿色低碳产业高质量发展基础。在环保装备制造行业,青岛明华电子仪器有限公司入选 2021 年国家环保装备制造行业(环境监测仪器)规范条件企业,新研发便携式甲烷非甲烷总烃分析仪等 5 种产品,产品种类扩展至 60 余种,部分产品在国内细分市场占有率居第三位。青岛德鑫资源开发有限公司和青岛水发环保资源有限公司 2 家企业入选第九批符合《废钢铁加工行业准入条件》企业名单,青岛市《废钢铁加工行业准入条件》企业增至 4 家,全年回收利用废钢铁超过 42 万吨。

(十五)软件与信息技术服务业

2021 年,青岛市以高水平建设"中国软件特色名城"为主线,大力培育软件名企、名品,加快发展工业互联网,加速培育新兴业态,助力新旧动能转换,软件和信息技术服务业实现平稳较快发展。全市共纳统规模以上企业 168 家,实现营业收入 291.7 亿元,比 2020 年增长 22.2%,高于全省平均增速 0.2 个百分点。海尔集团公司、海信集团控股股份有限公司入选 2021 年度软件和信息技术服务企业竞争力百强榜单,海尔科技有限公司、青岛东软载波科技股份有限公司入选国家鼓励的重点软件企业;31 家企业入选 2021 年山东省软件和信息技术服务业综合竞争力百强,逐步形成龙头企业、骨干企业、高成长性中小企业融通发展的企业梯队。

产业特色鲜明。2021 年,青岛市高度重视软件和信息服务业发展,大力发展工业软件、嵌入式软件,在智能家电、轨道交通、高端装备等领域涌现出海尔集团公司、海信集团控股股份有限公司、软控股份有限公司、青岛酷特智能股份有限公司、青岛宝佳智能装备股份有限公司、双星集团有限责任公司等一批解决方案的提供商,同时青岛鹏海软件有限公司、青岛弯弓信息技术有限公司、青岛数智船海科技有限公司、山东山大华天软件有限公司等一批工业软件企业快速成长,赋能实体经济振兴。

产业布局优化。2021 年,青岛市打造"一体两极多园"新发展格局,崂山区青岛国际创新园、青岛西海岸新区光谷软件园、市南区软件及动漫游戏产业园、高新区青岛软件科技城、市北区链湾 5 个省级软件产业园区承载力不断提升,人工智能、虚拟现实、区块链等新兴园区加快布局。

(十六)5G 产业

2021 年,青岛市落实工业和信息化部发布的《"双千兆"网络协同发展行动计划(2021—2023 年)》,抢抓国家新型基础设施建设先机,把数字基础设施建设作为引领城市发展的战略性、全局性、系统性工程,以"双千兆"城市为目标,开展 5G 和千兆光网为代表的"双千兆"网络建设。青岛市入选国家首批"千兆城市"。

5G 基站建设。截至 2021 年年底,青岛市累计建设并开通 5G 基站 20207 个,重点场所 5G 网络通达率 96%,5G 用户占比达到 30%,5G 网络实现主城区全面覆盖、区(市)城区连续覆盖,数字基础承载能力全面提升。

5G 场景示范与推广应用。2021 年,青岛市开展 5G 场景示范评选与推广应用,对入选全市"5G 十佳场景示范"的示范应用项目,按照智能软硬件投资额的 10%,给予项目申报主体最高不超过 200 万元的一次性奖励。全市在建 5G 产业应用项目 153 个,总投资额超过 122.73 亿元。围绕工业互联网、高新视频、智慧海洋等十大典型应用领域打造一系列示范应用场景,遴选一批行业应用标杆项目。全市累计获批 5G 应用国家级试点项目 8 个,入选国家"5G+工业互联网"典型应用场景优秀案例 4 个,有 44 个项目获批山东省试点。扩大 5G 应用的广度和深度,在建设低时延、高可靠、广覆盖的双千兆网络基础设施等方面开展试点示范。

(十七)软件产业

提升产业供给能力。探索产教融合培养软件人才新路径;指导成立青岛市信息技术应用创新工作委员会,为信息技术应用创新企业提供精细化服务;指导青岛市软件行业协会组织开展 13 期软件企业对接交流活动,500 余家企业参加活动。上线运行特定行业特定领域工业互联网平台近 30 个,形成"一超多专"的平台矩阵。通过实施"工赋青岛"专项行动,探索打造"青岛能突破、山东能推广、全国能借鉴"的"工赋样板",累计培育智能工厂 41 家。2021 年,青岛海纳云科技控股有限公司"5G+王台全域视联网暨智慧镇街监控服务平台项目"等 3 个项目入选 2021 年国家新型信息消费示范项目,青岛数智船海科技有限公司"基于开源生态自主仿真软件研发管理 App"等 4 个项目入选 2021 年工业互联网 App 优秀解决方案,青岛海尔电冰箱有限公司入选国家特色领域试点"区块链+制造"。12 个产品入选山东省第五批首版次高端软件,42 个项目入选山东省第二批软件产业高质量发展重点项目。

举办 2021 年青岛国际软件融合创新博览会。2021 年 9 月 24—26 日,由青岛市政府主办的 2021 年青岛国际软件融合创新博览会在青岛国际会展中心举行,海克斯康测量技术(青岛)有限公司、华为技术有限公司、阿里巴巴集团控股有限公司、海尔集团公司、海信集团控股股份有限公司等 240 余家企业参展,采用全场景、全生态展示方式,融合产业资源,打通上下游产业链,推动构建产业发展生态体系。

提高服务企业效能。2021 年,青岛市支持中国石油大学(华东)青岛软件学院成功创建首批国家特色化示范性软件学院,探索产教融合培养软件人才新路径;指导成立青岛市信息技术应用创新工作委员会,为信息技术应用创新企业提供精细化服务;指导青岛市软件行业协会组织开展 13 期软件企业对接交流活动,500 余企业参加活动。

（十八）工业互联网建设

2021年，青岛市坚持以改革思维优化路径、创新打法，通过实施"工赋青岛"专项行动，重组平台数据资源，率先探索形成以平台赋能百业改造、以数据增益千企升级的"青岛样板"，获评2021年度工赋强国奖。

平台建设。2021年，青岛市推动海尔卡奥斯物联生态科技有限公司、青岛财通集团有限公司、山东省港口集团有限公司合资成立工赋（青岛）科技有限公司，运营全国首个政企合作、市场化运作的工业互联网企业综合服务平台。依托企业综合服务平台打通政企两端、链接市场资源，同步打通政务服务网和卡奥斯平台用户体系，推动行政审批等全市24个部门30个大类服务实现线上办理，通过"数据跑路"代替"企业跑腿"。开发推出1428项线上服务和15655个赋能应用，通过人工智能、大数据、云计算等技术手段，为平台注册企业"精准画像"，实现政策匹配、精准推送和智能提醒，变"人找政策"为"政策找人"。实施场景赋能"千企千景"工程，提供场景需求发布、对接、落地等关键环节服务，实现从"给政策"向"给机会"转变。支持企业自建、合作共建，推动卡奥斯建设国际领先的"跨行业、跨领域"工化车间和自动化生产线410个。

（十九）国家级互联网骨干直联点建设

青岛国家级互联网骨干直联点项目作为中国互联网骨干网互联枢纽之一，具备全国范围网间通信流量疏通能力。2021年10月29日，工业和信息化部批复同意在济南市、青岛市分别设立国家级互联网骨干直联点，山东省成为唯一的双节点省份，标志着青岛和济南的网络层级上升到中国互联网网间架构的最顶层。由青岛通信网络保障中心和三大基础电信运营企业负责直联点监测系统建设、网间互联工程建设和各运营企业网内调整改造工程建设等，高标准、高水平、全方位完成青岛市国家级互联网骨干直联点建设工作，并投入试运行。

项目进展。2021年，青岛市工业和信息化局会同青岛市发展和改革委员会、青岛市财政局、青岛市通信管理局联合印发《关于加强青岛国家级互联网骨干直联点项目建设的通知》，明确市财力补贴资金34884.5万元用于直联点项目建设。三大电信运营企业针对各自实际，迅速开展项目立项、设备采购、安装调测，工程进度按时间节点推进。

2022年青岛市工业经济运行概况

2022年，青岛市工业增加值增速为3.8%，高于全国（3.6%），增速居全国15个副省级城市第七位，比2021年提升1个位次；居24个万亿元生产总值城市第11位，居中国北方城市第三位，高于南京市、苏州市、广州市、杭州市等地。工业用电量比2021年增长1.4%，高于全省（0.3%）1.1个百分点。重点行业走势稳健。2022年，青岛市的35个工业大类行业中，22个行业实现增长，行业增长面达62.9%。民生消费品保供有力，食品制造业、医药制造业、酒饮料和精制茶制造业增加值分别增长11.3%、7.9%和7.5%。新产品快速增长，太阳能工业用超白玻璃、锂离子电池、多晶硅产量分别增长490%、65.5%和30.6%。新动能发挥引领作用，高技术制造业增加值增长17.3%，高于规模以上工业增加值增速13.5个百分点。

一、工业经济运行概况

（一）工业投资增长与创新转型

工业投资持续增长。2022年，青岛市跟踪推进重大招商项目50个（计划投资额2700亿元），滚动推进市重点技术改造项目566个（计划投资额706亿元），竣工投产163个，70个项目入选山东省企业技术改造重点导向目录，2个案例入选山东省十大智能化绿色化技改优秀案例。中国石化青岛石油化工有限责任公司、金能化学（青岛）有限公司、青岛海湾化学股份有限公司、国家橡胶与轮胎工程技术研究中心等单位的一批投资额超过100亿元的重大项目加快推进，青岛市虚拟现实产业园挂牌，京东方青岛生产基地项目主体封顶，北京汽车制造厂（青岛）有限公司、歌尔微电子产业园项目竣工投产，奇瑞汽车青岛基地项目年底整车下线。创新力度提升。2022年，青岛市立项实施企业技术创新重点项目3140项，完成首批产业技术创新协同攻关重点项目征集、评审和公示，揭榜项目35个，高水平建设国家高端智能化家用电器创新中心，国家虚拟现实创新中心（青岛）挂牌，在全国24家、全省3家国家级制造业创新中心中，青岛市占2家。智慧云脑制造业创新中心获省级认定，省级以上制造业创新中心累计达到7家，居全省首位。新增国家级技术创新示范企业1家、省级5家和首台（套）技术装备38个。新增全国质量标杆4项，居全国同类城市首位。新增国家级制造业单项冠军8家、国家级服务型制造示范8家，均居全省首位。遴选发布创新产品293个。集群发展成效突出。2022年，青岛市推行"链长制"，"一链一策"编制实施13条重点产业链发展行动方案，入库培育产业链重点企业161家，公布第一批链主企业47家。"一园一业"规划建设新兴产业专业园区，青岛市虚拟现实产业园开工建设，编制完成绿色低碳新材料、精密仪器仪表、人工智能、智能制造装备产业园规划。印发实施青岛市打造现代产业先行城市五年规划和三年行动方案。发布智能家电、轨道交通装备关键零部件投资导向目录，上线"链万企"供需对接公共服务平台，出台全国首个市、区（市）一体化支持虚拟现实产业园发展专项政策和全省首个支持集成电路全产业链发展专项政策，制定培育发展制造业优质企业实施意见，开展链主企业入库培育。家电及电子信息、软件和信息服务、船舶与海洋工程装备3个产业示范基地获评五星级国家新型工业化产业示范基地，数量居全国首位。

（二）两化融合与产业生态构建

赋能产业转型。2022年，青岛市加快建设国家特色化示范性软件学院，新增国家大数据产业发展试点示范项目3个、国家新型信息消费示范项目2个。全年软件和信息技术服务业营业收入增长19.7%，高于全省3个百分点。新上线特定行业特定领域平台15个，卡奥斯工业互联网平台连续4年居国家跨行业跨领域工业互联网平台榜首。新增国家级智能制造示范工厂3个、智能制造优秀场景11个，居全国同类城市首位。青岛海尔冰箱互联工厂再次入选全球"灯塔工厂"，在全国42个、全省4个全球"灯塔工厂"中，青岛市占3个；入选国家首批"数字领航"企业3家，数量占全国10%，居全国首位。建成开通国家级互联网骨干直联点，入选全省首批DCMM（数据管理能力成熟度评估模型）贯标试点市，新建5G基站1万个，总数突破3万个，数量居全省首位，质量全国领先。加快建设国家工业互联网大数据中心山东分中心、中国移动青岛数据中心和青岛人工智能计算中心，1个区域中心、8个行业分中心入选全国一体化工业大数据中心试点。加快生态构建。2022年，青岛市制定加快先进制造业高质量发展若干政策措施实施细则，创新开展"千企万员"政策宣传贯彻活动，累计拨付国家和省级专项资金近4亿元、市级专项资金超过17亿元。搭建金企对接平台，实施产融合作"白名单"制度，为446家制造业企业提供329亿元信贷资金支持，为重大项目争取国家开发银行专项贷款9亿元。推动将每年7月17日设立为"青岛品牌日"，成为全国首个以人大行使重大事项决定权形式设立品牌日的城市，首届品牌日举办系列活动70余场，拉动企业增收超过7亿元。推出《工赋青岛》《四新领航》融媒体栏目14期。入选2022年"中国500最具价值品牌"22个，获批全国消费品工业"三品"（增品种、提品质、创品牌）战略示范城市。创新开展"链万企"供需对接活动，开通公共服务平台，举办智能家电、商用车等系列专场对接，促成协同创新联合体、稳定配套联合体和产业链重点项目达成合作。举办2022国际虚拟现实创新大会、2022世界工业互联网产业大会、第二十二届青岛时装周，承办2022"三品"全国行青岛市消费品工业新品发布会、中国（青岛）首届RCEP（《区域全面经济伙伴关系协定》）国际食品饮料数字博览会。

二、重点行业发展情况

（一）智能家电

青岛市是国内传统的三大家电生产基地之一。2022年，青岛市积极推进家电及电子信息产业转型升级，智能家电产业集群入选国家先进制造业集群；获批组建全国唯一的国家高端智能化家用电器创新中心；家电及电子信息示范基地是全国首批国家新型工业化产业示范基地，是国内家电领域唯一连续4年获评五星级评价的示范基地。青岛市智能家电产业形成"先进制造实力+世界级品牌+创新研发能力"的发展新优势。

产业规模不断壮大。2022年，青岛市家用电力器具制造累计完成工业增加值比2021年增长8.4%，高于全市4.6个百分点；非专业视听设备制造累计完成工业增加值增长25.8%，高于全市22个百分点。全年青岛市家电四大件（电视机、洗衣机、空调、冰箱）总产量超过6000万台，约占全国总产量的9.7%，产量在全国主要家电生产城市中排名第一。

政策引领产业发展。2022年，青岛市编制出台《青岛市智能家电产业发展行动计划（2022—2024年）》，立足青岛市家电产业基础，把握高端智能家电发展趋势，聚焦打造"1468"产业发展体系，推动智能家电产业带动关联产业配套协同发展。发布《青岛市智能家电关键零部件投资导向目录（2022年本）》，明确把核心零部件、电子零部件等4个大类、18个中类产品作为重点招引方向，引导企业围绕做大做强家电及电子信息产业开展项目投资，推动智能家电产业补链强链。

品牌培育成效显著。2022年6月25日，青岛市第十七届人民代表大会常务委员会第一次会议表决通过《青岛市人民代表大会常务委员会关于设立"青岛品牌日"的决定》，将每年7月17日设立为"青岛品牌日"，推出涵盖智能家电等各行业30余场线上、线下品牌推广活动。海尔连续14年蝉联全球大型家用电器第一品牌；海信牌电视销售量和销售额占有率均居国内市场首位，出货量居全球第二位；青岛澳柯玛控股集团有限公司获评中国冷柜品牌口碑榜冠军。青岛市以"海尔""海信""澳柯玛""卡萨帝""统帅""通用""斐雪派克""AQUA""Candy""东芝""古洛尼""科龙""容声""Vidda"等20余个世界级、国家级高端家电品牌提升全球影响力。

技术创新优势突出。2022年，海尔集团公司以5691件公开的专利申请居全球智慧家庭发明专利排行榜首位，实现"八连冠"，海尔智慧家庭累计公开专利23334件；海尔集团公司累计主导和参与国际标准97项、国家标准和行业标准706项。海信集团公司主导制定的LED背光电气信号接口国际标准由国际电工委员会电子显示标准技术委员会正式发布，填补国际空白；自主研发的三色激光技术全球领先，激光显示领域专利授权数量居全国首位。

项目建设取得突破。2022年，青岛市加强重点项目要素保障统筹协调，加快推进全市重点项目建设。整机制造方面，支持链主企业扩能增产，卡奥斯工业互联网生态园、中央空调制造基地、三菱重工海尔空调机三期等重大项目开工建设；关键零部件配套方面，德国代傲电子生产基地、深圳和而泰东北亚制造基地等行业领军企业项目落户青岛市；澳柯玛智能家电强链产业园、少海汇智能家居产业园等重点项目加快建设。上游集成电路、新型显示项目加快推进，芯恩集成电路项目、惠科芯片项目持续产能爬坡，青岛京东方项目、青岛光电显示新材料产业园、青岛微电子产业园竣工投产。

（二）轨道交通装备

2022年，青岛市轨道交通装备产业受新冠疫情、中国国家铁路集团有限公司建设放缓、国际贸易摩擦等多重因素影响，新造动车订单减少，检修业务总量下降，但产业生态更加完善，规模以上企业数量持续增加，产业总体规模居国内领先地位。产业链企业超过260家，其中规模以上工业企业112家（比2021年增加20家），实现营业收入481.6亿元。新造动车384辆，生产城轨车辆976辆。

产业园区建设。2022年，青岛市轨道交通装备产业集群形成以青岛轨道交通产业示范区为核心，青岛高新技术开发区先进制造业集聚区、中车四方智汇港智能制造科技创新产业园、青岛（即墨）轨道交通产业园协同发展的"一核多园"空间布局架构，产业集群式发展态势明显。

创新体系完善。2022年，青岛市轨道交通装备产业拥有国际先进、国内领先的自主创新体系。有"国字号"技术研发中心13个，包括国家高速列车青岛技术创新中心（全国唯一）1个、国家级技术中心3个、高速列车系统集成国家工程实验室1个、国家高速列车总成工程技术研究中心1个、国家级工业设计中心4个、国家级轨道车辆技术中心2个、国家级车辆检验站1个。

重点项目建设。2022年，青岛市轨道交通装备产业持续加快推进重点项目建设。总投资额35亿元的中车四方智汇港一期完成城市客厅地块、机车公园建设；总投资额20亿元的中兴通青岛轨道交通产业园完成一期主体建设；总投资额10亿元的轨道交通关键装备产业园完成一期主体施工，高铁座椅、复合酶、给水卫生系统3个项目投产。推动陆港青铁联东U谷轨道交通数智制造园、康力电梯股份有限公司等项目落地。

科技创新成果。2022年，青岛市轨道交通装备产业开展协同创新，推进重点项目、重点课题研发公关，掌握行业核心技术，科技创新成果丰硕。中国高铁首次出口国外的高铁列车——印度尼西亚雅万高铁如期在中车青岛四方机车车辆股份公司下线，时速200千米的内燃动车组在阿拉伯联合酋长国国庆庆典亮相。中车青岛四方机车车辆股份有限公司的"车头"获第二十三届中国外观设计银奖，青岛思锐科技有限公司的"钩缓装置"产品获国家级"单项冠军"。青岛地铁集团有限公司联合中车青岛四方机车车辆股份有限公司、中车青岛四方车辆研究所有限公司共同攻关，完成国家发展和改革委员会批复的轨道交通装备重点领域国家级示范工程——列车自主运行系统（TACS）课题，并在青岛市地铁6号线示范应用。

产业培育。2022年，青岛市加强龙头企业深度合作，共同促进产业集群发展，合资成立青岛地铁轨道交通智能维保有限公司，筹划后续青岛地铁检修业务，为省内城轨检修业务提前布局。帮助主机企业和核心配套企业共同拓展国内市场，在武汉、郑州等市场获新订单。明确总体思路，确立发展目标，打造世界级产业集群。本地化配套度达到70%以上；补齐产业链上下游业务短板，布局新材料、新能源、大数据、工程渣土再生利用等新产业方向；梳理轨道交通各类装备高科技、高附加值核心配套，提升本地配套率；引进国际城市轨道交通博览会暨高峰论坛等国家级展会，提升青岛市轨道交通产业知名度。

（三）智能汽车

2022年，青岛市抓住新一轮汽车产业发展机遇，以发展新能源汽车为牵引，带动全市汽车产业链产值超过1000亿元，引进华人运通（高合汽车）中国总部、北京汽车制造厂等总部型企业和相关研发机构，补齐产业链短板。青岛市有取得资质的整车生产企业8家、改装车生产企业32家，汽车产业规模以上企业291家，汽车零部件生产企业900余家，形成即墨区、莱西市、青岛西海岸新区3个主要产业集聚区。在车辆品种和车型配置方面，企业通过加强研发和车型导入，形成集传统燃油车、LNG（液化天然气）清洁能源车和纯电动及氢燃料电池汽车于一体的完整生产体系，车型涵盖轿车、SUV、交叉乘用车、轻中重型卡车、客车、特种（专用）车辆等高中低配全系列。新能源汽车产量连续3年保持增长，全年新能源整车产量21.7万辆，比2021年增长25.4%。

产业进展情况。2022年，青岛市编制发布《青岛市汽车产业"十四五"发展规划》《青岛国际汽车城产业发展战略规划（2022—2035年）》，在即墨区北部、莱西市南部以汽车产业为主打造国际招商产业园，推进即墨区、莱西市汽车产业一体化发展。华人运通（高合汽车）中国总部、北京汽车制造厂研发总部投入运营；华人运通高合汽车、北京汽车制造厂设立销售总部，奇瑞汽车设立区域销售总部；立博商用车制动缓速器、康普锐斯液驱氢气压缩机实现进口替代。一汽-大众汽车有限

公司青岛分公司第100万辆整车下线、一汽-大众汽车有限公司青岛分公司全新宝来、北京汽车制造厂MPV和皮卡车、一汽解放新能源冷藏车和智慧生活舱、奇瑞汽车星途旗舰SUV等全新车型相继下线，上汽通用五菱宏光MINIEV系列汽车产品连续9个月获全国单一车型销量冠军。

重点项目建设。2022年，北京汽车制造厂（青岛）有限公司整车制造总部基地项目一期总投资额120亿元，占地面积73万平方米，厂区内规划建设冲压车间、焊装车间、涂装车间、总装车间、改装车间、研发试验中心、动力中心等，总建筑面积36.4万平方米，设计年产20万辆乘用车、货车、客车、改装车（含传统车和新能源车）等，项目于2022年年初正式投产。奇瑞汽车青岛超级工厂项目占地面积近60万平方米，新建厂房26万平方米，购置国产设备210台（套），引进进口设备2台（套），主要建设冲压、焊装、涂装、总装四大工艺和研发中心、试验检测、试车场等设施，可同时实现多款常规动力和新能源乘用车的混线生产，年产能20万台，项目于2022年11月18日建成投产。潍柴动力全球未来科技研发中心项目引入全球专家、工程师、研发人员等各类人才2000余人，年均研发投入资金5亿元以上，落户未来技术研究院、电控与软件研究院等，开展集团前沿技术和新业务领域的研发创新，实施集团电控零部件、燃料电池、固态锂电池等多领域的产业化应用，建立全球高端工业设计、中试、生产、推广、应用生态圈，项目计划于2023年6月投入运营。潍柴高端新能源汽车创新孵化中心项目总投资额20亿元，注册资本5000万元，占地面积5万平方米，主要进行新能源汽车技术的创新孵化，重点建设潍柴集团中试基地、体验中心等，具备新能源零部件、整车、电控产品开发和虚拟标定、产品设计验证能力，项目计划于2024年12月竣工。一汽解放青岛基地研发能力提升项目，旨在开展商用车领域的研发生产，并利用崂山区的区位优势和一汽解放汽车有限公司的技术和产业链优势，吸引优质企业和上下游合作伙伴落户崂山区，项目于2021年9月30日开工建设，计划于2024年12月竣工。

（四）高端化工

2022年，青岛市化工行业主要产品有汽油、柴油、煤油、液化石油气、润滑油等石油加工产品，聚氯乙烯、对二甲苯、烧碱、硅胶、合成染料、涂料、功能性高分子材料、农药等化学原料及制品，轮胎、合成橡胶、橡胶板（管、带）等橡胶制品。全市拥有规模以上化工企业559家，比2021年增加35家。实现主营业务收入2324.6亿元，同比增长20.1%，占全市的19.7%。完成原油加工量1395.4万吨，同比增长4.1%；生产轮胎4637.6万套，同比下降8%。

发展方向明确。2022年4月，青岛市印发《青岛市高端化工产业链高质量发展行动方案（2022—2024年）》，明确指出青岛市高端化工产业发展的主要方向是

谋划发展石化上游产业、集聚发展化工新材料产业、领先发展橡胶轮胎产业、择优发展精细化学品产业。

产业发展集聚。2022 年，青岛市实施支持化工企业向化工园区搬迁和关闭退出化工园区外不符合安全、环保要求的企业等措施。全市 365 家化工企业中，需入园企业 108 家，截至 2022 年年底，进入 2 个化工园区和重点监控点企业 61 家，化工企业入园率为 55.6%。

产业布局优化。2022 年，青岛市形成以董家口化工产业园和平度新河化工产业园 2 个化工园区为核心，以平度市明村镇和莱西市姜山镇 2 个橡胶产业集聚区，索尔维精细化工添加剂（青岛）有限公司、中远佐敦船舶涂料（青岛）有限公司、青岛森麒麟轮胎股份有限公司、青岛瀚生生物科技股份有限公司、青岛奥迪斯生物科技有限公司等化工重点监控点为扩展的"2+2+5"产业布局。2 个化工产业园区总面积 23.37 平方千米，全年实现化工营业收入 416 亿元。

企业队伍壮大。2022 年，青岛市链主企业有中国石化青岛炼油化工有限责任公司、中国石化青岛石油化工有限责任公司、金能化学（青岛）有限公司、青岛海湾化学股份有限公司、赛轮集团股份有限公司、青岛双星股份有限公司、海利尔药业集团股份有限公司，骨干企业有青岛丽东化工有限公司、青岛康普顿科技股份有限公司、青岛瀚生生物科技股份有限公司、青岛红蝶新材料有限公司、中远佐敦船舶涂料（青岛）有限公司、青岛森麒麟轮胎股份有限公司、青岛耐克森轮胎有限公司。

投资项目建设加快。2022 年，青岛市重点调度的在建化工重点项目 20 个，总投资额 350 亿元，全部达产后，可新增营业收入 620 亿元、利税 130 亿元；全年完成投资额 150 亿元，竣工项目 4 个。

政策引导加强。2022 年，青岛市印发《青岛市加快先进制造业高质量发展若干政策措施实施细则（试行）》，对企业搬迁进入省级化工园区实现改造升级的化工投资项目，按照不超过设备（化工装置和设施）投资 10% 的比例给予奖补，单个企业通过财政奖补或股权投资等方式给予最高 2000 万元支持。

（五）海洋工程装备

船舶制造产业是青岛市重点打造的优势特色产业之一，2022 年青岛市船舶制造企业共交付各类大型船舶 220 万载重吨。重点骨干企业保持行业优势。中国船舶集团青岛北海造船有限公司的大型散货船业绩居全球前列、超大型矿砂船业绩稳居全球首位，全年新接订单量居全球第七位；中国船舶重工集团柴油机有限公司全年交付主机 60 台，居全球船舶低速柴油机市场前列；青岛双瑞海洋环境工程股份有限公司生产的船舶压载水处理设备市场占有率居世界首位，LNG（液化天然气）、氨、甲醇等船舶绿色燃料研发居世界前列。

2022 年，中国船舶集团青岛北海造船有限公司首次开工建造集装箱船、双燃料散货船，其新一代甲醇燃料动力纽卡斯尔型散货船船型设计获美国船级社原则性认可；中国船舶重工集团柴油机有限公司交验全球首台 6G60MEC10.5-GI 型高压双燃料主机，研发的专利项目"一种船用氨供给系统及船舶"获国家发明专利授权；青岛双瑞海洋环境工程股份有限公司，获评 2022 年度山东省科技领军企业，获第七届中国工业大奖表彰奖。

海洋工程装备。2022 年，青岛市贯彻落实海洋强国、海洋强省战略部署，围绕建设现代产业先行城市、引领型现代海洋城市总体目标，推进海洋装备产业链高质量发展，船舶与海洋工程装备基地连续 2 年获评五星级国家新型工业化产业示范基地。海洋石油工程（青岛）有限公司提高海洋工程装备制造总承包能力，完工交付加拿大 LNG（液化天然气）项目系列工艺模块、中国海上首个二氧化碳封存示范工程设备、中国最大规模海上岸电应用项目导管架、国内规模最大的智能圆筒形企鹅 FPSO（浮式生产储卸油装置）等一批具有国际先进水平的产品；连续开工建造中国全容量最大的海上风电升压站和中国首座深远海浮式风电平台"海油观澜号"等多个海上风电项目。中国船舶集团青岛北海造船有限公司持续开拓深远海养殖装备等新型海工装备市场，建造交付全球首艘 10 万吨级智慧渔业大型养殖工船"国信 1 号"，实现中国深远海大型养殖工船由"0"到"1"的进阶发展，为实施"深蓝渔业"战略提供装备支撑与产业示范。

（六）食品饮料

食品饮料产业是青岛市传统优势产业，发展起步较早、整体规模较大、品种门类齐全、龙头优势突出、创新动力强劲。2022 年，青岛市加快市、区（市）两级食品强市建设步伐，优化产业布局，加强主体培育，实施品牌带动，提升质量水平，拓宽融资渠道，开展服务型执法，食品饮料产业发展成效突出。全市食品饮料产业拥有规模以上工业企业 514 家，比 2021 年增长 9.8%；工业增加值增长 6.9%，增速高于全市工业 3 个百分点，占全市工业的 9.8%；实现营业收入 1650.2 亿元，同比增长 9.6%；实现利润 58.8 亿元，同比增长 8.4%；产业规模居全省首位，在全国副省级城市中名列前茅。

产业政策体系。2022 年，青岛市出台《青岛市加快实体经济振兴发展三年行动方案》《关于推动传统产业高质量发展的意见》《青岛市推动食品饮料产业高质量发展的若干措施》《促进食品饮料产业链高质量发展的十五条措施》等一系列政策措施，推动青岛市食品饮料产业转型升级和高质量发展。

重点项目建设。2022 年，青岛市推进建设总投资额 44.5 亿元的 137 个食品饮料项目。其中，竣工 27 个，新增产值 9 亿元。重点推进青岛啤酒集团 110 亿元倍增项目、益海嘉里（青岛）食品工业园、花帝食品健康调味品智慧工厂等重点项目按期建设，青岛啤酒智慧产业示范园二期项目、青岛啤酒·时光海岸精酿啤酒花园项目、福生食品产业园项目顺利建成，中国最大的单体羊奶粉加工厂在莱西市建成投产。开展招商引资工作，协调解决项目落地过程中遇到的问题。食品饮料产业链链长带队赴上海、呼和浩特等地走访招商；"海泉基金"产业带直播基地项目落地城阳区，注册公司 2 家，线上单日成交额最高超过 1 亿元。

推进品牌建设。2022 年，"青岛啤酒""即墨老酒""九联冰鲜鸡产品""黄岛蓝莓" 4 种食品入选"好品山东"首批品牌名单，青岛明月海藻集团有限公司、青岛维良食品有限公司 2 家食品企业入选第六批"山东老字号"认定名单，"青岛啤酒百年之旅大师限定""喜燕牌特香花生油""SOHAO 牌每日果萃""即墨老酒十年陈酿"等 19 个产品入选 2022 年度山东省特色优质食品目录，利和味道（青岛）食品产业股份有限公司的朕宅牌惠灵顿牛排入选 2022 年全国预制菜十大"爆品"。"青岛啤酒"品牌价值突破 2000 亿元，达到 2182.25 亿元，连续 19 年蝉联中国啤酒行业首位。

加强市场开拓。2022 年，青岛市利用融媒体、展会等平台，推广青岛食品饮料制造业成果，帮助企业开拓市场。开展 7 月 17 日"青岛品牌日"宣传活动，举办 2022 年"三品"（增品种、提品质、创品牌）全国行青岛市消费品工业新品发布会，11 家食品企业发布新品 20 件。打造"工赋青岛"融媒体宣传平台，制作并播出食品专题、预制菜专题节目 2 期。采用线上线下相结合方式，举办首届 RCEP 国际食品饮料数字博览会。其中，线上参展商 1200 余家，专业观众累计访问量突破 151 万人次，交易额超过 8.9 亿元。

优化产业布局。2022 年，青岛市贯彻落实《山东省特色优势食品产业集聚区培育实施方案》，以深化供给侧结构性改革为主线，以科技创新为动力，优化食品产业布局，引导企业技术创新，加强质量安全管理，实施品牌发展战略，提升食品产业发展质效，优化产业发展内外环境，食品产业集聚区建设初见成效。2022 年，平度市粮油深加工产业集群、胶州市粮油加工产业强市、青岛啤酒食品产业基地、琅琊台海洋生态白酒产业基地获批山东省特色优势食品产业集聚区，城阳区特种食品产业集群、莱西市休闲食品产业强市、胶州市辣椒制品产业强市继续高质量发展，全面协同发展态势初步形成。

（七）纺织服装

2022 年，青岛市作为国内传统的纺织产业基地，形成针织、棉纺、印染、服装、鞋帽等较为齐全的产业体系，拥有中国针织名城、中国童装名城等特色产业集群，是全国最大的针织出口优质产品生产基地，也是全国三大童装生产基地之一。其中，帽子产量占全国市场份额 35% 以上，蜡染面料占国际市场份额 30% 以上，产品远销全球 100 余个国家和地区。截至 2022 年年底，全市拥有规模以上纺织服装企业 305 家，比 2021 年增加 12 家，实现营业收入 357 亿元。其中，纺织业营业收入 165 亿元，同比增长 0.5%；纺织服装、服饰业营业收入 159 亿元，同比下降 2.2%；皮革、毛皮、羽毛及其制品和制鞋业营业收入 33 亿元，同比下降 9.4%。规模以上纺织服装企业居全省第三位，在全国 15 个副省级城市中居第五位。举办 2022 年"三品"（增品种、提品质、创品牌）全国行青岛市消费品工业新品发布会、青岛时装周、青岛纺织服装产业大会等会展活动。青岛时装周获 2022 年度中国十大品牌展览会金奖。5 家纺织服装企业入选 2022 年新一代"青岛金花"培育企业名单。

产业转型升级。2022 年，青岛市围绕《青岛市纺织服装产业链高质量发展三年行动方案（2022—2024 年）》，成立产业链工作专班，推进纺织服装产业转型升级。即发集团有限公司加强国内市场开发，国内市场份额占比达到 40% 以上，带动产业链双循环发展格局加快形成。卡奥斯海织云纺织服装工业互联网平台赋能产业链转型升级，成功改造纺织服装、鞋帽等重点企业 30 余家，纺织服装产业数字化、智能化水平持续提升。即发集团有限公司的超临界二氧化碳无水染色产业化关键技术全球首发，青岛酷特智能股份有限公司建成全球性智能服装新物种孵化平台。即发集团有限公司、众地家纺有限公司入选 2022 年重点培育纺织服装百家品牌名单，"即墨针织"获评 2022 年重点培育纺织服装区域品牌，"本依凡"等 5 个品牌获评中国服装成长型品牌。原创设计水平再上新高。2022 年，纺织谷、东方时尚中心通过工业和信息化部组织的纺织服装创意设计试点园区（平台）复审，线下集聚设计师 700 余人。其中，包括 5 名中国金顶设计师，占全国金顶设计师人数的 22%。青岛市 217 个产品参加山东省第四届"省长杯"工业设计大赛第一届纺织服装分赛，获奖数量居全省首位。新创建省级工业设计中心 2 个，占全年青岛新创建省级中心的 40%。

特色产业集聚发展。2022 年，青岛市围绕"工赋青岛，智造强市"城市品牌建设，推动纺织产业集聚发展。全球 70% 的高端假发头套制品产自胶州市，平度市睫毛生产份额占全球市场规模的 70%。印染、纺织服装等重点领域实现技术创新突破，即发集团有限公司超临界二氧化碳无水染色项目获 2022 年青岛市科技进步奖一等奖，服装行业供应链协同与柔性制造智能工厂创新应用入选工业和信息化部 2022 年工业互联网平台创新领航应用案例名单，青岛市制帽行业主持发布《六片运动帽》等多项行业标准、国家标准。

产业制造装备持续升级。2022 年，青岛市新建成纺织服装产业互联网平台 1 个、数字化车间 2 个、自动化生产线 2 条，规模以上纺织服装企业关键工序数控化率达到 54.6%，高于全国 0.2 个百分点。企业技术改造综合奖补政策支持纺织服装企业 18 家次；安排综合奖补资金 0.2 亿元，同比增长 0.1%。

（八）集成电路

园区建设。2022 年，青岛市将集成电路作为重点发展的十大新兴产业之一，在中德生态园规划建设青岛市集成电路产业园，规划总面积 700 万平方米，于 2022 年 11 月正式挂牌运营。围绕园区"5 个 1"工作机制，编制园区产业规划、建设规划，明确产业方向、空间布局、建设计划。出台《青岛市集成电路产业园（青岛自贸片区）发展若干政策》。

政策支持保障。2022年，青岛市印发《青岛市加快集成电路产业发展的若干政策措施》，提出支持青岛市集成电路产业发展十条政策，单项最高奖补奖金500万元。

重点项目建设。2022年，青岛新核芯科技有限公司高端封测项目投产。歌尔微电子产业园一期项目投入使用，具备年产5亿只集成式智能传感器及微系统模组能力。中微创芯高端智能功率模块、德国代傲电控板等项目加快推进。

合作平台搭建。2022年，青岛市举办首届集成电路产业高层次人才"芯享会"、中国研究生电子设计竞赛等活动，为高层次专业人才、产业链上下游企业、金融机构搭建交流合作平台。举办集成电路产业链项目签约活动，现场签约半导体先进装备制造研发中心、海澳芯科产业发展平台等重点项目10个。

项目招引。2022年，青岛市组建"工作专班+链主企业+金融平台+招商公司"的联合专业招商团队，建立由中国半导体领军人物张汝京领衔的专家咨询委员会和专家智库，实施专业技术评估，研判项目质量。建立招商项目定期报送机制，及时掌握各区（市）集成电路项目招商推进情况。截至2022年年底，共纳入集成电路招商储备库项目14个。

（九）新型显示

园区建设。2022年，青岛市将新型显示作为重点发展的十大新兴产业之一，在青岛经济技术开发区规划建设总面积950万平方米的青岛市新型显示产业园。

显示终端优势突出。2022年，青岛市新型显示终端产业优势明显，集聚海信视像科技股份有限公司、青岛小鸟看看科技有限公司、歌尔股份有限公司等一批知名企业。2022年，海信视像科技股份有限公司的"海信"电视全球出货量达到2440万台，国内市场占有率达到24%，处于国内领先地位，是全球第二大电视生产商。歌尔股份有限公司的VR/AR处于行业领先地位，中高端VR代工市场份额近80%。青岛小鸟看看科技有限公司作为VR设计头部企业，市场份额居中国市场首位。

前沿技术实现突破。2022年，海信视像科技股份有限公司的激光显示技术世界领先，激光电视出货量居全球首位。海信视像科技股份有限公司同时布局Micro/MiniLED显示领域，控股国内LED芯片龙头企业厦门乾照光电股份有限公司，成为LED显示行业唯一从上游芯片、中游模组设计到下游终端应用完整布局的企业。

产业延链补链成效初显。2022年，京东方最大的移动显示模组制造单体工厂——京东方物联网移动显示端口器件青岛生产基地项目实现首片点亮生产。福建万达光电智造生产基地、PI膜柔性基底等项目加快建设。青岛天仁微纳科技有限责任公司作为世界领先的纳米压印设备和解决方案提供商，国内市场占有率达到95%以上。

搭建交流合作平台。2022年，青岛市举办2022青岛国际显示大会暨第四届全球显示产业行业趋势发布会，邀请行业专家学者、龙头企业代表全方位、多角度、深层次探讨显示产业发展趋势，形成产展融合发展的良性互动格局。

（十）虚拟现实

2022年，青岛市把虚拟现实产业纳入全市24条重点产业链布局，重点突破，加强专班顶格协调，突出专业园区载体支持，打造最优政策保障体系，推进产业发展和应用场景落地，打造国内一流、具有全球竞争力的虚拟现实产业研发制造基地。虚拟现实产业集群入选山东省"十强"产业"雁阵形"集群，获批共建国家虚拟现实创新中心。

构建一流产业布局。2022年，青岛市成立由市委、市政府主要领导为负责人的青岛市虚拟现实产业发展工作专班，出台《青岛市虚拟现实产业发展行动计划（2022—2024年）》，对标国内外产业发展趋势，构建发展虚拟现实（VR）、增强现实（AR）和混合现实（MR）三种产品形态，突破近眼显示、感知交互、渲染计算、内容制作四大关键环节技术的"3+4"产业发展路径。构建以崂山区为核心，以青岛西海岸新区、市南区、即墨区为三极，其他区（市）联动发展的"一核三极多点"区域发展格局。

打造一流专业园区。2022年，青岛市在崂山区规划建设投资额超过100亿元、占地面积120余万平方米的青岛市虚拟现实产业园，落实"5个1"工作机制（1个工作专班、1个园区规划、1个园区政策、1个招商团队、1只产业基金），打造以生产制造为主，涵盖"硬件—软件—内容—应用"产业链条各环节的1000亿元级产业生态。9月22日，青岛市虚拟现实产业园正式挂牌运营；歌尔虚拟现实整机和光学模组项目实现"当年签约、当年开工"。国家虚拟现实创新中心项目2023年年底完成装修，青岛虚拟现实创享中心、东南门户形象区、金宇数字生态研发总部等一批入驻项目加快建设。

强化一流政策服务。2022年，青岛市出台全国首个市、区（市）两级一体化支持虚拟现实产业园区发展的专项政策，系统集成园区建设、企业培育、项目招引、技术攻关、平台搭建、体验应用、人才集聚、要素保障、行业交流等方面"一揽子"支持措施，为企业、项目从落地孵化到培育壮大提供全要素保障，最高可奖励5000万元，市财政局连续3年每年出资1亿元用于园区建设。发挥政府引导基金撬动作用，联合社会资本设立目标规模25亿元的产业投资基金、种子基金，精准投资虚拟现实领域成长期项目。聚焦"链主"企业急需紧缺人才需求，市、区（市）一体化研究专项人才政策，为产业发展提供全方位支持保障。

完善一流产业体系。2022年，青岛市与抖音集团、上海韦尔半导体股份有限公司等重点企业洽谈对接，依托歌尔股份有限公司、青岛小鸟看看科技有限公司等链主企业以商招商，加快引进智能硬件、内容制作、应用场景、平台服务等上下游企业和开发者，持续完善产业生态。Pico研发运营总部、标贝（青岛）科技有限公司等20余个项目签约落地，当红齐天集团等一批项目在洽谈中。推动虚拟现实技术和产品示范应用，在全市范围内开放和提供应用场景，聚焦教育、制造、医疗、智慧城市等重点领域，支持企业提出虚拟现实解决方案，海信视像VR智慧教室、聚好看8K超高清云VR平台等23个案例入选山东省虚拟现实领域优秀解决方案，居全省首位。推动关联产业链发展，集成电路、新型显示等产业快速起势，形成良好的产业发展生态。

（十一）人工智能

青岛市获批建设国家人工智能创新应用先导区以来，人工智能产业进入快速发展阶段，被列入实体经济振兴发展24条重点产业链统筹推进，产业生态不断完善。2022年，青岛市集聚人工智能企业超过500家，核心产业实现营业收入超过55亿元，产业规模200亿元。

强化产业顶层设计。2022年，青岛市出台《青岛市人工智能产业链高质量发展三年行动方案（2022—2024年）》，规划建设青岛市人工智能产业园，占地面积近200万平方米；建成山东省首家人工智能计算中心。依托相关企业、高校、科研院所等资源打造国家人工智能创新应用先导区赋能体系，累计培育青岛市技术创新示范企业（人工智能）57家，认定人工智能创新产品超过200项。

加快场景推广应用。2022年，青岛市牵头举办济南—青岛人工智能创新应用先导区第四届人工智能"百企百景"对接洽谈会，发布"百企百景"应用解决方案与场景技术需求手册，组织开展"人工智能精准赋能促进月""AI与你同行"主题沙龙、人工智能创新产品发布对接会等活动20余次，惠及企业500余家。累计征集发布"工业赋能""未来城市"等应用场景超过4000个，完成配对近1000个。

支持企业创新发展。2022年，青岛市支持山东极视角科技股份有限公司、科大讯飞股份有限公司分别举办ECV2022极市计算机视觉开发者榜单大赛、"创客中国"AI+工业产业链赛道赛（科大讯飞）等人工智能赛事赛会活动，推动创新要素集聚与产业融合赋能。青岛虚拟现实研究院有限公司参与组建国家虚拟现实创新中心；海尔数字科技（青岛）有限公司获批建设工业大脑国家新一代人工智能开放创新平台；青岛海信网络科技股份有限公司牵头建设山东省智慧云脑制造业创新中心；以萨技术股份有限公司入选山东省民营企业新一代信息技术行业领军10强；青岛创新奇智科技集团股份有限公司港股上市，成为登陆香港交易所"AI+制造"第一股，并收购青岛奥利普自动化控制系统有限公司和上海浩亚智能科技股份有限公司［现更名为浩亚奇智（上海）智能科技股份有限公司］，加快"AI+制造"领域业务布局。

（十二）生物医药及医疗器械

2022年，青岛市生物医药及医疗器械产业实现营业收入477.2亿元；100家重点规模以上企业实现营业收入257.4亿元，比2021年增长12.4%；产业整体发展态势良好。

建立健全工作推进机制。2022年，青岛市建立"5个1"（1个行动计划、1张图谱、1份招商名录、1组项目清单、1组支撑平台）工作机制。编制印发《青岛市生物医药及医疗器械产业链高质量发展三年行动方案（2022—2024年）》，明确产业发展方向。绘制生物医药、生物创新药、化学药物、现代中药、高端医疗器械在内的青岛市生物医药及医疗器械产业链全景图，每个链条分别列举国内代表企业、青岛企业、在建项目、突破方向。梳理确定易邦动物疫苗国家产业创新基地等37个总投资额603.6亿元的重点在建项目和8个总投资额144.2亿元的储备项目清单，建立常态化调度机制。成立专注康复产业项目落地的生物医药产业基金，将医疗器械行业协会、生物医药商会纳入专班成员。

培育行业重点企业。2022年，北京大学人民医院青岛医院获批第四批国家区域医疗中心，推进国家创伤医学中心科创基地建设，获批建设山东省唯一在企业里的P3实验室，实施"蓝色药库"开发计划，培育新药研发项目30余项，2~3年内冲击临床批件项目近10项，推进Ⅰ类抗肿瘤新药BG136的研发。落实青岛市支持生物医药高质量发展若干政策，指导青岛国家高新技术产业开发区出台促进医疗医药产业集聚发展的若干政策，制订支持专业园区发展政策，内容覆盖新药研发、产业化、项目投资、市场销售等产业链各环节。累计支持研发项目13项，支持资金近5000万元，获得Ⅲ类医疗器械5个，干细胞药物和Ⅰ类抗肿瘤新药分别进入临床Ⅲ期和Ⅱ期。全市生物医药类高新技术企业达到426家，年主营业务收入超过10亿元企业7家。

招引行业引领项目。2022年，青岛市组建专业招商团队，先后赴北京市、深圳市、武汉市等地招商10余次，对接中国医药集团有限公司、武汉库伯特科技有限公司等企业30余家，累计签约引进项目20余个，总投资额近150亿元。建设首家康复孵化器，引进签约入驻项目15个。开工建设市级在建重点项目20个。其中，海尔生物安全科创产业园项目全部主体封顶，蔚蓝生物国家动保工程中心项目竣工投产。签约总投资额22亿元的阿斯利康吸入气雾剂生产基地项目和总投资额30亿元的海尔大健康项目。

打造特色专业园区。2022年，青岛市加快建设青岛生物医药及医疗器械产业专业园区，总占地面积300余万平方米，该园区分为医疗器械片区和康复医疗片区。聚焦"2+2+1"（"生物创新药和罕见病药物+体外诊断（IVD）和先进治疗设备+康复医疗"）细分领域，确定重点招商项目18个、重点建设项目32个，计划5年内将专业园区打造成为国际知名的特色生物药创新基地、医疗器械全链融合发展先导区，推动青岛市成为康复产业地标和具有国际影响力的"中国康湾"。

（十三）智能制造装备

2022年，青岛市智能制造装备产业主要包括机器人与增材设备制造、成套设备制造、智能关键基础零部件制造、其他智能设备制造等细分领域。

三年规划统领发展。2022年，青岛市编发《青岛市智能制造装备产业链高质量发展三年行动方案》，制定并落实"5个1"工作机制，编制产业链全景图、产业招商目录、精准招商图谱，梳理划定智能制造装备产业企业名录。结合落实"十四五"机器人产业发展规划、智能制造发展规划等国家战略，把握产业重点和前沿方向，做好产业变革和结构调整。

产业规模持续壮大。2022年，青岛市智能制造装备产业链规模以上企业达到608家，完成产值突破1200亿元。其中，产值超过1亿元企业195家，超过10亿元企业29家。软控股份有限公司、青岛汉缆股份有限公司、科捷智能科技股份有限公司、青岛中加特电气股份有限公司、青岛征和工业股份有限公司、青岛宏达锻压机械有限公司等重点企业均实现较快增长。其中，链主企业软控股份有限公司比2021年增长5.28%；青岛中加特电气股份有限公司同比增长45.6%；科捷智能科技股份有限公司9月15日在上海证券交易所科创板正式上市；青岛汉缆股份有限公司规模最大，产值约100亿元。

项目建设取得突破。2022年，青岛市建立产业链重点服务项目库，计划总投资额140亿元的丰田叉车制造基地等19个产业链重点项目加快推进，意联汇智机械制造、云科高端装备制造等4个项目顺利竣工。9月25日，计划总投资额100亿元的潍柴（青岛）智慧重工智造中心项目签约即开工。

创新发展成果丰硕。2022年，青岛市有获山东省首台（套）技术装备认定产品38项、入选国家智能制造示范工厂揭榜单位3家、入选2022年智能制造优秀场景11个，数量居同类城市前列。评选发布2022年青岛市机器人十大典型应用场景，开展系列宣传推介活动。举办海克斯康"精微赋能·智造未来"智能制造高质量发展高峰论坛活动；举办汽车等六大行业分论坛，吸引超过1.5万人次线上观看。

服务企业成效明显。2022年，青岛市常态化开展重点企业联系服务工作，加强链主企业、重点企业对接交流，举办"链万企"永磁节能与智能控制技术交流会、高端装备类创新产品机器人专场发布对接会、物联网燃气表产品供需对接会等多场次产业链上下游对接交流活动，推动产业链供需联动、协同发展，促成多家企业达成供需协议或合作意向。

（十四）先进高分子及金属材料

2022年，青岛市新材料产业发展态势良好，初步形成涵盖化工新材料、先进金属材料、先进碳材料等领域的全产业链发展格局。全市拥有规模以上新材料企业145家；实现营业收入637.8亿元，比2021年增长16%。

产业发展。2022年，青岛市将先进高分子及金属材料确定为十大新兴产业链之一，印发实施《青岛市先进高分子及金属材料产业链高质量发展三年行动方案（2022—2024年）》，明确新材料产业发展思路和重点方向。新材料产业持续稳中向好，创新发展。中车青岛四方机车车辆股份有限公司牵头建设的国家高速铁路装备材料生产应用示范平台项目建成高铁用铝合金、碳纤维等新材料应用示范线6条，突破行业关键共性技术12项，顺利通过工业和信息化部验收，是18个国家级新材料生产应用示范平台中唯一的轨道交通领域平台。国家高速列车技术创新中心获批建设先进结构材料铁路行业工程研究中心。橡胶新材料与制品产业集群入选山东省"十强"产业"雁阵形"集群。2家企业入选2022年度山东省新材料领军企业50强，3家新材料企业项目获评第二批山东省新材料创新应用示范项目。赛轮集团股份有限公司联合国橡中心产业链单位怡维怡橡胶研究院、益凯新材料有限公司共同申报的"合成橡胶连续液相混炼关键技术开发及产业化应用"项目获2022年度山东省技术发明奖一等奖。海洋化工研究院有限公司获批2021年山东省现代海洋产业技术创新中心（海洋功能涂料）。青岛新材料科技工业园发展有限公司研发的石墨烯气凝胶—高分子弹性体复合材料在智能家居中的产业化应用项目获青岛市重点研发计划支持。云路先进材料技术股份有限公司非晶带材新产线投产，建成年产超过10万吨的全球最大、最先进非晶带材绿色产业基地。青岛特殊钢铁有限公司承担的"基于离线盐浴淬火工艺设计的超高强桥索用线材开发关键技术"项目获2022年中国钢铁工业学会、中国金属学会冶金科学技术奖三等奖，该技术被应用到沪苏通长江大桥、深圳—中山通道项目中。中国钢研增材制造研发中心（青岛）突破增材专用高温合金成分设计关键技术，产品主要满足新一代航空航天发动机高温部件自主研制需求。2022中国先进材料产业博览会暨第7届军民两用新材料大会、山东·青岛中化新材料科学城首期招商推介暨2022青岛生物医用材料前沿论坛等活动在青岛市举办，为新材料产业宣传推介、项目招引及企业交流合作搭建重要平台。

（十五）精密仪器仪表

2022年，青岛市印发《青岛市精密仪器仪表产业链高质量发展三年行动方案（2022—2024年）》，规划建设市级新兴产业专业园区，稳步推动产业集聚发展。截至2022年年底，青岛市精密仪器仪表产业拥有规模以上企业74家，营业收入比2021年增长17.38%，工业增加值同比增长9.4%，占规模以上工业增加值的1.36%。

产业布局。2022年，青岛市精密仪器仪表产业在环境监测仪器、电子测量仪器、海洋仪器、智能计量仪表、三坐标测量机、离子色谱仪等细分领域均具有较强的行业竞争力。在环境监测领域，以城阳区为中心集聚青岛崂应海纳光电环保集团有限公司、青岛众瑞智能仪器股份有限公司、青岛明华电子仪器有限公司、青岛和诚环保科技有限公司、青岛容广电子技术有限公司等10余家企业；在海洋观测领域，多所国家、省属海洋仪器研发机构在国内具有较强技术优势，多项成果占国内主导地位；在离子色谱领域，以青岛盛瀚色谱技术有限公司为代表聚集了青岛普仁仪器有限公司、青岛埃仑通用科技有限公司等一批重点企业，形成产业基地，该基地是中国规模最大的离子色谱产业基地。

重点企业发展。截至 2022 年年底，全球最大的三坐标测量仪器制造商——海克斯康制造智能技术（青岛）有限公司，成为具有全球影响力的测量技术和智能检测解决方案龙头企业；中电科思仪科技股份有限公司是中国产品门类最全、频谱覆盖范围最宽、综合实力最强的电子测量仪器研发制造企业，在微波毫米波、光电、通信、基础测量等领域达到国内领先、国际先进水平；青岛鼎信通讯股份有限公司是中国单相电能表产量最高的生产企业；青岛艾普智能仪器有限公司的微电机检测系统连续 5 年居全国同行业首位。

项目建设。2022 年，青岛市光电环保仪器仪表产业园项目二期、以色列开普路高端精密测量仪器研发生产基地项目一期竣工，青岛众瑞智能仪器智造产业园开工建设。

园区建设。2022 年，青岛高新区规划建设青岛市精密仪器仪表产业园，总占地面积 190 余万平方米，包括核心区和拓展区 2 个片区。核心区占地 120 余万平方米，海克斯康制造智能技术（青岛）有限公司、青岛鼎信通信股份有限公司等重点企业入驻该区；拓展区占地面积 67 万平方米，为产业园中远期提供用地保障。结合青岛市仪器仪表产业基础和资源能力，产业园主要聚焦工业测控系统与装置、实验分析仪器、传感器及核心元器件 3 个重点领域，努力打造中国北方仪器仪表产业总部基地。

（十六）绿色制造体系建设

2022 年，青岛市坚持"梯次培育，以培促建"工作导向，遴选发布首批市级绿色制造示范名单，形成国家和省、市三级绿色制造示范创建机制，夯实绿色制造体系建设基础。截至 2022 年年底，青岛市共有国家级绿色工厂 40 家、绿色供应链管理企业 5 家、绿色设计示范企业 8 家、绿色工业园区 1 家，开发绿色设计产品（系列）192 款；省级绿色工厂 12 家；培育市级绿色工厂 17 家、绿色供应链管理企业 5 家、绿色设计产品 11 款，涵盖家电电子、食品饮料、轨道交通、石化化工和橡胶轮胎等行业和领域。

绿色工厂创建。2022 年，青岛市聚焦生产方式绿色低碳转型，加快用地集约化、原料无害化、生产清洁化、废物资源化、能源低碳化，加速数字化、智能化与绿色化融合发展，组织开展首批青岛市绿色工厂创建。青岛思普润水处理股份有限公司、青岛海尔特种电冰箱有限公司、青岛雷霆重工股份有限公司等 11 家企业被认定为市级绿色工厂。鼓励市级绿色工厂向省级和国家级跃升，新增青岛汉缆股份有限公司、青岛海信宽带多媒体技术有限公司、青岛中加特电气股份有限公司、青岛海尔生

物医疗股份有限公司等 10 家国家级绿色工厂和青岛青特众力车桥有限公司、青岛力神新能源科技有限公司、青岛千里行集团有限公司、青岛中集特种冷藏设备有限公司等 8 家省级绿色工厂。

绿色供应链管理企业认定。2022 年，青岛市发挥家电电子、机械装备产业优势，注重发挥行业头部企业产业链影响力、带动力，探索实施绿色伙伴式供应商管理，建立以资源节约、环境友好为导向的采购、生产、营销、回收等绿色供应链体系，推进绿色信息平台建设和绿色信息披露工作，认定山东省财金绿建供应链管理有限公司、海洋石油工程（青岛）有限公司、青岛泽宇凯昇机械制造有限公司、青岛海尔（胶州）空调器有限公司等 5 家市级绿色供应链管理企业，新增青岛海尔空调电子有限公司、青岛海尔（胶州）空调器有限公司 2 家国家绿色供应链管理企业。

工业产品绿色设计。2022 年，青岛市突出绿色设计基础数据及先进设计工具与方法支撑，加强工业产品绿色设计技术创新，鼓励企业实施数字化、低碳化、轻量化、循环化、模块化、集成化和设计制造一体化等绿色设计，加快产品生命周期碳足迹、水足迹和环境影响分析评价，推动产品生产绿色向设计绿色升级。青岛海信日立空调系统有限公司、海信空调有限公司、海信冰箱有限公司 3 家企业入选第四批工业产品绿色设计示范企业。"双星低滚阻绿色载重汽车子午线轮胎""赛轮 20 寸高性能子午线轮胎""森麒麟绿色高性能运动轮胎 Rapid-Dragon"等 11 款产品成为国家绿色设计产品。

工业领域资源节约。2022 年，青岛市围绕工业领域能效、水效提升，引导企业对标行业先进实施系统性节能节水技术进行改造，青岛海湾化学有限公司、中国石化青岛炼油化工有限责任公司 2 家企业分别成为氯碱行业和原油加工行业能效"领跑者"，青岛啤酒股份有限公司（啤酒二厂）、中国石化青岛石油化工有限责任公司等 4 家企业入选国家水效"领跑者"企业。卡奥斯能源科技有限公司开发的基于大数据的工业企业用能智能化管控技术和愿景动力有限公司生产的磁悬浮鼓风机入选《国家工业和信息化领域节能技术装备推荐目录（2022 年版）》。其中，磁悬浮鼓风机通过采用集成设计、智能操作、自动调节等技术，能效指标效率实测值达到 85.44%，可节约电能 30% 左右，具有显著的节能、降耗、免维护、智能化等特征。

（十七）软件与信息技术服务业

2022 年，青岛市高水平建设"中国软件特色名城"，成功创建全省首个国家综合型信息消费示范城市，软件和信息服务示范基地获评五星级国家新型工业化产业示范基地。全市软件产业实现营业收入 358.3 亿元，比 2021 年增长 17.8%，高于全省平均增速 1.4 个百分点。

提升产业能级。2022 年，青岛市印发实施《青岛市软件和信息服务业产业链高质量发展三年行动方案（2022—2024 年）》《2023 年青岛市软件和信息服务业

"数智强链"专项行动计划》等政策，提出打造"一体两极四柱多园"新发展格局，凝聚全市合力推动产业发展。

促进项目落地。2022年，青岛市推动软件和信息服务产业链高质量发展，推进延链、补链、强链。组织人员赴北京市召开招商座谈会，开展产业链重点企业招商走访活动，展示青岛软件和信息服务业的发展规划、成果和政策，中科创达软件股份有限公司、北京东方国信科技股份有限公司等41家驻京龙头企业现场参会，8万余家相关企业线上收看直播，协调推动东华软件副中心产业园等重点项目加快建设。

增强产业实力。2022年，青岛市有入选国家鼓励的重点软件企业3家、"山东省软件百强"36家；获评山东省首批软件工程技术中心19个，入选新型信息消费示范项目、国家工业互联网App优秀解决方案等重点项目7个，入选山东省第六批首版次高端软件134个。中国石油大学（华东）青岛软件学院入选首批国家级特色化示范性软件学院。中车青岛四方车辆研究所有限公司、海信集团有限公司、海尔卡奥斯物联生态科技有限公司3家企业入选首批特色化示范性软件学院合作企业名单。

（十八）5G产业

2022年，青岛市开展"5G+工业互联网""5G/人工智能十佳场景"试点示范，推动制造业高质量发展。

5G场景示范与推广应用。2022年，青岛市在协同研发、数字化制造、质量控制、数字化资产设备管理、能耗管理、产品服务等领域开展典型场景的网络化应用创新。围绕工业互联网、高新视频、智慧海洋、智能网联汽车、医养健康、智慧农业、智慧能源、智慧家居、轨道交通、智慧城市十大典型应用领域遴选5G行业应用标杆项目。鼓励深度覆盖工业互联网应用场景，优先在数字经济园区、智慧化工园区、现代产业集聚区建设低时延、高可靠、广覆盖的双千兆网络基础设施，支撑双千兆网络应用。依托已选树的行业标杆，形成场景平台化复制能力，形成点（场景）、线（工厂）、面（园区）、体（行业）赋能体系，创新成果通过企业综合服务平台向其他行业进行复制推广。

5G基站建设。截至2022年年底，青岛市累计建成开通5G基站30154个，每1万人拥有5G基站数29.75个，5G用户占比达43.22%，5G网络实现全市城区和重点乡镇普遍覆盖。

（十九）数字经济

2022年，青岛市强化数字经济发展机遇，推动数字产业化发展，数字经济核心产业规模突破4600亿元。实施电子信息制造业、软件和信息服务业的补链、强链、延链。印发《青岛市软件和信息服务业"锻链铸魂跨越提升"三年行动方案》《青岛市加快集成电路产业发展的若干政策措施》《青岛市虚拟现实产业园发展若干政策》3个数字经济核心产业政策文件；靶向突破集成电路、新型显示等新兴产业，加快芯恩（青岛）集成电路有限公司、京东方科技集团股份有限公司、歌尔微电子产业园等重大项目建设。海尔科技有限公司、软控股份有限公司、以萨技术股份有限公司3家企业入选国家鼓励的重点软件企业，11家企业获评山东省优秀软件企业，29个产品获评山东省优秀软件产品；3个项目入选国家大数据产业试点示范项目，新增3家省级数字经济园区。

加快产业数字化转型。2022年，青岛市引导工业企业数字化改造，印发《青岛市人民政府办公厅关于加快工业互联网高质量发展若干措施的通知》。支持企业自建、合作共建，上线特定行业特定领域平台40个，形成"一超多专"平台架构；挖掘企业数据价值，融合工业知识和机理模型，形成工业软件产品、工业App和行业解决方案，服务企业9万家。

（二十）工业互联网建设

2022年，青岛市深入推进"工业互联网三年攻坚行动"，开展"工赋青岛""四新领航"等专项行动，举办2022世界工业互联网产业大会。

平台建设。2022年，青岛市推动卡奥斯物联生态科技有限公司与青岛财通集团有限公司、山东省港口集团有限公司合资成立工赋（青岛）科技有限公司，共同建设全国首个工业互联网企业综合服务平台。链接946项政务公共服务、281项行业赋能服务、1428项线上服务、15655个赋能应用，累计服务注册企业9300余家。该平台链接企业近100万家，服务企业18万家，入驻开发者10余万人，向20个国家输出生态模式。截至2022年年底，青岛市垂直行业平台梯队覆盖装备制造、纺织服装、消费电子、家具家居、汽车和印刷等重点行业领域，累计上线平台40余个，服务企业9万余家。

推进传统企业智能化改造。2022年，青岛市加强试点示范引路，在各重点行业累计建成智能工厂64家、数字化车间170家、自动化生产线399个。青岛啤酒厂入选全球啤酒行业首个"灯塔工厂"。海尔智家股份有限公司、中车青岛四方机车车辆股份有限公司、赛轮集团股份有限公司3家企业入选2022年新一代信息技术与制造业融合发展试点示范名单"数字领航"企业方向。

（二十一）国家级互联网骨干直联点建设

国家级互联网骨干直联点是国家重要通信枢纽，主要用于汇聚和疏通区域乃至全国网间通信流量，是中国互联网网间互联架构的顶层关键环节。青岛国家级互联网骨干直联点项目作为中国互联网骨干网互联枢纽之一，具备全国范围网间通信流量疏通能力。全省互联网用户的省际网间时延将控制在30毫秒以下，网间丢包率将控制在0.01%以下，提升网间通信速度和质量。

项目进展。2022年，青岛市印发《关于加强青岛国家级互联网骨干直联点项目建设的通知》，落实财政补贴措施，明确建设内容和时间节点，确保6月底前建成开通。5月19日，青岛国家级互联网骨干直联点项目顺利完成，三大基础电信运营企业网间互联工程和各运营企业网内调整改造工程正式上线运行。

2019年宁波市工业经济运行概况

2019年以来，面对复杂严峻的宏观环境和持续加大的下行压力，宁波市工业经济运行呈现稳中有升、稳中有进的态势，再次被国务院评为促进工业稳增长和转型升级、实施技术改造成效明显的地方。

一、工业和信息化运行特点

工业运行稳中有升。全市规模以上工业增加值增速从上半年的5.4%到三季度的5.5%，再到全年的6.4%，呈平稳上升态势，增速在全国15个副省级城市中排名第六。全市实现规模以上工业增加值3991.5亿元。全市工业用电同比增长3.2%，高于全省1.1个百分点。

企业效益稳中有进。1—12月，全市规模以上企业实现利润1298.5亿元，同比增长4.7%，扭转了2018年以来负增长局面。规模以上企业营业收入利润率7.4%，高于全国1.5个百分点，全员劳动生产率27.5万元/人·年，同比增长10.8%。每百元营业收入成本83元，低于全国1.1元。

工业投资快速回升。全年完成工业投资821.8亿元，同比增长10.5%；完成技改投资524.9亿元，同比增长9.1%；增速比上半年提高4.9个百分点，扭转了连续2年负增长态势。

企业培育成效明显。雅戈尔集团业务收入突破千亿元，舜宇、均胜电子、公牛等千亿级培育企业增速超过20%。新增制造业上市企业7家，省"雄鹰"培育企业14家，国家制造业单项冠军企业11家、专精特新"小巨人"企业5家，省隐形冠军7家、隐形冠军培育企业61家。完成"小升规"551家，小微"双创"示范城市考核获得中央财政奖励4500万元。

从行业看，2019年多数重点行业实现较好增长。全市35个工业大类行业中，规模以上工业增加值正增长的29个，增加值前15大行业（增加值占规模以上的89.2%）中14个正增长，其中仪器仪表（27.8%）、化学原料（16.5%）、计算机通信电子（16.5%）、纺织服装服饰（11.9%）、电气机械（8.5%）等行业增速较快。汽车制造业（3.6%）持续反弹，实现了正增长，增幅高于全国1.8个百分点。但石油加工（3.6%）、专用设备（2.4%）、电力热力（0.7%）、纺织业（0.2%）等增长不快，金属制品业（-1.3%）则出现负增长。

从用电指标看，2019年全市工业用电590.2亿千瓦时，同比增长3.2%（全省2.1%，列省第7名）；制造业用电541.6亿千瓦时，同比增长3.4%，对工业经济增长形成有力支撑。

二、主要工作开展情况

（一）狠抓集群建设，产业结构实现新优化

"246"产业集群培育强势推进。市委市政府召开"246"产业集群建设千人大会，出台"246"万千亿级产业集群培育意见和12个专项规划，形成"1+12"规划体系。各地各部门结合自身实际分别出台实施方案，上下联动推进的态势已经形成。高端智库支撑有力，20多位两院院士两次为宁波制造业高质量发展把脉问诊。新华社、中央电视台等媒体开展"解码宁波"等系列报道，深度解读。组建产业集群促进机构，汽车零部件、绿色石化产业集群入围国家培育计划。全年"246"产业集群增加值增长7.3%，其中电子信息（16.1）、生物医药（13.9）、节能环保（12.0）产业集群实现两位数增长。数字经济加速推进。成功举办首届世界数字经济大会，400多家国内外知名企业参展，会上签约引进数字经济项目45个，总投资310亿元。建立特色型软件名城部省市协同共建机制，宁波软件园加快建设，2019年引进华为、中软国际等软件企业206家，投资54亿元。芯港小镇建设顺利，已落户产业项目24个，总投资超100亿元；当年引进产业项目11个，完成投资6.9亿元。全年数字经济核心产业增加值增长12.7%，软件业务收入增长25.1%。传统制造业改造提升持续推进。加快海曙服装、鄞州汽车零部件、余姚橡胶和塑料制品等省级试点建设，召开全市传统制造业改造提升现场会，持续加大推进力度。全市传统制造业改造提升综合水平指数居全省第一，全省现场会在杭州湾新区召开。慈溪市列入省级督查激励对象。绿色制造加快推进，新增国家级绿色工厂6家、绿色产品27项、绿色园区1个，数量继续领跑全省。

（二）狠抓有效投入，发展动能实现新支撑

项目谋划招引更有力。强化产业链谋划，制定了48个重大产业项目方案。编制制造业产业招商指南，以世界500强、中国制造业500强、央企为重点开展精准招商，鲲鹏生态产业园、氢能产业基地等一批重大项目签约落地。鲲鹏生态产业园项目从签约到园区开园、首款服务器发布，用时不到4个月。深化沪甬产业合作，组建工作专班，聪链高端芯片项目、复旦科技园浙江（创新）中心等24个项目签约。项目建设加快推进。连续三年在慈溪召开工业投资现场会，全面实施技术改造全覆盖行动，累计7942家规模以上企业实施8761个技改项目。启动实施"双百"工程，重点推进容百新材料、中化膜产业基地等13个百亿级项目（当年完成投资79.2亿元）和95个10亿元以上项目（当年完成投资297.9亿元）建设，吉利DMA项目、拓普智能刹车系统等12个项目（当年完成投资39.4亿元）竣工投产。制定"增资扩产"行动方案，1280个"增资扩产"项目计划总投资2092.5亿元，当年完成投资448亿元。小微企业园建

设提质提效。出台小微企业园高质量发展实施意见，加快小微企业园谋划布局和建设，推进符合条件的企业入园集聚。完成新建和提升小微企业园 28 个，入园企业 4209 家。宁波工业互联网特色产业园等 7 个园区入围省数字化示范（试点）园区，数字园区建设进一步加快。

（三）狠抓数字赋能，融合发展实现新突破

智能制造深入推进。"点线面"智能化改造全面推进，规模以上企业智能化诊断全覆盖全面完成，2019 年新实施企业智能化诊断 695 个。三年累计实施自动化改造项目 6612 个（其中 2019 年 1304 个），累计实施 18 个行业成套装备改造试点项目，成功研制并在行业推广应用 3 条智能化生产线，累计实施市级数字化车间示范项目 84 个，浙江中车数字化工厂技改项目等 50 个项目竣工（其中 2019 年竣工 28 个），累计增加工业机器人 6500 余台（其中 2019 年 2767 台），累计培育市县两级智能制造工程服务公司 199 家（其中 2019 年新增 39 家）。产业生态更加优化，在全省率先开展"5G+工业互联网"试点，爱柯迪打造成全市首个 5G+数字化工厂车间，三星智能医疗电气"5G+工业互联网"项目列入国家试点。深入推进企业上云，累计上云企业超过 7 万家（其中 2019 年新增 1.8 万家），30 家企业被列为省第三批上云标杆企业，占全省总数的 1/3，居全省第一位。两业融合加速推进。加快服务型制造模式培育，引导企业"+互联网""+品牌""+设计"转型，涌现一批试点示范，新增省级服务型制造示范企业 13 家。加快创新设计产业培育，连续 9 年举办"和丰奖"工业设计大赛，已成为国内影响力最广的专业赛事之一。加强企业创新设计能力建设，新增国家级工业设计中心 3 家、省级设计中心 7 家。5G 商用迅速推进。出台 5G 应用和产业化实施方案，完成 5G 基站建设 3000 多个，建成全国首个物联网城市开放平台，传感器连接超 400 万个。5G 与垂直行业融合创新加速，5G+车联网、智慧物流、工业物联网、远程医疗、智慧教育等合作领域不断拓展，吉利汽车研究院（宁波）有限公司开通全国首个基于车联网的 MEC 边缘计算项目，完成 5G+智能驾驶创新应用。

（四）狠抓关键攻关，创新能级实现新飞跃

产业链培育加快推进。创新产业培育方式，加快"四基"产业链培育，新谋划动力锂电池等 4 条强基产业链，累计达 10 条；制定"一链一方案"，发挥核心企业优势，推动上下游企业、企业与研究院协同创新与制造。宁港永磁和中芯国际 2 个项目列入产业链协同创新专项，中物力拓超微材料项目列入重点产品（工艺）"一条龙"应用计划。创新能力快速提升。省级制造业创新中心实质性运作取得新进展，石墨烯创新中心已组建 150 人研发队伍，启动 21 个研发项目，申请专利 133 项（其中发明专利 91 项），实现了 2 项技术成果转移转化；并与北京、深圳两地相关中心对接，联合申报国家创新中心。企业创新能力加速提升，新增慈兴集团等 6 家国家级企业技术中心、万华化学等 11 家省级企业技术中心；新增国家级技术创新示范企业 1 家（激智科技）、省级技术创新示范企业 5 家。全年规模以上工业新产品产值率达 34.2%，同比提高 1.7 个百分点。新产品推广应用加快。装备首台（套）、新材料首批次保险覆盖进一步扩大，全市累计已有 109 批次新材料和 35 台重大装备获得保险支持，投保价值分别为 68 亿元和 3.14 亿元。531 家企业 3000 余种产品入选自主创新产品推广目录。开展政府采购供需信息对接，向企业发送采购信息 15.7 万条次。

（五）狠抓协作协同，工作合力实现新提升

"亩均论英雄"改革全面深化。在全省率先建立市级部门数据汇集机制，评价机制和取数规范进一步完善。评价对象实现从工业企业向服务业企业、工业园区的延伸，评价范围进一步拓展。建立"亩均论英雄"大数据平台，全景展示分区域、分行业亩产绩效。评价结果加快运用，实现了与低效企业提升、淘汰落后产能、腾笼换鸟和政策享受的工作统筹。全年累计提升低效企业 862 家，盘活土地 8490 亩（1 亩 = 666.67 平方米），腾出用能空间 2.8 万吨标煤，全市规模以上企业亩均税收 44.8 万元、亩均增加值 153.6 万元，分别居全省第一位和第三位。企业服务精准有效。深化落实"三服务"行动，建立分层分级联系服务企业的机制，市领导带头定期走访服务企业，市县两级企服责任人累计进企服务超 3 万家次。完善服务企业平台网络体系，"一十百千"企服网络基本建成，通过"8718"平台为中小企业服务 27.8 万家次。全面贯彻落实降本减负、营商环境优化等系列惠企改策，累计为企业税费减负 473.43 亿元，其中税收减负 379.5 亿元，收费减负 93.93 亿元。开展清理拖欠民营企业中小企业账款工作，已排查项目偿还率 100%。积极协调和主动服务产业对接，组织本地制造企业与华为供应链部门进行对接，推动华为 5G 最核心领域在宁波布局。部门协作不断强化。积极发挥统筹抓总作用，推动人才、土地、能源、资金等要素向制造业集聚。全年新增工业用地 18090 亩；全市制造业贷款同比增长 5%，制造业贷款余额占比达 24.1%；制造业人才净流入率居全国城市首位。加强对工业企业安全生产的指导，协同有关部门开展安全消防"百日大会战"，基本完成"两小"企业排摸等任务。

2020年宁波市工业经济运行概况

2020年，宁波市经济和信息化系统坚持稳中求进工作总基调，统筹推进疫情防控和经济社会发展，全市工业经济稳步向好。

一、工业经济运行特点

（一）主要指标持续回升

全市工业企业迎难而进，工业经济主要指标持续向好。一是主要指标创10年来省内最好排名。全市规模以上工业增加值同比增长5.2%（全省5.4%、全国2.8%），增速列全省第2名，创10年来最好名次。全市规模以下工业增加值同比增长2.7%（全省2.0%），增速列全省第三名。二是规模以上工业增加值规模突破4000亿元。2020年全市累计实现规模以上工业增加值4042.0亿元，首次突破4000亿元大关，占全省的24.2%，规模总量连续4年居全省第一位。三是关联指标支撑有力。全年工业用电量603.2亿千瓦时，同比增长2.2%，其中制造业用电量554.8亿千瓦时，同比增长2.4%，增速分别高于全省0.4个和1.1个百分点。工业生产者出厂价格同比下降4.3%，降幅继续收窄。

（二）工业生产销售两旺

全市广大工业企业积极开拓国内外市场，工业生产销售实现两旺，国内外双循环格局加速形成。一是工业生产保持高位。全市累计实现规模以上工业总产值17887.6亿元，同比下降0.1%，降幅继续收窄。其中12月实现产值1893.1亿元，同比增长10.9%，产值规模创月度历史新高，增速创2019年3月以来新高。二是工业销售形势向好。全市累计实现规模以上工业销售产值17608.6亿元，同比增长0.6%；累计产销率98.4%，分别高于2019年同期和全省0.7个和0.5个百分点。一方面部分企业抓住疫情导致需求调整扩增的机遇，如乐歌股份受益于海外需求猛增及M2C模式，全年销售收入同比增长44.5%。另一方面部分企业掌握关键核心技术，如东方电缆作为国内唯一能自主设计生产海洋脐带缆的企业，全年营业收入同比增长39.4%。三是国内外销售均实现好转。全年累计实现国内销售产值14282亿元，同比增长0.7%，占销售产值的81.1%，对工业生产的压舱石作用依然稳固。如申洲针织积极开拓国内市场，国内销售产值同比增长11.2%。累计实现规模以上工业出口交货值3326.6亿元，同比增长0.2%，年内实现正增长。

（三）多数行业实现正增长

受国内市场回暖、海外市场为预防疫情提前补仓等利好影响，宁波市多数工业行业实现正增长。一是正增长行业增多。全市实现增加值正增长的行业达29个，增长面82.9%，其中计算机通信电子等10个行业实现两位数增长。二是重点行业增长较好。全部规模以上占比达89.2%的前15大行业中，13个行业实现正增长，其中计算机通信电子（21.6%）、金属制品（17.6%）、仪器仪表（10.6%）等行业实现快速增长。三是中小型企业增长好于面上。大、中、小型企业分别实现增加值1500亿元、1180.8亿元和1361.5亿元，分别同比增长4.8%、5.4%和5.4%，中、小型企业于12月实现反转，全年增速好于规模以上平均水平。

（四）"246"产业集群拉动工业增长

宁波市"246"万千亿级产业集群对全市工业经济的贡献不断提高。一是"246"产业集群加快培育。全市"246"万千亿级产业集群规模以上工业增加值（已剔重）3190.9亿元，同比增长5.6%，增速高于规模以上增速0.4个百分点，规模以上工业增加值占比达到78.9%。二是多数集群增长较好。12个产业集群中有11个实现正增长，其中汽车、电子信息、生物医药等7个集群增长6.0%及以上，引领增长态势较为明显。三是新动能带动产业结构持续调整。全市数字经济核心产业（制造业）、装备制造业、高新技术产业、战略新兴产业分别同比增长9.7%、8.5%、6.9%和7.4%，均高于规模以上平均水平。科技投资持续加快，全市规模以上企业研发费用投入385.7亿元，同比增长12.9%，增速高于同期营业收入12.2个百分点，营业收入占比为2.2%，比2019年同期高0.3个百分点。

（五）重点培育企业拉动力持续增强

重点培育企业总体增长快于面上，对规模以上工业的拉动力持续提高。一是企业产值增长面扩大。全市8405家规模以上工业企业中，正增长的企业4210家，增长面50.1%。二是制造业单项冠军企业增长较好。45家国家级单项冠军企业产值同比增长4.0%，113家市级制造业单项冠军示范企业产值同比增长5.7%，均好于规模以上平均水平。三是千亿级龙头企业增长向好。千亿级龙头（宁波制造业）培育企业累计实现产值2169.5亿元，同比增长0.8%，增速高于规模以上平均增速0.9个百分点。

（六）工业效益结构性改善

全市积极落实减税降费政策，工业企业效益实现结构性改善。一是利税利润增速回升。2020年全市规模以上企业累计实现利税总额2329.8亿元，同比增长11.4%，其中，利润总额1552.7亿元，同比增长17.7%，增速分别比全省和全国高2.6个和3.0个百分点。二是企业综合成本有所下降。全市规模以上工业企业每百元营业收入成本 82.3 元，分别低于全省和全国 0.6 元和 1.6 元，低于 2019 年同期 0.7 元。平均营业收入利润率 8.7%，分别高于全省和全国 1.6 个和 2.6 个百分点，高于 2019 年同期 1.2 个百分点，列全省第一位。三是企业亏损面不断收窄。全市规模以上工业企业亏损面 19.0%，呈现持续收窄态势，逐步接近 2019 年水平。

二、主要工作与成就

（一）突出疫情防控，复工复产走在前列

一是全力以赴扩产能。第一时间成立物资保障组，建立口罩专班和驻厂服务专班，出台防疫保障系列政策，口罩生产企业从 6 家增加到 146 家，日产能从 15 万只增加至 4500 万只，累计供应口罩超 50 亿只、防护服超 1000 万件、红外测温仪超 30 万只、消毒液超 4000 吨。80 个防疫物资项目获得国家资金支持 1.1 亿元，140 家企业获得国家优惠贷款 71.3 亿元。二是全力推动复工复产。成立市县联动复工复产指导服务小组，在全国率先实行"备案制+负面清单+承诺制"复工模式，创造了链式复工、抱团复工等典型经验，2 月底规模以上工业企业实现全面复工，3 月底工业生产基本恢复 2019 年同期水平。三是全力建立平战结合储备机制。制定疫情防控常态化下重要医疗物资保供方案，与 9 家生产企业签订口罩、眼罩、防护服等物资承储协议。加强保供能力监测，编制精密智控物资保障指数。

（二）围绕集群培育，工业经济提速增效

一是加快"246"产业集群培育。出台机器人、轴承等 14 个细分领域三年行动计划，磁性材料入围国家先进制造业集群培育名单，累计数量 3 个，居全国城市第一位。全年"246"产业集群增加值同比增长 5.6%，其中新材料、生物医药等实现两位数增长，余姚增速达到 14.2%，领跑全市。大榭、保税区规模以上工业增加值实现两位数增长。二是优化稳定产业链。出台产业基础高级化和产业链现代化行动方案及 10 条标志性产业链培育方案，累计完成 8800 多家企业断链断供风险排查，动态建立断链断供风险清单等 7 张清单，建立"链长制"和清单化管理机制。开展 105 场产业链龙头企业对接活动，创建省级产业链企业共同体 23 家，居全省首位。三是加快重大项目建设。深入实施"双百工程"和"增资扩产"工程，21 个百亿元以上产业项目中 16 个已开工，102 个 10 亿元以上重大工业项目完成投资 393 亿元。保税区、镇海、大榭、杭州湾新区工业投资增速超过 20%，保税区、高新区、象山、大榭技改投资超过 30%。加强精准招商，成功举办世界数字经济大会、宁波时尚节、中国国际石油化工大会，英力士、吉利汽车集团总部、艾美荣安新冠疫苗产业化基地等 20 个重大项目先后落地。

（三）聚力数字经济，发展动能持续增长

一是提升核心产业能级。加快发展集成电路、光学电子等核心产业，中芯 N2 工厂、甬矽二期等项目顺利开工，南大光刻胶、全芯微电子等企业实现重大突破。鲲

鹏生态产业园顺利开园，首批"鹏霄"服务器正式下线，填补国内空白。加快培育 5G、区块链、人工智能等新兴产业，区块链赋能中心落地江北区，累计建成 5G 基站 10852 个。鄞州、余姚入选省级数字经济创新发展试验区创建名单。全年数字经济核心产业制造业增加值同比增长 9.7%。二是深入创建特色型软件名城。推动宁波软件园扩容增量，实施工业软件自主创新发展三年行动计划，上线工业软件公共服务平台。均胜电子入选 2020 年度软件和信息技术服务竞争力百强企业，浙江蓝卓、中之杰入选 2019—2020 年度中国工业互联网 50 佳，吉利汽车、胡杨网络入选省软件 30 强。10 个项目获评工业互联网创新发展、大数据产业发展等试点示范，30 个项目获省软件产业高质量发展和省首版次软件产品应用推广支持。全年实现软件业务收入 1025 亿元，同比增长 25.2%。三是实施新一轮智能化改造。举办数字化赋能对接活动 113 场，实施千万元以上重点智能化改造项目 1703 个、市级数字化车间/智能工厂 100 个，入选省级数字化车间/智能工厂/未来工厂 24 家，新增工业机器人 3816 台。总结推广模具行业数字化转型"北仑模式"。率先实施"5G+工业互联网"试点，成功打造 3 家"5G+工业互联网"工厂和余姚智能家电云平台。全年累计列入国家工业互联网等各类试点示范项目和优秀案例 24 个。新增省级服务型制造示范企业（平台）9 家，占全省的 18%。成功入围全国首批数据管理能力成熟度评估试点地区。海曙被列为全省传统制造业改造提升工作督查激励对象。

（四）着眼关键核心，创新能级显著提升

一是部署打造制造业单项冠军之城。制定打造制造业单项冠军之城行动方案，高规格召开全市动员大会，强化单项冠军培育工作。全年新列入国家级单项冠军企业（产品）15 家，占全国新增数的 8.1%；新增国家级专精特新"小巨人"企业 50 家，居同类城市首位；新增省"隐形冠军"15 家，居全省首位；新增省"雄鹰行动"培育企业 7 家。二是加快创新载体建设。电驱动创新中心获批省级创新中心；新增 1 家国家级技术创新示范企业；新增 13 家省级企业技术中心，居全省第一位。三是加快创新成果产业化。实施新产品开发计划，发布 336 项工业新产品试产项目和 36 项防疫新技术新产品。新增全国重点跟踪培育纺织服装品牌企业 10 家，占全国的 1/8，新增"浙江制造精品"34 个。谋划实施首台（套）首批次首版次改革工程，制定首台（套）认定办法，新认定首台（套）产品 48 个；修订"三首"产品应用保险补偿办法，14 家装备企业、27 家新材料企业获得"三首"保险补贴。

（五）深化全域治理，资源配置加速优化

一是全面启动工业区块改造提升。编制工业集聚区规划，初步划定工业控制线。推进鄞州开展省级全域产业治理试点，海曙、镇海、宁海、奉化等地全面启动村级工业园、低效用地改造提升。深化"亩均论英雄"改革和"两小"企业综合治理提升，完成 1.9 万家工业企

业亩均效益综合评价，整治提升"低散乱"企业（作坊）2370家，整治提升低效企业1250家，淘汰落后产能涉及企业225家。镇海被列为全省"亩均论英雄"改革督查激励对象。二是加快小微企业园建设提升。成功召开全省小微企业园建设现场会，新增小微企业园32家。推动小微企业园绩效评价，获评省五星级3家、省四星级6家。新增国家级纺织服装创意设计试点园区（平台）2家。牵头开展工业园区安全专项整治三年行动，完成11家城镇人口密集区危化品企业搬迁改造。三是加快构建绿色制造体系。15个绿色工厂、1条绿色产业链、1个绿色园区、22款绿色设计产品入选国家级绿色制造示范名单，居全国同类城市前列。404家铸造企业通过省级产能认定。

（六）紧扣企业需求，产业生态不断改善

一是强化政策精准支持。出台"达产扩能稳增长10条""制造业高质量发展31条"及加快推进生物医药产业发展政策，全年为企业减负降本562.6亿元，占全省的21.5%。创新政策兑现方式，加快"企业码"的推广应用，全市领码企业超28万家，在全省率先开通"宁波

专区"，推进与"甬易办"平台互联互通，实现惠企政策"一网通办"。二是深入开展企业服务。开展"三巡三微两解"服务企业专项行动，累计"巡诊""巡访"企业超1.2万家次；开展巡讲活动200余场，参与企业近20万家次，获工业和信息化部肯定并推广。完善"一十百千"企服平台网络体系，建设完成并投入运营105个窗口平台。完善困难（需求）流转机制，办结各类企业询办件4.6万件。三是持续帮扶企业拓展市场。开展"千企万品百亿"拓市场行动，3月18日—5月31日带动纺织服装、智能家电、文体用品等销售50亿元。实施"严选计划""春雷计划"，严选品牌体系内宁波制造业供应商占比近20%，新入驻阿里C2M超级工厂计划企业超过4000家。宁波市、慈溪市、鄞州区3家拓市场工作专班获得"浙江制造"拓市场最佳服务单位表彰。持续扩大和升级信息消费，成功入围国家综合型信息消费示范城市。四是强化产金融合。开展127场金融支持制造业对接活动，达成融资超16亿元。全年制造业贷款余额同比增长11.2%，其中制造业中长期贷款余额同比增长73.9%。鄞州区获批国家产融合作试点。

2021 年宁波市工业经济运行概况

2021 年，宁波市工业经济呈总体平稳、稳中有进态势，"十四五"取得良好开局。

一、工业经济运行概况

（一）主要指标在全国争先进位

2021 年，全市规模以上工业企业累计实现增加值 4865 亿元，同比增长 11.9%，在全国 15 个副省级城市中列第三位，比 2020 年提升四位；以 2019 年为基数，两年平均增长 8.5%，保持较高增长速度。规模以下工业增加值同比增长 12.1%，高于全省 0.9 个百分点。电信业务总量同比增长 29.0%，高于年度目标 4 个百分点；互联网及软件信息技术服务业实现营业收入 162.1 亿元，同比增长 30.5%，列全省第一。一是多数行业有增长。全市规模以上工业 35 个大类行业中，30 个大类行业实现规模以上工业增加值正增长，增长面达到 85.7%。增加值前 15 大行业中 9 个正增长，其中通信电子（25.6%）、石油加工（21.4%）、烟草制品（16.4%）、汽车制造（13.8%）4 个行业同比增长 10% 以上。二是区域发展有特色。全市 14 个县（区、市）、功能区中，高新（22.5%）、江北（17.6%）、慈溪本级（16.9%）、保税（16.4%）、宁海（14.3%）、鄞州本级（13.8%）、余姚（13.4%）7 个地区增速高于全省平均，象山（12.3%）增速高于全市平均水平，大榭（11.9%）增速与全市持平。三是新动能持续壮大。全市数字经济核心产业制造业（17.5%）、高技术产业（16.1%）、装备制造业（16.1%）、战略新兴产业（14.5%）、高新技术产业（12.6%）等重点产业规模以上工业增加值增速均高于规模以上平均水平。"246"万千亿级产业集群累计实现规模以上工业增加值（已剔重）3876.2 亿元，同比增长 11.6%。

（二）工业产值首过两万亿元大关

2021 年，全市累计实现规模以上工业总产值 22108.2 亿元，同比增长 21.8%，首次迈过两万亿元大关；实现销售产值 21727.3 亿元，同比增长 21.6%，产销率 98.3%，同比下降 0.1 个百分点。一是国内销售总体稳定。全市规模以上工业企业内销产值 17651.9 亿元，同比增长 21.8%，占销售产值的 81.2%，比 2020 年同期高 0.1 个百分点。35 个大类行业中，24 个行业内销产值正增长。二是工业出口保持较好。累计实现规模以上工业出口交货值 4075.4 亿元，同比增长 21.1%，保持了 2020 年下半年以来的良好态势。有出口实绩的 29 个行业中，21 个行业出口实现正增长，重点行业中，石油加工（79.7%）、化学制品（24.9%）、医药制造（24.3%）、通用设备（15.0%）、汽车制造（14.0%）等行业出口增长较快。三是多数企业实现产值增长。8834 家规模以上企业中，6648 家企业实现产值正增长，增长面 75.3%。180 家国家级专精特新"小巨人"企业累计实现产值 651.2 亿元，同比增长 25.9%。380 家制造业单项冠军培育企业累计产值 5129.8 亿元，同比增长 19.9%；62 家国家级制造业单项冠军企业（路宝科技为建筑企业）累计产值 1546.1 亿元，同比增长 14.6%。104 家"大优强"培育企业实现产值 9373.5 亿元，同比增长 21.0%。892 家小升规企业累计实现产值 491.0 亿元，同比增长 49.6%。

（三）企业效益增长相对较好

2021 年，全市规模以上工业企业累计实现利税总额 2563.8 亿元，同比增长 9.4%，两年平均增长 10.4%。实现利润总额 1724.1 亿元，同比增长 10.2%，两年平均增长 13.9%。规模以上工业全员劳动生产率 31.2 万元/人，高出全省 2.7 万元/人，高出 2020 年 3.7 万元/人。一是营业收入快速增长。累计实现规模以上工业营业收入 22554.2 亿元，首次突破 2 万亿元，同比增长 24.5%，两年平均增长 12.0%。企业平均营业收入利润率为 7.6%，高于全省 0.7 个百分点，高于全国 0.6 个百分点，但低于 2020 年 1.0 个百分点。二是营业成本维持高位。受原材料价格高位运行影响，发生营业成本 18850.4 亿元，同比增长 26.3%，高出营业收入 1.8 个百分点，每百元营业收入成本为 83.6 元，与全省持平，低于全国 0.1 元，但高于 2020 年 1.2 元。三是多数行业利润增长。35 个大类行业中利润同比增加的行业有 24 个，占比 68.6%，上游行业中的石油加工、黑色金属、有色金属、化工行业利润同比分别增长 130%、110%、54.8%、31.4%；中下游行业中，通信电子（39.0%）、电气机械（29.6%）、专用设备（24.8%）、通用设备（13.6%）等行业利润实现快速增长。但汽车制造业利润同比下降 20.5%（其中投资收益同比下降 64.4%，扣除后行业利润同比增长 9.8%）。四是企业总体亏损面持续下降。12 月末，全市规模以上工业企业亏损面为 17.3%，低于 2020 年 1.7 个百分点，居近年较好水平。其中大、中、小型企业亏损面分别为 9.1%、12.2% 和 18.0%。

二、主要工作开展情况

2021 年，全市工业投资 1088 亿元，同比增长 20.4%；规模以上工业总产值 2.2 万亿元，同比增长 21.8%；规模以上工业增加值 4865 亿元，同比增长 11.9%；全部工业增加值达到 6298 亿元，列全国第七位；全部工业增加值占 GDP 的 43.1%，比 2020 年提升 2.4 个百分点；获批国家综合型信息消费示范城市、国家服务型制造示范城市，网络质量在全国36个省会城市和计划单列市中排名第一；新增国家级制造业单项冠军18家、占全省增量51%，新增国家级专精特新"小巨人"127家、占全省增量41%，单项冠军和专精特新"小巨人"企业总数分别位居全国城市第一和第三。

（一）强化高端引领，产业结构实现新突破

一是加快培育先进制造业集群。编制《宁波市制造业高质量发展"十四五"规划》，修编"246"产业集群专项规划，明确产业发展导向。推进磁性材料、绿色石化、汽车零部件等国家级产业集群建设，稀土磁性材料产业实现产值323.3亿元，增长70.6%。文具产业集群获评全国轻工业先进产业集群，第四次成功通过"中国文具之都"复评，高新区工业互联网创新型产业集群入围科技部试点培育名单，北仑"光芯"产业群入选省"新星"产业群。二是加快打造标志性产业链。深入开展标志性企业、项目、技术、平台、活动"五个一批"培育行动，持续推进"四个百场"对接活动。累计实施各类对接活动598场，参与单位35026家，达成合作项目632个，达成意向融资金额1396亿元。新建21家省级产业链上下游企业共同体、累计达到44家、居全省第一。实施产业链协同创新产业化项目40项，推广新产品新技术56项，浙江传习"全甬产"机器人投入应用，镇海炼化与中控联合开发的百万吨级乙烯装置分散控制系统实现国产自主可控。三是推进产业基础能力提升。全面梳理产业基础领域特色优势和短板不足，形成产业基础"一本账"，制定《宁波市推进产业基础高级化实施方案（2021—2025年）》，明确升级"一张图"。推进"工业强基"工程，组织实施市级强基工程关键项目22个，新增9家国家级重点产品工艺"一条龙"应用计划企业。奉化成功申报关键零部件领域（气动件）创新成果产业化公共服务平台建设项目，成为全省首个国家级创新成果产业化公共服务平台。新认定数控机床关键部件等6家市级制造业创新中心，光电功能膜材料创新中心获评省级创新中心。新认定首台（套）装备70个、首批次材料32种、首版次软件42个，健信核磁1.5T无液氦超导磁体系统成为宁波市首个国际首台（套）装备。四是加快培育新兴产业。谋划布局人工智能、氢能与储能、区块链、柔性电子等未来产业，前湾新区极氪汽车补齐了纯电动高端整车节点，博氢与绿动项目补齐了燃料电池、双极板、电堆等关键节点。成立宁波标准区块链产业发展研究院，发布首个全国性公证联盟运营链——"信证链"，区块链服务网络（BSN）城市专网在保税区先行试点。

（二）强化项目带动，产业能级迈上新台阶

一是狠抓项目建设。实施"双百"工程，重点推进20个百亿级项目和107个十亿级项目建设，完成投资452亿元，占全市工业投资的42%，英力士苯领树脂等14个项目新开工，吉利极氪工厂等15个项目竣工投产。全市完成工业投资1088亿元，同比增长20.4%，其中制造业投资、技改投资分别同比增长27%和21.7%，均居全省前列。镇海（208.3亿元）、北仑本级（159.4亿元）、余姚（123亿元）投资总量居全市前三位，贡献了全市的45.1%；保税（60.4%）、镇海（35%）、北仑本级（29.5%）、象山（28.9%）、余姚（25.5%）增速高于全市平均水平。在全省经信工作会议上，宁波市以扩大工业有效投资为主题作典型交流发言。二是加强项目管理。强化产业导向，发布《宁波市"246"万千亿级产业集群和前沿产业投资导向目录（2020年本）》和《宁波市重点培育产业链投资导向目录（2020年本）》。强化项目准入管理，印发《宁波市产业用地标准》，明确新增项目固定资产投资强度、容积率和亩均效益指标的"准入值"和"先进值"。实施竣工投产项目"晾晒比"机制，建立健全市重大项目"管家"服务机制，协调解决重大项目推进问题，部分重大前期项目实行专班化运作，加快推进要素保障、审批服务等工作。围绕项目用地保障，镇海推行"投资项目库"与"土地资源库"匹配、余姚推进"拿地即开工"、江北实施"增容调绿"等做法，提高土地使用效率。三是加强产业合作。深入推进长三角一体化战略，编制长三角产业合作创新资源库，举办第一届长三角数控机床产业创新论坛暨产业链现场对接会等活动。推进杭甬"双城记"任务落地，举办"唱好双城记建芯片生态"集成电路产业生态论坛，创贤半导体设备等8个集成电路产业项目签约鄞州。强化重大展会平台招商，成功召开世界数字经济大会、宁波时尚节、中国国际石油化工大会等重大活动，50个项目成功签约。加强东西部协作和山海协作，与凉山州、丽水市等地，在产业园区、职业技能培训、企业管理提升等多方面开展了系列产业合作。

（三）强化变革重塑，"数字化"绘就新蓝图

一是推动数字经济系统建设。迭代《宁波市数字经济系统建设实施方案》，完善"1+4+N"的组织架构。加快地方门户建设，综合评价三次位居全省首位，上线全景驾驶舱及场景应用42个，江北"新产品研发一件事"、高新区"新材云创"等5个场景应用入选省级试点项目，宁海"企服淘"平台获省数字经济系统应用场景大赛一等奖。加强三级贯通，产业链监测、亩均论英雄3.0等7项省级重大应用均在宁波落地。推动"产业大脑+未来工厂"建设，5个产业大脑入围省首批"揭榜挂帅"计划，数量全省最多。宁波市被评为全省数字经济系统建设优秀设区市，海曙、镇海被评为优秀县（市、区），宁海、江北、鄞州被评为良好县（市、区）。二是加快发展数字经济核心产业。编制《宁波市数字经济"十四五"发展规划》和《宁波市数字经济核心产业提质扩量行动计划（2021—2025）》，加快发展集成电路、新型数字元器件（组件）等4大数字制造业、互联网及软件信息服务等4大数字服务业。推动组建总规模100亿元的宁波甬欣韦豪半导体产业基金，一期已募集15亿元。舜宇光电7P镜头实现量产并已进入苹果供应链，奥拉半导体成功研

发国内首款专用无磁传感器芯片。推进华为鲲鹏生态产业园、宁波工业互联网研究院产业园等软件特色园区建设，修订软件专项支持政策，15个产品获省重点首版次软件产品，全市收入上亿元软件企业超过30家，小遛共享等已超5亿元。全年数字经济核心制造业增加值同比增长24.1%，集成电路产业产值同比增长56.7%，互联网软件信息服务业产值同比增长25.5%。数字基础设施建设深入推进，出台《宁波市数字基础设施建设"十四五"规划》，全市累计建成5G基站超1.7万个，实现重点乡镇以上区域5G信号连续覆盖。三是推进产业数字化转型。出台《宁波市打造国际智能制造新高地建设方案》《宁波市打造工业互联网领军城市建设方案》。加快推进新智造试点，镇海、鄞州、慈溪3地列入省级区域试点，海曙纺织服装、北仑模具列入省级产业集群试点，爱柯迪等4家企业列入省级"未来工厂"试点。新认定市级数字化车间/智能工厂93家、成套装备改造项目11个，现役工业机器人累计达1.64万台。推进SupOS工业互联网平台体系建设，制定"一事一议"综合扶持政策，启动"百业千企行"系列推广活动，SupOS平台已签约项目34个，美康生物、金鸡强磁等10家企业列入首批标杆培育计划。加快"5G+工业互联网"试点，新增5个国家级、46个省级新一代信息技术与制造业融合发展试点示范项目。海曙率先出台"新工网"三年计划，北仑模具、镇海轴承、紧固件等行业数字化改造深入推进，探索出一些成功经验做法。四是加强支撑体系建设。开展工业领域工控安全检查及"百企诊断"，举办浙江省第二届工业控制网络安全技能大赛，遴选市工控安全服务支撑单位11家。支持浙江蓝卓、舒普智能、创元等本地智能制造服务机构发展，市级智能制造工程服务公司达99家，年度营业收入超亿元的有17家，其中，创元的Neural-MOS系统在北仑模具行业基本实现全覆盖，为企业提高生产效率25%以上；浙江蓝卓被评为2021年度中国十大工业互联网企业。

（四）强化梯队建设，企业培育展现新成效

一是聚焦培育"大优强"企业。制定《宁波市推进企业"四上"行动方案》，推动企业上规、上市、上云、上榜。出台《关于加快培育制造业百强企业的实施意见》，提出11项政策举措和5项工作机制，加快领航企业培育。建立市县两级专班，发布104家"大优强"培育企业清单，制定个性化培育方案。制定《宁波市培育打造工业地标行动方案（2021—2025年）》，谋划打造一批有内涵、有形象、有特色的工业地标。新增极氪汽车、荣芯半导体、健世科技3家独角兽企业。全年产值十亿元以上企业276家、百亿元以上企业25家、千亿元以上企业1家，分别比2020年多52家、2家和1家。二是全力培育"专精特新"企业。完善制造业单项冠军培育机制和培育库建设，累计拥有国家级单项冠军63家，稳居全国城市首位。强化专精特新"小巨人"培育，实施"资本、创新、人才、数字化、法律、宣传"赋能中

小企业的服务组合拳，相关经验被全国推广，累计拥有国家级专精特新"小巨人"企业182家，居全国城市第三位；入围国家重点"小巨人"39家，共获得国家8667万元奖补资金。落实省"放水养鱼"行动，新增入库企业117家，累计682家，居全省前列；符合条件的166家企业当年兑现奖励资金5955万元。加快"小升规"培育，入库企业1315家。三是提升企业创新能力。新增国家级技术创新示范企业1家、省级企业技术中心14家，新增"浙江制造精品"34个。加强创新载体建设，吉利研究院二期、万华新材料研究院等企业重大创新平台建成投用。持续推进制造业设计能力提升，新增乐歌、太平鸟、赛尔富等国家级工业设计中心3家、省级10家。组织企业积极参加创业创新大赛，入围第六届"创客中国"大赛，全国500强、50强数量均列全国第一，两个项目在全国总决赛中斩获一等奖。四是积极培育特色标杆企业。加快企业管理创新，印发《宁波市推进企业管理创新提升行动计划（2021—2025）》，完成600余名企业家素质提升培训和1398家企业管理创新提升星级评价。加快发展服务型制造，出台《宁波市加快推进服务型制造发展的实施意见》，认定市级服务型制造示范培育企业59家，新增国家级服务型制造示范企业5家、省级7家，成功入选国家服务型制造示范城市。方太厨具、爱伊美、吉润汽车3家企业列入浙江省工业旅游示范基地，和丰纱厂成功创建全市首个国家级工业遗产。

（五）强化全域治理，平台载体实现新提升

一是推进工业园区布局与提升。研究编制工业集聚区规划，制定工业集聚区控制线管理办法，积极规划建设55个重点产业园，优化产业空间布局。召开全市传统制造业改造提升2.0版现场推进会暨全域产业治理部署会，印发《关于加快推进制造业全域产业治理的指导意见》，实施"大起底""大整治""大提升"行动。全市开展88个低效工业地块改造，完成36个，鄞州、慈溪、海曙、宁海把低效工业区块改造提升工作列为"一把手"工程。成立了全域产业治理专班或工改办，镇海、鄞州、慈溪、保税完成工业用地全域排摸。加快低效工业区块改造，推进"产业更新、功能转换、拆除重建、局部更新、零星归宗"5种模式改造提升，涉及企业1971家，盘活工业用地11.7平方千米，新增工业厂房面积334万平方米。加强小微企业园建设，新获评四星级园区6家、五星级园区1家，国家小型微型企业创业创新示范基地4家。二是加快"低散乱"整治。制定《宁波市新一轮制造业"腾笼换鸟、凤凰涅槃"攻坚行动方案（2021—2025年）》，全面排查高耗低效企业，实行清单管理，完成1290家高耗低效企业整治并销号。聚焦化工、塑料加工、五金、铸造、金属表面处理等重点行业，完成淘汰落后产能涉及企业2278家。持续开展"两小"企业整治提升专项行动，整治提升"低散乱污"企业2716家。三是深化"亩均论英雄"改革。建立"亩均效益"综合评价大数据平台，完成22240家企业评价工作，实施亩

均效益领跑者行动，评选发布"亩均效益"综合20强、分行业"领跑者"等榜单，引导企业对标提升。强化评价结果运用，出台《宁波市促进资源要素优化配置推动制造业高质量发展实施办法》，实施差别化资源要素配置政策，加速企业优胜劣汰。全市规模以上工业企业亩均增加值增长12.2%、亩均税收增长10.5%，全市亩均税收低于1万元的D档企业比2020年度（3603家）减少1328家，3亩以上规模以下评价主体的税费实际贡献为144亿元，亩均税收贡献为10.03万元/亩，同比增长86.9%、61.8%。四是推进绿色制造示范创建。建立星级绿色工厂和绿色园区评价标准，实行分层分级绿色工厂和绿色园区创建，新增国家级绿色工厂22家、绿色设计产品32个、绿色供应链管理企业3家，新增市级绿色园区1家。加快企业绿色化改造，实施41个工业循环经济、工业节水和资源综合利用重点项目。探索绿色金融试点，印发《关于推进绿色金融支持绿色发展的实施意见》，与建设银行宁波分行合作开发了亩均效益贷、绿色工厂提升贷等多款定制化的绿色信贷产品。截至目前，已有58家企业获得专项贷款授信额度21.31亿元，贷款余额9.03亿元。研究编制制造业领域碳达峰工作方案，做好7个重点行业碳达峰工作基础研究。

（六）强化精准服务，产业生态呈现新格局

全力保障稳定运行。强化经济运行调节，围绕缺芯、缺电、疫情冲击断供等问题，努力保持产业链供应链稳定。年初，在全国率先出台留工优工稳增促投的政策意见，促使外地员工留甬率提高到55%，市本级兑现留工优工补助资金8770万元，工业经济顺利实现开门红。针对家电行业缺芯问题，强化"芯-机"对接，征集生产家电芯片、功率模块和控制线路板等产品的企业49家，推动群芯微电子、达新、祈禧扩大产能，维护了供应链稳定。针对9月开始出现的电源性缺电问题，开展针对性调研，研究提出电力保障"白名单""黑名单"及优化有序用电的工作建议，合理安排生产计划。针对12月初镇海疫情，在严格疫情防控基础上，指导企业科学积极应对，努力减少损失，维持生产平稳有序。

2022 年宁波市工业经济运行概况

2022 年，宁波市实现规模以上工业增加值 5339 亿元，同比增长 3.8%，增速居全国工业十强城市第四位，占全省规模以上工业增加值的 24.4%，比 2021 年提高 0.4 个百分点；完成全部工业增加值 6682 亿元；完成制造业投资 1085.7 亿元，同比增长 14.8%。

一、工业经济运行概况

（一）工业生产保持稳定恢复态势

全市工业企业迎难而进，工业生产保持稳定恢复态势。一是全年工业生产展现韧性。1—2 月、4 月全市规模以上工业增加值增速分别为 8.7% 和 -2.1%，是 2022 年单月增速最高和最低的两个月，全年总体呈现"筑底回升、缓中趋稳"的态势，展现了宁波工业经济的韧性。二是规模以上工业增加值规模稳居全省第一。2022 年，全市实现规模以上工业增加值 5339.4 亿元，占全省的 24.4%，稳居全省第一，同比增长 3.8%，低于全省 0.4 个百分点，但高出全国 0.2 个百分点，居全国工业十强城市第四位。三是规模以下工业增加值增速保持全省前列。2022 年，全市规模以下工业增加值同比增长 3.0%，高于全省 0.4 个百分点，居全省第三位。

（二）工业投资规模领先增长稳健

宁波市全力以赴实施工业投资攻坚行动和制造业投资"百日攻坚"行动，工业投资规模领先增长稳健。一是工业投资增速连续四年两位数增长。2022 年，全市累计完成工业投资 1245.6 亿元，占全市固定资产投资的 26.2%，规模居全省首位，同比增长 14.5%，连续 4 年保持两位数增长，高于固定资产投资增速 4.1 个百分点。二是制造业投资总量首破千亿元大关。完成制造业投资 1085.7 亿元，占全市固定资产投资的 22.8%，总量首次突破千亿元大关，同比增长 14.8%，高于固定资产投资增速 4.4 个百分点。三是重大项目支撑有力。按照"应开尽开，能早则早"要求，全年新开工纳统项目 1938 个，计划总投资 1819.3 亿元，同比增长 45.3%，创历年新高。全年竣工投产 1000 万元以上项目 557 个，累计完成投资 748.3 亿元。

（三）产业结构优化转型升级提速

宁波市加快推进传统产业转型升级，培育发展新动能，产业结构不断优化。一是数字经济核心制造业快速增长。2022 年，数字经济核心制造业实现规模以上工业增加值 710.6 亿元，同比增长 3.0%，占规模以上工业的 13.3%，同比提升 0.8 个百分点。二是互联网及软件信息服务业高速发展。互联网及软件信息服务业实现营业收入 221.9 亿元，同比增长 5.2%，高出全省 7.3 个百分点。三是高技术、战略性新兴、高新技术产业支撑强劲。2022

年，高技术制造业、战略性新兴产业、高新技术产业分别实现规模以上工业增加值 644.2 亿元、1374.3 亿元和 3263.9 亿元，同比增长 6.3%、5.8%、6.3%，分别高出规模以上工业增速 2.5 个、2.0 个和 2.5 个百分点，规模以上工业占比达到 12.1%、25.7% 和 61.1%。

（四）企业主要效益指标企稳向好

全市积极落实减税降费政策，主要效益指标企稳向好。一是企业营业收入保持增长，利润有所下降。全市规模以上工业企业营业收入保持较好，累计实现营业收入 24752.4 亿元，同比增长 7.4%，与全省持平；实现利润总额 1413.7 亿元，同比下降 18.2%，低于全省平均 3.3 个百分点；规模以上工业企业平均营业收入利润率 5.7%，高于全省 0.3 个百分点。二是企业劳动生产效能水平不断提升。1—12 月，全市全员劳动生产率 32.7 万元/人（折年），同比提升 1.5 万元/人，环比提升 0.2 万元/人，高于全省 3.1 万元/人，居全省第四位。三是企业成本压力有所缓解。2022 年，全市规模以上工业企业每百元营业收入成本为 85.7 元，比 1—11 月、前三季度分别减少 0.1 元和 0.3 元，有利于企业利润恢复和改善。

（五）全市研发创新投入逆势前进

宁波市坚持以科技创新为引领，推动制造业高质量发展。一是研发费用投入逆势增长。2022 年，全市规模以上工业企业研发费用投入 599.3 亿元，同比增长 16.7%，高于同期营业收入 9.3 个百分点，高于全省 2.2 个百分点，实现逆势增长。全市企业研发费用占营业收入的 2.4%，低于全省 0.5 个百分点，同比提升 0.2 个百分点，与全省的差距比 2021 年缩小 0.1 个百分点。二是新产品产值规模首次突破 8000 亿元。2022 年，全市规模以上工业企业累计实现新产品产值 8102.5 亿元，同比增长 6.9%，新产品产值率 33.3%，同比下降 0.2 个百分点。三是新能源、新动能产品快速增长。1—12 月，全市累计生产汽车 70.8 万辆，同比增长 2.3%，其中新能源汽车 13.2 万辆，同比增长 406.8%。

二、行业和地区运行情况

分行业看，近六成行业较 2021 年回落，化工、汽车、通信等支柱产业动能强劲。从 35 个工业行业看，2022 年增加值增速"15 正 20 负"，其中 7 个行业两位数正增长。前 15 大行业增加值规模以上工业占比为 90.0%，同比增长 4.0%，高于规模以上平均水平，整体运行呈"348"格局。化学制品（24.8%）、通信电子（15.1%）、汽车制造（14.5%）三大行业继续保持高速增长，合计拉动规模以上工业增速 5.9 个百分点；烟草制品（3.0%）、仪器仪表（5.1%）等四大行业不温不火；纺织业（-15.6%）、文教娱乐（-14.3%）等8个行业陷入负增长困境，合计拖累规模以上工业增加值增速2.6个百分点（见表1）。

表1　前15大行业增加值增速及拉动率

行业	6月（%）	12月（%）	1—12月（%）	1—12月拉动率（个百分点）
化学制品	18.3	96.2	24.8	2.9
汽车制造	25.9	7.8	14.5	2.0
通信电子	28.0	9.0	15.1	1.0
仪器仪表	13.3	-8.7	5.1	0.1
烟草制品	22.5	-24.3	3.0	0.1
电力、热力生产和供应业	13.4	6.9	1.2	0.1
橡胶制品	0.9	-8.5	0.1	0
纺织服装	5.9	-17.1	-2.7	-0.1
专用设备	3.8	-11.2	-5.1	-0.2
电气机械	4.1	-9.4	-2.3	-0.3
文教娱乐	15.7	-26.8	-14.3	-0.3
纺织业	16.8	-28.7	-15.6	-0.3
金属制品	1.7	-17.5	-6.9	-0.4
通用设备	3.5	-11.2	-7.1	-0.6
石油加工	4.7	-46.1	-6.8	-0.6
规模以上工业	5.2	0.4	3.8	—

注：按1—12月拉动率排序。

分地区看，同比呈"7升3降"格局，镇海、北仑等工业强区支撑作用明显。2022年，受新能源汽车、化工等重大项目投产达产的新增产出增量拉动，镇海、北仑规模以上工业增加值分别增长10.4%和6.0%，增速保持领先；宁海、象山、鄞州、慈溪、江北增势平稳，分别增长4.7%、3.9%、3.6%、3.6%和1.3%；海曙、余姚、奉化受纺织服装、家用电器等行业消费市场需求低迷影响，出现负增长，同比下降2.9%、2.5%、0.4%。

三、面临的主要问题

（一）市场需求不足凸显

一是从国际环境看，受俄乌冲突、美联储持续加息影响，欧美国家居民购买力下降，出口订单减少，自6月以来，我国出口交货值同比增速连续6个月下滑。二是从国内市场看，随着国内房地产市场渐至寒冬，钢铁、建材、家电、家具等关联产业市场需求持续低迷；从省内看，四季度工业销售产值持续下滑，12月增速下降至-4.7%，复苏力度疲软。三是从本市企业看，近期调查

显示，35.1%的企业反映在手订单不足，仅可维持1个月以内的生产，60.8%的企业反映生产经营中的主要困难是需求不足、缺少订单。

（二）经济下行趋势未变

自9月以来，全国制造业PMI（采购经理指数）连续下降，始终位于荣枯线以下，12月降至47.0%，环比再次下降1.0个百分点，经济景气水平总体有所回落。12月，宁波市制造业PMI为45.0%，环比下降1.9个百分点。从分类指数看，生产指数和新订单指数分别为43.1%和42.0%，低于上月3.4个和3.1个百分点，制造业生产活动继续放缓，产品订货量有所下降；从业人员指数、原材料库存指数、供应商配送时间指数均低于临界点，分别为44.6%、48.4%和47.2%。

（三）企业预期谨慎乐观

一是自疫情防控"新十条"措施发布以来，短期内企业阳性员工数量上升及防疫物资短缺对企业产需、人员到岗、物流配送带来较大影响。反映在企业用电上，自12月23日开始，全市工业日用电量持续负增长，只有正常情况的85%左右。二是受地缘政治、贸易壁垒、劳动力成本等因素影响，产能和订单加速向东南亚等地区转移。如舜宇光学投资25亿美元建设越南工厂，申州国际、百隆东方在客户的要求下将部分订单转移至越南工厂生产。三是企业总体投资意愿不高，特别是企业大投资、大项目不多。近期调查问卷显示，43.1%的企业计划在2022年新增工业投资项目，其中1000万元以下项目投资的企业占52.9%，整体投资规模不大。综合以上因素，初步预测，2023年宁波市规模以上工业增加值增速呈现"先低后高、回升向好"的态势。全市经信系统将认真贯彻落实市委、市政府决策部署，紧扣"打造一流城市、跻身第一方阵"总体要求，锚定"321"目标，全力以赴拼经济、稳增长、强动能，持续推进各项任务落地落实。

四、2022年主要工作完成情况

（一）强化专班攻坚，力促工业经济稳进提质

牵头推进畅循环稳工业、稳企业强主体两大攻坚行动，组建专班，建立月度调度、晾晒等工作机制，累计编辑简报130余期，保持工业运行保持在合理区间。一是经济运行调度有序。开展稳工业攻坚冲刺行动，通过六方面举措，全力以赴"冲刺四季度，确保全年红"。每月对335家市级重点企业进行监测，每月对2000家左右规模以上工业企业开展生产经营情况问卷调查，每天对5452家重点规模以上工业企业用电量进行监测，对亿元以上"红""黄"等企业进行预警，指导各地开展精准帮扶。建立包含2956家重点企业"白名单"，精准做好用电保障。2022年，全市实现规模以上工业总产值24339亿元，同比增长7.6%；规模以上工业增加值5339亿元，同比增长3.8%；规模以上工业全员劳动生产率32.5万元/人，高于2021年同期1.8万元/人；企业停产指数、减产指数好于全省平均，企业用工基本稳定。二

是工业投资推进有力。实施工业投资攻坚行动和制造业投资"百日攻坚"行动，全市完成工业投资 1245.6 亿元，同比增长 14.5%，规模长期居全省首位，全市固定资产投资占比逐年提升，增速连续 4 年保持两位数增长；制造业投资总量突破千亿元大关。稳步推进技术改造，印发实施工业企业技术改造三年行动计划，全年完成工业技改投资 830.5 亿元，同比增长 20.5%，高于全省 4.2 个百分点；全年入库 1000 万元以上项目共 2238 个。围绕"谋划招引一批、立项审批一批、开工建设一批、竣工投产一批"，精准推进重大项目建设，谋划 10 亿元以上重大制造业项目 44 个，分别推动 38 个和 22 个 10 亿元以上重大项目实现新开工和竣工，镇海炼化高端合成新材料、震裕汽车锂电池顶盖、康龙化成生物医药平台等一批"绿新高""强补延"项目投资放量，全市"双百"工程项目完成投资 442.5 亿元，占全市工业投资总量的 35.7%。强化工作体系建设，成立投资专班，完善投资运行调度，建立重点项目"小管家"服务机制，对 5 亿元以上和省重点项目进行专人定期跟踪服务，推进解决 40 个重大项目的 48 个困难问题，推动旗滨光伏玻璃、亚洲浆纸绿色环保卡纸、日星关键零部件等项目实现提前开工建设。**三是专项活动深入推进。**开展"标志性产业链群"系列对接活动，重点开展产销对接、产融对接、产才对接、整零对接、"芯机"对接等八大类对接。举办汽车产业链整零对接会、气动元件产业数字化转型现场会等 129 场对接活动，累计参与企业 4358 家次，对接订单 235.0 亿元、对接融资 592.7 亿元。开展"千名干部助企纾困"精准服务活动，市、县、乡三级共选派 2846 名助企服务员，一对一服务 5780 家规上工业企业，全力解决企业急难愁盼问题，累计走访企业 4.1 万家次，联系服务 6.5 万家次，受理问题 1.59 万件，办结 1.54 万件。落实"三稳三提"企业服务专项活动，组织经信系统领导干部走进企业开展专项服务，帮助企业稳预期提信心、稳经营提质效、稳投入提后劲，累计走访重点企业 1000 余家次。**四是惠企政策顶格落实。**"第一时间+顶格落实"国家稳经济 33 条、省稳经济 38 条、市助企纾困 47 条和 16 条政策，累计为各类企业减负 585.7 亿元，全年目标完成率 119.5%，居全省第一。出台工业稳增长扩投资促转型惠企十条、工业冲刺四季度勇夺"开门红"八条等阶段性政策，制定整机装备、纺织、石化等行业纾困解难政策，安排专项资金 2.9 亿元。组织开展防范和化解拖欠中小企业账款专项行动，全市累计化解欠款 136 件，涉及金额 2135.4 万元，实现中小企业无分歧欠款 100% 清偿。发挥企业平台作用，向企业推送政策 61.2 万次，开展线上线下巡播巡讲活动 359 场，参与 23.9 万人次。

（二）强化精准培育，力促产业结构优化升级

做大做强绿色石化、新材料等优势产业，培育集成电路、新能源汽车等新兴产业。**一是产业集群培育取得新成效。**绿色石化、磁性材料入选国家先进制造业集群

培育计划，占全省总量的 50%。鄞州区电梯关键配套件产业集群、北仑区压铸模具产业集群入选国家中小企业特色产业集群。新增省级特色产业集群核心区 3 个、协同区 6 个。"高水平培育先进制造业集群"获全省经信系统"最佳实践"。"246"产业集群规模以上工业增加值同比增长 5.3%，高于规模以上工业平均 1.5 个百分点，汽车（17.0%）、绿色石化（13.3%）、新材料（10.2%）集群引领增长，其中新能源汽车产量 13.16 万辆，同比增长 339%；磁性材料产值同比增长 39.4%。市本级及鄞州、慈溪入选国家消费品工业"三品"战略示范城市，象山列入"浙里智造供全球"纺织服装产业带转型升级省级试点。**二是未来产业加快布局。**开展人工智能、工业互联网、第三代半导体、柔性电子、元宇宙等未来产业研究。推动创建未来产业先导区，发布区块链产业先导区实施方案，高新区柔性电子获评省未来产业先导区。组织参加省"新星"产业群竞赛，北仑高性能树脂、高档智能机床（注塑机）和慈溪高性能磁性材料集群入选省"新星"产业群。**三是标志性产业链加快打造。**深化实施标志性企业、项目、技术、平台、活动"五个一批"培育行动。全市十大标志性产业链实现工业增加值 3231.3 亿元，同比增长 8.7%；150 个重点产业链强链补链项目，完成工业投资 380.2 亿元，累计组织实施产业链对接活动 410 余场；新成立市级产业链共同体 18 家，累计 84 家；新增省级产业链共同体 4 家，累计 48 家，数量居全省第一。慈溪产业链治理机制创新工作荣获省委改革办改革突破提名奖。实施产业基础再造重点项目 244 项，完成年度投资 127.1 亿元，博威合金、金鸡强磁、江丰电子 3 个项目列入国家工业强基专项，7 家企业入选国家工业基础领域重点产品、工艺"一条龙"应用计划。**四是创新能力建设取得重大突破。**石墨烯创新中心获批国家级制造业创新中心，实现浙江省零的突破。启动建设全省首个国家关键零部件（气动件）领域创新成果产业化公共服务平台。江丰电子入选国家技术创新示范企业，累计 10 家；新增省级企业技术中心 17 家，累计 144 家；新增省级工业设计中心 12 家，累计 48 家。宁波方太厨具有限公司的"A1.i 制冷油烟机"获评 2022 年中国优秀工业设计奖金奖，实现浙江省零的突破；极氪汽车（宁波）杭州湾新区有限公司的"极氪 001 新能源汽车"、乐歌人体工学科技股份有限公司的"V6 健身椅"分别获得银奖和铜奖。推动工业新产品研发，发布工业新产品试产计划 1173 项，新认定国内首台（套）装备产品 30 个、省内首台（套）装备产品 69 个、市级首版次软件 53 项，38 个产品获评浙江制造精品。数控机床工程化攻关等 17 个项目入围省首台（套）产品工程化攻关项目。

（三）强化改革创新，力促数字经济加快发展

实施数字经济"一号工程"升级版，谋划数字经济超常规高质量发展顶层设计，建立健全工作推进机制。获批成立市数字经济局。2022 年，全市数字经济核心产

业增加值 1119 亿元，同比增长 11.8%，高于全省 3.4 个百分点。**一是数字产业稳中有进。**推动中芯宁波 N2、甬矽电子二期、灵芯产业园等重点项目建设，推动泰睿思封测等项目实现竣工投产。推动宁波软件园、北仑芯港小镇、"镇芯"产业园等重点园区谋划建设。成立宁波甬欣韦豪一期半导体产业基金，实缴规模 10 亿元，已完成对落地宁波的两个半导体项目合计 8.5 亿元的投资。加快数字基础设施建设，累计建成 5G 基站 2.47 万个。全市数字经济规模以上制造业实现增加值 710.6 亿元，同比增长 3.0%，占全市规模以上工业增加值的 13.3%，较 2021 年年底提高 0.8 个百分点；集成电路及相关产业产值增长 16.8%，软件和信息技术服务业业务收入同比增长 20%。获评全国十大优秀信息消费示范城市，小六买菜等 4 个项目入选国家级新型信息消费示范项目。**二是智能制造向纵深推进。**全力推进企业数字化改造"三个全覆盖"行动，制定行动方案，建立省市县三级新智造群体培育计划库，其中省级培育项目 175 个、市级培育 700 个、区级智能化（自动化）改造项目 1541 个，完成投资超过 400 亿元。雅戈尔、镇海炼化入选国家"数字领航"示范名单；累计国家智能制造试点示范工厂和优秀场景 18 个，数量全省第一；新认定市级"未来工厂" 9 家，新增年度省级未来工厂试点 4 家，累计 12 家；新认定市级数字化车间/智能工厂 103 家，累计 361 家；新增省级数字化车间/智能工厂 28 家，累计 84 家。以"一县一业一案"为重点，推进重点行业数字化改造，北仑的模具、鄞州的汽车零部件、余姚的家电、海曙的服装等 7 个细分行业列入省级试点名单，数量居全省第一。推动以"智昌系列"全自主机器人为核心的机器人推广应用，截至目前，新增工业机器人应用 5078 台（套），累计超 2.1 万台（套）。新增上云上平台企业超 6000 家，累计 93966 家。**三是工业互联网加快推广应用。**新认定 11 个市级工业互联网示范平台，累计 30 个；新创建省级工业互联网平台 20 家，累计 43 个；爱柯迪股份有限公司的"汽车零部件精益数字化工厂"、宁波柯力传感科技股份有限公司的"智慧畜牧养殖料塔称重物联网系统"等 4 个项目入围 2021 年物联网示范项目名单；雅戈尔服装制造有限公司的"5G 服装全连接工厂"、中国石化镇海炼化分公司的"炼化行业智能制造试点示范"等 7 个项目入围 2022 年新一代信息技术与制造业融合发展试点示范名单，数量均居全省第一；北仑模具工业互联网平台赋能数字化转型提升列入国家试点。新认定市级"5G+工业互联网"试点项目 9 个，累计 40 个。海曙、镇海、北仑被列为省首批企业数据管理国家标准贯标工作试点县（市、区）。SupOS 工业互联网平台发布 4.0 版本，年度新增上架工业 App252 个、推广项目 702 个，累计 SupOS 平台产品全国推广 4000 余套。2022 年全国工业互联网平台赋能深度行（首站·宁波）暨第二届未来智造大会、全国"5G+工业互联网"现场工作会在宁波市成功召开；海曙区成功承办第四届中国工业互联网大赛全

国总决赛，蓝卓凭借"基于工业操作系统的大型流程工业企业集成创新解决方案"荣获"领军组"第一名，2 个项目荣获"新锐组"三等奖，5 个项目荣获最具应用价值奖等单项奖项，数量和质量创历史新高，居全国城市第二。持续推进服务型制造示范城市建设，新增国家级服务型制造示范企业（平台、项目）9 家、省级 13 家。**四是数字经济系统建设深入推进。**智能传感器行业产业大脑入选省级细分行业产业大脑，累计 6 个，化工产业大脑获评全省产业大脑优秀案例。产业大脑累计上线场景应用 96 个，为全省产业大脑能力中心提供组件 160 余个，服务企业超 7500 家。推进产业数据仓建设，已采集 30 余个市级部门、7400 余个数据项，形成"亩均评价"、政策跑道等 20 余个特色专题库。稳步推进特色应用建设，"新材云创"、数字博威获评浙江省数字化改革最佳应用，甬金通入选省数字化改革重大应用"一本账"S2，"新材云创"入选"一地创新、全省共享""一本账"S0，数智甬经、"甬 e 通"国际贸易一站式服务、企服通、"新材云创"4 个应用入选全省数字经济系统地方特色应用目录。

（四）强化梯队建设，力促企业主体做大做强

实施企业"四上"行动，推进企业上规、上市、上云、上榜，优质企业梯队不断壮大。市委市政府召开宁波创业创新风云榜表彰大会和全市制造业"大优强"企业交流会。**一是"大优强"企业加快发展。**发布首批 104 家制造业"大优强"培育库企业名单，签订个性化培育计划书。出台制造业百强企业实施意见的实施细则和考核评价办法，兑现资金 7.5 亿元。系统梳理企业"一图三清单"，完善企业跟踪监测服务机制，建立企业服务绿色通道，梳理培育企业困难问题清单，推动解决 221 项困难诉求。2022 年，104 家培育企业实现规模以上工业总产值 11156.6 亿元，同比增长 16.8%。新增超 100 亿元企业 3 家、超 50 亿元企业 5 家。拓普等 3 家企业入选第三批省"雄鹰行动"培育企业。**二是企业上榜成效显著。**雅戈尔等 17 家企业入围"中国制造业 500 强"榜单，新增 1 家；申洲等 11 家企业上榜"胡润中国 500 强"，排名全国城市（含港澳台地区）第九位；均胜等 4 家企业入围全球汽车零部件供应商百强榜；极氪科技、甬矽电子等 4 家企业入围全球独角兽榜；10 家服装品牌入选国家重点培育纺织服装百家品牌，居全国总量的 9.6%；方太、奥克斯等 17 家企业入围浙江省创造力百强企业；新增制造业上市公司 10 家。**三是"专精特新"企业培育引领全国。**出台"专精特新"中小企业认定管理办法，制定推进"专精特新"中小企业培育发展的实施意见，强化培育库建设和专题辅导，培育库动态入库企业超过 1500 家，新增国家级制造业单项冠军 20 家，占全省新增量的 50%，累计 83 家，居全国城市第一位；新增国家级专精特新"小巨人"101 家，占全省新增量的 16.7%，累计 283 家，居全国城市第四位；新增国家级重点"小巨人"27 家，占全省新增量的 45.8%，累计 66

家，居全国城市第三位；宁波市"专精特新"企业集群化培育体系改革获评浙江省改革突破奖金奖。推进企业管理创新，新认定四星级企业 668 家，累计 1059 家；五星级企业 165 家，累计 275 家；方太集团等 3 家企业被认定为省级管理对标现代化标杆企业，长华汽车等 30 家企业被评为市级管理创新提升标杆企业。**四是创业创新氛围更加浓厚**。新增 3 家国家级小型微型企业创业创新示范基地、4 家国家级中小企业公共服务示范平台。开展第七届"创客中国"宁波市中小企业创新创业大赛，7 个企业组、6 个创客组进入全国 500 强，奥拉半导体的"高性能时钟芯片"项目获企业组全国二等奖，沛岱汽车的"自动驾驶在环仿真开发测试系统"项目获创客组优胜奖。2200 家企业进入"小升规"培育库，新增月进规 101 家。全年新认定小微企业园 26 个，新认定市三星级小微企业园 8 家，获评省四星级 4 家、五星级 1 家。

（五）强化腾笼换鸟，力促产业空间重构重塑

强化规划引领，编制工业集聚区规划和行动方案，建立"两区两线"的工业空间管控体系，分类推进低效工业区块管控，优化资源要素配置，推进集约集聚发展。**一是产业平台加快整合提升**。制定完善 512 个工业区块分类管控和治理方案，规划建设 20 个左右战略产业园和 70 个左右优势产业社区。推进省级制造业星级园区建设，5 个园区被评为省级制造业星级园区，获评总数、四星级及以上园区数均为全省第一。强化低效工业区块改造提升，全市低效工业区块改造在建项目 103 个，改造完成 40 个。积极探索工业用地项目全过程履约监管，出台《慈溪市工业用地项目全生命周期管理实施意见》。**二是"亩均论英雄"评价扩面**。完成"亩均效益"工业企业评价 44383 家（规模以上 9877 家，规模以下 34506 家），"亩均评价"企业增加 99.6%，实现规模以上企业全覆盖；评价面积 53.9 万亩，增长 20%。59 家规模以上工业企业入选全省制造业重点行业"亩均效益"领跑者企业名单，占全省的 29.5%，位列全省第一。与市建设银行合作推出"亩均效益贷"，为 321 家 A、B 档企业提供低息"亩均效益"提升贷 281 亿元，直接降低融资成本 1.4 亿元；对 1529 家 D 档企业征收差别电价 1.1 亿元。**三是"三类企业"动态清零**。制定制造业"三类企业"整治提升工作方案，建立高耗低效、低散乱污、落后产能等三类企业清单，整治"低散乱污"企业 1979 家、高耗低效企业 1452 家、淘汰落后产能涉及企业 451 家，累计盘活工业用地 15 平方千米，腾出用能空间 44.6 万吨标煤，数量均居全省首位。制定"腾笼换鸟"专项资金使用实施细则，市本级按照全年土地出让金 0.5% 的比例用作"腾笼换鸟"专项经费，重点用于盘活工业用地、企业整治提升、产业园区配套设施建设等。宁波市在全省新一轮制造业"腾笼换鸟、凤凰涅槃"攻坚行动考核评价中获评第一档。**四是绿色制造群体扩大**。发布星级绿色工厂评价导则，新增三星级绿色工厂 686 家，累计 981 家；新增国家级绿色工厂 20 家、绿色供应链管理企业 3 家、工业产品绿色设计示范企业 2 家、绿色设计产品 23 个，其中绿色工厂累计数居全国同类城市第二位；浙江吉利汽车有限公司入选国家汽车产品生产者责任延伸制试点；中国石油化工股份有限公司镇海炼化分公司（两项）、万华化学（宁波）氯碱有限公司、宁波钢铁有限公司四个项目列入 2022 年重点用水企业、园区水效领跑者名单；海天塑机集团有限公司系列注塑机产品获得国内机械设备领域首个产品碳标签证书。实施石化、铸造行业绿色化诊断，完成企业绿色化诊断 274 家。实施市级节能降碳技术改造项目 287 个，完成投资 198.9 亿元，节能 13.1 万吨标煤。制定发布工业领域碳达峰实施方案。

2019 年厦门市工业经济运行概况

一、工业经济运行概况

2019 年，厦门市规模以上工业增加值比 2018 年增长 8.6%（见图 1），比 GDP 增速快 0.7 个百分点，有力拉动全市经济增长。分经济类型看，股份制企业增加值增长 13.7%，外商及港澳台商投资企业增加值增长 5.0%，其中台资企业增加值增长 9.2%；国有控股企业增加值增长 6.3%，私营企业增加值增长 15.9%。分轻重工业看，轻工业增加值增长 6.1%，重工业增加值增长 9.8%，轻工业与重工业之比为 1：1.91。工业产品产销率为 93.97%，比 2018 年下降 1.35 个百分点。

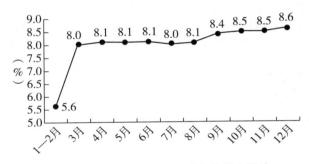

图 1　2019 年规模以上工业增加值月度增速

规模以上工业 35 个行业大类中有 27 个增加值实现增长。其中化学纤维制造业增长 33.4%，医药制造业增长 21.8%，有色金属冶炼和压延加工业增长 21.6%。总量前三位分别是计算机、通信和其他电子设备制造业（增加值增长 15.9%），电气机械和器材制造业（下降 2.3%），橡胶和塑料制品业（增长 7.5%），三大行业增加值占规模以上工业的 49.0%。规模以上高新技术产业增加值增长 10.4%，占规模以上工业的 67.1%。

至 2019 年年底，全市规模以上工业企业 2110 家，其中产值超亿元企业 753 家，占规模以上工业的 91.4%。电子、机械两大支柱行业共有规模以上工业企业 1071 家，占规模以上工业企业数的 50.8%；工业产值占规模以上工业的 68.8%。其中，电子行业产值占规模以上工业的 39.3%，机械行业产值占规模以上工业的 29.5%。

规模以上工业经济效益综合指数为 265.23，比 2018 年提高 13.34 个点。其中，总资产贡献率 9.18%，下降 0.17 个百分点；资本保值增值率 103.52%，下降 5.36 个百分点；资产负债率 49.89%，下降 1.66 个百分点；流动资产周转率 1.64 次，减慢 0.03 次；成本费用利润率 5.6%，下降 0.03 个百分点；规模以上工业全员劳动生产率为 28.43 万元/人，净增 2.47 万元/人。实现利润总额 340.08 亿元，下降 0.4%。

全市规模以上工业企业生产集成电路 8.97 亿块，同比增长 39.9%；液晶显示模组 3173 万套，同比增长 223.9%；微型电子计算机 1700 万台，同比增长 79.4%（见表 1）。

表 1　2019 年主要工业产品产量及增速

产品名称	产量	同比增长（%）
液晶显示屏（万片）	6224	-41.0
集成电路（万块）	89743	39.9
轮胎外胎（万条）	1792	-4.6
彩色电视机（万台）	756	-15.8
液晶显示模组（万套）	3173	223.9
微型电子计算机（万台）	1700	79.4
笔记本计算机（万台）	353	6.6
移动电话（万台）	1105	53.0
印制电路板（万平方米）	427	-12.8
数码相机（万台）	103	-20.0
民用钢质船舶（万载重吨）	3.41	-78.2
路由器（万台）	32.98	33.6
摩托车（万辆）	17.60	12.8
客车（万辆）	4.60	-10.0

数据来源：厦门市 2019 年国民经济和社会发展统计公报。

二、主要工作开展情况

（一）服务企业更加有力

陆续出台《厦门市人民政府关于印发进一步降低企业成本若干政策措施的通知》等 6 批次降本减负政策措施。全年共减轻企业负担超 300 亿元。清偿民营企业中小企业账款 4.37 亿元，清偿进度为 91.8%。搭建"三高"企业综合服务平台，入库企业 2079 家，形成全方位全过程帮扶"三高"企业体系。升级产融合作云平台，截至 2019 年 12 月，已发布特色金融产品 198 个，累计放款 19512 笔，共计 114.99 亿元。目前还有 355 笔正在对接中，意向总金额 10.63 亿元。

（二）发展后劲不断增强

持续做好项目跟踪服务，全年千亿产业链群 150 个主要投资项目，完成投资 229.25 亿元，完成年度计划的 114.2%。工业投资政策惠及企业近 400 户，兑现资金超

6 亿元，企业数和资金额均比 2018 年增长 2 倍多。办理产业用地准入 256 万平方米，增长 1 倍多。出台《厦门市加快现代制造业和信息产业发展三年行动纲要（2019—2021 年）》《现代制造业和信息产业招商组工作机制》等政策。全年生成现代制造业和信息产业招商项目共 634 个，总投资 3244 亿元。引进中航锂电、天马 6 代 AMOLED、浪潮 3 个百亿量级项目，士兰半导体、通富微电等项目试投产。

（三）千亿产业链培育更加有效

集成电路产业全年完成产值 238 亿元，比 2018 年增长 27.4%。正式获批设立海峡两岸集成电路产业合作试验区和建设国家"芯火"双创基地，加速产业布局和垂直领域整合。新材料产业实现产值 909.97 亿元，厦门新型功能材料产业集群入选国家首批战略性新型产业集群名单。软件和信息服务业占全省一半，实现营业收入 1732.23 亿元，增长 15.2%，全市 5 家企业获评中国互联网企业 100 强，在全国城市排名中位列第五，荣获"中国软件特色名城"称号。

（四）创新能力得到提升

2019 年，规模以上工业高新技术产业增加值占规模以上工业的 67.2%，同比增长 10.2%，比规模工业平均增速高 1.6 个百分点。厦门天马微电子有限公司、厦门艾德生物医药科技股份有限公司、林德（中国）叉车有限公司、厦门亿联网络技术股份有限公司 4 家企业被认定为国家企业技术中心。新增两化融合贯标企业 180 家、国家级工业设计中心 2 家，新增国家单项冠军产品 1 项、福建省单项冠军企业（产品）10 项。新认定"专精特新"小微企业 167 家，获评国家首批专精特新"小巨人"企业 2 家。成功举办"2019 白鹭杯海峡工业设计大奖赛"。

（五）改革创新取得突破

推出 17 项政策兑现"免企业申报"，直接兑现奖励资金超 7000 万元。编制《惠企政策快查手册》，内容涵盖市级重点产业发展、转型升级等 8 个方面 75 份政策文件，企业通过手机扫描二维码即可实现随时随地查阅，快速便捷，进一步提高惠企政策知晓率。以上两项举措得到省效能办的肯定，并在省机关效能简报予以推广。

（六）绿色制造稳步推进

以培育绿色工厂、绿色设计产品、绿色园区、绿色供应链管理为绿色制造体系工作的主要抓手，共有 16 家企业（园区）被列入第四批绿色制造名单，26 家企业（园区）被列入福建省第一批和第二批绿色制造名单。新能源汽车推广任务提前 3 个月完成，全年推广新能源汽车超过 1.4 万标准车，完成省里下达年度新能源汽车推广任务的 140%，推广量居全省第一。

2020 年厦门市工业经济运行概况

一、工业经济运行概况

2020 年，厦门市规模以上工业增加值增长 6.0%（见图 1）。分经济类型看，股份制企业增加值增长 10.2%，外商及港澳台商投资企业增加值增长 2.5%，其中台资企业增加值增长 10.5%；国有控股企业增加值增长 2.4%，私营企业增加值增长 14.3%。分轻重工业看，轻工业增加值增长 10.2%，重工业增加值增长 3.7%，轻工业与重工业之比为 1：1.73。工业产品产销率为 93.51%，比 2019 年下降 0.63 个百分点。

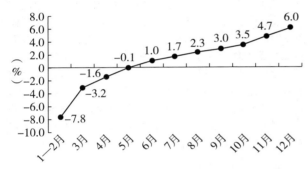

图 1　2020 年规模以上工业增加值月度增速

规模以上工业 35 个行业大类中有 15 个行业增加值实现增长。其中医药制造业增长 110%，文教工美体育和娱乐用品制造业增长 18.2%，专用设备制造业增长 11.0%。总量前三位的分别是计算机、通信和其他电子设备制造业（增加值增长 0.6%），电气机械和器材制造业（增长 3.1%），橡胶和塑料制品业（增长 1.6%），三大行业增加值占规模以上工业的 48.9%。规模以上高技术产业增加值增长 8.9%，占规模以上工业的 39.8%。

至年底，全市规模以上工业企业 2343 家，其中产值超亿元企业 814 家，占规模以上工业的 91.1%。电子、机械两大支柱行业共有规模以上工业企业 1204 家，占规模以上工业企业数的 51.4%；工业产值占规模以上工业的 67.7%。其中，电子行业产值占规模以上工业的 37.0%，机械行业产值占规模以上工业的 30.7%。

规模以上工业经济效益综合指数为 281.47，比 2019 年提高 19.75 个百分点。其中，总资产贡献率 9.70%，提高 1.27 个百分点；资本保值增值率 111.73%，提高 8.22 个百分点；资产负债率 48.57%，下降 1.49 个百分点；流动资产周转率 1.51 次，减慢 0.20 次；成本费用利润率 7.88%，提高 2.32 个百分点；规模以上工业全员劳动生产率为 29.55 万元/人，净增 1.57 万元/人。实现工业利润总额 445.53 亿元，增长 28.9%。

全市规模以上工业企业生产集成电路 11.44 亿块，增长 27.0%；彩色电视机 1299 万台，增长 71.9%；液晶显示模组 3905 万套，增长 23.1%（见表 1）。

表 1　2020 年主要工业产品产量及增速

产品名称	总量	同比增长（%）
液晶显示屏（万片）	4616	−25.8
集成电路（万块）	114426	27.0
轮胎外胎（万条）	1279	−3.5
彩色电视机（万台）	1299	71.9
液晶显示模组（万套）	3905	23.1
微型电子计算机（万台）	976	−42.7
笔记本计算机（万台）	322	−8.6
移动电话（万台）	279	−74.7
印制电路板（万平方米）	161	−62.3
数码相机（万台）	61	−41.1
民用钢质船舶（万载重吨）	1.49	−56.3
路由器（万台）	29.57	−10.4
摩托车（万辆）	16.79	−6.2
客车（万辆）	3.75	−18.6

数据来源：厦门市 2020 年国民经济和社会发展统计公报。

二、主要工作开展情况

（一）工业运行再创佳绩

全市有规模以上工业企业 2343 家，其中产值超十亿元的企业有 122 家，超百亿元的企业有 10 家。全市有"三高"企业 2560 家。规模翻番的"三高"企业达 304 家，国家级高新技术企业净增 354 家，有科技小巨人领军企业 567 家、瞪羚企业 109 家、新上市"三高"企业 7 家。全市"三高"企业增资扩产项目 311 个，计划总投资 2120 亿元，当年完成投资 254 亿元。"三高"企业建有市级以上企业技术中心 159 家，占全市企业技术中心总数的 76.4%。

（二）服务企业更加有力

企业服务体系不断完善，政企协同合力进一步形成。按照一套扶持政策、一个公共技术服务平台、一个产销平台、一个行业性展会"四个一"模式推进各行业生态建设。加强精准服务，着力破解企业资金、市场订单、进口原材料或零部件断供等问题，出台《厦门市工业企业出口产品转内销服务指南》。组织开展"大服务保主体促发展"行动，配合市电力、市发展改革委等部门实施电力外网接入连接段免费机制，探讨推行用电租赁方式降低企业投资成本。企业政策（资金）数据库已收录国家省市各级资金政策1000余项，全年点击量达96万人次。产融合作云平台成功完成放贷2.98万笔，金额185亿元。

（三）发展后劲不断增强

工业投资和招商引资势头较好。全年全市工业固投完成超过400亿元，高于全省、全市平均增速；技改投资增长24.2%，高于全省平均水平12个百分点。二产招商成效显著，签约项目总投资1833亿元，全年新增招商项目473个，实际到资额398亿元；新增工业用地54宗，2.5平方千米，占"十三五"期间的31.5%。2016—2020年，全市技改投资年均增长13.9%。厦钨永磁电机、天马6代、联芯集成电路等百亿级项目签约落地，联芯12英寸晶圆厂、士兰特色工艺、通富先进封装等一批重大产业项目建成投产，天马6代AMOLED，中航锂电等一批项目加快建设，3次被国家表彰为促进工业稳增长和转型升级成效明显市。

（四）千亿产业链培育有力有效

全年集成电路产业实现产值265.6亿元，增长11.6%，"芯片—软件—整机—系统—信息服务"的产业生态体系逐步形成。新材料产业实现产值879.61亿元。机械装备产业实现产值1055亿元，22个项目入选福建省重大技术装备和智能制造装备，数量为历史新高。软件和信息服务业实现营收1972.59亿元，比2019年增长13.8%。7家企业入选2020年度中国百强企业榜单，数量在全国城市中排名前六，仅次于北京、上海、广州、深圳、杭州。其中，中国软件百强3家（厦门信息集团、吉比特、亿联网络）；互联网百强4家（四三九九、美图公司、点触科技、吉比特）；IT上市百强2家（亿联网络、美亚柏科）。平板显示、计算机与通信设备、机械装备、软件信息服务4条产业链实现千亿元规模。战略性新兴产业加速发展，集成电路全产业链基本形成，获批建设"芯火"双创基地、海峡两岸集成电路产业合作试验区。新型功能材料、生物医药两大产业集群入选首批国家战略性新兴产业集群。

（五）创新能力得到提升

全市拥有高新技术企业2250家，国家、省、市级重点实验室、工程中心等科研机构550多家，市级以上企业技术中心191家，国家级32家，占全省总数的50.8%。建成各种产业公共技术服务平台近百个，产业创新具备一定的基础能力。全市R&D经费投入强度在3%左右；每万人有效发明专利拥有量39.67件，技术合同交易额突破百亿元大关。高技术产业增加值完成765.67亿元，占全市规模工业增加值的39.8%，排名居全省第一。

（六）引领和服务发展的基础工作进一步夯实

除动漫节外，近年来全市集聚了中国音数协动漫产业年会、中国人工智能大赛、数字中国峰会等一批产业招商促进平台，在智能制造、服务型制造、绿色制造等领域形成了具有一定水平的赋能平台（82个）。此外，国家相关部委授予厦门市一系列发展平台，包括国家数字出口基地、两岸数字经济融合发展示范区、国家"芯火"双创基地、海峡两岸集成电路产业合作试验区、服务型制造示范城市、中国软件特色名城等，对全市集聚发展资源具有重要促进作用。

（七）绿色制造稳步推进

以培育绿色工厂、绿色设计产品、绿色园区、绿色供应链管理为绿色制造体系工作的主要抓手，全年共有10家企业获得国家绿色工厂称号，13家企业15个产品获得国家绿色设计产品称号，1家企业获得国家绿色供应链管理称号。

推动成立产业协会，开展电池回收试点。实施绿色制造工程，完成3个绿色制造系统集成项目的验收工作，成功申报国家绿色工厂10家、绿色设计产品15个、省绿色工厂5家。

2021年厦门市工业经济运行概况

一、工业经济运行概况

2021年，厦门市规模以上工业增加值增长11.9%，突破2000亿元（见图1）。分经济类型看，股份制企业增加值增长17.1%，外商及港澳台商投资企业增加值增长6.9%，其中台资企业增加值增长4.1%；国有控股企业增加值增长10.4%，私营企业增加值增长20.5%。分轻重工业看，轻工业增加值增长14.4%，重工业增加值增长10.5%，轻工业与重工业之比为1:1.68。工业产品产销率为94.63%，比2020年提高0.78个百分点。

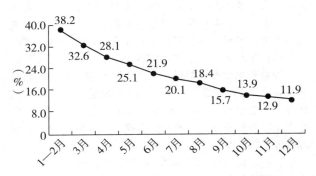

图1　2021年规模以上工业增加值月度增速

规模以上工业35个行业大类中有26个行业增加值实现增长。其中，化学原料和化学制品制造业增加值增长61.7%，铁路、船舶、航空航天和其他运输设备制造业增加值增长36.6%，化学纤维制造业增加值增长30.2%。总量排名前三位的分别是计算机、通信和其他电子设备制造业增加值增长10.2%，电气机械和器材制造业增加值增长13.1%，医药制造业增加值增长110%，三大行业合计增加值占规模以上工业的46.8%。规模以上高技术产业增加值增长19.9%，占全市规模以上工业的42.6%。

至2021年年底，全市共有规模以上工业企业2537家，其中，产值超亿元企业920家，占规模以上工业的89.3%。电子、机械两大支柱行业共有规模以上工业企业1259家，占规模以上工业企业数的49.6%，工业产值占规模以上工业的67.6%。其中，电子行业产值占规模以上工业的36.8%，机械行业产值占规模以上工业的30.8%。

规模以上工业经济效益综合指数为304.31，比2020年提高27.65个百分点。其中，总资产贡献率11.29%，提高1.51个百分点；资本保值增值率112.94%，提高1.20个百分点；资产负债率48.93%，上升0.20个百分点；流动资产周转率1.59次，加快0.06次；成本费用利润率

9.26%，提高1.36个百分点；规模以上工业全员劳动生产率为31.81万元/人，净增3.10万元/人。实现工业利润总额635.25亿元，增长40.0%。

全市规模以上工业企业生产集成电路27.02亿块，同比增长73.2%；液晶显示屏4960.00万片，同比增长7.5%；彩色电视机1356.24万台，同比增长4.4%（见表1）。

表1　2021年主要工业产品产量及增速

产品名称	产量	同比增长（%）
液晶显示屏（万片）	4960.00	7.5
集成电路（万块）	270179.50	73.2
轮胎外胎（万条）	1338.04	4.6
彩色电视机（万台）	1356.24	4.4
液晶显示模组（万套）	1803.89	−53.8
微型电子计算机（万台）	934.68	−4.2
笔记本计算机（万台）	397.87	23.4
移动电话（万台）	121.24	−56.6
印制电路板（万平方米）	56.38	−85.2
数码相机（万台）	63.51	4.8
民用钢质船舶（万载重吨）	1.34	−91.0
路由器（万台）	29.65	0.3
摩托车（万辆）	23.45	39.7
客车（万辆）	4.35	16.1

数据来源：厦门市2021年国民经济和社会发展统计公报。

二、主要工作开展情况

（一）工业企业基本情况

全市有规模以上工业企业2539家，其中产值超十亿元的企业有133家，超百亿元的企业有11家。全市有"三高"企业3021家，其中制造业和信息产业2525家，占"三高"企业总数的83.6%；服务业369家（不含软件信息业），占12.2%；商贸业106家，占3.5%；现代农业21家，占0.7%。按规模划分，"四上"企业（规模以上工业、有资质等级以上建筑业、限额以上批零住餐业、规模以上服务业）1594家，"四下"企业1427家。

（二）工业经济运行特点

工业生产稳中向好。规模工业增加值比2020年增长

11.9%，位列全省第二，排名15个副省级城市第三。高技术产业增加值增长19.9%，占比42.6%，排名全省第一。工业用电量157.4亿千瓦时，增长12.3%。工业经济支撑明显。工业占全市GDP的30.7%，比2020年提高1.1个百分点，对全市GDP增长贡献率为35.8%，拉动GDP增长2.9个百分点，比GDP增速快3.8个百分点；工业纳税人开票8455亿元，增长19.7%。产销形势总体趋好。实现销售产值7905.4亿元，增长14.6%，产销率94.6%，比2020年同期提高0.8个百分点。实现出口交货值2827.1亿元，增长15.1%，出口交货值率35.3%，比2020年同期提高0.2个百分点。投资技改同步增长。全市工业投资增长22.6%，高于全省平均增速（11.6%）11个百分点，居全省第二。技改投资增长27.8%，高于全省平均增速（13.5%）14.3个百分点，居全省第一。制造业投资增长30.2%，居全省第二。

（三）产业链群稳步发展

机械装备产业完成产值1110.2亿元，增长5.2%。其中，输配电及控制设备行业完成产值512.48亿元，增长29%，占全省同行业营业收入的三分之二，成为全市机械装备行业增长的最主要拉动力量。半导体和集成电路产业完成产值480.7亿元，增长10.2%。星辰科技实现连续四年翻倍增长，三安集成为国内砷化镓射频芯片代工龙头企业，5家企业获得"中国芯"奖，为历年之最。国家级"芯火"双创基地建设顺利推进。厦门大学国家集成电路产教融合创新平台通过中期评估，具备年培养1500名集成电路人才能力。新材料产业实现产值1074.14亿元，同比增长17.89%。海沧新材料产业链集群态势初显，钨钼合金、铝箔加工、膜材料、新能源电池材料4个产业链发展各具特色。新上市企业厦钨新能源的高倍率锂离子电池三元正极材料国内领先，恒坤面向12英寸晶圆光刻胶材料量产出货，长塑研制生物基可降解薄膜BiONLY并实现量产。成功举办厦门首届新材料科技创新发展大会。软件和信息服务业实现总收入（工业和信息化部口径）1226.21亿元，同比增长7.6%。3家企业入选年度中国软件百强名单；5家企业入选年度中国互联网百强名单。

（四）发展后劲逐步增强

重点支撑项目顺利推进。全市210个工业主要支撑项目完成投资380.4亿元，宁德时代、宝太生物产业园等项目顺利落地，厦门当盛新材料产业园、海辰新材料一期等项目加速推进。技术改造成效明显。运用技术改造奖补、投资奖励等政策手段，引导企业加快技术改造升级。做好规模30亿元的技改服务基金一期推进，帮助企业解决资金问题，实现低成本融资。招商引资能级提升。强化市区联动招商合力，推行"一张图谱、一批项目"精准招商，生成并引进一批优质招商项目。现代制造业和信息产业招商组在库项目5189个，总投资5205.4亿元，新增实际到资额509.7亿元，落地腾讯云区域总部等102个高能级项目。

（五）转型升级步伐加快

企业创新能力逐步提升。新增国家级技术创新示范企业1家、国家级企业技术中心4家、国家级工业设计中心3家、国家级服务型制造示范企业3家、国家单项冠军4项、国家级绿色制造业企业26家。"专精特新"企业培育深入推进。现有27家国家级重点"小巨人"企业，79家国家级专精特新"小巨人"企业。融合发展水平提高。印发深化新一代信息技术与制造业融合发展工作方案，创建82个制造业创新发展赋能平台，培育67个产业创新与服务公共平台。建成工业互联网标识解析综合型二级节点和工业互联网展厅。

（六）金砖新工业革命伙伴创新基地建设

政策协调有序开展。配合工业和信息化部编制印发《金砖国家新工业革命伙伴关系创新基地建设方案》。人才培育初见成效。推动建设金砖国家工业能力培训平台，形成第一批6个领域、11个培训项目、320门培训课程。项目开发有序推进。推动落实45项金砖创新基地工信领域建设任务，包括推动4家部属机构来厦门落地分支机构，并建设8个金砖新工业赋能平台；中俄数字经济研究中心揭牌。重要活动成功举办。圆满完成金砖国家新工业革命伙伴关系论坛、金砖工业创新合作大赛、金砖国家新工业革命展3项重点活动。

2022 年厦门市工业经济运行概况

一、工业经济运行概况

2022 年，厦门市规模以上工业增加值增长 4.3%（见图 1）。分经济类型看，股份制企业增加值增长 8.6%，外商及港澳台商投资企业增加值下降 0.6%，其中台资企业增加值下降 6.8%；国有控股企业增加值增长 20.9%，私营企业增加值增长 2.5%。分轻重工业看，轻工业增加值增长 5.1%，重工业增加值增长 3.8%，轻工业与重工业之比为 1∶1.65。工业产品产销率为 93.31%，比 2021 年回落 1.42 个百分点。

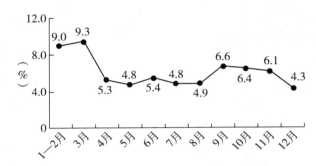

图 1　2022 年规模以上工业增加值月度增速

规模以上工业 35 个行业大类中有 18 个行业增加值实现增长。其中，黑色金属冶炼和压延加工业增加值增长 87.3%，铁路、船舶、航空航天和其他运输设备制造业增长 53.8%，食品制造业增长 44.9%。总量排名前三位的分别是计算机、通信和其他电子设备制造业增加值增长 2.5%，电气机械和器材制造业增长 14.2%，医药制造业下降 2.5%，三大行业合计增加值占规模以上工业的 48.1%。规模以上高技术产业增加值与 2021 年持平，占规模以上工业的 42.2%。

至年底，全市规模以上工业企业 2889 家，其中产值超亿元企业 928 家，占规模以上工业的 88.9%。电子、机械两大支柱行业共有规模以上工业企业 1461 家，占规模以上工业企业数的 50.6%；产值占规模以上工业的 61.0%。其中，电子行业产值占规模以上工业的 34.5%，机械行业产值占规模以上工业的 26.5%。

全市规模以上工业企业实现利润 551.81 亿元，下降 14.5%。全市规模以上工业企业每百元营业收入成本为 82.75 元，比 2021 年增加 1.33 元；营业收入利润率为 7.02%，下降 1.38 个百分点。年底规模以上工业企业资产负债率为 48.28%，比 2021 年下降 0.86 个百分点。

全市规模以上工业企业生产锂离子电池 2531.98 万只，增长 1.3 倍；新能源汽车 1.87 万辆，增长 45.9%；

液晶显示模组 3091.49 万套，增长 15.6%（见表 1）。

表 1　　2022 年主要工业产品产量及增速

产品名称	总量	同比增长（%）
液晶显示屏（万片）	4459.57	-13.4
集成电路（万块）	174287.77	-34.9
轮胎外胎（万条）	1057.28	-21.0
彩色电视机（万台）	1068.36	-21.2
液晶显示模组（万套）	3091.49	15.6
微型电子计算机（万台）	788.91	-15.6
笔记本计算机（万台）	319.23	-19.8
移动电话（万台）	165.94	36.9
印制电路板（万平方米）	52.56	-6.8
数码相机（万台）	69.16	8.9
民用钢质船舶（万载重吨）	7.79	5737.3
路由器（万台）	31.84	7.4
锂离子电池（万只）	2531.98	129.8
新能源汽车（万辆）	1.87	45.9

数据来源：厦门市 2022 年国民经济和社会发展统计公报。

二、主要工作开展情况

（一）工业生产稳中向好

全年规模以上工业增加值同比增长 4.3%，高于全国平均水平 0.7 个百分点，在 15 个副省级城市中排名第六，排名全省第五。实现工业占比提升。工业占 GDP 的 31.5%，较 2021 年提升 0.8 个百分点，对全市 GDP 增长贡献率为 24.1%，拉动 GDP 增长 1.0 个百分点。先进制造业培育成效明显。高技术制造业增加值占规模以上工业增加值的 42.2%，战略性新兴产业占规模以上工业增加值的 49.4%，均居全省第二。

（二）产业链群稳步发展

平板显示产业实现产值 1498 亿元，现已形成覆盖玻璃基板、面板、模组、整机等上下游全产业链布局，为国家光电产业集群试点、全球触控屏组最大研发和生产基地。计算机与通信设备产业实现产值 1216 亿元。主要以戴尔、浪潮、神码为龙头，目前已涵盖整机制造、电子元器件、外部设备、IT 服务等产业链环节，整机品牌具有全球影响力。集成电路产业实现产值 329.5 亿元，加速产业布局和垂直领域整合，初步形成涵盖集成电路设计、制造、封测、装备与材料及应用的产业链，规模以上企业全省第一。

（三）发展后劲逐步增强

新增合同签约项目 339 个，总投资 1138.10 亿元，其中 5 亿元以上项目 34 个，总投资 922.59 亿元；落地项目 198 个，总投资 751 亿元。通过财政政策和"益企服务"，推动天马、士兰等企业再投资，玉晶、厦钨等企业增资扩产，技改投资完成 450 亿元，占工业投资的 70%。

（四）转型升级步伐加快

产业数字化转型步伐加快。2022 年厦门市共有 8 家企业成功入围国家智能制造示范工厂揭榜单位和优秀场景名单。其中，智能制造示范工厂揭榜单位 4 家，居全省及同类城市首位；智能制造优秀场景 4 家企业 6 个场景，居全省第二、同类城市第三。

企业创新能力逐步提升。全市共有国家级企业技术中心 35 家、工业设计中心 12 家、技术创新示范企业 11 家，发布 82 个制造业创新发展赋能平台，企业技术创新、技术攻关，促进成果转化能力显著增强。

智能制造发展水平扩大。深化企业上云行动，已推动全市 5000 家以上企业上云，其中 673 家企业深度上云，在卫厨、模具、注塑、纺织、机器人、运动器材等行业成功树立一批上云应用标杆企业。

"专精特新"企业培育深入推进。新增 4 家国家级专精特新"小巨人"企业，累计 31 家，位列全省第一；新增 64 家国家级专精特新"小巨人"企业，累计 143 家，新增 147 家省级"专精特新"中小企业，累计 314 家，位列全省第一；新增 417 家市级"专精特新"中小企业，累计 1208 家。

（五）金砖基地建设加速，对外交流不断深化

推进工业和信息化部直属 4 家单位在厦门成立分支机构，首批人员已来厦门。成功举办金砖国家工业互联网与数字制造发展论坛、2022 金砖国家新工业革命伙伴关系论坛等活动，助力厦门持续打造具备知名度和影响力的金砖活动厦门品牌。推进重点 8 个金砖赋能平台建设，全面提升金砖国家合作水平，赋能形成更多务实合作成果。

第五篇

政策法规篇

2019 年

工业和信息化部 国家发展和改革委员会 科学技术部 公安部 生态环境部 交通运输部 国家卫生健康委员会 国家市场监督管理总局关于在部分地区开展甲醇汽车应用的指导意见

工信部联节〔2019〕61 号

各省、自治区、直辖市及计划单列市、新疆生产建设兵团工业和信息化、发展改革、科技、公安、生态环境、交通运输、卫生健康、市场监管主管部门，各有关单位：

为加快推动甲醇汽车应用，实现车用燃料多元化，保障能源安全，现就在部分条件具备地区开展甲醇汽车应用工作提出以下意见：

一、总体要求

（一）指导思想

坚持以习近平新时代中国特色社会主义思想为指导，全面贯彻落实党的十九大精神，践行新发展理念，深化供给侧结构性改革，实施创新驱动发展战略，坚持因地制宜、积极稳妥、安全可控，在具备应用条件的地区发展甲醇汽车。强化甲醇汽车产业合理布局，加快完善产业政策、技术标准和市场应用保障体系，提高市场应用水平，保持我国甲醇汽车及相关产业在产品、技术及专用装备领域的国际领先地位，加快能源多元化和清洁能源汽车发展，推动传统产业转型升级，培育新的经济增长点，促进绿色循环低碳发展。

（二）基本原则

因地制宜，统筹协调。坚持从实际出发，立足资源禀赋，宜醇则醇，促进能源多元化。做好甲醇汽车应用与煤炭等传统工业转型升级的统筹协调，培育新动能。

企业主体，政府引导。充分发挥市场配置资源的决定性作用，调动企业积极性和创造性。加强政策引导，完善配套服务体系，促进甲醇汽车制造、销售与甲醇燃料生产、输配、加注协同发展。

创新驱动，绿色发展。立足科技创新，推动甲醇汽车及燃料技术研发与应用，加快甲醇汽车标准体系建设。确保甲醇汽车全生命周期达标排放。实现甲醇燃料生产过程清洁化、高效化，促进甲醇燃料绿色发展。

二、加快甲醇汽车制造体系建设

（三）鼓励汽车及相关零部件生产企业在现有制造体系基础上，针对甲醇汽车特性，通过技术改造完善甲醇汽车制造体系，提升甲醇汽车制造技术水平，开发甲醇乘用车、商用车、非道路工程车等车辆及动力机械，满足市场需求。完善甲醇汽车生产基地建设，合理布局甲醇汽车生产。

（四）强化甲醇汽车专用零部件制造能力，围绕甲醇燃料供应和电控喷射系统、专用后处理装置、专用滤清器、专用润滑油、耐醇材料和关键零部件等领域，构建规模化制造体系，提升专用零部件制造企业的自主研发与制造水平，满足甲醇汽车发展需求。

（五）着力突破甲醇高效能量转化机制、低排放控制、长寿命低成本耐腐蚀材料等共性关键技术。深入开展甲醇汽车尾气的健康影响等研究。鼓励和支持企业研发甲醇混合动力汽车、甲醇增程式电动汽车、甲醇燃料电池汽车产品。加快甲醇汽车科研成果转化及产业化应用。

三、推进甲醇燃料生产及加注体系建设

（六）鼓励资源综合利用生产甲醇，充分利用低质煤、煤层气、焦炉煤气等制备甲醇，探索捕获二氧化碳制备甲醇工艺技术及工程化应用。甲醇燃料生产企业应严格遵守生态环境保护的法律法规和排放标准要求，加大节能减排力度，最大可能减少对环境的影响。

（七）甲醇燃料生产企业应严格按照《车用燃料甲醇》（GB/T 23510—2009）国家标准要求组织生产，建立完善的生产、储存、运输等环节的质量控制和安全管理体系，保证甲醇燃料产品质量。

（八）有关地区应因地制宜、统筹布局甲醇燃料加注站建设。加注设施建设应符合国家相关标准及技术规范要求。

四、加快标准体系建设

（九）支持按照继承性、系统性、实用性原则，在现行国家、行业、团体标准基础上，针对甲醇汽车的特性及应用需求，组织制定甲醇汽车技术条件、甲醇发动机技术条件、甲醇汽车专用润滑油、甲醇基准燃料技术要求、甲醇汽车污染物排放等相关标准。

（十）加强甲醇汽车国际标准制定，支持相关行业协会、团体提出甲醇汽车、动力系统和标识标志类国际标准制定项目，在具有技术领先地位的点燃式和压燃式发动机燃烧等领域，体现甲醇汽车标准的引领性和前瞻性。

（十一）完善甲醇燃料及加注体系标准，研究制定车用甲醇燃料加注站设计与施工规范、车用甲醇燃料作业安全规范、甲醇燃料专用加注机、甲醇燃料添加剂等标准。

五、鼓励甲醇汽车应用

（十二）按照因地制宜、积极稳妥、安全可控的原则，重点在山西、陕西、贵州、甘肃等资源禀赋条件较好且具有甲醇汽车运行经验的地区，加快 M100 甲醇汽车的应用。

（十三）鼓励在有条件地区的公务、出租、短途客运等领域使用甲醇汽车。鼓励在有条件地区的市政车辆、专线物流运输等领域使用甲醇商用车。

（十四）有关地区应积极为甲醇汽车应用创造条件，给予符合中国第六阶段机动车污染物排放标准和甲醇汽车排放限值要求的甲醇汽车购买、运行等应用优惠政策。甲醇汽车制造企业应提供完善的售后服务。

六、加强甲醇汽车监管

（十五）依法实施环保和维修技术信息公开。甲醇汽车生产、进口企业应严格按照《大气污染防治法》、交通运输部等部委《汽车维修技术信息公开实施管理办法》（交运发〔2015〕146 号）和原环境保护部《关于开展机动车和非道路移动机械环保信息公开工作的公告》（国环规大气〔2016〕3 号）等规定，在产品出厂或货物入境前，在本企业官方网站公开环保信息，同步上传至生态环境部机动车和非道路移动机械环保信息公开平台（网址：www.vecc-mep.org.cn），并每车附带随车清单；及时向交通运输部办理维修技术信息公开备案（网址：carti.rioh.cn/），并在新车上市之日起 6 个月内公开维修技术信息。各地生态环境主管部门应加强对甲醇汽车环保信息公开情况的监督检查，依法严格处罚未信息公开的生产企业。

（十六）严格执行甲醇汽车排放标准。新生产轻型甲醇汽车按《轻型汽车污染物排放限值及测量方法（中国第六阶段）》（GB 18352.6—2016）中规定的方法和限值进行型式检验（包括燃油蒸发和加油排放），在相关排放标准出台前，甲醇、甲醛排放限值暂分别按不大于 2.5mg/km 控制。自 2019 年 7 月 1 日起，所有生产、销售、进口的轻型甲醇汽车均应符合国六排放标准，甲醇、甲醛排放应分别达到上述限值要求。

新生产重型甲醇汽车按《重型柴油车污染物排放限值及测量方法（中国第六阶段）》（GB 17691—2018）规定的方法和限值进行型式检验，在相关排放标准出台前，甲醇、甲醛排放限值暂分别按不大于 20mg/kW·h 控制。重型甲醇汽车与其他重型汽车统一按照有关规定实施国六排放标准。

在用甲醇汽车相关排放标准出台前，在用点燃式甲醇汽车暂按《汽油车污染物排放限值及测量方法（双怠速法及简易工况法）》（GB 18285—2018）进行定期排放检验，在用柴油引燃压燃式甲醇发动机汽车可暂按《柴油车污染物排放限值及测量方法（自由加速法及加载减速法）》（GB 3847—2018）进行定期排放检验。

（十七）加强甲醇汽车环保达标监管执法。各省级生态环境主管部门应在机动车生产、销售等环节加强监督检查，严厉打击生产、销售不达标甲醇汽车行为，加大

生产一致性抽查检测频次，对排放超标的严格依法处罚。各级生态环境主管部门应加大对在用甲醇汽车进行定期和随机抽检力度，重点抽测甲醇和甲醛排放情况，并对使用不超过 160000km（或 12 年，先到为准）的甲醇汽车进行在用符合性检查，定期报告相关检测结果。甲醇汽车生产企业应按标准要求，批量生产前制定一致性保证计划书，每年至少进行一次在用符合性自查，采取有效措施确保达标排放。

七、完善保障措施

（十八）工业和信息化部、发展改革委、科技部、公安部、生态环境部、交通运输部、卫生健康委、市场监管总局等部门将加强统筹协调，形成工作合力，指导甲醇汽车应用。地方有关部门建立甲醇汽车应用工作机制，落实责任分工。

（十九）有关地区应结合本地实际发展需求，组织制定具体实施方案，明确工作思路和目标，细化支持政策，明确监管措施。

（二十）对纳入《道路机动车辆生产企业及产品公告》并符合《机动车运行安全技术条件》（GB 7258）等国家机动车安全技术标准的甲醇车辆，依法办理机动车登记，燃料种类签注为甲醇，发放普通机动车号牌。机动车安全技术检验机构依据《机动车安全技术检验项目和方法》（GB 21861）等国家标准对甲醇汽车进行安全技术检验。甲醇车辆应获得强制性产品认证并依法完成环保信息公开工作。研究把甲醇汽车纳入《乘用车企业平均燃料消耗量与新能源汽车积分并行管理办法》管理，支持甲醇汽车发展。

（二十一）依据相关法律法规，有关地区对甲醇燃料生产、运输及加注，甲醇汽车生产及运行等进行有效监督管理，严禁在普通汽油中掺加甲醇销售，保障甲醇汽车应用安全稳定、健康环保。严禁甲醇汽车改装为其他燃料汽车，严禁其他燃料汽车改装为甲醇汽车。行业组织应充分发挥作用，加强行业自律，为政府管理和行业发展提供服务。

（二十二）充分发挥行业组织作用，通过多种形式和渠道，大力宣传普及甲醇燃料及汽车知识，增强公众对甲醇燃料安全性、环保性的认识，形成甲醇汽车可持续发展的良好社会氛围。鼓励科研院校、相关企业积极开展国际间合作。支持甲醇汽车制造企业加快国际化进程，推动甲醇汽车国际市场应用。

工业和信息化部
发展改革委
科技部
公安部
生态环境部
交通运输部
卫生健康委
市场监管总局
2019 年 3 月 12 日

工业和信息化部办公厅关于印发"5G+工业互联网" 512工程推进方案的通知

工信厅信管〔2019〕78号

各省、自治区、直辖市及计划单列市、新疆生产建设兵团工业和信息化主管部门，各省、自治区、直辖市及计划单列市通信管理局：

现将《"5G+工业互联网"512工程推进方案》印发给你们，请认真贯彻执行。

工业和信息化部办公厅
2019年11月19日

"5G+工业互联网"512工程推进方案

工业互联网是第四次工业革命的关键支撑，5G是新一代信息通信技术演进升级的重要方向，二者都是实现经济社会数字化转型的重要驱动力量。5G与工业互联网的融合创新发展，将推动制造业从单点、局部的信息技术应用向数字化、网络化和智能化转变，也为5G开辟更为广阔的市场空间，从而有力支撑制造强国、网络强国建设。当前，我国产业界推进5G与工业互联网融合创新的积极性不断提升，"5G+工业互联网"内网建设改造覆盖的行业领域日趋广泛，应用范围向生产制造核心环节持续延伸，叠加倍增效应和巨大应用潜力不断释放。但是，5G与工业互联网融合创新仍处于起步期，产业基础有待进一步夯实，路径模式有待进一步探索，发展环境有待进一步完善。为推动"5G+工业互联网"512工程加速落地，高质量推进5G与工业互联网融合创新，制定本方案。

一、发展目标

到2022年，突破一批面向工业互联网特定需求的5G关键技术，"5G+工业互联网"的产业支撑能力显著提升；打造5个产业公共服务平台，构建创新载体和公共服务能力；加快垂直领域"5G+工业互联网"的先导应用，内网建设改造覆盖10个重点行业；打造一批"5G+工业互联网"内网建设改造标杆、样板工程，形成至少20大典型工业应用场景；培育形成5G与工业互联网融合叠加、互促共进、倍增发展的创新态势，促进制造业数字化、网络化、智能化升级，推动经济高质量发展。

二、提升"5G+工业互联网"网络关键技术产业能力

（一）加强"5G+工业互联网"技术标准攻关

对标工业生产环境和现有网络体系，着力突破5G超级上行、高精度室内定位、确定性网络、高精度时间同步等新兴技术，着力突破5G在工业复杂场景下对高实时、高可靠、高精度等工业应用的承载能力瓶颈。发挥国家工业互联网标准协调推进组、总体组和专家咨询组的作用，统筹中国通信标准化协会（CCSA）及相关行业标准化组织，研究制定"5G+工业互联网"融合标准体系，完善融合技术、应用标准。

（二）加快"5G+工业互联网"融合产品研发和产业化

加快工业级5G芯片和模组、网关，以及工业多接入边缘计算（MEC）等通信设备的研发与产业化，促进5G技术与可编程逻辑控制器（PLC）、分布式控制系统（DCS）等工业控制系统的融合创新，培育"5G+工业互联网"特色产业。

（三）加快"5G+工业互联网"网络技术和产品部署实施

深入研究工厂内5G网络部署架构、网络配置、业务部署、网络和数据安全、频谱分配等关键问题，形成覆盖重点行业的网络部署架构及方案。推动基础电信企业结合5G独立组网和应用，为具备条件的工业企业进行工业互联网内网设计、建设和管理运维，探索可持续发展的商业模式。

三、提升"5G+工业互联网"创新应用能力

（一）打造5个内网建设改造公共服务平台

依托工业互联网创新发展工程，打造5个工业互联网企业内5G网络化改造及推广服务平台，建设满足工业企业开展5G网络应用研发验证的网络测试环境，为中小企业提供"5G+工业互联网"内网建设改造模板，开展应用咨询及研发培训，提升公共服务能力。

（二）遴选10个"5G+工业互联网"重点行业

基于"应用相对普遍、融合程度较深、产业影响较大、产业链中上游"的原则，选择10个重点行业，鼓励各地建设"5G+工业互联网"融合应用先导区，打造

"5G+工业互联网"园区网络，引领5G技术在垂直行业的融合创新。

（三）挖掘20个"5G+工业互联网"典型应用场景

依托工业互联网创新发展工程、工业互联网试点示范，打造一批"5G+工业互联网"内网建设改造标杆、样板工程，鼓励工业企业将生产流程优化与内网建设改造相结合，推动5G网络部署应用从生产外围环节向生产内部环节延伸，挖掘提炼至少20个可复制、可推广的典型工业应用场景，形成"5G+工业互联网"内网建设改造示范引领效应。

（四）建设"5G+工业互联网"测试床

鼓励企业、高校和科研机构、产业联盟等联合建设"5G+工业互联网"技术测试床，开展融合技术、标准、设备、解决方案的研发研制、试验验证、评估评测等工作。面向"5G+工业互联网"10个重点行业，鼓励各方联合建设行业应用测试床，提升垂直领域的5G应用创新能力。

四、提升"5G+工业互联网"资源供给能力

（一）打造"5G+工业互联网"项目库

建立地方工业和信息化主管部门、通信管理局、工业互联网产业联盟和基础电信企业等多途径的"5G+工业互联网"项目上报机制，遴选优质项目纳入项目库，全面掌握我国"5G+工业互联网"实际建设需求和推进情况，滚动更新项目库。

（二）培育"5G+工业互联网"解决方案供应商

通过工业互联网创新发展工程、工业互联网试点示范、国家新型工业化产业示范基地（工业互联网方向）等多种途径，支持基础电信企业、通信设备企业、工业企业等结合自身优势、立足各自主业，拓展工业互联网内网建设改造服务，培育一批既懂5G又懂工业的解决方案供应商。

（三）构建"5G+工业互联网"供给资源池

遴选面向"5G+工业互联网"的各类型优质服务提供商，构建供给资源池，并向社会公布。依托工业互联网产业联盟、5G应用产业方阵等产业组织，促进"5G+工业互联网"内网建设改造供需双方开展务实合作。

五、加强宣传引导和经验推广

（一）加大宣传引导力度

聚焦工业互联网内网建设改造应用，鼓励开展"5G+工业互联网"主题研讨会、经验交流会、产业峰会等形式多样的活动，宣传展示"5G+工业互联网"内网建设改造的重要价值和典型案例，进一步凝聚各方共识，营造良好氛围。

（二）开展经验总结推广

指导地方结合实际制定利用5G技术建设改造工业互联网内网的实施方案，提升地方5G和工业互联网发展水平，形成具有区域特色的创新应用格局。指导工业互联网产业联盟、5G应用产业方阵编制发布《5G与工业互联网融合发展白皮书》、"5G+工业互联网"内网建设改造案例集以及年度报告，总结适合我国产业发展实际需要的路径模式。

工业和信息化部办公厅关于印发《电信和互联网行业提升网络数据安全保护能力专项行动方案》的通知

工信厅网安〔2019〕42 号

各省、自治区、直辖市通信管理局，中国信息通信研究院、中国电子信息产业发展研究院、国家工业信息安全发展研究中心、中国电子技术标准化研究院、人民邮电报社、中国工业互联网研究院、中国互联网协会、中国通信标准化协会，中国电信集团有限公司、中国移动通信集团有限公司、中国联合网络通信集团有限公司、中国广播电视网络有限公司，有关互联网企业：

现将《电信和互联网行业提升网络数据安全保护能力专项行动方案》（工信厅网安〔2019〕42 号）印发给你们，请认真抓好贯彻执行。

工业和信息化部办公厅
2019 年 6 月 28 日

电信和互联网行业提升网络数据安全保护能力专项行动方案

近年来，随着国家大数据发展战略加快实施，大数据技术创新与应用日趋活跃，产生和集聚了类型丰富多样、应用价值不断提升的海量网络数据，成为数字经济发展的关键生产要素。与此同时，数据过度采集滥用、非法交易及用户数据泄露等数据安全问题日益凸显，做好电信和互联网行业（以下简称行业）网络数据安全管理尤为迫切。为积极应对新形势新情况新问题，切实做好新中国成立 70 周年网络数据安全保障工作，全面提升行业网络数据安全保护能力，制定本方案。

一、总体要求

以习近平新时代中国特色社会主义思想为指导，全面贯彻党的十九大和十九届二中、三中全会精神，严格落实《网络安全法》《全国人民代表大会常务委员会关于加强网络信息保护的决定》《互联网信息服务管理办法》等法律法规，坚持维护数据安全与促进数据开发利用并重，坚持数据分类分级保护，坚持充分发挥政府引导作用、企业主体作用和社会监督作用，立足我部行业网络数据安全监管职责，开展为期一年的行业提升网络数据安全保护能力专项行动（以下简称专项行动），加快推动构建行业网络数据安全综合保障体系，为建设网络强国、助力数字经济发展提供有力保障和重要支撑。

二、工作目标

（一）通过集中开展数据安全合规性评估、专项治理和监督检查，督促基础电信企业和重点互联网企业强化网络数据安全全流程管理，及时整改消除重大数据泄露、滥用等安全隐患，2019 年 10 月底前完成全部基础电信企业（含专业公司）、50 家重点互联网企业以及 200 款主流 App 数据安全检查，圆满完成新中国成立 70 周年等重大活动网络数据安全保障工作。

（二）基本建立行业网络数据安全保障体系。网络数据安全制度标准体系进一步完善，形成行业网络数据保护目录，制定 15 项以上行业网络数据安全标准规范，贯标试点企业不少于 20 家；行业网络数据安全管理和技术支撑平台基本建成，遴选网络数据安全技术能力创新示范项目不少于 30 个；基础电信企业和重点互联网企业网络数据安全管理体系有效建立。

三、重点任务

（一）加快完善网络数据安全制度标准

1. 强化网络数据安全管理制度设计。梳理对标《网络安全法》《电信和互联网用户个人信息保护规定》等法律法规要求，加快建立网络数据分类分级保护、数据安全风险评估、数据安全事件通报处置、数据对外提供使用报告等制度。部署电信和互联网企业按照法律法规要求，开展数据安全管理对标工作，健全完善企业内部网络数据全生命周期安全管理制度。

2. 完善网络数据安全标准体系。推动出台行业《网络数据安全标准体系建设指南》，加快完善行业网络数据安全标准体系。制定出台行业重要数据识别指南、网络数据安全防护等重点标准，遴选企业开展贯标试点。指导中国通信标准化协会成立网络数据安全标准专项工作组，加快推动网络数据安全相关标准制定工作。

（二）开展合规性评估和专项治理

3. 开展网络数据安全风险评估。出台网络数据安全合规性评估要点，依托互联网新技术新业务安全评估机制，部署基础电信企业（含专业公司）和重点互联网企业结合重点业务类型和场景，开展网络数据安全合规性自评估工作，提升企业网络数据安全风险防范能力。针对物联网、车联网、卫星互联网、人工智能等新技术新应用带来的重大互联网数据安全问题，及时开展行业评估和跨部门联合评估工作。

4. 深化 App 违法违规专项治理。持续推进 App 违法违规收集使用个人信息专项治理行动，组织第三方评测机构开展 App 安全滚动式评测，对在网络数据安全和用户信息保护方面存在违法违规行为的 App 及时进行下架和公开曝光。组织开展应用商店安全责任专项部署，督促应用商店落实 App 运营者真实身份信息验证、应用程序安全检测、违法违规 App 下架等责任。创新工作模式，引导鼓励第三方机构开展 App 数据安全管理认证，探索推动应用商店等明确标识并优先推荐通过认证的 App。

5. 强化网络数据安全监督执法。将企业网络数据安全责任落实情况、数据安全合规性评估落实情况作为重点内容，纳入 2019 年网络信息安全"双随机一公开"检查和基础电信企业网络与信息安全责任考核检查，采取远程测试、实地检查等方式开展监督检查，督促问题整改。持续开展数据泄露等网络数据安全和用户信息安全事件监测跟踪与执法调查，对违法违规行为及时采取约谈、公开曝光、行政处罚等措施，将处罚结果纳入电信业务经营不良名单或失信名单。

（三）强化行业网络数据安全管理

6. 稳步实施网络数据资源"清单式"管理。开展电信和重点互联网企业网络数据资源调研摸底，依据网络数据重要敏感程度和泄露滥用可能造成的危害，研究形成行业网络数据保护目录，并选取重点企业开展试点应用。指导督促试点企业建立内部网络数据清单和数据分类分级管理制度，对列入目录的网络数据实施重点保护。

7. 明确企业网络数据安全职能部门。指导电信和重点互联网企业加强内部网络数据安全组织保障，推动设立或明确网络数据安全管理责任部门和专职人员，负责承担企业内部网络数据安全管理工作，督促协调企业内部各相关主体和环节严格落实操作权限管理、日志记录和安全审计、数据加密、数据脱敏、访问控制、数据容灾备份等数据安全保护措施，组织开展数据安全岗位人员法律法规、知识技能等培训。

8. 强化网络数据对外合作安全管理。落实《工业和信息化部关于加强基础电信企业数据安全管理规范清理数据对外合作工作的通知》等相关管理要求，督促企业定期开展网络数据对外合作业务专项排查，及时发现问题消除隐患。研究明确利用行业网络数据进行大数据开发应用的数据安全管理要求，督促企业开展合作方数据安全保障能力动态评估，充分依托合同约束、信用管理

等手段强化合作方管理，切实提升网络数据共享安全管理水平。

9. 加强行业网络数据安全应急管理。落实工业和信息化部相关应急预案要求，指导企业进一步健全完善企业网络数据安全事件应急处置机制，开展应急演练，落实重大网络数据安全事件报告、调查追责、向社会公告等要求。在新中国成立 70 周年等重大活动保障期间，明确企业数据安全重要岗位职责要求，强化应急响应，及时处置网络数据安全突发情况。

（四）创新推动网络数据安全技术防护能力建设

10. 加强网络数据安全技术手段建设。加快建设行业网络数据安全管理和技术支撑平台，支撑开展行业数据备案管理、事件通报、溯源核查、技术检测和安全认证等工作，提升网络数据安全监管技术支撑保障能力。指导企业加大网络数据安全技术投入，加快完善数据防攻击、防窃取、防泄漏、数据备份和恢复等安全技术保障措施，提升企业网络数据安全保障能力。

11. 推动网络数据安全技术创新发展。推动成立大数据安全联盟，打造网络数据安全技术交流、联合攻关和试点应用平台。组织开展网络数据安全技术最佳实践案例征集和试点示范项目评选，加大技术研发、成果转化和解决方案的支持力度，促进网络数据安全先进技术创新和产品服务应用推广。制定发布网络数据安全产业发展白皮书。

12. 加强专业支撑队伍建设。成立行业网络数据安全专家委员会，为网络数据安全政策标准制定、关键技术研究、重大网络数据安全风险评估、网络数据安全示范项目评审等提供决策支撑。委托中国信息通信研究院、中国电子信息产业发展研究院、中国电子技术标准化研究院、中国互联网协会、中国通信标准化协会等单位开展面向行业的网络数据安全法律法规和政策标准宣贯、技能培训和测试检查。

（五）强化社会监督和宣传交流

13. 强化社会监督和行业自律。依托中国互联网协会 12321 网络不良与垃圾信息举报受理中心，建立网络数据违法违规行为举报平台，及时受理用户投诉举报。强化行业自律，指导中国互联网协会联合基础电信企业、重点互联网企业、第三方机构等签署网络数据安全自律公约，引导企业自觉履行数据安全保护义务，努力提高数据安全保护水平。

14. 加强宣传展示和国际交流。充分利用中国互联网大会、中国国际大数据产业博览会、国家网络安全宣传周等，指导相关单位举办网络数据安全论坛，开展网络数据安全主题宣传日等活动，促进网络数据安全管理和技术经验交流，提升全行业数据安全意识。加强数据安全国际交流合作，利用世界互联网大会、中欧数字经济与网络安全会议等，积极开展数据安全管理经验交流和信息共享。

四、工作安排

（一）工作部署阶段（2019 年 7 月）。部制定印发专

项行动方案，组织开展宣贯部署，向各单位、各企业制定印发工作任务清单，明确各项任务时间节点和工作要求。

（二）重点保障阶段（2019 年 8—10 月）。部组织完成电信和重点互联网企业网络数据资源调研摸底，明确数据安全合规性评估要点，指导完成各省级基础电信企业和重点互联网企业重点环节数据安全合规性评估，持续开展 App 违法违规收集使用个人信息专项治理，组织完成对重点企业网络数据安全责任落实情况的监督检查和隐患整改，全力做好新中国成立 70 周年网络数据安全保障工作。

（三）长效建设阶段（2019 年 11 月—2020 年 5 月）。总结固化新中国成立 70 周年网络数据安全保障工作经验，重点围绕关键制度、重点标准、技术手段、示范项目、支撑队伍等方面，加快推进完成重点任务举措，推动建立网络数据安全管理长效机制。

（四）总结提升阶段（2020 年 6—7 月）。各单位、各企业梳理总结专项行动完成情况、工作成效及问题，形成工作总结报部（网络安全管理局）。部组织对专项行动工作情况进行总结通报，对典型经验做法进行推广，巩固相关工作成效。

五、工作要求

（一）加强组织领导。各单位要充分认识加快提升行业网络数据安全保护能力的重要性和紧迫性，结合本单位实际，精心组织，周密部署，迅速行动，确保专项行动顺利开展。部网络安全管理局牵头做好专项行动总体部署、推进落实、督导检查等工作；各地通信管理局结合实际，组织开展属地网络数据安全能力提升专项行动各项工作。

（二）明确任务分工。各企业要明确责任部门和责任人，对照任务清单，坚持问题导向，逐一细化工作措施和责任分工，做到措施到位、责任到人，确保专项行动各项任务落实到位、取得实效。中国信息通信研究院、中国电子信息产业发展研究院、中国电子技术标准化研究院、人民邮电报社、中国互联网协会、中国通信标准化协会等单位要做好相关支撑保障工作。

（三）强化监督检查。部和各地通信管理局组织对各单位、各企业专项行动落实情况进行督导检查，指导督促基础电信企业和互联网企业进一步落实相关制度标准要求，健全完善企业网络数据安全合规管理体系，对存在问题及时督促整改。

（四）加强宣传通报。各单位、各企业要建立信息通报机制，及时总结专项行动进展和成效，每月底前将工作进展情况、取得成效、问题和建议报部网络安全管理局。大力宣传专项行动新进展、新动态及典型经验做法，营造全行业重视网络数据安全、自觉维护网络数据安全的良好氛围，推动专项行动扎实深入开展。

工业和信息化部关于促进制造业产品
和服务质量提升的实施意见

工信部科〔2019〕188 号

各省、自治区、直辖市及计划单列市、新疆生产建设兵团工业和信息化主管部门，部属有关单位，中国质量协会、有关行业协会：

提高制造业产品和服务质量水平，是深化供给侧结构性改革，满足人民日益增长的美好生活需要的重要举措，是促进我国产业迈向全球价值链中高端的必然要求。为深入贯彻落实《中共中央　国务院关于开展质量提升行动的指导意见》，加快提升制造业产品和服务质量，推动制造业高质量发展，现提出以下意见。

一、总体要求

（一）指导思想

坚持以习近平新时代中国特色社会主义思想为指导，全面贯彻党的十九大和十九届二中、三中全会精神，牢固树立新发展理念，坚持以供给侧结构性改革为主线，以提高制造业质量和效益为目标，落实企业质量主体责任，增强质量提升动力，优化质量发展环境，培育制造业竞争新优势，为实施制造强国、质量强国战略奠定坚实基础。

（二）基本原则

坚持质量提升与满足需求相结合。以增强制造业竞争力和满足人民群众日益增长的美好生活需要作为出发点和落脚点，加强全面质量管理，推进质量文化和品牌建设，增强人民群众获得感。

坚持企业主体与营造环境相结合。推动企业落实质量主体责任，严守质量底线，提高质量水平，扩大优质产品和服务供给。优化质量发展环境，加强标准引领，加快人才培养，强化专业支撑，推动优质优价，激发企业质量提升动力。

坚持技术创新与管理创新相结合。提升技术创新能力，引导创新要素向关键共性技术、中高端产品和服务集聚，提高产品的安全性、可靠性和环境适应性。促进质量管理创新，推广先进质量管理方法和工具，提高质量管理的水平。

坚持全面推进与分业施策相结合。完善覆盖全产业链、产品全生命周期的质量提升协作机制。聚焦行业质量突出问题，精准施策，提升原材料供给质量，增强装备制造质量竞争力，加快消费品提质升级，推动信息技术产业迈向中高端。

（三）主要目标

到 2022 年，制造业质量总体水平显著提升，质量基础支撑能力明显提高，质量发展环境持续优化，行业质量工作体系更加高效。建设一批国家标准、行业标准与团体标准协调配套的标准群引领行业质量提升，推动不少于 10 个行业或领域建立质量分级工作机制，完善重点产品全生命周期的质量追溯机制，提高企业质量和品牌的竞争力。

二、落实企业质量主体责任

（四）健全质量责任体系。企业法定代表人或主要负责人是质量第一责任人。企业要建立质量安全控制关键岗位责任制，严格实施企业岗位质量规范和质量考核制度。严格执行强制性标准，主动对产品和服务质量进行声明，接受社会监督。执行重大质量事故报告及应急处理制度，增强质量安全风险防控能力。履行缺陷产品召回等法定义务，严格落实产品修理、更换、退货责任规定，依法承担质量损害赔偿责任，建立健全产品全生命周期质量追溯机制。

（五）加强全面质量管理。明确企业质量方针目标，建立覆盖全员、全过程的质量管理体系，持续提高质量管理体系运行的有效性，确保持续稳定地提供满足法律法规和顾客需求的产品和服务，优化顾客体验，提高顾客满意度。加强供应链质量管理，建立完善第二方质量审核制度，对重要供应商的质量、技术、工艺、设备和人员等进行指导和监督。积极应用卓越绩效模式、六西格玛管理、精益生产等方法，开展质量风险分析与控制、质量成本管理、质量管理体系升级等活动，全面提高企业质量管理能力。

（六）推进质量文化建设。树立质量为先、信誉至上的诚信经营理念，强化全员质量意识，提升员工岗位技能，把质量诚信落实到企业生产经营的全过程。大力弘扬优秀企业家精神和工匠精神，加强企业社会责任建设，培育精益求精、追求卓越的质量文化。鼓励设立首席质量官，积极组织开展质量管理小组、班组管理、质量攻关、合理化建议等群众性质量活动，加强优秀质量成果的内部推广和外部交流，持续改进质量管理。

三、增强质量提升动力

（七）发挥标准带动作用。发挥标准对行业质量提升的支撑与引领作用，提高上下游产业标准的协同性和配套性，推动建立覆盖全产业链和产品全生命周期的标准群。加快重点领域质量安全标准、绿色设计与生产标准制定，推动标准实施。鼓励地方结合本地区自然条件等特殊要求组织制定地方标准，服务地方特色产业发展。鼓励企业和社会团体制定满足多层次市场需求和创新需求的标准，支持具有创新性、先进性和国际性的团体标准应用示范，支持地方开展标准领航质量提升工作，支持行业和企业参与国际标准化工作，与国际先进水平对标，推动行业高质量发展。

（八）强化技术支撑作用。鼓励企业技术创新，开展个性化定制、柔性生产，丰富产品种类，满足差异化消费需求。推广数字孪生、可靠性设计与仿真、质量波动分析等技术的开发应用，提升产品质量设计和工艺控制能力。持续推进两化融合管理体系贯标，推动云计算、大数据、人工智能等新一代信息技术在质量管理中的应用，支持建立质量信息数据库，开发在线检测、过程控制、质量追溯等质量管理工具，加强质量数据分析，推动企业建立以数字化、网络化、智能化为基础的全过程质量管理体系。

（九）发挥品牌促进作用。引导企业建立以质量为基础的品牌发展战略，丰富品牌内涵，提升品牌形象。鼓励行业协会、专业机构建立健全品牌培育专业化服务体系，制定宣贯品牌培育管理体系标准，完善品牌培育成熟度评价机制，以品牌培育推动企业从"质量合格"向追求"用户满意"跃升。推动产业集群区域品牌建设，引导集群内企业标准协调、创新协同、业务协作、资源共享，发挥龙头企业带动作用，推动产业链提质升级。加强品牌宣传推广，引领消费需求，增强消费信心，促进企业加快质量升级。

四、优化质量发展环境

（十）倡导优质优价。鼓励行业协会和专业机构围绕产品性能、技术能力、用户需求等制定质量分级标准，运用检验检测、合格评定、满意度调查等手段，对重点产品试点开展质量分级评价，建立质量分级发布机制。以机械、钢铁、石化、建材、轻工、电子等行业专业化质量分级为试点，推动建立质量分级、应用分类的市场化采信机制。加大政府采购的引导作用，推动发布优质采购目录，鼓励在重大装备和重点工程中使用优质产品。

（十一）优化市场环境。加强质量诚信体系建设，建立消费者投诉、产品召回等信息共享机制，引导行业对共性质量问题进行警示和改进。配合有关部门打击侵犯知识产权和制售假冒伪劣商品行为，联合惩戒严重质量违法失信行为，推动构建公平、公正、开放、有序的市场竞争环境。引导地方和行业制定区域、行业质量提升计划，积极开展质量兴业、质量比对、品牌培育等工作，总结中国优秀工业设计、单项冠军、质量标杆、专精特新"小巨人"、产业集群区域品牌建设等各类活动中的好经验好做法，加大宣传推广力度。

（十二）夯实服务支撑。加强质量基础能力建设，发挥各类公共服务平台作用，加大面向中小企业的质量和品牌服务供给。发挥国家、省级制造业创新中心作用，攻克一批关键共性技术并推广应用，提高企业质量技术水平。支持专业机构加强质量控制和技术评价能力建设，鼓励为企业服务。加快发展研发设计、工业设计、知识产权、标准验证、质量诊断、检测认证等生产性服务业，加强国际交流与合作，提高专业化服务水平。推动行业检验检测实验室向公众开放，提高全民质量意识。

五、加快重点产业质量提升

（十三）提高原材料工业供给质量。深入实施《原材料工业质量提升三年行动方案（2018—2020年）》。加快钢铁、水泥、电解铝、平板玻璃等传统产业转型升级，推广清洁高效生产工艺，实施绿色化、智能化改造，鼓励研发应用全流程质量在线监测、诊断与优化系统。加快高端材料创新，支持航空、核能、发动机等关键领域材料的生产应用示范平台建设，促进新材料应用验证及推广，形成高性能、功能化、差别化的先进基础材料供给能力。加快稀土功能材料创新中心和行业测试评价中心建设，支持开发稀土绿色开采和冶炼分离技术，加快稀土新材料及高端应用产业发展。支持开展重点原材料产品用户满意度调查，以用户为中心不断提升原材料供给质量。

（十四）增强装备制造业质量竞争力。积极落实《促进装备制造业质量品牌提升专项行动指南》。实施工业强基工程，着力解决基础零部件、电子元器件、工业软件等领域的薄弱环节，弥补质量短板。加快推进智能制造、绿色制造，提高生产过程的自动化、智能化水平，降低能耗、物耗和水耗。按照《工业企业技术改造升级投资指南》规划，梳理产业质量升级急需的新技术、新装备、新工艺目录，积极引导产业基金及社会资金支持，提高装备制造业的质量水平。

（十五）促进消费品工业提质升级。贯彻落实《关于开展消费品工业"三品"专项行动 营造良好市场环境的若干意见》。制定发布升级和创新消费品指南，推动轻工纺织等行业的创新产品发布。培育壮大个性化定制企业和平台，推动企业发展个性定制、规模定制、高端定制。持续开展纺织服装创意设计园区（平台）试点示范工作，提高创意设计水平，推动产品供给向"产品+服务"转变，促进消费升级。支持重点产品与国外产品质量及性能实物对比，支持临床急需药品先进技术应用和质量提升，开展婴幼儿配方乳粉等关键领域质量安全追溯体系建设，提供信息实时追溯和查询服务，让消费者放心消费。

（十六）推动信息技术产业迈向中高端。支持集成电路、信息光电子、智能传感器、印刷及柔性显示创新中心建设，加强关键共性技术攻关，积极推进创新成果的商品化、产业化。加快发展5G和物联网相关产业，深化信息化和工业化融合发展，打造工业互联网平台，加强工业互联网新型基础设施建设，推动关键基础软件、工业设计软件和平台软件开发应用，提高软件工程质量和网络信息安全水平。发展超高清视频产业，扩大和升级信息消费。规范对智能终端应用程序的管理，改善信息技术产品和服务的用户体验。

六、保障措施

（十七）加强组织落实。坚持企业主体、政府引导、社会共治的原则，加强部门协同。地方工业和信息化主管部门要督促企业严格执行质量、标准、计量、认证认可、特种设备安全等法律法规，加强质量管理和队伍能力建设，结合实际制定本地区促进质量提升的相关配套政策和激励措施。鼓励行业协会持续深入推进群众性质量活动，建立本行业先进质量管理经验的长效宣传推广机制，弘扬质量先进。

（十八）加快人才培养。以企业需求为导向，系统推进制造业的质量人才培养。依托高校、科研院所推进质量和品牌相关专业学科和课程建设，支持设立质量研究院、品牌研究院，培养高端质量和品牌人才。支持行业协会、专业机构加强专业技能和质量品牌人才培训，提高行业质量意识和专业素质水平。鼓励企业提升员工质量素质，培养知识型、技能型、创新型的质量骨干和技术能手。

（十九）加强宣传引导。加强质量和品牌建设宣传的总体策划和系统推进，引导企业坚持质量为先，追求卓越质量，关注绿色低碳、可持续发展、消费友好等新需求，不断提升产品和服务的质量，提高履行社会责任的能力。组织开展质量品牌主题宣传和交流活动，报道企业质量提升的丰富实践、重大成就、典型经验，讲好中国品牌故事，塑造中国制造质量新形象，增强国际竞争力。

工业和信息化部

2019 年 8 月 29 日

工业和信息化部关于加快培育共享制造新模式新业态促进制造业高质量发展的指导意见

工信部产业〔2019〕226 号

各省、自治区、直辖市及计划单列市、新疆生产建设兵团工业和信息化主管部门：

共享制造是共享经济在生产制造领域的应用创新，是围绕生产制造各环节，运用共享理念将分散、闲置的生产资源集聚起来，弹性匹配、动态共享给需求方的新模式新业态。发展共享制造，是顺应新一代信息技术与制造业融合发展趋势、培育壮大新动能的必然要求，是优化资源配置、提升产出效率、促进制造业高质量发展的重要举措。近年来，我国共享制造发展迅速，应用领域不断拓展，产能对接、协同生产、共享工厂等新模式新业态竞相涌现，但总体仍处于起步阶段，面临共享意愿不足、发展生态不完善、数字化基础较薄弱等问题。为贯彻落实党中央、国务院关于在共享经济领域培育新增长点、形成新动能的决策部署，进一步推动共享经济在生产制造领域的创新应用，加快培育共享制造新模式新业态，促进制造业高质量发展，现提出以下意见。

一、总体要求

（一）指导思想

以习近平新时代中国特色社会主义思想为指导，全面贯彻党的十九大和十九届二中、三中全会精神，坚持新发展理念，坚持推进高质量发展，坚持以供给侧结构性改革为主线，积极培育发展共享制造平台，深化创新应用，推进制造、创新、服务等资源共享，加强示范引领和政策支持，完善共享制造发展环境，发展共享制造新模式新业态，充分激发创新活力、挖掘发展潜力、释放转型动力，推动制造业高质量发展。

（二）基本原则

市场主导、政府引导。坚持以市场为导向，充分发挥企业主体作用，强化产业链上下游协作，丰富平台应用。政府重在加强宣传推广，推动完善信用标准体系，优化服务，积极营造良好环境，支持引导共享制造创新发展。

创新驱动、示范引领。通过模式创新、技术创新、服务创新和管理创新，发挥新一代信息技术的支撑作用，加快培育共享制造新模式新业态，推动产业组织创新，提升全要素生产率。组织实施共享制造示范活动，鼓励优秀企业先行先试，以点带面，总结形成可复制、可推广的典型经验。

平台牵引、集群带动。充分发挥共享制造平台的牵引作用，创新资源配置方式，提高供给质量，缩短生产周期，赋能中小企业创新发展。依托产业集群的空间集聚优势和产业生态优势，加快共享制造落地和规模化发展，带动产业集群转型升级。

因业施策、分步实施。深刻把握共享制造在不同行业领域的应用特点，坚持问题导向，加强引导，精准施策，分阶段、分步骤推动共享制造在各区域、各行业、各环节的深化应用，促进共享制造全面发展。

（三）发展方向

加快形成以制造能力共享为重点，以创新能力、服务能力共享为支撑的协同发展格局。

制造能力共享。聚焦加工制造能力的共享创新，重点发展汇聚生产设备、专用工具、生产线等制造资源的共享平台，发展多工厂协同的共享制造服务，发展集聚中小企业共性制造需求的共享工厂，发展以租代售、按需使用的设备共享服务。

创新能力共享。围绕中小企业、创业企业灵活多样且低成本的创新需求，发展汇聚社会多元化智力资源的产品设计与开发能力共享，扩展科研仪器设备与实验能力共享。

服务能力共享。围绕物流仓储、产品检测、设备维护、验货验厂、供应链管理、数据存储与分析等企业普遍存在的共性服务需求，整合海量社会服务资源，探索发展集约化、智能化、个性化的服务能力共享。

（四）主要目标

到2022年，形成20家创新能力强、行业影响大的共享制造示范平台，资源集约化水平进一步提升，制造资源配置不断优化，共享制造模式认可度得到显著提高。推动支持50项发展前景好、带动作用强的共享制造示范项目，共享制造在产业集群的应用进一步深化，集群内生产组织效率明显提高。支撑共享制造发展的信用、标准等配套体系逐步健全，共性技术研发取得一定突破，数字化发展基础不断夯实，共享制造协同发展生态初步形成。

到2025年，共享制造发展迈上新台阶，示范引领作用全面显现，共享制造模式广泛应用，生态体系趋于完善，资源数字化水平显著提升，成为制造业高质量发展的重要驱动力量。

二、主要任务

（一）培育发展共享制造平台

积极推进平台建设。在产业基础条件好、共享制造起步早的地区和行业，加快形成一批专业化共享制造平台，推动重点区域、重点行业分散制造资源的有效汇聚与广泛共享。鼓励有条件的企业探索建设跨区域、综合性共享制造平台。引导企业通过联合建设、战略投资等方式推动平台整合，提升制造资源的集聚水平。

鼓励平台创新应用。支持平台企业围绕制造资源的在线发布、订单匹配、生产管理、支付保障、信用评价等，探索融合行业特点的创新服务。推动平台企业深度整合多样化制造资源，发展"平台接单、按工序分解、多工厂协同"的共享制造模式。

推动平台演进升级。支持平台企业积极应用云计算、大数据、物联网、人工智能等技术，发展智能报价、智能匹配、智能排产、智能监测等功能，不断提升共享制造全流程的智能化水平。引导平台企业与技术提供商合作，强化平台开发与应用能力。鼓励工业互联网平台面向特定行业、特定区域整合开放各类资源，发展共享制造服务。

（二）依托产业集群发展共享制造

探索建设共享工厂。鼓励各类企业围绕产业集群的共性制造环节，建设共享工厂，集中配置通用性强、购置成本高的生产设备，依托线上平台打造分时、计件、按价值计价等灵活服务模式，满足产业集群的共性制造需求。

支持发展公共技术中心。围绕产业集群急需的共性技术研发、产品质量检测等服务，支持建设一批公共技术服务平台，强化产学研合作，为集群内企业提供便捷、低价、高效、多元的技术研发、成果转化、质量管理、创业孵化等公共服务。

积极推动服务能力共享。引导产业集群内企业通过共享物流、仓储、采销、人力等方式，聚焦核心能力建设，提升企业竞争力。鼓励信息通信企业深入产业集群，结合行业特点，发展数据储存、分析、监测等共性服务，积极推动工业大数据创新应用。

（三）完善共享制造发展生态

创新资源共享机制。鼓励大型企业创新机制，释放闲置资源，推动研发设计、制造能力、物流仓储、专业人才等重点领域开放共享，增加有效供给。推动高等院校、科研院所构建科学有效的利益分配机制与资源调配机制，推动科研仪器设备与实验能力开放共享。创新激励机制，引导利益相关方积极开放生产设备的数据接口，推进数据共享。完善资源共享过程中的知识产权保护机制。

推动信用体系建设。鼓励平台企业针对共享制造应用场景和模式特点，综合利用大数据监测、用户双向评价、第三方认证等手段，构建平台供需双方分级分类信用评价体系，提供企业征信查询、企业质量保证能力认证、企业履约能力评价等服务。

优化完善标准体系。聚焦非标产品标准化、生产流程标准化等领域，鼓励平台企业优化产品标准体系，明确产品属性和生产工艺要求。加快制定共享制造团体标准，推动制造资源的可度量、可交易、可评估。针对共享制造多主体协作、虚拟化制造等运作特点，创新质量管理认证体系。

（四）夯实共享制造发展的数字化基础

提升企业数字化水平。培育发展一批数字化解决方案提供商，结合行业特点和发展阶段，鼓励开发和推广成本低、周期短、适用面广的数字化解决方案。加快推进中小企业上云，推动计算机辅助设计、制造执行系统、产品全生命周期管理等工业软件普及应用，引导广大中小企业加快实现生产过程的数字化。

推动新型基础设施建设。加强5G、人工智能、工业互联网、物联网等新型基础设施建设，扩大高速率、大容量、低延时网络覆盖范围，鼓励制造企业通过内网改造升级实现人、机、物互联，为共享制造提供信息网络支撑。

强化安全保障体系。围绕应用程序、平台、数据、网络、控制和设备安全，统筹推进安全技术研发和手段建设，建立健全数据分级分类保护制度，强化共享制造企业的公共网络安全意识，打造共享制造安全保障体系。

三、保障措施

（一）加强组织推进。指导成立共享制造产业联盟，聚集生产制造和互联网领域的骨干企业及相关研究机构，搭建合作与促进平台，建立平台企业资源库；推动平台企业等积极开展国际合作，更深更广融入全球供给体系；加强对共享制造平台运行的监测；充分发挥联盟、行业协会等各方的作用，组织开展标准研制、应用推广、信用评价、认证评估及重大问题研究，通过发布报告、行业交流、召开共享制造发展大会和推进会等方式，加强宣传引导和支撑保障，助力共享制造创新发展。

（二）推动示范引领。在服务型制造示范遴选活动中，面向基础条件好和需求迫切的地区、行业，遴选一批示范带动作用强、可复制可推广的共享制造示范平台和项目，及时跟踪、总结、评估示范过程中的新情况、新问题和新经验，加强典型经验交流和推广，进一步推动共享制造在不同行业的深度应用和创新发展。支持共享制造企业积极申报全国企业管理现代化创新成果。鼓励有条件的地方先行先试，开展共享制造试点，及时跟踪、总结经验，培育共享制造优秀供应商，形成共享制造产业生态供给资源池。

（三）强化政策支持。支持和引导各类市场主体积极探索共享制造新模式新业态。积极利用现有资金渠道，支持共性技术研究与开发，开展共享制造平台建设与升级、技术应用创新、制造资源采集系统开发、共享工厂建设等。深化产融合作，引导和推动金融机构为共享制造技术、业务和应用创新提供金融服务。鼓励有条件的地方制定出台支持共享制造创新发展的政策措施。

（四）加强人才培养。支持大学、科研机构、高职院校等加强互联网领域与制造业领域的复合型人才队伍培养。鼓励企业积极与高校创新合作模式，共建实训基地，积极开展互动式人才培养。依托重点企业、行业协会、产业联盟开展共享制造领域急需紧缺人才培养培训，鼓励社会培训机构加强面向重点行业关键岗位专业人才培训。

工业和信息化部

2019 年 10 月 22 日

工业和信息化部关于印发《2019年工业节能监察重点工作计划》的通知

工信部节函〔2019〕77号

各省、自治区、直辖市及新疆生产建设兵团工业和信息化主管部门：

现将《2019年工业节能监察重点工作计划》印发给你们，请认真贯彻执行。

工业和信息化部
2019年3月25日

2019年工业节能监察重点工作计划

为贯彻落实《节约能源法》和《工业节能管理办法》，充分发挥节能监察的监督保障作用，持续提高工业能效和绿色发展水平，助推工业经济高质量发展，依据《工业绿色发展规划（2016—2020年）》，制定本计划。

一、围绕重点工作，深入开展专项节能监察

依据强制性节能标准，突出抓好重点用能企业、重点用能设备的节能监管工作，推进重点行业、区域工业能效水平提升，实施国家重大工业专项节能监察。

（一）重点高耗能行业能耗专项监察。2019年对铜冶炼、镁冶炼、铅锌冶炼、多晶硅、铁合金、磷化工、陶瓷等行业重点用能企业强制性单位产品能耗限额标准执行情况，以及电子行业重点用能企业能耗及窑炉能效情况（重点核查电真空器件、电子陶瓷、磁性材料企业电子窑炉能效达标情况）进行行业全覆盖专项监察。

（二）阶梯电价政策执行专项监察。根据《国家发展改革委 工业和信息化部关于运用价格手段促进钢铁行业供给侧结构性改革有关事项的通知》（发改价格〔2016〕2803号）、《国家发展改革委 工业和信息化部关于水泥企业用电实行阶梯电价政策有关问题的通知》（发改价格〔2016〕75号）、《国家发展改革委 工业和信息化部关于电解铝企业用电实行阶梯电价政策的通知》（发改价格〔2013〕2530号）以及相关电耗核算办法规定，对钢铁、水泥、电解铝企业能耗情况进行专项监察。重点监察2018年监察中发现的能耗超标违规企业以及日产2000吨熟料以下的水泥企业。对监察发现的违规企业会同当地价格主管部门进行公示，无异议的依法依规执行阶梯电价政策。

（三）重点用能产品设备能效提升专项监察。按照《工业节能管理办法》，以及《中小型三相异步电动机能效限定值及能效等级》（GB 18613—2012）、《高压三相笼型异步电动机能效限定值及能效等级》（GB 30254—2013）、《三相配电变压器能效限定值及能效等级》（GB

20052—2013）、《清水离心泵能效限定值及节能评价值》（GB 19762—2007）、《通风机能效限定值及能效等级》（GB 19761—2009）、《容积式空气压缩机能效限定值及能效等级》（GB 19153—2009）等国家标准，对电机、变压器、水泵、风机、空压机等重点用能产品设备生产企业实施专项监察，会同有关部门依法督促企业停止生产达不到强制性能效标准限定值的低效产品。

（四）数据中心能效专项监察。依据《工业和信息化部　国家机关事务管理局　国家能源局关于加强绿色数据中心建设的指导意见》（工信部联节〔2019〕24号），对纳入重点用能单位管理的数据中心进行专项监察。按照《数据中心资源利用第3部分：电能能效要求和测量方法》（GB/T 32910.3—2016）等标准，核算电能使用效率，检查能源计量器具配备情况。

（五）2018年违规企业整改落实情况专项监察。对2018年专项节能监察中发现的能耗超限额企业和其他违反节能法律法规的企业进行回头看，对下达的限期整改通知书落实情况进行监察，对未按照要求整改或整改不到位的，依法依规进行处理。

二、依法监督管理，持续做好日常节能监察

依据《节约能源法》《工业节能管理办法》规定，继续加强日常节能监察工作，公布监察结果，督促整改落实。

（一）能源管理制度落实情况监察。依法对重点用能企业能源管理体系建立、能源管理岗位设立和能源管理负责人任用履职以及淘汰落后生产设备和工艺等情况进行监察。

（二）能源计量、能源消费统计和能源利用状况报告制度执行情况监察。会同有关部门依法对工业企业配备使用符合国家标准的能源计量器具、开展能源消费统计分析和执行能源利用状况报告制度情况进行监察。

（三）节能教育培训开展情况监察。依法对工业企业定期开展节能教育和岗位节能培训情况进行监察。

三、完善工作机制，落实工业节能执法要求

（一）完善工业节能监察工作体系。进一步强化省市县三级工业节能监察机构建设，构建目标统一、职责清晰、分工合理的节能监察保障体系，保证工作连续性。各地要进一步创新工作模式，通过开展联合执法、跨区域业务交流、结对帮扶等方式，加强各级节能监察机构间的交流，促进全国节能监察工作平衡发展。

（二）加强工业节能监察能力建设。各级工业和信息化主管部门要加强对节能监察机构建设的指导，分层次、多渠道开展节能监察人员业务培训，提升业务技能和水平。加强节能监察信息化建设，鼓励各地推广用能设备产品能效标识在线核对、能耗指标自动核算、节能监察结果在线填报等模式，推动工业节能监察更加准确高效。鼓励各地整理发布一批执法规范、工作扎实、节能效益突出的节能监察优秀案例，加强宣传交流，推动制定节能监察规范行业标准，扩大节能监察工作影响。

（三）加强节能监察结果分析应用。各地要做好对节能监察结果的分析应用，针对节能监察中发现的企业不合理用能行为提出改进建议，引导企业开展节能诊断，实施节能技术改造。

四、有关工作要求

（一）加强组织领导。各省、自治区、直辖市及新疆生产建设兵团（以下统称"省级"）工业和信息化主管部门要编制计划方案，细化措施手段，明确目标进度，确保各项工作按期高质量完成。请于 4 月 4 日前组织向工业和信息化部（节能与综合利用司）申报 2019 年专项监察任务（包括监察类别和企业名称，见附件 1、附件 2）。对要求实现节能监察全覆盖的行业应仔细核对企业名单，确保不漏报、不错报，对已停产企业应列明企业名单并注明（不组织实地监察和申请补助）。对于不能独立开展本地专项节能监察工作的地区，工业和信息化部将协调组织机构和专家，完成相关任务。

（二）严格依法行政。各级工业和信息化主管部门和节能监察机构要规范工业节能监察工作程序和执法行为，

加大执法检查力度，查处各类违法违规用能行为，对拒不整改或整改不到位的，依法依规予以处理。请各省级工业和信息化主管部门和节能监察机构于 6 月底前将 2018 年违规企业整改落实情况专项监察结果报工业和信息化部（节能与综合利用司）。

（三）加强资金管理。各省级节能监察机构要按照《工业节能监察体制机制建设项目管理暂行办法》（工信部节〔2016〕228 号）要求，梳理前期节能监察补助资金使用情况，并在申报任务时提交资金使用报告，说明结转结余资金情况（在附件 1 中填写）。对于存在结转结余资金的地区，本年度专项监察优先使用结转结余资金，其余不足部分安排使用 2019 年补助资金。

（四）强化舆论宣传。各级工业和信息化主管部门和节能监察机构要向社会公开工业节能监察工作情况，依法公布违规企业名单，主动接受社会监督。按照《社会信用体系建设规划纲要（2014—2020 年）》（国发〔2014〕21 号）部署，鼓励各地区与有关部门合作建立联合惩戒机制，将节能监察执法结果纳入社会信用体系，推动企业严格落实节能法律法规和政策要求，充分发挥节能监察的督促约束作用，强化工业节能执法效力。

（五）严格监督检查。工业和信息化部将组织对工业节能监察工作落实情况进行监督检查，并适时组织专项督查，对地方工业节能监察工作开展情况和体制机制建设情况进行检查。请各省级工业和信息化主管部门和节能监察机构于 10 月底前向工业和信息化部（节能与综合利用司）报送年度工作总结报告（包括专项监察、日常监察工作总结，节能监察体制机制建设报告以及实际监察企业名单和监察结果等）。

附件：

1. ＿＿＿＿＿省（自治区、直辖市）国家重大工业专项节能监察任务申报表（略）。

2. ＿＿＿＿＿省（自治区、直辖市）国家重大工业专项节能监察企业名单（略）。

工业和信息化部关于印发《工业节能诊断服务行动计划》的通知

工信部节函〔2019〕101 号

各省、自治区、直辖市及计划单列市、新疆生产建设兵团工业和信息化主管部门，有关行业协会，有关中央企业：
现将《工业节能诊断服务行动计划》印发你们，请认真抓好贯彻执行。

工业和信息化部
2019 年 5 月 16 日

工业节能诊断服务行动计划

工业节能诊断是对企业工艺技术装备、能源利用效率、能源管理体系开展的全面诊断，有利于帮助企业发现用能问题，查找节能潜力，提升能效和节能管理水平。"十三五"以来，通过健全节能政策法规、完善标准体系、强化节能监管、推动节能技术改造，企业能效水平持续提升，部分行业先进企业能效已达到国际先进水平。但受节能意识薄弱、技术力量不足、管理体系不健全等因素影响，不同地区、行业间的企业能效水平差距依然较大，企业进一步节能降耗、降本增效的需求十分迫切。为满足企业节能需求，支持企业深挖节能潜力，持续提升工业能效水平，推动工业绿色发展，按照《"十三五"工业绿色发展规划》，制定本行动计划。

一、总体要求

遵循企业自愿的原则，按照制造业高质量发展和"放管服"改革要求，在持续加强企业能源消费管理、加大节能监察力度的基础上，不断强化节能服务工作，完善市场化机制。以能源管理基础薄弱的企业和行业为重点，加大节能诊断服务工作力度，使工业节能逐步向各行业、大中小企业全面深入推进和提升。统筹考虑地区、行业的特点和不同需求，做好诊断服务工作的顶层设计，充分发挥各级工业和信息化主管部门、行业协会、节能诊断服务市场化组织及企业等的各自优势，积极探索政府引导与市场机制相结合的推进模式，分步实施，务求实效。

近期，每年对 3000 家以上重点企业实施节能诊断服务，培育壮大一批节能诊断服务市场化组织，制定一批重点行业节能诊断标准，努力构建公益性和市场化相结合的诊断服务体系。

二、主要任务

（一）确定诊断服务对象

1. 支持能源管理基础薄弱的企业全面开展诊断。主要面向机械、电气、电子、轻工、纺织等行业，以年综合能源消费量在 5000 至 10000 吨标准煤（分别折合年原煤消费量 7000 至 15000 吨，年原油消费量 3500 至 7000 吨，年天然气消费量 400 万至 800 万立方米，年综合用电量 4000 万至 8000 万千瓦时）的企业为重点，全面支持开展节能诊断。

2. 引导重点高耗能行业开展专项诊断。主要面向技术、工艺、装备较先进、能源管理体系相对完善的钢铁、建材、石化化工、有色金属等行业，以年综合能源消费量 10000 吨标准煤以上（分别折合年原煤消费量约 15000 吨以上，年原油消费量约 7000 吨以上，年天然气消费量约 800 万立方米以上，年综合电耗约 8000 万千瓦时以上）的企业为重点，鼓励自主开展专项节能诊断。

（二）明确诊断服务内容

3. 围绕企业生产工艺流程和主要技术装备，做好能源利用、能源效率和能源管理三方面诊断工作。一是核定企业能源消费构成及消费量，编制企业能量平衡表，核算企业综合能源消费量，查找能源利用薄弱环节和突出问题。二是结合行业特点核算企业主要工序能耗及单位产品综合能耗，评估主要用能设备能效水平和实际运行情况，分析高效节能装备和先进节能技术推广应用潜力。三是检查能源管理岗位设置、能源计量器具配备、能源统计制度建立及执行等能源管理措施落实情况。

4. 对以煤炭消费为主的工艺装备，重点对燃煤锅炉及炉窑能效进行诊断，分析节能技术改造潜力。轻工、纺织等行业重点诊断锅炉燃煤系统，分析高效煤粉燃烧、工业级循环流化床燃烧、自动控制及远程监控技术应用潜力；钢铁行业重点诊断高炉和焦炉，分析高参数煤气发电、焦炉上升管余热回收利用、中低温余热回收利用技术应用潜力；建材行业重点诊断水泥回转窑烧成系统，分析热效率提升技术应用潜力；石化化工行业分析先进煤气化技术，以及炼化、煤化工、电石、硫酸、炭黑等行业中低品位余热高效回收技术应用潜力。

5. 对以电力消费为主的工艺装备，重点对电机系统及电窑炉能效进行诊断，分析先进节能技术装备应用潜力。机械行业重点诊断传动机械、矿山机械，分析开关磁阻电机调速系统、大弹性位移非接触同步永磁传动等技术应用潜力；轻工行业重点诊断工业空调、商用空调等，分析光伏直驱变频空调技术应用潜力；钢铁行业重点诊断电炉炼钢工艺，分析全自动密闭加料技术、废钢预热技术应用潜力；有色金属行业诊断电解铝电解槽，分析电流强化技术、新型结构电解槽技术应用潜力；石化化工行业重点诊断电石生产装置，分析短网综合补偿技术应用潜力。

6. 对以油气消费为主的工艺装备，重点对燃油燃气锅炉、炉窑及油气资源能量转换设备的能效进行诊断，分析节能技术应用和能源转化效率提升潜力。轻工、纺织行业重点诊断燃油燃气锅炉系统，分析煤炭减量燃气替代潜力；建材行业重点分析玻璃熔窑应用大吨位窑炉、一窑多线成型技术，陶瓷窑应用低温快烧、宽断面大型窑炉等技术装备应用潜力；石化化工行业重点分析炼油工艺应用板式空冷技术，乙烯生产应用辐射炉管内强化传热技术，合成氨生产应用节能型天然气转化技术等的应用潜力。

（三）推动实施节能技术改造

7. 诊断工作完成后，节能诊断服务市场化组织应协助企业分析应用诊断结果，围绕生产工艺、技术装备、系统优化、运行管理等方面提出节能改造建议，并评估预期综合效益。鼓励企业与节能服务市场化组织、节能技术装备提供商等对接，利用合同能源管理等方式实施节能技术改造，并跟踪项目实施情况、评价节能降耗效果。

（四）加强诊断服务能力建设

8. 公开遴选并培育一批资质优、信誉佳、专业强的节能诊断服务市场化组织及专家团队。根据不同行业的主要工艺设备和用能特点，分行业梳理和提炼节能诊断的重点内容和模式，组织编写节能诊断指南和标准。发布优秀案例和节能改造项目库。搭建节能诊断数据平台，建立行业用能结构、工艺技术、能效指标数据库。加强对各地工业和信息化节能主管部门、节能诊断服务市场化组织、工业企业节能管理人员的培训，解读节能法规政策标准，推广节能先进技术装备。

三、保障措施

（一）加强组织领导。各地工业和信息化主管部门要充分认识节能诊断工作对推动绿色发展的重要作用，统筹协调节能标准、监察、技术改造等工作，分业指导，制定切实可行的节能诊断服务措施；充分发挥行业协会、节能诊断服务市场化组织及企业各自优势，形成工作合力。工业和信息化部每年将发布节能诊断重点工作计划。

（二）加大政策支持。利用工业节能与绿色制造等相关预算资金，支持开展节能诊断服务。充分利用绿色制造、节能减排等现有政策手段，做好诊断后续跟踪服务工作，综合运用技术改造、绿色信贷等财政、金融手段，支持根据诊断结果实施的节能改造项目。鼓励有条件的地区出台配套支持政策。

（三）做好推广交流。对工业企业节能诊断工作及时进行总结，加大对典型案例和工作创新模式的宣传，并对发现的问题及时改进。开展工业企业节能诊断交流，努力提升工业企业节能水平。

开展诊断工作必须遵循企业自愿参与原则，不得增加企业额外负担。选择信誉佳、专业强的市场化组织，采用合同能源管理等多种市场化节能服务模式，为企业提供优质、高效、规范的节能诊断服务。各级工业和信息化主管部门要加强指导，杜绝强制服务、强制收费。对违规增加企业负担的依法依规进行处理。

工业和信息化部办公厅　财政部办公厅关于发布支持打造大中小企业融通型和专业资本集聚型创新创业特色载体工作指南的通知

工信厅联企业函〔2019〕92号

各省、自治区、直辖市及计划单列市、新疆生产建设兵团中小企业主管部门、财政厅（局）：

为深入贯彻落实党中央、国务院关于推动创新创业高质量发展的决策部署，更好地指导各地打造大中小企业融通型和专业资本集聚型创新创业特色载体，按照《关于支持打造特色载体推动中小企业创新创业升级工作的通知》（财建〔2018〕408号，以下简称《通知》）要求，现将有关事项通知如下：

一、重点任务

小微企业创业创新基地、众创空间、孵化器是支撑创新创业的重要载体。各地应围绕支持中小企业创新发展，积极引导打造各具特色的创新创业特色载体，促进提升资源配置质量与效率，培育更多"专精特新"和"小巨人"企业。

（一）着力支持引导创新创业特色载体向专业化精细化方向升级。一是着力引导创新创业特色载体聚焦实体经济领域，每个载体可在传统优势产业、战略新兴产业、高新技术产业、特色民族产业中选择1～2个区域重点产业，细分行业领域孵化培育中小企业，提升载体的产业资源整合能力，以产业链聚集创新链、打造价值链，更加精准服务实体经济。二是着力引导创新创业特色载体强化创新引领，集成和配置各类服务于企业创新的资源要素，特别是增加技术创新资源服务有效供给，提升孵化质量。三是着力引导创新创业特色载体采用市场化运作模式，引入专业化运营管理团队，构建建设运营主体与创新创业主体互利共赢的市场化机制，鼓励双方通过生产融通、股权融合、品牌嫁接等方式，实现共创共享、共生共赢。

（二）着力支持打造"龙头企业+孵化"的大中小企业融通型载体。大中小企业融通型载体的主要功能是基于产业生态、供应链协同、创新能力共享、信息驱动，在大企业与中小企业之间搭建资源共享、互利共赢的孵化服务平台。各地有关单位通过探索有效融通合作模式，改变传统的企业配套协作方式，推动一批行业龙头企业直接参与创新创业特色载体的建设运营或与载体深度合作，鼓励行业龙头企业内部职工入驻载体创业，并吸引产业链上具有创新潜力的团队或中小企业入驻载体创业。引导行业龙头企业在载体中创新采取各类互利共赢、风险分担方式，实现与中小企业在研发设计、检验检测、模型加工、中试生产、企业管理、物资采购、市场营销等方面的深度融通，促使在孵企业能够分享专业的设施设备、成熟的市场资源与渠道、先进的管理经验及模式等，引导在孵企业"专精特新"发展，促进行业龙头企业自身转型升级，创新发展的新资源、新动能。

（三）着力支持打造"投资+孵化"的专业资本集聚型载体。专业资本集聚型载体的主要功能是基于价值管理，在天使投资、创业投资、产业基金等专业投资管理团队与中小企业之间搭建以资本融通为主的孵化服务平台。各地有关单位通过创新融通合作机制，改变传统的重投资、轻服务模式，推动一批专业投资管理团队直接参与创新创业特色载体建设运营，充分发挥其行业敏锐性和资本运作、价值管理能力，提供投前、投中、投后全链条服务，为入驻的创新创业者搭建战略规划、财务咨询、培训交流、融资支持等平台；在战略决策、过程控制、财务规范、公司治理、投贷联动、并购扩张等方面为企业提供专业服务，融通优质资源；为具备成长潜力的在孵企业提供资源服务、股权投资支持，深入参与选投企业内部管理，不断提升入驻企业的商业价值，并从企业成长发展中提升自身的品牌影响力和经济效益。

二、保障措施

（一）搭建国家级资源服务对接平台。国家中小企业发展基金等国家级政府投资基金建立投资管理机构与创新创业特色载体项目选投合作机制、子基金合作机制，助力种子期、初创期创新型企业成长壮大。"创客中国"中小企业创新创业大赛总决赛建立参赛优胜企业或团队与创新创业特色载体洽谈机制，推动优质项目在实体开发区落地孵化。国家中小企业公共服务示范平台向创新创业特色载体开放共享，推动线上线下跨区域服务。中小企业经营管理领军人才培训项目开设促进大中小企业融通发展主题班，提升企业经营管理人才素质。实体经济开发区内的国家小型微型企业创业创新示范基地积极承担创新创业特色载体建设任务，开发区外的示范基地因地制宜与载体就近开展合作，推动资源共享和协同服务。鼓励发达省份创新创业特色载体与中西部地区国家级、省级实体经济开发区加强合作，开展跨区域孵化服务，推动创新创业优质资源要素跨区域流动。

（二）搭建行业协会资源服务对接平台。鼓励行业协会充分发挥资源汇集优势，搭建行业资源与创新创业特色载体对接机制，促进生产资源要素在产业链上下游企业间高效流动。搭建专家智库资源服务对接平台，积极为企业提供技术指导、市场信息、同业交流等服务。与创新创业特色载体联合推动行业共性技术研发和创新，吸纳创新型中小企业参与行业标准和地方标准制定，带动行业创新力提升。

（三）搭建地方有关资源服务对接平台。省市各级中小企业主管部门应充分调动各方面资源、政策，支持引导载体为中小企业提供优质资源服务。推动省市各级中小企业公共服务平台加强协作，向创新创业特色载体开放共享，并推动各类创新创业服务券跨区域使用。推动省级国有企业与创新创业特色载体建立互动机制，促进大中小企业融通发展。推动实体经济开发区加强资源整合统筹，将区域资源服务与创新创业特色载体有效对接，提高创新创业特色载体服务质量和辐射带动作用。

三、工作要求

（一）完善工作机制。根据《通知》确定的职责分工，财政部与工业和信息化部、科技部加强沟通，形成合力。地方中小企业主管部门应围绕打造大中小企业融通型、专业资本集聚型载体，与同级财政等部门、实体经济开发区建立会商交流机制，对执行中遇到的困难等及时沟通，协调推动解决；对涉及中央部门的意见建议及时反馈至工业和信息化部（中小企业局）。

（二）明确任务分工。省级中小企业主管部门围绕打造大中小企业融通型、专业资本集聚型载体，指导督促相关实体经济开发区按照上报的实施方案加快推进，动态跟踪工作进展，及时总结并在省内复制推广好经验好做法，及时会同有关部门协调解决出现的问题。省级财政部门要会同同级中小企业主管部门加强中央财政资金使用跟踪和绩效管理。

相关实体经济开发区要按照实施方案确定的绩效目标，细化具体措施，加强区内政策统筹，做好区内和跨区资源服务对接；建立健全数据统计工作机制，于每个季度末10日内向省级中小企业主管部门报送工作进展情况、目标指标完成情况、实施成效等动态信息以及典型案例、经验做法等，年度总结报告与四季度相关信息材料一并报送。

（三）优化遴选机制。各省（区、市）财政部门应会同同级中小企业主管部门建立科学有效的遴选机制，筛选产业有特色、双创有氛围、工作有基础、升级有潜力的实体经济开发区作为推荐对象。实体经济开发区应选择在产业集聚度、资源聚集力、持续发展力、产出与效益、改革创新力以及辐射带动力等方面成效明显的创新创业特色载体，予以奖补激励，重点关注大中小企业融通型载体在融通服务、资源共享、价值再造等方面的效力，专业资本集聚型载体在资本运作、价值管理、增值服务等方面的效力。

（四）调整完善方案。省级中小企业主管部门应组织相关实体经济开发区做好实施方案的完善工作，按照既定的目标任务细化具体措施。实施方案如作细化修改，应在中央财政资金首次下达的2个月内，会同同级财政部门及时报送工业和信息化部、财政部备案（附修改说明），同时抄送财政部驻当地财政监察专员办事处和同级科技部门等。备案后的实施方案作为后续跟踪、绩效管理的依据。

（五）规范资金使用。实体经济开发区应规范、科学、高效地使用中央财政奖补资金，不得将奖补资金用于开发区内道路、住房、楼堂馆所等公共基础设施建设，不得用于人员工资福利，不得用于本级财政平衡预算；要集中资金突出重点，建立有效的激励约束机制，支持引导载体提升可持续发展能力，拓展孵化服务功能和辐射范围，为中小企业提供市场化、专业化、精准化的资源和服务，孵化培育更多的"专精特新"中小企业。如发现有关部门及其工作人员在资金分配、项目审核等工作中存在违纪违法违规行为，按照国家有关规定处理。

（六）组织信息报送。省级中小企业主管部门于每季度结束15个工作日内，向工业和信息化部报送《工作动态信息》和《载体绩效目标表》（见附件1、附件2）（含电子版），纸质版应加盖中小企业主管部门公章（一式两份），同时抄送省级财政、科技部门和财政部驻当地财政监察专员办事处。其中，每年年度总结报告与四季度相关信息材料一并报送（提纲见附件3）。

附件：
1. 大中小企业融通型载体绩效目标表（略）。
2. 专业资本集聚型载体绩效目标表（略）。
3.《特色载体总结报告》提纲（略）。
4. 特色载体信息报送联络人回执（略）。

工业和信息化部办公厅

财政部办公厅

2019年4月22日

工业和信息化部办公厅　国家开发银行办公厅关于加快推进工业节能与绿色发展的通知

工信厅联节〔2019〕16 号

各省、自治区、直辖市及计划单列市、新疆生产建设兵团工业和信息化主管部门，国家开发银行各省（区、市）分行：

为服务国家生态文明建设战略，推动工业高质量发展，工业和信息化部、国家开发银行将进一步发挥部行合作优势，充分借助绿色金融措施，大力支持工业节能降耗、降本增效，实现绿色发展。现将有关事项通知如下：

一、充分认识金融支持工业节能与绿色发展的重要意义

推动工业节能与绿色发展，是贯彻落实党中央、国务院关于加快生态文明建设、构建高质量现代化经济体系的必然要求，是深入推进供给侧结构性改革、实现工业转型升级的重要举措。各级工业和信息化主管部门、国家开发银行各分行要充分认识此项工作的重要意义，不断深化合作，发挥政策导向和综合金融优势，按照源头减排、末端治理、技术优化、全程监控的系统性思维，进一步完善政策配套，共同探索机制创新，调结构、优布局、促发展，加快形成新时期工业绿色发展的推进机制，培育经济发展新动能。

二、突出重点领域，发挥绿色金融手段对工业节能与绿色发展的支撑作用

按照《工业绿色发展规划（2016—2020 年）》（工信部规〔2016〕225 号）、《关于加强长江经济带工业绿色发展的指导意见》（工信部联节〔2017〕178 号）、《坚决打好工业和通信业污染防治攻坚战三年行动计划》（工信部节〔2018〕136 号）等工作部署，以长江经济带、京津冀及周边地区、长三角地区、汾渭平原等地区为重点，强化工业节能和绿色发展工作。重点支持以下领域：

（一）工业能效提升。支持重点高耗能行业应用高效节能技术工艺，推广高效节能锅炉、电机系统等通用设备，实施系统节能改造。促进产城融合，推动利用低品位工业余热向城镇居民供热。支持推广高效节水技术和装备，实施水效提升改造。支持工业企业实施传统能源改造，推动能源消费结构绿色低碳转型，鼓励开发利用可再生能源。支持建设重点用能企业能源管控中心，提升能源管理信息化水平，加快绿色数据中心建设。

（二）清洁生产改造。推动焦化、建材、有色金属、化工、印染等重点行业企业实施清洁生产改造，在钢铁等行业实施超低排放改造，从源头削减废气、废水及固体废物产生。

（三）资源综合利用。支持实施大宗工业固废综合利用项目。重点推动长江经济带磷石膏、冶炼渣、尾矿等工业固体废物综合利用。在有条件的城镇推动水泥窑协同处置生活垃圾，推动废钢铁、废塑料等再生资源综合利用。重点支持开展退役新能源汽车动力蓄电池梯级利用和再利用。重点支持再制造关键工艺技术装备研发应用与产业化推广，推进高端智能再制造。

（四）绿色制造体系建设。支持企业参与绿色制造体系建设，创建绿色工厂，发展绿色园区，开发绿色产品，建设绿色供应链。重点支持国家级绿色制造体系相关的企业和园区。

三、加大政策支持力度

（一）加强开发性金融支持

国家开发银行切实发挥国内绿色信贷主力银行作用，根据国家重大规划、重点战略以及地方政府工业发展整体规划和安排，按照"项目战略必要、整体风险可控、业务方式合规"的原则，以合法合规的市场化方式支持工业节能与绿色发展重点项目，推动工业补齐绿色发展短板。拓展中国人民银行抵押补充贷款资金（以下简称"PSL 资金"）运用范围至生态环保领域，对已取得国家开发银行贷款承诺，且符合生态环保领域 PSL 资金运用标准的工业污染防治重点工程，给予低成本资金支持，主要包括节能环保技术改造升级、工业废气、废水和固体废物治理、资源再生及综合利用、工业企业环保搬迁改造及环境整治等。

（二）完善配套支持政策

工业和信息化部会同国家开发银行统筹用好各项支持引导政策和绿色金融手段，对已获得绿色信贷支持的企业、园区、项目，优先列入技术改造、绿色制造等财政专项支持范围，实现综合应用财税、金融等多种手段，共同推进工业节能与绿色发展。同时，鼓励地方出台加强绿色信贷项目支持的配套优惠政策，包括但不限于在项目审批、专项奖励、税收优惠等方面给予支持。

四、有关要求

（一）各省级工业和信息化主管部门要加强与当地国家开发银行分行的对接，掌握开发性金融信贷要求和 PSL 资金支持政策，选取有融资需求且符合条件的项目，在政策允许的范围内协助企业落实有关贷款条件，用好各项开发性金融支持政策。

（二）国家开发银行各分行要将工业节能与绿色发展作为推动工业高质量发展的重点领域，进一步做好开发性金融信贷政策宣介和项目开发评审工作。对符合绿色信贷、生态环保领域 PSL 资金支持政策的项目，要按照总行有关要求，及时完成项目识别、申报入库、贷款资金统计报送等工作，落实好贷款资金的发放和支付，并督促企业建立相关管理制度，保证合规。

（三）各省级工业和信息化主管部门、国家开发银行各分行要建立协调工作机制，加强沟通、密切合作，及时共享工业绿色信贷项目信息及调度情况，协调解决项目融资、建设中存在的问题和困难。要及时将相关开发性金融政策运用及工作中遇到的问题和建议，报送工业和信息化部（节能与综合利用司）和国家开发银行（评审二局）。

工业和信息化部办公厅

国家开发银行办公厅

2019 年 3 月 19 日

工业和信息化部 国家机关事务管理局 国家能源局关于加强绿色数据中心建设的指导意见

工信部联节〔2019〕24 号

各省、自治区、直辖市及计划单列市、新疆生产建设兵团工业和信息化、机关事务、能源主管部门，各省、自治区、直辖市通信管理局，有关行业组织，有关单位：

建设绿色数据中心是构建新一代信息基础设施的重要任务，是保障资源环境可持续的基本要求，是深入实施制造强国、网络强国战略的有力举措。为贯彻落实《工业绿色发展规划（2016—2020 年）》（工信部规〔2016〕225 号）、《工业和信息化部关于加强"十三五"信息通信业节能减排工作的指导意见》（工信部节〔2017〕77 号），加快绿色数据中心建设，现提出以下意见。

一、总体要求

（一）指导思想

以习近平新时代中国特色社会主义思想为指导，全面贯彻党的十九大和十九届二中、三中全会精神，坚持新发展理念，按照高质量发展要求，以提升数据中心绿色发展水平为目标，以加快技术产品创新和应用为路径，以建立完善绿色标准评价体系等长效机制为保障，大力推动绿色数据中心创建、运维和改造，引导数据中心走高效、清洁、集约、循环的绿色发展道路，实现数据中心持续健康发展。

（二）基本原则

政策引领、市场主导。充分发挥市场配置资源的决定性作用，调动各类市场主体的积极性、创造性。更好发挥政府在规划、政策引导和市场监管中的作用，着力构建有效激励约束机制，激发绿色数据中心建设活力。

改造存量、优化增量。建立绿色运维管理体系，加快现有数据中心节能挖潜与技术改造，提高资源能源利用效率。强化绿色设计、采购和施工，全面实现绿色增量。

创新驱动、服务先行。大力培育市场创新主体，加快建立绿色数据中心服务平台，完善标准和技术服务体系，推动关键技术、服务模式的创新，引导绿色水平提升。

（三）主要目标

建立健全绿色数据中心标准评价体系和能源资源监管体系，打造一批绿色数据中心先进典型，形成一批具有创新性的绿色技术产品、解决方案，培育一批专业第三方绿色服务机构。到 2022 年，数据中心平均能耗基本

达到国际先进水平，新建大型、超大型数据中心的电能使用效率值达到 1.4 以下，高能耗老旧设备基本淘汰，水资源利用效率和清洁能源应用比例大幅提升，废旧电器电子产品得到有效回收利用。

二、重点任务

（一）提升新建数据中心绿色发展水平

1. 强化绿色设计

加强对新建数据中心在 IT 设备、机架布局、制冷和散热系统、供配电系统以及清洁能源利用系统等方面的绿色化设计指导。鼓励采用液冷、分布式供电、模块化机房以及虚拟化、云化 IT 资源等高效系统设计方案，充分考虑动力环境系统与 IT 设备运行状态的精准适配；鼓励在自有场所建设自然冷源、自有系统余热回收利用或可再生能源发电等清洁能源利用系统；鼓励应用数值模拟技术进行热场仿真分析，验证设计冷量及机房流场特性。引导大型和超大型数据中心设计电能使用效率值不高于 1.4。

2. 深化绿色施工和采购

引导数据中心在新建及改造工程建设中实施绿色施工，在保证质量、安全基本要求的同时，最大限度地节约能源资源，减少对环境负面影响，实现节能、节地、节水、节材和环境保护。严格执行《电器电子产品有害物质限制使用管理办法》和《电子电气产品中限用物质的限量要求》（GB/T 26572）等规范要求，鼓励数据中心使用绿色电力和满足绿色设计产品评价等要求的绿色产品，并逐步建立健全绿色供应链管理制度。

（二）加强在用数据中心绿色运维和改造

1. 完善绿色运行维护制度

指导数据中心建立绿色运维管理体系，明确节能、节水、资源综合利用等方面发展目标，制定相应工作计划和考核办法；结合气候环境和自身负载变化、运营成本等因素科学制定运维策略；建立能源资源信息化管控系统，强化对电能使用效率值等绿色指标的设置和管理，并对能源资源消耗进行实时分析和智能化调控，力争实现机械制冷与自然冷源高效协同；在保障安全、可靠、稳定的基础上，确保实际能源资源利用水平不低于设计水平。

2. 有序推动节能与绿色化改造

有序推动数据中心开展节能与绿色化改造工程，特

别是能源资源利用效率较低的在用老旧数据中心。加强在设备布局、制冷架构、外围护结构（密封、遮阳、保温等）、供配电方式、单机柜功率密度以及各系统的智能运行策略等方面的技术改造和优化升级。鼓励对改造工程进行绿色测评。力争通过改造使既有大型、超大型数据中心电能使用效率值不高于1.8。

3. 加强废旧电器电子产品处理

加快高耗能设备淘汰，指导数据中心科学制定老旧设备更新方案，建立规范化、可追溯的产品应用档案，并与产品生产企业、有相应资质的回收企业共同建立废旧电器电子产品回收体系。在满足可靠性要求的前提下，试点梯次利用动力电池作为数据中心削峰填谷的储能电池。推动产品生产、回收企业加快废旧电器电子产品资源化利用，推行产品源头控制、绿色生产，在产品全生命周期中最大限度提升资源利用效率。

（三）加快绿色技术产品创新推广

1. 加快绿色关键和共性技术产品研发创新

鼓励数据中心骨干企业、科研院所、行业组织等加强技术协同创新与合作，构建产学研用、上下游协同的绿色数据中心技术创新体系，推动形成绿色产业集群发展。重点加快能效水效提升、有毒有害物质使用控制、废弃设备及电池回收利用、信息化管控系统、仿真模拟热管理和可再生能源、分布式供能、微电网利用等领域新技术、新产品的研发与创新，研究制定相关技术产品标准规范。

2. 加快先进适用绿色技术产品推广应用

加快绿色数据中心先进适用技术产品推广应用，重点包括：一是高效IT设备，包括液冷服务器、高密度集成IT设备、高转换率电源模块、模块化机房等；二是高效制冷系统，包括热管背板、间接式蒸发冷却、行级空调、自动喷淋等；三是高效供配电系统，包括分布式供能、市电直供、高压直流供电、不间断供电系统ECO模式、模块化UPS等；四是高效辅助系统，包括分布式光伏、高效照明、储能电池管理、能效环境集成监控等。

（四）提升绿色支撑服务能力

1. 完善标准体系

充分发挥标准对绿色数据中心建设的支撑作用，促进绿色数据中心提标升级。建立健全覆盖设计、建设、运维、测评和技术产品等方面的绿色数据中心标准体系，加强标准宣贯，强化标准配套衔接。加强国际标准话语权，积极推动与国际标准的互信互认。以相关测评标准为基础，建立自我评价、社会评价和政府引导相结合的绿色数据中心评价机制，探索形成公开透明的评价结果发布渠道。

2. 培育第三方服务机构

加快培育具有公益性质的第三方服务机构，鼓励其创新绿色评价及服务模式，向数据中心提供咨询、检测、评价、审计等服务。鼓励数据中心自主利用第三方服务机构开展绿色评测，并依据评测结果开展有实效的绿色技术改造和运维优化。依托高等院校、科研院所、第三方服务等机构建立多元化绿色数据中心人才培训体系，强化对绿色数据中心人才的培养。

（五）探索与创新市场推动机制

鼓励数据中心和节能服务公司拓展合同能源管理，研究节能量交易机制，探索绿色数据中心融资租赁等金融服务模式。鼓励数据中心直接与可再生能源发电企业开展电力交易，购买可再生能源绿色电力证书。探索建立绿色数据中心技术创新和推广应用的激励机制和融资平台，完善多元化投融资体系。

三、保障措施

（一）加强组织领导。工业和信息化部、国家机关事务管理局、国家能源局建立协调机制，强化在政策、标准、行业管理等方面的沟通协作，加强对地方相关工作的指导。各地工业和信息化、机关事务、能源主管部门要充分认识绿色数据中心建设的重要意义，结合实际制定相关政策措施，充分发挥行业协会、产业联盟等机构的桥梁纽带作用，切实推动绿色数据中心建设。

（二）加强行业监管。在数据中心重点应用领域和地区，了解既有数据中心绿色发展水平，研究数据中心绿色发展现状。将重点用能数据中心纳入工业和通信业节能监察范围，督促开展节能与绿色化改造工程。推动建立数据中心节能降耗承诺、信息依法公示、社会监督和违规惩戒制度。遴选绿色数据中心优秀典型，定期发布《国家绿色数据中心名单》。充分发挥公共机构特别是党政机关在绿色数据中心建设的示范引领作用，率先在公共机构组织开展数据中心绿色测评、节能与绿色化改造等工作。

（三）加强政策支持。充分利用绿色制造、节能减排等现有资金渠道，发挥节能节水、环境保护专用设备所得税优惠政策和绿色信贷、首台（套）重大技术装备保险补偿机制支持各领域绿色数据中心创建工作。优先给予绿色数据中心直供电、大工业用电、多路市电引入等用电优惠和政策支持。加大政府采购政策支持力度，引导国家机关、企事业单位优先采购绿色数据中心所提供的机房租赁、云服务、大数据等方面服务。

（四）加强公共服务。整合行业现有资源，建立集政策宣传、技术交流推广、人才培训、数据分析诊断等服务于一体的国家绿色数据中心公共服务平台。加强专家库建设和管理，发挥专家在决策建议、理论指导、专业咨询等方面的积极作用。持续发布《绿色数据中心先进适用技术产品目录》，加快创新成果转化应用和产业化发展。鼓励相关企事业单位、行业组织积极开展技术产品交流推广活动，鼓励有条件的企业、高校、科研院所针对绿色数据中心关键和共性技术产品建立实验室或者工程中心。

（五）加强国际交流合作。充分利用现有国际合作交流机制和平台，加强在绿色数据中心技术产品、标准制定、人才培养等方面的交流与合作，举办专业培训、技术和政策研讨会、论坛等活动，打造一批具有国际竞争力的绿色数据中心，形成相关技术产品整体解决方案。结合"一带一路"倡议等国家重大战略，加快开拓国际市场，推动优势技术和服务走出去。

工业和信息化部

国家机关事务管理局

国家能源局

2019 年 1 月 21 日

工业和信息化部 教育部 人力资源和社会保障部 生态环境部 国家卫生健康委员会 应急管理部 国务院国有资产监督管理委员会 国家市场监督 管理总局 国家能源局 国家国防科技工业局 关于印发加强工业互联网安全工作的指导意见的通知

工信部联网安〔2019〕168号

各省、自治区、直辖市及计划单列市、新疆生产建设兵团工业和信息化、教育、人力资源社会保障、生态环境、卫生健康、应急管理、国有资产监管、市场监管、能源、国防科技工业主管部门，各省、自治区、直辖市通信管理局：

　　现将《加强工业互联网安全工作的指导意见》印发给你们，请结合工作实际，抓好贯彻落实。

工业和信息化部
教育部
人力资源和社会保障部
生态环境部
国家卫生健康委员会
应急管理部
国务院国有资产监督管理委员会
国家市场监督管理总局
国家能源局
国家国防科技工业局
2019 年 7 月 26 日

加强工业互联网安全工作的指导意见

　　按照《国务院关于深化"互联网+先进制造业"发展工业互联网的指导意见》（以下简称《指导意见》）部署，为加快构建工业互联网安全保障体系，提升工业互联网安全保障能力，促进工业互联网高质量发展，推动现代化经济体系建设，护航制造强国和网络强国战略实施，现就加强工业互联网安全工作提出如下意见。

一、总体要求

（一）指导思想

　　坚持以习近平新时代中国特色社会主义思想为指导，全面贯彻党的十九大和十九届二中、三中全会精神，按照《指导意见》有关要求，围绕设备、控制、网络、平台、数据安全，落实企业主体责任、政府监管责任，健全制度机制、建设技术手段、促进产业发展、强化人才培育，构建责任清晰、制度健全、技术先进的工业互联网安全保障体系，覆盖工业互联网规划、建设、运行等全生命周期，形成事前防范、事中监测、事后应急能力，全面提升工业互联网创新发展安全保障能力和服务水平。

（二）基本原则

　　筑牢安全，保障发展。以安全保发展，以发展促安全。严格落实《中华人民共和国网络安全法》等法律法规，按照谁运营谁负责、谁主管谁负责的原则，坚持发展与安全并重，安全和发展同步规划、同步建设、同步运行。

　　统筹指导，协同推进。做好顶层设计和系统谋划，结合各地实际，突出重点，分步协同推进，加快构建工业互联网安全保障体系，确保安全工作落实到位。

　　分类施策，分级管理。根据行业重要性、企业规模、安全风险程度等因素，对企业实施分类分级管理，集中力量指导、监管重要行业、重点企业提升工业互联网安全保障能力，夯实企业安全主体责任。

　　融合创新，重点突破。基于工业互联网融合发展特性，创新安全管理机制和技术手段，鼓励推动重点领域技术突破，加快安全可靠产品的创新推广应用，有效应对新型安全挑战。

（三）总体目标

　　到 2020 年年底，工业互联网安全保障体系初步建立。制度机制方面，建立监督检查、信息共享和通报、应急处置等工业互联网安全管理制度，构建企业安全主体责任制，制定设备、平台、数据等至少20项急需的工业互联网安全标准，探索构建工业互联网安全评估体系。技术手段方面，初步建成国家工业互联网安全技术保障平台、基础资源库和安全测试验证环境。产业发展方面，在汽车、电子信息、航空航天、能源等重点领域，形成至少20个创新实用的安全产品、解决方案的试点示范，培育若干具有核心竞争力的工业互联网安全企业。

到2025年，制度机制健全完善，技术手段能力显著提升，安全产业形成规模，基本建立起较为完备可靠的工业互联网安全保障体系。

二、主要任务

（一）推动工业互联网安全责任落实

1. 依法落实企业主体责任。工业互联网企业明确工业互联网安全责任部门和责任人，建立健全重点设备装置和系统平台联网前后的风险评估、安全审计等制度，建立安全事件报告和问责机制，加大安全投入，部署有效安全技术防护手段，保障工业互联网安全稳定运行。由网络安全事件引发的安全生产事故，按照安全生产有关法规进行处置。

2. 政府履行监督管理责任。工业和信息化部组织开展工业互联网安全相关政策制定、标准研制等综合性工作，并对装备制造、电子信息及通信等主管行业领域的工业互联网安全开展行业指导管理。地方工业和信息化主管部门指导本行政区域内应用工业互联网的工业企业的安全工作，同步推进安全产业发展，并联合应急管理部门推进工业互联网在安全生产监管中的作用；地方通信管理局监管本行政区域内标识解析系统、公共工业互联网平台等的安全工作，并在公共互联网上对联网设备、系统等进行安全监测。生态环境、卫生健康、能源、国防科技工业等部门根据各自职责，开展本行业领域工业互联网推广应用的安全指导、监管工作。

（二）构建工业互联网安全管理体系

3. 健全安全管理制度。围绕工业互联网安全监督检查、风险评估、数据保护、信息共享和通报、应急处置等方面建立健全安全管理制度和工作机制，强化对企业的安全监管。

4. 建立分类分级管理机制。建立工业互联网行业分类指导目录、企业分级指标体系，制定工业互联网行业企业分类分级指南，形成重点企业清单，强化逐级负责的政府监管模式，实施差异化管理。

5. 建立工业互联网安全标准体系。推动工业互联网设备、控制、网络（含标识解析系统）、平台、数据等重点领域安全标准的研究制定，建设安全技术与标准试验验证环境，支持专业机构、企业积极参与相关国际标准制定，加快标准落地实施。

（三）提升企业工业互联网安全防护水平

6. 夯实设备和控制安全。督促工业企业部署针对性防护措施，加强工业生产、主机、智能终端等设备安全接入和防护，强化控制网络协议、装置装备、工业软件

等安全保障，推动设备制造商、自动化集成商与安全企业加强合作，提升设备和控制系统的本质安全。

7. 提升网络设施安全。指导工业企业、基础电信企业在网络化改造及部署IPv6、应用5G的过程中，落实安全标准要求并开展安全评估，部署安全设施，提升企业内外网的安全防护能力。要求标识解析系统的建设运营单位同步加强安全防护技术能力建设，确保标识解析系统的安全运行。

8. 强化平台和工业应用程序（App）安全。要求工业互联网平台的建设、运营单位按照相关标准开展平台建设，在平台上线前进行安全评估，针对边缘层、IaaS层（云基础设施）、平台层（工业PaaS）、应用层（工业SaaS）分层部署安全防护措施。建立健全工业App应用前安全检测机制，强化应用过程中用户信息和数据安全保护。

（四）强化工业互联网数据安全保护能力

9. 强化企业数据安全防护能力。明确数据收集、存储、处理、转移、删除等环节安全保护要求，指导企业完善研发设计、工业生产、运维管理、平台知识机理和数字化模型等数据的防窃密、防篡改和数据备份等安全防护措施，鼓励商用密码在工业互联网数据保护工作中的应用。

10. 建立工业互联网全产业链数据安全管理体系。依据工业门类领域、数据类型、数据价值等建立工业互联网数据分级分类管理制度，开展重要数据出境安全评估和监测，完善重大工业互联网数据泄露事件触发响应机制。

（五）建设国家工业互联网安全技术手段

11. 建设国家、省、企业三级协同的工业互联网安全技术保障平台。工业和信息化部统筹建设国家工业互联网安全技术保障平台。工业基础较好的省、自治区、直辖市先期试点建设省级技术保障平台。支持鼓励机械制造、电子信息、航空航天等重点行业企业建设企业级安全平台，强化地方、企业与国家平台之间的系统对接、数据共享、业务协作，打造整体态势感知、信息共享和应急协同能力。

12. 建立工业互联网安全基础资源库。建设工业互联网资产目录库、工业协议库、安全漏洞库、恶意代码病毒库和安全威胁信息库等基础资源库，推动研制面向典型行业工业互联网安全应急处置、安全事件现场取证等工具集，加强工业互联网安全资源储备。

13. 建设工业互联网安全测试验证环境。搭建面向机械制造、电子信息、航空航天等行业的工业互联网安全攻防演练环境，测试、验证各环节存在的网络安全风险以及相应的安全防护解决方案，提升识别安全隐患、抵御安全威胁、化解安全风险的能力。

（六）加强工业互联网安全公共服务能力

14. 开展工业互联网安全评估认证。构建工业互联网设备、网络、平台、工业App等的安全评估体系，依托

产业联盟、行业协会等第三方机构为工业互联网企业持续开展安全能力评测评估服务，推动工业互联网安全测评机构的审核认定。

15. 提升工业互联网安全服务水平。鼓励和支持专业机构、网络安全企业等提供安全诊断评估、安全咨询、数据保护、代码检查、系统加固、云端防护等服务。鼓励基础电信企业、互联网企业、系统解决方案提供商等依托专业技术优势，加强与工业互联网企业的需求对接，输出安全保障服务。

（七）推动工业互联网安全科技创新与产业发展

16. 支持工业互联网安全科技创新。加大对工业互联网安全技术研发和成果转化的支持力度，强化标识解析系统安全、平台安全、工业控制系统安全、数据安全、5G 安全等相关核心技术研究，加强攻击防护、漏洞挖掘、态势感知等安全产品研发。支持通过众测众研等创新方式，聚集社会力量，提升漏洞隐患发现技术能力。支持专业机构、高校、企业等联合建设工业互联网安全创新中心和安全实验室。探索利用人工智能、大数据、区块链等新技术提升安全防护水平。

17. 促进工业互联网安全产业发展。充分利用国家和地方网络安全产业园（基地）等形式，整合相关行业资源，打造产学研用协同创新发展平台，形成工业互联网安全对外展示和市场服务能力，培育一批核心技术水平高、市场竞争能力强、辐射带动范围广的工业互联网安全企业。在汽车、电子信息、航空航天、能源等重点领域开展试点示范，遴选优秀安全解决方案和最佳实践，并加强应用推广。

三、保障措施

（一）加强组织领导，健全工作机制。在工业互联网专项工作组的统一指导下，加强统筹协调，强化部门协同、部省合作，构建各负其责、紧密配合、运转高效的工作机制。各地工业和信息化、教育、人力资源社会保障、生态环境、卫生健康、应急管理、国有资产监管、市场监管、能源、国防科技工业等主管部门及地方通信管理局要加强配合，形成合力。

（二）加大支持力度，优化创新环境。各地相关部门要结合本地工业互联网发展现状，优化政府支持机制和方式，加大对工业互联网安全的支持力度，鼓励企业技术创新和安全应用，加快建设工业互联网安全技术手段，推动安全产业集聚发展。

（三）发挥市场作用，汇聚多方力量。充分发挥市场在资源配置中的决定性作用，以工业互联网企业的安全需求为着力点，形成市场需求牵引、政府支持推动的发展局面。汇聚政产学研用多方力量，逐步建立覆盖决策研究、公共研发、标准推进、联盟论坛、人才培养等的创新支撑平台，形成支持工业互联网安全发展合力。

（四）加强宣传教育，加快人才培养。深入推进产教融合、校企合作，建立安全人才联合培养机制，培养复合型、创新型高技能人才。开展工业互联网安全宣传教育，提升企业和相关从业人员网络安全意识。开展网络安全演练、安全竞赛等，培养选拔不同层次的工业互联网安全从业人员。依托国家专业机构等，打造技术领先、业界知名的工业互联网安全高端智库。

工业和信息化部 生态环境部 国家卫生健康委 国家药监局关于印发《推动原料药产业绿色发展的指导意见》的通知

工信部联消费〔2019〕278 号

各省、自治区、直辖市工业和信息化、生态环境、卫生健康、药品监督管理部门，有关行业协会，有关企业：

现将《推动原料药产业绿色发展的指导意见》印发给你们，请结合实际，认真贯彻实施。

工业和信息化部
生态环境部
国家卫生健康委员会
国家药品监督管理局
2019 年 12 月 20 日

推动原料药产业绿色发展的指导意见

原料药处于医药产业链上游，是保障药品供应、满足人民用药需求的基础。近年来，我国原料药产业快速发展，对保障人民健康、促进经济发展发挥了重要作用。同时，原料药产业还存在产品同质化严重、产业集中度不高、生产技术相对落后、环境成本较高等问题。为进一步推进原料药产业绿色升级，助力医药行业高质量发展，现提出以下意见。

一、总体要求

（一）指导思想

坚持以习近平新时代中国特色社会主义思想为指导，全面贯彻党的十九大和十九届二中、三中、四中全会精神，坚持新发展理念，深入推进供给侧结构性改革，通过调整产业结构、优化产业布局、推动技术创新、推行绿色标准、严格行业监管，不断促进产业集聚，提升绿色生产水平，实现原料药产业高质量发展。

（二）基本原则

坚持市场主导、政府引导。强化企业市场主体地位，形成有效的激励约束机制，倒逼落后产能退出，推动企业转型升级。发挥政策对推动产业绿色发展的导向作用，完善产业政策和监管标准，营造良好市场环境。

坚持优化布局、集聚发展。加强产业布局规划，加快原料药企业升级改造，促进原料药产业与区域环境协调发展。整合行业优势资源，提高基础设施保障能力，推动原料药企业向环境承载能力强、生产配套条件好的区域集聚。

坚持创新驱动、绿色发展。加快绿色产品开发和技术进步，依法依规淘汰落后产能，推动提升行业绿色发展水平。整合行业创新资源，打造绿色制药技术联盟，突破制约原料药绿色发展的技术瓶颈。

坚持提升质量、保障供应。加强生态环境、药品质量和职业健康监管，树立质量为先的经营理念，落实企业主体责任，提升原料药产品质量。推动整合产业链上下游资源，建立药品供应保障联盟，提高原料药供应保障能力。

（三）主要目标

到 2025 年，产业结构更加合理，采用绿色工艺生产的原料药比重进一步提高，高端特色原料药市场份额显著提升；产业布局更加优化，原料药基本实现园区化生产，打造一批原料药集中生产基地；技术水平有效提升，突破 20 项以上绿色关键共性技术，基本实现行业绿色生产技术替代；绿色标准不断完善，建立原料药绿色工厂、绿色园区、绿色管理标准评价体系，发挥优势企业绿色发展引领作用；清洁生产水平明显提高，单位工业增加值能耗、二氧化碳排放量、用水量以及二氧化硫、氮氧化物、挥发性有机物等主要污染物排放强度逐步下降。

二、重点任务

（一）调整产业结构。鼓励优化产业资源配置，推进绿色生产技术改造，提高大宗原料药绿色产品比重，加快发展特色原料药和高端定制原料药，依法依规淘汰落后技术和产品。完善原料药行业准入标准，严格质量、环保、卫生等标准，强化市场竞争机制和倒逼机制，减少低水平重复，逐步提高原料药产业集中度和规模化生产水平。

（二）优化产业布局。按照生态保护红线、环境质量底线、资源利用上线、生态环境准入清单要求，合理规划产业区域布局，新建项目应位于依法设立的产业园区，并符合产业园区规划环评、建设项目环评要求。逐步提升原料药主产区绿色发展水平，加快环境敏感区企业升级改造和产业转移，环境空气质量未达标城市应制定更严格的准入标准。

（三）加快技术创新与应用。强化企业技术创新主体地位，健全产学研用协同创新体系，集聚创新技术人才，激发创新主体活力，增强原始创新和集成创新能力。聚焦产业绿色发展需求，加快推进绿色技术攻关和产业化应用，推广高效提取纯化、绿色酶法合成、微通道反应等绿色工艺，突破一批关键核心绿色技术，培育一批高质量创新型企业，打造一批创新平台、战略联盟、示范基地。

（四）推行绿色生产标准。以提高质量、节能降耗、清洁生产、污染治理、循环利用和生态保护为着力点，制定推行原料药绿色工厂、绿色园区、绿色管理标准，构建资源节约、环境友好、生态文明的绿色生产体系。健全绿色生产评价体系，组织行业协会开展对标评价，鼓励企业申报绿色工厂，发挥优质企业标杆引领作用，推动提升行业绿色发展水平。

三、组织实施

（一）加大政策支持力度。充分利用现有资金渠道，支持建设技术创新平台、推行生产技术改造、开发绿色新产品。创新金融服务产品和服务方式，推动发展绿色信贷业务，加大原料药绿色生产金融支持力度。对临床急需、市场短缺的原料药予以优先审评审批。通过推动实施差别化错峰生产等方式，支持原料药集中清洁生产和产业集聚发展。对因超标排放等环保因素需要停产整治的短缺药品制剂或原料药生产线，通过依法给予合理生产过渡期的方式，保障短缺药品稳定生产供应。

（二）落实企业主体责任。强化企业绿色发展的主体责任意识，督促企业健全环境保护、职业健康和社会风险管理体系，主动加强风险防控，定期发布社会责任报告。推动企业建立健全环境保护、职业健康、节能降耗等内部管理制度，提高从业人员专业素质。建立健全信用评价机制，实施失信联合惩戒，营造良好发展环境。

（三）严格行业监管标准。严格环境准入，加强原料药生产企业排污许可管理，严格持证、按证排污，落实制药工业大气污染物排放标准，重点区域执行特别排放限值，强化源头预防、过程控制、末端治理等综合措施，做好无组织排放管控，确保实现稳定达标排放。加强原料药生产质量监管，严厉查处各类违法违规行为，保障原料药企业持续合规生产。

（四）推动建设原料药集中生产基地。合理规划原料药产业布局，指导制定行业绿色园区评价标准，支持地方依托现有医药、化工产业园区，通过结构调整、产业升级、优化布局，开展原料药集中生产基地建设，实现公共系统共享、资源综合利用、污染集中治理和产业集聚发展。对因原料药问题引起药品短缺的，可在国家组织开展撮合时，一并将原料药纳入撮合范围，并引导基地承担短缺原料药生产任务。

各部门、各单位要加强组织领导，注重协同配合，切实抓好贯彻落实。行业协会要充分发挥桥梁纽带作用，做好产业政策宣传引导，注重树立先进典型，组织开展经验交流，参与绿色标准制订，组织实施行业评价，营造全面推动原料药产业绿色发展的良好氛围。

工业和信息化部办公厅关于推动
工业互联网加快发展的通知

工信厅信管〔2020〕8 号

各省、自治区、直辖市及计划单列市、新疆生产建设兵团工业和信息化主管部门，各省、自治区、直辖市通信管理局，中国电信集团有限公司、中国移动通信集团有限公司、中国联合网络通信集团有限公司、中国广播电视网络有限公司，各有关单位：

为深入贯彻习近平总书记在统筹推进新冠肺炎疫情防控和经济社会发展工作部署会议上的重要讲话精神，落实中央关于推动工业互联网加快发展的决策部署，统筹发展与安全，推动工业互联网在更广范围、更深程度、更高水平上融合创新，培植壮大经济发展新动能，支撑实现高质量发展，现就有关事项通知如下：

一、加快新型基础设施建设

（一）改造升级工业互联网内外网络。推动基础电信企业建设覆盖全国所有地市的高质量外网，打造 20 个企业工业互联网外网优秀服务案例。鼓励工业企业升级改造工业互联网内网，打造 10 个标杆网络，推动 100 个重点行业龙头企业、1000 个地方骨干企业开展工业互联网内网改造升级。鼓励各地组织 1~3 家工业企业与基础电信企业深度对接合作，利用 5G 改造工业互联网内网。打造高质量园区网络，引领 5G 技术在垂直行业的融合创新。

（二）增强完善工业互联网标识体系。出台工业互联网标识解析管理办法。增强 5 大顶级节点功能，启动南京、贵阳两大灾备节点工程建设。面向垂直行业新建 20 个以上标识解析二级节点，新增标识注册量 20 亿，拓展网络化标识覆盖范围，进一步增强网络基础资源支撑能力。

（三）提升工业互联网平台核心能力。引导平台增强 5G、人工智能、区块链、增强现实/虚拟现实等新技术支撑能力，强化设计、生产、运维、管理等全流程数字化功能集成。遴选 10 个跨行业跨领域平台，发展 50 家重点行业/区域平台。推动重点平台平均支持工业协议数量 200 个、工业设备连接数 80 万台、工业 App 数量达到 2500 个。

（四）建设工业互联网大数据中心。加快国家工业互联网大数据中心建设，鼓励各地建设工业互联网大数据分中心。建立工业互联网数据资源合作共享机制，初步实现对重点区域、重点行业的数据采集、汇聚和应用，提升工业互联网基础设施和数据资源管理能力。

二、加快拓展融合创新应用

（五）积极利用工业互联网促进复工复产。充分发挥工业互联网全要素、全产业链、全价值链的连接优势，鼓励各地工业和信息化主管部门、各企业利用工业互联网实现信息、技术、产能、订单共享，实现跨地域、跨行业资源的精准配置与高效对接。鼓励大型企业、大型平台、解决方案提供商为中小企业免费提供工业 App 服务。

（六）深化工业互联网行业应用。鼓励各地结合优势产业，加强工业互联网在装备、机械、汽车、能源、电子、冶金、石化、矿业等国民经济重点行业的融合创新，突出差异化发展，形成各有侧重、各具特色的发展模式。引导各地总结实践经验，制定垂直细分领域的行业应用指南。

（七）促进企业上云上平台。推动企业加快工业设备联网上云、业务系统云化迁移。加快各类场景云化软件的开发和应用，加大中小企业数字化工具普及力度，降低企业数字化门槛，加快数字化转型进程。

（八）加快工业互联网试点示范推广普及。遴选 100 个左右工业互联网试点示范项目。鼓励每个示范项目向 2 个以上相关企业复制，形成多点辐射、放大倍增的带动效应。建设一批工业互联网体验和推广中心。评估试点示范成效，编制优秀试点示范推广案例集。

三、加快健全安全保障体系

（九）建立企业分级安全管理制度。出台工业互联网企业网络安全分类分级指南，制定安全防护制度标准，开展工业互联网企业分类分级试点，形成重点企业清单，实施差异化管理。

（十）完善安全技术监测体系。扩大国家平台监测范围，继续建设完善省级安全平台，升级基础电信企业监测系统，汇聚重点平台、重点企业数据，覆盖 150 个重点平台、10 万家以上工业互联网企业，强化综合分析，提高支撑政府决策、保障企业安全的能力。

（十一）健全安全工作机制。完善企业安全信息通报处置和检查检测机制，对 20 家以上典型平台、工业企业开展现场检查和远程检测，督促指导企业提升安全水平，对 100 个以上工业 App 开展检测分析，增强 App 安全性。

（十二）加强安全技术产品创新。鼓励企业创新安全产品和方案设计，遴选 10 个以上典型产品或最佳实践。

加大网络安全产品研发和技术攻关支持力度，加强产业协同创新。指导网络安全公共服务平台为中小企业提供优质高效的安全服务。

四、加快壮大创新发展动能

（十三）加快工业互联网创新发展工程建设。加快在建项目建设进度，加大新建项目开工力度。推动具备条件的项目提前验收，并在后续试点示范项目遴选中优先考虑。储备一批投资规模大、带动能力强的重点项目。各地工业和信息化主管部门要会同通信管理局加强监督管理，压实承担单位主体责任，确保工程建设高质量完成。

（十四）深入实施"5G+工业互联网"512工程。引导各类主体建设5个公共服务平台，构建创新载体，为企业提供工业互联网内网改造设计、咨询、检测、验证等服务。遴选5个融合发展重点行业，挖掘10个典型应用场景，总结形成可持续、可复制、可推广的创新模式和发展路径。

（十五）增强关键技术产品供给能力。鼓励相关单位在时间敏感网络、边缘计算、工业智能等领域加快技术攻关，打造智能传感、智能网关、协议转换、工业机理模型库、工业软件等关键软硬件产品，加快部署应用。打造一批工业互联网技术公共服务平台，加强关键技术产品孵化和产业化支撑。

五、加快完善产业生态布局

（十六）促进工业互联网区域协同发展。鼓励各地结合区域特色和产业优势，打造一批产业优势互补、协同效应显著、辐射带动能力强劲的示范区。持续推进长三角工业互联网一体化发展示范区建设。

（十七）增强工业互联网产业集群能力。引导工业互联网产业示范基地进一步聚焦主业，培育引进工业互联网龙头企业，加快提升新型基础设施支撑能力和融合创新引领能力，做大做强主导产业链，完善配套支撑产业链，壮大产业供给能力。鼓励各地整合优势资源，集聚创新要素，培育具有区域优势的工业互联网产业集群。

（十八）高水平组织产业活动。统筹协调各地差异化开展工业互联网相关活动。壮大工业互联网产业联盟，举办产业峰会，发布工业互联网产业经济发展报告。高质量开展工业互联网大数据、工业App、解决方案、安全等相关赛事活动，组织全国工业互联网线上精品课程培训。

六、加大政策支持力度

（十九）提升要素保障水平。鼓励各地将工业互联网企业纳入本地出台的战疫情、支持复工复产的政策支持范围，将基于5G、标识解析等新技术的应用纳入企业上云政策支持范围，将5G电价优惠政策拓展至"5G+工业互联网"领域。鼓励各地引导社会资本设立工业互联网产业基金。打造工业互联网人才实训基地。

（二十）开展产业监测评估。建设工业互联网运行监测平台，构建运行监测体系。建立工业互联网评估体系，定期评估发展成效，发布工业互联网发展指数。工业互联网创新发展工程项目承担单位、试点示范项目单位以及工业互联网产业示范基地等要积极参与监测体系、评估体系建设。

工业和信息化部办公厅
2020年3月6日

工业和信息化部办公厅关于印发《工业数据分类分级指南（试行）》的通知

工信厅信发〔2020〕6号

各省、自治区、直辖市及新疆生产建设兵团工业和信息化主管部门，有关中央企业：

现将《工业数据分类分级指南（试行）》印发给你们，请结合实际，认真贯彻执行。

工业和信息化部办公厅

2020 年 2 月 27 日

工业数据分类分级指南（试行）

第一章　总则

第一条　为贯彻《促进大数据发展行动纲要》《大数据产业发展规划（2016—2020 年）》有关要求，更好推动《数据管理能力成熟度评估模型》（GB/T 36073—2018）贯标和《工业控制系统信息安全防护指南》落实，指导企业提升工业数据管理能力，促进工业数据的使用、流动与共享，释放数据潜在价值，赋能制造业高质量发展，制定本指南。

第二条　本指南所指工业数据是工业领域产品和服务全生命周期产生和应用的数据，包括但不限于工业企业在研发设计、生产制造、经营管理、运维服务等环节中生成和使用的数据，以及工业互联网平台企业（以下简称"平台企业"）在设备接入、平台运行、工业 App 应用等过程中生成和使用的数据。

第三条　本指南适用于工业和信息化主管部门、工业企业、平台企业等开展工业数据分类分级工作。涉及国家秘密信息的工业数据，应遵守保密法律法规的规定，不适用本指南。

第四条　工业数据分类分级以提升企业数据管理能力为目标，坚持问题导向、目标导向和结果导向相结合，企业主体、行业指导和属地监管相结合，分类标识、逐类定级和分级管理相结合。

第二章　数据分类

第五条　工业企业结合生产制造模式、平台企业结合服务运营模式，分析梳理业务流程和系统设备，考虑行业要求、业务规模、数据复杂程度等实际情况，对工业数据进行分类梳理和标识，形成企业工业数据分类清单。

第六条　工业企业工业数据分类维度包括但不限于研发数据域（研发设计数据、开发测试数据等）、生产数据域（控制信息、工况状态、工艺参数、系统日志等）、运维数据域（物流数据、产品售后服务数据等）、管理数据域（系统设备资产信息、客户与产品信息、产品供应链数据、业务统计数据等）、外部数据域（与其他主体共享的数据等）。

第七条　平台企业工业数据分类维度包括但不限于平台运营数据域（物联采集数据、知识库模型库数据、研发数据等）和企业管理数据域（客户数据、业务合作数据、人事财务数据等）。

第三章　数据分级

第八条　根据不同类别工业数据遭篡改、破坏、泄露或非法利用后，可能对工业生产、经济效益等带来的潜在影响，将工业数据分为一级、二级、三级 3 个级别。

第九条　潜在影响符合下列条件之一的数据为三级数据：

（一）易引发特别重大生产安全事故或突发环境事件，或造成直接经济损失特别巨大；

（二）对国民经济、行业发展、公众利益、社会秩序乃至国家安全造成严重影响。

第十条　潜在影响符合下列条件之一的数据为二级数据：

（一）易引发较大或重大生产安全事故或突发环境事件，给企业造成较大负面影响，或直接经济损失较大；

（二）引发的级联效应明显，影响范围涉及多个行业、区域或者行业内多个企业，或影响持续时间长，或可导致大量供应商、客户资源被非法获取或大量个人信息泄露；

（三）恢复工业数据或消除负面影响所需付出的代价较大。

第十一条　潜在影响符合下列条件之一的数据为一级数据：

（一）对工业控制系统及设备、工业互联网平台等的正常生产运行影响较小；

（二）给企业造成负面影响较小，或直接经济损失较小；

（三）受影响的用户和企业数量较少、生产生活区域范围较小、持续时间较短；

（四）恢复工业数据或消除负面影响所需付出的代价较小。

第四章　分级管理

第十二条　工业和信息化部负责制定工业数据分类分级制度规范，指导、协调开展工业数据分类分级工作。各地工业和信息化主管部门负责指导和推动辖区内工业数据分类分级工作。有关行业、领域主管部门可参考本指南，指导和推动本行业、本领域工业数据分类分级工作。

第十三条　工业企业、平台企业等企业承担工业数据管理的主体责任，要建立健全相关管理制度，实施工业数据分类分级管理并开展年度复查，并在企业系统、业务等发生重大变更时应及时更新分类分级结果。有条件的企业可结合实际设立数据管理机构，配备专职人员。

第十四条　企业应按照《工业控制系统信息安全防护指南》等要求，结合工业数据分级情况，做好防护工作。

企业针对三级数据采取的防护措施，应能抵御来自国家级敌对组织的大规模恶意攻击；针对二级数据采取的防护措施，应能抵御大规模、较强恶意攻击；针对一级数据采取的防护措施，应能抵御一般恶意攻击。

第十五条　鼓励企业在做好数据管理的前提下适当共享一、二级数据，充分释放工业数据的潜在价值。二级数据只对确需获取该级数据的授权机构及相关人员开放。三级数据原则上不共享，确需共享的应严格控制知悉范围。

第十六条　工业数据遭篡改、破坏、泄露或非法利用时，企业应根据事先制定的应急预案立即进行应急处置。涉及三级数据时，还应将事件及时上报数据所在地的省级工业和信息化主管部门，并于应急工作结束后30日内补充上报事件处置情况。

工业和信息化部办公厅关于印发《建材工业智能制造数字转型行动计划（2021—2023年）》的通知

工信厅原〔2020〕39号

各省、自治区、直辖市及计划单列市、新疆生产建设兵团工业和信息化主管部门，各有关单位：

现将《建材工业智能制造数字转型行动计划（2021—2023年）》印发给你们，请认真组织实施。

工业和信息化部办公厅
2020年9月16日

建材工业智能制造数字转型行动计划（2021—2023年）

建材工业（含无机非金属材料）是建筑工程和基础设施必不可少的支撑，是国民经济和社会发展的基础性行业，是战略性新兴产业和国防军工发展的重要保障，是环境治理和生态文明建设不可缺少的重要一环。为促进建材工业与新一代信息技术在更广范围、更深程度、更高水平上实现融合发展，促进建材工业转方式、调结构、增动力，加快迈向高质量发展，制定本计划。

一、总体要求

（一）指导思想

以习近平新时代中国特色社会主义思想为指导，全面贯彻党的十九大和十九届二中、三中、四中全会精神，坚持新发展理念，坚持以供给侧结构性改革为主线，加快新一代信息技术在建材工业推广应用，促进建材工业全产业链价值链与工业互联网深度融合，构建网络安全和密码应用支撑体系，促进行业智能化生产、网络化协同、规模化定制、服务化延伸，夯实建材工业信息化支撑基础，提升智能制造关键技术创新能力，实现生产方式和企业形态根本性变革，引领建材工业迈向高质量发展。

（二）基本原则

坚持需求牵引。以行业需求为导向，发挥建材工业规模庞大、场景丰富优势，充分把握不同细分行业、不同企业、不同阶段特点，推动重点领域率先突破，整体水平持续提升。

坚持创新驱动。建立健全产学研用创新体系，推进建材工业与信息技术协同创新共同进步。引导创新资源向智能化数字化领域汇聚，带动行业技术创新、产品创新和业态创新。

坚持市场主导。充分发挥市场在资源配置中的决定性作用，突出企业主体地位，坚持目标导向和问题导向，激发企业内生改造动力，实现效益提升和转型发展良性互动。

坚持政府引导。分类指导、有序推进，更好发挥政府在方向引导、政策支持等方面作用，统筹整合资源，加强顶层设计，形成建材工业智能制造数字转型发展合力。

（三）主要目标

到2023年，建材工业信息化基础支撑能力显著增强，智能制造关键共性技术取得明显突破，重点领域示范引领和推广应用取得较好成效，全行业数字化、网络化、智能化水平大幅提升，经营成本、生产效率、服务水平持续改进，推动建材工业全产业链高级化、现代化、安全化，加快迈入先进制造业。

——支撑体系基本完善。制修订30项以上建材行业智能制造相关标准，培育5家年产值过亿元的建材行业信息化、智能化供应商，建立10个建材细分公共服务平台，基本满足建材行业信息化发展需要。

——创新能力明显增强。建立5个建材行业智能制造创新平台，形成15套系统解决方案，突破50项建材领域智能制造关键共性技术，培育100个建材工业App，形成若干大数据、云计算、物联网、区块链、5G通信、虚拟现实、工业互联网等新一代技术应用场景。

——推广应用成效显著。推选6家智能制造标杆企业，建立50个建材行业智能工厂，打造20个数字矿山，培育100个在研发设计、生产制造、供应链管理、电子商务、设备运维等领域单项应用取得突出成效的典型项目。

二、重点任务

（一）建材工业信息化生态体系构建行动

1. 完善建材两化融合贯标体系。继续推动建材企业依据两化融合管理体系国家标准开展贯标工作，鼓励有条件的企业申请评定。引导贯标咨询服务机构深入企业，对标国家标准开展基础建设、单项应用、综合集成、协同创新等工作。建立建材企业贯标、年度测评推广和跟踪反馈机制，推动建材工业两化融合不断向更高阶段跃升。

2. 建立建材智能制造标准体系。加强建材行业智能制造标准化协调机制建设，建立健全行业智能制造标准体系。组织开展智能工厂、数字矿山等标准和规程研究制定及宣贯落实。搭建智能制造标准试验验证平台，结合企业实际验证标准的有效性和可行性。

3. 培育信息化公共服务体系。推动装备、软件、自动化、仪器仪表、系统集成商、安全防护等不同领域企业紧密合作，加快培育一批针对建材工业的系统解决方案供应商。面向建材行业信息化发展需要，发挥科研院所转制企业优势，推动产业链分工协作、共同发展。

4. 构建网络安全分级防护体系。面向应用工业互联网的建材工业企业，制定网络安全分类分级防护指南、网络安全分级防护规范，推动企业实施分类分级安全防护。开展防护能力贯标，引导企业加强网络安全防护能力建设。强化网络安全产品和解决方案定制化供给，促进建材工业企业网络安全保障能力提升。

（二）建材工业智能制造技术创新行动

5. 突破一批关键核心技术。依托行业骨干企业创建开放共享的建材智能制造创新平台，推动关键共性技术研究以及智能部件、装备、系统研发。引导各类企业加大研发投入，开展适用于建材工业的智能传感器、神经网络芯片等基础元器件以及工业机器人、智能交互系统等智能产品的研发、制造与应用，突破智能控制和优化、数据采集与分析、故障诊断与维护、密码防护等一批核心技术，夯实建材工业智能制造硬件和软件基础。

6. 形成一批系统解决方案。针对建材细分行业特点，以矿山开采、原料制备、破碎粉磨、窑炉控制、物流仓储、在线检测等关键环节为重点，提炼形成若干套具有智能感知、自动执行、深度学习、智能决策、密码防护等功能的智能化、数字化、集成化系统解决方案，促进水泥、玻璃、陶瓷等行业生产方式的自动化、智能化、无人化变革。

7. 创新一批工业互联网场景。构建网络、平台、安全三大功能体系，鼓励企业积极探索"5G＋工业互联网"，促进工业互联网与建材工业深度融合。推动建材行业工业互联网标识解析二级节点建设，深化标识解析应用。大力发展建材行业工业互联网创新应用平台，加快开发建材工业App，推动建材企业和设备上云上平台，实现制造资源和制造能力互联互通。构建工业互联网密码支撑体系，加快商用密码在建材行业深度应用。

专栏一　建材重点细分行业系统解决方案

水泥行业：重点形成数字规划设计、智能工厂建设、自动采选配矿、窑炉优化控制、磨机一键启停、设备诊断运维、生产远程监控、智能质量控制、能耗水耗管理、清洁包装发送、安全环保管理、固废协同处置等集成系统解决方案。

玻璃行业：重点形成原料选矿和配料，熔窑、锡槽、退火窑三大热工智能化控制，熔化成形数字仿真，冷端优化控制、在线缺陷检测、自动堆垛铺纸、自动切割分片、智能打码仓储等集成系统解决方案。

陶瓷行业：重点形成原料标准数据、压机控制管理、智能高压注浆、坯体干燥控制、物料无人装卸、窑炉优化控制、产品施釉磨抛、自动检测分选、智能仓储物流等集成系统解决方案。

石材行业：重点形成自动开采、智能锯解、研磨抛光、自动裁切、异型加工，以及检验、修补、包装、废弃资源化处理等集成系统解决方案。

耐火材料行业：重点形成原料制备、压机控制、窑炉优化、在线监测、全自动立体仓库等集成系统解决方案。

墙体材料行业：重点形成原料精准制备、坯体成型切割、干燥（蒸压）养护、窑炉优化控制、质量自动检测、智能包装物流、自动卸车码垛、污染排放控制等集成系统解决方案。

保温材料行业：重点形成原料配料均化、自动输料投料、窑炉优化控制、质量在线监测、设备故障预警、智能切割（分拣）包装、数字仓储物流等集成系统解决方案。

混凝土及水泥制品行业：重点形成制造执行管理、智能物流配送、在线质量监测的混凝土全产业链集成系统解决方案，以及集中搅拌分送、自动成型控制、骨架焊接运送、制品智能养护的水泥制品集成系统解决方案。

防水材料行业：重点形成自动上料计量、过程质量控制、制造执行管理、封装仓储物流等集成系统解决方案。

非金属矿行业：重点形成地勘数据管理、原料精细开采、物料称量均化、选线智能控制、矿物加工优化、质量在线监测、成品包装物流等集成系统解决方案。

高性能纤维及复合材料行业：重点形成池窑拉丝控制、质量在线监测、物流自动输送、注塑拉挤缠绕、压制设备控制、设备故障预警等集成系统解决方案。

机制砂石行业：重点形成破碎整形、级配调整、质量监测、粉尘收集、废水处理、物料储运等集成系统解决方案。

木质建材行业：重点形成原料分选、自动加工、生产控制、在线监测、物流仓储等集成系统解决方案。

无机非金属新材料：重点形成集计算、实验、数据为一体的材料研发设计以及智能分级、提纯、改性、生长、加工、应用等集成系统解决方案。

专栏二　新一代信息通信技术融合场景方向

大数据：运用大数据采集、分析、挖掘等技术，提高监测追溯、预测维修、质量控制、供应链管理、能源管理等智能运营能力，强化对行业公共数据的分析利用，统一数据标准和格式，推动建材行业企业间、平台间数据融通。

工业互联网平台：应用物联网技术实现智能感知、识别、定位、跟踪、管理，促进企业将基础设施、业务系统、设备产品向云端迁移，培育工业 App，构建建材行业工业互联网平台。

区块链：支持建材企业利用区块链技术实现与上下游产业链的产品交易、信息追溯、质量管理等功能，保证数据安全，逐步深化应用。

5G 通信：引导企业利用 5G 通信高带宽、低时延、大连接等技术优势，实现互联互通，鼓励在无人驾驶、远程爆破、设备运维等领域的集成创新应用。

人工智能：推动先进算法、机器学习、智能芯片在建材行业智能生产、智能决策、智能物流、智能监测、智能追溯等领域的应用。

建筑信息模型：运用建筑信息模型（BIM, Building Information Modeling）技术促进建材和建筑无缝连接，大力发展部品化建材，实现建材全生命周期可追溯、可预测、可维护、可回收。

数字孪生：利用计算建模、实时传感、虚拟现实、仿真技术等手段实现建材工厂在虚拟环境中的映射，促进成套生产装置设计、安装、运行全周期优化管理，实现建材工厂可视化、可预测、可维护、可回收。

（三）建材工业智能制造推广应用行动。

8. 大力培育智能工厂和数字矿山。发挥智能制造标杆企业的示范引领作用，通过持续完善、迭代和提升，在行业内大规模复制推广。按照智能工厂建设规程和标准，培育一批集智能生产、智能运维和智能管理为一体的建材行业智能工厂，切实提高产品质量、运营效率、设备管理和安全环保水平。运用三维仿真、智能采选、自动配矿、无人驾驶、灾害监控等手段，实施机械化换人和自动化减人，打造一批安全、高效、绿色的数字矿山。

9. 着力推进关键环节典型应用。聚焦建材工业生产和经营关键环节，加快推广窑炉优化控制、智能仓储物流、设备巡检维护、在线监测检测、批量个性定制、网络集成外包、产品质量追溯、数字设计运营等先进技术方案，培育一批单项应用典型项目。在搬运码垛、投料装车、抛光施釉、喷漆打磨、高温窑炉等繁重危险岗位，以及图像识别、切割分拣、压力成型、取样检测等高精度岗位加快实施"机器换人"。推广窑炉协同处置工业固废、生活垃圾、危险废弃物等技术，促进建材行业绿色发展。

10. 加快提高中小建材企业信息化水平。支持大型企业建设工业互联网平台，通过网络协同、平台集成、线上对接等方式，实施产业链协同和大中小企业资源融通，带动中小企业转型发展。结合数字化赋能中小企业专项行动，培育针对中小建材企业的信息技术供应商及产品方案，建设第三方工业互联网公共服务平台，在线提供工业软件、研发设计、市场营销、物流仓储等服务，促进中小企业上云上平台，支撑数字化转型进程。

三、保障措施

（一）加强组织领导。各地工业和信息化主管部门要加强统筹协调，建立健全本地区建材行业智能制造数字转型推进机制，明确时间进度，落实各项任务。建材各行业协会要结合各自产业规模、技术特点、发展水平等情况，制定工作计划，明确责任部门，提出政策建议。相关产业联盟、骨干企业、科研院所、部属单位及高校要加强沟通合作，形成推进合力。设立建材行业智能制造专家委员会，提供战略、技术、政策等咨询建议。

（二）加大政策支持。深化产融合作，加大金融支持，鼓励产业和金融资本设立建材智能制造数字转型投资基金，重点投向人工智能、大数据、工业软件、5G 通信、工业互联网等在建材领域的创新应用。支持符合条件的建材智能技术装备企业按规定享受税收优惠、融资担保政策，申请有关保险补偿和资金支持。

（三）强化人才保障。支持开展职业技能培训，鼓励有条件的企业、院校、科研院所联合建设智能制造实训基地，培养一批面向工业化和信息化深度融合的复合型人才，形成一批建材工业智能化数字化发展领军队伍。创新人才引进政策与方式，加强国外高端信息技术人才的引进和交流。

（四）营造良好环境。开展建材企业信息化水平评估，及时总结先进经验和缺点不足，促进各地区各行业不断改进提升。组织开展诊断咨询服务，收集整理相关案例，加强交流宣传。深化技术、管理、标准等方面国际交流合作。

工业和信息化部办公厅关于印发《中小企业数字化赋能专项行动方案》的通知

工信厅企业〔2020〕10 号

各省、自治区、直辖市及计划单列市、新疆生产建设兵团中小企业主管部门，有关单位：

现将《中小企业数字化赋能专项行动方案》印发给你们，请结合实际，抓紧推进落实。

工业和信息化部办公厅

2020 年 3 月 18 日

中小企业数字化赋能专项行动方案

为深入贯彻习近平总书记关于统筹推进新冠肺炎疫情防控和经济社会发展工作的重要指示精神，落实党中央、国务院有关复工复产和提升中小企业专业化能力的决策部署，以数字化网络化智能化赋能中小企业，助力中小企业疫情防控、复工复产和可持续发展，制定本方案。

一、行动目标

坚持统筹推进新冠肺炎疫情防控和经济社会发展，以新一代信息技术与应用为支撑，以提升中小企业应对危机能力、夯实可持续发展基础为目标，集聚一批面向中小企业的数字化服务商，培育推广一批符合中小企业需求的数字化平台、系统解决方案、产品和服务，助推中小企业通过数字化网络化智能化赋能实现复工复产，增添发展后劲，提高发展质量。

二、重点任务

（一）利用信息技术加强疫情防控。推广"行程卡""健康码"等新应用，实现人员流动信息实时监测与共享，在确保疫情防控到位的前提下加快企业员工返岗。运用医疗物资保障、疫情预警、库存及物流配送、资源调配等小程序、工具包，科学精准防控疫情，推动有序复工复产。

（二）利用数字化工具尽快恢复生产运营。支持中小企业运用线上办公、财务管理、智能通讯、远程协作、视频会议、协同开发等产品和解决方案，尽快恢复生产管理，实现运营管理数字化，鼓励数字化服务商在疫情防控期间向中小企业减免使用费。支持数字化服务商打造智能办公平台，推出虚拟云桌面、超高清视频、全息投影视频等解决方案，满足虚拟团队管理、敏感数据防控等远程办公场景升级新需求。

（三）助推中小企业上云用云。引导数字化服务商面向中小企业推出云制造平台和云服务平台，支持中小企业设备上云和业务系统向云端迁移，帮助中小企业从云上获取资源和应用服务，满足中小企业研发设计、生产制造、经营管理、市场营销等业务系统云化需求。加快"云+智能"融合，帮助中小企业从云上获取更多的生产性服务。鼓励数字化服务商向中小企业和创业团队开放平台接口、数据、计算能力等数字化资源，提升中小企业二次开发能力。

（四）夯实数字化平台功能。搭建技术水平高、集成能力强、行业应用广的数字化平台，应用物联网、大数据、边缘计算、5G、人工智能、增强现实/虚拟现实等新兴技术，集成工程设计、电子设计、建模、仿真、产品生命周期管理、制造运营管理、自动化控制等通用操作系统、软件和工具包，灵活部署通用性强、安全可靠、易二次开发的工业 App，促进中小企业生产要素数字化、生产过程柔性化及系统服务集成化。打造工业 App 测试评估平台和可信区块链创新协同平台，为中小服务商和中小企业提供测试认证服务。

（五）创新数字化运营解决方案。针对不同行业中小企业的需求场景，开发使用便捷、成本低廉的中小企业数字化解决方案，实现研发、设计、采购、生产、销售、物流、库存等业务在线协同。推广应用集中采购、资源融合、共享生产、协同物流、新零售等解决方案，以及线上采购与销售、线下最优库存与无人配送、智慧物流相结合的供应链体系与分销网络，提升中小企业应对突发危机能力和运营效率。

（六）提升智能制造水平。针对中小企业典型应用场景，鼓励创新工业互联网、5G、人工智能和工业 App 融合应用模式与技术，引导有基础、有条件的中小企业加快传统制造装备联网、关键工序数控化等数字化改造，应用低成本、模块化、易使用、易维护的先进智能装备和系统，优化工艺流程与装备技术，建设智能生产线、智能车间和智能工厂，实现精益生产、敏捷制造、精细管理和智能决策。

（七）加强数据资源共享和开发利用。支持基于产业集群和供应链上下游企业打通不同系统间的数据联通渠道，实现数据信息畅通、制造资源共享和生产过程协同。支持发展新型数据产品和服务，鼓励探索专业化的数据采集、数据清洗、数据交换、数据标注等新商业模式，发展弹性分布式计算、数据存储等基础数据处理云服务和在线机器学习、自然语言处理、图像理解、语音识别、知识图谱、数据可视化、数字孪生等数据分析服务，帮助中小企业提升数据开发和应用水平。

（八）发展数字经济新模式新业态。扶持疫情防控期间涌现的在线办公、在线教育、远程医疗、无人配送、新零售等新模式新业态加快发展，培育壮大共享制造、个性化定制等服务型制造新业态，深挖工业数据价值，探索企业制造能力交易、工业知识交易等新模式，鼓励发展算法产业和数据产业，培育一批中小数字化服务商。打造开源工业 App 开发者社区和中小企业开放平台，搭建中小企业资源库和需求池，发展众包、众创、云共享、云租赁等模式。

（九）强化供应链对接平台支撑。建设产业供应链对接平台，打造线上采购、分销流通模式，为中小企业提供原材料匹配、返工人员共享、自动化生产线配置、模具资源互助、防护物资采购、销售和物流资源对接等服务。基于工业互联网平台，促进中小企业深度融入大企业的供应链、创新链。支持大型企业立足中小企业共性需求，搭建资源和能力共享平台，在重点领域实现设备共享、产能对接、生产协同。

（十）促进产业集群数字化发展。支持小型微型企业创业创新基地、创客空间等中小企业产业集聚区加快数字基础设施改造升级，建设中小企业数字化公共技术服务平台，创建中小企业数字化创新示范园。支持产业集群内中小企业以网络化协作弥补单个企业资源和能力不足，通过协同制造平台整合分散的制造能力，实现技术、产能、订单与员工共享。

（十一）提高产融对接平台服务水平。促进中小企业、数字化服务商和金融机构等的合作，构建企业信用监测、智能供需匹配、大数据风控等服务体系，提供基于生产运营实时数据的信用评估、信用贷款、融资租赁、质押担保等金融服务，为企业获得低成本融资增信，提升中小企业融资能力和效率。打造促进中小企业融资增信的公共服务平台，应用新一代信息技术，提供合同多方在线签署、存证服务，传递供应链上下游信用价值，激发中小企业数据资产活力。

（十二）强化网络、计算和安全等数字资源服务支撑。支持电信运营商开展“提速惠企”“云光惠企”“企业上云”等专项行动，提升高速宽带网络能力，强化基础网络安全，进一步提速降费。加快推广 5G 和工业互联网应用，拓展工业互联网标识应用，加强中小企业网络、计算和安全等数字基础设施建设。

（十三）加强网络和数据安全保障。推动中小企业落实《网络安全法》等法律法规和技术标准的要求，强化网络与数据安全保障措施。建设工业互联网安全公共服务平台，面向广大中小企业提供网络和数据安全技术支持服务。鼓励安全服务商创新安全服务模式，提升安全服务供给能力，为中小企业量身定制全天候、全方位、立体化的安全解决方案。

三、推进措施

（一）强化组织保障。各地中小企业主管部门要加强中小企业数字化赋能工作的统筹协调，政府、服务机构、企业协同推进和落实好专项行动。发挥中小企业主体作用，主动适应新形势，推进自我变革与数字化赋能，提升企业应对风险能力和可持续发展能力。调动数字化服务商积极性，发挥中小企业公共服务示范平台和平台网络作用，帮助企业精准防控疫情、有序复工复产，加速数字化网络化智能化转型。

（二）完善激励机制。将中小企业数字化改造升级纳入“专精特新”中小企业培育体系和小型微型企业创业创新示范基地建设，予以重点支持。按照“企业出一点、服务商让一点、政府补一点”的思路，鼓励各地将中小企业数字化列入中小企业发展专项资金等资金重点支持范围。对流动性遇到暂时困难、发展前景良好的中小企业，通过数字化改造升级推进复工复产和转型发展的，金融机构在优惠利率贷款中给予优先支持。

（三）组织供需对接。建立中小企业数字化可信服务商、优秀数字化产品与服务评价体系，征集、培育和推广一批技术力量强、服务效果好、深受中小企业欢迎的数字化服务商、优秀数字化产品与服务。通过在线直播、视频展播、线上对接等形式，实现数字化产品和服务展示互动与对接交易，指导企业科学制定部署模式，合理配置资源服务。举办 2020 中小企业信息化服务信息发布会。组织大中小企业融通创新暨数字化产品和解决方案对接、“创新中国行”数字化应用推广等活动。

（四）加强培训推广。加强面向中小企业的数字化网络化智能化培训课程体系和教学师资队伍建设，利用“企业微课”、工业和信息化技术技能人才网上学习平台等线上平台和中小企业经营管理领军人才培训、银河培训工程等渠道，加强数字化网络化智能化技术培训。适时总结推介数字化赋能标杆中小企业和实践案例，加强示范引领。在中国国际中小企业博览会、中国（四川）中小微企业云服务大会、中国数字经济高端峰会等会议期间，举办中小企业数字化赋能高端论坛，促进理论研究与实践交流。在工业和信息化部门户网站开设专栏，提供“一站式”综合服务。加强新闻宣传，营造良好舆论环境。

工业和信息化部关于推动 5G 加快发展的通知

工信部通信〔2020〕49 号

各省、自治区、直辖市及计划单列市、新疆生产建设兵团工业和信息化主管部门、无线电管理机构，各省、自治区、直辖市通信管理局、中国电信集团有限公司、中国移动通信集团有限公司、中国联合网络通信集团有限公司、中国铁塔股份有限公司、中国广播电视网络有限公司：

为深入贯彻落实习近平总书记关于推动 5G 网络加快发展的重要讲话精神，全力推进 5G 网络建设、应用推广、技术发展和安全保障，充分发挥 5G 新型基础设施的规模效应和带动作用，支撑经济高质量发展。现就有关事项通知如下：

一、加快 5G 网络建设部署

（一）加快 5G 网络建设进度。基础电信企业要进一步优化设备采购、查勘设计、工程建设等工作流程，抢抓工期，最大程度消除新冠肺炎疫情影响。支持基础电信企业以 5G 独立组网（SA）为目标，控制非独立组网（NSA）建设规模，加快推进主要城市的网络建设，并向有条件的重点县镇逐步延伸覆盖。

（二）加大基站站址资源支持。鼓励地方政府将 5G 网络建设所需站址等配套设施纳入各级国土空间规划，并在控制性详细规划中严格落实；在新建、改扩建公共交通、公共场所、园区、建筑物等工程时，统筹考虑 5G 站址部署需求；加快开放共享电力、交通、公安、市政、教育、医疗等公共设施和社会站址资源。对于支持力度大的地区，基础电信企业要加大投资，优先开展 5G 建设。

（三）加强电力和频率保障。支持基础电信企业加强与电力企业对接，对具备条件的基站和机房等配套设施加快由转供电改直供电；积极开展网络绿色化改造，加快先进节能技术应用推广。调整 700MHZ 频段频率使用规划，加快实施 700MHZ 频段 5G 频率使用许可；适时发布部分 5G 毫米波频段频率使用规划，开展 5G 行业（含工业互联网）专用频率规划研究，适时实施技术试验频率许可。进一步做好中频段 5G 基站与卫星地球站等其他无线电台（站）的干扰协调工作。

（四）推进网络共享和异网漫游。进一步深化铁塔、室内分布系统、杆路、管道及配套设施共建共享。引导基础电信企业加强协调配合，充分发挥市场机制，整合优势资源，开展 5G 网络共享和异网漫游，加快形成热点地区多网并存、边远地区一网托底的网络格局，打造资源集约、运行高效的 5G 网络。

二、丰富 5G 技术应用场景

（五）培育新型消费模式。鼓励基础电信企业通过套餐升级优惠、信用购机等举措，促进 5G 终端消费，加快用户向 5G 迁移。推广 5G+VR/AR、赛事直播、游戏娱乐、虚拟购物等应用，促进新型信息消费。鼓励基础电信企业、广电传媒企业和内容提供商等加强协作，丰富教育、传媒、娱乐等领域的 4K/8K、VR/AR 等新型多媒体内容源。

（六）推动"5G+医疗健康"创新发展。开展 5G 智慧医疗系统建设，搭建 5G 智慧医疗示范网和医疗平台，加快 5G 在疫情预警、院前急救、远程诊疗、智能影像辅助诊断等方面的应用推广。进一步优化和推广 5G 在抗击新冠肺炎疫情中的优秀应用，推广远程体检、问诊、医疗辅助等服务，促进医疗资源共享。

（七）实施"5G+工业互联网"512 工程。打造 5 个产业公共服务平台，构建创新载体和公共服务能力；加快垂直领域"5G+工业互联网"的先导应用，内网建设改造覆盖 10 个重点行业；打造一批"5G+工业互联网"内网建设改造标杆网络、样板工程，形成至少 20 大典型工业应用场景。突破一批面向工业互联网特定需求的 5G 关键技术，显著提升"5G+工业互联网"产业基础支撑能力，促进"5G+工业互联网"融合创新发展。

（八）促进"5G+车联网"协同发展。推动将车联网纳入国家新型信息基础设施建设工程，促进 LTE-V2X 规模部署。建设国家级车联网先导区，丰富应用场景，探索完善商业模式。结合 5G 商用部署，引导重点地区提前规划，加强跨部门协同，推动 5G、LTE-V2X 纳入智慧城市、智能交通建设的重要通信标准和协议。开展 5G-V2X 标准研制及研发验证。

（九）构建 5G 应用生态系统。通过 5G 应用产业方阵等平台，汇聚应用需求、研发、集成、资本等各方，畅通 5G 应用推广关键环节。组织第三届"绽放杯"5G 应用征集大赛，突出应用落地实施，培育 5G 应用创新企业。推动 5G 物联网发展。以创新中心、联合研发基地、孵化平台、示范园区等为载体，推动 5G 在各行业各领域的融合应用创新。

三、持续加大 5G 技术研发力度

（十）加强 5G 技术和标准研发。组织开展 5G 行业虚拟专网研究和试点，打通标准、技术、应用、部署等关键环节。加速 5G 应用模组研发，支撑工业生产、可穿戴设备等泛终端规模应用。持续支持 5G 核心芯片、关键元器件、基础软件、仪器仪表等重点领域的研发、工程化攻关及产业化，奠定产业发展基础。

（十一）组织开展 5G 测试验证。基础电信企业进一步优化 5G SA 设备采购测试流程，根据建设计划明确测试时间表，促进相关设备加快成熟。持续开展 5G 增强技术研发试验，组织芯片和系统开展更广泛的互操作测试，加速技术和产业成熟。结合国家颁率规划进度安排，组织开展毫米波设备和性能测试，为 5G 毫米波技术商用做好储备。

（十二）提升 5G 技术创新支撑能力。支持领先企业利用 5G 融合新技术，打造并提供行业云服务、能力开放平台、应用开发环境等共性平台，鼓励建设相关开源社区、开源技术基地，促进开放式应用创新。加快 5G 检测认证平台建设，面向 5G 系统、终端、服务、安全等各环节提升测试、检验、认证等服务能力，降低企业研发及应用成本。

四、着力构建 5G 安全保障体系

（十三）加强 5G 网络基础设施安全保障。加快构建 5G 关键信息基础设施安全保障体系，加强 5G 核心系统、网络切片、移动边缘计算平台等新对象的网络安全防护，建立风险动态评估、关键设备检测认证等制度和机制。研究典型应用场景下的安全防护指南和标准。试点开展 5G 安全监测手段建设，完善网络安全态势感知、威胁治理、事件处置、追踪溯源的安全防护体系。

（十四）强化 5G 网络数据安全保护。围绕 5G 各类典型技术和车联网、工业互联网等典型应用场景，健全完善数据安全管理制度与标准规范。建立 5G 典型场景数据安全风险动态评估评测机制，强化评估结果运用。合理划分网络运营商、行业服务提供商等各方数据安全和用户个人信息保护责任，明确 5G 环境下数据安全基线要求，加强监督执法。推动数据安全合规性评估认证，构

建完善技术保障体系，切实提升 5G 数据安全保护水平。

（十五）培育 5G 网络安全产业生态。加强 5G 网络安全核心技术攻关和成果转化，强化安全服务供给。大力推进国家网络安全产业园区建设和试点示范，加快培育 5G 安全产业链关键环节领军企业，促进产业上下游中小企业发展，形成关键技术、产品和服务的一体化保障能力。积极创新 5G 安全治理模式，推动建设多主体参与、多部门联动、多行业协同的安全治理机制。

五、加强组织实施

（十六）加强组织领导。各单位要建立健全组织领导制度，做好各项要素保障，把加快 5G 发展作为当前一项重点工作来抓。加强与地方住建、交通、电力、医疗、教育等主管部门的协调配合，合力推进 5G 建设发展各项工作。

（十七）加强责任落实。各地工业和信息化主管部门、无线电管理机构、通信管理局要进一步加大工作力度，及时细化各项支持政策和举措，确保各项政策落到实处。各基础电信企业要发挥主体作用，做好 5G 研发、试验、建设、应用、安全等各项工作，全力推进 5G 建设发展。

（十八）加强总结交流。各单位要定期梳理经验做法，及时发现问题不足，不断调整优化工作举措，相关情况及时报送工业和信息化部。工业和信息化部将组织开展各地 5G 建设发展情况评估，适时发布相关推进情况。

工业和信息化部
2020 年 3 月 24 日

工业和信息化部关于印发《2020年工业节能监察重点工作计划》的通知

工信部节函〔2020〕1号

各省、自治区、直辖市及新疆生产建设兵团工业和信息化主管部门：

现将《2020年工业节能监察重点工作计划》印发给你们，请认真贯彻执行。

工业和信息化部
2020年1月10日

2020年工业节能监察重点工作计划

为贯彻落实《节约能源法》和《工业节能管理办法》，充分发挥节能监察的监督保障作用，持续提高工业能效和绿色发展水平，助推工业经济高质量发展，依据《工业绿色发展规划（2016—2020年）》，制定本计划。

一、围绕重点工作，深入开展专项节能监察

依据强制性节能标准，突出抓好重点用能企业、重点用能设备的节能监管，推进重点行业、区域工业能效水平提升，实施国家重大工业专项节能监察。

（一）重点高耗能行业能耗专项监察。按照"十三五"高耗能行业节能监察全覆盖的安排，对炼油、对二甲苯、纯碱、聚氯乙烯、硫酸、轮胎、甲醇等石化化工行业，金冶炼、稀土冶炼加工、铝合金、铜及铜合金加工等有色金属行业，建筑石膏、烧结墙体材料、沥青基防水卷材、岩棉、矿渣棉及其制品等建材行业，糖、啤酒等轻工行业等细分行业（见附件1）的重点用能企业开展强制性单位产品能耗限额标准执行情况专项监察。

（二）阶梯电价政策执行专项监察。按照《国家发展改革委 工业和信息化部关于运用价格手段促进钢铁行业供给侧结构性改革有关事项的通知》（发改价格〔2016〕2803号）、《国家发展改革委 工业和信息化部关于水泥企业用电实行阶梯电价政策有关问题的通知》（发改价格〔2016〕75号）、《国家发展改革委 工业和信息化部关于电解铝企业用电实行阶梯电价政策的通知》（发改价格〔2013〕2530号）的要求，对钢铁、水泥、电解铝企业能耗情况进行专项监察。重点监察2019年监察中发现的能耗超标违规企业。对监察发现的违规企业会同当地价格主管部门进行公示，无异议的依法依规执行阶梯电价政策。

（三）重点用能产品设备能效提升专项监察。依据相关国家强制性能效标准，对电机、风机、空压机、变压器、泵等重点用能产品设备使用企业实施专项监察，核

查设备台账，会同有关部门依法督促企业淘汰达不到强制性能效标准限定值的低效产品。本项专项监察结合前两项专项监察工作开展，不单独申报任务。

（四）数据中心能效专项监察。依据《工业和信息化部国家机关事务管理局国家能源局关于加强绿色数据中心建设的指导意见》（工信部联节〔2019〕24号），继续对纳入重点用能单位管理的数据中心进行专项监察。按照《数据中心资源利用第3部分：电能能效要求和测量方法》（GB/T 32910.3—2016）等标准，核算电能使用效率实测值，检查能源计量器具配备情况。

（五）2019年违规企业整改落实情况专项监察。对2019年专项节能监察中发现的能耗超限额企业和其他违反节能法律法规的企业进行"回头看"，对下达的限期整改通知书落实情况进行监察，对未按照要求整改或整改不到位的，依法依规进行处理。

二、依法监督管理，持续做好日常节能监察

继续加强日常节能监察工作，主要内容包括：重点用能企业能源管理体系建立、能源管理岗位设立和能源管理负责人履职等能源管理制度落实情况，能源计量、能源消费统计和能源利用状况报告制度执行情况，以及节能教育培训开展情况等。日常节能监察应及时公布结果，跟踪督促整改落实。

三、完善工作机制，落实工业节能执法要求

（一）完善工作体系。进一步强化省市县三级工业节能监察机构建设，构建目标统一、职责清晰、分工合理的节能监察保障体系，妥善应对机构改革对节能监察工作体系的影响，结合地方实际，建立健全跨部门联动节能监察工作机制，保证工作连续性。做好节能监察人员行政执法证换发、申请等工作，保证节能监察队伍相对稳定。各地要进一步创新工作模式，通过开展联合执法、跨区域业务交流、结对帮扶等方式，加强各级节能监察

机构间的交流，促进全国节能监察工作平衡发展。

（二）加强能力建设。各级工业和信息化主管部门要加强对节能监察机构建设的指导和支持，分层次、多渠道开展节能监察人员业务培训，提升业务技能和水平。加强节能监察信息化建设，鼓励各地推广用能设备产品设备型号及主要技术参数在线核对、能耗指标自动核算、节能监察结果在线填报等方式，推动工业节能监察更加准确高效。鼓励各地整理发布一批执法规范、工作扎实、节能效益突出的节能监察优秀案例，加强宣传交流，推动制定节能监察规范行业标准，扩大节能监察工作影响。

（三）强化结果运用。各地要做好节能监察后续跟踪工作，加强节能监察结果的分析应用，针对节能监察中发现的企业不合理用能行为提出改进建议。鼓励企业积极参与节能诊断，并根据节能诊断结果实施节能技术改造。

四、有关工作要求

（一）加强组织领导。各省、自治区、直辖市及新疆生产建设兵团（以下统称"省级"）工业和信息化主管部门要编制计划方案，细化措施手段，明确目标进度，确保各项工作按期高质量完成。请于 2 月 20 日前向工业和信息化部（节能与综合利用司）报送 2020 年专项监察任务（包括监察类别和企业名称，见附件 1、附件 2）。对实现节能监察全覆盖的行业应仔细核对企业名单，确保不漏报、不错报，对已停产企业应列明企业名单并注明（不组织实地监察，不申请补助）。梳理前期节能监察补助资金使用情况（在附件 1 中填写），并在申报任务时提交资金使用报告。对于存在结转结余资金的地区，优先使用结转结余资金，不足部分安排使用 2020 年补助资金。

（二）严格依法行政。各级工业和信息化主管部门和节能监察机构要规范工业节能监察工作程序和执法行为，加大执法检查力度，查处各类违法违规用能行为，对拒不整改或整改不到位的，依法依规予以处理。请各省级工业和信息化主管部门和节能监察机构于 6 月底前将 2019 年违规企业整改落实情况专项监察结果报工业和信息化部（节能与综合利用司）。

（三）严格监督检查。工业和信息化部将组织对工业节能监察工作落实情况进行监督检查，并适时组织专项督查，对地方工业节能监察工作开展情况和体制机制建设情况进行检查。请各省级工业和信息化主管部门和节能监察机构于 9 月 30 日前向工业和信息化部（节能与综合利用司）报送年度工作总结报告，包括专项监察、日常监察工作总结，节能监察体制机制建设报告以及实际监察企业名单和监察结果等。

（四）加大宣传力度。各级工业和信息化主管部门和节能监察机构要向社会公开工业节能监察工作情况，依法公布违规企业名单，主动接受社会监督。按照《社会信用体系建设规划纲要（2014—2020 年）》（国发〔2014〕21 号）部署，鼓励与有关部门合作建立联合惩戒机制，将节能监察执法结果纳入社会信用体系，推动企业严格落实节能法律法规和政策要求，充分发挥节能监察的督促约束作用，强化工业节能执法效力。

附件：

1. ＿＿＿＿＿＿＿省（自治区、直辖市）国家重大工业专项节能监察任务汇总表（略）。

2. ＿＿＿＿＿＿＿省（自治区、直辖市）国家重大工业专项节能监察企业名单（略）。

工业和信息化部印发《关于有序推动工业通信业企业复工复产的指导意见》

工信部政法〔2020〕29 号

各省、自治区、直辖市及计划单列市、新疆生产建设兵团工业和信息化主管部门：

为深入贯彻习近平总书记关于统筹推进新冠肺炎疫情防控和经济社会发展工作的重要指示精神，落实国务院联防联控机制《关于切实加强疫情科学防控有序做好企业复工复产工作的通知》要求，在确保疫情防控到位的前提下，推动非疫情防控重点地区企业复工复产，努力实现今年工业通信业发展目标任务，现提出如下意见。

一、总体要求

以习近平新时代中国特色社会主义思想为指导，增强"四个意识"，坚定"四个自信"，做到"两个维护"，把党中央、国务院各项决策部署抓实抓细抓落地，统筹做好疫情防控和经济社会发展工作。坚持突出重点、统筹兼顾、分类指导、分区施策，加强产业链协调，充分运用新一代信息技术，全面支持疫情科学防控和企业复工复产。坚决杜绝疫情防控和企业复工复产工作中的形式主义、官僚主义做法，主动担当，积极作为，深入基层，服务企业，抓紧抓实抓细各项措施落实，为基层解决实际困难，切实帮助企业做好复工复产工作。

二、全力保障医用防护物资供给

要把疫情防控物资保障作为当前工作的重中之重，重点开展医疗救治急需的呼吸机、心电监护仪等医疗设备和治疗药品的组织生产和及时供应，全面提升医用防护服、口罩等防护物资的生产保供能力，统筹协调医用物资全产业链企业同步复工复产，增强企业生产柔性，科学谋划产能，确保产品质量，强化物资保障协调机制，为打赢湖北和武汉保卫战，以及全国疫情防控全面胜利提供坚强有力的物资保障。

三、切实帮助企业做好疫情防控工作

指导企业落实《企事业单位复工复产疫情防控措施指南》，督促落实疫情防控措施，做好通风、消毒、体温检测等防控工作，建立必备的卫生设施，加强员工健康监测，强化日常防控管理，防止发生聚集性疫情。运用大数据、人工智能等新一代信息技术，做好复工复产企业跟踪监测，对疫情防控实施零报告制度。要杜绝"填表抗疫""作秀留痕"等形式主义做法，切实解决企业实际问题。

四、加大中小企业扶持力度

按照《工业和信息化部关于应对新型冠状病毒肺炎疫情帮助中小企业复工复产共渡难关有关工作的通知》（工信明电〔2020〕14 号）要求，指导企业用好用足现有财税、金融、社保等优惠政策。继续研究出台阶段性、有针对性的减税降费政策，帮助中小微企业渡过难关。鼓励中央企业、大型国企等龙头企业发挥表率作用，帮助中小企业开展应收账款融资，带动产业链上下游中小企业复工复产，协同开展疫情防控和生产恢复。针对中小企业现金流不足的突出问题，落实金融支持政策，帮助企业缓解融资困难。继续加大力度推动清理拖欠民营企业中小企业账款工作，缓解企业资金压力。

五、加紧推动民生必需品生产企业复工复产

加快化肥、农膜、农机装备整机及零部件等涉农企业复工复产，做好春耕备耕物资供应，确保农业生产不误农时。推动食品、日用品等生活必需品企业复工复产，保障民生物资供给稳定。充分利用电商、信息服务等平台，促进产业链供需线上对接，鼓励开展农机等设备的在线维护。

六、推动重点行业企业复工复产

优先支持汽车、电子、船舶、航空、电力装备、机床等产业链长、带动能力强的产业。继续支持智能光伏、锂离子电池等产业以及制造业单项冠军企业，巩固产业链竞争优势。重点支持5G、工业互联网、集成电路、工业机器人、增材制造、智能制造、新型显示、新能源汽车、节能环保等战略性新兴产业。大力提升食品包装材料、汽车零部件、核心元器件、关键电子材料等配套产业的支撑能力。

七、推进重大项目开工复工

积极扩大国内有效需求，发挥重大项目、重点工程建设示范带动作用，加快在建和新开工项目建设进度，带动工程机械、原材料等企业复工复产及人员返岗就业。结合本地区实际，围绕民生就业、产业基础能力、未来产业竞争制高点等重点方向，启动一批投资规模大、带动能力强的重大项目和重点工程。协调解决重大外资项目复工复产遇到的问题，推动重大外资项目落地。

八、大力促进市场消费提质扩容

支持新业态新模式，丰富5G+、超高清视频、增强现实/虚拟现实等应用场景，推动发展远程医疗、在线教育、数字科普、在线办公、协同作业、服务机器人等，带动智能终端消费。积极稳定汽车等传统大宗消费，鼓励汽车限购地区适当增加汽车号牌配额，带动汽车及相

关产品消费。加大生物医药、智能健康管理设备、高端医疗器械、医疗机器人、公共卫生智能监测检测系统等大健康产业投入力度，满足人民群众的健康需求。

九、打通人流、物流堵点

落实分区分级精准防控策略，保障人员有序流动和物流畅通，推动产业链各环节协同复工复产。指导企业用好用足援企稳岗政策，发挥信息化手段优势，积极开展精准对接，协调打通企业员工返岗通道，提高员工返岗率。主动对接有关部门，将重点行业重点企业生产原料、零部件、产品纳入绿色物流通道，保障运输畅通。搭建跨区域人员、物资对接平台，进行精准服务，统筹解决园区、产业集群内企业人员返岗、生产物资运输等

问题，推动企业抱团恢复生产。

十、加强分类指导

对低风险地区，落实好相关防控措施，简化程序，强化服务，指导企业复工复产，全面恢复正常生产生活秩序；对中风险地区，在做好疫情防控前提下，合理安排企业复工复产，尽快有序恢复正常生产生活秩序；对高风险地区，要继续集中精力抓好疫情防控工作，根据疫情态势逐步恢复生产生活秩序。要选派优秀干部下沉一线，对重点企业跟踪服务，指导企业复工复产。

工业和信息化部
2020 年 2 月 24 日

工业和信息化部办公厅　民政部办公厅关于开展志愿服务促进中小企业发展的指导意见

工信厅联企业〔2020〕12号

各省、自治区、直辖市及计划单列市、新疆生产建设兵团中小企业主管部门、民政部门：

为深入贯彻习近平总书记关于统筹推进新冠肺炎疫情防控和经济社会发展的重要讲话精神，按照党中央、国务院关于支持复工复产和推动中小企业健康发展的决策部署，充分调动社会力量服务中小企业，现就开展志愿服务促进中小企业发展，提出如下意见。

一、总体要求

统筹推进新冠肺炎疫情防控和经济社会发展工作，立足当前，着眼长远，充分发挥社会力量作用，按照自愿、无偿、平等、诚信、合法的原则，构建一支熟政策、精法律、懂技术、会管理、肯奉献、乐助企的高水平专家志愿服务队伍，为中小企业无偿提供政策、法律、金融、管理、技术、创新创业等方面的咨询和个性化解决方案，推动中小企业加快复工复产和转型升级，实现高质量发展。

二、工作方法与步骤

（一）依托专门机构开展工作。结合本地区实际，指定中小企业公共服务机构（以下简称"专门服务机构"）负责组织和管理"志愿服务促进中小企业发展"工作。专门服务机构主要承担志愿者的遴选、培训、管理与考评，组织、指导开展促进中小企业发展的各类志愿服务活动，推动中小企业对接各类公共服务资源，并接受中小企业主管部门的指导、监督与考核。

（二）建立专家志愿服务团。专门服务机构可在中小企业公共服务平台网络和全国志愿服务信息系统发布中小企业志愿服务项目，通过公开招募、定向邀请等方式招募志愿者，招募范围涵盖政策专家、行业发展专家、科技创新专家、法律专家、优秀企业家、企业高管、园区高级管理人员、高校及科研院所学者等，包括在职和退休人员。专门服务机构应向受聘志愿者发放聘书，并与受聘志愿者签订服务协议，明确服务形式、服务时间等内容，受聘志愿者按照服务协议参加专门服务机构组织的志愿服务活动，逐步形成规模稳定、人员相对固定的专家队伍。

（三）认定志愿服务工作站。在中小企业园区、特色产业集群、小微企业创业创新基地等遴选一批具有场地、人员、服务条件的载体，认定为"志愿服务工作站"。"志愿服务工作站"应安排专人对接志愿服务工作，定期搜集中小企业志愿服务需求，组织开展志愿服

务活动，并为志愿服务提供服务场地、设备等软硬件支持。

（四）探索创新服务模式。支持专门服务机构充分利用互联网、大数据、云计算、人工智能等新一代信息技术，结合志愿服务团专家特点及当地中小企业发展实际，大胆探索服务方式和方法，积极对接各类社会服务资源，逐步形成特色鲜明、规范高效的服务模式。鼓励专门服务机构对服务范围、服务方式、服务特点等进行系统梳理，编制体系规范、内容全面的服务手册、服务清单、服务指南等，提升志愿服务的效率与水平。鼓励支持具有专业资源的志愿服务组织主动协助专门服务机构开展促进中小企业发展的志愿服务。

三、服务内容和方式

（一）帮助企业应对疫情复工复产。及时向中小企业宣传党中央、国务院关于复工复产的方针政策，特别是习近平总书记关于统筹抓好疫情防控和经济社会发展的指示精神。对受新冠肺炎疫情、自然灾害等重大突发事件影响的中小企业，重点提供应急管理、复工复产、政策对接等方面的指导与帮助；鼓励专门服务机构结合企业当前疫情防控和复工复产需求，探索形成重大突发事件应对机制，及时提供协调指导和专业化服务，稳定中小企业发展信心。

（二）突出重点开展精准服务。对不同群体、不同行业的中小企业提供差异化服务和个性化解决方案。深入了解大学毕业生、退役军人、女性、残疾人等重点创业群体的实际需求，建立重点群体专项服务模块，提供"一对一"个性化、可跟踪服务。跟踪重点行业发展态势，及时了解重点行业企业面临的难题，加强对"专精特新"中小企业的服务。

（三）开展志愿者线上服务。结合各地实际建立"中小企业线上志愿服务中心"，由志愿专家通过开设微视频课程等方式，针对创办企业、融资、市场开拓等共性问题进行专题辅导，为企业提供一站式、综合性学习平台；开辟专家在线"义诊专栏"，提供专家清单、服务菜单等信息，由企业自主选择意向专家，"一对一"在线服务，为中小企业提供个性化、互动性的诊断服务；利用视频会议软件定期组织召开志愿者和企业家视频会议，及时研讨中小企业发展面临的共性问题，解疑释惑，服务企业发展。

（四）开展志愿者线下服务。结合各地实际组织线

下特色活动，构建企业与志愿专家"面对面"交流咨询渠道。组织技术志愿专家为中小企业技术改造与创新、科技成果转化提供"一对一"的顾问、咨询与指导服务；在各"志愿服务工作站"定点举办沙龙讲座、商业研讨等线下活动，由志愿专家现场答疑解惑、提供协助方案，为企业集中解决关切的问题；定期组织范围较大的分主题、分行业志愿服务专场活动，组织相关领域志愿专家开展辅导和咨询服务，扩大志愿服务覆盖面，提升社会影响力。

四、组织保障措施

（一）加强协调指导。各地中小企业主管部门要会同民政部门按照《志愿服务条例》及相关政策要求，加强中小企业志愿服务的统筹指导和规范管理，建立健全中小企业志愿服务工作机制，引导专门服务机构完善志愿者招募、注册、培训、管理、考核、激励等制度，研究制订服务标准，加强专家志愿服务团的组织管理，确保正确发展方向；加强对服务效果的跟踪监测，切实掌握志愿服务活动的开展情况，及时查处以中小企业志愿服务名义进行营利性活动的行为；指导专门服务机构加强过程管理，为志愿者提供必要防护物品，做好志愿者人身安全保险工作，切实维护志愿者合法权益，依法做好志愿服务记录并出具志愿服务证明。

（二）强化政策扶持。各地根据实际发展情况，制定促进中小企业志愿服务发展的政策和措施，合理安排志愿服务所需资金；按照政府采购相关要求，通过购买服务等方式，支持志愿服务运营管理，并对专门服务机构开展中小企业志愿服务的方式、频次等方面提出要求，定期实施考核；鼓励专门服务机构通过承接公共服务项目、接受社会捐赠等多种途径，补充志愿服务运营资金。

（三）推动交流宣传。及时总结中小企业志愿服务的成功经验，加强工作交流，提升志愿服务能力与水平，培育志愿服务品牌，加强对本地区中小企业志愿服务的宣传与报道，形成有利于中小企业志愿服务快速发展的舆论氛围。

中小企业志愿服务是一项全新的工作，也是当前帮助中小企业应对疫情复工复产的一项有力举措。各地要结合本地实际抓紧研究部署，明确目标、任务和保障措施，逐步形成一套健全完善的志愿服务体系、一种规范成熟的志愿服务模式、一支相对稳定的志愿服务队伍，为广大中小企业提供公益性、规范高效的志愿服务。

工业和信息化部办公厅

民政部办公厅

2020 年 3 月 27 日

三部门关于印发《安全应急装备应用试点示范工程管理办法（试行）》的通知

工信厅联安全〔2020〕59 号

各省、自治区、直辖市及计划单列市、新疆生产建设兵团工业和信息化主管部门、发展改革委、科技厅（委、局）：

为贯彻落实习近平总书记关于安全生产和应急管理工作的重要指示批示精神，推动先进安全应急装备科研成果工程化应用，提升全社会本质安全水平和突发事件应急处置能力，按照中央国家安全委员会工作部署，我们制定了《安全应急装备应用试点示范工程管理办法（试行）》，现印发给你们，请认真贯彻执行。

工业和信息化部办公厅
国家发展和改革委员会办公厅
科学技术部办公厅
2020 年 12 月 15 日

安全应急装备应用试点示范工程管理办法（试行）

第一条　为推动先进安全应急装备科研成果工程化应用，提升全社会本质安全水平和突发事件应急处置能力，科学有序开展安全应急装备应用试点示范工程（以下简称"示范工程"），制定本办法。

第二条　本办法所指安全应急装备是为安全生产、防灾减灾、应急救援提供的专用产品。应用试点示范范围包括自然灾害、事故灾难、公共卫生、社会安全四大类突发事件涉及的行业或领域，具体包括自然灾害防治、重点行业领域生产安全事故预防与应急处置、重大传染病疫情防治、城市公共安全等。

第三条　围绕保障安全及四大类突发事件预防与应急处置需求，探索"产品＋服务＋保险""产品＋服务＋融资租赁"等应用新模式，努力构建生产企业、用户、金融保险机构等各类市场主体多方共赢的新型市场生态体系，加快先进、适用、可靠的安全应急装备工程化应用。

第四条　示范工程申报和遴选遵循政府引导、企业自愿，问题导向、重点突破，示范带动、有序推进，科学评价、注重成效的原则。

第五条　工业和信息化部、国家发展和改革委员会、科学技术部统筹示范工程管理工作，根据示范工程涉及行业领域，会同国务院相关行业主管部门发布《安全应急装备应用试点示范工程实施要素指南（年度）》（以下简称《示范工程实施要素指南（年度）》），组织开展项目评审、动态管理等工作，指导示范工程有序开展。

第六条　工业和信息化部、国家发展和改革委员会、科学技术部组织设立专家委员会。专家委员会负责研究提出年度示范工程实施方向、要素条件与评价体系等建议，参与项目评审，对实施中的其他重大问题进行咨询、论证等。

第七条　省级工业和信息化主管部门、发展改革部门、科技主管部门、中央企业和国家级行业协会负责组织项目征集、推荐上报、跟踪评价、示范推广等工作。

第八条　示范工程项目申报主体应由产品生产方联合用户单位或金融保险机构等组成联合体，单一企业申报原则上不予受理。参与申报的单位应为合法经营、无不良信用记录、具有独立法人资格的企业。

第九条　申报项目应具备技术先进性、应用实效性、模式创新性、示范带动性等特点。积极支持"公共安全风险防控与应急技术装备"国家重点研发计划、自然灾害防治 9 项重点工程等国家专项支持形成科研成果的研发单位牵头申报。

第十条　申报主体登录国家安全（应急）产业大数据平台（http://safetybigdata.com.cn）的在线申报系统，提交相关申报材料。申报材料应符合当年发布的《示范工程实施要素指南（年度）》要求。

第十一条　省级工业和信息化主管部门会同发展改革部门、科技主管部门组织项目申报与初步审核工作，联合出具书面推荐意见，向工业和信息化部、国家发展和改革委员会、科学技术部报送推荐项目。推荐意见及项目相关材料通过国家安全（应急）产业大数据平台的在线申报系统提交，纸质版分别邮寄至工业和信息化部、国家发展和改革委员会、科学技术部。

中央企业、国家级行业协会可直接向工业和信息化部、国家发展和改革委员会、科学技术部推荐项目。

第十二条　示范工程认定过程包括项目遴选、跟踪评价和评估认定三个阶段：

（一）项目遴选。工业和信息化部、国家发展和改革委员会、科学技术部委托专家委员会对推荐项目进行实地考察，遴选出若干项目作为示范工程候选项目，纳入跟踪评价范围。

（二）跟踪评价。项目推荐单位对示范工程候选项目开展为期6个月的动态跟踪评价，并出具评价报告。工业和信息化部、国家发展和改革委员会、科学技术部会同国务院相关行业主管部门组织评审，结合评价报告择优选择一定比例的项目作为试点应用项目。

（三）评价认定。试点应用1年后，工业和信息化部、国家发展和改革委员会、科学技术部会同国务院相关行业主管部门，组织专家委员会对试点应用效果进行评价。对遏制重特大生产安全事故或对提升突发事件应急处置能力具有重大应用成效的试点应用项目，认定为示范工程项目。落选项目可于次年进行复评。两次未通过的，取消试点应用项目资格。

第十三条　示范工程项目的评审、认定结果在工业和信息化部、国家发展和改革委员会、科学技术部官方网站同时面向社会进行公示，公示时长不少于15个工作日。公示结束后，由三部门或会同国务院相关行业主管部门联合发布示范工程项目名单。示范工程有效期为3年。

第十四条　工业和信息化部、国家发展和改革委员会、科学技术部对示范工程建设和推广予以支持：列入示范工程、试点应用项目名单的产品，将通过纳入国家安全（应急）产业大数据平台等方式予以推广；其中，符合条件的首台（套）重大安全应急技术装备，优先推荐至《首台（套）重大技术装备推广应用指导目录》。鼓励地方政府通过专项资金等政策支持示范工程建设。

第十五条　鼓励地方各级政府组织开展区域性安全应急装备应用试点示范工程建设，形成多级示范联动。

第十六条　对上报资料弄虚作假的申报单位，工业和信息化部、国家发展和改革委员会、科学技术部责令其限期整改；整改不到位的，将其失信行为记入相关市场主体信用记录，纳入全国信用信息共享平台；情节严重的，取消其申报资格，或撤销其项目命名。

第十七条　候选项目、试点应用项目、示范工程项目在跟踪评价、试点应用、示范期内因产品质量问题发生人员伤亡生产安全事故的或造成较大财产损失的，撤销其命名。

第十八条　本办法由工业和信息化部、国家发展和改革委员会、科学技术部负责解释。

第十九条　本办法自印发之日起施行。

工业和信息化部 国家发展和改革委员会 科学技术部 财政部 人力资源和社会保障部 生态环境部 农业农村部 商务部 文化和旅游部 中国人民银行 海关总署 国家税务总局 国家市场监督管理总局 国家统计局 中国银行保险监督管理委员会 中国证券监督管理委员会 国家知识产权局 关于健全支持中小企业发展制度的若干意见

工信部联企业〔2020〕108号

各省、自治区、直辖市及计划单列市人民政府，新疆生产建设兵团：

中小企业是国民经济和社会发展的主力军，是建设现代化经济体系、推动经济高质量发展的重要基础，是扩大就业、改善民生的重要支撑，是企业家精神的重要发源地。党中央、国务院高度重视中小企业发展，近年来出台了一系列政策措施，有关工作取得积极成效，但仍存在一些突出问题，特别是一些基础性制度性问题亟待解决。为深入贯彻党的十九届四中全会精神，坚持和完善社会主义基本经济制度，坚持"两个毫不动摇"，形成支持中小企业发展的常态化、长效化机制，促进中小企业高质量发展，经国务院同意，现就健全支持中小企业发展制度，提出如下意见。

一、完善支持中小企业发展的基础性制度

（一）健全中小企业法律法规体系。以《中小企业促进法》为基础，加快构建具有中国特色、支持中小企业发展、保护中小企业合法权益的法律法规体系。鼓励地方依法制定本地促进中小企业发展的地方法规。探索建立中小企业法律法规评估制度和执行情况检查制度，督促法律法规落实到位。

（二）坚持公平竞争制度。全面实施市场准入负面清单制度，公正公平对待中小企业，破除不合理门槛和限制，实现大中小企业和各种所有制经济权利平等、机会平等、规则平等。全面落实公平竞争审查制度，完善审查流程和标准，建立健全公平竞争审查投诉、公示、抽查制度。加强和改进反垄断和反不正当竞争执法，维护市场竞争秩序。

（三）完善中小企业统计监测和发布制度。健全中小企业统计监测制度，定期发布中小企业统计数据。建立中小企业融资状况调查统计制度，编制中小微企业金融条件指数。加强中小企业结构化分析，提高统计监测分

析水平。探索利用大数据等手段开展中小企业运行监测分析。完善《中小企业主要统计数据》手册，研究编制中小企业发展指数。适时修订中小企业划型标准。

（四）健全中小企业信用制度。坚持"政府+市场"的模式，建立健全中小企业信用信息归集、共享、查询机制，依托全国信用信息共享平台，及时整合共享各类涉企公共服务数据。建立健全中小企业信用评价体系，完善金融信用信息基础数据库，创新小微企业征信产品，高效对接金融服务。研究出台有关法律法规，规范中小企业信用信息采集、公示查询和信用监管等。发挥国家企业信用信息公示系统的基础作用，将涉企信息记于企业名下并依法公示。

（五）完善公正监管制度。减少监管事项，简化办事流程，推广全程网上办、引导帮办，全面推行信用监管和"互联网+监管"改革。推进分级分类、跨部门联合监管，加强和规范事中事后监管，落实和完善包容审慎监管，避免对中小企业采取简单粗暴处理措施，对"一刀切"行为严肃查处。

二、坚持和完善中小企业财税支持制度

（六）健全精准有效的财政支持制度。中央财政设立中小企业科目，县级以上财政根据实际情况安排中小企业发展专项资金。建立国家中小企业发展基金公司制母基金，健全基金管理制度，完善基金市场化运作机制，引导有条件的地方政府设立中小企业发展基金。完善专项资金管理办法，加强资金绩效评价。

（七）建立减轻小微企业税费负担长效机制。实行有利于小微企业发展的税收政策，依法对符合条件的小微企业按照规定实行缓征、减征、免征企业所得税、增值税等措施，简化税收征管程序；对小微企业行政事业性收费实行减免等优惠政策，减轻小微企业税费负担。落实好涉企收费目录清单制度，加强涉企收费监督检查，

清理规范涉企收费。

（八）强化政府采购支持中小企业政策机制。修订《政府采购促进中小企业发展暂行办法》，完善预留采购份额、价格评审优惠等措施，提高中小企业在政府采购中的份额。向中小企业预留采购份额应占本部门年度政府采购项目预算总额的30%以上；其中，预留给小微企业的比例不低于60%。

三、坚持和完善中小企业融资促进制度

（九）优化货币信贷传导机制。综合运用支小再贷款、再贴现、差别存款准备金率等货币政策工具，引导商业银行增加小微企业信贷投放。进一步疏通利率传导渠道，确保贷款市场报价利率（LPR）有效传导至贷款利率。建立差异化小微企业利率定价机制，促进信贷利率和费用公开透明，保持小微企业贷款利率定价合理水平。

（十）健全多层次小微企业金融服务体系。推进普惠金融体系建设，深化大中型银行普惠金融事业部改革，推动中小银行、非存款类金融机构和互联网金融有序健康发展。鼓励金融机构创新产品和服务，发展便利续贷业务和信用贷款，增加小微企业首贷、中长期贷款、知识产权质押贷款等，开展供应链金融、应收账款融资，加强银税互动。推动金融科技赋能金融机构服务中小企业。研究出台《非存款类放贷组织条例》。加快推进小额金融纠纷快速解决等机制建设。完善规范银行业涉企服务收费监管法规制度，降低小微企业综合性融资成本。

（十一）强化小微企业金融差异化监管激励机制。健全商业银行小微企业金融服务监管长效机制，出台《商业银行小微企业金融服务监管评价办法》。修订《金融企业绩效评价办法》。将商业银行小微企业服务情况与资本补充、金融债发行、宏观审慎评估（MPA）考核、金融机构总部相关负责人考核及提任挂钩。引导银行业金融机构探索建立授信尽职免责负面清单制度。督促商业银行优化内部信贷资源配置和考核激励机制，单列小微企业信贷计划，改进贷款服务方式。

（十二）完善中小企业直接融资支持制度。大力培育创业投资市场，完善创业投资激励和退出机制，引导天使投资人群体、私募股权、创业投资等扩大中小企业股权融资，更多地投长、投早、投小、投创新。稳步推进以信息披露为核心的注册制改革，支持更多优质中小企业登陆资本市场。鼓励中小企业通过并购重组对接资本市场。稳步推进新三板改革，健全挂牌公司转板上市机制。完善中小企业上市培育机制，鼓励地方加大对小升规、规改股、股上市企业的支持。加大优质中小企业债券融资，通过市场化机制开发更多适合中小企业的债券品种，完善中小企业债券融资增信机制，扩大债券融资规模。

（十三）完善中小企业融资担保体系。健全政府性融资担保体系，发挥国家融资担保基金作用，实施小微企业融资担保降费奖补政策，完善风险补偿机制和绩效考核激励机制，引导各级政府性融资担保机构扩大小微企业融资担保业务规模、降低担保费率水平。鼓励银行业金融机构加大与政府性融资担保机构合作，合理确定风险分担比例和担保贷款风险权重，落实金融机构和融资担保机构尽职免责制度，提高小微企业融资可获得性。推动建立统一的动产和权利担保登记公示系统。

四、建立和健全中小企业创新发展制度

（十四）完善创业扶持制度。改善创业环境，广泛培育创业主体。完善创业载体建设，健全扶持与评价机制，为小微企业创业提供低成本、便利化、高质量服务。鼓励大企业发挥技术优势、人才优势和市场优势，为创业活动提供支撑。鼓励服务机构提供创业相关规范化、专业化服务。

（十五）完善中小企业创新支持制度。创新中小企业产学研深度融合机制，促进大中小企业联合参与重大科技项目，推动高校、科研院所和大企业科研仪器、实验设施、中试小试基地等创新资源向中小企业开放。调整完善科技计划立项、任务部署和组织管理方式，大幅提高中小企业承担研发任务比例，加大对中小企业研发活动的直接支持。完善专业化市场化创新服务体系，完善国家技术创新中心、制造业创新中心等支持中小企业创新的机制，提升小微企业创业创新示范基地、科技企业孵化器、专业化众创空间、大学科技园等扶持中小企业创新的能力与水平。完善中小企业创新人才引进和培育制度，优化人才激励和权益保障机制。以包容审慎的态度，鼓励中小企业技术创新、产品创新、模式创新。

（十六）完善支持中小企业"专精特新"发展机制。健全"专精特新"中小企业、专精特新"小巨人"企业和制造业单项冠军企业梯度培育体系、标准体系和评价机制，引导中小企业走"专精特新"之路。完善大中小企业和各类主体协同创新和融通发展制度，发挥大企业引领支撑作用，提高中小企业专业化能力和水平。

（十七）构建以信息技术为主的新技术应用机制。支持中小企业发展应用5G、工业互联网、大数据、云计算、人工智能、区块链等新一代信息技术以及新材料技术、智能绿色服务制造技术、先进高效生物技术等，完善支持中小企业应用新技术的工作机制，提升中小企业数字化、网络化、智能化、绿色化水平。支持产业园区、产业集群提高基础设施支撑能力，建立中小企业新技术公共服务平台，完善新技术推广机制，提高新技术在园区和产业链上的整体应用水平。

五、完善和优化中小企业服务体系

（十八）完善中小企业服务体系。健全政府公共服务、市场化服务、社会化公益服务相结合的中小企业服务体系，完善服务机构良性发展机制和公共服务平台梯度培育、协同服务和评价激励机制。探索建立全国中小企业公共服务一体化平台。发展中小企业服务产业，引导服务机构提供规范化、精细化、个性化服务，引导大企业结合产业链、供应链、价值链、创新链为中小企业提供配套服务。鼓励各类社会组织为企业提供公益性服务，探索建立志愿服务机制。

（十九）健全促进中小企业管理提升机制。完善中小企业培训制度，构建具有时代特点的课程、教材、师资和组织体系，建设慕课平台，构建多领域、多层次、线上线下相结合的中小企业培训体系。健全技能人才培养、使用、评价、激励制度，加快培养高素质技能人才，弘扬"工匠精神"。健全中小企业品牌培育机制。实施小微企业质量管理提升行动。完善中小企业管理咨询服务机制。

（二十）夯实中小企业国际交流合作机制。深化双多边中小企业合作机制，促进中小企业国际交流合作。探索建设中小企业海外服务体系，夯实中小企业国际化发展服务机制，在国际商务法务咨询、知识产权保护、技术性贸易措施、质量认证等方面为中小企业提供帮助。支持有条件的地方建设中外中小企业合作区，完善评价激励机制。推进关税保证保险改革。鼓励跨境电商等新业态发展，探索建立 B2B 出口监管制度，支持跨境电商优进优出。

六、建立和健全中小企业合法权益保护制度

（二十一）构建保护中小企业及企业家合法财产权制度。坚决保护中小企业及企业家合法财产权，依法惩治侵犯中小企业投资者、管理者和从业人员合法权益的违法犯罪行为。严格按照法定程序采取查封、扣押、冻结等措施，依法严格区分违法所得、其他涉案财产与合法财产，严格区分企业法人财产与股东个人财产，严格区分涉案人员个人财产与家庭成员财产。建立涉政府产权纠纷治理长效机制。出台并落实《保障中小企业款项支付条例》，从源头遏制拖欠问题。

（二十二）健全中小企业知识产权保护制度。完善知识产权保护法律法规和政策，建立健全惩罚性赔偿制度，提高法定赔偿额。实施中小企业知识产权战略推进工程，加强知识产权服务业集聚发展区建设，强化专利导航工作机制，完善支持中小企业开发自主知识产权技术和产品的政策，提升中小企业创造、运用、保护和管理知识产权能力。优化中小企业知识产权维权机制，建设一批知识产权保护中心。构建知识产权纠纷多元化解决机制，

强化中小企业知识产权信息公共服务，推进知识产权纠纷仲裁调解工作。提高知识产权审查效率，减轻中小企业申请和维持知识产权的费用负担。

（二十三）完善中小企业维权救济制度。构建统一的政务咨询投诉举报平台，畅通中小企业表达诉求渠道，完善咨询投诉举报处理程序和督办考核机制。探索建立中小企业公益诉讼制度、国际维权服务机制。鼓励法律服务机构开展小微企业法律咨询公益服务。建立健全中小企业应急救援救济机制，帮助中小企业应对自然灾害、事故灾难、公共卫生事件和社会安全事件等不可抗力事件。

七、强化促进中小企业发展组织领导制度

（二十四）强化各级促进中小企业发展工作机制。县级以上地方人民政府必须建立健全促进中小企业发展领导小组，由政府领导担任领导小组组长，办公室设在负责中小企业促进工作的综合管理部门，强化促进中小企业发展工作队伍建设。领导小组要定期召开会议研究落实党中央、国务院促进中小企业发展的重大决策部署，及时向上一级领导小组办公室报告有关工作情况。领导小组各成员单位要认真执行领导小组议定事项，建立内部责任制，加强工作落实。

（二十五）完善中小企业决策保障工作机制。完善中小企业政策咨询制度，培育一批聚焦中小企业研究的中国特色新型智库，建立政策出台前征求中小企业与专家意见制度和政策实施效果评估制度。完善中小企业政策发布、解读和舆情引导机制，提高政策知晓率、获得感和满意度。定期开展中小企业发展环境第三方评估，并向社会公布结果。

工业和信息化部　国家发展和改革委员会

科学技术部　财政部　人力资源和社会保障部

生态环境部　农业农村部　商务部

文化和旅游部　中国人民银行　海关总署

国家税务总局　国家市场监督管理总局

国家统计局　中国银行保险监督管理委员会

中国证券监督管理委员会　国家知识产权局

2020 年 7 月 3 日

工业和信息化部 国家发展和改革委员会 教育部 科学技术部 财政部 人力资源和社会保障部 自然资源部 生态环境部 商务部 中国人民银行 国家市场监督管理总局 国家统计局 中国银行保险监督管理委员会 中国证券 监督管理委员会 国家知识产权局 关于进一步促进服务型制造发展的指导意见

工信部联政法〔2020〕101号

各省、自治区、直辖市及计划单列市、新疆生产建设兵团工业和信息化、发展改革、教育、科技、财政、人力资源社会保障、自然资源、生态环境、商务、市场监管、统计、银保监、证监、知识产权主管部门，人民银行上海总部、各分行、营业管理部、各省会（首府）城市中心支行、各副省级城市中心支行，各有关单位：

服务型制造是制造与服务融合发展的新型制造模式和产业形态，是先进制造业和现代服务业深度融合的重要方向。《发展服务型制造专项行动指南》（工信部联产业〔2016〕231号）印发以来，服务型制造快速发展，新模式新业态不断涌现，有效推动了制造业转型升级。为贯彻党中央、国务院关于推动先进制造业和现代服务业深度融合，发展服务型制造的决策部署，推动制造业高质量发展，现提出以下意见。

一、总体要求

以习近平新时代中国特色社会主义思想为指导，全面贯彻党的十九大和十九届二中、三中、四中全会精神，深入贯彻新发展理念，以供给侧结构性改革为主线，充分发挥市场在资源配置中的决定性作用，更好发挥政府作用，强化制造业企业主体地位，完善政策和营商环境，加强示范引领，健全服务型制造发展生态，积极利用工业互联网等新一代信息技术赋能新制造、催生新服务，加快培育发展服务型制造新业态新模式，促进制造业提质增效和转型升级，为制造强国建设提供有力支撑。

到2022年，新遴选培育200家服务型制造示范企业、100家示范平台（包括应用服务提供商）、100个示范项目、20个示范城市，服务型制造理念得到普遍认可，服务型制造主要模式深入发展，制造业企业服务投入和服务产出显著提升，示范企业服务收入占营业收入的比重达到30%以上。支撑服务型制造发展的标准体系、人才队伍、公共服务体系逐步健全，制造与服务全方位、宽领域、深层次融合发展格局基本形成，对制造业高质量发展的带动作用更加明显。

到2025年，继续遴选培育一批服务型制造示范企业、平台、项目和城市，示范引领作用全面显现，服务型制造模式深入应用。培育一批掌握核心技术的应用服务提供商，服务型制造发展生态体系趋于完善，服务提升制造业创新能力和国际竞争力的作用显著增强，形成一批服务型制造跨国领先企业和产业集群，制造业在全球产业分工和价值链中的地位明显提升，服务型制造成为制造强国建设的有力支撑。

二、推动服务型制造创新发展

（一）工业设计服务。实施制造业设计能力提升专项行动，加强工业设计基础研究和关键共性技术研发，建立开放共享的数据资源库，夯实工业设计发展基础。创新设计理念，加强新技术、新工艺、新材料应用，支持面向制造业设计需求，搭建网络化的设计协同平台，开展众创、众包、众设等模式的应用推广，提升工业设计服务水平。推进设计成果转化应用，加大知识产权保护力度，完善工业设计人才职业发展通道，构建设计发展良好生态。

（二）定制化服务。综合利用5G、物联网、大数据、云计算、人工智能、虚拟现实、工业互联网等新一代信息技术，建立数字化设计与虚拟仿真系统，发展个性化设计、用户参与设计、交互设计，推动零件标准化、配件精细化、部件模块化和产品个性化重组，推进生产制造系统的智能化、柔性化改造，增强定制设计和柔性制造能力，发展大批量个性化定制服务。

（三）供应链管理。支持制造业企业合理安排工厂布局，优化生产管理流程，建设智能化物流装备和仓储设施，促进供应链各环节数据和资源共享。支持有条件的制造业企业面向行业上下游开展集中采购、供应商管理库存（VMI）、精益供应链等模式和服务，建设供应链协同平台，推动供应链标准化、智能化、协同化、绿色化发展。鼓励发展供应链服务企业，提供专业化、一体化生产性服务，形成高效协同、弹性安全、绿色可持续的智慧供应链网络。

（四）共享制造。积极推进共享制造平台建设，把生产制造各环节各领域分散闲置的资源集聚起来，弹性匹配、动态共享给需求方。鼓励企业围绕产业集群的共性制造需求，集中配置通用性强、购置成本高的生产设备，建设提供分时、计件、按价值计价等灵活服务的共享制造工厂，实现资源高效利用和价值共享。创新资源共享机制，鼓励制造业企业开放专业人才、仓储物流、数据分析等服务能力，完善共享制造发展生态。

（五）检验检测认证服务。鼓励发展面向制造业全过程的专业化检验检测认证服务提供商，加强检验检测认证服务机构的资质管理和能力建设，提升检验检测认证服务能力。鼓励有条件的制造业企业开放检验检测资源，参与检验检测公共服务平台建设。鼓励有条件的认证机构创新认证服务模式，为制造企业提供全过程的质量提升服务。推进检验检测认证服务标准体系建设，加强相关仪器设备和共性技术研发，发展工业相机、激光、大数据等新检测模式，提高检验检测认证服务水平。

（六）全生命周期管理。鼓励制造业企业以客户为中心，完善专业化服务体系，开展从研发设计、生产制造、安装调试、交付使用到状态预警、故障诊断、维护检修、回收利用等全链条服务。围绕提升研发设计、生产制造、维护检修水平，拓展售后支持、在线监测、数据融合分析处理和产品升级服务。建设贯穿产品全生命周期的数字化平台、产品数字孪生体等，提高产品生产数据分析能力，提升全生命周期服务水平。

（七）总集成总承包。鼓励制造业企业提高资源整合能力，提供一体化的系统解决方案，开展总集成总承包服务。支持制造业企业依托核心装备、整合优质产业资源，建设"硬件+软件+平台+服务"的集成系统，为客户提供端到端的系统集成服务。支持有条件的制造业企业发展建设—移交（BT）、建设—运营—移交（BOT）、建设—拥有—运营（BOO）、交钥匙工程（EPC）等多种形式的工程总承包服务，探索开展战略和管理咨询服务。

（八）节能环保服务。鼓励制造业企业加大节能环保技术和产品研发力度，逐步开展产品回收及再制造、再利用服务，节约资源、减少污染，实现可持续发展。推行合同能源管理，发展节能诊断、方案设计、节能系统建设运行等服务。继续发展专业化节能服务公司，鼓励有条件的制造业企业提供节能环保服务。引导制造业企业与专业环保治理公司合作，开展污染防治第三方治理、合同水资源管理等新型环保服务。

（九）生产性金融服务。鼓励融资租赁公司、金融机构在依法合规、风险可控的前提下，为生产制造提供融资租赁、卖（买）方信贷、保险保障等配套金融服务。支持领军企业整合产业链与信息链，发挥业务合作对风险防控的积极作用，配合金融机构开展供应链金融业务，提高上下游中小企业融资能力。支持有条件的制造业企业利用债券融资、股权融资、项目融资等多种形式，强

化并购重组等资本运营，推动企业转型升级。支持开展基于新一代信息技术的金融服务新模式。

（十）其他创新模式。鼓励和支持制造业企业加强关键核心技术研发，深化新一代信息技术应用，构建开放式创新平台，发展信息增值服务，探索和实践智能服务新模式，大力发展制造业服务外包，持续推动服务型制造创新发展，促进制造业与服务业融合。

三、夯实筑牢发展基础

（十一）提升信息技术应用能力。引导制造业企业稳步提升数字化、网络化技术水平，加强新一代信息技术应用，面向企业低时延、高可靠、广覆盖的网络需求，加快利用5G等新型网络技术开展工业互联网内网改造，推动5G在智能服务等方面的应用。利用好工业互联网标识解析体系，加快标识集成创新应用。持续推进网络安全建设，强化工业互联网设备、控制、网络、平台、数据安全防护，制定数据保护的相关举措，提升从业人员安全意识，充分利用工业互联网安全监测与态势感知平台，提升工业互联网安全监测预警能力。

（十二）完善服务规范标准。引导制造业各领域各行业分类制定服务型制造评价体系。推动面向应用的产品、服务标准制订，聚焦数据集成、互联共享等问题，加快制订关键技术标准和细分行业应用标准，探索开展应用标准的试验验证。加强基于质量的工业服务标准化管理，加强标准运用，完善相关标准认证认可体系。开展相关领域服务型制造标准和关键共性技术联合攻关，支持设计等服务创新成果申请专利，加大知识产权保护力度。研究制定相关仪器设备修理、更换、退货责任规定，探索开展检验检测领域服务质量监测工作。

（十三）提升人才素质能力。强化创新型、应用型、复合型人才培养，构建服务型制造人才体系。整合大专院校及相关培训机构，面向需求和应用开发服务型制造课程体系。支持重点企业以项目为依托，组织开展技术攻关和服务创新，提升人才的专业能力与经验水平。完善相关专业技术人员职业资格和人才评价制度。支持发展职业教育，建设掌握相关技术技能的高素质工人队伍。鼓励专业服务机构创新人才培育模式，培养高端复合型人才。

（十四）健全公共服务体系。聚焦制造业与服务业深度融合、协同发展，整合研发设计、系统集成、检测认证、专业外包、市场开拓等服务资源，健全服务型制造公共服务体系。培育发展一批服务型制造解决方案供应商和咨询服务机构，推动建设面向服务型制造的专业服务平台、综合服务平台和共性技术平台。研究完善服务型制造统计体系，分模式制定评价指标。发挥中小企业公共服务平台网络作用，强化服务支撑。

四、营造良好发展环境

（十五）加强组织领导。在国家制造强国建设领导小组的统一领导下，各地各部门密切配合，建立健全横向协同、上下联动的工作体系。各地工业和信息化主管部

门要会同同级相关部门完善推进机制，制定本地区工作方案，推动工作落实。充分发挥服务型制造联盟、行业协会等行业组织的作用，加强标准研制、应用推广等公共服务，通过举办服务型制造大会、发布白皮书、模式征集活动等方式，搭建交流推广平台，加强服务型制造创新应用宣贯推广，合力推进服务型制造发展。

（十六）开展示范推广。持续开展服务型制造示范遴选活动，培育和发现一批示范带动作用强、可复制可推广的典型经验，及时跟踪、总结、评估示范过程中的新情况、新问题和新经验，发挥先进典型引领带动作用。统筹行业协会、研究机构、产业联盟和制造业企业等多方资源，开展"服务型制造万里行"主题系列活动，促进模式创新和应用推广。支持各地结合发展实际开展示范遴选工作，建设服务型制造产业集聚区，鼓励有条件的地方先行先试，培育探索新业态、新模式、新经验。指导专业机构编制发布服务型制造发展指数，编写出版服务型制造发展报告，加强典型经验和模式总结、推广与应用。

（十七）强化政策引导。支持服务型制造产业生态、标准体系、公共服务平台、共性技术平台及重大创新应用项目等薄弱环节建设，完善政府采购政策，鼓励在采购文件中提出针对产品的升级改造、回收利用等服务要求，更多地采购个性化定制产品、一体化解决方案和租赁服务等。加大资本市场对服务型制造企业的支持力度，引导金融机构创新支持服务型制造发展的金融产品，持续推动企业在手订单的质押、担保，不断推进知识产权等无形资产及应收账款、仓单等动产质押贷款业务发展。鼓励有条件的地区结合实际，加大政策支持力度。

（十八）深化改革创新。进一步破除制造业企业进入

服务业领域的隐性壁垒，持续放宽市场准入，支持装备企业取得工程和设备总承包资质，支持汽车企业开展车载信息服务。鼓励制造业企业在符合国土空间规划的前提下利用自有工业用地发展生产性服务业，土地用途和权利类型可暂不变更。消除制造业与服务业在适用优惠政策和能源资源使用上的差别化待遇，制造业企业的服务业务用电、用水、用气等采取与一般工业同价的政策，鼓励符合条件的服务型制造企业按照规定申请认定高新技术企业。

（十九）推进国际合作。积极拓展与"一带一路"沿线国家的合作，深度融入全球产业链分工体系，推动产业合作由加工制造环节向研发、设计、服务等环节延伸。鼓励有实力的国外企业、设计机构等在国内投资，发展服务型制造。积极参与服务型制造国际标准体系和服务贸易规则制定，推动产品和服务标准、认证等双多边国际互认，引导制造业企业取得国际认可的服务资质，积极承揽国际项目，带动中国装备、技术、标准、认证和服务"走出去"。鼓励地方、园区、企业、行业组织、研究机构创新合作方式，举办服务型制造国际交流活动，搭建多层次国际交流合作平台。

工业和信息化部　国家发展和改革委员会

教育部　科学技术部　财政部

人力资源和社会保障部　自然资源部

生态环境部　商务部　中国人民银行

国家市场监督管理总局　国家统计局

中国银行保险监督管理委员会

中国证券监督管理委员会

国家知识产权局

2020 年 6 月 30 日

工业和信息化部 财政部 海关总署 税务总局 能源局关于印发《重大技术装备进口税收政策管理办法实施细则》的通知

工信部联财〔2020〕118号

各省、自治区、直辖市及计划单列市、新疆生产建设兵团工业和信息化主管部门、财政厅（局），海关总署广东分署、各直属海关，国家税务总局各省、自治区、直辖市、计划单列市税务局，财政部各地监管局，国家税务总局驻各地特派员办事处：

为支持我国重大技术装备制造业发展，按照《财政部 工业和信息化部 海关总署 税务总局 能源局关于印发〈重大技术装备进口税收政策管理办法〉的通知》（财关税〔2020〕2号）有关要求，工业和信息化部、财政部、海关总署、税务总局、能源局制定了《重大技术装备进口税收政策管理办法实施细则》，现予印发，自2020年8月1日起实施。

《关于调整重大技术装备进口税收政策受理程序等事项的通知》（工信厅联财〔2016〕40号）同时废止。

工业和信息化部
财政部
海关总署
税务总局
能源局
2020年7月24日

重大技术装备进口税收政策管理办法实施细则

第一章 总则

第一条 为落实重大技术装备进口税收政策，根据《财政部 工业和信息化部 海关总署 税务总局 能源局关于印发〈重大技术装备进口税收政策管理办法〉的通知（财关税〔2020〕2号）制定本细则。

第二条 工业和信息化部会同财政部、海关总署、税务总局、能源局制定和修改本细则，省级工业和信息化主管部门（含计划单列市，下同）会同同级财政厅（局）、各直属海关、省级税务机关按照本细则做好相关工作。

第三条 申请享受重大技术装备进口税收政策的企业一般应为生产国家支持发展的重大技术装备或产品的企业，承诺具备较强的设计研发和生产制造能力以及专业比较齐全的技术人员队伍，并应当同时满足以下条件：

（一）独立法人资格；

（二）不存在违法和严重失信行为；

（三）具有核心技术和知识产权；

（四）申请享受政策的重大技术装备和产品应符合《国家支持发展的重大技术装备和产品目录》有关要求。

申请享受重大技术装备进口税收政策的核电项目业主应为核电领域承担重大技术装备依托项目的业主。

第二章 免税资格申请程序

第四条 新申请享受政策的企业和核电项目业主免税资格的认定工作每年组织1次。

第五条 新申请享受政策的企业和核电项目业主，应按照下年1月1日执行有效的重大技术装备进口税收政策有关目录，于当年8月1日至8月31日提交《享受重大技术装备进口税收政策申请报告》（见附件1）。其中，地方企业通过企业所在地省级工业和信息化主管部门向工业和信息化部报送申请报告；中央企业集团下属企业、核电项目业主通过中央企业集团向工业和信息化部报送申请报告。

第六条 省级工业和信息化主管部门、中央企业集团收到申请报告后，应对照附件1有关要求，审核申请报告是否规范、完整，材料是否有效。其中，省级工业和信息化主管部门应会同企业所在地直属海关、省级财政厅（局）、省级税务机关对申请报告进行审核。申请报告不符合规定的，省级工业和信息化主管部门、中央企业集团应当一次性告知企业和核电项目业主需要补正的材料，企业和核电项目业主应在5个工作日内提交补正材料。企业和核电项目业主未按照规定报送申请报告或补正材料的，省级工业和信息化主管部门和中央企业集团不予受理。

第七条 省级工业和信息化主管部门、中央企业集团应于每年9月30日前，将审核后的申请报告报送工业和信息化部。

第八条 工业和信息化部收到申请报告后，应会同财政部、海关总署、税务总局、能源局组织相关行业专家，对照本细则第三条的规定，通过书面审核和答辩等形式，对企业和核电项目业主的免税资格进行认定，形成专家评审意见。

第九条 工业和信息化部会同财政部、海关总署、税务总局、能源局根据专家评审意见，共同研究确定下年度新享受政策的企业和核电项目业主名单及其享受政策时间、免税资格复核时间，由工业和信息化部于每年11月30日前函告海关总署，抄送税务总局、能源局、省级工业和信息化主管部门、中央企业集团。名单中的企业和核电项目业主自下年度1月1日起享受政策。

第十条 省级工业和信息化主管部门、中央企业集团应将新享受政策的企业和核电项目业主名单等信息分别告知相关企业和核电项目业主。

第十一条 特殊情况下，新享受政策的企业和核电项目业主名单未能在下年度1月1日前印发，新申请享受政策的企业和核电项目业主可凭工业和信息化部开具的《申请享受重大技术装备进口税收政策受理通知书》（见附件2），向主管海关申请办理有关零部件及原材料凭税款担保先予放行手续。

第三章 免税资格复核程序

第十二条 对已享受政策的企业和核电项目业主的免税资格每三年集中进行一次复核。

第十三条 企业和核电项目业主应按照下年1月1日执行有效的重大技术装备进口税收政策有关目录，于其免税资格复核当年的8月1日至8月31日提交《享受重大技术装备进口税收政策复核报告》（见附件3）。其中，地方企业通过企业所在地省级工业和信息化主管部门向工业和信息化部报送复核报告；中央企业集团下属企业、核电项目业主通过中央企业集团向工业和信息化部报送复核报告。

第十四条 省级工业和信息化主管部门、中央企业集团收到复核报告后，应对照附件3有关要求，审核复核报告是否规范、完整，材料是否有效。其中，省级工业和信息化主管部门应会同企业所在地直属海关、省级财政厅（局）、省级税务机关对复核报告进行审核。复核报告不符合规定的，省级工业和信息化主管部门、中央企业集团应当一次性告知企业和核电项目业主需要补正的材料，企业和核电项目业主应在5个工作日内提交补正材料。企业和核电项目业主未按照规定提交复核报告或补正材料的，视同放弃免税资格，自下年度1月1日起停止享受政策。

第十五条 省级工业和信息化主管部门、中央企业集团应于当年9月30日前，将审核后的复核报告报送工业和信息化部。

第十六条 工业和信息化部收到复核报告后，应会同财政部、海关总署、税务总局、能源局组织相关行业专家，对照本细则第三条的规定，通过书面评审和答辩等形式，对已享受政策的企业和核电项目业主的免税资格进行复核，形成专家评审意见。

第十七条 工业和信息化部会同财政部、海关总署、税务总局、能源局根据专家评审意见，共同研究确定继续享受政策的企业和核电项目业主名单及其继续享受政策时间、下一次免税资格复核时间，以及停止享受政策的企业和核电项目业主名单，由工业和信息化部于当年11月30日前函告海关总署，并抄送税务总局、能源局、省级工业和信息化主管部门、中央企业集团。继续享受政策名单中的企业和核电项目业主自下年度1月1日起享受政策。

第十八条 省级工业和信息化主管部门、中央企业集团应将继续享受政策、停止享受政策的企业和核电项目业主名单等信息分别告知相关企业和核电项目业主。

第十九条 已享受政策企业和核电项目业主于每年3月1日前将《享受重大技术装备进口税收政策年度执行情况表》（见附件4）报送省级工业和信息化主管部门或中央企业集团。省级工业和信息化主管部门或中央企业集团汇总后，于每年3月31日前报送工业和信息化部。

第二十条 已享受政策的企业和核电项目业主发生名称、公司类型、经营范围等信息变更，应在完成变更登记之日起一个月内，将有关变更情况说明通过省级工业和信息化部门或中央企业集团报送工业和信息化部。工业和信息化部应会同财政部、海关总署、税务总局、能源局确定变更后的企业和核电项目业主是否继续享受政策；不符合条件的，自变更登记之日起不再享受政策。工业和信息化部将确认结果（对停止享受政策的，应注明停止享受政策时间）函告海关总署，并抄送税务总局。

第四章 目录制修订事项

第二十一条 《国家支持发展的重大技术装备和产品目录》《重大技术装备和产品进口关键零部件、原材料商品目录》和《进口不予免税的重大技术装备和产品目录》应适时调整。调整内容包括：增加或删除国家支持发展的重大技术装备和产品，增加或删除重大技术装备和产品进口关键零部件、原材料，增加或调整进口不予免税的重大技术装备和产品，调整国家支持发展的重大技术装备和产品的技术规格、销售业绩、执行年限等，调整重大技术装备和产品进口关键零部件、原材料的单机用量、执行年限等。

第二十二条 《国家支持发展的重大技术装备和产品目录》增加及保留的重大技术装备和产品，应符合产业发展方向和目录规定的领域。《重大技术装备和产品进口关键零部件、原材料商品目录》增加及保留的关键零部件、原材料，应为生产国家支持发展的重大技术装备和产品而确有必要进口的关键零部件、原材料。《进口不予免税的重大技术装备和产品目录》增加的重大技术装备和产品，应为国内已能生产的重大技术装备和产品。

第二十三条 企业和核电项目业主如对相关目录提出修订建议，可向省级工业和信息化主管部门、有关行业协会或中央企业集团报送《重大技术装备进口税收政策有关目录修订建议报告》（见附件5）。

第二十四条 省级工业和信息化主管部门、有关行业协会、中央企业集团应对企业和核电项目业主提交的目录修订建议进行筛选和汇总，于当年3月31日前将目录修订建议汇总表和修订建议报告报送工业和信息化部。

第二十五条 财政部、海关总署、税务总局、能源局可按职责分工对目录提出修订建议，于当年3月31日前将修订建议函告工业和信息化部。

第二十六条 工业和信息化部会同财政部、海关总署、税务总局、能源局组织相关行业专家，开展目录修订评审，由工业和信息化部网上公示后（公示时间一般不少于10个工作日），按程序发布新修订的目录。

第五章 其他事项

第二十七条 2020年已享受政策的企业和核电项目业主（不含2020年新享受政策企业和核电项目业主）应于2020年8月31日前按规定提交免税资格复核报告。以后的免税资格复核工作每3年开展1次，即2022年对2020年至2022年享受政策企业和核电项目业主的免税资格进行复核，2025年对2023年至2025年享受政策企业和核电项目业主的免税资格进行复核，以此类推。

第二十八条 工业和信息化部会同有关部门适时对企业和核电项目业主执行政策情况进行监督检查和评估。

享受政策的企业和核电项目业主如违反规定，将免税进口的零部件、原材料擅自转让、移作他用或者进行其他处置，被依法追究刑事责任的，从违法行为发现之日起停止享受政策。

第二十九条 享受政策的企业和核电项目业主如存在被列入失信联合惩戒名单等失信情况，由工业和信息化部会同相关部门研究企业是否能继续享受免税政策。不能继续享受免税政策的，由工业和信息化部将企业名单及停止享受政策时间等信息函告海关总署，并抄送税务总局、能源局、省级工业和信息化主管部门、中央企业集团。

第三十条 对于企业和核电项目业主存在以虚报情况获得免税资格的，取消免税资格并按有关法律法规和规定处理。

第三十一条 省级工业和信息化主管部门、中央企业集团应做好政策解读和业务辅导；对于政策实施过程中存在的问题，可及时向工业和信息化部、海关总署等相关部门反映。

第三十二条 本细则由工业和信息化部会同财政部、海关总署、税务总局、能源局负责解释。

第三十三条 本细则自2020年8月1日起实施。

附件：

1. 享受重大技术装备进口税收政策申请报告（略）。

2. 申请享受重大技术装备进口税收政策受理通知书（略）。

3. 享受重大技术装备进口税收政策复核报告（略）。

4. 享受重大技术装备进口税收政策年度执行情况表（略）。

5. 重大技术装备进口税收政策有关目录修订建议报告（略）。

财政部 税务总局 发展改革委 工业和信息化部关于促进集成电路产业和软件产业高质量发展企业所得税政策的公告

2020 年第 45 号

根据《国务院关于印发新时期促进集成电路产业和软件产业高质量发展若干政策的通知》（国发〔2020〕8 号）有关要求，为促进集成电路产业和软件产业高质量发展，现就有关企业所得税政策问题公告如下：

一、国家鼓励的集成电路线宽小于 28 纳米（含），且经营期在 15 年以上的集成电路生产企业或项目，第一年至第十年免征企业所得税；国家鼓励的集成电路线宽小于 65 纳米（含），且经营期在 15 年以上的集成电路生产企业或项目，第一年至第五年免征企业所得税，第六年至第十年按照 25% 的法定税率减半征收企业所得税；国家鼓励的集成电路线宽小于 130 纳米（含），且经营期在 10 年以上的集成电路生产企业或项目，第一年至第二年免征企业所得税，第三年至第五年按照 25% 的法定税率减半征收企业所得税。

对于按照集成电路生产企业享受税收优惠政策的，优惠期自获利年度起计算；对于按照集成电路生产项目享受税收优惠政策的，优惠期自项目取得第一笔生产经营收入所属纳税年度起计算，集成电路生产项目需单独进行会计核算、计算所得，并合理分摊期间费用。

国家鼓励的集成电路生产企业或项目清单由国家发展改革委、工业和信息化部会同财政部、税务总局等相关部门制定。

二、国家鼓励的线宽小于 130 纳米（含）的集成电路生产企业，属于国家鼓励的集成电路生产企业清单年度之前 5 个纳税年度发生的尚未弥补完的亏损，准予向以后年度结转，总结转年限最长不得超过 10 年。

三、国家鼓励的集成电路设计、装备、材料、封装、测试企业和软件企业，自获利年度起，第一年至第二年免征企业所得税，第三年至第五年按照 25% 的法定税率减半征收企业所得税。

国家鼓励的集成电路设计、装备、材料、封装、测试企业和软件企业条件，由工业和信息化部会同国家发展改革委、财政部、税务总局等相关部门制定。

四、国家鼓励的重点集成电路设计企业和软件企业，自获利年度起，第一年至第五年免征企业所得税，接续年度减按 10% 的税率征收企业所得税。

国家鼓励的重点集成电路设计和软件企业清单由国家发展改革委、工业和信息化部会同财政部、税务总局等相关部门制定。

五、符合原有政策条件且在 2019 年（含）之前已经进入优惠期的企业或项目，2020 年（含）起可按原有政策规定继续享受至期满为止，如也符合本公告第一条至第四条规定，可按本公告规定享受相关优惠，其中定期减免税优惠，可按本公告规定计算优惠期，并就剩余期限享受优惠至期满为止。符合原有政策条件，2019 年（含）之前尚未进入优惠期的企业或项目，2020 年（含）起不再执行原有政策。

六、集成电路企业或项目、软件企业按照本公告规定同时符合多项定期减免税优惠政策条件的，由企业选择其中一项政策享受相关优惠。其中，已经进入优惠期的，可由企业在剩余期限内选择其中一项政策享受相关优惠。

七、本公告规定的优惠，采取清单进行管理的，由国家发展改革委、工业和信息化部于每年 3 月底前按规定向财政部、税务总局提供上一年度可享受优惠的企业和项目清单；不采取清单进行管理的，税务机关按照财税〔2016〕49 号第十条的规定转请发展改革、工业和信息化部门进行核查。

八、集成电路企业或项目、软件企业按照原有政策规定享受优惠的，税务机关按照财税〔2016〕49 号第十条的规定转请发展改革、工业和信息化部门进行核查。

九、本公告所称原有政策，包括：《财政部 国家税务总局关于进一步鼓励软件产业和集成电路产业发展企业所得税政策的通知》（财税〔2012〕27 号）、《财政部 国家税务总局 发展改革委 工业和信息化部关于进一步鼓励集成电路产业发展企业所得税政策的通知》（财税〔2015〕6 号）、《财政部 国家税务总局 发展改革委 工业和信息化部关于软件和集成电路产业企业所得税优惠政策有关问题的通知》（财税〔2016〕49 号）、《财政部 税务总局 国家发展改革委 工业和信息化部关于集成电路生产企业有关企业所得税政策问题的通知》（财税〔2018〕27 号）、《财政部 税务总局关于集成电路设计和软件产业企业所得税政策的公告》（财政部 税务总局公告 2019 年第 68 号）、《财政部 税务总局关于集成电路设计企业和软件企业 2019 年度企业所得税汇算清缴适用政策的公告》（财政部　税务总局公告 2020 年第 29 号）。

十、本公告自 2020 年 1 月 1 日起执行。财税〔2012〕27 号第二条中"经认定后，减按 15% 的税率征收企业所得税"的规定和第四条"国家规划布局内的重点软件企业和集成电路设计企业，如当年未享受免税优惠的，可减按 10% 的税率征收企业所得税"同时停止执行。

财政部

国家税务总局

国家发展改革委

工业和信息化部

2020 年 12 月 11 日

2021 年

工业和信息化部关于加强车联网网络安全和数据安全工作的通知

工信部网安〔2021〕134 号

各省、自治区、直辖市及新疆生产建设兵团工业和信息化主管部门，各省、自治区、直辖市通信管理局，中国电信集团有限公司、中国移动通信集团有限公司、中国联合网络通信集团有限公司，有关智能网联汽车生产企业、车联网服务平台运营企业，有关标准化技术组织：

车联网是新一代网络通信技术与汽车、电子、道路交通运输等领域深度融合的新兴产业形态。智能网联汽车是搭载先进的车载传感器、控制器、执行器等装置，并融合现代通信与网络技术，实现车与车、路、人、云端等智能信息交换、共享，具备复杂环境感知、智能决策、协同控制等功能，可实现"安全、高效、舒适、节能"行驶的新一代汽车。在产业快速发展的同时，车联网安全风险日益凸显，车联网安全保障体系亟须健全完善。为推进实施《新能源汽车产业发展规划（2021—2035 年）》，加强车联网网络安全和数据安全管理工作，现将有关事项通知如下：

一、网络安全和数据安全基本要求

（一）落实安全主体责任。各相关企业要建立网络安全和数据安全管理制度，明确负责人和管理机构，落实网络安全和数据安全保护责任。强化企业内部监督管理，加大资源保障力度，及时发现并解决安全隐患。加强网络安全和数据安全宣传、教育和培训。

（二）全面加强安全保护。各相关企业要采取管理和技术措施，按照车联网网络安全和数据安全相关标准要求，加强汽车、网络、平台、数据等安全保护，监测、防范、及时处置网络安全风险和威胁，确保数据处于有效保护和合法利用状态，保障车联网安全稳定运行。

二、加强智能网联汽车安全防护

（三）保障车辆网络安全。智能网联汽车生产企业要加强整车网络安全架构设计。加强车内系统通信安全保障，强化安全认证、分域隔离、访问控制等措施，防范伪装、重放、注入、拒绝服务等攻击。加强车载信息交互系统、汽车网关、电子控制单元等关键设备和部件安全防护和安全检测。加强诊断接口（OBD）、通用串行总线（USB）端口、充电端口等的访问和权限管理。

（四）落实安全漏洞管理责任。智能网联汽车生产企业要落实《网络产品安全漏洞管理规定》有关要求，明确本企业漏洞发现、验证、分析、修补、报告等工作程序。发现或获知汽车产品存在漏洞后，应立即采取补救措施，并向工业和信息化部网络安全威胁和漏洞信息共享平台报送漏洞信息。对需要用户采取软件、固件升级等措施修补漏洞的，应当及时将漏洞风险及修补方式告知可能受影响的用户，并提供必要技术支持。

三、加强车联网网络安全防护

（五）加强车联网网络设施和网络系统安全防护能力。各相关企业要严格落实网络安全分级防护要求，加强网络设施和网络系统资产管理，合理划分网络安全域，加强访问控制管理，做好网络边界安全防护，采取防范木马病毒和网络攻击、网络侵入等危害车联网安全行为的技术措施。自行或者委托检测机构定期开展网络安全符合性评测和风险评估，及时消除风险隐患。

（六）保障车联网通信安全。各相关企业要建立车联网身份认证和安全信任机制，强化车载通信设备、路侧通信设备、服务平台等安全通信能力，采取身份认证、加密传输等必要的技术措施，防范通信信息伪造、数据篡改、重放攻击等安全风险，保障车与车、车与路、车与云、车与设备等场景通信安全。鼓励相关企业、机构接入工业和信息化部车联网安全信任根管理平台，协同推动跨车型、跨设施、跨企业互联互认互通。

（七）开展车联网安全监测预警。国家加强车联网网络安全监测平台建设，开展网络安全威胁、事件的监测预警通报和安全保障服务。各相关企业要建立网络安全监测预警机制和技术手段，对智能网联汽车、车联网服务平台及联网系统开展网络安全相关监测，及时发现网络安全事件或异常行为，并按照规定留存相关的网络日志不少于 6 个月。

（八）做好车联网安全应急处置。智能网联汽车生产企业、车联网服务平台运营企业要建立网络安全应急响应机制，制定网络安全事件应急预案，定期开展应急演练，及时处置安全威胁、网络攻击、网络侵入等网络安全风险。在发生危害网络安全的事件时，立即启动应急预案，采取相应的补救措施，并按照《公共互联网网络安全突发事件应急预案》等规定向有关主管部门报告。

（九）做好车联网网络安全防护定级备案。智能网联汽车生产企业、车联网服务平台运营企业要按照车联网网络安全防护相关标准，对所属网络设施和系统开展网络安全防护定级工作，并向所在省（区、市）通信管理局备案。对新建网络设施和系统，应当在规划设计阶段确定网络安全防护等级。各省（区、市）通信管理局会同工业和信息化主管部门做好定级备案审核工作。

四、加强车联网服务平台安全防护

（十）加强平台网络安全管理。车联网服务平台运营企业要采取必要的安全技术措施，加强智能网联汽车、路侧设备等平台接入安全，主机、数据存储系统等平台设施安全，以及资源管理、服务访问接口等平台应用安全防护能力，防范网络侵入、数据窃取、远程控制等安全风险。涉及在线数据处理与交易处理、信息服务业务等电信业务的，应依法取得电信业务经营许可。认定为关键信息基础设施的，要落实《关键信息基础设施安全保护条例》有关规定，并按照国家有关标准使用商用密码进行保护，自行或者委托商用密码检测机构开展商用密码应用安全性评估。

（十一）加强在线升级服务（OTA）安全和漏洞检测评估。智能网联汽车生产企业要建立在线升级服务软件包安全验证机制，采用安全可信的软件。开展在线升级软件包网络安全检测，及时发现产品安全漏洞。加强在线升级服务安全校验能力，采取身份认证、加密传输等技术措施，保障传输环境和执行环境的网络安全。加强在线升级服务全过程的网络安全监测和应急响应，定期评估网络安全状况，防范软件被伪造、篡改、损毁、泄露和病毒感染等网络安全风险。

（十二）强化应用程序安全管理。智能网联汽车生产企业、车联网服务平台运营企业要建立车联网应用程序开发、上线、使用、升级等安全管理制度，提升应用程序身份鉴别、通信安全、数据保护等安全能力。加强车联网应用程序安全检测，及时处置安全风险，防范恶意应用程序攻击和传播。

五、加强数据安全保护

（十三）加强数据分类分级管理。按照"谁主管、谁负责，谁运营、谁负责"的原则，智能网联汽车生产企业、车联网服务平台运营企业要建立数据管理台账，实施数据分类分级管理，加强个人信息与重要数据保护。定期开展数据安全风险评估，强化隐患排查整改，并向所在省（区、市）通信管理局、工业和信息化主管部门报备。所在省（区、市）通信管理局、工业和信息化主

管部门要对企业履行数据安全保护义务进行监督检查。

（十四）提升数据安全技术保障能力。智能网联汽车生产企业、车联网服务平台运营企业要采取合法、正当方式收集数据，针对数据全生命周期采取有效技术保护措施，防范数据泄露、毁损、丢失、篡改、误用、滥用等风险。各相关企业要强化数据安全监测预警和应急处置能力建设，提升异常流动分析、违规跨境传输监测、安全事件追踪溯源等水平；及时处置数据安全事件，向所在省（区、市）通信管理局、工业和信息化主管部门报告较大及以上数据安全事件，并配合开展相关监督检查，提供必要技术支持。

（十五）规范数据开发利用和共享使用。智能网联汽车生产企业、车联网服务平台运营企业要合理开发利用数据资源，防范在使用自动化决策技术处理数据时，侵犯用户隐私权和知情权。明确数据共享和开发利用的安全管理和责任要求，对数据合作方数据安全保护能力进行审核评估，对数据共享使用情况进行监督管理。

（十六）强化数据出境安全管理。智能网联汽车生产企业、车联网服务平台运营企业需向境外提供在中华人民共和国境内收集和产生的重要数据的，应当依法依规进行数据出境安全评估并向所在省（区、市）通信管理局、工业和信息化主管部门报备。各省（区、市）通信管理局会同工业和信息化主管部门做好数据出境备案、安全评估等工作。

六、健全安全标准体系

（十七）加快车联网安全标准建设。加快编制车联网网络安全和数据安全标准体系建设指南。全国通信标准化技术委员会、全国汽车标准化技术委员会等要加快组织制定车联网防护定级、服务平台防护、汽车漏洞分类分级、通信交互认证、数据分类分级、事件应急响应等标准规范及相关检测评估、认证标准。鼓励各相关企业、社会团体制定高于国家标准或行业标准相关技术要求的企业标准、团体标准。

特此通知。

工业和信息化部

2021 年 9 月 15 日

工业和信息化部关于加强智能网联汽车生产企业及产品准入管理的意见

工信部通装〔2021〕103 号

各省、自治区、直辖市及新疆生产建设兵团工业和信息化主管部门，各省、自治区、直辖市通信管理局，有关汽车生产企业：

为加强智能网联汽车生产企业及产品准入管理，维护公民生命、财产安全和公共安全，促进智能网联汽车产业健康可持续发展，根据《中华人民共和国道路交通安全法》《中华人民共和国网络安全法》《中华人民共和国数据安全法》《道路机动车辆生产企业及产品准入管理办法》等规定，提出以下意见。

一、总体要求

坚持以习近平新时代中国特色社会主义思想为指导，深入贯彻党的十九大和十九届二中、三中、四中、五中全会精神，落实立足新发展阶段、贯彻新发展理念、构建新发展格局、推动高质量发展的要求，压实企业主体责任，加强汽车数据安全、网络安全、软件升级、功能安全和预期功能安全管理，保证产品质量和生产一致性，推动智能网联汽车产业高质量发展。

二、加强数据和网络安全管理

（一）强化数据安全管理能力。企业应当建立健全汽车数据安全管理制度，依法履行数据安全保护义务，明确责任部门和负责人。建立数据资产管理台账，实施数据分类分级管理，加强个人信息与重要数据保护。建设数据安全保护技术措施，确保数据持续处于有效保护和合法利用的状态，依法依规落实数据安全风险评估、数据安全事件报告等要求。在中华人民共和国境内运营中收集和产生的个人信息和重要数据应当按照有关法律法规规定在境内存储。需要向境外提供数据的，应当通过数据出境安全评估。

（二）加强网络安全保障能力。企业应当建立汽车网络安全管理制度，依法落实网络安全等级保护制度和车联网卡实名登记管理要求，明确网络安全责任部门和负责人。具备保障汽车电子电气系统、组件和功能免受网络威胁的技术措施，具备汽车网络安全风险监测、网络安全缺陷和漏洞等发现和处置技术条件，确保车辆及其功能处于被保护的状态，保障车辆安全运行。依法依规落实网络安全事件报告和处置要求。

三、规范软件在线升级

（三）强化企业管理能力。企业生产具有在线升级（又称OTA升级）功能的汽车产品的，应当建立与汽车产品及升级活动相适应的管理能力，具有在线升级安全影响评估、测试验证、实施过程保障、信息记录等能力，确保车辆进行在线升级时处于安全状态，并向车辆用户告知在线升级的目的、内容、所需时长、注意事项、升级结果等信息。

（四）保证产品生产一致性。企业实施在线升级活动前，应当确保汽车产品符合国家法律法规、技术标准及技术规范等相关要求并向工业和信息化部备案，涉及安全、节能、环保、防盗等技术参数变更的应提前向工业和信息化部申报，保证汽车产品生产一致性。未经审批，不得通过在线等软件升级方式新增或更新汽车自动驾驶功能。

四、加强产品管理

（五）严格履行告知义务。企业生产具有驾驶辅助和自动驾驶功能的汽车产品的，应当明确告知车辆功能及性能限制、驾驶员职责、人机交互设备指示信息、功能激活及退出方法和条件等信息。

（六）加强组合驾驶辅助功能产品安全管理。企业生产具有组合驾驶辅助功能的汽车产品的，应采取脱手检测等技术措施，保障驾驶员始终在执行相应的动态驾驶任务。组合驾驶辅助功能是指驾驶自动化系统在其设计运行条件下，持续地执行车辆横向和纵向运动控制，并具备相应的目标和事件探测与响应能力。

（七）加强自动驾驶功能产品安全管理。企业生产具有自动驾驶功能的汽车产品的，应当确保汽车产品至少满足以下要求：

1. 应能自动识别自动驾驶系统失效以及是否持续满足设计运行条件，并能采取风险减缓措施以达到最小风险状态。

2. 应具备人机交互功能，显示自动驾驶系统运行状态。在特定条件下需要驾驶员执行动态驾驶任务的，应具备识别驾驶员执行动态驾驶任务能力的功能。车辆应能够依法依规合理使用灯光信号、声音等方式与其他道路使用者进行交互。

3. 应具有事件数据记录系统和自动驾驶数据记录系统，满足相关功能、性能和安全性要求，用于事故重建、责任判定及原因分析等。其中，自动驾驶数据记录系统记录的数据应包括车辆及系统基本信息、车辆状态及动态信息、自动驾驶系统运行信息、行车环境信息、驾乘人员操作及状态信息、故障信息等。

4. 应满足功能安全、预期功能安全、网络安全等过程保障要求，以及模拟仿真、封闭场地、实际道路、网络安全、软件升级、数据记录等测试要求，避免车辆在设计运行条件内发生可预见且可预防的安全事故。

（八）确保可靠的时空信息服务。企业应当确保汽车产品具有安全、可靠的卫星定位及授时功能，可有效提供位置、速度、时间等信息，并应满足相关要求，鼓励支持接受北斗卫星导航系统信号。

五、保障措施

（九）建立自查机制。企业应当加强自查，发现生产、销售的汽车产品存在数据安全、网络安全、在线升级安全、驾驶辅助和自动驾驶安全等严重问题的，应当依法依规立即停止相关产品的生产、销售，采取措施进行整改，并及时向工业和信息化部及所在地工业和信息化、电信主管部门报告。

（十）加强监督实施。工业和信息化部指导有关机构做好智能网联汽车生产企业及产品准入技术审查等工作。各地工业和信息化、电信主管部门要与相关部门协同配合，按照《道路机动车辆生产企业及产品准入管理办法》有关要求，做好对本意见落实情况的监督检查。

（十一）夯实基础能力。工业和信息化部会同各地相关部门、有关企业进一步完善智能网联汽车标准体系建设，加快推动汽车数据安全、网络安全、在线升级、驾驶辅助、自动驾驶等标准规范制修订。鼓励第三方服务机构和企业加强相关测试验证和检验检测能力建设，不断提升智能网联汽车相关技术和网络安全、数据安全水平。

工业和信息化部
2021 年 7 月 30 日

工业和信息化部关于提升 5G 服务质量的通知

工信部信管函〔2021〕28 号

各省、自治区、直辖市通信管理局，中国电信集团有限公司、中国移动通信集团有限公司、中国联合网络通信集团有限公司、中国广播电视网络有限公司，中国信息通信研究院：

我国 5G 商用许可发放以来，全行业加快网络建设，完善产业生态，丰富内容应用，5G 发展取得积极成效。同时，部分电信企业用户提醒不到位、宣传营销不规范等情形引发社会广泛关注。为切实维护用户权益，推动 5G 持续健康发展，现就提升 5G 服务质量有关事项通知如下：

一、全面提升思想认识，高度重视服务工作

做好 5G 服务工作是践行以人民为中心的发展思想，着力解决好人民群众最关心最直接最现实利益问题的重要举措。各基础电信企业要提高政治站位，带着责任、带着感情开展工作，深化企业内部横向联动、纵向穿透的服务管理制度建设，制定完善本企业 5G 服务标准，加大对实体营业厅、客服热线等一线窗口的服务考核力度，将 5G 服务质量作为一线窗口绩效考核的重要内容。

二、健全四个提醒机制，充分保障用户知情权

一是提醒用户可通过实体营业厅、客服热线、网上营业厅、手机 App 查询本地区 5G 网络覆盖情况，在 5G 网络暂未覆盖的地区发展 5G 用户，事先提醒用户知悉本地区 5G 网络覆盖进度情况。二是提醒用户使用 5G 网络要更换 5G 终端，非 5G 终端办理 5G 套餐只能享受 5G 资费优惠，不能使用 5G 网络。三是用户在办理已公示下架套餐变更为 5G 套餐时，提醒用户变更 5G 套餐后将无法再选择办理原套餐，可以选择其他在售套餐。四是用户办理有合约要求的 5G 套餐前，提醒用户如要解除合约办理"携号转网"服务、更改套餐或注销须履行的解约责任。

三、严守四条营销红线，切实维护用户权益

一是客观真实宣传 5G 业务及资费，公示全量在售套餐情况，不得片面夸大 5G 优势或优惠项目，隐瞒或淡化限制性条件。二是尊重用户的真实意愿，不得误导、强迫用户办理或升级 5G 套餐，未经用户同意不得擅自开通 5G 套餐、升级包等服务。三是无协议约定不得限制 5G 套餐用户更改其他在售套餐，对于有协议约定的 5G 套餐用户变更套餐的，可依据《中华人民共和国民法典》与用户协商解约事宜。四是确保在售的高中低档 4G 与 5G 套餐在线上线下渠道均承载销售，4G 套餐查询、办理入口不得隐蔽设置。

四、统一渠道宣传口径，及时回应社会关切

一是针对用户关心的焦点问题制定宣传方案，充分利用视频直播、短视频等各类新媒体手段和各项新技术开展宣传。二是统一实体营业厅、客服热线、电子渠道等各渠道的 5G 服务口径。三是针对更换 5G 终端、办理 5G 套餐、使用 5G 网络的具体方法及享受服务的差异，做出清晰、准确解释说明。四是对社会广泛关注的 5G 相关问题，要及时予以回应。

五、建立三类监测体系，准确把握服务态势

一是各基础电信企业要按照要求做好 5G 业务发展数据报送工作。二是各级电信用户申诉受理机构要做好 5G 服务申诉工作，加强数据分析，预先发现苗头性问题，为服务监管提供参考。三是中国信息通信研究院要加强舆情监测，探索建立 5G 用户满意度测评制度。

六、强化协同监管，加强监督检查

一是各基础电信企业要加强内部自查自纠，完善服务违规行为处理机制，加大服务考核比重，对相关主管部门通报的重点 5G 服务违规事件，要问责到相关负责人。二是各地通信管理局、各基础电信企业要把 5G 服务纳入 2021 年行风纠风工作的重点任务，全国一盘棋部署落实。三是各地通信管理局要利用好日常监测、技术检测、暗访抽查、用户测评、集中检查等方式，及时发现 5G 服务问题，督促企业落实整改，依法处理违规行为。

请各基础电信企业于 2021 年 2 月 28 日前在全国范围内落实上述要求，并向部（信息通信管理局）报送落实情况。请各地通信管理局于 3 月 10 日前完成对本区域电信企业落实情况的监督检查，并将检查情况报部（信息通信管理局）。

工业和信息化部
2021 年 2 月 1 日

工业和信息化部关于印发《"双千兆"网络协同发展行动计划（2021—2023 年）》的通知

工信部通信〔2021〕34 号

各省、自治区、直辖市通信管理局，各省、自治区、直辖市及计划单列市、新疆生产建设兵团工业和信息化主管部门，各相关企业：

为深入贯彻党的十九届五中全会精神，落实《中华人民共和国国民经济和社会发展第十四个五年规划和 2035 年远景目标纲要》和 2021 年《政府工作报告》部署，现将《"双千兆"网络协同发展行动计划（2021—2023 年）》印发给你们，请结合实际认真贯彻落实。

工业和信息化部

2021 年 3 月 24 日

"双千兆"网络协同发展行动计划（2021—2023 年）

以千兆光网和 5G 为代表的"双千兆"网络，能向单个用户提供固定和移动网络千兆接入能力，具有超大带宽、超低时延、先进可靠等特征，二者互补互促，是新型基础设施的重要组成和承载底座。为贯彻落实《政府工作报告》部署要求，推进"双千兆"网络建设互促、应用优势互补、创新业务融合，进一步发挥"双千兆"网络在拉动有效投资、促进信息消费和助力制造业数字化转型等方面的重要作用，加快推动构建新发展格局，制定本行动计划。

一、总体要求

（一）指导思想

以习近平新时代中国特色社会主义思想为指导，深入贯彻党的十九大和十九届二中、三中、四中、五中全会精神，坚持以人民为中心的发展思想，立足新发展阶段，贯彻新发展理念，构建新发展格局，以深化供给侧结构性改革为主线，以支撑制造强国、网络强国和数字中国建设为目标，以协同推进"双千兆"网络建设、创新应用模式、实现技术突破、繁荣产业生态、强化安全保障为重点方向，为系统布局新型基础设施夯实底座、为加快产业数字化进程筑牢根基，为推动经济社会高质量发展提供坚实网络支撑。

（二）基本原则

市场主导，政府引导。发挥各类市场主体作用，鼓励通过差异化的发展与竞争，强化技术创新、推动融合应用，深化共建共享和绿色发展，全面提升供给水平。更好发挥政府在规划引导、政策支持、市场监管等方面的积极作用，营造"双千兆"网络发展良好环境。

固移协同，优势互补。发挥千兆光网在室内和复杂环境下传输带宽大、抗干扰性强、微秒级连接的优势，发挥 5G 网络灵活性高、移动增强、大连接的优势，适度超前部署"双千兆"网络，同步提升骨干传输、数据中心互联、5G 承载等网络各环节承载能力。

创新应用，丰富场景。以建促用、建用并举。在公众应用领域，不断丰富"双千兆"应用类型和场景，提升千兆服务能力。在行业应用领域，聚焦重点行业打造典型应用示范，加强运营模式和网络架构创新，探索提供端到端可定制的网络性能保障。

自立自强，完善生态。围绕提升产业基础高级化、产业链现代化水平，加强关键核心技术攻关，加大产业共性技术供给，提升关键产品和服务安全能力，完善技术标准和知识产权体系建设，构建体系完备、安全开放的产业生态。

（三）主要目标

用三年时间，基本建成全面覆盖城市地区和有条件乡镇的"双千兆"网络基础设施，实现固定和移动网络普遍具备"千兆到户"能力。千兆光网和 5G 用户加快发展，用户体验持续提升。增强现实/虚拟现实（AR/VR）、超高清视频等高带宽应用进一步融入生产生活，典型行业千兆应用模式形成示范。千兆光网和 5G 的核心技术研发和产业竞争力保持国际先进水平，产业链供应链现代化水平稳步提升。"双千兆"网络安全保障能力显著增强。

1. 到 2021 年年底

——千兆光纤网络具备覆盖 2 亿户家庭的能力，万兆无源光网络（10G-PON）及以上端口规模超过 500 万个，千兆宽带用户突破 1000 万户。

——5G网络基本实现县级以上区域、部分重点乡镇覆盖，新增5G基站超过60万个。

——建成20个以上千兆城市。

2. 到2023年年底

——千兆光纤网络具备覆盖4亿户家庭的能力，10G-PON及以上端口规模超过1000万个，千兆宽带用户突破3000万户。

——5G网络基本实现乡镇级以上区域和重点行政村覆盖。

——实现"双百"目标：建成100个千兆城市，打造100个千兆行业虚拟专网标杆工程。

二、重点任务

（一）千兆城市建设行动

1. 持续扩大千兆光网覆盖范围。推动基础电信企业在城市及重点乡镇进行10G-PON光线路终端（OLT）设备规模部署，持续开展OLT上联组网优化和老旧小区、工业园区等光纤到户薄弱区域光分配网（ODN）改造升级，促进全光接入网进一步向用户端延伸。按需开展支持千兆业务的家庭和企业网关（光猫）设备升级，通过推进家庭内部布线改造、千兆无线局域网组网优化以及引导用户接入终端升级等，提供端到端千兆业务体验。

2. 加快推动5G独立组网规模部署。推动基础电信企业开展5G独立组网（SA）规模商用，重点加快中心城区、重点区域、重点行业的网络覆盖。鼓励采用宏基站、微小基站等多种组网方式，与集中式无线接入网（C-RAN）等其他技术相结合，推进5G网络在交通枢纽、大型体育场馆、景点等流量密集区域的深度覆盖。根据产业发展和应用需求，适时开展基于5G毫米波的网络建设。

3. 深入推进农村网络设施建设升级。完善电信普遍服务补偿机制，支持基础电信企业面向农村较大规模人口聚居区、生产作业区、交通要道沿线等区域持续深化宽带网络覆盖，助力巩固拓展脱贫攻坚成果同乡村振兴有效衔接。面向有条件、有需求的农村及偏远地区，逐步推动千兆网络建设覆盖。

4. 深化电信基础设施共建共享。推动基础电信企业持续深化行业内共建共享，按照"集约利用存量资源、能共享不新建"的原则，统筹铁塔设施建设需求，支持基础电信企业开展5G网络共建共享；鼓励通过同沟分缆分管、同杆路分缆、同缆分芯等方式实施光纤网络共建，通过纤芯置换、租用纤芯等方式实施共享。着力提升跨行业共建共享水平，进一步加强与电力、铁路、公路、市政等领域的沟通合作。

（二）承载能力增强行动

5. 提升骨干传输网络承载能力。推动基础电信企业持续扩容骨干传输网络，按需部署骨干网200/400GBPS超高速、超大容量传输系统，提升骨干传输网络综合承载能力。加快推动灵活全光交叉、智能管控等技术发展应用，提升网络调度能力和服务效能。引导100GBPS及

加快城市"双千兆"网络建设部署。支持地方和基础电信企业打造一批"双千兆"示范小区、"双千兆"示范园区等，深化城市家庭、重点区域、重点行业的"双千兆"网络覆盖。按需推进"双千兆"用户发展。支持地方和相关企业结合边缘云下沉部署，构建"网络+平台+应用"固移融合、云网融合的"双千兆"业务体系，推动云VR、超高清视频等新业务发展，通过应用牵引，促进用户向500Mbps及以上高速宽带和5G网络迁移。组织开展千兆城市评价。结合千兆城市评价指标，定期开展千兆城市建设成效评估。到2021年年底，全国建成20个以上千兆城市，到2023年年底，全国建成100个以上千兆城市，实现城市家庭千兆光网覆盖率超过80%，每万人拥有5G基站数超过12个。

以上超高速光传输系统向城域网下沉。鼓励在新建干线中采用新型超低损耗光纤。

6. 优化数据中心互联（DCI）能力。推动基础电信企业面向数据中心高速互联的需求，开展400GBPS光传输系统的部署应用，鼓励开展数据中心直联网络、定向网络直联等的建设。结合业务发展，持续推动IPV6分段路由（SRV6）、虚拟扩展局域网（VXLAN）等DCI核心技术的应用；推进软件定义网络（SDN）技术在数据中心互联中的应用，提升云网协同承载能力。

7. 协同推进5G承载网络建设。推动基础电信企业开展5G前传和中回传网络中大容量、高速率、低成本光传输系统建设，提升综合业务接入和网络切片资源的智能化运营能力。推动5G承载网城域接入层按需部署50GBPS系统，城域汇聚层和核心层按需部署100GBPS或200GBPS系统。逐步推动三层虚拟专用网（L3VPN）组网到边缘，兼容边缘云数据中心互连组网。

（三）行业融合赋能行动

8. 创新开展千兆行业虚拟专网建设部署。鼓励基础电信企业结合行业单位需求，在工业、交通、电网、教育、医疗、港口、应急公共服务等典型行业开展千兆虚拟专网建设部署。探索创新网络架构，采用与公网部分共享、与公网端到端共享等多种模式灵活开展网络建设。按需在行业单位内部署5G基站、OLT设备、核心网网元、行业终端等，支持行业单位敏感数据本地化处理和存储。探索创新运营模式，鼓励开放有关接口功能，为行业单位提供必要的管理控制权限，服务行业发展。

9. 大力推进"双千兆"网络应用创新。鼓励基础电信企业、互联网企业和行业单位合作创新，聚焦信息消费新需求、新期待，加快"双千兆"网络在超高清视频、AR/VR等消费领域的业务应用。聚焦制造业数字化转型，开展面向不同应用场景和生产流程的"双千兆"协同创新，加快形成"双千兆"优势互补的应用模式。面

向民生领域人民群众关切，推动"双千兆"网络与教育、医疗等行业深度融合，着力通过互联网手段助力提升农村教育和医疗水平，促进基本公共服务均等化。

10. 积极采用"IPV6+"等新技术提供确定性服务能力。支持基础电信企业探索采用 IPV6+等新技术在网络层提供端到端的确定性服务能力，保障特定业务流传输的带宽、时延和抖动等性能要求。新建行业网络优先支持 IPV6 分段路由、网络切片、确定性转发、随路检测等"IPV6+"功能，并开展新型组播、业务链、应用感知网络等试点应用。

专栏 2　千兆行业虚拟专网建设标杆工程

推动千兆虚拟专网在工业制造领域试点部署。鼓励基础电信企业采用 5G、工业无源光网络（PON）、工业光传送网络（OTN）等协同部署，与边缘计算、网络切片、AI 等新技术结合，形成对工业生产、办公、安防等子网的统一高效承载能力，满足工业企业对接入终端设备的安全认证和管控能力，并支持工业企业高品质快速上云需求。推动千兆虚拟专网在教育、医疗领域试点部署。鼓励基础电信企业基于"双千兆"网络进一步提升对在线教育、远程医疗等的网络支撑能力，满足行业互联网使用和管理需求，为虚拟实训、智慧云考场、智慧家校共同体、教师研训、智慧评价等典型在线教育应用场景以及远程会诊、远程影像、远程急救、远程监护等远程医疗典型应用场景提供支撑。采用软件定义广域网（SD-WAN）、实时视频通信、智能网络调度等多种技术方案，优化网络传输质量。推动千兆虚拟专网在特殊领域试点部署。鼓励基础电信企业、行业单位等针对影像监控、在线质检等带宽要求高，矿山、电力、冲压制造等电磁干扰强的场景，发挥千兆光网和 5G 的差异化特点，形成一批可复制、可推广的"双千兆"部署方案。到 2023 年年底，打造 100 个千兆虚拟专网标杆工程。

（四）产业链强链补链行动

11. 加强核心技术研发和标准研制。鼓励龙头企业、科研机构等加大超高速光纤传输、下一代光网络技术和无线通信技术等的研发投入，深入参与国际标准化工作，加强团体标准研制，形成我国"双千兆"网络技术核心竞争力。

12. 加速推进终端成熟。鼓励终端设备企业加快 5G 终端研发，提升 5G 终端的产品性能，推动支持 SA/NSA 双模、多频段的智能手机、客户端设备（CPE）以及云 XR、可穿戴设备等多种形态的 5G 终端成熟。推动支持高速无线局域网技术的家庭网关、企业网关、无线路由器等设备研发和推广应用，加快具备灵活多接入能力的手机、电脑、4K/8K 超高清设备等终端集成。进一步降低终端成本，提升终端性能和安全度，激发信息消费潜力。

13. 持续提升产业能力。鼓励光纤光缆、芯片器件、网络设备等企业持续提升产业基础高级化、产业链现代化水平，巩固已有产业优势。着力提升核心芯片、网络设备、模块、器件等的研发制造水平，推进实现我国通信产业链自立自强，培育壮大产业生态。

专栏 3　"双千兆"产业链强链补链工程

加强核心技术研发，鼓励龙头企业、科研机构等在 800Gbps/1Tbps 超高速光纤传输、50G-PON、5G Rel-17、毫米波通信、高速无线局域网等技术方面加大研发投入，实现技术创新。加快产业短板突破，鼓励光纤光缆、芯片器件、网络设备等企业针对 5G 芯片、高速 PON 芯片、高速无线局域网芯片、高速光模块、高性能器件等薄弱环节，加强技术攻关，提升制造能力和工艺水平。打造产业聚集区，依托现有国内产业优势区域，打造形成"双千兆"网络战略性产业聚集区，形成规模合力。到 2023 年年底，关键核心技术取得突破，自主研发能力大幅增强。

（五）用户体验提升行动

14. 持续优化网络架构。扩大新型互联网交换中心连接企业数量和流量交换规模，新增至少 2 个国家级互联网骨干直联点，完善全方位、多层次、立体化的互联互通体系。推动云服务企业持续提升云计算关键核心技术能力，推动多接入边缘计算（MEC）边缘云建设，加快云边协同、云网融合等新模式新技术的应用。推动内容分发网络（CDN）企业加快西部和东北地区 CDN 节点部署，按需推进 CDN 扩容和下沉，实现互联网内容就近访问。

15. 着力保障网络质量。指导基础电信企业强化 5G 和 4G 网络协同发展，推进 2G、3G、4G 频率重耕和优化升级，提升网络资源使用效率。支持多模基站设备的研制和部署，保障城市热点地区、高铁地铁沿线等对不同制式网络的覆盖需求。持续提升互联网国际出入口带宽能力，改善国际互联网访问体验。实现互联网网间带宽扩容 10TBPS，互联网网间访问性能与欧美发达国家趋同。推动互联网企业提升服务能力，保障基本带宽配置，提升用户业务访问体验。

16. 不断提升服务质量。督促基础电信企业切实提升 5G 服务质量，制定完善本企业 5G 服务标准，加大对实体营业厅、客服热线等一线窗口的服务考核力度。进一步健全提醒机制，严守营销红线，严查"强推 5G 套餐""限制用户更改套餐""套餐夸大宣传"等行为，切实维护广大用户合法权益。推动企业降低中小企业宽带和专线平均资费，2021 年再降 10%。鼓励面向农村脱贫户（原建档立卡贫困户）、老年人、残疾人等特殊群体，推出专属优惠资费，合理降低手机、宽带等通信费用。

专栏4 "双千兆"网络发展评测能力提升工程

完善基于用户体验的"双千兆"网络发展评测指标体系。指导相关企业和研究机构加强专用终端、5G测速App、测速服务器等技术手段建设和部署，综合采用实地测试、定点测试、友好用户测试等方式，丰富数据来源，形成分区域、分时段、全网段精细化网络发展关键指标评测能力。研究面向行业的"双千兆"网络评价体系。组织相关企业和研究机构针对不同行业、不同场景的网络性能需求，开展"双千兆"网络评价体系研究，并选取不少于10个主要行业和场景开展实地测试。定期发布权威数据和报告。指导中国信息通信研究院定期发布我国固定宽带、移动宽带网络速率报告，适时发布重点城市、重点场所的网络发展评价报告，全面客观反映我国"双千兆"网络发展水平，不断优化我国"双千兆"网络服务能力。

（六）安全保障强化行动

17. 提升网络安全防护能力。推动网络安全能力与"双千兆"网络设施同规划、同建设、同运行，提升网络安全、数据安全保障能力。督促相关企业落实网络安全主体责任，建立健全安全管理制度、工作机制，开展网络安全风险评估和隐患排查，及时防范网络、设备、物理环境、管理等多方面安全风险，不断提升网络安全防护能力。

18. 构筑安全可信的新型信息基础设施。鼓励重点网络安全企业面向网络规划、建设等重点环节，聚焦信息技术产品关键领域，开展核心技术攻关，构建涵盖底层设施、关键设备、网络安全产品等全环节的产业生态，搭建安全可信、可靠的新型信息基础设施，稳步提升"双千兆"网络安全。

19. 做好跨行业网络安全保障。鼓励基础电信企业、网络安全企业、行业单位等在医疗、教育、工业等重点行业领域加强网络安全工作协同，面向多样化业务场景、接入方式和设备形态，强化千兆行业虚拟专网安全风险防范和应对指导，推动实现网络设施安全共建、安全共享。

三、保障措施

（一）加强组织领导。各地通信管理局、各基础电信企业进一步加强组织领导，制定年度实施方案，细化任务和责任分工。积极推动将"双千兆"网络发展纳入各地国民经济和社会发展"十四五"总体规划及有关专项规划的重要内容。鼓励制定发布公共资源开放目录，推动政府机关、企事业单位和公共机构等所属公共设施向5G基站、室内分布系统、杆路、管道及配套设施等建设提供便利。

（二）强化部门协同。各地通信管理局与工业和信息化、住房城乡建设、市场监管、网信等部门建立协同工作机制，强化联合执法能力和执法力度，聚焦商务楼宇宽带接入市场联合整治、新建民用建筑执行光纤到户国家标准等工作，形成监管合力。协调电力部门降低5G基站月电成本。

（三）提升监管能力。持续加强行风建设和纠风工作，将网络和服务质量纳入评价体系，切实维护用户合法权益。引导产业链上下游企业，加强行业自律，营造健康有序、良性发展的产业生态。

（四）深化交流合作。标准化组织和行业协会等要充分发挥技术引领和桥梁纽带作用，积极开展国际对标，促进基础电信企业、科研院所、设备商、器件商、芯片商等产业链上下游进一步加强技术攻关和协同创新。加强"双千兆"网络部署应用及新技术等方面的经验交流和推广。

工业和信息化部关于印发《新型数据中心发展三年行动计划（2021—2023 年）》的通知

工信部通信〔2021〕76 号

各省、自治区、直辖市通信管理局、工业和信息化主管部门，各有关企业：

现将《新型数据中心发展三年行动计划（2021—2023 年）》印发给你们，请结合实际认真贯彻落实。

工业和信息化部
2021 年 7 月 4 日

新型数据中心发展三年行动计划（2021—2023 年）

新型数据中心是以支撑经济社会数字转型、智能升级、融合创新为导向，以 5G、工业互联网、云计算、人工智能等应用需求为牵引，汇聚多元数据资源、运用绿色低碳技术、具备安全可靠能力、提供高效算力服务、赋能千行百业应用的新型基础设施，具有高技术、高算力、高能效、高安全特征。随着新一代信息技术快速发展，数据资源存储、计算和应用需求大幅提升，传统数据中心正加速与网络、云计算融合发展，加快向新型数据中心演进。为统筹推进新型数据中心发展，构建以新型数据中心为核心的智能算力生态体系，发挥对数字经济的赋能和驱动作用，制定本行动计划。

一、总体要求

（一）指导思想

以习近平新时代中国特色社会主义思想为指导，全面贯彻党的十九大和十九届二中、三中、四中、五中全会精神，把握新发展阶段、贯彻新发展理念、构建新发展格局，以赋能数字经济发展为目标，推动新型数据中心建设布局优化、网络质量提升、算力赋能加速、产业链稳固增强、绿色低碳发展、安全保障提高，打造新型智能算力生态体系，有效支撑各领域数字化转型，为经济社会高质量发展提供新动能。

（二）基本原则

统筹协调，均衡有序。坚持系统观念，统筹存量和增量，加强数据中心规划协调，避免低质量、粗放型建设发展。提升数据中心整体利用率，实现全国数据中心科学布局、有序发展。

需求牵引，深化协同。坚持市场需求导向，建用并举。推动新型数据中心与网络协同建设，推进新型数据中心集群与边缘数据中心协同联动，促进算力资源协同利用，加强国际国内数据中心协同发展。

分类引导，互促互补。坚持多元主体共建原则，鼓励不同主体在新型数据中心建设运营中发挥各自优势，推动基础电信企业强化网络等基础设施建设，引导第三方数据中心企业提供差异化、特色化服务，支持互联网企业创新行业应用。

创新驱动，产业升级。坚持产业基础高级化和产业链现代化，加强新型数据中心核心技术研发，推动产业链协同创新，育龙头、筑基础、强集群，促进产业发展水平和服务能力不断提升。

绿色低碳，安全可靠。坚持绿色发展理念，支持绿色技术、绿色产品、清洁能源的应用，全面提高新型数据中心能源利用效率。统筹发展与安全，进一步强化网络和数据安全管理和能力建设，构建完善的安全保障体系。

（三）主要目标

用 3 年时间，基本形成布局合理、技术先进、绿色低碳、算力规模与数字经济增长相适应的新型数据中心发展格局。总体布局持续优化，全国一体化算力网络国家枢纽节点（以下简称"国家枢纽节点"）、省内数据中心、边缘数据中心梯次布局。技术能力明显提升，产业链不断完善，国际竞争力稳步增强。算力算效水平显著提升，网络质量明显优化，数网、数云、云边协同发展。能效水平稳步提升，电能利用效率（PUE）逐步降低，可再生能源利用率逐步提高。

到 2021 年年底，全国数据中心平均利用率力争提升到 55% 以上，总算力超过 120 EFLOPS，新建大型及以上数据中心 PUE 降低到 1.35 以下。

到 2023 年年底，全国数据中心机架规模年均增速保持在 20% 左右，平均利用率力争提升到 60% 以上，总算力超过 200 EFLOPS，高性能算力占比达到 10%。国家枢纽节点算力规模占比超过 70%。新建大型及以上数据中心 PUE 降低到 1.3 以下，严寒和寒冷地区力争降低到

1.25 以下。国家枢纽节点内数据中心端到端网络单向时延原则上小于 20 毫秒。

二、重点任务

（一）新型数据中心建设布局优化行动

1. 加快建设国家枢纽节点。推动京津冀、长三角、粤港澳大湾区、成渝等国家枢纽节点适当加快新型数据中心集群建设进度，实现大规模算力部署，满足重大区域发展战略实施需要；贵州、内蒙古、甘肃、宁夏等国家枢纽节点重点提升算力服务品质和利用效率，打造面向全国的非实时性算力保障基地。

2. 按需建设各省新型数据中心。国家枢纽节点以外的地区，着力整合并充分利用现有数据中心资源，加快提高存量数据中心利用率。面向本地区业务需求，结合能源供给、网络条件等实际，按需适度建设新型数据中心，打造具有地方特色、服务本地、规模适度的算力服务。

3. 灵活部署边缘数据中心。积极构建城市内的边缘算力供给体系，支撑边缘数据的计算、存储和转发，满足极低时延的新型业务应用需求。引导城市边缘数据中心与变电站、基站、通信机房等城市基础设施协同部署，保障其所需的空间、电力等资源。

4. 加速改造升级"老旧小散"数据中心。分类分批推动存量"老旧小散"数据中心改造升级。"老旧"数据中心加快应用高密度、高效率的 IT 设备和基础设施系统，"小散"数据中心加速迁移、整合，提高"老旧小散"数据中心能源利用效率和算力供给能力，更好满足当地边缘计算应用需求。

5. 逐步布局海外新型数据中心。支持我国数据中心产业链上下游企业"走出去"，重点在"一带一路"沿线国家布局海外新型数据中心，加强与我国海陆缆等国际通信基础设施有效协同，逐步提升全球服务能力。

专栏 1　云边协同工程

加快国家枢纽节点新型数据中心集群建设。推动国家枢纽节点按照高可靠、高可用、高安全、绿色节能标准建设，结合国家新型工业化产业示范基地（数据中心）评选工作，加快打造新型数据中心集群示范，更好提供满足各类业务需求的规模化算力和存储服务。支持打造边缘数据中心应用场景。开展基于 5G 和工业互联网等重点应用场景的边缘数据中心应用标杆评选活动，打造 50 个以上标杆工程，形成引领示范效应。发布云边协同建设应用指南。结合新型数据中心集群示范、边缘数据中心典型应用，开展云边协同发展质量评估，发布《云边协同建设应用指南》。

（二）网络质量升级行动

1. 提升新型数据中心网络支撑能力。以新型数据中心高速互联应用需求为牵引，推进骨干网建设升级，持续优化国家互联网骨干直联点布局，提升网间互联质量。积极推进东西部地区数据中心网络架构和流量疏导路径优化，支撑"东数西算"工程，降低国家枢纽节点间网络时延，不断提升网络质量。

2. 优化区域新型数据中心互联能力。优先支持国家枢纽节点内的新型数据中心集群间网络直连，稳妥有序推进国家新型互联网交换中心建设，促进跨网、跨地区、跨企业数据交互，支撑高频实时交互业务需求。引导基础电信企业建立合理的国家枢纽节点内网络结算机制，逐步降低长途传输等主要通信成本。

3. 推动边缘数据中心互联组网。推动边缘数据中心间、边缘数据中心与新型数据中心集群间的组网互联，促进数据中心、云计算和网络协同发展。基于业务场景，匹配边缘数据中心计算和存储能力，优化网络配置，降低网络时延，提升用户服务体验，支撑具有极低时延需求的业务应用。

专栏 2　数网协同工程

建立新型数据中心网络协同机制。推动基础电信企业、互联网企业、第三方数据中心企业共同建立数网协同联动机制，结合当前网络现状和扩容规则，推动数据中心用网需求和网络供给有效对接。完善新型数据中心网络监测体系。通过制定数据中心网络监测标准、完善数据中心网络监测平台、部署网络监测设备等措施，推动数网协同质量监测，持续提升数网协同能力。发布新型数据中心网络质量监测报告。以网络质量监测数据为基础，综合全国数据中心运行等情况，发布《全国数据中心网络质量报告》。

（三）算力提升赋能行动

1. 加快提升算力算效水平。引导新型数据中心集约化、高密化、智能化建设，稳步提高数据中心单体规模、单机架功率，加快高性能、智能计算中心部署，推动 CPU、GPU 等异构算力提升，逐步提高自主研发算力的部署比例，推进新型数据中心算力供应多元化，支持各类智能应用。

2. 强化产业数字化转型支撑能力。鼓励相关企业加快建设数字化云平台。强化需求牵引和供需对接，推动企业深度上云用云。完善服务体系建设和 IT 数字化转型成熟度模型，支撑工业等重点领域加速数字化转型。

3. 推动公共算力泛在应用。推进新型数据中心满足政务服务和民生需求，完善公共算力资源供给，优化算力服务体系，提升算力服务调度能力。鼓励企业以云服务等方式提供公共算力资源，降低算力使用成本，提升应用赋能作用。

（四）产业链稳固增强行动

1. 加强核心技术研发。鼓励企业加大技术研发投入，开展新型数据中心预制化、液冷等设施层，专用服务器、存储阵列等IT层，总线级超融合网络等网络层的技术研发。加快新型数据中心运营管理等软件层，以及云原生和云网边融合等平台层的关键技术和产品创新，提升软硬件协同能力。

2. 强化标准支撑引领。建立健全新型数据中心标准体系，推动云边服务器、软件定义存储、智能无损以太等IT和网络标准研制。加快推进边缘数据中心、智能计算中心等标准建设，支撑新技术新应用落地。

3. 构建完善产业链体系。聚焦新型数据中心供配电、制冷、IT和网络设备、智能化系统等关键环节，锻强补弱。加强新型数据中心设施、IT、网络、平台、应用等多层架构融合联动，提升产业链整体竞争优势。推动新型数据中心与人工智能等技术协同发展，构建完善新型智能算力生态体系。

（五）绿色低碳发展行动

1. 加快先进绿色技术产品应用。大力推动绿色数据中心创建、运维和改造，引导新型数据中心走高效、清洁、集约、循环的绿色发展道路。鼓励应用高密度集成等高效IT设备、液冷等高效制冷系统、高压直流等高效供配电系统、能效环境集成检测等高效辅助系统技术产品，支持探索利用锂电池、储氢和飞轮储能等作为数据中心多元化储能和备用电源装置，加强动力电池梯次利用产品推广应用。

2. 持续提升能源高效清洁利用水平。鼓励企业探索建设分布式光伏发电、燃气分布式供能等配套系统，引导新型数据中心向新能源发电侧建设，就地消纳新能源，推动新型数据中心高效利用清洁能源和可再生能源、优化用能结构，助力信息通信行业实现碳达峰、碳中和目标。

3. 优化绿色管理能力。深化新型数据中心绿色设计、施工、采购与运营管理，全面提高资源利用效率。支持采用合同能源管理等方式，对高耗低效的数据中心加快整合与改造。新建大型及以上数据中心达到绿色数据中心要求，绿色低碳等级达到4A级以上。

（六）安全可靠保障行动

1. 推动提升网络安全保障能力。建设安全态势监测、流量防护、威胁处置等安全技术手段能力，面向数据中心底层设施和关键设备加强安全检测，防范化解多层次安全风险隐患。强化大型数据中心安全协同，构建边缘流量和云侧联动的安全威胁分析能力。

2. 强化数据资源管理。加强数据中心承载数据全生命周期安全管理机制建设，落实行业数据分类分级、重要数据保护、安全共享、算法规制、数据管理成熟度评估模型等基础制度和标准规范，强化企业数据安全管理责任落实。加强多方安全计算等数据安全关键技术创新突破与推广应用。积极组织做好各类网络数据安全协同处置，及时消减数据安全重大隐患。

3. 提升新型数据中心可靠性。对承载重要信息系统以及影响国计民生和社会秩序的数据中心，结合业务系统的部署模式，增强防火、防雷、防洪、抗震等保护能力，强化供电、制冷等基础设施系统的可用性，提高新型数据中心及业务系统整体可靠性。

专栏6　安全可靠保障工程
完善新型数据中心安全监测体系。建立政企联动的数据安全风险监测机制和技术手段，围绕数据中心网络汇聚、传输、存储等重要环节，建设数据安全监测技术平台，切实提升数据资源安全保障能力。开展网络安全技术能力评估。数据中心上线前，开展网络安全风险评估、隐患排查和防护能力认证。针对数据中心云化趋势，定期开展镜像安全、进程行为、容器逃逸等安全检测评估。强化新型数据中心可靠性。加强数据中心多活架构的研究与部署，实现跨数据中心的故障转移和恢复。

三、保障措施

（一）加强组织领导

各地工业和信息化主管部门、通信管理局要加强与当地网信、发展改革、自然资源、大数据、电力等部门的组织协同。深化政策引导，积极推动新型数据中心布局纳入地方发展规划，保障新建数据中心土地、能耗、电力等资源配套。

（二）加快人才培养

完善多层次人才培养体系，加大普通高校、职业院校相关专业人才培养力度，加强数据中心设计、运维、管理人才队伍建设。支持行业组织、培训服务机构等开展运维与管理人才培训，保障数据中心人才供给。

（三）深化交流协作

充分发挥标准化组织和行业协会的技术引领与桥梁纽带作用，积极推动我国企业、机构、高校在数据中心技术与标准等方面，参与国际交流与合作，推广我国经验模式，营造有利的国际环境。

（四）促进多元投入

引导社会资本参与新型数据中心建设，鼓励金融机构等对新型数据中心加大支持力度，推动优秀项目参与不动产投资信托基金（REITS）等投融资。鼓励符合条件的金融机构和企业发行绿色债券，支持符合条件的企业上市融资。

（五）强化平台支撑

组织完善中国数据中心大平台，提高平台的信息汇聚、网络监测、算力对接等能力，做好产业引导和优秀示范宣传推广，营造健康有序、良性协同发展的产业生态，强化对行业管理和产业发展的支撑能力。

工业和信息化部 中央网络安全和信息化委员会 办公室关于加快推动区块链技术应用和 产业发展的指导意见

工信部联信发〔2021〕62 号

各省、自治区、直辖市及计划单列市、新疆生产建设兵团工业和信息化主管部门、网信办：

区块链是新一代信息技术的重要组成部分，是分布式网络、加密技术、智能合约等多种技术集成的新型数据库软件，通过数据透明、不易篡改、可追溯，有望解决网络空间的信任和安全问题，推动互联网从传递信息向传递价值变革，重构信息产业体系。为贯彻落实习近平总书记在中央政治局第十八次集体学习时的重要讲话精神，发挥区块链在产业变革中的重要作用，促进区块链和经济社会深度融合，加快推动区块链技术应用和产业发展，提出以下意见。

一、总体要求

（一）指导思想

以习近平新时代中国特色社会主义思想为指导，深入贯彻落实党的十九大和十九届二中、三中、四中、五中全会精神，立足新发展阶段、贯彻新发展理念、构建新发展格局，围绕制造强国和网络强国战略部署，以培育具有国际竞争力的产品和企业为目标，以深化实体经济和公共服务领域融合应用为路径，加强技术攻关，夯实产业基础，壮大产业主体，培育良好生态，实现产业基础高级化和产业链现代化。推动区块链和互联网、大数据、人工智能等新一代信息技术融合发展，建设先进的区块链产业体系。

（二）基本原则

应用牵引。发挥市场优势，以应用需求为导向，积极拓展应用场景，推进区块链在重点行业、领域的应用，以规模化的应用带动技术产品迭代升级和产业生态的持续完善。

创新驱动。坚持把区块链作为核心技术自主创新的重要突破口，明确主攻方向，加大投入力度，推动协同攻关，提升创新能力；坚持补短板和锻长板并重，推动产业加速向价值链中高端迈进。

生态培育。充分发挥企业在区块链发展中的主体作用，加快培育具有国际竞争力的产品和企业，构建先进产业链，打造多方共赢的产业体系。

多方协同。推动整合产学研用金各方力量，促进资源要素快捷有效配置。加强政府、企业、高校、研究机构的协同互动，探索合作共赢新模式。

安全有序。坚持发展与安全并重，准确把握区块链技术产业发展规律，加强政策统筹和标准引导，强化安全技术保障能力建设，实现区块链产业科学发展。

（三）发展目标

到 2025 年，区块链产业综合实力达到世界先进水平，产业初具规模。区块链应用渗透到经济社会多个领域，在产品溯源、数据流通、供应链管理等领域培育一批知名产品，形成场景化示范应用。培育 3~5 家具有国际竞争力的骨干企业和一批创新引领型企业，打造 3~5 个区块链产业发展集聚区。区块链标准体系初步建立。形成支撑产业发展的专业人才队伍，区块链产业生态基本完善。区块链有效支撑制造强国、网络强国、数字中国战略，为推进国家治理体系和治理能力现代化发挥重要作用。

到 2030 年，区块链产业综合实力持续提升，产业规模进一步壮大。区块链与互联网、大数据、人工智能等新一代信息技术深度融合，在各领域实现普遍应用，培育形成若干具有国际领先水平的企业和产业集群，产业生态体系趋于完善。区块链成为建设制造强国和网络强国，发展数字经济，实现国家治理体系和治理能力现代化的重要支撑。

二、重点任务

（一）赋能实体经济

1. 深化融合应用。发挥区块链在优化业务流程、降低运营成本、建设可信体系等方面的作用，培育新模式、新业态、新产业，支撑数字化转型和产业高质量发展。

2. 供应链管理。推动企业建设基于区块链的供应链管理平台，融合物流、信息流、资金流，提升供应链效率，降低企业经营风险和成本。通过智能合约等技术构建新型协作生产体系和产能共享平台，提高供应链协同水平。

3. 产品溯源。在食品医药、关键零部件、装备制造等领域，用区块链建立覆盖原料商、生产商、检测机构、用户等各方的产品溯源体系，加快产品数据可视化、流转过程透明化，实现全生命周期的追踪溯源，提升质量管理和服务水平。

4. 数据共享。利用区块链打破数据孤岛，实现数据采集、共享、分析过程的可追溯，推动数据共享和增值应用，促进数字经济模式创新。利用区块链建设涵盖多方的信用数据平台，创新社会诚信体系建设。

（二）提升公共服务

1. 推动应用创新。推动区块链技术应用于数字身份、数据存证、城市治理等公共服务领域，支撑公共服务透明化、平等化、精准化，提升人民群众生活质量。

2. 政务服务。建立基于区块链技术的政务数据共享平台，促进政务数据跨部门、跨区域的共同维护和利用，在教育就业、医疗健康和公益救助等公共服务领域开展应用，促进业务协同办理，深化"一网通办"改革，为人民群众带来更好的政务服务体验。

3. 存证取证。利用区块链建立数字化可信证明，在司法存证、不动产登记、行政执法等领域建立新型存证取证机制。发挥区块链在版权保护领域的优势，完善数字版权的确权、授权和维权管理。

4. 智慧城市。利用区块链促进城市间在信息、资金、人才、征信等方面的互联互通和生产要素的有序流动。深化区块链在信息基础设施建设领域的应用，实现跨部门、跨行业的集约部署和共建共享，支撑智慧城市建设。

（三）夯实产业基础

1. 坚持标准引领。推动区块链标准化组织建设，建立区块链标准体系。加快重点和急需标准制定，鼓励制定团体标准，深入开展标准宣贯推广，推动标准落地实施。积极参加区块链全球标准化活动和国际标准制定。

2. 构建底层平台。在分布式计算与存储、密码算法、共识机制、智能合约等重点领域加强技术攻关，构建区块链底层平台。支持利用传感器、可信网络、软硬件结合等技术加强链上链下数据协同。推动区块链与其他新一代信息技术融合，打造安全可控、跨链兼容的区块链基础设施。

3. 培育质量品牌。鼓励区块链企业加强质量管理，推广先进质量工程技术和方法，提高代码质量和开发效率。发展第三方质量评测服务，构建区块链产品和服务质量保障体系。引导企业主动贯标，开展质量品牌建设活动。

4. 强化网络安全。加强区块链基础设施和服务安全防护能力建设，常态化开展区块链技术对重点领域安全风险的评估分析。引导企业加强行业自律，建立风险防控机制和技术防范措施，落实安全主体责任。

5. 保护知识产权。加强区块链知识产权管理，培育一批高价值专利、商标、软件著作权，形成具有竞争力的知识产权体系。鼓励企业探索通过区块链专利池、知识产权联盟等模式，建立知识产权共同保护机制。

（四）打造现代产业链

1. 研发区块链"名品"。整合产学研用专业力量，开展区块链产品研发，着力提升产品创新水平。面向防伪溯源、数据共享、供应链管理、存证取证等领域，建设一批行业级联盟链，加大应用推广力度，打造一批技术先进、带动效应强的区块链"名品"。

2. 培育区块链"名企"。统筹政策、市场、资本等资源，培育一批具有国际竞争力的区块链"名企"，发挥

示范引领作用。完善创新创业环境，培育孵化区块链初创企业；鼓励在细分领域深耕，走专业化发展道路，打造一批独角兽企业。引导大企业开放资源，为中小企业提供基础设施，构建多方协作、互利共赢的产业生态。

3. 创建区块链"名园"。鼓励地方结合资源禀赋，突出区域特色和优势，按照"监管沙盒"理念打造区块链发展先导区。支持基础条件好的园区建设区块链产业"名园"，优化政策、人才、应用等产业要素配置，通过开放应用场景等方式，支持区块链企业集聚发展。

4. 建立开源生态。加快建设区块链开源社区，围绕底层平台、应用开发框架、测试工具等，培育一批高质量开源项目。完善区块链开源推进机制，广泛汇聚开发者和用户资源，大力推广成熟的开源产品和应用解决方案，打造良性互动的开源社区新生态。

5. 完善产业链条。坚持补短板和锻长板并重，开展强链补链，构建现代化的产业链。针对薄弱环节，组织上下游企业协同攻关，夯实产业基础；建立先进的产业链管理体系，增强产业链韧性。

（五）促进融通发展

1. 推进"区块链+工业互联网"。推动区块链与标识解析融合创新，构建基于标识解析的区块链基础设施，提升"平台+区块链"技术融合应用能力，打造基于区块链技术的工业互联网新模式、新业态。

2. 推进"区块链+大数据"。加快建设基于区块链的认证可溯大数据服务平台，促进数据合规有序的确权、共享和流动，充分释放数据资源价值。发展基于区块链的数据管理、分析应用等，提升大数据管理和应用水平。

3. 推进"区块链+云计算"。基于云计算构建区块链应用开发、测试验证和运行维护环境，为区块链应用提供灵活、易用、可扩展的支撑，降低区块链应用开发门槛。

4. 推进"区块链+人工智能"。发展基于区块链的人工智能训练、算法共享等技术和方法，推动分布式人工智能模式发展。探索利用人工智能技术提升区块链运行效率和节点间协作的智能化水平。

三、保障措施

（一）积极推进应用试点

支持具有一定产业基础的地方，面向实体经济和民生服务等重点领域，选择成熟的应用场景，遴选一批推广能力强的单位开展区块链应用试点，形成一批应用效果好的区块链底层平台、产品和服务。

（二）加大政策支持力度

依托国家产业发展工程，支持区块链产业发展。通过组织区块链大赛等方式，丰富行业应用。支持符合条件的区块链企业享受软件税收优惠政策。探索利用首版次保险补偿、政府采购等政策，促进区块链研发成果的规模化应用。

（三）引导地方加快探索

鼓励地方立足实际，研究制定支持区块链产业发展

的政策措施，从用地、投融资、人才等方面强化产业发展的要素保障，建立区块链产品库和企业库。支持区块链发展先导区创建"中国软件名园"。

（四）构建公共服务体系

支持专业服务机构发展区块链培训、测试认证、投融资等服务，完善产业公共服务体系。加强创业创新载体建设，加快对各类创新型区块链企业的孵化，支持中小企业成长。

（五）加强产业人才培养

依托"新工科"和特色化示范性软件学院建设，支持高校设置区块链专业课程，开展区块链专业教育。通过建设人才实训基地等方式，加强区块链职业技术教育。

培育产业领军型人才和高水平创新团队，形成一批区块链领域的"名人"。

（六）深化国际交流合作

围绕"一带一路"战略部署，建设区块链国际合作交流平台，在技术标准、开源社区、人才培养等领域加强区块链国际合作。鼓励企业拓展国际交流合作渠道，提升国际化发展水平和层次。

工业和信息化部
中央网络安全和信息化委员会办公室
2021 年 5 月 27 日

工业和信息化部 科技部 财政部 商务部 国务院 国有资产监督管理委员会 中国证券监督管理委员会 关于加快培育发展制造业优质企业的指导意见

工信部联政法〔2021〕70号

各省、自治区、直辖市及计划单列市、新疆生产建设兵团工业和信息化、科技、财政、商务、国资、证监主管部门，各有关单位：

制造业优质企业聚焦实业、做精主业，创新能力强、质量效益高、产业带动作用大，在制造强国建设中发挥领头雁、排头兵作用。加快培育发展制造业优质企业，是激发市场主体活力、推动制造业高质量发展的必然要求，是防范化解风险隐患、提升产业链供应链自主可控能力的迫切需要。为贯彻落实党中央、国务院决策部署，加快培育发展以专精特新"小巨人"企业、制造业单项冠军企业、产业链领航企业（以下简称"'小巨人'企业、单项冠军企业、领航企业"）为代表的优质企业，现提出以下意见。

一、准确把握培育发展优质企业的总体要求。以习近平新时代中国特色社会主义思想为指导，全面贯彻党的十九大和十九届二中、三中、四中、五中全会精神，立足新发展阶段，贯彻新发展理念，构建新发展格局，以推动企业高质量发展为主题，坚持系统观念，统筹发展和安全，健全体系、完善政策、优化服务，着力增强自主创新能力，着力发挥引领带动作用，推动优质企业持续做强优做大，促进提升产业链供应链现代化水平，推进制造强国建设不断迈上新台阶。

二、构建优质企业梯度培育格局。分类制定完善遴选标准，选树"小巨人"企业、单项冠军企业、领航企业标杆。健全梯度培育工作机制，引导"专精特新"中小企业成长为国内市场领先的"小巨人"企业，聚焦重点行业和领域引导"小巨人"等各类企业成长为国际市场领先的单项冠军企业，引导大企业集团发展成为具有生态主导力、国际竞争力的领航企业。力争到2025年，梯度培育格局基本成型，发展形成万家"小巨人"企业、千家单项冠军企业和一大批领航企业。（工业和信息化部、国务院国资委按照职责分工负责）

三、提高优质企业自主创新能力。支持参与制造业创新中心、国家工程技术研究中心等创新平台建设，承担国家重大科技项目、重大技术装备创新发展工程。引导参与信息技术应用创新重大工程，推广经验成果。推动产业数字化发展，大力推动自主可控工业软件推广应用，提高企业软件化水平。依托优质企业组建创新联合体或技术创新战略联盟，开展协同创新，加大基础零部件、基础电子元器件、基础软件、基础材料、基础工艺、高端仪器设备、集成电路、网络安全等领域关键核心技术、产品、装备攻关和示范应用。推动国家重大科研基础设施和大型科研仪器向优质企业开放，建设生产应用示范平台和产业技术基础公共服务平台。（科技部、工业和信息化部、国务院国资委按照职责分工负责）

四、促进提升产业链供应链现代化水平。充分发挥优质企业在增强产业链供应链自主可控能力中的中坚作用，组织参与制造业强链补链行动，做强长板优势，补齐短板弱项，打造新兴产业链条，提升产业链供应链稳定性和竞争力。组织领航企业开展产业链供应链梳理，鼓励通过兼并重组、资本运作、战略合作等方式整合产业资源，提升产业链竞争力和抗风险能力。支持参与全国供应链创新与应用示范创建，培育一批制造业现代供应链示范企业。推动优质企业中的国有资本向关系国家安全、国民经济命脉的重要行业领域集中，加快在关键环节和中高端领域布局。鼓励增强根植性，引导有意愿的单项冠军企业、领航企业带动关联产业向中西部和东北地区有序转移，促进区域协同发展。（工业和信息化部、财政部、商务部、国务院国资委、证监会按照职责分工负责）

五、引导优质企业高端化智能化绿色化发展。对标世界一流企业，加快推进新一代信息技术和制造业融合发展，加大技术改造力度，加强质量品牌建设，参与国际技术规范、标准制定，提高中高端供给能力。实施智能制造工程、制造业数字化转型行动和5G应用创新行动，组织实施国有企业数字化转型行动计划，打造一批制造业数字化转型标杆企业，培育一批综合性强、带动面广的示范场景，建设和推广工业互联网平台，开展百万工业App培育行动，实施网络安全分类分级管理，积极发展服务型制造新模式新业态。支持参与实施工业低碳行动和绿色制造工程，在落实碳达峰、碳中和目标中发挥示范引领作用。（工业和信息化部、国务院国资委按照职责分工负责）

六、打造大中小企业融通发展生态。建设大中小企业融通发展平台载体，支持领航企业整合产业链资源，联合中小企业建设先进制造业集群、战略性新兴产业集群、创新型产业集群等。鼓励领航企业对上下游企业开放资源，开展供应链配套对接，与中小企业建立稳定合

作关系，构建创新协同、产能共享、供应链互通的新型产业发展生态。（工业和信息化部、国务院国资委按照职责分工负责）

七、促进优质企业加强管理创新和文化建设。实施企业管理提升专项行动，鼓励推动组织管理变革，加强全面质量管理、强化资源集约管理和配置、做好风险防控，创新生产经营模式，提升全要素生产率。弘扬企业家精神和工匠精神，加强企业诚信建设。加大企业社会责任建设力度，增强风险防范和价值创造能力。引导企业重视企业文化建设，提高企业员工凝聚力、创造力和社会认同感。（工业和信息化部、国务院国资委按照职责分工负责）

八、提升优质企业开放合作水平。鼓励领航企业、单项冠军企业积极在全球布局研发设计中心，优化生产网络和供应链体系，有效对接和利用全球资源。以共建"一带一路"为重点，构建区域产业链共同体，更好融入全球产业链供应链。支持企业实施"抱团出海"行动，牵头建设境外经贸合作区。鼓励地方有序建设中外合作园区，吸引更多的全球高端要素、高端制造能力，支撑促进企业发展。（商务部、工业和信息化部、科技部、国务院国资委按照职责分工负责）

九、完善金融财政和人才政策措施。发挥各类政府引导基金作用，鼓励社会资本出资组建优质企业培育基金。加强企业融资能力建设和上市培育，支持符合条件的优质企业在资本市场上市融资和发行债券。发挥国家产融合作平台作用，整合企业信用信息，支持投贷联动、投投联动，引导金融机构为优质企业提供精准、有效的金融支持。用好现有资金渠道，支持"专精特新"中小

企业高质量发展。支持引进高端人才，联合高等院校、科研机构建设先进制造业实训基地。持续加强企业经营管理人才培训，实施工业和信息化职业技能提升行动计划。鼓励各地研究制定符合国际通行规则的支持政策措施。（财政部、证监会、工业和信息化部、国务院国资委按照职责分工负责）

十、加强对优质企业的精准服务。分级构建优质企业培育库，建立"企业直通车"制度，及时掌握企业诉求，指导用好惠企政策，协调解决土地、用工、用能等问题。组织行业协会、商会等梳理企业需求，提供信息咨询、产品推广、人才培训、知识产权等专业化服务。加大宣传力度，编制发布企业案例集，推广地方典型经验，开展经验交流，组织"万家优质企业行"活动，打造"优质企业"名片。（工业和信息化部牵头、相关部门按照职责分工负责、有关行业协会配合相关工作）

各地工业和信息化主管部门要会同相关部门建立健全横向协同、上下联动的培育发展工作体系和常态化工作推进机制，加强与各类规划衔接，结合实际制定政策措施，形成工作合力，抓好工作落实。

工业和信息化部

科技部

财政部

商务部

国务院国有资产监督管理委员会

中国证券监督管理委员会

2021 年 6 月 1 日

工业和信息化部 国家发展改革委 科技部关于印发《国家安全应急产业示范基地管理办法（试行）》的通知

工信部联安全〔2021〕48号

各省、自治区、直辖市及计划单列市、新疆生产建设兵团工业和信息化主管部门、发展改革委、科技厅（委、局）：

现将《国家安全应急产业示范基地管理办法（试行）》印发给你们，请遵照执行。

工业和信息化部
国家发展改革委
科技部
2021年4月22日

国家安全应急产业示范基地管理办法（试行）

第一章　总则

第一条　以习近平新时代中国特色社会主义思想为指导，深入贯彻党的十九大和十九届二中、三中、四中、五中全会精神，全面落实《中共中央　国务院关于推进安全生产领域改革发展的意见》，按照《国务院办公厅关于加快应急产业发展的指导意见》重点任务要求，为引导企业集聚发展安全应急产业，优化安全应急产品生产能力区域布局，支撑应急物资保障体系建设，指导各地科学有序开展国家安全应急产业示范基地（以下简称"示范基地"）建设，制定本办法。

第二条　本办法所指安全应急产业是为自然灾害、事故灾难、公共卫生事件、社会安全事件等各类突发事件提供安全防范与应急准备、监测与预警、处置与救援等专用产品和服务的产业。

第三条　本办法所指示范基地是以安全应急产业作为优势产业，特色鲜明且对安全应急技术、产品、服务创新及产业链优化升级具有示范带动作用，依法依规设立的各类开发区、工业园区（聚集区）以及国家规划重点布局的产业发展区域。

第四条　示范基地建设分为培育期和发展期两个阶段。处于培育期的示范基地属于创建单位。

第五条　本办法适用于示范基地和示范基地创建单位〔以下统称"示范基地（含创建）"〕的申报、评审、命名和管理等工作。

第二章　组织

第六条　工业和信息化部、国家发展改革委、科技部负责统筹示范基地（含创建）的评审、命名和管理等工作。

第七条　各省、自治区、直辖市及计划单列市、新疆生产建设兵团工业和信息化主管部门会同当地发展改革、科技主管部门（以下统称"省级工业和信息化、发展改革、科技主管部门"）负责组织本地区示范基地（含创建）的初审和上报等工作，并配合工业和信息化部、国家发展改革委、科技部指导各地开展示范基地（含创建）培育。

第三章　申报

第八条　申报条件

示范基地（含创建）分为综合类和专业类。综合类是指相关产品或服务涉及多个专业领域，且达到国内先进水平、市场占有率高、规模效益突出的示范基地（含创建）；专业类是指相关产品或服务在某一专业领域达到国际先进水平，市场占有率较高，具备一定规模效益的示范基地（含创建）。

具体申报条件应满足产业构成、创新能力、发展质量、安全环保、发展环境、应用水平等6方面指标要求，详见《国家安全应急产业示范基地评价指标体系》（见附件1）。

第九条　申报材料

（一）申报单位所在地省级工业和信息化、发展改革和科技主管部门的联合上报文件和初审意见。

（二）示范基地（含创建）申报书（见附件2）。

（三）示范基地（含创建）申报表在国家安全应急产业大数据平台（http://safetybigdata.org）申报系统里

打印。申报表中涉及的产业规模数据以当地统计部门确认的数据为准。

（四）涉及第八条需要提供的补充材料。

第十条　申报流程

（一）工业和信息化部、国家发展改革委、科技部定期组织开展示范基地的遴选和评审工作。

（二）申报单位结合自身情况自愿向所在地省级工业和信息化主管部门提出"国家安全应急产业综合类（或专业类）示范基地创建单位"申请，并登录国家安全应急产业大数据平台在线申报系统，提交相关申报材料。

（三）省级工业和信息化主管部门会同同级发展改革、科技主管部门对申报材料开展审查，联合出具书面推荐意见，通过在线申报系统提交审查意见扫描件，纸质版一式三份分别邮寄至工业和信息化部、国家发展改革委、科技部。

第四章　评审和命名

第十一条　工业和信息化部会同国家发展改革委、科技部组织专家对申报单位进行现场考察和答辩评审。评审结果在工业和信息化部、国家发展改革委、科技部网站及国家安全应急产业大数据平台公示 7 个工作日。

第十二条　通过评审且公示期无异议的，由工业和信息化部、国家发展改革委、科技部联合命名。其中，综合类命名为"国家安全应急产业综合类示范基地创建单位"，专业类命名为"国家安全应急产业专业类示范基地创建单位"。

第五章　管理

第十三条　工业和信息化部、国家发展改革委、科技部对示范基地（含创建）实施"有进有出"的动态管理。

（一）示范基地创建单位培育期满三年后，经工业和信息化部、国家发展改革委、科技部评估，满足示范基地条件的，由三部门联合命名为国家安全应急产业综合类（或专业类）示范基地。未满足示范基地条件但评估认为具备创建单位条件的，培育期可延长两年，两年内再次评估仍未满足示范基地条件的，公告撤销国家安全应急产业综合类（或专业类）示范基地创建单位命名，撤销命名前将告知有关单位，听取其陈述和申辩。

示范基地经定期评估未满足条件的，由三部门通报、责令整改，两年内再次评估仍未满足条件的，公告撤销国家安全应急产业综合类（或专业类）示范基地命名，撤销命名前将告知有关单位，听取其陈述和申辩。

（二）对上报资料弄虚作假的申报单位，工业和信息化部、国家发展改革委、科技部责令其限期整改。整改不到位的，取消其申报资格。

（三）每年 3 月底前，示范基地（含创建）应将上一年度工作总结和本年度工作计划上报至所在地省级工业和信息化主管部门。省级工业和信息化主管部门会同同级发展改革、科技主管部门核实汇总后，分别报工业和信息化部、国家发展改革委和科技部。连续两年未按规定提交年度工作总结和计划的，可撤销其命名，撤销命名前将告知有关单位，听取其陈述和申辩。

（四）示范基地（含创建）内的应急物资将作为工业应急管理工作的重要载体，纳入工业应急管理能力体系。要按要求将相关企业产品、生产能力、库存等相关信息报工业和信息化部，并及时保障应对突发事件。

第十四条　工业和信息化部、国家发展改革委、科技部对示范基地（含创建）发展予以支持。根据实际情况在产学研合作、技术推广、标准制定、项目支持、资金引导、交流合作、示范应用、应急物资收储、新型工业化产业示范基地推荐等方面对示范基地（含创建）内单位给予重点指导和支持。

第六章　附则

第十五条　鼓励地方各级政府组织开展省级示范基地培育工作。省级安全应急产业示范基地建设期满两年后可直接申报"国家安全应急产业综合类（或专业类）示范基地"。

第十六条　支持国家新型工业化产业示范基地开展国家安全应急产业示范基地培育。

第十七条　已批复的国家应急产业示范基地、国家安全产业示范园区（含创建）的管理适用于本办法。

第十八条　本办法由工业和信息化部、国家发展改革委、科技部负责解释。

第十九条　本办法自 2021 年 5 月 1 日起施行。《国家安全产业示范园区创建指南（试行）》与《国家应急产业示范基地管理办法（试行）》同时废止。

附件：

1. 国家安全应急产业示范基地评价指标体系（略）。
2. 国家安全应急产业示范基地（含创建）申报书编制要点（略）。

工业和信息化部 人民银行 银保监会 证监会
关于加强产融合作推动工业绿色发展的
指导意见

工信部联财〔2021〕159 号

各省、自治区、直辖市及计划单列市、新疆生产建设兵团工业和信息化主管部门，中国人民银行各分行、营业管理部、各省会（首府）城市中心支行、各副省级城市中心支行，各银保监局，各证监局：

加强产融合作推动工业绿色发展，是贯彻习近平总书记关于金融服务实体经济系列重要指示精神的具体举措，也是落实党中央、国务院关于碳达峰、碳中和重大决策部署的具体内容。为构建产融合作有效支持工业绿色发展机制，根据《国务院关于加快建立健全绿色低碳循环发展经济体系的指导意见》（国发〔2021〕4号），现提出如下意见。

一、总体要求

（一）指导思想。以习近平新时代中国特色社会主义思想为指导，全面贯彻党的十九大和十九届二中、三中、四中、五中全会精神，把握新发展阶段，完整、准确、全面贯彻新发展理念，构建新发展格局，推动建设工业绿色低碳转型与工业赋能绿色发展相互促进、深度融合的产业体系。统筹经济、社会和环境效益，建立商业可持续的产融合作推动工业绿色发展路径，引导金融资源为工业绿色发展提供精准支撑，助力制造强国和网络强国建设，不断提升中国工业绿色发展的影响力，为建设全球气候治理新体系贡献力量。

（二）基本原则。政府推动、示范引领。依托产融合作部际协调机制，加强产业政策与金融政策协同。突出地方政府作用，坚持试点先行，不断总结经验，发挥示范带动效应。市场导向、增进效益。发挥企业和金融机构的市场主体作用，加快标准体系建设，完善信息披露机制，构建互利共赢的产融合作生态，让企业在绿色转型中增效益。创新驱动、重点突破。推动科技创新、管理创新和商业模式创新，在依法合规、风险可控的前提下加强金融创新，支持重点绿色新技术新场景培育应用。相互促进、系统发展。以工业高端化、智能化支撑绿色化，以工业绿色化引领高端化、智能化，推动工业全方位、全区域、全周期绿色发展。

（三）总体目标。到2025年，推动工业绿色发展的产融合作机制基本成熟，符合工业特色和需求的绿色金融标准体系更加完善，工业企业绿色信息披露机制更加健全，产融合作平台服务进一步优化，支持工业绿色发展的金融产品和服务更加丰富，各类要素资源向绿色低碳领域不断聚集，力争金融重点支持的工业企业成为碳减排标杆，有力支撑实现碳达峰、碳中和目标，保障产业与金融共享绿色发展成果、人民共享工业文明与生态文明和谐共生的美好生活。

二、工业绿色发展重点方向

（一）加强绿色低碳技术创新应用。加快绿色核心技术攻关，打造绿色制造领域制造业创新中心，加强低碳、节能、节水、环保、清洁生产、资源综合利用等领域共性技术研发，开展减碳、零碳和负碳技术综合性示范。支持新能源、新材料、新能源汽车、新能源航空器、绿色船舶、绿色农机、新能源动力、高效储能、碳捕集利用与封存、零碳工业流程再造、农林渔碳增汇、有害物质替代与减量化、工业废水资源化利用等关键技术突破及产业化发展。加快电子信息技术与清洁能源产业融合创新，推动新型储能电池产业突破，引导智能光伏产业高质量发展。支持绿色低碳装备装置、仪器仪表和控制系统研发创新，在国土绿化、生态修复、海绵城市与美丽乡村建设等领域提升装备化、智能化供给水平。

（二）加快工业企业绿色化改造提升。全面推行绿色制造、共享制造、智能制造，支持企业创建绿色工厂。加快实施钢铁、石化、化工、有色、建材、轻工、纺织等行业绿色化改造。引导企业加大可再生能源使用，加强电力需求侧管理，推动电能、氢能、生物质能替代化石燃料。推动企业利用海水、废污水、雨水等非常规水，开展节水减污技术改造，创建一批节水标杆企业。鼓励企业采用先进的清洁生产技术和高效末端治理装备，推动水、气、固体污染物资源化、无害化利用。加快推进水泥窑协同处置生活垃圾，提升工业窑炉协同处置城市废弃物水平。对企业开展全要素、全流程绿色化及智能化改造，建设绿色数据中心。支持建设能源、水资源管控中心，提升管理信息化水平。

（三）支持工业园区和先进制造业集群绿色发展。依托国家新型工业化产业示范基地等优势产业集聚区，打造一批绿色工业园区和先进制造业集群，支持共建共享公共设施、优化能源消费结构、开展能源梯级利用、推进资源循环利用和污染物集中安全处置，鼓励建设智能微电网。推进园区内企业间用水系统集成优化，实现串联用水、分质用水、一水多用和梯级利用，建设一批工业节水标杆园区。推广工业资源综合利用先进适用工艺技术设备，建设一批工业资源综合利用基地。开展工业领域电力需求侧管理示范园区建设。鼓励钢铁、有色、建材、化工等企业积极参与矿山修复，加快盘活废弃矿山、工业遗址等搁浅资产，丰富工业的文化、旅游、教育、科普、"双创"等功能，健全生态循环价值链。

（四）优化调整产业结构和布局。实施产业基础再造工程，提升产业基础能力，提高自主创新产品的一致性、可靠性和稳定性。加快发展战略性新兴产业，提升新能源汽车和智能网联汽车关键零部件、汽车芯片、基础材料、软件系统等产业链水平，推动提高产业集中度，加快充电桩、换电站、加氢站等基础设施建设运营，推动新能源汽车动力电池回收利用体系建设。加快内河与沿海老旧船舶电动化、绿色化更新改造和港区新能源基础设施建设。引导高耗能、高排放企业搬迁改造和退城入园，支持危险化学品生产企业搬迁改造，推进科学有序兼并重组。落实《产业发展与转移指导目录》，支持产业向符合资源禀赋、区位优势、环保升级、总体降耗等条件的地区转移。

（五）构建完善绿色供应链。推动绿色产业链与绿色供应链协同发展，引导企业构建数据支撑、网络共享、智能协作的绿色供应链管理体系，提升资源利用效率及供应链绿色化水平。鼓励企业实施绿色采购、打造绿色制造工艺、推行绿色包装、开展绿色运输、做好废弃产品回收处理。在汽车、家电、机械等重点行业打造一批绿色供应链，开发推广"易包装、易运输、易拆解、易重构、易回收"的绿色产品谱系。

（六）培育绿色制造服务体系。大力发展能源计量、监测、诊断、评估、技术改造、咨询以及工业节水与水处理系统集成服务、环境污染第三方治理、环境综合治理托管等专业化节能环保服务。针对汽车、纺织、家电等产品的生产消费、周转更新、回收处理与再利用，大力发展基于"互联网+""智能+"的回收利用与共享服务新模式。培育一批绿色制造服务供应商，提供产品绿色设计与制造一体化、工厂数字化绿色提升、服务其他产业绿色化等系统解决方案。

（七）促进绿色低碳产品消费升级。鼓励企业按照全生命周期理念开展产品绿色设计，扩大高质量绿色产品有效供给。设立电商平台绿色低碳产品销售激励约束机制，扩大新能源汽车、光伏光热产品、绿色消费类电器电子产品、绿色建材等消费。加快发展面向冰雪运动、海洋休闲、郊野经济等场景的设施装备产业。推动超高清视频、新型显示等技术突破，拓展数字绿色消费场景。发展具有文化传承意义和资源盘活效益的传统技法工艺，推广环境影响小、资源消耗低、易循环利用的生物质取材制品，支持苗绣、桑蚕丝绸等生态产品价值实现机制试点示范。

（八）推进绿色低碳国际合作。以碳中和为导向，制定重点行业碳达峰目标任务及路线图，支持智能光伏、新能源汽车等产业发挥示范引领作用。鼓励有条件的地方建设中外合作绿色工业园区，推动绿色技术创新成果在国内转化落地。共建绿色"一带一路"，加强煤电行业联控，促进产业产能优化升级。建设绿色综合服务平台和共性技术平台，推动中国新型绿色技术装备"走出去"和标准国际化。

三、主要任务

（一）建立健全碳核算和绿色金融标准体系。构建工业碳核算方法、算法和数据库体系，推动碳核算信息在金融系统应用，强化碳核算产融合作。鼓励运用数字技术开展碳核算，率先对绿色化改造重点行业、绿色工业园区、先进制造业集群等进行核算。规范统一绿色金融标准，完善绿色债券等评估认证标准，健全支持工业绿色发展的绿色金融标准体系。推动国内外绿色金融标准相互融合、市场互联互通，加强国际成熟经验的国内运用和国内有益经验的国际推广，吸引境外资金参与我国工业绿色发展。

（二）完善工业绿色发展信息共享机制。组织遴选符合绿色发展要求的产品、工艺技术装备、解决方案、企业、项目、园区等，建立工业绿色发展指导目录和项目库。探索建立工业企业温室气体排放信息平台，鼓励企业参照成熟经验主动披露相关信息。推进高耗能、高污染企业和相关上市公司强制披露环境信息，支持信用评级机构将环境、社会和治理（ESG）因素纳入企业信用评级。完善《绿色债券支持项目目录》中涉及工业绿色发展的分类，为工业企业信息服务平台和项目库建设提供支撑。

（三）加强产融合作平台建设。将国家产融合作平台作为金融支持工业绿色发展的重要载体，增设"工业绿色发展"专区。推动建立跨部门、多维度、高价值绿色数据对接机制，整合企业排放信息等"非财务"数据，对接动产融资统一登记公示系统，保障融资交易安全。探索构建系统直连、算法自建、模型优选、智能对接、资金直达的平台生态，推动金融资源精准对接企业融资需求，提高平台服务质效。

（四）加大绿色融资支持力度。运用多种货币政策工具，引导金融机构扩大绿色信贷投放，合理降低企业融资综合成本。鼓励银行业金融机构完善信贷管理政策，优化信贷审批流程，通过调整内部资金转移定价等方式引导信贷资源配置，积极发展绿色信贷、能效信贷，推动"两高"项目绿色化改造，对工业绿色发展项目给予重点支持。研究有序扩大绿色债券发行规模，鼓励符合条件的企业发行中长期绿色债券。支持符合条件的绿色企业上市融资和再融资，降低融资费用。依托科创属性评价，研究建立绿色科创企业培育引导机制，支持"硬科技"企业在科创板上市。鼓励推广《"一带一路"绿色投资原则》（GIP），进一步发展跨境绿色投融资，支持开展"一带一路"低碳投资。

（五）创新绿色金融产品和服务。支持在绿色低碳园区审慎稳妥推动基础设施领域不动产投资信托基金（基础设施 REITS）试点。鼓励金融机构开发针对钢铁石化等重点行业绿色化改造、绿色建材与新能源汽车生产应用、老旧船舶电动化改造、绿色产品推广等方面的金融产品；综合利用并购贷款、资产管理等一揽子金融工具，支持产能有序转移、危化品生产企业搬迁、先进制造业集群建设等。积极探索发展专业化的政府性绿色融资担保业务，促进投资、信贷、担保等业务协同。鼓励金融机构开发气候友好型金融产品，支持广州期货交易所建设碳期货市场，规范发展碳金融服务。

（六）提高绿色保险服务水平。鼓励保险机构结合企业绿色发展水平和环境风险变化情况，科学厘定保险费率，提高保险理赔效率和服务水平。加强绿色保险产品和服务创新，鼓励企业投保环保技术装备保险、绿色科技保险、绿色低碳产品质量安全责任保险等产品。发挥首台（套）重大技术装备、首批次材料和首版次软件保险补偿机制作用，加快新产品市场化应用。鼓励将保险资金投向绿色企业和项目。

（七）加快发展绿色基金。做强做优现有绿色产业发展基金，鼓励国家集成电路产业投资基金、国家制造业转型升级基金、国家中小企业发展基金等国家级基金加大对工业绿色发展重点领域的投资力度。鼓励社会资本设立工业绿色发展基金，推动绿色产业合理布局。引导天使投资、创业投资、私募股权投资基金投向绿色关键核心技术攻关等领域。

（八）发挥金融科技对绿色金融推动作用。鼓励金融机构加快金融科技应用，对工业企业、项目进行绿色数字画像和自动化评估，提升个性化服务能力。根据产业链数字图谱和重点行业碳达峰路线图，创新发展供应链金融，以绿色低碳效益明显的产业链领航企业、制造业单项冠军企业和专精特新"小巨人"企业为核心，加强对上下游小微企业的金融服务。不断探索新技术在金融领域的新场景、新应用，开展碳核算、碳足迹认证业务，提供基于行为数据的保险（UBI）等金融解决方案。

（九）支持绿色金融改革创新试点。推动金融改革创新试验区和产融合作试点城市探索绿色金融发展和改革创新路径，率先开展碳核算和绿色金融标准先行先试工作。适时扩大试验试点范围，将工业绿色发展较好地区优先打造成绿色金融示范区。支持金融改革创新试验区和产融合作试点城市建立工业绿色发展项目库，引导金融机构创新符合工业绿色发展需求的金融产品和服务，实现项目库互联互通。鼓励产融合作试点城市积极申报绿色金融改革创新试验区。

四、保障措施

（一）完善工作机制。工业和信息化部、人民银行、银保监会、证监会建立定期会商机制，共同推动完善支持工业绿色发展的配套政策措施。各地要完善工作机制和政策保障体系，研究提出本地区的实施方案，确保政策措施落到实处。工业和信息化部要会同相关部门加强工作统筹，总结推广创新做法，对取得明显实效的地方、金融机构和企业给予表扬激励。

（二）加强能力建设。工业和信息化部会同有关部门健全信息共享机制，为金融机构获取工业绿色发展指导目录和项目信息提供便利，帮助金融机构准确把握工业绿色发展重点方向，提升服务能力。鼓励各地发展工业绿色低碳研究评价第三方机构，实施工业资源综合利用评价，支撑金融机构更好地开展绿色金融业务。推进相关专业学科与产业学院建设，加强跨领域复合型人才培养，强化产融合作推动工业绿色发展的人才保障。

（三）凝聚发展共识。坚持"算大账、算长远账、算整体账、算综合账"的观念，在全社会倡导可持续发展理念，提高地方、企业和公众对工业绿色发展的认可度。推行低碳主义、节俭主义，塑造和引导绿色消费新风尚。开展绿色工业、绿色产品、绿色金融科普宣传，营造绿色金融发展良好氛围，不断开拓金融支持工业绿色发展的新局面。

工业和信息化部
中国人民银行
中国银行保险监督管理委员会
中国证券监督管理委员会
2021 年 9 月 3 日

工业和信息化部办公厅 农业农村部办公厅 商务部办公厅 国家能源局综合司关于开展 2021 年新能源汽车下乡活动的通知

工信厅联通装函〔2021〕57 号

各省、自治区、直辖市及计划单列市工业和信息化主管部门、农业农村（农牧）厅（局、委）、商务、能源主管部门：

为贯彻落实国务院常务会议部署，深入实施《新能源汽车产业发展规划（2021—2035 年）》，稳定增加汽车消费，促进农村地区新能源汽车推广应用，引导农村居民绿色出行，助力全面推进乡村振兴，支撑碳达峰、碳中和目标实现，工业和信息化部、农业农村部、商务部、国家能源局决定联合组织开展新一轮新能源汽车下乡活动。有关事项通知如下：

一、活动主题

绿色、低碳、智能、安全——一步跨入"新"时代，助力全面推进乡村振兴

二、活动时间

2021 年 3 月—2021 年 12 月

三、组织形式

（一）活动委托中国汽车工业协会组织实施，请各地工业和信息化、农业农村、商务、能源主管部门做好配合工作。

（二）在山西、吉林、河南、湖北、湖南、广西、重庆、山东、江苏、海南、四川和青岛等地，选择三四线城市、县区举办若干场专场、巡展、企业活动。

（三）鼓励参加下乡活动的新能源汽车行业相关企业（以下简称"企业"）积极参与"双品网购节"，支持企业与电商、互联网平台等合作举办网络购车活动，通过网上促销等方式吸引更多消费者购买。

（四）鼓励各地出台更多新能源汽车下乡支持政策，改善新能源汽车使用环境，推动农村充换电基础设施建设。鼓励参与下乡活动企业（名单见附件）研发更多质量可靠、先进适用车型，加大活动优惠力度，加强售后运维服务保障。

（五）通过相关部委和地方政府宣传平台、中国汽车工业协会自有及联动媒体宣传平台、各企业传播渠道等开展活动宣传报道。组织开展新能源汽车下乡活动最受欢迎车型评选。

四、活动要求

（一）加强组织领导。强化部门协同，加强人员和经费保障，动员企业积极参与活动，确保各项活动顺利进行取得实效。同时，坚决贯彻执行中央八项规定及其实施细则精神，坚持节俭办活动。

（二）做好安全保障。严格遵守当地疫情防控要求，在做好常态化疫情防控前提下，加强安全防护，严防事故发生。要制定工作方案、安全方案和疫情防控工作应急预案，细化措施、责任到人、落实到位。

（三）注重舆论引导。运用新闻媒体、微博微信、广播电视等渠道，开展活动全过程全覆盖宣传引导，加大新能源汽车科普宣传力度，加强活动前预热宣传，为新能源汽车推广应用营造良好舆论环境。

附件：参与活动企业及车型。

工业和信息化部办公厅
农业农村部办公厅
商务部办公厅
国家能源局综合司
2021 年 3 月 26 日

附件

参与活动汽车企业及车型

比亚迪股份有限公司（S2、E1、E2、E3、全新元 EV360、元 EV535、全新秦 EV）

上汽通用五菱汽车股份有限公司（宏光 MINI EV、宝骏 E100、宝骏 E200、五菱荣光电动车、新宝骏 E300、新宝骏 E300PLUS）

上海汽车集团股份有限公司（上汽荣威 EI5、科莱威）

长城汽车股份有限公司（欧拉 IQ、欧拉 R1、欧拉白猫）

安徽江淮汽车集团股份有限公司（江淮 IEV6E）

奇瑞汽车股份有限公司（小蚂蚁 EQ1、开瑞 K60EV、开瑞优优 EV、开瑞优劲 EV）

重庆长安汽车股份有限公司（奔奔 E-STAR、欧尚 A600EV、欧尚尼欧、长安睿行 EM80、长安之星 9EV、长安跨越 X1EV、长安跨越 V5EV、CS15 E-PRO）

浙江吉利控股集团有限公司（枫叶 30X、帝豪 EV500、帝豪 GSE、帝豪 EV PRO、吉利远程 E5L）

威马汽车科技集团有限公司（威尔马斯特 EX5）

浙江合众新能源汽车有限公司（哪吒 N01）

北京新能源汽车股份有限公司（北汽新能源 EC3）

东风汽车集团有限公司（风神 E70、启辰 D60EV、风行 S50EV、菱智 M5EV）

浙江零跑科技有限公司（T03）

国机智骏汽车有限公司（国机智骏 GC1）

云度新能源汽车股份有限公司（云度 π1、云度 π3）

江西江铃集团新能源汽车有限公司（新能源 EV3）

江苏吉麦新能源有限公司（凌宝 BOX）

华晨汽车集团控股有限公司（新海狮 EV、好运一号 EV、T50EV）

工业和信息化部 科技部 财政部 商务部关于印发
汽车产品生产者责任延伸试点实施方案的通知

工信部联节函〔2021〕129 号

为贯彻落实《国务院办公厅关于印发生产者责任延伸制度推行方案的通知》要求，加快推行汽车产品生产者责任延伸制度，现将《汽车产品生产者责任延伸试点实施方案》印发给你们，请认真遵照执行。

工业和信息化部
科技部
财政部
商务部
2021 年 5 月 26 日

汽车产品生产者责任延伸试点实施方案

为贯彻落实《国务院办公厅关于印发生产者责任延伸制度推行方案的通知》，进一步探索建立易推广、可复制的汽车产品生产者责任延伸制度实施模式，提升资源综合利用水平，制订本方案。

一、总体要求

（一）指导思想

以习近平新时代中国特色社会主义思想为指导，全面贯彻党的十九大和十九届二中、三中、四中、五中全会精神，落实生态文明建设和绿色循环低碳发展要求，构建报废汽车回收体系，提高汽车产品的综合竞争力和资源环境效益，促进汽车行业绿色发展。

（二）基本思路

以生产企业为主体，遵循全生命周期理念。充分发挥汽车生产企业在汽车产品全生命周期的主体作用，围绕工作基础好、覆盖范围广和示范作用大的汽车生产企业及其汽车产品开展试点，探索建立汽车产品生产者责任延伸管理制度。

以回收利用为重点，提升资源利用效率。引导汽车生产企业依法自建或合作共建报废汽车逆向回收利用体系，与报废机动车回收拆解企业、资源综合利用企业等加强信息共享，扩大再生材料、再制造产品和二手零部件使用，实现报废汽车拆解产物高值化利用，提高汽车资源综合利用效率。

以市场机制为基础，创新激励政策和措施。充分发挥市场在资源配置中的决定性作用，支持汽车生产企业与产业链上下游共同探索建立新型商业运营模式，打造汽车行业绿色供应链。发挥政策合力，创新政策激励机制，调动各方主体履责积极性。

以技术创新为动力，发挥技术支撑作用。鼓励汽车生产企业与研究机构等合作，开展绿色拆解、高附加值利用、再制造等技术研发，突破核心技术，推动大数据、物联网等信息化技术在报废汽车回收、回用件流通等领域的应用。

（三）主要目标

通过试点工作，树立一批汽车产品生产者责任延伸标杆企业，形成适合我国国情的汽车产品生产者责任延伸实施模式。到 2023 年，报废汽车规范回收水平显著提升，形成一批可复制、可推广的汽车生产企业为责任主体的报废汽车回收利用模式；报废汽车再生资源利用水平稳步提升，资源综合利用率达到 75%；汽车绿色供应链体系构建完备，汽车可回收利用率达到 95%，重点部件的再生原料利用比例不低于 5%。

二、试点内容

（一）建立回收体系。探索汽车生产企业通过自主回收、委托回收或联合回收等模式，依法建立报废汽车、废旧零部件回收网络与管理体系。汽车生产企业可自建回收网络，或委托其他相关企业对其报废汽车及废旧零部件进行回收，鼓励与第三方机构联合建立报废汽车回收利用行业组织，共建、共享回收服务网络，提高规范回收水平。其中，汽车生产企业自建回收网络从事报废机动车回收活动的，应依法取得资质认定，未经资质认定，不得从事报废机动车回收活动。汽车生产企业建立汽车产品及关键零部件的维保档案，向用户提示汽车规范报废回收流程，鼓励通过以旧换新、积分换购、维保优惠等激励措施，促进车辆所有人规范移交报废汽车和废旧零部件。推动信息技术、大数据技术等在回收体系中的应用，建立信息化管理体系，形成生产者责任延伸综合管理机制。

（二）开展资源综合利用。推动报废汽车拆解产物的规模化、规范化及高值化利用。鼓励汽车生产企业与相关企业、研究机构合作开展报废汽车精细化拆解、废旧零部件快速检测与分选、报废汽车"五大总成"等零部件再制造、动力蓄电池梯次利用、车辆拆解产物高附加值再利用等关键共性技术的研发应用，提升报废汽车的资源综合利用水平。鼓励通过线上交易平台等方式，拓展回用件与再制造件供需信息发布渠道，宣传和推广回用件与再制造件使用；构建二手零部件逆向回收利用体系，提升二手零部件在汽车维修环节的使用比例。完善二手零部件再利用技术规范，探索建立报废汽车拆解、拆解产物再利用及废弃物处置等配套标准体系。

（三）实施绿色供应链管理。汽车生产企业应建立绿色供应链管理体系，将绿色供应链管理理念纳入企业发展战略规划。开展绿色选材，落实材料标识要求，在保证汽车安全、性能要求等前提下，使用再生原料、安全环保材料，研发推广再生原料检测和利用技术，提升汽车的可回收利用率。推行绿色采购，建立绿色零部件和绿色供应商评价机制。加强绿色产品研发，增加低油耗、低排放及新能源汽车生产比例，加快推进整车及零部件轻量化技术研究与应用。强化绿色生产，采用绿色包装，降低汽车产品生产过程中的能源消耗，减少废弃物和污染物的产生，开展生产废料和副产品的回收利用及无害化处理。

（四）加强信息公开。汽车生产企业应加强对关键零部件的追溯管理，按有关规定履行动力蓄电池回收利用溯源管理主体责任，强化信息公开意识，依托信息化与网络化手段建立汽车行业生产者责任履行信息公开与共享机制。依据相关政策和国家标准，制定并公开发布机动车维修、汽车拆解指导手册等，推动汽车产品规范维修，指导报废机动车回收拆解企业安全、规范、高效实施报废汽车拆解。通过企业绿色发展报告、行业平台、企业网站等定期公开报废汽车拆解支持、有害物质符合性、报废汽车及其关键零部件回收服务网点、资源综合利用及再制造等信息。通过信息化平台定期收集、报送试点工作相关信息和数据，支撑试点评估考核。

三、组织实施与管理

（一）产品范围

本次试点产品为在中国境内销售使用的汽车产品。

（二）试点期限

本次试点期限为2年。

（三）申报条件

以汽车生产企业为主体进行申报。鼓励汽车生产企业与其关联企业结合优势联合申报，或与报废机动车回收拆解企业、资源综合利用企业等联合申报，实现资源共享。

1. 汽车生产企业

（1）须为在中国境内注册，具有独立法人资格且获得《道路机动车辆生产企业及产品公告》的国内汽车生产企业，以及从境外进口并在境内销售获得强制性产品认证的汽车进口企业。

（2）各项管理制度健全，绿色生产能力、销售盈利能力等处于行业领先水平，具有较强的节能环保投入能力。

（3）生产经营符合国家和地方的法律法规及标准规范要求，近三年无重大安全、环保等事故发生。

（4）对自身实施生产者责任延伸有明确的工作目标和思路，落实方案有保障。

2. 报废机动车回收拆解企业

（1）取得报废机动车回收拆解资质认定，从事报废机动车回收拆解经营业务的企业。

（2）各项管理制度健全，经营能力处于行业领先水平，节能环保水平高。

（3）生产经营符合国家和地方的法律法规及标准规范要求，近三年无重大安全、环保等事故发生。

3. 资源综合利用企业

（1）从事资源综合利用生产经营业务，具备开展资源综合利用（包括再制造）能力，且符合相关要求的企业。

（2）节能降耗、环境保护、综合利用措施符合国家和地方的法律法规及标准规范要求，近三年无重大安全、环保等事故发生。

（四）工作程序

试点工作分为确定试点企业、组织实施、阶段评估、验收和总结推广四个阶段。

1. 确定试点企业

各省、自治区、直辖市及计划单列市、新疆生产建设兵团工业和信息化主管部门组织本地区申报工作，中央企业直接向工业和信息化部申报并抄送企业所在地省级工业和信息化主管部门。

申报单位按照《汽车产品生产者责任延伸试点实施方案编制指南》（见附件）要求，组织编制本企业试点实施方案。申报组织单位对企业申报的试点实施方案进行审核，确定推荐名单。请于2021年8月31日前将正式文件、推荐名单、试点实施方案（纸质材料一式三份）一并报送工业和信息化部（节能与综合利用司），电子版发送至 zyzhly@miit.gov.cn。

工业和信息化部将会同科技部、财政部、商务部组织专家对申报材料予以审核。对通过审核的申报企业，在工业和信息化部门户网站进行公示，最终确定试点企业名单。

2. 组织实施

试点企业应根据试点实施方案中确定的目标、工作内容等认真组织实施，明确任务分工，落实目标责任，确保试点工作的质量和进度，做好过程管理和阶段总结工作。

3. 阶段评估

汽车生产企业应于试点中期向工业和信息化部报送

试点工作开展情况。工业和信息化部将会同科技、财政、商务主管部门积极指导和监督企业开展试点工作。

4. 验收和总结推广

在试点结束后，工业和信息化部将会同科技部、财政部、商务部对试点企业进行评估和验收，及时总结成功经验、有益做法和先进模式，积极在全行业宣传推广。

四、保障措施

（一）加强组织领导。工业和信息化部、科技部、财政部、商务部建立政策协调和联动机制，省级工业和信息化主管部门应加强对试点工作的组织监督，与同级相关主管部门协调做好试点过程管理和评估等工作，确保试点取得实效。汽车生产企业应成立试点工作领导小组，建立企业内部管理体系，明确职责分工，扎实推进试点任务落实，确保试点目标按期完成。

（二）强化政策扶持力度。加大现有政策对试点企业技术及模式创新的支持力度，积极支持试点企业申请获得报废机动车回收拆解资质，试点项目中符合国家及地方配套优惠政策的，可积极申请。加强国家科技计划（专项、基金等）对汽车回收利用关键共性技术研发项目的支持。鼓励通过政府和社会资本合作（PPP）、社会投资基金、第三方服务等方式引导社会资本参与报废汽车回收利用。充分利用绿色信贷、绿色债券、绿色保险等综合性金融支持措施，加大支持力度。鼓励引导行业第三方机构建设汽车产品生产者责任延伸公共服务平台，促进产业链上下游协作，提升报废汽车资源综合利用水平。

（三）加快标准体系建设。围绕绿色生产、回收利用、信息公开等领域，加快建立汽车产品生产者责任延伸配套标准体系，充分发挥标准的基础性和引导性作用。按照急用先行原则，重点推进绿色零部件评价、报废汽车回收、精细化拆解、废旧零部件分级评选、回用件使用与标识、车用材料再利用、拆解废弃物处置、再制造等标准的研究制定。鼓励制定国家、行业、地方、团体等标准，引导形成市场驱动、多方参与、协同推进的标准化工作格局。

（四）加强宣传和培训。充分发挥媒体、行业协会、社会公益组织等作用，加强绿色理念宣传，提升回用件、再制造件的市场认可度，为试点工作开展营造良好的社会氛围。实施信息公开制度，按年度发布《中国汽车产品生产者责任延伸履责白皮书》，公布试点进展情况，开展试点企业评估，加强对试点优秀企业、先进模式和经验的宣传。建立培训机制，提高企业回收拆解、再利用技术水平和管理水平，提升企业竞争力。

附件：汽车产品生产者责任延伸试点实施方案、编制指南（略）。

工业和信息化部 科技部 生态环境部 商务部 市场监管总局关于印发《新能源汽车动力蓄电池梯次利用管理办法》的通知

工信部联节〔2021〕114 号

各省、自治区、直辖市及计划单列市、新疆生产建设兵团工业和信息化、科技、生态环境、商务、市场监管主管部门，各有关单位：

为加强新能源汽车动力蓄电池梯次利用管理，提升资源综合利用水平，保障梯次利用电池产品的质量，工业和信息化部、科技部、生态环境部、商务部、市场监管总局联合制定了《新能源汽车动力蓄电池梯次利用管理办法》。现印发给你们，请认真贯彻执行。

工业和信息化部
科学技术部
生态环境部
商务部
国家市场监督管理总局
2021 年 8 月 19 日

新能源汽车动力蓄电池梯次利用管理办法

一、总则

第一条　为了加强新能源汽车动力蓄电池梯次利用管理，提升资源综合利用水平，保障梯次利用电池产品（以下简称"梯次产品"）的质量，保护生态环境，依据《中华人民共和国固体废物污染环境防治法》《中华人民共和国循环经济促进法》等，制定本办法。

第二条　本办法适用于中华人民共和国境内梯次利用企业及其他相关市场主体的梯次利用相关活动。

第三条　梯次利用企业应依法履行主体责任，遵循全生命周期理念，落实生产者责任延伸制度，保障本企业生产的梯次产品质量，以及报废后的规范回收和环保处置；动力蓄电池生产企业应采取易梯次利用的产品结构设计，利于高效梯次利用。

第四条　工业和信息化部负责全国动力蓄电池梯次利用管理指导、协调工作。生态环境部、商务部、市场监管总局依职责强化动力蓄电池梯次利用监督管理，加强信息共享。

各省、自治区、直辖市及新疆生产建设兵团工业和信息化主管部门会同同级生态环境、商务、市场监管主管部门，协调做好本地区梯次利用指导与监督管理工作。

第五条　科技部支持梯次利用关键共性技术、装备的研发与推广应用，引导产学研用协作，鼓励梯次利用新型商业模式创新和示范项目建设。

二、梯次利用企业要求

第六条　梯次利用企业应符合《新能源汽车废旧动力蓄电池综合利用行业规范条件》（工业和信息化部公告 2019 年第 59 号）要求。鼓励采用先进适用的工艺技术及装备，对废旧动力蓄电池优先进行包（组）、模块级别的梯次利用，电池包（组）和模块的拆解符合《车用动力电池回收利用　拆解规范》（GB/T 33598）的相关要求。

第七条　鼓励梯次利用企业研发生产适用于基站备电、储能、充换电等领域的梯次产品。鼓励采用租赁、规模化利用等便于梯次产品回收的商业模式。

第八条　鼓励梯次利用企业与新能源汽车生产、动力蓄电池生产及报废机动车回收拆解等企业协议合作，加强信息共享，利用已有回收渠道，高效回收废旧动力蓄电池用于梯次利用。鼓励动力蓄电池生产企业参与废旧动力蓄电池回收及梯次利用。

第九条　梯次利用企业从事废旧动力蓄电池梯次利用活动时，应依据国家有关法规要求，与新能源汽车、动力蓄电池生产企业协调、厘清知识产权和产品安全责任有关问题。

第十条　鼓励新能源汽车、动力蓄电池生产企业等与梯次利用企业协商共享动力蓄电池的出厂技术规格信息、充电倍率信息，以及相关国家标准规定的监控数据信息（电压、温度、SOC 等）。梯次利用企业按照《车用

动力电池回收利用　余能检测》（GB/T 34015）等相关标准进行检测，结合实际检测数据，评估废旧动力蓄电池剩余价值，提高梯次利用效率，提升梯次产品的使用性能、可靠性及经济性。

第十一条　梯次利用企业应规范开展梯次利用，具备梯次产品质量管理制度及必要的检验设备、设施，通过质量管理体系认证，所采用的梯次产品检验规则、方法等符合有关标准要求，对本企业生产销售的梯次产品承担保修和售后服务责任。

第十二条　梯次利用企业应按国家有关溯源管理规定，建立溯源管理体系，进行厂商代码申请和编码规则备案，向新能源汽车国家监测与动力蓄电池回收利用溯源综合管理平台（www.evmam-tbrat.com）上传梯次产品、废旧动力蓄电池等相关溯源信息，确保溯源信息上传及时、真实、准确。

三、梯次产品要求

第十三条　梯次产品的设计应综合考虑电气绝缘、阻燃、热管理以及电池管理等因素，保证梯次产品的可靠性；采用易于维护、拆卸及拆解的结构及连接方式，以便于其报废后的拆卸、拆解及回收。

第十四条　梯次产品应进行性能试验验证，其电性能和安全可靠性等应符合所应用领域的相关标准要求。

第十五条　梯次产品应有商品条码标识，并按《汽车动力蓄电池编码规则》（GB/T 34014）统一编码，在梯次产品标识上标明（但不限于）标称容量、标称电压、梯次利用企业名称、地址、产品产地、溯源编码等信息，并保留原动力蓄电池编码。

第十六条　梯次产品的使用说明或其他随附文件，应提示梯次产品在使用防护、运行监控、检查维护、报废回收等过程中应注意的有关事项及要求。

第十七条　梯次产品包装运输应符合《车用动力电池回收利用管理规范第 1 部分：包装运输》（GB/T 38698.1）等有关标准要求。

第十八条　市场监管总局会同工业和信息化部建立梯次产品自愿性认证制度，获得认证的梯次产品可在产品及包装上使用梯次产品认证标志。

四、回收利用要求

第十九条　梯次利用企业应按照《新能源汽车动力蓄电池回收服务网点建设和运营指南》（工业和信息化部公告 2019 年第 46 号）的相关要求，建立与产品销售量相匹配的报废梯次产品回收服务网点，报送回收服务网点信息并在本企业网站向社会公布。鼓励梯次利用企业与新能源汽车生产等企业合作共建、共用回收体系，提高回收效率。

第二十条　梯次利用企业应规范回收本企业梯次产品生产、检测等过程中产生的报废动力蓄电池以及报废梯次产品，按照相关要求，集中贮存并移交再生利用企业处理，并按国家有关要求落实信息公开。

第二十一条　梯次产品所有人应将报废的梯次产品，移交给梯次利用企业建立的回收服务网点或再生利用企业进行规范处理。

第二十二条　梯次利用企业、梯次产品所有人等，如因擅自拆卸、拆解报废梯次产品，或将其移交其他第三方，或随意丢弃、处置，导致事故的，应承担相应责任。

五、监督管理

第二十三条　县级以上地方工业和信息化主管部门会同同级有关主管部门，对梯次利用企业的梯次产品生产、溯源等情况进行监督检查，保障梯次利用的规范、高效开展。

第二十四条　县级以上地方市场监管部门依据职责，对梯次产品认证活动进行监督管理。对认证违法违规行为，依法进行查处。

第二十五条　县级以上地方生态环境主管部门依据职责对梯次利用企业生产、报废梯次产品再生利用企业利用处置等活动的环境污染防治情况进行监督，对于违反环境保护有关要求的，依据环境保护相关法律法规进行处理。

第二十六条　县级以上地方商务主管部门会同同级有关主管部门依据国家有关规定对报废机动车回收拆解企业拆卸、交售动力蓄电池以及录入动力蓄电池信息等行为进行监督管理。

第二十七条　组建新能源汽车动力蓄电池梯次利用专家委员会。专家委员会负责协调新能源汽车动力蓄电池梯次利用管理过程中的重大技术问题，支撑相关政策研究、行业信息分析等工作。

第二十八条　任何组织和个人有权对违反本办法规定的行为向有关部门投诉、举报。

六、附则

第二十九条　本办法所称梯次利用，是指对废旧动力蓄电池进行必要的检验检测、分类、拆分、电池修复或重组为梯次产品，使其可应用至其他领域的过程。

本办法所称梯次利用企业，是指从事梯次产品生产的企业。《新能源汽车动力蓄电池回收利用管理暂行办法》（工信部联节〔2018〕43 号）中的再生利用企业及废旧动力蓄电池定义适用于本办法。

第三十条　本办法由工业和信息化部商科技部、生态环境部、商务部、市场监管总局负责解释。

第三十一条　本办法自印发之日起 30 日后实施。

2022 年

工业和信息化部 国家发展和改革委员会 科学技术部 财政部 自然资源部 生态环境部 商务部 国家税务 总局关于印发加快推动工业资源综合利用 实施方案的通知

工信部联节〔2022〕9 号

各省、自治区、直辖市及计划单列市、新疆生产建设兵团工业和信息化主管部门、发展改革委、科技厅（委、局）、财政厅（局）、自然资源主管部门、生态环境厅（局）、商务主管部门；国家税务总局各省、自治区、直辖市、计划单列市税务局：

现将《关于加快推动工业资源综合利用的实施方案》印发给你们，请认真贯彻落实。

工业和信息化部
国家发展和改革委员会
科学技术部
财政部
自然资源部
生态环境部
商务部
国家税务总局
2022 年 1 月 27 日

关于加快推动工业资源综合利用的实施方案

工业资源综合利用是构建新发展格局、建设生态文明的重要内容。为贯彻《中华人民共和国固体废物污染环境防治法》，落实《中华人民共和国国民经济和社会发展第十四个五年规划和 2035 年远景目标纲要》和《"十四五"工业绿色发展规划》，大力推动工业资源综合利用，促进工业高质量发展，制定本方案。

一、总体要求

（一）指导思想

坚持以习近平新时代中国特色社会主义思想为指导，全面贯彻党的十九大和十九届历次全会精神，深入贯彻习近平生态文明思想，立足新发展阶段，完整、准确、全面贯彻新发展理念，构建新发展格局，以技术创新为引领，以供给侧结构性改革为主线，大力推动重点行业工业固废源头减量和规模化高效综合利用，加快推进再生资源高值化循环利用，促进工业资源协同利用，着力提升工业资源利用效率，促进经济社会发展全面绿色转型，助力如期实现碳达峰碳中和目标。

（二）基本原则

坚持统筹发展。围绕资源利用效率提升与工业绿色

转型需求，结合工业固废和再生资源产业结构、空间分布特点，统筹构建跨产业协同、上下游协同、区域间协同的工业资源综合利用格局。

坚持问题导向。聚焦重点固废品种和产业链薄弱环节，瞄准工业固废减量化痛点、再生资源高值化难点、工业资源协同利用堵点，精准施策、靶向发力，切实提高工业资源综合利用产业发展的质量和效益。

坚持创新引领。强化企业创新主体地位，拓展产学研用融合通道，着力突破工业固废和再生资源综合利用的关键共性技术，加快先进适用技术装备的产业化应用推广，提高数字化水平，推动政策、管理等体制机制创新。

坚持市场主导。充分发挥市场在资源配置中的决定性作用，更好发挥政府作用，以需求、供给、价格等市场手段为主，以规划、政策等行政手段为辅，激发产废企业、综合利用企业等各类市场主体对固废减量和利用、再生资源增值增效的积极性。

（三）主要目标

到 2025 年，钢铁、有色、化工等重点行业工业固废

产生强度下降，大宗工业固废的综合利用水平显著提升，再生资源行业持续健康发展，工业资源综合利用效率明显提升。力争大宗工业固废综合利用率达到 57%，其中，冶炼渣达到 73%，工业副产石膏达到 73%，赤泥综合利用水平有效提高。主要再生资源品种利用量超过 4.8 亿吨，其中废钢铁 3.2 亿吨，废有色金属 2000 万吨，废纸6000 万吨。工业资源综合利用法规政策标准体系日益完善，技术装备水平显著提升，产业集中度和协同发展能力大幅提高，努力构建创新驱动的规模化与高值化并行、产业循环链接明显增强、协同耦合活力显著激发的工业资源综合利用产业生态。

二、工业固废综合利用提质增效工程

（四）推动技术升级降低固废产生强度。加大技术改造力度，推动工业数字化智能化绿色化融合发展。推广非高炉炼铁、有色金属短流程冶炼、非硫酸法分解中低品位磷矿、铬盐液相氧化、冷冻硝酸法、尾矿和煤矸石原位井下充填等先进工艺。强化生产过程资源的高效利用、梯级利用和循环利用，降低固废产生强度。鼓励产废企业加强生产过程管理、优化固废处理工艺，提高固废资源品质，降低综合利用难度。

（五）加快工业固废规模化高效利用。推动工业固废按元素价值综合开发利用，加快推进尾矿（共伴生矿）、粉煤灰、煤矸石、冶炼渣、工业副产石膏、赤泥、化工废渣等工业固废在有价组分提取、建材生产、市政设施建设、井下充填、生态修复、土壤治理等领域的规模化利用。着力提升工业固废在生产纤维材料、微晶玻璃、超细化填料、低碳水泥、固废基高性能混凝土、预制件、节能型建筑材料等领域的高值化利用水平。组织开展工业固废资源综合利用评价，推动有条件地区率先实现新增工业固废能用尽用、存量工业固废有序减少。

（六）提升复杂难用固废综合利用能力。针对部分固废成分复杂、有害物质含量多、性质不稳定等问题，分类施策，稳步提高综合利用能力。积极开展钢渣分级分质利用，扩大钢渣在低碳水泥等绿色建材和路基材料中的应用，提升钢渣综合利用规模。加快推动锰渣、镁渣综合利用，鼓励建设锰渣生产活性微粉等规模化利用项目。探索碱渣高效综合利用技术。积极推进气化渣高效综合利用，加大规模化利用技术装备开发力度，建设一批气化渣生产胶凝材料等高效利用项目。

（七）推动磷石膏综合利用量效齐增。推动磷肥生产企业强化过程管理，从源头提高磷石膏可资源化品质。突破磷石膏无害化处理瓶颈，因地制宜制定磷石膏无害化处理方案。加快磷石膏在制硫酸联产水泥和碱性肥料、生产高强石膏粉及其制品等领域的应用。在保证安全环保的前提下，探索磷石膏用于地下采空区充填、道路材料等方面的应用。支持在湖北、四川、贵州、云南等地建设磷石膏规模化高效利用示范工程，鼓励有条件地区推行"以渣定产"。

（八）提高赤泥综合利用水平。按照无害化、资源化原则，攻克赤泥改性分质利用、低成本脱碱等关键技术，推进赤泥在陶粒、新型胶凝材料、装配式建材、道路材料生产和选铁等领域的产业化应用。鼓励山西、山东、河南、广西、贵州、云南等地建设赤泥综合利用示范工程，引领带动赤泥综合利用产业和氧化铝行业绿色协同发展。

（九）优化产业结构推动固废源头减量。严控新增钢铁、电解铝等相关行业产能规模。适时修订限期淘汰产生严重污染环境的工业固废的落后生产工艺设备名录，综合运用环保、节能、质量、安全、技术等措施，依法依规推动落后产能退出。钢铁行业科学有序推进废钢铁先进电炉短流程工艺；有色行业着力提高再生铜、铝、锌等供给；能源（电力、热力）行业稳步扩大水力、风能、太阳能、地热能等清洁能源利用，减少固废产生源。

三、再生资源高效循环利用工程

（十）推进再生资源规范化利用。实施废钢铁、废有色金属、废塑料、废旧轮胎、废纸、废旧动力电池、废旧手机等再生资源综合利用行业规范管理。鼓励大型钢铁、有色金属、造纸、塑料聚合加工等企业与再生资源加工企业合作，建设一体化大型废钢铁、废有色金属、废纸、废塑料等绿色加工配送中心。推动再生资源产业集聚发展，鼓励再生资源领域小微企业入园进区。鼓励废旧纺织品、废玻璃等低值再生资源综合利用。推进电器电子、汽车等产品生产者责任延伸试点，鼓励建立生产企业自建、委托建设、合作共建等多方联动的产品规范化回收体系，提升资源综合利用水平。

（十一）提升再生资源利用价值。加强大数据、区块链等互联网技术在再生资源领域的应用，助力构建线上线下相结合的高效再生资源回收体系。着力延伸再生资源精深加工产业链条，促进钢铁、铜、铝、锌、镍、钴、锂等战略性金属废碎料的高效再生利用，提升再生资源高值化利用水平。有序推进高端智能装备再制造。积极引导符合产品标准的再生原料进口。

（十二）完善废旧动力电池回收利用体系。完善管理制度，强化新能源汽车动力电池全生命周期溯源管理。推动产业链上下游合作共建回收渠道，构建跨区域回收利用体系。推进废旧动力电池在备电、充换电等领域安全梯次应用。在京津冀、长三角、粤港澳大湾区等重点区域建设一批梯次和再生利用示范工程。培育一批梯次和再生利用骨干企业，加大动力电池无损检测、自动化拆解、有价金属高效提取等技术的研发推广力度。

（十三）深化废塑料循环利用。加快废弃饮料瓶、塑料快递包装等产生量大的主要废塑料品种回收利用，培育一批龙头骨干企业，提高产业集中度。推动废塑料高附加值利用。鼓励企业开展废塑料综合利用产品绿色设计认证，提高再生塑料在汽车、电器电子、建筑、纺织等领域的使用比例。科学稳妥推进塑料替代制品应用推广，助力塑料污染治理。

（十四）探索新兴固废综合利用路径。研究制定船舶安全与环境无害化循环利用方案，加强船舶设计、建造、配套、检验、营运以及维修、改造、拆解、利用等全生命周期管理，促进相关企业与机构信息共享，促进船舶废旧材料再生利用。推动废旧光伏组件、风电叶片等新兴固废综合利用技术研发及产业化应用，加大综合利用成套技术设备研发推广力度，探索新兴固废综合利用技术路线。

四、工业资源综合利用能力提升工程

（十五）强化跨产业协同利用。加强产业间合作，促进煤炭开采、冶金、建材、石化化工等产业协同耦合发展，促进固废资源跨产业协同利用。鼓励有条件的地区开展"无废城市"建设，有条件的工业园区和企业创建"无废工业园区""无废企业"，推动固废在地区内、园区内、厂区内的协同循环利用，提高固废就地资源化效率。

（十六）加强跨区域协同利用。在京津冀及周边地区，建设一批全固废胶凝材料示范项目和大型尾矿、废石生产砂石骨料基地。在黄河流域，着力促进煤矸石、粉煤灰等固废通过多式联运跨区域协同利用。在长江经济带，利用水运优势，拓宽磷石膏、锰渣综合利用产品销售半径。在京津冀、长三角、粤港澳大湾区等再生资源产生量大地区，建设一批大型跨区域再生资源回收利用集聚区，构建跨地区跨产业循环链接、耦合共生的绿色化高值化再生资源综合利用产业体系。

（十七）推动工业装置协同处理城镇固废。加快工业装置协同处置技术升级改造，支持水泥、钢铁、火电等工业窑炉以及炼油、煤气化、烧碱等石化化工装置协同处置固体废物。在符合安全环保等前提下，依托现有设备装置基础，因地制宜建设改造一批工业设施协同处理生活垃圾、市政污泥、危险废物、医疗废物等项目，探索形成工业窑炉协同处置固废技术路径及商业模式。

（十八）加强数字化赋能。结合钢铁、石化、建材等重点行业特点，推动新一代信息技术与制造全过程、全要素深度融合，改进产品设计，创新生产工艺，推行精益管理，实现资源利用效率最大化，最大限度减少固废产生。鼓励利用人工智能、大数据、区块链、云计算、工业互联网、5G等数字化技术，加强资源全生命周期管理。围绕工业固废生产建筑材料、再生资源分拣加工、高价值废旧物资精细化拆解等重点领域，突破一批智能制造关键技术，鼓励有能力的大型龙头企业或第三方机构建设行业互联网大数据平台，推动上下游信息共享、资源共享、利益共赢。

（十九）推进关键技术研发示范推广。支持龙头骨干企业与科研院校、行业机构、产业链上下游企业等合作，创建工业资源综合利用创新平台。突破一批复杂难用固

废无害化利用、再生资源高效高值化利用、自动化智能化柔性改造等共性关键技术及大型成套装备，推动首台（套）装备示范应用。动态发布工业资源综合利用先进适用工艺技术设备目录，加快先进技术装备推广。

（二十）强化行业标杆引领。深入推进工业资源综合利用基地建设，选择工业固废或再生资源集聚、产业基础良好的地区，新建50家工业资源综合利用基地，探索形成基于区域和固废特点的产业发展路径。培育工业资源综合利用"领跑者"企业、"专精特新"中小企业、制造业单项冠军，带动全行业创新、发展、服务能力提升。

五、保障措施

（二十一）加强组织领导。创新工作方式方法，发挥各级各职能部门的作用，建立责任明确、上下一体、协同推进的工作机制。各地区结合自身条件和特点研究提出适用于本地区的"十四五"工业资源综合利用工作方案，明确目标、任务及措施，加大对重点区域和薄弱环节的指导力度，强化过程监督，加强政策联动，抓实抓好方案落实。

（二十二）完善法规标准体系。研究制定工业资源综合利用管理办法，鼓励出台地方性法规，建立激励和约束机制。设立工业资源综合利用行业标准化技术组织，加快推进工业资源综合利用产品、评价、检测等标准制修订，强化与下游应用领域标准间的衔接，鼓励制定具有行业引领作用的企业标准。

（二十三）加大政策支持力度。利用现有资金渠道，支持工业资源综合利用项目建设。对符合条件的工业资源综合利用项目给予用地支持。建立工业绿色发展指导目录和项目库，支持符合条件的工业资源综合利用项目纳入项目库。发挥国家产融合作平台作用，开展"补贷保"联动试点，鼓励银行等金融机构按照市场化和商业可持续原则给予工业资源综合利用项目多元化信贷支持，支持符合条件的工业资源综合利用项目申请绿色信贷和发行绿色债券，创新金融产品和服务，完善担保方式。充分发挥社会资本作用，鼓励社会资本出资设立工业资源综合利用产业发展基金。按规定落实资源综合利用增值税、企业所得税和环境保护税等优惠政策。

（二十四）深化合作交流和宣传引导。加强国内外交流合作，推进资源、技术、资金、人才等资源要素向工业资源综合利用产业集聚。创新宣传方式，丰富宣传手段，总结推广一批工业资源综合利用经验做法、典型模式，发挥示范带动作用。提高工业资源综合利用产品的市场接受度，引导促进绿色消费。鼓励利用自媒体、互联网等信息化平台，开展多渠道、多形式宣传培训，努力营造全社会共同参与的良好氛围。

工业和信息化部 财政部 商务部 国务院国有资产监督管理委员会 国家市场监督管理总局关于印发加快电力装备绿色低碳创新发展行动计划的通知

工信部联重装〔2022〕105号

各省、自治区、直辖市及计划单列市、新疆生产建设兵团工业和信息化、财政、商务、国资、市场监管主管部门，有关行业协会，有关中央企业：

现将《加快电力装备绿色低碳创新发展行动计划》印发给你们，请结合实际，认真贯彻实施。

工业和信息化部
财政部
商务部
国务院国有资产监督管理委员会
国家市场监督管理总局
2022年8月24日

加快电力装备绿色低碳创新发展行动计划

为深入贯彻落实党中央、国务院关于碳达峰碳中和的重大战略决策，推进能源生产清洁化、能源消费电气化，推动新型电力系统建设，加快电力装备绿色低碳创新发展，制定本行动计划。

一、总体要求

（一）指导思想

以习近平新时代中国特色社会主义思想为指导，全面贯彻党的十九大和十九届历次全会精神，深入贯彻习近平生态文明思想，立足新发展阶段，完整、准确、全面贯彻新发展理念，构建新发展格局，坚持市场主导、政府引导、创新驱动、产业升级，以高端智能绿色发展为方向，以绿色低碳科技创新为驱动，以应用创新及示范推广为抓手，加快构建支撑能源清洁生产和能源绿色消费的装备供给体系，推动电力装备高质量发展，助力碳达峰目标顺利实现。

（二）主要目标

通过5~8年时间，电力装备供给结构显著改善，保障电网输配效率明显提升，高端化智能化绿色化发展及示范应用不断加快，国际竞争力进一步增强，基本满足适应非化石能源高比例、大规模接入的新型电力系统建设需要。煤电机组灵活性改造能力累计超过2亿千瓦，可再生能源发电装备供给能力不断提高，风电和太阳能发电装备满足12亿千瓦以上装机需求，核电装备满足7000万千瓦装机需求。

二、重点任务

（一）装备体系绿色升级行动

统筹发输配用电装备供给结构调整，围绕新型电力系统构建，加速发展清洁低碳发电装备，提升输变电装备消纳保障能力，加快推进配电装备升级换代、提高用电设备能效匹配水平，推进资源循环利用。

1. 加速发展清洁低碳发电装备。推进煤电装备节能降碳改造、灵活性改造、供热改造"三改联动"。加快推进燃气轮机研究开发。推进水电机组宽负荷改造，加快可变速抽水蓄能及海上抽水蓄能装备研制应用及高水头冲击式水电机组关键技术研究。进一步加快三代核电的批量化，加速四代核电装备研发应用。推进风光储一体化装备发展，推动构网型新能源发电装备研究开发。加快生物质能装备以及海洋能、地热能等开发利用装备的研制和应用。着力攻克可再生能源制氢等技术装备。

2. 提升输变电装备消纳保障能力。面向电网高比例可再生能源、高比例电力电子装备"双高"特性，以及夏、冬季双负荷高峰的需求特点，加快发展特高压输变电、柔性直流输电装备。瞄准安全灵活、绿色低碳的输电网技术装备，持续开展不同电压等级、不同开断容量的发电机断路器及高电压等级真空开关设备的研制，加快大功率电力电子器件、天然酯（植物）绝缘油变压器等研发突破。

3. 加快推进配电装备升级换代。发展满足新型电力系统"双高""双随机"（分布式新能源的随机性和可调负载的随机性）特性的保护与控制配电技术装备。依托智能配电网、主动配电网建设，加快电网之间柔性可控互联，积极发展以消纳新能源为主的智能微电网，加速突破综合能源管理和利用、多电源优化互动等技术装备。

4. 提高用电设备能效匹配水平。发展高功率密度永磁电机、同步磁阻电机、智能电机、超高效异步电机等产品。加强高效节能变压器研制及推广应用。加快推广应用高能效电锅炉、电窑炉等装备，拓展工业、交通、建筑等领域电能替代。加快用能系统能效提升，开展重点用电设备系统匹配性节能改造和运行控制优化。推动完善废旧电机回收利用体系，鼓励企业开展电机再制造，促进再制造电机产品应用。

专栏1　电力装备十大领域绿色低碳发展重点方向

推进火电、水电、核电、风电、太阳能、氢能、储能、输电、配电及用电等10个领域电力装备绿色低碳发展。

火电装备。开展在役机组及系统高效宽负荷、灵活性、提质增效、节能减排、深度调峰、机组延寿和智慧化等技术研究和应用。重点发展煤电多能耦合及风光水储多能互补发电、燃气轮机发电、碳捕集利用与封存、煤气化联合循环发电及煤气化燃料电池发电等技术及装备。

水电装备。重点发展水电机组宽负荷改造及智慧化升级、复杂地质条件下超高水头冲击式机组、可变速抽水蓄能及海水抽水蓄能、潮汐发电站及兆瓦级潮流发电、兆瓦级波浪发电、老旧水电机组增容增效提质改造等技术及装备。

核电装备。重点发展核级铸锻件、关键泵阀、控制系统、核级仪器仪表、钴基焊材等。研究建立核电专用软件验证数据库，支持软件体系开发与优化升级。加快三代核电标准化、谱系化发展，持续推进钠冷快堆、高温气冷堆、铅铋快堆等四代核电堆型的研发和应用。加快可控核聚变等前沿颠覆性技术研究。

风电装备。重点发展8MW以上陆上风电机组及13MW以上海上风电机组，研发深远海漂浮式海上风电装备。突破超大型海上风电机组新型固定支撑结构、主轴承及变流器关键功率模块等。加大基础仿真软件攻关和滑动轴承应用，研究开发风电叶片退役技术路线。

太阳能装备。重点发展高效低成本光伏电池技术。研发高可靠、智能化光伏组件及高电压、高功率、高效散热的逆变器以及智能故障检测、快速定位等关键技术。开发基于5G、先进计算、人工智能等新一代信息技术的集成运维技术和智能光伏管理系统。积极发展太阳能光热发电，推动建立光热发电与光伏、储能等多能互补集成。研究光伏组件资源化利用实施路径。

氢能装备。加快制氢、氢燃料电池电堆等技术装备研发应用，加强氢燃料电池关键零部件、长距离管道输氢技术攻关。

储能装备。大幅提升电化学储能装备的可靠性，加快压缩空气储能、飞轮储能装备的研制，研发储能电站消防安全多级保障技术和装备。研发储能电池及系统的在线检测、状态预测和预警技术及装备。

输电装备。重点研发海上风电柔性直流送出和低频送出、交直流混合配电网系统、开关电弧、设备长期带电可靠性评估等技术。突破换流变压器有载调压分接开关、套管、智能组件等基础零部件及元器件。开展高端电工钢低损耗变压器、热塑性环保电缆材料、新型低温室效应环保绝缘气体等相关装备研制。

配电装备。加速数字化传感器、电能路由器、潮流控制器、固态断路器等保护与控制核心装备研制与应用。加快数据中心、移动通讯和轨道交通等应用场景的新型配电装备融合应用与高度自治配电系统建设。

用电装备。重点发展2级及以上能效电机、直驱与集成式永磁/磁阻电驱动系统、超高效大转矩机电系统总成、智能电机、微电网与第三代半导体变频供电的高效电机系统及电驱动装备。

（二）电力装备技术创新提升行动

坚持创新驱动，强化企业创新主体地位，完善产业创新体系和产业发展生态，推动产业集群发展，不断增强产业链供应链竞争力。在电力装备领域突破一批关键核心技术，建设一批创新平台，培育一批产业集群。

5. 加快关键核心技术攻关。实施产业基础再造工程，采用"揭榜挂帅""赛马"等机制，支持企业加大研发投入，加快突破一批电力装备基础零部件、基础元器件、基础材料、基础软件、基础工艺、产业技术基础。推动新材料与电力装备的融合创新，推进产业链上下游协同创新和科技成果转化应用。

6. 加强创新平台建设。夯实企业创新主体地位，推动创新要素向企业集聚，促进产学研用深度融合。聚焦优先发展的成套装备、关键零部件、关键材料、关键共性技术等，以共性技术研发和公共服务为主，鼓励行业龙头企业牵头，联合高校、科研院所和行业上下游企业共建创新平台，推进各类科技力量资源共享和优化配置。

7. 促进产业集聚和企业融通发展。做大做强东北、华东、西南、西北等地区电力装备先进制造业集群。依托国家新型工业化示范基地等，推动电力装备产业集群发展。鼓励整机企业与配套企业建立稳定合作关系，培育专精特新"小巨人"企业和制造业单项冠军企业，加快构建创新协同、产能共享、供应链互通的产业发展生态。

（三）网络化智能化转型发展行动

深化与新一代信息技术融合，加快电力装备产品形态、研发手段、生产方式与服务模式创新变革，推进数字化绿色化服务化发展。在电力装备领域培育若干智能制造、工业互联网标杆企业和示范园区。

8. 深化"5G+工业互联网"应用。研究工业互联网与电力装备融合应用参考指南，深化"5G+工业互联网"在电力装备制造、运行、维护等环节的应用。推动建设电力装备工业互联网数字化转型促进中心，打造5G全连接工厂标杆。

9. 加快推进智能制造。开展智能制造试点示范行动，建设智能制造示范工厂，凝练智能制造优秀场景。打造智能网联装备，提升工业控制系统实时优化能力，加强工业软件模拟仿真与数据分析能力。

10. 加速服务型制造转型。加快电力装备网络化服务化发展，在风电、水电等领域推广远程运维服务，在核电领域推进产品全生命周期管理，在低压电器、高效电机制造领域建设共享制造工厂。鼓励发展供应链服务企业，支持制造企业延伸价值链，提供设计服务或综合能源解决方案。

（四）技术基础支撑保障行动

以市场为主体，更好发挥政府作用，推动有效市场和有为政府更好结合，完善产业技术服务体系，引导产业规范发展。

11. 加强技术标准体系建设。围绕绿色、高效、安全等发展要求，推进国家标准验证点建设，加快电力装备能效提升、功能安全等国家标准制修订。完善新型储能、氢能等全产业链标准体系。优化特高压交、直流装备标准，推进智能配电网技术装备标准化，持续提升用电设备能效技术标准。

12. 推动绿色低碳装备检测认证。组织制修订电力装备重点领域碳排放核算方法，推动建立覆盖全面、算法科学的行业碳排放核算方法体系。完善绿色产品标准、认证与标识体系，探索建立电力装备碳达峰碳中和认证制度。

（五）推广应用模式创新行动

加强政策引导和支持，推进应用创新和推广，形成需求牵引供给、供给创造需求的更高水平的动态平衡。在电力装备领域建设3~5家试验验证平台，开展典型场景应用试点，培育形成一批优质品牌。

13. 强化推广应用政策引导。支持将符合条件的电力装备纳入国家、地方相关重大技术装备指导目录，研究发布重大技术装备推广应用导向目录。利用首台（套）重大技术装备保险补偿机制试点、能源领域首台（套）评定和评价、绿色采购等政策。引导行业组织、研究机构等搭建供需对接平台，加快电力装备推广应用。培育打造具有国际竞争力的"中国重装"品牌。

14. 开展试验验证及试点应用。围绕绿源、智网、降荷、新储等新型电力装备，建设满足工程应用实况的首台（套）重大技术装备试验验证平台。发挥重大工程牵引带动作用，鼓励具备基础和条件的地区，积极推进电

力装备重点领域技术和产品推广应用。

专栏2　电力装备十大领域推广应用重点方向

火电装备。加快630℃、650℃清洁高效煤电装备应用。推动超临界二氧化碳发电技术应用。建设全流程集成化规模化二氧化碳捕集利用与封存应用项目。

水电装备。加快大功率可变速抽水蓄能和海水抽水蓄能装备应用。促进风光水核能源互补。

核电装备。开展现役核电装备供热等综合利用。加快三代核电优化升级，推动小型堆供热商业应用、小型堆核能综合利用及海上浮动堆应用。

风电装备。加强深远海域海上风电勘察设计及安装。推动12~15MW级超大型海上风电装备应用，推进远海深水区域漂浮式风电装备基础一体化设计、建造施工与应用。

太阳能装备。推动TOPCon、HJT、IBC等晶体硅太阳能电池技术和钙钛矿、叠层电池组件技术产业化，开展新型高效低成本光伏电池技术研究和应用，开展智能光伏试点示范和行业应用。

氢能装备。开展制氢关键装备及技术应用，推进不同场景下的可再生能源-氢能综合能源系统应用，推动长距离管道输氢与终端装备应用。

储能装备。推动10MW级超级电容器、高功率锂离子电池、兆瓦级飞轮储能系统应用。

输电装备。加快新能源孤岛直流接入的先进协调控制技术及紧凑化、轻型化海上风电升压站和低频输电技术应用。加速环保气体高压开关、天然酯（植物）绝缘油变压器推广应用。

配电装备。开展区域配用电需求响应、碳交易计量等试点。探索在新能源、新基建等新型应用场景中，开展直流配电、双向能量流互动配电系统等应用。

用电装备。开展高速高效永磁电机系统、永磁辅助式磁阻电机系统、高效变频调速电机系统的应用，拓展电机与电力传动技术与应用边界，推动相关电驱动再电气化应用。

---

15. 培育推广应用新模式新业态。推进源网荷储一体化和多能互补，培育风电+、光伏+等多种应用新模式新业态，加快多层级多时间尺度多能互补协同优化。

专栏3　培育应用新模式新业态

风电+。在偏远孤岛等输电线路建设成本较高的地区，发展风电+电解水制氢技术。在淡水资源短缺岛屿等地区，培育风电+淡化海水模式。在偏远地区，推广分布式风电+智能微电网。在适宜的海上风电场，推进风电+渔业+旅游模式。鼓励结合沙漠、戈壁、荒漠等场景，围绕重点用电企业，探索风光储一体化装备应用试点。

光伏+。推进新建厂房和公共建筑开展光伏建筑一体化建设，支持农（牧）光互补、渔光互补等复合开发，推动光伏与5G基站、大数据中心融合发展及在新能源汽车充换电站、高速公路服务区等交通领域应用。鼓励在沙漠、戈壁、荒漠、荒山、沿海滩涂、采煤沉陷区、矿山排土场等区域开发光伏电站。

储能+。在新能源资源富集地区，推动新型储能+可再生能源发电、风光火（水）储一体化供能试点。围绕大数据中心、5G基站、工业园区、公路服务区等用户，发展新型储能+分布式新能源、微电网、增量配网等。

（六）电力装备对外合作行动

充分利用国内国际两个市场、两种资源，加快高水平走出去，加强国际产业合作，打造国际合作和竞争新优势。

16. 推动电力装备走出去。紧紧围绕高质量共建"一带一路"、深入实施《区域全面经济伙伴关系协定》，鼓励优势电力装备企业以多种方式加快走出去。引导企业取得国际认可的服务资质，带动技术、装备、标准和服务走出去。支持行业组织搭建走出去信息综合服务平台，提供法律、咨询、风险评估等服务。

专栏4　电力装备走出去模式

推动电力装备向技术、资本、能力相结合的综合输出方向走出去，发展全产业链式的工程总承包或"交钥匙"工程，不断提升龙头企业的国际竞争力。

工程承包。依托海外电力工程建设，加快可再生能源发电装备、输变电及用电装备等以"工程+装备+运营"的方式拓展国际市场。

国际营销网络。推进企业共建共享全球营销网络，积极开拓国际市场。支持企业通过在目标国家和地区设立产品用户企业，完善走出去营销服务体系。

海外基地。围绕国家开放战略，加快电力装备走出去示范基地、园区建设。支持企业在海外投资设立生产基地、销售服务基地，建设提供"一揽子"解决方案的供应商，带动上下游相关产品走出去。

对外投资。充分利用超大规模市场优势及产业链配套优势，加快优势企业通过投资、参股等方式，积极融入全球产业链供应链价值链。

17. 深化国际交流合作。发挥多双边合作和高层对话机制作用，加强技术标准、检验检测、认证等方面的国际互认。强化与国际大电网会议（CIGRE）、国际电工委员会（IEC）和电气与电子工程师协会（IEEE）等国际组织的交流和经验分享。支持企业与境外机构在技术开发、经贸往来、人才培养等方面加强交流合作。

三、保障措施

（一）加大统筹协调力度

充分发挥国家重大技术装备办公室作用，坚持系统观念，建立覆盖研发、制造、应用及服务等的部门协同工作机制。强化央地联动，指导地方行业主管部门结合实际出台配套措施。发挥行业组织桥梁纽带作用，助力创新发展、推广应用等方面的政策落实，加强行业自律，强化安全生产。依托高端智库、研究机构等开展深入研究，提供重要决策支撑。

（二）强化财税金融支持

落实节能节水、资源综合利用等税收优惠政策。鼓励金融机构在依法合规、风险可控、商业可持续前提下，为符合条件的电力装备企业提供信贷支持等金融服务。发挥国家产融合作平台作用，引导社会资本等支持电力装备发展。

（三）加强专业人才培养

支持具备条件的高等院校联合企业、科研院所等培育高端研发、技能及管理人才。引导专业服务机构创新人才培养模式，培育一批高端复合型人才。优化人才引进机制，建立健全人才激励制度，鼓励企业积极引进海外高层次人才。

（四）营造良好舆论环境

强化舆论导向，加强典型项目、典型经验宣传报道，在全社会营造电力装备绿色低碳创新发展的良好氛围。鼓励地方政府、行业协会、龙头企业等联合举办电力装备展会论坛，发挥世界清洁能源装备大会作用，搭建国际交流展示合作平台。发挥权威优势媒体平台导向作用，灵活运用多种形式，强化电力装备质量品牌宣传。

关于印发加力帮扶中小微企业纾困解难
若干措施的通知

工信部企业函〔2022〕103号

各省、自治区、直辖市及计划单列市、新疆生产建设兵团促进中小企业发展工作领导小组，国务院促进中小企业发展工作领导小组各成员单位，国家外汇管理局，中国出口信用保险公司：

《加力帮扶中小微企业纾困解难若干措施》已经国务院促进中小企业发展工作领导小组第九次会议审议通过，现印发给你们，请结合实际，认真抓好贯彻落实。

国务院促进中小企业发展工作
领导小组办公室
2022年5月9日

加力帮扶中小微企业纾困解难若干措施

中小微企业是国民经济和社会发展的重要组成部分，是市场的主体，是保就业的主力军，是提升产业链供应链稳定性和竞争力的关键环节。近期，受外部环境复杂性不确定性加剧、国内疫情多发等影响，市场主体特别是中小微企业困难明显增加，生产经营形势不容乐观，迫切需要进一步采取有力措施帮扶中小微企业纾困解难，实现平稳健康发展。为此，制定以下措施：

一、各地要积极安排中小微企业和个体工商户纾困专项资金，优化支出结构，加大对受疫情影响暂时出现生产经营困难的中小微企业和个体工商户的支持，结合本地实际向困难企业和个体工商户提供房屋租金、水电费、担保费、防疫支出等补助并给予贷款贴息、社保补贴等。（各地方负责）

二、2022年国有大型商业银行力争新增普惠型小微企业贷款1.6万亿元。对受疫情影响暂时出现生产经营困难但发展前景良好的中小微企业和个体工商户，银行根据自身风险管理能力和借款人实际情况，合理采用续贷、贷款展期、调整还款安排等方式予以支持，避免出现抽贷、断贷；其中，对2022年被列为中高风险地区所在地市级行政区域内餐饮、零售、文化、旅游、交通运输、制造业等困难行业，在2022年年底前到期的普惠型小微企业贷款，银行如办理贷款展期和调整还款安排，应坚持实质性风险判断，不单独因疫情因素下调贷款风险分类，不影响征信记录，并免收罚息。进一步落实好小微企业不良贷款容忍度和尽职免责要求，支持银行按规定加大不良贷款转让、处置、核销力度。构建全国一体化融资信用服务平台网络，加强涉企信用信息共享应用，扩大中小微企业信用贷款规模。（人民银行、银保监

会、财政部、发展改革委按职责分工负责）

三、发挥政府性融资担保机构作用，扩大对中小微企业和个体工商户的服务覆盖面，对受疫情影响较大行业的中小微企业和个体工商户加大服务力度。进一步落实银担分险机制，扩大国家融资担保基金、省级融资再担保机构对中小微企业和个体工商户的再担保业务覆盖面；对于确无还款能力的中小微企业和个体工商户，依法依约及时履行代偿义务。（财政部、银保监会、工业和信息化部会同各地方按职责分工负责）

四、支持银行为中小微企业提供汇率避险服务，支持期货公司为中小微企业提供风险管理服务。进一步扩大政策性出口信用保险覆盖面，针对性降低短期险费率，优化理赔条件，加大对中小微外贸企业的支持力度。鼓励保险机构针对中小微企业的风险特征和保险需求，丰富保险产品供给。（银保监会、证监会、外汇局、中国出口信用保险公司按职责分工负责）

五、开展防范和化解拖欠中小企业账款专项行动，集中化解存量拖欠，实现无分歧欠款应清尽清，确有支付困难的应明确还款计划，对于有分歧欠款要加快协商解决或运用法律手段解决。加大对恶意拖欠中小微企业账款、在合同中设置明显不合理付款条件和付款期限等行为的整治力度。开展涉企违规收费专项整治行动，建立协同治理和联合惩戒机制，规范收费主体收费行为，加强社会和舆论监督，坚决查处乱收费、乱罚款、乱摊派。（工业和信息化部、财政部、国资委、发展改革委、市场监管总局会同各地方按职责分工负责）

六、做好大宗原材料保供稳价，运用储备等多种手段，加强供需调节，促进价格平稳运行。加强大宗商品

现货和期货市场监管，严厉打击串通涨价、哄抬价格等违法违规行为，维护市场价格秩序。鼓励有条件的地方对小微企业和个体工商户用电实行阶段性优惠，对受疫情影响暂时出现生产经营困难的小微企业和个体工商户用水、用电、用气"欠费不停供"，允许在6个月内补缴。制定出台减并港口收费项目、定向降低沿海港口引航费等政策措施。（发展改革委、工业和信息化部、市场监管总局、证监会、海关总署、交通运输部会同各地方按职责分工负责）

七、加强生产要素保障，将处于产业链关键节点的中小微企业纳入重点产业链供应链"白名单"，重点加强对企业人员到厂难、物料运输难等阻碍复工达产突出问题的协调解决力度。深入实施促进大中小企业融通创新"携手行动"，推动大中小企业加强创新合作，发挥龙头企业带动作用和中小微企业配套能力，助力产业链上下游中小微企业协同复工达产。各地方要综合施策保持中小微企业产业链供应链安全稳定，建立中小微企业人员、物流保障协调机制，引导企业在防疫措施落实到位的情况下采取闭环管理、封闭作业等方式稳定生产经营。（工业和信息化部、发展改革委、交通运输部会同各地方按职责分工负责）

八、2022年中小微企业宽带和专线平均资费再降10%。加强制造业中小微企业数字化转型培训，开展中小微企业数字化转型"把脉问诊"。鼓励大企业建云建平台，中小微企业用云用平台，云上获取资源和应用服务。鼓励数字化服务商为受疫情影响的中小微企业减免用云用平台的费用。通过培育具有较强服务能力的数字化服务平台，加大帮扶力度。（工业和信息化部、财政部会同各地方按职责分工负责）

九、鼓励开展绿色智能家电、绿色建材下乡活动和农产品产地市场建设，大力支持开展公共领域车辆电动化城市试点示范，努力扩大市场需求。（市场监管总局、发展改革委、农业农村部、商务部、工业和信息化部、交通运输部会同各地方按职责分工负责）

十、深入开展"一起益企"中小企业服务行动和中小企业服务月活动，组织和汇聚各类优质服务资源进企业、进园区、进集群，加强政策服务，了解中小微企业困难和诉求，帮助中小微企业降本增效。鼓励地方采取"企业管家""企业服务联络员"等举措，深入企业走访摸排，主动靠前服务，实行"一企一策""一厂一案"差异化举措，帮助企业解决问题。发挥各级中小企业公共服务示范平台和小型微型企业创业创新示范基地作用，健全完善"中小企助查"App等政策服务数字化平台，为企业提供权威政策解读和个性化政策匹配服务，打通政策落地"最后一公里"。开展全国减轻企业负担和促进中小企业发展综合督查，压实责任、打通堵点，推动政策落地生效。（工业和信息化部会同各部门、各地方按职责分工负责）

各地、各有关部门要切实把思想和行动统一到党中央、国务院决策部署上来，充分发挥各级促进中小企业发展工作机制作用，结合实际进一步细化纾困举措，推动助企纾困政策落地见效；加强运行监测和分析研判，密切关注中小微企业运行态势，推动企业家参与制定涉企政策；建立横向协同、纵向联动的工作机制，强化组织领导和统筹协调，形成助企纾困支持合力。有关工作进展及时报送国务院促进中小企业发展工作领导小组办公室。

关于做好 2022 年工业质量提升和品牌建设工作的通知

工信厅科函〔2022〕88 号

各省、自治区、直辖市及计划单列市、新疆生产建设兵团工业和信息化主管部门，部属有关单位，中国质量协会、有关行业协会：

为贯彻落实中央经济工作会议精神和全国工业和信息化工作会议部署，推动行业质量技术创新和管理进步，促进制造业高质量发展，现将 2022 年工业质量提升和品牌建设有关工作通知如下：

一、总体要求

坚持以习近平新时代中国特色社会主义思想为指导，全面贯彻党的十九大和十九届历次全会精神，立足新发展阶段，完整、准确、全面贯彻新发展理念，加快构建新发展格局，坚持稳中求进总基调，强化企业全面质量管理，提升制造业质量管理数字化水平和关键过程质量控制能力，促进制造业质量管理升级和产品可靠性"筑基"与"倍增"。加强工业品牌培育、创建与提升，推动"中国制造"向品质卓越和品牌卓著迈进，为工业经济平稳运行和提质升级，实施制造强国、质量强国战略奠定坚实基础。

二、重点任务

（一）推动企业质量管理体系升级

地方工业和信息化主管部门、行业协会和专业机构要推动企业落实质量主体责任，围绕提质升级和产业转型，加快全面质量管理体系建设，加强产业链上下游协同创新和质量管理联动，提升产业链供应链质量水平。面向人民生命健康，推动食品、医药等行业建立完善企业全过程质量信息反馈和质量追溯机制。支持行业协会和专业机构进一步发挥指导作用，强化以用户为中心的质量管理思想，开展"用户满意"和"用户体验"活动。持续推进质量专业人员能力评价及质量管理体系有效性和成熟度评价，推动企业质量管理体系改进与升级。加快推广首席质量官、首席品牌官等制度，深化"质量管理小组""信得过班组""全面质量管理知识竞赛""现场管理"等群众性质量活动，提升企业全员全过程质量意识和素质。面向中小企业普及先进质量知识及方法，助力中小企业"专精特新"发展。

（二）实施制造业质量管理数字化行动

地方工业和信息化主管部门、行业协会和专业机构要贯彻落实《制造业质量管理数字化实施指南（试行）》（工信厅科〔2021〕59 号），在生物医药、新材料、电子制造、新能源和智能网联汽车等重点行业，引导企业在制造业数字化、智能化和绿色化趋势下，推动 5G、人工智能、大数据等新一代信息技术与质量管理融合。推进数字化质量管理所需的测量基础、软件平台、数据标准、辅助决策工具研究与应用，强化质量管理数字化关键业务场景创新。支持行业协会和专业机构开展制造业质量管理数字化"深度行"行动，利用沙龙论坛、线上公开课等多种形式宣贯解读，按应用场景设计凝练质量管理数字化优秀解决方案和方法工具，在 200 家以上企业试点推广。

（三）深化企业先进质量管理工具与方法运用

支持专业机构开展质量工程技术创新，开发推广全生命周期业务连续性管理、供应链管理、追溯管理等质量管理工具，鼓励企业运用先进适用的质量管理工具和质量工程技术，提升产品质量和质量管理水平。支持开展全国质量标杆遴选活动，鼓励地方工业和信息化主管部门和行业协会加强对制造业企业培育和创建全国质量标杆的指导，深化运用"六西格玛管理""精益管理""卓越绩效模式"等先进质量管理模式，加快培育和建设产品卓越、品牌卓著、创新领先、治理现代、有核心竞争力的优质企业。

（四）提高制造业产品可靠性水平

聚焦机械、电子、汽车等重点行业，推动实施可靠性"筑基工程"和"倍增计划"，加强关键基础材料、基础工艺攻关，提高核心基础零部件、核心基础元器件可靠性水平，促进整机装备可靠性关键指标提升。发挥标准对可靠性要求的约束和引领作用，组织编制制造业可靠性标准体系建设指南，加强可靠性设计、测试验证等基础标准研制和产业链上下游标准衔接。支持专业机构开展可靠性技术研究和联合攻关，开发试验工具，强化可靠性指标检测评价，提高可靠性综合服务能力。支持行业协会加强可靠性人才培训，开展质量与可靠性创新大赛、可靠性工作经验交流等活动，总结形成一批可靠性解决方案并加以推广，提高重点行业可靠性管理水平。

（五）提升制造业关键过程质量控制能力

支持专业机构在机械、电子、汽车等重点行业，深入分析对产品质量起决定性影响的制造过程，推动数据驱动的实时在线制造过程能力测量分析与控制，不断提高制造过程质量控制能力，提升产品制造的一致性、稳定性。以问题为导向，开展基于关键质量特性根因分析、质量诊断并实施改进，解决一批关键过程质量管控技术问题，助力打通重点产品质量提升的堵点卡点。支持行业协会和专业机构组织开展制造过程能力提升经验交流、培训等活动，总结形成一批制造关键过程能力提升优秀案例，在 100 家以上企业试点推广。

（六）提高质量公共服务效能

充分发挥工业产品质量控制和技术评价实验室作用，为关键核心技术攻关和科技成果转化及产业化提供问题诊断、分析试验、改进验证等技术支撑。鼓励行业协会、质量专业机构联合龙头企业研制先进团体标准，积极参与国际标准化工作，加快高水平质量标准供给，以高标准引领高质量。鼓励检测认证机构参与产业链供应链全过程质量技术攻关，针对新产业、新业态需求开发新型认证业务，开展高于行业通行标准的高端品质认证。鼓励开展重点行业质量诊断、质量分析比对、质量管理培训、品牌培育等活动，持续加强对制造业质量管理升级和产品质量提升的支撑服务能力。引导行业协会和专业机构开展质量分级评价，研制质量分级评价标准，增强质量信息传递，提升供给体系对个性化、品质化消费需求的适配性，促进企业向产品卓越迈进。

（七）推动重点行业质量提升

原材料行业，继续发挥测试评价平台在原材料工业质量提升中的作用，谋划布局测试评价平台区域中心。加快水泥等强制性标准制修订，推动行业智能化和绿色化改造。鼓励建立重点产品使用说明书规范机制，提高产品应用质量。

装备行业，围绕机械、航空和汽车等领域，支持仪器仪表及传感器性能评价公共服务平台、航空基础产品质量可靠性检测服务平台、工业机器人核心关键技术验证与支撑保障服务平台等建设，推动提升装备制造业质量和安全水平。

消费品行业，部署开展数字"三品"行动，统筹推进数据驱动、资源汇聚、平台搭建和产业融合，加快数字化赋能增品种、提品质、创品牌，引导企业开发更多适应市场发展、满足消费升级需要的产品。做好重点民生消费品和新冠疫苗等医疗物资保供工作，提升供给体系质量。

电子信息行业，积极开展健康管理与生活辅助标准体系研究，丰富适老化智能终端产品以及虚拟现实终端产品供给，提升用户体验。依托行业协会、专业机构和集成电路质量提升专家组，推广集成电路先进分析评价技术和方法，提高重点产品质量与可靠性水平。

（八）加快推进工业品牌培育

地方工业和信息化主管部门、行业协会和专业机构要积极推进品牌培育管理体系标准宣贯工作，举办品牌培育经验交流活动。探索建立品牌培育管理体系成熟度

评价机制，总结推广优秀品牌培育典型案例，提高企业品牌建设能力。鼓励国家先进制造业集群、国家新型工业化产业示范基地、国家级经开区和高新区等产业集聚区，加强与行业协会、专业机构合作，开展品牌诊断、经验交流等活动，围绕主导产业加强检验检测、试验验证等质量基础能力建设，打造竞争力强、美誉度高的区域品牌。引导装备制造业培育系统集成方案领军品牌和智能制造、服务型制造标杆品牌，推动全球化布局和国际化运营；鼓励消费品行业开展个性定制、规模定制、中高端定制，优化用户体验，加强在化妆品、纺织服装、家用电器、食品等领域的品牌培育。

（九）持续提升"中国制造"品牌形象

地方工业和信息化主管部门、行业协会和专业机构要结合中国工业品牌之旅、全国品牌故事大赛、品牌创新成果发布、行业优质品牌培育等活动，宣传推广"中国制造"品牌，讲好"中国制造"品牌故事。充分发挥"中国品牌日""全国质量月"等平台作用，加强与主流媒体合作，积极拓展"中国制造"的品牌传播渠道，宣传优秀"中国制造"品牌。支持行业协会、专业机构开展"中国制造"品牌现状调查，加强对制造业品牌建设成效的分析评估，研究卓著品牌的创建路径。加强装备制造等重点行业品牌宣传，持续做好中国汽车品牌向上发展专项行动，提升国产汽车品牌竞争力。

三、保障措施

（一）加强组织策划。各地工业和信息化主管部门、行业协会要结合地区和产业特点，加强工业产品质量政策和品牌战略研究，创新工作思路，制定年度工作方案，明确工作内容、工作目标和进度计划，系统部署工业质量提升和品牌建设工作。

（二）加大资源投入。各地工业和信息化主管部门要保障资源投入，结合本地区实际，制定配套政策和激励措施。项目和资金支持应优先向质量诚信好的企业倾斜，对发生质量安全事故的企业实行一票否决。

（三）抓好工作宣传。各地工业和信息化主管部门、行业协会和专业机构要加大对工业质量提升和品牌建设工作的宣传，总结提炼工作亮点和成效，推广优秀企业典型经验，为工业质量提升和品牌建设营造良好的社会氛围。

（四）强化组织落实。各单位要加强与地方有关部门的协同合作，落实地方政府关于质量考核的工作要求，加大对下级部门的指导督促，扎实推动相关工作落实。年度工作总结请于 2022 年 12 月 20 日前报送工业和信息化部（科技司）。

工业和信息化部办公厅

2022 年 4 月 24 日

工业和信息化部办公厅　国家市场监督管理总局办公厅关于做好锂离子电池产业链供应链协同稳定发展工作的通知

工信厅联电子函〔2022〕298号

各省、自治区、直辖市及计划单列市、新疆生产建设兵团工业和信息化主管部门、市场监管局（厅、委），各有关单位：

锂离子电池（以下简称"锂电"）是支撑新型智能终端、电动工具、新能源储能等产业发展的基础电子产品。近来随着下游需求及产业规模爆发式增长、疫情复杂多变、经济下行压力加大等因素影响，国内锂电产业链供应链阶段性供需失衡严重，部分中间产品及材料价格剧烈波动超出正常范围；上下游对接不畅，部分领域出现囤积居奇、不正当竞争；部分环节产能盲目扩张，低质低价竞争时有发生。为保障锂电产业链供应链协同稳定，现将有关事项通知如下：

一、坚持科学谋划，推进锂电产业有序布局

各地工业和信息化主管部门要及时了解本地锂电制造及一阶材料（正极材料、负极材料、隔膜、电解质等）、二阶材料（电池级碳酸锂、氢氧化锂等）产业发展情况，按照"十四五"制造业系列规划和《关于推动能源电子产业发展的指导意见》等要求，实事求是制定本地区锂电产业发展政策。指导锂电企业结合实际和产业趋势合理制定发展目标，在关键材料供应稳定、研发创新投入充足、配套资金适量充裕的前提下，因时因需适度扩大生产规模，优化产业区域布局，避免低水平同质化发展和恶性竞争，建立创新引领、技术优先、公平竞争、有序扩张的发展格局。

二、加强供需对接，保障产业链供应链稳定

各地工业和信息化主管部门要引导上下游企业加强对接交流，推动形成稳定高效的协同发展机制。鼓励锂电（电芯及电池组）生产企业、锂电一阶材料企业、锂电二阶材料企业、锂镍钴等上游资源企业、锂电回收企业、锂电终端应用企业及系统集成、渠道分销、物流运输等企业深度合作，通过签订长单、技术合作等方式建立长效机制，引导上下游稳定预期、明确量价、保障供应、合作共赢。落实《"十四五"工业绿色发展规划》等要求，完善废旧新能源汽车动力电池回收利用体系，提高综合利用水平。各地市场监管部门要加大监管力度，严格查处锂电产业上下游囤积居奇、哄抬价格、不正当竞争等行为，维护市场秩序。

三、强化监测预警，提高公共服务供给能力

各地工业和信息化主管部门要严格执行《电子信息制造业统计调查制度》，综合运用部门统计、问卷调查、行业管理、企业调度、大数据分析等方式，加强锂电行业产能、投资等运行情况监测。联合各地市场监管部门及时发现产品价格异常波动及产能短缺、投资过热等问题，深入实施《锂离子电池行业规范条件》，引导产业加快转型升级。充分发挥"数字工信"平台及地方平台等技术手段作用，加强锂电行业运行和风险预警，实现第一时间预警、第一时间响应。工业和信息化部指导有关单位修订实施《锂离子电池综合标准化技术体系》，建设产业链供需对接服务和锂电产品溯源公共服务平台，建立全生命周期溯源管理体系。鼓励行业协会、研究机构等积极发挥桥梁纽带作用，及时发布产业态势、行业预警等信息，引导行业加强自律。

四、加强监督检查，保障高质量锂电产品供给

各地工业和信息化主管部门、市场监管部门引导锂电企业落实产品质量主体责任，加强质量管理体系和质量保证能力建设，根据锂电产品本征安全、工艺安全和防护安全等需求，持续开展技术创新，加强质量管控，优化工艺流程，获得质量认证，提升检测能力。鼓励应用ISO9000等质量管理体系标准和"六西格玛""卓越绩效"等先进质量管理方法，提高产品一次交验合格率，保障产品可靠性、稳定性和一致性，相关产品应符合《便携式电子产品用锂离子电池和电池组　安全要求》（GB 31241）、《固定式电子设备用锂离子电池和电池组　安全技术规范》（GB 40165）等一系列强制性标准要求。各地市场监管部门、工业和信息化主管部门要按照职责分工，对锂电生产企业开展产品质量监督检查。各地工业和信息化主管部门组织本地锂电生产企业开展产品质量自查，鼓励企业通过自我声明形式公开质量自查情况。各地市场监管部门依据《产品质量法》和国家强标，重点查处生产销售不符合国家强制性标准产品等质量违法行为。市场监管总局、工业和信息化部适时组织检验检测机构，开展锂电产品质量抽查。

五、优化管理服务，营造产业发展良好环境

各地工业和信息化主管部门、市场监管部门要坚持推动有效市场和有为政府更好结合，着力破除地方保护和区域割裂，共同建设高效规范、公平竞争、充分开放的全国锂电统一大市场。统筹疫情防控和产业发展，会同有关部门指导企业提升疫情防控应对能力，加强对企业的跟踪服务，积极协调企业生产、运输、销售等环节遇到的困难。加强对锂电产业链供应链重点项目的管理，联合有关部门严格落实建设项目相关要求，引导锂电产业健康有序发展。

　　工业和信息化部、市场监管总局将及时通报重点工作进展情况，适时开展约谈和提醒告诫，对违法典型案例公开曝光，对好经验好做法及时宣传推广。

工业和信息化部办公厅
国家市场监督管理总局办公厅
2022 年 11 月 10 日

工业和信息化部 国家发展和改革委员会关于产业用纺织品行业高质量发展的指导意见

工信部联消费〔2022〕44 号

各省、自治区、直辖市及计划单列市、新疆生产建设兵团工业和信息化、发展改革主管部门：

产业用纺织品用于工业、农业、基础设施、医疗卫生、环境保护等领域，是新材料产业重要组成部分，也是纺织工业高端化的重要方向。为贯彻落实《中华人民共和国国民经济和社会发展第十四个五年规划和2035年远景目标纲要》《"十四五"制造业高质量发展规划》有关要求，推动产业用纺织品行业高质量发展，更好服务国民经济发展和满足人民美好生活需要，现提出以下意见：

一、总体要求

（一）指导思想

以习近平新时代中国特色社会主义思想为指导，全面贯彻党的十九大和十九届历次全会精神，以高质量发展为主题，供给侧结构性改革为主线，科技创新为动力，满足国民经济各领域需求为重点，统筹发展和安全，加快产业用纺织品高端化、数字化、绿色化、服务化转型升级。

（二）基本原则

坚持创新引领。强化科技创新对产业发展的引领作用，加强产业基础、共性技术、高端替代应用创新，加大新技术应用力度，推动业态变革、价值创造和结构升级。

坚持需求导向。以适应医疗健康、安全防护、海洋经济、环境保护等领域需求为重点，加强产品开发设计，增强质量保障能力，提升工程化服务水平，拓展多元化市场。

坚持结构优化。营造公平竞争发展环境，运用市场机制淘汰落后产能，加大行业高端化、数字化、绿色化转型力度，培育优质品牌和"专精特新"中小企业。

坚持合作共赢。鼓励产业用纺织品企业与基础材料及终端应用企业加强产业链上下游衔接，完善覆盖生产与应用的标准检测评价体系，建立诚信共赢产业链供应链。

（三）发展目标

到2025年，规模以上企业工业增加值年均增长6%左右，3~5家企业进入全球产业用纺织品第一梯队。科技创新能力明显提升，行业骨干企业研发经费占主营业务收入比重达到3%，循环再利用纤维及生物质纤维应用占比达到15%，非织造布企业关键工序数控化率达到

70%，智能制造和绿色制造对行业提质增效作用明显，行业综合竞争力进一步提升。

二、重点任务

（一）强化科技创新，稳固产业发展基础

加强共性基础技术研究。开展非织造布纺丝、成网、成型基础研究，提升特种纤维成网和可生物降解聚合物纺丝成网技术稳定性，推动纳米、微米纤维非织造布技术产业化。加强多轴向经编、大尺寸成型、三维编织、2.5维织造等工艺技术研究，破解立体成型连续化、自动化、数字化技术难题，开发纺织柔性材料功能化、绿色化整理技术和复合技术。

开展强链补链联合攻关。梳理重点产品产业链图谱，支持龙头企业组织上下游企业协同开发，开展非织造布专用聚丙烯切片、可生物降解材料、专用纤维、专用助剂以及织造成型装备开发，提升产业链稳定性和质量效率。

完善多层次科技创新体系。打造新型创新平台，加强原创性引领性技术研发，加大在应急救援、医疗健康、航空航天等领域的应用拓展。建设区域性创新中心，开展细分领域关键技术攻关和市场应用。鼓励企业加大研发投入，加强产业链协作，建设行业重点技术研发基地，加快科技成果转化应用。

（二）加快产业结构升级，推进产业高端化

加强技术迭代升级。支持企业加快技术改造，开拓产品在医疗健康、海洋工程、高效过滤、安全防护等领域的高端化应用。充分应用质量、能耗、安全生产、环保等技术标准、法律法规淘汰落后产能。

梯度培育优质企业。支持优势企业兼并重组，培育创新能力突出、具有生态主导权和核心竞争力的龙头企业。引导企业深耕细分领域，培育专精特新"小巨人"企业。加强大中小企业多维度协作，形成良好产业生态。

推进先进产业集群建设。推动产业集群建设高水平公共服务平台，加快要素资源引进力度和更新速度，完善产业链条，升级制造能力，优化产品结构。推进非织造布、防护用纺织品、高温过滤用纺织品产业集群建设，提高集群产业链配套能力和核心竞争能力。

（三）促进两化融合，培育新业态新模式

推进数字化智能化制造。加大关键环节数字化、网络化改造，加快先进数字设备、在线监测系统、智能仓储物流系统、先进制造及管理软件等推广应用。在非织

造布、医疗健康纺织品、土工建筑用纺织品、交通工具用纺织品、柔性复合材料及线带绳缆等领域推进数字化工厂建设。

加大智能纺织品开发推广。开发能量采集与储存、数据传输技术，提升柔性传感材料可靠性。开发推广体育运动、医疗健康、安全防护用智能可穿戴产品。拓展智能纺织品在土工、建筑、过滤等领域应用。

建设工业互联网平台。以共享设计、协同制造、质量追溯、供需对接为目标，在个体防护、工业过滤等领域，推进区域性、行业性工业互联网平台建设，开发行业专用工业 App，提高产业链协同制造能力和应急快速反应能力。

（四）坚持绿色发展，提高资源利用效率

推动行业节能减碳。围绕碳达峰、碳中和战略目标，制定节能减碳行动方案。制定纺黏、水刺、针刺等非织造布领域节能减排和清洁生产评价指标体系，降低行业能耗水平。支持企业建设能源管理系统，鼓励使用清洁能源，应用节能技术和设备，创建绿色工厂。

发展环境友好产品。提高天然纤维、再生纤维素纤维、木浆、聚乳酸、低（无）VOCs 含量胶黏剂的应用比例，推广可降解一次性卫生用品和可重复使用产品。开展可生物降解非织造布及制品认证工作，加强环境友好产品推广。

加强废旧纺织品循环利用。提高循环再利用纤维在土工建筑、交通工具、包装、农业等领域应用比例。推广滤袋、绳网等产品回收利用技术，扩大产业用纺织品回收利用量。

（五）坚持标准引领，完善质量保障能力

加强标准体系协同建设。推进上下游企业标准协同研究发布，推进医疗卫生、安全防护、土工、过滤、海洋等应用领域重点产品标准与应用规范的制修订。积极参与国际标准制修订工作，加大国际标准转化力度，提高标准国际化水平。

开展行业质量提升行动。支持企业完善质量管理体系建设。在绳索、个体防护等领域开展国际对标工作，逐步缩小国内外产品质量差距。鼓励社会组织等第三方机构开展质量评估，推动高端品质认证和质量评价工作，培育优质品牌。

三、重点领域提升行动

（一）高品质非织造布

纺黏和熔喷非织造布。开发超低克重、高均匀、双组分、细旦纺黏非织造布。开发口罩用高性能熔喷非织造布，开发熔喷与其他工艺复合产品，拓展熔喷非织造布在保暖材料、擦拭制品中的应用。推广聚酯熔体直纺纺黏非织造布技术。

闪蒸法非织造布。加强对闪蒸纺丝成布工艺技术攻关，实现年产 3000 吨级闪蒸非织造技术装备产业化，推动在医疗包装、防护用品、印刷品等产品中的应用。

静电纺非织造布。优化静电纺丝设备及工艺，开发高固含量（≥30%）纺丝溶液，实现静电纺丝非织造技术装备产业化，推动在个体防护用品、保暖隔热材料、防水透湿材料、电池隔膜等产品中的应用。

环境友好非织造布。发展全棉水刺非织造布和可冲散非织造布，实现熔喷木浆非织造布、木浆水刺非织造布技术装备产业化。研发推广聚乳酸、生物聚酯纺熔非织造布、纯水减量海岛纤维非织造布。

（二）安全防护与应急救援用纺织品

个体防护装备。推动防护用品产业基地发展，开发生产可防核生化、热、机械力、静电、电弧、粉尘的防护用品。完善个体防护产品标准和检测评价能力，培育具有多品类、适应多场景、满足国内外需求的个体防护装备综合性企业。

生物医用防护装备。研发轻质柔软正压防护服面料，提高材料机械性能、气密性和耐化学性。研发舒适性医用防护服和医用防护口罩，开发不同功能和防护等级的口罩。

应急救援用纺织品。加快应急救援帐篷、耐高压输送管、高性能救援绳索及安全带、高空救援成套系统及柔性逃生通道、航空救援装具等材料及制品的研发，完善使用操作规范，提升应急保障能力。

（三）航空航天用高性能纺织品

高性能纺织复合材料。研发纤维预制体数字化编织技术及复合技术。开发高强高模高韧复合材料、航空级玻璃纤维织物及其复合材料，新型防热、隔热、透波材料，空间碎片防护材料及芳纶蜂窝材料，提高配套航空航天工程能力。

柔性纺织复合材料。开发电磁屏蔽和吸收、飞艇蒙皮、飞船充气返回舱、缓冲气囊用柔性纺织复合材料。研发具有多波段兼容、自适应环境、动态变形等性能的伪装材料。

（四）海洋产业与渔业用纺织品

海洋工程用纺织品。开发高性能海工缆、信号缆、系泊缆、锚固缆等产品，提升产品的高长度、高强度、抗蠕变、耐盐雾、耐老化等性能。推动海洋工程用纺织品模拟测试及实际工况测试，加快在油气开采、海上救援、深海探测、深海养殖等领域的推广应用。

海洋渔业用纺织品。加快高强度、高耐腐蚀、低海洋生物附着捕捞网、养殖网箱等产品的研发应用。加强远洋渔网等产品全生命周期管理，保护海洋生态。

（五）医疗健康用纺织品

医疗用纺织品。推动疝气补片、可吸收缝合线、人造血管、血液透析材料的临床试验和示范应用，加快止血、抗菌等功能性医用纺织材料研发应用，加强可降解材料、一体编织覆膜支架等产品研发攻关。

健康卫生用纺织品。加快成人失禁、防褥疮、康复用纺织品的应用推广，提升产品易护理、易清洁、抗菌抑菌等性能，加快智能可穿戴纺织品、健康监测纺织品研发应用。

（六）交通运输用纺织品

高品质内饰材料。开发隔音、吸音性能好的多层纺织材料。发展无废料生产、一体化成型工艺，减少化学黏合剂使用。加强再生材料在车用内饰件中的高值化应用。

轻量化材料。突破碳纤维增强复合材料、热塑性复合材料高效低成本生产技术，加快麻、竹纤维复合材料在交通工具中的应用，支持纤维增强复合材料在轨道交通、新能源汽车中的推广应用。

（七）土工建筑用纺织品

土工用纺织品。开发碳纤维增强土工格栅、碳玻复合土工格栅、阻燃抗静电双向拉伸土工格栅、高强超滤土工管袋等产品，发展高强粗旦聚丙烯纺黏土工布，扩大土工用纺织品在基础设施、矿山安全、环境工程、海洋工程中的应用。

建筑用纺织品。研发推广碳纤维建筑补强材料。发展聚酯纺黏、粗旦双组分非织造布以及玻璃纤维加筋胎基布，提升建筑防水材料性能。开发大型场馆建设用大幅宽 ETFE 涂层膜材料。推广阻燃、吸音、保温、装饰非织造墙面材料。

（八）过滤用纺织品

液体过滤用纺织品。加快精细过滤、超滤微滤等高性能产品的研发和应用，推动产品在医药、食品、化工等领域的应用。研发反渗透膜、纳滤膜、正渗透膜材料，推动产品在海水及苦咸水淡化、废水处理等领域的应用。

空气过滤用纺织品。开展超净过滤等高性能材料的研发攻关，加快多功能一体化过滤材料、工业烟尘碳捕集过滤材料等新产品新技术的研发攻关和应用示范，加快废旧过滤材料及产品回用技术的研发推广。

四、政策措施

（一）加大政策支持。支持企业建设国家级重点实验室等创新平台，鼓励科研院所、高校、企业加强合作，推动技术研发和成果转化。围绕医疗健康、海洋产业等重点领域，通过揭榜挂帅、赛马等机制，培育一批科技创新能力突出的"小巨人"企业。发挥国家产融合作平台作用，引导金融机构为企业技术创新提供支持。

（二）营造良好发展环境。鼓励行业组织、产业园区、科研院所、龙头企业等建设公共服务平台。支持各地结合区域特色，加大对产业用纺织品行业发展所需资源要素的支持力度，形成一批区域特色鲜明的示范基地。加强招投标监管，坚持优质优价原则，规范行业有序竞争。

（三）加强人才队伍建设。依托重大科研和产业化项目，培养学术、技术和经营管理领军人物。开展继续教育和职业培训认证，培养具有优秀专业背景和丰富实践经验的高素质技术人才队伍。深化校企合作、产教融合，鼓励骨干企业与高校联合开展企业家研修培训，培育现代化管理人才。

（四）深化跨行业交流合作。加强与医疗卫生、土工建筑、交通运输、环境保护、航空航天等重点应用领域的交流，开展技术创新、标准研制、示范应用等合作。推广土工、建筑和安全防护用纺织品在重点工程和特殊行业的应用。支持农业用、环保用绿色可降解产业用纺织品推广应用。

（五）充分发挥行业协会作用。鼓励行业协会服务技术创新、推动跨界合作、引导资金投向，加强行业自律。支持行业协会开展平台建设、品牌培育、技术交流、产需对接、信息发布、市场拓展、人才培训等方面工作，促进行业健康发展。指导行业协会通过各类活动推动指导意见贯彻落实，协助政府部门开展实施效果评估。

工业和信息化部
国家发展改革委
2022 年 4 月 12 日

工业和信息化部 国家发展和改革委员会关于化纤工业高质量发展的指导意见

工信部联消费〔2022〕43 号

各省、自治区、直辖市及计划单列市、新疆生产建设兵团工业和信息化、发展改革主管部门：

化纤工业是纺织产业链稳定发展和持续创新的核心支撑，是国际竞争优势产业，也是新材料产业重要组成部分。为贯彻落实《中华人民共和国国民经济和社会发展第十四个五年规划和 2035 年远景目标纲要》《"十四五"制造业高质量发展规划》有关要求，推动化纤工业高质量发展，形成具有更强创新力、更高附加值、更安全可靠的产业链供应链，巩固提升纺织工业竞争力，满足消费升级需求，服务战略性新兴产业发展，现提出以下意见：

一、总体要求

（一）指导思想

坚持以习近平新时代中国特色社会主义思想为指导，全面贯彻党的十九大和十九届历次全会精神，完整、准确、全面贯彻新发展理念，以高质量发展为主题，以深化供给侧结构性改革为主线，以科技创新为动力，以满足纺织工业和战略性新兴产业需要为目的，统筹产业链供应链的经济性和安全性，加快关键核心技术装备攻关，推动产业高端化智能化绿色化转型，实现高质量发展。

（二）基本原则

创新驱动，塑造优势。坚持创新在化纤工业发展中的核心地位，面向科技前沿、面向消费升级、面向重大需求，完善创新体系，塑造纺织工业发展新动能、新优势。

优化结构，开放合作。优化区域布局，加强国际合作，推进数字化转型，依法依规淘汰落后产能和兼并重组，培育龙头企业，促进大中小企业融通发展，巩固提升产业竞争力。

绿色发展，循环低碳。坚持节能降碳优先，开展绿色工厂、绿色产品、绿色供应链建设，加强废旧资源综合利用，扩大绿色纤维生产，构建清洁、低碳、循环的绿色制造体系。

引领纺织，服务前沿。增加优质产品供给，优化高性能纤维生产应用体系，培育纤维知名品牌，拓展纤维应用领域，从原料端引领纺织价值提升，服务战略性新兴产业发展。

（三）发展目标

到 2025 年，规模以上化纤企业工业增加值年均增长 5%，化纤产量在全球占比基本稳定。创新能力不断增强，行业研发经费投入强度达到 2%，高性能纤维研发制造能力满足国家战略需求。数字化转型取得明显成效，企业经营管理数字化普及率达 80%，关键工序数控化率达 80%。绿色制造体系不断完善，绿色纤维占比提高到 25%以上，生物基化学纤维和可降解纤维材料产量年均增长 20%以上，废旧资源综合利用水平和规模进一步发展，行业碳排放强度明显降低。形成一批具备较强竞争力的龙头企业，构建高端化、智能化、绿色化现代产业体系，全面建设化纤强国。

二、提升产业链创新发展水平

（一）筑牢创新基础。打通理论研究、工程研发、成果转化全链条，形成企业为主体、市场为导向、产学研深度融合的科技创新体系。发挥高校、科研院所原始创新主力军作用，开展前瞻性纤维材料研究。增强国家级、省级先进功能纤维创新中心服务能力及企业技术中心创新能力。加强关键装备、关键原辅料技术攻关，推动生物基化纤原料、煤制化纤原料工艺路线研究和技术储备，增强产业链安全稳定性。

（二）优化区域布局。落实区域发展战略，在符合产业、能源、环保等政策前提下，鼓励龙头企业在广西、贵州、新疆等中西部地区建设化纤纺织全产业链一体化基地，与周边国家和地区形成高效协同供应链体系。引导化纤企业参与跨国产业链供应链建设，鼓励企业完善全球产业链布局。

（三）培育优质企业。鼓励企业通过兼并重组优化生产要素配置，加快业务流程再造和技术升级改造。支持龙头企业集聚技术、品牌、渠道、人才等优质资源，增强供应链主导力，为服装、家纺、产业用纺织品行业提供共性技术输出和产业链整体解决方案。促进大中小企业融通发展，培育专精特新"小巨人"企业和单项冠军企业。

三、推动纤维新材料高端化发展

（一）提高常规纤维附加值。实现常规纤维高品质、智能化、绿色化生产，开发超仿真、原液着色等差别化、功能性纤维产品，提升功能纤维性能和品质稳定性，拓展功能性纤维应用领域，推进生物医用纤维产业化、高端化应用。加强生产全流程质量管控，促进优质产品供给，满足消费升级和个性化需求。

专栏1　纤维高效柔性制备和品质提升
1. 纤维高效柔性制备技术装备提升。突破功能纤维原位聚合、多组分高比例共聚、在线添加及高效柔性化纺丝以及锦纶6熔体直接纺丝成形等技术，提升纳米纤维宏量制备、智能纤维设计制备水平。
2. 差别化、功能性品种开发。开发新型功能性聚酯、高品质化学单体及超仿真、阻燃、抗菌抗病毒、导电、相变储能、温控、光致变色、原液着色、吸附与分离、生物医用等功能性纤维品种。
3. 关键材料辅料助剂研发。研发功能纤维用关键材料、辅料以及阻燃剂、改性剂、母粒、催化剂、油剂等添加剂。

（二）提升高性能纤维生产应用水平。提高碳纤维、芳纶、超高分子量聚乙烯纤维、聚酰亚胺纤维、聚苯硫醚纤维、聚四氟乙烯纤维、连续玄武岩纤维的生产与应用水平，提升高性能纤维质量一致性和批次稳定性。进一步扩大高性能纤维在航空航天、风力和光伏发电、海洋工程、环境保护、安全防护、土工建筑、交通运输等领域应用。

专栏2　高性能纤维关键技术突破和高效低成本生产
1. 高性能碳纤维。攻克48K以上大丝束、高强高模高延伸、T1100级、M65J级碳纤维制备技术，突破高精度计量泵、喷丝板、牵伸机、收丝机、宽幅预氧化炉、高低温碳化炉、宽口径石墨化炉等装备制造技术，研发自动铺放成型和自动模压成型等复合材料工艺技术装备，开发碳纤维复合材料修补及再利用技术。
2. 芳纶。研发对位芳纶原料高效溶解、纺丝稳定控制、高温热处理、溶剂回收等关键技术，大容量连续聚合、高速纺丝、高稳定高速牵引、牵伸等设备制造技术。攻克间位芳纶纤维溶剂体系、纺丝原液高效脱泡、高速纺丝等关键技术，开发高强、高伸长间位芳纶产业化技术。
3. 其他高性能纤维。提升耐热、抗蠕变、高强度、高耐切割、耐腐蚀、耐辐射超高分子量聚乙烯纤维、细旦、异形截面聚苯硫醚纤维、细旦、防火防核用聚酰亚胺纤维等生产技术水平。突破芳香族聚酯纤维、聚对苯撑苯并二噁唑纤维、聚醚醚酮纤维等单体合成与提纯、高速稳定纺丝等关键技术。开发玄武岩纤维规模化池窑、多品种差异化浸润剂等技术装备，研发第三代连续碳化硅纤维制备技术，突破氧化铝纤维、硅硼氮纤维、氧化锆纤维等制备关键技术。

4. 高性能纤维创新平台。推进高性能纤维及复合材料创新平台建设，围绕高性能纤维及复合材料行业共性关键技术和工程化问题，形成基础化工原材料-高性能纤维/高性能聚合物-复合材料及制品成型加工-产品检测及评价-产品应用的全产业链。

（三）加快生物基化学纤维和可降解纤维材料发展。提升生物基化学纤维单体及原料纯度，加快稳定、高效、低能耗成套技术与装备集成，实现规模化、低成本生产。支持可降解脂肪族聚酯纤维等可降解纤维材料关键技术装备攻关，突破原料制备和高效聚合反应技术瓶颈，加强纤维可降解性能评价，引导下游应用。

专栏3　生物基化学纤维和可降解纤维材料技术攻关与产业化
1. 生物基化学纤维原料。突破莱赛尔纤维专用浆粕、溶剂、交联剂以及纤维级1，3-丙二醇、丁二酸、1，4-丁二醇、呋喃二甲酸、高光纯丙交酯等生物基单体和原料高效制备技术。
2. 生物基化学纤维。提升莱赛尔纤维、聚乳酸纤维、生物基聚酰胺纤维、对苯二甲酸丙二醇酯纤维、聚呋喃二甲酸乙二醇酯纤维、海藻纤维、壳聚糖纤维等规模化生产关键技术。研究离子液体溶剂法（ILS法）、低温尿素法等纤维素纤维绿色制造技术。
3. 可降解纤维材料。攻克PBAT（己二酸丁二酯和对苯二甲酸丁二醇酯共聚物）、PBS（聚丁二酸丁二酯）、PHBV（聚羟基戊酸酯）、FDCA基聚酯（呋喃二甲酸基聚酯）、PHA（聚羟基脂肪酸酯）、PCL（聚己内酯）等制备技术。有序开展聚3-羟基烷酸酯（PHA）、聚丁二酸丁二醇-共-对苯二甲酸丁二醇酯（PBST）等材料产业化推广应用。

四、加快数字化智能化改造

（一）加强智能装备研发应用。推进大集成、低能耗智能物流、自动落筒、自动包装等装备研发及应用，提升纤维自动化、智能化生产水平。加快涤纶加弹设备自动生头装置及在线质量监测系统的研发及应用，提高涤纶、氨纶、锦纶的纺丝、卷绕装备智能化水平。

（二）推进企业数字化转型。推动人工智能、大数据、云计算等新兴数字技术在化纤企业的应用，提升企业研发设计、生产制造、仓储物流等产业链各环节数字化水平。应用数字技术打通企业业务流程、管理系统和供应链数据，实现组织架构优化、动态精准服务、辅助管理决策等管理模式创新，提升企业经营管理能力。

（三）开展工业互联网平台建设。鼓励重点企业打造主数据、实时数据、应用程序、标识解析、管理信息系统、商务智能一体化集成的工业互联网平台，支撑企业数字化转型与产业链现代化建设。推动产业链上下游企业通过工业互联网平台实现资源数据共享，加强供需对接，促进全产业链协同开发和应用。

专栏4　智能制造协同创新与系统化解决方案

1. 构建智能制造标准体系。开展化纤工业智能装备、互联互通、智能车间、智能工厂等标准研究制定，优先在涤纶、锦纶、氨纶、再生纤维素纤维、再生涤纶等行业加强智能制造标准体系建设。

2. 提升智能制造关键技术水平。提升智能原料配送、智能丝饼管理、生产数据分析、智能立体仓库等技术水平。提升三维设计与建模、数值分析、工艺仿真、产品生命周期管理（PLM）、集散式控制（DCS）、制造执行（MES）、企业资源管理（ERP）、数据采集与视频监控（SCADA）等工业控制软件和系统水平。

3. 提高智能化服务水平。采用云服务、智能分析等技术，收集分析客户反馈信息，在解决客户问题的同时，反馈并指导企业改善产品设计、生产、销售等环节，提高客户满意度。

五、推进绿色低碳转型

（一）促进节能低碳发展。鼓励企业优化能源结构，扩大风电、光伏等新能源应用比例，逐步淘汰燃煤锅炉、加热炉。制定化纤行业碳达峰路线图，明确行业降碳实施路径，加大绿色工艺及装备研发，加强清洁生产技术改造及重点节能减排技术推广。加快化纤工业绿色工厂、绿色产品、绿色供应链、绿色园区建设，开展水效和能效领跑者示范企业建设，推动碳足迹核算和社会责任建设。

（二）提高循环利用水平。实现化学法再生涤纶规模化、低成本生产，推进再生锦纶、再生丙纶、再生氨纶、再生腈纶、再生黏胶纤维、再生高性能纤维等品种的关键技术研发和产业化。推动废旧纺织品高值化利用的关键技术突破和产业化发展，加大对废旧军服、校服、警服、工装等制服的回收利用力度，鼓励相关生产企业建立回收利用体系。

（三）依法依规淘汰落后。严格能效约束，完善化纤行业绿色制造标准体系，依法依规加快淘汰高能耗、高水耗、高排放的落后生产工艺和设备，为优化供给结构提供空间。加大再生纤维素纤维（黏胶）行业和循环再利用化学纤维（涤纶）行业规范条件的落实力度，开展

规范公告，严格能耗、物耗、环保、质量和安全等要求。

专栏5　绿色制造和循环利用

1. 推广清洁生产技术与装备。推广聚酯装置余热利用技术，PTA 余热发电技术，再生纤维素纤维生物法低浓度废气处理技术，再生纤维素纤维生产-回收碱液及提取半纤维素技术，锦纶-6、锦纶长丝、干法氨纶节能减排技术。推进生产技术密闭化、连续化、自动化，有机溶剂减量化。推广使用低（无）VOCs 含量原辅料，提升污染治理水平。

2. 突破循环利用技术。开展废旧纺织品成分识别及分离研究，提升丙纶、高性能纤维回收利用关键技术，突破涤纶、锦纶化学法再生技术，腈纶、氨纶再生技术，棉/再生纤维素纤维废旧纺织品回收和绿色制浆产业化技术。推进瓶片直纺再生涤纶长丝高品质规模化生产。

3. 建设绿色制造体系。鼓励纺纱、织造、服装、家纺等产业链下游企业参与绿色纤维制品认证，推进绿色纤维制品可信平台建设，提升绿色纤维供给数量和质量。培育一批绿色设计示范企业、绿色工厂标杆企业和绿色供应链企业。

六、实施增品种提品质创品牌"三品"战略

（一）优化供给结构。以技术为核心，以需求为导向，开发性能和品质优异的产品，为消费者提供个性化、时尚化、功能化、绿色化产品，持续扩大中高端产品有效供给。开展纤维流行趋势研究和发布，向下游企业和消费者推广技术含量高、市场潜力好的纤维新品种。推广再生化学纤维、生物基化学纤维、原液着色化学纤维等绿色纤维，引导绿色消费。

（二）强化标准支撑。加快功能性、智能化、高技术纤维材料领域的标准制定，支撑行业品种、品质和品牌提升。完善国标、行标、团标、企标协调发展的化纤标准体系，充分发挥团体标准引导产业发展、激发创新活力的作用。加强标准化人才队伍培养，提升企业从纤维到面料（复合材料）直至终端制品的标准研制和检测能力。推进国际标准化工作，推动技术、标准和认证体系的国际合作与互认。

（三）推进品牌建设。利用国际纺织纱线展等平台，借助发布会、新媒体网络等手段，扩大"中国纤维流行趋势"和"绿色纤维"等工作影响力，提升消费者对中国纤维和企业的认知度。鼓励企业建立品牌培育管理体系，加强品牌管理团队建设，培育功能性纤维品牌，发挥纤维品牌在服装、家纺等终端产品中的增值作用。

七、保障措施

（一）强化政策支持引导。准确定位化纤工业鼓励和

限制领域，加大对高性能纤维、生物基化学纤维、再生化学纤维及可降解纤维材料等领域支持力度。鼓励科研院所、高校、企业联合申报国家专项，加快技术研发和成果转化，支持企业建设国家级重点实验室等创新平台。

（二）加大财政金融支持。统筹现有渠道，加大对化纤技术创新、绿色发展、数字化转型、公共服务等方面支持力度。引导银行业金融机构按风险可控、商业可持续原则，加大对化纤企业贷款支持力度。发挥国家产融合作平台作用，构建产业信息对接合作服务网络。推进高技术型化纤企业上市融资，支持符合条件的化纤企业发行债券融资。

（三）完善公共服务体系。充分发挥政府、集群、企业、协会等机构合力，提升公共服务水平和能力。培育产业技术基础公共服务平台，提升试验检测、成果转化及产业化等支撑能力，构建知识产权保护运用公共服务平台，激发创新活力。引导企业建设数字化服务平台，创新服务方式。

（四）优化人才队伍结构。依托重大科研和产业化项目，培养学术、技术和经营管理领军人物。支持行业开展杰出人才评选等活动，壮大高技能人才队伍。支持行业培养具备技术、经贸、管理等知识的复合型人才，建立化纤人才智库，鼓励科技人员参与国际合作。

（五）发挥行业协会作用。支持行业协会协调推动指导意见贯彻落实，开展实施效果评估，为政府部门提供支撑。鼓励行业协会加强信息发布，引导企业资金投向，促进行业规范发展。鼓励行业协会加强行业自律、平台建设、品牌培育、技术交流、人才培训等方面工作，促进行业健康发展。

工业和信息化部
国家发展改革委
2022 年 4 月 12 日

工业和信息化部 国家发展和改革委员会 科学技术部 生态环境部 应急管理部 国家能源局关于"十四五"推动石化化工行业高质量发展的指导意见

工信部联原〔2022〕34 号

各省、自治区、直辖市及新疆生产建设兵团工业和信息化、发展改革、科技、生态环境、应急、能源主管（管理）部门，各有关中央企业，有关协会：

石化化工行业是国民经济支柱产业，经济总量大、产业链条长、产品种类多、关联覆盖广，关乎产业链供应链安全稳定、绿色低碳发展、民生福祉改善。为贯彻《中华人民共和国国民经济和社会发展第十四个五年规划和2035年远景目标纲要》，落实《"十四五"原材料工业发展规划》，推动石化化工行业高质量发展，制定本意见。

一、总体要求

（一）指导思想

以习近平新时代中国特色社会主义思想为指导，全面贯彻党的十九大和十九届历次全会精神，立足新发展阶段，完整、准确、全面贯彻新发展理念，构建新发展格局，以推动高质量发展为主题，以深化供给侧结构性改革为主线，以满足人民美好生活需要为根本目的，以改革创新为根本动力，统筹发展和安全，加快推进传统产业改造提升，大力发展化工新材料和精细化学品，加快产业数字化转型，提高本质安全和清洁生产水平，加速石化化工行业质量变革、效率变革、动力变革，推进我国由石化化工大国向强国迈进。

（二）基本原则

坚持市场主导。充分发挥市场在资源配置中的决定性作用，更好发挥政府作用，加强规划政策标准的引导和规范，维护公平竞争秩序。

坚持创新驱动。着眼科技自立自强，推进关键核心技术攻关，促进产业链供应链安全稳定，提高全要素生产率，提升发展质量和效益。

坚持绿色安全。树牢底线思维，强化社会责任关怀，提升本质安全水平，推进绿色循环低碳发展，加强行业治理体系和治理能力建设。

坚持开放合作。营造市场化、法治化、国际化营商环境，坚持高质量引进来、高水平走出去，促进要素资源全球高效配置，强化产业链上下游协同和相关行业间耦合发展。

（三）主要目标

到2025年，石化化工行业基本形成自主创新能力强、结构布局合理、绿色安全低碳的高质量发展格局，

高端产品保障能力大幅提高，核心竞争能力明显增强，高水平自立自强迈出坚实步伐。

——创新发展。原始创新和集成创新能力持续增强，到2025年，规上企业研发投入占主营业务收入比重达到1.5%以上；突破20项以上关键共性技术和40项以上关键新产品。

——产业结构。大宗化工产品生产集中度进一步提高，产能利用率达到80%以上；乙烯当量保障水平大幅提升，化工新材料保障水平达到75%以上。

——产业布局。城镇人口密集区危险化学品生产企业搬迁改造任务全面完成，形成70个左右具有竞争优势的化工园区。到2025年，化工园区产值占行业总产值70%以上。

——数字化转型。石化、煤化工等重点领域企业主要生产装置自控率达到95%以上，建成30个左右智能制造示范工厂、50家左右智慧化工示范园区。

——绿色安全。大宗产品单位产品能耗和碳排放明显下降，挥发性有机物排放总量比"十三五"降低10%以上，本质安全水平显著提高，有效遏制重特大生产安全事故。

二、提升创新发展水平

（一）完善创新机制，形成"三位一体"协同创新体系。强化企业创新主体地位，加快构建重点实验室、重点领域创新中心、共性技术研发机构"三位一体"创新体系，推动产学研用深度融合。优化整合行业相关研发平台，创建高端聚烯烃、高性能工程塑料、高性能膜材料、生物医用材料、二氧化碳捕集利用等领域创新中心，强化国家新材料生产应用示范、测试评价、试验检测等平台作用，推进催化材料、过程强化、高分子材料结构表征及加工应用技术与装备等共性技术创新。支持企业牵头组建产业技术创新联盟、上下游合作机制等协同创新组织，支持地方合理布局建设区域创新中心、中试基地等。

（二）攻克核心技术，增强创新发展动力。加快突破新型催化、绿色合成、功能-结构一体化高分子材料制造、"绿氢"规模化应用等关键技术，布局基础化学品短流程制备、智能仿生材料、新型储能材料等前沿技术，巩固提升微反应连续流、反应-分离耦合、高效提纯浓缩、等离子体、超重力场等过程强化技术。聚焦重大项

目需求，突破特殊结构反应器、大功率电加热炉、大型专用机泵、阀门、控制系统等重要装备及零部件制造技术，着力开发推广工艺参数在线检测、物性结构在线快速识别判定等感知技术以及过程控制软件、全流程智能控制系统、故障诊断与预测性维护等控制技术。

（三）实施"三品"行动，提升化工产品供给质量。围绕新一代信息技术、生物技术、新能源、高端装备等战略性新兴产业，增加有机氟硅、聚氨酯、聚酰胺等材料品种规格，加快发展高端聚烯烃、电子化学品、工业特种气体、高性能橡塑材料、高性能纤维、生物基材料、专用润滑油脂等产品。积极布局形状记忆高分子材料、金属-有机框架材料、金属元素高效分离介质、反应-分离一体化膜装置等新产品开发。提高化肥、轮胎、涂料、染料、胶黏剂等行业绿色产品占比。鼓励企业提升品质，培育创建品牌。

三、推动产业结构调整

（四）强化分类施策，科学调控产业规模。有序推进炼化项目"降油增化"，延长石油化工产业链。增强高端聚合物、专用化学品等产品供给能力。严控炼油、磷铵、电石、黄磷等行业新增产能，禁止新建用汞的（聚）氯乙烯产能，加快低效落后产能退出。促进煤化工产业高端化、多元化、低碳化发展，按照生态优先、以水定产、总量控制、集聚发展的要求，稳妥有序发展现代煤化工。

（五）加快改造提升，提高行业竞争能力。动态更新石化化工行业鼓励推广应用的技术和产品目录，鼓励利用先进适用技术实施安全、节能、减排、低碳等改造，推进智能制造。引导烯烃原料轻质化、优化芳烃原料结构，提高碳五、碳九等副产资源利用水平。加快煤制化学品向化工新材料延伸，煤制油气向特种燃料、高端化学品等高附加值产品发展，煤制乙二醇着重提升质量控制水平。

四、优化调整产业布局

（六）统筹项目布局，促进区域协调发展。依据国土空间规划、生态环境分区管控和国家重大战略安排，统筹重大项目布局，推进新建石化化工项目向原料及清洁能源匹配度好、环境容量富裕、节能环保低碳的化工园区集中。推动现代煤化工产业示范区转型升级，稳妥推进煤制油气战略基地建设，构建原料高效利用、资源要素集成、减污降碳协同、技术先进成熟、产品系列高端的产业示范基地。持续推进城镇人口密集区危险化学品生产企业搬迁改造。落实推动长江经济带发展、黄河流域生态保护和高质量发展要求，推进长江、黄河流域石化化工项目科学布局、有序转移。

（七）引导化工项目进区入园，促进高水平集聚发展。推动化工园区规范化发展，依法依规利用综合标准倒逼园区防范化解安全环境风险，加快园区污染防治等基础设施建设，加强园区污水管网排查整治，提升本质安全和清洁生产水平。引导园区内企业循环生产、产业耦合发展，鼓励化工园区间错位、差异化发展，与冶金、建材、纺织、电子等行业协同布局。鼓励化工园区建设科技创新及科研成果孵化平台、智能化管理系统。严格执行危险化学品"禁限控"目录，新建危险化学品生产项目必须进入一般或较低安全风险的化工园区（与其他行业生产装置配套建设的项目除外），引导其他石化化工项目在化工园区发展。

五、推进产业数字化转型

（八）加快新技术新模式协同创新应用，打造特色平台。加快5G、大数据、人工智能等新一代信息技术与石化化工行业融合，不断增强化工过程数据获取能力，丰富企业生产管理、工艺控制、产品流向等方面数据，畅联生产运行信息数据"孤岛"，构建生产经营、市场和供应链等分析模型，强化全过程一体化管控，推进数字孪生创新应用，加快数字化转型。打造3~5家面向行业的特色专业型工业互联网平台，引导中小化工企业借助平台加快工艺设备、安全环保等数字化改造。围绕化肥、轮胎等关乎民生安全的大宗产品建设基于工业互联网的产业链监测、精益化服务系统。

（九）推进示范引领，强化工业互联网赋能。发布石化化工行业智能制造标准体系建设指南，编制智能工厂、智慧园区等标准。针对行业特点，建设并遴选一批数字化车间、智能工厂、智慧园区标杆。组建石化、化工行业智能制造产业联盟，培育具有国际竞争力的智能制造系统解决方案供应商，提升化工工艺数字化模拟仿真、大型机组远程诊断运维等服务能力。基于智能制造，推广多品种、小批量的化工产品柔性生产模式，更好适应定制化差异化需求。实施石化行业工业互联网企业网络安全分类分级管理，推动商用密码应用，提升安全防护水平。

六、加快绿色低碳发展

（十）发挥碳固定碳消纳优势，协同推进产业链碳减排。有序推动石化化工行业重点领域节能降碳，提高行业能效水平。拟制高碳产品目录，稳妥调控部分高碳产品出口。提升中低品位热能利用水平，推动用能设施电气化改造，合理引导燃料"以气代煤"，适度增加富氢原料比重。鼓励石化化工企业因地制宜、合理有序开发利用"绿氢"，推进炼化、煤化工与"绿电""绿氢"等产业耦合示范，利用炼化、煤化工装置所排二氧化碳纯度高、捕集成本低等特点，开展二氧化碳规模化捕集、封存、驱油和制化学品等示范。加快原油直接裂解制乙烯、合成气一步法制烯烃、智能连续化微反应制备化工产品等节能降碳技术开发应用。

（十一）着力发展清洁生产绿色制造，培育壮大生物化工。滚动开展绿色工艺、绿色产品、绿色工厂、绿色供应链和绿色园区认定，构建全生命周期绿色制造体系。鼓励企业采用清洁生产技术装备改造提升，从源头促进工业废物"减量化"。推进全过程挥发性有机物污染治理，加大含盐、高氨氮等废水治理力度，推进氨碱法生产纯碱废渣、废液的环保整治，提升废催化剂、废酸、废盐等危险废物利用处置能力，推进（聚）氯乙烯生产无汞化。积极发展生物化工，鼓励基于生物资源，发展生物质利用、生物炼制所需酶种，推广新型生物菌种；强化生物基大宗化学品与现有化工材料产业链衔接，开发生态环境友好的生物基材料，实现对传统石油基产品的部分替代。加强有毒有害化学物质绿色替代品研发应用，防控新污染物环境风险。

（十二）促进行业间耦合发展，提高资源循环利用效率。推动石化化工与建材、冶金、节能环保等行业耦合发展，提高磷石膏、钛石膏、氟石膏、脱硫石膏等工业副产石膏、电石渣、碱渣、粉煤灰等固废综合利用水平。鼓励企业加强磷钾伴生资源、工业废盐、矿山尾矿以及黄磷尾气、电石炉气、炼厂平衡尾气等资源化利用和无害化处置。有序发展和科学推广生物可降解塑料，推动废塑料、废弃橡胶等废旧化工材料再生和循环利用。

七、夯实安全发展基础

（十三）推广先进技术管理，提升本质安全水平。压实安全生产主体责任，推进实施责任关怀，支持企业、园区提高精细化运行管理水平，建立健全健康安全环境（HSE）管理体系、安全风险分级管控和隐患排查治理双重预防机制，建立完善灭火救援力量，提升应急处置能力。持续在危险化学品企业开展"工业互联网+安全生产"建设，推动《全球化学品统一分类和标签制度》（GHS）实施。鼓励企业采用微反应、气体泄漏在线微量快速检测等先进适用技术，消除危险源或降低危险源等级，推进高危工艺安全化改造和替代。

（十四）增强原料资源保障，维护产业链供应链安全稳定。拓展石化原料供给渠道，构建国内基础稳固、国际多元稳定的供给体系，适度增加轻质低碳富氢原料进口。按照市场化原则，推进国际钾盐等资源开发合作。加强国内钾资源勘探，积极推进中低品位磷矿高效采选技术、非水溶性钾资源高效利用技术开发。多措并举推进磷石膏减量化、资源化、无害化，稳妥推进磷化工"以渣定产"。加强化肥生产要素保障，提高生产集中度

和骨干企业产能利用率，确保化肥稳定供应。保护性开采萤石资源，鼓励开发利用伴生氟资源。

八、加强组织保障

（十五）强化组织实施。各地有关部门要结合本地实际，将重点任务统筹纳入部门重点工作，强化事中事后监管，协调推进任务落实。有关企业要结合自身实际，按照主要目标和重点任务，务实推进相关工作，依法披露环境信息。相关行业组织要发挥桥梁纽带作用，积极服务指导，强化行业自律。加强政策宣贯解读，积极回应社会舆论和民众合理关切，切实提升社会公众对石化化工的科学理性认知。

（十六）完善配套政策。加强财政、金融、区域、投资、进出口、能源、生态环境、价格等政策与产业政策的协同。发挥国家产融合作平台作用，推进银企对接和产融合作。强化知识产权保护。加强化工专业人才培养和从业员工培训。推动首台（套）装备、首批次材料示范应用。

（十七）健全标准体系。建立完善化工新材料特别是改性专用料、精细化学品尤其是专用化学品等标准体系，生物基材料、生物可降解塑料、再生塑料材料评价标识管理体系，绿色用能监测与评价体系。完善重点产品能耗限额、有毒有害化学物质含量限值和污染物排放限额。探索基于碳足迹制修订含碳化工产品碳排放核算以及低碳产品评价等标准。参与全球标准规则制定，加强国际标准评估转化。

工业和信息化部
国家发展和改革委员会
科学技术部
生态环境部
应急管理部
国家能源局
2022 年 3 月 28 日

工业和信息化部办公厅 市场监管总局办公厅 国家能源局综合司关于促进光伏产业链供应链协同发展的通知

工信厅联电子函〔2022〕205号

各省、自治区、直辖市及计划单列市、新疆生产建设兵团工业和信息化主管部门、市场监管局（厅、委）、能源主管部门，各有关单位：

近期，光伏行业出现阶段性供需错配、部分供应链价格剧烈震荡等情况，个别环节出现囤积居奇等苗头，有的地方出现割裂市场、区域封闭等问题，亟须深化行业管理，引导产业链供应链协同创新。为优化建立全国光伏大产业大市场，促进光伏产业高质量发展，积极推动建设新能源供给消纳体系，现将有关事项通知如下：

一、立足长远目标，优化产业布局

各地工业和信息化、市场监管、能源主管部门要围绕碳达峰碳中和战略目标，科学规划和管理本地区光伏产业发展，积极稳妥有序推进全国光伏市场建设。统筹发展和安全，强化规范和标准引领，根据产业链各环节发展特点合理引导上下游建设扩张节奏，优化产业区域布局，避免产业趋同、恶性竞争和市场垄断。优化营商环境，规范市场秩序，支持各类市场主体平等参与市场竞争，引导各类资本根据双碳目标合理参与光伏产业。在光伏发电项目开发建设中，不得囤积倒卖电站开发等资源、强制要求配套产业投资、采购本地产品。

二、鼓励创新进步，规范行业秩序

各地工业和信息化、能源主管部门要深入落实《光伏制造行业规范条件》等政策，积极规范产业发展秩序，光伏电站投资建设应对照规范要求和相关标准。积极实施《智能光伏产业创新发展行动计划》，鼓励企业结合市场需求，加快技术研发和智能创新升级。支持企业创新应用新一代信息技术，构建硅料、硅片、电池、组件、系统集成、终端应用及重点配套材料、设备等供应链大数据平台，推广应用公平化、透明化在线采购、车货匹配、云仓储等新服务，提高供应链整体应变及协同能力。为促进削峰填谷和产业链稳定，鼓励有关企业及公共交易机构等合理开展多晶硅及电池等物料储备，严禁囤积居奇。各地市场监管部门要加强监督管理，强化跨部门联合执法，严厉打击光伏行业领域哄抬价格、垄断、制售假冒伪劣产品等违法违规行为。

三、加强系统对接，深化全链合作

各地工业和信息化、能源主管部门要有效利用国内光伏大市场，引导产业链上下游企业深度对接交流。落实新增可再生能源和原料用能不纳入能源消费总量控制的精神，统筹推进光伏存量项目建设，加强多晶硅等新增项目储备，协调手续办理工作，根据下游需求稳妥加快产能释放和有序扩产。鼓励硅料与硅片企业，硅片与电池、组件及逆变器、光伏玻璃等企业，组件制造与发电投资、电站建设企业深度合作，支持企业通过战略联盟、签订长单、技术合作、互相参股等方式建立长效合作机制，引导上下游明确量价、保障供应、稳定预期。指导协会、企业等定期发布真实客观的供需信息，严禁发布不实信息，解决信息不对称和对接不通畅等问题，加快建立产业链供需对接和智能光伏产业公共服务等平台，支持上下游企业以资本、技术、品牌为基础开展联合攻关，推进产业提质、降本、增效。

四、支持协同发展，稳定产业供需

各地工业和信息化、能源主管部门要坚持统筹疫情防控和产业经济发展，引导企业稳固供应链，提升产业链水平，共同推进产业协同发展，保障光伏产业链供应链稳定运转。加强企业跟踪服务保障，开展精准对接，协调解决企业难题，确保企业稳定生产运行。加强区域协调和部门协同，共同推动解决疫情期间的复工复产、物流配送等问题，确保重点区域畅通循环，维护供应链安全稳定。加强光伏行业运行监测，推进实现动态监测、风险预警和政府决策快速响应，引导产业持续健康发展。加强光伏产业链全生命周期管理和碳足迹核算，加快废弃组件回收技术、标准及产业化研究。

五、坚持统筹发力，加强宣传引导

各地工业和信息化、市场监管、能源主管部门要进一步加强有效市场和有为政府结合，充分发挥市场在资源配置中的决定性作用，同时更好发挥政府作用，积极引导企业解决产业发展中面临的新困难和问题，提高自身抗风险能力。充分发挥行业协会、研究院所、检验检测机构、计量技术机构、产业计量测试中心等专业机构的桥梁纽带作用，指导适时开展高峰论坛、专项对接等活动，推进行业交流合作。鼓励各专业媒体开展光伏科普宣传和政策报导，提高公众认知水平。坚持企业在市场开拓和上下游配套协作中的主体地位，相关企业要增强责任意识，合理确定生产目标和价格指标。坚持实事求是，不夸大事实、不跟风炒作，共同营造和谐共生、产业共赢的光伏产业新发展格局。

工业和信息化部、市场监管总局、国家能源局将及时通报重点工作进展情况，适时对存在问题的地方及企业开展约谈、告诫，对违法违规企业开展执法检查，对有关好经验好做法加强宣传推广。

工业和信息化部办公厅
市场监管总局办公厅
国家能源局综合司
2022 年 8 月 17 日

工业和信息化部 国家发展和改革委员会 生态环境部关于促进钢铁工业高质量发展的指导意见

工信部联原〔2022〕6号

各省、自治区、直辖市及新疆生产建设兵团工业和信息化、发展改革、生态环境主管部门，各有关中央企业：

钢铁工业是国民经济的重要基础产业，是建设现代化强国的重要支撑，是实现绿色低碳发展的重要领域。"十三五"时期，我国钢铁工业深入推进供给侧结构性改革，化解过剩产能取得显著成效，产业结构更加合理，绿色发展、智能制造、国际合作取得积极进展，有力支撑了经济社会健康发展。"十四五"时期，我国钢铁工业仍然存在产能过剩压力大、产业安全保障能力不足、绿色低碳发展水平有待提升、产业集中度偏低等问题。为贯彻落实《中华人民共和国国民经济和社会发展第十四个五年规划和2035年远景目标纲要》《国务院关于钢铁行业化解过剩产能实现脱困发展的意见》《"十四五"原材料工业发展规划》等文件，更好地促进钢铁工业高质量发展，制定本意见。

一、总体要求

（一）指导思想

坚持以习近平新时代中国特色社会主义思想为指导，全面贯彻党的十九大和十九届历次全会精神，立足新发展阶段，完整、准确、全面贯彻新发展理念，构建新发展格局，以推动高质量发展为主题，以深化供给侧结构性改革为主线，以改革创新为根本动力，充分发挥市场在资源配置中的决定性作用，更好发挥政府作用，加快推进钢铁工业质量变革、效率变革、动力变革，保障产业链供应链安全稳定，促进质量效益全面提升。

（二）基本原则

坚持创新发展。突出创新驱动引领，推进产学研用协同创新，强化高端材料、绿色低碳等工艺技术基础研究和应用研究，强化产业链工艺、装备、技术集成创新，促进产业耦合发展，强化钢铁工业与新技术、新业态融合创新。

坚持总量控制。优化产能调控政策，深化要素配置改革，严格实施产能置换，严禁新增钢铁产能，扶优汰劣，鼓励跨区域、跨所有制兼并重组，提高产业集中度。

坚持绿色低碳。坚持总量调控和科技创新降碳相结合，坚持源头治理、过程控制和末端治理相结合，全面推进超低排放改造，统筹推进减污降碳协同治理。

坚持统筹协调。统筹供给保障、绿色低碳、资源安全和行业发展，遵循钢铁工业发展规律，保持去产能政策的稳定性和前瞻性，提高供需的适配性、有效性。

（三）主要目标

力争到2025年，钢铁工业基本形成布局结构合理、资源供应稳定、技术装备先进、质量品牌突出、智能化水平高、全球竞争力强、绿色低碳可持续的高质量发展格局。

创新能力显著增强。行业研发投入强度力争达到1.5%，氢冶金、低碳冶金、洁净钢冶炼、薄带铸轧、无头轧制等先进工艺技术取得突破进展。关键工序数控化率达到80%左右，生产设备数字化率达到55%，打造30家以上智能工厂。

产业结构不断优化。产业集聚化发展水平明显提升，钢铁产业集中度大幅提高。工艺结构明显优化，电炉钢产量占粗钢总产量比例提升至15%以上。布局结构更趋合理，钢铁市场供需基本达到动态平衡。

绿色低碳深入推进。构建产业间耦合发展的资源循环利用体系，80%以上钢铁产能完成超低排放改造，吨钢综合能耗降低2%以上，水资源消耗强度降低10%以上，确保2030年前碳达峰。

资源保障大幅改善。资源多元化保障能力显著增强，国内铁矿山产能、规模、集约化水平大幅提升，废钢回收加工体系基本健全，利用水平显著提高，钢铁工业利用废钢资源量达到3亿吨以上。

供给质量持续提升。高端钢铁产品供给能力大幅增强，品种和质量提档升级，每年突破5种左右关键钢铁材料，形成一批拥有较大国际影响力的企业品牌和产品品牌。

二、主要任务

（四）增强创新发展能力。强化企业创新主体地位，营造产学研用一体的协同创新生态。采取"揭榜挂帅"等方式，推动行业公共服务创新平台和创新中心建设。重点围绕低碳冶金、洁净钢冶炼、薄带铸轧、高效轧制、基于大数据的流程管控、节能环保等关键共性技术，以及先进电炉、特种冶炼、高端检测等通用专用装备和零部件，加大创新资源投入。发挥新材料生产应用示范平台作用，建立健全关键领域钢铁新材料上下游合作机制，搭建重点领域产业联盟。鼓励有条件的地区建设钢铁行业创新平台，积极争创国家级创新平台。加强标准技术体系建设，制定发布一批基础通用的国家标准、行业标准，培育发展一批先进适用的高水平团体标准，满足市场和创新需求。

（五）严禁新增钢铁产能。坚决遏制钢铁冶炼项目盲目建设，严格落实产能置换、项目备案、环评、排污许可、能评等法律法规、政策规定，不得以机械加工、铸造、铁合金等名义新增钢铁产能。严格执行环保、能耗、质量、安全、技术等法律法规，利用综合标准依法依规推动落后产能应去尽去，严防"地条钢"死灰复燃和已化解过剩产能复产。研究落实以碳排放、污染物排放、能耗总量、产能利用率等为依据的差别化调控政策。健全防范产能过剩长效机制，加大违法违规行为查处力度。

（六）优化产业布局结构。鼓励重点区域提高淘汰标准，淘汰步进式烧结机、球团竖炉等低效率、高能耗、高污染工艺和设备。鼓励有环境容量、能耗指标、市场需求、资源能源保障和钢铁产能相对不足的地区承接转移产能。未完成产能总量控制目标的地区不得转入钢铁产能。鼓励钢铁冶炼项目依托现有生产基地集聚发展。对于确有必要新建和搬迁建设的钢铁冶炼项目，必须按照先进工艺装备水平建设。现有城市钢厂应立足于就地改造、转型升级，达不到超低排放要求、竞争力弱的城市钢厂，应立足于就地压减退出。统筹焦化行业与钢铁等行业发展，引导焦化行业加大绿色环保改造力度。

（七）推进企业兼并重组。鼓励行业龙头企业实施兼并重组，打造若干世界一流超大型钢铁企业集团。依托行业优势企业，在不锈钢、特殊钢、无缝钢管、铸管等领域分别培育1~2家专业化领航企业。鼓励钢铁企业跨区域、跨所有制兼并重组，改变部分地区钢铁产业"小散乱"局面，增强企业发展内生动力。有序引导京津冀及周边地区独立热轧和独立焦化企业参与钢铁企业兼并重组。对完成实质性兼并重组的企业进行冶炼项目建设时给予产能置换政策支持。鼓励金融机构按照风险可控、商业可持续原则，积极向实施兼并重组、布局调整、转型升级的钢铁企业提供综合性金融服务。妥善做好钢铁企业兼并重组中的职工安置。

（八）有序发展电炉炼钢。推进废钢资源高质高效利用，有序引导电炉炼钢发展。对全废钢电炉炼钢项目执行差别化产能置换、环保管理等政策。鼓励有条件的高炉—转炉长流程企业就地改造转型发展电炉短流程炼钢。鼓励在中心城市、城市集群周边布局符合节能环保和技术标准规范要求的中小型电炉钢企业，生产适应区域市场需求的产品，协同消纳城市及周边废弃物。积极发展新型电炉装备，加快完善电炉炼钢相关标准体系。推进废钢回收、拆解、加工、分类、配送一体化发展，进一步完善废钢加工配送体系建设。鼓励有条件的地区开展电炉钢发展示范区建设，探索新技术新装备应用。分别遴选8家左右优势标杆电炉炼钢和废钢加工配送企业，形成可推广的产业模式。

（九）深入推进绿色低碳。落实钢铁行业碳达峰实施方案，统筹推进减污降碳协同治理。支持建立低碳冶金创新联盟，制定氢冶金行动方案，加快推进低碳冶炼技术研发应用。支持构建钢铁生产全过程碳排放数据管理体系，参与全国碳排放权交易。开展工业节能诊断服务，支持企业提高绿色能源使用比例。全面推动钢铁行业超低排放改造，加快推进钢铁企业清洁运输，完善有利于绿色低碳发展的差别化电价政策。积极推进钢铁与建材、电力、化工、有色等产业耦合发展，提高钢渣等固废资源综合利用效率。大力推进企业综合废水、城市生活污水等非常规水源利用。推动绿色消费，开展钢结构住宅试点和农房建设试点，优化钢结构建筑标准体系；建立健全钢铁绿色设计产品评价体系，引导下游产业用钢升级。

（十）大力发展智能制造。开展钢铁行业智能制造行动计划，推进5G、工业互联网、人工智能、商用密码、数字孪生等技术在钢铁行业的应用，在铁矿开采、钢铁生产领域突破一批智能制造关键共性技术，遴选一批推广应用场景，培育一批高水平专业化系统解决方案供应商。开展智能制造示范推广，打造一批智能制造示范工厂。建设钢铁行业大数据中心，提升数据资源管理和服务能力。依托龙头企业推进多基地协同制造，在工业互联网框架下实现全产业链优化。鼓励企业大力推进智慧物流，探索新一代信息技术在生产和营销各环节的应用，不断提高效率、降低成本。构建钢铁行业智能制造标准体系，积极开展基础共性、关键技术和行业应用标准研究。

（十一）大幅提升供给质量。建立健全产品质量评价体系，加快推动钢材产品提质升级，在航空航天、船舶与海洋工程装备、能源装备、先进轨道交通及汽车、高性能机械、建筑等领域推进质量分级分类评价，持续提高产品实物质量稳定性和一致性，促进钢材产品实物质量提升。支持钢铁企业瞄准下游产业升级与战略性新兴产业发展方向，重点发展高品质特殊钢、高端装备用特种合金钢、核心基础零部件用钢等小批量、多品种关键钢材，力争每年突破5种左右关键钢铁新材料，更好满足市场需求。鼓励企业牢固树立质量为先、品牌引领意识，深入推进以用户为中心的服务型制造，开展规模化定制、远程运维服务、网络化协同制造、电子商务等新业态，提升产品和服务附加值。

（十二）提高资源保障能力。充分利用国内国际两个市场两种资源，建立稳定可靠的多元化原料供应体系。强化国内矿产资源的基础保障能力，推进国内重点矿山资源开发，支持智能矿山、绿色矿山建设，加强铁矿行业规范管理，建立铁矿产能储备和矿产地储备制度。促进难选矿综合选别和利用技术应用，推进钒钛磁铁矿综合开发利用。鼓励企业开展港口混矿业务，增加港口库存，发挥港口库存对资源保障的缓冲作用。按照市场化原则，加强国际铁矿石资源开发合作。完善铁矿石期货市场建设，加强期货市场监管，完善铁矿石合理定价机制。

（十三）提升本质安全水平。压实企业主体责任，立足源头预防，从行业规划、产业政策、法规标准、行政许可等方面指导企业加强安全生产管理。钢铁企业要健全完善安全风险防控机制，持续推进安全生产标准化建设，全面落实安全生产责任体系，深入开展安全风险隐患排查治理，淘汰落后高风险工艺技术和设备，实施重大危险源在线监控与预警技术应用，防范遏制重特大事故发生。落实网络安全主体责任，大力提高商用密码应用安全，提升工业控制系统安全防护水平，制定应急响应预案，积极应对新兴技术融合带来的安全挑战。

（十四）维护公平市场秩序。加强钢铁企业生产经营规范管理，强化质量、装备、环保、能耗、安全的要素约束作用，强化事中事后监管，实现"有进有出"动态调整。加强企业诚信体系建设、营造公平诚信的市场环境，依法依规惩处擅自新增产能、假冒伪劣、违法排污等行为，并纳入联合惩戒机制。发挥行业组织作用，增强企业社会责任意识和行业自律精神，避免无序恶性竞争，维护行业平稳运行。建立企业高质量发展评价体系，推进钢铁企业生产经营规范分级分类管理，支持开展"对标挖潜、技改升级"，打造若干家在新材料、智能制造、绿色低碳等领域具有代表性成果、发展质量高的钢铁示范企业。

（十五）提升开放合作水平。实施高质量标准引领行动，加快国际标准中国标准互译、转化，推动国际间检验检测与认证结果互认，引导中国钢铁产品、装备、技术、服务等协同"走出去"。鼓励生铁、直接还原铁、再生钢铁原料、钢坯、钢锭等资源性产品和半制成品进口。

鼓励国内外钢铁、矿山、航运企业加强合作，构筑优势互补、互利共赢的全球化钢铁产业生态圈。

三、保障措施

（十六）加强组织实施。各地相关部门要加强统筹协调，强化事中事后监管，推进各项工作落实落细。有关企业要根据自身实际，按照主要目标和重点任务，务实推进相关工作。行业组织要充分发挥好桥梁纽带作用，加强对企业的指导服务，及时反映新情况、新问题，提出政策建议。

（十七）强化政策协同。强化政策衔接，加强产融合作。发挥国家产融合作平台作用，积极支持企业承担关键技术攻关和前沿技术突破任务，引导和鼓励社会资本加大对新材料、智能制造、绿色制造、资源保障等方面的投入。注重需求引导和标准引领，推进下游用钢行业提高设计规范要求和标准水平，引导钢铁产品消费升级。推动钢铁行业依法披露环境信息，接收社会监督。

（十八）加强舆论宣传。加强政策解读和宣贯，形成良好的舆论环境。广泛宣传钢铁行业高质量发展的好经验好做法，树典型、学先进，维护和提升钢铁行业的社会形象，增强全行业推动高质量发展的使命感、责任感、光荣感。加强舆论监督，及时曝光违法违规行为，强化负面警示。

工业和信息化部
国家发展和改革委员会
生态环境部
2022 年 1 月 20 日

工业和信息化部 科学技术部 生态环境部关于印发环保装备制造业高质量发展行动计划（2022—2025年）的通知

工信部联节〔2021〕237号

各省、自治区、直辖市及计划单列市、新疆生产建设兵团工业和信息化主管部门、科技厅（委、局）、生态环境厅（局）：

　　现将《环保装备制造业高质量发展行动计划（2022—2025年）》印发给你们，请结合实际，认真贯彻落实。

工业和信息化部

科学技术部

生态环境部

2022年1月13日

环保装备制造业高质量发展行动计划（2022—2025年）

　　环保装备制造业是绿色环保产业的重要组成部分，为生态文明建设提供重要物质基础和技术保障。为贯彻落实《中华人民共和国国民经济和社会发展第十四个五年规划和2035年远景目标纲要》以及《"十四五"工业绿色发展规划》，全面推进环保装备制造业持续稳定健康发展，提高绿色低碳转型的保障能力，制定本行动计划。

一、总体要求

（一）指导思想

　　坚持以习近平新时代中国特色社会主义思想为指导，全面贯彻党的十九大和十九届历次全会精神，深入贯彻习近平生态文明思想，立足新发展阶段，完整、准确、全面贯彻新发展理念，构建新发展格局，以推动高质量发展为主题，以深化供给侧结构性改革为主线，紧紧围绕深入打好污染防治攻坚战对环保装备的需求，以攻克关键核心技术为突破口，强化科技创新支撑，提升高端装备供给能力，推进产业结构优化升级，推动发展模式数字化、智能化、绿色化、服务化转型，加快形成创新驱动、示范带动、平台保障、融合发展的产业生态，为经济社会绿色低碳发展提供有力的装备支撑。

（二）主要目标

　　到2025年，行业技术水平明显提升，一批制约行业发展的关键短板技术装备取得突破，高效低碳环保技术装备产品供给能力显著提升，充分满足重大环境治理需求。行业综合实力持续增强，核心竞争力稳步提高，打造若干专精特新"小巨人"企业，培育一批具有国际竞争优势的细分领域的制造业单项冠军企业，形成上中下游、大中小企业融通发展的新格局，多元化互补的发展模式更加凸显。环保装备制造业产值力争达到1.3万亿元。

二、科技创新能力提升"补短板"行动

　　（三）加强关键核心技术攻关。聚焦"十四五"期间环境治理新需求，围绕减污降碳协同增效、细颗粒物（PM2.5）和臭氧协同控制、非电行业多污染物处置、海洋污染治理、有毒有害污染物识别和检测以及生态环境应急等领域，开展重大技术装备联合攻关。聚焦长期存在的环境污染治理难点问题，攻克高盐有机废水深度处理、污泥等有机固废减量化资源化技术装备。聚焦基础零部件和材料药剂等卡脖子问题，加快环境污染治理专用的高性能风机、水泵、阀门、过滤材料、低频吸声隔声材料、绿色药剂以及环境监测专用模块、控制器、标准物质研发。聚焦新污染物治理、监测、溯源等，抓紧部署前沿技术装备研究。

专栏1　核心技术装备攻关重点方向

　　成套装备：在大气污染防治领域，开展低成本高效率挥发性有机物（VOCs）收集处理、高炉煤气及焦炉煤气精脱硫、重金属协同处置、柴油车氮氧化物（NOx）和颗粒物一体化净化等高效处理装备应用研发。在水污染防治领域，推进水体深度除氟成套装备、异步浸没燃烧蒸发工业高盐废水处理装备、海水养殖尾水生态治理关键技术装备研发。在固体废物处理处置领域，引导操作简单、维修便捷的小型农村垃圾处理装备研发。在土壤污染修复领域，推动土壤和地下水污染风险快速识别与监测预警设备、一体化智能化土壤微生物修复装备研发。针对持久性有机污染物、抗生素、微塑料、光污染等新污染物，开展相关技术装备前期研究及技术储备。

仪器仪表：加快工业烟气综合监测仪、环境空气分析仪、便携式VOCs测试分析及快速检测设备、VOCs多组分在线质谱监测设备、机动车颗粒物数浓度（PN）检测设备、分形态大气汞监测仪、温室气体监测分析仪、生物多样性在线监测仪、海洋生态环境监测仪、入海污染物通量原位在线监测仪、重金属在线监测仪、噪声声纹识别分析仪等环境监测专用仪器仪表的自主研发，开展镉等重金属大气污染物排放自动监测设备、土壤气采样设备、计量泵、PH计、超声波液位计、电磁流量计等污染治理过程专用仪器及环保装置大数据智能化运行维护系统研发。

通用设备：攻克污水治理用磁悬浮轴承高速离心鼓风机、大型紫外线消毒设备、固体废物处理用大型高速螺旋卸料离心机。

材料与药剂：研发大气污染治理用低温脱硝催化剂、VOCs高效吸附催化材料、功能滤料及滤筒，拓展应用范围。开展电石法聚氯乙烯无汞触媒、土壤污染植物修复药剂、污水治理用反渗透膜、高性能水处理药剂、海水养殖尾水生态治理高效菌剂的深入研究。

关键零部件：研发大气污染治理用除雾器、喷嘴、脱硝喷枪、吹灰器、换向阀等零部件。推动环境监测仪器仪表专用光学气体传感器、电子芯片、色谱检测单元等产品研发。

（四）推进共性技术平台建设。加大对创新资源的整合力度，在京津冀及周边、粤港澳大湾区、长三角、黄河流域、成渝等区域建立优势互补、风险共担、利益共享的新型创新平台，为前瞻性技术研发提供支撑。支持成立环保装备领域制造业创新中心，围绕新技术、新产品、新材料搭建产品验证评价平台，开展检测分析、评级、可靠性、应用验证，组织关键共性技术成套装备攻关。鼓励环保装备龙头企业，针对环境治理需求和典型应用场景，组建产学研用共同参与的创新联盟，集中力量解决区域性环境治理热点、难点问题。

（五）加快科技成果转移转化。支持研发、制造、使用单位或园区合作建立重大环保技术装备创新基地，搭建产品研制放大、熟化及产业化之间的桥梁。鼓励地方、园区建立科技成果产业化孵化平台，集聚和优化配置要素资源，降低产业化成本，有效促进科技成果转化。支持行业协会等联合地方、园区、企事业单位建设一批公共服务机构，开展知识产权培训与交易、科技成果评价、市场战略研究和先进环保装备供需对接等服务。

三、产品供给能力增强"锻长板"行动

（六）强化新型装备应用。推动环保领域装备纳入首台（套）重大技术装备相关目录。针对同种环保装备在不同行业、不同应用场景、不同工况条件下治理需求的差异性，开展应用效果验证评价，逐步建立完善环保装备产品系列化谱系，为精准治污提供有针对性的设备选

型。充分利用首台（套）重大技术装备相关政策，重点支持新污染物治理、更高排放标准要求、降低治理成本等新型环保技术装备的首台（套）应用。

专栏2 新型环保技术装备应用重点方向

在大气污染治理领域，推动离心水洗法空气中有害物质清洗装备、离子交换法脱硫脱硝一体化技术装备、多污染物协同治理团聚复合药剂应用。

在水污染防治领域，推动原位深井加压藻类处理成套装备、高效选择性纳滤膜应用。

在土壤污染修复领域，推动高压旋喷原位注射修复装备应用。

在固体废物处理处置领域，推动电子束抗生素菌渣无害化处理装备、富氧燃烧回转窑冶炼渣处置及有价金属资源化装备、序批式油泥热解撬装成套装备应用。

在环境监测专用仪器仪表领域，推动水华预测预警系统、海洋环境要素在线监测系统、烟气中氨和铵盐监测系统、噪声与振动远程在线监控系统应用。

（七）加快先进装备推广。定期制修订《国家鼓励发展的重大环保技术装备目录》，编制供需对接指南，搭建装备制造企业与需求用户的有效对接平台。在大气治理领域，重点推广非电行业超低排放和挥发性有机物处理等先进技术装备，为PM2.5和臭氧协同治理提供支撑。在污水治理领域，重点推广黑臭水体治理、湖泊海洋治理、工业废水处理、农村小型分散式污水治理等先进技术装备，为水环境整体改善提升提供保障。在土壤污染修复领域，重点推广重金属、有机物等原位土壤污染修复装备，避免二次污染。在固体废物处理处置领域，重点推广无害化资源化利用技术装备。在环境监测仪器领域，重点提升高端环境监测仪器的自主创新供给能力。

专栏3 先进环保技术装备推广重点方向

大气污染防治装备：在钢铁、水泥等重点行业推广基于陶瓷滤筒（袋）烟气多污染物协同处理、氮氧化物与挥发性有机污染物协同处理等装备。在石化、工业涂装、包装印刷、原料药、黏胶带等涉及VOCs排放的重点行业大力推广微气泡深度氧化法、安全型蓄热式热力氧化、催化燃烧、生物净化等挥发性有机物处理装备。推广高效汽油车VOCs控制技术装备、新型柴油车NO_x净化技术装备。

水污染防治装备：针对黑臭水体治理问题推广磁微滤膜法水处理装备、磁混凝污水处理集成设备。推广船舶废水高效浮选与动态过滤组合技术装备及抗冲击负荷、易运行维护、适合高海拔或寒冷地区的农村生活污水处理技术装备。在工业废水治理领域，重点推广工业废水深度处理及毒性削减装备、低能耗工业废水处理装备。

土壤污染修复装备：推广热脱附、微生物、化学氧化等多技术耦合的原位修复技术装备以及满足复杂空间、低渗透性地层的钻注一体高效靶向原位修复装备。

固体废物处理处置装备：在市政污泥处理领域，推广淤泥定向多级分选处理装备。在工业污泥处理领域，推广含油污泥热解处理装备、含油污泥均质智能喷雾处理装备。在厨余垃圾、园林废弃物及粪污处理领域，推广智能化、分布式好氧发酵一体化装备。在生活垃圾处理领域，推广陈腐垃圾筛分选成套装备、有机废弃物干式厌氧发酵处理装备。

环境监测专用仪器：推广大气颗粒物监测激光雷达、激光雷达臭氧监测仪、全二维气相色谱-飞行时间质谱联用仪、氧化亚氮（N$_2$O）在线检测设备、储油库及加油站厂区内VOCs在线监控技术装备。推广废水重金属在线监测仪、水质放射性污染物在线监测系统、农村生活污水在线监测仪、在线水质综合毒性监测仪。

关键零部件：在大气污染治理领域，推广脱硫增效构件、高压供电电源。在水污染治理领域，推广膜生物反应器。在污泥处理领域，推广板框压滤机。

（八）提升产品质量品牌。发挥标准对质量提升的支撑与引领作用，加快建立完善产品质量标准体系，推动环保装备标准化、系列化、成套化。组织开展质量提升行动，围绕重点细分领域典型产品，支持企业对标达标，瞄准先进国际标杆进行技术改造，建立健全质量管理体系，带动产品升级换代，促进全行业产品质量提升。引导企业加强品牌建设，在脱硫、脱硝、除尘、市政污水处理等优势领域争创国际品牌，在环境监测仪器等领域培育高端品牌，在材料药剂等短板领域引导创立自主品牌，打造一批具有核心竞争力、高品质的个性化品牌产品。

四、产业结构调整"聚优势"行动

（九）升级产品结构。依法依规淘汰高耗能、低效率落后产品，拓展新产品细分领域，推进非标产品标准化，提升自主知识产权产品比重，推动产品向高效低碳转变，形成差异化、精准化产品供给，解决行业内部结构性产能过剩问题。引导企业从设计制造单一污染物治理技术装备向多污染物协同治理转变。推动龙头企业从提供单一领域环保技术装备，向多领域"产品+服务"供给转变，提供一体化综合治理解决方案，满足重点区域、流域系统治理需求。

（十）培育优质企业。推动环保装备制造业加强产业链分工协作，构建大中小企业融通发展新格局，培育壮大产业发展新动能。在大气和水污染防治等集中度较高的领域，支持龙头企业争创产业链领航企业，带动全行业做大做强。引导环保装备企业在各自细分领域精耕细作，不断提高技术工艺水平和市场占有率，打造一批制

造业单项冠军企业。充分发挥中小企业专业化创新优势，培育一批专精特新"小巨人"企业。

（十一）发展产业集群。根据各地产业结构特征，统筹规划环保装备制造业布局，引导区域间差异化发展，防止低水平重复建设。鼓励产业基础好、集聚特征突出的地区，优化产业链布局，集聚创新要素资源，按照国家新型工业化产业示范基地建设要求创建一批环保装备产业集聚区。支持环保装备高水平集聚区按照产业集群发展模式进行优化整合，强化产业链上下游协同，提升集群治理能力，培育形成具有示范引领作用的先进环保装备产业集群。

五、发展模式转型"蓄后势"行动

（十二）推动数字化智能化转型。深入推进5G、工业互联网、大数据、人工智能等新一代信息技术在环保装备设计制造、污染治理和环境监测等过程中的应用。加快污染物监测治理远程智能控制系统平台的开发应用，深入挖掘污染物远程监控数据，创造大数据价值，提升运维水平和治污效率，降低治理成本。完善环保装备数字化智能化标准体系，建设一批模块化污水处理装备等智能制造示范工厂，稳步提高大气治理、污水治理、固废处理等领域技术装备的数字化智能化水平。

专栏4　数字化智能化重点方向

开展数字化设计。推广仿真模拟软件、虚拟现实、数字孪生等先进技术，开展环保装备设计，提高企业数字化设计水平。

开发智能化装备。围绕土壤和地下水污染研发特征数字化、可视化、实时监测与空间信息管理系统；围绕智慧水务、垃圾收运分选、禽畜粪便好氧发酵、管道清污、环境监测等领域重点研发一批环保机器人、智能化污染治理装备、远程运维装备。

实施数字化智能化改造。围绕中小型污水治理装备、组装式大气污染治理装备、智能好氧发酵一体化装备、滤料制造装备、小型垃圾焚烧装备、撬装式土壤修复装备，探索和推广模块化、数字化生产方式，加快智能化升级。

培育工业互联网平台。鼓励和支持环境监测仪器等产业基础较好的细分领域，加快工业互联网平台建设，鼓励龙头企业面向行业开放共享业务系统，带动产业链上下游企业开展协同设计和数字化供应链管理。

（十三）促进绿色低碳转型。引导污水处理、流域监测利用光伏、太阳能、沼气热联发电，推广高能效比的水源热泵等技术，实现清洁能源替代，减少污染治理过程中的能源消耗及碳排放。鼓励环保治理长流程工艺向短流程工艺改进，推动治理工艺过程药剂减量化、加强余热利用，推广节能、节水技术装备，提高资源能源利用效率。鼓励企业运用绿色设计方法和工具，从全生命

周期角度对产品进行系统优化，开发环境友好型药剂、低碳化工艺、轻量化环保装备，提高污染治理绿色化水平。在大气治理、污水治理、垃圾处理过程中通过工艺技术过程的改进，实现二氧化碳、甲烷、氧化亚氮（N_2O）等温室气体的抑制、分解、捕捉，研发应用减少污染治理过程中温室气体排放的工艺技术。

（十四）引导服务化转型。推动环保装备制造企业拓展服务型业务，强化服务能力，提升服务意识和服务水平，加快向服务型制造企业转型。推动一批科技创新型环保装备企业通过拓展研发设计、生产制造、运营维护等全流程业务向一体化解决方案供应商转型。开展新兴技术与环境服务业融合发展试点工作，鼓励环保产业与关联产业耦合发展。鼓励环境治理整体解决方案、环保管家、生态环境导向的开发（EOD）等模式创新，打造若干环境综合服务商。

六、保障措施

（十五）加大支持力度。国家科技计划项目加强环保装备关键核心技术攻关。优化完善首台（套）重大技术装备保险补偿政策，支持先进环保技术装备推广应用。发挥重大工程牵引示范作用，运用政府采购政策支持创新产品和服务。落实产融合作推动工业绿色发展专项政策，发挥国家产融合作平台作用，引导金融机构按照市场化、商业可持续原则加大对环保装备领域的支持。加强中央和地方政策的联动性，加大对环保重点领域的政策、资金支持力度，开展"补贷保"联动试点，推动科技产业金融良性循环，引导社会资本投早投小投硬科技，促进新技术产业化规模化应用。

（十六）优化市场环境。加强行业规范引导，适时制修订环保装备制造业规范条件，发布符合规范条件的企业名单并建立动态更新机制，鼓励中小微企业等新兴市场主体参与，推动建立公平竞争、健康有序的市场发展环境，激发市场活力。充分发挥相关行业协会、科研院所和咨询机构等作用，强化产业引导、技术支撑、品牌评价、宣传培训等。

（十七）培育人才队伍。加强高校相关专业人才与企业用人需求对接，建立校企结合的人才实践基地，探索互动式人才培养模式。支持第三方机构与科研院所等社会力量开展职业培训工作。鼓励企业实行更加开放的人才政策，构筑集聚国内外优秀人才的科创新高地，引领行业现代企业家队伍建设。

（十八）深化国际合作。充分利用双多边国际合作平台，加强技术、标准、人才等全方位的国际合作。鼓励骨干优势企业与环境基础设施建设及污染治理企业联合，开展成套装备出口、工程建设、运营维护等全流程业务的合作，积极拓展国际市场，提升产品的国际影响力和竞争力。

工业和信息化部 国家发展和改革委员会 科学技术部 财政部 人力资源和社会保障部 中国人民银行 国务院国有资产监督管理委员会 国家市场监督管理 总局 中国银行保险监督管理委员会 国家知识产权局 中华全国工商业联合会关于开展"携手行动" 促进大中小企业融通创新（2022—2025年）的通知

工信部联企业〔2022〕54号

各省、自治区、直辖市及计划单列市、新疆生产建设兵团中小企业主管部门、发展改革委、科技厅（局）、财政厅（局）、人力资源社会保障厅（局）、国资委、市场监管局、知识产权局、工商联；中国人民银行上海总部，各分行、营业管理部，各省会（首府）城市中心支行，各副省级城市中心支行，各银保监局：

为贯彻落实《中华人民共和国国民经济和社会发展第十四个五年规划和2035年远景目标纲要》以及《"十四五"促进中小企业发展规划》，推动大企业加强引领带动，促进产业链上中下游、大中小企业融通创新，现就开展"携手行动"促进大中小企业融通创新有关事项通知如下。

一、总体要求

（一）指导思想

以习近平新时代中国特色社会主义思想为指导，按照党中央、国务院决策部署，立足新发展阶段，完整、准确、全面贯彻新发展理念，构建新发展格局，通过部门联动、上下推动、市场带动，促进大中小企业创新链、产业链、供应链、数据链、资金链、服务链、人才链全面融通，着力构建大中小企业相互依存、相互促进的企业发展生态，增强产业链供应链韧性和竞争力，提升产业链现代化水平。

（二）行动目标

到2025年，引导大企业通过生态构建、基地培育、内部孵化、赋能带动、数据联通等方式打造一批大中小企业融通典型模式；激发涌现一批协同配套能力突出的专精特新中小企业；通过政策引领、机制建设、平台打造，推动形成协同、高效、融合、顺畅的大中小企业融通创新生态，有力支撑产业链供应链补链固链强链。

二、重点任务

（一）以创新为引领，打造大中小企业创新链

1. 推动协同创新。推动大企业、中小企业联合科研院所、高校等组建一批大中小企业融通、产学研用协同的创新联合体，鼓励承接科技重大项目，加强共性技术研发。推动各地依托大企业技术专家、高校院所教授学者等建立融通创新技术专家咨询委员会，面向中小企业开展技术咨询、指导等活动。在"创客中国"中小企业创新创业大赛设立赛道赛，通过大企业"发榜"、中小企业"揭榜"，促进大中小企业加强创新合作。（发展改革委、科技部、工业和信息化部、财政部及各地相关部门按职责分工负责，以下均需各地相关部门落实，不再列出）

2. 推动创新资源共享。引导大企业向中小企业开放品牌、设计研发能力、仪器设备、试验场地等各类创新资源要素，共享产能资源，加强对中小企业创新的支持。（发展改革委、国资委、全国工商联按职责分工负责）

3. 推动创新成果转化。推动各类科技成果转化项目库、数据库向中小企业免费开放，完善科研成果供需双向对接机制，促进政府支持的科技项目研发成果向中小企业转移转化。在科技计划设立中充分听取中小企业意见，并支持中小企业承担项目。鼓励大企业先试、首用中小企业创新产品，促进中小企业配套产品在首台（套）重大技术装备示范应用。（科技部、工业和信息化部、国资委、全国工商联按职责分工负责）

4. 推动标准和专利布局。推动大企业联合中小企业制定完善国家标准、行业标准，积极参与国际标准化活动，协同全球产业链上下游企业共同树立国际标准。引导大企业与中小企业加强知识产权领域合作，共同完善产业链专利布局。（工业和信息化部、国资委、市场监管总局、国家知识产权局、全国工商联按职责分工负责）

5. 推动绿色创新升级。推动大企业通过优化采购标准、加强节能减排技术支持等措施，引导推动产业链上下游中小企业深化低碳发展理念、提升资源利用效率，提升产业链整体绿色发展水平。（发展改革委、工业和信息化部、国资委、全国工商联按职责分工负责）

（二）以提升韧性和竞争力为重点，巩固大中小企业产业链

1. 协同突破产业链断点堵点卡点问题。梳理产业链

薄弱环节和大企业配套需求，组织专精特新中小企业开展技术攻关和样机研发，引导中小企业精准补链。优先支持大中小企业联合申报重点产品、工艺"一条龙"应用示范等产业基础再造工程项目。营造更好环境，支持创新型、科技型中小企业研发。（科技部、工业和信息化部、国资委、全国工商联按职责分工负责）

2. 发挥大企业龙头带动作用。推动大企业建设小型微型企业创业创新基地、高质量现代产业链园区，帮助配套中小企业改进提升工艺流程、质量管理、产品可靠性等水平，通过股权投资、资源共享、渠道共用等带动中小企业深度融入产业链。鼓励大企业培育内部创业团队，围绕产业链创办更多中小企业。（发展改革委、工业和信息化部、国资委、全国工商联按职责分工负责）

3. 提升中小企业配套支撑能力。梳理专精特新"小巨人"企业产业链图谱，按产业链组织与大企业对接，助力中小企业融入大企业产业链。同等条件下，将为关键产业链重点龙头企业提供核心产品或服务的中小企业优先认定为专精特新"小巨人"企业，通过中央和地方财政加强对专精特新中小企业的支持力度。（发展改革委、工业和信息化部、财政部按职责分工负责）

4. 打造融通发展区域生态。发布产业转移指导目录，构建完善优势互补、分工合理的现代化产业发展格局，推动产业链供应链快速响应、高效协同，优化提升资源配置效率。培育先进制造业集群、中小企业特色产业集群，围绕经济带（圈）、城市群打造跨区域一体化产业链协同生态。（发展改革委、工业和信息化部按职责分工负责）

（三）以市场为导向，延伸大中小企业供应链

1. 加强供应链供需对接。开展大企业携手专精特新中小企业对接活动，推动各地举办大中小企业"百场万企"洽谈会，推动工业电商共同举办工业品在线交易活动，引导大企业面向中小企业发布采购需求，促进中小企业与大企业深化拓展供应链合作关系。充分发挥行业协会、商会、平台企业、企业信息查询机构作用，通过市场化机制促进大中小企业加强产品、技术供需对接，逐步建立跨产业、跨行业的供需对接机制和合作平台。（工业和信息化部、国资委、全国工商联按职责分工负责）

2. 完善供应链合作机制。引导平台企业完善供应链上下游企业利益共享机制，营造"大河有水小河满，小河有水大河满"的生动发展局面。引导征信机构等社会化服务机构探索为大企业提供中小企业信用评价和风险管理服务，激发大企业合作积极性。引导大企业联合中小企业建立完善供应链预警机制，共同提升供应链稳定性和竞争力。（工业和信息化部、人民银行、国资委、全国工商联按职责分工负责）

（四）以数字化为驱动，打通大中小企业数据链

1. 发挥大企业数字化牵引作用。鼓励大企业打造符合中小企业特点的数字化服务平台，推动开发一批小型

化、快速化、轻量化、精准化的"小快轻准"低成本产业链供应链协同解决方案和场景，推介一批适合中小企业的优质工业 App。开展智能制造试点示范行动，遴选一批智能制造示范工厂和典型场景，促进提升产业链整体智能化水平。鼓励大企业带动中小企业协同开展技术改造升级，提升中小企业技术改造能力。（发展改革委、工业和信息化部、国资委、全国工商联按职责分工负责）

2. 提升中小企业数字化水平。深入实施中小企业数字化赋能专项行动，开展智能制造进园区活动，发布中小企业数字化转型水平评价标准及评价模型、中小企业数字化转型指南，引导中小企业深化转型理念、明确转型路径、提升转型能力、加速数字化网络化智能化转型进程。（工业和信息化部、财政部负责）

3. 增强工业互联网支撑作用。深入实施工业互联网创新发展行动计划，培育一批双跨工业互联网平台，推动垂直行业工业互联网平台拓展深化服务大中小企业融通的功能作用，推动各类生产要素的泛在连接、柔性供给和优化配置，加强对产业链大中小企业的数字化分析和智能化监测，促进产业链制造能力的集成整合和在线共享。（工业和信息化部、国资委、全国工商联按职责分工负责）

（五）以金融为纽带，优化大中小企业资金链

1. 创新产业链供应链金融服务方式。完善产业链供应链金融服务机制，鼓励金融机构结合重点产业链供应链特点开发信贷、保险等金融产品，加强供应链应收账款、订单、仓单和存货融资服务。（人民银行、银保监会按职责分工负责）

2. 推动直接融资全链条支持。引导各类产业投资基金加大对产业链供应链上下游企业的组合式联动投资，强化对产业链整体的融资支持力度，并发挥资源集聚优势，为中小企业提供各类增值服务。（发展改革委、工业和信息化部按职责分工负责）

3. 引导大企业加强供应链金融支持。推动大企业支持配合上下游中小企业开展供应链融资，助力缓解中小企业融资难融资贵。引导大企业加强合规管理，不得滥用市场优势地位设立不合理的付款条件、时限，规范中小企业账款支付。（工业和信息化部、人民银行、国资委、全国工商联按职责分工负责）

（六）以平台载体为支撑，拓展大中小企业服务链

1. 搭建专业化融通创新平台。鼓励各地培育大中小企业融通创新平台、基地，促进产业链上下游企业合作对接。引导大中小企业融通型特色载体进一步提升促进融通发展服务能力，为融通创新提供有力支撑。加强大学科技园及各类众创空间建设，促进各类创新要素高效配置和有效集成。（发展改革委、科技部、工业和信息化部按职责分工负责）

2. 推动各类平台强化融通创新服务。引导国家制造业创新中心、产业创新中心、技术创新中心将促进融通创新纳入工作目标，引导中小企业公共服务示范平台、

制造业双创平台设立促进融通发展的服务产品或项目，加强对融通创新的服务支持。（发展改革委、科技部、工业和信息化部按职责分工负责）

3. 培育国际合作服务平台。搭建中小企业跨境撮合平台，依托大企业打造中小企业海外服务体系，带动中小企业共同出海，提高跨国经营能力和水平，融入全球产业链供应链。（工业和信息化部、国资委、全国工商联按职责分工负责）

（七）以队伍建设为抓手，提升大中小企业人才链

1. 加强人才培养引进。实施专项人才计划，选拔一批创新企业家、先进制造技术人才和先进基础工艺人才。加大海外高层次人才引进力度，支持产业链上下游企业培养、吸引和留住骨干人才。组织实施制造业技能强基工程，健全制造业技能人才培养、评价、使用、激励制度，建设一支数量充足、结构合理、技艺精湛的制造业技能人才队伍。（工业和信息化部、人力资源社会保障部、国资委负责）

2. 推动人才共享共用。推动大企业自建或联合社会力量建立人才学院、网络学习平台、公共实训基地等，打造专业化开放共享培训平台，加强对产业链中小企业人才培养。鼓励大企业设立高技能人才培训基地和技能大师工作室，培养造就高技能领军人才，引领带动高技能人才队伍建设和发展。探索建立大企业、科研院所技术型专家人才到中小企业兼职指导和定期派驻机制。（工业和信息化部、人力资源社会保障部、国资委、全国工商联按职责分工负责）

3. 提升人才队伍融通创新能力。引导大企业开展人才交流、培训活动，加强大中小企业人才理念、技术、管理等方面交流。开设中小企业经营管理领军人才培训促进大中小企业融通创新主题班，帮助经营管理人员拓展融通发展视野、深化融通发展思维、提升融通对接能力。实施数字技术工程师培育项目，加快数字技术领域人才培养，推动数字经济和实体经济融合发展。谋划建设一批卓越工程师培养实践基地，面向融通创新需求打造卓越工程师培养模式。（工业和信息化部、人力资源社

会保障部、国资委、全国工商联负责）

三、工作要求

（一）强化组织领导。各地区相关部门要健全大中小企业融通创新工作机制，制定完善本地区贯彻落实工作方案，绘制产业链图谱，建立重点企业库、补链固链强链项目库及需求清单，完善专家咨询机制，强化部、省、市、县联动，细化分解工作任务，加强协调调度，确保各项工作落地落实。（各有关部门负责）

（二）强化政策支持。各级财政可根据发展需要，通过现有渠道对大中小企业融通创新给予积极支持。推动国有企业制定向中小企业开放创新资源的激励措施，对推动大中小企业融通创新成效明显的相关团队予以工资总额支持，对取得重大成果的国有企业在年度考核中给予加分奖励，在任期考核中给予激励。鼓励地方探索实施大中小企业融通创新项目。（各有关部门负责）

（三）强化宣传引导。总结促进大中小企业融通创新的经验做法，择优宣传推介典型经验模式，提升促进融通创新工作水平。创新宣传方式方法，进一步推动深化融通创新理念，凝聚社会共识，营造合力促进大中小企业融通创新、产业链供应链补链固链强链的良好氛围。（各有关部门负责）

工业和信息化部

国家发展和改革委员会

科学技术部

财政部

人力资源和社会保障部

中国人民银行

国务院国有资产监督管理委员会

国家市场监督管理总局

中国银行保险监督管理委员会

国家知识产权局

中华全国工商业联合会

2022 年 5 月 12 日

工业和信息化部 国家发展改革委 住房城乡建设部 水利部关于深入推进黄河流域工业绿色发展的指导意见

工信部联节〔2022〕169号

山西省、内蒙古自治区、山东省、河南省、四川省、陕西省、甘肃省、青海省、宁夏回族自治区工业和信息化主管部门、发展改革委、住房和城乡建设厅、水利厅：

为贯彻落实习近平总书记关于推动黄河流域生态保护和高质量发展的重要讲话和指示批示精神，按照《黄河流域生态保护和高质量发展规划纲要》《"十四五"工业绿色发展规划》要求，深入推进黄河流域工业绿色发展，现提出以下意见。

一、总体要求

（一）指导思想

以习近平新时代中国特色社会主义思想为指导，全面贯彻党的二十大精神，深入贯彻习近平生态文明思想，完整、准确、全面贯彻新发展理念，加快构建新发展格局，以推动高质量发展为主题，加快发展方式绿色转型，实施全面节约战略，着力推进区域协调发展和绿色发展，立足黄河流域不同地区自然条件、资源禀赋和产业优势，按照共同抓好大保护、协同推进大治理要求，加快工业布局优化和结构调整，强化技术创新和政策支持，推动传统制造业改造升级，提高资源能源利用效率和清洁生产水平，构建高效、可持续的黄河流域工业绿色发展新格局。

（二）主要目标

到2025年，黄河流域工业绿色发展水平明显提升，产业结构和布局更加合理，城镇人口密集区危险化学品生产企业搬迁改造全面完成，传统制造业能耗、水耗、碳排放强度显著下降，工业废水循环利用、固体废物综合利用、清洁生产水平和产业数字化水平进一步提高，绿色低碳技术装备广泛应用，绿色制造水平全面提升。

二、推动产业结构布局调整

（一）促进产业优化升级

坚决遏制黄河流域高污染、高耗水、高耗能项目盲目发展，对于市场已饱和的高耗能、高耗水项目，主要产品设计能效要对标重点领域能效标杆水平或先进水平，水效对标用水定额先进值或国际先进水平。严格执行钢铁、水泥、平板玻璃、电解铝等行业产能置换政策。禁止新建《产业结构调整指导目录》中限制类产品、工艺或装置的建设项目。强化环保、能耗、水耗等要素约束，依法依规推动落后产能退出。推动黄河流域煤炭、石油、矿产资源开发产业链延链和补链，推进产业深加工，逐步完成产业结构调整和升级换代。（工业和信息化部、国

家发展改革委、水利部，沿黄河省、区按职责分工负责）

（二）构建适水产业布局

落实"十四五"用水总量和强度控制、能源消费总量和强度控制、碳排放强度控制等要求，推动重化工集约化、绿色化发展，严格控制现代煤化工产业新增产能。加快布局分散的企业向园区集中，推进能源资源梯级、循环利用。稳步推进黄河流域城镇人口密集区未完成大型、特大型危险化学品生产企业搬迁改造。推动兰州、洛阳、郑州、济南等沿黄河城市和干流沿岸县（市、区）新建工业项目入合规园区，具备条件的存量企业逐步搬迁入合规园区。推动宁夏宁东、甘肃陇东、陕北、青海海西等重要能源基地绿色低碳转型，推动汾渭平原化工、焦化、铸造、氧化铝等产业集群化、绿色化、园区化发展。（工业和信息化部、国家发展改革委、水利部，沿黄河省、区按职责分工负责）

（三）大力发展先进制造业和战略性新兴产业

开展先进制造业集群发展专项行动，推动黄河流域培育有竞争力的先进制造业集群。支持黄河流域国家新型工业化产业示范基地提升。推动黄河流域培育一批工业绿色发展领域的专精特新"小巨人"企业和制造业单项冠军企业。推动兰州新区、西咸新区等国家级新区和郑州航空港经济综合实验区做精做强主导产业，依托山东新旧动能转换核心区，打造济南、青岛节能环保产业聚集区。打造能源资源消耗少、环境污染少、附加值高、市场需求旺盛的产业发展新引擎，加快发展新一代信息技术、新能源、新材料、高端装备、绿色环保、新兴服务业等战略性新兴产业，带动黄河流域绿色低碳发展。以黄河流域中下游产业基础较强地区为重点，搭建产供需有效对接、产业上中下游协同配合、产业链创新链供应链紧密衔接的产业合作平台，推动产业体系升级和基础能力再造。（工业和信息化部、国家发展改革委，沿黄河省、区按职责分工负责）

三、推动水资源集约化利用

（一）推进重点行业水效提升

鼓励黄河流域工业企业、园区、集聚区自主或委托第三方服务机构积极开展生产工艺和设备节水评估，根据水资源条件和用水实际情况，实施工业水效提升改造，推进用水系统集成优化，实现串联用水、分质用水、一水多用、梯级利用。在黄河流域大力推广高效冷却及洗

涤、废水循环利用、高耗水生产工艺替代等先进节水工艺、技术和装备，鼓励黄河流域中上游企业、园区新建工业循环冷却系统优先采用空冷工艺。聚焦钢铁、石化化工、有色金属等重点行业，推动黄河流域各省、区创建一批废水循环利用示范企业、园区，提升水重复利用水平。（工业和信息化部、国家发展改革委、水利部，沿黄河省、区按职责分工负责）

（二）加强工业水效示范引领

加快制修订节水管理、节水型企业、用水定额、水平衡测试、节水工艺技术装备等行业标准，鼓励黄河流域各省、区根据自然条件等实际制定地方标准，鼓励企业开展用水审计、水效对标达标，提高用水效率。推动黄河流域绿色工厂、绿色工业园区率先达标。黄河流域各省、区要依托重点行业节水评价标准，推动创建节水型企业、园区，遴选节水标杆企业、园区，积极申报国家水效领跑者企业、园区。到2025年，在黄河流域创建60家节水标杆企业、30家节水标杆园区，遴选20家水效领跑者企业、10家水效领跑者园区。（工业和信息化部、国家发展改革委、水利部，沿黄河省、区按职责分工负责）

（三）优化工业用水结构

严格高耗水行业用水定额管理，推进非常规水资源的开发利用。推动有条件的黄河流域工业企业、园区与市政再生水生产运营单位合作，完善再生水管网、衔接再生水标准，将处理达标后的再生水用于钢铁、火电等企业生产，减少企业新水取用量。创建一批产城融合废水高效循环利用创新试点，总结推广产城融合废水高效循环利用模式。鼓励黄河流域下游沿海地区直接利用海水作为循环冷却水，加大海水淡化自主技术和装备的推广应用力度。鼓励山西、内蒙古、陕西等省、区根据当地苦咸水特点，采用适用的苦咸水淡化技术，因地制宜补充工业生产用水。鼓励陇东、宁东、蒙西、陕北、晋西等能源基地矿井水分级处理、分质利用。鼓励黄河流域企业、园区建立完善雨水集蓄利用、雨污分流等设施，有效利用雨水资源，减少新水取用量。（水利部、国家发展改革委、工业和信息化部、住房城乡建设部，沿黄河省、区按职责分工负责）

四、推动能源消费低碳化转型

（一）推进重点行业能效提升

推进重点用能行业节能技术工艺升级，鼓励黄河流域电力、钢铁、有色、石化化工等行业企业对主要用能环节和用能设备进行节能化改造，有序推动技术工艺升级，利用高效换热器、热泵等先进节能技术装备，减少余热资源损失。推进实施四川短流程钢引领工程。加快烧结烟气内循环、高炉炉顶均压煤气回收、铁水一罐到底等技术推广。鼓励青海、宁夏等省、区发展储热熔盐和超级电容技术，培育新型电力储能装备。实施能效"领跑者"行动，遴选发布能效"领跑者"企业名单及能效指标，引导黄河流域企业对标达标，提升能效水平。以黄河流域钢铁、铁合金、焦化、现代煤化工等行业企业为重点，开展工业节能监察，加强节能法律法规、强制性节能标准执行情况监督检查。组织实施工业节能诊断服务，帮助黄河流域企业、园区挖掘节能潜力，提出节能改造建议。（工业和信息化部、国家发展改革委，沿黄河省、区按职责分工负责）

（二）实施降碳技术改造升级

围绕黄河流域煤化工、有色金属、建材等重点行业，通过流程降碳、工艺降碳、原料替代，实现生产过程降碳。加强绿色低碳工艺技术装备推广应用，提高重点行业技术装备绿色化、智能化水平。推动重点行业存量项目开展节能降碳技术改造。对照重点行业能效标杆和基准水平，开展相关领域标准的制修订和推广应用工作。鼓励黄河流域各省、区发展绿色低碳材料，推动产品全生命周期减碳。探索低成本二氧化碳捕集、资源化转化利用、封存等主动降碳路径。发挥黄河流域大型企业集团示范引领作用，在主要碳排放行业以及可再生能源应用、新型储能、碳捕集利用与封存等领域，实施一批降碳效果突出、带动性强的重大工程。（国家发展改革委、工业和信息化部，沿黄河省、区按职责分工负责）

（三）推进清洁能源高效利用

鼓励氢能、生物燃料、垃圾衍生燃料等替代能源在钢铁、水泥、化工等行业的应用。统筹考虑产业基础、市场空间等条件，有序推动山西、内蒙古、河南、四川、陕西、宁夏等省、区绿氢生产，加快煤炭减量替代，稳慎有序布局氢能产业化应用示范项目，推动宁东可再生能源制氢与现代煤化工产业耦合发展。提升工业终端用能电气化水平，在黄河流域具备条件的行业和地区加快推广应用电窑炉、电锅炉、电动力等替代工艺技术装备。到2025年，电能占工业终端能源消费比重达到30%左右。支持青海、宁夏等风能、太阳能丰富地区发展屋顶光伏、智能光伏、分散式风电、多元储能、高效热泵等，在河南等省、区开展工业绿色微电网建设，推进多能高效互补利用，为黄河流域工业企业提供高品质清洁能源。（工业和信息化部、国家发展改革委，沿黄河省、区按职责分工负责）

五、推动传统制造业绿色化提升

（一）推进绿色制造体系建设

围绕黄河流域重点行业和重要领域，持续推进绿色产品、绿色工厂、绿色工业园区和绿色供应链管理企业建设，鼓励黄河流域各省、区创建本区域的绿色制造标杆企业名单。推动黄河流域汽车、机械、电子、通信等行业龙头企业，将绿色低碳理念贯穿于产品设计、原料采购、生产、运输、储存、使用、回收处理的全过程，推动供应链全链条绿色低碳发展。鼓励黄河流域开展绿色制造技术创新及集成应用，充分依托已有平台，提升信息交流传递、示范案例宣传等线上绿色制造公共服务水平，积极培育一批绿色制造服务供应商，为企业、园区提供产品绿色设计与制造一体化、工厂数字化绿色提升、服务其他产业绿色化等系统解决方案。（工业和信息

化部，沿黄河省、区按职责分工负责）

（二）加强工业固废等综合利用

推进黄河流域尾矿、粉煤灰、煤矸石、冶炼渣、赤泥、化工渣等工业固体废物综合利用，积极推进大宗固废综合利用示范基地和骨干企业建设，拓展固废综合利用渠道。探索建立基于区域特点的工业固废综合利用产业发展模式，建设一批工业资源综合利用基地。大力推进黄河流域中上游省、区偏远工业园区工业固废处置，着力提升内蒙古、宁夏等省、区大宗工业固废综合利用率，推动下游地区加强复杂难用工业固废规模化利用技术研发，鼓励多措并举提高工业固废综合利用率。鼓励建设再生资源高值化利用产业园区，推动企业聚集化、资源循环化、产业高端化发展。推动山西、四川、陕西等省、区积极落实生产者责任延伸制度，强化新能源汽车动力蓄电池溯源管理，积极推进废旧动力电池循环利用项目建设。提前布局退役光伏、风力发电装置等新兴固废综合利用。（工业和信息化部、国家发展改革委，沿黄河省、区按职责分工负责）

（三）提高环保装备供给能力

实施环保装备制造业高质量发展行动计划，在黄河流域培育一批环保装备骨干企业，加大高效环保技术装备产品供给力度。鼓励环保装备龙头企业，针对环境治理需求和典型应用场景，组建产学研用共同参与的创新联盟，集中力量解决黄河流域环境治理热点、难点问题。开展重点行业清洁生产改造，以河南、陕西、甘肃、青海等省、区为重点，引导钢铁、石化化工、有色金属等重点行业企业，推广应用清洁生产技术工艺以及先进适用的环保治理装备。（工业和信息化部、国家发展改革委，沿黄河省、区按职责分工负责）

六、推动产业数字化升级

（一）加强新型基础设施建设

积极推进黄河流域新型信息基础设施绿色升级，降低数据中心、移动基站功耗。依托国家"东数西算"工程，在中上游内蒙古、甘肃、宁夏、成渝算力网络国家枢纽节点地区，开展大中型数据中心、通信网络基站和机房绿色建设和改造。到2025年，新建大型、超大型数据中心运行电能利用效率降至1.3以下，积极创建国家绿色数据中心。分行业建立黄河流域全生命周期绿色低碳基础数据平台，统筹绿色低碳基础数据和工业大数据资源，建立数据共享机制，推动数据汇聚、共享和应用。（工业和信息化部，沿黄河省、区按职责分工负责）

（二）推动数字化智能化绿色化融合

采用工业互联网、大数据、5G等新一代信息技术提升黄河流域能源、资源、环境管理水平，深化生产制造过程的数字化应用，赋能绿色制造。鼓励黄河流域企业、园区开展能源资源信息化管控、污染物排放在线监测、地下管网漏水检测等系统建设，实现动态监测、精准控制和优化管理。加强对再生资源全生命周期数据的智能化采集、管理与应用。推动主要用能设备、工序等数字

化改造和上云用云。支持采用物联网、大数据等信息化手段开展信息采集、数据分析、流向监测、财务管理，推广"工业互联网+水效管理""工业互联网+能效管理""工业互联网+再生资源回收利用"等新模式。（工业和信息化部、水利部，沿黄河省、区按职责分工负责）

七、保障措施

（一）加强组织领导

国家各有关部门要加强对黄河流域工业绿色发展的指导、调度和评估，在重大政策制定、重大项目安排、重大体制创新方面予以积极支持。沿黄河9省、区工业和信息化主管部门要充分认识深入推进黄河流域工业绿色发展的重要意义，以企业为主体，落实工作责任，进一步强化各部门、各地区、各领域协同合作，细化工作方案，逐项抓好落实。（各有关部门，沿黄河省、区按职责分工负责）

（二）强化标准和技术支撑

发挥水耗、能耗、碳排放、环保、质量、安全，以及绿色产品、绿色工厂、绿色工业园区、绿色供应链和绿色评价及服务等标准的引领作用，鼓励各地结合实际，推动工业绿色发展相关标准建设。加大绿色低碳技术装备和产品的创新，推动先进成熟技术的产业化应用和推广，支撑黄河流域工业绿色发展。（各有关部门，沿黄河省、区按职责分工负责）

（三）落实财税金融政策

充分利用现有资金渠道，支持黄河流域绿色环保产业发展、能源高效利用、资源循环利用、工业固废综合利用等项目实施。落实国家有关节能节水环保、资源综合利用以及合同能源管理、环境污染第三方治理等方面企业所得税、增值税等优惠政策。落实促进工业绿色发展的产融合作专项政策，发挥国家产融合作平台作用，引导金融机构为黄河流域企业提供专业化的金融产品和融资服务。开展工业绿色低碳升级改造行动，引导金融机构绿色信贷优先支持黄河流域工业绿色发展改造项目。推动山西、内蒙古、山东、河南、陕西、宁夏、四川继续落实水资源税改革相关办法。（各有关部门，沿黄河省、区按职责分工负责）

（四）创新人才培养和合作机制

依托沿黄河9省、区现有人才项目，完善人才吸引政策及市场化、社会化的人才管理服务体系，加大专业技术人才、经营管理人才的培养力度。深化绿色"一带一路"合作，拓宽节能节水、清洁能源、清洁生产等领域技术装备和服务合作，鼓励采用境外投资、工程承包、技术合作、装备出口等方式，推动绿色制造和绿色服务率先"走出去"。（各有关部门，沿黄河省、区按职责分工负责）

工业和信息化部

国家发展改革委

住房城乡建设部

水利部

2022年12月12日

工业和信息化部办公厅 公安部办公厅 交通运输部办公厅 应急管理部办公厅 国家市场监督管理总局办公厅 关于进一步加强新能源汽车企业安全体系建设的指导意见

工信厅联通装〔2022〕10 号

各省、自治区、直辖市及新疆生产建设兵团工业和信息化主管部门、公安厅（局）、交通运输厅（局、委）、应急管理厅（局）、市场监管局（厅、委），各省、自治区、直辖市通信管理局、消防救援总队，新能源汽车企业和有关单位：

为贯彻落实《新能源汽车产业发展规划（2021—2035 年）》（国办发〔2020〕39 号），进一步压实新能源汽车企业安全主体责任，指导企业建立健全安全保障体系，现提出以下意见：

一、总体要求

坚持以习近平新时代中国特色社会主义思想为指导，完整、准确、全面贯彻新发展理念，统筹发展和安全，指导新能源汽车企业加快构建系统、科学、规范的安全体系，全面增强企业在安全管理机制、产品质量、运行监测、售后服务、事故响应处置、网络安全等方面的安全保障能力，提升新能源汽车安全水平，推动新能源汽车产业高质量发展。

二、完善安全管理机制

（一）强化组织保障。企业要明确新能源汽车安全管理的负责部门，统筹推进本企业安全体系建设。建立健全产品质量安全责任制，严格落实主要负责人、分管负责人和相关业务部门的产品质量安全责任。完善产品研发设计、生产制造、运行监测、售后服务、事故响应处置、网络安全等方面的安全管理制度规范。

（二）加强安全教育培训。企业建立完善安全教育培训制度，定期组织开展质量安全、网络安全、消防安全等方面的教育培训，提高工作人员安全意识和相关技能。

三、保障产品质量安全

（三）规范产品安全性设计。企业要制定产品安全性设计指导文件，并根据已销售车辆暴露的安全问题持续修订完善。安全性设计指导文件可细分为整车级、系统级、零部件级，包含但不限于整车功能安全、动力电池安全、使用操控安全、充换电安全、消防安全、网络安全等。

（四）强化供应商管理。企业要对动力电池、驱动电机及整车控制系统等关键零部件供应商提出明确的产品安全指标要求，制定供应商质量体系评价制度，强化供应商评估。鼓励关键零部件供应商积极配合开放与产品

安全、质量分析等相关的必要数据协议。

（五）严格生产质量管控。企业要建立完备的生产信息化管理系统，合理设置安全质量监控节点，积极提高在线检测能力。产品下线时按照标准要求开展涉水抽检、路试抽检，并重点开展整车绝缘、充放电、淋雨等测试，检测数据存档期限不低于产品预期生命周期。

（六）提高动力电池安全水平。企业要积极与动力电池供应商开展设计协同，持续优化整车与动力电池的安全性匹配以及热管理策略，明确动力电池使用安全边界，提高动力电池在碰撞、振动、挤压、浸水、充放电异常等状态下的安全防护能力。鼓励企业研究应用热失控实时监测预警装置和早期抑制及灭火措施。

四、提高监测平台效能

（七）开展运行安全状态监测。企业要落实安全监测主体责任，自建或委托第三方建立新能源汽车产品运行安全状态监测平台（简称"企业监测平台"）。企业要按照与新能源汽车产品用户的协议，对已销售的新能源汽车产品的运行安全状态进行监测，并按照相关标准要求上传监测数据，确保上传数据的及时性、真实性和有效性。监测数据不得违法违规使用。

（八）强化运行数据分析挖掘。鼓励企业加强对车辆运行数据的分析挖掘，梳理具有规律性、普遍性的安全问题并及时采取改进措施，持续优化产品在不同场景下的安全性能。鼓励积极研究应用先进安全预警方法，不断提升新能源汽车安全预警能力。

（九）建立隐患车辆排查机制。鼓励企业加强车辆运行安全状态隐患排查，及时跟踪和确认长时间离线车辆的安全状态，妥善处理大面积聚集停放、频繁报警等存在安全隐患的车辆。

五、优化售后服务能力

（十）加强服务网点建设。企业要合理布局售后服务网点和动力电池回收服务网点，不断完善新能源汽车专用检测工具与设备，提升服务人员安全服务意识，确保各服务网点具有必要的售后服务和应急处理能力。各服务网点要设置独立的动力电池检测维修区域，落实防火分隔措施，加强消防安全管理。

（十一）优化维护保养服务。鼓励企业细化产品维护保养项目，及时通知用户进行维护保养，在维修保养时

加强关键零部件的质量检测，并结合车辆使用年限、行驶里程、故障报警信息等开展安全隐患抽样检测，及时发现产品安全隐患并妥善处理。同时，企业要依法公开其生产车型的有关维修技术信息。

（十二）引导消费者合理使用车辆。鼓励企业通过驾乘操作规范手册、视频等方式，引导消费者培养良好的用车养护习惯。明确告知消费者安全注意事项，指导消费者熟悉电池安全使用边界、车辆可能出现的安全隐患及发生起火燃烧等事故的常见征象等，掌握逃生自救技能，妥善应对可能出现的安全事故。建立完善客户档案制度，确保及时精准确定缺陷汽车产品范围。

六、加强事故响应处置

（十三）完善应急响应服务。企业要建立完善不同车型及不同使用场景的安全事故应急处置方法和预案，建立"7×24 小时"全天候事故应急响应通道，明确告知消费者应急报警方式，及时、准确接收用户报警信息，并进行记录和妥善处理，积极降低事故损失。

（十四）深化事故调查分析。企业要加强事故报告和深化调查分析，当车辆发生起火燃烧、涉嫌失控等安全事故时，应及时上报并积极配合开展事故调查，深入研判事故原因，按照相关要求及时、完整、准确提交车辆事故相关数据、事故分析报告。

（十五）开展问题分析改进。企业要重点管控单车型或同产品技术平台重复出现的同类事故，并开展深度调查和原因分析。其中，因设计或系统性原因导致的车辆事故，要对相应车型采取改进措施消除安全隐患；因操作不当导致的车辆事故，应制定专项培训计划，并在销售、售后服务等环节予以告知、培训。

（十六）履行召回法定义务。企业要加强整车和关键零部件等缺陷线索的收集和调查分析，如实向相关部门报告调查分析结果。对于确认存在缺陷的产品，应当立即停止生产、销售，并主动实施召回，切实履行召回法定义务，保障人民群众生命和财产安全。

七、健全网络安全保障体系

（十七）加强网络安全防护。企业要依法落实关键信息基础设施安全保护、网络安全等级保护、车联网卡实名登记、汽车产品安全漏洞管理等要求。对车辆网络安全状态进行监测，采取有效措施防范网络攻击、入侵等危害网络安全的行为。

（十八）强化数据安全保护。企业要切实履行数据安全保护义务，建立健全全流程数据安全管理制度，采取相应的技术措施和其他必要措施，保障数据安全。企业要按照法律、行政法规的有关规定进行数据收集、存储、使用、加工、传输、提供、公开等处理活动，以及数据出境安全管理。

（十九）落实个人信息安全防护。企业要按照《个人信息保护法》以及相关法律法规的规定处理个人信息，制定内部管理和操作规程，对个人信息实行分类管理，并采取相应的加密、去标识化等安全技术措施，防止未经授权的访问以及个人信息泄露、篡改、丢失。

八、组织实施

（二十）加强贯彻落实。新能源汽车企业要提高安全责任意识，牢固树立安全发展理念，按照本意见加快建立健全企业安全体系，提高产品安全保障能力。各零部件供应商、售后服务等相关企业要协同做好安全体系建设工作，共同提高新能源汽车安全保障能力。

（二十一）强化统筹协调。工业和信息化部、公安部、交通运输部、应急管理部、市场监管总局将会同有关部门建立联合工作机制，形成工作合力，加强信息共享和事中事后监管。对于发生重大或典型产品质量安全事故的企业，将依法依规采取约谈、公开通报、责令限期整改等措施。各地有关部门要结合本地区新能源汽车产业发展实际，指导企业按照意见精神做好落实，依法依规加强日常监督检查，共同做好新能源汽车安全管理工作。

（二十二）营造良好氛围。行业组织要充分发挥行业自律和技术支撑作用。鼓励行业组织研究建立新能源汽车企业产品质量安全评价体系，积极宣扬先进典型，适时曝光负面案例。充分发挥社会舆论监督作用，为新能源汽车安全发展营造良好氛围。

附件：企业监测平台建设指南（略）。

工业和信息化部办公厅
公安部办公厅
交通运输部办公厅
应急管理部办公厅
国家市场监督管理总局办公厅
2022 年 3 月 29 日

工业和信息化部办公厅 住房和城乡建设部办公厅
交通运输部办公厅 农业农村部办公厅 国家能源局
综合司关于开展第三批智能光伏试点示范
活动的通知

工信厅联电子函〔2022〕295号

各省、自治区、直辖市及计划单列市、新疆生产建设兵团工业和信息化、住房和城乡建设、交通运输、农业农村、能源主管部门：

为进一步促进光伏产业与新一代信息技术深度融合，推动智能光伏技术进步和行业应用，根据《智能光伏产业创新发展行动计划（2021—2025年）》（工信部联电子〔2021〕226号）工作部署，工业和信息化部、住房和城乡建设部、交通运输部、农业农村部、国家能源局决定组织开展第三批智能光伏试点示范活动。有关事项通知如下：

一、试点示范内容

（一）支持培育一批智能光伏示范企业，包括能够提供先进、成熟的智能光伏产品、服务、系统平台或整体解决方案的企业。

（二）支持建设一批智能光伏示范项目，包括应用智能光伏产品，融合运用5G通信、大数据、工业互联网、人工智能等新一代信息技术，为用户提供智能光伏服务的项目。

（三）优先考虑方向

1. 光储融合。应用新型储能技术及产品提升光伏发电稳定性、电网友好性和消纳能力，包括多能互补、光伏制氢、光伏直流系统、自发自储自用等方向。

2. 交通应用。包括在高速公路和国省道服务区（停车场）、加油站、货运场站等场景采用智能光伏，实现充电桩、周边设施等应用。

3. 农业应用。包括在设施农业、规模化种养、渔业养殖、农产品初加工等生产场景发展农光互补、牧光互补、渔光互补等生态复合模式，建立"光伏+农业"互补分布式有效供应机制。

4. 信息技术。面向智能光伏系统的电力电子、柔性电子、信息系统、智能微电网、虚拟电厂及有关人工智能、工业软件、工业机器人等方向。

5. 产业链提升。包括废旧光伏组件回收利用、退役组件资源化利用技术研发及产业化、光伏"碳足迹"评价认证、智能光伏供应链溯源体系等方向。

6. 先进技术产品及应用。包括高效智能光伏组件（组件转换效率在24%以上）、新型柔性太阳能电池及组件、钙钛矿及叠层太阳能电池、超薄高效硅片等方向，以及相关智能光伏产品在大型光伏基地、数据中心、海洋光伏等领域应用。

二、申报条件

（一）示范企业

申报主体为智能光伏领域的产品制造企业、系统集成企业、软件企业、服务企业、光伏组件回收企业等，并符合以下条件：

1. 应为中国大陆境内注册的独立法人，注册时间不少于2年；

2. 具有较强的自主创新能力，已掌握智能光伏领域关键核心技术；

3. 已提供先进、成熟的智能光伏产品、服务或系统；

4. 拥有较高的智能制造和绿色制造水平；

5. 形成清晰的智能光伏商业推广模式和盈利模式；

6. 具备丰富的智能光伏项目建设经验。

（二）示范项目

申报主体为项目组织实施单位，可以是相关应用单位、制造企业、项目所在园区、第三方集成服务机构等，有关单位及项目应符合以下条件：

1. 已建成具有特色服务内容、贴近地区发展实际的智能光伏应用或服务体系；

2. 采用不少于3类智能光伏产品（原则上由符合《光伏制造行业规范条件》的企业提供）或服务，提供规模化（集中式10MW以上、分布式1MW以上）的智能光伏服务；对建筑及城镇领域智能光伏以及建筑一体化应用单个项目，装机容量不少于0.1MW；

3. 光伏系统安装在建筑上的，应具备应急自动断电功能，并与建筑本体牢固连接，保证结构安全、防火安全和不漏水不渗水；

4. 具备灵活的服务扩展能力和长期运营能力，具有自主创新性、持续运营和盈利的创新模式，具备不断完善服务能力和丰富服务内容的发展规划。

三、组织实施

（一）申报单位要严格按照通知要求和附件格式（可在工业和信息化部官网下载），规范填写智能光伏试点示范申报书，向所在地省级工业和信息化主管部门提交申报材料。

（二）省级工业和信息化主管部门会同住房和城乡建

设、交通运输、农业农村、能源主管部门进行实地考察和专家评审，根据评审结果推荐企业和项目，出具推荐函。

（三）各省、自治区、直辖市推荐的示范企业不超过5家，示范项目不超过8个；计划单列市、新疆生产建设兵团推荐的示范企业不超过3家，示范项目不超过5个。各地推荐的示范企业及项目要严格控制数量，超过推荐数量的不予受理。

（四）请各地工业和信息化主管部门于2022年12月9日前将推荐函连同申报材料（纸质版一式两份和电子版光盘）通过EMS或机要交换至工业和信息化部（电子信息司）。

（五）工业和信息化部会同住房和城乡建设部、交通运输部、农业农村部、国家能源局对申报的企业、项目进行评选。评选结果在有关部门官方网站及相关媒体上对社会公示，对公示无异议的企业、项目予以正式发布。

四、管理和激励措施

（一）工业和信息化部联合住房和城乡建设部、交通运输部、农业农村部、国家能源局加大对示范企业、示范项目的宣传推介力度，提升试点示范影响力，扩大示范带动效应。组织对示范企业、项目开展评估考核并对智能光伏试点示范名单进行动态调整。

（二）鼓励各级政府部门和社会各界加大对试点示范工作的支持力度，从政策、标准、项目、资源配套等多方面支持示范企业做大做强，支持示范项目建设和推广应用。

（三）示范企业、示范项目应贯彻落实《智能光伏产业创新发展行动计划（2021—2025年）》，努力树立行业标杆，切实发挥示范带动作用。

附件：
1. 智能光伏试点示范申报书（示范企业）（略）。
2. 智能光伏试点示范申报书（示范项目）（略）。

工业和信息化部办公厅
住房和城乡建设部办公厅
交通运输部办公厅
农业农村部办公厅
国家能源局综合司
2022年11月8日

工业和信息化部 人力资源社会保障部 生态环境部 商务部 市场监管总局关于推动轻工业高质量发展的指导意见

工信部联消费〔2022〕68号

各省、自治区、直辖市、计划单列市及新疆生产建设兵团工业和信息化、人力资源社会保障、生态环境、商务、市场监管主管部门：

轻工业是我国国民经济的传统优势产业、重要民生产业，在国际上具有较强竞争力。党的十八大以来，轻工业"三品"战略成效显著，创新能力明显增强，在满足消费、稳定出口、扩大就业等方面发挥重要作用，但仍面临中高端产品供给不足、国际知名品牌不多、产业链现代化水平不高等问题。为推动轻工业高质量发展，现提出如下意见。

一、总体要求

（一）指导思想。坚持以习近平新时代中国特色社会主义思想为指导，全面贯彻党的十九大和十九届历次全会精神，立足新发展阶段，完整、准确、全面贯彻新发展理念，构建新发展格局，以推动高质量发展为主题，以深化供给侧结构性改革为主线，以改革创新为动力，以满足人民日益增长的美好生活需要为根本目的，深入实施数字"三品"战略，构建具有更强创新力、更高附加值、更加可持续发展的现代轻工产业体系，实现我国轻工业由大到强的跨越。

（二）发展目标。到2025年，轻工业综合实力显著提升，占工业比重基本稳定，扩内需、促消费的作用明显，服务构建新发展格局、促进经济社会高质量发展的能力增强。

——行业经济稳定运行。轻工业增加值增速与全国工业增加值增速平均水平一致，重点行业利润率和主要产品国际市场份额保持基本稳定，质量效益明显提升。

——科技创新取得新突破。规模以上企业有效发明专利数量较快增长，重点行业研发投入强度明显提高。突破一批关键技术，每年增加一批升级和创新消费品。

——产业结构持续优化。培育形成一批具有竞争力的企业和先进制造业集群。巩固提升内外联动、东西互济的产业发展优势，区域布局进一步优化。

——品牌竞争力大幅提升。培育一批消费引领能力强的轻工产品品牌。造就一批百亿元以上品牌价值企业，重点产业集群区域品牌影响力持续提升。

——产业链现代化水平不断提升。产业基础进一步巩固，数字化转型稳步推进，形成一批优势产业链。建设一批智能制造示范工厂，推广一批智能制造优秀场景。

——绿色发展取得新进步。资源利用效率大幅提高，单位工业增加值能源消耗、碳排放量、主要污染物排放量持续下降。

二、强化科技创新战略支撑

（三）加快关键技术突破。针对造纸、家用电器、日用化学品等行业薄弱环节，研究制定和发布一批重点领域技术创新路线图，实施"揭榜挂帅"等举措，深入推进技术研发与工程化、产业化，加快建立核心技术体系，提升行业技术水平。面向未来重大消费需求，推动建立跨行业、跨学科交流机制，加强战略前沿技术布局。

专栏1 关键技术研发工程

家用电器：高速电机、高效热交换器，智能控制技术、人机交互技术、智能物联网技术、信息安全技术、健康家电技术等共性关键技术。

造纸：高等级绝缘纸，高纯度溶解浆生产技术，特种纸基复合材料，纤维素、半纤维素、木素基等生物质新材料，医疗卫生用纸基材料等。

轻工机械：高速PET瓶旋转式吹瓶机、高速无菌纸灌装机、新型洗涤装备、液体食品无菌罐装包材及设备、毒害物质检测试剂及设备等。

日用化学品：口腔清洁护理用品、化妆品功效和安全评价技术，功能化洗衣凝珠水溶膜及关键配方技术，特色化妆品植物原料，香料香精生物发酵制造等。

自行车钟表衡器：自行车变速器、中置电机力矩传感器，高能效锂电池安全技术，机械手表机心精密制造工艺技术、智能手表用微型压力技术，动态电子衡器、智能衡器、无线力与称重传感器，动态质量测量技术等。

食品：婴幼儿配方乳粉功能基料，在线微生物快速检测技术，工业核心菌种、酶制剂产业支撑技术及装备，危害因子发现和智能监控溯源等。

（四）完善科技创新体系。加快构建以企业为主体、市场为导向、政产学研用深度结合的轻工业创新体系。强化共性技术平台建设，优化轻工领域制造业创新中心、重点实验室、工程（技术）研究中心、工业设计研究院等创新平台布局，鼓励通过市场化运作建设创新平台型

企业。加强企业创新创业服务体系建设，培育一批技术创新示范企业，提高科技成果转化率。

（五）优化标准体系建设。围绕产品安全、质量提升、节能节水环保、网络安全管理等方面，加快家用电器、家具、照明电器、婴童用品等领域强制性国家标准制修订，优化推荐性国家标准、行业标准、团体标准供给。建立老年用品产业标准体系，引领适老化产品发展。进一步提升标准化技术组织专业水平，发挥国家技术标准创新基地作用，促进技术创新、标准研制和产业化协调发展。加快适用国际标准转化，积极参与国际标准制修订。

三、构建高质量的供给体系

（六）增加升级创新产品。围绕健康、育幼、养老等迫切需求，大力发展功能食品、化妆品、休闲健身产品、婴童用品、适老化轻工产品等。以乡村振兴战略为契机，积极开发适应农村市场的产品。培育一批国家级工业设计中心，壮大一批设计园区、设计小镇，支持家用电器、家具、皮革、五金制品、玩具和婴童用品等行业设计创新。促进传统手工艺保护和传承，发掘文物文化资源价值内涵，在工艺美术、文教体育用品、礼仪休闲用品等行业发展文化创意产品。推动"地方小吃"食品工业化。

专栏 2　升级创新产品制造工程

家用电器： 智能节能健康空调、冰箱、洗衣机等家电产品，洗碗机、感应加热电饭煲、破壁机、推杆式无线吸尘器、扫地机器人等新兴小家电，互联网智能家电全场景解决方案。

塑料制品： 新型抗菌塑料、面向 5G 通信用高端塑料、特种工程塑料、血液净化塑料、高端光学膜等。

五金制品： 智能锁、智能高档工具等智能五金制品，节水型卫浴五金产品等。

陶瓷日用玻璃： 新型日用陶瓷、工艺美术陶瓷，轻量化玻璃瓶罐、高档玻璃餐饮具、微晶玻璃制品等。

照明电器： 功能型照明产品，智能化、集成化照明系统解决方案。

自行车： 时尚休闲、运动健身、长途越野和高性能折叠等多样化自行车，轻量化、网联化、智能化的电动自行车等。

眼镜钟表： 有害光防护、光敏感防护、抗疲劳、青少年近视管控、成人渐进等多功能镜片产品。多功能高档精品手表，非遗传统技艺高档时钟，与健康产业相关的智能手表等。

食品： 特殊膳食食品，营养强化食品，菜肴类、自热方便以及功能性罐头产品，新型功能发酵制品、发酵水产食品、发酵肉制品、功能性益生菌发酵食品、食用酵素产品，工业用途食糖产品，高品质日化、生活盐产品，适用不同消费群体的多样化、个性化、低度化的白酒、黄酒等酒类产品，无醇啤酒产品等。

（七）提升质量保障水平。推动企业建立健全质量管理体系，积极应用新技术、新工艺、新材料，提升产品舒适性、安全性、功能性。鼓励企业瞄准国际标准提高水平，开展对标达标活动。发挥质量标杆企业示范引领作用，开展质量风险分析与控制、质量成本管理等活动，提高质量在线监测、控制和产品全生命周期质量追溯能力。建设一批高水平质量控制和技术评价实验室，提升检验检测水平。

（八）强化品牌培育服务。培育会展、设计大赛等品牌建设交流展示平台，在家用电器、皮革、五金制品、钟表、自行车、家具、化妆品、洗涤用品、乳制品、酿酒、功能性食品等领域培育一批国际知名品牌。推广具有中国文化、中国元素、中国技艺的产品，树立行业品牌。鼓励第三方机构加强品牌策划、评价、宣传等服务，助力海外商标注册、品牌国际化推广，提升品牌影响力。

专栏 3　品牌培育工程

行业品牌推广： 支持行业研究建立和推广具有轻工特色的品牌评价体系，开展企业品牌培育标准宣贯活动、品牌价值专业评价、品牌培育成熟度评价等工作。充分利用国际产业合作、重大活动等机会推广轻工行业品牌。

区域品牌建设： 促进轻工产业集群加强技术服务平台建设，推动集群内企业标准协调、创新协同、业务协作、资源共享，加强集体商标、证明商标注册管理，发挥龙头企业带动作用，提升产业集群区域品牌影响力。

产品品牌培育： 加大缺少品牌影响力的细分产品的品牌培育力度。植物资源化妆品、高档彩妆、定制化妆品，舒适环保的皮鞋、运动鞋、老年鞋、童鞋等鞋产品，个性化箱包，智能型健身器材、冰雪运动器材及防护用品，文具，浓缩化洗涤产品、适用于母婴童和老年人的洗护产品，环保健康儿童家具、具有特殊功能的老年人家具、高品质传统家具、具有文化创意的竹藤休闲家具，高安全性玩具和婴童用品，中小学教学用乐器、个性化乐器、民族特色乐器等。

（九）推广新型商业模式。鼓励轻工企业加快模式创新，构建有跨界融合特点的"商品+服务+文化"组合，联合互联网平台企业向线下延伸拓展，建立品牌与消费者间的深层次连接，形成基于数字决策的智慧营销模式。积极运用新技术，推动传统制造模式向需求驱动、供应链协同的新模式转型。

四、提升产业链现代化水平

（十）推进产业基础高级化。利用产业基础再造工程，围绕基础材料、零部件、软件、工艺、元器件和产业技术基础，加快补齐轻工产业短板。推进轻工业计量测试体系建设，加快计量测试技术、方法和装备的研制与应用，提升整体测量能力和水平。深入实施重点产品、工艺"一条龙"应用计划，促进成果创新示范应用。大力开发塑料制品、家用电器、食品等行业高端专用装备。

（十一）加快产业链补链强链。编制家用电器、塑料制品、化妆品、乳制品等领域产业链图谱，建立风险技术和产品清单，推动补链固链强链。建立监测预警机制，加强风险评估，提供信息服务。发挥工业互联网平台和标识解析体系作用，推动产业链上下游加强合作。支持乳制品、罐头、酿酒、粮油等行业建设优质原料基地。

（十二）深入实施数字化转型。引导企业综合应用新一代数字技术，逐步实现研发、设计、制造、营销、服务全链条数字化、网络化、智能化。支持龙头企业构建智能制造平台，争创国家级工业互联网、两化融合项目。在家用电器、家具、皮革、造纸、塑料制品、缝制机械、五金制品、洗涤用品、食品等行业推广一批智能制造优秀场景，推动网络安全分类分级管理，培育一批网络安全示范标杆。培育数字"三品"示范城市。

专栏4　数字化发展推进工程

轻工机械：智能化造纸装备，塑料机械、洗涤设备云控制平台，全自动吹贴灌旋一体化装备，白酒酿造机器人，液态产品包装生产线智能运维服务系统等。

造纸：智能仓储和立体库、生产线运维管理云平台，质量在线检测技术等。

家用电器：端到端数字化运营及大规模个性化定制，数字化生产、质量、供应链、设备管理和远程运维服务等智能制造解决方案。

皮革：皮革、毛皮及制品和制鞋等智能化生产，全流程信息一体化平台，皮革瑕疵智能检测技术及设备等。

电池：碱性锌锰电池、锂离子电池智能化和数字化制造。铅蓄电池高速、自动化连续极板生产技术，动力型铅蓄电池自动化组装线技术等。

家具：整装云赋能平台，大规模个性化定制家具模块化生产，智能工厂等。

照明电器：产品在线检测技术、柔性制造技术，智能化仓储、物流等。

陶瓷日用玻璃：陶瓷成型、施釉等重点环节数字化改造，基于全生产线工艺参数的采集、分析监测、过程控制和集中智能控制系统的研发和数字化技术应用。

自行车钟表：零部件高精度加工成型自动生产装备、"车网融合"技术等，智能化手表装配线、智能在线检测技术、柔性制造技术等。

日用化学品：研发、配方、体验等过程的数字化升级，在工厂总体设计、工艺流程及布局等方面的数字化仿真技术，液体洗涤剂连续智能化高效生产线等。

缝制机械：智慧缝制工厂技术、自动化缝制单元技术、立体缝制技术、云平台及网络远程运维技术、智能缝纫机及数控系统等。

乐器：钢琴专用智能装备，电鸣乐器、中乐器智能化技术与产品等。

食品：面包、饼干、传统蜜饯智能加工设备，智能生物反应器，智能化分离纯化装备，发酵过程在线监测与自动控制技术与装备，智能化信息采集、监控、分析和控制技术，基于大数据机理混合驱动的智能管控系统，产品追溯体系，酒业大数据全产业链服务平台等。

（十三）发展服务型制造新模式。推进轻工业与现代服务业深度融合，加快培育发展服务型制造新业态新模式，促进轻工业提质增效。引导轻工行业完善服务型制造评价体系。鼓励企业建立客户体验中心、在线设计中心等机构，分析客户需求信息，增强用户参与设计能力。

五、深入推进绿色低碳转型

（十四）加快绿色安全发展。有序推进轻工业碳达峰进程，绘制造纸等行业低碳发展路线图。加大食品、皮革、造纸、电池、陶瓷、日用玻璃等行业节能降耗和减污降碳力度，加快完善能耗限额和污染排放标准，树立能耗环保标杆企业，推动能效环保对标达标。推动塑料制品、家用电器、造纸、电池、日用玻璃等行业废弃产品循环利用。在制革、制鞋、油墨、家具等行业，加大低（无）挥发性有机物（VOCs）含量原辅材料的源头替代力度，推广低挥发性无铅有机溶剂工艺和装备，加快产品中有毒有害化学物质含量限值标准制修订。推动企业依法披露环境信息，接受社会监督。统筹发展和安全，指导企业落实安全生产主体责任，规范安全生产条件，提升本质安全水平。

专栏5　绿色低碳技术发展工程

塑料制品：超纤合成革制造、发泡塑料芯材清洁制备、生物质基复合制品短流程制造、塑料薄膜高值化利用等技术，全生物降解地膜、智能温控贴膜等多功能塑料制品，可循环、易回收的包装材料，超高阻氧透明膜、高阻隔食品收缩膜，环保型塑料添加剂。

造纸：生物质替代化石能源技术，低能耗蒸煮、氧脱木素、透平风机、污泥余热干燥等技术和装备。制浆造纸节水节能技术，植物纤维原料高效利用、废水处理和回用技术，竹材等非木材原料低碳制浆技术等。

皮革：生物质基复合鞋用弹性体材料及生产技术、废液循环技术、废气治理技术、无铬鞣剂及鞣制技术、少盐无盐浸酸技术、除臭技术、生物制革技术、环保胶黏技术、皮革固废资源再利用技术及设备等。

电池：铅蓄电池非铅板栅、连铸连轧铅带、冲扩网板栅、回馈式充放电电源、铅冷切粒、无镉电池制造等先进工艺和智能装备等。

日用化学品：以植物油脂、微生物、发酵产品等生物来源替代石油来源原料的生产技术，香料香精绿色制造工艺等。

陶瓷日用玻璃：日用陶瓷低温快烧及短流程生产技术，陶瓷砖坯体的减薄干法生产及免烧生产技术，节能环保型玻璃窑炉，自动化废（碎）玻璃加工处理系统，低氮燃烧技术、全氧燃烧技术、余热回收利用技术等。

食品：肉制品、大宗油料、粮食、食品添加剂绿色加工技术，先进膜分离、色谱分离等清洁生产技术，盐、生物发酵产品绿色制造技术，废弃物资源化技术，废水沼气纯化制清洁能源技术，酿酒资源综合利用技术，制糖生产热能优化集中控制及高效煮糖系统等。

（十五）全面建设绿色制造体系。加强持久性有机污染物、内分泌干扰物、铅汞铬等有害物质源头管控和绿色原材料采购，推广全生命周期绿色发展理念。完善绿色工厂评价、节水节能规范等标准，建设统一的绿色产品标准、认证、标识体系。积极推行绿色制造，培育一批绿色制造典型。鼓励企业进园入区，引导企业逐步淘汰高耗能设备和工艺，推广使用绿色、低碳、环保工艺和设备，推进节能降碳改造、清洁生产改造、清洁能源替代、新污染物环境风险管控、节水工艺改造提升，提升清洁生产水平、减污降碳协同控制水平及能源、资源综合利用水平。

（十六）引导绿色产品消费。加快完善家用电器和照明产品等终端用能产品能效标准，促进节能空调、冰箱、热水器、高效照明产品、可降解材料制品、低VOCs油墨等绿色节能轻工产品消费。引导企业通过工业产品绿色设计等方式增强绿色产品和服务供给能力。完善政府绿色采购政策，加大绿色低碳产品采购力度。鼓励有条件的地方开展绿色智能家电下乡和以旧换新行动。

六、优化协调发展的产业生态

（十七）提高企业差异化发展水平。聚焦家用电器、电池等行业，支持有条件的企业培育自主生态，发展成为领航企业。实施中小企业创新能力和专业化水平提升工程。鼓励企业通过兼并重组优化资金、技术、人才等生产要素配置，实现做优做强。推动大中小企业在协同制造、供应链管理等方面加强合作，实现融通发展。

（十八）建设高水平的产业集群。推动现有集群转型升级，构建资源高效利用、绿色低碳环保、产业分工协作、企业共生发展的生态体系。推动一批老年用品产业园区向产业集聚区方向发展。选择主导产业特色鲜明的集群，以产业链强链补链为导向，强化区域协同和国际合作，推动形成若干世界级先进制造业集群。

（十九）优化产业空间布局。落实区域重大战略、区域协调发展战略，强化生态环境分区管控，防止产能低水平重复建设，推动轻工业形成优势互补、协同发展的空间格局。推动东部地区凝聚全球创新要素资源，建立前沿技术研发中心、设计中心和品牌中心。引导中西部地区有序承接产业转移，培育形成一批特色和优势的制造基地。推进东北地区进一步激发企业活力，巩固提升传统优势轻工产业。在革命老区、民族地区因地制宜发展特色轻工产业。

（二十）积极融入全球产业体系。发挥轻工业产能优势，加强国际合作，服务共建"一带一路"。提高产品附加值，巩固传统国际市场，开拓新兴市场，鼓励轻工产业"走出去"。做好自由贸易协定原产地证书签证工作，帮助轻工产品在协定伙伴国或地区享受关税减免。推进检验检疫电子证书国际合作，提升贸易便利化水平。完善与国际接轨的标准体系和产品认证制度，提高技术性贸易措施应对能力。

七、加大组织保障实施力度

（二十一）完善财政金融支持政策。落实好促进中小企业发展的财税、金融政策，用好现有税收优惠政策。鼓励地方根据当地轻工业发展需要，完善相关支持政策，增强产业发展后劲。引导市场化运作的各类基金，支持重点轻工领域创新发展和薄弱环节攻关突破。发挥国家产融合作平台及地方相关政策作用。引导金融机构创新金融服务和产品，加大对轻工企业技术改造、科技创新的支持力度，提升轻工业发展效能。

（二十二）强化高素质人才支撑。完善轻工业人才培养体系，加强学科专业建设，鼓励普通高校、职业院校（含技工院校）、科研机构和企业建立联合培养模式，建设一批现代产业学院，加快建立多层次的职业教育和培训体系。深入实施知识更新工程和技能提升行动，持续开展中国工艺美术大师、轻工大国工匠推荐活动，支持举办行业性创新创业大赛，加大对创意设计优秀人才和团队的表彰和宣传力度。全面推行职业技能等级制度、现代学徒制度和企业新型学徒制，健全大师带徒传承机制。培育造就一批创新企业家、先进制造技术人才和先进基础工艺人才。

（二十三）加强公共服务能力建设。支持标准、计量、认证认可、检验检测、试验验证、产业信息、知识产权、成果转化等公共服务平台建设。鼓励地方出台强化公共服务能力建设、促进当地轻工产业发展的政策措施。利用行业工业大数据，支持企业在研发、生产、经营、运维等全流程的数据汇聚，推动上下游企业开放数据、合作共享。

（二十四）优化产业发展环境。加强对重点轻工产品的质量监管，推动实施缺陷产品召回制度，打击和曝光质量违法和制假售假行为。依法加强反垄断、反不正当竞争监管。加强知识产权保护力度，优化市场化、法治化、国际化营商环境。构建重点行业企业高质量发展评价体系，遴选若干轻工典型企业。加强对轻工绿色创新产品、企业先进经验做法的宣传，组织行业发布"升级和创新消费品指南（轻工）"。鼓励有条件的城市以博览会、购物节、动漫展、重大赛事活动等为载体，促进轻工产品的生产和消费。

（二十五）加强组织实施。各地工业和信息化、人力资源社会保障、生态环境、商务、市场监管主管部门要根据本意见，结合本地实际，加强统筹协调，强化过程管理，抓好贯彻落实。行业协会要充分发挥沟通政府与服务企业的桥梁纽带作用，加强本意见落实效果跟踪，及时反映行业和企业诉求，围绕行业特定需求和共性任务开展有利于行业发展的各项活动，引导企业加强自律

和诚信体系建设，积极履行社会责任。

工业和信息化部

人力资源社会保障部

生态环境部

商务部

市场监管总局

2022 年 6 月 8 日

第六篇

企 业 篇

永钢集团：砥砺奋进新时代，
自觉坚定走稳走好高质量发展之路

江苏永钢集团有限公司

江苏永钢集团有限公司（以下简称"永钢集团"）坐落于江苏省张家港市南丰镇永联村，初创于1984年，现为永卓控股有限公司钢铁制造板块的经营主体。经过40年的发展，永钢集团已形成建筑、交通、机械、能源四类产品集群，是全国重要的建筑用钢、优钢线材、特钢棒材生产企业。2022年永钢集团位居中国企业500强第211位，中国制造业企业500强第97位。

一、"质量为本"——产业实力持续提升

一直以来，永钢集团倡导"质量立企"的理念，在供应、生产、销售、物流各环节、各道工序，推行质量一贯制管理，自建"全流程质量管控系统"，下好全流程、全领域质量管理"一盘棋"，有效推进了"永钢制造"向"永钢质造"的转变。

坚持"零缺陷"的质量管理理念，强调缺陷预防，为产品质量设置了严格的内控标准，同时实施产品质量三级检验制，使每一件产品在走出工厂前都要经受层层"考验"，全力做到原材料不合格不入库、半成品不合格不转序、成品不合格不出厂。永钢集团还规定了83种质量记录，使质量流动具备了可追溯性，每一批、每一件产品不论销往何处，时隔多久，都能做到凭产品标识逆向追溯到生产班次和主要负责人，直至原材料的来源。

"精益求精，增强客户满意；精益求进，实现持续改进"是永钢坚定不移的质量方针。面对竞争激烈的钢铁市场，永钢集团通过优化质量保障体系和生产工艺全过程控制，使每一件产品在走出工厂前都经受层层考验。产品生产完成后，质量管理信息化系统会根据预先设定的标准，对产品进行自动质量判定。

永钢集团依托ERP（企业资源计划）、MES（制造执行系统）等建立了一套工厂数据库，将质量管理业务融入其中，把原辅材料采购、炼钢、连铸、热轧、产品出厂以及销售等产品全生命周期的相关质量信息采集到平台，做到一本账"门清"。自主研发产品标准数字化（PSD）系统，实现了产品标准数字化管控，通过用户需求的收集、整理和分析功能，对客户提出的各种需求快速响应，做到比客户更懂客户；建立了产品数字化设计（PQD）系统，将客户需求转化为制造标准，实现信息高效、准确传递；自主研发全流程质量管控（QMS）系统，实现质量问题在线预警与溯源。多年来，永钢集团在各级产品质量监督抽查中合格率均达到100%，先后荣获张家港市市长质量奖、苏州市市长质量奖、江苏省省长质量奖。

2022年，将62个新钢种推进市场，开发的桥梁缆索钢丝用热轧盘条、钢筋混凝土用热轧带肋钢筋（直条）荣获2021年"金杯优质产品"称号。钢材出口超101万吨，同比上涨54%；16个新产品推向国际市场，产品远销卡塔尔，累计出口国家和地区提升至113个，其中"一带一路"沿线国家33个，品牌国际化道路走得越发宽广。

二、"创新增效"——产品提档逐步加深

加快实现高水平科技自立自强，是推动高质量发展的必由之路。产品是企业发展的关键核心。永钢集团紧紧围绕"普转优、优转特、特转精"的产品提档升级战略，在产品结构优化、档次提升、竞争力增强等方面做足文章。坚持"创新是第一动力"理念，强化创新驱动，聚焦钢铁行业关键核心技术研发，已建成国家级博士后科研工作站、省级企业技术中心、省级工程技术研究中心等研发平台。引进高层次人才，广泛与国内外知名科研院所和高等院校开展"产学研用"合作，秉承"为我所用，不为所有"的理念，与行业、上下游优势资源开展联合研发、关键共性技术攻关。积极开发新钢种、新材料，让产品创新成为永钢集团加强"品牌制造"的重要抓手。

自主研发的马氏体低碳耐热焊丝钢SA335P91热轧盘条、贝氏体非调质钢等产品替代进口钢材，填补国内空白；全国首家实现新国标的耐氯离子腐蚀钢筋，并批量生产；自主开发的P系列大型连铸圆坯应用于高端能源领域，市场占有率超70%，得到国内外用户的高度认可。

2022年，成功浇铸直径1200mm连铸圆坯，实现了产品规格从直径380mm到1200mm的全覆盖。汽车用冷镦钢热轧盘条获"江苏精品"认证；企业标准Q/320582 JYG 19—2019《汽车用冷镦钢热轧盘条》获2022年度企业标准"领跑者"称号。参与制订国际标准1项，主导或参与国标、行标制修订68项。自主研发的预应力钢丝及钢绞线用热轧盘条、非调质冷镦钢热轧盘条、钢筋混凝土用热轧带肋钢筋三款产品被认定为国家级绿色设计产品。

2022年，永钢集团获评中国工业大奖、江苏制造突出贡献奖等荣誉。企业产品附加值与产品竞争力大大提升，在中国钢铁企业综合竞争力评级中，永钢集团连续7年保持在"竞争力特强"梯队。

三、"数智引领"——企业赋能支撑有力

用数字化、智能化为产业赋能，提升企业效率和效益。在生产工序上，永钢集团大力实施智能化改造，把互联网、大数据等新技术与生产制造进行深度融合，全面提升设备自动化、数字化水平，全力打造智慧钢厂，激发智能制造的强大生产力。

近年来，永钢集团大力实施智能化改造，用数字化、智能化为产业赋能，提升企业效率和效益。在生产工序上，把互联网、大数据等新技术与生产制造进行深度融合，全面提升设备自动化、数字化水平，构建实时互联、柔性制造、高效协同的智能制造体系，实现了铁前、炼铁、炼钢、铸坯、轧钢、仓储物流工序全自动化，激发智能制造的强大生产力。

2021年，永钢集团"特种合金棒材全流程智能化改造升级项目"获批江苏省智能制造示范工厂建设项目，通过各类数字化、智能化技术的应用，不仅实现了产品品质、生产效率的飞跃，更实现了生产能耗及碳排放的大幅下降，以及安全环保能力的持续提升。

永钢集团基于混合云形式搭建企业工业互联网平台，建设了质量设计数字化和全流程质量管理、APS高级计划与排产、永钢云商等100多个数字化智能化项目，推进全流程数字化智能工厂建设。打造的企业管理移动驾驶舱，实现生产经营全流程可视可控管理；促进数据在"销—研—产—供—财"主流程价值生态链协同，持续挖掘数据资产价值，辅助业务决策。打造了钢铁行业第一个全流程闭环管理的数字化系统，建立了统一的工业水智能管控平台，精细化管理水平显著提升。

2022年，"大数据驱动的钢铁企业产销质财创新应用"项目获国家工业和信息化部大数据应用试点示范项目；"基于'流程+数字化'的全流程质量智能管控"项目获第二十一届冶金企业管理现代化创新成果一等奖和长三角质量提升示范试点建设地区质量创新成果二等奖等荣誉。企业的关键工艺流程数控化率达到100%。已建成7个省级智能车间、2个省级智能工厂。

四、"低碳发展"——绿色环保不断增强

绿水青山就是金山银山。多年来，永钢集团站在人与自然和谐共生的角度谋划发展，答好"保护""发展"双选题。累计投入超60亿元，从水、气、声、渣等方面加强环境综合治理，确保各类污染物排放均达到地区和钢铁行业最严格的排放标准要求，打造绿色低碳产业链，已形成从供应链、制造链到消费链的全链条、多维度绿色低碳价值模式。大力发展循环经济，建立长效管理机制，实现资源再利用与再制造，减少新资源消耗，创造了业界公认的"绿色效益"。多次荣获国家工业和信息化部、国家节能中心、中国钢铁工业协会、国际能源基金会等权威部门颁发的奖项，如"绿色工厂""绿色供应链管理示范企业"等。

从2008年起，永钢集团相继投入2.3亿元，建成两座污水处理厂，日处理污水能力达3.5万吨，实现污水

零排放；在大气减排上，企业引进炉窑智能燃烧技术，减少烧钢温度偏差，提高煤气燃烧效率，每年减少2000万立方米烟气排放……永钢集团围绕生产链配上净化链，加快建设配置各生产环节上的净化设备，强化污染处理能力。

2014年，企业投资7亿元实施450平方米的2号烧结技术改造工程，应用国内第一条具有自主知识产权的烟气脱硫系统，实现脱硫、脱硝、脱二噁英、脱颗粒物、脱重金属"五脱"。此外，投资4亿多元，实施原料堆场大棚封闭项目，在原料堆场5块区域建设了面积达27.18万平方米的密闭大棚，彻底解决了原料堆取料过程中产生的扬尘问题。

2021年4月，永钢集团率先在苏州地区投用了20辆电动重卡。这批电动重卡每年可减少柴油消耗约115万升、减少二氧化碳排放约3020吨，相当于减少了1087辆私家车排放的二氧化碳，将企业清洁运输比提升至80%以上。

2021年10月，永钢集团与冶金工业经济发展研究中心签订永钢集团低碳发展专项规划咨询合同，分六期进行阶段性开展和验收，最终形成文本《永钢集团低碳发展专项规划》以及《碳达峰碳减排行动计划》。同时冶金工业经济发展研究中心在咨询期间协助永钢集团持续提升低碳发展能力。目前，企业已设立"碳达峰""碳中和"管理机构，建立碳排放监测系统和碳排放管理办法及体系，实现对能源消耗、碳排放情况的实时监测、分析、预警。

2022年5月27日，永钢集团在上海证券交易所成功发行全国首单绿色碳中和科创债。此次募投，旨在对企业富余的高炉煤气进行综合利用，设计应用国内最具领先性的超高温亚临界发电技术，以大幅提升发电能力。同年7月，永钢集团通过中国钢铁工业协会公示，成为江苏省首家全面完成超低排放改造和公示的钢铁企业。

五、"共建共享"——赋能乡村振兴，促进共同富裕

永钢集团构建起系列长效机制，多维度助力乡村振兴、多举措促进共同富裕。助力乡村城镇化建设。发挥企业融资平台作用，为企业所在地永联村提供36亿元资金，建设永联小镇，实现99%农民集中居住的同时，也为企业发展腾出空间。助力农业现代化建设。发挥企业人才优势，为科技农业发展招聘、输送人才，解决农村人才招聘困难。发挥企业资源优势，将钢铁生产中产生的蒸汽，通过管道输送给永联村，用于农业种养殖和粮食烘干，年均节约农业生产成本超250万元。发挥企业产业优势，投资现代农业、发展乡村旅游，推动永联村一二三产融合发展。助力农民共同富裕。20世纪80年代，永钢集团将企业部分利润用于村民农副业生产的奖励和补助，让农民从企业中得到第二次分配。1998年，永钢集团实行股份制改造时，给村集体保留25%的股权，村企形成清晰的产权关系和利益共同体。这25%股权，

使永联村每年获得超亿元经济收益，保障基础设施建设和村民福利。就业是民生之本，随着永联农村城镇化、农业现代化的推进，农民从土地上解放了出来，永钢集团吸收近3000名村民进厂工作，同时把企业保洁、保绿、保安等低技能岗位剥离出来，为低技能村民提供劳动岗位，实现了农民离土不离乡，就地城镇化的生活愿望。助力乡村社会治理。永钢集团是永联村域内重要组成，是永联乡村治理的主力军。2010年，永钢集团发起成立永联为民基金会，每年捐款2000万元，每年受助居民超3500人，企业获评"中华慈善奖"。出资建设室内游泳馆、篮球馆、电影院，为员工提供福利的同时，引导村民享受高品质生活。开展精神文明创建，在文明停车、文明餐饮、厕所革命等小事上提升文明素养，永钢集团因此蝉联江苏省文明单位，永联村蝉联全国文明村六连冠。

与此同时，永钢集团还致力在推进共同富裕上担当更大责任、辐射更大范围、实现更高质量。与新疆阿克苏地区乌什县库尔干社区签订"情暖库尔干"石榴籽帮扶工程项目，在当地成立了果品合作社，增加农民收入；打造爱国主义教育基地，丰富精神文化生活；新建太阳能路灯、垃圾分类房等基础设施，完善生活配套……投入帮扶资金超1100万元，带动库尔干产业发展及社区环境改善。

"永"攀高峰，百炼成"钢"。永钢集团将继续通过技术创新，深入推进绿色制造、智能制造，全面提升产品质量和服务质量，打造国内一流、国际知名的永钢品牌；增强推进乡村振兴、促进共同富裕的责任感和使命感，持续探索民营企业赋能乡村振兴的方法路径，打造促进共同富裕的永钢样本，为中国式现代化建设做出贡献。

创新驱动，引领电工钢行业发展新格局

首钢智新迁安电磁材料有限公司

一、强企报国，创造电工钢行业的"首钢速度"

电工钢是电力、电子及军事工业不可或缺的重要软磁功能材料，是驱动现代工业的核心材料，是保障国家能源安全和国民经济发展的关键基础材料，是国家新能源汽车战略实施的重要保障性材料。首钢以强企报国为初心，于2005年启动电工钢的研发及产业化，历经十余年的发展，电工钢从无到有，从有到精，以"首钢速度"推动了电工钢行业的高质量发展，为国家能源战略的实施提供了重要材料支撑。

首钢智新迁安电磁材料有限公司（以下简称"首钢智新电磁"）是首钢电工钢专业化运营平台，集电工钢研发、制造、销售和服务于一体，坚持"高端高效、绿色环保"的产品定位，不断推进电工钢工艺技术研发及产品更新换代，为电力、电子及交通等领域提供首钢解决方案。首钢智新电磁自主集成具备世界先进水平的工艺技术装备，"产销研用"一体化机制、EVI前期介入合作机制、一贯制质量管理机制、"技术+客户"双代表服务机制等高效经营体系，深入推进智能制造、大数据等先进理念及先进技术在钢铁行业的应用探索，坚持科技创新、自主创新、智能制造和绿色制造，是全球第二大电工钢供应商及制造基地（见图1）。获评制造业（电工钢）单项冠军示范企业、国家高新技术企业、河北省战略性新兴产业创新百强企业、河北省工业企业研发机构（A级）等荣誉。

图1　首钢智新迁安电磁材料有限公司

二、创新驱动，引领电工钢行业高质量发展

首钢智新电磁始终以自主创新为驱动力，推动制造业智能化转型发展，依托"产销研用"一体化经营及一贯制管理体系，持续提升"制造+服务"水平，以领先的产品水平和高效的管理体系引领电工钢行业高质量发展。

1. 坚持自主创新，引领技术发展

首钢于2005年启动电工钢实验室研发，2008年开始电工钢产业化建设，2010年电工钢投产，通过自主集成具有世界先进水平的工艺技术及装备，勇摘钢铁行业"皇冠上的明珠"。历经十余年的创新发展，先后突破高性能取向电工钢及新能源驱动电机用高牌号无取向电工钢稳定制造技术，成功实现23SQGD080LN、25SW1250H等五个产品全球首发。电工钢生产现场见图2。

图2　电工钢生产现场

首钢智新电磁通过自主研发掌握取向电工钢带全套核心控制技术，其产品跻身变压器材料世界第一阵营，部分指标达国际领先水平，是全球仅有的3家具备18SQGD060、20SQGD070、23SQGD080等高端牌号批量生产能力的企业之一。无取向电工钢形成4大系列107个产品，涵盖了国内外一流钢厂所有牌号产品，产品质量达国际先进水平。新能源产品形成5个系列23个牌号的专用产品体系，能够满足高端乘用车、大中型车、无人机等领域的个性化应用需求，是国际上少数几家具备全系列新能源产品供应能力的厂家之一。

首钢智新电磁与科研院所、下游行业以项目合作、联合实验室等多种形式，充分利用"产销研用"一体化的优势，自主创新，突破、解决、掌握了电工钢核心技术，累计获得160余项专利授权，参与制定标准15项。获得科技创新成果16项，其中"高效环保变压器用高性能取向硅钢制备技术"获冶金科学技术奖一等奖，"高牌号无取向硅钢超低同板差控制关键技术"等5个项目获得河北省科学技术奖二等奖，获评北京市新技术新产品奖3项。图3为高性能取向硅钢制备技术应用广高效环保变压器。

2. 践行智能制造，推动智慧发展

首钢智新电磁积极落实《中国制造2025》发展规划

图3　高性能取向硅钢制备技术应用于高效环保变压器

要求，以客户需求为导向，在产品智能设计、工厂柔性化生产、全流程质量管控与溯源、面向客户价值的精准营销服务、关键装备服役质量预警与管控、能源管理智能决策及协同管控、绿色安全环境智能监控、大数据平台建设等方面全面推进数字化、智能化。其中首钢智新电磁智能工厂项目是国家级智能制造试点示范项目之一，项目落地实施7类智能制造新技术，上线15台机器人、4个智能制造单元和5套软件系统，智能仓储实现钢卷下线、投料、倒垛、装车等业务的智能化及天车无人化作业，使生产效率提高23%，运营成本降低21%，产品研制周期缩短40%，产品不良品率降低38%，能源利用率提高10%，实现生产的柔性化、稳定性、高效性得以提升。

　　首钢智新电磁智能工厂项目累计形成18项专利，登记13项软件著作权。项目技术水平达到国际先进水平，有效支撑了高效低耗电工钢产品的研发、生产和质量提升，为国家急需的低能耗、高效率电工钢新材料的供应提供有力支撑。智能仓储、机器人、激光制样等成果已在钢铁行业广泛推广，为电工钢生产制造的结构升级提供了借鉴经验。该项目获得中国质量协会质量技术奖二等奖、首钢科学技术奖一等奖、首钢管理创新成果一等奖等荣誉。

　　3. 创新管理体系，促进高效发展

　　首钢电工钢投产以来，坚持"以市场为导向，以客户为中心"，经过几年的实践，形成了客户技术交流、潜在需求挖掘、商务谈判运作、合同生产组织、物流过程监控、服务个性化、客户应用全程跟踪的"产销研用"一体化运作模式。这种高效协同、快速响应的方式提高了材料制造迭代速度，得到了广大客户充分肯定，使首钢电工钢产品和服务在市场中树立良好的形象。同时该模式实现上下游产业链的全方位协同，打通了技术壁垒，提升了双方新产品研发速度和精准度，创造了电工钢行业的"首钢速度"，使首钢电工钢产品更加契合国家节能环保需求、更快满足新能源汽车、家电、电力电子等新兴行业需求。

　　首钢智新电磁基于"产销研用"一体化优势，在新能源汽车用产品的开发及认证过程中，通过EVI介入、全供应链协调、国内国际两个市场联动，建立用户端产品加工制造平台、电磁仿真分析平台、样机测试平台，实现与客户互动、双赢。图4为新能源汽车用驱动电机测试台架。通过与新能源汽车用户进行高效的技术交流、快速的商务响应及产品快速升级迭代，开发完成25W1250H、20SW1200H等高强度、低铁损产品，满足了客户个性化、多样化的产品需求，实现在最短的时间交货，树立首钢新能源产品高速、高效的品牌形象，增强了客户对首钢材料的黏性。新能源汽车用无取向电工钢获得日系、美系、欧系及国内新能源汽车企业及电机厂的认可，在国内外知名品牌多个项目中取得批量应用，在全球新能源汽车销量TOP10中6家企业形成批量供应，提升了中国电工钢的全球服务能力，扩大了中国电工钢品牌的全球影响力。

图4　新能源汽车用驱动电机测试台架

三、高端高效，助力大国重器绿色低碳发展

　　首钢智新电磁始终牢记强企报国使命，始终坚持创新、协调、绿色、开放、共享的发展理念，以制造更加绿色高效的电工钢产品为己任，坚持绿色制造、智能制造、精品制造、精益制造、精准服务的高质量发展之路，为实现碳达峰、碳中和贡献首钢力量。

　　1. 矢志高端，助力大国重器制造

　　低温高磁感取向硅钢制造技术门槛高，具有工艺窗口窄、生产流程长、过程控制精度高等生产特点，被誉为"钢铁行业皇冠上的明珠"，在电磁性能控制、底层控制等关键核心技术上均有控制诀窍。首钢智新电磁通过科技创新、自主开发低温板坯加热工艺制造技术，成为全球第四家全低温高磁感取向电工钢技术的制造企业，跻身变压器材料世界第一梯队。高磁感取向电工钢产品经鉴定，综合技术性能达到同类产品国际先进水平，其中噪声指标及涂层附着性指标达到国际领先水平，实现低噪声牌号27SQGD085LN、23SQGD080LN两款产品全球首发（见图5）。

　　首钢智新电磁取向产品通过ABB、SIEMENS、西电、

图5　"双百万"特高压大容量变压器
用高磁感取向硅钢产品鉴定会

保变、特变等国际知名变压器企业认证并批量供货，在特高压换流变、特高压"双百万"变压器、高效节能配电变压器等领域广泛应用，获得三峡集团、国家电网、南方电网等终端用户认可。开发的优质高磁感取向电工钢成功应用于"西电东送"国家重大工程项目白鹤滩水电站（见图6），该水电站总装机容量仅次于三峡水电站，位列世界第二，供货占比 50%；应用于总装机容量排名世界第七的乌东德水电站，供货占比 76%。同时在多项国家及海外重点工程上批量应用，包括白鹤滩—江苏±800kV 特高压工程、淮南—上海输电工程、北京东 1000kV 特高压变电站、北京世界园艺博览会场馆、冬奥会场馆、老挝川圹—纳塞通输变电"一带一路"项目、泰国国网项目等，为 20 余个省市输送绿色清洁电力能源，为国家安全、国家战略、国计民生贡献了首钢智慧、首钢力量和首钢担当，实现国家电力行业重大装备关键材料国产化。

图6　国家重点项目——白鹤滩水电站

2. 聚焦高效，助力绿色低碳发展

首钢智新电磁以更高效、更绿色、更节能的电工钢产品，为下游行业的"双碳"目标实现提供解决方案。其中在新能源汽车领域推出的驱动电机用高端无取向电工钢产品（见图7），可使新能源汽车动力总成体积减小 7%，重量减轻 10kg，车辆生命周期内（以 20 万千米计）由于铁损降低及轻量化可节电 6215kWh，相当于减排 CO_2 量 4897 千克/辆，一辆新能源轿车每年可节电 375 度。在家电领域开发的高效变频空调用高端产品，可进

一步提升家电空调压缩机效率 0.5%~1.0%，实现一台家用变频空调每年节电 36 度。在节能变压器领域应用的首钢高性能取向电工钢产品，可使变压器空载损耗降低 10%~30%，可为一台典型容量变压器每年节约用电 7600 度。作为绿色高效能源材料，首钢电工钢产品每年可节约用电 35 亿度，可减少二氧化碳排放 336 万吨，相当于 4.2 个塞罕坝一年二氧化碳吸收量。首钢电工钢将充分发挥"推动者""先行者""实践者"的作用，进一步支持电力系统的绿色低碳发展。

图7　新能源汽车用驱动电机

四、凝心聚力，塑造精细严实的硅钢精神

首钢智新电磁在电工钢的创业路上披星戴月、披荆斩棘，夯基垒石、立梁架柱，形成了特有的硅钢文化。在电工钢项目建设初期，干部职工们秉持"忠诚负责、激情创业"，"不差一点标准、不留一个问题"的精神，高标准、高质量、高效率推进项目建设，加速了产业化进程，形成了"敢于承担责任、敢于面对风险、敢于超越一流"的电工钢创业精神。面对市场激烈的竞争，首钢职工坚守初心，坚持"以市场为导向，以客户为中心"，一次又一次突破电工钢生产的技术壁垒，形成了"精细严实、协同高效、永不满足"的硅钢精神。正是这种敢为人先、勇于创新的精神，才有了第一卷无取向电工钢、第一卷高磁感取向电工钢、第一次全球首发、第一次行业管理首创……我们脚踏实地、矢志高端、匠心以恒，让首钢智新电磁在市场竞争的舞台中绽放耀眼的光彩，让首钢电工钢站在世界之巅。图8为公司企业文化的缩影。

图8　公司企业文化的缩影

五、面向未来，建设世界电工钢示范工厂

随着碳达峰、碳中和目标的落地实施，中国将加快推进能源生产清洁化、能源消费电气化、能源利用高效化，打造清洁低碳、安全高效的现代能源体系，电工钢作为电力系统全产业链的关键功能材料，其市场需求将稳步增长，特别是高端高牌号电工钢市场需求必将快速发展。首钢智新电磁将始终牢记强企报国之心，传承忠诚负责、激情创业，发扬精细严实、协同高效、永不满足的硅钢精神，聚焦"全球领先、国际经营"目标，坚持自主创新、智能制造引领电工钢高质量发展，持续打造高端绿色产品、创造首钢电工钢国际一流品牌、树立一流的国际形象，奋力建设世界电工钢示范工厂，以"首钢速度"引领电工钢行业高质量发展，为电力行业绿色低碳发展提供基础材料支撑。

江西蓝星星火有机硅"5G+智能工厂"
创新中国制造

江西蓝星星火有机硅有限公司（以下简称"埃肯星火有机硅"）是中国中化控股有限责任公司旗下企业。前身为化工部星火化工厂，始建于1968年，是国家重点国防化工和化工新材料生产大型企业，是中国民族有机硅工业的摇篮，隶属中国蓝星（集团）股份有限公司。

埃肯星火有机硅位于江西省永修县杨家岭，北望庐山，东临鄱阳湖，南距南昌机场18千米，京九铁路与昌九高速公路紧靠工厂的东西两侧。占地面积700公顷，现有职工1800余名，拥有9名博士生以及一大批专业技术人才。主要产品包括上游有机硅单体、中间体硅氧烷系列、硅橡胶、硅油及下游深加工产品混炼胶、密封胶、液体硅橡胶、硅树脂、乳液等。

埃肯星火有机硅从20世纪70年代初开始生产国防化工产品——高能火箭燃料，为"神舟"系列飞船的发射成功做出了突出贡献。80年代初开始进入化工新材料领域，90年代初建成了国内最大的万吨有机硅单体生产装置，在核心技术与装备上全部实现"中国制造"，开创了中国有机硅工业及应用研究的先河，使中国有机硅单体生产规模和技术快速发展，有机硅甲基单体合成技术已达到世界先进水平，跃居为全球领先的有机硅行业领导者。拥有生产装置70余套，82个系列800余个品种产品，有机硅单体年产能50万吨，有机硅下游及特种产品年产能19万吨。产品销售遍及全球80余个国家和地区，密封胶、低黏乳液等六个系列产品在中国市场占有率位列第一。

2016年，国务院批准设立江西赣江新区，埃肯星火有机硅作为赣江新区的重要产业支柱，进一步加大技术改进和产品研发力度，不断打造核心技术优势。

2017年6月，中国蓝星（集团）股份有限公司正式宣布星火有机硅进入挪威埃肯集团公司有机硅业务板块，从而进一步丰富和完善从金属硅到上下游有机硅产品及全方位解决方案的蓝星硅产业链条，成为全球领先的有机硅产品供应商。

近年来，埃肯星火有机硅先后获评国家制造业单项冠军、国家级工业产品绿色设计示范企业、国家级绿色制造系统集成企业、国家级绿色工厂、国家绿色供应链管理企业、国家级企业技术中心、国家高新技术企业、工业和信息化部第三届"绽放杯"5G应用征集大赛全国总决赛亚军、5G+工业互联网专题赛冠军、中国氟硅行业标准创新贡献奖一等奖、江西省十大支柱产业、江西省智能制造试点示范企业、江西省首批"5G+工业互联网"应用示范企业、江西省科技厅国家科技重大专项企业、江西省绿色技术、江西省节水标杆企业及水效领跑者等荣誉称号。

2021年，埃肯星火有机硅新建20万吨/年有机硅单体装置及下游系列产品项目，产品覆盖硅油、硅胶、硅烷及硅树脂全产业链。项目投产后，星火有机硅单体产能将达到年产能70万吨，年产值将突破100亿元。

"5G+智能化工"项目是埃肯星火有机硅重点关键项目，自项目实施以来，极大提升了企业安全环保、生产效率、产品质量和生产柔性化水平，更突出体现了5G技术应用在化工行业的规模效应和带动作用，为传统行业转型升级、创新发展交出了高分答卷。

一、5G基础设施建设支撑全场景安全连接

作为传统的化工企业，埃肯星火有机硅早在1998年就高屋建瓴绘"信息化+工业化融合"蓝图。从一台计算机开始信息化工作开拓，历经二十余年艰辛的创新探索，建设并实施了一批前沿应用信息系统，两化融合成果夯实了智能工厂建设的坚实基础。

2019年是中国5G应用元年，埃肯星火有机硅成为中国电信在九江的5G试点企业。组建了"5G+智能工厂"数字化研发工作小组，已全面建设电信铁塔4个，5G基站9个，以及同步建成了江西省首家"5G+智能化工联合创新实验室"。埃肯星火有机硅不仅实现了全厂5G信号100%覆盖，而且是全市第一个将5G基站从NSA快速升级到SA组网方式的试点企业，实现从原平均300M/s上行带宽大幅度提升到了平均1.3G/s带宽，并同时率先建设5G MEC边缘计算服务器机房，快速搭建企业虚拟专网，将4G/5G、NB等网络与企业内网进行安全可靠连接，实现生产数据不出园区和降低网络传输时延。正是以上设施的建设，为以后的"5G+智能化工"项目全场景安全连接起到关键性的支撑作用。

二、一期项目：六大应用创新集于一体的数字孪生平台

在"5G+智能化工"项目的研发道路上，整个5G项目团队不断深入理解5G新型前沿技术，坚持探索尝试，聚焦生产运营痛点，综合利用5G、物联网、边缘计算和大数据等技术与企业内网深度融合，于2020年年底完成了"5G+智能化工"一期项目建设。主要建设了以5G+MEC虚拟专网与边缘计算为基础的5G AI安防监测、5G无人机高空巡检、5G近中红外检测、数字孪生生产大数据"蚯蚓盒子"、5G变电站巡检机器人、5G智慧安全员六大应用创新集于一体的数字孪生平台，实现了对选定厂区重点区域和重点设备进行四维可视化建模，通过后台服务可以查看选定设备的关键数据及实时视频流，并预留满足全要素场景交互服务的 API 接口，支持第三方开发。同时对高精度还原的建筑场景叠加全类 IOT 终端及用户数据、静态场景数据（如任何建筑数据、实体属性等）、动态场景数据（如某时间某坐标的气温、设备参数等）进行展示、分析、控制、仿真和推演，利用一张时空数据图，统筹厂区各业务，构建三维智能化工平台-数字孪生工厂，同时建设包含用户管理、组织管理、告警管理、日志管理、设备管理等在内的基础平台系统。

项目建设为生产运营带来了显著的成效。四套装置运用先进过程控制（APC）系统后，实现收益 7000 余万元。蒸汽总消耗降低约 5.5t/h，节能 12%，产品质量稳步提升，二甲产品纯度均值高达 99.92%，装置潜能释放提升 10%。"蚯蚓盒子"大数据平台，不仅提升了企业信息化应用和生产过程控制管理水平，打造智能化工厂，还使传统的"参数化运行"走向"模式化运行"的智能控制模式。

仅一年多的时间，埃肯星火有机硅"5G+智能工厂"便广受好评。2019 年 9 月，"5G+智能化工"项目获评工业和信息化部第二届"绽放杯"5G 应用征集大赛智慧工业组三等奖；2020 年 4 月，埃肯星火有机硅获评江西省首批"5G+工业互联网"应用示范企业；9 月，荣获第三届"绽放杯"5G 应用征集大赛全国总决赛亚军、5G+工业互联网专题赛冠军，是中国化工行业唯一、江西省唯一获奖企业；10 月，"5G+智能化工"项目以第一名成绩荣登江西省国家科技重大专项榜首；11 月，埃肯星火有机硅 5G 项目在 2020 中国 5G+工业互联网大会上向全国分享；星火"5G+智能化工"联创创新实验室对外正式发布了"5G+智能化工"白皮书；2021 年 1 月，荣获江西省智能制造标杆企业；5 月，"5G+智能化工安全预警平台"项目获评江西省安全应用装备试点示范工程项目并推荐参加国家级示范遴选。

三、二期项目：5G 全连接的智能工厂实现高质量发展

结合一期落地场景，经过不断优化，不断嵌入企业生产环节，2021 年 6 月埃里星火有机硅启动了"5G+智能化工"二期项目，引进了新合作伙伴、新的技术，并通过进一步利用 5G、人工智能、大数据等技术，实现厂级/车间级实时用电负荷、错开波峰波谷等多维用电数据实时监控、统计与分析，同时支持预警、报警提醒以及报表功能导入、导出供领导层进行决策的 5G 传输的电力能耗管理平台；通过 5G+AGV（自动导引车）实现对货物的自动搬运、自动装车和自动充电；通过对 107 胶类产品色泽度检测，提取胶体的 RGB 三色量化数值，提供量化的质量指标，避免因色泽度导致被客户退货的 5G 在线质量检测；利用旋转机器设备周期性运动时伴随的振动、声音、电流、温度等特征，对振动、温度等动态信号进行高频数据采集，利用机械故障机理模型+人工智能的数据分析方法，进行机器状态识别、故障诊断、寿命预测的动设备预测性维护；利用 5G+机器视觉技术，通过及时性的视觉识别对操作工序进行实时化指导并监测配料、投料过程，从而杜绝因错误配、投料导致不合格产品的产出；实时查询 5G 工业网关运行状态的网关管理平台；重大危险源管控以及数字孪生"五位一体"（"供应链协同一体化""生产管控一体化""安全环保一体化""设备健康一体化""应急管理一体化"）埃肯星火有机硅 5G 工业互联网平台等，由原先的八大场景、六大创新逐渐扩充为十五种场景、十大创新，从管理类场景深入生产类场景，并逐步形成基于 5G 全连接的埃肯星火有机硅智能工厂为整体目标，实现"降成本、提效益、管理更精益"的高质量发展。

二期项目实施后，埃肯星火有机硅"5G+智能化工"获得了国家、行业和集团的众多褒奖与荣誉。2021 年 9 月，荣获中国信息通信研究院 ICT 中国创新奖最佳"解决方案"奖；11 月，荣获工业和信息化部"5G+工业互联网"十大典型应用场景；2022 年 1 月，"基于 5G 全连接的智能工厂"创新应用获评工业和信息化部工业互联网试点示范项目，是国家级仅有的 123 个项目之一。

四、终极目标：打造本质安全可持续发展的"智能化无人工厂"

埃肯星火有机硅"5G+智能化工"项目的众多场景均实现 5G 在化工行业的首次突破应用，具有里程碑意义。省内外前来参观交流学习的单位、企业络绎不绝，为省内化工及其他工业制造企业起到示范作用，为这些企业打开了思路，明确了方向，不断地吸引着省内外企业进行符合自己工业生产发展的智能化改造，未来将在这些企业建成覆盖一定区域的新一代通信技术基础设施，为化工行业打造智能化工企业打好基础，为全行业实现"5G+工业互联网"转型提供参考指南和经验借鉴。

下一步，埃肯星火有机硅将践行中国中化"科学至上"的价值理念，深耕"5G+智能化工"的应用新途径，从"安全绿色生产、最佳产品质量、最短交货期、最低交付成本"四个方面努力，使企业多业务流高效合一，最终实现本质安全可持续发展的"智能化无人工厂"。强力推动企业向绿色化、精细化、智能化、国际化和可持续化的高质量转型升级，开启由星火制造到星火创造和星火智造的新时代、新征程和新未来。

百年底蕴铸重器　大战大考写辉煌

——记中国生物技术股份有限公司

中国生物技术股份有限公司（以下简称"中国生物"）始建于1919年，前身为北洋政府中央防疫处，代表了中国生物医药产业百年发展历史。一百多年来，中国生物始终致力于维护国人生命健康和公共卫生安全，在疾病防控、医疗抢救、战备救灾和援外工作中发挥了重要作用，有力降低中国传染病发病率，提高人民平均期望寿命。在新冠疫情大战大考中，中国生物迅速反应、聚力攻关，推出多项重大成果，为全球抗疫事业做出了突出贡献。

中国生物提供的健康产品已覆盖人用疫苗、血液制品、医学美容、动物保健、抗体药物、医学诊断六大生物制品领域，是中国生物制品行业的领跑者。

一、聚力科技创新，推动自立自强

中国生物在国内生物医药行业市场竞争日益激烈的大背景下，企业体制机制创新、科技创新和管理创新都取得新突破，逐步形成了吸引和聚集各类优质创新要素的"强磁场"，点燃了加速发展的新引擎。

一是夯实基础。中国生物坚持锐意改革，打破内部条条框框，制订发展规划，确立了六大业务板块协同推进，强主板、补短板、筑底板，全面融入生物医药大健康产业的战略布局，确定了发展的正确方向；坚持向管理要效益，全面落实"亏损企业治理""降杠杆、减负债"等重点工作，企业效益不断提升，科技投入提高了10个百分点；建立了新型疫苗国家工程研究中心、国家联合疫苗工程研究中心、国家地方联合工程研究中心三大研究中心，以及血液制品、抗体、医美、动物保健研发中心，汇聚了一千多名科研专家、两千多名生产质量的专家团队和万名产业技术员工，在提升自身竞争力的同时推动了中国生物医药行业的技术升级。

二是激发活力。打造良将工程，从子公司领导班子成员入手，现职人员"全体起立"，公平、公正、公开竞聘上岗，将组织意愿、个人意愿、群众意愿有机结合，由过去的"伯乐相马"到采取"赛马机制"，推动选拔任用了一批业务精良、作风优良的领军人才，得到干部职工的拥护和好评。持续推动落实绩效考核评价"薪考5+1"办法，围绕上级决策部署贯彻执行、经营预算、重点工作任务完成和党建、纪检工作落实情况，坚持月度、季度、年度全过程跟踪考核、严格监督，建立负面清单、正面清单，未完成的视情况分别作出处理，几种情形叠加的加重处罚，违规违纪的一票否决，考核优秀的给予奖励。大力推动科研体制机制改革，改进科研奖励制度，

推进抗体板块体制改革，探索混合所有制项目公司改革，建立中国生物特色课题负责人（PI）制，突破性提出课题组模拟公司化运行的改革模式，充分发挥机制的灵活性，引导、孵育、加速了创新型项目的转化上市。

三是推出成果。在强大技术平台的支撑下，中国生物科研成果如雨后春笋一样生长出来，先后研发出一类新药EV71型手足口病灭活疫苗和全球首创六价轮状病毒疫苗等"领跑"产品。新冠疫情暴发后，中国生物发挥生物制品行业"国家队""主力军"作用，运用自身科技优势，在可诊、可治、可防三个方面独立自主研发4款新冠疫苗、4款新冠诊断试剂、4款新冠治疗药物，是全球唯一一家独立自主在3条技术路线（灭活、基因重组、mRNA）上独立研发出4款疫苗的企业，向世界展现了中国科技和中国智慧。目前，中国生物正在深化科技抗疫，快速研发的猴痘病毒检测试剂盒并获得欧盟CE认证，创新药物新冠单克隆抗体F61、奥密克戎变异株灭活疫苗和第二代重组蛋白新冠疫苗分别获得临床批件，奥密克戎变异株mRNA疫苗也已提交临床申请。

二、秉持初心使命，护佑生命健康

一百多年来，中国生物始终坚持关爱生命、呵护健康的理念，秉持爱与责任价值观，发挥自身科技优势，在护佑人民生命健康的道路上奋力奔跑。

一是构建人民健康屏障。中国生物生产疫苗50余种，全国超过80%的免疫规划用疫苗（强制接种所需的一类疫苗）由中国生物供应，是保障免疫规划国策实施的重要力量。免疫规划实施40多年来，中国麻疹、百日咳、白喉、脊髓灰质炎、结核、破伤风等主要传染病的发病率和死亡率降幅达99%以上，研发生产的疫苗接种使用后，减少了3亿麻疹、脊髓灰质炎、白喉、百日咳、乙脑、流脑、甲肝、破伤风、结核等传染病病例，每年减少400万死亡病例和3000万儿童感染乙肝人数，为人民生命健康构筑了一道坚强的"防火墙"。

二是挺身担当重大任务。先后参与抗击"非典"、应对"甲流"、阻击埃博拉等重大疫情。为阻断新疆输入性脊髓灰质炎传播提供了2200余剂疫苗；为抗击四川汶川、青海玉树、云南彝良、四川九寨等地震灾害，1998年洪水灾害，以及甘肃舟曲泥石流灾害等供应了包括疫苗、血液制品、传染病诊断制品等各种应急救灾产品，在国家重大活动应急保障中发挥了不可替代的专业支撑和稳定社会的作用。新冠疫苗研发成功后，中国生物积极完成国家重大会议、重要活动和外交使节、外媒记者

等疫苗保障任务，为参加东京奥运会、北京冬奥会的运动员接种 700 多人次。

三是面对疫情冲锋在前。在疫情最吃劲的关键时刻，为了更快地救治患者，中国生物率先提出了采集康复者血浆治疗新冠病毒感染危重患者的应急方案，成立了新冠病毒恢复期血浆采集小组，从 50 多个浆站中调集精干力量，组成 44 个新冠肺炎康复者血浆采集小组，180 多名工作人员在全国 18 个省（自治区、直辖市）设立 50 个血浆采集点。恢复期血浆的安全性和疗效很快就得到了临床验证，中国生物积极协调各方推广这一技术，科技部、中国红十字会等呼吁在全社会开展"千人献浆救千人"行动。恢复期血浆疗法最终得到了国务院联防联控机制的肯定并载入国家诊疗方案。疫情期间，全国累计采集康复者恢复期血浆 3350 人次，临床使用 938 例患者。在康复者血浆疗法的基础上，中国生物科研团队利用采集接种新冠疫苗后献浆员的血浆制备了新冠特异性免疫球蛋白，已在中国和阿联酋启动了临床研究。

三、坚持胸怀天下，迈向世界一流

让中国疫苗走向世界，是一代又一代中国生物人的夙愿追求。近年来，中国生物积极融入全球公共卫生治理，大力推动疫苗产品国际认证，与盖茨基金会签署了全球健康合作谅解备忘录（MOU），推动脊髓灰质炎疫苗的扩产及世界卫生组织预认证，为全球消灭脊髓灰质炎贡献中国力量；在"一带一路"建设中，中国生物乙脑减毒活疫苗作为中国第一家通过世界卫生组织预认证的产品，批量出口印度等东南亚国家；乙肝疫苗也为缅甸儿童预防乙肝发挥了巨大作用，成为全球公共卫生治理的"中国亮点"。新冠疫情暴发后，中国生物大力推动中国疫苗走向世界，为构建人类卫生健康共同体做出了卓越贡献。

一是全力提升产能。中国生物以破釜沉舟、背水一战的决心，在没有任何先例和标准可以参考的情况下，仅用 60 天、97 天、98 天，完成了三期工程建设，率先建成了全球最大的高等级生物安全疫苗生产设施，并同步在北京所、武汉所、长春所共建成 6 个 P3 高等级生物安全疫苗生产车间，建设标准上升为国家标准。之后又一鼓作气，在武汉所、长春所、中国生物研究院建成 3 个 P3 高等级生物安全实验室，在较短时间内完成了兰州公司、成都公司、上海公司新冠疫苗生产线改建。此外，还建成基因重组蛋白疫苗和 mRNA 疫苗生产车间。中国生物在 3 个技术路线上研发的 4 款疫苗都实现了工艺放大，新冠疫苗总体年产能持续放大，总体年产能超 100 亿剂，是全球最大新冠疫苗研发生产基地和最大供应商，中国新冠疫苗作为全球公共产品的承诺得到有力保障。

二是全面走向世界。从一衣带水的亚洲近邻，到远隔重洋的南美大陆，中国生物疫苗跨山越海，持续为多国民众带去战胜疫情的希望和信心，被誉为"隧道尽头的光芒"。65 个国家和地区政要 210 人次前往机场迎接或参加国药集团中国生物疫苗交接仪式，数十名国家元首、政府首脑带头接种国药集团中国生物新冠疫苗。中国生物新冠疫苗已在 119 个国家、地区和国际组织获批注册上市或紧急使用，接种人群覆盖 196 个国别，国内外生产供应 35 亿剂新冠疫苗，是获批国家数最多、供应范围最广、国内外接种量最大、安全性最好的新冠疫苗。

三是全程共享成果。为了弥合"免疫鸿沟"，中国生物快马加鞭，与有能力的国家开展授权生产合作，在阿联酋、塞尔维亚、摩洛哥、缅甸等国全力推进本地化生产，授人以渔、惠及当地。在阿联酋，数十名中国生物技术骨干在生产技术、质量管理、生物安全管理等方面分享经验，为当地培养生产、质量工程建设和生物安全的人才。阿联酋总统、塞尔维亚总统、摩洛哥国王和缅甸最高领导人对于国药集团中国生物抗疫产品本地化生产建设项目给予了高度关注与支持。中国生物新冠疫苗在构建人类卫生健康共同体的进程中发挥了特殊作用，成为一张闪亮的中国名片。

长风破浪会有时，直挂云帆济沧海。挺立时代潮头，中国生物迎来了前所未有的发展机遇。在百年历程中传承精神、在大战大考中汲取力量、在不懈奋斗中勇攀高峰、在把握机遇中再创辉煌，中国生物正向着世界一流生物制品企业的宏图大业阔步迈进、高歌前行。

点燃创新驱动发展的引擎　加力航空强国使命的担当

——航空工业成都所始终坚持"创新开拓"的奋进之路

航空工业成都所自1970年创建以来，在中国航空工业奔涌向前的大潮中始终坚持"政治判断力、政治领悟力、政治执行力"的提升，心怀"国之大者"，肩负"国之重任"，矢志勇立创新开拓的潮头。数十年来，航空工业成都所通过几代人拼搏奉献、创新超越，以最初"几台机床、一百多台仪器，三百余人"的薄弱基础，历经艰苦创业、奋力追赶、创新开拓、持续跨越，如今已发展成为中国重要的航空与空天飞行器研发基地，其打造的大国重器正在不断筑强共和国蓝天之上的钢铁长城。

一、回顾发展历程，聚焦主责主业，探寻创新开拓的力量源

站在历史的里程碑前回望航空工业成都所走过的每一步，数十年的创业征程，是一个个光影瞬间，更是一次次岁月积淀与厚积薄发。

从平房、陋室、田间地头到办公自动化、园区现代化，环境条件在不断优化提升；从歼-9、歼-7C/D到歼-10、枭龙系列飞机研制、持续打造歼-20跨代新机、无人机和空天领域着力开拓，科研型号在不断丰富发展；从白纸算尺、铅笔发图到数字化设计、虚拟仿真、综合试验、系统集成、敏捷管理、精益研发等研发条件、专业能力在不断精进提升；从青春风华到双鬓染霜，人才队伍在不断用智慧、汗水乃至生命奏响激越雄浑的长空轰鸣……

正是在创业奋斗中每一步的努力奔跑，每一次的执着追梦，最终汇成了航空工业成都所龙腾东方、龙行天下的坚实足迹，聚成了剑指云霄、敢于与世界航空强者竞技竞速的壮志雄心。站在历史的里程碑前，航空工业成都所需要去追寻、凝练那些能够负重前行、风雨兼程、创新发展背后的精神和力量。正是这些精神和力量，不仅成就了航空工业成都所的过去、支撑着航空工业成都所的现在，也将继续激励航空工业成都所战胜新征程中的重重挑战和困难，去实现全面建设新时代航空强国的宏伟目标。"积极进取的使命担当"增强了引领力，"自立自强的创新开拓"淬炼了竞争力，"精益求精的科学实践"强化了革新力，"众志成城的协同攻坚"激发起战斗力，"永葆激情的忠诚奉献"凝聚起向心力，"坚持不懈的接续奋斗"厚积起发展力……每一种精神，每一种力量最终汇聚成劈波斩浪、拓路长空的不竭动力。而在其中，自立自强的创新开拓是航空工业成都所越发彰显的显性基因，更是强军报国、制胜未来最为重要的核心竞争力。

二、坚持固本强基，积极主动作为，找准创新开拓的着力点

在航空技术发展领域，先进高端技术买不来，领先创新力更是买不来，必须走自立、自强的道路。为此，在创新开拓的奋进之路上，航空工业成都所坚持"自主创新、重点跨越、支撑发展、引领未来"的方针，坚持"打造跨代新机，引领技术发展，创新研发体系，建设卓越团队"这一型号研制理念，强化战略定力，坚定创新方向，着力构建领先创新、正向研发的发展模式，以强有力的创新主体构建和风险激励，创新链组织和产业链协同，承担起领先创新的战略任务，促使创新能力、创新人力、创新合力不断迈上新台阶。

（一）抢占装备研发的制高点，建立科技创新的先发优势

为了在维护国家主权、政权、发展权的关键时期有充分的信心、足够的能力，航空工业成都所创新进取的脚步刻不容缓。迈入21世纪以来，在装备研发中对接联合作战、关注能力的军事需求，航空工业成都所坚持海、陆、空、天一体化发展，不断拓展技术活动新空间和新领域，加强未来战争战术和作战模式分析，融入体系作战的广阔空间。一方面，航空工业成都所持续推动有人、无人、空天三大研发领域装备的谱系化发展，形成制空能力和精确对地打击能力，加快提升最新航空装备批量交付与实战化能力；另一方面，航空工业成都所以体系作战需求为牵引，发力预先研究，把握未来航空装备发展"体系化、隐身化、跨域化、融合化、智能化、云协同"等发展趋势，重点按照"五个一体化综合系统"和"两个全向作战能力"的路线图，加强重点预先研究的工作策划和组织实施，以智能化系统、跨领域平台、网络信息矩阵等为支点，填补现有体系和能力短板，聚焦有人/无人协同、人工智能、脑机交互等方向，引领未来飞行器智能化技术的创新发展。

（二）厚积未来装备的技术储备，强化科技创新的基础研究

近几年来，新一轮科技与产业革命方兴未艾，新学科、新技术、新材料、新工艺、新机理不断涌现，科技发展为航空技术带来新的机遇，量子技术、石墨烯技术、计算材料技术、纳米技术……科技上的每一项质的突破都有可能改变整个航空装备的设计理念。着眼于"厚积未来装备的技术储备"，航空工业成都所坚持"科学—技术—工程"三位一体的创新驱动发展模式，持续夯实和

开拓"基础研究、应用研究、先期技术开发、演示验证到工程研制应用"这一创新路径，以重大装备需求为牵引，科学统筹安排航空装备前沿性、基础性技术研究，系统性提高关键技术的成熟度，同时加强航空产业共性技术的创新积累，加强对未来产生重大变革影响的颠覆性技术研判，选准突破口，集中优势资源和力量，力争在一些重要核心技术研发领域实现"非对称超越"。

（三）聚焦能力提升的协同平台，打造科技创新的研发体系

创新的研发体系建设是持续提升创新效能的基础和根本，在创新开拓的奋进之路上，航空工业成都所持续加强全三维多学科集成设计仿真研发能力、仿真技术驱动产品设计能力以及智能制造能力，持续改进设计分析流程模板化设计，提升快速优化迭代能力；不断推进可视化虚拟仿真技术的深度运用，持续提升工程验证能力。围绕自主创新研发能力的提升，重点发展数字化设计能力、飞机产品快速响应与综合协同优化能力；构建具有自主知识产权的研发管理系统，有效应用先进项目管理平台统筹资源；健全主机/辅机、设计/制造一体的综合项目管理框架。航空工业成都所全力做好航空工业集团公司"集团抓总、主机牵头、体系保障"的军品管理新架构的对接落实，更好发挥主机龙头作用，抓好牵头技术状态控制和创新牵引，努力形成"对于航空装备研制自上而下分解，每个节点都有创新任务与目标；自下而上综合，每个节点都有创新智慧和贡献"的生动局面。同时推进基于知识创新的"智慧型"院所建设，不断完善以广域协同、敏捷管理、精益研发、高效客服为基础平台，以智慧空间为核心支撑的智慧主机所顶层设计架构；按照"三同"原则和"三高"方向精心梳理主业价值链，积极开发体现核心能力的系统集成和高附加值航空技术产品，规划军贸、民用及高端工业级无人机发展路线图和产品谱系，探索知识产权、工程经验和研发体系进行技术转让与合作的模式；不断加强集团内部各单位之间的协同创新，以重点产业和重大项目为平台，打造协同创新共同体，携手聚力解决研发、技术、市场等关键环节的共性难题；加强产学研用结合，推动技术创新主体的多元化，积极探索运用中国航空工业行业内外乃至全球的创新资源，着力构建开放、共享、合作、共赢的协同创新体系，为打造整合社会资源、科技成果转化、产业化运作的市场化联合创新与产业发展平台提供有力支撑和助力。

（四）推进基于专业建设的育才工程，培育科技创新的卓越团队

在向世界科技强国和航空强国进军的征程中，创新驱动实质上是人才驱动。谁拥有一流的创新人才，谁就拥有了创新开拓的优势和主导权。为此，航空工业成都所更为聚焦"专业建设必须适应跨域融合的技术发展趋势"的导向，及时组建适应现代信息作战和体系作战需求的新兴专业，持续推进专业建设，打造创新型团队。

把重大国家型号任务和开展前沿预先研究作为锤炼设计师队伍的熔炉，坚持"型号成功我成才"的培育理念，以基于价值创造的战略性人力资源开发与管理体系为支撑，强化内部创新人才的精准配置和合理有序流动，大力鼓励设计师的多岗位、跨专业锻炼，在重点培养大量技术带头的专才的同时，着力打造一批领军型号的综合型创新人才。把有创新活力、实绩突出、发展潜力大的年轻设计师放在正副主任设计师、专业副总师、型号副总师、总师助理等岗位进一步压担子，提供舞台锻炼与创新容错空间，不断完善创新人才的成长梯队。与此同时，充分发挥创新基金作用，彰显未来飞行器大赛、无人机设计大赛、航模大赛等各类专业竞赛的锻炼价值，挖掘新生代设计师队伍内生原创力；建立健全科技创新价值评估体系，积极探索实践给予创新人才长效激励的体制机制。

三、坚定举旗聚力，持续励志铸魂，做好创新开拓的强保证

坚持党的领导、加强党的建设是国有企业的"根"和"魂"，是国有企业的光荣传统和独特优势。在创新开拓的奋进之路上，航空工业成都所持续强党建促担当，以航空工业"1122"党建工作体系为指导纲要和规范要求，以"补短板、增亮点"为工作目标，以"干型号、抓项目"为工程管理思路，持续促使党建工作融入中心、服务大局、推动创新，将党组织的政治优势源源不断地转化为发展优势、竞争优势、创新优势，为航空工业成都所创新力的持续提升提供坚强保证。首先，航空工业成都所根据科研攻关、科技创新情况，把党的旗帜树起来，把党员身份亮出来，做到关键型号有党员攻关、关键任务有党员引领、关键技术有党员攻坚、关键时刻有党员冲锋；大力支持基层党支部结合技术及业务工作需求，积极与有技术关联的党支部联合开展支部共建以及组建跨专业的"党员联合突击队"，促进聚力攻坚，协同创新。其次，航空工业成都所持续探索实践"党建、思想政治工作、文化建设"的融合互促，在航空报国精神的统领下打造创新文化和型号文化，通过文化"融入战略、融入管理、融入中心、融入人心、融入环境"，将创新发展的意识自觉与型号报国的理想追求紧密结合起来，以源源不断的创新激情牵引，推动创新能力和创新体系的不断提升和完善。最后，航空工业成都所着力党建与科研生产工作深度融合体系的构建，提升党建体系的规范化、流程化、显性化，不断增强党建融入科研中心、促进科技创新的价值感、荣誉感、紧迫感。航空工业成都所及时宣贯有关形势、任务、要求，强化理想信念教育，激发创新斗志；持续开展战略与科技报告会，增强创新自信，激励创新自强；坚持在现场和一线开展"党员示范岗"设置、"党员之星"表彰、"党员突击队"授旗等活动，积极开展型号背后的共产党员和党组织宣传工作，举办"军功章的另一半"家属助力活动，辐射创新价值与报国情怀；大力开展攻关专项劳动竞赛、青年

创新创效活动等，举办创新技术论坛，形成比学赶超帮的创新氛围。与此同时，航空工业成都所还坚持深化作风建设，结合科研业务和科技创新的特质，健全党风廉政建设考评体系。不断完善信息化平台的监管作用，持续完善科研外协、外包、采购专项制度和控制程序，督促优化项目论证、供应商选择环节。深化科研部门的廉控管理、完善风险评估和防控，对科研腐败始终保持高压态势，在全所形成"一心一意干科研、做创新"的氛围，为创新开拓提供良好环境。

把历史化作力量是一次质的沉淀，把蓝图变成现实是一场新的长征。七十载风云激荡，新征程催人奋进。

站在新的起点，踏上新的征程，面对世界百年未有之大变局，机遇必将与挑战并存，成功必将与艰辛相伴，辽阔天际，深邃太空，处处都将是航空人奋斗的舞台。航空工业成都所将始终坚持以习近平新时代中国特色社会主义思想为指导，坚决落实集团党组的战略部署，不负光荣历史、不负新的时代，在全面建设新时代航空强国的征程中，始终聚焦航空主业，担当强军首责，不辱使命，坚持走创新开拓之路，让更多更先进的大国重器扬威长空，让更多更先进的科技成果造福于民，以矢志不渝的"航空梦"有力支撑"强军梦"，给力"中国梦"！

贯彻新发展理念 走出一条煤炭老矿区转型重生新路径

徐州矿务集团有限公司

一、企业基本情况

徐州矿务集团有限公司（以下简称"徐矿集团"）是具有140多年煤炭开采史的特大型省属能源集团，是华东地区重要能源供应基地，是煤炭企业全球综合竞争力30强，能源企业全球综合竞争力500强，中国大企业500强。其产业涉及煤炭、电力、煤化工及矿业工程、煤矿装备、煤炭物流，拥有各级子企业90家，集团资产主要分布于煤炭、电力、煤化工等主业领域。

（一）徐矿是民族工业的启蒙

在近现代历史上，徐矿与开滦煤矿、淄博煤矿并称"三老"。1882年，徐州道员程敬之奉左宗棠之命，选派苏州候补知府胡恩燮筹集商股，在徐州利国开办全国最早的煤矿之一——徐州利国驿煤铁矿务总局，成为徐矿集团的前身，开启了中国煤炭工业化开采的先河，扛起了发展中国民族工业的重任，加快了近代中国工业化的进程。

（二）徐矿是煤炭工业改革的先锋

农村的改革从安徽小岗村开始，煤炭工业的改革从徐矿起步。1983年，徐州矿务局向省政府递交实行为期五年经济总承包的报告，在全煤行业率先实行经济总承包，当年就实现了扭亏为盈，成为全煤行业典范。1985年，徐州矿务局"光爆锚喷新技术在矿井支护中的推广应用"获国家科学技术进步奖一等奖，首创煤矿巷道支护新方式在全国推广并沿用至今，推动了煤矿支护革命。1992年，徐州矿务局在全煤行业率先放开煤价走向市场。

（三）徐矿具有纯正的红色基因

1928年，共产党员鹿周继在徐成立了江淮区域煤矿企业第一个党支部——中共贾汪煤矿特别支部。抗日战争时期的徐州煤矿，在八路军运河支队的领导下锄奸斗寇，先后组织了窑木斗争、大闹铁道门、千人大罢工，涌现出了鹿继组、傅宗歧、戴晓东、王水田、李培田等一大批抗日英雄。解放战争时期，著名的"佩剑将军"起义在贾汪夏桥井打响，为淮海战役取得胜利起到了决定性作用，毛主席称其为淮海战役第一个大胜利。抗美援朝战争爆发后，徐矿职工自觉集资捐献"贾汪矿工号"战斗机，用实际行动抗美援朝、保家卫国。

二、转型发展实践

徐矿集团坚定不移把学习新思想、践行新理念作为重大政治任务，不断从学习贯彻习近平新时代中国特色社会主义思想中汲取真理的力量，深入贯彻习近平总书记关于国有企业改革发展和党的建设重要论述，牢记端牢能源饭碗这个国之大者，在学习中不断探索，在实践中不断深化，总结凝练出了"以满怀对党的忠诚举旗定向、以满眼都是资源理念经营企业、以满眼都是人才理念选人育人用人、以满腔家国情怀造福职工、以满满正能量凝聚人心"的具有徐矿特色、符合时代精神、得到职工认可的"五满理念"，成为指引企业战略转型的核心理念体系。

徐矿集团遵循"五满理念"总引领，提出了"三大使命"总追求，找到了"走访转"总方法，确立了"聚焦主业、聚力转型"总战略和"一体两翼"总路径，建设了"六大基地"总布局，构筑了"三讲五心"总保障，提出了"五大战略"实施载体和"五大倍增"计划，破解了产业接续、人员安置、环境治理"三大难题"，创出了全国煤炭老工业基地转型、关闭矿井重生、衰老矿区生态修复"三大样本"。经多年努力实践和不断发展，被国务院国有资产监督管理委员会授予"全国国有重点企业管理标杆企业"称号，获评全国能源化工地质系统产改示范单位，全煤行业党建工作品牌"最佳案例"，中国煤炭工业协会科学技术奖最高奖，全国煤炭企业管理现代化创新成果一等奖。江苏威拉里新材料科技有限公司被授予全国"科改示范企业"，国内首台百万褐煤机组在内蒙古落地建设，建成国家首批、江苏首个智能化示范矿井，在全省综合考核中获评第一，迈上了高质量发展的良性轨道，实现了稳下来、走出来、好起来、富起来、强起来的历史蝶变。

（一）坚持党的领导、加强党的建设，走出一条旗帜鲜明的红色路

习近平总书记指出，"坚持党的领导、加强党的建设，是国有企业的'根'和'魂'"。面对党建弱化、思维僵化、意识淡化的思想困境，徐矿集团高举旗帜听党话、感党恩、跟党走，百年红色基因底色越发鲜明。

"五满理念"强信心明方向。从新思想这一动力源泉中源源不断地汲取真理力量，推动新思想新理念同徐矿集团具体实际相结合，催生出"以满怀对党的忠诚举旗定向、以满眼都是资源理念经营企业、以满眼都是人才理念选人育人用人、以满腔家国情怀造福职工、以满满正能量凝聚人心"的具有徐矿特色、符合时代精神、得到职工认可的"五满理念"，打开了新时代徐矿人勇于探路、创新求变的思想闸门。

"三个稳定"保大局聚人心。果断作出确保大局稳

定、安全稳定、生产经营稳定"三个稳定"的决策部署，提出把企业效益实现好、把职工利益维护好、把社会责任履行好"三好愿景"，确立高质量发展走在全国行业前列、服务江苏能源安全保障、让全体徐矿人都能过上好日子"三大使命"，廓清了思想迷雾，排除了心理干扰，稳住了前进阵脚。

"五大工程"抓党建夯基础。创新实施铸魂、强基、战略、人才、护航"党建五大工程"，把党的全面领导、坚强力量、号召要求、关心服务、纪律规矩落实到基层，不断提升国有企业政治引领力、组织战斗力、干部担当力、人才驱动力、巡察威慑力，将党的政治优势有效转化为企业高质量发展优势。获评江苏省国资系统"以高质量党建引领国企高质量发展100案例"一等奖。

"三才"工作法激活力增动力。坚持党管干部、党管人才，以"满眼都是人才"的理念选人育人用人，实施"人人是人才、人人能成才、人人展其才"的"三才"工作法，把人才视为最宝贵的财富、最优质的资源，对其尊重、用其所长，各居其位、各得其用，选人用人满意率从43.8%提升至100%，"80后"中层人员占比从7%提高到23%，100多名一线产业工人走上了管理岗位。"三才"工作法在江苏省组织部长会议上进行经验交流，荣获江苏省企业管理现代化创新成果二等奖。

"三讲五心"严作风强党性。开展有徐矿集团特色的"讲大局、讲责任、讲规矩"党性党风教育，每年一个主题、固化一批载体、选树一批典型、完善一批制度，引导广大党员干部修好忠诚心、事业心、进取心、感恩心、敬畏心，打破领导干部中存在的不同程度的阻碍发展的突出问题，健全在正确轨道上做正确事的良性机制，筑牢"不想腐"的思想防线。获评江苏省纪检监察信访举报工作先进单位。

（二）坚持聚焦主业、壮大实体产业，走出一条突围重生转型路

习近平总书记指出，"实体经济是一国经济的立身之本"。面对方向不明、路径不清、管理不善的转型困境，徐矿集团坚持干企业应该干、能够干、干得好的事，走出了一条资源枯竭型企业转型重生新路。老矿区转型徐矿样本成为全国典型，入选2021年煤炭行业十大新闻。

"一体两翼"定战略聚主业。聚焦应该干、能够干、干得好的事，通过"走访转"汇聚上下智慧，走出了一条以煤电化为主体，以盘活人才、技术、品牌等无形资源和开发土地、房产、铁路等存量资源为两翼的"一体两翼"发展路径。煤电化主业每年利润贡献率超过80%，以技术、管理为主的服务外包产业走向"一带一路"6个国家和国内8个富煤省区、拥有项目36个，五年累计盘活存量土地6236亩、实现收益26亿元。

"六大基地"建载体固优势。把服务江苏能源安全保障作为最大使命，紧扣国家能源战略、行业规划和江苏发展大局，主动把产业转移到国内西部富煤省份和"一带一路"沿线国家和地区，先后布局建设了"蒙电送苏""陕电送苏""晋焦入苏"及新疆煤电化、"一带一路"能源服务、江苏清洁能源"六大基地"，新增煤炭产能1210万吨，新增电力装机容量564万千瓦，开工建设光伏新能源项目7个。其中，徐州矿务（集团）新疆天山矿业有限责任公司由400万吨连续两次成功核增至850万吨，成为全疆最大的井工矿；平凉新安煤业有限责任公司产能核增至150万吨；年产300万吨的塔城红山煤矿顺利复工；年产400万吨的徐矿集团哈密能源有限公司建成投产；年产500万吨的陕西郭家河煤业有限责任公司成为中国第四代矿井；内蒙古锡林郭勒盟2×100万千瓦国内首台百万级褐煤机组和江苏射阳港百万机组项目正加快建设，4台66万千瓦机组项目并购进展顺利。坚持煤炭增产保供、电力增发保供、贸易增量保供、应急增储保供，采取自有煤矿调拨、省外自有煤矿调运、市场化采购等方式，完成省政府100万吨储备任务。

"五血疗法"强管理提质量。围绕最大限度发掘资源价值，采取聚焦主业创效"造血"、服务外包创业"补血"、一企一策扭亏"止血"、建立多层次资本市场融资"活血"、防范控制风险"抑血""五血疗法"，2017年一举扭转多年亏损局面，2019年27家经营性亏损单位基本实现扭亏，近五年每年经营利润均实现两位数增长，企业迈上了高质量发展良性轨道。

服务外包解难题创样本。发挥百年徐矿品牌、技术、人才优势，大力开展以技术和管理为主的服务外包产业，并从煤炭电力向物业、工程、救援等多领域延伸，推动徐矿集团向能源综合服务商迈进。累计增加就业岗位1万多个，破解了"矿关了人怎么办"的行业难题。在孟加拉国，徐矿集团托管运行了该国目前唯一一座现代化矿井，为孟加拉国培养了第一批产业工人，是迄今为止中国最大的海外承包运营煤矿项目。"孟加拉国巴拉普库利亚矿强富水含水层下特厚煤层安全高效开采关键技术"荣获中国煤炭工业协会科学技术奖特等奖。

生态修复美环境促共赢。牢固树立绿色发展理念，认真贯彻"两山"理论，累计投入资金50.77亿元，协同治理采煤塌陷地22.4万亩，配合地方政府相继建成潘安湖、安国湖、九里湖等国家生态湿地公园，其中九里湖湿地荣获中国人居环境范例奖。将压煤村庄搬迁与美丽乡村建设相结合，累计搬迁村庄280个，安置村民4.98万户、17.32万人，集中迁建的马庄村、车村、汉居雅苑等成为乡村振兴样板。

（三）坚持深化改革、激发内外活力，走出一条自立自强创新路

习近平总书记指出，"改革越到深处，越要担当作为、蹄疾步稳、奋勇前进"。面对包袱沉重、动能不足、管理低效的发展困境，我们把改革创新作为"第一引擎"，使百年徐矿焕发出前所未有的生机活力。

整合资源赋能产业变革。没有绝对的包袱，只有放错位置的资源。树立"满眼都是资源"的理念，以系统思维化零为整，通过战略资源开发整合来优化资源配置、

发掘资源价值、构筑资源优势，分类促进优势子产业做强做优做大，先后整合组建了淮海医管、江苏能投、华美建投等9家专业化平台公司，有效促进了产业基础高级化、产业链现代化。

混改上市赋能管理变革。启动徐矿集团第三轮上市，通过上市撬动资本市场、规范管理运营、提升管理水平。确立"混改+上市"实施路径和资产重组、股权转让、推动上市"三步走"工作计划，有序推进业务重组及引进战略投资、进入上市辅导备案、上报上市材料、挂牌上市四个节点。2021年9月，江苏徐矿能源股份有限公司上市申请得到中国证券监督管理委员会受理并在官网公示，有望成为江苏A股史上第五大IPO，百年徐矿"上市梦"即将变为现实。

科技创新赋能动力变革。坚持科技创新自立自强，积极践行"四个革命、一个合作"能源安全新战略，搭建企企、政企、银企、校企、研企五大合作平台，获批设立国家级博士后科研工作站、全国煤矿绿色开采地质保障研究基地、江苏首家防治煤矿冲击地压工程研究中心等；继2020年荣获中国煤炭工业协会科学技术奖特等奖，2021年又有两项成果同时荣获一等奖，先后在江苏、新疆、陕西建成10个智能化工作面，2家单位建成全国智能化示范煤矿。

清理集体企业赋能效率变革。集体企业改革是徐矿集团改革发展历史进程中的"老大难"问题。新的领导班子以对历史、对企业、对职工负责的勇气和魄力，通过"关停并转+改革改制"对存续40多年的集体企业进行全面改革，把"不让一名职工下岗"作为庄严承诺，55家、占全省78.6%的集体企业全部平稳清理退出，1708名集体职工妥善安置，实现了集体企业"零"存续、集体职工"零"失岗、信访事件"零"发生。

实施"产改十条"赋能队伍变革。确立"政治上有地位、经济上有待遇、社会上受尊重"的徐矿集团产业工人队伍建设改革方向，出台"产改十条"，实施产改"十大项目"和"双十行动"，产改建设取得"十大突破"，产业工人的政治、经济、社会地位显著提升。中国能源化学地质系统产改现场推进会在徐矿集团召开，产改工作荣登《工人日报》头版头条，产改经验在长三角一市三省进行交流，被省委组织部、省总工会评为全省"党建带工建"创新发展优秀成果，并荣获省属企业产改优秀案例一等奖。2020年以来，徐矿集团荣获全国劳模2人、全国五一劳动奖章2人、全国五一巾帼标兵1人、"大国工匠"1人，省劳模3人、江苏工匠1人，徐矿集团阿克苏热电公司运行集控室荣获"全国工人先锋号"称号。

（四）坚持系统思维、推动治理现代化，走出一条善治善强企路

习近平总书记指出，"推进治理体系和治理能力现代化，是应对风险挑战、赢得主动的有力保证"。面对体系落后、能力退化、风险集聚的治理困境，徐矿集团把推进国企治理现代化作为一项基础性、枢纽性、战略性工作，初步形成了具有鲜明特色的"徐矿之治"。

"十大体系"优化顶层设计。建立党的领导、公司治理、安全生产、经营管理、投资管理、科技创新、风险管理、平台管理、民生保障、管党治党"十大体系"，实施管理升级、产业倍增、科创引领、攻坚克难、圆梦冲刺、发展蓄能、安全护航、赋能提质、民生关爱、培根铸魂"十大行动"，基本形成了"徐矿之治"的顶层设计。国企改革三年行动127项任务提前半年全部完成，集团及所属73家企业全面实行经理层成员任期制和契约化管理，2021年7月，徐矿集团获评国务院国有资产监督管理委员会国有重点企业管理标杆企业，江苏省仅3家企业入选。

"五个抓手"巩固安全生产。统筹发展与安全，以体系建设为抓手，建成特色"意识+责任+标准化"安全管理体系，江苏省内连续6年实现安全生产。以智能化建设为抓手，累计投入近10亿元用于推动矿井智能化建设。以标准化建设为抓手，创出4个国家安全生产标准化一级矿井。以科技创新为抓手，5年完成省部级以上科技奖38项。以专项巡察为抓手，创新实施了资产处置、物资供应储备专项巡察。

"五型董事会"推进科学决策。坚持"应建尽建、配齐建强、外大于内"原则，创新建设决策型、战略型、规范型、协同型、高效型"五型"董事会，健全专兼职董事履职管理、信息沟通、考核评价、责任追究机制，完善专兼职董事日常管理体系，有效落实董事会职权，切实发挥董事会作用。五年来，集团公司董事会先后召开会议43次，审议议案386个，实现了科学决策、集体决策、规范决策。

"一企一策"治理劣势企业。对2014—2016年投资设立的14家新兴产业公司进行改革清理，稳妥退出11家，减亏止损30亿元以上，处理遗留不良资产45亿元。坚持"一分为二"看问题，下大力气支持发展前景较好、潜力较大的新材料企业，2018年扭亏为盈，五年营业收入增长20倍，创造了全国金属粉末领域"三个唯一"，获评江苏省"专精特新"产品，成为全省唯一同时列入混改、科改的"双改"示范企业。

"废改立"防范经营风险。坚持从制度源头堵漏洞、防风险，启动制度"废改立"工作，全面整章建制立规矩，废止规章制度79项，修订完善207项，强化风险防控，排查梳理廉洁风险点175项，制定防控措施221条，系统构筑安全、稳定、经营、投资、环保、法律、廉洁和意识形态八大风险防线，建立起周密细致的制度体系，促进了内部管理制度化规范化科学化。五年来，企业未再出现新的重大投资失误。

（五）坚持职工至上、改善民生福祉，走出一条满怀深情为民路

习近平总书记指出，"江山就是人民，人民就是江山"。面对薪酬待遇减、失岗失业多、工作生活环境差的民生困

境，徐矿集团把"让全体徐矿人都能过上好日子"作为不懈追求，汇聚起了风雨无阻、高歌行进的磅礴力量。

建设"家文化"以职工为家人。把职工当家人、视职工如亲人、让职工当主人，以"百年徐矿、业兴家旺"为主题大力加强"家文化"建设。大力构建红色之家、奋斗之家、幸福之家，实施百万平方米棚户区改造工程，解决了困难职工"住房难"问题；开展医疗互助脱贫和全员健康体检，解决了困难职工"看病难"问题；常态化开展"金秋助学"活动，解决了困难职工子女"上学难"问题，"徐矿大家庭"成为看得见、摸得着、有得有感的生动现实。

实施"三大民生"促进收入公平。把职工对美好生活的向往作为最大追求，设立100万元专项基金、200万元产业工人互助基金，带领70户贫困户全部实现脱贫，守住了底线民生；开展全员健康体检，实施棚户区改造工程和常态化金秋助学，保住了基本民生；建立职工收入与企业效益同步增长机制，正在向质量民生过渡。

关注"三大群体"兜住民生底线。倾情关注特困家庭、弱势群体和困难职工"三大群体"，确保小康路上四万家人一个都不掉队。开展医疗互助脱贫，对低收入、重大疾病人员报销提高10个百分点，对困难群体报销提高30个百分点。2017年以来，累计走访慰问职工和困难党员1.8万人次，发放慰问金3300多万元，帮助2600多名困难职工子女圆了上学梦。

做好"三件大事"提升民生质量。倾力办好涨工资、提待遇、美环境"三件大事"。职工人均工资在2017年恢复性增长35%、2018年增长15%、2019年再次增长15%基础上，2020年克服疫情影响比2019年增长8%，2021年同比增长10%，五年来职工收入基本实现翻番，内退和放假职工工资实现同步增长。实施矿区美化、绿化、亮化工程，矿区绿化覆盖率达到46%。

实施"三标五创"弘扬满满正能量。倡导"立标准、树标杆、勇标新"，争创党建标杆、行业标杆、单位标杆、班组标杆、岗位标杆，每年表彰"六个十佳"，广泛选树大师、劳模、工匠和好人群体，先后推出"江苏大师工匠"夏伯党、"天山守护神"许玉明、"忠孝两全好人"王玉久等一批新时代典型，讲述徐矿好故事，传播徐矿好声音，展示徐矿好形象，激发了四万职工的爱党爱国、爱企爱岗热情。

面向未来，徐矿集团将围绕"扛起光荣使命、推动绿色转型"主题主线，强化为党和国家全力以赴服务江苏能源安全保障、为企主动作为推动绿色转型、为职工久久为功促进共同富裕的"三为"导向，统筹实施党建领航、绿色转型、创新驱动、人才强企、共同富裕"五大战略"，推动实现资产总额、主业产量、营业收入、利税总额、职工收入"五个翻番"，奋力实现百年徐矿强起来的历史性跨越。